PAGE 42

SUR LA ROUTE

RÉGIONS, VILLES, VILLAGES

Visites, activités et bonnes adresses

PAGE 473

QUÉBEC PRATIQUE

TOUT POUR S'ORGANISER

Location de voiture, réseaux de bus, traversiers, organismes à connaître

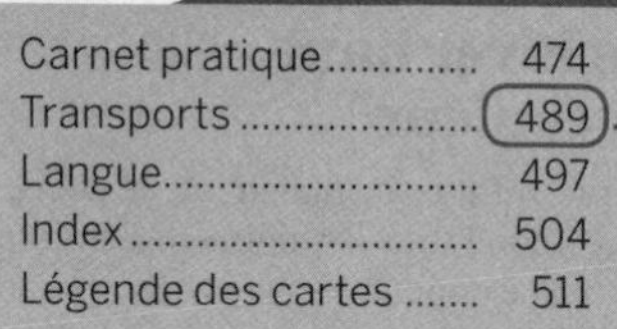

ÉDITION ÉCRITE ET ACTUALISÉE PAR

Anick-Marie Bouchard et Maud Hainry

Bienvenue au Québec

De l'espace à l'infini

Entre les milliers de lacs et les forêts à perte de vue, l'aventure ne manque pas dans la Belle Province, comme on surnomme parfois le Québec. On découvre son immense territoire à pied ou à vélo, en kayak ou à motoneige, parfois même en hydravion ou en traîneau à chiens. Dans les parcs nationaux, le visiteur de passage s'offre le bonheur tranquille d'observer ours, orignaux, cerfs de Virginie et castors dans leur environnement naturel, quand il ne tourne pas son regard vers le Saint-Laurent, immense et majestueux fleuve, royaume des bélugas et des rorquals.

Un hiver haut en couleur

Source infinie de plaisir et de défis, la neige abondante fait oublier le froid par son lot d'opportunités : les glissades effrénées sur les pentes enneigées, les randonnées contemplatives dans les étendues immaculées baignées d'une lumière intense, les joies des bonshommes de neige et du patin à glace, voire de la pêche blanche au milieu d'un lac gelé. Les Québécois le disent si bien : il faut “profiter de l'hiver”, saison flamboyante qui fait oublier un ensoleillement assez court : bien loin de nous

De grandes étendues vierges, des arbres à perte de vue, des activités de plein air à foison, un hiver éclatant et, bien sûr, une population accueillante au caractère spontané si charmant font du Québec une destination des plus vivifiantes.

À gauche : Maison au bord d'un lac, Charlevoix
En bas : Randonnée raquette

la grisaille ! Équipé de vêtements chauds et adaptés, on n'est guère engourdi par le froid, bien au contraire, il tonifie à chaque bouffée, comme en témoignent les joues rouges et les regards heureux des enfants... et des adultes.

Une culture riche et bouillonnante

Le Québec a hérité de la Nouvelle-France, ses valeurs et traditions, dont le catholicisme et une langue française colorée. Les Amérindiens ont légué à la culture québécoise leurs savoirs traditionnels : aliments, plantes médicinales, outils et moyens de transport comme le canoë d'écorce ou le canoë rabaska. Les Anglais, pour leur part, auront eu une forte influence sur la culture politique et sur le développement économique de la métropole, influence qui se ressent fortement dans l'architecture et le tracé des rues montréalaises. Cet heureux métissage de l'Europe-mère et de l'Amérique rêvée est le terreau fertile d'une culture distincte, francophone, audacieuse et créative, qui s'exprime tant par un cinéma réputé et une gastronomie florissante que par une ribambelle de festivals époustouflants où la musique, le théâtre et le cirque sont à l'honneur.

Baie-James (p. 134)
Le gigantesque barrage hydroélectrique Robert-Bourassa et la forêtboréale de la Baie-James
Parc national de la Gaspésie (p. 371)
Promenade dans le parc et observation de l'orignalet du caribou dans la forêt boréale
ALTITUDES
1500 m
1000 m
400 m
200 m
0 m
0
200 km
Île Coats
Île Mansel
Îles Ottawa
Îles Belcher
Ivujivik
Salluit
Kangiqsujuaq
Quaqtaq
Kangirsuk
Killiniq
Kangiqsualujjuaq
Kuujjuaq
Inukjuak
Whapmagoostui
Radisson
Chisasibi
Schefferville
Churchill Falls
LABRADOR
DÉTROIT D'HUDSON
Baie d'Hudson
OCÉAN ATLANTIQUE
80° O
70° O
60° O
60° N

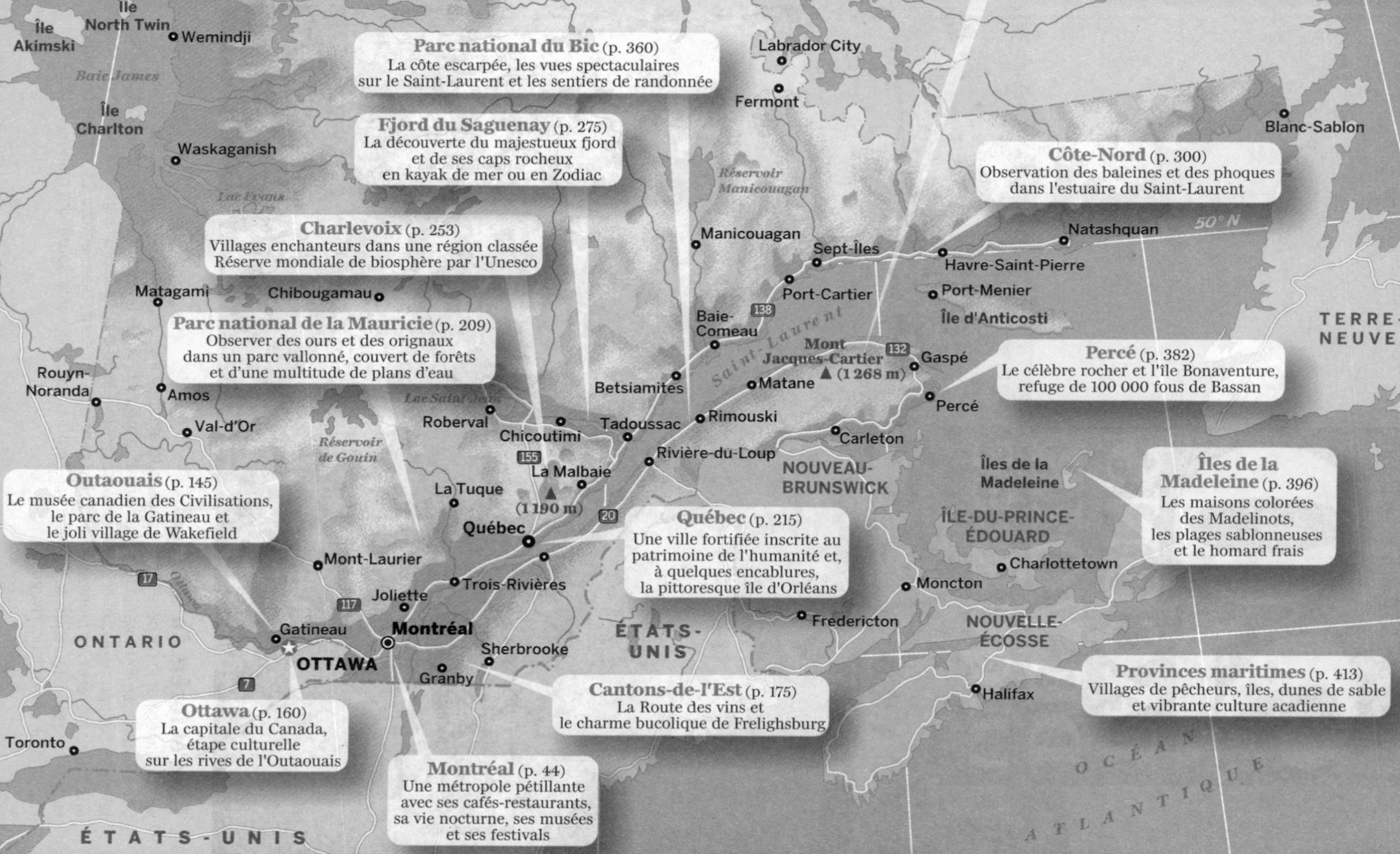

Parc national du Bic (p. 360)
La côte escarpée, les vues spectaculaires sur le Saint-Laurent et les sentiers de randonnée
Fjord du Saguenay (p. 275)
La découverte du majestueux fjord et de ses caps rocheux en kayak de mer ou en Zodiac
Charlevoix (p. 253)
Villages enchanteurs dans une région classée Réserve mondiale de biosphère par l'Unesco
Parc national de la Mauricie (p. 209)
Observer des ours et des orignaux dans un parc vallonné, couvert de forêts et d'une multitude de plans d'eau
Outaouais (p. 145)
Le musée canadien des Civilisations, le parc de la Gatineau et le joli village de Wakefield
Ottawa (p. 160)
La capitale du Canada, étape culturelle sur les rives de l'Outaouais
Montréal (p. 44)
Une métropole pétillante avec ses cafés-restaurants, sa vie nocturne, ses musées et ses festivals
Cantons-de-l'Est (p. 175)
La Route des vins et le charme bucolique de Frelighsburg
Québec (p. 215)
Une ville fortifiée inscrite au patrimoine de l'humanité et, à quelques encablures, la pittoresque île d'Orléans
Côte-Nord (p. 300)
Observation des baleines et des phoques dans l'estuaire du Saint-Laurent
Percé (p. 382)
Le célèbre rocher et l'île Bonaventure, refuge de 100 000 fous de Bassan
Îles de la Madeleine (p. 396)
Les maisons colorées des Madelinots, les plages sablonneuses et le homard frais
Provinces maritimes (p. 413)
Villages de pêcheurs, îles, dunes de sable et vibrante culture acadienne
Île Akimski
Île North Twin
Wemindji
Baie James
Île Charlton
Waskaganish
Lac Evans
Matagami
Chibougamau
Rouyn-Noranda
Amos
Val-d'Or
Labrador City
Fermont
Réservoir Manicouagan
Manicouagan
Sept-Îles
Port-Cartier
Baie-Comeau
Betsiamites
Natashquan
Havre-Saint-Pierre
Port-Menier
Île d'Anticosti
50° N
Blanc-Sablon
TERRE-NEUVE
Saint-Laurent
Mont Jacques-Cartier
(1 268 m)
Gaspé
Matane
Percé
Rimouski
Carleton
Lac Saint-Jean
Roberval
Chicoutimi
Tadoussac
Rivière-du-Loup
Réservoir de Gouin
La Malbaie
(1 190 m)
La Tuque
Québec
NOUVEAU-BRUNSWICK
Îles de la Madeleine
ÎLE-DU-PRINCE-ÉDOUARD
Charlottetown
Moncton
Fredericton
NOUVELLE-ÉCOSSE
Halifax
Mont-Laurier
Trois-Rivières
Joliette
Montréal
Gatineau
OTTAWA
ONTARIO
Sherbrooke
Granby
ÉTATS-UNIS
Toronto
ÉTATS-UNIS
OCÉAN ATLANTIQUE
138
132
155
20
117
17
7

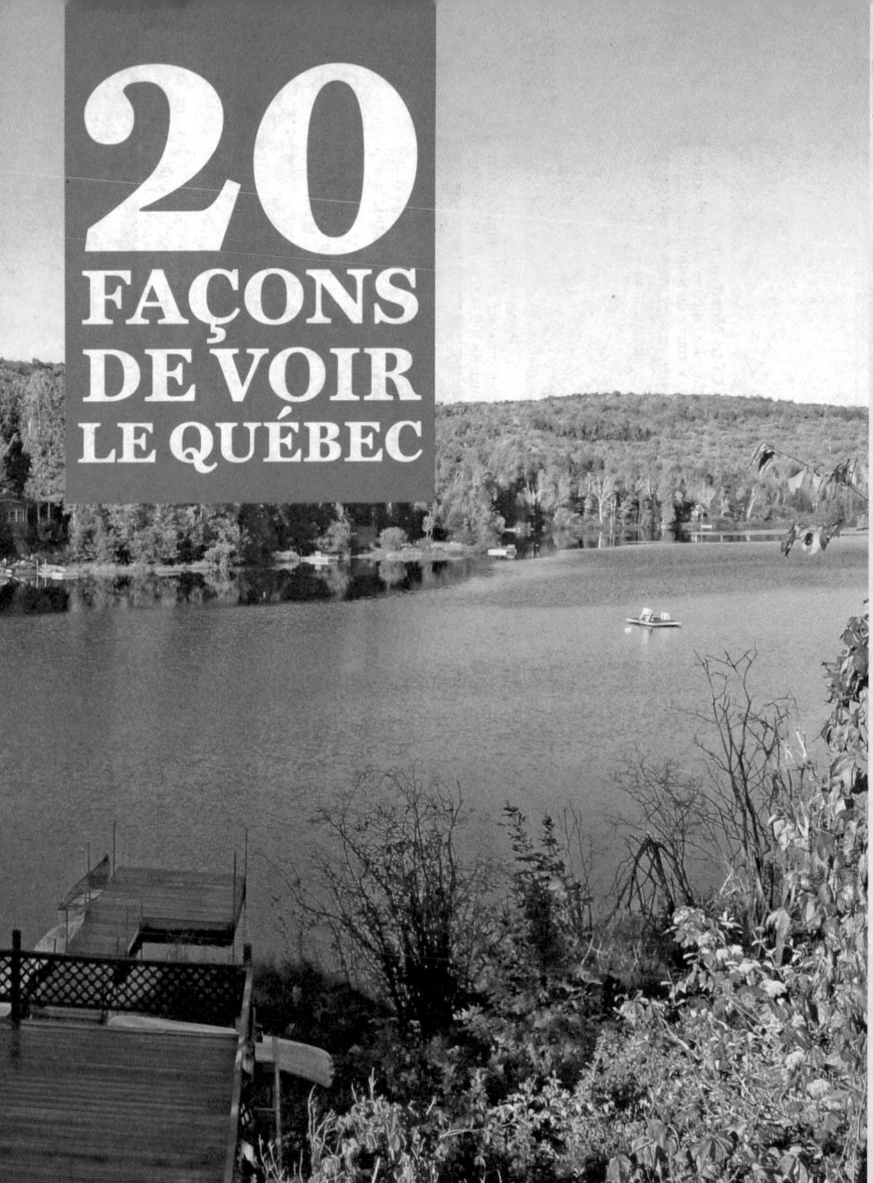

Lacs et forêts du Québec

1 Dominée par les espèces résineuses, la forêt boréale est réputée pour l'immansité de ses étendues, limitées par la taïga au nord et la forêt laurentienne au sud. De grandes portions de territoire sont protégées et accessibles à travers le réseau des parcs provinciaux et nationaux, mais aussi dans les réserves fauniques où la chasse et la pêche sont réglementées. On dit que certains lacs de la réserve faunique de Port-Cartier-Sept-Îles (p. 323), sur la Côte-Nord n'auraient jamais vus d'hommes sur leurs rivages...

Montréal

2 Près de la moitié des Québécois vivent à Montréal (p. 46) ou dans une de ses banlieues. Pas étonnant que l'on y trouve toujours une sortie à faire, un musée à explorer ou un quartier "ethnique" à découvrir ! Située sur une île au beau milieu du fleuve, la ville est dominée par le Mont-Royal dont l'immense parc boisé sillonné de sentiers offre une bouffée d'air aux citadins. Dans le quartier des affaires, les gratte-ciel s'entassent tandis que les rues du Vieux-Montréal ont conservé peu ou prou leur tracé historique. Dans le Mile-End et sur le Plateau Mont-Royal, les boutiques, cafés et bistrots tendance affirment au quotidien l'art de vivre montréalais.

Québec

3 Inscrite au patrimoine mondial de l'humanité depuis 1985, la vieille ville de Québec (p. 218) rappelle un peu Saint-Malo, avec ses fortifications et ses constructions en pierre. Le château Frontenac se dresse fièrement au milieu de l'animée terrasse Dufferin, près des falaises du cap Diamant, à la limite est du quartier. Tout près, la citadelle de type Vauban, encore aujourd'hui d'usage militaire, marque le début des célèbres plaines d'Abraham où la colonie française tomba aux mains des Anglais. En contrebas, le quartier du Petit-Champlain impressionne par ses fresques historiques et son dédale de boutiques de souvenirs. On y accède depuis la terrasse par un petit funiculaire.

Activités de plein air

4 Les saisons très marquées que connaît la province permettent la pratique d'une grande variété d'activités de plein air. Même à Montréal, il est possible de chausser des raquettes et de randonner sur le Mont-Royal (p. 61), sur l'île Sainte-Hélène (p. 65) ou dans l'un des nombreux parcs nature bordant l'île (p. 66). Le vélo est bien sûr à l'honneur – il suffit d'enfourcher un Bixi disponible en libre service (p. 67) et emprunter l'une des innombrables pistes cyclables de la ville.

Féeries automnales

5 Joe Dassin en aura fait rêver plus d'un en vantant les couleurs de l'été indien, saison de redoux automnal qui amène son lot de tons jaunâtres, orangés et cramoisis. Pour s'octroyer un bain de couleurs thérapeutique anti-grisaille, il suffit de s'offrir une escapade dans les Laurentides (p. 96) ou dans le parc de la Mauricie (p. 209) là où l'on trouve les forêts de feuillus bien fournies en érables, aux couleurs des plus éclatantes.

SERGEY/FOTOLIA ©

Délices au sirop d'érable

6 Le précieux liquide doré est adapté à toutes les sauces, tant sur les pancakes, le yaourt et la glace vanille que sur des plats salés comme le jambon, le saumon et les "fèves au lard". L'enchantement ne s'arrête pas là : l'érable se décline également sous forme de sucre, de tartinade au beurre, de sucette et de tire, à déguster sur la neige à la cabane à sucre (p. 461). Les alcools ne sont pas en reste, le whisky à l'érable et la crème d'érable ayant leurs adeptes.

Architecture traditionnelle

7 Construites en rondins, en lattes ou en bardeaux de bois plutôt qu'en pierre, les maisons de la Nouvelle-France se voulaient d'abord le mieux isolées possible du froid. Les maisons de pierre firent leur apparition plus tardivement, inspirées de l'architecture normande. Les influences irlandaise, anglaise et écossaise se font surtout sentir dans l'architecture religieuse, dans les villages loyalistes des Cantons-de-l'Est (p. 175) et dans les édifices imposants du centre-ville de Montréal (p. 57).

MAUD HAINRY ©

DAVID BLEJA/FOTOLIA ©

Faune québecoise

8 La meilleure façon d'aller à la rencontre de la faune québécoise est de se rendre dans l'un des parcs nationaux où des guides animent des activités d'observation articulées en général autour d'une ou deux espèces. S'il n'est pas rare de voir un chevreuil ou un castor, apercevoir un original demande un peu plus de flair ou une connaissance plus approfondie du territoire. L'ours noir, le lynx et le loup ne côtoient guère les humains et il est plus rare d'en apercevoir en dehors des zoos et des safaris.

Sortie en traîneau à chiens

9 Difficile de songer aux hivers enneigés du Québec sans imaginer le *musher* sur son traîneau, tiré par des chiens huskies ou malamutes, en excursion dans les bois. Ce mode de déplacement original connaît un regain de popularité en raison de la forte demande touristiques, mais aussi parce que c'est un moyen de transport écologique et fort sympathique. Le *musher* avisé prend farouchement soin de sa meute, dans laquelle le respect de la hiérarchie dicte les comportements de chaque chien (p. 31).

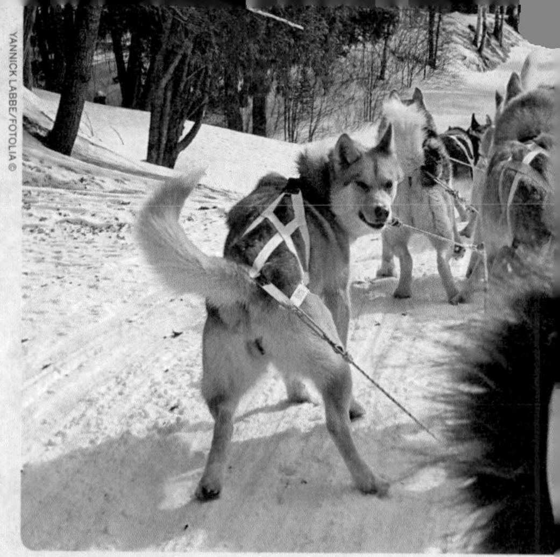

Les îles de la Madeleine

10 Après avoir créé le monde, Dieu se serait secoué les mains au milieu du golfe du Saint-Laurent, engendrant ainsi les îles de la Madeleine (p. 396). Voici un archipel où le temps ralentit vraiment et où l'on retrouve plus de dunes et de plages que de terre, un endroit où faire la fête en musique est un art de vivre et où l'on savoure des fruits de mer dès le petit-déjeuner. L'été y est frais et ensoleillé, et le vent y est idéal pour s'initier au kitesurf ou à la planche à voile.

La poutine

11 Mais où donc se trouve la meilleure poutine ? Le plat national suscite des passions, et, aux quatre coins du Québec, les gens vous diront connaître l'endroit où le mariage des frites, du fromage blanc en grains et de la sauce brune au fond de veau est le mieux réussi (p. 79). Si la texture des frites et la saveur de la sauce suscitent des débats endiablés et des petites rivalités, tous s'accordent sur la fraîcheur et la texture du fromage, dont on dit qu'il couine sous la dent, avec un caractéristique son de "couic-couic". Les variations sont multiples : l'italienne à la sauce bolognaise, la slovaque à la salade de chou...

Canot et kayak

12 D'héritage amérindien, le canoë, ou canot canadien, est assez étroit et allongé. À l'origine, il était fabriqué avec de l'écorce de bouleau blanc cousu sur une armature de bois. Les aventures fluviales en canot ou en kayak permettent de se mettre dans la peau du coureur des bois, cet intermédiaire versé dans les langues autochtones qui négociait les fourrures et trappait bien souvent lui-même. Technologie inuite utilisant traditionnellement des peaux de phoque en guise de coque, le kayak est plus maniable et léger, ce qui permet de couvrir de grandes distances en alternant les portages et la pagaie.

Gaspésie

13 L'on compte quatorze de ces bienveillants gardiens des côtes en Gaspésie (p. 363), péninsule montagneuse tournée vers le golfe du Saint-Laurent. La route 132 parcourt ses côtes, le long desquelles s'égrènent de pittoresques villages de pêcheurs. Peu peuplées, ces terres intérieures sont une destination de choix pour pousser plus loin l'aventure : grande randonnée, ski hors piste et canyoning, dans des paysages quasi vierges, spectaculaires.

Provinces maritimes

14 La saison de la pêche et du tourisme rythme la vie des habitants des provinces maritimes (p. 413) qui affichent une identité mixte, à la fois celtique et acadienne. À Halifax (p. 422), il n'est pas rare d'entendre jouer de la cornemuse, tandis qu'au Nouveau-Brunswick (p. 415), on parle fièrement le chiaque, dialecte franglais qui témoigne de la lutte des Acadiens contre l'assimilation. Plus densément peuplée, l'île du Prince Édouard (p. 429) constitue un univers à part, avec ses plages et ses pommes de terre, ses terrains de golf et ses petits ports de pêche.

Observation des baleines

15 Rares sont les endroits où l'on peut observer d'aussi près une population dense de baleines qu'au confluent du fjord de la rivière Saguenay et du fleuve Saint-Laurent (p. 303). C'est que la rencontre de leurs eaux de température et de salinité différentes entraîne la prolifération du plancton dont se nourrissent les cétacés. Les bélugas, petites baleines blanches, forment dans cette région une espèce isolée, génétiquement distincte de celles que l'on trouve dans les mers arctiques.

FGEOFFROY/FOTOLIA ©

Sentiers de motoneige

16 Inventée à Valcourt (p. 187) dans les Cantons-de-l'Est par Joseph-Armand Bombardier, la motoneige prend dans certaines regions des airs de religion, attirant plus de 90 000 fidèles en pèlerinage sur 32 000 km de sentiers balisés. Le *Ski-Doo* offre une toute autre perspective au voyageur qui le chevauche : loin des routes, il arpente le territoire par des chemins plus naturels, souvent difficiles d'accès en saison estivale. La solidarité est grande entre motoneigistes, un peu comme chez les motards ou les propriétaires de combi.

Vers les latitudes boréales

17 Peu de routes relient encore le Grand Nord québécois aux régions plus peuplées de la province. Les pourvoiries les plus éloignées ne sont accessible qu'en hydravion pour une expérience de chasse inédite. En bordure des baies d'Hudson et d'Ungava, les communautés inuites du Nunavik (p. 465) peuvent être rejointes depuis Montréal, Québec et Rouyn-Noranda (p. 128). La route de la Baie-James, la route Transtaïga et la route du Nord compte parmi les itinéraires routiers les plus aventureux (p. 134).

Pow-wow

18 Les premières nations d'Amérique du Nord ont presque toutes en commun la tradition du pow-wow, fête jadis guerrière et spirituelle, réprimée par les gouvernements jusque dans les années 1950. De nos jours, le pow-wow est un prétexte à la fête et à la démonstration d'amitié entre les communautés et même les autres nations autochtones. On y chante et on y danse au rythme des tambours, partageant des repas et échangeant avec les artisans qui y tiennent boutique.

Canal Rideau, Ottawa

19 Au beau milieu de la ville et à quelques pas du Parlement, le canal Rideau (p. 168) se transforme annuellement l'espace de quelques semaines en une longue patinoire de 7,8 km. En semaine, quelques motivés l'empruntent pour se rendre au travail tandis que les week-ends sont réservés aux festivités hivernales qui attirent les familles et les groupes d'amis. On pourra déguster un cidre chaud ou manger une "queue de castor", sorte de beignet sucré, attablé aux terrasses installées à même le canal, sur la glace.

Parc de la Chute-Montmorency

20 Plus haute que les chutes du Niagara, la chute Montmorency (p. 243) offre un spectacle imposant été comme hiver. Depuis la passerelle suspendue, la vue est plongeante et le bruit assourdissant. L'hiver, la vapeur d'eau vient se coller à la paroi de chaque côté de la chute, formant des falaises de glace populaires auprès des mordus d'escalade. Aisément accessible en transport en commun, le parc est équipé d'un téléphérique et d'une promenade jalonnée d'escaliers.

L'essentiel

Monnaie
» Dollar canadien

Langues
» Français
» Anglais

Quand partir

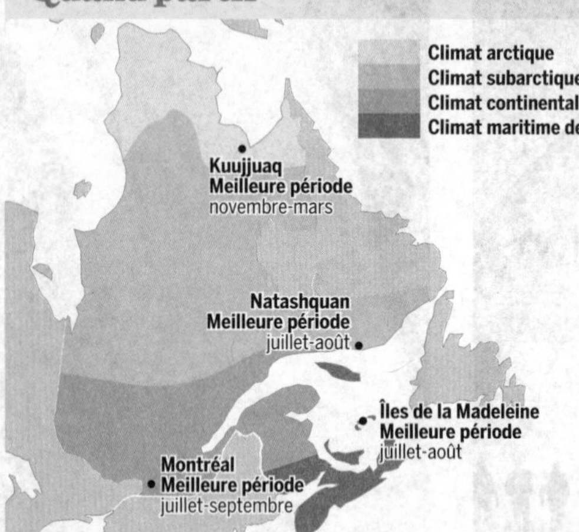

Haute saison
(juin-août)

» Été très chaud et humide à Montréal, plus tempéré en région maritime et vers le nord

» Les tarifs des vols en provenance d'Europe grimpent, tout comme les prix des hôtels

» Les régions éloignées ont une offre touristique saisonnière diversifiée

» Les vacances québécoises culminent fin juillet-début août, lors des grandes vacances de l'industrie de la construction

Basse saison
(sept-nov et mi-mars à mai)

» Peu d'affluence sauf pour les congrès et les festivals spéciaux ; beaucoup de musées et hébergements fermés en région éloignée

» Été Indien (sept-oct) : à l'automne, le festival des couleurs fait la réputation des forêts québécoises

» Températures changeantes, avec des précipitations fréquentes et beaucoup de vent

Saison hivernale
(déc à mi-mars)

» Le bon moment pour apprécier l'hiver dans toute sa splendeur et sa rudesse

» Des tempêtes de neige et de grands froids, mais aussi de belles journées ensoleillées et vivifiantes

Budget quotidien

Moins de 90 $

» Lit en dortoir : 20-35 $

» Emplacement camping : 20-30 $

» Chambre d'hôte : s/d à partir de 50/60 $

» Sandwichs et plats à emporter : 6-14 $

» Trajets en bus : 2,50-3,50 $

» Montréal-Québec en covoiturage 15-20 $

90-250 $

» Chambre d'hôte ou d'hôtel : s/d 70-120/ 90-150 $

» Repas dans un restaurant de catégorie moyenne : 15-30 $ (sans boisson)

» Montréal-Québec en bus/train : 57/75-100 $

Plus de 250 $

» Chambre d'hôtel "supérieure" : 120 $ et plus

» Repas dans un restaurant plus haut de gamme : > 30 $

» Location de voiture : environ 40-70 $/jour

Argent

» Distributeurs de billets implantés partout ou presque. Cartes bancaires acceptées dans la plupart des hôtels et des restaurants.

Visa

» Inutile pour les séjours touristiques ne dépassant pas 6 mois pour les ressortissants de l'Union européenne et les Suisses.

Téléphone portable

» Il est possible d'utiliser une carte SIM canadienne dans un portable européen pourvu qu'il soit tribande ou quadribande (vérifier vos paramètres).

Conduite

» Comme en France, la conduite se fait à droite.

Sites Web

» **www.bonjourquebec.com** Site touristique officiel du gouvernement du Québec.

» **www.gouv.qc.ca** Portail du gouvernement québécois.

» **www.gitescanada.com** Site recensant des chambres d'hôte et des B&B au Québec et au Canada.

» **www.meteo.gc.ca** Prévisions météo pour toutes les villes.

» **www.parcscanada.gc.ca** Parcs nationaux et des lieux historiques nationaux du Canada.

» **www.voir.ca** L'actu culturelle des principales villes du Québec.

» **www.lonelyplanet.fr** Forums , informations de dernière minute et fiches pays.

Taux de change

Zone euro	1 €	1,30 $C
Suisse	1 FS	1,07 $C
États-Unis	1 $US	1,01 $C

Pour connaître les taux actuels, consultez www.xe.com

Numéros utiles

Code pays	☎1
Code d'accès international	☎011
Urgences	☎911
Renseignements	☎411
Informations touristiques (depuis la France)	☎0 800 90 77 77
Bonjour Québec	☎1 877-266-5687

Arriver au Québec

Aéroport Pierre Élliot-Trudeau (Montréal-Dorval)

» **Bus** – une navette de la STM (ligne 747, 9 $) relie l'aéroport à la station de métro Lionel-Groulx et à la gare d'autobus de Montréal (métro Berri-Uqam) toutes les 20 minutes environ (aux heures la nuit).

» **Taxi** – tarif fixe vers le centre-ville : 40 $

À garder à l'esprit

Le Québec n'est pas que froid : l'été, les températures peuvent atteindre 35°C avec un taux d'humidité élevé. La chaleur vient par vagues (comme les grands froids) et la température ne chute pas durant la nuit. Du côté du golfe du Saint-Laurent, la température est plus fraîche, oscillant autour de 17°C.

Côté désagréments, les mouches noires et les moustiques sont vraiment à prendre en compte en été, notamment dans le Nord et les régions boisées. Apportez un produit répulsif et des vêtements couvrants pour vous protéger.

Il est fortement recommandé de réserver le transport et l'hébergement en juillet-août.

Envie de...

Histoire et patrimoine

La préservation du patrimoine est au cœur des préoccupations des Québécois, incarnée par la devise de la province : "Je me souviens".

Vieux-Montréal Ville-Marie, l'ancienne ville de Montréal, s'est construite autour de la place Royale, près de laquelle se trouve l'un des plus beaux musées du Québec (p. 54).

Vieux-Québec Au sommet du cap Diamant se trouvent les plaines d'Abraham, où se joua le destin de la Nouvelle-France, fondée par Samuel de Champlain (p. 218).

Trois-Rivières La deuxième plus ancienne ville de la province abrite une ancienne prison et des forges qui ont façonné la région (p. 203).

Gatineau L'un des plus grands et des plus visités au Canada, le musée des Civilisations retrace les grandes lignes de l'histoire canadienne, complété de grandioses expositions temporaires (p. 148).

Île d'Orléans Point d'orgue de toute visite au Québec, on y retrouve les paysages et les fermes qui ont inspiré le célèbre poète et chansonnier Félix Leclerc (p. 243).

Randonnée

Les grands espaces font la réputation de la Belle Province. On les découvre à pied, en saison, dans l'un des superbes parcs nationaux, bien aménagés et équipés pour le camping.

Parc des Hautes-Gorges-de-la-Rivière-Malbaie Sur le versant ouest de la montagne des Érables, l'Acropole des draveurs est assurément le sentier le plus réputé du Québec (p. 266).

Archipel de Mingan Ornithologie et monolithes d'aspect lunaire sont au programme d'une escapade sur l'une des six îles où le camping est autorisé (p. 328).

Parc de la Gaspésie Le parc abrite le second plus haut sommet du Québec, le mont Jacques-Cartier, mais aussi des sentiers à couper le souffle sur les mont Logan, Xalibu et Albert (p. 371).

Parc du Bic Le paysage déchiré et les falaises inversées du Bic prennent toute leur splendeur à marée basse (p. 360).

Parc de la Jacques-Cartier La vallée glaciaire de la rivière Jacques-Cartier se contemple depuis le sentier des Loups, de même que les grandes fractures rocheuses des Laurentides (p. 240).

Culture amérindienne

Gardiennes d'une histoire et d'une culture méconnues des Québécois, les 11 nations amérindiennes suscitent une grande curiosité pour leur lien à la nature et leurs pratiques spirituelles.

Wendake Cette réserve Huron-Wendat à proximité de Québec est certainement la mieux organisée pour accueillir le flot touristique de façon pédagogique (p. 242).

Mashteuiatsh En bordure du Lac-Saint-Jean, une communauté innue présente un site de transmission culturelle et un musée bien développé. Des artisans locaux possèdent leur propre boutique (p. 293).

Oujé-Bougoumou Plus reculée, la plus moderne des réserves autochtones possède une architecture étonnante, inspirée des habitations traditionnelles cries. Son centre culturel dispose d'archives étoffées et d'un musée bien fourni (p. 141).

Pikogan Bercés par les flots de la rivière Harricana, les algonquiens Abitibiwinni organisent des excursions en canoë qui nous immergent dans la culture autochtone (p. 132).

FOTOLIA/PACKSHOT ©

» Envie de... liberté (route 169)

Fleuve et baleines

Surnommé "le Roi", aux rives fertiles et hospitalières, le fleuve Saint-Laurent est la principale voie d'accès du Québec. Les grands mammifères qui y résident témoignent de sa biodiversité.

Tadoussac Destination classique avec une grande diversité de moyens d'approche des cétacés, en plus d'un centre bien étudié (p. 303).

Les Escoumins La plateforme en surplomb permet d'observer les baleines sans les déranger et les plongeurs scientifiques du centre de découverte sont équipés de caméras (p. 312).

Longue-Pointe-de-Mingnan Accompagner des scientifiques en excursion d'observation constitue le summum du contact avec les baleines de l'estuaire (p. 327).

Île Verte Accessible à marée haute seulement, la plus petite île habitée du fleuve est un univers à part où il fait bon goûter l'air salin embaumé de rosiers sauvages (p. 351).

Percé Les baleines rodent autour de l'île Bonaventure, mais c'est surtout pour la plus grande colonie de fous de Bassan que l'on vogue vers elle (p. 382).

Plaisirs d'hiver

Au-delà des rudesses du climat, l'hiver est une saison de belles opportunités, avec son lot d'activités qui en font la préférée de beaucoup de Québécois.

Sutton La station accueille les skieurs de tout acabit et randonneurs en raquettes sur ses pistes et auprès de ses lacs gelés (p. 183).

Montréal L'hiver en ville sur les îles du parc Jean-Drapeau : raquette, ski, luge, traîneau à chiens et à cheval, patin à glace et tire d'érable sur neige (p. 65).

Mont Sainte-Anne La station accueille les mordus du ski alpin de tous niveaux mais surtout les amateurs de ski de fond, avec ses 330 km de sentiers (p. 247).

Sainte-Agathe-des-Monts Le premier sentier de motoneige tracé au Québec se trouve à un peu plus d'une heure de Montréal (p. 105).

Parc de la Gaspésie Randonnée à ski sur le sentier international des Appalaches et ski dans la poudreuse des monts Chic-Chocs (p. 371).

Girardville L'arrière-pays boréal du Lac-Saint-Jean est le paradis des apprentis trappeurs en mal de sorties en traîneau à chiens ou en motoneige (p. 296).

Activités nautiques

Après l'exploration du Saint-Laurent, il reste à découvrir son estuaire et son golfe, avant de se rabattre sur l'une des 4 500 rivières du Québec ou l'un de ses innombrables lacs dont on dit qu'il y en aurait plus d'un million.

Îles de la Madeleine Côtes rouges déchirées et plages orangées, elles accueillent kitesurfeurs, kayakistes, véliplanchistes et plongeurs à la recherche de phoques (p. 396).

Anse-au-Griffon Sur trois rivières prenant leur source dans les monts Chic-Chocs, les adeptes du canyoning, du rafting et de kayak en eaux vives s'en donnent à cœur joie (p. 377).

Baie Saint-Paul Des séjours de kayak-camping permettent la découverte du Saint-Laurent au fil de l'eau, près des cétacés (p. 257).

L'Anse-Saint-Jean Le fjord du Saguenay se prête magnifiquement aux excursions en kayak de mer et en bateau (p 276).

Carleton-sur-Mer Les eaux plus chaudes et tranquilles de la baie des Chaleurs sont propices à la planche à voile, à la voile et au kayak (p. 391).

Rimouski Les adeptes de plongée approcheront les épaves gisant au fond de l'estuaire (p. 358).

Mois par mois

Le top 5

1. **Saison des festivals**, juillet
2. **Festival d'été de Québec**, juillet
3. **Carnaval de Québec**, février
4. **Fête nationale des Québecois**, juin
5. **Temps des sucres**, mars

Janvier

Fête des Neiges

Petits et grands se rendent au parc Jean-Drapeau à Montréal pour la Fête des Neiges, où ils s'adonnent aux sports d'hiver, grimpent sur de gigantesques glissades de glace et dégustent de la tire d'érable sur neige.

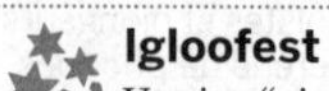

Igloofest

Version "vie nocturne" de la fête hivernale montréalaise. Les Montréalais enfilent leurs vêtements d'hiver les plus kitsch pour danser en plein air sur des rythmes de musique électronique.

Février

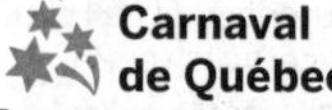

Carnaval de Québec

Les costumes sont remplacés par des habits bien chauds et une ceinture tressée en laine pour le plus grand carnaval d'hiver au monde. Au programme sur les Plaines d'Abraham, un fort de glace, des manèges, des sculptures sur glace, de la danse en plein air, le tout culminant lors du défilé de nuit où le char du Bonhomme Carnaval vole toujours la vedette.

Bal de Neige

Semblable à la Fête des Neiges, le Bal de Neige a lieu dans la région d'Ottawa et Gatineau. Les patineurs sont aussi au rendez-vous sur la longue glace du canal Rideau d'Ottawa, où l'on déguste une traditionnelle "queue de castor".

Mars

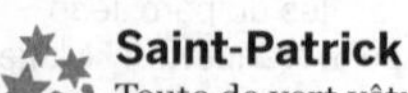

Saint-Patrick

Toute de vert vêtue, la communauté irlandaise et leurs sympathisants défilent avec leurs chars dans les rues de Montréal, dans une ambiance festive arrosée de bière...

Temps des sucres

Les dégels du printemps font couler la sève des érables, marquant le début du temps des sucres. C'est le moment des grands banquets dans les "cabanes à sucre", avec musique traditionnelle ou DJ et l'immanquable balade en traîneau sur l'érablière.

Avril

Party de crabe

Surtout fêtée dans l'est du Québec, la saison de pêche du crabe des neiges amène son lot de banquets, surtout entre collègues de travail. Des grandes tables sont mises et les règles de bienséance à table sont temporairement suspendues...

Mai

Journée des patriotes

Jour férié instauré en contrepoids à la fête de la Reine dans le reste du Canada, il a pour but de commémorer la lutte des Patriotes de 1837-1838 pour une meilleure démocratie dans la colonie britannique. Des événements ont lieu dans plusieurs villes du Québec.

Juin

Fête nationale des Québécois

La Saint-Jean-Baptiste se fête partout au Québec le 24 juin : déluge de drapeaux, concerts en plein air, discours patriotiques, des défilés et feux de joie.

Juillet

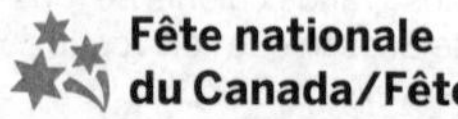

Fête nationale du Canada/Fête

du déménagement

Le 1er juillet est la date légale de fin des baux de location au Québec. Plus de 200 000 familles déménagent chaque année à cette période, ce qui donne lieu à des scènes urbaines cocasses et fait un joli pied de nez à la fête du Canada, peu célébrée au Québec.

Saison des festivals

Une partie du centre-ville de Montréal devient piétonnier pour près de deux mois, alors qu'ont lieu les grands festivals de l'été : Francofolies, Juste pour rire, Films du Monde, Fantasia, Osheaga (voir le détail p. 52)...

Festival d'été de Québec

La capitale s'anime pendant 11 jours pour le plus gros festival du Canada où sont programmés les grands noms québécois et internationaux du rock et de la pop. Les arts de la rue ne sont pas en reste ; jongleurs, acrobates et saltimbanques se donnent également en spectacle.

Noël du campeur

Dans les campings du Québec, le week-end précédant ou suivant le 24 juillet donne lieu à des festivités de Noël estival, avec ses décorations, ses cadeaux, un réveillon et, bien sûr, un gros bonhomme joufflu à barbe blanche...

Août

Fierté gaie

Deux journées de célébration dans le quartier du Village à Montréal : la première est consacrée aux assos et entreprises de la scène gay, tandis que la seconde culmine avec un défilé haut en couleur, attirant des dizaines de milliers de visiteurs.

Septembre

Épluchettes de blé d'Inde

Dans toute la province, fête de quartier traditionnelle en plein air marquant le début de l'automne, l'épluchette de blé d'Inde est l'occasion de manger du maïs en épi, cuit à l'eau dans d'immenses marmites, roulé sur du beurre et saupoudré de sel.

Journées de la culture

Semblables aux journées du patrimoine, le dernier week-end du mois amène son lot de gratuités, de "portes-ouvertes" et de démonstrations culturelles à travers la province.

Octobre

Action de grâces

Fête des récoltes reprise par la religion chrétienne, l'Action de grâces (*thanksgiving*) est prétexte à un repas familial ou entre amis. Elle précède d'un mois le *thanksgiving* américain, plus universel et codifié. Bizarrement, c'est chez les immigrants français qu'elle semble désormais la plus populaire

Halloween

D'origine anglo-saxonne, la fête d'Halloween voit les enfants se déguiser en monstres ou sorcières, et aller collecter des friandises de porte en porte tandis que les plus vieux ne manquent pas ce prétexte pour un bal costumé.

Novembre

Toussaint vs Jour du souvenir

Le sentiment antimilitaire s'exprime dans un certain refus de souligner en grande pompe le Jour du souvenir, fortement commémoré au Canada anglais. Les Canadiens-français préfèrent s'appuyer sur la fête religieuse de la Toussaint pour souligner les morts de façon plus générale, portant tout de même le coquelicot (fleur de l'Armistice) à la boutonnière.

Décembre

Guignolée

Cette grande collecte vise à soutenir les plus pauvres, incitant au don de denrées non périssables pour constituer des "paniers de Noël".

Défilé du père Noël

Dans les rues de Montréal, les lutins défilent sur des chars allégoriques et les enfants se réjouissent de cette opportunité de voir de leurs propres yeux le sympathique vieillard qui les couvrira de cadeaux.

Boxing Day

Les soldes du lendemain de Noël sont le théâtre de telles braderies que certaines familles vont jusqu'à attendre le 27 décembre pour offrir les cadeaux. Les gens font la queue à l'ouverture des magasins, et la cohue commerciale peut facilement donner le tournis.

Itinéraires

Que vous disposiez d'une semaine ou de deux mois, ces itinéraires constituent des bases pour élaborer un voyage inoubliable. Encore en manque d'inspiration ? Consultez le forum des voyageurs de Lonely Planet à l'adresse www.lonelyplanet.fr/forum.

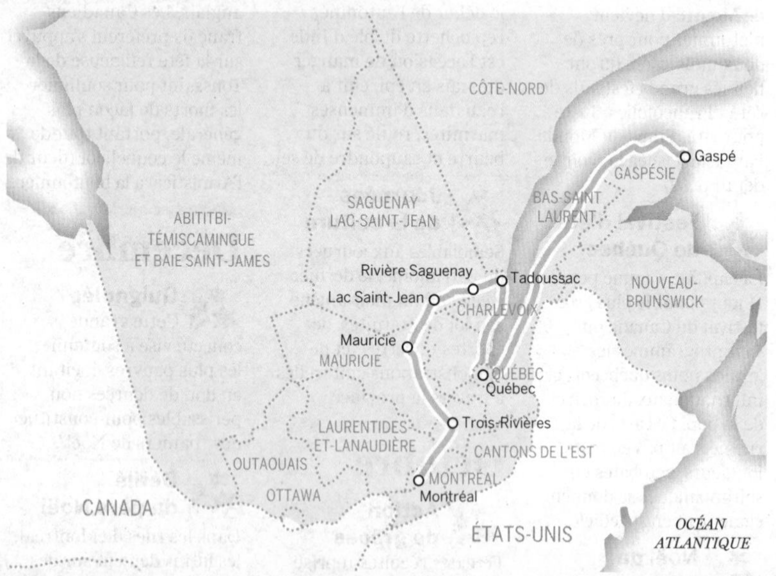

Trois semaines
Les incontournables

Après avoir goûté pendant quelques jours au cosmopolitisme et à l'effervescence de **Montréal**, rejoignez la ville de **Trois-Rivières** et montez vers le Lac-Saint-Jean par la belle **Mauricie**. Au passage, faites une halte dans les parcs nationaux des environs. Depuis le **Lac-Saint-Jean**, descendez ensuite vers le Saint-Laurent en empruntant les rives de la **rivière Saguenay** jusqu'à **Tadoussac**, réputée pour l'observation des baleines. En traversant la superbe région de **Charlevoix**, rejoignez la ville de **Québec**, riche en musées, et traversez le fleuve pour gagner la côte sud. Une longue route vous conduira jusqu'à **Gaspé**, à l'extrémité est de la Gaspésie. Ce bel itinéraire révèle de nombreuses facettes de la province et peut se découper facilement : Montréal-Québec-Tadoussac ; Montréal-Trois-Rivières-lac Saint-Jean-Saguenay-Tadoussac-Québec ; Montréal-Québec-Gaspésie...

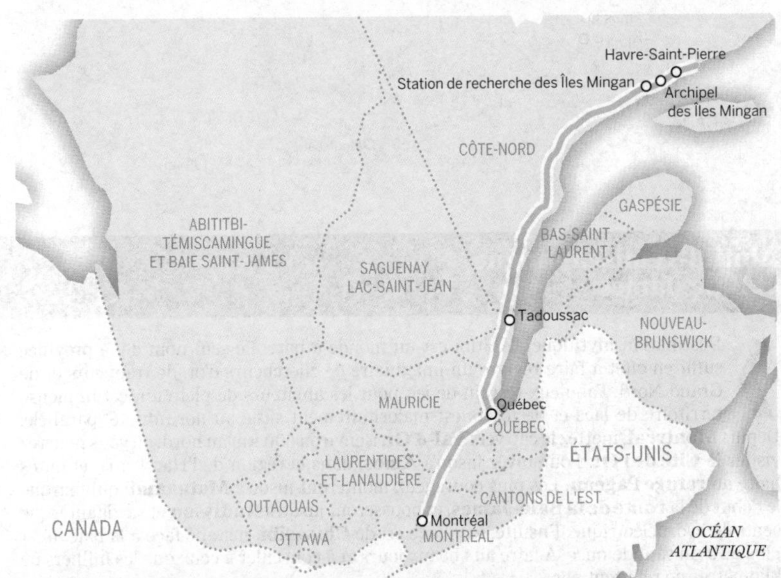

Deux ou trois semaines
Côte-Nord et Minganie

Cet itinéraire longe la rive nord du Saint-Laurent sur environ 1 000 km jusqu'à la Minganie, territoire de bout du monde qui dévoile la vraie nature de la Côte-Nord. De **Montréal**, faites route jusqu'à **Québec** avant de poursuivre vers **Tadoussac**, au bord du Saint-Laurent, considérée comme la capitale mondiale de l'observation des baleines. Une longue route vous attend ensuite le long du fleuve, dans une région qui révèle peu à peu sa dimension résolument nordique jusqu'à **Havre-Saint-Pierre**. De là, vous gagnerez facilement l'ensorcelante réserve de l'**archipel des îles de Mingan**, un chapelet d'îles et îlots qui se distingue par la richesse de sa faune arctique et ses étonnantes formations géologiques calcaires. Au programme : observation des phoques, des baleines et des oiseaux. Les plus aventureux termineront leur course à **Natashquan**, qui réserve des panoramas insolites, à la rencontre de l'immensité saline du Saint-Laurent et de la toundra nordique. Une variante, encore plus originale : embarquez pour un voyage exceptionnel sur le **Nordik Express**, un bateau qui fait halte dans plusieurs villages de la **Basse-Côte-Nord**.

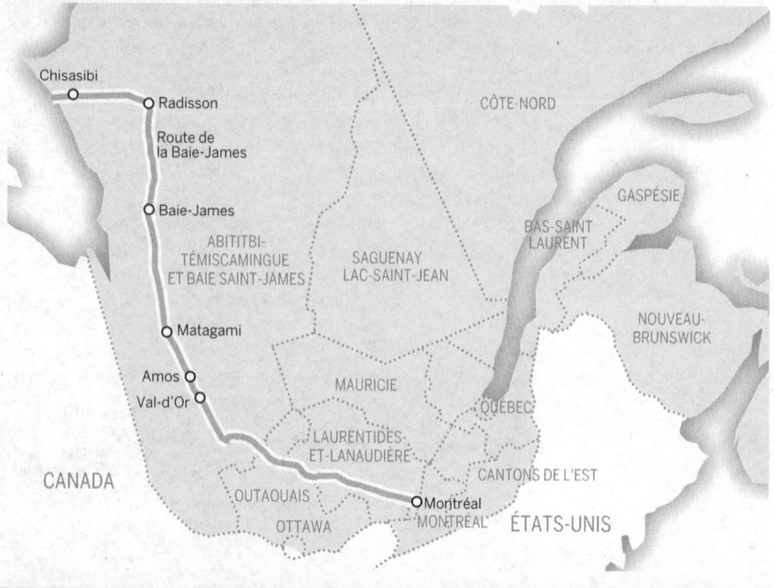

Abitibi-Témiscamingue et Baie-James

Destination mythique, l'Abitibi est un monde à part. Le seul nom de la province suffit en effet à faire revivre un imaginaire de chercheurs d'or, de trappeurs et de Grand Nord. Fabuleux terrain de jeu pour les amateurs de plein air, cet immense territoire de lacs et de forêts est majoritairement situé au nord du 48e parallèle. Depuis **Montréal**, mettez le cap vers **Val-d'Or**, à environ 500 km au nord, où vous pourrez visiter la **Cité de l'Or**. Poursuivez jusqu'à **Amos**, dans la région de l'Harricana, et faites halte au **refuge Pageau**. Les plus courageux monteront jusqu'à **Matagami**, qui marque le début de la **route de la Baie-James**, et pousseront jusqu'à **Radisson** et sa gigantesque centrale hydroélectrique. Ensuite, le village cri de **Chisasibi**, installé face à la baie, n'est plus qu'à un saut de puce. À faire aux beaux jours et à conseiller à ceux que les milliers de kilomètres ne rebutent pas...

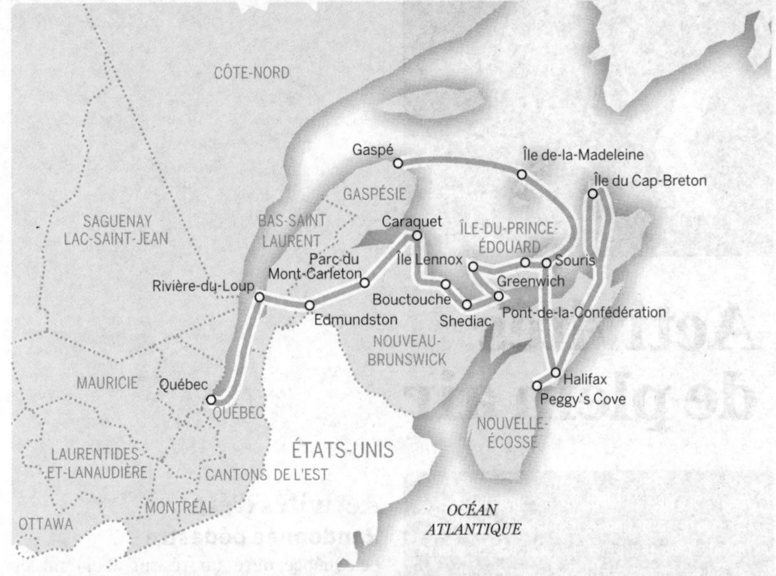

Provinces maritimes et îles de la Madeleine

C'est l'itinéraire idéal pour terminer en beauté un séjour à Québec ou en Gaspésie. De **Québec**, vous passerez sur la rive sud et, à **Rivière-du-Loup**, vous bifurquerez vers le **Nouveau-Brunswick**. Continuez jusqu'au **parc du Mont-Carleton**, un espace naturel préservé de la chaîne des Appalaches. Suivez ensuite la baie des Chaleurs avec des incursions dans de charmantes villes comme **Caraquet**. La route continue ensuite vers le sud où se succèdent **Bouctouche**, le pays de la Sagouine, et **Shediac**. Au cap Tourmentin, vous traverserez le gigantesque **pont de la Confédération**, avant d'arriver à l'**Île-du-Prince-Édouard** et ses célèbres falaises rouges. Rendez-vous alors à la petite **île Lennox** et à son village micmac, à **Greenwich** ourlé de superbes dunes, avant de prendre le bateau pour les **îles de la Madeleine**. Dans les îles, découvrez les jolies maisons colorées des Madelinots et le paysage enchanteur de l'**île d'Entrée**, la réserve nationale faunique de **Grosse-Île** et le port de **Grande-Entrée**. Vous retournerez sur le continent, à **Gaspé**, en prenant un avion de l'île du Havre-aux-Maisons, un bateau-croisière ou un ferry à Cap-aux-Meules, où vous pourrez embarquer votre voiture.

Si vous avez un peu de temps, n'hésitez pas à faire un crochet par la **Nouvelle-Écosse** : arrêtez-vous au port maritime de **Halifax** et à **Peggy's Cove**, et faites le tour de l'**île du Cap-Breton**, sur une route panoramique à couper le souffle.

Activités de plein air

Avec 25% de son territoire recouvert d'eau et 50% de forêt dense, le Québec est un vrai paradis pour pratiquer des activités de plein air. Saison après saison, les vents chauds et salins de l'été, les pommiers en fleur, les feuilles rougies par l'automne, le silence apaisant du manteau hivernal ou encore la fraîcheur de la sève d'érable du printemps feront tour à tour partie de votre séjour. Le tout dans un espace préservé unique ; pas étonnant que l'Unesco ait décerné le titre de réserve de la biosphère à plusieurs sites québécois.

Plus de 32 000 km de sentiers balisés y attendent les adeptes de la motoneige ; un million de lacs attirent les fervents du canot et du canot-camping ; 90 stations de ski les fanas de la glisse ; une vingtaine de parcs les amateurs de randonnée en raquettes, à skis, à pied ou à vélo. Sans oublier les sorties en attelage de chiens de traîneau et la pêche blanche, qui promettent des aventures hors du commun.

Chaque région compte ses propres activités de plein air. Vous trouverez ainsi des précisions aux rubriques *À faire* des villes et régions de ce guide.

Pensez à vous informer auprès des offices du tourisme. Ils vous fourniront des détails sur les organisations et les agences proposant des "circuits aventure" et autres excursions ; ainsi que des renseignements sur les parcs nationaux et provinciaux.

Activités d'été

Randonnée pédestre

Le Québec offre un réseau abondant et extrêmement varié de sentiers. Les plus intéressants sont implantés dans les parcs nationaux ou provinciaux. Les centres d'accueil des parcs vous fourniront des cartes bien conçues et des guides naturalistes pourront aussi vous aider à choisir un parcours. Les parcs offrent également de nombreuses sorties collectives (certaines conçues pour les personnes handicapées). Les thèmes abordés sont divers (ornithologie, observation de l'orignal, du loup, de l'ours…) et s'adressent à toute la famille.

Parmi les itinéraires de grande randonnée figurent la traversée du Charlevoix, le Sentier International des Appalaches (qui rejoint les états-Unis, les Cantons-de-l'Est et la Gaspésie) ou encore la remontée du fjord du Saguenay depuis Tadoussac. Les sentiers nécessitant plus d'une journée de marche sont en général équipés d'abris. Vous trouverez toujours sur place de quoi camper.

Sépaq (☎418-890-6527 ou 1-800-665-6527 ; www.sepaq.com). Parcs nationaux et les réserves du Québec et informations sur les forfaits et les activités qui y sont pratiquées.

Canot, canot-camping et kayak

Vestige de l'époque de la trappe, le canot (canoë) est presque une institution au Québec. La province compte des milliers de possibilités pour pratiquer cette activité. Le canot-camping consiste à rejoindre en canot (éventuellement en le portant entre les lacs) des sites de camping rustiques implantés dans des environnements quasi vierges.

Les parcs nationaux et provinciaux sont idéaux pour les excursions de canot-camping. La plupart sont aisément accessibles et nombreux sont ceux qui louent des canots, notamment dans les parcs du Mont-Tremblant (Laurentides), de la Mauricie (Mauricie), de la Gatineau (Outaouais), ou encore dans la très belle réserve faunique de Papineau-Labelle (Laurentides/Outaouais). Dans les villes, à proximité des parcs, voire dans les parcs eux-mêmes, vous pourrez louer des équipements de sport.

Le kayak en eau vive se pratique dans la plupart des parcs du Québec. Certains lacs ou rivières nécessitent un équipement approprié contre le froid à l'année, car l'eau ne dépasse pas les 5°C. Outre les prestataires privés, de nombreux parcs et réserves proposent des kayaks en location, de même qu'une panoplie de parcours guidés et d'expéditions combinées au camping.

Aussi, le fjord du Saguenay, la réserve de l'Archipel-de-Mingan et les eaux au large des îles de la Madeleine se prêtent à merveille au kayak de mer, voire au kayak de glace. Le kayak constitue sans aucun doute le moyen idéal d'observation des cétacés dans le Parc Marin du Saguenay-Saint-Laurent, d'autant plus qu'il est en harmonie complète avec l'environnement. Le sentier maritime du Saint-Laurent (aussi appelé Route bleue, voir l'encadré p. 28) peut cependant parfois se révéler dangereux et s'adresse à des kayakistes expérimentés. Nous vous conseillons fortement d'y privilégier des sorties guidées.

Fédération québécoise du canot et du kayak (☎514-252-3001 ; www.canot-kayak.qc.ca ; 4545 av. Pierre-de-Coubertin, Montréal). Informe sur les parcours canotables et kayakables.

Mer et Monde (☎418-232-6779 ou 1-866-637-6663 ; www.mer-et-monde.qc.ca ; Bergeronnes, Côte-Nord). Le spécialiste du kayak des environs de Tadoussac.

Fjord en Kayak (☎418-272-3024 ou 1-866-725-2925 ; www.fjord-en-kayak.ca ; Anse-Saint-Jean, Saguenay). Découverte du fjord du Saguenay.

Katabatik (☎418 665-2332 ; www.katabatik.ca ; 595 rue Saint-Raphaël, La Malbaie, Cap-à-l'Aigle, Charlevoix). Initiation au kayak de mer, excursions et expéditions guidées et kayak hivernal. Kiosques dans plusieurs villes du Québec.

MA CABANE AU CANADA

Cette expression française un peu usée, qui irrite parfois les Québécois, désigne pourtant une image à la fois poétique et rustique. "Ma cabane au Canada" suggère un petit refuge niché en pleine nature, à l'écart du monde. Nombreux sont les visiteurs qui cultivent le rêve de trouver "leur" cabane au Canada.

À leur gré, les Québécois ont développé un réseau d'habitations insolites. Le chalet en bois rond en bordure de lac demeure le nec plus ultra des vacances. D'autres options sont plus originales. Plusieurs de ces chalets en bois sont construits en harmonie avec la nature (écologîtes), sans électricité (voir *Entre Cimes et Racines*, p. 188) ou dans le cadre luxueux, mais non moins chaleureux, de chalets de villégiature (voir le *refuge au Vieux Loup de Mer*, p. 361). Les parcs nationaux offrent également des séjours en camping dans de vastes tentes Huttopia prêt-à-camper, idéales en famille. Les visiteurs en quête de sensations nouvelles seront conquis par de jolies maisonnettes construites dans les arbres (voir *Parc Aventures Cap-Jaseux*, p. 286). Vous trouverez également en forêt, des tipis et des tentes ayant servi aux prospecteurs, idéals pour le camping d'hiver. Autres habitations insolites aux abords du Saint-Laurent : des yourtes importées de Mongolie, assez chaudes pour résister à l'hiver québécois. Vous en trouverez dans diverses régions (voir p. 361, p. 400, p. 403).

L'igloo, habitation inuite, peut faire l'objet d'un séjour insolite. Cette voûte glacée construite à l'aide d'un couteau à neige devient un petit nid très douillet lorsque son intérieur est recouvert de peaux (voir *Parc national du Bic*, p. 360). Enfin, l'ultime expérience hivernale : une nuit à l'hôtel de glace de Québec (voir p. 232). Les fondations et le mobilier de ce luxueux hôtel sont sculptés dans 15 000 tonnes de glace et de neige et il est reconstruit chaque année. Vous y dormirez sur des lits recouverts de fourrures et prendrez l'apéritif au bar de glace. Autant de manières de trouver sa "cabane" et d'apprivoiser une nature en constante métamorphose.

La Forêt de l'Aigle (☎819-449-7111 ou 1-866-449-7111 ; www.foretdelaigle.com ; 1 chemin Black Rollway, Cayamant, Outaouais). Kayak de rivière, canot et canot-camping.

Au Diable Vert (☎450-538-5639 ; www.audiablevert.qc.ca ; 169 chemin Staines, Glen Sutton, Cantons-de-l'Est). Kayak sur la rivière Missisquoi.

Vert et Mer (☎418-986-3555 ou 1-866-986-3555; www.vertetmer.com ; 84 chemin des Vigneau, Fatima, îles de la Madeleine). Forfaits écotouristiques de grande qualité (kayak de mer, plongée, pêche, ParaskiFlex) et service d'orientation et de vigie pour kayakistes autonomes.

COOP Kayaks des îles Trois-Pistoles (☎418-851-4637 ; www.kayaksdesiles.com ; 60 av. du Parc, Trois-Pistoles, Bas-Saint-Laurent). Kayak de mer au coucher de soleil.

Cime Aventures (☎418-534-2333 ou 1-800-790-2463 ; www.cimeaventures.com ; 200 chemin Athanase Arsenault, Bonaventure, Gaspésie). Kayak et canotage sur la rivière Bonaventure.

Rafting

Le rafting au Québec réserve son lot d'émotions. Il se pratique notamment sur la rivière Mattawin (Mauricie), la rivière Jacques-Cartier (Québec), la rivière Rouge (environs de Montréal), les rivières Shipshaw, Métabétchouane et Mistissibi (Saguenay-Lac-Saint-Jean) et les gorges de la rivière Malbaie (Charlevoix). Depuis Montréal également, le rafting se pratique sur les rapides du canal Lachine. Le nord-ouest du parc de la Gatineau, près de l'Ontario, compte également parmi les régions les plus propices à la pratique de cette activité. La saison va de la fin avril à la mi-octobre.

Esprit Rafting (☎1-800-596-7238 ; www.espritrafting.com). Ce club sérieux est implanté à Davidson, au nord-ouest du parc de la Gatineau.

Rafting Momentum (☎819-360-8247 ou 1-800-790-7238 ; www.raftingmomentum.com ; 1041 route 148, Bryson, Outaouais). Rafting écotouristique sur la rivière des Outaouais.

Rafting Nouveau-Monde (☎819-242-7238 ou 1-800-361-5033 ; www.raftingnouveaumonde.com ; 25 chemin des Sept-Chutes, Greenville-sur-la-Rouge, Laurentides). Rafting et kayak de mer sur la rivière Rouge.

Griffon Aventure (☎418-360-6614 ; www.aubergegaspe.com ; 829 bd du Griffon, L'Anse-au-Griffon, Gaspésie). Canyoning, canot, kayak et rafting familial ou sportif.

H2O Expéditions et Aventures (☎418-246-7238 ou 1-866-697-7238 ; www.aventure-expedition.com ; 125 rue du Quai, Desbiens, Saguenay-Lac-St-Jean). Rafting, kayak de mer et canot-camping sur les rivières Batiscan, Jacques-Cartier, Métabetchouane, Mistassibi et Shipshaw.

Centre d'Aventure Mattawin (☎819-646-9006 ou 1-800-815-7238 ; www.centredaventuremattawin.com ; 3911 route 155, Trois-Rives, Mauricie). Rafting, kayak de mer et de rivière, escalade et canyoning.

Voile

Les sports de voile sont particulièrement prisés en Gaspésie et aux îles de la Madeleine, mais aussi sur les plans d'eau du reste de la province. Plusieurs parcs Sepaq proposent la location de planches à voiles. Le kitesurf gagne en popularité et c'est aux îles de la Madeleine que vous trouverez la plus grande concentration d'écoles proposant des forfaits d'initiation (voir p. 402).

LA ROUTE BLEUE

Ce **sentier maritime du fleuve Saint-Laurent** a été imaginé par des écologistes et des amateurs de plein air, soucieux de mettre en valeur la biodiversité du littoral et des îles du Saint-Laurent. Reliant plus de 2 500 km de rives, la **Route bleue** s'adresse principalement aux petites embarcations respectueuses de l'environnement, donc à faible tirant d'eau : kayaks de mer, bateaux à voiles et canots. Ses circuits sont sécuritaires, mais non balisés. En payant le droit d'accès (15-45 $ par secteur), vous recevrez également le **Guide bleu**, un outil essentiel réunissant toutes les cartes et les services nécessaires (hébergement, ravitaillement, entreposage...). Pagayer le long des rives des superbes côtes gaspésiennes ou encore s'immobiliser à hauteur d'eau à l'intérieur des baies de Tadoussac afin d'observer les baleines est une expérience inoubliable. Afin de préparer votre voyage, communiquez avec la **Fédération québécoise du canot et du kayak** (voir p. 27) ou consultez le site www.sentiermaritime.ca.

Fédération de voile du Québec (☎514 252-3097 ou 1 866 864-5372 www.voile.qc.ca ; 4545 av. Pierre-de-Coubertin, Montréal)

Centre nautique de l'Istorlet (☎418-937-5266 ou 1-888-937-8166 ; www.istorlet.com ; 100 chemin de l'Istorlet, Havre-Aubert, îles de la Madeleine)

Club de voile de Memphrémagog (☎819-847-3181 ; www.voilememphremagog.com ; 155 chemin de la Plage des Cantons, Magog, Cantons-de-l'Est). Activités de planche à voile et de paraski (kitesurf à ski) sur le lac Memphrémagog gelé, en hiver.

Les voiles Carl Veilleux (☎662-6558 ou 720-2451 ; www.lesvoilescarlveilleux.com ; 4 chemin de la Plage, Lac-Saint-Jean). Croisière en voilier de 10 m.

Écovoile (☎364-7802 ; www.ecovoile.com ; 499 bd Perron, Carleton-sur-Mer, Gaspésie). École de voile, sorties en mer et location d'embarcations : kayaks, dériveurs, planches à voile.

Aérosport (☎986-6677 ou 1-866-986-6677 ; www.aerosport.ca ; 1390 chemin La Vernière, îles de la Madeleine). Buggy tracté, kitesurf, voilier et autres sports nautiques.

Pêche

La pêche en eau douce (notamment au saumon) est une activité traditionnelle au Québec. Elle est réglementée et se pratique dans la majorité des parcs et réserves. Chaque type de pêche requiert un permis dont la durée de validité et le prix sont variables. Les offices du tourisme vous renseigneront. N'oubliez pas de vous procurer un guide concernant les différentes périodes d'ouverture de la pêche suivant les espèces. Notez entre autres que la truite, le brochet et le doré se pêchent au printemps, le saumon de l'Atlantique et les ombles à l'automne, la lotte en hiver et, enfin, l'achigan et le saumon de rivière en été. De nombreuses pourvoiries offrent des forfaits de pêche.

Saumon Québec (☎1-866-972-8666 ; www.saumonquebec.com). Fédération des gestionnaires des rivières à saumon du Québec.

Ministère des ressources naturelles (☎1-866-248-6936 ; www.mrn.gouv.qc.ca/faune/peche). Les publications gouvernementales sur la pêche et la réglementation.

Baignade et plages

Vous n'aurez que l'embarras du choix, entre le fleuve Saint-Laurent et les innombrables lacs et rivières du Québec. Encore faut-il aimer l'eau fraîche (en moyenne l'eau ne dépasse guère les 17°C). Dans les parcs et les réserves, les plages sont aménagées et surveillées.

La plage du parc d'Oka dans les environs de Montréal et la plage des Îles sur l'île Notre-Dame à Montréal attirent beaucoup de monde, mais sont de faible intérêt. Celles du lac Monroe, dans le parc du Mont-Tremblant, et des lacs Meech, Philippe et La Pêche dans le parc de la Gatineau, sont superbes. Citons également les plages des îles de la Madeleine, celle de Penouille (parc Forillon) et celles du parc de la Pointe-Taillon (lac Saint-Jean).

Plongée

La plongée se pratique dans le Bas-Saint-Laurent, la Gaspésie, les îles de la Madeleine et sur la Côte-Nord. Les fonds du Saint-Laurent (notamment aux abords des Escoumins) présentent localement des microclimats arctiques dont certains plongeurs vous parleront avec des trémolos dans la voix.

La Fédération québécoise des activités subaquatiques regroupe tous les intervenants du monde de la plongée au Québec. Elle édite chaque année un annuaire recensant l'ensemble des clubs de la province.

Fédération québécoise des activités subaquatiques (☎514-252-3009 ou 1-866-391-8835 ; www.fqas.qc.ca ; 4545 av. Pierre-de-Coubertin, Montréal)

Centre de découverte du milieu marin (☎418-233-4414 ; www.parcmarin.qc.ca ; 41 rue des Pilotes, Les Escoumins, Côte-Nord)

Centre nautique de l'Istorlet (☎937-5266 ou 1-888-937-8166 ; www.istorlet.com ; 100 chemin de l'Istorlet, Havre-Aubert). Plongée légère en apnée avec les phoques aux îles de la Madeleine.

Centre de plongée du Bas-Saint-Laurent (☎418-722-6232 ; www.centredeplongeebsl.com ; 292 av. Saint-Germain Ouest, Rimouski)

Club nautique de Percé (☎418-782-5403 ; www.percenautic.com ; 199 route 132, Percé, Gaspésie). Kayak, plongée et observation des mammifères marins au parc de l'Île-Bonaventure-et-du-Rocher-Percé.

Vélo et VTT

Le Québec est l'endroit où l'on pédale le plus en Amérique du Nord ! Que ce soit à la ville, à la campagne ou dans les parcs et réserves, le vélo est roi. Les pistes aménagées sont nombreuses et garantissent un maximum de sécurité.

DÉCOUVRIR LE QUÉBEC À VÉLO

Partir à la découverte du Québec à vélo promet une expérience inoubliable. Durant la saison estivale, le circuit de la **Route verte** (www.routeverte.com) du Québec, l'itinéraire cyclable le plus long en Amérique du Nord (5 000 km), vous permet de découvrir les magnifiques paysages de forêts et de lacs sauvages, de régions agricoles en fleurs ponctuées de villages ou encore de suivre le majestueux fleuve Saint-Laurent, à son propre rythme, en observant les baleines du coin de l'œil.

La Route verte traverse toutes les régions du Québec ; vous aurez donc l'embarras du choix. Vous trouverez des services de location de vélos, de transport de bagages, ainsi qu'un hébergement certifié "Bienvenue cyclistes" sur votre parcours. Les gîtes intégrés à la Route verte comprennent souvent un abri verrouillé pour les vélos, de l'outillage et des menus riches en protéines ! Le **Guide officiel de la Route verte** (24,95 $) contient les cartes, la liste des services et les attraits de chacun des parcours. Vous trouverez également toutes les informations nécessaires par région en ligne sur le site de **Vélo Québec** (www.velo.qc.ca).

Nous vous proposons trois circuits "coups de cœur". Idéale pour découvrir la région en solo ou en famille, la populaire **Véloroute des bleuets** trace un tour complet de la région du Lac-Saint-Jean. Un grand nombre de services et d'hébergements sont éparpillés sur tout le trajet. Pour une aventure rafraîchissante, le séjour **Croisière & Vélo aux îles de la Madeleine**, offert par le prestataire écotouristique Vert et Mer (www.vertetmer.com) et les croisières CTMA (www.ctma.ca), comprend une croisière Montréal-îles de la Madeleine (escales à Québec et en Gaspésie), des escapades en vélo et des sorties guidées en kayak dans l'archipel, l'hébergement en yourte et en camping ainsi que tous les repas (à base de produits du terroir). Les prix sont raisonnables. Enfin, pour un séjour plus intime et en autonomie complète, la **Véloroute des cantons** traverse les chemins de campagne et ceux plus montagneux des Cantons-de-l'Est. Elle est idéale pour découvrir le circuit vinicole de la région.

Inspirée des grands itinéraires cyclables du monde, la **Route verte** compte plus de 5 000 km d'itinéraires balisés sur piste et sur route, de part et d'autre de la province (voir l'encadré ci-dessus).

De nombreux parcs ont aménagé des itinéraires de **VTT** (appelé ici vélo de montagne), dont ceux d'Orford et de Bromont dans les Cantons-de-l'Est.

Le parc linéaire (au Québec, un parc beaucoup plus long que large) **Le P'tit Train du Nord**, sur le lit de l'ancienne voie ferrée des Laurentides, se présente sous la forme d'une piste de 200 km de long reliant Saint-Jérôme à Mont-Laurier, ouverte aux cyclistes. La boucle de la **Véloroute des bleuets** au lac Saint-Jean encercle le lac Saint-Jean à partir d'Alma sur une longueur de 256 km. Pour une courte escapade, empruntez le circuit du **canal de Lachine** en bordure du Vieux-Port de Montréal.

Fédération québécoise des sports cyclistes (☎514-252-3071 :www.fqsc.net). Rassemble les ressources destinées aux cyclistes BMX' cyclocross, cyclosportifs, de montagne, sur piste et sur route.

Vélo Québec (☎514-521-8356 ou 1-800-567-8356 ; www.velo.qc.ca, ; 1251 rue Rachel Est, Montréal). La référence du cyclisme au Québec.

Véloroute des bleuets (☎418-668-4541 ou 1-866-550-4541 ; www.veloroute-bleuets.qc.ca ; 1692 av. du Pont-Nord, Alma, Lac-Saint-Jean). Piste cyclable au lac Saint-Jean. Service de navette pour les bagages de la mi-juin à la mi-septembre. Voir l'encadré p. 289.

Véloroute des cantons (☎1-800-355-5755 ; www.cantonsdelest.com). Permet de traverser la région des Cantons-de-l'Est (225 km), incluant entre autres le circuit de la Route des vins. Carte vélo touristique, services de transport de bagages et de taxi-vélo 24h/jour. Voir l'encadré p. 177.

Parc linéaire du P'tit Train du Nord (☎450-224-7007 ou 1-800-561-6673 ; www.laurentides.com/parclineaire). Itinéraire des Laurentides entre Saint-Jérôme et Mont-Laurier, accessible au vélo. Service de transport. Voir l'encadré p. 102.

Station touristique Bromont (☎450-534-2200 ou 1-866-276-6668 ; www.skibromont.com/velo ; 105 rue Champlain, Bromont, Cantons-de-l'Est). 100 km de sentiers de VTT sur le mont Bromont.

Escalade et hébertisme aérien

Les forêts du Québec se prêtent particulièrement bien aux parcours dans les arbres et à l'escalade. Citons notamment les régions des Cantons-de-l'Est, de Charlevoix, de la Gaspésie et des Laurentides, qui présentent toutes un relief montagneux.

Outre l'exploration de larges parois rocheuses, souvent en bord de mer, les parcours d'hébertisme permettent les déplacements à l'aide de tyroliennes, de passerelles suspendues, de sauts pendulaires et de ponts de cordes. En hiver, on pratique également l'escalade de glace, avec chaussures et raquettes à crampons. Les services d'un guide sont fortement conseillés en tout temps.

D'Arbre en Arbre (www.parcsarbreenarbre.com). Réseau québécois de parcs d'hébertisme aérien.

Arbraska (☎1-877-886-5500 :www.arbraska.com ; 7385 Papineau, Montréal). Regroupe 4 parcs d'hébertisme aérien.

École d'escalade Val-David (☎819-323-6987 ; www.ecole-escalade.com ; 2374 rue Bastien, Val-David, Laurentides). Initiation et sorties d'escalade au parc Dufresne (www.parcregionaldufresne.com).

Eskamer Aventure (☎418-763-2299 ; www.eskamer.ca ; 292 bd Perron Est ; Sainte-Anne-des-Monts, Gaspésie). Initiation au canyoning (escalade de canyon).

Roc Gyms (☎418-647-4422 ou 1-800-762-4967 ; www.rocgyms.com ; 1000 route 170, Saint-Siméon, Charlevoix). Parc d'aventure en montagne. Escalade sur roc et sur glace, via ferrata et tyrolienne.

Sebka (☎418-493-9984 ; www.sebka.ca ; 273 route 132 Ouest, Saint-André-de-Kamouraska, Bas-Saint-Laurent). Escalade sur paroi naturelle d'orthoquartzite.

Activités d'hiver

Motoneige

Avec ses innombrables sentiers balisés, la motoneige dispose au Québec d'une infrastructure qui n'a rien à envier au réseau routier. La **Fédération des clubs de motoneigistes du Québec** (☎514-252-3076 ; www.fcmq.qc.ca) compte 4 500 membres bénévoles qui entretiennent les sentiers chaque saison. Il produit chaque année un guide complet des services et une carte de tous les sentiers au Québec.

Les droits d'accès (190 $/sem) sont valables pour le réseau entier. La motoneige reste néanmoins une activité onéreuse. Outre la machine, vous devrez en effet vous assurer les services d'un guide ; il est plus simple de réserver un forfait auprès d'une agence. La route du Labrador est considérée comme un "must" par les motoneigistes. La Mauricie et l'Abitibi offrent également d'excellentes pistes.

Fédération des clubs de motoneigistes du Québec (☎514-252-3076 ; www.fcmq.qc.ca ; 4545 av. Pierre-de-Coubertin, Montréal)

Randonneige Québec (☎1-888-608-2388 ; www.randonneige.com ; 8 rue Notre-Dame, Sainte-Agathe-des-Monts). Motoneige, pêche blanche et traîneau à chiens dans les Laurentides.

Les excursions du Trappeur (☎819-532-2600 ou 1-866-356-2600 ; www.bonjourmauricie.com ; 2120 chemin Saint-François, Saint-Mathieu-du-Parc, Mauricie). À l'Auberge du Trappeur. Observations guidées de l'ours noir, du castor et de l'orignal, randonnées en traîneau à chiens et motoneige.

Wawate Tourisme d'Aventure (☎819-825-9518 ; www.aubergeorpailleur.com ; 104 rue Perreault, Val-d'Or, Abitibi)

Quelques agences de voyages se spécialisant dans les forfaits de motoneige (et traîneaux à chiens) :

Aventuria (☎01 44 50 58 40 depuis la France ; www.aventuria.com)

Évasion Sports Québec (☎0 805 080 336 depuis la France, 1-855-888-2290 depuis le Canada ; www.evasionsportsquebec.ca)

Kamoutik Aventure (☎418-598-6455 ; www.raidmotoneige.com)

Nord Expe (☎418-825-1772 ; www.nordexpe.com)

Grand Élan (☎0 800 956 686 ; www.motoneige-autrement.com)

Raid Canada (☎819-424-5809 ; www.raidcanada.com)

Traîneau à chiens

Les balades guidées et raids en traîneau à chiens, renouant avec des pratiques ancestrales, connaissent un réel engouement depuis quelques années. Les attelages se composent de 4 à 12 chiens (tout dépend de la race ; les malamutes sont bien plus gros que les huskies). Vous pouvez mener votre attelage ou vous laisser conduire ; dans ce cas, c'est le maître-chien (*musher*) qui dirigera la meute.

Les chiens et gîte du Grand Nord (☎418-673-7717 ; www.chiens-gite.qc.ca ; 18a Lac-Durand, Saint-David-de-Falardeau, Saguenay)

Auberge Le P'tit bonheur (☎418-829-2588 ; www.leptitbonheur.qc.ca ; 186 côte Lafleur, Saint-Jean, île d'Orléans)

LES POURVOIRIES

Évocatrices du mode de vie traditionnel des chasseurs et des pêcheurs, les pourvoiries offrent une occasion privilégiée de découvrir les forêts et les cours d'eau québécois. Implantées dans des sites en pleine nature, les pourvoiries surfent sur la vague de l'écotourisme, et ont, au fil des années, étendu leurs prestations à une multitude d'activités (randonnée, canotage, motoneige, kayak, VTT).

Les pourvoiries se concentrent généralement dans les régions les plus rustiques du Québec, soit l'Abitibi, la Côte-Nord, les Laurentides, la Mauricie et le Nord-du-Québec. Elles vous donnent accès à des territoires souvent difficiles à explorer. Un quart environ des 675 pourvoiries disséminées au Québec détiennent des droits exclusifs sur un territoire préservé. Les forfaits proposés incluent souvent l'hébergement et les activités. Les conditions de confort sont variées.

Les pourvoiries ne sont pas nécessairement faciles d'accès. Vous trouverez tous les détails (forfaits, règlements, périodes de chasse et de pêche...) auprès de la **fédération** (☎418-877-5191 ou 1-800-567-9009 ; www.pourvoiries.com ; 5237 bd Wilfrid-Hamel, bureau 270, Québec), qui regroupe environ 400 pourvoiries dans la province. À lire, deux livres incontournables : le *Guide de la Pourvoirie* (FPQ, 2010) et *Auberges et Pourvoiries exceptionnelles du Québec* (Éditions Horizons, 2007).

Les excursions du Trappeur (voir *Motoneige*, p. 31). Mauricie.

Randonneige Québec (voir *Motoneige*). Laurentides.

Husky Aventures (☎819-825-4385 ou 856-9176 ; www.huskyaventure.com ; 192 chemin Céré, Val d'Or, Abitibi)

Plein air de l'Anse (☎418-272-3085 ; www.pleinairdelanse.com ; 190, chemin Perigny ; L'Anse-Saint-Jean, Saguenay)

Attractions Boréales (☎418-679-6946 ; www.attractionsboreales.com ; 16 chemin du Lac-Pelletier, Girardville, Lac-Saint-Jean). Spécialisée dans les raids tout inclus de 5-12 jours.

Raquette

Dès les premiers flocons, en novembre-décembre, les sentiers de randonnée pédestre se transforment en pistes de randonnée en raquettes. Ce mode de déplacement traditionnel remporte toujours un franc succès. De nombreux parcs et réserves, sans oublier Le P'tit Train du Nord (voir l'encadré p. 102), sont ouverts aux randonneurs en raquettes. Des prestataires proposent également des circuits "clés en main" parfois accompagnés d'une initiation aux techniques de la trappe (chasse utilisant des pièges).

Patin à glace

On ne s'étonnera guère que le patin à glace soit assez populaire dans tout le Québec. À Montréal, l'Atrium le 1000 (p. 66) permet de s'y adonner toute l'année, tandis que les parcs et les plans d'eau de la ville se transforment l'hiver en patinoires improvisées. À ce titre, le lac aux Castors dans le parc du Mont-Royal (p. 61) et la patinoire du bassin Bonsecours (p. 66) dans le Vieux-Port comptent parmi les lieux favoris des Montréalais.

Ski de fond

Là encore, vous n'aurez que l'embarras du choix. À Montréal, à Québec, ou dans les parcs nationaux ou provinciaux, le réseau de sentiers est varié. Tous les types de parcours (de quelques heures à un ou plusieurs jours de randonnée) sont proposés. Le matériel se loue sur place sans problème et les cartes des sentiers sont disponibles auprès des offices du tourisme ou du centre d'accueil des parcs.

Au nord de Montréal, le **parc linéaire Le P'tit train du Nord** est certainement l'un des circuits les plus populaires. Le **parc de la Gatineau** et celui **de la Mauricie** disposent d'un vaste réseau de sentiers damés en hiver. La **Traversée de Charlevoix** est pour sa part réservée aux randonneurs confirmés. Plusieurs sites dédiés au ski de piste disposent également de pistes de ski de fond (Le Massif, Mont-Grand-Fonds, Mont-Sainte-Anne). La chaîne des Chic-Chocs dans le **parc de la Gaspésie**, le sentier des Caps ainsi que la Traversée de Charlevoix se prêtent magnifiquement à une expédition de ski de fond en pleine nature (pistes non damées) avec hébergement en refuges.

Ski de fond Québec (☎450-745-1888 ; www.skidefondquebec.ca ; 1400 bd Ste-Adèle, bureau 102 Ste-Adèle, Laurentides). Association pour la promotion du ski de fond.

Parc linéaire Le P'tit Train du Nord (voir *Vélo et VTT*, p. 29). Une piste de 40 km de ski de fond, Laurentides (section Saint-Jérôme/ Val-David).

Parc du Corridor Aérobique (☎450-226-1220 ou 1-800-898-2127 ; www.morinheights.com ; 50 chemin Écho, Morin-Heights, Laurentides). 150 km de sentiers.

Au Diable Vert (voir *Canot et kayak*, p. 26). Ski hors-piste, raquette et télémark (ski nordique), Cantons-de-l'Est.

La Forêt de l'Aigle (voir *Canot et kayak*). Ski de fond et raquette, Outaouais.

Ski

Le Québec compte plus de 90 stations de ski que les skieurs et plancheurs (pratiquant le snowboard) prennent d'assaut de décembre à avril. La majorité des pistes sont situées à environ une heure de route de Montréal ou à une trentaine de minutes de la ville de Québec. Il est facile de s'y rendre pour la journée, voire la demi-journée ou la soirée, si l'on dispose d'un véhicule. Certaines sont éclairées le soir jusqu'à 22h30. Sur place, vous trouverez tout l'équipement nécessaire en location et souvent une garderie pour les enfants.

Trois grandes stations offrent un dénivelé et un domaine skiable de fort calibre : Mont-Tremblant (95 pistes, dénivelé de 645 m), Mont-Saint-Anne (67 pistes, dénivelé de 625 m) et Le Massif (52 pistes, dénivelé de 770 m). La station du Massif, aménagée dans un site exceptionnel sur le littoral du fleuve Saint-Laurent, est appelée à connaître, dans les années à venir, un développement spectaculaire qui l'élèvera au rang des stations quatre saisons de calibre international.

Ski Québec Alpin (☎514-252-3089 : www.skiquebec.qc.ca ; 4545 av. Pierre-De-Coubertin, Montréal). Fédération québécoise de ski alpin.

Kiteski

Tout récemment, des Québécois fervents de sports extrêmes ont popularisé le kiteski, un type de ski tracté à voile qui se déploie sur les surfaces planes de larges plans d'eau gelés ou de champs enneigés. Le Québec compte déjà des milliers d'adeptes de ce sport aérotracté. Vous pourrez tenter l'expérience sur le lac Malartic, en Abitibi, le lac Memphrémagog, dans les Cantons-de-l'Est, aux îles de la Madeleine ou encore sur plusieurs lacs de la rive sud de Montréal.

Paraski Boréal (☎418-770-8342 ; ⌚déc-avr). À Chibougamau, au nord de l'Abitibi.

Vert et Mer (☎986-3555 ou 1-866-986-3555 ; www.vertetmer.com ; 84 chemin des Vigneau; Fatima, Îles de la Madeleine)

Les voiles Carl Veilleux (voir *Voile*, p. 28). Cours avancés de paraski sur le lac Saint-Jean.

Club de voile de Memphrémagog (voir *Voile*, p. 28). ParaskiFlex sur le lac, Cantons-de-l'Est.

Pêche blanche

L'hiver est la saison de la pêche blanche. Sur les cours d'eau gelés, chacun installe sa petite cabane de bois. À l'intérieur : un banc, parfois un radiateur et un trou pratiqué dans la glace. Cette activité se pratique notamment dans le fjord du Saguenay.

Voyager avec des enfants

Le choix est si vaste qu'il vous sera d'abord difficile de décider où emmener précisément vos enfants. Montagnes, prairies, plages, champs de glace et villes faciles d'accès se répartissent sur des milliers de kilomètres.

Pourtant, soyez rassuré : il vous est impossible de commettre un impair, car la destination semble faite pour charmer les bambins comme les adolescents – observer les animaux dans des parcs nationaux, se lancer dans une expédition en raft, apprendre l'histoire des mines en s'amusant, partir à la rencontre des baleines, faire du patin à glace sur les lacs gelés ou sur le canal Rideau à Ottawa, s'imprégner du charme cosmopolite de Montréal... le choix est vaste. Ajoutez à cela que les Québecois portent une attention toute particulière aux enfants, et vous n'aurez qu'une envie : celle de renouveler l'expérience.

Ce pays semble fait pour les enfants. Comme si voir des orignaux, des aigles et des baleines ou gambader dans la neige, sur la plage ou dans les bois toute la journée n'était pas assez divertissant, vous vous rendrez compte que, partout où vous mèneront vos pas, il existera quelque expérience éducative et amusante à réaliser, une page d'histoire à explorer avec des personnages en chair et en os, ou une pièce de théâtre mise en scène tout spécialement pour les petits.

Musées et monuments

La plupart des grandes villes renferment un musée des sciences souvent très interactif et adapté aux petits comme aux grands. Dans les sites historiques, les comédiens costumés vous font faire un saut dans le passé et proposent souvent des démonstrations, allant du forgeron au cuisinier. Vous aurez même parfois la chance d'assister à des spectacles de marionnettes ou de théâtre pour enfants et à d'autres événements, comme des promenades en chariot à foin. Les ados sont généralement très friands de ce genre d'endroits, où ils peuvent se promener en toute liberté et toucher des objets dont ils ont entendu parler en classe.

Les musées d'art proposent parfois des ateliers pour les enfants. Appelez avant votre venue pour connaître le programme.

Activités de plein air

Lorsqu'on évoque le Québec, surgissent immédiatement à l'esprit les grands espaces, l'air pur, les bêtes sauvages, la neige, le sable, les rivières, les lacs et les montagnes. Le choix d'activités de plein air est infini et les enfants ne sont pas en reste, avec des activités adaptées allant des bébés aux adolescents.

Les **cyclistes** sont les bienvenus dans les villes et nombreux sont les parcs et les pistes cyclables aménagés même pour les tout-petits, comme le parc linéaire Le P'tit Train du Nord (voir l'encadré p. 102), sur le lit de l'ancienne voie ferrée des Laurentides, ou la Véloroute des Bleuets autour du lac Saint-Jean (voir l'encadré p. 289). À Montréal, la piste cyclable du canal Lachine (p. 65) en bordure du Vieux-Port est propice à une courte escapade. Il est possible de louer des vélos, mais il n'est pas garanti d'en trouver pour les enfants. Des remorques sont parfois proposées. Si vos enfants sont plus grands, optez pour le **VTT**.

Les parcs nationaux tiennent compte des familles dans leurs aménagements et les circuits de **randonnée** comprennent toujours des portions faciles pour les petits et des circuits plus longs et ardus qui plairont davantage aux ados. La pratique de l'**équitation** est également répandue.

Le **canoë-kayak** est l'un des meilleurs moyens pour explorer le Québec. Dans la plupart des régions de lacs, vous pourrez louer des canoës parfaitement adaptés à une pratique familiale et de loisir. Au bord de l'océan, place au kayak de mer : location, cours, circuits et excursions sur plusieurs jours vous seront proposés.

Pour les ados en manque d'adrénaline, pourquoi ne pas essayer le **rafting**, les **descentes en chambre à air** (*tubing*) ou les **parcours dans les arbres** (*herbétisme aérien*) également très développés au Québec.

En termes d'activités aquatiques, la **pêche** reste indétrônable. Si les chalets de pêche (souvent situés dans les sites les plus poissonneux, mais éloignés) peuvent coûter une fortune, vous serez surpris de voir comme le poisson mord bien dans n'importe quel lac ou rivière. En hiver, bien couverts, la **pêche blanche** (pêche sur la glace) peut s'avérer une expérience familiale inoubliable.

L'**observation des baleines** peut être palpitante, mais prévoyez des cachets contre le mal de mer, de quoi grignoter, de la crème solaire et des vêtements chauds. Votre sortie en mer peut vite tourner au cauchemar si l'océan est agité et que vos enfants sont malades. Choisissez si possible une journée calme et des excursions courtes.

FORMALITÉS

Les enfants se rendant au Canada avec un seul parent ont besoin d'une autorisation du parent absent. Cette règle n'est pas toujours appliquée, mais mieux vaut ne pas prendre de risques et partir avec une lettre certifiée. Les parents divorcés doivent être munis d'un exemplaire des documents attestant qu'ils ont la garde légale de leur enfant.

Les eaux québécoises sont froides, mais cela ne semble pas déranger les enfants. Lors du court été, les eaux des îles de la Madeleine sont propices à l'apprentissage du **surf** ou de la **planche à voile**. Louez une planche et une combinaison ou prenez des cours.

Dès que les enfants sont très à l'aise sur leurs jambes, le **ski** et le **snowboard**, mais aussi le **patin à glace**, sont des activités idéales à pratiquer en famille. Tarifs : souvent gratuit pour les moins de 6 ans, entre 12% et 50% du tarif adulte pour les 6-12 ans et de 33% à 75% pour les 12-18 ans. Naturellement, vous pourrez également pratiquer **patinage**, **luge** et **raquettes**.

Reportez-vous à la rubrique *Les incontournables* (p. 36) pour connaître les meilleurs endroits où pratiquer ces activités.

Manger dehors

Aucun souci pour dénicher partout des fast-foods et des en-cas à grignoter dans la rue (surtout des aliments frits !). Si vous êtes à cheval sur la santé de votre petite famille, votre défi sera de trouver des alternatives plus saines ! Dans les bourgs, vous devrez peut-être vous rabattre sur les épiceries et concocter vous-même le repas. Heureusement, de nombreux gîtes et chambres familiales sont équipés d'un coin cuisine et vous serez également autorisés à vous mettre derrière les fourneaux dans certains B&B. Dans les villes d'importance, vous aurez le choix entre toutes sortes de restaurants, du végétarien aux *steakhouses*.

La plupart des restaurants québécois sont experts dans l'art d'accueillir les familles : dès que vous franchissez le pas de la porte avec votre progéniture, on vous propose des rehausseurs et on diligente des serveurs habitués à servir les enfants. Les menus pour bambins se cantonnent souvent aux blancs de poulet et aux hamburgers.

Vous pouvez aussi demander une demi-portion d'un plat affiché sur la carte adulte. En revanche, même avec les enfants les mieux élevés qui soient, les familles ne se sentiront pas à l'aise dans les restaurants raffinés, plus compassés.

Les incontournables

Se cultiver en s'amusant

» **Montréal** Découvrir les multiples espèces animales et le décor luxuriant du Biodôme (p. 64) puis rendre visite aux créatures rampantes de l'Insectarium (p. 64) et aux étoiles du Planétarium (p. 64). Les expositions originales et éducatives (sans oublier ses jeux vidéo) du Centre des sciences de Montréal (p. 56).

» **Ottawa** Les animaux vivants du musée de l'Agriculture du Canada (p. 167), véritable ferme expérimentale, les squelettes de baleines et restes de dinosaures du musée canadien de la Nature (p. 165) et les expériences ludiques du musée des Sciences et de la Technologie (p. 165).

» **Trois-Rivières** Découvrir un vaisseau spatial au musée québécois de Culture populaire (p. 203).

» **Gatineau** Embarquer pour un voyage interactif au musée des Enfants du musée canadien des Civilisations (p. 148).

Magie de l'hiver

» **Ski de fond et raquettes** Parc linéaire du P'tit Train du Nord (p. 102), parc de la Gatineau (p. 152), parc national de la Yamaska (p. 179), L'Anse-Saint-Jean (p. 276) et tous les parcs nationaux

» **Patin à glace** Canal Rideau (Ottawa, p. 168), Bassin Bonsecours et lac aux Castors (Montréal, p. 66 et p. 61), terrasse Dufferin (Québec, p. 229), lac des Nations (Sherbrooke, p. 192), anneau de glace (Sainte-Marguerite-du-Lac-Masson, p. 101), lacs de Sainte-Adèle (p. 100) et de Sainte-Agathe-des-Monts (p. 106)

» **Traîneau à chiens** Parc Jean-Drapeau (Montréal, p. 66), parc national de Mont-Tremblant (p. 112), L'Anse-Saint-Jean (p. 276), Val-d'Or (p. 125)

» **Luge** Terrasse Dufferin à Québec (p. 229), Nominingue (p. 115)

» **Pêche blanche** Parc national de la Yamaska (p. 179), North Hatley (p. 195), L'Anse-Saint-Jean (p. 275), parc national des Grands-Jardins (p. 260)

Créatures du Grand Nord

» **Orignaux** Pratiquement partout, mais tout particulièrement dans la réserve faunique de Matane (p. 368)

» **Baleines et bélugas** Baie-Sainte-Catherine au centre d'interprétation et d'observation des baleines de Pointe-Noire (p. 270), Tadoussac (p. 305) et Bergeronnes (p. 310)

» **Ours noir** Parc national de la Mauricie (p. 209), Saint-Jean-des-Piles (p. 212), et dans la plupart des parcs nationaux et des réserves fauniques

» **Loup gris** Parc national de la Mauricie (p. 209)

» **Lynx** Parc national des Grands-Jardins (p. 259)

Maîtres des eaux

» **Rafting** Rivière Gatineau (Maniwaki, p. 157), rivière Métabéchouane (p. 292), rivière Mistassibi (Dolbeau-Mistassini, p 296)

» **Canot-camping** Réserve faunique de la Vérendrye (p. 125), parc national d'Aiguebelle (p. 133), parc de la Gatineau (p. 152), parc national de la Yamaska (p. 179), parc national de Frontenac (p. 200), réserve faunique Mastigouche (p. 207), parc national des Monts-Valin (p. 286), réserve faunique de Papineau-Labelle (p. 159)

» **Pêche** Réserve faunique de la Vérendrye (p. 125), parc national de la Mauricie (lac tiré au sort, p. 210) et dans la plupart des parcs qui délivrent des permis de pêche

» **Surf, planche à voile et stand-up paddle** Îles de la Madeleine (Cap-aux-Meules, p. 403 et Havre-Aubert, p. 405)

Récréation

» **Parcours dans les arbres** Voir *Herbétisme aérien*, p. 31

» **Luge d'été** Mont-Tremblant (p. 112)

» **Descente en chambre à air** Station de ski Edelweiss (p. 154), château Montebello (p. 158), Sunny Corner (p. 418)

» **Via ferrata** Les Palissades (Charlevoix, p. 269), parc régional des Trois Sœurs (p. XXX), parc Aventures de Cap-Jaseux (p. 286), Le Trou de la fée (p. 292), parc national de Mont-Tremblant (p. 113)

» **Croisière sur le fjord du Saguenay** En bateau (p. 274) ou en kayak (p. 276)

Planifier son voyage

Voyager au Québec avec des petits peut être un jeu d'enfants. Le guide *Voyager avec des enfants* (Lonely Planet) est une manne de renseignements utiles. Vous trouverez également de bons conseils généraux sur le site **Travel For Kids** (www.travelforkids.com).

Quand partir

Des festivals, généralement tout à fait adaptés aux familles, sont organisés tout au long de l'année au Québec. C'est en été que l'on en compte le plus, notamment à Montréal lors de la saison des festivals, avec de nombreuses manifestations en extérieur, allant des festivals de jazz et des fêtes autour des plaisirs du palais, aux festivals d'arts de la rue. À moins que le festival ne s'adresse clairement aux adultes, il y aura toujours des activités et des installations prévues pour les enfants. L'automne est une période très agréable pour visiter le Québec, mais il faut que le calendrier scolaire de vos enfants le permette. Les arbres changent de couleur, les températures sont encore suffisamment douces en journée et la plupart des touristes sont repartis.

Le meilleur moment pour profiter de la neige et des sports d'hiver est entre janvier et avril. Les défilés du Père Noël lancent généralement le coup d'envoi de la saison des fêtes, en novembre et début décembre. Pour connaître la liste et la description des défilés, rendez-vous sur www.canada.com/Santa+Claus+parades+across+Canada/941414/story.html (en anglais). Autour de la même période ou juste après, viennent les festivals des lumières, lors desquels sont organisés feux d'artifice, concerts, visites du Père Noël, spectacles d'enfants, défilés et illuminations de sapins de Noël.

Où se loger

Les hôtels et les motels ont fréquemment des chambres avec deux lits doubles. Ceux pour qui ce n'est pas le cas peuvent toujours ajouter un lit pliant ou un lit pour bébé moyennant généralement un petit supplément. Certaines adresses font des promotions "gratuit pour les enfants" ; regardez à l'avance sur Internet. Certaines chambres d'hôte refusent les bambins, alors que d'autres proposent des chambres familiales. Renseignez-vous au moment de réserver.

Les *cabins* (chalets) sont une bonne alternative : ils se louent généralement à la semaine et sont équipés d'une cuisine, de plusieurs chambres et de petits plus (barbecue, etc.). Ce type d'hébergement se louant sur de longues périodes, peu d'entre eux sont répertoriés dans ce guide, mais vous trouverez une liste complète sur le site www.bonjourquebec.com.

Le camping occupe une place très importante au Québec et de nombreux terrains possèdent également des chalets rustiques (apportez de quoi dormir) parfois équipés de cuisines, d'une cuisinière ou d'un barbecue. Quelques campings privés proposent des hébergements insolites, comme des tipis ou des yourtes. D'autres sont équipés de piscines, de minigolfs ou sont situés au bord d'un lac, idéal pour la baignade et le canoë. Il est possible de camper dans les parcs nationaux et à proximité des villes, ce qui peut constituer une alternative amusante et économique pour les familles, et est un excellent moyen pour vos enfants de se faire des copains. Pensez à doubler vos stocks de répulsif contre les insectes.

Que faut-il emporter ?

Au Québec, les familles tiennent une place importante. Si vous oubliez quelque chose, vous pourrez probablement vous le procurer sur place. Donner le sein en public est légal et toléré, mais les femmes le faisant veilleront à rester discrètes. La plupart des établissements peuvent répondre aux besoins des enfants. Les toilettes publiques dans les aéroports, les magasins, les centres commerciaux et les cinémas disposent généralement de tables à langer.

Vous aurez surtout besoin de vêtements supplémentaires pour toute la famille : le temps peut se rafraîchir brusquement en été et devenir extrêmement froid en hiver. N'oubliez pas la crème solaire (attraper des coups de soleil par temps couvert est plus fréquent qu'on ne le croit), des vêtements de pluie et un répulsif contre les insectes.

Les entreprises de location de voitures proposent des sièges auto, mais à des prix exorbitants. Au Québec, comme en France, les nourrissons doivent être placés dans un siège de sécurité tourné vers l'arrière et les enfants de moins de 18 kg dans un siège tourné vers l'avant. Les enfants pesant entre 18 kg et 36 kg doivent avoir un siège rehausseur. Les ceintures de sécurité sont utilisables sur les enfants à partir de 36 kg ou 145 cm, en général à partir de 8 ans. Les distances à parcourir sont souvent très importantes, alors pensez à apporter des jeux pour occuper les longs trajets en voiture.

Si vous prévoyez de faire de la randonnée, n'oubliez pas un porte-bébé pour les enfants en bas âge, une paire de jumelles pour observer les animaux sauvages, un guide de poche sur la flore et la faune canadiennes et un appareil photo pour mettre un peu de fun dans les visites et promenades si ennuyeuses des adultes !

Les régions en un clin d'œil

Montréal

Festivals ✓✓✓
Culture et patrimoine ✓✓✓
Gastronomie et vie urbaine ✓✓✓

Festivals
Le cœur de la ville bat son plein aux mois chauds de l'été dans ce que les citadins surnomment "la saison des festivals". Au programme : concerts gratuits en plein air, animations de rue, terrasses endiablées et performances artistiques, sans oublier quantité de projections et de concerts.

Culture et patrimoine
La métropole du Québec témoigne de son histoire à travers ses vieux quartiers industriels et ouvriers dont la revitalisation a fait apparaître quantité d'ateliers d'artistes, de galeries d'art et de salles de spectacles. On trouvera à coup sûr une activité tous les soirs, après une journée à visiter les musées d'art de la ville.

Gastronomie et vie urbaine
Cosmopolite jusqu'au bout des ongles, c'est dans les cafés, les bistros, les bars et les restaurants que s'exprime le mieux le bouillon de culture montréalais. Entre l'érable et le curry, le caribou et le sushi, vous trouverez à coup sûr de quoi chatouiller agréablement vos papilles.

p. 44

Laurentides et Lanaudière

Villégiature ✓✓
Ski ✓✓
Motoneige ✓✓✓

Villégiature
Les paysages montagneux des Laurentides sont le lieu d'évasion préféré des Québécois. Tout est prévu sur place : hébergement de luxe, haute gastronomie, spas, massages, complexes récréatifs, activités de plein air, etc.

Ski
À une heure de route de Montréal, les Laurentides comprennent la plus haute concentration de domaines skiables d'Amérique du Nord. Très prisés des Québécois, la plupart sont de plus éclairés et ouverts en soirée pour skier sous les étoiles.

Motoneige
Les plateaux agricoles de Lanaudière sont parsemés de sentiers dédiés à la pratique de la motoneige (2 200 km), lesquels contournent d'innombrables lacs dédiés à la villégiature sans toutefois être touristiques.

p. 94

Abitibi-Témiscamingue et Baie-James

Génie civil ✓✓
Patrimoine ✓✓
Culture autochtone ✓

Génie civil
Des ouvrages impressionnants marquent le décor de la taïga au nord du 53e parallèle : les barrages hydroélectriques de la Grande Rivière. Deux des centrales se visitent.

Patrimoine industriel
Certaines installations industrielles, historiques ou fonctionnelles, se visitent dans cette région de ressources forestières et minières aux allures de Far West.

Culture autochtone
Les cris de Pikogan accompagnent les visiteurs en canoë sur les eaux de la rivière Harricana tandis que le village moderne et écologique d'Oujé-Bougoumou permet d'apprécier le dynamisme des premières nations dans le contexte contemporain. Chisasibi est la seule communauté où l'on peut joindre une population inuite par la voie terrestre.

p. 122

Outaouais

Paysages ✓✓
Cyclotourisme ✓✓
Anglo-saxon ✓✓

Paysages
Forêt mixte d'une diversité inégalée, le parc de la Gatineau affiche ses couleurs à l'été indien, de la mi-septembre à la mi-octobre, en plus de servir d'habitat à une cinquantaine de mammifères dont des cerfs de Virginie,des castors, des lynx, des ours et même deux meutes de loups.

Cyclotourisme
De nombreuses pistes cyclables bordent les rivières Gatineau et des Outaouais et sillonnent autour des lacs les plus reculés du parc de la Gatineau.

Héritage anglo-saxon
Les villages coloniaux ont gardé leurs allures d'antan, regroupant des immigrants irlandais, anglais et écossais dans de jolies bourgades parfois bohèmes, jadis centrées autour de l'exploitation forestière.

p. 145

Ottawa

Vie politique ✓✓✓
Musées ✓✓✓
Patin à glace ✓✓

Vie politique
Capitale de la fédération canadienne, la ville abrite l'imposant Parlement où il est possible d'assister aux séances parlementaires et d'observer la relève de la garde royale. On y retrouve aussi la Cour suprême, la résidence du Premier ministre et celle du gouverneur général.

Musées
Beaux-arts, guerre, histoire du Canada, photographie, aviation et espace, sciences et technologie... La quantité et la diversité des musées est étonnante.

Patin à glace
Deux mois par an environ, on peut enfiler ses patins et glisser sur la plus longue patinoire naturelle du monde, en plein cœur de la ville. Longue de 7,8 km, la patinoire du canal Rideau offre une surface de glace équivalant à 90 patinoires olympiques !

p. 160

Cantons de l'Est

Héritage loyaliste ✓✓
Paysages ✓✓
Vignobles ✓✓

Héritage loyaliste
Fuyant les États-Unis à l'aube de leur indépendance, les loyalistes ont trouvé refuge dans la région. De charmants villages à l'architecture anglaise typique témoignent de cette histoire et colorent la langue de la région.

Paysages
Des plaines agricoles bucoliques et des paysages champêtres s'étendent sur la partie ouest des Cantons de l'Est, se peignant de mille couleurs à l'automne, tandis que la chaîne des Appalaches se déploie à l'est, avec ses grands lacs et ses forêts de conifères à perte de vue.

Vignobles
Si la production viticole est encore jeune, la région peut se targuer de produire d'excellents vins et cidres de glace. Loin d'être monolithique, la production se veut créative et expérimentale : jus pétillants, eaux de vie, vins de fruits...

p. 175

Mauricie

Patrimoine ✓✓
Villages ✓✓✓
Excursions ✓✓✓

Patrimoine industriel
Berceau de l'histoire industrielle de la province en raison de son fort potentiel hydroélectrique, la vallée du Saint-Maurice est encore un centre de production de pâtes et de papier. Les forges du Saint-Maurice retracent l'histoire de la production de la fonte.

Villages campagnards
Le long du chemin du Roy, les villages des vieilles seigneuries de la Nouvelle-France se succèdent. Souvent entourées de jardins, les maisons en pierre des champs ajoutent au charme de ces villages antiques.

Excursions nature
C'est en canot-camping que se découvre le mieux le superbe parc de la Mauricie, vaste territoire boisé longeant le Saint-Maurice. Légèrement vallonnée, la région aux 17 500 lacs et rivières se prête bien à la randonnée.

p. 201

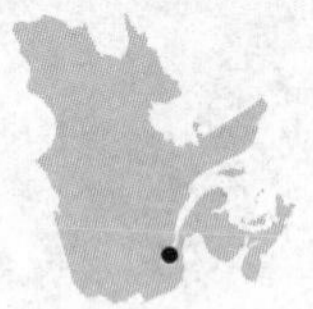

Québec

Histoire ✓✓✓
Fleuve ✓✓
Escapade ✓✓✓

Nouvelle-France historique
Patrimoine mondial de l'Unesco, la ville fortifiée recèle son lot de maisons anciennes et de monuments historiques. Lové au pied du cap diamant, le quartier historique du Petit Champlain n'est pas en reste, certaines façades arborant d'impressionnantes fresques historiques.

Fleuve
Du haut de la terrasse Dufferin et de la citadelle Vauban, on peut contempler le Saint-Laurent dans toute sa majesté. À gauche, l'île d'Orléans, en face, la ville de Lévis, reliée par un ferry, et sur la droite, la voie maritime qui mène droit vers les Grands Lacs.

Escapade
Si le poète Félix Leclerc était fou de son île natale, vous aurez vous aussi ce coup de foudre pour l'île d'Orléans, longue de 32 km et l'une des plus anciennes seigneuries.

p. 215

Charlevoix

Randonnée ✓✓✓
Paysages ✓✓✓
Intemporel ✓✓

Randonnée
Réputé comme le meilleur endroit où user ses semelles, le parc national des Hautes-Gorges-de-la-Rivière-Malbaie prend des allures de fjord, avec ses façades rocheuses de 800 m. Le parc des Grands Jardins offre un avant-goût de la taïga nordique avec une faune remarquable : ours noir, lynx, orignal, castor et caribous.

Paysages et peinture
Enchantés par les paysages atypiques et vallonnés de la région, des peintres se sont enracinés dans les environs de Baie-Saint-Paul, berceau du musée d'Art contemporain et d'une quantité surprenante de galeries d'art.

Intemporel
Le village bucolique de Port-au-Persil offre une pause régénératrice dans un univers de quiétude, tout comme Saint-Joseph-de-la-Rive, ancien chantier naval pittoresque qui a gardé son caractère ancien et solennel.

p. 253

Saguenay-Lac-Saint-Jean

Cyclotourisme ✓✓✓
Écotourisme ✓✓✓
En famille ✓✓

Cyclotourisme
Le gigantesque lac Saint-Jean se laisse découvrir par la réputée Véloroute des bleuets, accessible aux cyclistes de tous niveaux. Plus sauvage, la partie nord de l'itinéraire traverse le parc de la Pointe-Taillon.

Écotourisme et plein air
Il n'est pas rare d'apercevoir des baleines depuis les falaises du fjord, qui offrent des points de vue époustouflants. L'hiver, les arbres du parc des Monts-Valin, recouverts d'une neige glacée, ont des airs de fantômes oubliés, que l'ont peut rejoindre en ski de randonnée.

En famille
Sur la rive sud du lac Saint-Jean, le zoo de Saint-Félicien se découvre en famille et des acteurs en costume d'époque font revivre le village historique de Val-Jalbert.

p. 272

Côte-Nord

Baleines ✓✓✓
Amérindiens ✓
Loin des foules ✓✓✓

Observation des baleines
C'est à Tadoussac que se concentrent les excursions à la rencontre des cétacés qui profitent de la confluence des eaux salées de l'estuaire et de l'eau douce du fjord. En poussant jusqu'aux Escoumins et aux Bergeronnes, on en verra tout autant depuis les falaises sans pour autant les déranger.

Culture amérindienne
La route de la côte traverse quelques réserves innues qui sont autant d'opportunités d'entamer un dialogue d'égal à égal : Essipit, Pessamit, Uashat et Maliotenam, et Mingan et Nutuakuan, au bout de la route.

Loin des foules
Peu s'aventurent jusqu'en Minganie, pourtant accessible et spectaculaire. Plus compliqués à visiter, les villages de pêcheurs de la Basse-Côte-Nord rappellent la Norvège. La route du nord mène quant à elle aux aurores boréales.

p. 300

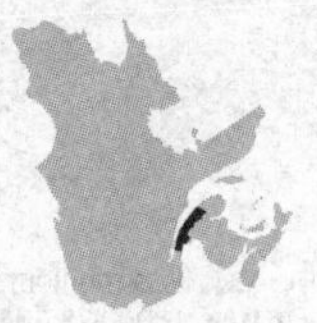

Bas-Saint-Laurent

Patrimoine ✓✓✓
Paysages ✓✓
Escapade ✓✓✓

Patrimoine maritime
Le site historique de Pointe-au-Père permet de visiter le sous-marin militaire Onondaga, un musée de l'immense paquebot *Empress of Ireland* naufragé en 1914, entraînant avec lui dans les eaux 1012 personnes, le phare de Pointe-au-Père, haut de 33 m, ainsi que les bâtiments historiques afférents.

Paysages
On est accueilli par les monadnocks du Kamouraska, ces immenses rochers qu'on dirait posés par un géant sur la plaine. Au parc du Bic, les collines semblent se briser en des caps déchirés, au dense couvert forestier. Le canyon des Portes-de-l'Enfer offre une vue époustouflante, depuis sa passerelle.

Escapade insulaire
La petite île Verte ne se rejoint qu'à marée haute. On y croisera un phare et ses aubergistes, des rosiers sauvages, des baleines, et des habitants pas banals, au caractère théâtral.

p. 341

Gaspésie

Randonnée ✓✓✓
Saveurs ✓✓
Adrénaline ✓✓✓

Randonnée
L'ascension du mont Jacques-Cartier est difficile mais souvent récompensée par la vue de caribous de Gaspésie. Séparant l'estuaire et le golfe, le parc Forillon permet des points de vue élevés sur la forêt et la mer, tandis que le parc du rocher Percé et de l'île Bonaventure abrite la plus grande colonie de fous de Bassan au monde.

Saveurs du terroir
Accueillant un mouvement de retour à la terre, la Gaspésie a su diversifier son offre agrotouristique. Les saveurs régionales sont diverses et réputées : fruits de mer, fumaisons, morue séchée, bières microbrassées, miel, vins de fraise...

Adrénaline
Les falaises du mont Louis sont propices au parapente et les monts Chic-Chocs au ski hors-piste, sans oublier les montagnes érodées et sauvages des Appalaches. Certaines rivières sont réputées pour le canyoning et le rafting.

p. 363

Îles de la Madeleine

Nautisme ✓✓✓
Plage et détente ✓✓
Fête ✓✓

Nautisme
Le vent qui souffle sur ce paradis marin ravira les amateurs de kite-surf et de planche à voile. Les journées plus calmes sont propres à l'exploration en apnée ou en kayak de mer des grottes au pied des falaises, ou encore à une petite balade en ponton ou en chaloupe.

Plage et détente
On dit parfois qu'il y a plus de plages sur l'archipel qu'il n'y a de terre. Ce pourrait bien être vrai, puisque les îles sont reliées entre elles par de longs cordons dunaires. Si l'eau est plutôt froide, on peut toutefois faire bronzette en toute quiétude en s'éloignant un peu des rares foules.

Fête
Il n'est pas rare de voir un artiste en fin de tournée se joindre aux madelinots, fiers musiciens toujours prêts à festoyer aux rythmes métissés de la musique folk acadienne et des musiques du monde.

p. 396

Provinces maritimes

Acadiens ✓✓✓
Paysages ✓✓✓
Plages ✓✓

Acadiens
Peuple sans État ni revendications territoriales, déporté et disséminé, les Acadiens ont une culture riche, principalement francophone et bien distincte de la culture québécoise. Le village historique acadien de Caraquet et le pays de la Sagouine à Bouctouche livrent un éclairage sur le passé.

Paysages
Réputée pour ses vallons charmants, ses maisons en bois colorées et ses villages de pêcheurs, la Nouvelle-Écosse déploie un parcours scénique incomparable, le Cabot Trail, sur la presqu'île du cap Breton, d'où l'on peut voir les baleines.

Plages
Sur l'île du Prince Édouard, les plages paraissent sans fin, le sable rougeâtre et l'eau étonnamment chaude. À Basin Head, le sable chante sous les pieds tandis que les plages de la côte sud regorgent de coques.

p. 413

Les pictos pour se repérer :

 Les coups de cœur de l'auteur

 Les adresses écoresponsables

 Entrée, accès libre

 Les meilleurs rapports qualité/pri

Voir aussi l'index où figurent toutes les localités couvertes dans ce guide.

Sur la route

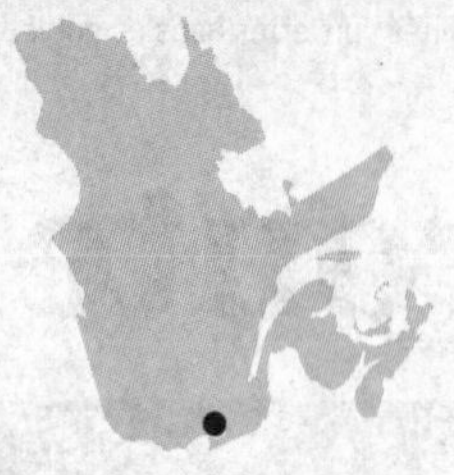

Montréal

Dans ce chapitre »

Le top des hébergements

» Le Germain (p. 75)
» Casa Bianca (p. 74)
» La Petite prune (p. 73)

Le top des restaurants

» Auberge le Saint-Gabriel (p. 77)
» Toqué ! (p. 77)
» Europea (p. 76)

Pourquoi y aller

Seule métropole francophone en Amérique du Nord, Montréal est un lieu de rencontre privilégié des cultures européenne et américaine. Absorbant près de la moitié de la population du Québec, l'agglomération est un réjouissant maelström culturel, une ville cosmopolite où l'influence européenne se mêle aux apports asiatiques ou caribéens. La moitié de la population y est francophone, mais la culture anglophone y est aussi bien vivante et l'on y parle une centaine de langues. Quand dans d'autres villes l'on crierait à la ghettoïsation, les quartiers ethniques sont ici une richesse culturelle mise en valeur et très prisée. On qualifie Montréal tantôt de ville verte, tantôt de ville cyclable, mais par-dessus tout de ville festive. Moderne et débordante de créativité dans des domaines aussi divers que la musique, le cirque, le multimédia ou la création culinaire, le visiteur y trouvera une kyrielle d'activités, de restaurants, de sorties... des plaisirs à s'offrir à petit prix ! Quant à son climat – hiver rigoureux, été chaud et humide –, il lui permet d'exprimer pleinement sa dualité latine/nordique. Même ensevelie sous la neige, jamais la vie ne s'arrête. Et lorsque mai donne à la ville ses premiers bourgeons, il lui suffit de quelques jours pour se mettre au diapason de la saison estivale. L'on voit alors fleurir les sandales et Montréal laisse éclater sa légendaire joie de vivre.

Quand partir

Juin-août C'est l'été que l'on préfère la ville, en dépit des chaleurs parfois étouffantes. La "saison des festivals" culmine en juillet et le quartier des Spectacles se métamorphose en scène multiple.

Septembre-octobre Le début de l'automne voit la ville revêtir ses somptueux habits de l'été indien, une occasion superbe d'exercer ses talents de photographes.

Janvier-mars L'hiver réserve de plaisantes surprises à celui qui osera les apprivoiser, à condition d'anticiper les conditions climatiques. La neige omniprésente est un terrain de jeu dans les grands parcs de la ville, notamment le parc Jean-Drapeau lors de la Fête des Neiges.

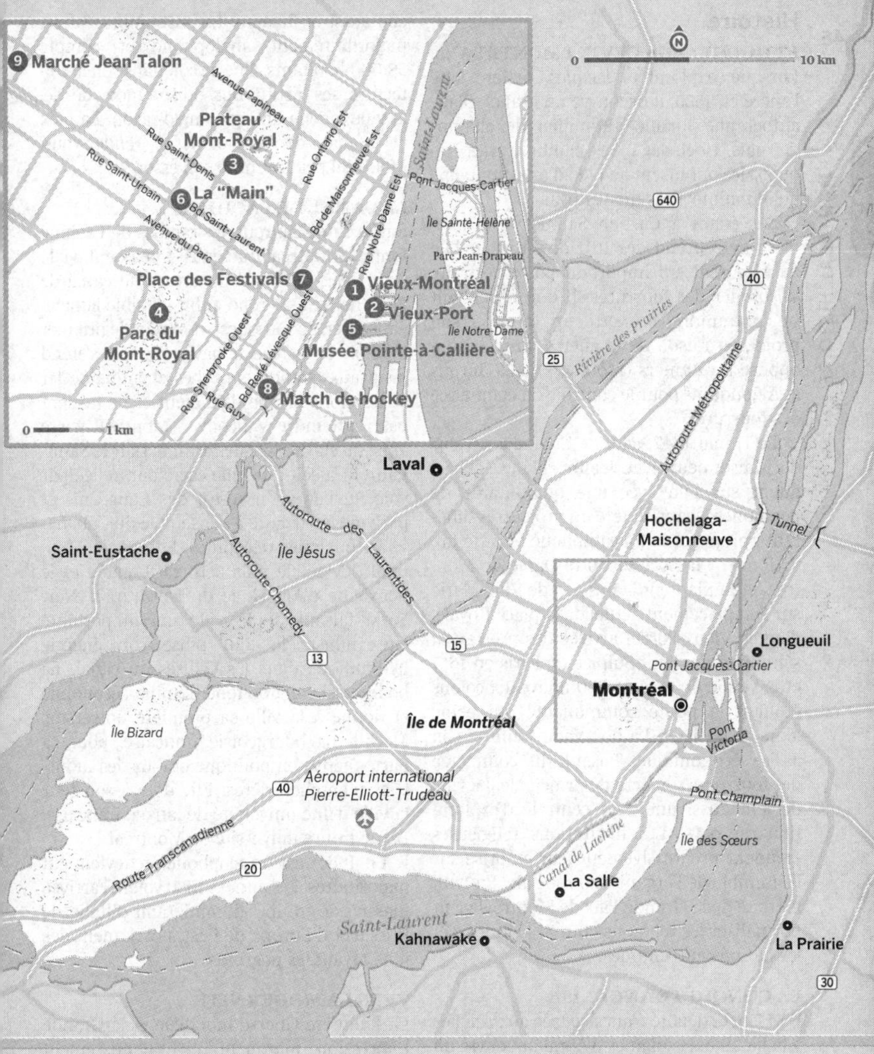

À ne pas manquer

1. Une promenade rue Saint-Paul, dans le **Vieux-Montréal** (p. 54), aux bâtiments anglo-saxons typiques
2. L'animation des quais du **Vieux-Port** (p. 55), en été surtout, ou l'hiver pendant l'Igloofest (p. 52) ou pour les feux d'artifice du samedi (p. 54)
3. Les cafés et les boutiques du très européen **Plateau Mont-Royal** (p. 60)
4. La vue sur la ville depuis les hauteurs du **belvédère du parc du Mont-Royal** (p. 61)
5. L'excellent et instructif musée d'archéologie **Pointe-à-Callière** (p. 56)
6. Une balade sur **"La Main"** (bd Saint-Laurent) multi-ethnique et dans le **Mile-End** (p. 61)
7. Un concert en plein air gratuit dans l'un des nombreux **festivals** (p. 52) de la ville
8. Un match de hockey au **centre Bell** (p. 85) aux cris des "Go Habs go ! "
9. La découverte du Montréal gourmand au **marché Jean-Talon** (p. 87) ou dans ses innombrables restaurants qui servent une cuisine du monde entier.

Histoire

ET HOCHELAGA DEVINT MONTRÉAL...

Lorsque l'explorateur Jacques Cartier y jette l'ancre en 1535, il découvre un grand village autochtone fortifié au milieu de champs de maïs, Hochelaga. Ses habitants, des Iroquois, le conduisent au pied d'une montagne qu'il nomme alors mont Royal.

Succédant à Cartier, Samuel de Champlain entreprend dès 1611 de bâtir sur l'île de Montréal, un important poste de traite saisonnier des fourrures. Il doit cependant se contraindre à mettre un terme à son projet, en raison de la guerre farouche qui oppose les Agniers (Mohawks) aux Hurons et Algonquins pour le contrôle du commerce des fourrures.

Le 17 mai 1642, Paul de Chomedey (sieur de Maisonneuve) et Jeanne Mance débarquent sur l'île avec une quarantaine de personnes, ayant en tête un projet très différent : propager la foi catholique. À cette fin, ils fondent la Société Notre-Dame de Montréal et implantent la mission de Ville-Marie sur l'emplacement actuel de la place Royale, dans le Vieux-Port. L'arrivée des prêtres du séminaire de Saint-Sulpice de Paris en 1657 et la venue de près de 200 nouveaux colons étoffent la petite communauté qui peine alors à subsister. La bourgade conforte son assise économique, faisant du commerce des fourrures son activité principale. La ville devient aussi une base centrale d'exploration du pays. Les institutions religieuses étendent progressivement leur emprise sur l'ensemble de l'organisation sociale. En 1701, le traité de la Grande Paix de Montréal vient normaliser les relations entre les Français et les nations autochtones.

LA CONQUÊTE ANGLAISE

En 1759, la défaite française face aux Anglais à la bataille des plaines d'Abraham ouvre un nouveau chapitre dans l'évolution de la ville. Le 8 septembre 1760, Montréal se rend aux nouveaux conquérants. Après des années de rivalité franco-britannique dans le Nouveau Monde, la victoire anglaise scelle la fin de la Nouvelle-France. Dans les années qui suivent, des marchands britanniques, écossais et américains prennent les rênes de l'économie. Montréal va ainsi connaître pendant la première moitié du XIXe siècle des transformations considérables, sous l'impulsion d'un important flux d'immigrants. Loyalistes, Irlandais, Écossais et Anglais viennent s'ajouter à la population canadienne-française, elle aussi en hausse. En 1852, Montréal est majoritairement anglophone et compte 58 000 habitants. Que ce soit dans son architecture, ses institutions, ou son mode de vie, la ville affiche un style anglo-saxon. La paix et la main-d'œuvre étant au rendez-vous, Montréal peut prendre son essor.

LE CANAL DE LACHINE

Sur le Saint-Laurent, les rapides de Lachine font de Montréal une quasi-impasse fluviale depuis ses débuts. L'ouverture du canal de Lachine en 1825 rend enfin possible la navigation vers le sud-ouest, devenant le premier maillon d'un réseau navigable qui s'étend jusqu'aux Grands Lacs. Les chemins de fer se développent parallèlement et ne tardent pas à atteindre Vancouver. Montréal passe ainsi du statut de ville-terminus sur le Saint-Laurent à celui de ville-carrefour, reliée par voie fluviale au nord-est des États-Unis et par voie ferroviaire à l'ensemble du Canada.

En quelques décennies, le port de Montréal devient le plus actif du Canada et le deuxième d'Amérique du Nord après New York, faisant de la ville une importante cité industrielle qui puise son énergie hydraulique dans les écluses du canal. La bourgeoisie anglophone domine l'économie et donne à la ville sa première université, McGill. La bourgeoisie française, pour sa part, s'active en politique et dans les industries manufacturières. Elle dote à son tour la ville d'une université de langue française, Laval, future université de Montréal.

En 1866, les francophones redeviennent majoritaires. Les années 1880 voient l'arrivée massive de groupes d'immigrants d'Italie, de Russie et d'Europe de l'Est, notamment des juifs fuyant les pogroms.

VERS LA MODERNITÉ

La Première Guerre mondiale et la Grande Dépression marquent un ralentissement important dans le développement de Montréal, qui compte alors près d'un million d'habitants. Lorsque la Seconde Guerre mondiale éclate, la misère, l'insécurité et la prohibition dominent. Parallèlement, Montréal l'industrielle se pare de gratte-ciel à la mode new-yorkaise. L'influence est désormais américaine et l'époque se caractérise par la spéculation, l'argent facile et la corruption.

L'après-guerre ouvre une nouvelle ère. Les francophones s'imposent dans le domaine des arts et du commerce. Ils seront les artisans de la Révolution tranquille des années

1960 et donneront son visage culturel à la ville. Dans le même temps, de nouveaux immigrants arrivent d'Europe et la barre des 2 millions d'habitants est franchie. Le paysage urbain se modifie. La période des grands travaux commence avec la création progressive d'un réseau autoroutier périphérique. Le Vieux-Montréal alors perd sa fonction de quartier d'affaires. Le cœur de la cité se déplace un peu plus au nord, vers la place Ville-Marie et le square Victoria. L'aménagement de la ville souterraine, un réseau de passages dans le centre-ville, est une première au monde.

Les années 1950 et 1960 sont également marquées par d'importants changements politiques. L'emprise de la pègre sur la ville est telle qu'une poignée d'hommes (dont Jean Drapeau) décide de dénoncer la corruption. Les affaires éclatent au grand jour, entraînant la démission de l'élite politique en place. En 1954, Jean Drapeau devient maire et le restera jusque dans les années 1980, à l'exception d'une période de cinq ans au début des années 1960. Il assainit la ville, encourage son développement et lui confère sa renommée internationale grâce à l'Exposition universelle de 1967 et les Jeux olympiques de 1976. Celui que l'on surnomme l'Empereur n'est pas pour autant épargné par les scandales et les Montréalais paient encore le prix de ses projets mégalomanes.

NOUVELLE RECONVERSION

Le développement fulgurant de Montréal atteint ensuite ses limites. En compétition sur la marché mondial, les activités traditionnelles comme le textile s'essoufflent, des usines manufacturières ferment et des quartiers entiers resteront à l'abandon jusqu'à l'aube du XXIe siècle. L'ouverture de la voie maritime du Saint-Laurent, en 1959, a par ailleurs rendu obsolète le canal de Lachine qui ferme en 1970 et fait perdre du même coup au port de Montréal sa place privilégiée. Au début des années 1980, Montréal perd son titre de métropole économique canadienne au profit de Toronto, tandis que le port de Vancouver gagne en importance.

Montréal conforte néanmoins ses positions dans des secteurs de pointe (aéronautique, télécommunications, biotechnologies, multimédia, services), tout en s'affirmant comme une importante ville de congrès. Sa vocation internationale s'exprime également par la présence de grandes institutions, comme l'Organisation de l'aviation civile internationale. La revitalisation de certains quartiers abandonnés s'accélère, avec notamment la création d'une dynamique "cité du multimédia" proche du centre-ville, tandis que l'immobilier reprend de la valeur. La vocation touristique de Montréal prend de l'ampleur, particulièrement auprès des Américains et des Européens, grâce à la richesse de sa vie culturelle bilingue et aux nombreux festivals qu'elle organise en été.

Orientation

Lovée dans une boucle du fleuve Saint-Laurent, Montréal se déploie sur une île d'environ 40 km de long sur 15 km de large délimitée au nord par la rivière des Prairies. Au cœur d'un véritable archipel, l'île de Montréal est reliée aux rives sud et nord du fleuve et à l'île Jésus (où se trouve la ville de Laval) par une trentaine de ponts et tunnels routiers, ferroviaires ou cyclo-piétonniers.

Avant toute chose, notez qu'il convient de faire abstraction des points cardinaux réels et d'accepter que la ville possède ses propres repères cartésiens. En effet, la ville s'est développée principalement sur un plan en échiquier un peu penché dont le nord pointe en fait vers le nord-ouest. Pratiquement toutes les cartes que vous trouverez sont basées sur le "nord de Montréal", ce qui simplifie considérablement l'orientation. Les locaux donnent généralement les indications en fonction des points cardinaux : "Deux rues au nord d'ici, plus trois rues à l'ouest..."

Principal point de repère de la ville, le **mont Royal** dresse ses modestes 232 m, dominés par une croix lumineuse au centre de Montréal. Formé de trois sommets, il est occupé à l'ouest par le quartier résidentiel anglophone de Westmount tandis que son flanc nord est investi par le quartier d'Outremont, l'université de Montréal et deux immenses cimetières. Enfin, un vaste parc s'étend sur ses flancs sud et est.

Le centre-ville s'étire à ses pieds, au sud. Délimité par les rues Sherbrooke, Atwater, Saint-Antoine et Saint-Hubert, il est de taille réduite. On retrouve en son cœur des gratte-ciel, des boutiques, des restaurants, des bureaux et des hôtels luxueux. Très animé. il est influencé par la physionomie des villes anglo-saxonnes.

Le **boulevard Saint-Laurent**, appelé aussi "La Main" (comme dans "Main Street", «la [rue] principale"), est la principale artère nord-sud. Il marque aussi une frontière culturelle plus ou moins marquée entre les

Centre de Montréal

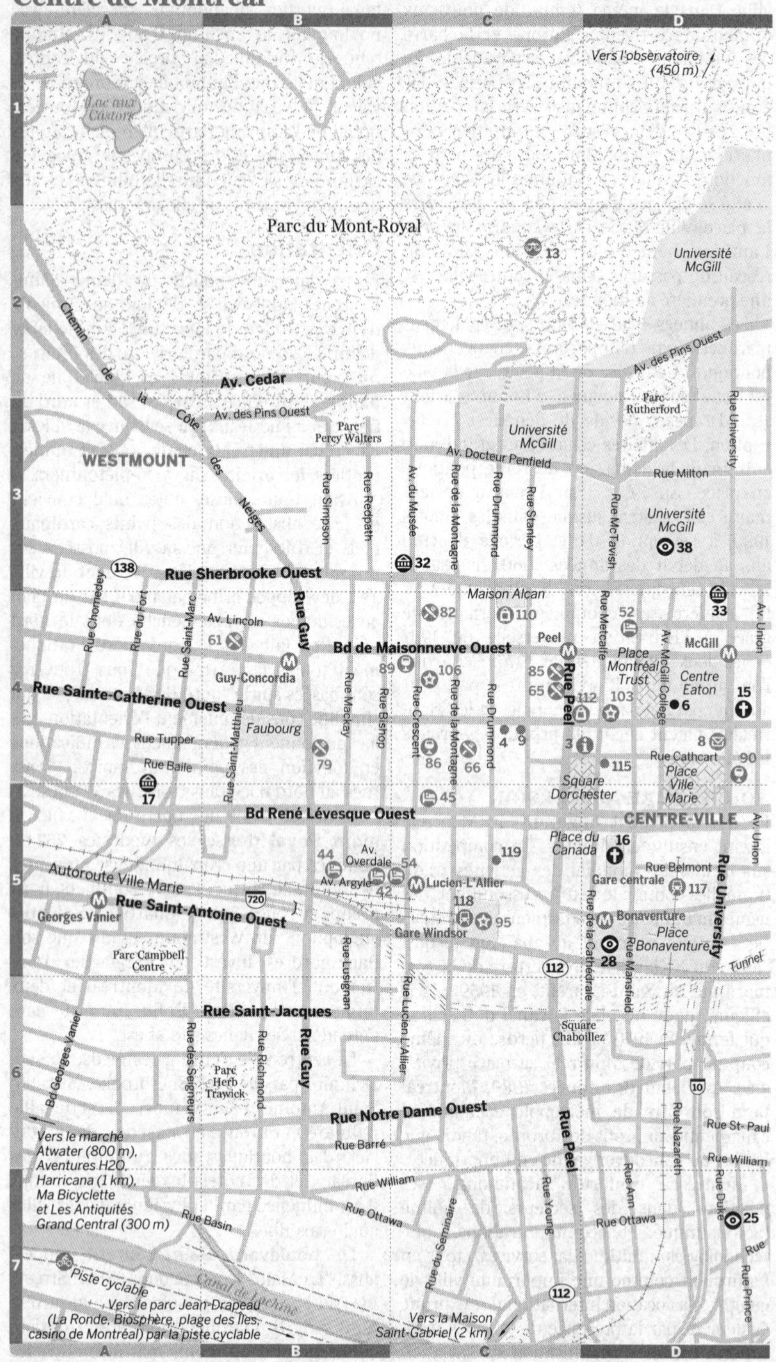

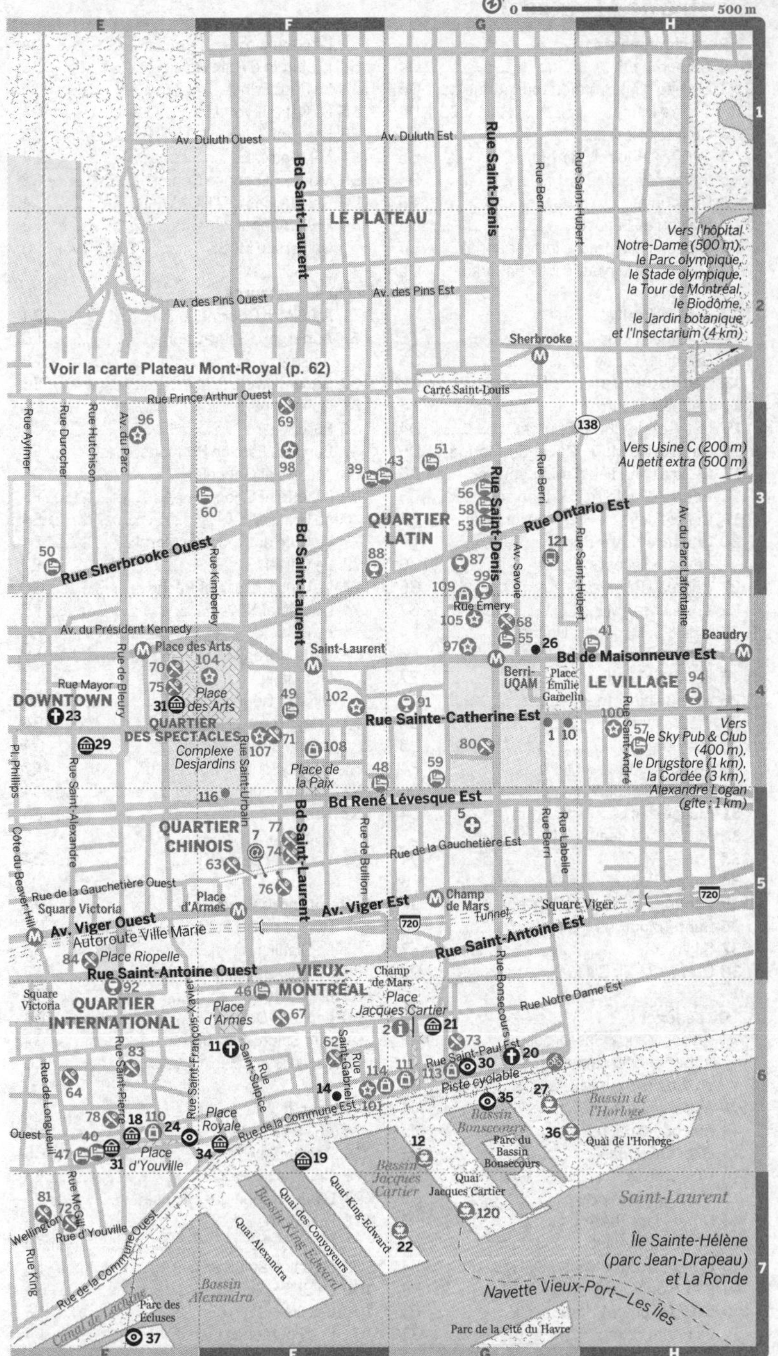
0
500 m
E
F
G
H
1
2
3
4
5
6
7
Av. Duluth Ouest
Av. Duluth Est
Bd Saint-Laurent
Rue Saint-Denis
Rue Berri
Rue Saint-Hubert
LE PLATEAU
Vers l'hôpital Notre-Dame (500 m), le Parc olympique, le Stade olympique, la Tour de Montréal, le Biodôme, le Jardin botanique et l'Insectarium (4 km)
Av. des Pins Ouest
Av. des Pins Est
Sherbrooke
Voir la carte Plateau Mont-Royal (p. 62)
Rue Prince Arthur Ouest
Carré Saint-Louis
Rue Aylmer
Rue Durocher
Rue Hutchison
Av. du Parc
138
Vers Usine C (200 m)
Au petit extra (500 m)
QUARTIER LATIN
Rue Ontario Est
Rue Sherbrooke Ouest
Rue Kimberley
Av. Savoie
Av. du Parc Lafontaine
Rue Émery
Av. du Président Kennedy
Place des Arts
Rue de Bleury
Saint-Laurent
Bd de Maisonneuve Est
Beaudry
Berri-UQAM
Place Émilie Gamelin
LE VILLAGE
Rue Mayor
DOWNTOWN
Place des Arts
QUARTIER DES SPECTACLES
Rue Sainte-Catherine Est
Vers le Sky Pub & Club (400 m), le Drugstore (1 km), la Cordée (3 km), Alexandre Logan (gîte ; 1 km)
Rue Saint-André
Complexe Desjardins
Rue Saint-Urbain
Place de la Paix
Pl. Phillips
Rue Saint-Alexandre
Bd René Lévesque Est
Rue de Bullion
Rue Labelle
QUARTIER CHINOIS
Rue de la Gauchetière Est
Côte du Beaver Hill
Rue de la Gauchetière Ouest
Square Victoria
Place d'Armes
Av. Viger Est
Champ de Mars
Tunnel
Square Viger
720
Av. Viger Ouest
Autoroute Ville Marie
Rue Saint-Antoine Est
Place Riopelle
Rue Saint-Antoine Ouest
VIEUX-MONTRÉAL
Champ de Mars
Place Jacques Cartier
Rue Bonsecours
Rue Notre Dame Est
Square Victoria
QUARTIER INTERNATIONAL
Place d'Armes
Rue Saint-François-Xavier
Rue Saint-Sulpice
Rue Saint-Gabriel
Rue Saint-Paul Est
Piste cyclable
Rue Saint-Pierre
Rue de Longueuil
Place Royale
Rue de la Commune Est
Bassin Bonsecours
Bassin de l'Horloge
Quai de l'Horloge
Parc du Bassin Bonsecours
Ouest
Place d'Youville
Bassin Jacques Cartier
Quai Jacques Cartier
Saint-Laurent
Rue McGill
Wellington
Rue d'Youville
Quai des Convoyeurs
Quai King-Edward
Bassin King Edward
Quai Alexandra
Île Sainte-Hélène (parc Jean-Drapeau) et La Ronde
Rue King
Rue de la Commune Ouest
Bassin Alexandra
Navette Vieux-Port–Les Îles
Parc des Écluses
Canal de Lachine
Parc de la Cité du Havre
1
2
5
7
10
11
12
14
18
19
20
21
22
23
24
26
27
29
30
31
34
35
36
37
39
40
41
43
46
47
48
49
50
51
53
55
56
57
58
59
60
62
63
64
67
68
69
70
71
72
73
74
75
76
77
78
80
81
83
84
87
88
91
92
94
96
97
98
99
100
101
102
104
105
107
108
109
110
111
113
114
116
120
121

Centre de Montréal

Renseignements

1 Archambault ... G4
2 Bureau d'information touristique ... G6
3 Centre Infotouriste ... D4
4 Chapter's ... C4
5 CHUM - Hôpital Saint-Luc ... G5
6 Indigo ... D4
7 L2 Lounge ... F5
8 Maison de la poste ... D4
9 Maison de la presse internationale ... C4
10 Maison de la presse internationale ... G4

À voir et à faire

11 Basilique Notre-Dame ... F6
12 Bateau Mouche ... G6
13 Belvédère du parc du Mont-Royal ... C2
14 Ça roule Montréal ... F6
15 Cathédrale Christ Church ... D4
16 Cathédrale Marie-Reine-du-Monde ... D5
17 Centre canadien d'architecture ... A5
18 Centre d'histoire de Montréal ... E6
19 Centre des sciences de Montréal ... F6
20 Chapelle Notre-Dame-de-Bon-Secours ... G6
21 Château Ramezay ... G6
22 Croisières AML ... G7
23 Église Saint James United ... E4
24 Fantômes du Vieux-Montréal ... E6
25 Fonderie Darling ... E7
26 Grande bibliothèque ... G4
27 Jet Boating ... G6
28 L'Atrium ... D5
29 Le Belgo ... E4
30 Marché Bonsecours ... G6
31 Musée d'Art contemporain ... E4
32 Musée des Beaux-Arts de Montréal ... C3
33 Musée McCord ... D4
34 Musée Pointe-à-Callière ... F6
35 Patinoire du Bassin Bonsecours ... G6
36 Saute-Moutons ... G6
37 Silo n°5 ... E7
38 Université McGill ... D3

Où se loger

39 Armor Manoir Sherbrooke ... F3
40 Auberge Alternative du Vieux-Montréal ... E6
41 Auberge Le Pomerol ... H4
42 Aux bons matins ... B5
43 Gîte du Plateau ... G3
44 HI Montréal ... B5
45 Holiday Inn Express ... C5
46 Hôtel Place d'Armes ... F6
47 Hôtel Saint-Paul ... E6
48 Hôtel Y de Montréal ... F4
49 L'Abri du Voyageur ... F4
50 L'Appartement Hotel ... E3
51 La Petite Prune ... G3
52 Le Germain ... D4
53 Le Jardin d'Antoine ... G3
54 Le Petit Prince ... C5
55 Le Relais Lyonnais ... G4
56 Loft Hôtel ... G3
57 M Montréal ... H4
58 Montréal Espace Confort ... G3
59 Résidences de l'UQAM ... G4
60 Trylon Appartements ... F2
Université McGill ... (voir 38)

Où se restaurer

61 Au Bistro Gourmet ... B4
62 Auberge le Saint-Gabriel ... F6
63 Beijing ... F5
64 Boris Bistro ... E6
65 Café Ferreira ... C4
66 Europea ... C4
67 Europea Espace Boutique ... F6
68 Juliette et Chocolat ... G4
69 Juliette et Chocolat ... F3
70 La Brasserie T ! ... E4
71 Le Café du Nouveau Monde ... F4
72 Le Cartet ... E7
73 Le Club Chasse et Pêche ... G6
74 Le Cristal N°41 ... F5
75 Le F Bar ... E4
76 Little Sheep Mongolian Hot Pot ... F5
77 Mai Xiang Yuan ... F5
78 Olive et Gourmando ... E6
79 PhayaThai ... B4
80 Soupe Soup ... G4
81 Soupe Soup ... E7
82 Soupe Soup ... C4
83 Titanic ... E6
84 Toqué ! ... E5
85 Vasco da Gama ... D4

Où prendre un verre

86 Hurley's Irish Pub ... C4
87 La Distillerie ... G3
88 Le Jello Bar ... F3
89 Le Newtown ... C4
90 Le Vieux Dublin ... D4
91 Pub Sainte-Élizabeth ... G4
92 Sarah B ... E6

Où sortir

94 Au Cabaret Mado ... H4
95 Centre Bell ... C5
96 Cinéma du Parc ... E3
97 Cinématèque québécoise ... G4
98 Ex-Centris ... F3
La Salsathèque ... (voir 3)
99 Le Saint-Sulpice ... F3
100 Le Stéréo ... H4
101 Les Deux Pierrots ... F6
102 Les Foufounes Électriques ... F4

103	Paramount Montréal	D4
104	Place des Arts	F4
105	Quartier Latin (cinéma)	G4
106	Sir Winston Churchill	C4
107	Théâtre du Nouveau Monde	F4
108	Vitrine Culturelle de Montréal	F4

Achats

	Archambault	(voir 1)
109	Camellia Sinensis	G3
110	Elca London	E6
111	Galerie Le Chariot	G6
112	HMV	D4
113	L'Art des Artisans du Québec	F4
114	L'Empreinte Coopérative	G6

Transports

115	Avis	D4
116	Budget	F5
117	Gare Centrale (gare VIA Rail)	D5
118	Gare Windsor	C5
119	Hertz	C5
120	Navette fluviale pour le parc Jean-Drapeau	G7
121	Station Centrale d'autobus de Montréal	G3

quartiers majoritairement anglophones à l'ouest et les quartiers francophones à l'est.

La **rue Sainte-Catherine** parcourt le sud de la ville d'est en ouest et en est la grande artère commerçante. Au nord courent parallèlement le boulevard de Maisonneuve et la rue Sherbrooke tandis qu'au sud, s'étire le large boulevard René-Lévesque. Un peu plus au sud, l'autoroute Ville-Marie coupe la ville d'est en ouest mais est en majeure partie souterraine.

Autre point de repère important, la **rue Saint-Denis**, un peu à l'est et parallèle au boulevard Saint-Laurent. En la remontant vers le nord, en partant du fleuve, vous commencerez par traverser le Vieux-Montréal, avant d'atteindre la station de métro Berri-UQAM et le Quartier latin, centre de la vie étudiante et culturelle. Plus au nord, le Plateau Mont-Royal fourmille de restaurants et de boutiques, de part et d'autre de la rue Saint-Denis, entre la rue Sherbrooke et l'avenue du Mont-Royal. Encore plus au nord, elle croise la rue Jean-Talon, qui donne accès au marché Jean-Talon et au quartier de la Petite-Italie.

Au nord du Vieux-Montréal, le **quartier chinois** – autour de la rue de La Gauchetière, entre la rue Saint-Urbain et le boulevard Saint-Laurent –, est peu étendu, mais très animé.

Ultime précision : la numérotation des rues dans le sens est-ouest s'effectue de part et d'autre du boulevard Saint-Laurent, les numéros croissant respectivement vers l'est et l'ouest depuis cette ligne de référence ; tandis que la numérotation des rues nord-sud part du fleuve et va crescendo vers le nord. Notez que les numéros d'une rue correspondent en général à ceux des rues parallèles.

INDICATIFS TÉLÉPHONIQUES

» ☎514 (sur l'île)
» ☎450 (hors de l'île)
» ☎438 (certains mobiles)

Renseignements

Accès Internet

La plupart des hôtels, cafés et certains restaurants disposent d'accès Internet Wi-Fi pourvu que l'on soit client. S'ajoute aussi le vaste réseau **Île sans fil** (www.ilesansfil.org ; 260 points d'accès gratuits) – les utilisateurs d'Iphone peuvent se procurer une application gratuite répertoriant les points d'accès. Les cybercafés se font de plus en plus rares en ville. Comptez 3 $ les 30 minutes environ.

Vidéo Beaubien (☎273-6428 ; 750 Beaubien Est). Presque en face du métro, 5 postes Internet.

Blanetzone (☎658-7420 ; 4485 St-Denis #101 ; ⏱tlj10h-minuit). Services d'impression, scan, fax dans ce café Internet comptant 8 postes.

L2 Lounge (☎878-0572 ; 71A rue de la Gauchetière Ouest ; ⏱tlj 12h-minuit). Dans le quartier chinois, 8 postes Internet dans ce lounge à desserts et *bubble tea* (thé sucré et aromatisé garni de bulles de tapioca).

Le réseau des bibliothèques municipales de Montréal offre aussi l'accès Wi-Fi et à des postes de travail. Il y en a une trentaine de disséminées dans les arrondissements de la ville. La Grande Bibliothèque (voir p. 60) offre des accès visiteur d'une heure par jour gratuitement sur ses nombreux postes multimédias.

Argent

Vous n'aurez aucun mal à trouver des banques dotées de DAB. Des "bornes" (dites ATM) sont également installées dans certains bars et commerces. Elles appliquent toutefois des frais supplémentaires aux retraits d'espèces.

Offices du tourisme

Centre Infotouriste (☎873-2015 ou 1-877-266-5687 ; www.bonjourquebec.com ; 1255 rue Peel, bureau 100 ; ⏲tlj 9h-18h avr à mi-juin et sept-oct, 9h-19h mi-juin à août, 9h-17h nov-mars). Vous trouverez sur place une librairie, un bureau de change, les guichets de compagnies touristiques ou de location de voiture. Réservation de chambres d'hôtel et de B&B. Près du métro Peel.

Bureau d'information touristique du Vieux-Montréal (174 rue Notre-Dame Est ; www.tourisme-montreal.org ; ⏲tlj 9h-19h juin-sept et avr-mai 10h-18h, oct-nov 10h-17h). Accueil saisonnier au cœur du Vieux-Montréal.

Poste

Maison de la poste (☎846-5401 ; 1250 rue University ; ⏲lun-ven 8h-18h)

Services médicaux

Info-Santé (☎811). Ligne téléphonique de soins de santé. Conseils 24h/24 par une équipe d'infirmières. Première étape avant de vous rendre à la clinique ou l'hôpital.

CHUM-Hôpital Saint-Luc (☎890-8000 ; 1058 rue Saint-Denis). Notez que les temps d'attente dans les hôpitaux montréalais oscillent autour de 21 heures.

Sites Internet

www.ville.montreal.qc.ca – le site officiel de la ville

www.tourisme-montreal.org – le site de l'office du tourisme de Montréal

www.montrealplus.ca – un site complet sur les activités et les services

www.voir.ca – tout sur l'actualité culturelle et les sorties

www.camuz.ca – calendrier musical de Montréal

Urgences

Pompiers, police et ambulances (☎911)

Fêtes et festivals

JANVIER

Fête des Neiges (☎872-6120 ; www.fetedesneiges.com). Dans le parc Jean-Drapeau, 2 semaines de festivités, avec tire d'érable, glissades et château-fort de neige. Deuxième quinzaine du mois.

Igloofest (☎904-1247 ; www.igloofest.ca). Sur les quais du Vieux-Port, soirées festives de musique électronique. À l'extérieur tous les week-ends du mois. Célèbre concours de vêtements d'hiver kitsch.

FÉVRIER

Montréal en lumière (☎288-9955 ; www.montrealenlumiere.com). Danse, musique, activités nocturnes délirantes et haute gastronomie sont au programme. La Nuit Blanche, durant laquelle les musées, galeries, salles de concert, etc., de la ville sont accessibles au public gratuitement, constitue le point culminant du festival.

Rendez-vous du cinéma québécois (www.rvcq.com). Le cinéma québécois est à l'honneur pendant la deuxième quinzaine du mois, avec plusieurs centaines de projections. Autour de la Cinémathèque Québécoise.

MARS

FIFA-Festival international du film sur l'art (☎874-1637 ; www.artfifa.com). Le festival de films sur l'art le plus réputé au monde.

Défilé de la Saint-Patrick Un classique indémodable à Montréal depuis près de deux siècles, le 17 mars.

AVRIL

Metropolis Bleu – Festival de littérature internationale de Montréal (☎932-1112 ; www.metropolisbleu.com). Cinq jours consacrés à la littérature.

Vues d'Afrique (☎845-0631 ; www.vuesdafrique.org). Festival de films africains pour réchauffer le printemps et faire fondre la neige.

MAI

Festival TransAmériques (☎842-0704 www.fta.qc.ca). Festival consacré à la danse et au théâtre d'avant-garde. Il accueille des créateurs réputés des quatre coins du globe.

OFFTA (www.offta.com). Festival en marge du précédent, il présente les jeunes créateurs et la relève.

Piknic Electronik (☎904-1247 ; www.piknicelectronik.com ; 14 $). Tous les dimanches de mai à septembre. Grande programmation en plein air de 14h à 21h de musiques électroniques, DJ à l'appui, sur le site de l'île Sainte-Hélène.

Festival accès Asie (www.accesasie.com)

Journée des musées montréalais Accès gratuit et nocturne dans de nombreux musées de la ville, dernier dimanche du mois.

JUIN

Mondial de la bière (http://festivalmondialbiere.qc.ca). Le houblon fermenté est à l'honneur, au début du mois.

Mutek (☎871-8646 ; www.mutek.org). Festival de musiques électroniques et de performances audiovisuelles numériques. Manifestations à travers la ville.Au début du mois.

FIMA (www.festivaldesarts.org). La rue Sainte-Catherine Est dans le Village se transforme pour l'occasion en grande galerie à ciel ouvert.

Suoni Per Il Popolo (☎284-0122 ; www.suoniperilpopolo.org). Programmation internationale de musiques expérimentales et d'avant-garde.

Nuit blanche sur tableau noir (www.tableaunoir.com). Fresques de rue sur le bitume le temps d'une nuit et semaine de festivités sur le Plateau Mont-Royal.

Féria du vélo (☎521-8356 ; www.velo.qc.ca). Depuis 1985, le grand rendez-vous des cyclistes de la province, le 1er dimanche du mois, dans une ambiance familiale.

Grand Prix du Canada (☎350-0000 ; www.circuitgillesvilleneuve.ca). La grand-messe du sport automobile, célébrée sur l'autel du circuit Gilles-Villeneuve de l'île Notre-Dame.

Les Francofolies de Montréal (☎876-8989 ; www.francofolies.com). Plus de 200 spectacles (dont 150 en plein air, gratuits) à l'affiche de cette fête de la chanson francophone.

Montréal Baroque (www.montrealbaroque.com). Musique des 17e et 18e siècles à l'honneur dans ce festival ayant généralement lieu la 3e semaine du mois.

Fête nationale du Québec Le jour de la Saint-Jean-Baptiste (férié), le 24 juin, est l'occasion de fêtes de quartiers, d'un défilé de chars allégoriques et d'un grand spectacle musical gratuit, en soirée.

L'International des Feux Loto-Québec (☎397-7777 ; www.internationaldesfeuxlotoquebec.com). Au bord du fleuve, à La Ronde, des feux d'artifice sont présentés chaque samedi soir (et certains mardis et vendredis) dans le cadre d'un concours mondial d'art pyrotechnique. Le pont Jacques Cartier est fermé pour l'occasion et constitue un bon point pour admirer le spectacle.

JUILLET

Festival international de jazz de Montréal (☎871-1881 ; www.montrealjazzfest.com). Un des plus grands festivals de jazz de la planète, réunissant les meilleurs artistes internationaux et locaux. Incontournable.

Carifête (www.carifiesta.com). Défilé carnavalesque où la Caraïbe est à l'honneur, première semaine du mois.

Festival Fantasia (www.fantasiafest.com). Festival de films unique en son genre qui privilégie les genres marginaux (horreur, science-fiction, kung-fu, etc.).

Festival Juste pour rire (☎845-2322 ; www.montreal.hahaha.com/fr). Plus grand festival d'humour au monde avec deux volets : francophone et anglophone (Just for Laughs). Spectacles en salle et arts de la rue (marionnettes, mimes, street dance).

Complètement cirque (www.montrealcompletementcirque.com). Deux semaines de prestations intérieures et extérieures articulées autour de la ToHu (voir p. 86).

Les Nuits d'Afrique (☎499-3462 ; www.festivalnuitsdafrique.com). Musique et cuisine d'Afrique et des Caraïbes. Concerts de haut calibre.

Week-ends du monde Les deux premiers week-ends du mois, démonstrations multiculturelles gratuites hautes en couleur au parc Jean-Drapeau.

Festival international de courses de bateaux-dragons (www.montrealdragonboat.com). Curieuse manifestation sportive, colorée et animée, dans les bassins de l'île Notre-Dame. Admission gratuite.

OSHEAGA (www.osheaga.ca). Dernier week-end de juillet, un grand festival d'arts et de musiques alternatives au parc Jean-Drapeau. Artistes locaux et internationaux.

Théâtre de Verdure (www.accesculture.com/contenu/theatredeverdure). En juillet et août, le théâtre extérieur du parc Lafontaine présente une programmation (gratuite) de danse, de musique classique et de théâtre. Les pièces de Shakespeare, le concert de l'orchestre Métropolitain et le spectacle des Grands Ballets Canadiens sont des classiques à ne pas manquer.

Zoofest (www.zoofest.com). Échelonné sur les trois dernières semaines du mois, un festival d'humour, théâtre, magie et divertissement mettant en valeur les artistes émergents.

AOÛT

Terres en vue/Présence autochtone (www.nativelynx.qc.ca). Plus grandes festivités autochtones de la région montréalaise, la première semaine du mois, axées sur le partage et le mélange des genres (poésie, cinéma, performance) tant traditionnels que contemporains (électro, pop, etc.).

Divers Cité/La Fierté gaie (☎285-4011 ; www.diverscite.org). Une semaine d'activités culturelles, en plus du fameux défilé gay.

Coupe Rogers de tennis (www.rogerscup.com). Compétition de Tennis de très haut calibre, épreuves féminines les années paires et masculines les années impaires.

Festival international de reggae de Montréal (☎482-7921 ; www.montrealreggaefest.com). Un long week-end de festivités dans le Vieux-Montréal en compagnie de grands noms du reggae.

Festival des films du monde (☎848-3883 ; www.ffm-montreal.org). Le grand festival de cinéma au Québec. Les projections sont organisées dans plusieurs cinémas de la ville pendant une vingtaine de jours. Certaines ont lieu gratuitement en plein air.

Festiblues international (www.festiblues.com). Dans le quartier Ahuntsic, au nord de l'île (métro Henri-Bourassa), concerts de musique blues et folk depuis 15 ans déjà, la deuxième semaine du mois.

SEPTEMBRE

Pop Montreal (☎842-1919 ; www.popmontreal.com). Musiques alternatives et émergentes (anglophone et francophone). Série de concerts, conférences et symposium

3 JOURS, 38 MUSÉES

Montréal est une ville culturelle animée comme en témoignent ses nombreux musées et festivals. Ceux qui souhaitent passer quelques jours à Montréal peuvent se procurer la **carte-musées Montréal** (www.museesmontreal.org). Valable 3 jours, elle donne accès à 38 musées (avec/sans transport en commun 65/60 $). Elle est disponible en ligne, dans les centres d'information touristique et les musées. Pour les plus longs séjours, une carte Prestige d'une validité d'un an permet 2 entrées par musée, simultanées ou séparées (200 $ taxes incl).

d'art. Fin du mois, dans le quartier Mile-End principalement.

Comicon (www.montrealcomiccon.com). L'événement *geek* par excellence, autour du *comic book* et de l'univers des super-héros.

Marathon de Montréal (http://ca.competitor.com/montreal). Événement sportif annuel.

Festival international de film black de Montréal (http://www.montrealblackfilm.com). Festival de cinéma mettant en vedette la réalité des personnes noires, de langue française ou anglaise. Dernière semaine du mois.

Journées de la culture (www.journeesdelaculture.qc.ca). Semblable aux journées européennes de la culture, le dernier week-end de septembre est le cadre de portes ouvertes et démonstrations culturelles très diverses.

OCTOBRE

Festival du nouveau cinéma (☎282-0004 ; www.nouveaucinema.ca). Axé sur les nouvelles tendances dans le cinéma d'auteur et les nouveaux médias.

Festival Black & Blue (☎875-7026 ; www.bbcm.org). L'une des principales manifestations annuelles de la scène gay, la seconde semaine d'octobre, dans le Stade olympique.

NOVEMBRE

Festival Séfarad (www.sefarad.ca). Concerts et spectacles liés à la culture sépharade (juive maghrébine) pendant deux semaines, à la mi-novembre.

Festival du monde arabe (www.festivalarabe.com). Concerts et prestations artistiques d'une qualité remarquable, dont certains gratuits, lors de ce festival qui pose un pont entre les cultures arabes et occidentales.

Rencontres internationales du documentaire (www.ridm.qc.ca). Pendant deux semaines à la mi-décembre, le cinéma documentaire d'ici et d'ailleurs est à l'honneur

image+nation (www.image-nation.org). Festival de cinéma gai, lesbien, bisexuel et trans.

DÉCEMBRE

Salon des métiers d'arts de Montréal (www.metiers-d-art.qc.ca). C'est lors de cet événement que les Montréalais amateurs d'art dénichent leurs cadeaux de Noël préférés.

Feux sur glace Tous les samedis de décembre au Vieux-Port, feux d'artifice en musique dès 20h.

À voir

VIEUX-MONTRÉAL Carte p. 48

Datant essentiellement du XVIIIe siècle, c'est le quartier le plus ancien de la ville. Situé à proximité du fleuve, il abonde en squares, en églises et en rues piétonnières. De savants éclairages le mettent en valeur le soir et c'est le moment idéal pour en apprécier l'architecture typique.

Basilique Notre-Dame ÉDIFICE RELIGIEUX (☎842-2925 ; www.basiliquenddm.org ; 110 rue Notre-Dame Ouest ; adulte/enfant 5/4 $; ⏲lun-ven 8h-16h30, sam 8h-16h, dim 12h30-16h). Fondée en 1823 à la demande des sulpiciens soucieux d'assurer leur suprématie sur l'évêché catholique et sur les anglicans, la basilique domine la place d'Armes. C'est un architecte new-yorkais d'origine irlandaise, James O'Donnell, un protestant qui se convertit au catholicisme avant de mourir, qui lui conféra ses allures néogothiques. La décoration intérieure de l'église est remarquable, avec un maître-autel imposant installé sous une voûte en cèdre bleue, constellée d'étoiles dorées. Au milieu de la nef, la chaire en noyer noir et tilleul a été sculptée à la main. Les vitraux (1929) racontent l'histoire religieuse de Montréal. Notez également les trois rosaces hexagonales qui ornent le plafond. Dans le chœur, on peut admirer l'*Arbre de vie*, une sculpture en bronze de Charles Daudelin pesant 20 t et mesurant 17 m de haut. En soirée, le spectacle multimédia **Et la lumière fut** (adulte/senior/enfant 10/9/5 $; ⏲mar-ven 18h30, sam 19h et ven-sam 20h30 tte l'année, plus mar-jeu 20h30 fin juin-sept), d'environ 35 minutes, fait revivre l'histoire de Montréal et de la basilique. Un calendrier de concerts prend la relève de septembre à mars. Tous les ans à la mi-décembre, avant Noël, l'Orchestre symphonique de Montréal y présente le *Messie* de Haendel. Le spectacle est grandiose.

VIEUX-MONTRÉAL : QUELQUES REPÈRES

Construite par le sieur de Maisonneuve, la première ville fortifiée de Ville-Marie s'articulait historiquement autour de la **place Royale**, qui n'a cependant plus l'ampleur d'autrefois. Dans ce quartier, les rues étroites et pavées de pierres ayant jadis servi de lest pour les bateaux séparent de vieux bâtiments, dont beaucoup abritent aujourd'hui des restaurants, des hôtels-boutiques ou des galeries d'art.

Parallèles au fleuve, les rues Notre-Dame et Saint-Paul accueillent la plupart des commerces et restaurants. La rue de la Commune longe quant à elle le vieux port de Montréal.

À proximité de l'hôtel de ville et de l'ancien palais de justice se trouve la **place Jacques-Cartier**, le cœur du quartier. En été, elle bruisse de touristes, de calèches tirées par des chevaux, de vendeurs de rues et de musiciens. L'hiver, elle accueille des bals populaires lors des festivités.

Située au pied de la basilique Notre-Dame (ci-contre) et bordée par les rues Notre-Dame et Saint-Jacques, la **place d'Armes** constitue un point de départ idéal pour visiter la vieille ville. Elle fut nommée ainsi en 1725, en raison des cérémonies militaires qui s'y tenaient. En son milieu se dresse un monument érigé à la mémoire du fondateur de Montréal, Paul de Chomedey, sieur de Maisonneuve, tandis qu'à ses pieds se tiennent un guerrier iroquois, Jeanne Mance, fondatrice de l'Hôtel-Dieu, et Charles Le Moyne, chef de file d'une famille d'explorateurs qui fonda la Louisiane. Au n°511, l'**édifice New York Life**, construit en 1888, ne compte que 8 étages, mais fut le premier gratte-ciel de Montréal. Levez les yeux pour admirer son horloge. Au n°507, l'**édifice Alfred**, de style Art déco, s'est hissé encore plus haut, en 1929.

Vers l'ouest, la **rue Saint-Jacques** est l'ancienne Wall Street du Canada, où se trouvaient les sièges des grandes banques canadiennes. Vous devrez franchir une suite de lourdes portes pour pénétrer dans la **Banque de Montréal** (n°119), dont l'intérieur est splendide, ou de la **Banque Royale** (n°369), ornée de dorures.

Les quatre quais du **Vieux-Port**, qui ont accueilli les activités portuaires des premiers colons dès 1760, forment aujourd'hui un complexe récréatif moderne, se déployant le long des 2,5 km de rives. Nombre d'anciens entrepôts ont gardé leur cachet, typique du régime français. Leurs locaux ont été transformés en galeries d'art, en restaurants et en appartements luxueux.

Parallèle au fleuve, la **promenade du Vieux-Port** s'étend de la rue Berri à la première écluse du canal de Lachine (voir p.59). Créée en 1983 par l'architecte Peter Rose à l'emplacement des voies ferrées qui longeaient les quais, elle est devenue l'un des lieux de promenade favoris des Montréalais. En été, le quartier accueille de nombreuses activités en plein air, dont des expositions horticoles.
En hiver, sa patinoire est l'une des plus courues de la ville.

À l'extrémité est du Vieux-Port, la tour du **quai de l'Horloge** est dédiée aux marins de la marine marchande disparus pendant la Première Guerre mondiale.

Le bâtiment du **quai Jacques-Cartier** abrite une boutique et un café. Au départ du quai, une navette assure la liaison avec le parc des Îles tandis qu'un bateau-mouche (voir p. 67) et un ferry permettent de rejoindre Longueuil, sur la rive sud. La gare maritime du quai Alexandra, en face de la Pointe-à-Callière, accueille quant à elle les navires de croisière.

Sur la **Pointe-du-Havre**, bande de terre en saillie située entre le Vieux-Montréal et l'île Sainte-Hélène, se dresse un ensemble résidentiel nommé **Habitat 67**. Il fut conçu par l'architecte Moshe Safdie dans le cadre de l'Exposition universelle de 1967 afin de servir de modèle d'habitation futuriste et d'héberger les dignitaires étrangers.

Sur les cinq gigantesques silos à grain installés autrefois le long des quais, quatre ont été démolis afin de dégager la vue sur le fleuve. À l'extrémité ouest du port, le **silo n°5** témoigne de l'époque où Montréal était le port céréalier le plus important au monde. Cette magnifique pièce architecturale impressionne par son imposante structure de métal rouillé et les différents styles de construction qu'elle combine.

À 100 m de la basilique, le **Vieux Séminaire** (130 rue Notre-Dame Ouest) est toujours occupé par les prêtres de Saint-Sulpice. Construit en 1685, ce manoir est le bâtiment le plus ancien de Montréal.

Château Ramezay MUSÉE HISTORIQUE
(☎861-3708 ; www.chateauramezay.qc.ca ; 280 rue Notre-Dame Est ; adulte/senior/étudiant/enfant/famille 10/9/8/5/22 $; ⏲tlj 10h-18h juin-sept, mar-dim 10h-16h30 oct-mai). Du nom du gouverneur de Montréal qui l'occupa, Claude de Ramezay, ce bâtiment érigé en 1705 est un vestige important de l'époque coloniale. Vendu en 1745 à la Compagnie des Indes, il a rempli diverses fonctions, d'entrepôt de fourrures et d'épices à celui de refuge pour les indépendantistes américains. Transformé depuis 1895 en musée, il présente une histoire exhaustive de Montréal et du Québec, ainsi qu'une collection d'artéfacts amérindiens, de mobilier, de costumes et d'objets usuels des XVIIIe et XIXe siècles.

Rue Saint-Paul PROMENADE DÉAMBULATOIRE
Tracée dès 1672, la rue Saint-Paul fut longtemps la principale artère commerciale de Montréal. Jalonnée de maisons historiques, d'antiquaires, d'hôtels chics, de restaurants et de nombreuses galeries d'art, c'est un axe naturel à emprunter à pied.

Chapelle Notre-Dame-de-Bon-Secours HISTOIRE RELIGIEUSE
(☎282-8670 ; www.marguerite-bourgeoys.com ; 400 rue Saint-Paul Est ; adulte/senior et étudiant/enfant/famille 10/7/5/20 $; ⏲mar-dim 10h-18h mai-début oct, 11h-16h reste de l'année, fermée mi-jan à fév, horaire variable fêtes de fin d'année). Abritant le musée Marguerite Bourgeoys qui retrace l'histoire de cette pionnière, du bâtiment et du site archéologique adjacent, cette chapelle dite des Marins est la plus ancienne église de pierre de Montréal (1655). Elle est décorée de nombreux ex-voto offerts par des marins, certains sous forme de très belles maquettes de navires suspendues au plafond. La tour de la chapelle offre le point de vue le plus élevé du Vieux-Montréal.

En face de la chapelle, la **maison Pierre-du-Calvet** (401 rue Bonsecours) est l'un des plus beaux exemples de l'architecture de la Nouvelle-France : murs massifs en pierre brute et toit en pente raide. Elle abrite aujourd'hui une auberge haut de gamme.

Marché Bonsecours ARCHITECTURE ET ARTISANAT
(☎872-7730 ; www.marchebonsecours.qc.ca ; 350 rue Saint-Paul Est ; ⏲tlj 10h-18h ou 21h). Inauguré en 1847, ce vaste édifice en pierre de style néoclassique arbore d'imposantes colonnes de fonte qui furent coulées en Angleterre. Il servait autrefois de grande halle aux maraîchers. En 1849, la halle a abrité le siège du Parlement canadien après l'incendie du bâtiment initial situé sur la place d'Youville. Le marché abrite maintenant des boutiques d'artisans québécois ainsi qu'un agréable café avec terrasse et est parfois l'hôte d'expositions de calibre international.

♥ **Musée Pointe-à-Callière** ARCHÉOLOGIE ET HISTOIRE
(☎872-9150 ; http://pacmusee.qc.ca ; 350 pl. Royale ; adulte/senior/étudiant/enfant 18/14/9,50-10,50/7 $ taxes incl ; ⏲lun-ven 10h-18h et sam-dim 11h-18h juin-août, mar-ven 10h-17h et sam-dim 11h-17h sept-juin ; ♿). Si vous ne deviez visiter qu'un seul musée historique à Montréal, choisissez celui-ci. Construit sur le lieu de fondation de Montréal, il est un témoignage archéologique et historique exceptionnel. Au sous-sol, une crypte vous plonge dans les entrailles des origines de la ville. La collection d'artefacts amérindiens, les ruines du premier cimetière catholique et la voûte de l'ancien système de vidange de Ville-Marie se visitent dans une atmosphère de recueillement. Les expositions temporaires valent généralement le détour à elles seules. À ne pas manquer : le spectacle multimédia *Signé Montréal*, une expérience multisensorielle faisant appel à des technologies de pointe. Au dernier étage, le restaurant *L'Arrivage* (menu express 12-15 $, plats 18-20 $;⏲midi seulement) offre une vue incomparable sur le Vieux-Port et un bon rapport qualité-prix.

Centre d'histoire de Montréal MUSÉE HISTORIQUE
(☎872-3207 ; 335 pl. d'Youville ; adulte/senior/étudiant et enfant 6/5/4 $; ⏲mar-dim 10h-17h ; ♿) Installé dans une ancienne caserne de pompiers ce petit musée détaille l'histoire de la ville de 1642 à nos jours au fil de ses salles. L'accent est mis sur l'aspect visuel à travers une muséologie conteuse d'histoires. Le site est celui de l'ancien parlement canadien, avant le déménagement de la capitale à Ottawa

Centre des sciences de Montréal SCIENCES ET TECHNOLOGIES
(☎496-4724 ; www.centredessciencesdemontreal.com ; quai King Edward ; adulte/senior et étudiant/enfant 11,50/11,50/8,50 $; ⏲lun-ven 9h-16h, sam-dim 10h-17h). Dans les anciens hangars du vieux-port sont déployées des expositions scientifiques, technologiques ou industrielles

très didactiques et un **cinéma IMAX** (mêmes tarifs ; ⌚horaires variables). Des forfaits incluant la visite du centre et des projections IMAX sont proposés à la caisse.

CENTRE-VILLE Carte p. 48

Cœur du Montréal anglophone, le centre-ville témoigne de l'américanisation de la métropole par la présence de ses gratte-ciel. Ce quartier fourmille de musées, de galeries d'art, d'édifices religieux, de boutiques et d'immeubles à bureaux, le tout sans véritable recherche d'harmonie, au rythme syncopé des démolitions et des reconstructions. S'étendant au pied du mont Royal, il forme un rectangle entre les rues Sherbrooke et Saint-Jacques du nord au sud, et les rues Guy et Berri d'ouest en est. On y retrouve le nouveau quartier des spectacles (voir plus loin) et la belle esplanade de la place des Arts, qui accueillent des festivals en saison, de même que le quartier international et le quartier chinois.

Musée des Beaux-Arts de Montréal — BEAUX-ARTS

(☎285-2000 ; www.mbam.qc.ca ; 1380 rue Sherbrooke Ouest ; coll perm gratuite, expos adulte/12-30 ans 20/12 $, 10 $ pour tous après 17h, gratuit -12 ans ; ⌚mar-ven 11h-17h, sam-dim 10h-17h, expos jusqu'à 21h mer et 19h jeu-ven). On ne peut ignorer les fabuleuses collections et l'architecture de ce musée partagé en deux édifices distincts de part et d'autre de la rue : au n°1379, les pavillons Horstein et Stewart, et au n°1380, le pavillon Desmarais conçu par l'architecte Moshe Safdie. En plus des salles dévolues aux arts inuit et amérindien, la collection canadienne du musée comprend des pièces d'art décoratif, des paysages du Groupe des Sept ou de Morrice ou encore des portraits de Kane. Des œuvres de Borduas, de Riopelle, de Colville et de Goodwin permettent de retracer l'évolution de l'art moderne canadien. Le pavillon Desmarais est surtout consacré à l'art européen et américain. Toutes les périodes, de l'art médiéval à l'art contemporain, sont représentées. Sont ainsi exposés de grands noms de la peinture (Rembrandt, Matisse, Picasso) et de la sculpture (Moore, Giacometti, Calder). La collection d'art décoratif compte 700 objets couvrant six siècles. À ne pas manquer : les 3 000 boîtes à encens japonaises de Georges Clemenceau, ainsi que les collections d'arts asiatiques (textiles, jades, céramiques, bronze). Le design du XXe siècle, du milieu des années 1930 à nos jours, est très bien représenté, avec notamment des pièces de Noguchi et de Pesche. Il faut surveiller les expositions temporaires du musée, généralement d'un grand intérêt artistique. Le **bistro du musée** (plats 21-30 $; ⌚mar-ven midi et mer soir) sert une cuisine de bonne qualité, mais chère.

Quartier des spectacles — ESPACE PUBLIC

(www.quartierdesspectacles.com). Délimitée par les rues City Councillors, Saint-Hubert et Sherbrooke et par le bd René-Lévesque, cette zone de 1 km², inaugurée en 2009, enserre la place des Arts, qui accueille une programmation culturelle diversifiée. Vaste zone de diffusion culturelle s'articulant le long d'espaces publics et de passages piétonniers extérieurs et souterrains, ce quadrilatère compte déjà nombre de musées, théâtres, salles de concert et restaurants branchés. Un superbe plan de lumière éco-énergétique y trace un parcours lumineux et souligne avec élégance une imposante fontaine près de la rue Bleury.

Musée d'Art Contemporain (MAC) — ART CONTEMPORAIN

(☎847-6226 ; www.macm.org ; 185 rue Sainte-Catherine Ouest ; adulte/senior/étudiant 12/10/8 $, gratuit mer 17h-21h ; ⌚mar-dim 11h-18h, jusqu'à 21h mer). Le MAC présente des expositions permanentes et temporaires d'œuvres postérieures à 1939. Seule institution canadienne entièrement consacrée à l'art contemporain, le musée abrite une collection de 6 000 œuvres d'avant-garde, dont plus de la moitié provenant d'artistes québécois. Le musée a également ouvert un volet "arts vivants", avec des films, de la danse, de la musique et du théâtre.

Le Belgo — GALERIES D'ART

(☎861-2953 ; 372 rue Sainte-Catherine Ouest, coin Bleury ; entrée libre ; ⌚mer-sam 12h-17h). Il fait bon se perdre dans ce vaste édifice pourvu de galeries d'art et de studios d'artistes, qui présente ce qui se fait de plus contemporain et actuel. Ancien centre manufacturier industriel, ce complexe de galeries et ateliers est l'un des hauts lieux des arts visuels montréalais. Les 3 étages supérieurs regroupent les adresses les plus intéressantes.

Centre canadien d'architecture (CCA) — MUSÉE D'ARCHITECTURE

(☎939-7026 ; www.cca.qc.ca ; 1920 rue Baile ; adulte/senior/enfant et étudiant 10/7 $/gratuit ; ⌚mer-dim 11h-18h, jeu 11h-21h, gratuit jeu 17h30-21h ; ♿📶). De renommée internationale, le CCA est un musée et un centre de recherche

CURIOSITÉS MONTRÉALAISES

Les escaliers... et les balcons

Un trait pittoresque de l'architecture montréalaise, ces escaliers extérieurs en fer forgé que l'on retrouve aussi bien à l'avant qu'à l'arrière des habitations. Ils ont des formes variées : droits, en spirale, en colimaçon... Ces escaliers auraient été placés à l'extérieur pour maximiser l'espace habitable et diminuer la surface à chauffer l'hiver. Il faut cependant les déneiger ou les déglacer après les chutes de neige pour éviter qu'ils ne deviennent de véritables casse-gueule. Mais qui dit escalier extérieur dit aussi balcon extérieur. Les balcons stimulent l'imagination des Montréalais, qui leur ont trouvé mille et une utilités : ranger le vélo, préparer ses barbecues, installer ses décorations de Noël ou bavarder avec les voisins !

Les déménagements

Si vous êtes à Montréal le 1er juillet, il ne faut pas rater l'activité du jour : les déménagements. Les Montréalais (en particulier les étudiants) aiment changer fréquemment de cadre de vie : chaque année, près du quart des locataires déménagent ! 90% des baux débutent le 1er juillet, clin d'œil à la fête du Canada et jour où l'on s'arrache les camions de déménagement. Les rues débordent alors de véhicules en tous genres, stationnés parfois à même le trottoir. Les scènes cocasses se succèdent, du piano encordé qu'on tente de hisser d'un balcon, au frigo qui reste coincé dans l'escalier, en passant par un déménagement complet mis sur le trottoir dans l'attente du camion qui tarde à arriver. Les vendeurs de bières et de pizzas font recette en ces jours où la canicule est souvent de mise. Pendant toute la semaine, on s'amuse au passage à regarder ce que les gens jettent après leur déménagement... et à s'y servir !

Le brunch

Le brunch de "fin de semaine" est, semble-t-il, une manière pour les Montréalais de casser la routine : on se précipite dans les restos du quartier pour prendre un petit-déjeuner copieux, souvent salé et plus tardif qu'à l'habitude. Le visiteur n'aura que l'embarras du choix. Faire la queue devant l'un des monuments du brunch fait partie intégrante du jeu, comme au branché **L'Avenue** (☎523-8780 ; 922 av. Mont-Royal Est) ou au rétro **Beauty's** (☎849-8883 ; 93 av. Mont-Royal Est). Citons d'autres adresses populaires tel le **Laika** (p. 80) ou **La Croissanterie** (p. 80). Pour quelque chose de plus relevé, on ira du côté de **Leméac** (p. 81) et pour une expérience exotique, on essaiera le brunch brésilien de **Senzala** (☎274-1464 ; 177 rue Bernard Ouest, Mile-End) ou celui très *british* du **Sparrow** (p. 83).

en architecture. Les expositions alternent entre architecture locale et internationale, urbanisme et dessins paysagers. La partie moderne enserre la maison Shaughnessy, érigée en 1874, à la façade de calcaire gris représentative de l'architecture de la ville. Ne manquez pas le jardin solarium et le salon de thé, décoré avec goût. En sortant, traversez le boulevard René-Lévesque pour visiter le jardin en face. Une quinzaine de sculptures modernes sont disséminées sur la terrasse qui domine tout le sud de Montréal.

Cathédrale Marie-Reine-du-Monde MINI-BASILIQUE
(☎866-1661 ; angle bd René-Lévesque Ouest et rue Mansfield ; ⏲lun-ven 7h-18h15, sam-dim 7h30-18h15 sauf messe). Version réduite d'un quart de la basilique Saint-Pierre de Rome, elle est le siège de l'archevêché de Montréal. Son intérieur tout en dorures 23 carats est grandiose. Certains de ses tableaux illustrent les débuts de l'histoire de la ville.

Université McGill UNIVERSITÉ PIONNIÈRE
(☎398-6555 ; www.mcgill.ca ; angle rues Sherbrooke Ouest et de la Montagne). Nichée sur un flanc du mont Royal, l'une des plus anciennes universités du Canada compte parmi les plus prestigieuses du monde. Il fait bon se promener sur le campus du centre-ville, jalonné de magnifiques hôtels particuliers légués à l'université. Parmi les donateurs figure un riche marchand de fourrures, James McGill, qui offrit en 1821 les fonds nécessaires à la construction de l'université, qui comprend aujourd'hui 80 bâtiments.

Musée McCord HISTOIRE DU CANADA
(☎398-7100 ; www.musee-mccord.qc.ca ; 690 rue Sherbrooke Ouest ; adulte/senior/enfant 13/10/5 $; ⏲mar-ven 10h-18h, sam-dim 10h-17h). Consacré à l'histoire canadienne du XVIIIe siècle à nos jours, sa visitie est essentielle à quiconque désire en savoir plus sur les origines du pays. Il propose des expositions axées sur l'histoire des Premières Nations du Québec et sur l'arrivée et la vie quotidienne des premiers Européens dans l'est du Canada.

Église Saint James United PATRIMOINE RELIGIEUX
(☎288-9245 ; 463 rue Sainte-Catherine Ouest ; ⏲mar-ven 11h-14h, sam 10h-16h, dim 13h-16h). Cette ancienne église méthodiste possède des clochers néogothiques, mais l'intérieur est victorien. Vous la remarquerez au détour d'une promenade dans la rue Sainte-Catherine Ouest. Des travaux importants, achevés en 2006, ont permis de restaurer et de dégager son parvis et sa superbe façade, dissimulés derrière des commerces depuis 1926.

Cathédrale Christ Church CENTRE COMMERCIAL
(☎843-6577 ; 635 rue Sainte-Catherine Ouest ; ⏲tlj 10h-18h). D'architecture néogothique, cette cathédrale bâtie entre 1857 et 1859 a été sauvée de la démolition et repose maintenant au-dessus d'un centre commercial "Les Promenades de la Cathédrale". Le plafond, orné de poutres en chêne, est de toute beauté.

QUARTIER INTERNATIONAL Carte p. 48

Centré autour du square Victoria, ce nouveau quartier fait figure de trait d'union entre le Montréal historique et le centre-ville. Résolument moderne, il occupe un territoire longtemps laissé en friche au-dessus de l'autoroute Ville-Marie, souterraine à cet endroit. Il mérite une visite le temps d'admirer quelques curiosités architecturales, notamment la **sculpture-fontaine de Jean-Paul Riopelle**, *la Joute*, sur la très belle place du même nom. Vous pourrez également voir le bâtiment de la Caisse de dépôt et placement (surnommée "le bas de laine des Québécois") et la façade multicolore et moderniste du **palais des Congrès**. La façade du célèbre **hôtel W** se dresse sur le square Victoria, qui accueillait les campements des indignés, et au milieu duquel vous aurez la surprise de découvrir une authentique station de métro parisien de style Art nouveau (en service). Le **Centre de commerce mondial** (angle Saint-Jacques et McGill) vaut le détour pour son long passage vitré et ses éléments décoratifs.

Fonderie Darling CENTRE D'ART
(☎392-1554 ; 745 rue Ottawa ; adulte 3 $, gratuit jeu ; ⏲mer-dim 12h-19h, jeu jusqu'à 22h). Près du square, dans le secteur de Griffintown, ce bâtiment industriel atypique incarne bien la revitalisation du quartier. Autrefois surnommé "le serpent" (pour ses conduits d'aération apparents sur le toit), il a été rouvert en 1994. Reconverti en centre d'arts visuels, il abrite une salle d'exposition et un atelier d'artistes en résidence. S'ajoute aussi un joli café, le Cluny ArtBar, rénové par des architectes avant-gardistes. Pour vous y rendre, prenez la rue Saint-Jacques Sud, puis, sur la gauche, les rues University, Duke et Ottawa. Comptez 10 minutes.

QUARTIERS DU SUD-OUEST

L'arrondissement du Sud-Ouest englobe d'anciens villages issus de la prospérité industrielle entourant le canal de Lachine, de la progression du chemin de fer et de la construction du pont Champlain. Ce sont maintenant des quartiers populaires : Pointe-Saint-Charles, Saint-Henri (où se déroulait l'action du roman *Bonheur d'occasion* de Gabrielle Roy), Ville-Émard, Lachine. Défiguré par l'imposant échangeur Turcot (30 m de hauteur), dont la structure vétuste maintenant interdite aux poids lourds devra être démantelée au cours de la prochaine décennie pour des raisons de sécurité, ce secteur conserve le charme industriel des bâtiments de brique tout en invitant à la balade, et présente quelques sites d'intérêt.

Lieu historique du canal de Lachine PROMENADE AU FIL DE L'EAU
(☎1-888-364-4490 ; centre des visiteurs au 500 chemin des Iroquois, à l'entrée de la marina de Lachine ; ⏲lun-ven 10h-17h et sam-dim 10h-18h fin juin-début oct). Bordant le Vieux-Port et le sud-ouest de Montréal, le canal de Lachine est fermé à la navigation commerciale depuis 1970. Ses abords ont été transformés en un parc long d'une quinzaine de kilomètres traversé par une piste cyclable qui mène jusqu'au lac Saint-Louis formé par l'élargissement du fleuve. Une promenade à pied ou à vélo offre une superbe occasion de découvrir la ville "basse", un vieux quartier industriel qui vivait des eaux du canal en des temps plus florissants. Longtemps abandonné, il a fait l'objet d'une réhabilitation,

avec la construction de lofts, de jardins et de parcs, et la réouverture du canal à la navigation de plaisance en 2002. Le centre de services aux visiteurs se trouve à l'embouchure ouest du canal. Vous pouvez vous y rendre à vélo depuis le Vieux-Montréal. Pour découvrir le canal depuis l'ouest en métro et à pied, descendez à la station Lionel-Groulx et poursuivez avec le bus 191. Autre possibilité : station Angrignon puis bus 195.

Maison Saint-Gabriel ÉDIFICE HISTORIQUE (☎935-8136 ; www.maisonsaint-gabriel.qc.ca ; 2146 pl. Dublin ; adulte/senior/enfant 8/6/2 $; ⏲mar-dim 13h-17h avr-juin et sept-déc, mar-dim 11h-17h juil-août). Seule maison de ferme tricentenaire existant encore sur l'île de Montréal, cette ferme occupe un joli site dans le quartier Pointe-Saint-Charles. Avec sa grange de pierre, elle est un bel exemple de l'architecture de la Nouvelle-France. Les "Filles du Roy", orphelines françaises, y étaient accueillies avant de convoler en justes noces. La visite guidée est plaisante. Accès par le bus 57 depuis la station de métro Charlevoix ou par le bus 61 depuis la station Square-Victoria.

QUARTIER CHINOIS Carte p. 48

Arrivés au milieu du XIXe siècle pour travailler dans les mines et prêter leurs bras à la construction du chemin de fer, les Chinois sont devenus l'une des composantes de la mosaïque montréalaise. En témoigne le quartier chinois, piétonnier dans sa majeure partie, qui occupe quelques blocs entre le Vieux-Montréal et le Quartier latin. Centré sur l'axe du boulevard Saint-Laurent entre le boulevard René-Lévesque et l'avenue Viger, le Chinatown montréalais est délimité par de grandes arches inspirées de celles de la Cité interdite de Pékin. Il mérite le détour pour son atmosphère affairée et ses restaurants de *dim sum* (bouchées cantonaises). Ne ratez pas ses boutiques proposant d'innombrables plantes médicinales.

QUARTIER LATIN ET LE VILLAGE Carte p. 48

Cœur du Montréal culturel francophone, le Quartier latin s'étend de part et d'autre de la rue Saint-Denis entre le Vieux-Montréal et le Plateau Mont-Royal. Agréable en soirée, ce quartier universitaire et touristique compte de nombreux cafés et bars. L'**Université du Québec à Montréal (UQAM)** est l'épicentre du quartier. Au sud, la **rue Sainte-Catherine Est** garde encore des airs de "quartier chaud", et demeure animée en tout temps. À la lisière du plateau Mont-Royal, ne manquez pas le petit parc du **carré Saint-Louis**, datant de 1876 et entouré de ravissantes demeures victoriennes où vécurent plusieurs artistes québécois. En son extrémité ouest, la **rue Prince Arthur**, est piétonnière, agréable et très animée en été.

Inaugurée en 2005, la **bibliothèque et archives nationales du Québec** (☎873-1100 ; www.bnquebec.ca ; 475 bd De Maisonneuve Est ; ⏲mar-ven 10h-22h, sam-dim 10h-17h), communément appelée **Grande bibliothèque**, occupe un bel édifice lumineux dont l'architecture exploite les contrastes du bois et du verre. Son aménagement convivial, ses confortables espaces de lecture et de visionnage et sa technologie de pointe ont rapidement séduit les Montréalais. C'est un havre de quiétude dans la ville autrement animée.

Le **Village**, diminutif sobre de "village gay", désigne la zone à l'est du Quartier latin s'articulant autour de la rue Sainte-Catherine Est, entre Saint-Hubert et Papineau. Ce quartier est avant tout fréquenté par la communauté homosexuelle, bien que les femmes l'aient déserté ces dernières années. Bars, discothèques et boutiques se succèdent. En été, alors qu'il se transforme en vaste passage piétonnier, le quartier donne lieu à de grandes virées nocturnes.

PLATEAU MONT-ROYAL Carte p. 62

Cet ancien quartier populaire s'est transformé au fil du temps en *lieu* branché. Petit coin de paradis où la ville prend des allures bohèmes, le Plateau a en effet de quoi séduire. Vous y verrez de belles maisons en briques ou aux façades colorées, dont certaines s'ornent de balcons et d'escaliers élégants. Avec 100 000 habitants sur un territoire de 7,7 km², le Plateau serait la sixième ville du Québec s'il constituait une municipalité. Quartier cher au cœur des intellectuels et des artistes, il conjugue l'art de vivre avec "l'art des petits riens" si bien racontés par Michel Tremblay dans ses *Chroniques du Plateau Mont-Royal*. C'est aussi aujourd'hui le quartier où l'on trouve le plus de Français, expatriés, étudiants et voyageurs...

Le point pivot du Plateau se trouve à la croisée de la **rue Saint-Denis** et de sa voie perpendiculaire, l'**avenue du Mont-Royal**. Le grand **parc Lafontaine**, à l'angle des rues Rachel et Papineau, attire une foule de gens près de ses points d'eau lors des chaudes journées d'été.

LE PARC DU MONT-ROYAL

C'est le plus beau et le plus vaste espace vert de la ville : une centaine d'hectares, 60 000 arbres et une ribambelle d'écureuils... Il n'est pas rare non plus d'y voir trotter les chevaux de la Gendarmerie royale du Canada, dont l'écurie jouxte le parc.

L'hiver, le parc est ouvert aux patineurs sur le **lac aux Castors**, tandis que les sentiers enneigés sont ouverts au ski de fond. D'avril à novembre, changement de décor. On vient se promener, pique-niquer, musarder et observer les oiseaux. Les **tam-tams du dimanche**, événement spontané, dont l'épicentre se trouve au pied du monument à Sir George-Étienne Cartier (rue du Parc, face à la rue Rachel), sont la flânerie estivale par excellence.

Le parc possède également le meilleur observatoire de la ville. Suivez les indications pour le **chalet du parc du Mont-Royal**. Un sentier vous y mènera en moins de 30 minutes. Du **belvédère** situé près du chalet (inauguré en 1932 ; sa grande salle est ornée de tableaux retraçant l'histoire de la ville), le regard embrasse l'est et le sud de l'île de Montréal. Par temps clair, on voit bien au-delà du fleuve.

En montant par la voie Camillien-Houde, un stationnement à gauche donne accès à un autre belvédère qui permet de découvrir le nord-est de la ville, le quadrillage des rues du Plateau, de Rosemont et de Maisonneuve. Plus haut encore, sur la droite, se trouvent le grand **cimetière du Mont-Royal** et celui de **Notre-Dame-des-Neiges**, élégants dans leur manteau de verdure.

La **croix du mont Royal**, considérée comme l'un des premiers symboles de la ville, fut érigée en 1924 en l'honneur du fondateur de Montréal, le sieur de Maisonneuve, qui avait, en 1643, tenu sa promesse de planter une croix de bois si la jeune colonie survivait à une menace d'inondation. Elle a vu défiler depuis quantité de banderoles à messages politiques, installées clandestinement.

Se rendre sur le mont Royal est facile. Prenez le bus 11 (au métro Mont-Royal), qui circule toute l'année à l'intérieur du parc. À pied, les principaux accès se font au nord de la rue Peel et au monument de sir Georges-Étienne Cartier, à l'extrémité ouest de la rue Rachel. En voiture, depuis le centre-ville, il faut prendre la rue Guy jusqu'au chemin de la Côte-des-Neiges, qui rejoint le chemin du Parc. L'autre accès se fait par l'avenue du Mont-Royal. De là, on accède à la deuxième grande route du parc, la voie Camillien-Houde. Plusieurs aires de stationnement payant permettent de se garer.

MILE-END ET OUTREMONT Carte p. 62

Au nord de l'avenue du Mont-Royal, le **boulevard Saint-Laurent**, dit **"La Main"** (comme dans "Main Street"), se transforme en un quartier plus paisible, mais tout aussi intrigant. Il traverse le cœur du **Mile-End**, un quartier multiculturel où francophones et anglophones, Italiens, Juifs, Grecs, Portugais, puis Latino-Américains se sont installés. Récemment, les *hipsters* (jeunes artistes, musiciens et étudiants bien nantis) ont littéralement pris d'assaut le quartier, lui donnant une atmosphère bobo.

Entre la rue Laurier au sud, la rue Bernard au nord, l'avenue du Parc à l'ouest et le boulevard Saint-Laurent à l'est, chacun y a son périmètre, ses lieux de culte, ses cafés, restaurants et commerces. Plus à l'ouest encore et sur le flanc nord du Mont-Royal, **Outremont**, avec ses demeures cossues, ses parcs et son joli théâtre, est le quartier de prédilection de la bourgeoisie francophone et des communautés juives s'étant établies à Montréal.

AUTOUR DU MONT ROYAL Carte p. 62

Coiffé de sa croix lumineuse érigée en 1924 en référence à celle plantée au même endroit par Maisonneuve près de trois siècles plus tôt, le **mont Royal** révèle des vues spectaculaires sur la ville (voir l'encadré ci-dessus).

Oratoire Saint-Joseph LIEU DE PÈLERINAGE
(☎733-8211 ; www.saint-joseph.org ; 3800 chemin Queen-Mary ; ⏲tlj 7h-20h30). Situé sur la pente nord-ouest du mont Royal près de l'université de Montréal, l'oratoire est un impressionnant édifice de style Renaissance italienne achevé en 1960, en l'honneur de saint Joseph. Plus de 2 millions de pèlerins s'y rendent chaque année, certains d'entre eux montant même à genoux les 99 marches en bois qui y mènent. Vous apercevrez le dôme de l'oratoire – presque aussi grand que celui de Saint-Pierre de Rome – depuis

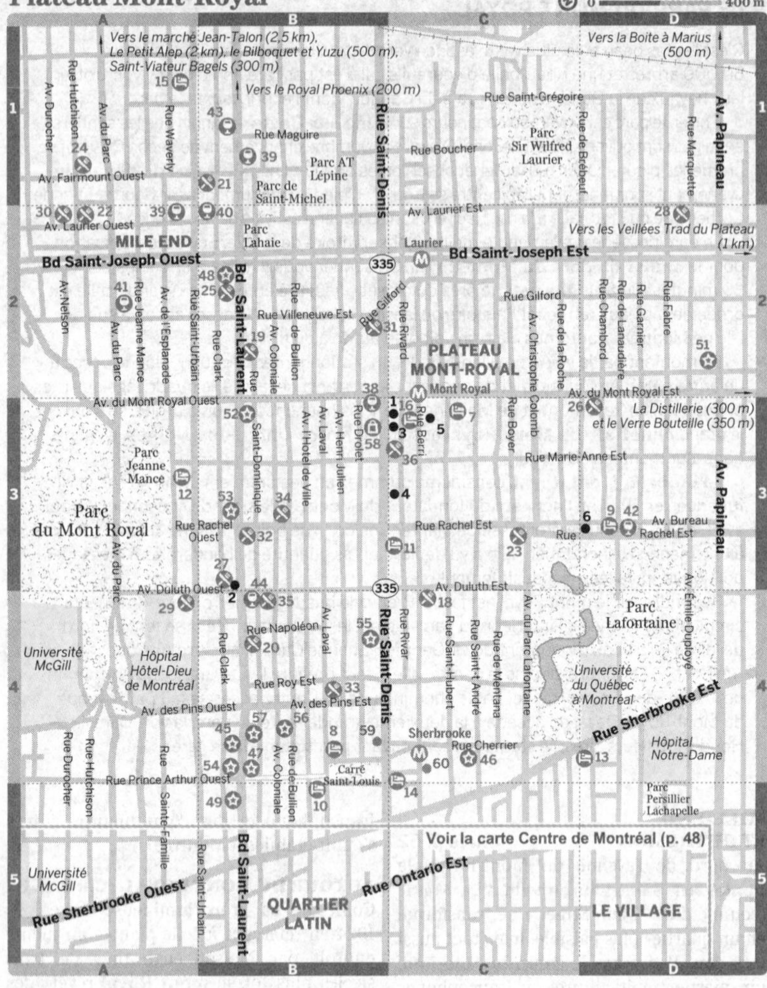

n'importe quel endroit au sud-ouest de Montréal. Belle vue sur la ville.

HOCHELAGA-MAISONNEUVE

On retrouve à “HoMa” les infrastructures futuristes construites pour les Jeux olympiques, dont certaines composent maintenant l'**Espace pour la vie**, un vaste centre d'interprétation de la nature : Biodôme, Jardin botanique, Insectarium et Planétarium. Le pôle sportif et culturel est complété par le stade Saputo et l'**Esplanade**, espace événementiel estival.

Hier ville industrielle, demain quartier branché ? Difficile d'oublier que les groupes de motards criminalisés y dominaient encore il y a 20 ans. Pour en apprécier les contrastes, déambulez dans les rues Ontario et Sainte-Catherine Est, où le nouveau HoMa bobo des cafés et restos s'oppose désormais aux bâtiments abandonnées crasseux qui caractérisent toujours Hochelag', pauvre et brut. Le secteur héberge toujours une population difficile et l'on peut parfois s'y sentir vulnérable si on s'éloigne du secteur touristique.

La visite des principales curiosités prend une bonne journée. Des forfaits permettent de combiner les différents sites. Navettes gratuites.

Plateau Mont-Royal

Renseignements

1 Blanetzone B3
2 Le Point Vert B4
3 Librairie Renaud-Bray C3
4 Maison de la presse internationale C3
5 Multimags C3

À voir et à faire

6 La Maison des cyclistes D3

Où se loger

7 À la Bonne Heure C3
8 À la Maison de Pierre et Dominique B4
9 Auberge de La Fontaine D3
10 Aux Portes de la Nuit B5
11 Anne ma sœur Anne C3
12 Casa Bianca A3
13 Gîte du Parc Lafontaine D4
14 Hôtel de l'Institut C5
15 L'Escale Waverly A1
16 Le Piano blanc C3

Où se restaurer

18 Au Pied de Cochon C4
19 Aux Vivres B2
20 Chez Schwartz B4
21 Fairmount Bagels B1
22 Juliette et Chocolat A2
23 La Banquise C3
24 La Croissanterie Figaro A1
25 La Sala Rossa B2
26 La Salle à Manger D3
27 Laika B3
28 Le Bilboquet D2
29 Le Santropol A4
30 Leméac A2
31 Ouzeri B2
32 Patati Patata B3
33 Pintxo B4
Restaurant de l'Institut .... (voir 14)
34 Romados B3
35 Soupe Soup B4
36 Toroli C3

Où prendre un verre

37 Baldwin Barmacie A2
38 Bily Kun B3
39 Bu B1
40 Dieu du Ciel B2
41 La Buvette chez Simone A2
42 Le Lab D3
43 Le Moineau/The Sparrow B1
44 Le Réservoir B4

Où sortir

45 A Go-Go Lounge B4
46 Agora de la Danse C4
47 Café Campus B4
48 Espace GO B2
49 Ex-Centris B5
La Sala Rossa .... (voir 25)
51 La Tulipe D2
52 Le Belmont B3
53 Le Divan Orange B3
54 Rouge B4
55 Théâtre d'Aujourd'hui B4
56 Théâtre de Quatre Sous B4
57 Tokyo Bar B4

Achats

58 MEC B3

Transports

59 Allo Stop B4
60 Autoplateau C4

Parc olympique STADE MÉGALOMANE
(☎252-4737 ; www.parcolympique.ca ; 4545 av. Pierre-de-Coubertin ; adulte/senior/étudiant/enfant 9/8/12/4,50 $; visite guidée tlj 10h30-16h30 été, 11h-15h30 hors saison). Créé pour les Jeux olympiques d'été de 1976, le complexe ne passe pas inaperçu dans le ciel Montréalais. La pièce maîtresse en est le **Stade olympique**, fort de 56 000 sièges et chapeauté par la **Tour de Montréal** et son **funiculaire** (4141 av. Pierre-de-Coubertin ou entrée côté Biodôme ; adulte/senior/étudiant/enfant 16/15/12/8 $; tlj 9h-22h été, jusqu'à 23h soirs de feux d'artifice, 9h-17h hiver), plus haute tour inclinée au monde. Structure gigantesque et audacieuse conçue par l'architecte français Roger Taillibert, le stade soulève encore la controverse. Partiellement terminé au moment des J. O., son coût aura été le double des prévisions initiales et son toit rétractable ne sera achevé qu'onze ans plus tard. Le stade a connu bien des avaries, la toile du toit s'étant déchirée à plusieurs reprises sous le poids de la neige.

Jusqu'en 2004, le stade était l'hôte de l'équipe de baseball des Expos de Montréal, maintenant déménagée à Washington DC. Il sert aujourd'hui surtout pour de grands concerts et des salons. Voisin du stade olympique côté boulevard Viau, le **stade Saputo** accueille depuis 2008 les matchs de la nouvelle équipe de foot Impact Montréal. Près du parking, le **Sifflet/Big-O** est une curieuse structure de béton conçue à l'origine pour

LE MONTRÉAL COSMOPOLITE

Les anglophones dans l'ouest de la ville, les francophones dans l'est ? On a longtemps considéré le boulevard Saint-Laurent comme la frontière entre ces deux communautés. La réalité est cependant moins tranchée aujourd'hui, les anglophones et francophones habitant aussi bien des propriétés sur le flanc du mont Royal qu'au cœur du Plateau Mont-Royal.

Les vagues d'immigration successives ont changé le visage ethnique de Montréal, lui apportant une grande richesse culturelle. Le quartier chinois, à cheval sur la partie sud du boulevard Saint-Laurent, est un monde à part, où l'on parle le mandarin et le cantonnais. Dans la Petite-Italie, au nord, l'expresso embaume l'air, alors qu'autour des stations de métro Parc et L'Acadie, ce sont l'Inde et le Pakistan qui distillent leurs arômes. Cartierville au nord rassemble les Arméniens, Saint-Michel les Ukrainiens... Entre la rue Saint-Denis et le parc du Mont-Royal, les Portugais ont leurs églises, leurs poissonneries et leurs grillades sur charbon de bois. C'est sur le Plateau Mont-Royal que les Français s'installent le plus souvent. Enfin, dans le quartier du Mile-End, les bagels juifs se vendent à la douzaine...

Il n'y a pas de ghetto dans la ville, disent toutefois les sociologues. Depuis les années 1970, les immigrants viennent d'une grande diversité de pays et se retrouvent bien souvent dans des quartiers multiethniques (Parc-Extension, Côte-des-Neiges ou Ville Saint-Laurent). C'est le cosmopolitisme à la montréalaise !

servir de passage aux athlètes olympiques, devenue un incontournable de l'univers du skateboard.

Du côté du boulevard Pie IX, l'**Esplanade** accueille nombre d'événements culturels et sportifs gratuits, de la salsa en plein air aux concerts d'orchestres.

Espace pour la vie MUSÉES IMMERSIFS

Ce complexe à vocation éducative et familiale comportera à terme quatre installations. Occupant l'ancien vélodrome, le **Biodôme** (☎868-3000 ; www.biodome.qc.ca ; 4777 av. Pierre-de-Coubertin ; adulte/senior/étudiant/enfant 17,75/16,75/13,50/9 $; ⏲tlj 9h-18h été, 9h-17h hors saison, fermé lun sept-fév) est sans doute le plus apprécié des enfants. Sous l'immense dôme vitré, vous suivrez un sentier à la rencontre des quatre principaux écosystèmes des Amériques : forêt tropicale, érablière laurentienne, golfe du Saint-Laurent et mondes subpolaires, sans doute les plus curieux à observer. Des audioguides sont disponibles (4 $) et des guides naturalistes répondent à vos questions le long du parcours.

Le **Jardin botanique** (☎872-1400 ; www.ville.montreal.qc.ca/jardin ; 4101 rue Sherbrooke Est ; adulte/senior/étudiant/enfant 17,75/16,75/13,50/9 $ haute saison, 15,75/14,75/12/8 $ basse saison, gratuit -5 ans ; ⏲tlj 9h-18h été, 9h-21h automne, mar-dim 9h-17h hors saison) est l'un des plus importants au monde. Plus de 22 000 espèces sont rassemblées au sein de ses jardins et de sa dizaine de serres muséales. La collection d'orchidées vaut à elle seule le détour puisque le jardin en possède près de 5 000 exposées tour à tour lors de leur période de floraison. Le **Jardin des Premières-Nations** présente de façon pédagogique les usages traditionnels et contemporains que les autochtones font de la forêt québécoise. Les Montréalais apprécient la promenade auprès des carpes dans le **Jardin japonais** et aiment flâner dans le somptueux **Jardin chinois**, de style Ming. En octobre, les heures d'ouverture sont prolongées en soirée et les lanternes chinoises illuminent le jardin.

À l'est des serres, l'**Insectarium** (☎872-1400 ; www.ville.montreal.qc.ca/insectarium ; 4581 rue Sherbrooke Est ; entrée incl dans billet Jardin botanique ; ⏲tlj 9h-18h été, 9h-21h automne), seul musée du genre en Amérique, regroupe plus de 150 000 spécimens d'insectes.

Enfin, l'ouverture du tout nouveau **Planétarium** (www.planetarium.montreal.qc.ca) est prévue pour le printemps 2013.

La visite de toutes les installations prend une bonne journée, voire plus. Des forfaits et des navettes gratuites permettent de combiner les différents sites.

Musée du château Dufresne MAISON BOURGEOISE

(☎259-9201 ; www.chateaudufresne.com ; 2929 av. Jeanne-d'Arc ; adulte/senior/étudiant/enfant 9/8/8/5 $; ⏲mer-dim 10h-17h, visite guidée 13h30 et 15h30). Construite entre 1915 et 1918 dans une architecture style Beaux-Arts, la demeure bourgeoise jumelée des frères Dufresne abrite un musée où l'on peut admirer la somptueuse décoration ainsi que le mobilier d'origine. On y retrouvera notamment les fresques et vitraux de l'artiste Guido Nincheri. Son studio, situé quelques rues plus loin, n'est ouvert qu'aux groupes d'au moins 15 personnes.

PARC JEAN-DRAPEAU

Au sud du Vieux-Montréal, sur le fleuve Saint-Laurent, entre les ponts Jacques-Cartier et Victoria, le **parc Jean-Drapeau** (carte p. 48 ; ☎872-6120 ; www.parcjeandrapeau.com) englobe les îles Sainte-Hélène et Notre-Dame. Site de l'Exposition universelle de 1967, il fut baptisé "Terre des hommes". Aujourd'hui, ce parc urbain abrite de nombreux équipements sportifs, dont le circuit de Formule 1 Gilles-Villeneuve (roller), et accueille des spectacles de grande envergure, de même que les festivals de musique Osheaga et Piknik Electronik (voir p. 52). Le parc est accessible gratuitement, toute l'année.

Pour vous y rendre à vélo, empruntez la piste cyclable du pont Jacques-Cartier, ou celle du canal de Lachine, près du Vieux-Port, en suivant les indications pour la Cité du Havre et l'île Notre-Dame. En bateau, une **navette** (carte p. 48 ; ☎281-8000 ; www.navettes-maritimes.com ; quai Jacques-Cartier ; aller 7,50 $; ⏲tlj toutes les heures fin-mai à mi-oct) part du Vieux-Port. Le transport des vélos est gratuit. En métro, rejoignez la station Jean-Drapeau. Des circuits en bus faisant le tour des îles partent de cette station. Il est déconseillé de s'y rendre en voiture, les places de stationnement étant chères (13 $/jour).

Île Sainte-Hélène

À l'extrémité septentrionale de l'île Sainte-Hélène se profile **La Ronde** (☎397-2000 ; www.laronde.com ; adulte/enfant 39,87/25,50 $; ⏲fin-mai à fin oct), le plus grand parc d'attractions de la province. Le tout dernier manège vedette est le *Goliath*, les montagnes russes les plus hautes et les plus rapides du Canada (110 km/h). À proximité se déploient les vestiges du vieux fort de l'île Sainte-Hélène.

Sur l'île, un réseau de chemins, de sentiers pédestres et de pistes cyclables relie les anciens pavillons de l'Exposition universelle de 1967. La principale curiosité demeure la **Biosphère** (☎283-5000 ; www.biosphere.ec.gc.ca ; 160 chemin Tour-de-l'Isle ; adulte/senior 12/8 $, gratuit -17 ans ; ⏲tlj 10h-18h été, mer-ven 12h-18h, sam-dim 10h-18h hiver). Cette structure en forme de sphère composée de triangles métalliques soudés, conçue par l'architecte Richard Buckminster Fuller, fut la véritable star de l'Exposition universelle, où elle représentait le pavillon des États-Unis. Originellement recouverte d'un polymère, celui-ci fut ravagé par le feu en 1976. La biosphère abrite aujourd'hui un centre d'interprétation consacré à l'eau et à la pollution, mais sa fermeture a été annoncée et l'usage futur du pavillon demeure incertain.

Île Notre-Dame

Créée avec les millions de tonnes de terre et de roches déblayées lors de la construction du métro de Montréal, cette île artificielle compte de nombreux canaux permettant de pratiquer des activités nautiques. Le **casino de Montréal** (☎392-2746 ou 1-800-665-2274 ; www.casinos-quebec.com ; 1 av. du Casino ; ⏲tlj 24h/24) a été aménagé dans l'ancien pavillon de la France. Après son ouverture en 1993, il connut une telle popularité qu'on l'agrandit, lui adjoignant l'ancien pavillon du Québec. Le casino abrite le restaurant *Nuances*, une des meilleures tables du pays, auréolée de la prestigieuse cote Cinq Diamants. En métro, rejoignez la station Jean-Drapeau, puis prenez la navette gratuite (mai-oct). Une autre navette part du centre Infotouriste au square Dorchester.

Activités

Vélo et roller

Montréal n'est pas peu fière de sa réputation de paradis pour les cyclistes, avec un réseau de plus de 400 km de pistes et, depuis 2009, le premier système de vélos en libre-service d'Amérique du Nord, le Bixi (voir l'encadré p. 67).

Les offices du tourisme (p. 51) fournissent de bonnes cartes des pistes cyclables. La **piste des Berges** (14 km) qui suit le canal désaffecté depuis le Vieux-Montréal jusqu'à Lachine constitue un itinéraire de choix, très fréquenté en été. D'autres pistes permettent de traverser la ville entière (axe nord-sud) ou encore de suivre la rivière des Prairies (bd Gouin au nord). Les pistes cyclables sont ouvertes aux rollers. L'un des endroits les plus réputés de Montréal pour rouler (voies pour rollers et vélos) est le **circuit de Formule 1 Gilles-Villeneuve**, sur l'île Notre-Dame (ci-dessus), accessible librement.

La **Féria du vélo** (www.velo.qc.ca) qui a lieu chaque année fin mai-début juin est une grande célébration pour cyclistes amateurs ou aguerris. Les points culminants de ce rendez-vous sont le Tour de l'Île qui réunit plus de 30 000 participants et la balade nocturne *Un Tour la nuit*.

Bixi-Montréal (☎789-2494 ; http://montreal.bixi.com). Vélos en libre-service. Information sur la location de vélos, la carte des stations de Bixi et les abonnements.

La Maison des cyclistes (carte p. 62 ; ☎521-8356 ; www.velo.qc.ca ; 1251 rue Rachel Est ; ⊙tlj, horaires variables). Sur le Plateau Mont-Royal, près du parc Lafontaine, ce café-restaurant-boutique est le siège de l'organisme Vélo Québec et le lieu de rendez-vous des amateurs de vélo.

Les deux loueurs suivants offrent aussi des tours de ville à vélo, location incluse (voir p. 68) :

Ça Roule Montréal (carte p. 48 ; ☎866-0633 ; www.caroulemontreal.com ; 27 rue de la Commune Est, Vieux-Port ; location à partir de 8/9 $ l'heure en sem/week-end ; ⊙tlj 9h-20h avr-oct). Dans le Vieux-Montréal, location de vélos et de rollers. Tours de ville à vélo (65 $/4h, nombreuses randonnées thématiques 22-50 $).

MaBicyclette (☎317-6306 ou 1-877-815-0150 ; www.mybicyclette.com ; au niveau du marché Atwater, sur la piste cyclable du canal de Lachine ; à partir de 10 $/h ; ⊙lun-ven 10h-19h, sam-dim 9h-19h). Un peu plus cher que le précédent, ce prestataire est toutefois mieux situé si vous souhaitez parcourir le canal de Lachine. Propose également des tours guidés (55-57 $ environ 3h).

Patin à glace

L'Atrium PATINOIRE POPULAIRE

(carte p. 48 ; ☎395-0555 ; www.le1000.com ; 1000 rue de la Gauchetière Ouest ; adulte/senior et étudiant/enfant 7/6/5 $; ⊙été mar-ven et dim 11h30-18h, sam 11h30-22h, hiver lun 11h30-18h, mar-ven 11h30-21h et sam-dim 11h30-19h). Patinoire intérieure située au sous-sol du gratte-ciel de 51 étages du 1000 rue de la Gauchetière. Location de patins (6,50 $), casque (1 $) et casier (2,50 $). Les matinées des week-ends sont réservées aux moins de 12 ans. Soirées DJ les vendredis de 19h à 22h pour les 13 ans et plus, et le samedi de 19h à minuit pour les plus de 16 ans. Jeudi, 2 entrées pour le prix d'1, sur présentation d'une carte d'étudiant.

Patinoire du bassin Bonsecours PATINOIRE EXTÉRIEURE

(carte p. 48 ; ☎496-7678 ; adulte/enfant 6/4 $; ⊙lun-mer 10h-21h, jeu-dim 10h-22h déc-mars ; ♿📶). Sur le Vieux-Port, ce superbe anneau de glace naturelle est de loin la patinoire préférée des Montréalais. Une surface artificielle est aussi aménagée à proximité. Location de patins (8 $).

On trouvera d'autres patinoires en extérieur au lac aux Castors (parc du Mont-Royal), au parc Jean-Drapeau (location 8 $/2h) et au parc Lafontaine, ainsi que dans plusieurs grands parcs de la ville (http://patinermontreal.ca).

Activités hivernales

Le parc Jean-Drapeau est le meilleur endroit pour profiter de l'hiver sans s'éloigner de la ville. Depuis l'hiver 2013, la société qui le gère a développé des activités de **traîneau à chiens** (☎465-0594 ; www.ecorecreo.ca ; adulte/enfant -41 kg 65/55 $ les 30 min ; ⊙jeu-lun 11h-19h, fin jan-fin mars), de **rando guidée en raquettes** (35 $/1h30, à partir de 16 ans ; ⊙mêmes horaires) et la location de raquettes (8 $/2h) et de skis de fond (15 $/2h). Pour l'accès au parc, voir p. 65.

Baignade

Montréal est dotée d'un réseau étendu de piscines intérieures (47) et extérieures (74) de tailles variées et d'accès gratuit. L'horaire des bains libres varie d'un établissement à l'autre. Informations et adresses sur le site http://ville.montreal.qc.ca.

Centre sportif du Parc olympique (☎252-4622 ; www.parcolympique.qc.ca/activites/natation ; 4141 av. Pierre-de-Coubertin ; adulte/senior 7,25/5,50 $; ⊙variables, toute l'année). Piscine disposant de 7 bassins couverts.

Plage des Îles (☎872-6120 ; parc Jean-Drapeau ; adulte/enfant 8/4 $; ⊙tlj 10h-19h juin-août). Plage de sable artificielle de l'île Notre-Dame, d'une capacité de 5 000 personnes, très prisée en été. La plage, plutôt quelconque, est toutefois une bonne option lors des canicules estivales. Elle dispose d'aires de pique-nique et de snack-bars. Possibilité de louer des planches à voile, des canots, des kayaks ou des pédalos. L'endroit se transforme en gigantesque patinoire durant la fête des Neiges, fin janvier-début février.

Complexe aquatique de l'île Sainte-Hélène (☎672-6120 ; parc Jean-Drapeau ; adulte/enfant 6/3 $; ⊙tlj 10h-20h 13 juin-21 août, 11h-16h mi-mai à mi-sept). Magnifique complexe de 3 piscines aménagé en 2005 pour les XIe Championnats du monde de la FINA (Fédération internationale de natation). Pour l'accès à l'île, voir p. 65.

Parcs-nature

Véritables bouffées d'air pur sur l'île de Montréal, les parcs-nature regroupent toute une gamme d'activités de plein air, allant de l'ornithologie à l'observation des marais en passant par la baignade. La plupart d'entre eux louent des équipements sportifs

LE CULTE DU BIXI

Depuis son introduction en 2009, les Montréalais ne jurent que par le Bixi, un vélo en libre-service accessible aux quatre coins de la ville, le premier du genre en Amérique du Nord. Adieu les crevaisons, les cadenas lourds et les difficultés de stationnement. Dorénavant, on peut louer un vélo et le rendre au moment désiré, n'importe où dans la ville. La clientèle d'affaires du centre-ville, les familles et les artistes du Plateau Mont-Royal, de même que les étudiants du Mile-End, ont tous spontanément adopté le petit vélo de ville. Plusieurs métropoles, à l'instar du Vélib' parisien, ont déjà décidé de se mettre à la mode montréalaise du Bixi, incluant Boston et Minneapolis.

Comme visiteur, nul besoin d'un cours particulier pour se balader en Bixi. Il suffit de se rendre à l'une des 5 000 stations disséminées dans la ville et d'insérer sa carte de crédit à la borne de paiement (frais minimum de 7 $). Un code de verrouillage vous sera fourni, vous permettant de choisir votre vélo. Les premières 30 minutes sont incluses dans la location. Au-delà, des frais s'appliquent par tranche de 30 minutes. Si vous cumulez plusieurs locations en 24h, les frais minimum de 7 $ ne seront chargés qu'une seule fois.

(skis, raquettes, patins, matériel de glisse, etc.). On en compte cinq sur la rive nord de l'île : le **parc du Cap-Saint-Jacques** (280-6871 ; 20099 bd Gouin Ouest, Pierrefonds) dispose d'une ferme écologique, d'une érablière et d'une plage, tout comme le **parc du Bois-de-l'île-Bizard** (280-8517 ; 2116 chemin du Bord-du-Lac, île Bizard). Le **parc du Bois-de-Liesse** (280-6729 ; 9432 bd Gouin Ouest) est apprécié pour les pique-niques et le ski, tandis que le **parc de l'Île-de-la-Visitation** (280-6733 ; 2425 bd Gouin Est) est très fréquenté par les cyclistes. Le **parc de La Pointe-aux-Prairies** (280-6691 ; 14905 rue Sherbrooke Est) marque la limite nord-est de l'île. Il est surtout axé sur les activités d'interprétation des milieux humides.

Croisières et activités nautiques

Bateau-Mouche CROISIÈRE FLUVIALE

(carte p. 48 ; 849-9952 ou 1-800-361-9952 ; www.bateaumouche.ca ; quai Jacques-Cartier ; excursion 1 heure 30 adulte/enfant 27/14 $, dîner-croisière 90-95 $; mi-mai à mi-oct). Excursion guidée paisible sur le fleuve depuis les quais du Vieux-Port.

Croisières AML EXCURSIONS MARITIMES

(carte p. 48 ; 842-9300 ou 1-800-563-4643 ; www.croisieresaml.com ; quai King-Edward ; excursion 1 heure 30 adulte/enfant 29/16 $, 1 heure 25/13 $; mai-mi-oct). Croisières à bord du *Cavalier Maxim*, un navire aux baies vitrées accueillant plus de 800 passagers. Le bateau se rend près des îles de Boucherville et revient au Vieux-Port

Saute-Moutons JET-BOAT

(carte p. 48 ; 284-9607 ; www.jetboatingmontreal.com ; 47 rue de la Commune Ouest ; tlj 10h-18h mai à mi-oct). Descente des rapides de Lachine en bateau à propulsion pour des sensations fortes garanties ! Les départs s'effectuent toutes les demi-heures depuis les quais du Vieux-Port. Vous devrez choisir entre le Zodiac *Jet Boating* (quai Jacques-Cartier ; adulte/13-18 ans/6-12 ans 25/20/18 $) ou le bateau *Saute-Moutons* (quai de l'Horloge ; adulte/13-18 ans/6-12 ans 60/50/40 $).

Rafting Montréal RAFTING

(767-2230 ; www.raftingmontreal.com ; 8912 bd LaSalle ; tlj 9h-18h mai-sept). Rafting Montréal organise des sorties en **rafting** (adulte/13-18 ans/6-12 ans 43/37/26 $; 2 heures) ou en **Jet-boat** (adulte/13-18 ans/6-12 ans 53/43/33 $; 1 heure 15) sur les rapides de Lachine. Une navette permet de rejoindre le point d'embarquement depuis le centre Infotouriste (p. 51).

Aventures H2O CANOË ET KAYAK

(842-1306 ; www.h2oadventures.com ; 2985B rue Saint-Patrick ; tlj 9h-coucher du soleil mi-mai à mi-sept). Propose la location de kayaks, de *rabaskas* (grands canots en écorce de bois), de pédalos et de bateaux électriques permettant de partir en excursion le long du canal de Lachine. Leur kiosque fait face au marché Atwater (p. 87), en bordure de la piste cyclable de Lachine.

Danse traditionnelle

Veillées du Plateau SETS CARRÉS

(273-0880 ; www.espacetrad.org ; 2275 bd St-Joseph Est ; adulte/étudiant et senior/15-18 ans 16/12/8 $, gratuit -14 ans ; 3e sam du mois sept-avr 19h30-1h). Envie de "swinger" aux rythmes mêlés de la Nouvelle-France et des contrées celtiques ? Les veillées traditionnelles sont une bonne façon d'entrer dans la danse et de plonger dans la culture québécoise. Les soirées comprennent une session d'initiation aux pas de base (de 20h à 20h30) pour mieux comprendre le jargon du "calleur", celui qui rappelle les pas aux danseurs.

Circuits organisés

Circuits à pied et à vélo

Guidatour CIRCUIT PÉDESTRE

(844-4021 ; www.guidatour.qc.ca ; adulte/senior/enfant 21/19/12 $; tlj fin juin à mi-oct, week-end seulement mi-mai à fin juin). Ce prestataire organise des visites à pied très instructives dans le Vieux-Montréal, animées par des guides professionnels incarnant des personnages historiques. Les départs ont lieu à la basilique Notre-Dame et il est possible d'acheter ses billets sur place 15 minutes à l'avance devant la boutique du parvis. Deux tours guidés couvrent les portions est (11h-12h30) et ouest (13h30-15h), mais le second n'est disponible en français que sur réservation. Il existe également un tour express du centre-ville et du quartier international, au départ de l'**Info-touriste** (carte p. 48 ; 1255 rue Peel, kiosque Exploratours ; adulte/senior et étudiant/enfant 12,50/11,50/6,50 $; 9h30-10h45).

Le groupe propose aussi une intrigante excursion nocturne de 90 minutes appelée **Les Fantômes du Vieux-Montréal** (carte p. 48 ; adulte/étudiant/enfant 22/18,50/12,50 $; juil-août, restreint sept-oct), aussi disponible en version est (mer et sam) ou ouest (jeu et dim) du quartier. Départs à 20h30 – récupérer les billets le soir même au 360 rue Saint-François-Xavier, près de la place Royale, entre 19h30 et 20h15.

Urban Marmotte CIRCUIT PÉDESTRE

(804-3250 ; www.urbanmarmotte.com ; sur réservation). Le très sympathique Michel organise des circuits de découverte de Montréal à des tarifs plus que compétitifs. L'été, la visite du Vieux-Montréal (3 heures, 19$) permet d'aller à l'essentiel, mais le tour qui fait sa réputation, c'est le grand tour (6 heures, 24 $). Ne prévoyez rien juste après car le circuit a tendance à se prolonger un peu. L'hiver, un circuit couvre la ville souterraine (4 heures, 24 $) sans risquer l'amputation des orteils.

Guidatour CIRCUIT À VÉLO

(844-4021 ; www.guidatour.qc.ca ; rando 4h/59 $; tlj fin juin à mi-oct, week-end seulement mi-mai à fin juin, départ 9h30). Guidatour offre aussi trois sorties à vélo d'une vingtaine de kilomètres au départ de la boutique Ça roule (voir ci-dessous). La Classique vous fera traverser le Vieux-Montréal, le Village, le Plateau et le Mile-End de même que le secteur de l'université McGill et le quartier international. Une thématique Panorama et architecture, un peu plus longue vous emmène du côté du canal de Lachine, des quartiers du Sud-Ouest et du parc Jean-Drapeau. Enfin Montréal, tout en contraste met en valeur, les quartiers multiculturels du centre-ville. La location du vélo est valable pour toute la journée après le tour.

Ça Roule Montréal CIRCUIT À VÉLO

(carte p. 48 ; 866-0633 ; www.caroulemontreal.com ; 27 rue de la Commune Est, Vieux-Port ; 65 $/4h ; tlj 9h-20h avr-oct). Tours de ville à vélo offerts en partenariat avec le prestataire précédent. Offrent aussi de nombreuses randonnées thématiques (22-50 $).

MaBicyclette CIRCUIT À VÉLO

(317-6306 ou 1-877-815-0150 ; www.mybicyclette.com ; au niveau du marché Atwater, piste cyclable canal de Lachine ; 55-57 $/3h ; tlj mi-avril-mi-oct, départs garantis jeu-dim). Propose un circuit "saveurs" avec dégustation (départ 10h) et un tour avec passage sur la navette fluviale (jeu-ven 17h). À partir de 13 ans.

Calèches

Pouvant transporter jusqu'à 4 à 5 personnes, les calèches circulent principalement autour du square Dorchester, du Vieux-Montréal ou sur le mont Royal, toute l'année. Comptez 48 $ la demi-heure et 80 $ l'heure, taxes incluses.

Circuits en bus

Vous trouverez diverses propositions au centre Infotouriste (p. 51).

Gray Line BUS BILINGUE

(934-1222 ; www.coachcanada.com/montreal-sightseeing ; départ du centre Infotouriste, 1255 rue Peel ; circuit 3 heures adulte/enfant 51/34 $; tlj). Programme différents circuits à bord d'un bus, réplique de l'ancien tramway de Montréal, ou encore un circuit en boucle avec montée-descente à volonté.

Où se loger

Montréal propose tous types d'hébergement. La ville étant très touristique en été, il est sage de réserver bien à l'avance. Les fêtes de fin d'année sont, elles aussi, chargées. Pendant ces deux périodes, les prix des chambres sont plus élevés ; ce sont ces tarifs que nous indiquons. Hors saison, ils baissent parfois de 20% environ. Sauf indication

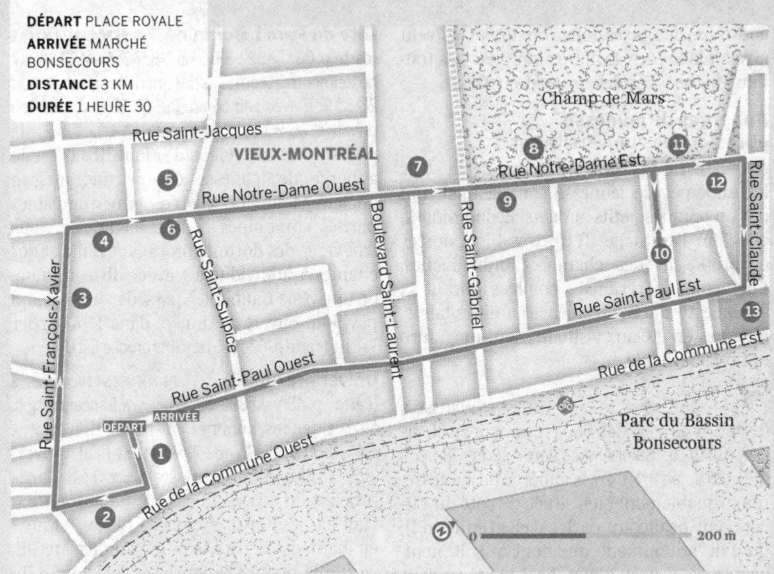

Promenade à pied

Montréal historique

Cet itinéraire offre l'avantage de revenir sur plusieurs siècles de l'histoire de la ville. Commencez votre parcours **place Royale** (1), centre de la fondation de la ville. On suppose que c'est ici que s'installèrent les premiers Européens, en 1642. Non loin, le **musée Pointe-à-Callière** ((2) ; p. 56) vous fera remonter le temps jusqu'aux premières années de la colonie.

Prenez sur votre gauche, puis la rue Saint-François-Xavier à droite, en sortant du musée. Vous passerez ainsi devant les colonnades de l'ancienne bourse, transformée en **théâtre Centaur** (3). Tournez ensuite à droite dans la rue Notre-Dame Est et dépassez **l'ancien séminaire** (4) pour rejoindre la **place d'Armes** ((5) ; p. 55), où les Iroquois menèrent la vie dure aux troupes de Maisonneuve. Vous verrez une statue de bronze du grand homme sur la place qui fait face à la **basilique Notre-Dame** ((6) ; p. 54), lieu de pèlerinage pour les croyants et les amoureux de l'histoire de l'art.

La rue Notre-Dame mène ensuite au **palais de justice** (7), dont l'architecture moderne contraste avec celle du **vieux palais de justice** (8) adjacent, construit au XIXe siècle, et de l'élégance néoclassique de la **Cour d'appel du Québec** (9), de l'autre côté de la rue. Quelques pas plus loin et vous arrivez **place Jacques-Cartier** ((10) ; p. 55), où les cafés et l'animation invitent à faire une pause. Au nord-est de la place se dresse la façade grandiloquente de l'**hôtel de ville** (11), qui fait face au **château Ramezay** ((12) ; p. 56), ancienne maison de gouverneur transformée en musée.

Poursuivez votre chemin vers le sud dans la rue Saint-Claude jusqu'à la rue Saint-Paul et au **marché Bonsecours** ((13) ; p. 56) et ses boutiques. Vous trouverez d'autres boutiques et cafés sur la rue Saint-Paul Ouest, avant de revenir à votre point de départ. Alternativement, empruntez la rue de la Commune Est pour apprécier l'ambiance du Vieux-Port.

contraire, les taxes (environ 15 %) doivent être ajoutées aux tarifs, ce qui n'est pas toujours le cas à l'extérieur de Montréal.

Auberges de jeunesse et résidences universitaires

À défaut de campings proches de la ville, les auberges de jeunesse sont la meilleure option pour les petits budgets. Économiques, elles ont l'avantage d'être très bien situées et proposent des chambres individuelles. Elles sont en revanche bondées durant la saison estivale. Les résidences universitaires, ouvertes en été aux visiteurs, sont une autre option abordable.

♥ M Montréal AUBERGE DE JEUNESSE **$**
(carte p. 48 ; ☎845-9803 ; www.m-montreal.com ; 1245 rue Saint-André ; dort 4-16 lits 18-36 $, d 80-125 $; ❄@📶). Cette auberge de jeunesse, remarquablement bien située du côté du Village, fait beaucoup parler d'elle (en bien !), du fait notamment que tout y soit neuf, propre et en parfait état. Les chambres sont toutefois exiguës et leurs tarifs surévalués. Personnel enthousiaste, bonne ambiance et petit-déjeuner de croissants et muffins. Le grand bar accueille parfois des concerts et sert de la bière de microbrasserie.

HI Montréal AUBERGE INTERNATIONALE **$**
(carte p. 48 ; ☎843-3317 ou 1-866-843-33-17 ; www.hostellingmontreal.com ; 1030 rue Mackay ; dort membre/non-membre 21-31 $/26-36 $, d avec sdb 80/90 $; ❄@📶). Cette adresse affiliée au réseau Hostelling International, ouverte 24h/24 à deux pas du centre-ville, est animée par une clientèle jeune. La grande bâtisse blanche comprend des dortoirs de 4, 6 ou 10 lits, fraîchement rénovés. Les chambres individuelles sont d'un confort assez sommaire. Laverie à disposition. Réservation conseillée (2 mois à l'avance) pour la période juin-septembre. Beaucoup d'activités gratuites et location de vélos (25 $).

♥ Auberge Alternative du Vieux-Montréal AUBERGE DE JEUNESSE **$**
(carte p. 48 ; ☎282-8069 ; www.auberge-alternative.qc.ca ; 358 rue St-Pierre ; dort 25-27 $, petit déj 5 $, ch avec petit déj 75-85 $ taxes incl ; @📶). Dans le Vieux-Montréal, cette adresse charmante, installée dans un entrepôt centenaire, est égayée de peintures murales et de couleurs vives. Les dortoirs sont assez exigus. Le plus joli, "Le Grand Bleu", contient une dizaine de lits. L'auberge loue aussi de petites chambres doubles. Superbe cuisine moderne, café gratuit. Un excellent choix.

Gîte du Parc Lafontaine AUBERGE FAMILIALE **$**
(carte p. 62 ; ☎522-3910 ou 1-877-350-4483 ; www.hostelmontreal.com ; 1250 Sherbrooke Est ; dort 28-35 $, d avec sdb commune 65-80 $, d avec sdb privative 85-90 $; ⏲juin-août ; @📶). Dans la portion est du Plateau Mont-Royal, cette auberge de jeunesse occupe une maison ancienne joliment décorée. Outre d'agréables parties communes et une buanderie, vous trouverez des dortoirs propres et clairs et des chambres individuelles avec sdb commune ou privés. L'auberge possède un second pavillon, ouvert à l'année, dans le Quartier Latin (carte p. 62 ; 185 rue Sherbrooke Est).

Université McGill RÉSIDENCES ÉTUDIANTES **$**
(carte p. 48 ; ☎398-5200 ; www.francais.mcgill.ca/residences/summer ; 3473 rue University ; ch 30-65 $; ⏲15 mai-21 août ; @). L'université anglophone propose deux résidences proches du centre-ville, le Bishop Mountain Hall et le Royal Victoria College, situées en haut de la côte, sur le campus McGill, véritable petite ville enclavée à la limite du parc du Mont-Royal. Comptez 10 $ pour les draps. Trois nuitées minimum.

Les Studios-Hôtel RÉSIDENCES ÉTUDIANTES **$**
(☎343-8006 ; www.studioshotel.ca ; 2450 bd Édouard-Montpetit ; ch 40-80 $, ste 95-130 $; ⏲mai-août ; 📶5 $/jour). Au nord du mont Royal, les résidences universitaires de l'université de Montréal offrent une formule de chambres et petits studios équipés de frigos, TV et sdb. Pas de kitchenettes, mais un petit-déjeuner continental inclus. Laverie. Un bon choix, mais assez excentré (métro Laurier puis bus 51, ou stations Université de Montréal ou Édouard-Montpetit sur la ligne bleue).

Résidences de l'UQAM RÉSIDENCES ÉTUDIANTES **$**
(carte p. 48 ; ☎987-6669, 303 bd René-Lévesque Est ; ☎987-7747, 2100 rue Saint-Urbain ; www.residences-uqam.qc.ca ; ch 69-90 $, studio 69-147 $ selon saison ; ⏲mi-mai à mi-août ; 📶). Au cœur du Quartier latin ou en plein centre-ville, les résidences de l'Université du Québec à Montréal comprennent des studios fonctionnels, dotés d'un lit simple ou double, d'une sdb et d'un coin-cuisine. À louer également, des suites et des chambres dans des appartements en duplex.

Hôtels

De l'établissement bon marché aux hôtels de luxe et aux hôtels-boutiques au design recherché, vous aurez l'embarras du choix. Autre option : les hôtels-studios.

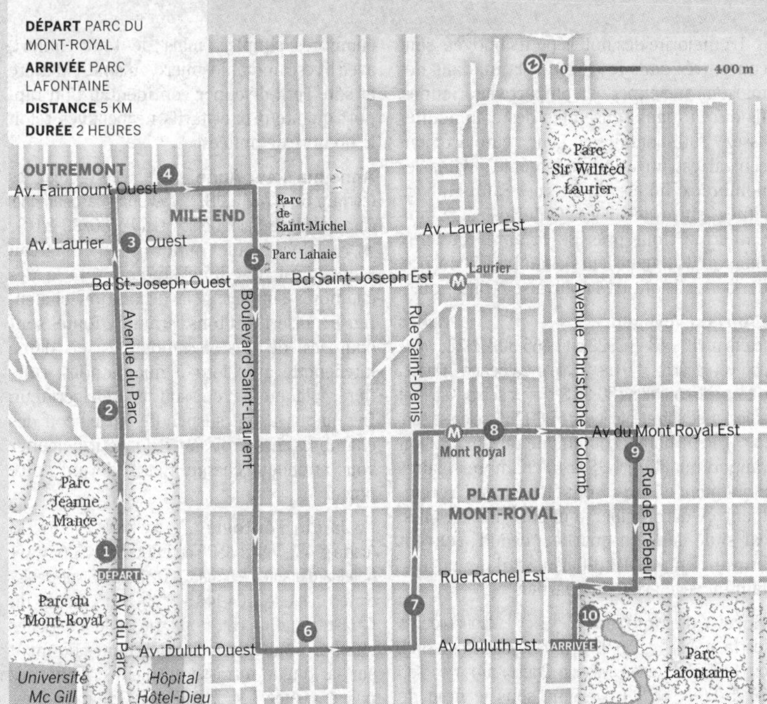

Promenade à pied

Montréal culturel

Une deuxième promenade mène à la rencontre d'espaces verts et de rues parmi les plus cosmopolites de la ville, en incluant le Plateau Mont-Royal et le Mile-End. Entamez le circuit au **parc du Mont-Royal** (1 ; p. 61), dont le site offre à lui seul de nombreuses possibilités de promenades. Empruntez l'**avenue du Parc** 2 en direction du nord, en croisant l'**avenue Laurier** 3, élégante avec ses nombreuses boutiques d'art et de vêtements griffés. Tournez à droite sur la **rue Fairmount**, à la lisière sud du Mile-End, et faites halte au **Fairmount Bagels** (4 ; p. 80), véritable point de ralliement du quartier, afin de goûter aux fameux bagels au sésame encore chauds. Vous pouvez alors pousser une ou deux rues plus au nord (rue Saint-Viateur ou rue Bernard, artère commerciale) pour bien prendre le pouls du quartier. Tournez encore à droite sur le **boulevard Saint-Laurent** (5 ; p. 61), ou "La Main", comme les Montréalais aiment à l'appeler, qui regroupe allègrement le Montréal anglophone, francophone et multiculturel.

Vous atteindrez bientôt la coquette **rue Duluth**, pavée de pierres, qui héberge quantité de restaurants originaux. Tournez à gauche afin de rejoindre le **Plateau Mont-Royal** (6 ; p. 60), un quartier prisé par la faune branchée et artistique, et visité par de nombreux touristes, le week-end.

Arrivé au coin de **la rue Saint-Denis** 7, tournez à gauche et marchez jusqu'à l'**avenue Mont-Royal** 8, puis à droite. En été, on ne compte plus les restaurants et bars aux terrasses animées, tandis que l'hiver, l'artère est décorée de lumières scintillantes. Si le temps le permet, poursuivez après la station de métro Mont-Royal et vous découvrirez les bouquinistes et disquaires du quartier. Prenez à droite la **rue Brébeuf** 9 pour traverser une rue résidentielle typique du quartier, avec ses jolis escaliers extérieurs et les façades multicolores des maisons, que l'auteur Michel Tremblay a si bien décrits. Vous atteindrez enfin le **parc Lafontaine** (10 ; p. 60), l'autre poumon vert de la ville, où il fait bon se reposer et assister aux spectacles en plein air, les week-ends d'été.

La majorité des hôtels petits budgets sont concentrés dans le Quartier latin, dans des maisons anciennes – la plupart victoriennes. Ils offrent dans l'ensemble des commodités assez rudimentaires. Leur emplacement central est un atout indéniable. Évitez les nombreux hôtels de la rue Saint-Hubert, situés entre les rues Ontario et Sainte-Catherine (tout près de la gare routière). Bien qu'ils louent leurs chambres à un prix dérisoire, ils ont très mauvaise réputation.

L'Abri du Voyageur CENTRAL **$**
(carte p. 48 ; ☎849-2922 ou 1-866-302-2922 ; www.abri-voyageur.ca ; 9 rue Sainte-Catherine Ouest ; d avec sdb commune 50-95 $, d avec sdb privative et studio avec sdb et kitchenette 90-125 $ selon saison; ❄📶). Petit hôtel économique offrant un bon rapport qualité/prix. Ses 40 chambres, claires et joliment décorées, ont été rénovées récemment. À déconseiller toutefois aux familles, car situé dans un quartier "chaud", souvent bruyant en été. Petit-déjeuner dans un restaurant végétarien du quartier.

Hôtel Y de Montréal ÉCONOMIQUE **$**
(carte p. 48 ; ☎866-9942 ; www.ydesfemmesmtl.org ; 1355 bd René-Lévesque Ouest ; s/d avec sdb 50-75/60-85 $; 📶). Désigné sous le nom de "Y des femmes", cet hôtel accepte aussi bien les hommes que les femmes. Installé dans un grand bâtiment moderne, il dispose de chambres récentes et confortables, mais sans caractère particulier. L'hôtel est géré par une association qui finance les actions du YWCA en faveur de femmes en difficulté.

♥ BON PLAN **Trylon Appartements** STUDIOS ÉQUIPÉS **$**
(carte p. 48 ; ☎843-3971 ou 1-877-843-3971 ; www.trylon.ca ; 3463 rue Sainte-Famille ; studio 2 pers 53 $, ste et app 2- 4 pers 106-144 $; ❄📶🏊). Dans le quartier de McGill, à quelques minutes du bd Saint-Laurent et de la place des Arts, ce grand immeuble rénové loue des petits studios neufs tout équipés. Ceux situés dans la tour bénéficient d'une superbe vue sur la ville. Vous aurez accès à une buanderie et pourrez profiter à votre aise de la salle de sport, de la piscine intérieure à l'eau salée et du spa. Location à la semaine possible et tarifs dégressifs.

Montréal Espace Confort COUETTE ET CAFÉ **$**
(carte p. 48 ; ☎849-0505 ; www.montrealespaceconfort.com ; 2050 rue Saint-Denis ; d sdb commune/ privative avec petit-déj 75/95-140 $; ❄📶). Un bon choix dans le secteur du Quartier latin. Cette auberge dispose de petites chambres simples, mais de tout confort, avec lit escamotable, micro-cuisine, cafetière et sdb. Petit-déjeuner continental. Bon rapport qualité/prix et tarifs négociables selon le nombre de nuitées.

Anne ma sœur Anne HÔTEL-STUDIO **$$**
(carte p. 62 ; ☎281-3187 ; www.annemasoeuranne.com ; 4119 rue Saint-Denis ; s/d 72-180/80-210 $; ❄📶). Une bonne option sur le Plateau Mont-Royal. Cet hôtel-studio propose des chambres simples, à la décoration chaleureuse (boiseries et tons caramel). Toutes sont équipées de lits escamotables et d'une kitchenette avec four à micro-ondes, cafetière, plaque de cuisson et réfrigérateur. Des hamacs sont suspendus au balcon des chambres. Les croissants du petit-déjeuner vous attendent chaque matin devant votre porte.

Le Jardin d'Antoine MAISON VICTORIENNE **$$**
(carte p. 48 ; ☎843-4506 ou 1-800-361-4506 ; www.hotel-jardin-antoine.qc.ca ; 2024 rue Saint-Denis ; d avec petit-déj 104-144 $; 📶). Au cœur du Quartier latin, cet hôtel possède de belles chambres modernes dont certaines donnent sur la longue terrasse ensoleillée. N'hésitez pas à visiter les chambres. Quelques-unes ont conservé une décoration victorienne, avec tapisseries et ornements, qui risque de déplaire à certains. Très propre et accueillant.

Auberge Le Pomerol AUBERGE COSY **$$**
(carte p. 48 ; ☎526-5511 ou 1-800-361-6896 ; www.aubergelepomerol.com ; 819 bd de Maisonneuve Est ; ch 108-200 $ selon confort et saison ; 📶). Cette auberge raffinée de 30 chambres, à quelques pas de la gare routière, est décorée avec panache. Son style mêle design et confort, avec des tentures, du métal et des couleurs aux tons caramel. L'ensemble, bien qu'un peu étriqué, est cosy et chaleureux. Petits-déjeuners santé livrés dans la chambre.

Armor Manoir Sherbrooke MAISON VICTORIENNE **$$**
(carte p. 48 ; ☎845-0915 ou 1-800-203-5485 ; www.armormanoir.com ; 157 rue Sherbrooke Est ; ch 109-149 $; 📶). Une belle prestation, à des tarifs étudiés. Cet hôtel victorien se divise entre des chambres de style classique et d'autres, plus contemporaines. Certaines disposent d'un Jacuzzi. Emplacement idéal, à proximité de la rue Saint-Denis et de la place des Arts.

L'Appartement Hotel STUDIOS ET SUITES **$$**
(carte p. 48 ; ☎284-3634 ou 1-800-363-3010 ; www.appartementhotel.com ; 455 rue Sherbrooke Ouest ; studio 114-149 $, ste 139-259 $ selon saison ; @📶🏊).

Suites et studios entièrement rénovés dans un style épuré un peu quelconque, mais lumineux et spacieux, avec balcons privés. Les petits appartements, tout équipés avec kitchenette, sont parfaits pour les familles. Vous pourrez profiter d'une piscine chauffée, installée sur le toit-terrasse, et d'un sauna. Petit-déjeuner continental inclus, et une abondance de petits luxes à prix fort raisonnable.

Holiday Inn Express SUITES ÉQUIPÉES **$$**
(carte p. 48 ; ☎561-7666 ou 1-888-461-7666 ; www.hiexpress.com ; 155 bd René-Lévesque Est ; ch avec petit-déj 114-219 $). Le Holiday Inn du centre-ville, que l'on reconnaît à son imposante façade beige, propose des chambres-suites aux allures de petits lofts, bien équipées et douillettes. Le petit-déjeuner continental laisse à désirer et certaines chambres gagneraient à être rénovées, mais le personnel est généralement compréhensif. Un petit hic : son emplacement, au bout de "La Main" et près du quartier chinois, qui manque de charme.

L'Auberge de la Fontaine AUBERGE PAISIBLE **$$$**
(carte p. 48 ; ☎597-0166 ; www.aubergedelafontaine.com ; 1301 rue Rachel Est ; d basse saison/haute saison 119-168/153-219 $; ❄📶). Les tarifs de cette belle demeure doivent beaucoup à la vue, depuis sa terrasse, sur le tranquille parc Lafontaine. Confortables, les chambres présentent un heureux mélange de boiseries, de murs de briques d'époque et d'accessoires modernes. Mention spéciale pour le petit-déjeuner buffet. À 10 minutes de marche des stations de métro Sherbrooke et Mont-Royal.

♥ **Hôtel de l'Institut** APPRENTI 4 ÉTOILES **$$$**
(carte p. 62 ; ☎282-5120 ; www.ithq.qc.ca ; 3535 rue Saint-Denis ; d 145-295 $; ❄♿📶). Parfaitement bien situé en face du carré Saint-Louis, cet hôtel dispose de chambres agréables et douillettes, toutes avec balcon, grands lits, TV plasma, produits de toilette écologiques, peignoirs et douches à l'italienne. Fraîchement rénové, son originalité est de servir de centre de formation aux élèves de l'Institut de tourisme et d'hôtellerie du Québec, qui assurent l'accueil et le service, jusqu'au délicieux petit-déjeuner. Bon rapport qualité/prix.

Bed & Breakfast

Ce mode d'hébergement est sans conteste celui qui présente le meilleur rapport qualité/prix. Les B&B, souvent appelés "gîtes du passant" ou "couette et café" au Québec, offrent moins d'intimité que les hôtels. Ils permettent cependant de séjourner dans de superbes demeures montréalaises et de bénéficier d'un accueil très chaleureux et de petits-déjeuners faits maison. Les meilleurs, on s'en doute, sont regroupés sur le Plateau Mont-Royal.

♥ **La Petite prune** CHAMBRES D'HÔTE **$**
(carte p. 48 ; ☎289-4482 ; www.lapetiteprune.ca ; 3422 av. Laval ; s/d 65-110/85-130 ; ❄📶). Un petit nouveau sur la scène des gîtes montréalais qui a immédiatement su nous charmer. Toutes avec sdb partagées, les chambres moins chères affichent un confort rustique mais efficace, tandis que les deux autres sont romantiques à souhait, avec baldaquins et couleurs enveloppantes, le tout dans un bâtiment du XIXe. Akiko a beaucoup voyagé, ce qui a nourri sans doute son sens de l'hospitalité (et des bonnes confitures) !

À la Bonne Heure CHAMBRES D'HÔTE **$**
(carte p. 62 ; ☎529-0179 ; www.gitescanada.com/alabonneheure ; 4425 rue Saint-Hubert ; s/d avec sdb commune 75-85/85-100 $, s/d avec sdb privative 100-115/110-135 $; 📶). Proche du métro Mont-Royal, cette belle maison ancienne meublée avec goût abrite 4 chambres d'hôte aux teintes douces et accueillantes, avec parquet. Au rez-de-chaussée, une petite chambre simple voisine avec une autre plus spacieuse, côté rue. À l'étage, 2 belles chambres, dont une avec balcon, se partagent une sdb. Enfants bienvenus. Les petits-déjeuners sont en général succulents, mais la salle à manger est un peu petite.

À la maison de Pierre et Dominique CHAMBRES D'HÔTE **$**
(carte p. 62 ; ☎286-0307 ; www.bbcanada.com/928.html ; 271 square Saint-Louis ; s/d avec sdb commune 75-95/110-120 $; 📶). Bien située, face au carré Saint-Louis, la maison de Pierre et Dominique, hôtes généreux et pleins d'entrain, est un véritable havre de paix. Ses chambres, décorées avec grand soin et fraîches en été, sont toutes munies de cafetières et de frigos. Deux petites chambres sont réservées aux voyageurs en solo. Délicieux petits-déjeuners 100% bio.

Le Piano blanc CHAMBRES D'HÔTE **$**
(carte p. 62 ; ☎845-0315 ; www.aupianoblanc.ca ; 4440 rue Berri ; s/d avec sdb commune 80-85/85-95 $ s/d avec sdb 110-115/110-130 $; 📶@). Tout près du métro Mont-Royal, ce pimpant B&B est tenu par Céline, une ancienne chanteuse, qui réserve un accueil chaleureux à ses hôtes. Les chambres sont simples et

soignées, hautes en couleur ; celles avec sdb sont dotées de baignoires anciennes. Quant au piano blanc, qui donne son nom à l'établissement, il trône en haut de l'escalier.

Alexandre Logan CHAMBRES D'HÔTE **$$**
(598-0555 ; www.alexandrelogan.com ; 1631 rue Alexandre-de-Sève ; s/d 80-125/90-145 $;). Cette splendide maison centenaire décorée de fines boiseries et de pans de mur en briques, dispose de chambres douillettes et lumineuses, aux teintes reposantes. Les sdb sont spacieuses, l'accueil tout en finesse et les petits-déjeuners savoureux. Dans le village gay, à proximité du Quartier latin. Deux nuitées minimum.

L'Escale Waverly APPARTEMENT COSY **$$**
(carte p. 62 ; 273-4674 ; sylvie.audouin@agc.inalco.com ; 5356 rue Waverly ; 100 $/nuit ; @). Cette adresse n'est pas à proprement parler un B&B mais s'y apparente à bien des égards. Il s'agit d'un appartement tout équipé (5 pers max) logé dans un duplex de style victorien du quartier Mile-End. La décoration est soignée – du lavabo mexicain au petit boudoir provençal qui donne sur le jardin – et la maîtresse des lieux est une mine d'informations. On se sent comme chez soi (fumeurs s'abstenir). Quatre nuits minimum.

Aux Portes de la Nuit CHAMBRES D'HÔTE **$$**
(carte p. 48 ; 848-0833 ; www.auxportesdelanuit.com ; 3496 ave Laval ; 115-166 $ selon saison, confort et occupation ;). Une adresse coup de cœur pour sa situation en plein centre du Plateau Mont-Royal, l'accueil sympathique et attentif d'Olivia, les chambres romantiques (boiseries, meubles anciens, balcons, tonalités tendres, sdb privées…) et les bons petits-déjeuners.

Aux Bons Matins HÔTEL B&B **$$**
(carte p. 48 ; 931-9167 ou 1-800-588-5280 ; www.bonsmatins.com ; 1401 rue Argyle ; ch 99-119 $, ste à partir de 149 $;). Dans le centre-ville anglophone, cette petite maison de ville bordée d'arbres est étonnamment paisible. Ses hôtes ont un grand souci du détail, depuis l'originalité de ses chambres, toutes ornées de toiles multicolores, jusqu'aux délicieux cappuccinos le matin et aux martinis offerts à l'apéro. Également en location : suites de luxe, suites familiales et une maison de ville. À deux pas du métro Lucien-L'Allier.

Casa Bianca B&B-BOUTIQUE **$$$**
(carte p. 62 ; 312-3837 ou 1-866-775-4431 ; www.casabianca.ca ; 4351 av. de l'Esplanade ; ch haute/basse saison 129-269/119-199 $; P). Vous trouverez dans cette maison d'époque tout l'espace, le confort et le calme désirés. À mi-chemin entre le gîte et l'hôtel-boutique, on apprécie les arrangements minimalistes et raffinés. Pour ses croissants bio du matin, ses lits confortables et son accueil, Casa Bianca ne mérite que des éloges. Depuis la station de métro Mont-Royal, prendre le bus 97 jusqu'au parc du Mont-Royal.

Le Petit Prince B&B DE LUXE **$$$**
(carte p. 48 ; 938-2277 ou 1-877-938-9750 ; www.montrealbandb.com ; 1384 av. Overdale Ouest ; d avec petit-déj 150-255 $; @P). Ce B&B installé non loin du centre-ville a résolument fait le choix du luxe et de l'art de vivre. La maison meublée dans un style contemporain et chaleureux abrite 4 superbes chambres, avec balcon ou cheminée, équipées de bains à remous, d'un téléviseur à écran plat et d'un lecteur CD/DVD. Les tarifs incluent le parking et le petit-déjeuner. Un mariage réussi entre confort et convivialité. Tarifs à l'avenant. Pas de souliers à l'intérieur : prévoir des chaussons.

Hôtels-boutiques

La ville mérite une mention particulière pour ses hôtels-boutiques de charme, qui réinventent le concept d'hôtel de luxe. En voici une sélection.

BON PLAN **Le Relais Lyonnais** HÔTEL-BOUTIQUE **$$$**
(carte p. 48 ; 448-2991 ; www.lerelaislyonnais.com ; 1595 rue Saint-Denis ; ch haute/basse saison 145-225 $/125-175 $;). Au cœur du Quartier latin, cette maison du XIXe siècle, complètement rénovée, héberge un hôtel-boutique haut de gamme, à prix doux. Les parquets en érable lustré, les duvets moelleux, les murs de brique apparente et les persiennes de bois sombre composent un décor élégant à l'européenne. Seul petit inconvénient, le bruit de la rue Saint-Denis en soirée, surtout pour les 2 suites donnant sur la rue.

Hôtel Place d'Armes HÔTEL-BOUTIQUE **$$$**
(carte p. 48 ; 842-1887 ; www.hotelplacedarmes.com ; 701 côte de la Place-d'Armes ; d 169-369 $;). Situé sur la place du même nom, face à la basilique Notre-Dame dans le Vieux-Montréal, ce très bel établissement marie le charme d'un bâtiment du XIXe siècle à une élégante décoration contemporaine. Relooké avec brio, il propose 83 chambres et 52 suites au style épuré, où dominent les tons clairs et les boiseries. Hammam sur

MONTRÉAL GRATUIT

Les activités et spectacles gratuits ne manquent pas dans la métropole. Plusieurs musées proposent des visites gratuites ou à prix réduit, au moins un jour, ou un soir, par semaine. Les excellents magazines hebdomadaires *Voir* et *Mirror*, ainsi que les mensuels *Nightlife* et *Camuz*, sont également gratuits.

» **Centre canadien d'architecture** Gratuit le jeudi de 17h30 à 21h.

» **Festival international de Jazz** Plus de 350 concerts gratuits sur des scènes extérieures.

» **Festival Juste pour rire** Nombreuses activités gratuites.

» **Festival des Films du Monde** Projections extérieures gratuites.

» **Fonderie Darling** Gratuit le jeudi.

» **Les FrancoFolies** Plus de 150 spectacles gratuits.

» **Théâtre de Verdure** Dans le parc Lafontaine, musique classique, ballet et théâtre (gratuit).

» **Musée d'art contemporain de Montréal (Mac)** Gratuit le mercredi de 18h à 21h.

» **Musée des Beaux-Arts** Collections permanentes gratuites.

» **Journée des musées montréalais** En mai, entrée gratuite dans tous les musées de la ville.

» **Nuit blanche** En février, nuit festive où tous les musées, galeries et places publiques sont ouverts gratuitement au public jusqu'au petit matin. Navettes gratuites et omelette géante au petit matin.

» **Journées de la culture** Fin septembre, équivalent des journées européennes du patrimoine, activités de quartier et de plus grande envergure, portes ouvertes, visites guidées, etc.

place, de même que le grand restaurant *Aix Cuisine du Terroir*, avec terrasse sur le toit.

Le Loft Hôtel LOFTS DE LUXE
(carte p. 48 ; ☎1-888-414-5638 ; www.lofthotel.ca ; 334 Terrasse St-Denis ; ch 189-429 $; wifi). Ce bel édifice Art déco, complété en 1920 par l'architecte Ernest Cormier, est maintenant investi d'un hôtel-boutique tout ce qu'il y a de plus contemporain, dans son confort et son approche écologique. Il propose une cinquantaine de vastes suites-lofts (100 à 185 m²) avec fenêtres panoramiques, cuisines complètes, literie de luxe et mobilier griffé. L'adresse idéale pour un séjour douillet, en toute intimité...

Hotel Saint-Paul HÔTEL DESIGN **$$$**
(carte p. 48 ; ☎380 2222 ; www.hotelstpaul.com ; 355 McGill ; d 229-269 $; clim, wifi). À deux pas du Vieux-Port et du musée Pointe-à-Callière, cet établissement est l'un des plus distincts du paysage montréalais. L'imposant édifice Beaux-Arts, converti en hôtel-boutique il y a une dizaine d'années, arbore une décoration minimaliste et résolument contemporaine, égayée par de larges fenêtres avec vue sur la ville : préférez une chambre sur un étage supérieur pour en profiter pleinement et vous éviter le bruit de la rue.

♥ **Le Germain** LUXE ÉLÉGANT
(carte p. 48 ; ☎849-2050 ou 1-877-333-2050 ; www.hotelgermain.com ; 2050 rue Mansfield ; d 230-500 $; clim, @, wifi, P). Au cœur du centre-ville moderne, le superbe Germain participe à la vague des hôtels-boutiques avec son style épuré et élégant, qui conjugue luxe et art de vivre : matériaux sombres, textiles de teintes claires, mobilier design et chaleureux... Entièrement rénové en 2009, son personnel est d'une courtoisie remarquable et son restaurant d'une réputation sans tache. Certainement l'un des meilleurs de la ville.

Où se restaurer

Montréal jouit d'une excellente réputation en matière de restauration. Outre la cuisine de tradition française, on trouve une gamme étendue de cuisines du monde. L'émergence d'une haute gastronomie proprement québécoise est marquée par l'audace, la créativité et une volonté d'exploiter les produits du terroir. À ce titre, les bars à vins et bistros de tapas ont la cote. Montréal se distingue également par un imbattable rapport qualité/prix.

Certains établissements affichent en vitrine "apportez votre vin", car ils ne vendent pas de boissons alcoolisées. On peut se procurer une bonne bouteille dans les boutiques **SAQ** (Société des alcools du Québec), et des vins ordinaires dans les supermarchés. Les succursales SAQ Express sont ouvertes jusqu'à 22h tous les soirs.

De plus en plus de restaurants sont dotés d'un système de réservation par Internet.

CENTRE-VILLE Carte p. 48

Vasco da Gama — CAFÉ PORTUGAIS $$

(☎286-2688 ; www.vascodagama.ca ; 1472 rue Peel ; plats 11-18 $; ⏲tlj). Un café portugais, dont la carte de sandwichs gastronomiques a été imaginée par le propriétaire du Café Ferreira, Carlos Ferreira, à la réputation d'excellence. Vous vous laisserez tenter par un burger de thon avec sauce tartare à l'huile fumée ou encore un sandwich à l'agneau confit et oignons caramélisés. Excellent choix pour le déjeuner ou même pour un café. Petits-déjeuners, tapas en soirées et service de paniers pique-nique.

Phayathai — THAÏLANDAIS $$

(☎933-9949 ; 1235 rue Guy ; plats 12-29 $; ⏲mar-ven midi, soir tlj). Un restaurant thaïlandais dans une demeure victorienne ! Poulet sauce satay, porc au curry rouge, goûteuses crevettes à la citronnelle et soupes réveillent les papilles. Ce lieu, particulièrement sympathique, fait l'unanimité depuis plus de 20 ans. L'ambiance tamisée en fait un bel endroit pour dîner. Un deuxième restaurant satisfait la clientèle du Mile-End, **Phayathai Laurier** (☎272-3456 ; www.phayathailaurier.com ; 107 Laurier ; plats 10-19 $).

Au Bistro Gourmet — CUISINE DU MARCHÉ $$

(☎846-1553 ; www.aubistrogourmet.com ; 2100 rue Saint-Mathieu ; plats 13-23 $, menu midi 13 $, table d'hôte 23-43 $; ⏲lun-ven 11h30-14h30, tlj 17h30-22h). Cette maison accueillante sert une cuisine du marché de style classique, qui réserve de belles surprises. Un excellent choix pour le déjeuner. Formule "apportez votre vin" le soir.

Le Café du Nouveau Monde — BISTRO-THÉÂTRE $$

(☎866-8669 ; 84 rue Sainte-Catherine Ouest ; menu midi 12-16 $, plats soir 14-24 $; ⏲lun 11h30-20h, mar-ven 11h30-minuit, sam 17h-minuit). Le restaurant du théâtre du Nouveau Monde (p. 86), en biais de la place des Arts, se double d'un bistro chic, particulièrement animé les soirs de spectacle, d'une terrasse attenante et d'une grande salle à l'étage. La cuisine est irréprochable, la carte des vins intéressante et l'addition, très raisonnable. Les tartares, les risottos et le foie de veau grillé sont délicieux. Il est important de réserver pour la salle à l'étage, pour plus d'intimité.

Boris Bistro — MÉDITERRANÉEN $$

(☎848-9575 ; www.borisbistro.com ; 465 rue McGill ; plats 16-26 $; ⏲lun-ven 11h30-23h, sam-dim 12h-23h, fermé sam midi, dim et lun soir hors saison). À proximité du Vieux-Montréal, le Boris Bistro est avant tout un lieu de rencontre, animé par une clientèle hétéroclite, qui se retrouve en été sur la grande terrasse. Carte alléchante qui présente des salades méditerranéennes, des tartares et des grillades de gibiers, le tout avec des présentations fignolées. Aussi, de bonnes options végétariennes. Attention, les moins de 18 ans ne sont pas admis à l'intérieur, même accompagnés.

Au Petit Extra — BISTRO $$$

(☎527-5552 ; 1690 rue Ontario Est ; menu midi 15-20 $, plats 21-28 $; ⏲lun-ven 11h30-14h30, lun-mer 17h30-22h, jeu-sam 17h30-22h30, dim 17h30-21h30). Bistro aux allures de brasserie française classique, où les plats et les vins sont affichés à l'ardoise et les serveurs s'affairent dans une ambiance décontractée. Quelques belles surprises au menu (tentez le râble de lapin farci) et ambiance fort sympathique. Une adresse qui vaut le détour.

Café Ferreira — CAFÉ PORTUGAIS II $$$

(☎848-0988 ; www.ferreiracafe.com ; 1446 rue Peel ; plats 30-45 $; ⏲lun-ven midi et soir, sam soir). Une grande devanture en carreaux de faïence rappelant le style des *azulejos* : le Portugal est ici aussi à l'honneur. Spécialisé dans la gastronomie portugaise, ce café chic propose des mets alléchants, comme la morue noire rôtie à la poudre de cèpes et le carré d'agneau en croûte d'olives. Service chaleureux et convivial. Vous profiterez de la plus grande sélection de portos de tout le Canada.

Europea — GASTRONOMIE FRANÇAISE $$$

(☎398-9229 ; www.europea.ca ; 1227 rue de la Montagne ; plats midi 26-29 $, menu dégustation 50 $, plats soir 42-44 $, table d'hôte 70 $; ⏲mar-ven midi, tlj soir). Haute gastronomie française élaborée par un chef de grande renommée, Jérôme Ferrer. Le cappuccino de bisque de homard à l'huile de truffe et le foie gras au torchon sont des classiques de la maison. Le restaurant, au service généreux et attentionné, respire la bonne humeur.

Toqué ! HAUTE-GASTRONOMIE QUÉBÉCOISE **$$$**
(☎499-2084 ; www.restaurant-toque.com ; 900 place Jean-Paul Riopelle ; plats midi et soir 25-48 $, menu dégustation 110 $, 170 $ avec 5 vins ; ⌚mar-ven midi, mar-sam soir). Membre de Relais et Châteaux, Toqué ! est sûrement la table la plus prestigieuse de Montréal. Le chef Normand Laprise y pratique une cuisine imaginative exécutée avec soin et précision. Le menu dégustation décliné en sept tableaux est une expérience sans pareil, et la carte des vins vaut à elle seule le détour.

Notez que le Café Feirerra et le Toqué !, mentionnés plus haut, ont ouvert des versions café-bistro (ouverts midi et soir) de leur restaurant dans le quartier des spectacles. Vous trouverez ainsi le **F-Bar** (☎289-4558 ; www.fbar.ca ; n°1485) et la **Brasserie T !** (☎282-0808 ; http://brasserie-t.com ; n°1425) sur la rue Jeanne-Mance, près de la place des Arts. Les formules gastronomiques à prix raisonnables (plats 15-25 $) et le superbe décor des "vitrines habitées" (des cubes vitrés, installés sur le trottoir, créant une animation) sont très attrayants.

VIEUX-MONTRÉAL Carte p. 48

Café Titanic SANDWICHS RÉCONFORTANTS **$**
(☎849-0894 ; www.titanicmontreal.com ; 445 rue Saint-Pierre ; plats 10-15 $; ⌚lun-ven 8h-16h ; 📶). Excellente option à l'heure du déjeuner, le Titanic fait salle comble le midi. Les soupes consistantes, les plats bien mitonnés et les sandwichs généreusement garnis font de nombreux adeptes depuis plus de 20 ans. Pas de CB.

Europea Espace Boutique BOÎTES À LUNCH **$**
(☎844-1572 ; www.europea.ca/boutique ; 33 rue Notre-Dame Ouest ; boîte à lunch 11-14 $; ⌚lun-ven 8h-16h30). Traiteur et boutique alimentaire associée au restaurant Europea, où l'on vous prépare des "boîtes à lunch" à emporter, avec un menu complet de sandwichs et un savoureux choix de salades.

Olive et Gourmando SANDWICHS CRÉATIFS **$**
(☎350-1083 ; www.oliveetgourmando.com ; 351 rue Saint-Paul Ouest ; plats 10-16 $; ⌚mar-sam 8h-18h). Cette boulangerie concocte de savoureux sandwichs à déguster sur place, dans son petit café attenant. Également, menu de soupes, salades et petits-déjeuners assez simples. Décor original. Souvent bondé !

Le Cartet MÉDITERRANÉEN **$**
(☎871-8887 ; www.lecartet.com ; 106 rue Mc Gill ; plats du jour 15-18 $, sandwichs 13-14 $, boîtes à lunch 10 $; ⌚lun-ven 7h-19h, sam-dim 9h-17h). Ce restaurant et espace-boutique, aux boiseries lumineuses, est une des adresses les plus recommandées pour le brunch et les petits-déjeuners aux abords du Vieux-Montréal. Vaste espace convivial, avec grandes tables communes ou tables individuelles. Au menu, de copieux plats du jour à un tarif raisonnable. Le café y est excellent.

Le Club Chasse et Pêche GASTRONOMIE CYNÉGÉTIQUE **$$**
(☎861-1112 ; www.leclubchasseetpeche.com ; 423 rue Saint-Claude ; plats 33-37 $ ⌚mar-sam 18h-22h30). Une des tables les plus originales de Montréal. Son décor évoque un pavillon de chasse. On se réjouira de sa belle carte des vins, de son personnel dynamique et de son menu qui explore, comme l'indique son nom, l'univers des viandes et des produits de la mer, avec parfois des combinaisons décapantes tel le homard et porcelet ! Attention, le restaurant ne porte pas d'enseigne. Terrasse ouverte pour le dîner en été.

♥ **Augerbe le Saint-Gabriel** GASTRONOMIE QUÉBÉCOISE **$$$**
(☎878-3561 ; www.aubergesaint-gabriel.com ; 426 rue Saint-Gabriel ; menu midi 25-34 $, plats soir 30-49 $; ⌚mar-ven 11h30-15h, mar-sam 18h-22h). La cuisine du célèbre chef montréalais Éric Gonzalez impressionne par sa générosité, son inventivité et la maîtrise de son exécution. C'est ici que viennent manger les *rockstars* en tournée et on les comprend : le décor sombre et contemporain de la maison tricentenaire, première auberge de l'histoire du Canada, déroute par son style insolite mais chaleureux. Service plein de délicatesse et carte des vins somptueuse. Menu découverte 8 plats (95 $/pers) avec accord mets-vins (65 $). L'endroit est à la hauteur du prestige de ses propriétaires (parmi lesquels on retrouve le chanteur Garou et le fondateur du Cirque du Soleil, Guy Laliberté).

QUARTIER CHINOIS Carte p. 48

Le quartier possède ses propres références culinaires qui vont de la Chine à l'Asie du Sud-Est. La clientèle, surtout asiatique, ne semble pas tellement gênée par la qualité du service, souvent négligée au profit d'une efficacité d'apparence chaotique. Il est parfois difficile de savoir ce que l'on nous sert et l'expérience varie selon l'heure et la journée : un jour tout sera excellent et le lendemain tout sera décevant. Dépaysante, l'expérience n'est pas sans intérêt : c'est une aventure en soi. Les adresses suivantes sont connues pour leur qualité supérieure.

Le Cristal No 41 SOUPES VIETNAMIENNES **$**
(☎875-4275 ; 1068 bd Saint-Laurent ; plats 6-13 $; ⊙tlj). L'endroit ne paie pas de mine, mais on y prépare depuis des dizaines d'années une savoureuse cuisine vietnamienne à prix très doux. Service rapide et carte variée. Les soupes *pho*, parfumées et généreuses, ont la cote. Un classique du genre.

Beijing CANTONAIS **$**
(☎861-2003 ; www.restaurantbeijing.net ; 92 rue de la Gauchetière Ouest ; plats 7-18, dîner 2 pers 24-42 $; ⊙tlj à partir de 11h30). Souvent plein, ce restaurant animé sert ses spécialités de soupe aigre, de canard et de fruits de mer à une clientèle cosmopolite. Le personnel parle assez peu français, mais le service est rapide, efficace et sans chichi, et les portions copieuses. Mieux vaut réserver si l'on ne veut pas attendre, mais il est possible de prendre son repas à emporter.

Mai Xiang Yuan RAVIOLIS CHINOIS **$**
(☎875-1888 ; 1084 bd Saint-Laurent ; 15 dumplings 7-10 $; ⊙tlj 11h-21h, ven-sam jusqu'à 22h). Petite échoppe avenante d'une trentaine de places où l'on sert les meilleurs *dumplings* (raviolis chinois) de Montréal. Le secret est dans la pâte ! Le menu n'offre que très peu d'à-côtés. Entre amis ou en famille, on peut partager plusieurs assiettes car on ne peut les commander que par 15 (par personne). L'endroit est victime de sa popularité et l'on doit parfois attendre aux heures d'affluence.

Little Sheep Mongolian Hot Pot FONDUES MONGOLES **$$**
(☎393-0888 ; 50 rue de La Gauchetière ; midi adulte/enfant 13/9 $, soir 19/12 $; ⊙lun-jeu 11h30-15h et 16h30-22h, ven-dim 11h30-15h30 et 16h30-23h30). Il règne dans ce vaste restaurant – d'une enseigne chinoise populaire – une ambiance survoltée. On y mange des fondues mongoles épicées (à base de pâte de sésame) que l'on garnit soi-même de viandes (l'agneau de Mongolie est à l'honneur), de crustacés et de légumes exotiques. Une expérience très réjouissante.

QUARTIER LATIN
Les restaurants sont nombreux, mais pour la grande majorité d'entre eux la facture et la qualité sont décevantes. Cela vaut la peine de marcher quelques minutes vers le centre-ville ou encore de rejoindre le Plateau Mont-Royal.

Juliette et Chocolat BAR À CHOCOLAT **$**
(carte p. 48 ; ☎287-3555 ; www.juliette etchocolat.com ; 1615 rue Saint-Denis ; plats 9-15 $; ⊙dim-jeu 11h-23h ven-sam 11h-24h). Juliette est une maîtresse crêpière et chocolatière qui s'applique à tenir un bar à chocolat offrant une sélection gourmande de crêpes sucrées, desserts chocolatés et chocolats à boire. Au menu également : des salades et galettes bretonnes salées. Une adresse chaleureuse aimée des Québécois. Aussi sur la Main (☎380-1090 ; 3600 bd Saint-Laurent) et sur le Plateau (☎510-5651 ; 377 rue Laurier Ouest) à des horaires similaires.

Restaurant de l'Institut APPRENTI GASTRONOME **$$$**
(carte p. 62 ; ☎282-5161 ; 3535 rue Saint-Denis ; menu midi 19 $, plats 25-32 $, menu découverte 4 plats 48 $; ⊙tlj matin, lun-sam midi et soir). Les élèves de l'Institut de tourisme et d'hôtellerie du Québec sont aux fourneaux sous la supervision des professeurs, chefs cuisiniers. Résultat : de la fine cuisine à prix raisonnables et, en prime, un décor raffiné, avec vue sur le carré Saint-Louis.

PLATEAU MONT-ROYAL **Carte p. 62**
Certainement le quartier le plus plaisant pour dîner, le Plateau présente un large choix de cuisines et d'atmosphères pour toutes les bourses. La rue Saint-Denis et l'avenue du Mont-Royal regorgent de cafés et de restaurants qu'affectionne la faune locale. Plus cosmopolite, le boulevard Saint-Laurent, avec son allure bigarrée et ses façades colorées, propose nombre de restaurants libanais, espagnols, portugais, grecs ou juifs.

On trouvera également une gamme d'adresses "apportez votre vin" aux saveurs ethniques sur la rue Duluth, à proximité de la rue Saint-Denis.

La Banquise PATATERIE **$**
(☎525-2415 ; www.labanquise.com ; 994 rue Rachel Est ; 7-15 $; ⊙tlj 24h/24). À deux pas du parc Lafontaine, la poutine de La Banquise est la plus réputée de la ville et existe dans plus d'une trentaine de versions, toutes plus appétissantes les unes que les autres.

BON PLAN **Le Santropol** CAFÉ ÉQUITABLE **$**
(☎842-3110 ; www.santropol.com ; 3990 rue Saint-Urbain ; plats et sandwichs 6-13 $; ⊙tlj 11h30-22h). Référence du quartier depuis 25 ans, ce café cosy et attachant, dont les serveurs parlent pour la plupart un français mâtiné d'intonations anglophones, mérite le détour. Aussi pour son grand jardin à l'arrière. Nourriture

CINQ ENDROITS OÙ TENTER L'EXPÉRIENCE POUTINE À MONTRÉAL

» **La Banquise** (page ci-contre). Une trentaine de poutines, un incontournable post-discothèque.

» **Poutineville** (1348 Beaubien Est, métro Beaubien puis bus 18 direction est, coin rue de Lanaudière). Des poutines sur mesure – choisissez les ingrédients !

» **Patati et patata** (ci-dessous). Toujours bondé, poutine à la sauce au vin rouge.

» **Ma'am Bolduc** (4351 av. de Lorimier, coin Marie-Anne). Sa poutine sauce au poivre est un classique.

» **Au Pied de cochon** (ci-dessous). Célèbre pour sa poutine au foie gras.

bio, café équitable, spécialités végétariennes, boissons sans alcool. Réputé pour ses plantureux sandwichs à 3 étages.

Soupe Soup BAR À SOUPES $

(☎380-0880 ; www.soupesoup.com ; 80 av. Duluth Est ; menu 8-10 $; ⏱tlj 11h30-17h). Soupes réconfortantes, sandwichs originaux et bons petits desserts concoctés par la sympathique propriétaire, Caroline Dumais et son équipe. Une adresse attachante qui possède maintenant plusieurs succursales : Quartier Latin (1228 Rue Saint-Denis), Vieux-Port (649 rue Wellington) et centre-ville (2183 rue Crescent) entre autres.

BON PLAN **Patati Patata** FRITERIE $

(☎844-0216 ; 4177 bd Saint-Laurent ; plats 5-7 $; ⏱lun-ven 9h-23h, sam-dim 11h-23h). Minuscule comptoir fast-food et "friterie de luxe" sympathique et chouchou des Montréalais – on surnomme ce genre d'établissement les "greasy spoons" (cuillères graisseuses). Au menu : poutines, burgers et végéburgers. Très bon rapport qualité/prix.

BON PLAN **Romados** RÔTISSERIE PORTUGAISE $

(☎849-1803 ; 115 rue Rachel Est ; menu 8-13 $; ⏱sam-mer 11h-21h et jeu-ven 11h-22h). Véritable institution montréalaise, cette rôtisserie portugaise a cependant été gravement endommagée par un incendie. Elle devrait rouvrir ses portes sous peu et est réputée pour son délicieux poulet sur charbon de bois et ses repas généreux. Espérons qu'ils rafraîchiront au passage la salle à manger, autrefois très fade. Les autres rôtisseries portugaises du quartier ont aussi bonne réputation.

Chez Schwartz CHARCUTERIE HÉBRAÏQUE $

(☎842-4813 ; http://schwartzsdeli.com ; 3895 bd Saint-Laurent ; menu 7-18 $; ⏱tlj). Rendez-vous impérativement dans cette minuscule charcuterie juive, toujours bondée, qui sert incontestablement la meilleure viande fumée (dite *smoked meat*) de la ville. Une adresse sans chichi mais goûteuse où il est de tradition de faire la queue pour être placé. Récemment racheté par le mari de Céliiine, René Angélil, pour une somme considérable.

Ouzeri GREC $$

(☎845-1336 ; 4690 rue Saint-Denis ; plats 15-20 $; ⏱tlj). La cuisine méditerranéenne d'inspiration grecque est à l'honneur dans cette salle décorée de jolies mosaïques. Outre l'incontournable *tsatziki*, le poulpe grillé est très prisé, tout comme la délicieuse casserole d'agneau à la feta et le fromage flambé. Bonne sélection de vins à prix raisonnables. Un peu bruyant car très populaire.

♥ **La Salle à Manger** CUISINE DU MARCHÉ $$

(☎522-0777 ; www.lasalleamanger.ca ; 1302 av. Mont-Royal Est ; plats 15-29 $; ⏱tlj 17h-minuit). On vient dans ce grand bistro au décor chic et fréquenté par la faune branchée, déguster une cuisine du marché aux accents ethniques, inspirée et généreuse. Les entrées fraîchement marinées, les tartares et les charcuteries maison impressionnent d'emblée, de même que les copieux plats de poissons d'arrivage, de foie gras et de gibiers à partager. L'équipe propose aussi de bons mariages de vins. Difficile de quitter cette salle à manger si festive et conviviale.

♥ **Au Pied de Cochon** PLAISIRS CARNIVORES $$

(☎281-1114 ; www.restaurantaupieddecochon.ca ; 536 rue Duluth Est ; plats 14-40 $; ⏱mer-dim 17h-minuit). Son décor en bois massif, sa gaieté bruyante et l'exubérance de son chef, Martin Picard, séduisent. Le restaurant joue la carte des plats copieux et "viandeux" apprêtés avec des produits du terroir de grande qualité. Vous pourrez aussi tenter la fameuse poutine au foie gras, un peu perdue dans une carte si roborative.

Laika RESTO-LOUNGE **$$**
(☎842-8088 ; 4040 bd Saint-Laurent ; midi 12-15 $, plats 12-18 $; ⏲tlj 9h-3h). Le Laika est à la fois un café où la faune du Plateau tient ses rendez-vous ou planche sur ses portables, un bistro où l'on sert une fine cuisine du marché à petit prix le midi, un bar le soir avec un menu tapas, animé jusqu'au petit matin par des DJ, et cela sans oublier le légendaire brunch du week-end, tout aussi populaire. L'endroit est particulièrement agréable l'été, alors qu'il déploie sa longue terrasse sur "La Main". Décor industriel.

Pintxo TAPAS **$$$**
(☎844-0222 ; www.pintxo.ca ; 256 rue Roy Est ; pintxos 4-12 $ plats 26-44 $, menu dégustation 36 $; ⏲tlj soir, mer-ven midi ; wifi). Les pintxos sont les tapas du Pays basque, de petites bouchées très tendance. On vient aussi dans ce joli bistro pour son atmosphère chaleureuse. Réservation recommandée.

Toroli FUSION **$$$**
(☎289-9292 ; www.toroli.com ; 421 rue Marie-Anne Est ; plats 24-42 $, table d'hôte 43-65 $; ⏲mer-ven midi, mar-sam soir). Dernier chouchou du Plateau, ce minuscule resto à l'ambiance cosy, romantique et éclectique surprend par les alliances de saveurs qu'il propose. C'est que son chef japonais Taka a fait son apprentissage dans la tradition française et marie à présent les deux avec brio. On y retrouve surtout du poisson, mais aussi du filet mignon, de l'agneau et du foie gras (mariné au miso !).

OUTREMONT ET MILE-END Carte p. 62

Fairmount Bagels BAGELS **$**
(☎272-0667 ; www.fairmountbagel.com ; bagel 80¢ l'unité, plus garniture au choix ; 74 av. Fairmount Ouest ; ⏲24h/24). Une institution du Mile-End. On vient de loin pour se fournir ici en délicieux bagels tout chauds, nature ou garnis de saumon fumé et de fromage à la crème, rehaussé de sésame ou de pavot. Vente à emporter uniquement. Une autre enseigne de qualité similaire possède un comptoir une rue au nord : **St-Viateur Bagel Shop** (☎276-8044 ; 263 rue Saint-Viateur Ouest), et sa **boulangerie** (☎270-2972 ; 158 rue Saint-Viateur Ouest).

La Croissanterie Figaro CAFÉ-BISTRO **$**
(☎278-6567 ; www.lacroissanteriefigaro.com ; 5200 rue Hutchison ; plats 5-13 $, table d'hôte 13-16 $; ⏲tlj 7h-1h). Ce petit café-bistro d'Outremont, aux allures parisiennes, se fréquente à toute heure. Les jus frais, le café et les croissants le matin sont délicieux. Le midi, on opte pour les quiches, les sandwichs et les grandes salades, tandis que le soir, les plats du jour sont servis à prix raisonnables. L'été, la terrasse est très courue. Attendez-vous à une file d'attente pendant les brunchs du week-end.

Bilboquet GLACES ORGASMIQUES **$**
(☎276-0414 ; www.bilboquet.ca ; 1311 av. Bernard Ouest ; ⏲tlj 11h-minuit mars-déc). Sans aucun doute les meilleures glaces de toute la ville. Goûtez, sur place ou à emporter, les sorbets, tofus glacés et glaces maison parmi une explosion de variétés. Le sorbet au pamplemousse et la glace choco-orange nous ont conquis ! Une adresse très fréquentée. Nouvelle succursale sur le Plateau (1600 Laurier Est) et comptoir estival sur le quai du Vieux-Port

BON PLAN **Aux Vivres** VÉGÉTALIEN **$**
(☎842-3479 ; www.auxvivres.com ; 4631 bd Saint-Laurent ; plats 11-15 $; ⏲lun-ven 11h-23h, sam-dim 10h-23h). Aux limites du Plateau Mont-Royal et du quartier Mile-End, cette adresse, très prisée de la jeune clientèle anglophone, sert une cuisine bio et végétalienne. La carte originale, mêlant le tofu et une grande variété de légumes aux arômes asiatiques, plaira aux amateurs. Menus à emporter et délicieux smoothies. Attention, le service peut être un peu lent et brouillon.

Le Petit Alep SYRIEN **$$**
(☎270-9361 ; 191 rue Jean-Talon Est ; menu midi 14-15 $, plats 8-14 $; ⏲mar-sam 11h-23h). Près du marché Jean-Talon, ce petit café-bistro moyen-oriental branché a le mérite de proposer une carte variée à petit prix tout en offrant une ambiance décontractée pour prendre un verre. À la carte : taboulés, *fattouche*, grillades (kebabs et saucisses), pitas grillés, de même qu'une belle sélection de desserts traditionnels syriens et arméniens, sans oublier le thé à la menthe et le café arabe.

Yuzu SUSHIS À LA QUÉBÉCOISE **$$**
(☎270-8111 ; www.yuzusushi.ca ; 151 rue Saint-Viateur Ouest ; 1-2 $ le sushi ; ⏲lun-mer 11h-20h, jeu-ven 15h-21h, sam-dim 15h-20h). Ce comptoir de la chaîne québécoise propose une vaste sélection de sushis à emporter, alliant tradition japonaise et produits fins du terroir québécois. Certains plus originaux que d'autres, tels le *nigiri* au pressé de foie gras et pomme verte ou l'*hosomaki* au bœuf et crevettes ebi. Un vrai délice pour les papilles.

Les Enfants terribles BRASSERIE DE QUALITÉ **$$**
(☎759-9918 ; www.lesenfantsterriblesbrasserie.ca ; 1257 rue Bernard Ouest ; plats 14-30 $, table

d'hôte 35 $; ⏲lun-ven 11h-minuit, sam 10h-minuit, dim 10h-21h). Belle brasserie de quartier au décor léché, alliant la tradition du bois et des surfaces modernes. La carte décline les classiques de type bistro (tartares, *fish and chip*, poulet de Cornouaille, cassoulet...) tandis qu'on y vient en matinée le week-end pour de copieux brunchs. Superbe terrasse en face du théâtre Outremont.

Leméac BISTRONOMIQUE **$$$**
(☎270-0999 ; www.restaurantlemeac.com ; 1045 av. Laurier Ouest ; plats 20-45 $; ⏲lun-ven 12h-minuit, sam-dim 11h-minuit). Ce bistro chouchou de la faune outremontaise dispose d'une salle élégante et lumineuse, très animée en soirée ainsi que d'une agréable terrasse-jardin. Sa cuisine est classique et soignée. La cuisse de canard confite a la cote. L'endroit est particulièrement prisé lors des brunchs du week-end, ainsi que les soirs après 22h, quand des menus sont servis à 27 $.

Sala Rossa ESPAGNOL **$$**
(☎844-4227 ; www.casadelpopolo.com ; 4848 bd Saint-Laurent ; plats 11-24 $; ⏲mar-dim 17h-23h). Ce lieu de rendez-vous de la communauté espagnole présente une cuisine simple mais goûteuse de tapas et de plats traditionnels. L'endroit est animé tard le soir par une clientèle hétéroclite. L'ambiance est joviale, surtout les jeudis soir où la scène accueille des musiciens et des danseurs de flamenco (spectacle gratuit à 20h45).

HOCHELAGA-MAISONNEUVE

Bistro In vivo RESTAURANT-CONCERTS **$$**
(☎223-8116 ; 4264 rue Sainte-Catherine Est ; plats 10-15 $; ⏲lun-mer 17h-23h, jeu-ven 17h-minuit, sam 10h-minuit, dim 10h-17h). On ne peut que louer les sœurs Martel d'avoir imaginé ce bistro coopératif, à la fois salle de spectacle, terrasse et lieu de diffusion culturelle. Le résultat est fort séduisant, à la fois design, sobre et dynamique. Le menu de ce rendez-vous des trentenaires change constamment. On y appréciera les soirées jazz du jeudi et les bières locales servies à la pression.

Le Valois FRANÇAIS **$$**
(☎ 528-0202 ; 25 pl Simon Valois ; plats 12-29 $, menu 20 $ après 21h30 ; ⏲ lun-ven 8h-minuit, sam-dim 9h-minuit). Sans doute la meilleure terrasse du quartier, ce bistro fort populaire est cependant de qualité inégale et offre un service maladroit. Les plats eux-mêmes manquent parfois de saveur. Choix intéressant l'été. Préférez le service de 21h30 et tentez le tartare.

Les Cabotins FRANÇAIS **$$**
(☎251-8817 ; 4821 rue Sainte-Catherine Est ; plats 15-21 $; ⏲soir tlj, brunch 10h30-14h30 dim). Soucieux de préserver l'histoire de l'ancienne mercerie dans laquelle il s'est établi, Bertrand Lacour a su exploiter la thématique de la couture à travers une déco originale où se côtoient abat-jour, mannequins, boutons et chaussettes (propres). La carte s'inspire surtout des saveurs du Sud-Ouest, offrant des produits de saison sans additif dans une ambiance familiale et chaleureuse.

Les Canailles FRANÇAIS **$$$**
(☎526-8186 ; http://lescanailles.ca ; 3854 rue Ontario Est ; plats 20-30 $; ⏲soir tlj, brunch dim). Apportez votre vin dans ce restaurant aux spécialités de fruits de mer et de poissons dont les présentations alléchantes mettent assurément le sourire aux lèvres. Service courtois et cuisine irréprochable, la petite salle est cependant parfois victime de sa popularité, pensez à réserver. Tentez le burger HoMa, avec foie gras mêlé à la viande de la boulette.

Où prendre un verre

La tendance est aux lounges et bars à vins que l'on retrouvera notamment sur le boulevard Saint-Laurent et l'avenue du Mont-Royal. Les microbrasseries pullulent dans la ville pour peu que l'on sorte du centre-ville, où l'on retrouve plutôt des pubs irlandais. Les amateurs de bière ne seront pas déçus.

CENTRE-VILLE

Le Newtown MARTINIS
(carte p. 48 ; ☎284-6555 ; www.lenewtown.com ; 1476 rue Crescent ; ⏲tlj). Bar chic et branché en plein centre-ville, où siroter des martinis, doublé d'un restaurant gastronomique d'une qualité exceptionnelle, d'une piste de danse et d'une terrasse. Le Newtown doit une partie de sa renommée à son fondateur, le pilote automobile Jacques Villeneuve. La clientèle vient ici pour voir et être vu.

Hurley's Irish Pub PUB IRLANDAIS
(carte p. 48 ; ☎861-4111 ; www.hurleysirishpub.com ; 1225 rue Crescent ; ⏲tlj). Une étape idéale pour les amateurs de musique et de danse celtiques, et de matchs de rugby retransmis sur grand écran.

Le Vieux Dublin PUB IRLANDAIS
(carte p. 48 ; ☎861-4448 ; www.dublinpub.ca ; 636 rue Cathcarty ; ⏲lun-ven 11h-3h sam-dim 17h-3h). Au fond d'un parc de stationnement en

centre-ville, c'est le doyen des pubs irlandais de Montréal. On peut y déguster 50 variétés de scotches.

VIEUX-MONTRÉAL

Sarah B LOUNGE-TAPAS

(carte p. 62 ; ☎847-8729 ; 360 rue Saint-Antoine Ouest ; ⌚tlj 16h-minuit). Nommé en l'honneur de Sarah Bernhardt, ce lounge chic et feutré est un bistro à tapas mais surtout un voluptueux bar à absinthe. Installé dans l'enceinte de l'hôtel Intercontinental, c'est une adresse intimiste et insolite à découvrir.

QUARTIER LATIN

Le Jello Bar MARTINIS

(carte p. 48 ; ☎285-2621 ; www.jellomartinilounge.com ; 151 rue Ontario Est ; ⌚tlj). Référence des *lounges* de Montréal, où il fait maintenant figure d'ancêtre, il fut remis au goût du jour en 2009. La maison propose plus de 50 sortes de martinis, à siroter dans un décor rétro chic. Vous pourrez danser sur des airs de funk, de groove ou de salsa (en *live* le week-end).

La Distillerie PUB À COCKTAILS

(carte p. 48 ; ☎288-7915 ; www.pubdistillerie.com ; 300 rue Ontario Est ; ⌚tlj à partir de 16h). À mi-chemin entre le pub et le bar à cocktails, la Distillerie sert ses "drinks" dans des pots "Mason" – sortes de pots de confiture. Très populaire, il faut parfois y faire la queue, surtout les week-ends. Deuxième succursale, beaucoup plus grande, du côté est du Plateau (☎523-8166 ; 2047 av. Mont-Royal).

Pub Sainte-Élizabeth PUB-TERRASSE

(carte p. 48 ; ☎286-4302 ; www.ste-elisabeth.com ; 1412 rue Sainte-Élizabeth ; ⌚tlj). Pub spécialisé dans les bières européennes. Son patio, l'une des plus belles terrasses de Montréal, très agréable en été, attire une faune bigarrée. Animé, l'endroit peut convenir à toutes les clientèles.

PLATEAU MONT-ROYAL

♥ **Le Réservoir** BISTRO-LOUNGE

(carte p. 62 ; ☎849-7779 ; www.brasseriereservoir.ca ; 9 rue Duluth Est ; ⌚tlj). Idéal pour le déjeuner, l'apéro ou un verre en soirée. La carte de ce bistro-brasserie présente une belle sélection de bières artisanales, de vins au verre, de cocktails ainsi qu'un savoureux menu de tapas du terroir. À la petite salle s'ajoutent une verrière et une terrasse à l'étage, avec vue plongeante sur la rue Duluth. À deux pas du bd Saint-Laurent.

Baldwin Barmacie DISCO-LOUNGE

(carte p. 62 ; ☎276-4282 ; www.baldwinbarmacie.com ; 115 Laurier Ouest ; ⌚tlj). Ce bar-lounge tout de blanc vêtu propose de belles soirées en compagnie des habitants du quartier chic d'Outremont. Sa musique rock et disco fait chaque fois danser les adeptes dans la bonne humeur.

Le Lab MIXOLOGISTES

(carte p. 62 ; ☎544-1333 ; http://lab.mixoart.com ; 1351 rue Rachel Est ; ⌚lun-sam à partir de 17h). Les fans des cocktails seront contents de savoir qu'il y a de vrais bons cocktails en ville. La carte des créations des *labtenders* change selon les saisons et invite à la découverte. La salle rétro-lounge reprend la thématique des vieilles pharmacies-apothicaires.

♥ **Dieu du Ciel** MICROBRASSERIE

(carte p. 62 ; ☎490-9555 ; www.dieuduciel.com ; 29 rue Laurier Ouest ; ⌚tlj). Petite brasserie artisanale chaleureuse, au décor sombre. Les serveurs se plaisent à vous raconter l'histoire de chacune de leurs bières. Elles seraient les meilleures du Québec, selon les connaisseurs.

Bily Kun PUB BRANCHÉ

(carte p. 62 ; ☎845-5392 ; www.bilykun.com ; 354 av. Mont-Royal Est ; ⌚tlj). Un bar aux allures de pub, sympathique et décontracté pour déguster une bière locale, un porto ou encore un alcool tchèque dans une ambiance feutrée, guidée par un DJ ou des musiciens de jazz.

MILE-END ET OUTREMONT

BU BAR À VINS

(carte p. 62 ; ☎276-0249 ; www.bu-mtl.com ; 5245 bd Saint-Laurent ; ⌚tlj). Ce bar à vins, le premier du genre à Montréal, est rapidement devenu une des adresses les plus courues en ville. Ambiance chaleureuse et romantique, généreuse carte de vins (un choix de 500 bouteilles et une trentaine de vins au verre) et cuisine d'influence italienne.

La Buvette chez Simone BAR À VINS

(carte p. 62 ; ☎750-6577 ; www.buvettechezsimone.com ; 4869 av. du Parc ; ⌚tlj dès 16h). Bar à vins dans les règles de l'art. On y trouve une atmosphère amicale et animée, une ardoise présentant les vins du jour ainsi qu'une carte de tapas raffinée et bien pensée. Les jeudis et les vendredis soir, les jeunes professionnels du Mile-End investissent ce petit bar. Vous devrez alors patienter longtemps pour avoir une table. Pas de réservation.

The Sparrow/Le Moineau LOUNGE (690-3964 ; 5322 bd Saint-Laurent ; tlj). Ce joli bar aux allures de Brooklyn ou de Londres des années 1930 est apprécié de la jeunesse branchée et arty, anglophone et francophone. On y sert des cocktails "Old Fashioned" et une belle carte d'alcools dans une ambiance feutrée, qui tend à se gâter tard dans la nuit. Cuisine à l'anglaise ouverte jusque tard et brunch le week-end, malheureusement inconstants.

Où sortir

Montréal est une ville de spectacles, aux formules originales. Les arts du cirque, les spectacles d'humour et les comédies musicales sont parmi les curiosités préférées des citadins. Des concerts d'artistes locaux ont lieu chaque soir dans de petites salles intimistes. Les sorties en tout genre sont nombreuses et pour tous les budgets.

Les bars et discothèques les plus populaires proposent des soirées thématiques régulières, généralement du jeudi au dimanche. À cela s'ajoutent les événements ponctuels organisés par des regroupements de DJs et d'artistes de performance quelques fois par an ainsi que les soirées ponctuelles, fêtes itinérantes ou thématiques dans de grands lofts (*loft parties*). Les plus populaires sont : "Les Vendredis Nocturnes" au musée d'art contemporain (www.macm.org), les soirées à la **S.A.T.** (www.sat.qc.ca). D'autres événements sont organisés en marge des festivals du moment.

La trépidante vie nocturne montréalaise se vit aussi bien à l'heure française qu'à l'heure anglaise. Bon nombre de discothèques n'exigent aucun droit d'entrée et le prix des consommations est très raisonnable. La frontière entre discothèques et bars est souvent ténue. L'alcool est servi jusqu'à 3h du matin.

Le magazine **Voir** (www.voir.ca), un hebdomadaire distribué gratuitement dans les lieux publics, répertorie les dernières distractions montréalaises. Les sites Web **Nightlife** (www.nightlife.ca) et **Montréal Plus** (www.montrealplus.ca) sont les références pour connaître les dernières boîtes branchées et les événements en cours, tandis que le blog des **Méconnus** (www.lesmeconnus.net) s'attarde plus particulièrement à la scène underground. Enfin, le calendrier musical **Camuz** (www.camuz.ca) répertorie aussi les concerts à venir dans le mois et est disponible gratuitement sous forme de mini-magazine.

La **Vitrine culturelle de Montréal** (carte p. 48 ; 285-4545 ou 1-866-924-5538 ; www.lavitrine.com ; 145 rue Sainte-Catherine Ouest), le guichet central d'information de la place des Arts, présente le calendrier complet des spectacles en cours et, surtout, un service de billetterie incluant la vente d'invendus à tarif réduit.

Les rues Sainte-Catherine, Crescent, Saint-Laurent, Saint-Denis et Mont-Royal, qui ont chacune leur cachet, monopolisent l'activité festive de la ville.

Cinéma

Le septième art occupe une place réellement importante à Montréal, hôte de nombreux festivals. Voici les principales salles d'intérêt :

Ex-Centris (carte p. 62 ; 847-2206 ; www.cinemaexcentris.com ; 3536 bd Saint-Laurent). Ce complexe dédié au cinéma indépendant et aux nouveaux médias offre des conditions techniques et de confort hors pair. L'architecture et le design du bâtiment sont étonnants.

Cinéma du Parc (carte p. 48 ; 281-1900 ; www.cinemaduparc.com ; 3575 av. du Parc). Riche programmation de cinéma indépendant (en français et en anglais) et de rétrospectives thématiques.

Cinémathèque québécoise (carte p. 48 ; 842-9768 ; www.cinematheque.qc.ca ; 335 bd de Maisonneuve Est ; mer-dim). Cinéma d'art et d'essai, documentaires et archives télévisuelles. Lieu de référence du patrimoine cinématographique québécois.

Quartier Latin (carte p. 48 ; 849-4422 ; 350 rue Emery). De la grande chaîne Odéon, ce complexe du Quartier latin vous accueille dans ses 17 salles ultramodernes. Films en langue française.

Cinéma Banque Scotia (Paramount) (carte p. 48 ; 842-5828 ; 977 rue Sainte-Catherine Ouest). Ce grand complexe occupe 5 étages et compte 12 salles, dont 2 avec écran géant, sans oublier 1 salle IMAX. Films en langue anglaise. À la station de métro Peel.

AMC Forum 22 (904-1250 ; 2313 rue Sainte-Catherine Ouest). Quelque 12 salles très confortables, aménagées dans ce qui fut jadis l'aréna où résidait l'équipe de hockey du Canadien de Montréal. Certains films sont en français. À la station de métro Atwater.

Cinéma Beaubien (721-6060 ; www.cinemabeaubien.com ; 2396 rue Beaubien Est). Excentré (métro Beaubien et bus 18 vers l'est), ce cinéma de quartier indépendant affiche une programmation intéressante de cinéma de répertoire, tout en français ou sous-titré.

Scène gay et lesbienne

La vie nocturne se déroule pour l'essentiel dans les bars et les cabarets du Village, ouverts jusqu'à 3h du matin. Les discothèques du quartier gay sont assez imposantes, s'étalant sur plusieurs étages et proposant des ambiances différentes. Le petit magazine gratuit **Fugues** (www.fugues.com) s'adresse à la clientèle gay de Montréal et on trouve parfois aussi le magazine **être** (www.etremag.com), moins diffusé.

Le **Festival Black & Blue** (www.bbcm.org), qui se déroule mi-octobre au Stade olympique, est l'événement annuel majeur de la scène gay. **Divers/Cité** (www.divers-cite.org) organise également la fête gay de Montréal, chaque année début août. Montréal a accueilli les premiers Outgames en 2006, jeux gay ouverts à tous, qui ont attiré 12 000 visiteurs.

Notez que les filles ont plutôt migré vers les cafés et bars du Mile-End. Le magazine **Lez spread the word** (www.lezspreadtheword.com) recense les événements qui plairont plutôt aux femmes.

Sky Pub & Club MÉGA-DISCOTHÈQUE
(carte p. 48 ; ☎529-6969 ; www.complexesky.com ; 1474 rue Sainte-Catherine Est ; ⏱tlj). Le complexe Sky est l'une des boîtes les plus fréquentées. Une piste est consacrée à la techno, une autre, au hip-hop. La partie pub est idéale pour converser et la terrasse (avec piscine et spa) ménage une superbe vue. Le club accueille des DJ du jeudi au samedi.

Le Drugstore MULTI-BAR
(carte p. 48 ; ☎524-1960 ; www.le-drugstore.com ; 1366 rue Sainte-Catherine Est ; ⏱tlj). Le bar sur 6 étages de cette boîte mixte est un vrai labyrinthe, sans compter le bar-salon au sous-sol et ses billards. Son décor emprunte les couleurs du drapeau gay et de vieux projecteurs de cinéma. Le 3e étage et les terrasses sur le toit sont pris d'assaut l'été.

Unity II DISCOTHÈQUE
(carte p. 48 ; ☎523-2777 ; www.clubunitymontreal.com ; 1171 rue Sainte-Catherine Est ; ⏱tlj). Club gay sur deux étages qui attire une clientèle variée dans ses 3 salles, son salon VIP et sa belle terrasse sur le toit. Dance, R&B et house music.

Le Stéréo DISCOTHÈQUE
(carte p. 48 ; ☎286-0325 ; www.stereo-nightclub.com ; 858 rue Sainte Catherine Est ; ⏱tlj). Fermée pour rénovations à notre passage, sachez que cette discothèque est équipée de l'un des meilleurs systèmes de son en Amérique ! Lieu de prédilection des DJ, souvent européens et new-yorkais. Il est fréquenté par la jeune clientèle gay et les mordus de house. Ses *after* sont complètement débridées.

Cabaret chez Mado DRAG-QUEENS
(carte p. 48 ; ☎525-7566 ; www.mado.qc.ca ; 1115 rue Sainte Catherine Est ; ⏱tlj). Baptisé du nom de la célèbre et flamboyante drag-queen locale Mado Lamotte, grande amatrice de bingo à ses heures, ce cabaret au décor mêlant le Berlin des années 1920 et une panoplie gay, est réputé notamment pour ses soirées du mardi. Des animations ont lieu presque tous les soirs.

Royal Phoenix BAR-PUB
(☎658-1622 ; www.royalphoenixbar.com ; 5788 bd Saint-Laurent ; ⏱tlj). Phare *queer* du Mile-End, il constitue un bon point de départ pour découvrir les autres établissements du quartier, de plus en plus nombreux. Événements allant du karaoké au tournoi de polochon, en passant par l'humour et la danse jusqu'aux petites heures du jour.

Cabarets et concerts

Branchés ou alternatifs, les bars sont souvent des lieux privilégiés pour écouter de la musique ou danser jusqu'au petit matin. Les salles de spectacles quant à elles, sont répertoriées dans les journaux et les magazines gratuits distribués partout dans la ville.

Café Campus CONCERTS ET DISCO
(carte p. 62 ; ☎844 1010 ; www.cafecampus.com ; 57 rue Prince-Arthur Est ; ⏱tlj). Reçoit des groupes musicaux de la scène locale le week-end. Les mardis rétro, les mercredis blues et les dimanches de musique francophone attirent autant les touristes que la clientèle locale, surtout des moins de 25 ans, venus apprécier un mix de musique, de danse et de bière à bon prix.

La Tulipe CABARET-DISCOTHÈQUE
(carte p. 62 ; ☎529-5000 ; www.latulipe.ca ; 4530 av. Papineau ; ⏱ven-sam). La grande salle de cet ancien théâtre accueille des soirées dansantes sympathiques (Pop 1980, Pop 1990, French Swing…) le week-end, de même que d'excellents concerts de musique pop et alternative.

Le Divan Orange CONCERTS
(carte p. 62 ; ☎840-9090 ; www.divanorange.org ; 4234 bd Saint-Laurent ; ⏱tlj). Ce bar, à la fibre hippie, est l'endroit idéal pour découvrir la scène alternative montréalaise. Il reçoit des groupes francophones et anglophones tous les soirs.

La Sala Rossa CONCERTS
(carte p. 62 ; ☎284-0122 ; www.casadelpopolo.com ; 4848 bd Saint-Laurent ; ⊙tlj). Dans le Mile-End, cet ancien théâtre orné de velours pourpre et décoré de lustres est une salle de spectacles qui accueille chaque jour des artistes originaux. Elle attire une foule hétéroclite. Vous aurez la chance d'y voir des maîtres de free-jazz, des danseurs de flamenco, des compétitions de breakdance ainsi que des groupes de reggae, de rock'n'roll et d'indie rock. Réservation souhaitable. En face, la **Casa del Popolo** (☎284-3804 ; 4873 bd Saint-Laurent ; ⊙tlj), partage la même programmation.

Le Verre Bouteille CONCERTS
(carte p. 48 ; ☎521-9409 ; www.verrebouteille.com ; 2112 av. Mont-Royal Est ; ⊙tlj). Ce paisible pub de quartier sert des bières locales, des whiskys et des alcools fins. Des artistes locaux de différents styles (pop, folklore, jazz) s'y produisent régulièrement.

Les Deux Pierrots BOÎTE À CHANSONS
(carte p. 48 ; ☎861-1270 ; www.2pierrots.com ; 104 rue Saint-Paul Est ; ⊙ven-sam). Un établissement fréquenté par des chansonniers québécois et les groupes rock-folk depuis près de 30 ans. Ici, musique et bière font bon ménage. Les grandes salles ont vue sur le Vieux-Port.

La Boîte à Marius BOÎTE À CHANSONS
(☎274.9090 ; www.laboiteamarius.com ; 5885 av. Papineau ; ⊙tlj). Authentique boîte à chansons, l'une des dernières du genre au Québec. On vient y écouter des chansons à texte accompagnées à la guitare ou au piano dans un quartier tranquille à dominante résidentielle. Le petit bar-karaoké voisin a aussi bonne réputation. Accès par le métro Rosemont puis le bus 18 direction est.

Clubs et discothèques

Les rues Crescent, de la Montagne et Bishop au centre-ville, le Village gay (voir plus haut) et "La Main" (bd Saint-Laurent), connaissent une animation fébrile la nuit. Les adresses changent rapidement. Voici quelques grands classiques :

Les Foufounes Électriques SCÈNE ALTERNATIVE
(carte p. 48 ; ☎844-5539 ; www.foufounes.qc.ca ; 87 rue Sainte-Catherine Est ; ⊙tlj). Un monument de la vie nocturne montréalaise, les "Foufs" (voulant dire fesses au Québec) déclinent les musiques alternatives : new-wave, punk ou métal dans une ambiance survoltée.

Le Saint-Sulpice CLUB-TERRASSE
(carte p. 48 ; ☎844-9458 ; www.lesaintsulpice.ca ; 1680 rue Saint-Denis ; ⊙tlj). Le Saint-Sulpice dispose de la plus grande terrasse de la ville et occupe 3 étages, avec un surprenant dédale d'escaliers et de salles. Lors des chaudes soirées d'été, ce bar pop-rock accueille près de 1 500 personnes. La piste de danse de son cabaret, au dernier étage, est ouverte dès 22h. Clientèle majoritairement étudiante.

Sir Winston Churchill DISCO-CÉLÉBRITÉS
(☎288-3814 ; www.swcpc.com ; 1459 rue Crescent ; ⊙tlj). Institution-phare de la célèbre rue Crescent, on y danse sur du R&B, house et pop, mais on y vient surtout pour regarder les gens passer et être vu !

La Salsathèque DANSES LATINES
(carte p. 48 ; ☎875-0016 ; www.salsatheque.ca ; 1220 rue Peel ; ⊙mer-dim). Cette institution montréalaise est un véritable paradis de la danse latino-américaine (salsa, merengue, mambo, etc.). L'endroit, plein à craquer le week-end, réunit les générations des 20 à 40 ans.

Le Belmont DISCO CAMÉLÉON
(carte p. 48 ; ☎845-8443 ; www.lebelmont.com ; 4483 bd Saint-Laurent ; ⊙ven-sam). Un incontournable. Ce bar-spectacle légendaire cumule les soirées festives et marginales avec DJ et musiciens dans une multitude de styles musicaux. Il accueille plusieurs soirées populaires de la ville.

Tokyo Bar DISCO ROCK
(carte p. 48 ; ☎842-6838 ; www.tokyobar.com ; 3709 bd Saint-Laurent ; ⊙jeu-dim). On danse ici depuis 15 ans jusqu'au petit matin sur des rythmes hip-hop, breakbeat et "old school". Le jeudi est réservé à la scène rock et indie. Clientèle jeune et énergique.

Rouge DISCO CHIC
(carte p. 48 ; ☎282-9944 ; www.lerougebar.com ; 7 rue Prince-Arthur Ouest ; ⊙ven-sam). Bar élégant de La Main où l'on danse au son de musiques soul, pop ou rock'n'roll. Soirées thématiques.

A Go-Go Lounge RÉTRO FUTURISTE
(carte p. 48 ; ☎286-0882 ; www.gogogroup.ca ; 3682 bd Saint-Laurent ; ⊙tlj). Déco psyché-déli-que rétro-kitsch et programmation musicale éclectique.

Sports

Certains prétendent que pour comprendre les Québécois, il faut avoir assisté à un match de hockey... L'équipe des **Canadiens de Montréal** (http://canadiens.nhl.com),

MONTRÉAL, VILLE DU CIRQUE

Lieu de naissance du célèbre **Cirque du Soleil** (☎722-2324 ; www.cirquedusoleil.com ; 8400 2e Ave), fondé par Guy Laliberté en 1984, Montréal abrite de nombreuses ressources pour qui veut apprécier les acrobaties et les arts du cirque, déclinés sous des formes innovantes, particulièrement théâtrales. D'autres compagnies réputées jouissent aussi d'une reconnaissance internationale, telles le **cirque Éloize** et **Les 7 doigts de la main**.

La plupart des événements et prestations ont lieu à la **ToHu** (☎376-8648 ou 1-888-386-8648 ; www.tohu.ca ; 2345 rue Jarry Est ; ⏲billetterie tlj 9h-17h), la Cité des arts du cirque, édifiée en 2004, qui dispose d'un espace de spectacle de 1 700 places et programme des cirques du Québec et du monde entier. L'endroit bat son plein pendant le festival Montréal complètement cirque, en juillet. On y accède par le métro Jarry puis le bus 193 Est ou le métro Iberville puis le bus 94 Nord. L'École nationale de cirque, référence mondiale dans l'enseignement des arts du cirque, se trouve aussi à proximité. Ne vous inquiétez pas si le site vous semble étrange : il s'agit d'une décharge expérimentale, graduellement transformée en parc au fur et à mesure de son remplissage. Tests de revêtements géotextiles, aménagement paysager adapté, collecte de biogaz et alimentation en électricité du quartier par une petite centrale thermique, le complexe fait figure d'exemple pour sa revalorisation écologique et sociale.

gagnante de la coupe Stanley à de nombreuses reprises, dispute ses matchs dans le splendide **centre Bell** (carte p. 48 ; ☎932-2582 ; 1260 rue de la Gauchetière Ouest). Mieux vaut réserver ses billets ou encore se présenter tôt les jours de match. La saison s'étend d'octobre à mai.

Le magnifique **stade Uniprix** (☎273-1234 ; 285 rue Faillon Ouest), au parc Jarry, accueille chaque année en août les stars masculines ou féminines du tennis international lors du tournoi de la coupe Rogers, suivant un système d'alternance homme-femme avec Toronto. Il est également le site d'une étape du Circuit mondial de beach-volley en juillet.

Le club de *soccer* (terme nord-américain pour le football), l'Impact de Montréal (www.impactmontreal.com) défend ses couleurs dans un tout nouveau stade, le **stade Saputo** (☎328-3668 ; 4750 rue Sherbrooke Est). Pour ce qui est du football américain (appelé ici simplement football), il gagne en popularité et on suivra l'équipe des Alouettes (http://fr.montrealalouettes.com) qui joue sur le campus de l'université McGill.

Théâtre

Théâtre du Nouveau Monde (carte p. 48 ; ☎866-8668 ; www.tnm.qc.ca ; 84 rue Sainte-Catherine Ouest)

Théâtre de Quat'Sous (carte p. 62 ; ☎845-7277 ; www.quatsous.com ; 100 av. des Pins Est)

Théâtre d'aujourd'hui (carte p. 62 ; ☎282-3900 ; www.theatredaujourdhui.qc.ca ; 3900 rue Saint-Denis)

Espace Go (carte p. 62 ; ☎845-5455 ; www.espacego.com ; 4890 bd Saint-Laurent)

Usine C (carte p. 62 ; ☎521-4493 ; www.usine-c.com ; 1345 av. Lalonde). Près du Village : théâtre expérimental, performances d'arts visuels et danse contemporaine.

Danse

La danse occupe une place majeure à Montréal. Le site **Québec Danse** (www.quebecdanse.org) recense les principales manifestations.

Agora de la danse (carte p. 62 ; ☎525-1500 ; www.agoradanse.com ; 840 rue Cherrier). Expression moderne et expérimentale. Sur le Plateau Mont-Royal.

Danse Danse (☎848-0623 ; www.dansedanse.net ; 4530 bd Saint-Laurent). Programmation de danse contemporaine internationale.

Grands Ballets canadiens de Montréal (☎849-8681 ; www.grandsballets.qc.ca ; 4816 rue Rivard). Une référence. Renseignez-vous sur les lieux des représentations.

Les Ballets Jazz de Montréal (☎982-6771 ; www.bjmdanse.ca ; 3450 rue Saint-Urbain). Troupe de renommée internationale.

Musique classique et opéra

Outre les grandes salles et les orchestres cités ici, les maisons de la culture, telles que **Accès Culture** (www.accesculture.com), proposent une programmation généralement accessible et de qualité de musique de chambre, jazz, théâtre, etc. La majorité des concerts ont lieu dans le complexe **Place des Arts** (carte p. 48 ; ☎842-2112 ; www.pda.qc.ca ; rue Sainte-Catherine Ouest).

Orchestre symphonique de Montréal (☎842-9951 ; www.osm.ca ; complexe Place des Arts)

Orchestre Métropolitain du Grand Montréal (☎598-0870 ; www.orchestremetropolitain.com ; complexe Place des Arts)

Opéra de Montréal (☎985-2258 ; www.operademontreal.com ; complexe Place des Arts)

I Musici (☎982-6038 ; www.imusici.com). Orchestre de chambre réputé.

Achats

La **rue Sainte-Catherine Ouest** est le temple du "*magasinage*" de la ville. L'avenue McGill College (étincelante en hiver) domine ce secteur. Depuis cette artère, on peut accéder à la fameuse **ville souterraine**, reliant les stations de métro McGill et Peel mais s'étendant également sur tout le centre-ville, où l'on peut tout autant flâner que s'égarer dans les galeries marchandes. Citons également la **place Montréal Trust**, rue McGill College, le **Complexe Desjardins**, en face de la place des Arts, et les **Cours Mont-Royal**, rue Metcalfe, plutôt chic. Encore plus chic, le secteur plus à l'ouest englobant les rues Crescent, de la Montagne et Sherbrooke, qui rassemblent des boutiques de luxe.

Sur le Plateau, la rue Saint-Denis propose un choix hétéroclite de boutiques de vêtements, d'articles de maison, de plein air ou de produits de beauté. Les meilleures librairies-disquaires se trouvent sur Mont-Royal, entre les rues Saint-Denis et Saint-André. Pour les dernières tendances, préférez les boutiques d'artistes locaux du boulevard Saint-Laurent ou du quartier Mile-End.

À deux pas du marché Bonsecours dans le Vieux-Montréal, **L'Empreinte coopérative** (carte p. 48 ; ☎861-4427 ; www.lempreintecoop.com ; 272 rue Saint-Paul Est) propose une sélection d'art québécois, du haut de gamme au petit souvenir. La **galerie Le Chariot** (carte p. 48 ; ☎875-4994 ; 446 pl. Jacques-Cartier) est spécialisée dans les arts inuit et iroquois, tout comme **Elca London** (carte p. 48 ; ☎282-1173 ; www.elcalondon.com ; 224 rue Saint-Paul Ouest), qui possède une belle collection de sculptures inuites. **L'Art des artisans du Québec** (carte p. 48 ; ☎288-5379 ; 150 rue Sainte-Catherine Ouest, Complexe Desjardins) présente des œuvres dans toutes les spécialités. Ne manquez pas le **Salon des métiers d'art** (www.salondesmetiersdart.com), qui se tient chaque mois de décembre dans la place Bonaventure et qui est certainement le plus gros marché d'artisanat québécois.

Les boutiques de sport et de plein air sont nombreuses. Près du métro Papineau, **La Cordée** (☎524-1106 ; 2159 rue Sainte-Catherine Est) offre un vaste choix de vêtements, de sacs à dos, d'articles de camping, de vélos, de skis, de kayaks ou de matériel d'escalade. Mentionnons aussi la coopérative canadienne **MEC** (carte p. 62 ; ☎840-4440 ; www.mec.ca ; 4394 rue Saint-Denis) dont la réputation de qualité et de compétence de son personnel n'est plus à faire.

Archambault et **Renaud-Bray** (voir *Librairies* ci-dessous) comptent parmi les bonnes adresses pour les CD, DVD et livres. Notez que vous devez posséder un lecteur multizone pour lire les DVD achetés en Amérique du Nord.

Marchés

Montréal compte quelques marchés publics où vous trouverez des produits frais ou bio. Cinq grands **marchés** (www.marchespublics-mtl.com) sont ouverts toute l'année, de 7h à 18h (20h jeu-ven) environ. Les produits du terroir québécois et d'autres produits alimentaires exotiques se disputent les étals, notamment dans les deux marchés les plus centraux.

Marché Atwater (138 av. Atwater ; Ⓜ Lionel-Groulx). Au bord du canal de Lachine, au sud de la rue Notre-Dame Ouest, il se caractérise par une élégante architecture Art déco. Il est particulièrement réputé pour ses boucheries et sa poissonnerie.

Marché Jean-Talon (7070 av. Henri-Julien; Ⓜ Jean-Talon). Dans le quartier de la Petite-Italie, entre les avenues Henri-Julien et Casgrain, il propose également une étonnante variété de produits. Très vivant, il mérite une visite, même si vous n'avez pas de panier à provisions à remplir. Vous y trouverez plus d'authenticité et de producteurs locaux qu'au marché Atwater, ainsi que de nombreuses boutiques spécialisées.

Marché des Saveurs (280 pl du Marché-du-Nord ; www.lemarchedessaveurs.com). À ne pas manquer côté sud-est du marché Jean-Talon, ce marché rassemble des produits québécois de fabrication artisanale, dont une belle sélection de vins et de cidres. Idéal pour faire le plein de petits cadeaux.

Librairies

Archambault (☎849-6201 ; 500 rue Sainte-Catherine Est ; ⏲lun-ven 9h30-21h, sam 9h-17h, dim 10h-17h). Chaîne proposant livres, disques et films.

Chapter's (☎849-8825 ; 1171 rue Sainte-Catherine Ouest ; ⏲mer-ven 10h-22h, sam 9h-22h, dim 10h-21h, lun 8h-18h ; wifi). Excellente librairie anglophone et francophone, avec un rayon littérature de voyage et un café convivial.

Indigo (☎281-5549 ; 1500 rue McGill College ; ⏲mêmes horaires que précédent et mar 11h-

LISTE SHOPPING INSOLITE

Voici un carnet d'adresses, fréquentées par les Montréalais, où trouver des articles originaux et gourmands "made in Québec" :

» **Marché des Saveurs** (☎271-3811 ; 280 pl du Marché-du-Nord, marché Jean-Talon). Arts de la table, produits alimentaires artisanaux et alcools du terroir québécois.

» **Camellia Sinensis** (carte p.48 ; ☎284-4002 ; 351 rue Emery). Collection de thés d'Asie et d'infusions québécoises. Face au cinéma Quartier latin.

» **Kanuk** (☎527-4494 ; 485 rue Rachel Est). Collection renommée de parkas et d'accessoires d'hiver.

» **Le Valet d'Cœur** (☎499-9970 ; 4408 rue Saint-Denis). Jeux de société, jeux vidéo et puzzles. Nombreuses créations québécoises.

» **U&I** (☎844-8788 ; 3650 bd St-Laurent). Vêtements de stylistes locaux réputés.

» **General 54** (☎271-2129 ; 54 rue Saint-Viateur Ouest). Boutique du Mile-End représentant 30 jeunes designers montréalais. Articles neufs et vintage.

» **Harricana** (☎287-6517 ; 3000 rue Saint-Antoine Ouest). Atelier-boutique de fourrure recyclée.

» **Les Antiquités Grand Central** (☎935-1467 ; 2448 rue Notre-Dame Ouest). Une adresse réputée de la fameuse rue des antiquaires.

Le site **Made in Montreal** (www.madeinmontreal.org) s'attache à recenser les produits fabriqués localement, pour le bonheur des artisans montréalais.

19h). Appartenant à la même chaîne que le précédent, autre grande librairie bilingue.

Librairie Renaud-Bray (☎844-2587 ; 4380 rue Saint-Denis ; ⏲tlj 9h-22h). D'une chaîne francophone, c'est l'une des plus grandes librairies en ville. Presse nationale et internationale.

Maison de la presse internationale (☎861-6767 ; 1166 rue Sainte-Catherine Ouest ; ⏲tlj 8h-23h). Quotidiens et magazines québécois et étrangers. Deux autres succursales (☎842-3857 ; 550 Sainte-Catherine Est et ☎289-9323 ; 4261 rue Saint-Denis).

Multimag (☎287-7355 ; 3552 rue Saint-Laurent ; ⏲tlj 8h-23h) ou (☎523-3158 ; 825 av. Mont-Royal Est ; ⏲tlj 8h-23h). Quotidiens et magazines.

De nombreuses librairies spécialisées dans les livres d'occasion, comme **Le Point Vert** (☎982-9195 ; 4040 rue Saint-Laurent) se trouvent le long des rues Saint-Denis et Mont-Royal, dans le quartier du Plateau.

Depuis/vers Montréal

Avion

Le principal aéroport international de Montréal est l'**aéroport Pierre-Elliott-Trudeau** (☎394-7377 ou 1-800-465-1213 ; www.admtl.com), souvent désigné par son ancien nom de Dorval. Il se situe à une vingtaine de kilomètres à l'ouest du centre-ville (30 à 45 min en voiture). Ses voies d'accès sont souvent perturbées par un trafic dense aux heures de pointe. L'aéroport accueille aussi les vols intérieurs et les liaisons avec les États-Unis. Les principales compagnies aériennes desservant l'Europe sont **Air Canada** (☎1-888-247-2262 ; www.aircanada.com), **Air France** (☎847-1106, 1-800-667-2747 ; www.airfrance.com) et **Air Transat** (☎1-866-847-1112 ou 1-877-872-6728 ; www.airtransat.com). Le moyen le plus économique pour rejoindre l'aéroport est de prendre **l'Express Bus 747** (9$, ticket valable sur tout le réseau pour 24h) depuis la gare routière (station Berri-UQAM) ou la station Lionel-Groulx. Comptez 7 $/pers. Les départs ont lieu tous les jours de l'année, à des intervalles fréquents. Comptez 30 minutes de trajet, sauf aux heures de pointe. La course en taxi du centre-ville – délimité par certaines rues et excluant le Plateau Mont-Royal – à l'aéroport de Montréal-Trudeau coûte 40 $ (tarif forfaitaire).

Bus

Joignable par la station de métro Berri-UQAM, la **gare d'autobus de Montréal** (carte p. 48 ; ☎842-2281 ; www.gamtl.com ; 505 bd de Maisonneuve Est), encore appelée parfois "Station Centrale", regroupe les compagnies desservant les grandes villes canadiennes et certaines villes américaines (New York, Boston). Il est recommandé de se présenter au guichet 30 minutes avant le départ, surtout les week-ends. Dans le hall, des distributeurs délivrent des billets. Des tarifs préférentiels sont accordés aux étudiants, aux seniors, aux enfants et, pour les destinations interprovinciales et internationales, si vous achetez vos billets plusieurs jours à l'avance. Parmi les principales destinations, citons :

Ottawa – Départs toutes les heures (aller simple/aller-retour 43/83 $; 2 heures 30) avec Greyhound (www.greyhound.ca).

Québec – Départs toutes les heures de 6h à minuit par bus express (aller simple/aller-retour 57/91 $; 3 heures) avec **Orléans Express** (☎395-4000 ; www.orleansexpress.com). Bus accessibles aux handicapés sur réservation 48h à l'avance.

Toronto – Départs toutes les 2 heures de 7h30 à 0h15 (aller simple/aller-retour 56/107 $; 7 heures) avec Greyhound via Ottawa. Tarifs "low-cost" parfois disponibles pour l'achat de billets en ligne à l'avance avec **Megabus** (http://frca.megabus.com), lequel offre un trajet direct (6 heures).

Train

Notez que le train est plus lent et généralement plus cher que le bus. Les deux gares sont au centre-ville et sont reliées en 10 minutes par un passage souterrain. La gare centrale de **VIA Rail** (carte p. 48 ; ☎989-2626 ou 1-888-842-7245 ; www.viarail.ca ; 895 rue de la Gauchetière Ouest ; ⌚billetterie lun-ven 5h30-19h15, sam 6h-18h30, dim 7h-18h30) se cache sous l'hôtel Reine-Élizabeth, à l'angle du boulevard René-Lévesque Ouest et de la rue Mansfield, en sous-sol. Elle accueille la plupart des passagers de VIA Rail, et offre, de surcroît, le service **Airconnect** (☎633-0975 ; 12 $ depuis la gare centrale, gratuit depuis la gare de la ville de Dorval), qui transporte les voyageurs à l'aéroport de Montréal-Trudeau. Des billetteries libre-service sont installées dans la gare, mais vous pouvez aussi effectuer vos réservations par Internet. En semaine, environ 5 dessertes sont assurées quotidiennement pour Ottawa (de 6h25 à 19h15), au moins 7 pour Toronto (de 6h25 à 17h) et 4 pour Québec (de 6h15 à 18h15). Des réductions importantes sont accordées si vous achetez vos billets à l'avance, via le Web.

Des trains de la compagnie **Amtrak** (☎1-800-872-7245 ; www.amtrak.com) relient Montréal à New York (départ à 9h30, durée 11 heures). Les tarifs sont variables. Vérifiez bien que la somme indiquée est en dollars canadiens ou américains.

La **gare Windsor** (carte p. 48 ; 1160 rue de la Gauchetière Ouest ; métro Bonaventure) est à l'angle de la rue Peel et de la rue de La Gauchetière, non loin de VIA Rail. Elle ne dessert que la grande banlieue.

Voiture et moto

L'autoroute Transcanadienne (40 Ouest) relie Montréal à Ottawa. En ville, elle devient le "boulevard métropolitain" avant de reprendre l'appellation 40 Est pour continuer jusqu'à Québec côté rive nord du Saint-Laurent, via Trois-Rivières. Pour vous rendre à Québec par la rive sud, empruntez l'autoroute 20 Est à partir du pont Jacques-Cartier ou encore via le pont-tunnel Louis-Hyppolite Lafontaine (autoroute 40 Est, puis 25 Sud). L'autoroute 20 Ouest, rejoint l'aéroport de Montréal-Trudeau et continue en direction de Toronto. Pour aller aux États-Unis, prenez le pont Champlain, puis l'autoroute 10 (celle des Cantons-de-l'Est) ou l'autoroute 15, qui file directement vers la frontière de l'État de New York. On atteint la région des Laurentides par l'autoroute 15, direction Nord.

Covoiturage

Il existe une excellente agence qui compte plus de 20 ans d'expérience dans le covoiturage : **Allo Stop** (carte p. 62 ; ☎985-3032 ; www.allostop.com ; 3694 rue Saint-Denis ; ⌚sam-mar 9h-18h mer-ven 9h-19h). Une autre agence, entièrement virtuelle, a aussi la cote : **Amigo Express** (☎1-877-264-4697 ; www.amigoexpress.com). Les départs vers Sherbrooke, Trois-Rivières et Québec sont fréquents.

ℹ Comment circuler

Bus et métro

Montréal dispose d'un réseau de lignes de **métro** et de **bus** (☎786-4636 ; www.stm.info) propre et extrêmement pratique. Le métro fonctionne de 5h30 à 0h30 en moyenne, la ligne bleue terminant un peu plus tôt que les trois autres. Un ticket à l'unité coûte cher : 3 $ (24,50 $ les 10 passages). Vous pourrez vous procurer une carte touristique à 9/18 $ pour 1/3 jours, en vente à certaines stations de métro seulement, notamment Berri et Bonaventure. Un nouveau ticket permet de se déplacer pour la soirée et la nuit (de 18h à 5h) pour 4 $. La Carte Musées à 65 $ (voir p. 54) donne aussi libre accès aux transports en commun et aux musées pendant 3 jours (disponible dans les musées, les bureaux d'information touristique et certains hôtels).

Dans les bus, ayez la monnaie exacte ou à peu près, que vous déposerez dans une sorte d'urne à droite du chauffeur. Il faut actionner la sonnette pour signaler que vous voulez descendre au prochain arrêt, mais aussi être très attentif car les arrêts de bus n'ont pas de nom et ne sont pas annoncés. Un ticket vous donne droit à une correspondance avec le bus ou le métro. Les stations de métro sont signalées par de grands panneaux bleus dotés d'une croix blanche pointée vers le bas. Trois nouvelles stations permettent désormais de rejoindre la ville de Laval, au nord. La partie ouest de la ville est desservie par des bus et un **train de banlieue** (www.amt.qc.ca) dont les départs ont lieu des stations Bonaventure et Vendôme.

Taxi

Les deux compagnies principales opérant à Montréal sont **Taxi Coop Montréal** (☎725-2667 ; www.taxi-coop.com) et **Taxi Diamond** (☎273-6331 ; www.taxidiamond.com). Comptez 3,30 $ de prise en charge, plus 1,60 $/km ou 0,60 $/minute d'attente.

Métro de Montréal

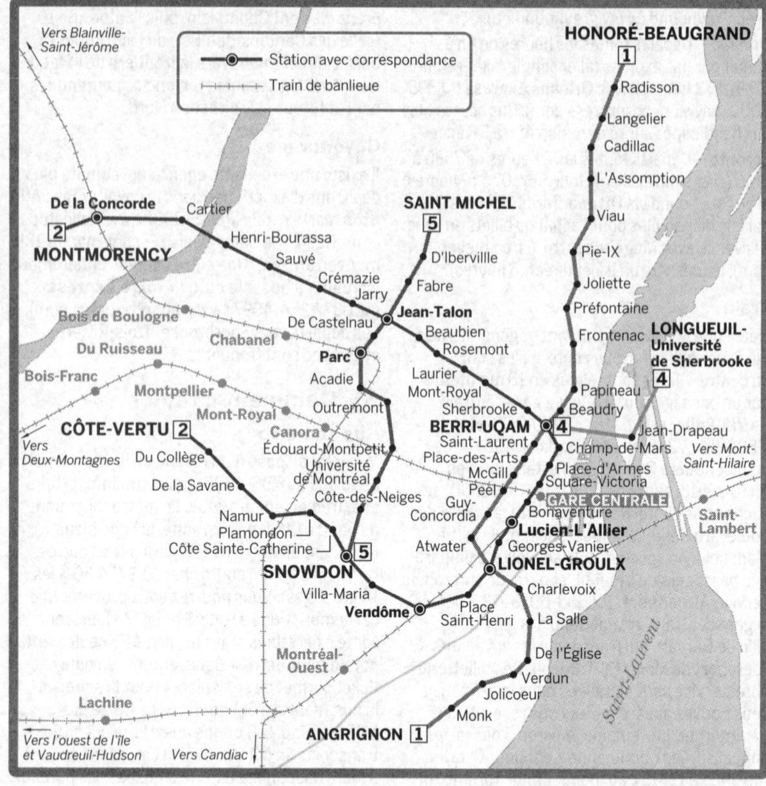

Vélo

Reportez-vous à la rubrique *Activités*, p. 65, pour les possibilités de location de vélos.

Voiture et moto

Le quadrillage des rues rend la circulation en ville assez aisée. Face à une rue en sens unique – elles sont nombreuses –, il suffit d'emprunter la rue suivante, souvent à sens unique inverse, et de reprendre la bonne dans l'autre sens ! La circulation, bien que dense, est relativement calme. Attention aux feux, toujours placés *après* les carrefours. Vous devez vous arrêter plusieurs mètres *avant* le feu, à la ligne peinte au sol. Pour le stationnement, tenez compte des panneaux de limitation de durée en fonction du jour de la semaine et de l'heure, parfois difficile à déchiffrer ; les contrôles sont fréquents. L'heure de parcmètre peut coûter de 1 à 3 $ selon la localisation (prévoyez des pièces de 25 ¢, de 1 et 2 dollars). De nouveaux parcmètres électroniques avec horodateurs acceptent maintenant les cartes de crédit. Le site www.maplace.ca permet de réserver son parking en ligne, pratique dans le centre-ville.

Location de voiture

Il existe de nombreuses agences disséminées dans toute la ville (notamment au centre Infotouriste), ainsi qu'à l'aéroport (majoration de 15%). Pour une même société, les prix varient d'une agence à l'autre et d'un jour à l'autre, en fonction de la demande et des véhicules disponibles. D'une manière générale, les tarifs sont moins élevés le week-end et dans le cadre de forfaits de 3 jours ou de 1 semaine. Lisez attentivement les clauses relatives à l'assurance et à la franchise, qui peuvent expliquer de fortes différences de tarifs. Voici une liste de loueurs :

Autoplateau (carte p. 62 ; centre Infotouriste ☎398-9000 ; www.autoplateau.com ; 1255 rue Peel ; ☎281-5000 ; 3585 rue Berri, métro Sherbrooke)

Avis (carte p. 48 ; ☎866-2847 ; www.avis.ca ; 1225 rue Metcalfe)

Budget (carte p. 48 ; ☎842-9931 ; www.budget.com ; 5 Complexe Desjardins, débarcadère Saint-Urbain)

Hertz (carte p. 48 ; ☎938-1717 ; www.hertz.com ; 1073 rue Drummond)

Sucrerie de la Montagne

Dès que la sève commence à couler des érables, les Québébois aiment se sucrer le bec en famille ou en groupe. Situé à Rigaud, à une soixantaine de kilomètres à l'ouest de Montréal, la **sucrerie de la Montagne** (☎450-451-0831 ; www.sucreriedelamontagne.com ; 300 chemin Saint-Georges, Rigaud, 60 km de Montréal ; déj 28/32 $ en sem/sam-dim ; ⌚tlj fév-avr) joue la carte de la tradition. Le repas est copieux, gras et sucré, de quoi alimenter un bûcheron ! La récolte de la sève (ou eau) d'érable fait l'objet d'une visite dans l'érablière, tout comme le processus de fabrication du sirop auquel on assiste dans la cabane à sucre. Pour s'y rendre, prendre l'autoroute 40 direction Ottawa puis la sortie 17.

Laval

Cosmodôme CENTRE SPATIAL

(☎450-978-3600 ; www.cosmodome.org ; "mission" adulte/senior/étudiant 15/12/10 $, gratuit -7 ans ; ⌚tlj 9h-1h fin juin-début sept, mar-dim 10h-17h reste de l'année). Centre ludique et pédagogique axé sur les sciences de l'espace. Trois spectacles multimédias immersifs (des missions) sont proposés sur l'espace, Mars et l'exploration du système solaire. Belle sortie familiale, mais un peu trop complexe pour de jeunes enfants. Pour y accéder, prendre l'autoroute 15 Nord. Sortie indiquée.

Parc des Mille-Îles PLEIN AIR

(☎450-622-1020 ; www.parc-mille-iles.qc.ca ; 345 bd Sainte-Rose, Laval ; adulte lun-sam gratuit, enfant gratuit ; ⌚tlj 9h-18h mai-sept). Embrassant la rivière des Mille-Îles, le parc se compose de près de 10 km de rivière pour naviguer et de 10 îles, où vous pourrez débarquer à votre guise. Vous pourrez louer des embarcations (canot/kayak/barque 12/11/13 $ l'heure, 40/37/42 $ par jour) ou y faire de la randonnée. Un ponton permet de faire une croisière (adulte/étudiant et senior/6-12 ans 17/15/9 $ pour 1h30) sans trop d'effort. Forfaits de pêche (sur l'eau ou sur glace) tout inclus à la demi-journée et à la journée. L'hiver, on peut s'adonner au ski de fond, à la glissade et au patin à glace (pas de location d'équipement). Pour vous y rendre, prenez le métro jusqu'à Henri-Bourassa puis le bus 73, qui vous déposera à l'entrée du parc. Par la route, suivez l'autoroute 15 vers le nord et prenez la sortie 16 (bd Sainte-Rose). Le parc se trouve à quatre pâtés de maisons vers l'est.

Oka

À 50 km à l'ouest de Montréal, au confluent de la rivière des Outaouais et du lac des Deux Montagnes, Oka est une localité renommée pour son **abbaye**, dont la construction remonte à 1880. Les moines l'ont quittée en 2009 pour des lieux plus confortables et moins coûteux à entretenir.

Parc national d'Oka PLEIN AIR

(☎450-479-8365 ; www.sepaq.com/pq/oka ; droits accès adulte/enfant 6/2,75 $). On retrouve dans le parc un site historique : le calvaire d'Oka, construit en 1740 par les amérindiens et désormais composé de 4 oratoires et trois chapelles. L'été, on s'adonne à la baignade sur la plage surveillée, à la planche à voile, au kayak (14-16 $ l'heure), à la randonnée pédestre ou au cyclotourisme. Notez que le parking est payant pendant la saison chaude (auto/moto 11/6,50 $/jour). L'hiver, il est destiné au ski de fond (70 km de pistes, location 24-30/15 $) et à la raquette (location adulte/enfant 15/10,50 $/jour). Aussi, location de trottinettes des neiges (16,50 $/jour). Le camping est immense, cher (29-42 $ hors taxes, droit d'entrée et accès à la plage) et infesté d'"herbe à puces" (plante urticante) en plus de voir la plupart de ses bons emplacements réservés plusieurs mois à l'avance. Préférez-lui le gîte sous les pins (64 $/famille), ouvert à l'année. Le site est néanmoins propice au camping hivernal (21,50 $/empl, prêt-à-camper 137 $/5 pers ou tente prospecteur 71 $/6 pers). Le parc est accessible soit par la route 344, soit par l'autoroute 15 ou 13, puis par l'autoroute 640 Ouest.

Montérégie

À courte distance au sud de Montréal, la Montérégie est une petite région de collines boisées et de vallées fertiles. Elle est le domaine privilégié des érablières et des pommeraies. Elle offre de belles escapades d'une journée à partir de Montréal.

Parc des îles de Boucherville PARC NATIONAL

(☎450-928-4088 ; www.sepaq.com/pq/bou ; accès adulte/enfant 6/2,75 $; ⌚variables, généralement 9h-17h, tlj été). Méconnu, ce parc national est le plus proche de la ville de Montréal et offre une bonne diversité ornithologique. Il comprend des sentiers de randonnée particulièrement agréables l'hiver, une piste cyclable de 21 km de même qu'un sentier nautique balisé de 8 km que l'on peut découvrir en canot ou kayak (location 15-16 $/h). Notre activité favorite : randonnée en canot rabaska de 3 heures qui permet de découvrir un site historique iroquois reconstitué. Cours d'initiation au kayak de mer (adulte/enfant 36/18 $) sur place.

SAINT-JEAN-SUR-RICHELIEU

L'**International de montgolfières de Saint-Jean-sur-Richelieu** (www.montgolfieres.com ; billet 1 jour adulte/-12 ans 20/8 $, passeport 9 jours 59/20 $), le plus grand rassemblement du genre au Canada, a lieu vers la mi-août. Durant cette semaine de festivités avec animation et spectacles, le ciel est littéralement en fête, égayé des couleurs de centaines de montgolfières. Des tours en montgolfières peuvent être organisés pour des petits groupes de 2 à 4 personnes (175-200 $). Pour s'y rendre, emprunter le pont Champlain et suivre l'autoroute 10 jusqu'à la sortie 22, puis suivre la route 35 Sud jusqu'à la sortie Pierre-Caisse (sortie 9).

MONT-SAINT-HILAIRE ET ROUGEMONT

À l'automne, les villages de Rougemont et de Mont-Saint-Hilaire se prêtent parfaitement à une tournée des vergers et des cidreries. Vous pourrez pratiquer la cueillette dans les vergers, une activité très agréable durant laquelle il fait bon pique-niquer sous les pommiers. Vous pourrez compléter votre escapade en goûtant le cidre québécois ou encore le cidre de glace, une boisson qui a récemment acquis ses lettres de noblesse (merveilleux avec le foie gras). Les vergers sont nombreux le long des chemins principaux qui traversent le village. La **cidrerie Michel Jodoin** (☎450-469-2676 ; www.micheljodoin.ca ; 1130 rang de la Petite Caroline, Rougemont ; ⏲tlj 9h-17h) mérite une visite. Visite des caves et dégustation gratuite.

Le **mont Saint-Hilaire** (415 m) se visite à l'année. Il est possible de pratiquer la randonnée (niveau facile) sur 25 km de sentiers, ainsi que le ski de fond et les raquettes (14 km). Son sommet offre un magnifique point de vue sur toute la région et l'île de Montréal. La carte des sentiers ainsi que la location d'équipement sont disponibles à l'accueil du **Centre de la nature Mont-Saint-Hilaire** (☎450-469-2676 ; 422 ch des Moulins, Mont-Saint-Hilaire ; adulte/senior/6-17 ans 6/5/2,50 $; ⏲variable selon période d'ensoleillement).

Pour se rendre à Mont-Saint-Hilaire, emprunter l'autoroute 20 en direction de Québec. Prendre la sortie 113, puis longer la route 113 en direction de la montagne. Rougemont est accessible par l'autoroute 20 (sortie 115 et route 229) ou par l'autoroute 10 (sortie 37) jusqu'à Marieville puis par les routes 227 et 112 jusqu'à Rougemont.

DE MONTRÉAL À QUÉBEC

Montréal et Québec ne sont distantes que de 311 km, soit à peine 3 heures par l'autoroute ou par le train. Deux trajets sont possibles, par la rive nord ou sud du fleuve, avec, dans chaque cas, l'option d'emprunter la vieille route qui longe le fleuve plutôt que l'autoroute (autoroute 40 ou route 138 au nord et autoroute 20 ou route 130 au sud).

Rive nord

Quittez Montréal par la route 138. Les localités que vous traverserez – Berthierville, Joliette, puis Trois-Rivières – sont présentées dans les chapitres *Laurentides et Lanaudière* (p. 94) et *Mauricie* (p. 201). Le bel itinéraire suivant le **chemin du Roy**, entre Trois-Rivières et Québec, est également décrit dans l'encadré p. 207.

Rive sud

En empruntant l'autoroute 30 et/ou la route 132 le long du fleuve, faites une première étape à Sorel. Au confluent de la rivière Richelieu et du Saint-Laurent, la ville fut pendant deux siècles un centre important de réparation et de construction navale. Notez qu'il est possible de rejoindre la rive nord du Saint-Laurent au niveau de Sorel, en prenant le **traversier** (☎450-747-3313 ; 3,10 $/passager, 7,50 $/véhicule ; ⏲ttes les heures ou demi-heures) qui mène en 10 minutes à **Saint-Ignace-de-Loyola**.

Autre halte possible : le village abénaki d'**Odanak**. Surplombant la rivière Saint-François, il abrite le **musée des Abénakis** (☎450-568-2600 ; www.museedesabenakis.ca ; route 132 ; adulte/senior/étudiant/enfant 8,50/7,50/6,50/5,50 $; ⏲lun-ven 10h-17h, sam-dim 11h-17h), qui renferme une impressionnante collection d'artéfacts et d'œuvres d'artistes autochtones. De Nicolet, quelques kilomètres plus loin, il est possible de rejoindre la rive nord en empruntant le pont Laviolette, qui mène à Trois-Rivières.

De Montréal à Québec

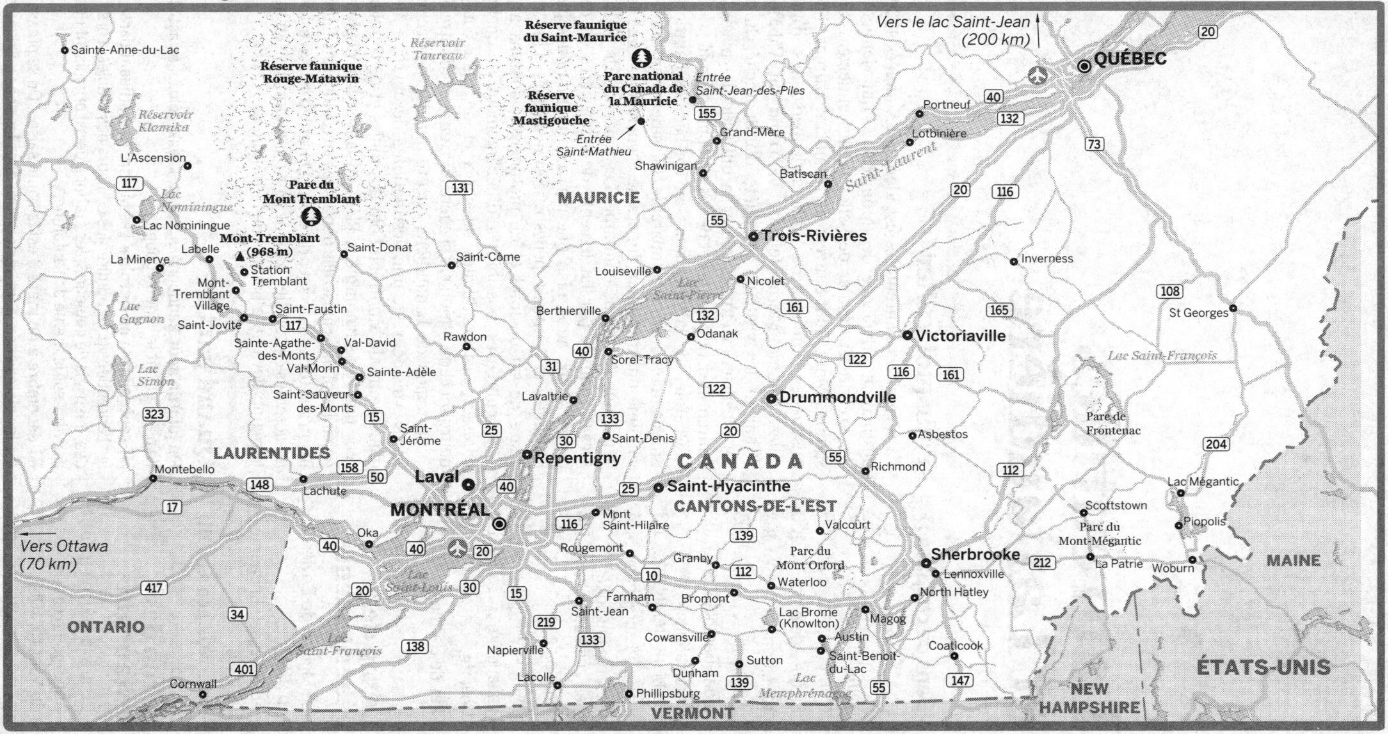

0 — 50 km
QUÉBEC
Vers le lac Saint-Jean (200 km)
Portneuf
Lotbinière
Saint-Laurent
Inverness
St Georges
Lac Saint-François
Parc de Frontenac
Lac Mégantic
Piopolis
MAINE
ÉTATS-UNIS
Scottstown
Parc du Mont-Mégantic
La Patrie
Woburn
NEW HAMPSHIRE
Victoriaville
Asbestos
Richmond
Sherbrooke
Lennoxville
North Hatley
Coaticook
Magog
Austin
Saint-Benoit-du-Lac
Lac Memphrémagog
Trois-Rivières
Batiscan
Saint-Jean-des-Piles
Grand-Mère
Shawinigan
Entrée Saint-Jean-des-Piles
Parc national du Canada de la Mauricie
Entrée Saint-Mathieu
Réserve faunique du Saint-Maurice
Réserve faunique Mastigouche
MAURICIE
Nicolet
Drummondville
Valcourt
Parc du Mont Orford
Waterloo
Lac Brome (Knowlton)
Sutton
CANADA
CANTONS-DE-L'EST
Saint-Hyacinthe
Granby
Bromont
Cowansville
Dunham
VERMONT
Odanak
Lac Saint-Pierre
Louiseville
Sorel-Tracy
Berthierville
Saint-Denis
Mont Saint-Hilaire
Rougemont
Farnham
Saint-Jean
Phillipsburg
Lavaltrie
Repentigny
Saint-Côme
Rawdon
Lacolle
Napierville
MONTRÉAL
Laval
Lac Saint-Louis
Réservoir Taureau
Saint-Donat
Sainte-Adèle
Saint-Jérôme
Oka
Val-David
Val-Morin
Saint-Sauveur-des-Monts
Sainte-Agathe-des-Monts
Saint-Faustin
Lac Saint-François
Réserve faunique Rouge-Matawin
Parc du Mont Tremblant
Mont-Tremblant (968 m)
Station Tremblant
Mont-Tremblant Village
Saint-Jovite
Labelle
LAURENTIDES
Lachute
Cornwall
Sainte-Anne-du-Lac
L'Ascension
Lac Nominingue
Réservoir Kiamika
La Minerve
Lac Gagnon
Lac Simon
Montebello
ONTARIO
Vers Ottawa (70 km)
20 · 73 · 40 · 132 · 116 · 165 · 108 · 204 · 112 · 212 · 161 · 122 · 55 · 155 · 147 · 139 · 10 · 133 · 25 · 30 · 31 · 219 · 15 · 131 · 50 · 158 · 138 · 117 · 148 · 34 · 401 · 17 · 323 · 417

Laurentides et Lanaudière

Dans ce chapitre »

Le top des hébergements

» La Maison de Bavière (p. 104)

» Au Ruisseau Enchanté (p. 109)

» Auberge Le Lupin (p. 111)

Le top des restaurants

» L'Eau à la Bouche (p. 101)

» Auberge Le Creux du Vent (p. 105)

» La Petite Cachée (p. 111)

Pourquoi y aller

La région des Laurentides est, depuis les années 1930, la destination privilégiée des Montréalais, qui viennent ici se détendre et dévaler de belles pentes enneigées. Si les stations Mont-Saint-Sauveur et Tremblant attirent chaque saison des centaines de milliers de personnes, d'autres villes, comme Morin-Heights, Val-David ou Val-Morin, séduiront les visiteurs en quête d'authenticité. En été, les vacanciers viennent goûter la quiétude des plages des Laurentides, de ses spas et de ses parcours de golf.

Chef-lieu de la villégiature au Québec, les Laurentides offrent une nature incomparable. Elles dessinent un relief vallonné où un millier de lacs se cachent dans une forêt dense que l'automne enlumine. Les amateurs de plein air seront comblés par la descente de ses rivières en canot ou en kayak, aussi bien que par ses innombrables pistes cyclables et sentiers pédestres, transformés l'hiver en pistes de ski de fond et de motoneige. Ajoutons à cela de nombreuses possibilités d'hébergement et quelques adresses gastronomiques de choix et on aura compris pourquoi cette région est si chère au cœur des Montréalais.

La région de Lanaudière, encore quelque peu éclipsée par sa voisine, reste une destination à découvrir, à moins d'une heure de Montréal. Loin des foules et de l'opulence, celle que l'on surnomme le Piémont laurentien, déploie de paisibles plaines agricoles depuis les rives du Saint-Laurent jusqu'aux terres sauvages du Nord. Durant la saison estivale, les activités culturelles battent leur plein tandis qu'en hiver, la région devient le paradis de la motoneige.

Quand partir

Fin juin-fin août Randonnées, canot, kayak, vélo... Les activités de plein air ont le vent en poupe.

Mi-septembre à mi-octobre Les Montréalais affluent dans les Laurentides pour admirer les couleurs des érables. Lors des "festivals de couleurs", les stations de ski organisent des activités sur le thème de l'automne.

Mi-décembre à fin mars C'est la haute saison. On se presse sur les pistes et on vient se détendre dans les spas nordiques.

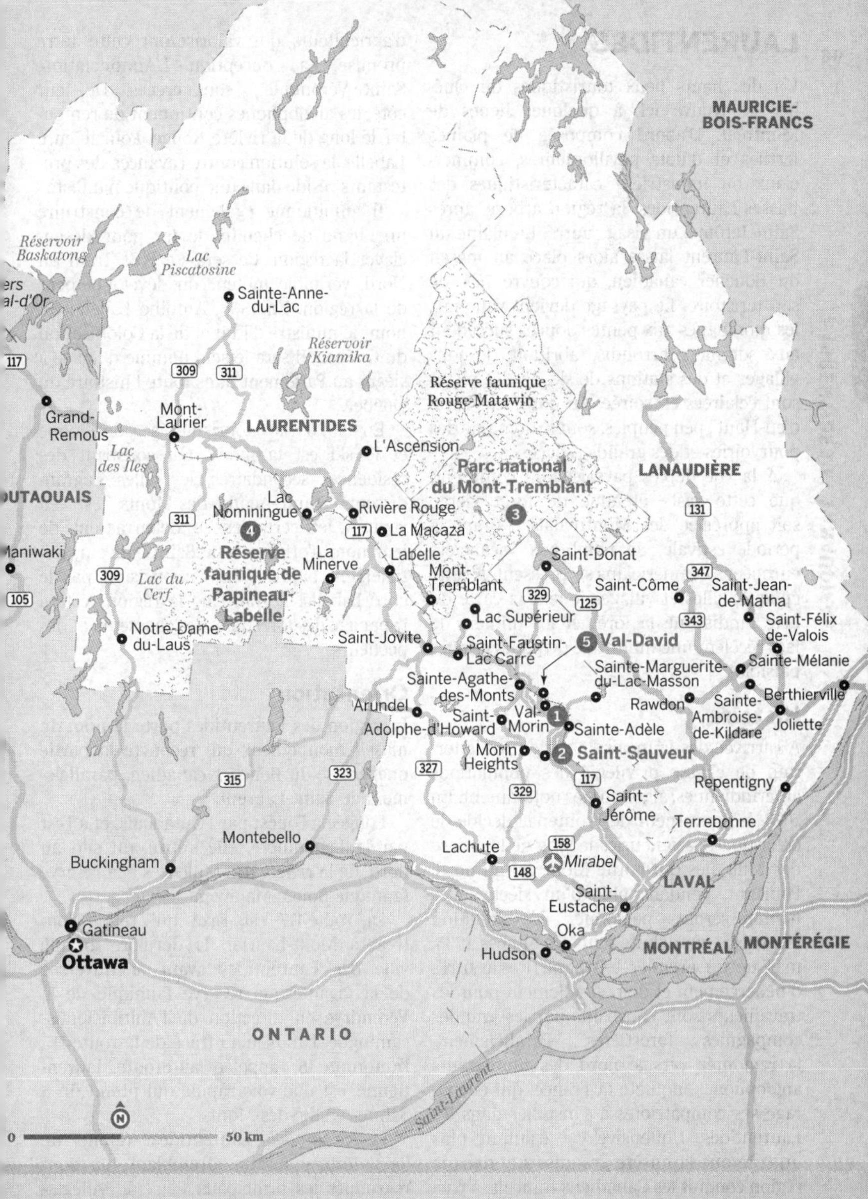

À ne pas manquer

1 Le tronçon du **parc linéaire du P'tit Train du Nord** entre Val-David et Val-Morin (p. 102)

2 Le ski de soirée à **Saint-Sauveur** (p. 97)

3 Une randonnée avec un guide naturaliste dans le **parc national du Mont-Tremblant** (p. 113)

4 Une escapade en canot-camping dans la **réserve faunique de Papineau-Labelle** (p. 114)

5 Le duo descente en canot ou kayak sur une rivière et retour à vélo à **Val-David** (p. 104)

LAURENTIDES

Un des hauts lieux touristiques du Québec se trouve ici, à quelques lieues de Montréal. D'abord composée de plaines fertiles et d'îlots pavillonnaires, commerciaux ou industriels, caractéristiques des Basses-Laurentides, la région arbore, après Saint-Jérôme, un visage autre. La plaine du Saint-Laurent laisse alors place au massif du Bouclier canadien, qui couvre 75% de son territoire. Le paysage devient vallonné, les montagnes aux pentes douces succèdent aux sommets arrondis, abritant de jolis villages et des stations de ski où des pistes sont éclairées en soirée. Au nord, les "Pays-d'en-Haut", peu peuplés, sont le domaine des pourvoiries et des grands espaces.

À la vue de ces paysages, on comprend que cette vaste étendue de forêt vierge soit appréciée des Montréalais. Durant la période estivale, de nombreux vacanciers européens et américains s'y pressent. À cette époque, villes et villages jouent la carte du luxe tandis que la forêt et les milliers de lacs recèlent une multitude de petits refuges paisibles.

Histoire

À l'arrivée des Français, la région est le terrain de chasse privilégié des populations amérindiennes, algonquines notamment. En 1673, le gouverneur de Frontenac décide de créer quatre seigneuries le long de la rivière des Mille-Îles qui borde Montréal au nord. Pourtant, pendant plus d'un siècle, elles n'intéresseront personne. L'exploitation forestière, qui débute dans les années 1835, marque un premier tournant. Des centres d'hébergement et de ravitaillement pour les travailleurs sont construits par les grandes compagnies forestières. Parallèlement, la remontée vers le nord des immigrants anglophones inquiète la France, qui encourage ses compatriotes à s'installer dans les Laurentides. L'offensive est d'autant plus urgente que la misère grandissante dans la région conduit les Canadiens français, à partir de 1840, à un exode vers les filatures de la Nouvelle-Angleterre.

Curé du petit village de Saint-Jérôme, Antoine Labelle, se charge d'enraciner les catholiques dans les Laurentides. En quelques années, il devient l'homme de la colonisation, le "roi du Nord". Son projet consiste à essaimer des paroisses dans la région afin d'y installer des familles d'agriculteurs qui valoriseront cette terre promise. La Conception, L'Annonciation, Sainte-Véronique... sont créées. De leur côté, les anglophones continuent de remonter le long de la rivière Rouge. Pour le curé Labelle, la solution contre l'avancée des protestants réside dans une politique nataliste.

Il ambitionne également de construire une ligne de chemin de fer pour désenclaver la région. Ce sera Le P'tit Train du Nord, véritable moteur du développement de la région. En 1888, Antoine Labelle est nommé ministre d'État et de la Colonisation du Québec. Il sera le seul homme d'Église à siéger au Parlement dans toute l'histoire du Québec.

En 1920, le tourisme se développe et le ski est la mode. On construit des résidences secondaires, les villes s'agrandissent – Sainte-Agathe-des-Monts est en vogue –, et certaines se débarrassent de leur nom d'origine, telle Saint-Sauveur, initialement baptisée La Circoncision par le curé Labelle. Le nord de la région restera l'apanage des forestiers, des chasseurs et des pêcheurs.

Orientation

La région des Laurentides porte le nom du massif montagneux qui recouvre la partie québécoise du Bouclier canadien, parallèlement au Saint-Laurent.

Longée à l'ouest par l'Outaouais, et à l'est par la Lanaudière, elle s'étire, du sud au nord, de la rivière des Mille-Îles à la réserve faunique Rouge-Matawin.

La route 117 est l'axe qui relie Montréal à Mont-Laurier, la dernière grande ville des Laurentides avant la traversée de la gigantesque réserve faunique de la Vérendrye en direction de l'Abitibi-Témiscamingue. Parallèle au tracé de la route 117, l'autoroute 15, appelée autoroute laurentienne, est une voie rapide qui prend fin à Sainte-Agathe-des-Monts.

Le cœur des Laurentides s'étend de Saint-Jérôme à Mont-Tremblant, où sont regroupés les principaux lieux de villégiature de la région, accessibles directement d'Ottawa et de Gatineau par la route 148 Est, puis par la route 329 qui mène à Saint-Sauveur et Sainte-Agathe-des-Monts.

Au village de La Conception, peu après Mont-Tremblant, commence la région des Hautes-Laurentides, connue pour ses domaines de chasse, de pêche et de canot-camping et ses deux réserves restées sauvages ; à l'ouest, Papineau-Labelle - une magnifique réserve ornithologique - et au nord, Rouge-Matawin - traversée par la rivière Rouge.

Renseignements

OFFICE DU TOURISME Situé à la sortie 51 de l'autoroute 15 Nord, au niveau de Saint-Jérôme, le **bureau d'information touristique Laurentides** (450-224-7007 ou 1-800-561-6673 ; www.laurentides.com ; fin juin-fin août tlj 8h30-20h, jusqu'à 17h reste de l'année) est le plus important de la région. Vous pourrez vous y procurer le guide du P'tit Train du Nord, inséré dans le guide régional.

Saint-Sauveur

Destination de week-end, Saint-Sauveur a des airs de petit Saint-Tropez. Ici, tout se fait à pied, au rythme nonchalant du lèche-vitrines et du choix de la table qui viendra accueillir les agapes du jour. La rue principale regorge de boutiques, restaurants et bars, drainant la foule. Située à environ 60 km au nord de Montréal, cette ville fondée en 1854 bénéficie de la proximité de Mont-Saint-Sauveur et d'un parc aquatique l'été. Rue Saint-Denis, l'église épiscopale Saint-François-d'Assise mérite le coup d'œil. Construite en rondins, elle abrite des vitraux représentant des oiseaux.

Renseignements

OFFICE DU TOURISME Le **bureau d'accueil des Pays-d'en-Haut** (450-227-3417 ou 1-800-898-2127 ; www.lespaysdenhaut.com ; 605 chemin des Frênes, Piedmont ; tlj 9h-19h, 9h-17h hors saison) est très bien indiqué depuis la sortie 60 de l'autoroute 15 Nord.

Fêtes et festivals

Festival des Arts de Saint-Sauveur (juillet-août ; www.fass.ca). Festival de danse, de ballets et de musique classique. Spectacles gratuits et payants.

Festivals des couleurs et des saveurs du Mont-Saint-Sauveur (septembre-octobre). Animations et activités organisées sur le thème de l'automne, les fins de semaine.

Activités

Mont-Saint-Sauveur SKI
(450-227-4671 ou 1-800-363-2426 ; www.montsaintsauveur.com ; 350 av. Saint-Denis ; forfait journée adulte/senior/étudiant/6-12 ans/-5 ans 53,23/52,65/45,79/42,85/15,15 $, ski de soirée 37/32/26/13,50 $). Avec ses 38 pistes, la plupart éclairées en soirée, Mont-Saint-Sauveur est la plus importante des cinq stations de ski que compte la vallée. Son pavillon central a été construit par Peter Rose, l'architecte du Centre canadien d'architecture de Montréal. À l'intérieur, vous pourrez louer un équipement complet (38 $/jour). La station ouvre généralement en novembre pour se terminer en mai ; l'une des plus longues saisons de ski du Québec.

Parc aquatique et montagne russe PARC D'ATTRACTION
(450-227-4671 ou 1-800-363-2426 ; www.montsaintsauveur.com ; 350 av. Saint-Denis ; adulte/6-12 ans/3-5 ans journée 34/27/17 $, demi-journée à partir de 15h 27/23/15 $; tlj 10h-17h, jusqu'à 19h fin juin à mi-août). De juin à début septembre, la station du Mont-Saint-Sauveur ouvre les portes de son parc aquatique, un vaste ensemble de toboggans et piscines dont le "must" est une glissade d'une durée de 20 minutes. Le site a développé deux nouvelles attractions, ouvertes à l'année : le Viking (10 $/pers, à partir de 3 ans) et le Dragon (7 $ la descente). La première est une montagne russe alpine, où on embarque sur une sorte de luge, seul ou à deux, sur un parcours de 1,5 km en forêt. La deuxième est une tyrolienne double, sur laquelle on prend place en position assise, pour descendre la montagne à toute vitesse dans les airs.

Factoreries SHOPPING
(1-800-363-0332 ; www.factoreries.com ; autoroute 15 sortie 60 ; lun-mer 10h-18h, jeu-ven 10h-21h, sam-dim 10h-17h). Une vingtaine de fabricants de grands noms de la mode (Tommy Hilfiger, Nike, Reebok, Guess, etc.) ont ouvert en ville des magasins d'usine, appelés *factoreries*.

Où se loger

Couette & Fourchette GÎTE **$$**
(450-227-6116 ou 1-877-227-6116 ; www.couetteetfourchette.com ; 342 rue Principale ; s/d avec petit-déj 50-80/110-140 $ selon confort, ste s/d avec petit-déj 80/160 $;). Ambiance lambris de bois, sauf dans l'immense suite, plus moderne, pour des chambres cosy et abordables. Au rez-de-chaussée, une salle accueille 14 couverts pour des repas axés sur les produits du terroir. Demi-pension possible (à partir de 85 $/pers). Prix dégressif pour les longs séjours.

Hôtel Le Versailles HÔTEL **$$**

(450-240-0808 ou 1-877-240-0808 ; www.hotelleversailles.com ; 50 rue Principale ; ch régulière 99-109 $, ste régulière 119-149 $, ste exécutive 199 $, petit-déj 6 $;). Cet établissement récent offre également un bon rapport qualité/prix avec ses 52 suites contemporaines, qui disposent de kitchenette et de cheminée pour l'hiver. Certaines ont vue sur le mont Saint-Sauveur.

Au Havre Saint-Sauveur GÎTE **$$$**

(450-227-9393 ; www.auhavrestsauveur.com ; 112 rue Principale ; s/d avec petit-déj 125/135 $, ste 175 $;). Ce gîte central, dans une maison moderne au style victorien, loue 4 chambres et une suite. Décoration sobre aux accents romantiques. Chambres lumineuses avec parquet (le propriétaire vous invitera à apporter vos pantoufles). Câble Internet.

Auberge sous l'Édredon GÎTE **$$$**

(450-227-3131 ; www.aubergesousledredon.com ; 777 rue Principale ; d avec petit-déj 119-169 $ selon saison et nbre de nuitées, s réduction de 10 $;). Les nouveaux propriétaires de cette maison entourée de verdure redonnent, au fil des rénovations, une touche plus contemporaine aux 5 chambres et à la suite, confortables avec leur sdb, et les peignoirs et chocolats qui vous attendent. Jacuzzi été comme hiver.

Hôtel-Manoir Saint-Sauveur HÔTEL **$$$**

(450-227-1811 ou 1-800-361-0505 ; www.manoir-saint-sauveur.com ; 246 chemin du Lac-Millette ; ch pavillon 149-219 $, ch régulière 179-249 $, ch Avoriaz 249-409 $;). À mi-chemin entre le village et la station, ce complexe hôtelier de catégorie supérieure est bien conçu. Situées à l'extérieur, les chambres pavillon sont les moins chères. Les chambres régulières, spacieuses et modernes, sont situées dans l'hôtel. Le pavillon Avoriaz abrite les suites supérieures au charme rustique, à l'extérieur. Sur place : deux piscines, une salle de gym et des courts de tennis. Nombreux forfaits.

Où se restaurer

Quantité de restaurants se trouvent sur la rue Principale, offrant un large panel de cuisines du monde entier.

Cozi Café REPAS LÉGERS **$**

(450-744-3228 ; 275A rue Principale ; plats 4-11 $; tlj 7h-18h, été jusqu'à 22h ;). Ce petit café qui surplombe la rue Principale porte bien son nom. On y déguste soupes, wraps et bagels dans une atmosphère moderne et décontractée. Collé au mur du fond, un immense tableau noir avec des craies est mis à la disposition des enfants. Au rez-de-chaussée, une pâtisserie vend des macarons et des cups-cake aux saveurs originales (pomme-caramel, framboise-chocolat blanc…)

DES SAVEURS À LA PELLE

Dans la rue Principale de Saint-Sauveur, il est possible de goûter aux cuisines du monde entier ! Vous pourrez déguster des fondues au fromage suisse et tartiflettes à l'**Armorique** (450-227-0080 ; 231 rue Principale), des plats grecs chez **Lezvos** (450-227-4170 ; 429 rue Principale), italiens et californiens chez **Maestro** (450-227-2999 ; 339 rue Principale), des mets chinois au **Jardin Lee** (450-227-2888 ; 163 rue Principale). Les amateurs de viande se délecteront au **40° Northh** (450-227-6673 ; www.40northh.com ; 235 rue Principale). Parmi les restaurants français, retenons **Des Oliviers** (450-227-2110 ; 239 rue Principale).

Orange & Pamplemousse BISTRO SANTÉ **$$**

(450-227-4330 ; www.orangepamplemousse.com ; 120 rue Principale ; petit-déj 7-16 $, plats 14-34 $, table d'hôte midi/soir 12-19/24-30 $; fermé lun soir et mar soir). Une belle carte de petits-déjeuners fruits et santé, et un menu au diapason avec salades, pâtes et grillades (délicieux poulet grillé sauce à l'orange et à la coriandre), font le succès de cette adresse sise dans une jolie maison.

Sushi Taxi SUSHIS **$$**

(450-227-3346 ; www.sushitaxi.net ; 100 rue de la Gare ; formules 15-47 $; tlj midi et soir). Une jolie variété de sushis frais, apprêtés avec des poissons de qualité, des légumes croquants et des fruits exotiques, à déguster sur place ou à emporter.

Papa Luigi ITALIEN **$$**

(450-227-7250 ; www.papa-luigi.com ; 155 rue Principale ; plats 14,25-44 $; table d'hôte 18-45 $; tlj soir). D'une réputation sans tache, la maison Papa Luigi fait salle comble tous les soirs avec sa carte combinant viandes et fruits de mer, accompagnés de pâtes fraîches. Belle carte de vins.

Où prendre un verre

La Brûlerie des Monts CAFÉ
(450-227-6157 ; 197 rue Principale ; en-cas 6-11 $; tlj). À deux pas de l'église, l'endroit est apprécié pour sa vaste terrasse et ses variétés de cafés torréfiés et moulus sur place. Pour un brunch ou un repas sur le pouce, régalez-vous de sandwichs, pâtisseries et salades.

Carol à Gogo BAR
(450-227-8660 ; www.carolagogo.com ; 16 rue de la Gare ; tlj). Changement d'ambiance pour ce bar-restaurant où l'on vient boire un verre au rythme des concerts organisés du vendredi au lundi, dans un nouveau décor moderne rouge, tendance hispanique. Les soirées du lundi sont les plus animées.

Les Vieilles portes BAR
(450-227-2662 ; 185 rue Principale ; tlj). Autre lieu pour passer des soirées animées. Celles des samedi et dimanche ont la réputation d'être les plus festives.

Depuis/vers Saint-Sauveur

VOITURE De Montréal, rejoindre l'autoroute 15 Nord, et prendre la sortie 60. Les parkings dans le village sont nombreux et souvent gratuits.

BUS La compagnie **Autobus Galland** (1-877-806-8666 ou 450-687-8666 ou 514-333-9555 ; www.galland-bus.com) assure une liaison quotidienne entre Montréal et Saint-Sauveur (aller simple 22,20 $, taxes incl, 1 heure 30), dont le terminus se situe au 105 F rue Guindon, à l'angle de la rue Principale.

Morin-Heights

Après l'agitation de Saint-Sauveur, Morin-Heights tranche par son calme. Les collines boisées, rivières et lacs offrent un beau cadre à ce joli village. Anglophones et francophones viennent y chercher une quiétude qui ne rime cependant pas avec ennui. Plus familiale que Saint-Sauveur, la station de ski se double d'un important réseau de pistes de ski de fond et de raquettes, praticables l'été à pied ou à vélo. Morin-Heights est un peu la "Mecque du spa" : ici se trouve sans doute la plus grande concentration de spas nordiques des Laurentides.

Activités

Ski

Morin-Heights offre aux amateurs de ski de fond et de raquettes un splendide réseau de pistes avec 160 km de sentiers, dont le **Corridor aérobique** (été 1-800-898-2127, hiver 450-226-1220 ; www.morinheights.com ; 50 chemin du Lac-Écho ; gratuit l'été, hiver 12 $/jour) constitue l'épine dorsale. Une carte (2 $) est vendue dans les commerces de la ville. Vous pouvez louer des équipements auprès de **Simon River Sports** (450-226-7821, 43 chemin du Lac-Écho) et de **Ski Morin Heights** (450-227-2020 ; 231 rue Bennett). En été, ces chemins de gravier peuvent être parcourus à pied ou à vélo.

La **station de ski alpin** (450-227-2020 ; www.skimorinheights.com ; 231 rue Bennett ; forfait journée adulte/étudiant/6-12 ans/-5 ans 48,15/42,70/36,40/12,10 $, ski de soir, à partir de 15h 31,66/27,83/23,74/10,52 $) s'étend à quelques kilomètres du village. Ses 24 pistes, la plupart ouvertes en soirée, offrent un dénivelé de 200 m. Une halte-garderie est mise à la disposition des parents détenteurs d'un forfait (gratuit les ven-sam-dim). L'été, un **parcours acro-nature** (450-227-2020 ou 1-800-363-2426 ; www.acronature.com ; 231 rue Bennett ; adulte/10-17 ans/6-10 ans 34/26/16,50 $; mi-juin à début sept tlj 9h-16h, mi-mai à mi-juin et début sept à fin oct sam-dim 10h-16h) est aménagé sur le site, comprenant 51 ateliers (tyroliennes, passerelles, etc.).

Spa

Plusieurs spas, très courus toute l'année par les Montréalais, font la réputation de Morin-Heights. En pleine nature, au bord de cascades naturelles, le **spa Ofuro** (450-226-2442 ou 1-877-884-2442 ; www.spaofuro.com ; 777 chemin Saint-Adolphe ; 27 $ mar-jeu, 40 $ ven-lun ; lun-jeu 11h-20h, ven-dim 10h-21h) cultive un style asiatique, très zen. Le **spa Le Refuge** (450-226-1796 ou 1-866-996-1796 ; www.spalerefuge.com ; 500 route 364 ; 35 $ dim-ven, 20 $ dim-jeu après 18h, 45 $ sam (réserver) ; lun-jeu 10h-21h, ven 10h-22h, sam 9h-22h, dim 9h-21h) est le seul à bénéficier d'une petite plage. Il offre des possibilités d'hébergement et une table tendance cuisine de marché. D'architecture un peu plus urbaine, l'**Amerispa Station Baltique** (450-226-7722 ; www.amerispa.ca ; 160 rue Watchorn ; 43 $; tlj 10h-21h) est l'un des plus récents.

Où se loger et se restaurer

Camping et Cabines Nature Morin Heights CAMPING $
(450-227-2020, 514-871-0101, 1-800-363-2426 ; www.mssi.ca ; 185 rue Bennett ; empl avec/sans services 31-40/28-33 $, maisonnettes en saison/hors saison 139/109 $;). À quelques mètres de la station de ski, en pleine forêt, vous

pourrez louer de petites cabines de bois rond tout équipées (jusqu'à 5 pers), ainsi que des emplacements de camping. Les maisonnettes sont louées à l'année. L'été, une navette rallie la piscine, les courts de tennis, l'Acro-Nature, etc.

Auberge Le Clos Joli AUBERGE-RESTAURANT **$$**
(☎450-226-5401 ou 1-866-511-9999 ; www.aubergeclosjoli.net ; 19 chemin Clos Joli ; d avec petit-déj 100 $, table d'hôte 40 $; ⏲restaurant fermé dim-lun ; ❄📶). Une adresse au calme, avec 9 chambres confortables (certaines un peu petites), chacune avec sdb. Le menu, plutôt traditionnel, décline une bonne cuisine de terroir.

Le Corps-y-dort GÎTE **$$$**
(☎450-226-5006 ; 980 chemin du Village ; www.lecorpsydort.com ; s/d avec petit-déj 65/130 $; ⏲fermé lun-mer ; 📶). Situé au creux de la nature, dommage que ce gîte force un peu sur les prix car ses 3 chambres au rez-de-chaussée, assez classiques dans leur déco, sont douillettes et spacieuses. Le rapport qualité/prix est en revanche très bon pour une personne seule. Forfaits spa et agréable pièce pour les petits-déjeuners. Corridor aérobique juste en face. Fermé en automne.

Depuis/vers Morin-Heights

VOITURE Depuis Saint-Sauveur, suivre la route 364 sur une petite dizaine de kilomètres.

BUS Les bus Galland desservent Saint-Sauveur, mais pas Morin-Heights. Un **taxibus** (☎819-681-3377 ou 1-877-604-3377 ; www.tcil.qc.ca ; billet 5 $) fait la liaison du lundi au vendredi deux fois par jour ; réservez au moins 24h à l'avance.

Sainte-Adèle

Avec son lac au cœur de la ville, Sainte-Adèle aurait pu prétendre au statut de grande station touristique, si ce n'étaient la rue qui y monte de façon abrupte, et surtout l'autoroute et la route 117 qui la coupent, pour ainsi dire, en deux. Néanmoins, la ville offre de bonnes adresses, ainsi qu'un accès au parc du P'tit Train du Nord, une ancienne gare ayant été transformée en un accueillant relais-étape.

Renseignements

OFFICE DU TOURISME Le **bureau d'accueil touristique des Pays-d'en-Haut** (☎450-229-3729 ; www.lespaysdenhaut.com ; 1490 rue Saint-Joseph ; ⏲tlj 8h30-19h été, 9h-17h hors-saison) se trouve à la sortie 67 de l'autoroute 15 Nord. Près de la piste du P'tit Train du Nord.

Activités

Une **plage municipale** (☎450-229-9605, poste 244 ; 1080 chemin Chantecler ; adulte/5-14 ans/-5 ans 9/6/2 $; ⏲tlj 10h-19h) est aménagée sur le lac Rond, avec possibilité de louer kayaks et pédalos (il est difficile de se garer à proximité). La **plage de l'hôtel Le Chantecler** (☎450-229-3555 ; 1474 chemin Chantecler ; www.lechantecler.com) est payante (7 $). L'hiver, le lac est dévolu aux joies du **patinage** (gratuit).

Sainte-Adèle est traversée par le parc linéaire du Ptit Train du Nord (voir l'encadré p. 102). Installée dans l'ancienne gare, en bordure de la piste, vous trouverez la **boutique Espresso Sports** (☎450-229-5886 ; www.espressosports.net ; 1000 rue Saint-Georges ; ⏲été lun-sam 9h-18h, dim 9h-17h, hiver lun-ven 10h-18h, sam-dim 9h-18h). Pour un vélo hybride, comptez 20 $/4h et 25 $/jour, 45 $/4h et 60 $/jour pour un VTT. Pour la location d'un équipement de ski de fond, compter 22 $/4h et 27 $/jour, 13 $/4h et 16 $/jour pour des raquettes. Pour accéder à la piste, prendre la sortie 67 si vous venez de l'autoroute 15 Sud, et plutôt la 69 si vous arrivez du nord.

À 7 km à l'est du village, le **parc de la rivière Doncaster** (☎450-229-6686 ; 4672 chemin de la Doncaster ; accès marche et raquette adulte/6-14 ans 6/2,50 $, pêche 10/3,50 $, gratuit -5 ans ; ⏲mai-oct tlj 8h-18h, nov-mai sam-dim 9h-17h) est connu pour ses belles promenades à pied et à vélo, et ses circuits de raquette (location 12,65 $). Pour vous y rendre, vous passerez par la **station de ski Mont-Gabriel** (☎450-227-1100 ; www.ski-mont gabriel.com ; 1501 chemin du Mont Gabriel ; forfait journée adulte/étudiants/6-12 ans/-5 ans 35,66/31,40/26,79/7,13 $, ski soirée à partir de 15h 28,57/25,09/21,44/7,13 $), qui offre une belle variété de pistes à des tarifs abordables.

Pour une pause détente, poussez la porte du **spa nordique** de L'Eau à la Bouche (voir page ci-contre). Un forfait (39,95 $ tlj sauf sam) inclut l'accès aux bains et des tapas du midi. Bon à savoir : les enfants (de plus de 5 ans) sont accueillis en matinée, pour les bains ou un massage.

Où se loger et se restaurer

Café de la Gare REPAS LÉGERS **$**
(☎450-229-5886 ; 1000 rue Saint-Georges ; en-cas 5-11 $; ⏲tlj haute saison, fermé basse saison). Un café chaleureux vous attend dans l'ancienne gare, avec des tables en bois à l'intérieur, et une terrasse aux beaux jours. Au menu : sandwichs, croques, bagels et nachos et,

"FAIS PAS TON SÉRAPHIN"

Natif de Sainte-Adèle, l'écrivain et pamphlétaire Claude-Henri Grignon (1894-1976) est une grande figure des Laurentides. Son roman, *Un homme et son péché*, a marqué la littérature québécoise.

Réécrit pour la radio puis pour la télévision sous le nom *Les Belles Histoires des Pays d'en Haut*, il est une peinture féroce des mœurs paysannes au début du siècle. Son héros, Séraphin Poudrier, est un homme cupide. Il passera rapidement dans l'expression populaire "Ne fais pas ton Séraphin" ("ton avare").

Lorsqu'en 1939 le premier épisode est diffusé à la radio, le succès est immédiat. Tous les soirs, des milliers de personnes écoutent les turpitudes infligées par Séraphin à sa pauvre jeune femme Donalda. Les épisodes de la série télévisée, dès 1953, enregistrent des audiences record. Adaptée pour le théâtre, le cinéma et même la bande-dessinée, l'histoire a toujours ses fidèles, à tel point que l'on vient à Sainte-Adèle chercher la maison de Séraphin pour injurier ce sinistre personnage !

l'hiver, des plats plus revigorants tels que des fondues (sur réservation).

Auberge et grilladerie Aspria AUBERGE-RESTAURANT GREC **$$**
(☎450-229-6939 ; www.aubergeaspria.com ; 430 chemin Pierre-Péladeau ; ch 116 $, ste 139 $ taxes incl, petit-déj 9 $; plats 21-30 $, table d'hôte 21-31 $; ⌚restaurant fermé lun-mar, et sam-dim midis). Auberge de 10 chambres et 6 suites, bien tenue mais peu chaleureuse (déco quasi inexistante). Les propriétaires ont néanmoins équipé les chambres de bains à remous ("bains thérapeutiques"). Le restaurant propose des plats d'inspiration grecque: souvlakis, tzatziki, calamars frits, grillades de poulet, agneau, etc.

Hôtel Le Chantecler HÔTEL **$$**
(☎1-888-916-1616 ; www.lechantecler.com ; 1474 chemin Chantecler, autoroute 15 Nord, sortie 67 ; ch 109-139 $, forfaits activité à partir de 70 $;). Cet important complexe hôtelier (215 chambres) est à mentionner pour ses forfaits activités et son emplacement : la terrasse de l'établissement jouit d'une très belle vue sur le lac. Les chambres sont grandes, confortables mais assez impersonnelles. Centre sportif avec piscine, bain à remous et sauna.

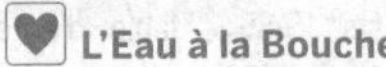

L'Eau à la Bouche HÔTEL-RESTAURANT ET SPA **$$$**
(☎450-229-2991 ou 1-888-828-2991 ; www.leaualabouche.com ; 3003 bd Sainte-Adèle ; d 155-295 $ selon confort et jour ; plats 28-38 $, menu découverte 160 $;). Cet hôtel-restaurant estampillé Relais&Châteaux s'enorgueillit d'une des tables les plus réputées de la province. Ses chambres, toutes différentes, classiques et modernes, sont bien douillettes. Un spa complète les installations de ce superbe site de villégiature, ainsi qu'un café-bistro (menu tapas midi 20 $).

ℹ Depuis/vers Sainte-Adèle

VOITURE De Montréal, rejoindre l'autoroute 15 Nord, et prendre la sortie 67. Comptez environ 1 heure de route.

BUS La compagnie **Autobus Galland** (☎1-877-806-8666 ou 450-687-8666 ou 514-333-9555 ; www.galland-bus.com) assure trois liaisons quotidiennes entre Montréal et Sainte-Adèle (aller simple 24,73 $, taxes incl, 1 heure 50), où le terminus est situé au 1208 rue Valiquette, à l'angle avec la 117.

Sainte-Marguerite-du-Lac-Masson

C'est avant tout pour une promenade ou une nuit dans l'arrière-pays des Laurentides que l'on fait le chemin jusqu'à Sainte-Marguerite-du-Lac-Masson. Logé en bordure du joli lac en question, et surtout à l'écart de la route 117, ce lieu de villégiature entouré de forêts bénéficie d'un cadre somptueux. L'été, vous aurez le choix entre baignade et diverses activités nautiques ; l'hiver, entre le patin à glace, le ski de fond et la motoneige.

Activités

Une **plage municipale** (414 rue du Baron-Louis-Empain) est aménagée sur le lac Masson. L'hiver, un **anneau de glace** de 8 km permet de patiner et de se rendre jusqu'à Estérel. Location d'équipement sur place. Pour ces deux activités, renseignez-vous au ☎450-228-2543.

À VÉLO OU À SKI, SUIVEZ LE CHEMIN DU P'TIT TRAIN DU NORD

L'idée de construire une ligne de chemin de fer permettant de relier Montréal aux Laurentides fut proposée initialement par le curé Labelle, un personnage incontournable de la colonisation des Laurentides. En 1876, un premier tronçon de la ligne, Montréal-Saint-Jérôme, est inauguré. Sa construction s'échelonnera sur une vingtaine d'années, pour finalement pousser le Petit Train du Nord jusqu'à Mont-Laurier. Le train agit comme un véritable moteur économique. Il devient si populaire dans les années 1930-1940, que des trains de neige sont mis en place chaque week-end. À la fin de la Seconde Guerre mondiale, le développement du réseau routier et ferroviaire dans tout le Québec lui enlève progressivement sa clientèle. En 1981, la ligne est définitivement fermée.

Dans les années 1990 germe toutefois l'idée de faire de la voie la colonne vertébrale d'un parc protégé. Elle se concrétise en 1996 avec l'ouverture du **parc linéaire du P'tit Train du Nord**. Il s'agit d'une piste de 200 km de long qui relie Saint-Jérôme à Mont-Laurier et que l'on emprunte à pied ou à vélo en été, à ski de fond ou en motoneige (sur certaines parties seulement) en hiver. Une nouvelle portion a récemment été inaugurée au sud, entre Saint-Jérôme et Bois-des-Fillon, rallongeant d'une trentaine de kilomètres le parcours.

Comme autrefois, la piste traverse les villages de Prévost, Piedmont, Sainte-Adèle, Val-Morin et Val-David. Elle rejoint ensuite Sainte-Agathe-des-Monts, Saint-Faustin-Lac-Carré, la région de Mont-Tremblant et enfin, Mont-Laurier. L'accès est gratuit l'été mais payant en hiver pour la pratique du ski de fond (12 $, gratuit -18 ans), entre décembre et mars. Une tarification spéciale est appliquée aux motoneiges.

Dans d'anciennes gares, transformées en cafés-restaurants, on trouve un service de location d'équipement (vélos, tandems, remorques à vélos, raquettes, skis de fond). Deux tronçons se distinguent par leurs panoramas : celui longeant le parc du Mont-Tremblant puis la rivière Rouge, et celui, plus au sud, reliant Val-Morin à Val-David, apprécié des adeptes du ski de fond. En motoneige, les sentiers désignés se trouvent plus au nord, près de Sainte-Agathe-des-Monts et de Mont-Laurier.

De mi-mai à mi-octobre, un **service de transport** (☎450-569-5596 ou 1-888-893-8356 ; www.autobuslepetittraindunord.com) fonctionne au départ de la gare de Saint-Jérôme. Il peut transporter des passagers avec leur vélo (25-60 $ selon le trajet) dans les différentes gares du trajet, mais également les bagages seuls (18 $/bagages et déplacement), d'auberge en auberge. Des forfaits de 2, 3 et 4 jours sont proposés. Vous pouvez également louer un vélo (25 $/jour, 40 $/48h).

Où se loger et se restaurer

♥ **Auberge Au Phil de l'Eau** AUBERGE **$$**
(☎450-228-1882 ; www.auphildeleau.com ; 150 chemin Guénette ; s/d avec petit-déj 75-89/85-99 $, s/d avec table d'hôte 102-116/139-153 $). Ce gîte situé au bord d'un lac vous réservera un accueil chaleureux. Il dispose de 5 chambres avec parquet, dont une avec sdb, décorées d'un élégant mobilier. Les propriétaires concoctent des plats de cuisine française et belge au dîner. Forfaits avec randonnée en raquette au départ du gîte. Le chemin Guénette part de la route 370, environ 8 km après Sainte-Adèle, sur votre gauche au niveau d'une maison de retraite. Il faut ensuite continuer la route sur 4,5 km.

♥ **Estérel Suites, Spa et Lac** HOTEL **$$$**
(☎450-228-2571 ou 1-888-378-3735 ; www.esterel.com ; 39 chemin Fridolin-Simard, Estérel ; ste avec vue jardin/lac à partir de 179 /209 $;). Cet établissement, admirablement situé en bordure du lac Dupuis, n'est qu'à quelques kilomètres au nord de Sainte-Marguerite. Ses 95 suites sont équipées de cheminée, écran plat, kitchenette, etc. Nombreux forfaits activités, notamment nautiques.

Bistro à Champlain BONNE TABLE **$$$**
(☎450-228-4988 ; www.bistroachamplain.com ; 75 chemin Masson ; plats 15-85 $, table d'hôte 42 $, menu dégustation 85 $; soir mer-sam). Le foie gras et le gibier poêlés ou mijotés, les spécialités de la maison, côtoient les plats de poisson et de fruits de mer aux arômes délicats. La cave du restaurant, reconnue comme l'une des meilleures d'Amérique du Nord, compte 35 000 bouteilles et se visite sur réservation. Aux murs, des toiles de Jean-Paul Riopelle, qui était l'ami du propriétaire.

Depuis/vers Sainte-Marguerite-du-Lac-Masson

VOITURE Sur l'autoroute 15, prendre la sortie 69. Emprunter ensuite la route 370.

BUS Les **Autobus Galland** (☎1-877-806-8666 ou 450-687-8666 ou 514-333-9555 ; www.galland-bus.com) desservent Sainte-Adèle, mais pas Sainte-Marguerite-du-Lac-Masson.

TAXI En réservant au moins 24h à l'avance, vous pouvez faire la liaison avec les **taxibus** (☎819-681-3377 ou 1-877-604-3377 ; www.tcil.qc.ca ; billet 3 $) qui circulent en majorité du lundi au vendredi.

Val-Morin

Niché entre vallons et montagnes, le discret village de Val-Morin s'anime grâce au parc linéaire Le P'tit Train du Nord, en particulier l'hiver, où la portion jusqu'à Val-David est appréciée des skieurs de fond. Un café est installé à l'intérieur de la gare, au bord de la piste. Peu touristique, Val-Morin compte cependant de nombreux chalets et résidences secondaires.

Activités

Le parc linéaire longe le **lac Raymond**, où est aménagée une plage publique. L'été, vous pourrez louer vélos, kayaks et pédalos auprès d'**Aventure Nouveau Continent** (☎819-322-7336 ou 1-866-922-7336 ; www.aventurenouveaucontinent.com ; 10 $/h, taxes incl).

Apprécié des randonneurs, Val-Morin l'est également pour son centre de méditation et de yoga. Fondé par Swami Vishnudevananda, l'**Ashram Sivananda, camp de Yoga** (☎819-322-3226 ou 1-800-263-9642 ; www.sivananda.org ; 673, 8e Avenue ; séjour tt compris ch partagée/individuelle 80/90 $/nuit, dort 55-60 $, tente 45 $) organise des séjours incluant des cours de yoga (en plein air l'été) et des repas végétariens. Des cours (10 $) sont ouverts aux débutants. Une boutique vend des vêtements et tapis de yoga.

Une vingtaine de pistes composent la **station de ski Belle-Neige** (☎819-322-331 ou 1-877-600-3311 ; www.belleneige.com ; 6820 route 117 ; forfait journée adulte/13-20 ans/6-12 ans/-6 ans 42/33/24/8 $), qui attire une clientèle familiale. Location d'équipements sur place (37 $/adulte).

Où se loger

Les Grands Balcons GÎTE **$$**
(☎819-322-7818 ou 1-888-322-7818 ; www.lesgrandsbalcons.com ; 1803 chemin de la Gare ; d avec petit-déj haute/basse saison 110/104 $, taxes incl, s réduction de 10 $; table d'hôte 14-27 $; 📶). Ce gîte, logé dans une belle maison ancienne, est l'une des rares possibilités d'hébergement. Ses 5 chambres lambrissées, certaines un peu petites, ont du caractère. Possibilité d'une table d'hôte sur réservation.

Depuis/vers Val-Morin

VOITURE De Montréal, rejoindre l'autoroute 15 Nord (sortie 76). Il y a environ 1 heure de route.

BUS Les **Autobus Galland** (☎1-877-806-8666 ou 450-687-8666 ou 514-333-9555 ; www.galland-bus.com) assurent des liaisons quotidiennes entre Montréal et Val-Morin (aller simple 27,36 $, taxes incl, 2 heures 30), où le terminus se situe au 999 rue Morin.

Val-David

En plein cœur des Laurentides, refuge d'artistes et d'artisans, Val-David est un endroit délicieux. Le temps s'écoule tranquillement, entre le P'tit Train du Nord qui amène son lot de sportifs, la rivière du Nord qui traverse le village et les galeries qui insufflent une belle vitalité culturelle… L'été, le marché du samedi attire du monde.

Renseignements

BUREAU D'ACCUEIL TOURISTIQUE (☎1-888-322-7030 ou 819 324 5678 ; www.valdavid.com ; 2525 rue de l'Église ; ⏲tlj 9h-17h, mi-mai à mi-oct et mi-déc à mi-mars, horaires variables hors saison). Situé à proximité de la piste du P'Ttit Train du Nord.

À voir

De nombreux artistes ouvrent leur atelier aux visiteurs. Parmi eux, **Bernard Chaudron** (☎819-322-3944 ; www.chaudron.ca ; 2449 chemin de l'Île ; ⏲tlj 10h-16h), réputé pour son travail de l'étain, le souffleur de verre Jonathan Léon, qui expose ses créations à la boutique **Lollipop** (☎514-797-1912 ; www.lolipop.ca ; derrière le 1267 rue de la Sapinière, entrée par la rue Lavoie ; ⏲sur rdv), ou encore les céramistes **Kinya Ishikawa** et **Marie-Andrée Benoît** (☎819-322-6888 ; 2435 rue de l'Église), dont la galerie organise chaque année, de mi-juillet à mi-août, la grande exposition baptisée **1001 Pots** (www.1001pots.com ; 2 $; ⏲juil-août tlj 10h-18h), qui fêtera son 25e anniversaire en 2013. Le guide du village, au bureau d'accueil, fournit toutes les informations.

Face à l'église, le **centre d'exposition de Val-David** (☎819-322-7474 ; www.culture.

AU ROYAUME DU PAS DE PATINEUR

Entre Val-Morin et Val-David, le **parc régional Val-David-Val-Morin** (www.parcregional.com ; ski de fond 13 $/jour, raquette 9 $/jour, gratuit -18 ans) possède l'un des plus beaux réseaux de sentiers du continent américain, avec 63 km de tracés dédiés à la pratique du ski de fond et 30 km aux raquettes. L'été, la randonnée, le VTT et l'escalade (les monts Césaire, Condor et King ouvrent plus de 600 voies praticables) prennent le relais. De petits ruisseaux permettent de se rafraîchir.

L'entrée principale se fait par Val-David. Le **chalet d'accueil Anne-Piché** (819-322-6999 ; 1165 chemin du Condor ; tlj 8h30-16h30) loue les équipements. À Val-Morin, l'accès se fait au niveau du **Far Hills Inn** (5966 chemin du lac Lasalle ; tlj 8h30-16h30). Val-David compte une **école d'escalade** (819-323-6987 ; www.ecole-escalade.com ; cours d'initiation 2 jours adulte/9-15 ans 200/165 $ taxes incl) opérationnelle de mi-avril à mi-octobre.

val-david.qc.ca ; 2495 rue de l'Église ; entrée libre ; 11h-17h tlj été, mer-dim reste de l'année) consacre des rendez-vous réguliers aux artistes et artisans de la région (peintures, poteries, sculptures).

Les Jardins du précambrien (819-322-7167 ou 1-877-858-1222 ; www.jardinsduprecambrien.com ; 1301 montée Gagnon ; adulte/senior/étudiant/-18 ans 12/10/8/5 $; mi-juil à début sept tlj 10h-17h, début sept à mi-oct sam-dim 10h-17h), chapeautés par la fondation du peintre-sculpteur René Derouin, sont un symposium international d'art qui propose un parcours artistique (art visuel, musique, poésie...) sur un sentier de 3 km en forêt.

Activités

Traversé par le parc linéaire du P'tit Train du Nord (voir l'encadré p. 102), Val-David offre un accès au **parc régional Val David-Val-Morin** (voir l'encadré ci-dessus), apprécié des randonneurs et des amateurs d'escalade.

Aventure Nouveau Continent (819-322-7336 ou 1-866-922-7336 ; www.aventure-nouveaucontinent.com ; 2301 rue de l'Église ; 35 $; tlj 8h30-17h haute saison, sam-dim basse saison) propose un forfait combinant une descente en canot ou kayak de 2 heures sur la rivière du Nord (jusqu'au lac Raymond, à Val-Morin) et un retour à vélo par la piste cyclable du P'tit Train du Nord. Le café attenant – le Mouton Noir – peut vous préparer un panier pique-nique.

Chez **Roc&Ride** (819 322-7978; www.rocnride.com ; 2444 rue de l'Église ; tlj 9h-17h en été), vous pourrez louer des vélos (15 $/2h) et tandems (25 $/2h) – et profiter du bar à jus et expresso – et l'hiver, des skis de fond (25 $/jour) et des raquettes (19 $/jour). Cette entreprise possède une concession au chalet d'accueil du parc régional Val David-Val Morin.

Où se loger

Le Chalet Beaumont AUBERGE DE JEUNESSE **$**
(819-322-1972 ; www.chaletbeaumont.com ; 1451 rue Beaumont ; dort adulte/-12 ans 25/20 $, d avec sdb commune/privative 65/82 $, 118 $/4 pers ; mi-oct à mi-déc ven-sam seulement ; @). Installée dans un chalet en pleine nature, à 1 km du centre-ville, cette auberge dispose de dortoirs, mixtes ou non, de 6 et 8 lits ainsi que de chambres individuelles. Pas de petit-déjeuner mais une vaste cuisine commune et un salon avec un piano et des guitares à disposition. Sur place : location de vélos, skis de fond et raquettes (15 $/jour). Également, billard et sauna (5 $/30 min).

Gîte Café Plumard GÎTE **$$**
(819-322-2182 ou 1-866-622-1982 ; www.gitecafeplumard.com ; 1641 chemin de la Rivière ; s/d avec petit-déj 80-85/90-95 $ selon confort ;). Une bonne adresse, où les 3 chambres sur parquet flottant offrent un confort simple et douillet (sdb privatives). Le petit-déjeuner est très copieux, et l'été, vous pourrez vous rafraîchir dans un petit lac à quelques pas de là. À moins que vous ne préfériez le Jacuzzi extérieur ouvert à l'année. Prêt de quelques vélos.

La Maison de Bavière GÎTE **$$**
(819-322-3528 ou 1-866-322-3528 ; www.maisondebaviere.com ; 1470 chemin de la Rivière ; s/d côté rivière 90-125/100-135 $ selon confort ;). À deux pas du centre-ville et du parc linéaire, ce gîte a un atout de charme : la rivière du Nord, qui coule à ses pieds. Les chambres au style champêtre surplombent, pour certaines, les rapides de la rivière, où l'on peut se baigner. La plus grande possède une terrasse. Table du petit-déjeuner conviviale. À louer aussi : 2 studios équipés, avec terrasse privée (100-150 $/nuit).

Auberge Prema Shanti AUBERGE **$$**
(819-322-2345 ou 1-877-622-2345 ; www.premashanti.ca ; 1005 chemin Tour-du-Lac ; ch côté cour/lac 109/119-159 $, annexe 99-139 $ selon confort ;). Idéalement située sur le lac Doré, l'auberge réserve un accès à une plage et à des embarcations (l'hiver, place au patinage). Les chambres présentent un décor tendance ethnique, baignant dans des tons or et ocre. Certaines sont équipées de kitchenette. Jacuzzi extérieur. Demi-pension possible (petit-déjeuner/dîner 16/39,95 $).

Où se restaurer

La Vagabonde BOULANGERIE **$**
(819-322-3953 ; www.boulangerielavagabonde.com ; 1262 chemin de la Rivière ; tlj 8h-18h ;). Musique folk et parquet usé. Cette boulangerie bio et artisanale sert de délicieux croissants, brioches, fougasses et autres douceurs dans le calme exquis de la nature qui l'entoure. Sandwichs, salades et soupes sont proposés le midi à emporter, ou à déguster sur place, dans le salon de thé ou en terrasse.

Le Mouton Noir CAFÉ-BISTRO **$**
(819-322-1571 ; www.bistromoutonnoir.com ; 2301 rue de l'Église ; plats midi/soir 4-11 /10-15 $; mer-lun à partir de 9h ;). Au bord de la rivière, ce café décontracté sert des petits-déjeuners tardifs et des déjeuners légers. En soirée, l'endroit se transforme en bistro-pub, salle de spectacle ou piste de danse, selon l'humeur des propriétaires, qui tiennent le kiosque d'Aventure Nouveau Continent.

Au Petit Poucet QUÉBÉCOIS **$$**
(819-322-2246 ou 1-888-334-2246 ; www.aupetitpoucet.com ; 1030 route 117 ; petit-déj 8-13 $, plats 11-22 $, menus midi 13-15 $; tlj 6h30-16h). Sur la route 117, une adresse 100% québécoise dans un immense chalet. On y propose un vaste choix de petits-déjeuners traditionnels et quelques plats du temps des sucres (à goûter l'hiver : la tire sur la neige). À la boutique : tourtières, fèves au lard et autres produits locaux. Comptoir de charcuteries.

Le Grand Pa PIZZAS **$$**
(819-322-3104 ; www.legrandpa.com ; 2481 rue de l'Église ; plats 8,25-17 $, table d'hôte midi/soir 12-16/23-27 $; tlj jusqu'à 20h30). Cet établissement est apprécié pour sa grande terrasse animée les vendredi et samedi soir d'été par des spectacles de chansonniers. Outre ses plats de viande et de poisson, on y sert d'honorables pizzas cuites au feu de bois.

Les Zèbres MÉDITERRANÉEN **$$$**
(819-322-3196 ; www.resto-zebres.com ; 2347 rue de l'Église ; plats 22-34 $, menu 55 $; jeu-dim à partir de 17h, plus mer mi-juin à mi-sept). Dans un décor minimaliste d'inspiration africaine, on sert ici une cuisine créative, élaborée par deux chefs montréalais. Les poissons frais et les viandes du terroir sont apprêtés à la manière japonaise, française ou italienne. Les tartares de saumon, carpaccio de bœuf et foie gras sont à l'honneur. Carte des vins intéressante et vin au verre.

Auberge Le Creux du Vent TERROIR **$$$**
(819-322-2280 ou 1-888-522-2280 ; www.lecreuxduvent.com ; 1430 rue de l'Académie ; table d'hôte 39-48 $; tlj en été, jeu-dim soir hors saison). Dans une salle conviviale, ouverte sur la rivière, on sert une fine cuisine du terroir (jarret d'agneau braisé au citron, pavé de wapiti, côte de cerf...). Service charmant. Hébergement sur place.

Depuis/vers Val-David

VOITURE Prendre la sortie 76 sur l'autoroute 15 des Laurentides, puis suivre la route 117 Nord. Au bout de 5 km, tournez à droite aux feux de signalisation (entrée de Val-David).

BUS Les **Autobus Galland** (1-877-806-8666 ou 450-687-8666 ou 514-333-9555 ; www.galland-bus.com) desservent Val-David depuis Montréal (aller simple 27,36 $, taxes incl, 2 heures 35). L'arrêt de bus se trouve près de la station-service, face à l'angle de la route 117 et de la rue de l'Église.

Sainte-Agathe-des-Monts

Localité la plus élevée des Laurentides, Sainte-Agathe-des-Monts a connu sa période de gloire avant que Saint-Sauveur ne vienne la supplanter. La reine Élisabeth d'Angleterre y trouva même refuge durant la Seconde Guerre mondiale, précédant de quelques années Jacqueline Kennedy. Berceau de la villégiature laurentienne – notamment grâce à l'arrivée du train, à la fin du XIXe siècle –, c'est ici que la motoneige a vu le jour. De nombreux Américains ont une résidence secondaire autour du lac des Sables. Ce lac, qui fait la joie des patineurs en hiver et des baigneurs en été, demeure le principal attrait de la localité. En 2009, un festival d'été a été inauguré avec une scène flottante et des feux d'artifice tous les soirs sur le lac.

PETITES RIVALITÉS DANS LES LAURENTIDES

Depuis les années 1920, le tourisme est devenu le pilier de la vie économique et sociale des Laurentides. L'enneigement est de qualité et la durée de la saison (de novembre à mai) exceptionnelle. En période estivale, on peut pratiquer la randonnée, la baignade ou le canot.

Sainte-Agathe-des-Monts (p. 105) fut d'abord l'endroit en vogue. Puis émergea **Saint-Sauveur** (p. 97), plus proche de Montréal, qui prit rapidement de l'essor. Elle dut pourtant laisser sa place à la fringante **station Tremblant** (p. 111) qui, dès les années 1930, recevait la jet-set anglophone par avion privé ou hydravion.

En l'espace de cinq ans à peine, une véritable ville fut construite à Mont-Tremblant. Aux autres villes de jouer la carte de la différence. Sainte-Agathe misa sur la motoneige ; Val-David et Val-Morin sur le ski nature, loin des paillettes ; Saint-Sauveur sur le ski de proximité et de soirée. Les modes passent, se font et se défont... Quoi qu'il en soit, la neige reste une valeur sûre !

Renseignements

BUREAU D'ACCUEIL TOURISTIQUE (☎819-326-0457 ou 1-888-326-0457 ; www.ville.sainte-agathe-des-monts.qc.ca ; 24 rue Saint-Paul Est ; ⏲tlj 9h-20h). Installé en bordure de la piste du P'tit Train du Nord, à l'emplacement de l'ancienne gare (reconstruite à l'identique après un incendie), il est indiqué en bordure de la route 117, près du grand magasin vert Rona.

Fêtes et festivals

Festival lumières sur le lac (début août). Spectacles de jeux d'eau et de laser sur le lac des Sables, pendant dix jours. Concerts.

Festi-Neige (début décembre-début mars). Activités hivernales gratuites (patinage, glissades...), tous les week-ends.

Activités

Activités nautiques

L'été, le lac des Sables compte trois **plages municipales** (adulte/6-17 ans 6/4 $) : **Sainte-Lucie** (rue Larocque ; ⏲10h-18h), en centre-ville, **Major** (à proximité du parc des campeurs et de l'école de voile ; ⏲9h-20h), la plus grande (disposant d'un terrain de volley-ball), et **Tessier** (rue Major ; ⏲9h-19h), la plus familiale. C'est l'un des rares lacs des Laurentides à avoir une **école de voile** (☎819-326-2282 ou 819-322-2071 ; www.voilesteagathe.com ; devant l'Auberge du Lac des Sables ; cours 100-170 $/3 h, stages env 275 $), qui dispense des cours de voile et de planche à voile. Également, location de voiliers, kayaks et pédalos. De mai à octobre, des croisières sont organisées sur le lac (50 min). Adressez-vous à **Croisières Alouette** (☎819-326-3656 ou 8332 ; www.croisierealouette.com ; rue Principale, quai des Alouettes ; adulte/étudiant/-15 ans 16/12/6 $ taxes incl, gratuit -5 ans).

Ski, patinage et motoneige

L'hiver, le lac des Sables se transforme en **patinoire**. Dans le cadre du **Festi-Neige** (☎819-326-3731 ou 1-888-326-0457 ; pl Lagny, 2 rue Saint-Louis ; ⏲mer-dim 11h-16h30), de mi-décembre à début mars, des activités sont proposées gratuitement : patinage, donc (location 2h adulte/enfant 4/3 $), mais aussi glissades et hockey. Des activités sont organisées le week-end (pêche blanche, course de chevaux, etc.).

Le **Camping de Sainte-Agathe-des-Monts** (☎819-324-0482 ou 1-800-561-7360 ; www.campingsteagathe.com ; 2 chemin du Lac-des-Sables ; journée ski de fond adulte/étudiant 12/6 $, gratuit -12 ans, raquette 5 $; location ensemble ski adulte/enfant 14/12 $, raquettes 11 $) donne accès à 48 km de sentiers balisés pour le **ski de fond**, et 12 km pour les **raquettes**. Matériel loué sur place.

Le premier sentier de motoneige du Québec fut tracé à Sainte-Agathe-des-Monts en 1962. La circulation des **motoneiges** est interdite sur le tracé du parc du P'Tit Train du Nord entre Labelle et Saint-Faustin-Lac-Carré (à environ 20 km de Sainte-Agathe). En cause : les nuisances sonores pour les riverains. Une piste devrait être construite pour contourner cette portion de route. Pour organiser une excursion de motoneige, vous pouvez contacter **Randonneige** (☎514-447-8030 ou 1-888-608-2388 ; www.randonneige.com ; 8 rue Notre-Dame) ou **Récréation centrale** (☎819-327-1234 ; www.recreationcentrale.com ; 1510 montée d'Argenteuil, Saint-Adolphe-d'Howard).

Où se loger

Camping de Sainte-Agathe-des-Monts CAMPING $

(819-324-0482 ; www.campingsteagathe.com ; 50 rue Saint-Joseph ; empl 34-45 $ taxes et accès plage incl ; 15 mai-30 sept). Sur la rive sud du lac des Sables, à environ 2 km du centre-ville, cet immense terrain de camping a de bons emplacements, à proximité de la plage, ainsi qu'un dépanneur (épicerie) et une cafétéria. Location de pédalos, canots et vélos. On y accède par la rue Saint-Venant. Gare aux moustiques l'été !

Auberge La Fontanella AUBERGE $$

(819-774-1277 ; 6 rue Principale Est ; d avec petit-déj 101-133 $ taxes incl, 15 $ de réduction en hiver ;). Au-dessus du restaurant italien tenu par le même propriétaire, cette petite auberge de 4 chambres – refaites et bénéficiant pour la plupart d'un balcon ou d'une terrasse – est une bonne option en centre-ville.

Auberge Le Saint-Venant AUBERGE $$

(819-326-7937 ou 1-800-697-7937 ; www.st-venant.com ; 234 rue Saint-Venant ; d basse/haute saison 90-135/110-155 $;). Sans doute l'une des plus belles vues sur le lac. Cette maison en hauteur abrite 9 chambres aux tons pastel, toutes différentes. La n°4 est appréciée pour observer le coucher du soleil. Certaines chambres bénéficient d'un balcon privé. Accueil familial et très sympathique.

Auberge La Tour du Lac AUBERGE $$$

(819-326-4202 ou 1-800-622-1735 ; www.latourdulac.ca ; 173 chemin Tour-du-Lac ; demi-pension 2 pers 160-190 $ dim-jeu, 320-380 $ week-end ;). À l'extérieur du centre-ville, cette grande maison victorienne décorée de meubles anciens abrite des chambres dotées de vastes baignoires à remous et de cheminées. Sauna et Jacuzzi extérieur. Nombreux forfaits. Demi-pension uniquement.

Auberge du Lac des Sables AUBERGE $$$

(819-326-3994 ou 1-800-567-8329 ; www.aubergedulac.com ; 230 rue Saint-Venant ; s/d avec petit-déj haute saison 108-146/130-176,50 $, basse saison 96-127/114-162 $, selon confort ;). Doté d'une décoration moderne néo-baroque, cet hôtel propose des chambres fraîchement rénovées dans les tons violets ou pastel. Les sdb, un peu petites, style années 1960, mériteraient d'être rafraichies. Belle vue sur le lac. Agréable bar-restaurant (voir ci-dessous) et belle terrasse.

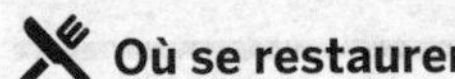

Où se restaurer

Lezvos GRÉCO-MÉDITERRANÉEN $$

(819-326-3994 ou 1-800-567-8329 ; 230 rue Saint-Venant ; plats 12,95-38 $; soir tlj été, mer-dim soir reste de l'année). Cette table gréco-méditerranéenne se trouve à l'auberge du Lac des Sables, où elle bénéficie d'un emplacement plaisant avec terrasse donnant sur le lac. Au menu, beau choix de hors-d'œuvre, de poissons et viandes grillés.

Auberge Chez Girard TERROIR $$

(819-326-0922 ou 1-800-663-0922 ; www.aubergechezgirard.com ; 18 rue Principale Ouest ; brunch 12-15 $, plats 18-36 $, table d'hôte 25-36 $; fermé lun). Cette grande demeure blanc et rouge au style créole flamboyant est appréciée pour sa cuisine régionale et ses brunchs du dimanche (9h-13h). Sa vaste terrasse, ornée de banderoles, donne sur le lac. Grand choix de poissons.

Auberge La Tour du Lac TERROIR $$

(819-326-4202 ou 1-800-622-1735 ; www.latourdulac.ca ; 173 chemin Tour-du-Lac ; plats 20-35 $, table d'hôte 35 $; soir tlj). Un peu à l'écart du centre, cette table met l'accent sur les saveurs du terroir (lapin du Québec, jarret de sanglier, côtes levées de cerf...). Les salles à manger sont agréables. Brunch (20 $) le dimanche de 9h30 à 12h.

La Chaumière du Village TERROIR $$

(819-326-3174 ; www.lachaumiereduvillage.com ; 15 rue Principale ; table d'hôte midi 15-17 $, soir 23-38 $, plats 18-33 $, menu dégustation 39-57 $; été midi mar-ven, soir mar-dim, fermé dim-lun et sam midi reste de l'année). Installée dans une maison de la rue Principale qui n'a rien d'une chaumière, cette adresse doit sa réputation à la finesse de ses plats et à son atmosphère intimiste. On y sert des viandes et du poisson bien mitonnés ainsi que quelques plats végétariens.

Depuis/vers Sainte-Agathe-des-Monts

VOITURE Sur l'autoroute 15 Nord, prendre la sortie 86 Sainte-Agathe-Sud. Autre solution : suivre la route 117 Nord (qui devient la rue Principale) et tourner en direction du centre-ville.

BUS Les **Autobus Galland** (1-877-806-8666, 450-687- 8666 ou 514-333-9555 ; www.gallandbus.com) assurent tous les jours des liaisons avec Montréal et Mont Laurier (aller simple Montréal 27,36 $, taxes incl, 2 heures 10). Terminus au bureau d'information touristique de Sainte-Agathe-des-Monts.

Saint-Faustin-Lac-Carré

Au cœur de la forêt laurentienne, ce petit village se tient aux bords du lac Carré et aux abords du domaine de Tremblant. La piste linéaire du P'tit Train du Nord traverse Saint-Faustin, à quelques mètres du lac. Mais un autre lac mérite le détour, un peu plus au nord : enserré par un banc de roches et de conifères géants qui se reflètent dans ses eaux, le lac Supérieur constitue l'une des voies d'accès au parc national du Mont-Tremblant. Le trajet est jalonné de magnifiques paysages, mais la route est parfois en piteux état.

Où se loger et se restaurer

Le Gîte de la Gare GÎTE **$$**
(819-688-6091 ou 1-888-550-6091 ; www.gitedelagare.com ; 362 rue de la Gare ; d avec petit-déj 100 $;). Une adresse chaleureuse logée dans une belle maison de bois. Les 3 chambres, dont 2 se partagent une sdb, offrent un hébergement douillet. Belle terrasse à l'arrière, où un ruisseau coule en contrebas. Souper (17 $ ou 32 $) dans une salle à manger avec feu de cheminée en hiver.

La Stazione CAFÉ **$**
(819-421-4000 ou 819-688-5817 ; www.lastazione.ca ; 1830 rue Principale ; plats 7-17 $; mi-juin à mi-sept tlj 11h30-21h, mai-juin et sept-oct tlj 11h-16h). Ouvert aux beaux jours, ce café installé près de la piste cyclable, à quelques pas du lac, propose une carte simple de paninis, salade, nachos, pizzas à pâte fine et autres pâtes du jour. Bonnes glaces artisanales.

La cabane à sucre Millette QUÉBÉCOIS **$$**
(819-688-2101 ou 1-877-688-2101 ; www.millette.ca ; 1357 rue Saint-Faustin ; adulte/9-12 ans/3-8 ans 18,50-25,75/9/6 $, réduction en sem ; mars-avr mar-dim midi et soir, sept-oct tlj midi). Cabane à sucre tenue depuis plus de 50 ans par la famille Millette. Aux mois de mars et avril, vous y goûterez des repas traditionnels et assisterez à la fabrication du sirop d'érable. En septembre-octobre, forfaits repas, musique et visite les midis (adulte/enfant 35/17,50 $ taxes incl, gratuit -4 ans). Possibilité de visiter l'érablière et de se faire expliquer la fabrication du sirop de mai à août (lun-ven à 11h et 14h, 7 $). Réservation souhaitée.

Restaurant Caribou et chalets Côte Nord CHALETS ET RESTAURANT **$$**
(819-688-5201 ou 819-713-0533 ; www.cotenordtremblant.com ; 141 chemin Tour du Lac, lac Supérieur ; plats 14-36 $; loft à partir 142 $/nuit, ste deluxe à partir de 157 $/nuit, chalets à partir de 318 $/nuit ; restaurant jeu-dim soir). La carte mettant le gibier à l'honneur est concoctée par une femme chef : carré de cerf, filet mignon, hamburger de bison. Vue magnifique sur le lac Supérieur. Ne manquez pas le petit apéro sur le ponton. Des chalets et des suites équipées de cuisine sont à louer autour du lac. Tarifs dégressifs.

Depuis/vers Saint-Faustin-Lac-Carré

VOITURE Depuis Montréal, emprunter l'autoroute 15 Nord jusqu'à Saint-Agathe-des-Monts où elle devient la 117 Nord. Prendre ensuite la sortie 107.

BUS Les **Autobus Galland** (1-877-806-8666 ou 450-687- 8666 ou 514-333-9555 ; www.galland-bus.com) assurent tous les jours des liaisons depuis Montréal (aller simple 35,18 $, taxes incl, 2 heures 25). L'arrêt se situe au 636 rue Principale, au croisement avec la rue Saint-Faustin.

Mont-Tremblant

Son nom évoque tout à la fois le ski, le golf, le spa, la baignade, la randonnée, bref une panoplie d'activités qui, été comme hiver, attirent des milliers de visiteurs. Vous êtes ici dans le cœur touristique des Laurentides. Mont-Tremblant regroupe en fait plusieurs localités voisines, qui rendent l'orientation un peu complexe. Pour vous repérer, sachez que le secteur de Saint-Jovite fait office de ville-centre. Le chemin du village vous mènera dans le vieux Mont-Tremblant, tandis que la station de ski Tremblant – que les habitants surnomment "la montagne" – représente le point culminant de la région, aussi bien visuel que touristique ; un casino s'y est même installé.

Renseignements

MONT-TREMBLANT Compte deux bureaux d'information touristique : l'un au centre-ville de **Saint-Jovite** (819-425-3300 ; www.tourismemonttremblant.com ; 48 chemin de Brébeuf, sortie 117 de la route 117 Nord ; tlj 9h-17h en saison, 9h-19h fin juin à début sept), l'autre dans le **village** (819-425-2434 ou 1-877-425-2434 ; www.tourismemonttremblant.com ; 5080 montée Ryan, sortie 119 de la route 117 Nord ; tlj 9h-17h en saison, 9h-19h fin juin à début sept).

STATION TREMBLANT Dispose de son propre **centre d'information** (819-681-3000 ; www.tremblant.ca ; pl des Voyageurs).

ÉCHAPPÉE BELLE À LABELLE

Ces deux adresses dans les environs de Mont-Tremblant méritent vraiment le détour, que ce soit pour un dîner au bord d'une rivière, une partie de kayak ou une nuit dans un site enchanteur.

» **Kayak Café** (819-686-1111 ; www.kayak-cafe.com ; 8 rue du Camping, Labelle ; menus midi/soir 10-14/10-29 $; mai-fin sept tlj). Sur les bords de la rivière Rouge, ce bistro donne envie de s'attarder pour sa délicieuse terrasse sous les lampions, idéale pour un verre, sa carte tendance (pizzas, salades, paninis, moules frites, tartares, burgers, parfait aux deux saumons...) et ses concerts organisés en été du lundi au vendredi soir. Les jeunes propriétaires louent aussi des canots et kayaks – 4 parcours en eau calme (de 9,5 à 27 km) sont aménagés sur la rivière. Les tarifs varient de 28 à 42 $. La piste linéaire passe à proximité du café.

» **Les Jardins de l'Achillée Millefeuille** (819-686-9187 ou 1-877-686-9187 ; www.millefeuille.ca ; 4352 route des Tulipes, La Conception ; d avec petit-déj haute/basse saison 104-144/99-139 $, 30 $/pers supp). Les chambres de cette maison de bois sont inspirées des jardins ; une petite suite tout en bois dispose d'un salon et d'un coin cuisine et, l'été, un grenier aux Amoureux (99 $/nuit, toilette et sdb à l'extérieur) accueille les couples pour un séjour rustique dans les arbres. Un hébergement en tipi et un camping sont dédiés aux cyclotouristes, la piste linéaire faisant halte ici. Les petits-déjeuners, tout comme les plats préparés dans les fermes alentour – possibilité de réchauffer sur place –, sont composés de produits bio ; ce qui fait de l'endroit, le premier gîte "bio" au Québec. Un sauna complète l'offre. Accès à la rivière Rouge pour se baigner. On rejoint la route des Tulipes par la sortie 126 de la route 117, ou en continuant sur la rue du camping en sortant de Labelle, après le Kayak Café.

Fêtes et festivals

Festival international du Blues de Tremblant (juillet ; www.tremblantblues.com). À la station Tremblant, des concerts gratuits sont donnés pendant dix jours.

CENTRE-VILLE (SECTEUR DE SAINT-JOVITE)

Si elle ne présente pas le même cachet que le village, Saint-Jovite n'en demeure pas moins un centre agréable, avec restaurants, commerces et services. L'hébergement est abordable. Située dans la petite vallée séparant la rivière du Diable du ruisseau Noir, la ville a pris son essor avec l'arrivée du train, en 1893. De nos jours, Saint-Jovite bénéficie de la proximité du parc du Mont-Tremblant et de la station de ski du même nom. Et la voie de chemin de fer a été transformée en un parc linéaire (voir l'encadré p. 102).

Où se loger

Auberge Le Voyageur GÎTE $$
(819-429-6277 ou 1-800-205-7173 ; www.bbvoyageur.com ; 900 rue Coupal ; s/d avec petit-déj 85/95-105 $;). Située à quelques mètres de la piste du parc linéaire du P'tit Train du Nord, cette grande maison jaune abrite 11 chambres assez spacieuses et toutes différentes, dans les tons pastel. Petits-déjeuners sucrés et salés.

La Tremblante GÎTE $$
(819-425-5959 ou 1-877-425-5959 ; www.tremblante.com ; 1315 montée Kavanagh ; s/d/t avec petit-déj 90/100/105 $;). Une adresse à recommander pour l'accueil charmant de France et Régent, les bons petits-déjeuners avec vue sur le jardin et les mangeoires à oiseaux, et les 4 chambres de l'étage, tout confort, avec sdb. Piscine hors sol et Jacuzzi.

Au Ruisseau Enchanté GÎTE $$
(819-425-7265 ; www.auruisseauenchante.com ; 105 chemin du 7e rang ; ch avec petit-déj 105-125 $ taxes incl ;). Ce charmant gîte dispose de 3 grandes chambres calmes et baignées de lumière. La plus grande, avec un balcon et des fenêtres anciennes en ogive, offre une vue sur le ruisseau, où vous pouvez faire trempette en été. Bons conseils des propriétaires sur les tables de la région.

Où se restaurer

Microbrasserie Saint-Arnould BRASSERIE $$
(819-425-1262 ; www.saintarnould.com ; 435 rue des Pionniers ; menus midi 9-12 $, table d'hôte soir 16-26 $, plats 12-25 $; tlj). Le cadre n'est pas

le point fort de cette adresse, qui convainc surtout par ses bières brassées sur place et ses assiettes copieuses. Outre les hamburgers et grillades, quelques plats sont cuisinés à la bière. Grande terrasse à l'arrière.

Le Grill Saint-Georges GRILLADES **$$**
(☎819-429-5319 ; www.legrill.ca ; 890 rue de Saint-Jovite ; plats 21-37 $; ⏲tlj midi et soir été, soir hors saison). Dans la rue principale, près de l'église, ce bistrot-bar spécialisé dans la viande grillée distille une ambiance animée. Grande terrasse.

BON PLAN Bistrot Les Copains d'abord CUISINE DU MARCHÉ **$$$**
(☎819-681-7869 ; www.copainsdabordtremblant.com ; 804 rue de Saint-Jovite ; plats 28-47 $, table d'hôte 39 $; ⏲tlj midi et soir été, lun-sam hiver, mer-sam mi-saison). Cadre agréable et cuisine tendance marché pour ce restaurant en plein centre de Saint-Jovite. Intérieur sobre avec banquette et belle terrasse en été. Bonne carte des vins. Le bon plan est de venir de 17h30 à 19h, pour profiter de la table d'hôte "couche-tôt" à 28 $.

SEb TERROIR CRÉATIF **$$$**
(☎819-429-6991 ; www.resto-seb.com ; 444 rue Saint-Georges ; plats 29-46 $, menus 49-85 $; ⏲tlj midi et soir été, mar-dim soir hiver). Le chef *hype* de Saint-Jovite a autant d'admirateurs que de détracteurs. À vous de juger : pot-au-feu revisité avec ribs et queue de bœuf, ou encore côtelette de porcelet de lait avec sa purée de courge, chanterelle et haricot vert. L'été, bar à tapas en terrasse.

Le Cheval de Jade GASTRONOMIQUE **$$$**
(☎819-425-5233 ; www.chevaldejade.com ; 688 rue Saint-Jovite ; plats 24-38 $, table d'hôte 44-53 $, menus 47,95/89,95 $; ⏲tlj à partir de 17h). L'adresse gastronomique de la ville. Dans une grande salle au charme rustique, un maître canardier prépare une cuisine savoureuse, inspirée du terroir. Au menu : fricassée de pétoncles et écume d'huître aromatisée au curcuma, côte de veau en croûte de miel et sésame, et la spécialité du restaurant : le caneton des Laurentides à la rouennaise (sur réservation, 2 pers). La presse à canard trône dans la salle à manger, où il est possible de s'en faire expliquer le fonctionnement par le chef, prodigue de conseils.

VILLAGE

Niché entre le lac Tremblant et le lac Mercier, le petit village de Mont-Tremblant est plus calme que la station de ski qui le surplombe. Les restaurants ont élu domicile le long de la rue principale. Pour un point de vue sur le lac et les pistes, arrêtez-vous au niveau de la marina. Un petit parc a été aménagé autour de chutes d'eau. Nombreux hébergements.

Activités

Plages

Le **lac Mercier** (accès plage adulte/7-12 ans 6/3 $, gratuit -6 ans ; ⏲tlj 10h-18h) jouit d'une plage sablonneuse, tout comme le lac Tremblant (accès 5,50-15 $). Vous trouverez une petite plage sur le lac Raynaud, au **Domaine Saint-Bernard** (4 $, gratuit -6 ans ; ⏲tlj 9h-16h30). Sinon, l'hôtel **Le Grand Lodge** (☎1-800-567-6763 ; www.legrandlodge.com ; 2396 rue Labelle) bénéficie d'une plage privée sur le lac Ouimet. Autre option : vous rendre jusqu'au parc national et piquer une tête dans le **lac Supérieur**.

Croisières

De fin mai à mi-octobre, des **croisières** (☎819-425-1045 ; www.croisierestremblant.com ; quai fédéral, en face du Pinoteau ; adulte/6-12 ans 20/5 $; ⏲horaires variables) commentées de 1 heure sur le lac Tremblant sont organisées au départ de la marina, à bord d'un bateau pouvant accueillir jusqu'à 80 personnes.

Activités de plein air

Le site éco-touristique du **Domaine Saint-Bernard** (☎819-425-3588 ; www.domainesaintbernard.org ; 539 chemin Saint-Bernard ; accès 4 $/jour ; ⏲mai-fin oct) est une bonne option si vous ne voulez pas pousser jusqu'au parc national. Des **sentiers pédestres** (différents niveaux de difficulté) y sont aménagés, avec de beaux points de vue. Plusieurs sont accessibles en VTT (vélo de montage). L'été, il est possible de se baigner et de louer des embarcations (5 $/heure) sur le lac Raynaud. L'hiver, le site est dévolu à la pratique du **ski de fond** (www.skidefondmont-tremblant.com ; forfait journée adulte/enfant 17/7,75 $) et de la **raquette** (forfait journée adulte/enfant 9/4,50 $). Location d'équipements autour de 18,50/21,50 $ la demi-journée/journée. Un **pavillon d'astronomie** (☎819-425-3588 ; adulte/enfant 10/6 $) organise des observations les samedis en soirée (réservation obligatoire).

Le **sentier Manicou**(1 km) compte des panneaux d'interprétation du système solaire ainsi qu'un refuge.

Spa

Ouvert à l'année, dans un environnement tranquille et verdoyant, le **Scandinave Spa**

(☎819-425-5524 ou 1-888-537-2263 ; www.scandinave.com ; 4280 montée Ryan ; accès aux bains 45 $, forfaits 98-192 $ selon soins et période ; ⊙tlj 10h-21h) permet de profiter de bains nordiques et de massages. Il est l'un des pionniers de la région.

Où se loger

Auberge de jeunesse internationale du Mont-Tremblant AUBERGE DE JEUNESSE $
(☎819-425-6008 ou 1-866-425-6008 ; www.hihostels.ca/tremblant ; 2213 chemin du Village ; dort membres/non-membres 24,75/28,75 $, d 75,75/83,75 $, f 65,75/73,75 $ pour 2 pers, petit-déj 6 $; @📶). Installée dans une grande demeure à la sortie du village, en direction de la station, cette auberge de jeunesse animée dispose de 70 lits répartis en dortoirs de 4 ou 8 personnes et en chambres privées (20 au total). Elle offre un accès au lac Moore, appréciable à la belle saison. Forfaits activité et location de vélos (24 $/jour) et de VTT (30 $/jour) sur place. Pensez à réserver l'hiver.

La Chaumière de l'Anse GÎTE $$
(☎819-681-0770 ; www.lachaumieredelanse.com ; 107 chemin de l'Anse ; d avec petit-déj haute/basse saison 150/125-135 $, 2 nuits 219 $, s réduction de 20 $; 📶). Vous logerez dans une maison entourée de feuillus, dans l'une des 5 chambres avec sdb, de couleurs différentes. Décoration romantique soignée, très "campagne anglaise". Pour une belle lumière, optez pour la chambre qui fait l'angle, orientée sud/sud-ouest. Tarif dégressif selon la durée du séjour.

♥ **Auberge Le Lupin** AUBERGE $$
(☎819-425-5474 ou 1-877-425-5474 ; www.lelupin.com ; 127 rue Pinoteau ; d avec petit-déj 107-155 $; 📶). Cette grande et accueillante demeure en bois rond, à mi-chemin entre le village et la station Tremblant, loue 9 chambres (certaines sans TV ni clim). Savoureux petits-déjeuners maison et précieux conseils de Sylvie et Pierre. Bon d'accès gratuit offert pour la plage, située à proximité.

Auberge de la Porte rouge AUBERGE $$$
(☎819-425-3505 ou 1-800-665-3505 ; www.aubergelaporterouge.com ; 1874 chemin du Village ; d été/hiver 158-234/152-220 $, ❄🏊📶). Cet établissement familial se repose beaucoup sur son emplacement, idéal, au bord du lac Mercier. Les chambres, lambrissées sur moquette, mériteraient un petit rafraîchissement. Préférez celles situées dans le pavillon, grandes et de plain pied avec la piscine et le lac. De nombreux forfaits activités sont proposés été comme hiver.

Où se restaurer

E Caffe Ital Delli ITALIEN $$
(☎819-425-3040 ; 1918 chemin du Village ; plats 19-29 $; ⊙mer-dim soir). Tenu par un jeune couple, ce bistro à l'italienne avec nappes à carreaux rouge et blanc propose de belles pâtes en *prima piatti* et des viandes et poissons en *second piatti*. Bon rapport qualité/prix et coin-jeux pour les enfants.

Le Cayenne Grill BISTRO $$
(☎819-429-6868 ; 1963 chemin du Village ; plats 12-27 $; ⊙jeu-sam soir). Dans un décor aux airs cajun, ce bistro, populaire auprès des habitants, sert un menu hétéroclite faisant le grand écart entre le confit de canard, le pad thaïe et les pizzas. Bons tartares.

♥ **La Petite Cachée** MÉDITERRANÉEN $$
(☎819-425-2654 ; www.petitecachee.com ; 2681 chemin du Village ; plats 23-36 $; ⊙soir tlj). Cette chaleureuse maison tout en rondins de bois, située un peu en retrait de la route, entre le village et la station, obtient un joli succès avec sa cuisine d'inspiration méditerranéenne. Du filet mignon sauce pleurotes et madère, au risotto crevettes et pétoncles fumés, les papilles ont de quoi se régaler.

Patrick Bermand INSPIRATION FRANÇAISE $$$
(☎819-425-6333 ; www.patrickbermand.com ; 2176 chemin du Village ; tables d'hôte 27-72 $; ⊙mer-dim soir). Ce chef propriétaire est connu pour la finesse de ses menus d'inspiration française (tartare, filet mignon, bavette à l'échalote...). Cuisine ouverte sur la salle à manger. Belle carte de vins.

STATION TREMBLANT

Lorsque vous entendez parler de "la montagne", c'est d'elle qu'il s'agit. Plus haut domaine skiable des Laurentides (645 m), la station Tremblant donne accès à 95 pistes. Mais la vie de cette micro-ville aux airs de Disneyland ne s'interrompt pas à la fin de la saison hivernale, c'est un centre de villégiature qui fonctionne toute l'année. Entièrement piétonnière – on gare sa voiture dans l'un des parkings gratuits, à l'exception du "VIP", payant les week-ends (15 $/jour) –, la station réunit quantité de restaurants, bars, commerces et boutiques de souvenirs, et même un casino. De nombreuses animations y sont organisées, dont le populaire **Festival international du blues de Tremblant** en juillet (voir p. 109).

FÉERIES AUTOMNALES

Lorsque les beaux jours tirent à leur fin et laissent place à la brise automnale, les forêts laurentiennes se parent de couleurs éclatantes. La lumière du jour, moins intense, change la pigmentation des feuilles, qui virent au jaune, au rouge et à l'orangé. Au cœur de l'été indien, les érables et les chênes y ajoutent leurs teintes pourpres et dorées. Ce phénomène attire chaque année plusieurs milliers de visiteurs, curieux d'admirer ces tableaux exceptionnels. En septembre et en octobre, les villes touristiques des Laurentides ouvrent des festivités sur le thème des couleurs. Tremblant offre des concerts sur sa place centrale, au pied de sa montagne, tandis que le village de Saint-Sauveur propose des animations. C'est le moment propice pour effectuer une randonnée à pied ou à vélo sur les sentiers recouverts d'un tapis de feuilles colorées ou encore de rejoindre les cimes des montagnes. Les télécabines vous mènent jusqu'aux sommets et des tours d'hélicoptères sont organisés depuis la station Tremblant.

Activités

La saison de **ski alpin** débute en général fin novembre pour se terminer mi-avril. Les pistes sont accessibles à partir de 8h30. L'heure de fermeture varie selon la saison et la remontée, mais vous pouvez l'estimer à 1h avant le coucher du soleil. Pour un forfait journée, comptez 76 $ pour un adulte, 66 $ pour les 13-17 ans et 45 $ pour les 6-12 ans. Vous pouvez louer l'équipement sur place, notamment au **chalet des Voyageurs** (☎819-681-3000, poste 45564 ; ⌚horaires variables) ou au **centre Aventure** (☎819-681-3000, poste 46730 ; sommet des Neiges ; ⌚tlj 7h-17h ou 21h selon périodes), en haut de la station. Comptez 45/28 $ par adulte/3-12 ans (hors taxes) pour une location à la journée. De mai à mi-octobre, vous pourrez acheter des carnets de 3 et 5 activités (adulte/6-17 ans/-5 ans 29-38,24/22-31,44 $/13,59-22,94 $) ou des passeports illimités (à partir de 45 $).

Si vous ne faites que passer par Mont-Tremblant, sans skier ni vous risquer à la luge d'été, vous pourrez toujours emprunter le "cabriolet" jusqu'en haut de la station, puis la **télécabine panoramique** (adulte/13-17 ans et seniors/6-12 ans 17,03/12,78/8,52 $, gratuit - 6 ans), qui mène au sommet de la montagne. Le tarif est plus élevé de mi-septembre à mi-octobre, à la saison des "couleurs" (voir l'encadré ci-dessus). Plus de détails sur www.tremblant.ca.

Le **centre d'activités** (☎819-681-4848 ; www.tremblantactivites.com ; pl Saint-Bernard, au pied des pistes) propose une multitude d'activités à pratiquer en été : luge, via ferrata, tyrolienne et jeux aériens, ou rafting sur la rivière Rouge (à 1 heure de route), et en hiver : glissades sur tubes (*tubing*), sorties en traîneau à chiens ou motoneige.

Où se loger et se restaurer

Royaume des hôtels de luxe et des *condominiums* (copropriétés), la station Tremblant offre peu de possibilités d'hébergement à tarif raisonnable. Le centre d'information vous donnera tous les renseignements utiles.

Des restaurants de toutes catégories, cafés et chaînes de restauration rapide ont pignon sur rue dans la station. Parmi eux, **Ô Wok** (☎819-681-4455 ; www.o-wok.com ; 111 chemin Kandahar ; menu midi 24,95 $, plats soir 20-36 $; ⌚tlj midi et soir en saison), resto lounge de cuisine asiatique, ou la **microbrasserie La Diable** (☎819-681-4546 ; 117 chemin Kandahar ; plats 12-17 $; ⌚tlj 11h30-1h) jouissent d'une bonne réputation, même si les prix sont un peu élevés.

Depuis/vers Mont-Tremblant

VOITURE De Montréal, prendre l'autoroute 15 Nord jusqu'à Sainte-Agathe-des-Monts, puis la route 117. Les sorties 116 (rue Léonard) et 117 (chemin de Brébeuf) desservent le centre-ville, c'est-à-dire le secteur de Saint-Jovite, tandis que la sortie 119 (montée Ryan) permet de se rendre au village et à la station. De Saint-Jovite, vous pouvez rejoindre le village et "la montagne" par la rue Labelle, qui coupe la rue principale, à côté de l'église.

BUS Les **Autobus Galland** (☎819-681-0871 ou 1-877-806-8666 ; www.galland-bus.com) rallient quotidiennement les différentes localités de Mont-Tremblant depuis Montréal, moyennant 35,18 $ l'aller simple (3 heures). Le **terminus** est dans le centre-ville, à **Saint-**

Jovite (819-425-5552 ; 231 rue de Saint-Jovite, station-service Shell).

Un service de **navettes** (1-800-471-1155 ; www.skyportinternational.com ; aller simple adulte/5-11 ans 80/48 $, aller-retour 139/96 $, taxes incl, 90 min) fonctionne à l'année entre l'aéroport Trudeau de Montréal et la station Tremblant.

Un **bus** (tarif régulier/réduit 2,25/1,50 $) rejoint le centre-ville, le village et la station Tremblant. Il circule toutes les 35 minutes aux heures de pointe, sauf de la mi-juin à début septembre où il fait la rotation toutes les 25 minutes.

Parc national du Mont-Tremblant

Avec la station de ski, c'est l'autre pôle d'attraction de la région. Accessible toute l'année, et situé à 140 km au nord-ouest de Montréal, le parc du Mont-Tremblant invite à la balade au milieu des érablières, à pied, à vélo ou en raquette, à la pagaie sur l'un de ses 400 lacs ou l'une de ses six grandes rivières. Les paysages vallonnés et boisés se métamorphosent au fil de l'année, passant du vert tendre au jaune orangé, puis au blanc scintillant de l'hiver. Avec ses 1 510 km², le parc est le plus grand territoire protégé du Québec.

Le parc du Mont-Tremblant est riche en essences d'arbres parfois très rares, tels l'érable argenté ou le chêne rouge. Les hêtres, sapins, épinettes et bouleaux blancs sont également présents. L'ours noir et le loup peuplent ses grands espaces, mais demeurent le plus souvent invisibles. Avec un peu de chance, vous pourrez apercevoir des orignaux, des castors ou des cerfs de Virginie. Près de 200 espèces d'oiseaux ont été recensées dans le parc. Des randonnées accompagnées par un guide naturaliste sont organisées en été. Renseignez-vous à l'accueil.

Renseignements

ACCUEILS DU PARC À cheval sur les régions des Laurentides et de Lanaudière, le **parc** (819-688-2281 ou 1-800-665-6527 ; www.parcsquebec.com ; accès adulte/6-17 ans 6/2,75 $) comprend, d'ouest en est, trois secteurs principaux : la Diable (accès par le lac Supérieur), la Pimbina (Saint-Donat) et l'Assomption (Saint-Côme).

Le **poste d'accueil de la Diable** (3824 chemin du Lac-Supérieur ; fermé mi-oct à début mai) est à la fois le plus fréquenté et le plus facile d'accès.

Dix kilomètres plus loin, le **centre de services du lac Monroe** (fin mars à mi-juin tlj 9h-16h, mi-juin à mi-oct 9h-20h, mi-oct à fin déc 9h-16h, jan-mars tlj horaires variables) donne également des renseignements. Il réunit une laverie, des douches et une boutique nature.

Activités

La **baignade** est autorisée et surveillée, en saison, sur les rives du lac Monroe et du lac Provost, dans le secteur de la Pimbina.

Le parc est sillonné d'est en ouest de **circuits de grande randonnée** ininterrompus, ponctués de refuges. De nombreux sentiers plus accessibles, de 30 minutes à quelques heures de marche, sont balisés aux abords du centre de services du lac Monroe, dans le secteur de la Diable. Certains sont empruntés par les adeptes du **VTT**. L'hiver, la **raquette** et le **ski de fond** prennent le relais.

Des **canots** (29,25 $/4 heures) et **kayaks** (26,25 $/4 heures) sont loués au centre de services du lac Monroe. La randonnée en canot non guidée sur les méandres du Diable, entre le lac Chat et le mont de la Vache-Noire, est un classique (36,50-49 $/4h). Une formule associe la descente de la rivière à la randonnée "Le centenaire" sur la crête du mont de la Vache-Noire. Le nord du secteur de la Diable offre de bonnes possibilités de canot-camping.

Une autre activité fait sensation au parc : la **via ferrata du Diable** (adulte/enfant 37,50-62,25/28,50-47 $; mi-juin à début sept tlj, début-sept à mi-oct sam-dim), aménagée sur la paroi de la Vache-Noire avec vue sur les méandres du Diable.

La **pêche** est autorisée de mai à septembre moyennant un droit d'accès de 17 $/jour. Seuls les plans d'eau du secteur de la Diable sont accessibles en voiture légère. Renseignez-vous à l'avance sur les permis de pêche.

En hiver, dans le secteur de la Diable, 7 parcours sont ouverts à la pratique du **ski de fond** dont la boucle des Chutes-Croches, d'une distance de 13,4 km, menant à d'impressionnantes chutes (adulte/enfant 13,05/6,52 $). Dans le secteur de la Diable et de la Pimbina, des parcours sont également aménagés pour les randonnées en **raquettes**. Possibilité de louer l'équipement sur place (adulte/enfant skis de fond 23,75/15 $, raquettes 15/10,50 $).

Où se loger et se restaurer

De mi-mai à mi-octobre, le **camping** (empl 21,50-40,75 $ selon services) se décline sous toutes ses formes. Les terrains les mieux équipés sont ceux du lac Monroe. Aux lacs Chat et Escalier, dans le secteur de la Diable, vous trouverez des sites aménagés moins fréquentés. Il y a également des campings "rustiques" (avec point d'eau uniquement). Ceux du secteur de l'Assomption comptent parmi les plus beaux du parc. Celui-ci dispose de tentes prêt-à-camper Huttopia (113 $/nuit en haute saison).

Le parc loue des **chalets** bâtis en bordure de lacs et de rivières. Hormis les deux petits chalets du secteur de la Diable, la majorité d'entre eux se trouvent dans le secteur de l'Assomption. Comptez autour de 133 $ la nuit pour 2 personnes. Des **refuges** (été et automne /hiver 23,50/24,50 $ par pers), destinés aux adeptes de la grande randonnée, sont disséminés dans le parc. Il est possible aussi de dormir dans des **yourtes** (été et automne/hiver 129/137 $ nuit pour 4 pers). Elles sont situées sur les rives du lac des Cyprès, dans le secteur de l'Assomption, et sur celles du lac Provost, dans le secteur de la Pimbina. Seules ces dernières sont ouvertes l'hiver.

Aménagée à proximité du parc, le **gîte de l'Avalanche** (☎819- 681-8991 ; www.avalanchebb.ca ; 111 chemin de l'Avalanche, lac Supérieur ; s/d avec petit-déj 125/140 $, ste 165/180 $), grande maison tout en parquet de pin, affiche un style champêtre sobre. Les chambres sont chaleureuses et lumineuses. Le plus : la céramique chauffante au sol. Possibilité de baignade dans la rivière l'été. Massages en pleine nature ou dans les chambres.

Vous trouverez un **dépanneur** (épicerie) et des **douches** au centre de services du lac Monroe.

Depuis/vers le parc national du Mont-Tremblant

VOITURE Le **secteur de la Diable** est accessible par la localité de Saint-Faustin-Lac-Carré (sortie 107 de la route 117) ou par celle de Mont-Tremblant, le plus simple étant alors de prendre le chemin Duplessis depuis la station. Si vous partez depuis le centre-ville ou le village, prenez la route 327. Comptez une petite demi-heure pour rejoindre le parc.

Pour le **secteur de La Pimbina**, l'accès s'effectue à Saint-Donat, via la route 125 – attention, la route n'est pas déneigée l'hiver.

Pour le **secteur de l'Assomption**, quittez la route 125 Nord afin de rejoindre Saint-Côme (direction Est) par la route 347. Tous deux sont situés dans la région Lanaudière.

HAUTES-LAURENTIDES

Au-delà de Mont-Tremblant, on quitte les lieux de villégiatures pour entrer dans un territoire immense et authentique, fait de hautes montagnes et de lacs sauvages. Les infrastructures touristiques se font plus rares. Peu colonisés, la plupart des villages ont été créés durant la deuxième moitié du XIXe siècle, sous l'impulsion du clergé catholique qui souhaitait lutter contre l'exode de la population francophone vers les manufactures de la Nouvelle-Angleterre. Les familles de Canadiens français se sont implantées tard sur cette terre peu fertile, où seule une partie de la forêt vierge fut exploitée. La nature demeure ainsi largement boisée et inexplorée. Elle offre aujourd'hui un gigantesque terrain de jeux pour les amateurs de chasse, de pêche et d'activités de plein air, des 88 km de pistes du parc linéaire qui rejoint Mont-Laurier aux 320 km² d'étendue d'eau du réservoir Baskatong.

Renseignements

BUREAU TOURISTIQUE DES HAUTES-LAURENTIDES (☎819-623-4544 ou 1-888-560-9988 ; 177 bd Albiny-Paquette ; ⏲tlj sam-mer 9h-17h, jeu-ven 9h-19h en été, lun-sam 9h-17h en hiver). Situé à Mont-Laurier, il fournit cartes et brochures.

Réserve faunique de Papineau-Labelle

Considérée comme l'une des plus belles du Québec, cette réserve de plus de 1 600 km², à cheval entre les régions des Laurentides et de l'Outaouais, se distingue par ses paysages exceptionnels de lacs et de forêts. Ombles de fontaine, truites grises et grands brochets s'ébattent dans les 746 lacs que compte la réserve. Le cerf de Virginie, l'orignal, l'ours, le loup et le castor se laissent parfois apercevoir entre les branches des érables à bouleaux jaunes, des tilleuls, des ormes, des frênes et des résineux. Ce vaste domaine de chasse et de pêche est aussi un paradis de canot-camping, de randonnée et de ski de fond, bien moins fréquenté que le Mont-Tremblant.

Renseignements

ACCUEILS DU PARC La **réserve faunique de Papineau-Labelle** (☎819-454-2011 ou 1-800-665-6527 ; www.sepaq.com ; accès 9 $) compte cinq postes d'accueil. Le plus facile d'accès lorsque l'on vient de Montréal est l'**accueil**

Gagnon (☎819-428-7510 ; route 321 Duhamel ; ⏲mai à mi-mars). Les deux autres principaux postes sont ceux de **Pie IX** (route 321, Nominingue ; ⏲mai-oct), dans les Laurentides, et de **Val-des-Bois** (route 309 ; ⏲mai à mi-nov), dans l'Outaouais. Stationnement 11 $.

Activités

Le nord de la réserve, auquel on accède par l'**accueil Pie IX** (voir ci-après), est l'endroit rêvé pour faire du **canot** et du **canot-camping**. Un dépaysant circuit (4 jours de canot et de portage) contourne les lacs Joinville, Montjoie et des Sept-Frères. Les départs ont lieu à 9 km au sud de l'accueil Pie IX, où se règle la location (canot 40 $/jour, gilet de sauvetage 5,75 $, nuit en canot-camping 9,31 $). En louant une embarcation une demi-journée (26,75 $), on a le temps de faire le tour d'un lac.

Divers sentiers de **randonnée** accessibles à pied, en VTT, en ski de fond ou en raquettes ont été aménagés. De l'accueil Pie IX, vous pourrez vous rendre dans la journée jusqu'au lac Joinville ou au mont Bondy.

Des forfaits de **pêche** sont disponibles. Renseignez-vous directement auprès de la réserve. Les prix sont abordables.

Les autres entrées du parc donnent accès au même type d'activités. Le secteur de **Val-des-Bois** (voir ci-après) conduit au lac Écho, idéal pour la baignade, le canot et le camping. À quelques kilomètres, la tour d'observation du lac Lanthier permet d'apercevoir les orignaux dans le parc.

L'**accueil Gagnon** (voir ci-après), à l'est, se focalise davantage sur le ski de fond. Le sentier du Mont Devlin, ouvert à l'année, est particulièrement apprécié pour ses observatoires. Au printemps, descente en canot de la rivière du Sourd.

Où se loger et se restaurer

Vous devrez prévoir votre nourriture, car il n'existe aucune possibilité de restauration. Outre les emplacements accessibles par canot, la réserve compte 5 **campings** rustiques et 2 campings aménagés, mais sans services. Le **camping du lac Joinville** (29,25 $/empl, sans douche ni électricité) est situé à 9 km de l'accueil Pie IX. Autre option : les **chalets** (21,57-58 $/nuit/pers).

Depuis/vers la réserve faunique de Papineau-Labelle

VOITURE Depuis Montréal, comptez 190 km pour vous rendre à l'accueil Gagnon, via la 321. En venant de Gatineau, préférez l'accueil Val-des-Bois, accessible par la route 307 (un trajet de 82 km). Si vous venez des Laurentides, le plus simple est de rejoindre l'accueil Pie IX, au nord de la réserve. Au niveau de Rivière-Rouge, sur la 117, empruntez la 321 Sud jusqu'à Nominingue. L'accueil Pie IX y est indiqué – préparez-vous à parcourir 14 km sur une chaussée non revêtue.

Nominingue

Après les stations touristiques des Laurentides, Nominingue tranche par sa quiétude. À une soixantaine de kilomètres au nord de Mont-Tremblant, ce village borde le petit lac Nominingue et le grand lac Nominingue, qui signifie "terre rouge" ou "le pays où l'on revient" en amérindien. Traversé par le parc linéaire du P'tit Train du Nord (voir l'encadré p. 102), au carrefour de deux sentiers de motoneige, Nominingue offre toutes les conditions d'une retraite confortable en pleine nature.

Outre le bureau d'information touristique, la **gare de Nominingue** (☎819-278-3384 ; 2150 ch du Tour-du-Lac ; ⏲mi-juin à début déc) abrite un centre d'exposition présentant des œuvres d'artistes locaux et des photos, des vidéos et des diaporamas du temps des pionniers.

Activités

La **plage municipale** (⏲début juin-début sept 10h-18h) se situe au bout du chemin des merisiers. Pour les amateurs de golf, un terrain de 18 trous est ouvert au **Club et Hôtel du Golf Nominingue** (☎819-278-3836 ou 1-877-530-4653 ; www.hotelgolfnominingue.qc.ca ; 2100 chemin du Tour du lac ; ⏲début mai à mi-oct).

En hiver, vous pourrez aller patiner au lac des Grandes-Baies, ou à la **patinoire** municipale du parc Grégoire-Charbonneau (2110 chemin du Tour-du-Lac), qui est entretenue. Un **terrain de glissade** est également aménagé pour permettre aux enfants (ou aux adultes !) de faire de la luge. Par le chemin des Buses, vous pourrez accéder à 30 km de pistes de **ski de fond** traversant la réserve faunique Papineau-Labelle. Enfin, **Aventures Mika** (☎819-278-1118 ; www.aventuresmika.com ; 4150 chemin des Faucons ; randos traîneau à partir de 75 $/30 min) propose des forfaits canot-camping en été, et des forfaits d'une demi-heure à plusieurs jours en **chiens de traîneau** ou en **raquette**, ainsi que des

expéditions de survie en hiver. **Siberlou** (☎819-275-3957 ; www.siberlou.com ; 749 montée de la Mer-Bleue, L'Ascension ; 60 $/h) offre des prestations similaires.

À une quinzaine de kilomètres, à **Rivière-Rouge**, le transporteur aérien **Air Mont-Laurier** (☎819-275-2794 ou 1-877-875-2794 ; www.airmontlaurier.com) propose des excursions en **hydravion** et des forfaits de chasse et de pêche, avec hébergement en pourvoiries accessibles seulement par voie aérienne. L'été, il est possible de descendre la rivière Rouge sur des **bouées** ("tubes pneumatiques" ; ☎819-275-0085 ; camping le Fou du Roi, 1680 rue Landry ; ⏲juin-sept 10h-18h) au gré du courant.

Où se loger et se restaurer

Chez Ignace GÎTE **$$**
(☎819-278-0689 ou 1-877-278-0677 ; www.ignace.qc.ca ; 1455 chemin Bellerive sur le lac ; s/d avec petit-déj 85-95/100-110 $). Située un peu en retrait du lac, à deux pas du P'tit train du Nord, cette charmante maison loue 5 petites chambres très bien tenues à la décoration moderne. Accueil simple et sympathique.

Gîte Provincial Art GÎTE **$$**
(☎819-278-4928 ou 1-877-278-4928 ; www.provincialart.ca ; 2292 Sacré-Cœur ; s/d avec petit-déj sans sdb 80/95 $, avec sdb 90/105 $, table d'hôte 35 $). Cette grande demeure centenaire entourée de verdure fut un couvent pendant plus de 70 ans. Elle abrite aujourd'hui 5 grandes chambres peintes dans des couleurs pimpantes. Le calme règne, on imagine encore le pas feutré des religieuses sur le lourd plancher de bois. Table d'hôte le soir avec les légumes du jardin (formule "apportez votre vin").

Auberge Île-de-France CUISINE FRANÇAISE **$$**
(☎819-278-0364 ; 2188 chemin du Tour du lac ; table d'hôte 29 $). Cette auberge sert une cuisine française dans un cadre rustique et chaleureux. Les saveurs du terroir sont à l'honneur : souris d'agneau, pavé de saumon, confit de canard.

Depuis/vers Nominingue

VOITURE De Montréal, prenez l'autoroute 15 Nord, qui devient la route 117 Nord à la hauteur de Sainte-Agathe-des-Monts. À Rivière-Rouge, prendre à gauche en direction de Nominingue.

BUS Les **Autobus Galland** (☎1-877-806-8666 ou 450-687-8666 ou 514-333-9555 ; www.galland-bus.com) desservent Rivière-Rouge depuis Montréal, mais pas Nominingue.

Mont-Laurier

Capitale des Hautes-Laurentides et terminus du P'tit Train du Nord, Mont-Laurier constitue un bon point de départ pour explorer la nature alentour et les espaces sauvages situés plus au nord. La ville elle-même possède quelques attraits. La **cathédrale**, construite en 1919, fut ravagée par un incendie en 1982, seuls le portique avant et le clocher sont demeurés debout. Cette figure architecturale, à la fois majestueuse et mutilée, est impressionnante. Le spectacle son et lumière **Fresque de nuit** est projeté sur ses murs de fin juin à début août. La **sculpture** *Le Draveur* de Roger Langevin est visible au parc Toussaint-Lachapelle, d'où l'on peut également apercevoir le **barrage** de la centrale hydroélectrique du Rapide-de-l'Orignal. Le **centre d'exposition de Mont-Laurier** (☎819-623-2441 ; 385 rue du Pont ; ⏲mar-sam 12h-17h, jusqu'à 20h ven, plus dim juil) vous donnera un bon aperçu du dynamisme culturel des Hautes-Laurentides. Il constitue la principale vitrine pour les artistes et les artisans de la région.

Dans le cadre des **Concerts du parc** (fin juin à mi-août), des concerts gratuits impliquant les artistes de la région sont donnés tous les dimanches soir au parc Toussaint-Lachapelle. Si vous êtes dans le coin fin août, ne manquez pas la **Course internationale de canot de la Lièvre**, une descente en canot sur la rivière de la Lièvre qui a lieu chaque année depuis 1957.

Activités

En saison, la **plage** municipale du Lac des Sources est accessible gratuitement pour la baignade, des tables de pique-nique sont mises à disposition. Il est également possible de descendre en kayak sur la rivière de la Lièvre, des embarcations peuvent être louées auprès du centre **Le Coureur des Bois** (☎819 623-2782 ; 1525 bd Albiny-Paquette ; 34 $/jour ; ⏲lun-sam). Le **sentier écologique** (renseignements ☎819-597-2424) du Petit Castor effectue une boucle de 2,8 km. Idéal pour une courte randonnée, il offre un magnifique point de vue sur le petit et le grand lac du Cerf.

En hiver, 72 km de pistes sont entretenus pour le **ski de fond**, et 10 km pour les **raquettes**. Départ et location d'équipement au **Centre de ski de fond de Mont-Laurier** (☎819-623-5520 ; 1831 bd Albiny-Paquette ; adulte/enfant ski 10/5 $, raquettes 5/3 $; ⏲mi-déc à fin mars).

Où se loger

La Maison de la rive GÎTE $

(819-623-7063 ; www.lamaisondelarive.com ; 415 du portage ; s/d avec petit-déj 62-72/67-77 $ taxes incl). À quelques minutes du centre-ville de Mont-Laurier, ce gîte propose 4 petites chambres propres et coquettes, se partageant une douche. De gros édredons recouvrent les lits *queen-size*. Terrasse avec vue sur la rivière de la Lièvre. Une bonne option économique.

Au Pied du courant GÎTE $$

(819-623-2001 ; www.giteaupiedducourant.com ; 426 du portage ; s/d avec petit-déj 84-104/94-114 $). Le salon de cette belle maison est rempli de livres, de tableaux et d'objets d'art. Les 4 grandes chambres en bois clair vous accueillent dans un cadre raffiné, où seul le bruit de la rivière en contrebas vient perturber le calme qui règne. Toutes les chambres possèdent un balcon. Prêt de vélo.

Où se restaurer

La Muffinerie REPAS LÉGERS $

(819-623-7778 ; 512 rue Carillon ; plats 7-10 $; lun-mer 7h-18h, jeu-ven 7h-19h, sam 7h-17h, fermé dim). Une adresse toute simple qui propose soupes, sandwichs, café, et pâtisseries. Buffet à salade et petits repas chauds.

Café Mi-suisse Mi-sucré BISTRO $

(819-623-3340 ; 516 rue du port ; menu midi 11,75 $; tlj midi et soir en été, lun-mer midi, jeu-ven midi et soir hors saison). Petit restaurant bruyant et coloré qui rappelle les restos ouvriers français. Le cadre est assez banal, mais la cuisine est fraîche, généreuse et abordable. Au menu du jour : poisson aux petits légumes, gratin dauphinois, assiette de fromages.

Aux Grills GRILLADES ET FRUITS DE MER $$

(819-623-7031 ; 365 rue Chasles ; plats 17-42 $; mar-ven midi et soir, sam soir). Ce restaurant au cadre plutôt élégant, avec sa cuisine ouverte et ses fauteuils en cuir, est spécialisé dans les grillades et les fruits de mer.

Ferme-Neuve

Située à 18 km de Mont-Laurier, Ferme-Neuve constitue la véritable porte d'entrée vers les espaces sauvages de l'arrière-pays. Cette charmante bourgade située au bord de la rivière de la Lièvre et au pied du mont Sir-Wilfrid (montagne du Diable) offre de belles possibilités d'escapades dans la nature. En été, la chute Windigo se transforme ainsi en gigantesque glissade d'eau naturelle et, un peu plus loin, le réservoir Baskatong offre un immense terrain de jeux de 320 km².

Adressez-vous au **bureau d'information touristique** (819-587-3882 ou 1 877-587-3882 poste 221 ; 125 12ᵉ Rue ; tlj 9h-17h), où les Amis de la Montagne du Diable vous aideront à organiser vos excursions vers la montagne du Diable. Quatre-vingts kilomètres de sentiers de randonnées pédestres (de raquette l'hiver) et 30 km de pistes de ski de fond y sont entretenus. L'été, on profite des 10 km de circuit en canot et des 25 km de **sentiers VTT** (droits d'accès randos raquette et VTT 5 $/jour, ski de fond 7 $/jour, gratuit -17 ans). Des **refuges** (28,75 $/pers taxes incl) et des emplacements de **camping rustique** (empl été/hiver 19,55/9,20 $ taxes incl) sont mis à la disposition des randonneurs.

Où se loger et se restaurer

Auberge chez Isaïe AUBERGE $

(819-587-3977 ; 300 12ᵉ Ave ; d sem/week-end 50-70/75-95 $). Cette grande demeure en brique rouge, au style très Nouvelle-Orléans, abrite 19 chambres assez banales, mais tout confort. Bon rapport qualité/prix. Bar et restaurant attenants. Accueil dilettante.

Club Fontbrune POURVOIRIE $$

(819-623-2663 ou 1- 888-831-2663 ; www.clubfontbrune.qc.ca ; C.P 1090 Ferme-Neuve ; chalet 140-720 $/2 nuits). Au bord du lac Piscatosin, cette pourvoirie comporte 17 chalets rustiques, certains très simples, d'autres plus coquets. Tous sont équipés de poêle à bois, de frigo et de barbecue en terrasse. Nombreuses activités proposées, ne pas hésiter à demander conseil à Erik, le propriétaire des lieux. Spa et sauna en hiver. Restaurant sur place. De Ferme-Neuve, prendre à gauche la route 17 de la Montée Leblanc sur 32 km.

Village Windigo RESIDENCES DE TOURISME $$$

(1-866-946-3446 ; www.lewindigo.com ; 548 chemin Windigo, Ferme-Neuve ; chalet basse/haute saison 186-514/217-580 $ la nuit). Situés dans un cadre d'exception, les cottages et les appartements du village Windigo promettent un exil savoureux sur les rives du réservoir Baskatong. Entièrement en bois et tout équipés, ils possèdent pour la plupart une pleine vue sur cette véritable mer intérieure. Sur le site : restaurant, tennis, spa, patinoire et glissades pour les enfants. Prêt de canot/kayak, vélo et pédalo.

PROMENADE AU MUSÉE D'ART DE JOLIETTE AVEC RITA BRUNELLE, GUIDE BÉNÉVOLE

"Au début du XIXe siècle, les artistes sont souvent des peintres ambulants qui gagnent leur vie en portraiturant les habitants, à l'image des peintures naïves de Louis Dulongpré. Au début du XXe siècle, parmi les quelque 200 artistes canadiens qui séjournent en Europe, citons Marc-Aurèle de Foy Suzor-Côté, influencé par l'impressionnisme (voir son *Labourage à l'aube*), ou Alfred Laliberté, très inspiré de Rodin et dont le musée expose la sculpture *Vanité des vanités*. Dans les années 1920, des artistes anglophones, influencés par le cubisme, forment le fameux Groupe des Sept, à la recherche d'un nouveau langage pour le paysage canadien. Nous en avons un exemple avec *Clouds Over Lake O'Hara* de J. E. H. MacDonald et *Pines Telegraph Bay* d'Emily Carr. À cette même période, Adrien Hébert se distingue car il peint la ville, alors que beaucoup de ses contemporains travaillent les paysages. Son regard sur le *Port de Montréal* reflète d'une certaine façon la modernité, que l'on peut observer plus tard chez Paul-Émile Borduas (*Léda, le cygne et le serpent*, 1943), où se côtoient figuratif et non-figuratif. En 1948, ce peintre est à l'origine du manifeste artistique *Refus global*, qui s'élève contre les valeurs traditionnelles de l'époque (voir p. 455). Parmi les signataires, on trouve Jean-Paul Riopelle, dont le *Survol* (1962), exposé ici, marque une évolution très frappante vers le modernisme."

Depuis/vers Ferme-Neuve

VOITURE De Montréal, prendre l'autoroute 15 Nord, puis la route 117 Nord jusqu'à Mont-Laurier. De là, prendre la route 309 Nord. Compter 2 heures 45 de route.

LANAUDIÈRE

Avec ses terres parsemées de hauts silos et irriguées par les affluents du Saint-Laurent, la région natale de Céline Dion et de Gilles Villeneuve est avant tout agricole. Le long des rives de son fleuve nourricier, ses anciennes concessions seigneuriales abritent aujourd'hui de jolis villages, qui jalonnent le "Chemin du Roy" (route 138). Plus haut, ses vastes plaines sont parcourues par des routes panoramiques et un circuit cycliste, qui mènent à des chutes et des ruisseaux où il fait bon se baigner. L'agrotourisme (visites de fermes, cueillette de fruits...) s'y développe également. Au nord, la nature reprend ses droits. L'ancien pays des fourrures fait la joie des motoneigistes, avec ses 2 200 km de sentiers enneigés en hiver.

Joliette

La paisible capitale de Lanaudière s'anime en juillet à l'occasion du plus important festival de musique classique du Québec. Outre l'amphithéâtre entouré de verdure, où se déroulent les concerts en plein air, l'autre point névralgique de la ville est la place Bourget, autour de laquelle se regroupent les restaurants, les banques et les commerces. La campagne environnante offre des paysages rythmés par les silos à grains. Vous pourrez vous procurer la carte des **chemins de campagne** (www.cheminsdecampagne.ca) de l'itinéraire d'agro-tourisme à l'office du tourisme.

Renseignements

OFFICE DU TOURISME (☎450-759-5013 ; www.tourismejoliette.com ; 500 rue Dollard ; ⏲été tlj 8h30-19h, lun-ven 8h30-17h reste de l'année)

À voir et à faire

La collection permanente du **musée d'Art de Joliette** (☎450-756-0311 ; www.museejoliette.org ; 145 rue du Père-Wilfrid-Corbeil ; adulte/étudiant/6-12 ans 10/8/6 $; ⏲mar-dim 12h-17h, jeu mi-oct à mi-déc jusqu'à 20 h) offre un bon éclairage sur l'art canadien, avec des œuvres du XVIIIe siècle à nos jours (voir l'encadré ci-dessus). Elle compte également des pièces d'art sacré. Des expositions temporaires sont organisées tous les trois mois.

Le **Festival international de Lanaudière** (www.lanaudiere.org ; place assise 25-50 $, pelouse 13 $), l'un des plus importants festivals de musique classique au Canada, se tient de début juillet à début août, période durant laquelle il accueille entre 60 000 et 75 000 visiteurs. Récitals et concerts de musique classique ont lieu pour la plupart en plein air, dans un superbe amphithéâtre à l'acoustique réputée (2 000 places assises ;

la pelouse accueille les spectateurs avec leur chaise et pique-nique). Réservez vos places sur Internet ou à la **billetterie de l'amphithéâtre** (450-759-4343 ou 1-800-561-4343 ; 1655 bd Base-de-Roc ; pdt le festival lun-mar et jeu 12h-18h, ven-sam 12h-20h30, dim 10h-15h, mi-mai à début juil lun-ven 12h-18h). Des concerts ont aussi lieu dans des églises, les billets sont alors disponibles sur place 1 heure avant.

Le dernier week-end de juillet, le **festival Mémoire et Racines** (450-752-6798 ou 1-888-810-6798 ; www.memoireracines.org ; 25 pl Bourget Nord, bureau C ; passeport week-end tarif régulier/étudiant 65/60 $, forfait samedi 40/35 $ ven ou sam soir ou dim après-midi et soir 27/23 $) célèbre quant à lui le folklore québécois. Il réunit les meilleurs groupes folkloriques du Québec sur des scènes extérieures du parc Saint-Jean-de-Bosco, dans le centre de Joliette. Un pré-festival rassemble des groupes locaux dans des petites salles et bars de la ville.

Les propriétaires de la **Bergerie des Neiges** (450-756-8395 ; www.bergeriedes neiges.com ; 1401 rang 5, Saint-Ambroise-de-Kildare ; adulte/enfant 6/4 $; fin juin à début sept mer-dim 10h-17h, sept-oct jeu-dim 10h-17h) font visiter leur charmante bergerie. Produits de la ferme en vente à la boutique.

Où se loger

Les possibilités d'hébergement sont assez réduites et les chambres partent vite pendant le festival. Pensez à réserver.

Gîte La Petite Monet GÎTE $$
(450-759-5798 ; 3306 bd Base-de-Roc ; s/d avec petit-déj 77/87 $). À retenir si vous souhaitez loger au centre-ville, où les options sont rares. Décorées dans des teintes bleues, 3 chambres simples – dont 2 se partageant une sdb – sont proposées. Les propriétaires servent le petit-déjeuner seulement s'ils ne sont pas trop occupés par leur production de tomates et concombres.

Gîte Aux P'tits Oiseaux GÎTE $$
(450-752-1401 ; 722 bd Base-de-Roc ; s/d avec petit-déj 70/85 $, app s/d avec petit-déj 80/95 $, 15 $/pers supp ;). Ce gîte distille un réel charme avec ses 2 chambres mansardées aux lourds parquets et murs fleuris, son appartement en sous-sol – peu lumineux mais bien décoré et idéal pour une famille –, son salon réchauffé par un poêle et son piano.

Château Joliette HÔTEL $$
(450-752-2525 ou 1-800-361-0572 ; www.chateau-joliette.com ; 450 rue Saint-Thomas ; ch régulière/supérieure à partir de 103/125 $, ste à partir de 165 $). Seul hôtel de la ville, ce bâtiment en briques abrite 89 chambres et suites tout confort, mais sans grand cachet. Les régulières ont été rénovées – avec du parquet – mais n'offrent pas de vue sur la rivière de l'Assomption.

Où se restaurer

Aux Saisons Gourmandes REPAS LÉGERS $
(450-756-6185 ; 434 bd Manseau ; plats 12-16,50 $; tlj midi et soir, plus dim été). Ce petit bistro sans prétention sert des quiches, sandwichs, pizzas et assiettes accompagnées de salades que l'on va choisir au bar. Service courtois et prix modérés. Petite terrasse sympathique. Une bonne formule le midi.

Le Lapin qui tousse FRANCO-BELGE $$
(450-760-3835 ; 410 rue Notre-Dame ; plats 23-44 $, table d'hôte 33-45 $; midi mar-ven, soir mar-sam). Une table appréciée pour sa cuisine franco-belge et son ambiance de bistro. Les plats sont assez roboratifs : filet mignon de porc au brie, jarret d'agneau à la moutarde ancienne, pavé de morue Charbonnière rôtie en croûte de cèpes et porto…

Le Fil d'Ariane EUROPÉEN $$
(450-755-3131 ; 400 bd Manseau ; plats 23-40 $; mar-sam soir). Dans les petites salles intimes, décorées de toiles colorées, vous vous délecterez de moules-frites à l'indienne, à la dijonnaise et à la madagascar, mais aussi de grillades, de tartares et de confit de canard. Très belle carte des vins.

La Belle Excuse TERROIR $$$
(450-756-0118 ; www.belle-excuse.com ; 524 rue Saint-Viateur ; plats 29-52 $, table d'hôte 39-45 $; mar-ven 11h-22h, sam-dim 16h-22h). Cette vaste maison, à l'atmosphère tendance et décontractée, sert une bonne cuisine du terroir. Ses apéritifs originaux, cidre d'Hemmingford ou mistelle de Dunham, accompagnent viandes (osso-buco, jarret d'agneau, steak de cerf), pâtes et poissons. Terrasse sur le toit en saison.

Depuis/vers Joliette

VOITURE De l'autoroute 40 Est, suivre l'autoroute 31 en direction de Joliette.

BUS Un **bus express** (1-877-492-6111 ; www.jembarque.com) assure des liaisons quotidiennes entre Montréal et Joliette (aller simple 9,35 $). Le **terminus** (450-759-5133 ou 1-866-755-2917) à Joliette est situé au 930 rue St-Louis, à l'arrière de l'épicerie Metro.

GILLES ET JACQUES VILLENEUVE : "PETIT PRINCE" DE PÈRE EN FILS

En cinq saisons chez Ferrari et 67 Grands Prix de Formule 1 courus de 1977 à 1982, Gilles Villeneuve n'a franchi la ligne d'arrivée en vainqueur "que" six fois. Et qu'importe s'il aura fallu moins de deux ans à son fils Jacques pour battre ce record : plus de 15 ans après sa mort, des dizaines de fans-clubs et des milliers d'admirateurs entretiennent encore une admiration sans bornes pour ce pilote hors pair. Le circuit du Grand Prix du Canada, qui se déroule chaque année en juin sur l'île Notre-Dame à Montréal, a d'ailleurs été rebaptisé Circuit Gilles-Villeneuve.

"Je préfère gagner une course en attaquant qu'en perdre une en calculant" : la philosophie de Gilles Villeneuve tient en ces quelques mots. L'homme avait quelque chose de plus que les autres, un grain de folie qui le poussait à aller au bout de ses limites... souvent aux dépens de la coque de sa Ferrari. Pilote fougueux, instinctif, le préféré d'Enzo Ferrari disparaîtra un jour de mai 1982, à 32 ans, pour avoir voulu rattraper les 115 millièmes de seconde de retard qu'il avait sur son rival Didier Pironi, dans l'ultime tour de qualification du Grand Prix de Belgique.

Ce jour-là, son fils Jacques avait 11 ans. Depuis, il a tracé sa route, devenant le plus jeune vainqueur du championnat d'Indycar et remportant les mythiques 500 miles d'Indianapolis. En 1996, il rejoint l'écurie de Formule 1 Williams Renault. En moins d'une saison, il est devenu l'un des meilleurs pilotes du monde : ses duels avec l'Allemand Michael Schumacher restent dans les mémoires.

TRAIN Via Rail Canada (☎1-888-842-7245 ; www.viarail.ca) rallie Montréal (23 $ taxes incl, 1 heure 20) certains jours seulement. La **gare** (☎450-759-3252) de Joliette se situe au 880 rue Champlain, à l'angle du bd Sainte-Anne.

Rawdon

De ce village, il faut retenir les courtes randonnées dans les environs et les escapades propices à la baignade et aux pique-niques. De nombreux kiosques de fruits et légumes, charcuteries et autres tartes maison bordent les routes qui mènent à Rawdon.

À voir et à faire

La municipalité gère trois sites, accessibles tous les jours en été de 9h à 20h. Le petit **parc des Chutes Dorwin**, sur la 1re Avenue, mérite le coup d'œil. Des aires de pique-nique installées sous de larges pins et de courts sentiers dégagés (3 km) entourent des chutes imposantes. Des panneaux rappellent que la baignade est interdite. Pour vous baigner, préférez le **parc des Cascades**, accessible par la route 341 (11e Avenue), ou la plage municipale (8e Avenue). L'accès à ces trois sites est payant – un bracelet (adulte/enfant 5/3 $, gratuit -6 ans) permet d'aller de l'un à l'autre.

En empruntant la route 337 Nord, vous trouverez le **parc régional des Chutes Monte-à-Peine-et-des-Dalles** (☎450-883-6060 ; www.parcdeschutes.com ; adulte/enfant 7,50/4 $), moins couru. Il se prête très bien à une journée de randonnée et de baignade dans la rivière l'Assomption. Des trois entrées au parc, préférez celle de Saint-Jean-de-Matha (rang Sainte-Louise Ouest), qui mène directement aux chutes.

Où se loger

Rawdon compte quelques motels sans grand intérêt près du centre-ville.

Auberge Ma Maison AUBERGE **$$**
(☎450-889-2296 ; www.aubergemamaison.com ; 1291 rang Pied de la Montagne, Sainte-Mélanie ; s/d avec petit-déj 70/100 $, table d'hôte 50 $). Dans le petit village de Sainte-Mélanie, cette auberge offre des chambres champêtres décorées avec soin. On y sert de bons plats mitonnés par un chef français. Formule "Apportez votre vin". Divers forfaits en demi-pension sont proposés : festival de Lanaudière, golf, équitation, etc. Depuis le village, suivre la direction du parc des chutes, c'est ensuite bien indiqué.

Depuis/vers Rawdon

VOITURE Pour aller directement de Montréal à Rawdon, prendre l'autoroute 25 Nord. Arrivé à Saint-Esprit, suivre la route 125 Nord et, à Saint-Julienne, bifurquer sur la route 337 Nord.

BUS Les **Autobus Gaudreault** (☎450-759-3554 ou 1-877-492-6111 ; www.jembarque.com) relient Montréal à Rawdon. Ils partent de la station de métro Radisson à Montréal (bus 125 ; 12,75 $).

Berthierville

Au sud-est de Joliette, en bordure du fleuve Saint-Laurent, Berthierville est le point de passage obligé vers l'archipel de Berthier, une intéressante réserve ornithologique. La ville manque cependant cruellement de charme, avec son artère principale placardée de néons et de fast-foods. Elle est également la ville natale du coureur automobile Gilles Villeneuve. Le petit **musée Gilles Villeneuve** (☎450-836-2714 ou 1-800-639-0103 ; www.museegillesvilleneuve.com ; 960 av. Gilles-Villeneuve ; adulte/6-17 ans 10/6,17 $; ⏲tlj 9h-17h) retrace la vie du coureur automobile de Formule 1, décédé en 1982.

Au bout de la rue de Bienville se dresse la **chapelle des Cuthbert** (☎450-836-7336 ; www.lachapelledescuthbert.com ; 461 rue de Bienville, via sortie 144 de l'autoroute 40 ; ⏲tlj juin-sept 10h-18h), le premier temple protestant construit au Québec, en 1786. Visites gratuites et programmation culturelle estivale.

ℹ Depuis/vers Berthierville

VOITURE Prendre l'autoroute 40 ou suivre la jolie route 138 surnommée "Chemin du Roy", la première route aménagée par les Européens (voir l'encadré p. 207), qui prévoit des arrêts dans plusieurs villages le long du fleuve, de Montréal à Berthierville.

BUS Les **Autobus Brissette** (☎450-836-1811 ; www.jembarque.com) assurent des liaisons quotidiennes Montréal-Berthierville, via Lavaltrie. Le terminus de Berthierville se trouve au dépanneur Formule 1 (782 rue Notre-Dame) et celui de Montréal, au métro Radisson.

Îles de Berthier

Situées en face de la ville éponyme, les îles de Berthier, formant un vaste labyrinthe de chenaux et de marais, abritent les plus belles réserves ornithologiques de la province. On y recense plus de 200 espèces d'oiseaux et la plus importante halte migratoire de hérons et de sauvagines en Amérique du Nord. Sur l'île Berthier et l'île du Milieu, la **Société de conservation, d'interprétation et de recherche de Berthier et ses îles** (☎450-836-4447 ; www.scirbi.org) gère 10 km de sentiers, praticables l'hiver en ski de fond et raquette. L'été, ses naturalistes sont présents sur place pour des activités découverte de la faune et de la flore.

De mai à septembre, la **pourvoirie du lac Saint-Pierre** (☎450-836-7506 www.lacsaintpierre.com ; 2309 rang Saint-Pierre, Saint-Ignace-de-Loyola) propose, sur réservation, une croisière ornithologique dans les îles de 2 heures 30 (adulte/6-12 ans 30/15 $), ainsi que la location de kayaks (40 $/demi-journée).

Une piste cyclable de 80 km sillonne l'ensemble des îles de Berthier. Elle est accessible depuis Berthierville ainsi que par Saint-Barthélemy, où un service de **traversier** (adulte/enfant 3/2 $; ⏲mer-dim, fin juin à début sept) permet de rejoindre La Visitation-de-l'Île-Dupas.

ℹ Depuis/vers les îles de Berthier

VOITURE Emprunter l'autoroute 40 jusqu'à Berthierville et prendre la sortie 155 vers Saint-Ignace-de-Loyola. Il existe un **traversier** (☎450-742-3313 ; www.traversiers.gouv.qc.ca ; adulte/5-11 ans 3,10/2,10 $; trajet 10 min) qui permet, toute l'année, de rejoindre Sorel, sur la rive sud du Saint-Laurent, depuis Saint-Ignace-de-Loyola.

Abitibi-Témiscamingue et Baie-James

Dans ce chapitre »

Le top des hébergements

- » Gîte de la rivière (p. 140)
- » Auberge de l'orpailleur (p. 127)

Le top des restaurants

- » Bistro Jezz (p. 131)
- » La Muse Gueule (p. 130)
- » Latitude Resto (p. 133)

Pourquoi y aller

Nichées dans les latitudes boréales, aux portes du Grand Nord, l'Abitibi-Témiscamingue et la Baie-James couvrent un vaste territoire de 368 000 km². Un mince filet d'asphalte relie ces deux entités distinctes, isolées à l'ouest du Québec. La route traverse une dense forêt d'épinettes noires percée de milliers de lacs constituant l'une des plus importantes réserves d'eau douce au monde.

Terre ancestrale des Algonquins, l'Abitibi devint la terre promise des prospecteurs et des mineurs, attirés par la "ruée vers l'or". Dans le sillage de nombreux travailleurs venus d'Europe de l'Est, des milliers de familles sont venues s'installer dans cette région, la plus jeune du Québec. Les mines, auxquelles se sont ajoutées les compagnies forestières, continuent d'être les piliers de l'économie d'une région aux espaces infinis et aux allures de Far West. La capitale de l'Abitibi, Rouyn-Noranda, est une ville fière et dynamique. Sa vitalité tient à sa jeunesse étudiante, à son effervescence artistique, mais avant tout, à la ténacité de ses travailleurs, qui savent encaisser les soubresauts de l'activité industrielle. Au sud, le Témiscamingue, sœur cadette de l'Abitibi, déploie un paysage moins sauvage où vallons et plaines agricoles s'entremêlent, en bordure du lac Témiscamingue. Bien souvent, ses villages ne comptent qu'un siècle d'histoire. Quant à la Baie-James, elle préfigure le Grand Nord, avec ses espaces infinis et son froid hivernal mordant. Son nom à lui seul évoque un monde d'explorateurs, mystérieux et lointain, que le visiteur se plaira à découvrir. Vous y goûterez au plaisir de creuser des sillons dans la neige fraîche en plein cœur de la forêt ou, en saison estivale, de contempler la féerie d'une aurore boréale.

Quand partir

Juillet-août Parce que l'Abitibi et la Baie-James sont des régions où il fait froid et où les sites touristiques et historiques fonctionnent sur une base saisonnière.

Janvier-mars Pour profiter de l'hiver et faire de la raquette, du ski de randonnée dans les grands espaces qui font rêver, les grandes étendues de neige blanche et de forêt boréale...

Vers 5 Chisasibi et la Baie-James
Matagami
Vers le lac Saint-Jean et Chibougamau
ONTARIO
113
MAURICE-BOIS-FRANCS
Val-Paradis
109
Lebel-sur-Quévillon
Lac Abitibi
La Sarre
111
Pikogan
6 Rivière Harricana
101
Amos
1 Refuge Pageau
Parc d'Aiguebelle
109
Senneterre
397
Rouyn-Noranda
395
111
3 Traineau à chiens
4
117
Cadillac
2 Cité de l'Or
Festival du cinéma international
Malartic
Val-d'Or
Notre-Dame-du-Nord
Réserve faunique de la Vérendrye
Lac Témiscamingue
Ville-Marie
7 Fort Témiscamingue-Obadjiwan
Laniel
101
117
Témiscaming
OUTAOUAIS
Vers Montréal, Mont-Laurier et Grand-Remous,
63
533
North Bay
17
Mattawa
Riv. des Outaouais
ONTARIO
0
12 km

À ne pas manquer

1. S'émouvoir devant les animaux sauvages rescapés du **refuge Pageau**, à Amos (p. 132)
2. Plonger à 91 m dans les entrailles de la **Cité de l'Or**, une ancienne mine à Val-d'Or (p. 126)
3. Prendre le large en **traîneau à chiens** sous le dense couvert de la forêt boréale en hiver (p. 127)
4. Découvrir le **Festival de musique émergente** et le **Festival du cinéma international** à Rouyn-Noranda (p. 129)
5. Se dépayser au village cri de **Chisasibi**, dans la Baie-James (p. 139)
6. Faire une balade en canot et monter son tipi pour la nuit avec les Cris sur la **rivière Harricana** (p. 132)
7. Revenir au temps des trappeurs au poste de traite des fourrures du **Fort Témiscamingue-Obadjiwan** (p. 142), tout près d'une forêt enchantée.

Histoire

Terre éloignée des nomades algonquins durant près de 6 000 ans, la région de l'Abitibi-Témiscamingue n'est colonisée que tardivement, au début du XXe siècle. Néanmoins, dès le XVIIe siècle, elle est la voie privilégiée pour atteindre le Grand Nord et constitue un fabuleux terrain de chasse et de pêche. Le contrôle de ses comptoirs de fourrures deviendra un enjeu majeur dans la bataille qui oppose les Français et les Anglais pour le contrôle de la baie James et de la baie d'Hudson. À la traite intensive des peaux à fourrure, entre 1650 et 1800, succèdent les coupes forestières. Emboîtant le pas aux coureurs des bois et aux forestiers, les missionnaires arrivent dans cette partie du Nord québécois dans les années 1850. Après avoir instauré le régime des réserves amérindiennes pour les Algonquins, ils amorcent la colonisation du Témiscamingue. Celle de l'Abitibi suivra à partir de 1912, avec la construction du chemin de fer Transcontinental.

La découverte dans les années 1920 de la faille de Cadillac, en Abitibi, marque le début de la ruée vers l'or. La mine Horne est ouverte en 1927. Jusqu'en 1996, 91 mines d'or et de cuivre seront exploitées. Des villes comme Rouyn-Noranda et Val-d'Or sont formées tandis que d'autres cités minières éclosent suivant le tracé de la faille. Attirés par l'or et sa promesse d'un avenir meilleur, des milliers d'immigrants, pour la plupart originaires d'Europe de l'Est, mettent le cap sur l'Abitibi-Témiscamingue.

Si l'industrie minière constitue encore le principal facteur de développement, elle subit un déclin progressif depuis les années 1970-1980. L'industrie du bois d'œuvre est à son tour entraînée dans ce phénomène généralisé de délocalisation, minée par le conflit sur le bois dédié à la construction qu'a le Canada avec le voisin américain. La précarité économique qui menace la région a déjà condamné à l'exode ou au chômage nombre de familles et de jeunes. Néanmoins, la situation semble aujourd'hui se redresser vu la stabilité relative du marché de l'or et la découverte de filons diamantifères exploitables.

Orientation

L'Abitibi-Témiscamingue se divise en 5 grands districts. Le cœur de l'**Abitibi** se trouve à Rouyn-Noranda, à partir duquel on peut aisément rejoindre les autres districts. Au sud se trouve le **Témiscamingue**, dont l'accès se fait par l'Ontario, en passant par Mattawa et en longeant la frontière interprovinciale. À l'est, la **Vallée de l'Or** est accessible via les Laurentides et l'Outaouais via la route 117 qui traverse le parc de la Vérendrye. Son territoire est aussi bordé par le nord de la Mauricie à l'est, mais aucune route ne permet de s'y rendre, contrairement au Saguenay-Lac-Saint-Jean que l'on peut joindre via Chibougameau et la route 113 au nord-est, dans la région de la Baie-James. La portion la plus visitée de la Baie-James est toutefois reliée par la route de Matagami, dans la région d'**Amos-Harricana**. Enfin, frontalier de l'Ontario, l'**Abitibi-Ouest** est la région la moins peuplée, la plus désolée et la moins visitée de tout l'Abitibi-Témiscamingue.

MARCHÉS

Les informations les plus à jour sur les marchés sont disponibles sur www.gouteznotreregion.ca. Mieux vaut vérifier car la tradition n'est pas très implantée et les horaires sont sujets à changement d'année en année. À titre indicatif :

» **Amos** (jeu 11h-17h30 juil-sept). Parc de la Cathédrale Sainte-Thérèse-d'Avila, 11 bd Monseigneur-Dudemaine.

» **Rouyn-Noranda** (ven 12h-17h30 fin juin-fin sept). Place de la citoyenneté et de la coopération, rue Perreault, face à l'hôtel de ville.

» **Val-d'Or** (dim 9h30-13h30 mi-juin-fin sept). Parking Mitto, face à la caserne des pompiers, sur la 2e Avenue.

» **Ville-Marie** (jeu 14h30-19h début juil-début sept). Terrain du Centre Frère-Moffet, à l'angle des rues Notre-Dame de Lourdes et Dollard.

Renseignements

INDICATIF TÉLÉPHONIQUE 819, sauf pour Chibougameau et la Jamésie (418), auquel cas nous l'avons précisé.

BUREAUX D'INFORMATION En plus des bureaux d'information touristique dans chaque grande ville, vous trouverez des renseignements sur l'Abitibi-Témiscamingue sur le site Internet de l'**Association régionale** (www.tourisme-abitibi-temiscamingue.org) ainsi que des informations sur les activités de plein air sur le superbe site d'**Accès plein-air** (www.accespleinair.org).

ABITIBI ET VALLÉE DE L'OR

Réserve faunique de la Vérendrye

Vous la traverserez forcément si vous rejoignez l'Abitibi depuis Maniwaki ou les Laurentides. La route s'étire sur près de 180 km dans l'immensité du décor boréal, longeant une succession d'imposants conifères et bordant d'innombrables lacs. Mais elle n'offre en définitive qu'une vue très partielle de la réserve. Pour en découvrir les attraits, il faut prendre les chemins de traverse...

L'épinette noire et blanche, le pin gris, blanc et rouge ainsi que le bouleau blanc constituent la majeure partie du couvert forestier. La réserve abrite des orignaux, ours noirs, loups, renards, castors et plus de 150 espèces d'oiseaux. Ses lacs abondent en brochets, en dorés, en truites grises et, dans une moindre mesure, en truites mouchetées, formant l'un des meilleurs territoires de pêche de tout le Québec. Avec ses 12 589 km^2 de nature brute, cette réserve à cheval entre l'Outaouais et l'Abitibi-Témiscamingue est le lieu à privilégier pour une aventure hors des sentiers battus.

Renseignements

ACCUEIL ET SERVICES (☎354-4392 ou 1-800-665-6527 ; www.sepaq.com/laverendrye ; ⏲7h-19h mai-sept) Quatre bureaux d'accueil sont implantés en bordure de la route 117 traversant la réserve. Si vous arrivez par Maniwaki ou les Laurentides, vous tomberez d'abord sur l'**accueil Sud** (☎435-2216. Installé 50 km plus loin, l'**accueil Le Domaine** (☎435-2541) concentre le plus grand nombre de services. Une trentaine de kilomètres plus au nord se trouve l'**accueil Lac Rapide** (☎819-435-2246). Enfin, l'**accueil Nord** (☎736-7431) marque la limite haute de la réserve, 57 km avant Val-d'Or.

TARIFS Contrairement aux parcs nationaux, l'accès aux réserves fauniques est gratuit.

Activités

Avec plus de 4 000 lacs, dont 800 accessibles à la pêche, la réserve est avant tout le paradis des **pêcheurs** (droits 15,68 $/jour/pers). Elle accueille également les amateurs de **canot-camping** (☎435-2331 ; www.canot-camping.ca ; accueil Le Domaine ; ⏲mi-mai à mi-sept) sur un parcours exceptionnel s'étirant sur plus de 800 km. Les excursions doivent être bien encadrées, car il est souvent difficile de s'orienter au cœur des immenses réservoirs.

Où se loger et se restaurer

Une quarantaine de **campings rustiques** (12,23-21 $/nuit) et trois **campings aménagés** (26,50-44,25 $/nuit) offrant aussi le **prêt-à-camper** (93-109 $/nuit) sont disséminés dans la réserve. Le site **La Vieille** est le seul à disposer de l'électricité. Celui du **Lac-Savary** (au sud-ouest) est apprécié pour son calme. Une vingtaine de **chalets** avec embarcation sont également proposés en location près du lac Granet, du réservoir Dozois, du secteur sud-ouest ou de l'accueil nord (38-58 $/pers/nuit). Les prix sont souvent moins élevés du dimanche au mercredi et des forfaits famille avec animation sont disponibles au Domaine. Prévoyez des provisions.

Depuis/vers la réserve faunique de la Vérendrye

VOITURE La route 117 est la seule voie d'accès. Dans l'Outaouais, prenez la route 105 Nord qui croise la route 117 environ 15 km avant le parc. De Grand-Remous à Val-d'Or, la porte d'entrée en Abitibi, vous ne croiserez ni village, ni hameau. L'accueil Le Domaine, situé à mi-chemin, dispose d'une station-service et d'un restaurant. Le prochain poste à essence sur cette route est à 126 km au nord.

BUS Les **Autobus Maheux** (☎1-866-307-0002 ou 1-866-863-6066) font un arrêt au Domaine (80 $, environ 5 heures depuis Montréal), trois fois par jour avant de poursuivre leur route vers l'Abitibi.

Val-d'Or

Comme son nom l'indique, voici une ville née dans les années 1930 sous l'impulsion des chercheurs d'or. Jusqu'en 1950, pas moins de 25 mines entrent en production dans la région. De cette période restent le village construit en alignement symétrique autour de l'ancienne mine Lamaque ainsi que la mine Sigma, dont le site à ciel ouvert – qui longe la route 117 – a été fermé subitement en mai 2012. Aujourd'hui, l'industrie de la transformation du bois a pris la relève et représente un réel moteur économique pour cette ville aux portes de l'Abitibi. Les Algonquins sont très présents dans la ville, près de la moitié des autochtones et métis de la région s'y trouvent. Avec ses boutiques, restaurants, bars "country" et motels pour célibataires qui se succèdent le long de la rue principale, Val-d'Or a un petit air de Far West...

Renseignements

OFFICE DU TOURISME (☎824-9646 ou 1-877-582-5367 ; www.tourismevaldor.com ; 1070, 3e Avenue Est ; ⏲mi-mai à début sept tlj 8h-19h, reste de l'année lun-ven 9h-17h, sam 9h-15h, dim 12h-15h). Installé sur la 117, à l'entrée sud de la ville, il délivre gratuitement un permis de stationnement pour 3 jours renouvelables.

INTERNET Accès Wi-Fi gratuit à l'office du tourisme, ainsi qu'à la **bibliothèque municipale** (☎824-2666 ; 600 7e Rue ; ⏲lun-ven 13h-21h, sam 10h-17h et dim 13h-17h), où des postes Internet (2 $/heure) sont aussi disponibles. Les bars et restaurants équipés du Wi-Fi sont indiqués par un pictogramme sur le plan de la ville.

Fêtes et festivals

Festival forestier de Senneterre (fin juin ; www.festivalforestier.com). À 70 km de Val d'or en direction de Chibougamau, la dernière semaine de juin, les bûcherons amateurs se disputent des épreuves de hache, courses sur billots et débitage de bois.

Festival d'humour de l'Abitibi-Témiscamingue (juin ; www.festivaldhumour.com). Spectacles d'humoristes du Québec et concours de la relève de l'humour.

Festival de la Relève Indépendante Musicale en Abitibi-Témiscamingue (début août ; www.frimat.qc.ca). Petit festival d'artistes principalement régionaux.

À voir

Pour un point de vue sur la mine à ciel ouvert et les lacs environnants, vous pouvez monter à la **tour d'observation Rotary**, haute de 18 m, qui surplombe Val-d'Or et a été édifiée en hommage aux pionniers et bâtisseurs de la ville. Elle se situe à l'angle du bd des Pins et du bd Sabourin.

Dans le cœur historique de Val-d'Or, le **village minier de Bourlamaque** prend place aux abords de l'ancienne mine Lamaque. Toujours habité – et accueillant la plupart des gîtes touristiques – il compte près de 80 maisons de bois rond aux pourtours de couleurs vives, construites à partir de 1935 pour loger les familles de mineurs. L'une d'elles est ouverte à la **visite** (123 rue Perreault ; entrée libre ; ⏲été tlj 11h-18h) en été avec un intérieur d'époque reconstitué. Dans le cabanon de derrière, une vidéo relate l'histoire de ce village qui fut classé site historique en 1979. Mais plus intéressante est la **visite audioguidée Radio Bourlamaque** (location à la Cité de l'Or, 90 av. Perreault ; adulte/senior et étudiant/6-11 ans/famille 9/7/5/22 $), d'une durée d'une heure environ, qui invite à découvrir le site en 17 capsules sonores dont certaines, émouvantes, font entendre le témoignage d'anciens du quartier. Prévoyez 1 heure environ.

> LE SAVIEZ-VOUS ?
>
> **600 000 $ ET DES POUSSIÈRES**
>
> Une tonne de minerai ne dissimule en moyenne guère plus de 5 g d'or. Lors de la fermeture du site de la mine Lamaque, l'équivalent de 600 000 $ d'or fut collecté dans les poussières des bâtiments.

Cité de l'Or ANCIENNE MINE

(☎825-1274 ou 1-855-825-1274 ; www.lacitedelor.com ; 90 av. Perreault ; adulte/senior et étudiant/6-11 ans/famille visite complète 38/30,25/18,25/101,50 $, visite sous terre 25,25/20,25/12,25/67,75 $, visite surface 18,25/15,25/12,25/48,50 $; ⏲départs à partir de 8h40 tlj fin juin-début sept, lun-ven sept-oct, sur réservation reste de l'année). L'ancienne mine Lamaque fut durant 50 ans l'une des plus riches du Québec avant de fermer en 1985. Le site accueille aujourd'hui la Cité de l'or. La visite complète de 4 heures vous emmènera d'abord à 91 m de profondeur, en tenue de mineur. Vous parcourrez les galeries avec un guide qui vous expliquera les conditions de vie des travailleurs de l'ombre ainsi que l'évolution des techniques pour extraire le minerai. La visite se poursuit par les bâtiments en surface. Moins spectaculaire, l'**exposition permanente** (9/7/5 $, combiné à une autre visite rabais de 2 $) relate l'histoire de la mine et permet de se familiariser avec les métiers miniers. Vous pouvez aussi opter pour la demi-visite de 2 heures, sous terre (à partir de 5 ans) ou en surface. La température dans la mine étant de 7-8°C, prévoyez un lainage, un pantalon et des chaussures fermées. Réservation conseillée. Intéressante pour les familles, une nouvelle activité de **géocaching** (adulte/enfant, étudiant et senior/famille 7/5/20 $, rabais si combiné à une autre activité) d'une durée de 90 minutes offre une approche très pédagogique du terrain.

Centre d'amitié autochtone CENTRE CULTUREL ET SOCIAL
(825-6857 ; www.caavd.ca ; 1272, 7e Rue ; tlj, horaires variables). Centre culturel où sont dispensés les services sociaux aux Amérindiens de la région, il sert de lieu d'accueil, d'hébergement, d'éducation et d'information. L'ambiance peut y être déstabilisante pour le visiteur ; il convient de laisser les images romancées, les préjugés et les jugements hâtifs sur le pas de la porte. Entrez pour y voir la série de panneaux fort intéressants sur l'histoire des Amérindiens de l'Abitibi, notamment l'histoire contemporaine à travers les coupures de journaux, la littérature, etc.

Musée de minéralogie de Malartic ROCHES ET MINÉRAUX
(757-4677 ; www.museemalartic.qc.ca ; 650 rue de la Paix, Malartic ; adulte/senior et étudiant/5-12 ans 9/7/5 $; mi-juin à mi-sept tlj 9h-17h, mi-sept à mi-juin lun-ven 9h-12h et 13h-17h). À une trentaine de kilomètres à l'ouest de Val-d'Or, ce petit musée au personnel fort amical et dynamique présente une collection minéralogique variée (dont une pierre de lune !) et une immersion dans l'univers des tremblements de terre. La visite du musée peut se coupler avec celle de la **mine Osisko** (visite combinée adulte/étudiant, enfant et senior/famille 17/14/50 $; mar-dim juin-sept), la plus grosse à ciel ouvert au Canada, nouvellement en exploitation. Il convient alors de réserver plusieurs jours à l'avance, voire une semaine. Un **belvédère** gratuit face au musée permet d'avoir une vue d'ensemble sur le site.

Activités

ENVIRONS DE VAL-D'OR

La Bell en Kayak CANOË ET KAYAK
(737-2694 ou 1-888-437-2694, 737-2277 hors saison ; www.ville.senneterre.qc.ca ; 549 10e Avenue, Senneterre ; kayak simple 1h/2h/4h/journée 15/25/35/40 $, double et canot 20/30/45/60 $; tlj 8h30-17h30 juil à mi-août, tlj 8h30-16h30 mi-juin à début sept sauf week-end juin). Location de kayaks, orientation sur des parcours de niveaux de difficulté variés et possibilité de transport. L'activité est gérée par le bureau d'information touristique.

Husky Aventures TRAÎNEAU À CHIENS
(825-4385 ou 856-9176 ; www.huskyaventure.com ; 192 chemin Céré, au nord de Val-Senneville ; forfait par traîneau 1 adulte/2 adultes/enfant -41 kg 75/55/30 $ pour 1h, 90/75/35 demi-journée, 180/150/75 $ journée ; déc-avr). Le musher Alain s'est équipé de traîneaux permettant à un adulte d'être assis confortablement tandis que l'autre se tient debout, derrière. Prestataire accrédité "Sans trace" pour son approche écologique.

Où se loger

Ville industrielle florissante, Val-d'Or accueille les travailleurs de passage plutôt que des touristes. Planifiez donc votre hébergement à l'avance pour vous assurer une chambre. La plupart des gîtes se situent dans le village minier de Bourlamaque, le plus agréable pour séjourner.

Auberge l'orpailleur CHAMBRES D'HÔTE **$**
(825-9518 ; www.aubergeorpailleur.com ; 104 rue Perreault ; s/d avec petit-déj 65-77/75-88 $;).

LES CRIS

Les Cris comptent parmi les peuples autochtones les mieux organisés du Québec. La réserve d'Oujé-Bougoumou (p. 141) a été récompensée par l'ONU en 1995 pour son organisation sociale novatrice et exemplaire. Estimée à plus de 15 000 personnes, la population crie est répartie en neuf communautés sur le territoire québécois, dont quatre se trouvent sur les bords de la Baie-James.

Depuis 1975, la signature de la Convention de la Baie-James et du Nord québécois leur assure une aide financière importante de la part du gouvernement du Québec, en échange de l'utilisation de leurs terres ancestrales par Hydro-Québec. La même année, l'ouverture de la route de la Baie-James poussa de nombreux Cris à délaisser leur mode de vie nomade afin de s'installer dans les "réserves" mises à leur disposition. Surtout pratiqués pour la subsistance, la chasse, la pêche et le piégeage ne forment aujourd'hui qu'une mince part de l'activité économique autochtone.

Suite à une entente avec le Grand Conseil des Cris, la ville de Val-d'Or est devenue le principal point de rassemblement annuel de toute la nation, maintenant les traditions et la langue cris.

Reportez-vous également à l'encadré *Le combat des Premières Nations* (p. 448).

Tenue par un couple de Français, cette maison chaleureuse dispose de 4 chambres reposantes, vastes et claires, dont 2 avec sdb privative, et offre indéniablement le meilleur rapport qualité/prix de la ville. Au 2e étage, un petit appartement avec 2 chambres, kitchenette et sdb, peut facilement satisfaire une famille. Petits-déjeuners composés de crêpes, fruits et gâteaux maison. Forfaits motoneige en hiver (220 $/jour, hors taxes et carburant).

Manoir Lamaque CHAMBRES D'HÔTE **$$**
(825-4483 ou 1-800-704-4852 ; www.gitelamaque.ca ; 119 Perry Drive ; s/d 80-119/90-129 $, ste 105-199 $;). Toujours dans le village minier, cette maison de villégiature propose 2 chambres doubles et 3 petites suites aux airs romantiques, un peu surchargées. Un sauna et un Jacuzzi sont à disposition ainsi que, dans le grand jardin derrière, une véranda avec BBQ. Petit-déjeuner continental ; on se sert soi-même dans la cuisine. Café et réfrigérateurs dans les chambres.

Au soleil couchant CHAMBRES D'HÔTE **$$**
(856-8150 ; www.ausoleilcouchant.com ; 301 Val-du-Repos ; s/d 72-137/87-197 $, 25 $/pers supp). Situé en périphérie nord de Val-d'Or, sur la rive du lac Blouin, ce grand gîte abrite 5 chambres chaleureuses et simplement décorées, dont une suite moderne et ensoleillée avec sdb privée. Les chambres à l'étage sont moins chères, mais moins lumineuses. Équipements de sports nautiques.

Où se restaurer

Balthazar Café CAFÉ-BOULANGERIE **$**
(874-3004 ; www.balthazarcafe.com ; 851, 3e Avenue ; sandwich 5-9 $, menu midi 12-14 $; lun 7h-17h, mar-ven 7h-21h30, sam-dim 10-17h ;). Les paninis de cette adresse récente sont succulents ! Si la qualité du café ne nous a guère impressionnés, le choix des desserts et la douce odeur de boulangerie font de cette adresse un choix sympathique.

L'Avantage RESTO-PUB **$$**
(825-6631 ; 576, 3e Avenue ; plats 8-28 $, table d'hôte 28-30 $; tlj midi et soir). Face à l'église Saint-Sauveur, ce populaire pub-restaurant propose une carte bistro très correcte, allant des burgers, pizzas et nachos, aux pâtes, filets de saumon et côtes de bœuf. Grande terrasse.

L'Amadéus BISTRO **$$**
(825-7204 ; 166 bd Perreault ; plats 14-31 $, table d'hôte 17-30 $; tlj 17h-1h). Avec ses brochettes et grillades, ses assiettes copieuses, son menu méditerranéen et son cadre de bistro décoré de photos noir et blanc de Paris et Venise, cette adresse est la plus séduisante de Val-d'Or. Il est sage de réserver.

Depuis/vers Val-d'Or

AVION Val-d'Or compte un **aéroport régional** (825-6963 ; www.arvo.qc.ca ; 250 rue de la Météo). Il est desservi par **Air Creebec** (825-8355 ou 1-800-567-6567 ; www.aircreebec.ca), qui assure des liaisons de Montréal et de la Baie-James, par **Air Canada Jazz** (819-825-6963 ou 1-888-247-2262 ; www.aircanada.ca) depuis Montréal, et par **Pascan Aviation** (1-888-313-8777 ; www.pascan.com), qui rallie Montréal/St-Hubert et Québec.

BUS Les **Autobus Maheux** (1-866-307-0002 ou 1-866-863-6066 ; www.autobusmaheux.qc.ca) assurent trois liaisons quotidiennes avec Montréal (aller simple régulier/étudiant 101/86 $, 7 heures). Ils permettent également de se rendre au parc de la Vérendrye, à Rouyn-Noranda et à Amos. Le **terminus** (874-2200 ; 1420 4e Avenue) est situé dans le centre-ville.

TRAIN La **gare ferroviaire de Senneterre** (819-737-2979), à 50 km au nord-ouest de Val-d'Or, est la seule gare passagers de l'Abitibi-Témiscamingue. **Via Rail** (1-888-842-7245, www.viarail.ca ; aller 95-160 $; départ lun, mer, ven 8h15, retour mar, jeu, dim 5h45) propose une liaison Montréal/Senneterre via la Mauricie (durée 11 heures 30) trois fois par semaine.

VOITURE Val-d'Or est traversé par la route 117, qui rejoint Rouyn-Noranda à l'ouest et la réserve faunique de la Vérendrye au sud. Depuis Montréal, compter 527 km environ. La route 111 permet de rallier Amos, 58 km au nord, de même que la route 109, via Malartic.

Rouyn-Noranda

Assez déroutante, la ville natale du poète et musicien Richard Desjardins est la plus peuplée de la région. Elle doit son développement au prospecteur Edmund Horne qui, au début des années 1920, découvre un important gisement de minerai de cuivre qui fera – et fait toujours – de Rouyn-Noranda la capitale nationale du cuivre. Ville-carrefour entre l'Abitibi et le Témiscamingue, elle affiche un dynamisme certain, comme en témoigne la tenue, chaque automne, d'un festival de cinéma réputé.

Les lacs ceinturés de verdure, les parcs industriels et les artères animées attirent une faune diverse, composée de jeunes universitaires, d'ouvriers, de fonctionnaires et d'artistes. L'aménagement des rives du lac Osisko, un plan d'eau au centre-ville, vient adoucir le caractère urbain de la ville.

Renseignements

BUREAU D'INFORMATION TOURISTIQUE (☎797-3195 ou 1-888-797-3195 ; www.tourismerouyn-noranda.ca ; 1675 av. Larivière ; ⏲mi-juin à début sept tlj 8h30-18h, reste de l'année lun-ven 8h30-16h30, plus sam-dim mi-mai à mi-juin et début sept). Situé à l'entrée sud de la ville, en bordure de la route 117, il fournit gratuitement un permis de stationnement (valide 3 jours).

INTERNET Vous pourrez vous connecter au bureau touristique, mais également à la **bibliothèque municipale/centre d'exposition** (☎764-0944 ; 201 av. Dallaire ; ⏲lun-ven 12h-20h, sam-dim 13h-17h) ainsi qu'à la **librairie-café En marge** (☎762-4041 ; 141 rue Perreault Est ; 3 $/h ; ⏲10h-21h mar-ven, jusqu'à 17h sam), qui dispose aussi de postes Internet (2 $/15 min, 7 $/h).

Fêtes et festivals

Tour de l'Abitibi (mi-juillet ; www.tourabitibi.qc.ca). Course cycliste internationale de 600 km en 7 jours réservée aux 17-18 ans. Départ de Rouyn-Noranda.

Festival du documenteur de l'Abitibi-Témiscamingue (fin juillet ; www.documenteur.com). Place aux faux films documentaires lors de cette compétition amicale.

Festival de musique émergente (1er week-end de septembre ; www.fmeat.org). Découverte des nouveaux artistes de la scène québécoise. Depuis 10 ans.

Festival du cinéma international (dernier week-end d'octobre ; www.festivalcinema.ca). Festival de référence au Québec, depuis 1982.

À voir

Les deux premiers attraits sont administrés conjointement et proposent un billet combiné pour leurs visites guidées (10 $).

GRATUIT **Maison Dumulon** RECONSTITUTION
(☎797-7125 ; www.maison-dumulon.ca ; 191 av. du Lac ; entrée libre, visite guidée adulte/senior et étudiant/-12 ans 7/6/4 $; ⏲tlj 8h30-17h mi-juin à fin août, visites guidées 9h, 10h30, 13h30 et 15h, reste de l'année mer-dim 10h-18h). Cette maison en rondins est la réplique quasi à l'identique du tout premier magasin général de la ville, ouvert en 1924 par la famille Dumulon sur les rives du lac Osisko. Elle accueille une boutique artisanale et une intéressante petite exposition sur l'histoire de Rouyn-Noranda. En été, la visite guidée – très théâtrale ! – permet en outre de visiter l'ancien appartement familial. Hors saison, visite guidée sur réservation.

Église orthodoxe russe Saint-Georges ÉDIFICE RELIGIEUX
(☎797-7125 ; 201 rue Taschereau Ouest ; entrée libre, visite guidée adulte/senior/- 12 ans 7/6/4 $; ⏲tlj 8h30-12h et 13h-17h, visites 9h, 10h30, 13h30 et 15h, mi-juin-mi-août). Ses dômes caractéristiques en forme de bulbes témoignent du passage de milliers de travailleurs venus d'Europe de l'Est dans l'industrie minière. Au lendemain de la Seconde Guerre mondiale, la communauté orthodoxe s'est développée et l'a fait construire, en 1955. La mort du dernier prêtre orthodoxe, en 1982, lui a porté un coup fatal. L'église a finalement été vendue à la municipalité en 1984. Une vidéo est diffusée lors de la visite guidée. Juste à côté, une église catholique ukrainienne date de la même époque.

GRATUIT **Fonderie Horne** PRODUCTION DE CUIVRE
(☎797-3195 ou 1-888-797-3195 ; 1 av Carter ; visite gratuite ; ⏲tlj 9h-15h fin juin à mi-août, sur réservation seulement). Des visites commentées sont organisées dans le gigantesque complexe aujourd'hui spécialisé dans la transformation et le recyclage des métaux. L'accueil se fait à la maison des invités, puis l'on vous emmène en tenue appropriée sur le site. La visite est surtout intéressante si vous tombez au moment d'une coulée de cuivre. Comptez 2 heures. Réservation auprès du bureau d'information touristique.

Activités

Vélocité Rouyn-Noranda PRÊT DE VÉLOS
(☎797-7125 ; www.velocitern.org ; 191 av du Lac ; caution 20 $ pour 3h, 5 $/h supp ; ⏲mi-juin à fin août dim-mer 8h30-17h, jeu-sam 8h30-20h, mai et sept horaires sur le site). La maison Dumulon a mis en place un système de prêt de vélos gratuit, un excellent moyen de faire un agréable tour du lac Osisko, où une piste cyclable a été aménagée sur 8 km, également ouverte aux rollers et aux piétons. Il suffit de vous munir d'une pièce d'identité avec photo (hors carte d'étudiant) et de déposer une caution.

Parc aventure Joannès PLEIN AIR
(☎762-8867 ou 1-855-840-8867 ; www.parcaventurejoannes.com ; 10068 chemin de l'Aventure ; accès site adulte/4-11 ans 5/2,50 $, arbre en arbre adulte/jeune/-7 ans 28/24/17 $; ⏲tlj 9h-18h fin juin-début sept, sept-oct week-end seulement). Nombreux sentiers de randonnée et de vélo de même qu'un labyrinthe en forêt. Le parcours dans les arbres grimpe progressivement dans les épinettes pour redescendre en une tyrolienne finale au-dessus du lac. Belle sortie familiale.

DEUX VILLES EN UNE

Ce n'est qu'en 1986 que Rouyn et Noranda ont fusionné pour ne former qu'une seule ville. Tout, ou presque, est parti de la fonderie Horne, créée après la découverte de l'immense gisement de cuivre et d'or. Bientôt, la région va attirer les réfugiés de l'est de l'Ontario, surnommés les "fros", pour "foreigners". L'église valorisant beaucoup le travail de la terre, peu de Canadiens français s'intéressent alors aux mines. Mais après la grève de 1934, où ils réclamaient de meilleures conditions de travail, beaucoup de travailleurs étrangers de la mine Horne ont dû quitter la région. Ajoutés à cela les effets de la crise de 1929, la main-d'œuvre s'est progressivement diversifiée au sein des mines. Villes jumelles, Noranda et Rouyn se sont développées en même temps, mais pas de la même façon. À Noranda l'anglophone, le business et l'urbanisation à l'américaine, à Rouyn la francophone, les commerces et divertissements. Si on compte toujours davantage de restaurants côté Rouyn, la différence entre les deux villes jumelles s'est cependant peu à peu estompée.

Deux **circuits d'interprétation** permettent de découvrir le Vieux-Noranda et le Vieux-Rouyn. Carte et brochures disponibles au bureau d'information touristique.

Où se loger

BON PLAN **Les Matins Tranquilles** HÔTEL ATYPIQUE **$**
(☎797-0924 ; http://lesmatinstranquilles.blogspot.com ; 411 Perreault Est ; s/d 40-46/47-52 $ selon ch ; wifi). Ni véritablement gîte, ni auberge de jeunesse, cette adresse sans prétention est dans tous les cas une bonne option pour les petits budgets. Certaines des 4 chambres simples mais bien aménagées ont vue sur le lac. Elles se partagent une sdb et une grande cuisine colorée.

Auberge Le Passant CHAMBRES D'HÔTE **$$**
(☎762-9827 ; www.lepassant.com ; 489 rue Perreault Est ; s/d avec petit-déj 70-95/95-120 $ selon ch, taxes incl ; wifi). Bien situé, ce gîte offre un hébergement de qualité. À l'étage, une suite jouit d'une vue sur le lac, et une cuisine est aménagée pour ceux qui prolongent leur séjour. À condition de respecter quelques règles, votre hôte est accueillant et rieur. Dommage que les prix aient récemment augmenté ! Petits-déjeuners soignés.

Motel Comfort Inn MOTEL **$$**
(☎797-1313 ou 1-800-465-6116 ; 1295 av. Larivière, route 117 ; ch avec petit-déj à partir de 103 $; clim wifi). En bordure de la route 117, à environ 2,5 km du centre-ville en venant de Val-d'Or, ce motel de 78 chambres (2 étages) est d'un bon rapport qualité/prix : chambres spacieuses et déco plus chaleureuse que d'ordinaire...

Deville Motel MOTEL **$$$**
(☎762-0725 ou 1-888-828-0725 ; www.devillemotel.com ; 95 av. Horne ; d avec petit-déj 115-160 $ selon période et confort ; clim wifi). Refait à neuf, cet établissement situé à quelques minutes du centre-ville propose 61 chambres confortables avec réfrigérateur et peignoirs. Location de vélos.

Où se restaurer et prendre un verre

Le St-Honoré BOULANGERIE-PÂTISSERIE **$**
(☎764-9909 ; 92 rue Perreault Est ; mar-mer 7h30-18h, jeu-ven 7h30-19h, sam 8h30-18h, fermé dim-lun). Pour le café et les viennoiseries du matin, rendez-vous dans cette petite boulangerie-pâtisserie qui fait aussi salon de thé et sert des petits-déjeuners ainsi que des repas légers le midi en semaine (plat du jour 11 $).

Olive et Basil MÉDITERRANÉEN **$$**
(☎797-6655 ; 164 rue Perreault Est ; plats 7-14 $, menu 13-17 $; mar-sam 11h-21h). Surtout fréquenté à l'heure du déjeuner, ce petit resto sympathique et coloré aux accents méditerranéens propose des plats simples mais savoureux : fougasses, paninis, pizzettas, salades et des assortiments de hors-d'œuvre (houmous, feta...). Également épicerie fine.

L'Abstracto et La Muse Gueule RESTO-BAR **$$**
(☎762-8840 et 797-9686 ; 140/144 rue Perreault Est ; plats 10-24 $; fermé sam et dim midi). L'adresse la plus branchée de Rouyn-Noranda. Côté bar, L'Abstracto est fréquenté en soirée par une clientèle hétéroclite. De l'autre côté, un vaste bistro chaleureux, où sont exposées des peintures d'artistes régionaux. Généreux et coloré, le menu se compose de savoureuses pâtes fraîches, de pizzas à la pâte craquante, ainsi que de quelques plats du jour. Les deux salles communiquant, il n'est pas rare de patienter au bar avant de trouver une place au restaurant.

Bistro Jezz FUSION $$$

(797-4111 ; 117, 8e Rue ; plats 14-28 $, table d'hôte 37-43 $; midi lun-ven et soir jeu-sam). Seule adresse gastronomique de la ville, ce bistro à l'ambiance lounge très moderne séduit par sa sobriété. Les créations alléchantes de la jeune chef autodidacte mettent en valeur les produits québécois sans décevoir. Les entrées, notamment, feront fondre vos papilles dans un tourbillon de saveurs.

Cabaret de la dernière chance BAR-SPECTACLES

(762-9222 ; http://cabaretdeladernierechance.wordpress.com ; 146, 8e Rue ; tlj 15h-3h). Haut lieu de la culture abitibienne et québécoise, le repaire du chansonnier Richard Desjardins est un endroit coloré, intimiste (140 places) qui diffuse autant les petits artistes que les plus grands. Il fait bon s'immerger parmi les locaux, prendre un verre et briser la glace.

Depuis/vers Rouyn-Noranda

AVION L'**aéroport de Rouyn-Noranda** (762-8171) est situé à une quinzaine de kilomètres à l'est du centre-ville. Il est desservi par **Air Canada Jazz** (762-5400 ou 1-888-247-2262 ; www.aircanada.ca), qui assure des vols de Montréal et de Québec, et par **Pascan Aviation** (1-888-313-8777 ; www.pascan.com), dont les vols partent de Montréal/St-Hubert et de Québec.

BUS Les **Autobus Maheux** (1-866-307-0002, billetterie 762-2200 ; www.autobusmaheux.qc.ca ; 52 rue Horne) rallient 3 fois par jour Rouyn-Noranda depuis Montréal via Val-d'Or (aller simple régulier/étudiant 120/102 $, 9 heures).

VOITURE De Val-d'Or, prendre la route 117 Ouest ; il faut compter en moyenne 1 heure 20 de trajet. Prévoir le même temps depuis Amos, où il est préférable d'emprunter la route 395 (superbe) à la route 109.

Amos

Nichée à 70 km au nord de Val-d'Or, Amos constitue la dernière étape avant de rejoindre la route de la Baie-James qui file vers le Grand Nord. Les visiteurs ne manquent pas de se rendre au refuge Pageau, l'un des principaux attraits touristiques de la région.

Doyenne des villes d'Abitibi, Amos arbore une identité de pionnière. L'exploitation forestière, la voie navigable de l'Harricana (pour les sociétés minières) et la construction du chemin de fer transcontinental menèrent à sa fondation en 1910. Cet ancien royaume algonquien conserve un profil culturel métissé.

Amos s'est développée le long des rives de la rivière Harricana, "la grande voie, la seule voie" des Algonquins, celle qui coule vers le nord et par laquelle arrivèrent les premiers colons. La rivière, que l'on ne perçoit bizarrement pas bien depuis le centre-ville, voit son eau filtrée par le sol rocailleux et sablonneux des eskers et des moraines, traces laissées par le passage des glaciers. Ce sont ces eskers qui ont permis à la petite municipalité de recevoir en 2001, le titre mondial de l'eau la plus pure, un honneur qui vient alimenter les discussions au sein de la communauté. Goûtez-y !

Renseignements

MAISON DU TOURISME (727-1242 ou 1-800-670-0499 ; www.ville.amos.qc.ca/tourisme ; 892 route 111 Est ; été tlj 8h-19h, reste de l'année lun-ven 8h30-12h et 13h-16h30, sam-dim 10h-16h ; @gratuit). Le personnel particulièrement dévoué coordonne les visites guidées de la cathédrale et du puits municipal et pourra vous renseigner sur la Baie-James.

INTERNET Zones de Wi-Fi gratuit (accès libre 8h-22h) à la bibliothèque municipale, au complexe sportif, aux parcs Rotary, Brunet et de la Cathédrale ainsi qu'au quai Desjardins. D'autres bornes sont prévues.

À voir

Cathédrale Sainte-Thérèse d'Avila ÉDIFICE RELIGIEUX

(732-2110 ; 11 bd Monseigneur-Dudemaine ; entrée libre, visite guidée et accès crypte adulte/6-17 ans 4,30/2,10 $; lun-sam 9h-11h30 et 13h-17h, dim 13h-17h, visite guidée tlj 10h30). Construite en 1922 à une époque où la petite ville ne comptait que 2 500 habitants, la cathédrale affiche un style byzantin assez unique en Amérique du Nord. Elle est le fruit d'une certaine vision de grandeur : en 1914, une collecte auprès des paroissiens n'avait permis d'acheter qu'une petite cloche pour la chapelle ! Les visites guidées sur réservation durant l'été (inscription à la Maison du tourisme) peuvent être combinées à la visite du puits.

Puits municipal SOURCE D'EAU ET DE FIERTÉ

(727-1242 ou 1-800-670-0499 ; 892 route 111 Est ; adulte/6-17 ans 4,30/2,10 $; fin-juin à mi-août, départs tlj à 9h30 et 13h30). L'eau d'Amos est puisée dans le même esker que l'eau embouteillée Eska, située à

Saint-Mathieu-d'Harricana. La visite bien menée du puits vous expliquera ce qu'est un esker et comment la ville pompe cette eau et l'envoie vers les habitations. Preuve s'il en est de la pureté de l'eau, personne n'est descendu nettoyer le puits, profond de 22,1 m, depuis sa construction aux débuts des années 1980. Comptez 45 minutes pour la visite, sur inscription auprès de la maison du tourisme (5 pers minimum hors saison, arriver 20 minutes à l'avance).

Vieux-Palais GALERIE ET CENTRE CULTUREL
(☎732-4497 ; www.palais-maisonauthier.com ; 101, 3e Avenue Est ; 4 $, gratuit enfant et étudiant ; ⊙mer-dim 11h-17h). L'ancien palais de justice d'Amos abrite maintenant une galerie-musée. Les toiles du peintre Jean-Paul Riopelle sont le clou de la collection permanente. Y sont aussi présentés des instruments chirurgicaux provenant du premier hôpital de la ville ainsi que des expositions temporaires.

♥ **Refuge Pageau** REFUGE D'ANIMAUX SAUVAGES
(☎732-8999 ; www.refugepageau.ca ; 4241 chemin Croteau ; adulte/12-17 ans/7-11 ans/2-6 ans/famille 14/11,50/8/6,50/36 $ taxe incl ; ⊙tlj 10h-16h juil-août, 13h-16h sam-dim juin, sur réservation reste de l'année). Sans doute l'un des lieux les plus attachants de la région, cette arche de Noé en pleine forêt boréale, accueille et soigne les animaux sauvages, blessés ou malades, souvent rescapés des dommages causés par la coupe du bois. Ce refuge doit beaucoup à la personnalité de son fondateur, l'ancien chasseur-trappeur Michel Pageau, un jovial colosse à tête de père Noël. La visite réserve des moments inoubliables, comme l'"allée des bébés". Vous verrez certainement aussi des loups, castors, renards, orignaux, ours, chevreuils... Le refuge a récemment été rénové et une nouvelle exposition ajoutée ainsi que des audio-guides. Prévoir une demi-journée au minimum, possibilité de pique-niquer sur place. Le chemin Croteau part de la route 111, environ 2 km après Amos en direction de Val-d'Or. Le refuge est indiqué 4 km plus loin.

Réserve de Pikogan COMMUNAUTÉ AUTOCHTONE
(☎732-3350 ; www.abitibiwinni.com ; 55 rue Migwan, village Pikogan ; visite guidée adulte/étudiant et senior 4/3 $, gratuit -6 ans ; ⊙lun-sam 9h-12h et 13h-16h30, dim 13h-17h mi-juin à mi-août). À 3 km à peine du centre-ville d'Amos via la route 109 Nord, la réserve regroupe près de 500 Algonquins et quelques familles cries. Très intéressante visite guidée de la salle d'exposition consacrée à l'histoire des Apitipi8innik (*sik*) de même que de l'église moderne en forme de tipi, construite par les oblats en 1967. À l'intérieur sont exposés des objets mêlant liturgie et tradition algonquine, comme ce chemin de croix réalisé en peau de castor. Boutique d'artisanat local sur place.

Spirit Lake CAMP DE DÉTENTION
(☎727 2267 ; www.campspiritlake.ca ; 242 chemin Joseph Langlois, La Ferme ; adulte/senior et 6-17 ans 6/5 $; ⊙tlj 10h-16h fin juin-début sept). Durant la Première Guerre mondiale, une vingtaine de camps de détention ont été établis au Canada pour y interner les ressortissants de nationalité ennemie. Le camp de Spirit Lake a accueilli entre 1915 et 1917 jusqu'à 1 200 prisonniers dont 60 familles dans le petit village de Lilienville, surtout des Ukrainiens. D'Amos, prendre la route de l'aéroport vers l'ouest jusqu'au chemin du cimetière allemand, puis prendre à droite sur le chemin St-Viateur.

Activités

Bercé par l'Harricana CANOË ET CULTURE AUTOCHTONE
(☎732-3350 ; www.abitibiwinni.com ; 55 rue Migwan, Pikogan ; ⊙juin à mi-sept). Organise des randonnées en canot sur la rivière, sur les traces des ancêtres algonquins, accompagnées de légendes, de mets locaux et prévoyant un séjour en tipi ou tente prospecteur. Différentes formules sont possibles selon le temps souhaité (1-3 jours). Minimum de 5 personnes, pensez à réserver.

Mont-Vidéo DOMAINE SKIABLE
(☎734-3193 ; www.mont-video.ca ; 43 chemin du Mont-Vidéo, Barraute ; forfait journée adulte/étudiant/enfant 29/23/20 $, accès sentiers 2 $, taxes non incl). À une vingtaine de kilomètres au nord-ouest d'Amos, ce petit domaine skiable compte 19 pistes, dont près de la moitié sont éclairées le soir. L'été, le site se prête à la pratique du VTT et de la randonnée. Location d'équipement de ski, de vélos, ainsi que de canots, kayaks et rabaskas (grands canots algonquins).

Où se loger

Mont-Vidéo CAMPING ET AUBERGE DE JEUNESSE $
(☎434-3193 ou 1-866-734-3193 ; www.mont-video.ca ; 43 chemin du Mont-Vidéo, Barraute ; empl 18,40-27 $, dort 20 $, draps 15 $; ⊙camping mi-mai à mi-sept). Le camping de Mont-Vidéo comprend 75 emplacements dont certains boisés. L'auberge de jeunesse, quant à elle, dispose de dortoirs sommaires de 4 à 8 lits.

Gîte l'Antre de la Barbotte CHAMBRES D'HÔTE $
(☎819-727-3314 ou 1-866-666-3314 ; www.cableamos.com/antredelabarbotte ; 33 4e Avenue Ouest ; s/d avec petit-déj 68-78/78-88 $ selon ch ;). Le seul gîte de la ville abrite 2 chambres bien équipées, l'une plus petite que l'autre, se partageant une sdb. Une troisième chambre est louée au sous-sol (s/d 55/65 $), plutôt réservée aux petits budgets. Le propriétaire à la forte personnalité a la conversation facile. Sauna scandinave à l'arrière de la maison.

L'Amosphère HÔTEL ET SPA $$
(☎732-7777 ou 1-800-567-7777 ; www.amosphere.com ; 1031 route 111 Est ; d 92-179 $ selon ch ;). À l'entrée de la ville, ce complexe hôtelier abrite des chambres confortables, claires mais assez impersonnelles, dotées de sdb impeccables et de tapis épais. Il dispose de deux spas extérieurs, d'une salle de gym et de kayaks à la location (45 $/3h) pour une balade sur la rivière Harricana ou sur le lac Beauchamp. Forfaits touristiques été comme hiver.

Où se restaurer

Chat-O RESTO-BAR ET BUFFET $$
(☎732-5386 ou 1-888-666-5386 ; www.hotelesekers.com ; 201 av. Authier ; plats 11-21 $; tlj midi et soir). Le resto-bar-café de l'hôtel des Eskers affiche une ambiance résolument pub. Il sert un buffet le midi et des plats d'inspiration régionale et internationale le soir, avec quelques soirées spéciales : pasta-bar le jeudi soir, fondue à volonté le samedi soir, etc. Brunch les samedis et dimanches. Le menu à la carte offre des portions gargantuesques, et un bon choix de vins, alcools et bières québécoises.

Latitude Bistro BISTRO FRANÇAIS $$
(☎727-3755 ; 21, 10e Avenue Ouest ; menu midi 12-16 $, plats soir 17-24 $; fermé sam midi et dim-lun). Cette adresse tranche par son cadre contemporain. Menus midi légers et de saison (croque bistro, salade niçoise, filet de saumon). La carte du soir propose 6 plats au choix (mignon de porc à la dijonnaise, duo de pétoncles et crevettes, bavette de bœuf vin rouge et romarin...). Belle terrasse.

Le Moulin QUÉBÉCOIS $$
(☎732-8271 ; 100, 1re Avenue Ouest ; midi 14-17 $, soir 17-36 $; fermé sam-dim). Ce restaurant à l'allure classique passe pour la bonne table d'Amos. Le choix des plats est varié, sans grande inventivité (poissons, grillades, pâtes, pizzas...).

Depuis/vers Amos

VOITURE En provenance de Val-d'Or, prenez la route 111 Nord. Comptez 1 heure de trajet (70 km). Il faut environ 1 heure 20 pour rejoindre Rouyn-Noranda. Vous avez alors deux options : la route 395 ou la route 109, qui toutes deux rejoignent la 117. La première offre un beau paysage, la seconde est un peu plus rapide.

BUS Les **Autobus Maheux** (☎732-2821 ; www.autobusmaheux.qc.ca ; 352, 6e Rue Ouest) assure une liaison quotidienne Montréal-Amos via Val-d'Or (aller simple régulier/étudiant 118/101 $, 9 heures). Ils permettent également de se rendre à Rouyn-Noranda (27/23 $, 1 heure 35).

Parc national d'Aiguebelle

La fracture millénaire des collines Abijévis, franchissant une vaste plaine argileuse recouverte d'épinettes à perte de vue, façonne le décor du parc d'Aiguebelle. Plus qu'une curiosité géomorphologique ponctuée d'escarpements rocheux et de lacs de failles, le site naturel de 268 km² a réussi à conserver des arbres bicentenaires. D'un calme absolu, il se révèle propice à la rencontre d'importantes populations de castors, d'oiseaux et de la plus grande concentration d'orignaux de l'Abitibi.

Les billets d'entrée du **parc** (☎637-7322 ou 1-800-665-6527 ; www.sepaq.com/pq/aig ; accès adulte/6-17 ans 6/2,75 $) peuvent être retirés dans les centres de service ou à des bornes automatiques présentes sur les routes du parc.

Activités

Un calendrier d'activités-découverte (adulte/6-17 ans 6,96/3,91 $) est mis en place de fin juin à début septembre, parmi lesquelles une virée en rabaska (1 heure 30), du canot au crépuscule (1 heure 15) ou encore la rencontre d'orignaux et de castors (1 heure 45). D'autres animations, gratuites, sur la faune et la géomorphologie sont au programme.

Le parc compte près de 50 km de sentiers de **randonnée pédestre**. Deux parcours, d'un niveau très accessible, permettent de jouir de la beauté époustouflante du site : le sentier La Traverse (boucle de 3 km) qui vous mènera à une impressionnante passerelle suspendue à plus de 22 m de hauteur, et celui des Paysages (1,6 km), dont l'escalier en spirale longe une falaise haut perchée. Une carte très complète est disponible dans les centres de services (5,27 $).

Les amateurs de **canot** (13,25 $/h) pourront rejoindre de superbes circuits (sans service de portage) depuis l'entrée principale au centre de services Mont-Brun, tandis que les séjours en **canot-camping** (25,75 $/nuit) et les excursions de **kayak** (15,25 $/h) s'organisent en bordure du lac Loïs, à l'entrée nord du parc, au centre de services Taschereau.

L'hiver, la **raquette** et le **ski de randonnée** hors-piste peuvent se combiner à des séjours en camping rustique, en refuge ou en chalet – le parc compte 38 km de sentiers balisés. La location de raquettes (15 $/jour) se fait au **chalet de ski** (⌚jan-mars ven-dim 9h30-17h30, tlj 10h-15h en période de fêtes sauf Noël et 1er jan), auquel on accède par le sud seulement, la route traversant le parc étant fermée en hiver.

Où se loger

Camping et chalets CAMPING ET PRÊT-À-CAMPER **$** (☎1-800-665-6527 ; www.sepaq.com/pq/aig ; empl 25,75-34,75 $ selon services ; ⌚mi-mai à début sept). Situé au sud-est du parc, à hauteur de Saint-Norbert-de-Mont-Brun, le **camping Abijévis** est le mieux aménagé. En bordure d'un lac, il propose de nombreuses activités et dispose d'un dépanneur. Au nord, le **camping Ojibway** offre des emplacements pour tentes et du prêt-à-camper Huttopia (113 $/nuit), accessible à pied seulement. Un camping uniquement accessible par voie nautique se trouve au lac Loïs. Enfin, un **camping rustique** est aménagé au lac du Sablon, mais il faut prévoir son eau potable. L'hébergement est aussi possible en **cabanes rustiques** (2-10 pers, 60-177 $/nuit) et en **chalets** (2-6 pers, 133-239 $).

Depuis/vers le parc national d'Aiguebelle

VOITURE Situé à 50 km au nord-est de Rouyn-Noranda, le parc se trouve au milieu d'un quadrilatère formé avec Val-d'Or, Amos et La Sarre. Il compte deux accès principaux. Le plus accessible (ouvert à l'année) se situe au sud-est au niveau du **centre de services de Mont-Brun** (⌚tlj 9h-20h mi-juin à début sept, tlj 9h-19h sauf ven-sam jusqu'à 20h mi-mai à mi-juin, horaires réduits hors saison), le premier rencontré depuis Rouyn-Noranda via la route 101, D'Alembert et Cléricy. De Val-d'Or, prendre la route 117, puis une bifurcation sur la droite vous fera rejoindre Mont-Brun. Si vous venez d'Amos et que la route est déneigée (pas accessible l'hiver), mieux vaut opter pour le **centre de services de Taschereau** (⌚mi-mai à mi-juin tlj 9h-17h, ven-sam jusqu'à 20h, mi-juin à début sept tlj 9h-19h, ven-sam jusqu'à 20h) via la route 111 Ouest.

BAIE-JAMES – EEYOU ISTCHEE

Wachiya ! Bienvenue en Eeyou Istchee, la "terre du peuple", comme on la nomme en langue crie, qui en fait rêver plus d'un. C'est que pour le voyageur, franchir le 50e parallèle marque souvent l'aboutissement d'une quête d'aventure et de grands espaces. Tel le découvreur, il foule le sol jamésien avec la fébrilité des premiers explorateurs pour plonger dans un désert d'arbres, de lichens, de roches et d'eau, sublimé par des lumières naturelles insolites et le spectacle féerique des aurores boréales. Cette terre sauvage, que les Cris, les Algonquins et les Inuits ont apprivoisée durant près de 6 000 ans, est aussi le domaine du caribou. On peut voir migrer par troupeaux des milliers de bêtes à l'amorce de la belle saison. Un spectacle qui contraste avec certains territoires de la région récemment transformés en de gigantesques chantiers hydroélectriques, dont les travaux ne se sont jamais interrompus.

La route de la Baie-James file vers le Grand Nord sur plus de 620 km. Seul itinéraire asphalté de la région, elle relie Matagami à Radisson, où est érigé le barrage Robert-Bourassa. En dehors de l'été, les conditions climatiques détermineront votre voyage. En hiver, les températures diurnes avoisinent les -20°C (-40°C la nuit). Préparez donc votre voyage à l'avance en vous renseignant sur l'emplacement et l'horaire des stations-service. Cette destination est exigeante et coûteuse, mais elle réserve à ses téméraires visiteurs de véritables moments de grâce, loin de tout.

Renseignements

Bureaux d'information touristique

ROUTE DE LA BAIE-JAMES (☎819-739-4473 ; www.municipalite.baie-james.qc.ca et www.tourismebaiejames.com ; route 109, km 6 ; ⌚24h/24). Pour plus de sécurité, n'hésitez pas à vous y enregistrer avec votre itinéraire et vos coordonnées. Si vous passez par Amos, arrêtez-vous à la Maison du tourisme (p. 131) pour vous procurer des feuilles photocopiées fort utiles qui recensent la liste des infrastructures (sites de pique-nique, stations essence, sites de pêche, etc.). Les Cris possèdent leur propre association touristique : **Touriste Eeyou Istchee** (☎418-745-2220 ; www.tourisme-cri.ca).

ROUTE DU NORD Le premier bureau se trouve à **Lebel-sur-Quévillon** (☎755-3363 ou hors saison 755-4826 ; 900 bd Quévillon ; ⌚saisonnier). Un autre bureau saisonnier se

Route de la Baie-James

trouve à **Chibougamau** (☎418-748-4441 ; 512 route 167 Sud), au camping juste avant la ville. En semaine, vous pouvez faire un arrêt à **Tourisme Baie-James** (☎418-748-8140 ou 1-888-748-8140 ; www.tourismebaiejames.com ; 1252 route 167 Sud ; ⊙lun-ven 8h30-12h et 13h-16h30, fermé ven après-midi l'été), à une dizaine de kilomètres au nord de la ville.

RADISSON (☎638-8687 ou hors saison 638-7777 ; 98 rue Joliet ; ⊙saisonnier)

Climat

Les conditions météorologiques varient rapidement. L'été (juin-sept), la température tourne autour de 15-17°C avec un ensoleillement prolongé (près de 18 heures par jour) tandis que la température hivernale moyenne (oct-avr) est de -23°C. Prévoyez des vêtements en conséquence.

Chasse et pêche

La saison de chasse au caribou s'étend de la mi-novembre à la mi-février, celle de la perdrix d'août à décembre et celle du lagopède (perdrix des neiges) de septembre à avril. La pêche au grand brochet, au doré, à la truite arc-en-ciel et à la truite mouchetée s'étend de juin jusqu'au début septembre.

Essence

Ayez le réflexe de remplir votre réservoir chaque fois que possible. Vous trouverez aussi de l'essence dans les communautés autochtones de la Baie-James.

ROUTE DE LA BAIE-JAMES Les seuls postes-essence se trouvent au km 0 et au relais routier du km 381.

ROUTE 113 ET ROUTE DU NORD Vous trouverez des stations-service dans les villes de Lebel-sur-Quévillon, Waswanipi, Chapais, Chibougamau, Nemiscau et Nemaska. Attention, elles sont généralement fermées en soirée (après 18h, plus tôt le week-end), mis à part celles de Chibougamau et Chapais.

TRANSTAÏGA Les postes-essence sont situés près du barrage La Grande 4, au km 286 et km 358.

Sécurité routière

ÉTAT DES ROUTES (www.sdbj.gouv.qc.ca/fr/territoire_baie_james/conditions_routieres). Les routes du nord sont difficiles et les premiers secours éloignés. Aussi convient-il d'être bien préparé avant d'entamer un périple boréal. Si la route de la Baie-James est couverte de bitume, la qualité de celui-ci laisse à désirer. Assurez-vous d'avoir une trousse de survie dans votre véhicule : allumettes et bougies, outils, lampe de poche, roue de secours, eau et nourriture, trousse de premiers soins, couvertures, feux de détresse, médicaments, couteau, lave-vitre et huile à moteur. En hiver, il est aussi nécessaire de se procurer pelle, antigel, dégivreur de serrures et des "Traction Aid" (grilles de traction) en quincaillerie.

Téléphone

Les téléphones portables passent de plus en plus dans le sud de la région, notamment dans les endroits surélevés. Quelques relais téléphoniques d'urgence sont aménagés le long de la route de la Baie-James : le premier se situe au km 135, puis les autres aux km 201, 247, 301, 444 et 504. Quatre cabines téléphoniques sont aussi installées au relais routier de la SDBJ du km 381 (voir p. 136). En cas d'urgence, si vous

vous trouvez à hauteur du km 544, vous pouvez également utiliser les téléphones publics situés à l'entrée des résidences d'employés d'Hydro-Québec (km 23, LG-3, Keyano, Laforge 1 et Brisay). Il n'y a aucun téléphone d'urgence sur la route du Nord (mais les portables captent parfois aux km 72 et 86, sur les collines), ni sur la route Transtaïga.

Activités

Escapade boréale AVENTURE
(418-770-8351 ; www.escapadeboreale.com ; 1252 route 167). Cette coopérative d'acteurs locaux du tourisme d'aventure saura vous aider à planifier votre expédition en Jamésie : location d'équipement de plein air et de sécurité, formation en survie et en kiteski, randonnées nordiques avec des guides locaux ou autochtones. Les contacter impérativement avant de vous rendre sur place.

Où se loger

Camping

Des emplacements de camping rustique équipés de toilettes sèches et d'aires de feu sont mis à disposition gratuitement le long des axes routiers de la Baie-James. On les trouve sur la **route de la Baie-James** aux km 48, 80, 189, 232, 257, 323, 395, 411, 440, 467, 503 et 574, sur la **route de la Transtaïga** aux km 56, 62 et 203, sur la **route du Nord** au km 381 et sur la **route 113** au km 190.

Relais de la SDBJ AIRE DE SERVICES $
(638-8502 ; route de la Baie-James, km 381 ; 24h/24, cafétéria 5h-21h ;). Vingt-quatre lits en dortoir sont disponibles pour dépanner les voyageurs, de même qu'une cafétéria, un poste d'essence et des cabines téléphoniques d'urgence.

Pourvoiries autochtones

Les pourvoiries de chasse et de pêche abondent dans le nord du Québec. Voici toutefois deux pourvoiries gérées par des Cris et offrant une immersion culturelle plus intéressante : les excursions **Aigle pêcheur** (450-632-3622 ; www.osprey.qc.ca) et **Aventures plein air Awashish** (418-923-2576 ; www.awashish.com), tenu par une famille ayant son camp sur la rivière Rupert. Les deux sont accessibles par hydravion depuis Mistissini.

Matagami

Comme son nom cri le laisse entendre, Matagami se situe à "la rencontre des eaux", car le lac Matagami reçoit l'eau des rivières Bell, Allard et Waswanipi. Le petit bourg industriel abrite un centre d'exploitation forestière, le plus septentrional du pays, ainsi qu'une mine de cuivre et de zinc.

UN ACCORD HISTORIQUE SUR LA FORÊT BORÉALE

En filant sur la route qui traverse l'Abitibi jusqu'à la Baie-James, il n'était pas rare de constater, derrière la fine silhouette des épinettes noires, le spectacle désolant de la coupe à blanc. Deux siècles de défrichage mené par l'industrie forestière ont décimé des pans entiers de cette forêt boréale, qui recouvre un peu plus du tiers de la superficie du Québec, soit environ 106 millions d'hectares.

En mai 2010 a été signé un accord entre l'industrie forestière et les écologistes, que nombre d'observateurs qualifient "d'historique". Plusieurs années de pourparlers ont abouti à cette "entente boréale", par laquelle 21 compagnies forestières et papetières se sont engagées à respecter, pendant 3 ans, certains objectifs sur les territoires qu'elles gèrent, c'est-à-dire près de 72 millions d'hectares au Canada, dont 16 millions au Québec. Parmi ces engagements : la suspension de l'exploitation forestière sur près de 20 millions d'hectares de forêt boréale, dont 8,5 millions se situent en territoire québécois. Un plan de conservation du caribou forestier a dans l'intervalle été mis en place. En retour, les organismes environnementaux signataires – parmi lesquels Greenpeace, ForestEthics et Canopée – se sont engagés à cesser leur campagne de boycottage.

Si les deux parties s'entendent sur la bonne foi qui était présente lors des négociations, les groupes environnementaux décrient à présent l'absence de résultats concrets. Les objectifs couchés sur papier avec des échéanciers précis n'auraient pas été respectés ou atteints. Pour davantage d'informations sur l'accord, consultez le site de l'**Entente sur la forêt boréale canadienne** (http://ententesurlaforetborealecanadienne.com).

Le canot, le kayak de mer et le VTT sont, à la belle saison, les moyens idoines pour découvrir les paysages. L'hiver, la raquette, le ski de randonnée et la motoneige prennent le relais.

Renseignements

BUREAU D'INFORMATION TOURISTIQUE (739-4566 ; www.matagami.com ; 100 pl du Commerce ; fin juin-fin août tlj 9h-18h, jeu-ven jusqu'à 21h, hors saison lun-ven 9h30-12h et 13h-16h30). Très serviable et passionné de plein air, le personnel vous guidera dans l'organisation de vos expéditions à l'aide de cartes variées et d'une mine de connaissances sur le territoire. Loue également de l'équipement (kayaks, canoës, matériel de camping, raquettes, skis de fond, etc.).

ESSENCE Matagami compte deux stations-service. Pensez à faire le plein car la prochaine se situe au Km 381, au relais routier de la SDBJ (voir ci-contre).

INTERNET Des postes Internet sont accessibles à faible coût auprès d'**Internet Boréal** (739-2155 ; www.sadcdematagami.qc.ca/dv-caci.cfm ; 180 pl du Commerce, bureau 101 ; lun-ven 8h-12h et 13h-16h30 et 18h-21h).

Où se loger

Camping du Lac Matagami CAMPING $

(739-8383 ou 739-2030 ext : 224 hors saison ; www.municipalite.baie-james.qc.ca ; route de la Baie-James, km 37 ; empl 22-26 $; fin juin-début sept). Au nord de la ville, en bordure du lac, ce camping dispose de 85 emplacements avec services, bloc sanitaire, dépanneur et laverie.

Hôtel-Motel Matagami HÔTEL $$

(739-2501 ou 1-877-739-2501 ; www.hotelmatagami.com ; 99 bd Matagami ; ch 97-137 $; @✻). Considéré comme le meilleur de la ville, cet hôtel offre des chambres confortables, bien que certaines soient un peu passées de mode. Il a le mérite d'être animé, notamment grâce à son resto-bar.

Depuis/vers Matagami

VOITURE Matagami se situe aux portes de la Baie-James, à environ 185 km au nord d'Amos en empruntant la route 109.

BUS Les **Autobus Maheux** (1-888-797-0011 ; www.autobusmaheux.qc.ca) assurent une liaison sur l'axe Val-d'Or-Amos-Matagami tous les jours sauf le samedi. Le terminus se trouve à l'**hôtel Matagami** (739-2501 ; 99 bd Matagami). Aucun bus ne poursuit plus au nord.

AVION L'aéroport régional le plus proche est celui de Val-d'Or, à 255 km de Matagami.

Radisson

Située à 625 km au nord de Matagami, Radisson a été construite en 1974 afin de servir de base d'hébergement et de services pour la construction des barrages sur la rivière La Grande. Elle ne compte plus que près de 350 habitants et affiche un immense conglomérat de maisons préfabriquées, alignées les unes à côté des autres. La ville, qui doit son nom à l'explorateur Pierre-Esprit Radisson, mérite un arrêt pour son atmosphère particulière et la centrale hydroélectrique Robert-Bourassa, baptisée en l'honneur de l'ancien Premier ministre québécois.

Renseignements

BUREAU D'ACCUEIL TOURISTIQUE (638-8687 ou 7777 ; 98 rue Jolliet ; saisonnier)

ACHATS L'**épicerie** (638-7255 ; 57 av des Groseilliers) vend aussi des permis de pêche, des cartes et de l'essence.

RADIO La fréquence associative locale est CIAU FM 103,1.

TAXI La compagnie **Taxi Radisson** (638-8866) assure le transport localement.

À voir

GRATUIT **Aménagement Robert-Bourassa** CENTRALE HYDROÉLECTRIQUE

(638-8486 ou 1-800-291-8486 ; www.hydroquebec.com/visitez ; visite gratuite ; mi-juin à fin août tlj 13h, sauf mar 14h, début sept à mi-juin lun et ven 8h30, mer 13h). La plus grande centrale électrique souterraine au monde, telle une cathédrale creusée dans la roche, est souvent la principale motivation des visiteurs. À l'extérieur, l'évacuateur du barrage Robert-Bourassa retient les eaux d'une véritable mer intérieure. Une exposition sur le milieu et la production d'électricité complète la visite guidée. Prévoir 4 heures et une pièce d'identité avec photo.

GRATUIT **Centrale La Grande-1** CENTRALE HYDROÉLECTRIQUE

(638-8486 ou 1-800-291-8486 ; www.hydroquebec.com/visitez ; visite gratuite ; mi-juin à fin août tlj sauf mar 8h). Pour construire cette immense infrastructure, il a fallu ériger 215 digues et barrages et employer 75 000 tonnes d'explosifs. Pour la visite de la centrale, les départs se font de Radisson (Complexe Pierre-Radisson) en bus, avec un retour prévu à midi. Pensez à réserver au

LES CHANTIERS DE LA COLÈRE

En 1971, le Premier ministre du Québec, Robert Bourassa, annonce le projet de développement hydroélectrique de la Baie-James. L'entreprise est démesurée, voire inimaginable. Elle consiste en la construction d'une série de barrages à plus de 1 000 km de Montréal, en pleins territoires cri et inuit, une région accessible seulement par avion.

Dès l'annonce du projet, partisans et opposants s'affrontent. En 1972, Cris et Inuits engagent une procédure judiciaire contre Hydro-Québec. Soucieux du bon déroulement des travaux, le gouvernement du Québec trouve une issue et signe avec les autochtones une convention qui leur cède des droits exclusifs de pêche et de chasse en échange de la mainmise sur les ressources hydrauliques, forestières et minières du nord du Québec.

Pendant ce temps, sur les chantiers, les mouvements de protestations se multiplient. Les syndicats revendiquent de meilleures conditions de travail, car les hommes sont coupés du monde et de leur famille pendant des mois. En 1986, la centrale La Grande-2, connue aujourd'hui sous le nom de centrale Robert-Bourassa, est finalement mise en service. Le complexe La Grande fournit à ce jour près de la moitié de l'électricité de la province en plus d'en exporter une partie vers l'Ontario et les États-Unis.

En 2002, le gouvernement québécois et le Grand Conseil des Cris signent "la Paix des braves", qui autorise la construction d'une nouvelle centrale hydroélectrique, la Eastmain. Depuis, les chantiers et les projets de grandeur se multiplient. Au terme de la mise en service d'Eastmain, fin 2007, les constructions de deux autres petites centrales ont été entamées, la Eastmain-1A et la Sarcelle (2007-2011), nécessitant la dérivation de plusieurs rivières, dont 50% de la rivière Rupert.

Le grand projet hydroélectrique, ayant inondé plus de 11 000 km² de terres durant sa première phase, dont une large bande près du village de Chisasibi, menace aujourd'hui d'envahir quelque 350 km² supplémentaires. Les Cris de la Baie-James s'opposent toujours fermement à ce projet.

moins 48h à l'avance et à prendre une pièce d'identité avec photo. Comptez en moyenne 4 heures pour la visite.

Parc Robert-A.-Boyd RECONSTITUTION HISTORIQUE
(☎638-6673 ; www.sshr.qc.ca ; 65 av. des Groseilliers ; 20/60 $ par pers/famille ; ⏲8h15-11h15, début juin-début sept). Le parc est en fait la reconstitution du campement d'exploration G-68 ayant servi à l'hébergement des travailleurs pionniers des grands travaux de la Baie-James. Prévoir 2 heures pour la visite guidée, programmée le matin pour permettre celle de l'Aménagement Robert-Bourassa l'après-midi. Réservation et nombre minimum de visiteurs requis.

Où se loger

Camping Radisson CAMPING **$**
(☎638-8687 ou 7777 ; 198 rue Joliet ; empl 35 $; ⏲mi-juin à début sept). Situé sur une hauteur proche du centre-ville, ce camping d'une quarantaine d'emplacements offre de belles prestations.

Auberge Radisson AUBERGE RÉGIONALE **$$$**
(☎638-7201 ou 1-888-638-7201 ; www.aubergeradisson.com ; 66 av. des Groseilliers ; d 125-160 $; ❄📶🅿). Cette auberge loue une quarantaine de chambres sans artifices, mais vastes et confortables. L'auberge dispose d'un restaurant servant des viandes locales (lasagne au caribou, bison, wapiti) parmi les plats variant selon les saisons, et d'un bar-lounge plaisant, Le 53ᵉ.

Depuis/vers Radisson

VOITURE À partir d'Amos, prendre la route 109 Nord jusqu'à Matagami, où commence la mythique route de la Baie-James. Entièrement asphaltée, elle mène à Radisson au terme d'un parcours de 625 km. Faites le plein d'essence à Matagami car la prochaine station se trouve à 381 km plus au nord. Il est également possible mais déconseillé de rejoindre Radisson depuis le lac Saint-Jean par la route du Nord, via Chibougamau et Nemaska (comptez 10 heures de trajet) – rejoignant la route de la Baie-James au km 274, elle s'étend en un interminable ruban de graviers sur 428 km. Vous trouverez un poste d'essence à l'aéroport de Radisson.

AVION Air Inuit (☎1-800-361-2965 ; www.airinuit.com) dessert Radisson (aéroport de La Grande) au départ de Montréal, Québec ou Val-d'Or. L'**aéroport de La Grande** (☎638-8847) est à 32 km de Radisson. On peut louer une voiture ou s'assurer les services d'un taxi (comptez environ 75 $).

Chisasibi

Chisasibi émerge de la taïga à 100 km à l'ouest de Radisson. La ville n'existe dans son aspect actuel que depuis 1981. Avant cette date, ses habitants étaient installés sur l'île de Fort-Georges, située à l'embouchure de la rivière La Grande. La population fut contrainte de la quitter au début des années 1980, face aux menaces d'inondations dues au développement des projets hydroélectriques. Quelques bâtiments anciens – que plusieurs compagnies proposent de visiter en été – demeurent sur l'île désertée.

Le village est majoritairement cri (3 800 personnes), mais un certain nombre d'Inuit et de blancs s'y sont joints (150 et 300 respectivement). La communauté est dite "sèche" : un "check-point" à l'entrée du village veille avec plus ou moins de succès à ce qu'aucun alcool n'y soit introduit.

Un **grand pow-wow** (855-2878 ; www.creetourism.ca), ouvert à tous, s'y déroule chaque été début août.

À voir et à faire

À Chisasibi, le rythme change, prenant des notes nordiques et chaotiques. Les initiatives touristiques vont et viennent d'une année sur l'autre. Le plus simple est donc de s'informer sur place, au motel par exemple.

L'ancien village, sur l'**île de Fort-George**, demeure un lien de campement estival prisé où il est possible d'échanger avec des anciens. Pour vous y rendre, vous pouvez contacter **Fort George Island Tours** (855-2626), qui propose une excursion guidée avec dégustation de pain traditionnel (*bannock* ou bannique), ou négocier votre passage depuis l'un des quais du village. L'agence touristique crie **Mandow** (855-3373) facilite les séjours d'activités hors chasse et pêche (canot, motoneige, raquette, etc.), offrant des forfaits et des séjours à la carte. Il est cependant difficile de la joindre !

Où se loger

Motel Chisasibi MOTEL **$$**
(819-855-2838 ou 3056 ; s/d 97/122 $). Unique possibilité d'hébergement en ville, ce motel installé dans le centre commercial dispose de 20 chambres.

Depuis/vers Chisasibi

VOITURE Chisasibi est située à 100 km à l'ouest de Radisson. Un embranchement y mène depuis le km 600 de la route de la Baie-James par un chemin de gravier. Aucun transport en commun ne dessert la ville.

AVION Air Creebec (819-825-8355 ou 1-800-567-6567 ; www.aircreebec.ca) assure des vols vers Chisasibi depuis Montréal.

Chibougamau

Vous passerez par Chibougamau et sa voisine Oujé-Bougoumou– qui figurent parmi les plus reculées de la région – si vous ralliez l'Abitibi ou la Baie-James depuis le Lac-Saint-Jean. Centre minier et forestier, Chibougamau se trouve à 400 km de Val-d'Or et 255 km de Roberval. La route vers l'Abitibi ne fut ouverte qu'en 1967, allégeant de près de 800 km le périple des ouvriers abitibiens dépêchés autour de Chapais et Chibougamau.

Renseignements

BUREAU D'INFORMATION TOURISTIQUE L'accueil touristique de Chibougamau se fait au bureau de l'**Éco-camping** (418-748-4441 ; 512 route 167 Sud ; 8h-23h tlj, saisonnier), sur la droite avant d'entrer dans la ville.

INTERNET L'accès à Internet est possible depuis la **bibliothèque municipale** (418-748-2497 ; 601, 3e Rue) et l'**hôtel Chibougamau** (418-748-2669 ; 473, 3e Rue).

Fêtes et festivals

Festival Folifrets (début mars ; http://festivalfolifrets.com). Festival d'hiver de Chibougamau aux allures de carnaval dont le clou est la Randonnée du Président, un raid de motoneiges antiques, le plus important en Amérique du Nord.

Festival du Doré (fin juin ; www.festivaldudore.com). La pêche en eau douce est à l'honneur.

Festival en août (1er week-end d'août). Un tantinet folklorique, ce festival régional propose des spectacles, des tournois sportifs ainsi qu'un concours de "radios d'auto", les systèmes de son artisanaux bricolés dans des voitures.

À voir et à faire

Traversant une forêt brûlée, les sentiers de **randonnée** et de **vélo** du **parc Obalski** offrent de beaux points de vue et donnent accès à une **plage surveillée** (fin juin-début sept) où l'on peut louer pédalos, kayaks et autres embarcations. Le parc comprend aussi le **Mont Chalco** (418 748-7162 ; www.montchalco.ca ; 264 route 167), petit domaine skiable local. Une carte des sentiers est disponible au bureau de tourisme.

À droite après le Mont Chalco, le **chemin Cooper Rand** mène à plusieurs sites

INDICATIF TÉLÉPHONIQUE

Contrairement au reste de l'Abitibi-Témiscamingue et du territoire cri Eeyou Istchee, l'indicatif téléphonique régional de Chibougamau, Oujé-Bougoumou et de la Jamésie est le ☎418.

miniers désaffectés, à des campings saisonniers auto-gérés et à des **pistes de VTT** reculées. Au bout du chemin, la vue sur le **lac Chibougamau** prend des airs de bout du monde. Le gîte du Domaine de la mine d'or et l'école de paraski (voir ci-dessous) sont accessibles par cette route.

Après le **lac Cummings**, un chemin secondaire accessible en voiture mène à un parking sur le sommet qui donne un **point de vue** intéressant sur la région, notamment sur les plaines s'étendant au nord.

Sur un territoire du plus de 25 000 km², deux réserves fauniques sont accessibles à 18 km au nord de Chibougamau, permettant de pratiquer la **pêche** (location de matériel sur place), de se promener en embarcation motorisée ou faire de la cueillette en forêt : la **réserve faunique Assinica** (www.sepaq.com/rf/asn) et celle des **Lacs-Albanel-Mistassini-et-Waconichi** (www.sepaq.com/rf/amw), qui offre quelques chalets et sites de camping (☎418-748-7748 ou 1-800-665-6527).

Paraski Boréal KITESKI
(☎418-770-8342 ; ⏲déc-avr). Utilisant le lac Chibougamau comme terrain de jeu, cette école de paraski (sorte de kitesurf à ski) organise également chaque année un célèbre raid sur les glaces du lac Mistassini en collaboration avec Escapade Boréale (voir p. 136), “La route des vents”, à la fin mars.

Où se loger et se restaurer

Éco-Camping CAMPING MUNICIPAL $
(☎418-748-7276 ou 418-748-4441 poste 221 hors saison ; 512 route 167 Sud ; empl 20-38 $; 📶). Situé un peu trop près de la route, ce camping a l'avantage d'être littéralement à deux pas du bureau d'information touristique. Les 5 emplacements réservés aux tentes sont sur un terrain boisé, à l'écart des camping-cars. Location de vélos sur place.

BON PLAN **Auberge Boréale** AUBERGE-SNACK $
(☎418-770-3988 ; 926, 3e Rue ; s/d 45-55/55-65 $; plats 5-25 $). La cuisine du restaurant vaut celle de tous les snack-bars du Québec, mais les chambres réservent de belles surprises : simples, mais à la déco parfois thématique (à l'étage). Les têtes de lit en bois sont joliment personnalisées.

♥ **Gîte de la rivière** CHAMBRES D'HÔTE $$
(☎418-748-7063 ; www.gitedelarivierechibougamau.com ; 18 lac Dulieux ; s/d avec petit-déj 57-97/67-107 $ taxe incl ; 📶). Situés près de l'aéroport et de la route 113 entre Chibougamau et Oujé-Bougoumou, Sylvie et Christian sont de véritables amoureux du Nord : venus pour une semaine, ils y vivent depuis 40 ans ! Le gîte, un chalet de bois nu tout récent avec un studio en mezzanine, respire les vacances et se situe en pleine zone de villégiature, au calme. Petit quai donnant sur le lac Dulieu où l'on peut pêcher ; les hôtes prêtent parfois leur embarcation.

Gîte l'Antre-Temps CHAMBRES D'HÔTE $$
(☎418-748-3886 ; www.giteantre-temps.com ; 29 chemin du lac caché ; s/d avec petit-déj 82/92 $ taxe incl ; 📶). Dans une petite maison sur la rive du lac Caché, au sud de Chibougamau, se cachent deux jolies chambres colorées d'inspiration celtique et décorées de meubles antiques (sdb commune). Si la décoration peut sembler un peu artificielle, le paysage lui est somptueux. Hélène prodigue des massages (30 $/40 min).

Café du Brûlot CAFÉ COOPÉRATIF $
(☎418-748-4320 ; www.cafedubrulot.com ; 418, 3e Rue ; petit-déj 5-9 $, menu midi 12,50 $; ⏲mar-dim 8h-16h, jeu jusqu'à 20h, plus tard soirs de concerts ; 📶). Ce café-resto à vocation culturelle n'arrive pas vraiment à se défaire du look industriel de la ville. On y trouve pourtant un coin enfants accueillant, un menu du jour frais, sain et succulent, des bières et cafés alcoolisés, des concerts et des soirées animées. Le personnel est chaleureux et le café irréprochable.

Depuis/vers Chibougamau

VOITURE De longs tronçons de route constituent les seuls moyens de s'y rendre : la route 113 à partir de Val-d'Or et la route 167 depuis le lac Saint-Jean. Il est aussi techniquement possible d'y arriver par la route du Nord depuis Radisson et la route de la Baie-James, mais c'est une aventure à ne pas prendre à la légère (voir p. 134).

BUS Depuis le **dépanneur Carole** (☎418 748-2842 ; 501, 4e Rue), **Intercar** (☎1 800 806-2167) relie quotidiennement Chibougamau et Saint-Félicien au Lac-Saint-Jean (52 $, 3 heures) tandis que la compagnie **Autobus Maheux** (☎1-866-307-0002 ou 1-866-863-6066 ;

www.autobusmaheux.qc.ca) permet de rejoindre Val-d'Or en Abitibi (86 $, 6 heures).

AVION **Air Creebec** (1-800-567-6567 ; www.aircreebec.ca) relie les aéroports de Montréal et de Chibougamau, poursuivant la route vers Nemaska et les réserves de la Baie-James.

Oujé-Bougoumou

Plus intéressant pour le voyageur de passage, le village cri d'Oujé-Bougoumou se situe 55 km à l'ouest de Chibougamau, en retrait de la route 113. Sise sur la rive du lac Opémiska, cette localité de plus de 600 habitants ne fut conçue qu'en 1992 par l'architecte Douglas J. Cardinal à qui l'on doit également les formes inspirées du musée canadien des Civilisations de Gatineau. Récipiendaire de nombreux prix, dont un de l'UNESCO, pour son organisation culturelle et sa gestion environnementale, c'est le plus récent et le plus moderne des villages cris du Québec, une victoire pour ses habitants éprouvés qui furent relocalisés pas moins de 7 fois pour des raisons d'exploitation économiques ou encore administratives.

Renseignements

INFORMATION TOURISTIQUE Il n'y a pas de bureau à Oujé-Bougoumou ("personne-ressource" 1-888-745-3905 ; www.ouje.ca et www.tourismecri.ca), mais vous serez renseigné à l'**Institut culturel cri** (voir ci-dessous).

À voir et à faire

Aanischaaukamikw – Institut culturel cri CULTURE AUTOCHTONE
(418-745-2444 ; www.institutculturelcri.ca/fr ; 205 Opemiska Meskin ; 5 $, gratuit senior et -5 ans ; lun-ven 8h30-17h, fermé midi, visites guidées 10h30 et 14h). En forme d'habitation traditionnelle crie "sabtuanv", l'édifice abrite un musée, un centre d'archives, une bibliothèque et un centre culturel. Agencée de façon moderne et utilisant les nouvelles technologies médiatiques, sa collection permanente permet de découvrir non seulement des artéfacts issus du passé, mais également des objets encore couramment utilisés par les membres de la communauté.

Nuuhchimi Winnuu TOURISME ÉCOCULTUREL
(418-745-3212 ou 3629 ; 74 Opataca Meskino). La réputation des guides Anna et David Bosum n'est plus à faire. En charge du tourisme depuis plusieurs années, ils sauront vous concocter un forfait adapté, selon que vous souhaitiez dormir à l'auberge ou dans un abri traditionnel. L'été, ils organisent des expéditions de canot, de trappe et de randonnée tandis que l'hiver ce sont les sorties en motoneige ou en raquettes. Nourriture autochtone ou plus accessible : tout est flexible. La durée des séjours est en moyenne d'une semaine, avec des groupes d'une quinzaine de personnes.

Où se loger et se restaurer

Il peut être plus simple de se loger à Chibougamau (page ci-contre), où les options sont multiples.

Auberge Capissisit AUBERGE AUTOCHTONE $$
(418-745-3944 ; www.capissisitlodge.ca ; 1 Wastawshkootaw ; table d'hôte 11-15 $, d 110-130 $; restaurant 7h-20h lun-ven, 8h-17h sam-dim ;) Bien intégrée dans la communauté, l'auberge récemment agrandie comprend une vingtaine de chambres confortables et un bon restaurant servant, selon l'inspiration du chef, de la soupe d'oie ou du ragoût de caribou. Campement traditionnel à proximité et bel endroit pour marcher sur la plage.

Depuis/vers Oujé-Bougoumou

VOITURE La réserve se trouve à 26 km au nord de la route 113 reliant l'Abitibi à Chibougamau. Bien indiquée, la bifurcation se trouve à 11 km de Chapais et à une trentaine de kilomètres du centre-ville de Chibougamau.

AVION L'aéroport de Chibougamau se trouve à 40 km de la réserve.

TÉMISCAMINGUE

Colonisé avant le reste du nord-ouest québécois, le Témiscamingue a beaucoup en commun avec son voisin canadien l'Ontario, avec lequel il partage une économie forestière et agricole, son réseau routier, une forte proportion de population autochtone et un bilinguisme fonctionnel. L'accès à la région se fait d'ailleurs par l'Ontario, en longeant la rivière des Outaouais qui relie le lac Témiscamingue au fleuve Saint-Laurent dont elle est le principal affluent. C'est d'ailleurs sur le lac et la rivière qu'étaient acheminés les billots de bois, par voie de flottaison ("pitoune" ou drave) jusque vers la fin des années 1970.

Fêtes et festivals

Festival du kayak (juin ; www.kipawariver.ca). Environ 150 kayakistes affrontent les

13 rapides de la rivière Kipawa chaque année pendant les célébrations de la fête nationale du Québec, le 24 juin.

Rodéo du camion (début août ; www.elrodeo.com). Le plus important festival de camionneurs de l'est du Canada se déroule à Notre-Dame-du-Nord.

Festival Western (2e semaine d'août ; www.festivalwesterndeguigues.com). À Saint-Bruno-de-Guigues, le rodéo s'enflamme et les compétitions équestres déferlent entre les concerts de musique country et ateliers de danse en ligne depuis déjà plus de 30 ans.

Foire gourmande de l'Abitibi-Témiscamingue et du nord-est Ontarien (mi-août ; www.foiregourmande.ca). À la mi-août, goûtez à plus de 250 produits régionaux dans cet événement culinaire et gourmand sur trois jours à Ville-Marie.

Messe du chasseur(fin sept). Une semaine avant le début de la chasse à l'orignal, la tradition se perpétue et l'univers du chasseur envahit la paroisse de Moffet : animaux empaillés de toutes sortes et servants de messe aux dossards oranges...

Depuis/vers le Témiscamingue

VOITURE De Rouyn-Noranda, vous avez le choix entre prendre la route 101 Sud ou bien sa parallèle, la 391. Cette dernière, plus vallonnée, offre de plus beaux paysages à voir. Comptez en moyenne 1 heure 40 pour relier les deux villes. Si vous venez de l'Outaouais, prendre la 148 Ouest qui se transforme en route 17 du côté ontarien. À Mattawa, bifurquer sur la 533 qui permet de rejoindre la 63 puis la 101 au niveau de Témiscaming.

BUS Les **Autobus Maheux** (☎1-866-307-0002 ou 1-866-863-6066 ; www.autobusmaheux.qc.ca) font une fois par jour la liaison entre Rouyn-Noranda et Ville-Marie (32 $, 1 heure 50), puis poursuivent leur route vers Temiscaming. Une liaison existe aussi avec Montréal via North Bay et Ottawa. Le **terminus** (☎629-2166) se situe au niveau du dépanneur Au Cagibi, au 19 rue Saint-Anne.

Ville-Marie et Duhamel-Ouest

Ville-Marie est le chef-lieu du Témiscamingue et la plus ancienne ville de cette région. Son histoire est intimement liée à la colonisation européenne. Dès 1863, les pères oblats installent une mission sur les rives de la rivière Outaouais, face à un poste de traite des fourrures, dans le but d'évangéliser les Amérindiens. Très vite, ils feront la promotion du Témiscamingue auprès des habitants des villes et des travailleurs des manufactures. Ville-Marie sera ainsi fondée en 1886. Blottie au bord du lac, elle a maintenant l'allure d'une petite station tranquille. Seules les vieilles demeures du centre-ville et certaines façades *boomtown* (façades en bois, façon western) des commerces rappellent son passé de ville pionnière. Le territoire rural entourant Ville-Marie porte le nom de Duhamel-Ouest.

Renseignements

BUREAU D'INFORMATION TOURISTIQUE (☎629-2918 ou 1-866-538-3647 ; www.tourismetemiscamingue.ca ; 1 rue Industrielle ; fin juin-début sept tlj 9h-18h, reste de l'année lun-ven 8h30-12h et 13h-16h30). Demandez la brochure *Parcours patrimonial dans les rues de Ville-Marie* pour découvrir la ville.

À voir

Maison du Frère Moffet HISTOIRE CONTÉE (☎629-3533 ; www.maisondufreremoffet.com ; 7 rue Notre-Dame-de-Lourdes ; 4 $, billet combiné maison et vélo-taxi 10 $; tlj 10h-18h mi-juin-début sept). La plus ancienne maison de tout l'Abitibi-Témiscamingue, permet d'appréhender l'histoire de la colonisation de la région. L'édifice date de 1881 et porte, jusque dans les coups de hache sur les billots de bois, l'empreinte du frère oblat Joseph Moffet, fils d'agriculteur et l'un des premiers à avoir perçu le potentiel des terres, contre vents et marées. La maison propose également un tour en ville en **vélo-taxi** (7 $, 10 $ combiné à la maison), une façon originale d'en découvrir le patrimoine.

Fort Témiscamingue-Obadjiwan LIEU HISTORIQUE NATIONAL (☎629-3222 ou 1-888-773-8888 ; www.pc.gc.ca/fra/lhn-nhs/qc/temiscamingue/index.aspx ; 834 chemin du Vieux-Fort, Duhamel-Ouest ; adulte/senior/6-16 ans 4,90/4,15/2,90 $; début juin-début sept tlj 9h-17h). Un peu au sud de Ville-Marie, c'est l'histoire de la traite des fourrures qui vous sera contée, épine dorsale de l'économie de la Nouvelle-France au XVIIe siècle. Fondé en 1679 mais n'occupant ce site que depuis 1720, ce fort à vocation commerciale était un lieu d'échange entre les Amérindiens et les Européens jusqu'en 1902. Outre une exposition, différentes scénographies mettent en scène les principaux bâtiments du poste. Une "forêt enchantée" domine l'ensemble, où il est encore possible d'admirer des thuyas de

SORTIES FAMILIALES AU TÉMISCAMINGUE

Les quelques musées de la région proposent de bonnes activités pour les voyageurs avec des enfants. À Anglier, le **bateau T.E. Draper** et le **Chantier Gédéon** (☎949-4431 ; www.tedraper.ca ; 11 rue T.E. Draper ; accès 1 site adulte/senior/6-11 ans 5/4/1,50 $, 2 sites 8/6/2 $; ⏲tlj 10h-18h, fin juin-début sept) offrent une expérience immersive de la vie des bûcherons, draveurs et autres travailleurs forestiers des années 1930-1940. Pour les plus scientifiques, le **Centre thématique fossilifère** (☎723-2500 ; www.fossiles.qc.ca ; 5 rue Principale ; adulte/6-12 ans 5/2,50 $; ⏲tlj 9h30-17h30, fin juin-début sept) organise des safaris aux fossiles avec cueillette limitée d'une durée d'une heure sans réservation. Si le sujet vous passionne, des safaris plus longs sont organisés sur demande, incluant le site d'un récif de corail. Enfin, difficile de passer à côté du **Fort Témiscamingue** (voir page ci-contre) et de sa forêt enchantée qui restera longtemps dans la mémoire des enfants !

l'Est, assez exceptionnels par leur forme très élancée, mais dont les troncs ont été tordus par une violente tempête avec verglas.

Domaine Desducs VIGNOBLE
(☎629-7809 ou 3265 ; 440 route de l'île, Duhamel-Ouest ; visite et dégustation 3$; ⏲10h-17h mar-dim mi-juin à mi-sept). Le plus septentrional des vignobles du Québec est certes une curiosité que les connaisseurs sauront apprécier. Après avoir testé la résistance de 42 cépages, les producteurs en ont choisi 10 pour leur adaptation au micro-climat de l'île du Collège et ont ainsi développé quatre crus dont un blanc primé.

ENVIRONS DE VILLE-MARIE ET DUHAMEL-OUEST

Centre d'interprétation de la guêpe COLLECTION NATURELLE
(☎765-2772 ; www.temiscamingue.net/guepes ; 5 rue St-Isidore Est, Laverlochère ; 3 $, gratuit -5 ans ; ⏲lun et jeu-ven 10h-17h, sam-dim 12h-17h fin juin-début sept). Gérard Gagnon amasse les nids de guêpe depuis 1974. Ce qui semblait étrange à prime abord est devenu la fierté de la région lorsque sa collection de près de 1 000 nids est entrée au Guinness des records, en 1993. Environ 650 nids sont exposés sur place, chacun avec son histoire et ses particularités, comme celui bâti dans un abat-jour, des nids multicolores, etc. Passionnant !

Musée de Guérin PATRIMOINE RURAL ET CURIOSITÉS
(☎784-7014 ; www.culture-at.org/musee-guerin ; 913 rue Principale, Guérin ; ⏲tlj fin juin-début sept). Lorsque le curé a demandé aux paroissiens de lui apporter des objets et des photos anciennes, il ne se doutait pas qu'il allait en recevoir autant ! La collection ainsi amassée devint le premier musée de l'Abitibi-Témiscamingue, en 1969. On y retrouve un volet agricole et un autre religieux, de même que les souvenirs d'un grand voyageur qui aurait fait le tour du monde de multiples fois, le curé Pelletier, sous forme de cabinet de curiosité installé dans le meuble de sacristie des sœurs carmélites.

Activités

En bordure du lac Témiscamingue, le **parc du Centenaire** marque le point de départ de la "Ligne du Mocassin", une **piste cyclable** (☎1-866-538-3447) de 45 km qui fait partie de la Route verte et relie Ville-Marie à Angliers.

Vous pourrez louer des pédalos et des kayaks auprès du **camping La Bannik** (voir p. 144 ; pédalos et kayaks 8 $/30 min, 14 $/h), qui dispose également d'une plage aménagée sur le lac (accès adulte/4-12 ans 4/2 $). Des sentiers pédestres et de VTT sont aussi balisés sur le site. L'hiver, ski de fond, raquette, glissade, pêche sur glace et motoneige deviennent les activités principales.

Les P'tits Roberge VÉLOS ET KAYAKS
(☎629-2548 ; 67 rue Sainte-Anne ; ⏲lun-jeu 8h-17h30, ven 8h-21h, sam 8h-17h). Au niveau du garage Esso, on y loue des vélos (20 $/jour) ainsi que des kayaks (simple/double 35/40 $/jour).

Aventures Obikoba KAYAK ET RANDONNÉE
(☎761-2128 ; www.aventuresobikoba.com ; 1295 chemin de l'Église, Rémigny ; kayak simple/double 50/60$, refuge 65 $, empl camping 20 $). Aux environs de Ville-Marie, ce prestataire loue des kayaks de mer et offre des nuitées en refuge pour qui voudrait s'offrir une aventure paisible. Spécial week-end et prix dégressifs sur de plus longs séjours. Réservation nécessaire au moins une semaine à l'avance. Quelques itinéraires autoguidés proposés.

Où se loger et se restaurer

Camping et chalets

La Bannik CENTRE DE VILLÉGIATURE $
(622-0922 ; www.bannik.ca ; 862 chemin du Vieux-Fort, Duhamel Ouest ; camping 25-38 $/jour selon services, chalets 2 pers haute/basse saison 150-299/130-275 $/nuit, 20 $/pers supp ; menu midi 15 $, plats soir 12-36 $; camping 15 mai-15 sept, chalets à l'année, restaurant tlj ; dans les chalets). À proximité du Fort Témiscamingue, ce site en pleine nature dispose de 107 emplacements de camping ainsi que de chalets confortables pouvant accueillir de 2 à 8 personnes. Un restaurant sert des petits-déjeuners québécois, des brunchs le dimanche et des plats du jour. Belle vue sur le lac depuis la terrasse. Accès à la plage gratuit pour les campeurs.

Chez Eugène AUBERGE $$
(622-2233 ; www.chezeugene.com ; 8 rue Notre-Dame Nord ; s/d avec petit-déj 90-130/95-145 $ selon ch ; plats 18-27 $; restaurant soir tlj et lun-ven midi, horaire réduit hors saison ;). Une étape de charme vous attend dans cette belle maison victorienne aux chambres douillettes, réservant pour certaines une vue splendide sur le lac Témiscamingue. Deux salles à manger, l'une au décor classique et l'autre plus décontractée, ont été aménagées au rez-de-chaussée et accueillent parfois des concerts ou des prestations humoristiques. La carte, elle, décline principalement une série d'entrées chaudes et froides façon tapas, que l'on peut prendre en "combo". Location de vélos et de kayaks.

Témiscaming, Kipawa et Laniel

Ces petits villages permettent d'accéder au somptueux lac Kipawa. Au loin, des centaines de petites îles émergent sereinement à la surface de l'eau. La tentation est alors grande pour les kayakistes de partir sillonner les contours de ces petits bouts de terre encore vierges et pour les amateurs de pêche de venir taquiner le poisson. En plus de sa beauté scénographique attestée par les tournages de nombreux films, la rivière Kipawa est réputée comme l'une des plus propices à la descente en kayak de tout l'est du Canada.

Renseignements

BUREAU D'INFORMATION TOURISTIQUE
(723-2500 ; www.tourismetemiscamingue.ca ; 5 rue Principale Nord ; tlj 9h-17h fin juin-début sept tlj 9h-18h). Un autre bureau est installé dans le m**usée de la Gare** (627-1846 ; www.tourismetemiscamingue.ca ; 15 rue Humprey, Témiscaming ; fin juin-début sept tlj 10h-17h).

À voir et à faire

Une belle **randonnée** de 7 km, le long de la rivière Kipawa, mène à un superbe point de vue sur ses chutes et ses rapides. Des points d'observation et tables de pique-nique sont aménagés le long du parcours. Ce sentier dit de la "Grande Chute" part d'un parking situé à 8 km au nord du village, sur le bord de la route 101. L'hiver, il peut être pratiqué en raquettes.

Un parc national Sépaq est prévu mais non confirmé, le **parc Opémican** (www.opemican.com), afin de rendre plus accessibles d'autres sentiers et notamment le **site historique Opémican**, un poste de relais du flottage du bois datant de 1883 et comprenant une dizaine de bâtiments. Pour le moment, le site à 25 km au nord de Témiscaming n'est pas facile à trouver : il faut emprunter un petit chemin de terre (chemin Opémican) situé un peu au nord de la halte routière. Le site est fréquenté bien sûr par les kayakistes qui y bivouaquent fréquemment.

Algonquin Canoe Company CANOË ET KAYAK
(705-981-0572 ou 1-866-889-9788 ; www.algonquincanoe.com ; île du Long Sault, rivière des Outaouais ; mi-juin à mi-sept). Gérée par des autochtones algonquins, cette entreprise d'écotourisme offre plusieurs forfaits de découverte de 2 à 4 heures (30-95 $) en kayak, en canoë et en embarcation motorisée, certaines incluant un repas. Location d'embarcations (28-50$/jour selon type). Attention, le service est principalement anglophone et les réservations doivent être faites au moins deux semaines à l'avance.

Outaouais

Dans ce chapitre »

Le top des hébergements

» Auberge Le Moulin Wakefield (p. 155)

» Château Montebello (p. 159)

Le top des restaurants

» Café Biscotti (p. 153)

» Odile (p. 150)

» The Village House (p. 155)

Pourquoi y aller

L'Outaouais est un terreau culturel bigarré qui présente un fascinant mélange d'influences francophones et anglophones, tout en préservant ses racines autochtones algonquines. La région déploie sur plus de 33 000 km² des forêts denses, des lacs et des rivières. Coiffé au nord par l'Abitibi-Témiscamingue, côtoyant à l'est les Laurentides, elle est bordée au sud par la majestueuse rivière des Outaouais, frontière naturelle entre le Québec et l'Ontario.

On se laisse tout d'abord tenter par une escapade urbaine à Gatineau, banlieue francophone d'Ottawa, avec son impressionnant musée canadien des Civilisations et ses petits restaurants. La ville permet en outre de belles découvertes culturelles et de sympathiques balades avec vue sur la capitale fédérale. Une excursion à travers le parc de la Gatineau ou la réserve faunique Papineau-Labelle est tout indiquée pour se rapprocher d'une nature généreuse, formant, autour de ses points d'eau, une belle forêt mixte où érables, ormes et chênes côtoient bouleaux et pins.

Une balade le long de la rivière Gatineau permet de prendre le pouls de charmantes bourgades, où une partie des habitants, d'origine anglophone, offre un visage inhabituel du Québec. Plus au nord, au cœur d'une nature plus sauvage, on retrouve alors les couleurs du pays des Algonquins qui s'étend jusqu'aux latitudes boréales.

Quand partir

Juin-septembre Cyclotourisme à Gatineau, randonnée et kayak dans le parc de la Gatineau, rafting sur les rivières Outaouais et Gatineau.

Mi-septembre à mi-octobre Les couleurs automnales flamboient à Wakefield et dans le parc de la Gatineau.

Fin décembre-fin mars Les raquettes et les skis sont de sortie au parc de la Gatineau et à la station de ski Edelweiss de Wakefield.

À ne pas manquer

1. L'impressionnant **musée canadien des Civilisations**, à Gatineau (p. 148)
2. Une pause farniente au bord du lac Meech, dans le **parc de la Gatineau** (p. 152)
3. Le charmant village de **Wakefield**, avec son pont couvert et l'animation de ses bars et restaurants (p. 155)
4. L'étonnante entrée en rondins du **château Montebello**, évoquant la chaleur et le luxe des bibliothèques anciennes (p. 158)

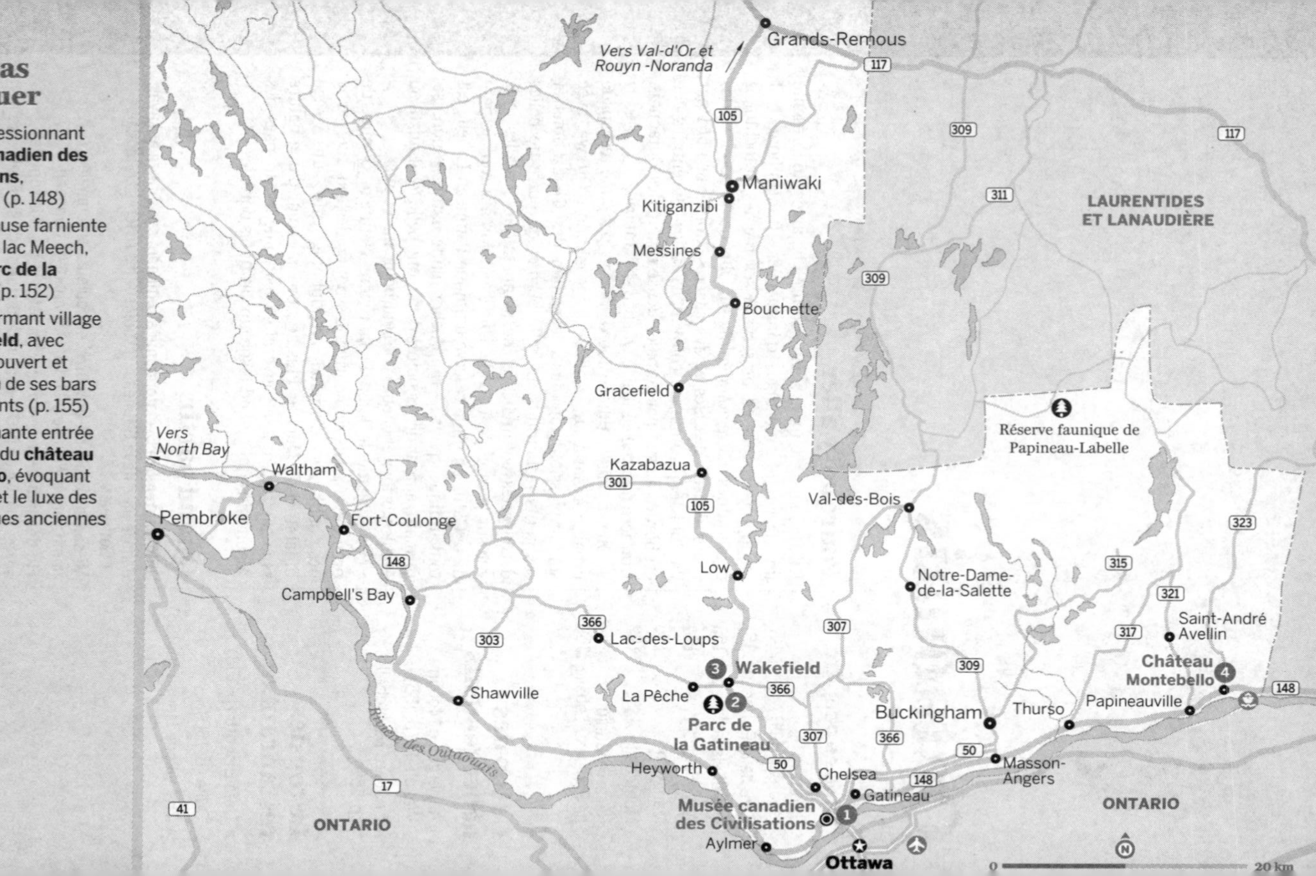

Histoire

Lorsque Samuel de Champlain effectue son premier voyage sur la Mahamoucébé (la “rivière du commerce”), l’Outaouais est alors la terre des Algonquins. Dans un premier temps, le territoire reste vierge de toute colonisation. Le gouvernement de la Nouvelle-France s’oppose alors à toute implantation. Il s’agit de ne pas perdre la confiance des Amérindiens, précieux collaborateurs dans la traite des fourrures. Seule exception : la seigneurie française de la Petite-Nation, à l’est du territoire ; la Mahamoucébé est alors baptisée rivière de l’Outaouais, en hommage aux marchands algonquins.

Après la guerre de conquête de 1760, les Britanniques maintiennent une politique identique. Certes, missionnaires, coureurs des bois et marchands parcourent le territoire, mais ce n’est qu’au XIXe siècle que l’immigration commence réellement. Le décret de Berlin (promulgué en 1806 par Napoléon et interdisant à la Grande-Bretagne l’accès au bois de la mer Baltique) détermine en effet l’évolution de la région et le destin de ses premiers immigrants. C’est le cas du fondateur de Hull (aujourd’hui intégré à Gatineau), Philemon Wright, un Américain originaire du Massachusetts, arrivé en 1800 avec sa famille.

Surnommé “la réserve forestière de la Grande-Bretagne”, l’Outaouais fournira ainsi l’essentiel du bois nécessaire à la construction des navires britanniques. Autrefois, voie navigable des fourrures, la rivière des Outaouais devient le domaine de la drave (voir l’encadré p. 157). Devenue plaque tournante de l’exploitation forestière en Amérique du Nord, la région voit affluer, à partir de cette époque, nombre d’immigrants en provenance d’Angleterre, d’Irlande, d’Écosse et d’Amérique. Quant aux Canadiens français, ils s’implantent dans la seigneurie de la Petite-Nation.

Orientation

L’Outaouais est bordé au sud par la rivière du même nom, longue de 1 130 km, et au nord par le plateau laurentien. Plusieurs affluents d’importance le traversent, parmi lesquels la rivière de la Gatineau. De l’est à l’ouest, la région s’étire entre Montebello et l’île aux Allumettes.

Quatre régions se partagent le territoire. Au centre, les collines de l’Outaouais ceinturent le parc de la Gatineau, Wakefield, Old Chelsea et Gatineau, soit les principaux attraits touristiques. Au nord s’étend la vallée de la Gatineau, avec Maniwaki comme centre principal, à l’est la Petite-Nation et la Lièvre, et à l’ouest le Pontiac, qui couvre près de la moitié du territoire.

L’Outaouais est traversé par la route 105, qui constitue le principal axe nord-sud, et la route 309, construite entre Masson et Mont-Laurier. La route 148 longe pour sa part, d’est en ouest, la rivière des Outaouais et relie Montréal à la capitale régionale avant de se terminer à Pembroke, dans l’Ontario. Une partie est doublée par l’autoroute 50.

Gatineau (secteur Hull)

Une rivière les sépare. Sur la rive sud, Ottawa l’anglophone, capitale fédérale du Canada. Sur la rive nord, Gatineau la francophone, quatrième plus grande ville du Québec après Montréal, Québec et Laval. Le secteur le plus visité de la ville est Hull – depuis 2002, plusieurs communes et localités avoisinantes se sont rassemblées sous le nom de Gatineau, en référence à la famille Gastineau qui a intensément pratiqué la traite des fourrures sur la rivière des Outaouais aux XVIIe et XVIIIe siècles. Hull, que l’on surnommait “le petit Chicago” en raison de sa vie nocturne très mouvementée, est assez animé, comparé à la très sage Ottawa (les Ontariens n’ont qu’à franchir l’un des ponts pour venir se restaurer et se distraire). Au fil des ans, l’industrielle et ouvrière Hull, longtemps reléguée à un rôle de banlieue francophone, est parvenue à acquérir une identité propre. Depuis les années 1970, et la décision d’Ottawa d’y transférer une partie de ses bureaux gouvernementaux, Hull s’est progressivement transformée en cité parlementaire et abrite aujourd’hui les bureaux de plus de 20 000 fonctionnaires fédéraux. S’en est suivie une vague de réaménagements urbains. Plusieurs édifices contemporains témoignent de ce nouveau visage, dont la maison du Citoyen (l’hôtel de ville) et le récent casino aux allures ultramodernes. En bordure de la rivière, la rue Laurier est devenue la vitrine de Hull où le musée des Civilisations, joyau architectural de la ville, côtoie les anciens sites des usines de pâte à papier – non moins emblématiques – de E. B. Eddy et Scott. Avec ses larges avenues, ses jardins fleuris et ses bâtiments flambant neufs, la ville fait désormais bonne figure.

Orientation

Avec ses différents secteurs, Gatineau peut se révéler complexe à la circulation. Pour vous y retrouver, sachez que le centre-ville (secteur Hull) se situe en bordure de la rivière des Outaouais, le long de la rue Laurier où se trouvent l'office du tourisme et le musée des Civilisations. Quatre ponts enjambent la rivière et relient Hull à Ottawa. La plupart des bars, restaurants et discothèques sont regroupés dans un triangle formé par la promenade du Portage et les rues Laval et Aubry.

Renseignements

TOURISME OUTAOUAIS (☎819-778-2222 ou 1-800-265-7822 ; www.tourismeoutaouais.com ; 103 rue Laurier ; ⊙24 juin-début sept lun-ven 8h30-18h et sam-dim 9h-18h, le reste de l'année lun-ven 8h30-16h30, sam-dim 10h-16h ; @). En face du pont Alexandra, à quelques pas du musée des Civilisations, il fournit une "carte de visiteur" permettant de stationner gratuitement dans la ville durant 2 jours.

Fêtes et festivals

Bal de Neige (début février ; www.baldeneige.gc.ca). Durant les trois premières semaines de février, cette populaire célébration de l'hiver à travers différentes manifestations (sports, jeux...) est répartie entre Ottawa et Gatineau.

Festival canadien des tulipes (mai ; www.festivaldestulipes.ca). Le plus important festival du genre au monde se partage entre Gatineau et Ottawa.

Les grands feux du Casino Lac-Leamy (juillet-août ; www.feux.qc.ca). Grande compétition d'art pyrotechnique à Gatineau.

Festival de montgolfières de Gatineau (septembre ; www.montgolfieresgatineau.com). Plus de 100 montgolfières se réunissent dans le petit parc de la Baie-de-Gatineau, à 5 km à l'est du secteur Hull, en bordure de la rivière des Outaouais.

Coloris automnal La beauté du parc de la Gatineau est célébrée dès les premières lueurs du feuillage d'automne en octobre. Expositions et randonnées guidées avec des naturalistes sont organisées pendant un mois.

À voir

Musée canadien des Civilisations MUSÉE (☎819-776-7000 ou 1-800-555-5621 ; www.civilisations.ca ; 100 rue Laurier ; adulte/senior-étudiant/3-12 ans/famille musée 12/10/8/30 $, combiné musée-IMAX 18/15/12/50 $, gratuit jeu 16h-20h ; ⊙mai-sept 2013 lun-mer 9h-18h, jeu 9h-20h, ven 9h-18h, sam-dim 9h30-18h, sept 2013-avr 2014 lun-mer 9h30-17h, jeu 9h30-20h, ven 9h30-17h sam-dim 9h30-17h, fermé 25 déc et 2e sem jan). Incontournable tant par son architecture, signée Douglas J. Cardinal, que par ses riches salles d'exposition, il mérite davantage qu'une simple visite de courtoisie. C'est en effet l'un des musées les plus vastes et les plus visités du Canada.

Commencez par la stupéfiante **Grande Galerie**, au niveau 1, bordée par une paroi de verre. Consacrée au patrimoine culturel et à l'art amérindiens de la côte ouest du Canada, elle accueille une belle collection de mâts totémiques (certains affichent jusqu'à 20 m de hauteur), la plus importante au monde de cette nature. Six habitations traditionnelles y ont aussi été bâties, avec le concours de plus de 40 aînés et artisans autochtones. La galerie débouche sur la **salle des Premiers Peuples**, qui retrace l'histoire des Amérindiens au cours des cinq derniers siècles.

Au niveau 3, la **salle du Canada** conduit le visiteur dans un dédale de pièces retraçant 1 000 ans de présence européenne sur le territoire, depuis les Vikings, en passant par la Nouvelle-France et le Haut-Canada. La visite est particulièrement divertissante. On déambule à travers le temps parmi des scènes de vie entièrement reconstituées, depuis les cales d'un navire et une station baleinière du XVIe siècle, aux quartiers de l'armée britannique de la fin du XVIIIe et à une rue ontarienne du début du siècle.

Pour mettre un visage sur les principales personnalités de l'histoire canadienne, qu'elles aient été politiques, poètes, humanistes ou explorateurs, poursuivez la visite au niveau 4, où se trouve la **salle Tête à tête**.

Au niveau 2 – en réalité le rez-de-chaussée – se trouvent des salles d'expositions temporaires, le musée canadien de la Poste ainsi que l'**IMAX**, cinéma doté d'un immense écran 3D et d'un autre à 180° en forme de dôme. Également attenant, le **musée canadien des Enfants** est très bien conçu. Le principe ? Munis d'un passeport qu'ils doivent faire tamponner à différents points de contrôle, les petits embarquent pour un voyage interactif à travers l'Inde, l'Afrique, le Moyen-Orient... Les moins de 10 ans doivent obligatoirement être accompagnés d'un adulte.

Des **visites guidées** (3 $) des différentes salles, en français et en anglais, sont organisées en toute saison sur demande. Des **audioguides** (3 $) sont également disponibles. Comptez au moins 3 heures pour visiter les principales salles du musée. Vous trouverez aussi sur place une cafétéria, un bistro et un café. Un billet combiné existe avec le musée de la Guerre, situé à Ottawa.

UN MUSÉE AUX FORMES SYMBOLIQUES

Il fallait un écrin pour accueillir un musée national retraçant 10 000 ans d'histoire canadienne. Inauguré en 1989, le bâtiment du **musée canadien des Civilisations** (ci-contre) arbore une architecture unique tout en formes curvilignes, qui justifie à elle seule le déplacement. Retenu parmi une douzaine de projets, celui de l'architecte albertain Douglas J. Cardinal propose une vision symbolique d'un continent aux "formes sculptées par le vent, les cours d'eau et les glaciers", selon ses propres termes. Et de poursuivre : le musée "montrera comment l'homme s'est d'abord adapté à son milieu, pour ensuite le maîtriser et le façonner selon ses aspirations. Il montrera l'homme conscient de son immense pouvoir de transformer son milieu, et pourtant soucieux de vivre en harmonie avec lui".

Le musée est situé au bord de la rivière des Outaouais, face au Parlement canadien. Une belle promenade agrémentée de jardins et de sculptures longe l'édifice.

À noter qu'au moment de la rédaction, le gouvernement a annoncé un changement de nom et de vocation pour le musée. D'ici à 2014, celui-ci devrait être renommé musée canadien de l'Histoire et être dédié à l'histoire et à la société canadiennes.

Activités

Cyclotourisme VÉLO

Gatineau est le paradis des cyclistes, comme l'Outaouais de manière générale. Du centre-ville, on peut atteindre l'entrée du parc de la Gatineau (voir p. 151) en une quinzaine de minutes à peine, ou se rendre à Aylmer, à l'ouest du secteur Hull, en longeant la rivière des Outaouais. Le pont Alexandra, qui comporte une piste réservée aux vélos, aux piétons et aux adeptes du roller, permet en outre de rejoindre Ottawa – avec en prime une vue superbe sur la colline du Parlement.

La ville a mis en place un service de location de vélo par l'intermédiaire de **La Maison du vélo** (819-997-4356 ; 350 rue Laurier ; tlj 10h-17h), opérationnelle de mi-mai à mi-octobre, il vous suffira simplement de laisser une pièce d'identité. Pour les déplacements courts, il existe des bicycles en libre-service, **Bixi** (avr-nov ; à partir de 7$/jour ; www.capitale.bixi.com). Dans le vieux-Hull, **Cycle Bertrand** (819-771-6858 ; 136 rue Eddy ; demi-journée/journée 16/23 $; lun-mer 9h30-17h30, jeu 9h30-18h30, ven 9h30-17h30, sam 9h-17h, dim 11h-16h30) loue également des vélos.

Depuis Hull, la **Route verte 1** (www.routeverte.com ; voir l'encadré p. 30), inaugurée en 2007 en Outaouais, rejoint d'abord Montebello, puis Laval et Montréal, et file ensuite vers d'autres régions du Québec, dont la lointaine Gaspésie !

Pour des conseils pratiques et la carte des sentiers cyclables de la région, consultez le site Internet www.veloutaouais.com.

Au feel de l'eau AQUA-TAXI

(819-329-2413 ; www. aufeeldeleau.ca ; 5 $ l'aller ; 10h-19h mai-août, 10h-18h sept-oct ; accès vélo). Ce tout nouveau prestataire offre un service de navette en bateau électrique, sans bruit donc, sur la rivière des Outaouais entre Gatineau (musée canadien des Civilisations) et Ottawa (quai des écluses). Départ toutes les 15 minutes, derrière le musée canadien des Civilisations. Liaison entre le casino du Lac-Leamy, Ottawa et Gatineau toutes les heures (20 $ l'aller, 1 heure de trajet). Également, croisières de 2 à 3 heures (250-350 $).

Théâtre de l'Île THÉÂTRE

(819-595-7455 ou 1-866-299-2002 ; www.gatineau.ca/artsetspectacles ; 1 rue Wellington). Installé aux abords du ruisseau de la Brasserie (à quelques minutes du musée canadien des Civilisations), dans un ancien château d'eau, ce charmant théâtre accueille des créations populaires québécoises. Son site est idéal pour les pique-niques en saison.

Casino du Lac-Leamy CASINO

(819-772-2100 ou 1-800-665-2274 ; www.casino-du-lac-leamy.com ; 1 bd du Casino). À voir l'alignement des voitures garées sur le parking de ce bâtiment moderne inauguré en 1996, on comprend que ce casino – l'un des quatre au Québec – est devenu une attraction locale. Sur place, vous trouverez tables de jeu, machines à sous, salle de poker, etc.

Où se loger

Auberge Un pied à terre AUBERGE **$$**

(819-772-4364 ; www.unpiedaterre.com ; 245 rue Papineau ; ch avec petit-déj 90-120 $;). Les 4 agréables et impeccables chambres de cette auberge, dont 3 avec kitchenette, arborent une déco à thème (Mexique, Kenya, Thaïlande, Égypte). Accueil charmant et bon emplacement, à deux pas du musée des Civilisations.

Couette et Café Le Philémon GÎTE $$
(819-776-0769 ; www.lephilemon.com ; 47 rue Dumas ; s/d avec petit-déj 85-115/100-135 $;). Cette maison de banlieue contemporaine offre 3 chambres un peu petites, mais meublées de façon fonctionnelle. Une petite terrasse-lounge est aménagée sur le toit. Les jeunes propriétaires ne sont pas toujours très disponibles.

Les Suites Victoria HÔTEL $$
(819-777-8899 ou 1-800-567-1079 ; www.suitesvictoria.com ; 1 rue Victoria ; à partir de 109 $ selon ch et saison ;). Très bien placé, à proximité des restaurants et bars, ce motel offre un bon rapport qualité/prix. Les chambres sont équipées de kitchenette. Dépanneur en face pratique pour préparer les petits-déjeuners.

Gîte Fanny et Maxime GÎTE $$$
(819-777-1960 ; www.fannyetmaxime.com ; 31 rue Lessard ; s/d 105-125/120-140 $, avec petit-déj, taxes incl ; 20 $/pers supp ;). Dans un quartier tranquille, cette maison moderne conviendra aux familles, avec ses chambres très ordinaires mais offrant de nombreuses possibilités de couchage.

Où se restaurer

Le Troquet BISTRO $
(819-410-1960 ; www.letroquet.ca ; 41 rue Laval ; plats 6-15 $; tlj 11h-2h). Un bistro idéal pour déjeuner d'une salade, de pâtes, de bagels et autres sandwichs accompagnés d'une soupe ou d'une salade César. Animé le soir. Soirées slams et concerts.

Piz'za-za PIZZAS $
(819-771-0565 ; www.pizzaza.ca ; 36 rue Laval ; plats 9-15 $; tlj, fermé sam-dim midi). Ce restaurant-bar sert un choix impressionnant de pizzas servies dans la salle à manger ou sur une agréable terrasse chauffée. Également à la carte, des salades et pâtes. Belle carte des vins.

La Papaye Verte THAÏLANDAIS $
(819-777-0404 ; 69 rue Laurier ; plats midi 10-11 $, soir 13-26 $; fermé sam-dim midi). Une cuisine thaïlandaise à la fois gourmande et abordable, servie par des serveuses en costume traditionnel, dans un décor fait de batik et de statues de Bouddha. En face du musée canadien des Civilisations.

Odile CANADIEN INVENTIF $$
(819-205-4425 ; www.odile.ca ; 47 rue Montclair ; plats 16-32 $; mer-ven 17h30-21h30, sam 9h30-14h et 17h30-21h30, dim 9h30-14h30, fermé lun et mar). Après son grand frère, Chez Edgar (60 rue Bégin ; mer-dim midi), c'est le nouveau chouchou de la ville. On y sert une cuisine fine et originale (mijoté de bison, carpaccio de longe de cerf, *chowder* aux pétoncles...). La salle est toute petite et il faut parfois attendre qu'une table se libère. Les brunchs du dimanche sont très appréciés.

Fleur de sel VÉGÉTARIEN $$
(819-772-8596 ; www.fleurdesel.ca ; 59 rue Laval ; plats midi 14-15 $, soir 12-24 $, galettes de blé noir 9-18 $, crêpes de froment 6-11,50 $; fermé sam midi et dim-lun ;). Avec son menu quasi végétarien, ses plats aux parfums exotiques (cari de tofu à la mangue, thon à la coriandre et noix de coco, filet de Tilapia au citron...) et ses galettes de blé noir, ce petit resto a su attirer une clientèle fidèle. Au choix : l'agréable salle contemporaine ou la terrasse tout en longueur.

Le Tartuffe FRANÇAIS-QUÉBÉCOIS $$
(819-776-6424 ; www.letartuffe.com ; 133 rue Notre-Dame-de-l'Île, coin rue Papineau ; plats midi 13,50-18 $, table d'hôte midi 28-32,50 $, table d'hôte soir 39-56 $; fermé sam midi et dim). Cette bonne table s'inspire des origines françaises de son chef et des produits québécois saisonniers. Au menu : foie de veau de Charlevoix poêlé, médaillon de cerf rouge sauce aigre-douce aux bleuets, pavé de saumon de l'Atlantique et sa sauce aux poivrons rôtis et piments d'Espelette, etc.

Où prendre un verre et sortir

La plupart des bars, discothèques et restaurants sont regroupés dans le Vieux-Hull, le long de la promenade du Portage et de la rue Laval. Les "5 à 7" et les soirées sont la plupart du temps plus animés en semaine que le week-end, en raison de la présence des fonctionnaires. Beaucoup d'adresses sont fermées le samedi midi.

Café les Quatre-Jeudis BAR
(819-771-9557 ; www.4jeudis.ca ; 44 rue Laval ; plats 8-13 $; lun-ven 11h30-2h, sam-dim 14h-2h). On se presse sur la superbe terrasse de ce café pour les 5 à 7 quotidiens, et sa belle carte de bières. L'atmosphère est décontractée, tout comme les plats aux influences méditerranéennes. Aux soirées thématiques et concerts, s'ajoute, l'été, une programmation intitulée ciné-terrasse (les lundis à partir de 21h). Plats servis en été seulement.

Les Brasseurs du Temps BRASSERIE
(819-205-4999 ; www.brasseursdutemps.com ; 170 rue Montcalm ; bières 3,50-6,50 $, tapas 6-15 $, plats 12-28 $; été lun-mar 11h30-minuit, mer

11h30-1h, jeu-sam 11h30-2h, dim 11h30-minuit). Installée au bord d'un ruisseau, dans un beau bâtiment aux allures industrielles, cette microbrasserie offre un cadre agréable (terrasse en été) pour vous offrir l'une des 12 bières maison à la carte, ou bien déguster les 12 si vous optez pour le carrousel dénommé "l'horloge" ! Fait aussi restaurant (grillades, burgers, tartares, confits de canard, etc.).

Depuis/vers Gatineau

BUS Les bus **Greyhound** (1-800-661-8747 ; www.greyhound.ca) assurent une liaison quotidienne depuis Montréal vers l'Outaouais. Deux possibilités de terminus : **Gatineau, secteur Hull** (819-771-2442 ; 238 bd Saint-Joseph) ou **Ottawa** (613-238-5900 ; 265 rue Catherine). Comptez en moyenne 2 heures de trajet.

TRAIN **Via Rail Canada** (613-244-4720 ou 1-888-842-7245 ; www.viarail.ca) relie Montréal à Ottawa. Sept départs quotidiens ont lieu du lundi au vendredi, trois les samedis et cinq les dimanches. Il faut compter en moyenne 2 heures. La gare d'Ottawa se situe au 200 chemin Tremblay.

VOITURE Depuis Montréal, prendre l'autoroute 15 Nord, puis rejoindre l'autoroute 50 à la sortie 35, et continuer jusqu'à Gatineau (2 heures 30 environ). Autre possibilité, la rive sud : suivre alors l'autoroute 40 en direction d'Ottawa, qui devient en Ontario la 417. À Ottawa, continuez en direction de Gatineau (2 heures 45).

Deux grands axes routiers traversent Gatineau du sud au nord : l'autoroute 5 et le bd Saint-Joseph, qui devient la route 105 Nord. Tous deux permettent de relier Chelsea, Wakefield, et plus loin encore, Maniwaki.

Parc de la Gatineau

Particulièrement facile d'accès, à 20 minutes à peine du Parlement d'Ottawa, le parc de la Gatineau est le lieu de détente favori de nombreux citadins et visiteurs de passage. Ses 361 km² de superficie offrent la possibilité de pratiquer de multiples activités, été comme hiver. Lacs, collines et forêts dessinent un paysage verdoyant et plaisant, qui bénéficie de la proximité du joli village d'Old Chelsea et de ses cafés-restaurants. Autour du lac Meech, de belles maisons, généralement très discrètes, servent de résidences secondaires à nombre de parlementaires et de personnalités d'Ottawa. L'un des traits distinctifs du parc est la présence de l'escarpement d'Eardley, qui favorise un climat doux et offre, à son sommet, une vue plongeante sur la vallée de l'Outaouais. Les cerfs de Virginie viennent s'y rassembler pour hiverner. Le parc abrite également des coyotes, castors, loups et ours noirs. Il est aussi apprécié des ornithologues. Quelque 230 espèces d'oiseaux – dont le grand pic et le huard à collier – nichent ou migrent sur son territoire.

Orientation

Le parc arbore une forme triangulaire, d'une longueur d'environ 55 km. La plupart des attraits se situent dans le secteur sud, aisément accessible depuis Chelsea et Gatineau. Au nord, une entrée distincte mène au secteur de La Pêche, réservée au canot-camping, et au secteur du lac Philippe, où se pratiquent baignade, camping et vélo.

Durant la belle saison, il est possible de découvrir une large portion du parc en voiture depuis le centre des visiteurs situé à Old Chelsea. Prenez garde toutefois : le dimanche matin, en été, les principales routes sont fermées dans le cadre de l'opération "vélo-dimanche" et, le reste de la semaine, nombreux sont les cyclistes à circuler dans les environs. L'hiver, la plupart des routes ne sont pas dégagées. Elles ne sont rouvertes à la circulation qu'après la fonte des neiges.

Renseignements

CENTRE DES VISITEURS (819-827-2020 ou 1-800-465-1867 ; www.capitaleducanada.gc.ca/gatineau/ ; 33 chemin Scott, Chelsea ; tlj 9h-17h). Ouvert à l'année, il vous fournira toutes les indications et cartes nécessaires. Les laissez-passer de ski de fond y sont également en vente. Un **centre d'information** est ouvert de mi-mai à mi-octobre à l'aire d'accueil du secteur sud (secteur Hull), à l'intersection du bd Gamelin et de la promenade de la Gatineau.

DROIT D'ACCÈS De mi-juin à début septembre, un **droit d'accès** quotidien est exigé pour accéder aux plages (10 $) et au domaine Mackenzie-King (8 $). Le prix s'entend par véhicule. En hiver, un droit d'accès s'applique aussi pour la pratique du ski de fond (adulte/étudiant/famille 14/10/30 $, gratuit -12 ans).

À voir

Plusieurs belvédères, faciles d'accès en voiture, permettent de profiter d'un beau paysage montagneux à la jonction du Bouclier canadien et des Basses-Terres du Saint-Laurent, en bordure de la rivière des Outaouais. Le point culminant est le **belvédère Champlain**, à 335 m d'altitude. Des tables de pique-nique sont installées au belvédère Étienne-Brûlé.

Véritable petit parc dans le parc, le **Domaine Mackenzie-King** (☎819-827-2020 ou 1-800-465-1867 ; www.capitaleducanada.gc.ca/king ; accès 8 $/voiture, gratuit mar ; ⊙mi-mai à début sept tlj 11h-17h, début sept à mi-oct lun-ven 11h-17h, sam-dim et jours fériés 10h-17h) surplombe le lac Kingsmere et constitue un agréable but de promenade. C'est en réalité l'ancienne résidence d'été de William Lyon Mackenzie King (1874-1950), dixième Premier ministre canadien, qui avait souhaité qu'elle soit cédée à l'État après sa mort. Le chalet Kingwood est le premier qu'il possédât, avant celui, bien plus luxueux, de Moorside. Ameublement et décoration d'époque y sont reconstitués, et des vidéos témoignent de la carrière politique de l'homme d'État. De curieuses pièces architecturales agrémentent les jardins anglais du domaine, héritées de ce fier collectionneur de portails et d'arches – qui ornaient jadis des édifices d'Ottawa et de Londres. Le chalet Moorside accueille un salon de thé.

Plus au sud, le joli **lac Pink** suscite la curiosité. Plutôt de couleur verte que rose (son nom fait référence à une famille de colons irlandais qui avait construit un chalet à proximité), il présente la particularité de ne pas avoir d'oxygène au fond. Un sentier de 2,5 km permet d'en faire le tour. Baignade interdite.

Activités

Baignade

Les lacs Meech, Philippe et La Pêche sont jalonnés de 6 plages surveillées et très fréquentées aux beaux jours. La plage Smith, sur le lac Philippe, est réservée aux campeurs. Vous pouvez pêcher (permis obligatoire). L'accès aux plages revient à 10 $ par voiture.

Canot et canot-camping

Le secteur nord se prête particulièrement bien à ces activités. Des embarcations (canots, kayaks, pédalos et chaloupes) se louent au lac Philippe et au lac La Pêche. Le point de location est ouvert tous les jours de mi-juin à début septembre, et le week-end seulement de mi-mai à mi-juin et de début septembre à mi-octobre. Comptez 23 $ les 2 heures. Le canot-camping se pratique uniquement sur le lac La Pêche (31 $/nuit de camping, auxquels il faut ajouter l'achat de bois et la location du canot).

Randonnée

Le parc est sillonné par 165 km de sentiers de longueurs variables. Le sentier du Mont-King, une boucle de 1,9 km, donne accès au sommet de l'escarpement d'Eardley. Carte des itinéraires disponible à l'accueil (6,32 $, taxes incl).

Vélo

Le parc est idéal pour les balades à vélo. Outre les paisibles routes qui le sillonnent, plusieurs circuits sont réservés aux cyclistes (détails au centre d'accueil). On peut louer des deux-roues au lac Philippe (13 $/3h, 37 $/jour). Il est également possible de rejoindre l'entrée sud du parc en vélo depuis le secteur Hull de Gatineau.

Ski de fond et raquette

Les cours d'eau et les sentiers de randonnée sont propices au ski de fond en hiver. On compte près de 200 km de pistes damées et balisées. Des itinéraires sont également réservés aux adeptes de la promenade en raquettes (54 km de sentiers). On peut louer l'équipement nécessaire au centre des visiteurs et des relais chauffés sont prévus pour faire une pause.

Où se loger

Le **camping** (☎819-827-2020 ou 1-866-456-3016 ; www.demsis.ca ; 37 $/nuit, réservation obligatoire 8,50 $) est l'hébergement par excellence au sein du parc. Il se pratique en été, de la mi-mai à la mi-octobre. Avec ses 253 emplacements, le **camping du lac Philippe** est le plus grand des 3 campings. Fréquenté par les familles et les groupes, il jouit d'un bon niveau de confort. Également à vocation familiale, le **camping du lac Taylor** (31 empl) est plus rustique, mais le cadre est une pure merveille. Son accès, par un chemin de terre, donne déjà l'impression d'être seul au monde. Compte tenu de sa capacité, mieux vaut réserver en été. Très isolé, le **camping du lac La Pêche** dispose de 32 emplacements répartis sur 12 sites, accessibles seulement en canot-camping.

À partir du mois de novembre, il est également possible de dormir au **camping d'hiver** (6 empl, 15 $/pers), accessible en raquette. Les moins téméraires opteront pour les 4 **refuges du parc** (150-400 $/nuit, de 6 à 17 pers) et les **yourtes** (150 $/nuit) pouvant accueillir jusqu'à 4 personnes. En été, 3 yourtes sont accessibles (126 $) ainsi que le **refuge du lac Brown** (221 $ jusqu'à 17 pers). Pour plus de renseignements, appelez le camping ci-dessus.

Depuis/vers le parc de la Gatineau

VOITURE Le parc possède trois accès. Le premier, au sud-est, se trouve dans le secteur Hull. Pour vous y rendre depuis le musée des Civilisations, empruntez le boulevard Taché sur environ 4 km, puis prenez la promenade de la Gatineau à droite jusqu'à l'embranchement du boulevard Gamelin.

Situé à 15 km au nord de Gatineau, le **centre des visiteurs d'Old Chelsea** est le principal lieu d'accueil du parc. Vous devrez suivre l'autoroute 5 Nord jusqu'à la sortie 12 (Old Chelsea).

Enfin, le troisième accès contourne le parc par le nord et débouche directement sur les lacs Philippe et La Pêche. Prendre l'autoroute 5 Nord, puis suivre la route 105 jusqu'à la route 366 Ouest qui vous conduit à Sainte-Cécile-de-Masham.

Old Chelsea

Une ambiance arty et décontractée sied à ce village alangui entre la rivière de la Gatineau et le parc du même nom. Constitué de deux rues à angle droit, son centre manque peut-être de charme piétonnier. Restaurants et galeries se succèdent pourtant, et il est agréable d'y flâner, notamment dans sa partie la plus ancienne datant des années 1850, époque de l'âge d'or de l'exploitation forestière. Composé aujourd'hui pour moitié d'anglophones et pour moitié de francophones, nombre d'employés du gouvernement et d'artistes y résident. Il n'existe qu'un seul hébergement à Old Chelsea – l'auberge Old Chelsea B&B –, aussi est-il préférable de faire la navette depuis Gatineau ou Wakefield.

Activités

Spa Le Nordik SPA

(819-827-1111 ou 1-866-575-3700 ; www.lenordik.com ; 16 chemin Nordik ; accès aux bains nordiques 48 $ lun-jeu, 54 $ ven-dim et jours fériés, soins 90-244 $; tlj 9h-22h). Un lieu de détente apprécié pour ses soins et massages de relaxation nordique et son cadre naturel. Possibilité de se restaurer sur place, et même d'héberger au lodge. En venant de la route 105, empruntez un chemin non carrossé qui part sur la droite avant d'entrer dans Old Chelsea.

Où se restaurer

Café Biscotti CAFÉ $

(819-827-2550 ; 6 rue Scott ; mar-dim midi et soir). Petit café décontracté peint en rouge et arborant de nombreuses portes et fenêtres. Le café latte, servi dans de grands mugs, et les gâteaux au fromage, tartes et autres douceurs faites maison attendent les gourmands. Les sablés fourrés à la ganache au chocolat sont délicieux et les paninis au rôti de porc ont l'air excellent. Possibilité de commander une "boîte à lunch" (panier-repas) pour les balades dans le parc.

Chelsea Pub BRASSERIE $

(819-827-5300 ; www.chelseapub.ca ; 238 chemin Old Chelsea ; plats 13-16 $; lun-ven 11h30-minuit, sam-dim 11h-minuit). Tous les ingrédients d'un bon pub sont rassemblés dans cette belle maison de village, installée aux portes du parc de la Gatineau : conversations de comptoir, bière coulant à flots, *fish and chips*, tapas, pizzas, hamburgers, belle terrasse et concerts de musique programmés tous les mardis à 18h.

Café Soup'Herbe VÉGÉTARIEN $

(819-827-7687 ; 168 chemin Old Chelsea ; plats 12-17 $; lun-sam 11h-21h, dim 9h30-20h ;). Ce café élégant et décontracté, situé dans une maison en retrait de la route, sert une belle variété de plats végétariens (crêpes, chilis, quiches, currys). Brunch les dimanches de 9h30 à 14h, avec un roulé à la cannelle qui rattrape le goût, très fade, de la crêpe aux légumes.

Boucanerie Chelsea BOUTIQUE $

(819-827-1925 ; www.chelseasmokehouse.com ; 706 route 105 ; dim-ven 10h-19h, sam 9h-19h). Cette petite boutique attire une clientèle qui vient de loin pour acheter poissons et viandes fumés, marinades, croquettes de saumon et autres produits locaux fameux. On peut même y apporter le poisson que l'on a pêché, et le récupérer fumé quelques jours après. L'adresse idéale pour composer un pique-nique haut de gamme. Autre solution : se rendre au restaurant récemment ouvert par la boucanerie au niveau du Chelsea Plaza, plus bas sur la route 105.

Les Fougères QUÉBÉCOIS $$

(819-827-8942 ; www.fougeres.ca ; 783 route 105 ; midi plats 13,50-19,50 $, supp 15 $ table d'hôte, soir plats 34-39 $; tlj midi et soir, à partir de 10h week-end). Très prisé, ce restaurant met à l'honneur la cuisine québécoise. La carte est plus élaborée le soir (risotto d'orge aux pétoncles et au homard, vindaloo de sanglier sauvage...). Le midi, les tourtes et tourtières servies avec du chutney maison et de la salade verte ont la vedette. Brunch du week-end. Épicerie fine attenante.

L'Orée du Bois FRANÇAIS $$

(819-827-0332 ; www.oreeduboisrestaurant.com ; 15 chemin Kingsmere ; table d'hôte 40,75 $, table d'hôte végétarienne 35 $, plats 18,50-28 $; soir tlj sauf lun, fermé dim nov-avr ;). Dans un beau cadre champêtre, cette ferme du début du siècle sert avec une belle continuité une fine cuisine à tonalité française (canard confit, feuilleté de pétoncles…). Intérieur cosy et bon rapport qualité/prix.

Depuis/vers Old Chelsea

VOITURE Du secteur Hull de Gatineau, prendre la route 105 Nord ou l'autoroute 5. À la sortie 12, tourner à gauche en direction d'Old Chelsea. Le centre du village se situe à moins de 1 km.

BUS Les bus **Greyhound** (☎1-800-661-8747 ; www.greyhound.ca) desservent chaque jour Chelsea depuis Ottawa. À Hull, les bus partent du **terminus** (☎819-771-2442 ; 238 bd Saint-Joseph).

Wakefield

Avec ses bons restos, ses cafés et ses brocantes, ce village situé en bordure de la rivière Gatineau est paisible et bohème, et se prête magnifiquement aux couleurs de l'automne. Fondé en 1830 par des immigrants irlandais, anglais et écossais – la population y est toujours majoritairement anglophone –, Wakefield a longtemps fourni l'énergie aux moulins environnants. Entouré par une belle forêt de peupliers et d'érables, il vit aujourd'hui au rythme du tourisme et de sa vie culturelle.

Renseignements

BUREAU D'ACCUEIL TOURISTIQUE (☎819-459-1709 ; www.villelapeche.qc.ca ; 878 chemin Riverside ; ⏲mai-juin et sept-oct sam 10h-18h dim 9h-17h, juil-août lun-sam 10h-18h dim 9h-17h). Ouvert en saison, un peu à l'écart du centre-ville.

À voir

De couleur rouge, le **pont couvert Gendron** enjambe la rivière à la sortie nord de la ville. Il est accessible aux piétons et cyclistes. Édifié en 1915, il a entièrement été restauré en 1997 après un incendie. Il n'est pas rare d'y voir plonger des enfants, bien que cela soit en théorie interdit. Pour vous y rendre depuis le centre, prenez le sentier transcanadien, puis le chemin du pont Gendron. Vous pouvez également prendre la Riverside Drive, moins agréable, car non pourvue de trottoir, puis prendre à droite au premier grand carrefour après le dépanneur Wakefield Express.

De courtes **randonnées** permettent de traverser le village par des sentiers d'interprétation en forêt, depuis le parc Geggie du centre-ville, jusqu'au moulin de Wakefield et au cimetière de la famille Mac Laren – du nom des deux ambitieux frères qui entreprirent de développer les activités du moulin dès 1844 –, où se trouve également la dépouille de l'ancien Premier ministre canadien, Lester B. Pearson. Comptez 1 heure de marche.

Activités

Le village offre un accès, via La Pêche, au secteur du lac Philippe du **parc de la Gatineau** (voir p. 151). Pour des plages moins fréquentées, n'hésitez pas à pousser jusqu'au lac La Pêche, à une vingtaine de minutes vers l'ouest.

♥ **Éco-Odyssée** OBSERVATION FAUNE ET FLORE
(☎819-459-2551 ; www.eco-odyssee.ca ; 52 chemin des Sources ; 42 $/pédalo ; ⏲mi-juin à début sept tlj 9h30-15h30, week-end mi-mai à mi-juin et début sept à mi-oct). À condition de se protéger du soleil et des moustiques, ce jeu de piste et d'observation sur l'eau est amusant. Vous embarquez à bord d'un pédalo, muni d'une boussole et d'un guide d'interprétation, afin de parcourir un labyrinthe de 6 km de canaux. Comptez environ 2 heures 30. Pour une meilleure observation de l'habitat naturel des marais, optez pour la formule matinale ou au crépuscule (26,10 $/canot pour 2 pers).

Spa du Moulin-Wakefield SPA
(☎819-459-1838 ou 1-888-567-1838 ; www.wakefieldmill.com ; 60 chemin Mill ; forfaits soin à partir de 165 $). La belle auberge du village abrite également un spa, qui profite de la proximité d'une chute d'eau.

Station de ski Edelweiss SKI
(☎819-459-2328 ; www.skiedelweiss.com ; 538 chemin Edelweiss ; adulte/étudiant et senior/6-12 ans/- 5 ans 41/36/29/4,35 $; ⏲lun-ven 9h-22h, sam 8h30-22h dim 8h30-21h). Petite station de ski de 18 pistes et de 4 remontées mécaniques, ouverte en journée et en soirée. Elle bénéficie du plus grand **parc à glissade sur chambre à air** (adulte/6-12 ans/- 5 ans 23,05/20/9,13 $; ⏲sam 18h-21h dim 10h-17h) de la région de l'Outaouais.

Où se loger

♥ **Auberge de Mon Petit Chum** GÎTE **$$$**
(☎819-459-1814 ; www.monpetitchum.com ; 29 chemin Burnside ; ch avec petit-déj 129-139 $, ste avec petit-déj 149 $; ❄📶). Nous avons eu un coup de cœur pour cette jolie auberge tenue par une jeune femme attentionnée, qui vous donnera des conseils pour profiter pleinement de votre séjour. Le gîte comporte 3 chambres cosy, dont une suite aménagée avec toutes sortes d'objets rapportés des voyages de sa propriétaire. Nombreux forfaits proposés.

Auberge La Grange GÎTE $$
(☎819-459-3939 ; www.lagrangecountryinn.com ; 37 chemin Rockhurst ; ch avec petit-déj 104-134/114-144 $, 25 $/pers supp). Dans un coin paisible, à quelques minutes du centre-ville, cette maison en pin de haute taille, qui abrite également un centre de yoga, loue des chambres lumineuses et confortables. Kitchenette, salle à manger et salon ouvert communs.

Les Trois Érables GÎTE $$$
(☎819-459-1118 ou 1-877-337-2253 ; www.lestroiserables.com ; 801 chemin Riverside ; d avec petit-déj 144 $, fam avec petit-déj 199 $/2 pers, 30 $/pers supp ;). Cette grande et belle demeure victorienne abrite 4 chambres décorées dans un style classique, sans être ostentatoire. Une petite préférence pour les deux familiales, logées sous les toits, et la chambre 4, mansardée en bois. À notre passage, les sdb devaient être rénovées courant 2013. Les enfants de moins de 12 ans ne sont pas acceptés.

Auberge Le Moulin-Wakefield AUBERGE $$$
(☎819-459-1838 ou 1-888-567-1838 ; www.wakefieldmill.com ; 60 chemin Mill ; ch dim-jeu 195/275 $, ven-sam 295/375$ avec petit-déj, dim-jeu 312/392 $ ven-sam 392/472 $ en demi-pension ;). Cet ancien moulin réaménagé en auberge-spa est une adresse pleine de charme. Toutes différentes – certaines ont un mur de pierres ou de briques, d'autres un foyer ou des bains à remous, les 27 chambres du côté moulin ont des sdb impeccables et une jolie literie. Les plus chères offrent une jolie vue sur la chute d'eau et la rivière, où un accès privé permet de se baigner. La toute nouvelle extension "ecofriendly" de 13 chambres est dotée de grandes baies vitrées du sol au plafond. Piscine d'eau salée chauffée et spa extérieur.

Où se restaurer

Cafés et restaurants se concentrent le long du chemin Riverside, qui longe la rivière.

Pipolinka BOULANGERIE $
(☎819-459-3961 ; 757 chemin Riverside ; tlj été, fermé lun-mar hors saison). Petite boulangerie où les pains sont faits sur place, avec de la farine bio équitable. On peut y déguster cafés et pâtisseries dans la salle colorée, à côté des fourneaux où l'on s'affaire, ou sur l'agréable terrasse à l'arrière.

Chez Éric BIO $$
(☎819-459-3747 ; www.cafechezeric.ca ; 28 chemin Valley ; midi 10-15 $, soir 13-28 $; tlj midi et soir). Dans une rue qui descend vers la rivière, cette petite maison de campagne dont l'intérieur est peint de couleurs vives sert des petits-déjeuners et des plats originaux – cuisinés le plus souvent avec des produits bio – en terrasse ou dans une jolie salle. Bons plans estivaux : les mojitos à 5 $ et les dîners à 15 $ tous les lundis. Concerts gratuits.

The Village House INSPIRATION ITALIENNE $$
(☎819-459-1445 ; www.thevillagehouse759.com ; 759 chemin Riverside ; plats 21-24 $; mer-jeu 17h-21h ven-sam 17h-21h30 dim 14h-21h, fermé lun-mar). Tout nouveau restaurant qui connaît un vif succès auprès des locaux. Dans un cadre chaleureux, on sert une cuisine fine et créative aux accents italiens. Le menu du dimanche spécial "petites assiettes" semble très sympathique.

Café Pot-au-Feu RÉGIONAL $$
(☎819-459-2080 ; 794 chemin Riverside ; midi 12-16 $, soir 19-29 $; 11h-21h, à partir de 10h week-end, fermé lun-mar). Ce restaurant, installé dans l'ancienne gare de Wakefield, vous accueille dans une ambiance chaleureuse. Un menu brunch est proposé jusqu'à 13h30, ainsi que des plats tels que du ragoût d'agneau, du bœuf Stroganoff ou encore "la chaudrée" (cassolette de palourdes, patates, bacon, carotte, oignons et crème). Les plus petits appétits trouveront leur bonheur avec les quiches, tourtières et sandwichs. Jolie vue sur la rivière Gatineau.

Restaurant de l'auberge Le Moulin-Wakefield MÉDITERRANÉEN $$
(☎819-459-1838 ou 1-888-567-1838 ; www.wakefieldmill.com ; 60 chemin Mill ; table d'hôte midi 29 $, plats midi 13-26 $, plats soir 32-39 $, table d'hôte soir 55 $, menu découverte 75 $; tlj midi et soir). Dans une salle à manger raffinée offrant une vue sur la chute, cette adresse propose une fine cuisine aux influences méditerranéennes. Brunch le dimanche (30 $). Le chemin Mill quitte la rue principale au niveau du Mouton noir (voir p. 156).

Où prendre un verre

Café Maison Earle CAFÉ
(☎819-459-1028 ; 1 chemin Valley ; tlj 11h30-minuit ; brunch 9-13 $; déj 9-14 $). Une superbe maison en bois plus que centenaire, du mobilier chiné et une galerie et terrasse qui invitent au farniente, ce café décontracté a tout pour séduire. On commande son café au comptoir. Pains perdus et pancakes au petit-déjeuner et menus légers au déjeuner.

Le Mouton noir BAR
(☎819-459-3228 ; www.theblacksheepinn.com ; 753 chemin Riverside). Programme de nombreux concerts. Bon à savoir : le dimanche, les live commencent dans l'après-midi, idéal pour venir en famille. Billets entre 7 et 25 $.

Kaffé 1870 BAR
(☎819-459-3943 ; kaffe1870.com ; 715 chemin Riverside ; plats 7-12 $). Également un lieu festif où prendre un verre en soirée. Terrasse animée. Chaque mercredi, la soirée "open-stage" invite chacun à monter sur scène. On programme des concerts tous les jours, à partir de 5 $.

Depuis/vers Wakefield

VOITURE Wakefield se trouve à 35 km au nord de Gatineau et à une vingtaine de kilomètres de Chelsea. Emprunter la route 105 Nord.

BUS Les bus **Greyhound** (☎1-800-661-8747 ; www.greyhound.ca) desservent chaque jour Wakefield depuis Ottawa. À Hull, les départs se font à partir du **terminus** (☎819-771-2442) situé au 238 boulevard Saint-Joseph.

Maniwaki

Maniwaki ne dégage pas de charme particulier. Il faut quitter la route 105 qui la traverse pour trouver un beau cadre naturel, au confluent des rivières Désert et Gatineau. Fondée en 1849 par les pères oblats, elle fut une ville forestière de première importance dans la vallée, et reste aujourd'hui le principal centre de services, notamment dans la protection des forêts contre les incendies. Composée pour moitié d'Algonquins, Maniwaki signifie "Terre de Marie". Un **pow-wow traditionnel** se tient le premier week-end de juin dans la communauté algonquine de Kitigan Zibi Anishinabeg.

Renseignements

BUREAU D'INFORMATION TOURISTIQUE DE LA VALLÉE DE LA GATINEAU (☎819-441-2295 ou 1-877-441-2295 ; www.lespacedesdecouvertes.com ; 186 rue King ; ⏲haute saison tlj 8h-17h, jusqu'à 19h ven, basse-saison lun-ven 8h-16h). Vous y trouverez toutes les informations sur les activités de la région. Le bureau délivre aussi un droit d'accès pour les personnes souhaitant pêcher au sein de la réserve faunique de la Vérendrye.

À voir

Centre d'interprétation de l'historique de la protection de la forêt contre le feu CENTRE D'INTERPRÉTATION
(☎819-449-7999 ; www.ci-chateaulogue.qc.ca ; 8 rue Comeau ; visite centre adulte/étudiant 5/3 $, gratuit -6 ans, visite tour d'observation même tarif, billet combiné 8/5 $; ⏲mi-mai à fin-sept 10h-17h, fermé lun). Installé dans ce qu'il reste du bâtiment originel surnommé Château Logue, une habitation de style second Empire construite en 1887 par un immigrant irlandais, ce centre intéressant relate l'évolution des techniques de surveillance des feux de forêt, de la tour d'observation aux logiciels de suivi les plus pointus. Maniwaki constitue l'une des 4 principales bases du pays d'où s'organise la lutte contre les incendies. Un film d'une vingtaine de minutes explique le travail effectué par la Société de protection des feux (voir l'encadré ci-dessous). Plusieurs salles sont consacrées aux activités de coupe de bois et de drave.

DES FORÊTS SOUS HAUTE SURVEILLANCE

La forêt couvre près de la moitié du territoire québécois. Parmi les quelque 1 000 feux de forêt répertoriés en moyenne chaque année, près de 75% sont imputables à la négligence humaine.

À l'origine, le feu se montrait favorable à la régénérescence de la forêt, en faisant éclater les cônes des arbres matures, tandis que leurs graines tombaient au sol. Cela n'est plus. La coupe intensive du bois d'œuvre, dans une bonne partie des forêts nordiques du Québec, a créé un déficit d'arbres. Spécialisée dans la lutte contre les incendies, la Société de protection des forêts (Sopfeu) a mis au point un programme informatique de pointe consistant à déterminer les zones à risques au moyen de données météorologiques. Au moindre risque d'incendie, les responsables de la zone géographique en danger (partout au Québec) sont alors alertés par le bureau central de Maniwaki.

Chaque été, la prévention mobilise une large flotte d'avions-citernes équipés de systèmes de localisation par satellite. Si un incendie se déclare, ce programme informatique permet de calculer la distance exacte que doivent parcourir les Canadairs, ainsi que les délais d'intervention.

LA DRAVE, UNE TECHNIQUE DE LÉGENDE

Dérivé du mot anglais *drive*, la drave consiste à accompagner les troncs d'arbres jusqu'à la scierie ou au port. Jusqu'en 1995, les cours d'eau au Québec ont servi au flottage du bois. Les troncs coupés en hiver étaient ramenés vers les rivières par les bûcherons lors du dégel. Emportées par les courants, les billes étaient domptées par des "draveurs" au prix d'un travail physique pénible.

Munis de perches, les draveurs dirigeaient la course du bois et remettaient dans le flot les billots arrêtés en chemin, passant d'un rondin à un autre si besoin était. Le voyage pouvait prendre des semaines, durant lesquelles ces hommes téméraires dormaient sur des radeaux, dans de petites huttes de bois. Les commerçants les surnommaient "les castors".

La pollution des rivières par le tanin du bois a conduit à l'interdiction de cette activité (voir aussi p. 213). On a dédié au plus célèbre de ces "raftmans", Jos Montferrant, le nom du palais de justice de Gatineau, ainsi que des chansons du folklore québécois.

Une **Véloroute des draveurs** (80 km) a été aménagée le long de la vallée de la Gatineau, entre Low et Maniwaki. Une carte détaillée est fournie dans les points relais. Pour d'autres détails, appelez le ☎1-866-441-2295 ou consultez le site www.lespacedesdecouvertes.com (la carte vélo peut être téléchargée en ligne).

GRATUIT **Le Pithonga** BATEAU
(☎819-449-7999 ; www.ci-chateaulogue.qc.ca ; rue des Oblats ; accès libre ; ⏲mer-dim 10h-11h30 et 14h-15h30). En bordure de la rivière Désert, ce remorqueur se visite de fin juin à début septembre, et évoque les activités de drave qui ont eu cours sur la rivière Gatineau jusqu'en 1991 (voir l'encadré ci-dessus). Il était utilisé pour acheminer les billots d'un bout à l'autre du réservoir Baskatong, un immense plan d'eau au nord de Maniwaki créé en 1927 avec la construction d'un barrage.

Centre culturel Kitigan Zibi Anishinabeg MUSÉE
(☎819-441-1655 ; www.kza.qc.ca ; 41 rue Makwa Mikan ; visite libre 5 $, visite guidée 8 $; ⏲tlj 9h-15h, fermé sam-dim hiver). Accolée à Maniwaki, la communauté algonquine Kitigan Zibi Anishinabeg abrite un centre culturel de forme circulaire sacrée qui fait office de petit musée. Vous pourrez vous y procurer le fameux sirop d'érable Awazibi, fabriqué localement.

Activités

De mi-mai à début septembre, la ville propose des sorties gratuites en **rabaska**, ces grands canots d'écorces algonquins, sur la rivière Gatineau et sur la rivière Désert qui traverse la ville. Il faut cependant former un groupe d'au moins 8 pagayeurs, et réserver 7 jours à l'avance. Renseignez-vous au ☎819-449-7999 ou sur le site www.ci-chateaulogue.qc.ca.

À une vingtaine de kilomètres au sud de Maniwaki, à Sainte-Thérèse de la Gatineau, **Bonnet Rouge Rafting** (☎819-449-3360 ou 1-888-449-3360 ; www.bonnetrougerafting.com ; 215 chemin de la Rivière Gatineau) organise des descentes en eau vive sur les meilleures rapides de la rivière Gatineau, entre Maniwaki et Bouchette. Comptez 99 $ pour une descente en rafting (avec pique-nique) et 40 $/jour pour la location de canot ou de kayak. Possibilité de forfaits de 2 jours. Une plage et des emplacements de **campings rustiques** (adulte/enfant 11/7 $) sont accessibles du 1er mai au 1er novembre.

Où se loger et se restaurer

Auberge du Draveur MOTEL $$
(☎819-449-7022 ou 1-877-449-7022 ; www.aubergedraveur.qc.ca ; 85 rue Principale Nord ; ch 99 $; plats 10-17 $; ⏲restaurant tlj ; ❄✉ 📶). Entièrement refait, cet hôtel-motel offre des chambres tout confort ainsi qu'une piscine intérieure, un sauna et un spa. Le petit-déjeuner n'est pas compris, mais on peut le prendre au bar-restaurant, qui sert une cuisine familiale (burgers, brochettes et quelques plats de poisson).

Château Logue HÔTEL $$
(☎819-449-4848 ou 1-877-474-4848 ; www.chateaulogue.com ; 12 rue Comeau ; ch confort 105-129 $, ch luxe 139-159$, ch prestige 169-189 $; plats 9-29 $, table d'hôte 20-25 $; ❄✉📶). L'unique hébergement de catégorie supérieure de la ville occupe un bâtiment en partie moderne avec vue sur la rivière. Les chambres sont spacieuses, mais assez impersonnelles. Le cadre du restaurant est plus ancien, mais la cuisine est ordinaire. Nombreuses activités au départ de l'hôtel, dont le golf. Petit-déjeuner non inclus.

Casse-croûte La Fringale REPAS LÉGERS $
(819-441-1549 ; 266 rue des Oblats ; casse-croûte 2-10 $; tlj 10h-21h en saison). Une adresse toute simple avec poutines, hot-dogs, hamburgers et autres desserts glacés, dont les tables disposées dehors, au bord de la rivière, confèrent un calme inattendu.

Depuis/vers Maniwaki

VOITURE La route 105 Nord parcourt la vallée de la Gatineau et relie Gatineau, au sud, à Grand-Remous, au nord. De là, vous rejoindrez la 117 qui file au nord vers l'immense réserve de la Vérendrye (voir p. 125), puis l'Abitibi-Témiscamingue, ou bien au sud vers Mont-Laurier, dans les Laurentides.

BUS Des bus **Greyhound** (1-800-661-8747 ; www.greyhound.ca) effectuent quotidiennement la liaison Ottawa-Gatineau-Maniwaki-Grand-Remous. À Maniwaki, le **terminus** (819-449-1213) se situe à proximité du centre, au 175 rue Commerciale.

Montebello

À la différence des autres cantons de la région, Montebello s'est développé selon un modèle seigneurial et constitue, à ce titre, une étape intéressante. Situé le long de la rivière des Outaouais, à mi-chemin entre Montréal et Gatineau, il est le village phare de la vallée dite de la "Petite-Nation", du nom de la seigneurie octroyée en 1674 à Monseigneur de Laval et rachetée en 1803 par la famille Papineau. En 1817, le domaine passe aux mains de Louis-Joseph Papineau, qui y fait construire un manoir et s'illustrera aux côtés des patriotes. De jolies maisons de bois sont dispersées le long de la rue Notre-Dame, qui a retrouvé un aspect plus champêtre depuis le prolongement effectué en 2012 de l'autoroute 50 entre Gatineau et Montréal.

Renseignements

BUREAU D'INFORMATION TOURISTIQUE
(819-423-5602 ; 502-A rue Notre-Dame, route 148 ; tlj 9h-18h été, mar-sam 9h-16h basse saison). Occupant l'ancienne gare de Montebello, ce bureau pourra vous renseigner sur l'ensemble de la région touristique de la Petite-Nation. Des brochures sur un circuit des ateliers d'art et des producteurs locaux sont aussi à disposition.

À voir

Lieu historique national du Manoir-Papineau LIEU HISTORIQUE
(819-423-6965 ou 1-888-773-8888 ; www.parcs-canada.gc.ca ; 500 rue Notre-Dame ; adulte/senior/6-16 ans 7,80/6,55/3,90 $, gratuit -6 ans ; fin mai à fin juin mer-dim 10h-17h, fin juin à début sept tlj 10h-17h, début sept à mi-oct sam-dim 10h-17h). Ce domaine témoigne de l'histoire de la famille seigneuriale des Papineau. L'accueil principal se situe au manoir, une construction datant de 1848, dont on peut visiter le 1er étage. Le bureau de Louis-Joseph Papineau, qui prit part aux insurrections de 1837-1838, ne se visite que sur réservation. La **chapelle funéraire** (mer-dim 9h-17h) est ouverte à la visite, tout comme d'autres bâtiments – le hangar à grains accueille une série de panneaux expliquant l'histoire de la seigneurie. Visites guidées et activités sont organisées par les guides du parc. Pour vous rendre sur le site, le plus simple est d'emprunter le chemin qui part derrière le bureau d'information touristique. Vous pouvez aussi accéder par le château Montebello, mais il vous faudra alors vous acquitter du droit de stationnement.

Château Montebello CHÂTEAU
(819-423-6341 ou 1-800-441-1414 ; www.fairmont.com ; 392 rue Notre-Dame ; tlj). Également situé sur le site de l'ancienne seigneurie, ce château présente une architecture pour le moins atypique. Il fût bâti en 1930, en pleine crise économique, à l'aide de milliers de billots de cèdre rouge transportés depuis la Colombie-Britannique par chemin de fer, et assemblés à la main. Il abrite aujourd'hui l'un des plus beaux hôtels du Québec (voir page ci-contre). Vous pouvez accéder à l'intérieur du hall d'entrée – c'est de là que l'on mesure l'ampleur des lieux. Parking payant pour les visiteurs : 10 $/jour. Vous pouvez aussi vous y rendre à pied depuis le manoir Papineau.

ChocoMotive CHOCOLATERIE
(819-423-5737 ; www.chocomotive.ca ; tlj 9h-19h été, 9h-18h hiver). À côté du bureau de tourisme, dans l'ancienne gare de Montebello, cette chocolaterie artisanale a ouvert un économusée et une boutique de chocolats (100% beurre de cacao, certains équitables). Des sandwichs améliorés sont également en vente (6-7 $), et quelques tables sont installées.

Activités

Château Montebello MULTI-ACTIVITÉS
(819-423-6341 ou 1-800-441-1414 ; www.fairmont.com ; 392 rue Notre-Dame ; tlj). Il propose une panoplie d'activités, dont la plupart sont ouvertes aux non-résidents de l'hôtel, à commencer par la location de

vélos (adulte/enfant 12/10 $ l'heure), l'équitation (35 $/h), le tennis (30 $/h) ou la promenade en ponton sur la rivière (adulte/enfant 16/11 $). Des activités sont également proposées l'hiver, selon les conditions météo : traîneau à chiens (adulte/enfant 33/16,50 $), glissades sur chambre à air (adulte/enfant 15/12 $), curling avec location de matériel. Renseignements sur place ou au ☎819-423-3052.

Parc Oméga PARC ANIMALIER
(☎819-423-5487 ; www.parc-omega.com ; Route 323 Nord ; adulte/6-15 ans/2-5 ans 17-21/12-15 $/7-8 $ selon les saisons ; ⊙haute saison tlj 9h-17h, basse saison tlj 10h-16h, mi-saison tlj 9h30-17h). Si vous êtes accompagné d'enfants, ce parc est tout indiqué. On circule en voiture au sein de ce vaste parc qui réunit bisons, wapitis, sangliers, caribous, ours noirs et loups. Si la visite ne nous a pas vraiment convaincus – les animaux suivent immanquablement les voitures dans l'espoir d'engloutir des carottes en vente à 2 $ sur le site –, les bambins ont l'air ravi. Bien indiqué depuis Montebello. À moins de 5 km.

Où se loger et se restaurer

Au parfum des saisons GÎTE $
(☎819-423-6472 ; www.auparfumdessaisons.com ; 779 rue Notre-Dame ; s/d 78/88 $, 25 $/pers supp, avec petit-déj, taxes incl). À l'entrée du village, cette grande maison blanche loue 3 chambres avec sdb partagée. La suite à l'étage est charmante, en lambris de bois blanc sous les toits. Idéale pour les familles, elle peut accueillir jusqu'à 6 personnes. Le propriétaire, ancien chef dans des restos étoilés français, vous prépare les dîners sur demande. Une bonne option économique. Paiement en espèces seulement.

Auberge Montebello AUBERGE $$$
(☎819-423-0001 ou 1-877-423-0001 ; www.aubergemontebello.com ; 676 rue Notre-Dame ; s/d avec petit-déj 109-129/119-139 $;). Une demeure spacieuse, avec une belle hauteur de plafond, qui offre diverses catégories de chambres à la décoration classique. La plupart ont vue sur le fleuve, et certaines sont de plain-pied avec la piscine et les bains de soleil. Jacuzzi sur le toit.

Château Montebello HÔTEL $$$
(☎819-423-6341 ou 1-800-441-1414 ; www.fairmont.com ; 392 rue Notre-Dame ; ch Fairmont 189-289 $ selon saison, ch deluxe 269-369 $; 13,95 $/jour). Fierté de Montebello, ce château-hôtel prend la forme d'une étoile à quatre ailes. Toutes refaites, les 211 chambres arborent un décor tendance rustique, les deluxe étant plus vastes. Nombreux forfaits-activités et plusieurs restaurants ouverts à l'année. L'été, le **bar Igloo** (⊙tlj 11h30-17h) permet de prendre un sandwich sur le pouce, et une terrasse est dédiée aux **BBQ** (⊙mar-dim 17h30-20h30, fermé en hiver).

Où se loger et se restaurer dans les environs

La localité de Papineauville, à une dizaine de minutes en voiture, propose des hébergements dans de jolies maisons victoriennes.

À l'Orée du Moulin GÎTE $$
(☎819-427-1177 ; 170 rue Joseph-Lucien-Malo ; s/d, avec petit-déj, taxes incl, 88-93/103-108 $, 15 $/pers supp ;). Ce gîte possède des chambres confortables aménagées dans un style classique avec parquet, poupées de porcelaine et gros édredons fleuris. Elles se partagent 2 sdb. Restaurant, sur réservation l'hiver (15-24 $).

La Table de Pierre Delahaye RESTAURANT $$$
(☎819-427-5027 ; www.latabledepierredelahaye.ca ; 247 rue Papineau ; table d'hôte 31,50-47,40 $, table d'hôte dim midi 25 $; ⊙soir mer-dim et dim midi, fermé lun-mar). Cette adresse réputée de Papineauville – certains gourmets font même la route depuis Montréal – est tenue par un chef d'origine normande, d'où certaines résonances à la carte : croquant d'escargots flambés au calvados, ris de veau braisés aux pommes, sauce au cidre brut, etc.

Depuis/vers Montebello

VOITURE Depuis Montréal, prendre l'autoroute 15 Nord puis, à la sortie 35, l'autoroute 50 Ouest. Il faut compter près de 130 km, soit 1 heure 30 de trajet.
Depuis Gatineau ou Ottawa, prendre l'autoroute 50 en direction de l'est. Comptez 70 km environ.

BUS Des bus **Greyhound** (☎1-800-661-8747 ; www.greyhound.ca) effectuent chaque jour la liaison entre Montréal et Montebello (terminus au 535 rue Notre-Dame ; ☎819-423-6311).

Réserve faunique de Papineau-Labelle

Cette très belle réserve faunique dispose d'une entrée côté Outaouais, au niveau de Val-des-Bois (à une cinquantaine de kilomètres au nord de Gatineau). Reportez-vous au chapitre *Laurentides et Lanaudière*, p. 94, pour davantage de précisions.

Ottawa

Dans ce chapitre »

Le top des hébergements

» Fairmont Château Laurier (p. 169)

» Swiss Hotel – Gasthaus Switzerland Inn (p. 169)

» Auberge de jeunesse de la prison d'Ottawa (p. 169)

» Australis Guest House (p. 169)

Le top des restaurants

» ZenKitchen (p. 171)

» Beckta Dining & Wine (p. 171)

» Whalesbone Oyster House (p. 172)

» Sweetgrass Aboriginal Bistro (p. 171)

Pourquoi y aller

La capitale du Canada – située en Ontario, de l'autre côté de la majestueuse rivière des Outaouais – est une métropole tournée vers l'avenir, avec ses deux universités, sa population étrangère florissante, ses excellents restaurants et... son look branché. La richesse de ses musées et l'abondance des sorties culturelles expliquent pour une bonne part l'afflux de touristes toute l'année.

Le Parlement fédéral, de style néogothique, domine fièrement la ville. L'inspirant mélange de quartiers, chacun avec sa propre personnalité, s'étend au pied des immeubles du gouvernement fédéral. Lorsque l'on regarde vers le nord d'Ottawa, on aperçoit les douces collines de la Gatineau.

L'hiver, le canal Rideau se transforme en gigantesque patinoire. En toute saison, grâce aux nombreux espaces verts de la ville et aux pistes cyclables, la population locale goûte largement aux plaisirs de la marche, du jogging et du vélo. Tout cela sous l'œil bienveillant des *Mounties*, la police montée canadienne à la fameuse livrée rouge.

Quand partir

Juillet Le mois des festivals, tels l'Edmonton Street Performers ou le Stampede de Calgary

Juillet-septembre Pour randonner dans les parcs de Banff et de Jasper

Décembre-février Saison des sports d'hiver dans les Rocheuses canadiennes

À ne pas manquer

1. Le patin à glace sur le **canal Rideau** en hiver (p. 168)
2. Le somptueux **musée des Beaux-Arts** (p. 164), l'un des plus riches musées du pays
3. La **relève de la garde** sur la colline du Parlement (p. 164)
4. Assister à un débat (houleux) au **Parlement** (p. 164)
5. Une balade familiale à vélo jusqu'à la **ferme expérimentale** (p. 167), près du centre-ville
6. Un dîner puis une balade au **marché ByWard** (p. 173)

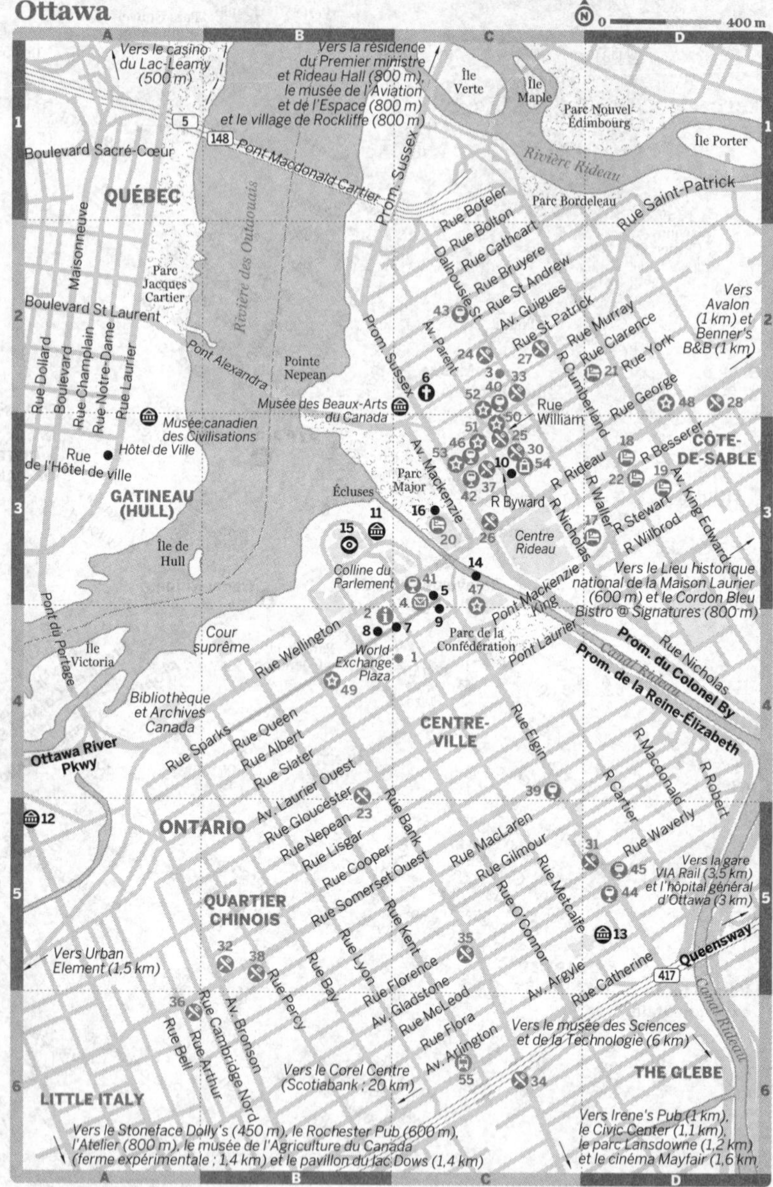

Histoire

Ottawa doit son nom à la tribu indienne qui s'installa à l'est du lac Huron dans les années 1400. Le mot lui-même vient de l'algonquin "commercer", car la région est depuis longtemps un lieu d'échanges ; les Algonquins ont également baptisé la rivière qui borde la ville "Kichissippi", signifiant "grande rivière", que l'on appelle aujourd'hui la rivière des Outaouais (en anglais Ottawa River). Il ne reste plus qu'environ 4 000 Ottawas vivant au Canada.

Ottawa

Renseignements
1 Accu-Rate (bureau de change) C4
2 Infocentre de la capitale B4
3 Market Cleaners C2
4 Poste principale C3

À voir et à faire
5 Amphibious Lady Dive C3
6 Basilique-Cathédrale Notre-Dame C2
7 Bytown Trolley Co C4
8 Gray Line B4
9 Marche hantée C4
10 Marché ByWard C3
11 Musée Bytown B3
12 Musée canadien de la Guerre A5
13 Musée canadien de la Nature D5
14 Paul's Boat Lines C3
15 Tour de la Paix B3
16 Vélocation C3

Où se loger
17 Auberge de jeunesse de la prison d'Ottawa D3
18 Barefoot Hostel D3
19 Bella Notte D3
20 Fairmont Château Laurier C3
21 Ottawa Backpackers Inn D2
22 Swiss Hotel–Gasthaus Switzerland Inn D3

Où se restaurer
23 Beckta Dining & Wine B5
24 Boulanger Français C2
25 Boulangerie Moulin de Provence C3
26 Brasserie Métropolitain C3
27 Chez Lucien C2
28 Horn of Africa D2
29 Lapointe .... (voir 25)
30 Place du Marché C3
31 Pure Gelato D5
32 Shanghai B5
33 Sweetgrass Aboriginal Bistro C2
34 The Works C6
35 Whalesbone Oyster House C5
36 Yangtze A6
37 Zak's Diner C3
38 ZenKitchen B5

Où prendre un verre
39 Bridgehead Coffee C4
Château Lafayette .... (voir 42)
40 ClockTower Brew Pub C2
41 D'Arcy Mc Gee's C3
42 E18hteen C3
43 Ideal Coffee C2
44 Manx D5
45 Oz Kafe D5
46 Planet Coffee C3

Où sortir
47 Centre national des Arts C3
48 Cinéma Bytown D2
49 Edge B4
50 Fat Tuesday's C3
51 Lookout Bar C3
52 Rainbow Bistro C2
53 Zaphod Beeblebrox C3

Achats
54 Place du Marché C3

Transports
55 Gare routière centrale C6

Les premiers explorateurs français arrivèrent dans la région au début du XVIIe siècle, rapidement suivis par des missionnaires. Appelé d'abord Bytown, l'endroit fut choisi en 1857 par la reine Victoria pour devenir la nouvelle capitale de la colonie en plein essor, en raison de sa position privilégiée entre le Haut-Canada et le Bas-Canada.

Pendant un siècle environ, Ottawa fut une capitale paisible. Durant la Seconde Guerre mondiale, la ville accueillit la famille royale des Pays-Bas en exil (qui n'oublia pas ce geste et, depuis, envoie chaque printemps des milliers de bulbes de tulipes pour fleurir la ville). Après la guerre, l'urbaniste français Jacques Gréber se vit confier un grand projet de renouvellement urbain, qui permit de supprimer les voies ferrées du centre-ville et de développer une "ceinture de verdure" autour de la ville.

De nombreux habitants d'Ottawa sont bilingues. Les francophones sont beaucoup plus nombreux dans la ville de Gatineau (Hull), de l'autre côté de la rivière des Outaouais.

Renseignements

OFFICE DU TOURISME L'**office du tourisme d'Ottawa** (www.ottawatourism.ca) donne, sur son site Internet, un aperçu complet de la capitale canadienne. Plusieurs banques et bureaux de change sont installés le long du centre commercial de la rue Sparks.

Le **kiosque d'information de la capitale** (613-239-5000 ou 1-800-465-1867 ; www.capitaleducanada.gc.ca ; World Exchange Plaza, 111 rue Albert ; 10h-17h ; @)

PASSEPORT DES MUSÉES : 9 MUSÉES, 7 JOURS

La carte **Passeport des musées** (www.passeportmusees.ca ; adulte/famille 35/85 $), valable une semaine, donne accès à neuf des plus importants musées d'Ottawa, avec 20% de rabais pour les spectacles du Centre national des arts. La carte peut être achetée dans tous les musées participants ainsi qu'au kiosque d'information de la capitale (voir ci-dessous).

équivaut à l'Infocentre de la capitale. Service de renseignements touristiques efficace.

BUREAU DE CHANGE Accu-Rate (☎613-238-8454 ; rdc World Exchange Plaza, 111 rue Albert ; ⊙lun-ven 9h15-17h15). Change notamment les chèques de voyage.

POSTE (☎613-844-1545 ; www.post.ca ; 59 rue Sparks ; ⊙lun-ven 9h-16h)

URGENCES L'**hôpital général d'Ottawa** (☎613-722-7000 ; 501 rue Smyth ; ⊙24h/24), au sud-est du centre-ville, à Alta Vista, assure un service d'urgences.

Fêtes et festivals

La capitale canadienne est en ébullition toute l'année avec plus de 60 fêtes et festivals. En voici une sélection :

Bal de Neige (Winterlude ; ☎613-239-5000 ; www.canadascapital.gc.ca/winterlude). Trois week-ends consécutifs en février pour fêter dignement l'hiver. Animation centrée sur le lac Dows et le canal (gelés). Poétiques statues de glace érigées un peu partout en ville.

Festival canadien des tulipes (☎613-567-5757 ; www.tulipfestival.ca). En mai, la ville explose de couleurs : plus de 200 variétés de tulipes, principalement en provenance de Hollande, couvrent la ville. Parades, régates, danses, concerts et feux d'artifice.

Festival franco-ontarien (☎613-321-0102 ; www.ffo.ca). Un festival en l'honneur de la musique, de l'artisanat et de la culture francophones de la province. Mi-juin.

Ottawa Bluesfest (☎613-241-2633 ; www.ottawabluesfest.ca). Deuxième plus grand festival mondial de blues (après celui de Chicago). Les grands noms du blues y donnent des concerts mémorables à la fin juin.

Fête du Canada (☎613-239-5000 ; www.canadascapital.gc.ca/canadaday). Quel meilleur endroit que la capitale pour célébrer la fête nationale du 1er juillet ? Ne manquez pas le feu d'artifice tiré au-dessus du Parlement.

SuperEX (☎613-237-2222 ; www.ottawasuperex.com). Une grande fête au parc Landsdowne à la mi-août, très appréciée des enfants.

Capital Pride (☎613-421-5387 ; www.prideottawa.com). Une semaine d'activités et de manifestations couronnée par une parade dans les rues de la ville. Mi-août.

À voir

Les musées d'Ottawa sont parmi les meilleurs au Canada. Ils sont souvent fermés les lundis en hiver et, pour la plupart d'entre eux, situés à courte distance les uns des autres. Si vous arrivez moins de 1 heure avant la fermeture, la plupart des musées vous laisseront entrer gracieusement.

Colline du Parlement ÉDIFICE HISTORIQUE (www.parliamenthill.gc.ca). Le centre-ville d'Ottawa est dominé par les bâtiments de l'administration fédérale – qui chapeaute les administrations provinciales canadiennes. Sur la colline du Parlement, l'**édifice du Centre** (☎613-996-0896 ; visite guidée gratuite 45 min ; rue Wellington, été réservation à la tente blanche sur la pelouse, hiver à l'intérieur du bâtiment), avec sa tour de la Paix et son horloge, abrite la Chambre des communes (Chambre des députés) et le Sénat. La **bibliothèque**, avec son fantastique décor de bois sculpté et de fer forgé, en est l'attraction maîtresse. De chaque côté se dressent les édifices de l'Est et de l'Ouest, avec leur toit de cuivre vert. Vous pouvez réserver la visite guidée au kiosque d'information de la capitale.

Hormis l'été, il est possible d'assister aux débats parlementaires (*Question Period*) à la Chambre des communes. Ils ont lieu l'après-midi et à 11h le vendredi. Entrée selon la règle du premier arrivé, premier servi.

L'été, tous les matins à 10h, vous pouvez assister à la **relève de la garde** sur la pelouse. Les soirs d'été, le spectacle son et lumière *Mosaika* est présenté sur la colline du Parlement, en français et en anglais.

Entre les édifices de l'Ouest et du Centre, du côté de la rivière des Outaouais, la colline parlementaire abrite un endroit curieux : le **sanctuaire des chats errants**. Les chats, qui peuvent s'abriter dans une série de petites structures aux airs de maisons de poupée, reçoivent tous les soins nécessaires grâce à une équipe de bénévoles.

Musée des Beaux-Arts du Canada BEAUX-ARTS (National Gallery of Canada ; ☎613-990-1985 ; www.gallery.ca ; 380 promenade Sussex ; adulte/-12 ans/12-19 ans/famille 9/gratuit/4/18 $, audioguide

OTTAWA EN...

Un jour

La charmante capitale présentant une multitude de points d'intérêt, il n'y a pas de temps à perdre. Commencez par une visite de la **colline du Parlement** (page ci-contre) et de sa tour de la Paix, puis rendez-vous au **musée des Beaux-Arts du Canada** (page ci-contre), à quelques minutes à pied, découvrir sa belle collection d'œuvres d'artistes canadiens (dont des artistes autochtones) et sa superbe chapelle en bois. Faites une pause déjeuner au **marché ByWard** (p. 173), où l'on trouve des produits de la ferme, dont un vaste choix de fromages. Au dessert, goûtez à une queue de castor au chocolat ou à un "Obama Cookie", avant de continuer votre promenade le long du **canal Rideau** (p. 166). Pour dîner, faites votre choix parmi les cuisines du monde entier, comme celle du restaurant végétarien **ZenKitchen** (p. 171) ou du chic **Atelier** (p. 172).

Deux jours

Après avoir achevé le circuit d'une journée, allez découvrir d'étonnants spécimens de squelettes de dinosaures au **musée canadien de la Nature** (ci-dessous), récemment rénové, ou, si vous êtes en voiture, dirigez-vous vers le **Diefenbunker** (p. 168), un intrigant refuge souterrain, à une quarantaine de kilomètres de la ville. Le soir, assistez à un spectacle du **Centre national des arts** (p. 173), au bord du canal Rideau, ou à un concert de musique dans l'un des clubs gravitant autour du marché ByWard. En hiver, optez pour un **match de hockey** (p. 173) des Sénateurs d'Ottawa à la Scotiabank Place. Et n'hésitez pas à aller découvrir le **musée des Sciences et de la Technologie** (ci-dessous).

6 $; 10h-17h, jusqu'à 20h jeu mai-sept, fermé lun oct-avr). À 15 minutes de marche de la colline du Parlement, la visite de ce musée s'impose. Principal musée du Canada, cet impressionnant bâtiment de verre et de granit rose fut conçu par Moshe Safdie, auteur également du complexe résidentiel Habitat à Montréal et du musée des Civilisations à Québec.

Les nombreuses galeries exposent des œuvres anciennes et contemporaines en mettant l'accent sur les artistes canadiens. Néanmoins, les collections américaine et européenne contiennent des pièces de presque tous les principaux maîtres. Le musée présente aussi des expositions temporaires et reçoit des expositions itinérantes.

La judicieuse présentation chronologique de la peinture et de la sculpture canadiennes constitue un résumé en images de l'histoire du pays, depuis les premiers contacts entre autochtones et Européens. Au rez-de-chaussée, sont regroupées la **galerie inuit** et une sélection d'une belle **collection de photographies**.

Deux cours offrent un cadre paisible pour savourer un moment de détente. L'une d'elles abrite un petit bijou : l'intérieur de la **chapelle Rideau**, construite en 1888. Sauvée de la démolition, la chapelle en bois a été restaurée, pièce par pièce, dans la cour du musée.

Le musée se visite en 2 heures minimum, et encore, sans profiter du programme de films et de vidéos, de conférences et de concerts. Sur place, on trouvera un café, un restaurant et une boutique de livres et de cadeaux. Deux étages de parking (12 $/jour) occupent le sous-sol.

Musée canadien de la Nature DINOSAURES
(613-566-4700 ; www.nature.ca ; 240 rue McLeod ; adulte/enfant/famille 10/8/25 $, gratuit sam matin ; sam-mer 9h-18h, jusqu'à 20h jeu-ven ; 5, 6 et 14). Occupant un séduisant bâtiment victorien, ce musée fait découvrir le patrimoine naturel canadien. Les quatre étages du bâtiment présentent de beaux spécimens de fossiles, minéraux et d'animaux, dont un squelette de baleine bleue et les restes de plusieurs dinosaures qui furent trouvés dans la province de l'Alberta. Les dioramas consacrés aux mammifères et aux oiseaux méritent aussi d'être vus. Une section spéciale du musée est destinée aux enfants. Cafétéria sur place.

Musée des Sciences et de la Technologie du Canada SCIENCES
(613-991-3044 ; www.sciencetech.technomuses.ca ; 1867 bd Saint-Laurent ; adulte/enfant/senior/famille 9/4/6/20 $; 9h-17h mai-sept, mar-dim 9h-17h oct-avr). Ce musée à 6 km au sud-est du centre-ville, présente toutes sortes d'activités

pédagogiques destinées à faire découvrir la science aux enfants. On peut faire ses propres expériences, observer des lois physiques en action et expérimenter des illusions d'optique. Ne ratez pas l'amusante **Cuisine bizarre**, où l'on découvre les effets de la désorientation spatiale grâce à une cuisine dont le plancher est incliné à 10°.

Une partie importante du musée est consacrée à la technologie de l'espace, avec divers engins spatiaux canadiens. Une section consacrée à l'astronomie présente des films et des diapositives sur l'univers et permet, par nuit claire, d'observer le ciel au moyen d'une grande lunette astronomique.

Musée canadien de la Guerre MILITAIRE

(☎1-800-555-5621 ; www.museedelaguerre.ca ; 1 pl. Vimy ; adulte/enfant 12/8 $, gratuit jeu 16h-21h ; ⏲ven-mer 9h-18h et jusqu'à 21h jeu mai à mi-oct, mar-dim 9h-17h et jusqu'à 21h jeu mi-oct à avr). D'architecture futuriste, ce nouveau musée à l'ouest de la colline du Parlement renferme la plus importante collection consacrée au patrimoine et à l'histoire militaires du pays. La reconstitution grandeur nature d'une tranchée de la Première Guerre mondiale mérite le coup d'œil. Une salle "Découvertes" a été conçue pour les plus jeunes.

Musée de l'Aviation et de l'Espace du Canada AVIONS

(☎613-993-2010 ; www.aviation.technomuses.ca ; 11 promenade de l'Aviation ; adulte/enfant/famille 9/5/18 $; ⏲9h-17h mai-début sept, fermé lun-mar début sept-avr ; 🚌129). Près de 120 aéronefs – du Silver Dart de 1909 au célèbre Spitfire, en passant par les engins les plus modernes – sont exposés dans un gigantesque bâtiment triangulaire. L'exposition comprend des jeux vidéo de simulation. Si vous arrivez une heure avant la fermeture, vous pourrez probablement entrer gratuitement. Le musée est situé à l'aéroport de Rockcliffe, à 5 km au nord-est du centre-ville en suivant la promenade Rockcliffe.

Écluses d'Ottawa et musée Bytown HISTOIRE DE LA VILLE

La série d'écluses sur la rivière des Outaouais, entre le château Laurier et les édifices du Parlement, marquent l'extrémité nord des 200 km du **canal Rideau** (voir l'encadré ci-dessous), qui va jusqu'à Kingston. Le colonel By, qui était chargé de la construction du canal, y installa son quartier général en 1826.

Consacré à l'histoire de la ville, le **musée Bytown** (☎613-234-4570 ; www.bytownmuseum.com ; entrée avec audioguide 6 $; ⏲10h-17h mi-mai à mi-oct, jusqu'à 14h mi-oct à nov et avr à mi-mai) est installé dans le plus vieux bâtiment de pierre d'Ottawa. Il se trouve à l'est de la colline du Parlement, à côté du canal (descendez les escaliers depuis la rue Wellington et revenez vers les écluses en longeant le canal). Utilisé d'abord pour stocker de l'argent et du matériel militaire, il abrite désormais nombre d'objets et de documents appartenant à l'histoire de la ville, dont ceux retraçant la difficile construction du réseau de canaux.

GRATUIT **Musée de la Monnaie** MONNAIE

(☎613-782-8914 ; www.currencymuseum.ca ; Banque du Canada, 245 rue Sparks ; entrée libre ; ⏲lun-sam 10h30-17h, dim 13h-17h juin-août, fermé lun sept-mai). On entre dans cet intéressant petit musée, très apprécié des enfants, en passant par un jardin tropical à l'intérieur du siège social de la Banque du Canada. Des expositions

LE CANAL RIDEAU

Le 28 juin 2007, le canal Rideau fut classé lieu historique national par l'Unesco. Cette voie navigable de 200 km, tracée il y a 175 ans, est un vaste réseau de canaux, de rivières et de lacs qui relie Kingston (au sud de la province, au bord du lac Ontario) à Ottawa en franchissant 47 écluses.

Après la guerre de 1812, la menace d'une nouvelle guerre avec les Américains pèse toujours. Le duc de Wellington décide alors de relier Ottawa à Kingston afin de disposer d'un système de communication et d'approvisionnement fiable entre les deux villes militaires. Bien que la longueur du canal ne totalise que 202 km, sa construction ne fut pas une mince affaire : elle a nécessité le travail acharné de 4 000 hommes luttant contre la malaria et le Bouclier canadien, creusant une des roches les plus dures au monde. Le canal s'élève sur 84 m depuis Ottawa pour passer au-dessus du Bouclier, puis redescend de 49 m jusqu'au lac Ontario. Il est intéressant de noter que le canal n'a jamais vu d'opération militaire.

Il s'est toutefois révélé utile un peu plus tard pour le transport des marchandises. Aujourd'hui, cette voie historique, idéale pour une croisière en bateau, est jalonnée de parcs, de petites villes, de lacs et de nombreux sites où faire escale.

présentent l'évolution de la monnaie au fil des âges et les différents moyens d'échange : coquillages, dents, fèves de cacao, papier ou métaux précieux. Ne ratez pas la pierre de Yap (utilisée comme monnaie en Micronésie) installée près de l'entrée.

Basilique-Cathédrale Notre-Dame ÉDIFICE RELIGIEUX
(385 promenade Sussex ; entrée libre ; 7h-18h). Construite entre 1841 et 1865, c'est la plus ancienne église de la ville. L'édifice religieux, de style néogothique, est doté de superbes sculptures, vitraux et voûtes. Une brochure à l'entrée en présente les caractéristiques. Face au musée des Beaux-Arts du Canada.

Musée de l'Agriculture du Canada AVEC DES ENFANTS
(613-991-3044 ; www.agriculture.technomuses.ca ; 930 av. Carling à l'angle de la promenade Prince-de-Galles ; adulte/enfant 7/4 $; 9h-17h mars-oct). Ce musée est une ferme expérimentale fascinante. Gérée par l'État et située au sud-ouest du centre d'Ottawa, elle compte environ 500 ha de jardins et de champs. Les enfants adoreront voir le bétail meugler et souffler dans la grange. Les agriculteurs laissent même les jeunes visiteurs leur donner un coup de main pour nourrir les bêtes. Les visites guidées conduisent jusqu'à un observatoire, une serre tropicale et un arboretum. Les pâturages sont l'endroit idéal pour se détendre, avec des aires de pique-nique et, l'hiver, des pistes de luge. On peut accéder à la ferme expérimentale par le réseau de pistes cyclables d'Ottawa.

GRATUIT **Cour suprême du Canada** ÉDIFICE D'INTÉRÊT
(613-995-5361 ; www.scc-csc.gc.ca ; 301 rue Wellington ; entrée libre ; lun-ven 9h-17h). Vous pourrez flâner dans les jardins, le hall et la salle du tribunal de cet édifice imposant au toit de cuivre. L'été, des visites gratuites sont assurées toutes les 30 minutes par des étudiants en droit de l'université d'Ottawa. Le reste de l'année, les visites se font sur réservation.

GRATUIT **Bibliothèque et Archives Canada** ÉDIFICE D'INTÉRÊT
(613-996-5115 ; www.collectionscanada.gc.ca ; 395 rue Wellington ; entrée libre ; lun-ven 8h30-23h). La mission de cette vénérable institution est de conserver le patrimoine documentaire du pays, parmi lequel des tableaux, des cartes, des photographies, des journaux intimes, des lettres, des affiches et des documents électroniques recueillis durant les deux derniers siècles.

Lieu historique national de la Maison Laurier SITE HISTORIQUE
(613-992-8142 ; 335 av. Laurier ; 3,90 $; 9h-17h). Cette demeure victorienne datant de 1878 fut la résidence de deux Premiers ministres, Wilfrid Laurier et l'excentrique Mackenzie King. La maison est magnifiquement meublée ; ne ratez pas le bureau au dernier étage. Chacun des deux personnages est représenté par des souvenirs et objets personnels. Il est préférable de venir en début de matinée, avant l'arrivée des groupes.

Résidence du Premier ministre et Rideau Hall ÉDIFICE D'INTÉRÊT
Il est possible d'observer, de l'extérieur seulement, la **résidence du Premier ministre du Canada** (24 promenade Sussex). Pour des raisons de sécurité évidentes, il est interdit au public de pénétrer dans la propriété. Vous pourrez en revanche visiter **Rideau Hall** (613-991-4422 ; 1 promenade Sussex ; entrée libre, circuits guidés 45 min en été ; 9h-crépuscule), la résidence du Gouverneur général (représentant officiel de la reine d'Angleterre), construite au début du XXe siècle. À la porte principale, une petite cérémonie de relève de la garde a lieu chaque heure tout au long de la journée (fin juin-fin août).

Les deux résidences se trouvent au nord-est de la ville, sur la promenade Sussex (Sussex Drive). Plus à l'est, le long de la promenade Sussex et de la promenade Princess, le **village de Rockcliffe**, lieu de résidence de nombreux diplomates étrangers, est l'un des quartiers les plus huppés de tout le Canada.

GRATUIT **Caroussel de la GRC** SITE HISTORIQUE
(RCMP Musical Ride Centre ; 613-998-8199 ; 1 chemin Sandridge ; entrée libre ; 9h-16h). C'est ici que la police montée prépare ses spectacles. Le public est invité à observer les séances d'entraînement, même si seuls les amateurs de sports équestres seront intéressés. Appelez pour plus de détails sur les horaires. En voiture, prendre la promenade Sussex à l'est jusqu'au Rockcliff Parkway, puis tournez à droite dans la rue Birch.

Côte-de-Sable QUARTIER
Le quartier de la Côte-de-Sable est l'un des plus anciens de la ville. En partie détruit ou transformé lors des agrandissements de l'université d'Ottawa, il a néanmoins gardé plusieurs belles demeures victoriennes. Vous trouverez un belvédère au parc Macdonald, au nord de la rue Rideau, entre les rues

OTTAWA INSOLITE

Pendant la guerre froide, certains membres paranoïaques du gouvernement ont commandé la construction du **Diefenbunker** (☎613-839-0007 ; www.diefenbunker.ca ; 3911 rte Carp, Carp ; adulte/enfant 14/8 $; ⏱10h-18h), un refuge souterrain secret à usage militaire. Cet immense abri sur 4 niveaux a été conçu pour accueillir plus de 300 "personnes importantes" pendant 30 jours en cas d'attaque nucléaire. L'entrée comprend une intéressante visite de 1 heure, qui vous fera découvrir la suite du Premier ministre, les studios de Radio-Canada... ainsi que le coffre de la Banque du Canada. Vous trouverez cet étonnant refuge dans le village de Carp, à 40 km à l'ouest d'Ottawa. Réservation indispensable.

Charlotte et Coburg. **Francoroute** (☎613-562-5800 ; www.ropfo.ca) a mis au point les Circuits pédestres du patrimoine d'Ottawa, permettant de découvrir le quartier à pied. Vous pouvez les télécharger en ligne.

Activités

Ottawa possède de nombreux parcs et espaces verts, ainsi que des pistes cyclables. Les occasions ne manquent pas de pratiquer des activités de plein air, en toute saison.

Montgolfière

Les vols en montgolfière sont très prisés dans la région de la capitale. **Sundance Balloons** (☎613-247-8277 ; www.sundanceballoons.com ; à partir de 175 $/pers) propose des vols en ballon au lever et au coucher du soleil au départ de plusieurs sites de la vallée d'Ottawa.

Patinage

Enfin, l'hiver, lorsque l'eau est gelée, le **canal Rideau** accueille des milliers de patineurs de tous âges qui parcourent tout ou partie des 7,8 km de patinoire. Le bord du canal est alors aménagé d'aires de repos où les patineurs peuvent acheter les fameuses queues de castor (beignets). Des kiosques de location de patins sont installés sur les marches du Centre national des Arts, au lac Dow et sur la 5e Avenue. Patinage en soirée également.

Ski

L'hiver, il est possible de faire du ski à seulement 20 km de la ville, dans les monts Gatineau, au Québec. Les deux stations de **Camp Fortune** (☎819-827-1717 ; www.campfortune.com ; 300 chemin Dunlop, Chelsea) et **Mont Cascades** (☎819-827-0301 ; www.montcascades.ca ; 448 chemin Mont Cascades, Cantley) disposent d'une cinquantaine de pistes de plusieurs niveaux de difficultés. Le parc de la Gatineau (p. 151) offre plusieurs excellentes pistes de ski de fond et de randonnée avec des abris le long des parcours.

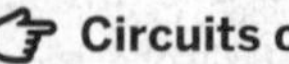

Circuits organisés

Le kiosque d'information de la capitale dispose de plusieurs brochures pratiques pour visiter la ville par soi-même. L'auberge de jeunesse de la prison d'Ottawa organise également de petits circuits dans la ville.

Circuits en bus

Bytown Trolley Co (☎613-592-7741 ; angle rues Sparks et O'Connor ; ⏱mi-avr à mi-oct). Visites de la région en bus avec montées et descentes illimitées (hop-on hop-off).

Gray Line (☎613-565-5463 ; www.grayline.ca ; angle rues Sparks et Metcalfe ; visite 3h 38 $; ⏱mai à mi-oct). Départs au kiosque au coin de la rue. Montées et descentes illimitées (hop-on hop-off ; adulte 26,55 $) à 12 endroits de la ville (y compris le musée canadien des Civilisations, à Gatineau).

Lady Dive Amphibious (☎613-223-6211 ; www.ladydive.com ; angle rues Sparks et Elgin ; visite 19-30 $; ⏱mai-oct). À bord d'un véhicule amphibie, vous verrez les meilleurs sites d'Ottawa, pour finir sur la rivière des Outaouais. On passe vous prendre à votre hôtel.

Circuits pédestres

Marche hantée (Haunted Walk ; ☎613-232-0344 ; www.hauntedwalk.com ; 73 rue Clarence ; marche 13-15 $). Des marches "hantées" uniques, y compris une visite de l'ancienne prison. Billets aussi en vente à l'auberge de jeunesse de la prison d'Ottawa.

Ottawa Walking Tours (☎613-799-1774 ; www.ottawawalkingtours.com ; adulte/famille 15/45 $). Visites historiques de 2 heures proposées par des guides bilingues. Départ près du kiosque d'information de la capitale.

Croisières

Paul's Boat Lines (☎613-255-6781 ; www.paulsboatcruises.com ; écluses d'Ottawa ou quais du canal Rideau ; circuit rivière des Outaouais 1h30 adulte/enfant 20/12 $; circuit canal Rideau 1h15 adulte/enfant 18/10 $; ⏱mi-mai à oct). Croisières avec panoramas enchanteurs.

Où se loger

Ottawa regroupe de nombreux logements à tous les prix. Pendant l'été, il est préférable de réserver. Vous trouverez plusieurs B&B à l'est du centre-ville. Le quartier de la Côte-de-Sable offre de petits bijoux d'architecture et le marché By, des hébergements pleins de charme également.

Ottawa Backpackers Inn AUBERGE DE JEUNESSE **$**
(☎613-241-3402 ; www.ottawahostel.com ; 203 rue York ; dort/ch 25/60 $, app à partir de 150 $; @📶). Dans le quartier du marché, cette demeure du XIXe siècle est une auberge sympathique et décontractée (sdb rénovées, dortoirs lumineux et prises électriques installées à côté de chaque lit). Cuisine à disposition.

Auberge de jeunesse (HI) de la prison d'Ottawa AUBERGE DE JEUNESSE **$**
(☎613-235-2595 ; www.hihostels.ca/ottawa ; 75 rue Nicholas ; dort/s membre 28/76 $, non-membre 33/86 $;@📶). Si votre expérience pénitentiaire se limite au Monopoly, préparez-vous à être surpris : ici, les clients peuvent loger dans d'anciennes cellules aux grilles de fer. Des visites guidées de la prison sont souvent menées par le personnel, notamment une très effrayante visite, baptisée "Crime et châtiment". Vous ne serez pas surpris d'apprendre que la prison passe pour être le bâtiment le plus hanté de la ville.

Australis Guest House B&B **$$**
(☎613-235-8461 ; www.australisguesthouse.com ; 89 av. Goulburn ; ch 95-109 $; 📶). Hébergement le plus écolo d'Ottawa, l'Australis accueille ses clients avec des draps 100% coton, des serviettes en tissu réutilisables, des produits d'entretien naturels et une chasse d'eau avec option économie d'eau.

Avalon B&B **$$**
(☎613-789-3443 ; www.avalonbedandbreakfast.com ; 539 rue Besserer ; ch 95-125 $; 📶). Voilà une adresse qui rafraîchit agréablement la formule B&B. Adresse moderne, décorée avec goût et meublée confortablement. Petits-déjeuners gargantuesques (Ah ! les œufs bénédictine) et accueil sympathique d'Apollo, le chien de la maison.

Benner's B&B B&B **$$**
(☎613-789-8320 ; www.bennersbnb.com ; 541 rue Besserer ; d 95-130 $; 📶). Élégante et spacieuse, cette demeure centenaire en brique rouge est une excellente adresse dans le quartier de la Côte-de-Sable, très calme mais à 15 minutes de marche du centre-ville.

Bella Notte B&B **$$**
(☎613-565-0497 ; www.bellanottebb.com ; 108 rue Daly ; ch avec petit-déj 128-148 $; 📶). Cette maison victorienne de 1868, très bien située, fut le lieu de résidence d'Alexander Campbell, un politicien de l'époque de la fondation du Canada. Vous serez accueilli chaleureusement par Lillian et Oscar, d'anciens musiciens professionnels. Difficile de repartir après avoir entendu Oscar au piano en dégustant votre petit-déjeuner.

Swiss Hotel – Gasthaus Switzerland Inn AUBERGE **$$**
(☎613-237-0335 ; www.gasthausswitzerlandinn.com ; 89 av. Daly ; ch avec petit-déj 118-188 $; ❄@📶). Cette merveilleuse auberge (22 chambres avec sdb) est tout simplement parfaite. Sabina, la propriétaire suisse, vous sert le petit-déjeuner (pain, muesli, fromage, œufs et café) dans une salle spacieuse. Emplacement idéal, tout près du marché By.

Fairmont Château Laurier HÔTEL HISTORIQUE **$$$**
(☎613-241-1414 ou 866-540-4410- ; www.fairmont.com/laurier ; 1 rue Rideau ; ch 250-400 $; @📶❄🏊). Près du Parlement, l'hôtel le plus connu, et le plus luxueux, de la ville est un monument à part entière, avec ses tourelles et sa maçonnerie aux airs de château français. Aucune commodité ne manque à l'appel et vous êtes au cœur d'Ottawa. Restaurant, bar et terrasse.

Où se restaurer

Ces dernières années, on a assisté à une véritable explosion de cuisines du monde entier. Véritable corne d'abondance, le marché By rassemble plus de 150 adresses dans un mouchoir de poche. En été, chaque restaurant improvise sa terrasse directement sur la rue. Arpentez la rue Bank vers le sud en direction du quartier animé du Glebe, et découvrez ses pubs, ses restaurants et ses petits cafés oubliés des touristes, entre les rues First et Fifth.

Le soir, faites une promenade du côté de la rue Preston, surnommée "Corso Italia", la Little Italy d'Ottawa. La ville possède aussi son quartier chinois, petit mais très animé. Les restaurants chinois se bousculent le long de la rue Somerset Ouest près de l'avenue Bronson, et vous trouverez de nombreux restaurants vietnamiens un peu plus à l'ouest dans la rue Booth.

Les stands de frites et les étals de kebabs (*shawarma*) sont nombreux dans la ville, surtout aux alentours du marché By.

Le site www.savourezottawa.ca vous donnera des détails sur la scène culinaire locale.

Boulangerie Moulin de Provence BOULANGERIE $
(55 place du marché ByWard ; 1-5 $; ⏲matin et midi). C'est après la visite-surprise du président Obama, en 2009, que cette boulangerie est devenue célèbre à Ottawa. Grand choix de pâtisseries et de petites douceurs sucrées. Les fameux "Obama Cookies" sont délicieux, mais goûtez aussi aux croissants, les meilleurs de la ville.

Boulanger Français BOULANGERIE $
(119 rue Murray ; pâtisseries 2-9 $; ⏲7h-17h30). Les effluves des pains au chocolat sortant du four vous feront oublier toutes vos bonnes résolutions de régime. Les autres viennoiseries et pâtisseries sont également excellentes.

Place du Marché RESTAURATION RAPIDE $
(www.bywardmarket.com ; 55 place du marché ByWard, angle rues William et George ; plats 6-12 $; ⏲midi et soir). La halle du marché By est un merveilleux endroit pour se restaurer. Outre les légumes frais et les fromages du marché, des échoppes vendent toutes sortes de plats cuisinés à emporter (pains, pâtisseries, soupes, cuisine moyen-orientale et indienne, etc.). Pour un en-cas, ne ratez pas l'étal, à l'angle des rues William et George, vendant des queues de castor.

Chez Lucien FRANÇAIS $
(137 rue Murray ; plats 6-14 $; ⏲midi et soir). Murs de briques bordeaux, juke-box jouant des chansons de Sting, escargots au beurre maître d'hôtel : Chez Lucien est une des meilleures adresses d'Ottawa pour se restaurer dans une ambiance détendue.

QUEUE DE CASTOR

La queue de castor (*beavertail*) est le nom donné à une pâtisserie canadienne apparue dans les années 1970, et depuis associée à la pratique du patin à glace sur le canal Rideau. Sorte d'énorme beignet chaud et pâteux, le *beavertail* se révèle tout indiqué pour refaire le plein d'énergie, d'autant plus qu'il est souvent accompagné de sauce au chocolat, de sirop d'érable, de sucre cannelle (le "Classic"), ou encore de saumon fumé ou de fromage.

Les queues de castor sont devenues si populaires qu'on les retrouve dans toute l'Amérique du Nord, de La Ronde (Montréal) à Disney World (Floride).

Zak's Diner DINER AMÉRICAIN $
(www.zaksdiner.com ; 14 place du marché ByWard ; plats 8-13 $; ⏲24h/24). Un look de *diner* américain des années 1950, un peu kitsch, mais jeune et chaleureux. Le club-sandwich est un plat complet et les petits-déjeuners sont très appréciés. Sandwichs de type wraps également.

The Works BURGERS $
(580 rue Bank ; hamburger 9,50-13 $; ⏲midi et soir). Cette adresse de style western porte le hamburger à un niveau gastronomique. Agrémentez votre délicieux steak avec l'une des 60 garnitures proposées, toutes plus originales les unes que les autres : épinards, œufs sur le plat, fromage de Brie ou beurre de cacahuètes.

Horn of Africa AFRICAIN $$
(364 rue Rideau ; plats 9-16 $; ⏲midi et soir ; 🖉). Petit restaurant éthiopien plutôt vétuste, mais qui mérite une visite pour ses excellents plats cuits à l'étouffée que l'on mange avec de l'*injera*, sorte de galette africaine. Du poulet épicé et d'excellentes options végétariennes se sont glissés dans le menu "combo" (petites portions de plats différents).

Yangtze CHINOIS $$
(700 rue Somerset Ouest ; plats 9,75-16,50 $; ⏲midi et soir). Le berceau de l'authentique cuisine chinoise d'Ottawa est un palais de jade au cœur du quartier chinois. Vous adorerez le "nid d'oiseau", un délicieux panier de vermicelles croustillants accueillant une variété de plats. Les *dim sum* du jour, constitués de bouchées à la vapeur, fondent dans la bouche.

Saint-Hubert RESTAURATION RAPIDE $$
(1754 bd St Laurent ; plats 10-18 $; ⏲midi et soir). Hubert ne serait-il pas le saint patron de la volaille ? On le jurerait en goûtant aux délicieux filets de poulet. En croquant dans ces délices recouverts de sauce *gravy*, on comprend pourquoi le restaurant attire de nombreuses familles. En face du musée des Sciences et de la Technologie, à 5 km du centre-ville.

Brasserie Métropolitain FRANÇAIS $$
(www.metropolitainbrasserie.com ; 700 promenade Sussex ; plats 10-19 $; ⏲midi et soir). Cet établissement tendance revisite la brasserie classique avec un comptoir en zinc, des plafonniers étincelants et le lointain flonflon de l'accordéon ! De 16h à 19h en semaine, c'est le "Hill Hour" des fonctionnaires et des hommes politiques (boissons à tarif réduit et huîtres à 1 $) ; après tout, le Parlement n'est pas bien loin.

UN DIMANCHE À OTTAWA

Le chef Caroline Ishii et le sommelier Dave Loan sont copropriétaires de ZenKitchen (voir ci-dessous), un restaurant végétarien d'Ottawa.

"Nous adorons les dimanches à Ottawa, c'est l'occasion de faire notre petit tour en ville. Notre brunch préféré est celui du **Rochester Pub** (502 rue Rochester ; ✆), qui sert de savoureux repas avec une option végétarienne, dans un cadre décontracté. Ensuite, nous aimons aller au **marché fermier du parc Landsdowne** (www.ottawafarmersmarket.ca). C'est l'endroit idéal pour acheter notre déjeuner : pains de chez **Art-Is-In** (www.artisinbakery.com), fromages locaux, fruits frais et bien d'autres choses encore. Nous marchons jusqu'au canal Rideau, nous nous asseyons sur un banc et partageons nos morceaux de pain avec les canards curieux.

Pour le dîner, nous aimons nous rendre dans un restaurant préparant une cuisine appétissante, avec une belle carte de vins. Nous ne mangeons pas forcément au ZenKitchen... Un de nos restaurants favoris est le **Shanghai** (www.shanghaiottawa.com ; 651 rue Somerset Ouest ; ✆), dans la même rue. La cuisine chinoise moderne servie est succulente – des expositions d'art sont organisées régulièrement ainsi que des soirées karaoké.

Les desserts du **Pure Gelato** (350 rue Elgin) sont un must. Les glaces maison se déclinent dans une grande variété de parfums – orange sanguine, figue ou triple chocolat. Ne soyez pas effrayé par la file d'attente, car elle avance rapidement.

En face, l'**Oz Kafe** (www.ozkafe.com ; 361 rue Elgin ; ✆) est un endroit très plaisant pour prendre un verre en soirée et écouter de la musique live. Si vous avez un petit creux, vous vous régalerez avec les boîtes-repas (*bento*) végétariennes !"

♥ ZenKitchen VÉGÉTARIEN **$$**
(☎613-233-6404 ; www.zenkitchen.ca ; 634 rue Somerset Ouest ; plats 18-21 $; ⌚midi jeu-ven, soir tlj ; ✆). Les plats sains et pleins de saveur de ZenKitchen nous font voyager à travers les continents. Les propriétaires, Caroline et Dave, n'en sont pas à leurs premières armes – ils ont également été les stars d'une série de TV-réalité exploitant leurs "aventures culinaires". N'oublions pas le vin ! Les crus viennent pour la plupart d'Ontario, mais la qualité est vraiment surprenante.

Lapointe FRUITS DE MER **$$**
(www.lapointefish.ca ; 55 rue York ; plats 10-26 $; ⌚midi et soir). Ouvert depuis 1867, ce poissonnier est indiscutablement la référence du poisson frais à Ottawa. Ce restaurant de marché est le dernier-né des établissements Lapointe, et propose une diversité remarquable de poissons et de plats préparés (*fish n' chips*, etc.).

♥ Sweetgrass Aboriginal Bistro AMÉRINDIEN **$$**
(www.sweetgrassbistro.ca ; 108 rue Murray ; plats 12-28 $; ⌚midi lun-ven, soir tlj). Ce petit restaurant très cosy propose une excellente cuisine amérindienne (plutôt rare, même au Canada) – du bison à l'orignal, en passant par le saumon de l'Atlantique, le bannock (pain/gâteau d'avoine et de maïs) ou la soupe de maïs. Le chef, Phoebe Sutherland, est une Cri originaire de la baie James, au nord du Québec.

♥ Le Cordon Bleu Bistro @ Signatures ÉCOLE DE CUISINE **$$$**
(☎613-236-2499 ; 453 av. Laurier Est ; plats 20-30 $; ⌚midi mar-ven, soir tlj). Le restaurant de la prestigieuse école de cuisine Cordon Bleu est situé dans le cadre d'un château de style Tudor. Votre dîner sera préparé par des professeurs de l'école hautement qualifiés (les déjeuners en semaine sont conçus par les étudiants). Au menu, des plats très raffinés, complétés par une carte des vins interminable. Une expérience gastronomique à ne pas manquer.

♥ Beckta Dining & Wine FUSION **$$$**
(☎613-238-7063 ; www.beckta.com ; 226 rue Nepean ; plats 27-37 $; ⌚soir). Cette excellente adresse haut de gamme revisite les cuisines régionales. Le menu de dégustation de 5 plats (79 $), très inspiré, est le fruit du travail commun du chef et de son sommelier. Ingrédients de premier choix.

Whalesbone Oyster House FRUITS DE MER $$$
(www.thewhalesbone.com ; 430 rue Bank ; plats 29-35 $; soir). Meilleur restaurant de poisson et de fruits de mer de la ville, la qualité et la fraîcheur des produits sont optimales. Au menu, mis à part les huîtres : homard, flétan, *ceviche* de pétoncles, etc.

Urban Element COURS DE CUISINE $$$
(613-722-0885 ; www.theurbanelement.ca ; 424 av. Parkdale ; cours à partir de 80 $; 9h-17h, repas sur rendez-vous). Installé dans une ancienne caserne de pompiers, cet établissement propose un concept original de repas gastronomique. Sur réservation, vous pouvez entrer dans cette cuisine-école et préparer vous-même votre menu trois-étoiles, sous la houlette d'un grand chef de la ville ou des environs.

Atelier FUSION $$$
(613-321-3537 ; www.atelierrestaurant.ca ; 540 rue Rochester ; menu 85 $; soir). Ce restaurant réputé du chef de cuisine moléculaire Marc Lépine est un vrai laboratoire tapissé de murs blancs. Ni four ni cuisinière dans ce temple de la gastronomie – mais des brûleurs Bunsen, du nitrogène liquide et des plats chauffants pour créer un menu unique de 12 plats dégustation. Original et succulent !

Où prendre un verre

Du petit pub de quartier au salon chic où l'on vient pour voir et être vu, on trouve de tout à Ottawa. La plupart des bars ouvrent vers 21h et ferment autour de 2h ; tout le monde se rue alors de l'autre côté de la rivière Outaouais, à Gatineau, afin de continuer la soirée.

Ideal Coffee CAFÉ
(www.idealcoffees.com ; 176 rue Dalhousie). Un café tout simplement idéal, avec ses mélanges maison, moulus et torréfiés sur place.

Planet Coffee CAFÉ
(24A rue York). Oubliez un instant les Starbucks, et venez déguster un bon café au lait au fond de cette cour tranquille. Les cafés frappés ont beaucoup de succès.

Bridgehead Coffee CAFÉ
(www.bridgehead.ca ; 282 rue Elgin). Forte de sa douzaine d'enseignes à travers la ville, Bridgehead est une alternative (cafés issus du commerce équitable) aux mégachaînes américaines.

E18hteen BAR
(www.restaurant18.com ; 18 rue York). La jet-set d'Ottawa, si elle existait, se retrouverait certainement au bar lounge de ce restaurant élégant, aux pierres apparentes.

Château Lafayette PUB
(42 rue York). Pour beaucoup, le vénérable "Laf" est une adresse un peu démodée, mais qui parvient tout de même à restituer l'ambiance détendue du quartier du marché.

Manx BAR
(370 rue Elgin). Convivial, ce pub en sous-sol sert la gamme habituelle de plats de pub, mais attire surtout les amateurs de microbasseries canadiennes (incluant la fameuse Creemore).

Stoneface Dolly's BAR
(www.stonefacedollys.com ; 416 rue Preston). Ce pub moderne et sympathique est parfait pour commander une pinte de Beau's ou de Hobgoblin. Des repas sont servis dans la journée.

D'Arcy McGee's PUB
(44 rue Sparks). Un petit pub irlandais animé à un jet de pierre de la colline du Parlement.

Clock Tower Brew Pub BAR
(www.clocktower.ca ; 89 rue Clarence). Dégustez des bières maison, telles que la Raspberry Wheat ou la Bytown Brown, au milieu de briques apparentes et de l'ambiance du marché By. Quatre autres enseignes en ville.

Où sortir

À Ottawa, vous trouverez de nombreuses publications (version papier et en ligne) qui vous informeront de tout ce qui se passe en ville. *Express* est l'hebdomadaire gratuit des spectacles. Il est distribué dans les cafés, restaurants, bars et librairies. Sinon, essayez les sites www.upfrontottawa.com et www.ottawaentertainment.ca. Vous trouverez une liste des discothèques et des spectacles dans l'édition du jeudi d'*Ottawa Citizen*.

La vie nocturne se concentre surtout autour de trois zones animées : le marché ByWard, la rue Bank (quartier de Glebe), et la rue Elgin (entre le Queensway et le Parlement).

Musique live

Les prix d'entrée (*cover charges*) varient entre 3 et 20 $.

Zaphod Beeblebrox CONCERTS
(www.zaphodbeeblebrox.com ; 27 rue York). Salle très appréciée au programme éclectique, où

vous pourrez entendre du rock aussi bien que du new age, de la musique africaine et du rythm'n blues. Commandez un cocktail Gargleblaster et détendez-vous.

Fat Tuesday's PIANO-BAR
(www.fattuesdays.ca ; 62 rue York). Un petit coin de La Nouvelle-Orléans à Ottawa, reconnu pour ses concerts de piano les vendredi et samedi soir. Voyance (lignes de la main) et "happy hour" attirent la population locale les autres jours de la semaine.

Rainbow Bistro BLUES
(☎613-241-5123 ; 76 rue Murray). Le meilleur endroit de la ville pour écouter du blues. À l'étage.

Irene's Pub FOLK-CELTIQUE
(885 rue Bank). Un petit pub très sympathique qui programme de la musique celtique, du folk ou du blues et propose un grand choix de bières importées.

Théâtre

Centre national des Arts THÉÂTRE ET OPÉRA
(☎613-755-1111 ; www.nac-cna.ca ; 53 rue Elgin). Ce prestigieux complexe renferme des salles de théâtre et d'opéra, et accueille l'orchestre symphonique de la ville. Il organise aussi d'excellents concerts et des spectacles de variétés. Vous le trouverez au bord du canal, sur la place de la Confédération.

Scène gay et lesbienne

Nombre d'établissements d'Ottawa organisent des soirées, même si la scène gay ne vaut pas celle de Montréal. Connectez-vous à **Capital Xtra** (www.xtra.ca) pour des détails.

Lookout Bar BAR
(www.thelookoutbar.com ; 41 rue York). Cette adresse réputée dans le quartier du marché By, attire une clientèle variée, en particulier lesbienne.

Edge BAR
(212 rue Sparks). Une clientèle gay un peu plus jeune vient se trémousser sur les derniers tubes.

Cinéma

Le superbe **Mayfair** (☎613-730-3403 ; www.mayfair-movie.com ; 1074 rue Bank) ne semble pas avoir changé depuis les années 1930. Le **cinéma Bytown** (☎613-789-3456 ; 325 rue Rideau) programme des films d'art et d'essai depuis plus de 60 ans.

Sports

Le hockey est le sport roi d'Ottawa. Aller voir un match vaut la peine même si vous n'êtes pas un grand amateur, car les supporters déchaînés sont un spectacle à eux seuls. L'équipe des Sénateurs d'Ottawa de la LNH joue à la **Scotiabank Place** (☎613-599-0100, billets 800-444-7367 ; www.senators.com ; promenade Palladium, Kanata), à l'extrémité ouest de la ville.

Si votre budget est serré, pour pouvez toujours essayer d'aller voir les Ottawa 67s, une équipe de hockey jouant en division inférieure, au **Civic Center** (☎613-232-6767 ; www.ottawa67s.com ; 1015 rue Bank).

Achats

Marché ByWard HALLE COUVERTE
(www.byward-market.com). Appelé marché By, à l'angle des rues George et ByWard, c'est l'endroit de la ville où vous trouverez le plus grand nombre de commerces. Les boutiques sont regroupées sous une halle de brique datant des années 1840. À l'extérieur, des stands sont ouverts de 6h à 18h (même si les conditions hivernales en réduisent considérablement le nombre). En été, ce sont plus de 175 étals qui remplissent les rues et proposent des produits frais en provenance des fermes régionales, des fleurs, du poisson, du fromage, des pâtisseries et des souvenirs. La rue Dalhousie, une rue à l'est du marché, est de plus en plus fréquentée à mesure qu'y apparaissent boutiques branchées et appartements tendance.

Glebe, un quartier haut en couleur au sud du Queensway, est truffé d'antiquaires et de cafés pleins de charme. La plupart sont regroupés dans la rue Bank.

Depuis/vers Ottawa

Avion

L'**aéroport international MacDonald-Cartier** (YOW ; ☎613-448-2000 ; www.ottawa airport.ca ; 1000 rte de l'aéroport), situé à 15 km au sud de la ville, est curieusement assez petit. La plupart des vols internationaux font une escale (à Montréal ou à Toronto) avant de rallier Ottawa.

Bus

La **gare routière centrale** (☎613-238-5900, 265 rue Catherine) est un peu excentrée, à une vingtaine de rues au sud du Parlement. Elle rassemble plusieurs compagnies de bus, dont Greyhound Canada. Parmi les destinations desservies : Montréal (35 $, 2 heures 30, toutes les heures). Les passagers se rendant à la ville de Québec, ou d'autres villes de la province, devront prendre une correspondance à Montréal.

UN WEEK-END AUX CHUTES DU NIAGARA

Situées à 550 km au sud-ouest d'Ottawa, les célèbres chutes du Niagara drainent chaque année des millions de touristes. Elles ne sont peut-être pas les plus hautes du monde, mais en termes de volume, elles détiennent le record avec un débit de plus de 2 800 m³ d'eau par seconde ! Quelle que soit la saison, la magie ne cesse jamais d'opérer, notamment en hiver, lorsque les chutes se détachent sur un surprenant paysage blanc. Si la ville de Niagara Falls s'est transformée au fil des années en un petit Las Vegas où abondent enseignes lumineuses, attractions pour touristes et casinos clinquants, la ville vaut quand même le détour.

Pourquoi ne pas passer un week-end aux chutes du Niagara en partant d'Ottawa ? En voiture, le trajet vous prendra un peu plus de 6 heures, en longeant le lac Ontario et en passant par Toronto (essayez d'éviter les bouchons aux heures de pointe). La principale difficulté sera de trouver un hébergement sur place, car durant l'été, les week-ends et les jours fériés, non seulement les prix augmentent, mais les établissements affichent souvent complet. Vérifiez la liste des B&B sur www.bbniagarafalls.com ; si vous n'avez pas réservé d'hôtel, soyez attentif aux panneaux indiquant "vacancy" (libre). À Niagara Falls, la Lundy's Lane est une rue où se concentrent de nombreux motels.

En partant de la gare routière centrale d'Ottawa, des bus **Greyhound** (www.greyhound.ca) vous conduiront à Toronto (76 $, 5 heures 30, 8-9 départs/jour). À Toronto, des bus partent régulièrement pour Niagara Falls (30 $, 1 heure 30-2 heures, 8 départs/jour). Pour rallier Niagara Falls par voie ferroviaire, prenez un train de la gare **VIA Rail** (www.viarail.ca/fr) d'Ottawa en direction de Toronto (119 $, 4 heures 30, 6 départs/jour). Depuis la gare Union Station à Toronto, un train VIA Rail vous conduira à Niagara Falls (35 $, 2 heures, 2 départs/jour). En achetant vos billets de bus ou de train en ligne, des réductions substantielles sont accordées. Des **circuits organisés**, tels ceux de **Jojo Tours** (☎416-201-6465 ou 888-202-3513 ; http://home.interlog.com/~jojotour ; circuit 1 journée 50 $), font également la navette en bus entre Toronto et Niagara Falls dans la journée.

Train

La **gare VIA Rail** (☎888-842-7245 ; 200 rte Tremblay) se trouve à 7 km au sud-est du centre-ville, près de la sortie promenade Riverside de la route 417. VIA Rail assure cinq liaisons par jour avec Kingston (2 heures) qui poursuivent jusqu'à Toronto (4 heures 15), et Montréal (1 heure 45). Pour se rendre dans l'ouest ou le sud de l'Ontario (notamment à Niagara Falls ; voir l'encadré ci-dessus), il faut prendre une correspondance à Toronto.

Une autre petite gare est située à l'ouest d'Ottawa, 3347 route Fallowfield. Les deux gares sont desservies par les transports en commun.

Voiture et moto

La plupart des agences de location sont présentes à l'aéroport. Vous trouverez plusieurs comptoirs de location en ville, notamment dans les rues Laurier et Catherine.

 Comment circuler

Vélo

Pour louer un vélo (et obtenir des conseils sur les meilleures pistes cyclables), adressez-vous à **Vélocation Ottawa** (Rent-A-Bike ; ☎613-241-4140 ; www.rentabike.ca ; voûte est pont Plaza, 2 rue Rideau ; 25 $/4 heures ; ⏲mi-avr à oct).

Voiture et moto

Le stationnement est gratuit le week-end au parking souterrain du World Exchange Plaza d'Ottawa. C'est le meilleur endroit où se garer pour se rendre au kiosque d'information touristique. Dans toute la ville, le stationnement se paye à l'heure. En hiver, il est interdit de laisser sa voiture passer la nuit dehors dans la rue.

Transports en commun

Les réseaux de bus d'Ottawa et de Gatineau sont indépendants. On peut néanmoins passer de l'un à l'autre, moyennant parfois le paiement d'un supplément. **OC Transpo** (☎613-741-4390, 613-741-6440 ; www.octranspo.com) gère le réseau des bus et des tramways (O-train) d'Ottawa. Le ticket à l'unité coûte 1,25 $; la plupart des trajets nécessitent au moins 2 tickets. On peut acheter des carnets de 6 tickets dans la plupart des petits commerces. N'hésitez pas à vous renseigner à OC Transpo par téléphone, les agents peuvent vous indiquer l'heure de passage prévue du prochain bus. Lorsque vous montez dans le bus, n'oubliez pas de demander au chauffeur un bon de correspondance (*transfer pass*), valable 1 heure 30.

Cantons-de-l'Est

Dans ce chapitre »

Le top des hébergements

» Le Domaine des Chutes (p. 183)

» Le Pleasant Hôtel & Café (p. 185)

» Cornemuse (p. 195)

Le top des restaurants

» Auguste (p. 193)

» L'Œuf (p. 181)

» Manoir Hovey (p. 196)

Pourquoi y aller

On dit des Cantons-de-l'Est, à moins de 50 km de Montréal, qu'ils sont les "jardins du Québec". Une ambiance sereine se dégage de la campagne et des villages, même si l'architecture des maisons, l'art de vivre des habitants et le nom même des villes et villages rappellent qu'en ces lieux, les loyalistes trouvèrent refuge après la Révolution américaine.

Au sud du Saint-Laurent, les plaines agricoles offrent des paysages bucoliques ; vignes, vergers et érablières embaument les cantons du Brome-Missisquoi. Avec les Appalaches en toile de fond, la portion orientale des Cantons-de-l'Est offre un portrait différent : des montagnes et des forêts, parsemées de grands lacs, dont le Memphrémagog et le Massawippi.

La région est fière de ses parcs nationaux, de ses domaines skiables, de ses pistes cyclables et de ses voies réservées aux motoneiges en hiver. L'automne, les feuillus arborent des teintes flamboyantes et les pommiers exhalent leurs arômes sucrés. Le soir, des milliers d'étoiles tapissent le ciel de Mégantic. Le spectacle est d'une beauté saisissante.

Pour découvrir le cœur de la région, empressez-vous de quitter les grandes routes et de vous aventurer au sud sur ses chemins de campagne, tout en vallons, qui dessinent un circuit pittoresque et gourmand.

Quand partir

Fin décembre-fin mars Le ski et les excursions en raquettes dans des paysages d'un blanc immaculé.

Mi-mai à fin août Des balades bucoliques, des circuits patrimoniaux et des activités de plein air dans les 4 parcs nationaux.

Début septembre à mi-octobre La campagne rougeoie, les vergers ploient sous les pommes et c'est le moment de parcourir la Route des vins.

À ne pas manquer

1. La **Route des vins** à découvrir à vélo, depuis Dunham (p. 180) jusqu'au village de Frelighsburg (p. 182).
2. Observer le ciel depuis l'ASTROLab (p. 197), au **parc national du Mont-Mégantic**.
3. Le camping dans le **parc national de la Yamaska** (p. 179).
4. Une balade en kayak sur la **rivière Missisquoi** (p. 184) au crépuscule.
5. S'aventurer sur les pistes et dans les sous-bois de la station de **Sutton** en hiver.

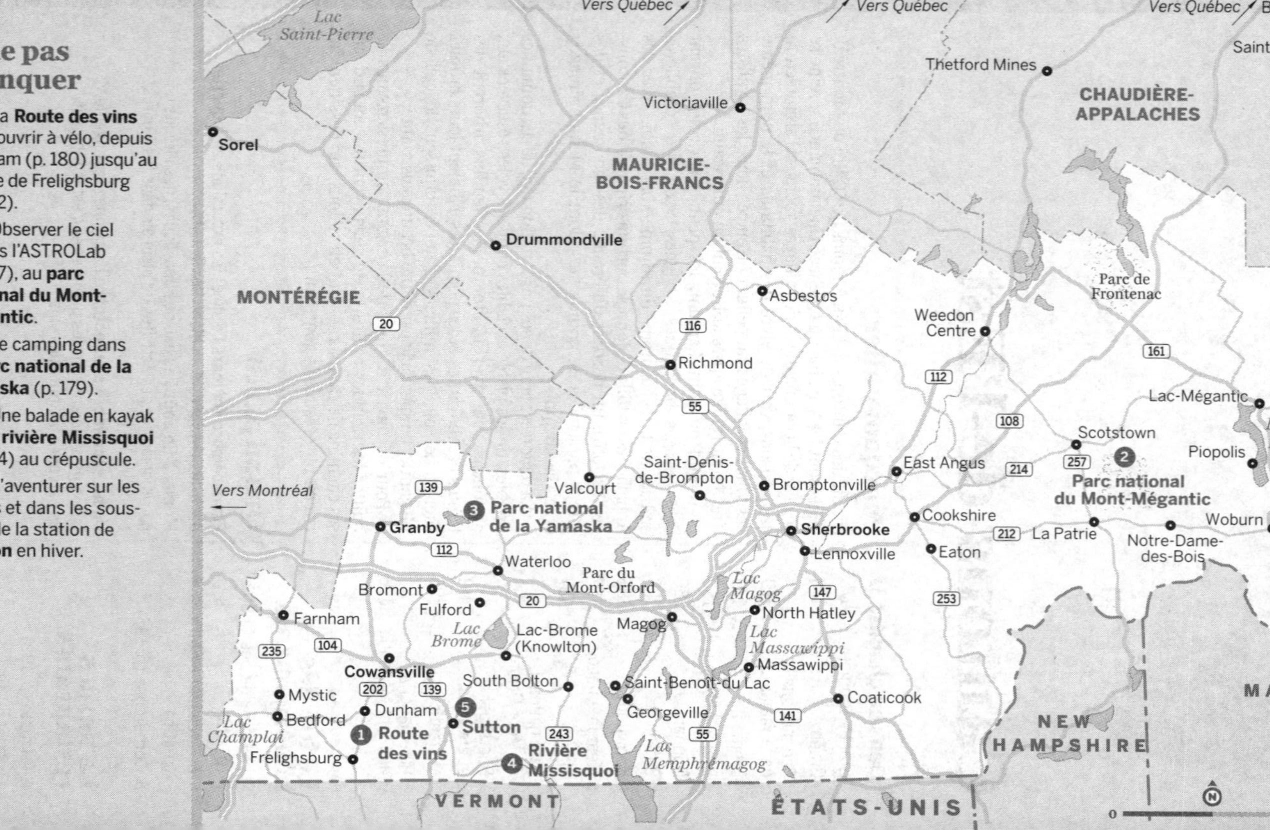

Histoire

Les Abénaquis ont été les seuls occupants du territoire jusqu'à la fin du XVIIIe siècle. Le premier grand afflux d'immigrants dans la région survient suite à la guerre d'Indépendance américaine (1776-1782). Cette région du Québec représente alors une terre d'accueil pour de nombreux Américains restés fidèles à la Couronne britannique (les "loyalistes").

Le gouvernement britannique, soucieux de les récompenser, leur octroie des terres qu'il divise en *townships* (cantons). Au début du XIXe siècle, la région des Eastern Townships (Cantons-de-l'Est) est créée.

L'autre vague de peuplement intervient entre 1820 et 1840. Des Irlandais et des Écossais affluent, fuyant la misère et les épidémies. En 1850, la région est ainsi presque exclusivement composée d'anglophones, comme en témoignent les noms de certaines villes comme Sherbrooke, Granby, North Hatley ou Knowlton.

L'exploitation forestière puis minière amène des Canadiens français à se porter acquéreurs de terres vendues par les anglophones, ces derniers préférant investir dans la finance ou dans les manufactures.

Avec l'arrivée du train à la fin du XIXe siècle, les Cantons-de-l'Est reçoivent également un afflux de citadins à la recherche d'espaces de villégiature. Pour les Américains aisés, ce territoire frontalier où l'on parle l'anglais constitue une destination de vacances idéale. Cependant, le tourisme n'est qu'une source de revenus parmi d'autres dans la région. Les Cantons-de-l'Est demeurent un secteur agricole et viticole fertile et le berceau d'un bon nombre d'industries textiles et papetières québécoises.

Orientation

Les Cantons-de-l'Est font partie des petites régions du Québec (13 100 km²). Ils sont bornés par la Montérégie à l'ouest, la région dite du Centre-du-Québec au nord et la région Chaudière-Appalaches au nord-ouest ; les Cantons-de-l'Est partagent, au sud, quelque 300 km de frontière avec les États américains du Maine, du New Hampshire et du Vermont.

Le paysage est dominé par les contreforts des Appalaches, dont les montagnes culminent à près de 1 000 m, et par de vastes et somptueux lacs s'étirant parfois jusqu'aux États-Unis, comme les lacs Champlain et Memphrémagog.

Délimitée par la ville de Granby à l'ouest et le lac Mégantic à l'est, les Cantons-de-l'Est comptent pas moins de cinq parcs nationaux : Mont-Orford, Yamaska, Mont-Sutton, Mont-Mégantic et Frontenac.

Depuis/vers les Cantons-de-l'Est

VOITURE L'autoroute 10 relie Montréal à Sherbrooke, à 140 km à l'est. Après avoir dépassé la ville de Magog, un embranchement sur la droite permet de rejoindre l'autoroute 55 Sud qui mène à la frontière américano-canadienne et à Boston, au Massachusetts. La partie nord de l'autoroute 55 (qui se confond jusqu'à Sherbrooke avec l'autoroute 10) relie de son côté l'autoroute 20 à la ville de Québec.

LA VÉLOROUTE DES CANTONS

Pourquoi ne pas vous dégourdir les jambes et partir à la découverte des Cantons-de-l'Est à vélo ? Intégrée au réseau cyclable de la **Route verte** (www.routeverte.com), la **Véloroute des cantons** (255 km) relie toutes les voies cyclables de la région et vous donne l'embarras du choix afin de planifier un voyage sur mesure. Vous pourrez ainsi suivre des circuits en campagne (**Route des vins du Brome-Missisquoi**), en ville (la **Montérégiade** à Granby, les **Grandes-Fourches** à Sherbrooke) et en montagne (la **Montagnarde** via Orford, Memphrémagog et le lac Brome ou l'axe **mont Sutton-mont Pinacle**). De plus grande ampleur, l'**Estriade** (Granby, Bromont, parc de la Yamaska) est certainement le plus spectaculaire. Vous trouverez la brochure complète consacrée à la Véloroute des cantons (bien conçue et gratuite), avec les routes panoramiques et les villages à visiter, dans les offices de tourisme de la région, qui sauront également vous indiquer, au besoin, les points de location de vélos. Aussi, de nombreux gîtes dans la région offrent des services adaptés aux cyclistes (matériel d'entretien, cabanons à vélo, flexibilité d'horaire). Attention, il convient de rappeler que les pistes cyclables et les routes de campagne suivent souvent un trajet presque identique. Pour les portions de route qui vous sembleraient trop difficiles, sachez qu'à tout moment, un nouveau service de **Taxi-Vélo** (☎1-877-766-8356 ; 43 $/0-30 km jusqu'à 3 pers et vélos) vous permet de faire transporter vos vélos et/ou bagages le long de votre trajet. Bonne route !

GRANBY-BROMONT

Situé à quelques kilomètres de Montréal, niché entre les plaines du Saint-Laurent et la chaîne de montagnes des Appalaches, Granby-Bromont est une grande terre plane et fertile, véritable porte d'entrée des Cantons-de-l'Est. Depuis l'autoroute 10, on aperçoit le mont Saint-Hilaire au loin, vieux relief abrupt qui se détache à l'horizon. La région, à la fois urbaine par son nombre d'habitants et rurale par l'importance de son activité agricole, offre d'intéressantes activités pour les familles et de belles escapades en plein air.

Granby

Fondée en tant que canton loyaliste anglais et protestant en 1825, Granby connut, un siècle plus tard, l'arrivée massive de Canadiens français qui en firent un carrefour industriel. Dès le milieu du XXe siècle, Pierre-Horace Boivin, son maire le plus créatif, entreprit la modernisation de la ville par sa conversion en véritable cité de parcs et de fontaines. Dynamique et prospère, Granby est aujourd'hui la deuxième ville en importance des Cantons-de-l'Est. Si son allure un peu disparate peut surprendre, la ville reste une bonne destination familiale et le point de départ d'un vaste réseau de pistes cyclables.

Renseignements

BUREAU TOURISTIQUE (450-372-7056 ou 1-800-567-7273 ; www.tourismegranbyregion.com ; 111 rue Denison, place de la Gare ; tlj 8h30-17h mai-oct)

Fêtes et festivals

Concours complet de Bromont (juin). Une série de concours hippiques de niveau international.

Festival international de la chanson (septembre). Plus grand concours de chanteurs francophones du pays, il a servi de tremplin à nombre de jeunes artistes québécois.

À voir et à faire

Zoo de Granby ZOO
(450-372-9113 ou 1-877-472-6299 ; www.zoodegranby.com ; 1050 bd Saint-Hubert ; adulte/enfant/senior 34,50/22,50/26,50 $; tlj 10h-19h fin juin-fin août, tlj 10h-17h mi-mai à fin juin et fin août à mi-sept). Ce zoo se classe parmi les plus importants du Canada. Il permet d'observer plus d'un millier d'animaux à travers des pavillons associés aux continents africain, asiatique et américain. Les activités sur place feront le bonheur des enfants. Il offre également un accès direct au **parc aquatique Amazoo**, la plus grande piscine à vagues chauffée du Québec.

Centre d'interprétation de la nature du lac Boivin ORNITHOLOGIE
(450-375-3861 ; 700 rue Drummond ; adulte/enfant/senior 5/4/3 $; lun-ven 8h30-16h30, sam-dim 9h-17h ;). L'endroit est avant tout destiné à l'observation d'oiseaux (260 espèces répertoriées). Il donne accès à un réseau de sentiers (10 km) situés en bordure du marais et des bois qui longent le lac Boivin.

Vélo Gare LOCATION MATÉRIEL
(450-777-4438 ; www.velogare.com ; 71 Denison Est ; lun-mer 9h-17h30 jeu-ven 9h-20h30 sam-dim 8h-17h en été, lun-jeu 13h-21h, sam 9h-17h, fermé dim et ven en sept et oct). Occupant l'ancienne gare, cet établissement loue canots, kayaks ou pédalos (15 $/h) afin de naviguer sur le lac Boivin. La location de vélos (40 $/jour) permet de sillonner les pistes cyclables de L'Estriade et de la Montérégienne.

Une promenade en bordure du chemin de fer depuis la gare vous mènera aux artères Dufferin et Elgin. Vous y apprécierez les maisons cossues de style néo-victorien. Une escapade s'impose au **parc Victoria**, autour de ses bassins d'eau et de ses sentiers. Au cœur de la ville, le **lac Boivin**, au milieu duquel trône une superbe fontaine, se métamorphose en une très belle **patinoire** l'hiver (lorsque les conditions météo le permettent). Location et aiguisage de patins sur place.

Où se loger et se restaurer

Une Fleur au bord de l'eau GÎTE $
(450-776-1141 ; 90 rue Drummond ; s/d sans sdb 70-75/75-80 $ avec sdb 80-85/85-90 $;). Situé en face de la piste cyclable L'Estriade et au bord du lac Boivin, ce chaleureux gîte dispose d'un jardin fleuri, d'un accès au lac et d'une piscine. Les chambres, quant à elles, sont coquettes et confortables. Excellent rapport qualité/prix. Remise pour les vélos.

Café de la Brûlerie CAFÉ RESTAURANT $
(450-372-2200 ; 4 rue de la Gare ; plats 11-16 $; lun-mer 7h-21h, ven 7h-22h, sam-dim 8h-22h). Il fait bon s'asseoir à la terrasse de ce café, situé près de la place de la Gare, aux abords

de la rivière Yamaska. Le restaurant propose une cuisine bon marché, diversifiée et consistante (quiches, crêpes aux fruits de mer et filets de poisson).

Depuis/vers Granby

VOITURE Granby est accessible par l'autoroute 10 (sortie 68 ou 74).

BUS la compagnie **Transdev Limocar** (☎450-776-1571, 111 rue St-Charles Sud) assure 4 liaisons quotidiennes Montréal-Granby (23,25 $, 1 heure 50).

Parc national de la Yamaska

Si vous voulez profiter d'un splendide panorama sur les Appalaches, le **parc national de la Yamaska** (☎450-776-7182 ou 1-800-665 6527 ; 1780 bd David-Bouchard ; www.parcsquebec.com ; adulte/enfant 6,5/3 $; stationnement 10 $/jour ; ⏲tlj 8h-18h juin-sept, 8h-16h hors saison), au nord-est de Granby, est l'endroit tout indiqué. Fort de son immense plan d'eau, le réservoir Choinière, le parc est réputé pour sa multitude d'essences (feuillus et conifères), son abondante population de cerfs de Virginie et ses 150 espèces d'oiseaux. À 1 heure de route de Montréal, il accueille de nombreux amateurs de plein air le week-end.

Activités

Chaque saison prend ici une couleur différente. L'été, la plage de sable a la faveur des vacanciers. La planche à voile, le canot et le kayak sur l'immense plan d'eau sont un heureux complément aux **randonnées** guidées, **sorties ornithologiques** et escapades à **vélo** (19 km). L'hiver, dès que le paysage boisé se pare de blanc, le profil des visiteurs change. Les mordus de l'hiver pratiquent alors **raquette** (15 km), **ski de randonnée** (28 km) et **pêche blanche** à la perchaude (permis obligatoire) et profitent des relais chauffés dispersés dans le parc.

Il est possible de louer tout l'équipement nécessaire pour vos activités : 37,50 $/jour pour un kayak simple, 17,50 $/h pour un pédalo, 33 $/jour pour la location d'un vélo et 15 $/jour pour la location de raquettes en hiver. Des **forfaits canot-camping**, de mai à octobre (91 $/couple ou famille), incluent un emplacement de camping rustique, la location d'un canot (2 jours) ainsi que le bois de chauffage nécessaire. Le pavillon de la plage constitue, hiver comme été, le point de départ de tous les sentiers.

Où se loger

Un **camping**, aménagé dans un très beau cadre naturel boisé, en bordure du plan d'eau, est ouvert de mi-mai à début octobre. Les emplacements sont proposés avec ou sans services (27,50-36,50 $). Dans le secteur Les Mésanges, possibilité de nuitée en **tente Huttopia** (97-113 $) avec lits, chauffage et tout le nécessaire pour cuisiner. Une formule **prêt-à-camper** à conseiller aux familles (jusqu'à 4 adultes ou 5 pers) ou encore aux couples souhaitant s'éviter les tracas du camping rustique. Enfin, le **refuge Savages-Mills**, ouvert de mai à octobre, a été conçu pour les visiteurs autonomes (19,50 $/nuit/pers). Le parc n'offre malheureusement plus de possibilité d'hébergement l'hiver.

Depuis/vers le parc national de la Yamaska

VOITURE De Granby, empruntez l'artère Dufferin, puis le bd David-Bouchard sur la droite. En venant de Montréal, suivez les indications depuis la sortie 74 de l'autoroute 10.

BUS Aucun bus ne mène au parc. La ville desservie la plus proche est Granby.

Bromont

Au cœur d'une campagne vallonnée et luxuriante, Bromont s'est développé en s'inspirant du concept de "cités-jardins", populaire dans les années 1960. Le village s'est rapidement transformé en site de villégiature prestigieux. Des boutiques de marque, des confiseries et des maisons coquettes bordent les boulevards Bromont et Shefford. Aux abords de la ville, le cadre est idéal pour des activités de plein air.

Activités

Station touristique Bromont STATION PLEIN AIR (☎450-534-2200 ou 1-866-276-6668 ; www.skibromont.com ; 150 rue Champlain). Très fréquentée durant l'hiver, le ski de soirée a fait de cette station l'une des destinations hivernales les plus prisées du Québec (forfait journalier adulte/enfant 47-55/33-29 $ jusqu'à 22h, soirée 19h-2h 31,99 $). L'été, le mont se transforme en **parc aquatique** (adulte/enfant -1,37 m 33,05/26,05 $; ⏲tlj à partir de 10h juin-août) et ouvre ses **sentiers VTT** (adulte/enfant 37/30 $; ⏲tlj à partir de 10h, mi-mai à mi-oct). Depuis la sortie 78 de l'autoroute 10, un panneau indicateur vous guide jusqu'à la montagne.

Centre équestre de Bromont ÉQUITATION
(450-534-3255 ; www.centreequestrebromont.com ; 100 rue Laprairie ; tlj 8h-17h). Situé sur le flanc ouest du mont Brome, le centre équestre jouit d'une renommée mondiale grâce au concours hippique international d'attelage qui s'y tient chaque année en mai et qui rassemble des cavaliers européens et américains. Possibilité de prendre des leçons d'équitation privées (65 $/h) sur réservation. Pour une randonnée à cheval en forêt, il est préférable de s'adresser à **Équitation Lombart** (450-534-2084 ; www.equitationlombart.com ; 375 bd Pierre-Laporte ; 25 $/h ; tlj 10h-17h avr-déc, sur réservation), situé dans le même secteur.

Royal Bromont GOLF
(450-534-4653 ou 1-888-281-0017 ; www.royalbromont.com ; 400 chemin Compton ; 46-71 $). Bromont est également réputé pour ses nombreux clubs de golf. Ce club affiche un vaste parcours sur une plaine vallonnée et luxuriante. Depuis l'autoroute 10, prenez la sortie 74.

Balnea Spa SPA
(450-534-0604 ; www.balnea.ca ; 319 chemin du lac Gale ; tlj). Niché à flanc de montagne et donnant sur le lac Gale, ce spa d'allure moderne propose deux saunas panoramiques, un bassin naturel en forêt, un solarium, une petite salle de cinéma ainsi que divers soins et massages (35-60 $/jour, 16 ans minimum). Accessible toute l'année, il offre une expérience magique et vivifiante, surtout en plein cœur de l'hiver. Suivre les indications depuis la sortie 74 de l'autoroute 10.

BROME-MISSISQUOI

Parsemée de vallons et de charmants villages, Brome-Missisquoi est une terre de vignobles et de vergers. La Route des vins parcourt des champs fertiles et met en valeur le dynamisme viticole du Québec. Les nombreux circuits patrimoniaux permettent de découvrir la topographie et l'architecture anglo-saxonne, qui témoigne du renversement démographique unique de la région (94% d'anglophones au XIXe siècle, 95% de francophones au XXe siècle). La région est aussi le paradis des amateurs de plein air : on y pratique vélo, golf, canoë-kayak et randonnée l'été, ainsi que le ski dans les stations de Bromont et Sutton l'hiver.

Dunham

Dunham, fondé en 1796, fut le premier canton loyaliste de la région. Ce magnifique village rassemble encore aujourd'hui, près de son magasin général, plusieurs églises en pierre de différentes confessions ainsi que des demeures anglo-saxonnes d'époque. Son attrait majeur reste ses vignobles et vergers, qui jalonnent la partie la plus importante de la **Route des vins** (route 202 Ouest).

Les pommiers qui recouvrent la campagne font de Dunham un producteur important de cidre, mais le village compte également plusieurs vignobles (ouverts d'avril à octobre), dont deux incontournables. Les nouveaux propriétaires du **Domaine des Côtes d'Ardoise** (450-295-2020, www.cotesdardoise.com ; 879 rue Bruce, route 202) ont maintenu le concept de leur prédécesseur : plus de 200 superbes sculptures modernes sont dispersées dans le vignoble (audioguide 5 $/1h). Des dégustations sont proposées (2-8 $), ainsi qu'un service de traiteur tous les midis sur le site, de début juillet à début octobre (menu 8-15 $).

Cinq kilomètres plus loin en direction de Bedford, le **vignoble de l'Orpailleur** (450-295-2763, www.orpailleur.ca ; 1086 rue Bruce (route 202) ; tlj 9h-18h mai-oct 9h-17h début nov-fin avr) a bâti sa réputation avec son vin de glace et son vin gris. Il abrite un économusée du vin témoignant des savoir-faire viticoles québécois, et offre une visite guidée du vignoble avec dégustation (7 $, 1 heure), de fin juin à fin octobre. Vous pourrez également ajouter à votre circuit le jeune vignoble **Val Caudalies** (450-295-2333 ; www.valcaudalies.com ; 4921 rue Principale ; tlj 10h-18h, début mai-nov), qui produit, entre autres, un cidre liquoreux et un vin de vendanges tardives tout à fait étonnants (dégustation 3 $), ainsi que des jus de pomme et de raisin pétillants non alcoolisés.

Où se restaurer

La Perle et son boulanger BOULANGERIE $
(450-295-2068 ; 3746 rue Principale ; mar-dim 8h-17h en été, mer-dim 8h-17h en hiver, fermé début jan à mi-fév). Boulangerie qui fabrique des pains au levain et aux farines intégrales de manière traditionnelle, ainsi que de succulents muffins, cookies et brownies.

La Rumeur Affamée ÉPICERIE FINE $$
(450-295-2399 ; 3809 rue Principale ; tlj 9h-17h juin-sept, mer-dim 9h-17h oct-juin). Situées dans le Relais de la diligence, les tablettes de

cette épicerie débordent de produits fins et gourmands. Lieu idéal pour se constituer un succulent panier pique-nique.

L'Homei Bistro FUSION **$$**
(☎450-284-0522 ; 3809 rue Principale ; plats 12-18 $, menu midi 8-13 $; ⌚jeu-dim 11h30-20h, fermé jan-mars). Ce restaurant décontracté sert une cuisine fusion asiatique très rafraîchissante. La carte est originale (salades japonaises, wrap de poulet teriyaki, pita de bavette grillée) et les prix, parfaitement honnêtes.

Brasserie Dunham MICROBRASSERIE **$$**
(☎450-295-1500 ; 3809 rue Principale, local 104 ; ⌚jeu-ven 16h-minuit, sam 12h-minuit, dim 12h-18h). Sympathique brasserie artisanale qui concocte un délicieux choix de bières aux arômes épicés, chocolatés ou caramélisés. On y sert également quelques plats, préparés par l'Homei Bistro voisin (terrasse partagée en soirée).

Plusieurs **tables champêtres** des environs de Dunham vous permettront de goûter d'excellents produits régionaux. Nous recommandons le restaurant du vignoble de l'Orpailleur (page ci-contre), **Le Tire-Bouchon** (☎450-295-3335 ; 1086 rue Bruce, route 202 ; plats 19-25 $; ⌚tlj 11h30-15h fin juin-début oct), qui propose aussi des "boîtes à lunch" (panier-repas) améliorées, à déguster sur les tables extérieures.

 Depuis/vers Dunham

VOITURE De Montréal, prendre l'autoroute 10, sortie 68, puis la route 139 Sud. Arrivé à Cowansville, suivre la route 202 sur une distance de 6 km.

BUS Aucun bus ne relie ce village.

Mystic

Ce joli petit hameau anglo-saxon, bordé d'arbres et de bâtiments d'époque, se situe à une douzaine de kilomètres de Dunham et appartient à la municipalité de Saint-Ignace-de-Stanbridge. Les Walbridge, originaires du Vermont, firent de Mystic, au XIXe siècle, un centre industriel d'importance, en y construisant un moulin à scie, une fonderie et un atelier de travail du métal.

Aujourd'hui, la paisible bourgade retient surtout l'attention grâce à la **Grange Walbridge** (☎450-248-3153 ; www.museemissisquoi.ca ; 189 chemin Mystic ; adulte/senior/étudiant/enfant 10/8/5/3 $; ⌚tlj 10h-17h mai-oct), principal vestige de la famille, une grange rouge dodécagonale unique au Québec. Elle fait partie du musée Missisquoi, dont le ticket d'entrée donne accès au moulin Cornell et au magasin général Hodge, à Stanbridge East.

LE DIABLE DANS LA GRANGE

Les granges des Cantons-de-l'Est sont uniques au Québec. Au XIXe siècle, une superstition voulait en effet que l'on construise des granges avec une ossature en forme de cercle pour se protéger du diable, qui aimait à se cacher dans les angles.

Si celle de Mystic est la plus connue, la grange de West Brome vaut également le coup d'œil. Pour l'admirer, empruntez la route 139 puis, juste à la sortie du village, le chemin Scott.

En quittant Mystic pour Frelighsburg, vous passerez sous l'un des derniers **ponts couverts** du Québec, érigé afin de contrer les hivers rigoureux. En cours de route, bifurquez vers le sud sur le superbe **chemin Ridge**, parcouru d'un tunnel d'arbres. Vous trouverez sur votre gauche, un petit vignoble sympathique, le **Domaine du Ridge** (☎450-248-3987 ; www.domaineduridge.com ; 205 chemin Ridge ; Saint-Armand ; dégustation 10 $, visite guidée 10 $, visite guidée avec dégustation 15 $ (sur réservation) ; ⌚tlj 10h-18h mai-oct, lun-jeu 10h-17h hors saison), récemment intégré à la Route des vins et réputé pour son vin blanc, Le Vent d'Ouest. Pour vous y rendre, suivez les routes 235 et 202, puis le chemin Ridge, celui de Guthrie et enfin, le chemin St-Armand vers le sud, en direction de Frelighsburg.

Où se loger et se restaurer

♥ **L'Œuf** AUBERGE **$$**
(☎450-248-7529 ; 229 chemin de Mystic ; ch 95-120 $; menu midi 14,25-20,50 $, table d'hôte 23-40 $; ⌚fermé fin oct à mi-nov ; ❄). Ancien magasin général, avec des vitres à l'ancienne, où apparaît, en lettrages peints, le nom de l'auberge. Au restaurant, qui jouit d'une excellente réputation, tout est fait maison, des saucisses à la crème glacée. Dans la microbrûlerie attenante, on sert des cafés, des brownies, des tartes et du chocolat au milieu de hautes étagères remplies de produits fins. Les chambres à l'étage sont charmantes et impeccables (avec clim l'été).

Frelighsburg

Campé au pied du mont Pinacle, ce charmant petit village est à l'image même d'un canton loyaliste d'époque. En son centre, l'ancien moulin Freligh, des églises catholiques et anglicanes ainsi que le magasin général de Joseph Lansberg, transformé en pâtisserie, ont été érigés sur les berges de la rivière aux Brochets. En saison, ne manquez pas de déguster la tarte au sirop d'érable du magasin.

En quittant la rue principale à partir des chemins Pinacle ou Richford, on pénètre dans la campagne. Vous pourrez rencontrer l'**inventeur du célèbre cidre de glace**, Christian Barthomeuf et son épouse Louise Dupuis, à la **cidrerie du Clos Saragnat** (✆450-298-1444 ; www.saragnat.com ; 100 chemin Richford ; ⌚tlj 10h-17h mai-oct, ouvert week-end nov-déc, sur réservation reste de l'année). Ils ont planté le tout premier vignoble de la région il y a 30 ans. Les vins de paille, cidres de glace et amers qu'ils produisent, certifiés biologiques, ont été récompensés de nombreuses médailles. Une dégustation s'impose.

Tout près, le **Domaine Pinnacle** (✆450-298 1226 ; 150 chemin Richford, ⌚lun-ven 10h-17h sam-dim 10h-18h mai-fin déc, sam-dim 10h-17h jan-fin avr), de réputation internationale, a connu un développement fulgurant ces dernières années. Sa production intensive lui permet d'offrir un bel assortiment de cidres originaux, dont un cidre de glace pétillant et une crème à l'eau-de-vie de pommes. Dégustation gratuite.

Toujours dans le registre gourmand, vous pourrez visiter la ferme et le comptoir du domaine agricole **La Girondine** (✆450-298-5206 ; www.lagirondine.ca ; 104 Route 237 Sud ; ⌚tlj 10h-17h mai-déc, ven-dim 10h-17h jan-avr) afin de faire le plein de produits régionaux (lapin, canard ou agneau). Des déjeuners légers peuvent également être servis sur place pour les groupes de plus de 15 personnes (10-15 $). Table champêtre le soir. Tous les repas sur réservation.

Pendant le **Festiv'Art**, en septembre, artistes et artisans exposent dans les rues de Frelighsburg.

Où se loger et se restaurer

Au Chant de l'Onde GÎTE **$$**
(✆450-298-5657 ; www.auchantdelonde.ca ; 6 rue de l'Église ; ch avec sdb et petit-déj bio 99 $, taxes incl). Grands voyageurs, les nouveaux propriétaires de ce gîte, situé en plein cœur de Frelighsburg et côtoyant la rivière aux Brochets, ont décoré avec goût les 3 chambres de la maison centenaire de touches nordiques, africaines et latines. La chambre Oued a vue sur la rivière. D'intéressants forfaits incluent repas champêtres, massothérapie ou encore location de vélos. L'été, le petit-déjeuner est servi en terrasse.

LE CIRCUIT GOURMAND DES CANTONS-DE-L'EST

Les Cantons-de-l'Est, bastion de l'agro-tourisme québécois, sont un terreau propice à la culture de produits de grande qualité. Une porte ouverte sur la passion des Québécois pour la bonne chère !

Le vin québécois et surtout son **vin de glace** suscitent la curiosité. Les viticulteurs doivent déployer des moyens extraordinaires durant les périodes de grand froid afin de protéger leurs cultures. Les hélicoptères servent alors à réchauffer l'air au-dessus des plantations ! Les campagnes, notamment de Dunham et de Frelighsburg, sont recouvertes de pommiers, à l'origine du **cidre** et de succulentes tartes aux pommes. En hiver, la cueillette de pommes givrées sert à la confection du **cidre de glace**.

Dès le mois de mars, la sève qui s'écoule des **érables** permet de produire toutes sortes de friandises sucrées et réconfortantes. Chaque plat, de l'entrée au dessert, est alors agrémenté de touches d'érable. Le long des routes de campagne, les pâturages sont nombreux et parfois bien curieux. L'élevage de **wapitis**, d'**agneaux** ou de **bisons** dans les fermes promet une viande de qualité. Le **canard**, qui vaut au lac Brome une réputation internationale, est toujours à l'honneur dans le village de Knowlton. Un festival lui est même dédié en septembre et octobre.

L'été, les producteurs de **petites baies**, de **fruits** et de **légumes biologiques** envahissent les marchés des villages et des villes. Les chocolatiers et les pâtissiers de la région en profitent alors pour réaliser des délices comme les chocolats aux bleuets frais.

Le Domaine des Chutes GÎTE $$

(450-298-5444 ; www.chutes.qc.ca ; 6 chemin des Chutes ; ch avec sdb et petit-déj 90-95 $;). En pleine nature, à 3 km seulement de Frelighsburg, ce gîte aux allures scandinaves surplombant les chutes Hunter est décoré avec goût. Le panorama dégage une tranquillité absolue. Vos hôtes, un couple d'artistes peintres et joailliers, sont prodigues de conseils. Les chambres douillettes sont toutes, à l'exception de la Côté-Jardin, munies de baies vitrées permettant d'admirer les chutes. Seul hic, les sdb étriquées avec douche apparente dans les chambres. Kitchenette. Possibilité de baignade.

Camping écologique de Frelighsburg CAMPING $

(450-298-5259 ou 1-877-298-5259 ; www.guide-camping.ca/frelighsburg ; 174 route 237 Sud ; empl sans/avec services 24,50/31 $; mi-mai à mi-sept ;). À 4 km du village, ce camping majoritairement réservé aux tentes est on ne peut plus paisible. La plupart des emplacements sont séparés par des haies de cèdres et situés sur les rives de la rivière aux Brochets. Parmi les nombreux services : casse-croûte (snack), piscine, dépanneur et buanderie ainsi qu'un accès à un réseau de sentiers pédestres.

Aux 2 clochers RESTAURANT $

(450-298-5086 ; 2 rue de l'Église ; plats 9-24 $ menu midi 9,50 $; mar-jeu 11h-21h ven-sam 11h-22h dim 9h-21h, fermé lun et en jan). Surplombant la rivière, ce restaurant sert une cuisine familiale très honnête dans un cadre chaleureux tout en bois. Au menu : burgers, salades, quiches, grillades et poissons. Large fourchette de prix.

Sutton

Les loyalistes qui, en 1799, s'installèrent au pied du massif des monts Sutton, ne se seraient jamais doutés que le village deviendrait un site si prisé. Le village conserve encore une belle richesse patrimoniale héritée des familles irlandaises, québécoises et américaines qui y ont vécu. De ce fait, plusieurs maisons y affichent un mélange original d'architecture québécoise de bois rond, de mansardes françaises et de charpentes américaines héritées des loyalistes.

À voir

Un **circuit village** de 4 km et un **circuit rural** de 33 km permettent de faire de belles balades. Des brochures gratuites sont fournies au **bureau d'accueil touristique de Sutton** (450-538-8455 ou 1-800-565-8455 ; www.infosutton.com ; 24-A rue Principale Sud ; tlj 9h-17h).

En vous éloignant du centre-ville, sur le chemin Scenic, vous découvrirez la **chapelle Sainte-Agnès** (450-538-0303 ; www.vindeglace.com ; 2565 chemin Scenic ; visite/avec dégustation 2h 20/30 $; mer et dim 13h30 juin-oct), une pièce architecturale moderne de style roman en pierre des champs et son vignoble éponyme, qui produit un vin de glace exquis, entreposé dans d'anciens celliers.

Activités

Notez que depuis peu, les droits d'entrée de tous les parcs et réserves mentionnés ci-dessous ont été harmonisés et qu'un seul péage vous donne accès à l'ensemble du réseau de sentiers.

Ski et randonnée pédestre

Sutton s'affiche aujourd'hui comme une destination vacances, été comme hiver. Le **ski** et la **randonnée** y sont rois et attirent d'innombrables amateurs de plein air américains et montréalais. Le domaine skiable de la **station Mont-Sutton** (450-538-2545 ou 1-866-538-2545 ; www.montsutton.com ; 671 rue Maple ; forfait journalier adulte/étudiant/enfant 64/45/36 $, taxes incl) est l'un des plus appréciés des Cantons-de-l'Est en raison de son large éventail de pistes et de sous-bois, un concept unique qui permet de pratiquer un ski dans des conditions très variées.

Ski de randonnée

La pratique du **ski de randonnée**, autrefois appelé ski sauvage, fait également la réputation de Sutton. À deux pas de la montagne, la coopérative **Plein Air Sutton** (450-538-6464 ou 1-855-538-6464 ; www.pleinairsutton.com ; 429 rue Maple ; adulte/enfant 14/9 $; fermé lun-mar, ouvert jours fériés) permet aux adeptes de ski de randonnée classique ou nordique et de raquette l'accès à un réseau de 32 km de sentiers en forêt et à 2 refuges chauffés. Location disponible sur place.

L'été, outre les sentiers pédestres, l'endroit se transforme en **parc naturel d'aventure** (adulte/enfant 32/29 $), doté d'un parcours sensationnel de ponts suspendus, de filets et de cordes à travers les arbres. Camping rustique possible. Sur réservation.

Randonnée raquette et pédestre

Derrière la montagne, au bout du chemin Réal, vous trouverez le point de départ

UNE MONTAGNE D'ACTIVITÉS

À la **station de montagne Au Diable Vert** (voir ci-dessous), dans un cadre privilégié, vous pourrez faire de la randonnée, des excursions de pêche en rivière (250 $/2 pers), du kayak au crépuscule en eau calme et les soirs de pleine lune (40 $), de la raquette en montagne, du ski de randonnée ou encore du télémark hors-piste (droit d'accès 5 $). Une toute nouvelle activité écologique ouvrira en 2013 : le VéloVolant, pour pédaler à la cime des arbres et profiter de la nature tout en limitant l'impact sur l'environnement (30/40 $ en haute saison). Des ateliers de photographie et de mycologie (30 $) en plein air sont également proposés. Location de matériel pour l'ensemble des activités.

Pour vous y rendre depuis Sutton, empruntez les chemins Ingalls et Scenic vers Glen Sutton. Cette superbe route vallonnée des Appalaches qui longe la frontière américaine surplombe la rivière Missisquoi. L'accès au domaine, situé à flanc de montagne, est difficile en hiver ; il est alors préférable d'annoncer son arrivée.

des sentiers du **parc d'environnement naturel de Sutton** (☎450-538-4085 ou 1-800-565-8455 ; www.parcsutton.com ; 1000 chemin Réal ; droit d'accès adulte/enfant/famille 5/3/15 $), qui propose 52 km de sentiers balisés, à parcourir à pied ou en raquettes, et menant à de nombreux points d'observation. Possibilité de **randonnées guidées** et stationnement à l'accueil Altitude 520.

Les chemins menant aux **lacs Spruce** (3,2 km) et **Mohawk** (8 km) sont fortement conseillés pour leur cadre enchanteur. Sur place, un refuge pouvant accueillir 20 personnes (25 $/lit ; ⌚mai-fin oct), 2 abris (30 $) et un camping rustique (20 $/empl) – équipé de toilettes sèches – sont aménagés. Le parc vous permettra également de rejoindre bien d'autres sentiers et sommets, dont les trois parcours de la **réserve naturelle des Montagnes Vertes** (☎450-242-1125 ; www.rnmv.ca ; 1000 chemin Réal ; secteur Sutton ; adulte/enfant 5 $/gratuit), dans le secteur du mont Écho, ainsi que les **sentiers de l'Estrie** (voir p. 191).

À quelques kilomètres, la station de montagne **Au Diable Vert** (☎450-538-5639 ; www.audiablevert.com ; 160 chemin Staines ; Glen Sutton), en surplomb de la rivière Missisquoi, offre une profusion d'activités passionnantes, un tout nouveau réseau de sentiers balisés et un hébergement dans la nature (voir l'encadré ci-dessus). Également dans la vallée Missisquoi, **Canoë & Co** (☎450-538-4052 ; www.canoecosutton.com ; 1121 chemin Burnett Glen Sutton ; 15-35 $) loue des canots et des kayaks et organise des excursions guidées en rivière (15 $). Des emplacements de camping sont mis à disposition gratuitement avec les locations à la journée.

Vélo

La piste cyclable de la **Véloroute des cantons** (voir l'encadré p. 177) traverse la ville en direction du lac Brome (sur la Route des vins) ou encore vers le sud, afin de rejoindre le Vermont, de l'autre côté de la frontière. Pour les plus sportifs, le Tour des monts de Sutton, via le chemin Scenic, régulièrement emprunté par les coureurs cyclistes, totalise 80 km de pistes en dénivelé.

Où se loger

♥ **Au Diable Vert** REFUGE ET CAMPING **$**
(☎450-538-5639 ; www.audiablevert.com ; 169 chemin Staines, Glen Sutton). Le domaine du Diable Vert offre une expérience en pleine nature. L'été, un camping rustique ainsi qu'un camping Westfalia (12-30 $) sont accessibles. Vous pourrez aussi vous adonner au camping d'hiver au moyen de tentes de prospecteurs (45 $/tente) ou encore dormir dans un refuge rustique (60 $), un refuge perché dans un arbre (80 $) ou un refuge en bois rond avec poêle à bois (100 $). Sinon, de petits appartements modernes (tout équipés) offrent plus de confort (140 $/2 pers). Les visiteurs apprécient les excursions en kayak à la pleine lune sur la rivière Missisquoi en été. L'hébergement donne accès aux sentiers de toute la région de Sutton.

Vert le Mont GÎTE **$$**
(☎450-538-3227 ; www.bbsutton.com ; 18 chemin Maple ; s/d avec sdb 75-89 /85-99 $). Le charme de cette maison de style loyaliste réside surtout dans l'accueil chaleureux de ses propriétaires (américain et britannique, s'exprimant dans un français irréprochable) et les chambres cosy décorées d'objets ramenés

de leurs nombreux voyages. L'été, le petit-déjeuner est servi sur la jolie véranda. On ferme les yeux sur les sdb, petites, car le gîte offre à coup sûr le meilleur rapport qualité/prix du village. Idéal pour cyclistes, randonneurs et skieurs.

Le Montagnard STUDIOS ET CHALETS **$$$**
(☎450-538-9966 ou 1-888-538-9966 ; www.montagnard.qc.ca ; 264 rue Maple ; ch avec petit-déj 125-155 $, studio 125-155 $, condo 4 pers 225-350 $, chalet 8 à 14 pers 375-575 $;). Situé au pied des pentes et à quelques minutes seulement du centre d'accueil Altitude 520, l'hôtel loue de petits studios, condos et chalets bien propres et confortables, équipés de kitchenettes. Piscine extérieure et Jacuzzi. Formule intéressante pour un séjour en autonomie complète. Tarifs dégressifs selon le nombre de nuitées.

♥ **Le Pleasant Hôtel & Café** HÔTEL **$$$**
(☎450-538-6188 ; www.lepleasant.com ; 1 rue Pleasant ; ch avec petit-déj 150-250 $). Au cœur du village de Sutton, le jeune propriétaire de cette demeure du début du XXe siècle a entrepris une rénovation complète de la maison et a su habilement marier les matières comme le bois, la brique et la céramique. Chaque chambre est ainsi dotée d'un décor contemporain, intime et chaleureux, aux tons sobres. Le confort est au rendez-vous.

Où se restaurer

♥ **Le Cafetier** CAFÉ **$**
(☎450-538-7333 ; 9 rue Principale Nord ; plats 5-13 $; ⊙tlj 7h-19h ;). Ce café-galerie sympathique et détendu prépare des petits-déjeuners et des repas légers qui excitent les papilles. Les produits locaux sont à l'honneur. Goûtez au pain doré à la limette (citron vert), au muesli biologique ou aux sandwichs végétariens. Le midi, on fait la part belle aux salades, soupes et sandwichs. Thés et cafés bio.

Tartin'izza ITALIEN **$**
(☎450-538-5067 ; 19 rue Principale Nord ; plats 10,75-15,25 $, table d'hôte 11,25-17,50 $; ⊙jeu-ven 17h-21h sam-dim 11h-14h et 17h-21h). Situé à quelques pas du précédent, ce restaurant sert une cuisine estivale italienne sans prétention, mais tout à fait délicieuse. Et ce, à petits prix. Pâtes, pizzas et tartines composent la plus grande partie de la carte.

Rumeur Affamée ÉPICERIE FINE **$$**
(☎450-538-1888 ; 15 rue Principale Nord ; ⊙tlj à partir de 9h en saison, fermé lun-mar hors saison). Située en lieu et place de l'ancien magasin général de Sutton, en plein centre-ville, cette boulangerie-pâtisserie est une valeur sûre. Le comptoir offre une sélection gourmande de pains, de fromages, de charcuteries, de tartes et de confiseries qui composeront un panier pique-nique idéal.

Bistro Beaux Lieux QUÉBÉCOIS **$$**
(☎450-538-1444 ; www.bistrobeauxlieux.com ; 19 rue Principale Nord, local 7 ; plats 16-23 $ table d'hôte 30-32 $; ⊙jeu-dim à partir de 17h). Ici, un chef autodidacte, longtemps établi à Montréal, propose un menu alléchant mettant en valeur la cuisine québécoise. Dans la salle à l'ambiance bistro, baignant dans une couleur rouge aux accents hispaniques, on sert de bonnes pièces de viande : faux-filet, bavette, tartare, mais aussi du poisson.

Depuis/vers Sutton

VOITURE Depuis Montréal ou Sherbrooke, prendre l'autoroute 10. À la sortie 68, prendre la route 139 Sud. Le village et la station sont à 50 km environ. Pour se rendre au lac Brome, suivre les indications à partir de la route 215 Nord.

BUS La compagnie **Veolia Transport** (☎450-348-5599 ou 1-877-348-5599) assure quotidiennement 2 liaisons vers Montréal (bus n°59 ; adulte/étudiant/enfant 21,19/16,96/10,59 $). L'arrêt est situé au **Couche-Tard** (☎450-538-2452 ; 28 rue Principale), comptez 2 heures de trajet.

Lac Brome

Sept petits villages, dont Knowlton, tissent une route de villégiature charmante autour du lac Brome. L'architecture typiquement néovictorienne des demeures, les antiquaires et les parcs bordant les rives du lac rappellent l'opulence de l'époque loyaliste. Tout autour du lac, les amateurs de voilier, de golf, d'équitation et de tennis trouveront leur bonheur. La plage Douglas offre une aire de baignade agréable. Presque tous bilingues, les habitants sont très chaleureux.

Renseignements

BUREAU TOURISTIQUE (☎450-243-1221 ; www.ville.lac-brome.qc.ca ; 696 rue Lakeside, Lac-Brome ; ⊙tlj 9h-19h en saison, 9h-17h hors saison). Centralise toutes les informations concernant les villages qui bordent le lac Brome.

Depuis/vers le lac Brome

VOITURE Sur l'autoroute 10, prendre la sortie 90 et suivre la route 243, qui aboutit au nord du lac.

Knowlton

Au sud du lac Brome, Knowlton figure au rang des plus beaux villages historiques du Québec. Il fait bon parcourir à pied son circuit patrimonial, qui vous mène à des bâtiments d'époque, dont l'ancien moulin, l'église ancestrale et le magasin général. La rivière Coldbrook traverse paisiblement le village.

L'été, le village distille un charme suranné alors que les touristes l'envahissent pour faire du shopping chez les nombreux antiquaires et les boutiques huppées qui jalonnent ses deux artères principales, Lakeside (route 243 Nord) et Knowlton (route 243 Est). En septembre, en bordure du lac Brome, se tient **Le Canard en fête**, un festival gourmand autour du thème du canard, avec des démonstrations culinaires et des dégustations en compagnie de chefs réputés.

À voir

Musée historique du Comté de Brome HISTOIRE
(☎450-243-6782 ; 130 rue Lakeside ; adulte/enfant 5/2,50 $; ⏲lun-sam 10h-16h30 dim 11h-16h30 mi-mai à oct). Des vestiges hérités de l'époque loyaliste sont présentés dans cinq bâtiments. La collection compte un musée militaire. Comptez 1 heure pour la visite.

Où se loger et se restaurer

La Venise Verte B&B GÎTE **$$**
(☎450-243-1844 ; www.laveniseverte.com ; 58 rue Victoria ; ch sans/avec sdb 100 /115 $, avec petit-déj ; ❄). Les 4 chambres douillettes de ce gîte agréable ont un cachet champêtre. Maison d'époque propre, dotée de parquet et tenue par des hôtes accueillants. Grand jardin ombragé dans la cour arrière et piscine.

Auberge Knowlton AUBERGE **$$$**
(☎450-242-6886 ; 286 chemin Knowlton ; www.aubergeknowlton.ca ; ch 125-155 $; ❄). Ouverte depuis 1849, l'auberge propose de petites chambres aux tons bleus, étonnamment paisibles compte tenu de l'animation de son bistro au rez-de-chaussée (Le Relais ; voir ci-après). Beau parquet dans le couloir et chambres fonctionnelles (clim, TV).

Auberge Quilliams AUBERGE **$$$**
(☎450-243-0404 ou 1-888-922-0404 ; www.aubergequilliams.com ; 572 chemin Lakeside ; ch 139-179 $, ste 199-299 $; table d'hôte 39-69 $; ❄). Bien située entre le lac Brome et la réserve faunique Quilliams, l'auberge propose des chambres au confort classique (préférez celles avec vue sur la réserve, plus calmes) et des studios équipés. Prisée des golfeurs en été, ses forfaits détente et demi-pension remportent un franc succès. Les plats (médaillon de cerf rouge, carré d'agneau en croûte de parmesan, saumon grillé au charbon de bois) servis au restaurant sont savoureux. Prêt de canots et de kayaks pour naviguer sur la réserve Quilliams. Piscine intérieure, sauna, spa et services de massothérapie.

Café guidos ITALIEN **$**
(☎450-242-1111 ; 264G chemin Knowlton ; plats 8-14 $; lun-mer 11h-16h, jeu 11h-20h, ven-sam 11h-22h, dim 11h-17h, fermé mar). Depuis la terrasse de ce café, on se laisse séduire par la fraîcheur du marais de Mill. Sélection de plats d'inspiration italienne : pizzas, pâtes et panini. Petite librairie attenante et soirées jazz le vendredi.

Le Relais BISTRO **$$**
(☎450-242-6886 ; 286 chemin Knowlton ; www.aubergeknowlton.ca/relais ; plats 14-33 $; ⏲tlj midi et soir). Le décor de pub anglais nourrit l'atmosphère chaleureuse du restaurant de l'Auberge Knowlton, en plein cœur du village. Cuisine régionale abordable misant sur les gibiers, steaks et plats de canard.

Achats

Boutique Gourmet de Canards du Lac Brome GASTRONOMIE **$$**
(☎450-242-3825, poste 221 ; www.canardsdulac-brome.com ; 40 chemin du Centre ; ⏲lun-jeu 8-17h ven 8h-18h, sam-dim 9h30-17h). Lieu parfait pour se procurer du foie gras ou un pot de cassoulet 100% québécois.

Valcourt

La route qui rejoint Valcourt, à une quarantaine de kilomètres au nord de Knowlton, est longue et accidentée, mais traverse un paysage enchanteur. La capitale de la motoneige trône ainsi au sommet d'une colline. En hiver, il n'est pas rare de circuler en motoneige dans la ville. Les amateurs de sports extrêmes apprécieront le **Grand Prix Ski-Doo de Valcourt**, en février, le rendez-vous des plus grands coureurs de motoneige d'Amérique. Quatre types de courses de motoneiges (course ovale, course snowcross, freestyle) sont alors organisés.

LE PÈRE DU SKI-DOO

Joseph-Armand Bombardier est né le 16 avril 1907 dans une famille de paysans de Valcourt. Dès son jeune âge, celui qu'on surnomme le père du *Ski-Doo* construit des mécanismes pouvant déclencher la mise à feu d'un canon miniature ou faire tourner le rouet de sa tante ! La voiture familiale n'échappe pas à ses expériences de conduite sur neige. Son père, soucieux de conserver le modèle familial en état, lui achète une vieille Ford, aussitôt transformée en auto-neige.

L'inventeur eut bientôt l'idée de créer un engin qui permettrait de briser l'isolement de sa ville en hiver. Il créa son premier prototype en 1957 et fonda une usine à Valcourt en 1964. Depuis, la famille Bombardier a mis sur pied une fondation culturelle et un musée. Poumon économique de la région, la gigantesque usine d'assemblage Bombardier fournit des motoneiges à ses employés qui, en hiver, s'appliquent à dessiner des sillons blancs à travers toute la ville.

À voir et à faire

Musée J.-A. Bombardier MUSÉE
(450-532-5300 ; www.museebombardier.com ; 1001 av. J.-A. Bombardier ; adulte/étudiant 7/5 $, gratuit -5 ans ; tlj 10h-17h mai-août, mar-dim hors saison). Présente l'histoire fascinante de l'homme visionnaire qu'était J.-A. Bombardier, inventeur de la motoneige (voir l'encadré ci-dessus).

GRATUIT **Centre culturel Yvonne L. Bombardier** CENTRE CULTUREL
(450-532-3033 ; www.centreculturelbombardier.com ; 1002 av. J.-A. Bombardier ; entrée libre ; dim lun mar jeu sam 10h-17h, mer-ven 10h-20h, début mai-début sept). Ce centre culturel, du nom de l'épouse du célèbre inventeur, offre une vitrine aux créateurs en arts visuels de la région.

Centre de la Motoneige Performance MOTONEIGE
(450-532-2262 ; www.performancenc.ca/locations ; 9060 rue de la Montagne ; 100 $/2h). Pour le néophyte de passage à Valcourt en hiver, la conduite d'une motoneige sur des sentiers balisés s'impose. Le centre loue des engins.

Depuis/vers Valcourt

VOITURE De Montréal et Granby, suivre l'autoroute 10. À la sortie 90, prendre la direction Waterloo puis emprunter la route 220. Après avoir dépassé Sainte-Anne-de-la-Rochelle, prendre la route 243, à 2 km sur la gauche. Depuis Sherbrooke, rejoindre au nord de la ville la route 222 Ouest en direction de Saint-Denis-de-Brompton. À Racine, prendre la route 243.

MEMPHRÉMAGOG

On dit que les eaux profondes du lac Memphrémagog seraient habitées par le monstre Memphré, un serpent de mer fantastique baptisé "Anaconda" par les Amérindiens. S'étirant du nord au sud sur près de 42 km, jusqu'au Vermont aux États-Unis, ses rives bordées de montagnes abritent de somptueuses propriétés, où nombre de peintres paysagistes se sont installés.

En bordure du lac, dans les environs de Mansonville, la **station Owl's Head** (450-292-3342 ou 1-800-363-3342 ; www.owlshead.com ; 40 chemin du Mont-Owl's Head ; forfait ski 45 $/jour ; tlj 8h30-16h) est certainement l'une des stations de ski les plus prisées des Américains. La frontière n'est qu'à une douzaine de kilomètres et la vue depuis ces montagnes s'élevant au-dessus du lac Memphrémagog est saisissante. Son **golf** (450-292-3666 ; 181 chemin du Mont-Owl's Head ; droit 50-60 $) compte parmi les plus beaux du Québec.

Magog

Construite à la pointe nord de l'immense lac Memphrémagog, à 10 km environ du Mont-Orford (880 m), Magog prend des airs de grand centre de villégiature déployant ses boutiques, ses bars et ses restaurants. En saison estivale, la petite ville paisible est alors envahie par les touristes.

Adossée au lac, Magog a pris la forme d'un long ruban traversé d'ouest en est par la rue Principale (route 112), doublée au nord par la rue Saint-Patrice Ouest.

Renseignements

BUREAU TOURISTIQUE (819-843-2744 ou 1-800-267-2744 ; www.tourisme-memphremagog.com ; 2911 chemin Milletta (A-10, sortie 115) ; tlj 8h30-19h en été 9h-17h hors saison)

CHANT GRÉGORIEN ET FROMAGES

Sur la rive ouest du lac Memphrémagog, faites un détour par l'**abbaye de Saint-Benoît-du-Lac** (819-843-4080 ; www.st-benoit-du-lac.com), fondée en 1912. Les moines bénédictins qui l'occupent perpétuent la tradition du chant grégorien tous les jours à 11h et à 17h (en été, les mardis et jeudis à 19h). Depuis 1943, l'abbaye possède une fromagerie très réputée. Une boutique permet d'acheter et de goûter à la production de fromage, de cidre de pomme et de produits de l'érable. Pour rejoindre l'abbaye, suivez le chemin des Pères qui longe le lac depuis la ville de Magog. Au village d'Austin, tournez à gauche ; le chemin est indiqué. Depuis Knowlton (circuit conseillé pour ses paysages), empruntez les routes 243 puis 245 jusqu'à Bolton Centre et, de là, suivez à droite la direction d'Austin.

Fêtes et festivals

Festival Orford (juin-août). En été, des séries de concerts de musique classique et jazz, professionnels et de la relève, au centre d'arts d'Orford. Certains sont gratuits.

Fête des vendanges (week-ends de septembre). Célébration champêtre à Orford et à Magog.

La Flambée des couleurs (week-ends septembre-octobre). Le parc national du Mont-Orford célèbre l'automne chaque week-end de septembre et d'octobre. Randonnées guidées, spectacles et dégustation de produits régionaux.

Activités

Vélo

La superbe **piste cyclable La Montagnarde**, longue de 50 km, permet de rejoindre à l'ouest, le parc du Mont-Orford et à l'est, North Hatley, Lennoxville et Sherbrooke. Un trajet difficile par moments, mais dont la vue sur les forêts, les lacs et les montagnes saura récompenser l'effort.

Au cœur de la ville, la boutique **Ski Vélo Vincent Renaud** (819-843-4277 ; www.skivelo.com ; 395 rue Principale Ouest ; lun-sam 9h-21h, dim 12h-21h mi-juil à mi-août, lun-mar 9h-17h30, jeu-ven 9h-21h, sam 9h-17h et dim 12h-17h reste de l'année) loue des vélos (20 $/6h). Sachez que le service de **Taxi-Vélo** (1-877-766-8356) dessert également Magog le long de la Véloroute des cantons (voir l'encadré p. 177).

Baignade et activités nautiques

Pour vous baigner, vous avez le choix entre la **plage municipale** dite "des Cantons" (stationnement 2 $/h, 8 $/jour) ou les **plages Merry Est** et **Merry Ouest** (stationnement 3 $/h, 12 $/jour).

Différentes compagnies proposent des **croisières sur le lac** depuis le quai Macpherson (mai-sept), situé à l'angle de la rue Principale et de la rue Merry (15 $/h en pirogue, environ 45-55 $/demi-journée en bateau, jusqu'à 93 $ pour un souper-croisière), tandis que le **Club de voile de Memphrémagog** (819-847-3181 ; www.voile-memphremagog.com ; 155 chemin de la Plage des Cantons) loue des kayaks (16-24 $/h), des canots (20 $/h) et organise des activités de planche à voile et de catamaran. Pour rejoindre la plage des Cantons, suivre la route 112 Ouest depuis Magog.

Randonnée et ornithologie

Pour une paisible randonnée dans la nature, loin du brouhaha, le **marais de la Rivière aux Cerises** (819-843-8118 ; 69 chemin Roy) offre un réseau de sentiers idéal pour l'ornithologie, la découverte des milieux humides et la raquette en hiver. Il est possible d'utiliser un audioguide ou d'effectuer une sortie en kayak avec un guide naturaliste (26 $/2h ; mer-dim), sur réservation. Le départ de sentier se fait depuis le chemin Roy, que l'on rejoint par la route 112 ou encore par la piste cyclable La Montagnarde.

Le **train touristique Orford Express** rejoint Magog depuis Sherbrooke (voir p. 193).

Où se loger

Entre Cimes et Racines — CHALETS RUSTIQUES $$

(819-297-0770 ou 1-866-297-0770 ; www.entre-cimesetracines.com ; 80 chemin Simard, via chemin Bellevue, Eastman ; chalet 85-130 $/2 pers). Cumulant les honneurs et les médailles, ces 6 chalets "écogîtes" sont installés en forêt, à Eastman, à une dizaine de kilomètres de Magog. Les habitations conservent une belle apparence rustique. Dotées de chambres (draps en location), d'une cuisine équipée et d'un poêle à bois, elles accueillent de 2 à 8 personnes. L'hiver, le transport par le domaine boisé est assuré en motoneige.

La Belle Victorienne GÎTE **$$**
(819-847-0476 ou 1-888-440-0476 ; www.bellevic.com ; 142 rue Merry Nord ; ch basse/haute saison 99-139/119-189 $). Entourée d'un jardin doté d'un spa, cette maison près du centre-ville dispose de 5 chambres à thème, décorées avec soin. Mentionnons celles avec couettes de duvet, baignoires anciennes et balcons côté jardin. Réductions en semaine ainsi que pour les séjours de plus d'une nuit (sept-juin).

La Maison Campbell GÎTE **$$**
(819-843-9000 ou 1-888-843-7707 ; www.maisoncampbell.com ; 68 rue Bellevue ; s/d avec petit-déj 105-125/115-135 $). Sur la rive est du lac, dans le centre-ville de Magog, cette maison décorée de tableaux de Chagall et de Kandisky est entourée d'un grand jardin et se trouve à deux pas d'une piste cyclable. Les chambres, aux touches champêtres, sont tout confort. Le digestif vous est offert, ainsi que l'accès à un salon avec cheminée l'hiver. Accueil très chaleureux de Danielle et Jean, qui vous donneront de précieux conseils pour organiser votre séjour. Délicieux petits-déjeuners.

La Maison de Ville GÎTE **$$$**
(819-868-2417 ; www.lamaisondeville.ca ; 353 rue Saint-Patrice Ouest ; s/d avec petit-déj 128/137 $, 2 nuits mini fin juin-fin oct). Gîte tenu par Simon et Martin, respectivement chef et designer. Son intérieur épuré est composé de 5 chambres, certaines avec sdb privatives, au décor contemporain. Parmi les petits plus : des peignoirs et des savons artisanaux. Petits-déjeuners gourmets. Le soir, la maison se transforme en bistro, où l'on peut déguster une cuisine évolutive aux saveurs du terroir (100 $/2 pers, formule "apportez votre vin"). Tarifs dégressifs.

À l'Ancestrale GÎTE **$$$**
(819-847-5555 ou 1-888-847-5507 ; www.ancestrale.com ; 200 rue Abbott ; ch 115-155 $). Cette grande maison ancienne entourée d'arbres, en retrait du centre-ville, baigne dans une atmosphère délicieuse. Les 5 chambres douillettes sont décorées dans un style début XXe : beau parquet, photos noir et blanc, etc. La sympathique propriétaire met à disposition un spa extérieur 4 saisons. Petits-déjeuners bio et tables d'hôte le soir. Prix dégressifs en hiver et possibilité de louer la résidence entière.

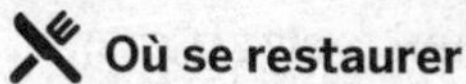

Où se restaurer

Une multitude de restaurants et de bars jalonnent la rue Principale. Malgré cela, les bonnes tables sont rares.

Owl's Bread BOULANGERIE ARTISANALE **$**
(819-847-1987 ; 428 rue Principale Ouest ; plats 10-17,50 $; tlj 8h-17h30, jusqu'à 19h ven en saison, lun mer jeu 8h-17h30 ven 8h-19h sam 8h-17h30 dim 8h-17h, fermé mar hors saison). Dans cette boulangerie-pâtisserie, on peut acheter des pains artisanaux bio et déguster sur place des sandwichs et rillettes maison, des salades et quelques plats d'inspiration savoyarde ou des spécialités de canard du lac Brome le midi, ou encore s'approvisionner en produits fins. Plats végétariens.

Microbrasserie la Memphré RESTO-BRASSERIE **$**
(819-843-3405 ; 12 rue Merry Sud ; plats 12-19 $; tlj 11h30-3h ;). L'ambiance de ce pub est agréable midi et soir. La carte offre par ailleurs un large choix de plats à déguster en salle ou en terrasse. Le menu se compose de grillades, côtes levées, salades gourmandes ou fondues suisses.

Guacamole Y Tequila MEXICAIN **$$**
(819-868-0088 ; 112 rue Principale Ouest ; plats 15-30 $, table d'hôte 24-30 $; tlj midi et soir en été, sam-mar soir jeu-ven midi et soir en hiver). Petit resto mexicain authentique et joliment décoré, servant une cuisine familiale ensoleillée. Les *tacos, camarones* et *quesadillas* côtoient le poulet au cacao et le tilapia épicé. Le choix ne manque pas : 12 variantes de piments, 3 recettes de guacamole et des margaritas à base de 7 différentes sortes de tequilas.

Les péchés de Pinocchio INSPIRATION FRANÇAISE **$$**
(819-868-8808 ; 469 rue Principale Ouest ; plats 16-32 $; table d'hôte 25-32 $; tlj midi et soir). La salle haute de plafond de ce restaurant abrite une ambiance animée et chaleureuse. La cuisine d'inspiration française jouit d'une bonne réputation auprès des locaux, qui viennent s'installer sur la belle terrasse de la rue Principale lorsque les beaux jours sont de retour.

Depuis/vers Magog

VOITURE De Montréal, suivre l'autoroute 10. À la sortie 115, emprunter la route 112 qui devient la rue Principale. L'autre possibilité consiste à prendre la sortie 118 qui rejoint aussi le centre-ville. Pour rejoindre Eastman, prenez plutôt la sortie 106 de l'autoroute 10.

BUS La **gare routière** (☎819-847-3783) se situe au 1619 chemin de la Rivière-aux-Cerises. Plusieurs bus quotidiens relient Montréal à Magog, la ligne desservant ensuite Sherbrooke. Comptez 33,56 $ l'aller (1 heure 30).

Georgeville

C'est un petit village de toute beauté que vous trouverez sur la rive est du lac Memphrémagog. Appelé autrefois Copp's Ferry, alors qu'il constituait un arrêt sur la route des diligences entre Boston et Montréal, Georgeville, à 16 km au sud de Magog via la route 247, est bordé de belles demeures d'époque, au charme bourgeois. Le village a également servi de cadre à des scènes du film *Le Déclin de l'empire américain* (voir p. 456). Ne manquez pas son magasin général, l'ancienne auberge Georgeville (1889) et l'école du village (1849), semblables à ce qu'ils devaient être au siècle dernier, de même que le quai sur le lac, où l'on se baigne en été.

Au centre du village, le petit **Studio Georgeville** (☎819-843-9992 ; 20 carré Copp ; ⏲mar-dim 11h-17h juin-sept, sam-dim 11h-17h, week-end hors saison), qui fait office de centre culturel, boutique et galerie d'art, expose tableaux, photographies, meubles et bijoux d'artistes de la région.

Parc national du Mont-Orford

Juste au nord de Magog, et à 1 heure 30 seulement de Montréal, le parc national du Mont-Orford est fréquenté toute l'année, plus particulièrement en automne pour ses couleurs chatoyantes. L'hiver, de multiples activités s'y déroulent, dont le ski. En été, vous pourrez vous baigner dans ses lacs, enserrés dans une forêt de feuillus et de conifères.

Avant d'accéder au parc national, vous vous arrêterez au **centre de services Le Cerisier**, à 2 km à peine du parc. La **station de ski Mont-Orford** se trouve sur la même route à une dizaine de kilomètres. Sur cette route également, vous longerez, côté droit, le fameux **centre d'arts Orford** (voir l'encadré ci-dessous), qui programme un festival de musique classique et de jazz.

Dans le parc évoluent des orignaux, des cerfs de Virginie et quelques ours noirs, ainsi que des castors, des loutres de rivière et des amphibiens (grenouilles des marais, rainettes crucifères, salamandres). Vous pourrez également y observer des bernaches du Canada et des faucons pèlerins (pic aux Corbeaux) parmi les 210 espèces d'oiseaux recensées.

Renseignements

CENTRE DE SERVICES LE CERISIER
(☎819-843-9855 ou 1-800-665-6527 ; www.parcsquebec.com ; 3321 chemin du Parc, Canton ; adulte/enfant/famille 6,50/3/9,50-13 $)

Activités

Baignade et activités nautiques

Les **lacs Stukely** et **Fraser**, au nord du parc, sont dotés de très belles plages. Celle du lac Fraser, à l'est, est la moins fréquentée. Il faut prévoir le coût d'accès au parc et le tarif de stationnement à la plage (10 $/jour/voiture et 6 $/moto, en été). La planche à voile, le kayak, le pédalo et le canot se pratiquent sur le lac Stukely (location de matériel sur place, sauf planche à voile).

Depuis le centre de services, vous pourrez également explorer l'**étang aux Cerises** en canot ou en kayak à l'aide d'un tout nouveau parcours écologique autoguidé.

Randonnée

Les chemins de randonnée sont nombreux. Depuis le centre de services, vous pourrez emprunter le **sentier des Trois Étangs**

SYMPHONIE PASTORALE

Le **centre d'arts Orford** (☎819-843-3981 ou 1-800-567-6155 ; www.arts-orford.org ; 3165 chemin du Parc) jouxte le superbe parc national du Mont-Orford. Construit en 1951, il constitue, avec le domaine Forget, à Charlevoix, l'un des hauts lieux de la musique classique au Québec. Chaque été, une série de concerts (certains gratuits) très prisés ont lieu au centre d'arts. Le festival a ajouté récemment à sa programmation la musique contemporaine, la musique du monde et le jazz. Également au calendrier : master class, soirées cinéma et conférences. Un sentier des arts, parsemé de sculptures d'artistes internationaux, a été aménagé en forêt. On peut aussi y loger.

(boucle 5,5 km), qui mène à de jolis points d'eau, ou encore depuis le stationnement de la plage Stukely, arpenter le **sentier du Mont Chauve** (boucle rénovée de 6,5 km), de niveau intermédiaire, aboutissant à un point de vue, exceptionnel en automne. Le **sentier des Crêtes**, plus ardu, vous récompensera de généreux panoramas, dont celui du Pic de l'Ours (4,9 km). Le **sentier de longue randonnée de l'Estrie** combine plusieurs parcours, et s'échelonne sur 2 ou 3 jours.

La **piste cyclable de la Route verte** traverse également le parc d'est en ouest, sur un parcours assez difficile. Le vélo-camping peut être une option intéressante. Un sentier pour les **randonnées équestres** longe par ailleurs le parc. Quant au **golf** de 18 trous, il s'inscrit parmi les plus beaux sites du Québec. En été, le mont Orford est accessible par le télésiège de la station Mont-Orford, d'où, par temps clair, on aperçoit le fleuve Saint-Laurent.

Ski alpin et de randonnée

L'hiver, le parc est très réputé pour son **ski de randonnée** (droit d'accès adulte/enfant 13,05/6,52 $). Quelque 50 km de pistes sont spécialement réservés à la pratique de cette activité, alors que 30 km de sentiers ont été aménagés pour la raquette. Location sur place (skis de fond/raquettes 23,75/15 $).

Avec ses 61 pistes, la **station Mont-Orford** (☎819-843-6548 ou 1-866-673-6731 ; www.orford.com ; 4380 chemin du Parc ; forfait ski journalier adulte/étudiant 57/44 $; ⊙déc-avr) est le deuxième domaine de ski alpin des Cantons-de-l'Est, après le Mont-Sutton. Des yourtes avec cheminée sont installées au sommet. Location de matériel, restauration et service de garderie sur place.

Où se loger et se restaurer

Parc national du Mont-Orford CAMPINGS $
(☎1-800-665-6527 ; www.parcsquebec.com). Le **camping Stukely** (empl 27,75-42,50 $; ⊙mi-mai à mi-oct), qui donne sur le lac du même nom, est bien aménagé. Il dispose de 432 places et offre des emplacements avec ou sans services. Sur son site, les tentes Huttopia, tout équipées, permettent de goûter aux plaisirs du prêt-à-camper (97-113 $/nuit). Le **camping Fraser** (⊙mi-juin à début sept), en pleine forêt, à quelques kilomètres de la plage du lac Fraser, est plus rustique. Trois **refuges** (lit adulte/enfant 20,25/15 $) avec des hébergements de 8 à 24 places sont disponibles à l'année, et chauffés au poêle à bois en hiver. Idéalement situés (en bordure des sentiers de randonnées, qui se transforment en pistes de ski de fond l'hiver), ils affichent rapidement complet le week-end. Le **chalet Le Bowen** (170-190 $ jusqu'à 4 pers), situé dans le secteur du Lac-Stukely, accessible en ski et raquette l'hiver, offre davantage de confort.

Auberge du centre d'arts Orford RÉSIDENCES $
(☎819-843-3981 ou 1-800-567-6155 ; www.arts-orford.org ; 3165 chemin du Parc ; ch 68 $, ch deluxe 78 $, d en chalet 38 $). Située dans un endroit de rêve, entourée d'arbres et peuplé d'oiseaux, elle se compose de 4 bâtiments, dont un des années 1950, au charme rétro. Les chambres deluxe, aux lignes contemporaines, ont d'immenses baies vitrées donnant sur le mont Orford. Seul bémol : le sol en ciment, marqué des multiples passages, qui peut être froid en hiver. Durant le festival Orford et l'Académie de musique, les chambres sont réservées aux musiciens. Vous pourrez alors louer de petits chalets rustiques (sans draps), de 2 à 9 lits, situés en pleine forêt.

Depuis/vers le parc national du Mont-Orford

VOITURE De Montréal, prendre l'autoroute 10 via Sherbrooke. À la sortie 118, rejoignez la route 141 Nord jusqu'au centre de services Le Cerisier.

BUS La ville desservie la plus proche est Magog. Possibilité ensuite de louer un vélo pour rejoindre le parc situé à une dizaine de kilomètres (voir p. 188).

SHERBROOKE ET ENVIRONS

Des belles demeures victoriennes de Sherbrooke au campus universitaire de style néogothique de l'université Bishop's, la région baigne dans une atmosphère anglo-saxonne. Les attraits touristiques sont nombreux, depuis les lacs et les domaines skiables qui entourent la capitale des Cantons-de-l'Est, jusqu'à l'élégant lieu de villégiature de North Hatley. Sherbrooke, ancien centre manufacturier et actuel pôle universitaire, est en effet entourée d'une nature généreuse et accidentée appartenant à la chaîne des Appalaches. La ville de Sherbrooke, émaillée de parcs et d'espace verts (plus de 108), est traversée par le chemin des Cantons, qui mène aux lacs et montagnes alentour.

Sherbrooke

La ville, qui doit son nom au gouverneur en chef des colonies britanniques d'Amérique du Nord, sir John Sherbrooke, est devenue au XIXe siècle le cœur administratif, économique et universitaire de la région.

Cette grande ville bilingue est partagée entre un quartier industriel, dominé par les scieries, les moulins et les entrepôts, le quartier de l'université de Sherbrooke, et le centre-ville. Celle que les Abénaquis surnommaient "les grandes fourches", est traversée par de longues artères commerciales, dont la rue King, qui s'étire sur plusieurs kilomètres.

Le visiteur pourra sillonner le centre-ville, à pied ou à vélo, à la découverte des musées, fresques, parcs et jardins. Le lac des Nations, au milieu de la ville, est longé par une ancienne voie ferrée reconvertie en sentier-promenade. La rue Wellington Nord est certainement la partie la plus animée. La ville peut servir de base pour tout voyage dans la région.

Renseignements

BUREAU TOURISTIQUE (819-821-1919 ou 1-800-561-8331 ; www.tourismesherbrooke.com ; 785 rue King Ouest ; tlj 9h-19h 22 juin-1er lun sept, lun-sam 9h-17h dim 9h-15h hors saison)

À voir

Musée des Beaux-Arts ART MODERNE ET CONTEMPORAIN
(819-821-2115 ; www.mbas.qc.ca ; 241 rue Dufferin ; adulte/étudiant 10/7 $; mar-dim 10h-17h en été, mar-dim 12h-17h hors saison). Le musée occupe le bel édifice de granit de l'Eastern Townships Bank, qui fit de Sherbrooke la capitale financière de la région. Outre des expositions temporaires d'art contemporain, il présente une exposition permanente consacrée notamment à la tradition paysagiste et à l'art naïf, qui rassemble une riche collection de peintures, de sculptures, d'estampes et de photographies du Québec et d'ailleurs.

GRATUIT **Galerie Sporobole** ART CONTEMPORAIN
(819-821-2326 ; www.sporobole.org ; 74 rue Albert ; entrée libre ; mer-ven 12h-17h, sam-dim 13h-17h). Une galerie qui intéressera les amateurs d'art contemporain. Elle présente des projets d'artistes émergents en arts visuels, souvent très étonnants.

Centre d'interprétation de l'histoire de Sherbrooke CIRCUITS PATRIMONIAUX
(819-821-5406 ; www.histoiresherbrooke.com ; 275 rue Dufferin ; adulte/étudiant 7/5 $; lun-ven 9h-17h sam-dim 10h-17h en saison, mar-ven 9h-12h et 13h-17h sam-dim 13h-17h hors saison). Créé et géré par la Société d'histoire de Sherbrooke, il comprend deux salles d'exposition consacrées à la ville. Vous préférerez cependant suivre, à pied ou en voiture, les 2 circuits patrimoniaux, Mémoire vive et le Circuit pédestre du Vieux Nord, que vous propose le centre. Audioguide (10 $).

Activités

La ville se prête à d'agréables balades. Depuis l'angle des rues Dufferin et Frontenac, à quelques pas du musée, vous verrez l'une des jolies peintures murales qui décorent la ville. Elle évoque une scène de vie quotidienne à l'époque de la fondation de la ville, en 1902. De là, vous vous dirigerez vers le sud, en direction de la rue Wellington, la plus animée de la ville. Devant vous, la **cathédrale Saint-Michel** surplombe le parc de l'hôtel de ville.

Autrement, suivez la rue Frontenac jusqu'à la rue Portland, par laquelle vous rejoindrez le **parc du Domaine Howard** (819-821-1919 ; 1300 bd Portland ; accès libre), à près de 1 km du centre-ville. Ses jardins, ses mosaïcultures et son petit étang en font une belle oasis de verdure au cœur de la ville. Cette même rue vous conduit ensuite dans un petit quartier résidentiel, le long de Queen-Mary et d'Ontario où l'on admire de charmantes maisons de style victorien américain et anglais du Second Empire.

À quelques pas du chalet d'accueil du **parc Lucien-Blanchard**, situé sur la rive sud de la rivière Magog, la **Maison de l'Eau** (819-821-5893 ; 755 rue Cabana ; tlj juin-sept) loue des canots et des kayaks. La boutique **Atmosphère** (819-566-8882 ; 2325 rue King Ouest) loue également de nombreux équipements (vélos, kayaks, canots, matériel de camping).

La promenade qui encercle le **lac des Nations** (3,5 km), en plein centre-ville, est également digne d'intérêt. On peut la parcourir à vélo ou à pied ou encore en patins à glace de novembre à mars. Le départ se fait depuis son ancienne gare, qui abrite aussi un marché. Pendant la période des fêtes, ne manquez pas l'immense sapin de Noël éclairé de plus de 30 000 bougies, le plus grand sapin illuminé du Canada.

Depuis la gare également, le **train touristique Orford-Express** (819-575-8081 ou 1-866-575-8081 ; www.orfordexpress.com ; 720 rue Minto ; forfait adulte/enfant à partir de 69/59 $; mai-déc) propose un voyage à destination d'Eastman, de Coaticook et de Magog. De nombreux forfaits comprennent un trajet aller-retour, incluant un repas et une animation. Les prix sont assez élevés.

Où se loger

Sherbrooke ne manque pas de motels et d'hôtels en tous genres, mais sans grand intérêt. Le choix de gîtes et d'auberges est quant à lui assez limité.

Université de Sherbrooke RÉSIDENCES UNIVERSITAIRES **$**

(819-821-8000 poste 62669 ; www.usherbrooke.ca/hebergement/hotellerie ; 2500 bd de l'Université ; s/d avec sdb commune 42/58 $). Location de chambres d'étudiant de la mi-mai à la mi-août (draps et serviettes fournis). Petit-déjeuner à la cafétéria (5 $) et cuisine commune (vaisselle non fournie). Branchement Internet réseau (câble non inclus). Comptez une dizaine de minutes en voiture depuis le centre-ville – de la rue King, emprunter le bd Jacques-Cartier Sud, puis la rue Galt Ouest jusqu'au bd de l'Université. L'accueil de la résidence de trouve au pavillon G13.

Motel des Cèdres MOTEL **$**

(819-864-4322 ; www.moteldescedres.com ; 6210 bd Bourque ; d 68-88 $, 10 $/pers supp ;). Situé à une dizaine de kilomètres du centre-ville, ce motel comprend des chambres d'un très bon rapport qualité/prix. Celles avec lit double ont de petites sdb, mais sont tout confort (frigo, four, TV, clim). Les chambres avec 2 lits doubles ont de grandes sdb avec baignoire. Accueil très aimable.

Charmes de Provence GÎTE **$$**

(819-348-1147 ; www.charmesdeprovence.com ; 350 rue Québec ; s/d avec sdb 99/109 $;). Dans un quartier résidentiel cossu à quelques minutes du centre-ville, cette demeure du XIXe siècle se pare de rose et de volets lavande. Ses 3 chambres, au style effectivement provençal, sont confortables. Délicieux petits-déjeuners.

Marquis de Montcalm GÎTE **$$**

(819-823-7773 ; www.marquisdemontcalm.com ; 797 rue Montcalm ; s/d avec sdb et petit-déj 99-119/119-139 $;). La France du XVIIIe siècle a inspiré les propriétaires de ce gîte, dont la déco baroque et romantique agrémente chaque chambre. Lits à baldaquin, trompe-l'œil, statues néoclassiques, tout, jusqu'au nom des chambres (jardin du Luxembourg, cour de Versailles...), rappelle le vieux continent de l'époque des Lumières ! Les plus grandes chambres possèdent un petit salon. Petit-déjeuner copieux.

Où se restaurer

La ville compte une multitude de restaurants (cuisine régionale, internationale). Les fast-foods défilent le long de la rue King Ouest, tandis que le quartier universitaire et la rue Wellington se partagent les meilleures adresses.

Le Tapageur BAR À TAPAS **$**

(819-823-5444 ; 83 rue King Ouest ; tapas 5,25-17,25 $, plats 8-19 $; dim-mar 11h-1h, mer-sam 11h-3h). Ce bar au décor très urbain sert des cocktails et des bières locales. En soirée, l'endroit, apprécié de la clientèle universitaire, vibre au rythme de musiques rock, latine ou jazz et des concerts d'artistes locaux.

Cartier Pub Saint-Malo PUB **$**

(819-821-3311 ; 255 rue Jacques-Cartier ; plats 9-25 $, menus midi/soir 9-14/9,75-22 $; lun-ven 11h-3h, sam-dim 9h-3h). Dans le quartier universitaire, en face du lac des Nations et de la piste cyclable, on sert dans ce pub-microbrasserie une cuisine généreuse et abordable, dans une ambiance décontractée. La carte est variée : moules-frites, fondues, grillades, salades... La salle à aire ouverte et les terrasses sont très courues et la musique est également à l'honneur (prestations en soirée) en saison.

Antiquarius Café RESTAURANT **$$**

(819-562-1800 ; 182 rue Wellington Nord ; plats 15-23 $, table d'hôte midi 14-16 $; tlj midi et soir lun-ven à partir de 11h, sam-dim à partir de 9h30). Installé dans la rue la plus agréable de la ville, ce restaurant-antiquaire aux allures de grand loft séduit par son atmosphère chaleureuse (surtout le soir) et sa cuisine bien mitonnée où dominent soupes, salades, risottos et grillades. Brunchs le week-end.

Auguste BISTRO **$$**

(819-565-9559 ; 82 rue Wellington ; menu midi 15-26 $, table d'hôte midi/soir 15-26/26-40 $; mar-ven 11h30-14h30 et mar-sam 17h-23h). Chouchou de la ville, le restaurant est tenu par un jeune chef de grand talent qui a créé, en quelque sorte, le bistro idéal : un décor lumineux, moderne et épuré, un service chaleureux et sans chichi, et par-dessus tout, une cuisine d'inspiration française à base de produits locaux du terroir et ce, au gré des saisons et des arrivages. Le boudin noir, le foie de veau et les tartares sont particulièrement savoureux.

Le Bouchon FINE CUISINE **$$$**
(☎819-566-0876 ; 107 rue Frontenac ; plats 17-30 $, table d'hôte midi/soir 12-28/35-45 $; ⏲lun-ven 11h30-14h30, lun-sam 17h30-21h). Ce restaurant aux lignes épurées et aux nappes impeccables sert une fine cuisine de type bistro, élaborée avec les produits du marché. La cave à vins, installée derrière de grandes vitres au milieu du restaurant, est impressionnante. Légumes croquants, bavette grillée, poisson poêlé et sauces savoureuses sont servis avec élégance.

Depuis/vers Sherbrooke

VOITURE De Montréal, empruntez l'autoroute 10 jusqu'à la sortie 140. Sherbrooke est à 4 km. De Québec, suivre l'autoroute 20 sur la rive sud du Saint-Laurent, puis prendre l'embranchement de l'autoroute 55.

BUS De la **gare routière** (☎819-562-8899 ; 80 rue du Dépôt), une dizaine de bus de la compagnie **Limocar** (☎569-3656 ; www.limocar.ca) desservent chaque jour Montréal (37,85 $). Comptez entre 2 heures et 3 heures 45 de trajet. De là vous pouvez rejoindre Granby, Magog et Trois-Rivières.

Lennoxville

La petite ville anglo-saxonne de Lennoxville, à 3 km au sud de Sherbrooke, est surtout connue pour l'**université Bishop's** (☎819-822-9600 ; www.ubishops.ca ; 2600 rue du Collège, route 108), construite en 1843 sur le modèle néogothique des universités d'Oxford et de Cambridge. Intégrée à l'université, la **chapelle Saint-Mark** (⏲lun-sam 8h-17h, dim 10h-17h), de style gothique, reprend des éléments architecturaux du collège Trinity de Cambridge. L'intérieur est orné de superbes vitraux et de pièces en hêtre sculpté.

Installé dans une résidence de style néogeorgien construite en 1862 et meublée d'un superbe mobilier d'époque, le **centre culturel et du patrimoine Uplands** (☎819-564-0409 ; www.uplands.ca ; 9 rue Speid ; entrée libre ; ⏲mar-dim 10h-16h30 juin-sept, mer-dim 13h-16h30 hors saison) présente des expositions de peintures et de photographies d'artistes régionaux. Une balade dans les jardins qui ceinturent la demeure permet de palper son caractère anglais. Un circuit pédestre patrimonial (2,2 km) permet de partir à la découverte des belles résidences environnantes avec une carte illustrée et un lecteur mp3 (3 $). Thé à l'anglaise, servi en costume d'époque à la maison ou sur sa véranda, avec scones et pâtisseries (⏲mar-dim 10h-16h30 en été, sam-dim 13h-16h30 reste de l'année ; 8,50 $).

Où se loger et se restaurer

Université Bishop's RÉSIDENCE UNIVERSITAIRE **$**
(☎819-822-9651 ou 1-866-822-9200 ; www.ubishops.ca ; 2600 rue du Collège (route 108) ; s/d 41,75/51,50 $/pers, app 87-97,75 $, ste 4 ch 170 $; ⏲mi-mai à août ;). Le prix des chambres varie en fonction de leur taille et de leur équipement (sdb privative, kitchenette). Les draps sont inclus et un service de buanderie est proposé. C'est un bon point de chute : l'immense campus donne accès à des courts de tennis, une piscine et un golf.

Depuis/vers Lennoxville

VOITURE Depuis Sherbrooke, suivre la rue Wellington Sud (route 143 Sud) qui devient la rue Queen. Lennoxville n'est plus qu'à 5 minutes. Au feu, tournez à gauche. La rue du Collège (route 108) longe l'entrée de l'université.

BUS Depuis le **terminus** (☎819-564-2687 ; www.sts.qc.ca ; 895 rue Cabana), situé près de la place de la Gare, 2 bus desservent plusieurs fois par jour l'université Bishop's. La compagnie **Limocar** (☎819-569-3656 ou 1-866-692-8899 ; www.limocar.ca) effectue 2 liaisons de Lennoxville à Montréal le vendredi (à 13h30 et 16h30). Comptez 33,50 $ (2 heures 30).

VÉLO La piste cyclable des Grandes-Fourches relie Lennoxville à Sherbrooke ainsi que le village de North Hatley.

North Hatley

Le très chic North Hatley est situé à une vingtaine de kilomètres au sud de Sherbrooke. Ses belles demeures cossues, construites à flanc de montagne, bordent la pointe nord du lac Massawippi. Dès 1902, le chemin de fer reliant Sherbrooke à l'État du Vermont favorise la venue de vacanciers américains, charmés par les rives du lac... et l'absence de la prohibition au Québec. Les demeures qu'ils élevèrent rivalisent de beauté et nombre d'entre elles ont été transformées en luxueux B&B. Dans le petit village s'alignent d'élégantes galeries d'art, antiquaires et boutiques.

EXCURSION SOUTERRAINE

À mi-chemin entre North Hatley et Lennoxville, arrêtez-vous à la **mine Capelton** (☎819-346-9545 ou 1-888-346-9545 ; www.capelton.ca ; 800 Route 108 ; mine seulement adulte/étudiant/enfant/famille 23,45/20,25/16/53,45 $ mine et tour prospecteur adulte/étudiant/enfant/famille 30,95/25,65/20,80/74,85 $; ⊙tlj fin juin-fin août départ toutes les heures entre 11h et 15h, mi-mai à fin juin et fin août à mi-oct sam-dim à 14h), vestige de l'époque de la ruée vers le cuivre et l'or. La mine, reliée par voie ferrée aux marchés canadiens et américains, fut exploitée de 1863 à 1907 et fêtera son 150e anniversaire en 2013. Son centre d'interprétation recrée l'ambiance du petit village minier de Capelton et mène à d'intéressantes excursions souterraines accompagnées d'un guide, qui ponctue la visite de commentaires passionnants (1 heure 45). Le tour du prospecteur vous invite quant à lui à partir à la recherche d'or et de minéraux accompagnés d'un prospecteur, dans le ruisseau, comme à l'époque (1 heure 15). Il est conseillé de porter un vêtement chaud, car la température dans la mine oscille autour de 9°C. Réservation conseillée.

Renseignements

KIOSQUE TOURISTIQUE (☎819-780-2759 ; 300 rue Mill ; ⊙tlj 8h-21h en été, tlj 9h30-16h30début avr-fin oct). Distribue des informations sur le village et sert de point d'accès à la piste cyclable, à la marina et à un stationnement. Sur "la Main" (rue principale), vous trouverez un cybercafé, une banque munie d'un DAB, un bureau de poste ainsi qu'une station-service.

La brochure *Tour à pied*, fournie au kiosque touristique, propose une intéressante balade à la découverte de l'histoire du village à travers ses maisons et bâtiments patrimoniaux.

Activités

La **plage municipale** (☎819-842-4491 ; 2070 ch du Lac) est accessible tous les jours en été de 10h à 20h. Stationnement gratuit.

La **piste cyclable des Grandes-Fourches** dessine une boucle de 53 km et revient à son point de départ en ville, à côté du kiosque touristique. **North Hatley Marina** (☎819-842-4433 ou 572-0357 ; 240 rue Mill ; ⊙mi-mai à fin sept), du côté de la rivière, loue des canoës, des pédalos, des kayaks simples et doubles pour respectivement 20/20/15/20 $ l'heure.

Les amateurs de golf et de pêche trouveront également leur compte au très prisé **Club de golf North Hatley** (☎819-842-2463 ; www.clubdegolfnorthhatley.com ; 1140 chemin Massawippi ; 17,50-30,50 $), au gîte **Serendipity** (voir ci-contre) pour un forfait de pêche guidée, ou encore au **lac Massawippi** (☎819-679-5963 ou 838-5963 ; ⊙avr-oct), pour la location d'un bateau (essence et équipement incl ; 10-60 $/h), avec ou sans capitaine, pour une aventure de pêche en toute autonomie ou de ski nautique (60 $/h).

À 3 km du village, **Jacques Robibas** (☎819-563-0166 ou 1-888-677-8767 ; www.equitationjacquesrobidas.com ; 32 chemin McFarland) organise des cours et des randonnées équestres en forêt (67 $/1h30, 49 $/1h15 pour les randonnées d'hiver). De décembre à début avril, il propose aussi des promenades en traîneau tiré par des chevaux. Le domaine Robibas s'improvise également cabane à sucre au printemps.

Où se loger

Cornemuse — GÎTE $$

(☎819-842-1573 ; www.cornemuse.qc.ca ; 1044 Massawippi ; s/d avec sdb 99/109-120 $, ste 139-159 $). Cet ancien salon de thé écossais, qui a conservé intacts le style et le charme originels de la demeure, respire l'élégance. Les chambres, parées d'objets et de meubles d'époque, sont tout confort. Privilégiez celles donnant sur le jardin, qui jouxte le superbe terrain de golf St-Andrews. Petits-déjeuners de produits frais et bio du jardin. Forfaits combinant repas gastronomiques et activités.

Serendipity — GÎTE $$

(☎819-842-2970 ; www.serendipitybb.qc.ca ; 340 chemin de la Rivière ; ch avec petit-déj 112 $, taxes incl). Au cœur du village, cette maison jaune pâle à l'élégante façade bénéficie d'une belle vue sur le lac. Son propriétaire, passionné de cuisine et de pêche, vous réserve un accueil chaleureux. Les chambres à l'étage sont un peu petites, mais lumineuses et douillettes. Intéressants forfaits de pêche sur le lac Massawippi, tout au long de l'année, idéal pour s'initier à la pêche blanche (119 $/demi-journée). Excellent rapport qualité/prix.

La Chocolatière d'Hatley GÎTE $$

(☎819-842-1604 ou 514-346-9200 ; www.groupecacao.com ; 985 rue Massawippi ; ch sans sdb 95-115 $ avec sdb 150 $). Une jeune femme chaleureuse vous reçoit dans sa demeure centenaire, un plateau de chocolats à la main. Ses chambres sont joliment décorées de tapisseries d'époque. Une minisuite est louée, avec cheminée, TV et accès à un spa extérieur. Délicieux déjeuners fruités couronnés de surprises chocolatées. Piscine extérieure en été.

Les chalets Jacques Robibas CHALETS $$$

(☎819-563-0166 ou 1-888-677-8767 ; www.equitationjacquesrobidas.com ; 32 chemin McFarland ; chalet 150-200 $ sem, 270-360 $ week-end 2 nuits minimum, refuge 80-120 $). Situés près du centre d'activités Jacques Robibas (voir plus haut), en pleine forêt, les petits chalets (2 à 6 pers), bien que modernes, ont un cachet rustique. Conçus à la manière d'un loft, ils comprennent chacun 2 lits, une sdb, une kitchenette et un poêle à bois pour l'hiver. Un excellent choix.

Manoir Hovey MANOIR $$$

(☎819-842-2421 ou 1-800-661-2421 ; www.manoirhovey.com ; 575 rue Hovey ; demi-pension 150-485 $/pers ;). Niché en bordure de lac, ce grand manoir anglais classé Relais & Châteaux, un rien austère, a des chambres exquises et spacieuses. L'établissement a su combiner de façon ingénieuse les fondations rustiques du manoir à une décoration épurée et contemporaine. Vous apprécierez la vue exceptionnelle sur le lac, le cadre boisé et les nombreuses activités (tennis, baignade, voile, canot, croisière, massages).

Où se restaurer

Café North Hatley SALON DE THÉ $

(☎819-842-4528 ; 88 rue Main ; plats 7-12 $; tlj 9h-17h, ferme plus tard en été). Situé à l'étage d'une boutique de la rue principale, ce charmant café d'inspiration anglaise fait également cybercafé (postes Internet et Wi-Fi). On y sert des tartes et des crèmes glacées, des soupes et des paninis. Sympathique.

Pilsen PUB $$

(☎819-842-2971 ; 55 rue Principale ; plats 12-22 $, table d'hôte 32-37 $; tlj 11h30). Ce pub anglais, dont la terrasse attenante s'ouvre sur la rivière et le lac Massawippi, est un endroit très prisé par les voyageurs. La cuisine est goûteuse, avec ses burgers, ailes de poulet et magrets de canard. Large fourchette de prix.

Plaisir gourmand RESTAURANT-TRAITEUR $$$

(☎819-838-1061 ; 2225 route 143 ; menus 46-65 $; jeu-dim à partir de 18h30). Dans une belle demeure de 1860, ce restaurant-traiteur propose une cuisine mêlant de manière créative les produits du terroir québécois. Les fermes et les producteurs sont indiqués sur le menu. On trouve ainsi un carré de porcelet d'élevage naturel de la ferme Lennon, des aiguillettes de canard du lac Brome fumé ou un ceviche de pétoncles et tartare de pommes de Compton. Le jarret d'agneau est leur spécialité. Comptoir de produits à emporter.

Manoir Hovey FINE CUISINE $$$

(voir ci-contre; table d'hôte 70 $, menu dégustation à partir de 95 $, petit-déj gourmand dim 10h-14h 25 $; tlj midi et soir jusqu'à 21h). Accumulant les distinctions, la cuisine de cet établissement privilégie les produits de la région, travaillés avec goût et raffinement. Le chef propose un art de la table à l'anglaise, avec au menu, par exemple, des pétoncles poêlés de la basse Côte-Nord, un tartare de cerf, un suprême de perdrix rôtie, ainsi qu'une tourte au chocolat noir. Très jolie vue sur le lac et, en soirée, concerts de jazz et de blues au pub attenant. Très belle carte des vins.

Depuis/vers North Hatley

VOITURE De Magog, suivre la route 108 Est. De Sherbrooke, prendre la route 143 Sud qui passe par Lennoxville et qui rejoint la route 108.

BUS Aucun bus ne dessert ce village.

MÉGANTIC

Blottie entre les montagnes et les étoiles, sauvage et isolée, la région de Mégantic envoûte par l'immensité de sa nature. Si la capitale de la région, Lac-Mégantic, manque un peu de charme, elle offre un bon point de départ vers la route des sommets, qui relie le parc national Frontenac au parc national du Mont-Mégantic en 157 km de routes ponctuées de magnifiques panoramas montagneux et lacustres.

Parc national du Mont-Mégantic

Le **parc national du Mont-Mégantic** (☎819-888-2941 ou 1-866-888-2941 ; www.sepaq.com ; 189 route du Parc, Notre-Dame-des-Bois ; accès adulte/enfant/famille 6,50/3/9,50-13,50 $; tlj), créé en 1994, est dominé par le massif du mont Mégantic (1 105 m), le deuxième sommet de la région après le mont Gosford (1 193 m), tous deux faisant partie des Appalaches. Plus d'une centaine d'espèces d'oiseaux sont recensées dans le parc, fréquenté également par l'orignal, le cerf de Virginie et le lynx rouge. À l'automne, le riche couvert forestier du parc, qui mêle érablières et feuillus aux sapinières et lichens, affiche des couleurs éclatantes.

Renseignements

BUREAU TOURISTIQUE (☎1-800-363-5515 ou 819-583-5515 ; www.tourisme-megantic.com ; 5490 rue de la Gare ; ⏲tlj 9h-19h juin-sept, 9h-17h oct-mai). Situé à Lac-Mégantic, le bureau pourra vous renseigner sur les activités de la région et la route des sommets.

Fêtes et festivals

Festival d'astronomie populaire du Mont-Mégantic (juillet). Des séances nocturnes d'observation des étoiles depuis l'observatoire astronomique, l'ASTROLab et l'Observatoire populaire du Mont-Mégantic.

Traversée internationale du lac Memphrémagog (juillet-août). Cet événement réunit à Magog des nageurs venus du monde entier.

Festival des Perséides (août). Soirées et nuits d'observation des étoiles filantes au parc national du Mont-Mégantic.

Traversée internationale du lac Mégantic (mi-août). Cette course internationale de natation s'agrémente de musique, de spectacles et d'animation pour les enfants.

À voir

ASTROLab ASTRONOMIE
(☎819-888-2941 ou 1-888-881-2941 ; www.astrolab.qc.ca ; 189 route du Parc, Notre-Dame-des-Bois ; adulte/enfant/famille 14,25/7,25/35,75 $; ⏲sam-dim 12h-16h30 et soirée à 20h fin mai-fin juin, tlj 12h-16h30 et soirée à 20h fin juin-début sept, sam-dim 12h-16h30 et sam soirée à 19h30 début sept à mi-oct). Construit au pied du mont Mégantic, l'ASTROLab présente une exposition multimédia sur l'astronomie et les techniques d'observation. Il organise également des soirées d'astronomie ainsi que des nuits d'observation des perséides au mois d'août. Ces soirées se déroulent soit à la base, à l'**ASTROLab** (adulte/enfant/famille 18,25/9,25/45,75 $), soit au sommet, à l'**Observatoire populaire** (adulte/enfant/famille 21,25/11,50/56,25 $) pour profiter du télescope de 61 cm – ne pas confondre l'Observatoire populaire avec son grand frère, l'Observatoire astronomique du Mont-Mégantic, installé non loin. Réservations obligatoires. La visite, bien conçue pour les familles, promet de belles découvertes.

Observatoire du Mont-Mégantic ASTRONOMIE
(☎819-888-2941 ou 1-800-665-652 ; http://omm.craq-astro.ca ; adulte/enfant/famille 10,25/5,75/28,50 $; ⏲mai-oct). Au sommet du mont Mégantic, l'Observatoire astronomique est un lieu d'étude et de recherche, qui représente le plus important centre d'observation de la côte Est de l'Amérique du Nord. Disposant du télescope le plus performant au Canada, il se visite en journée seulement. Sa visite en soirée (pour regarder au télescope) est possible une fois l'an durant le Festival d'astronomie populaire du Mont-Mégantic, organisé par l'ASTROLab, qui se déroule les vendredis de la mi-juillet à la mi-août. À cette période, le parc est envahi par des hordes de touristes.

DES ÉTOILES PLEIN LES YEUX

Déclaré "première réserve de ciel étoilé au monde" en 2007, le parc national du Mont-Mégantic est un lieu unique. Il bénéficie d'un ciel étoilé de toute beauté et, en hiver, les chutes de neige sont exceptionnelles en raison de son altitude. Ne ratez surtout pas la visite de l'ASTROLab du mont Mégantic (voir ci-dessous), qui programme de captivantes soirées d'observation de la voûte céleste.

Activités

Le **secteur de l'Observatoire** du parc national dispose de 50 km de splendides **sentiers de randonnée** en milieu boisé. Ceux qui mènent aux points de vue les plus spectaculaires sont assez exigeants. Notons les boucles du Mont-Saint-Joseph (8,5 km) et du Mont-Mégantic (10,7 km), et pour les plus sportifs, le parcours des Trois-Sommets (15 km). Carte des sentiers disponible au bureau d'accueil. Le parc est relié au réseau des **sentiers frontaliers** (www.sentiersfrontaliers.qc.ca), qui traverse les Appalaches le long de la frontière canado-américaine.

Le **sanctuaire Saint-Joseph**, lieu de pèlerinage construit au sommet du mont Saint-Joseph, est accessible par un sentier, mais aussi par la route. La vue sur la région et la chaîne des Appalaches est grandiose.

Une autre route asphaltée mène à l'observatoire, au sommet du mont Mégantic. Vous pourrez également y accéder au moyen d'une navette (départ du centre de découverte et de services du secteur de l'Observatoire, 45 min). L'hiver, ces deux voies asphaltées sont fermées.

Le nouveau **secteur de Franceville** offre 11 km de sentiers et un camping aménagé. Le bureau d'accueil est accessible par le chemin de Franceville, entre Scotstown et Val-Racine. La boucle de la promenade du ruisseau est assez facile, elle longe le ruisseau de la montagne et donne accès à une plage de galets (comptez 1 heure). La boucle du sentier des cimes est plus exigeante, comptez de 3 à 5 heures de marche, tandis que la piste de la vallée (3,9 km) est idéale pour une courte escapade à pied ou en vélo.

De la mi-juin à la mi-août, différentes activités d'interprétation centrées sur la nature sont animées par le personnel du parc.

L'hiver, les flancs du mont Mégantic se prêtent au **ski de fond** (28 km de pistes – secteur de l'observatoire), au **ski nordique** et à la **raquette** (33 km de sentiers – secteur de l'observatoire – et 11 km – secteur de Franceville) le long de pistes plus ou moins difficiles. De fin janvier à fin mars, des randonnées en raquette sont programmées les samedis soir (17h-23h) à la lueur des étoiles et des flambeaux, elles se terminent par une soirée à l'ASTROLab.

Où se loger et se restaurer

Parc national du Mont-Mégantic HÉBERGEMENT RUSTIQUE $
(819-888-2941 ou 1-866-888-2941 ; www.sepaq.com ; 189 route du Parc, Notre-Dame-des-Bois). Les sentiers balisés du secteur de l'observatoire du parc sont jalonnés par 4 **refuges** (été et hiver 24,50 $/pers). Les refuges de La Voie lactée (jusqu'à 8 pers), sur le mont Mégantic, ainsi que le refuge du Mont-Saint-Joseph (2 pers) offrent la possibilité de passer la nuit au sommet, sous les étoiles. Quatre **camps de prospecteurs** (hiver 65 $/2 pers) et un camp rustique (été/hiver 96/103 $ pour 4 pers) sont également mis à disposition. Les 13 emplacements du **camping rustique** (25,75 $/jour) sont disséminés sur le site de Grande Ourse dans le secteur de l'observatoire, tandis que le secteur Franceville dispose d'un **camping aménagé** accessible en voiture (36,50 $/jour avec eau et électricité) et de tentes Huttopia prêt-à-camper (113 $).

La Cédrière de la Montagne HÉBERGEMENT RUSTIQUE $
(819-888-1064 ; www.cedrieredelamontagne.com ; 4149 chemin de la Montagne, Notre-Dame-des-Bois ; empl 22 $, tipi 3 places 65 $). Le propriétaire de ce domaine, un amoureux de la forêt, a aménagé une trentaine de sites de camping rustique ainsi que des chalets dans les arbres et des tipis amérindiens, où on peut loger en l'hiver, grâce à un poêle à bois. Douches et toilettes sur place. Le chemin de la Montagne est à 1 km après l'intersection de la route du Parc.

Haut-Bois Dormant GÎTE $$
(819-888-2854 ; www.hautboisdormant.com ; 33 rue Principale Ouest ; s/d avec sdb commune 70/90 $, demi-pension 115/170 $). Au cœur du village de Notre-Dame-des-Bois, à deux pas de l'église, cette maison tenue par un jeune couple sympathique offre de petites chambres coquettes, aux couettes épaisses et moelleuses. Le chef Julie Demers propose un délicieux repas chaque soir à partir de produits locaux qu'elle parfume de ses épices maison (les gibiers sont excellents). Meilleur rapport qualité/prix de la région.

Auberge aux Toits Rouges AUBERGE $$
(819-888-2999 ; www.auxtoitsrouges.com ; 72 route Chesnam, Notre-Dame-des-Bois ; ch ou chalet avec petit-déj 100-120 $; table d'hôte 28-40 $). Cette maison familiale, où règne la bonne humeur, loue de jolies chambres à l'étage. Dans le domaine boisé à l'arrière, de petits chalets individuels en bois (2 à 6 pers), tout neufs, disposent de chambres confortables. Le soir, l'auberge sert une cuisine fine et légère – avec une dizaine de plats au menu. Accueil chaleureux.

Aux Berges de l'Aurore GÎTE $$
(819-888-2715 ; www.auberge-aurore.qc.ca ; 139 route du Parc, Notre-Dame-des-Bois ; d avec petit-déj 120-150 $, réductions en basse saison ; fermé déc-avr). Située sur la route menant au parc, cette maison à la décoration soignée occupe un site enchanteur. Ses chambres, bien qu'étriquées, demeurent cosy. La nature se déploie aux abords de la demeure et un jardin fleuri ourle ses contours. Cuisine réputée (demi-pension proposée).

Depuis/vers le parc national du Mont-Mégantic

VOITURE De Lennoxville, prendre la route 108 jusqu'à Cookshire, puis suivre la route 212 jusqu'au petit village de Notre-Dame-des-Bois, porte d'entrée du parc.

De Montréal, suivre l'autoroute 10 Est et prendre la sortie 143. Suivre alors la route 112 jusqu'à East Angus, puis la route 253 Sud jusqu'à Cookshire. La route 212 vous conduira jusqu'à La Patrie et Notre-Dame-des-Bois.

De Québec, emprunter l'autoroute 73 Sud puis la route 173 Sud jusqu'à Saint-Georges. Suivre ensuite la route 204 Ouest jusqu'à Mégantic, avant de continuer sur la route 161 jusqu'à Woburn et d'arriver sur la route 212, direction Notre-Dame-des-Bois.

Lac Mégantic

Si la ville de **Lac-Mégantic**, capitale régionale des Cantons-de-l'Est, est traversée par une longue artère commerciale bruyante qui brise son charme, en revanche le village de **Piopolis**, en bordure du lac Mégantic, mérite que l'on s'y attarde. À une vingtaine de kilomètres à peine du parc national du Mont-Mégantic via Val-Racine, vous apercevrez la flèche bleue de l'église Saint-Zénon à l'entrée de ce petit village aux maisons blanches, élégantes dans leur discrétion, dont les pelouses et les parterres sont parfaitement entretenus. Tout concourt à un séjour agréable : petit quai au calme, marina, ancien magasin général (qui fait aussi traiteur), plage et **camping municipal** (☎819-583-2114 ; 109 chemin de la Plage ; empl 25-35 $, taxes incl), très familial, qui loue des pédalos (10 $/1h). Une piste cyclable, en bordure de route, permet de rejoindre le parc national du Mont-Mégantic.

UN PETIT DÉTOUR PAR LE CENTRE-DU-QUÉBEC

La région du **Centre-du-Québec** (voir carte p. 93) est une terre colonisée par les loyalistes américains, les immigrants irlandais et écossais, puis par les Canadiens français. Elle se partage en seigneuries, dans les plaines qui bordent le Saint-Laurent, et en cantons plus au sud, vers les Cantons-de-l'Est. Ses deux principaux chemins de campagne sont agrémentés de pistes cyclables.

La **route 143**, qui longe la rivière Saint-François, traverse d'abord le petit village d'**Ulverton**. Avec ses maisons de style vernaculaire américain, ses bâtiments agricoles pimpants et son pont couvert, on retrouve une atmosphère de la campagne du début du XIXe siècle. Ensuite, la route suit la rivière Saint-François jusqu'à Drummondville.

La ville de **Drummondville** conserve un profil industriel, hérité du développement des moulins et des manufactures au début du XIXe siècle. On s'y rend pour visiter son **Village québécois d'antan** (☎819-478-1441 ou 1-877-710-0267 ; www.villagequebecois.com ; 1425 rue Montplaisir ; adulte/enfant/famille 23,92/18,05/60 $; ⏲tlj 10h-17h30 mi-juin à fin août) qui reproduit un microvillage des années 1810 à 1910, animé par des personnages vêtus en costume d'époque. Le village, qui ravira les enfants, célèbre le temps des sucres, celui de la pomme et, enfin, Noël. En hiver, on le sillonne en carriole ou en ski de fond.

À mi-chemin entre Ulverton et Drummondville, bifurquez vers l'est afin de visiter **Les Jardins Lumières** (☎819-394-3350 ; www.jardins-lumieres.com ; 552 rang 1, L'Avenir ; concert sam 20-30 $, forfait concert-repas sam 45-55 $; ⏲sam ouverture 19 h, concert à 20h30 juil à mi-sept), qui présentent des concerts extérieurs et des pièces de théâtre. D'ingénieux jeux de lumières animent l'amphithéâtre et le jardin de sculpture qui l'entoure, sur les rives de la rivière Saint-François. Possibilité d'y faire un pique-nique ou encore de déguster un repas sur le site, grâce aux services d'un chef traiteur. Reprenez ensuite la **route 143** vers Drummondville ou encore la **route 116** vers la portion est du Centre-du-Québec.

Depuis Sherbrooke, la **route 116** se poursuit jusqu'à Victoriaville. Vous traverserez d'abord **Danville**, un petit village anglo-saxon splendide, aux demeures loyalistes. Un peu plus loin, le village de Warwick, maintes fois primé pour ses parterres fleuris, vit naître le frère Marie-Victorien, créateur du Jardin botanique de Montréal.

La route mène enfin au chef-lieu des Bois-Francs, **Victoriaville**, une ville fière et industrielle dotée d'un joli quartier historique, Arthabaska. À 30 km de là, **Plessisville**, l'un des premiers Cantons-de-l'Est, a su conserver sa tradition agricole. Il accueille chaque année en avril le **Festival de l'érable**.

Activités

Solstice Plein Air KAYAK ET VÉLO

(819-554-8141 ou 514-684-4660 ; www.solsticepleinair.com ; 515 rue Principale, Piopolis ; mi-mai à début sept). Vous pourrez louer ici des kayaks de mer (15 $/h, 32 $/demi-journée, 50 $/jour), des vélos tout terrain (10/20/30 $) et des ballons de plage et de foot (2 $/h). Installée à quelques encablures du quai, la boutique organise également des sorties en kayak au lever et au coucher du soleil, ainsi qu'à la belle étoile (12-15 $/h) ! Paiement en espèces seulement.

Où se loger

Hébergement aux Cinq Sens YOURTES $$$

(819-583-0885 ; www.auxcinqsens.ca ; 250 rang des Grenier ; forfait 2 jours 275 $/pers). Pour une expérience d'hébergement rustique en yourtes tout confort (draps non fournis). Depuis le bureau d'accueil, vous vous rendrez au campement de yourtes, isolé en forêt, à pied ou en raquette, à l'aide d'un chariot ou d'une luge, selon la saison. Formule idéale pour faire le plein de nature et de tranquillité. Tarifs dégressifs selon le nombre de nuitées.

Baie des Sables COMPLEXE RÉCRÉOTOURISTIQUE $$

(819-583-3965 ou 583-3969 ; www.baiedessables.com ; 2370 chemin du Lac ; empl 28-39 $, ch 61 $, chalets 109-158 $). À mi-chemin entre Piopolis et la ville de Lac-Mégantic, ce complexe situé au bord du lac loue des sites de camping aménagés et rustiques ou encore de petits chalets, et propose moult activités (parc aérien, baignade, vélo, voilier, catamaran, canot, kayak, pêche). Équipement et brochure sur place.

Parc national de Frontenac

Situé à 122 km au nord-est de Sherbrooke, le **parc national de Frontenac** (1-800-665-6527 ; www.sepaq.com/pq/fro ; 599 chemin des Roy ; adulte/enfant/famille 6/2,75/8,75-12 $; mi-mai à mi-oct) est réputé pour ses lacs et ses cours d'eau propices à la pratique du canot-camping, du kayak et du rabaska (grand canot d'écorce) en excursions guidées. Les chalets loués au bord du lac avec leurs grands et larges canots sont particulièrement appréciés. Certains sites de camping et de chalets possèdent même leur propre lac !

Une piste cyclable de 26 km et une plage surveillée ont été aménagées dans le parc. Location de vélos et de diverses embarcations à la demande.

L'observation des oiseaux (153 espèces recensées) et la pêche représentent deux autres activités phares du parc. Comptez 70 $ par jour pour un permis de pêche et l'hébergement en chalet. L'été, vous pourrez vous initier au kayak de mer (15,25 $/1h) ou encore louer des canots (30 $/4h) et des vélos (31,25 $/jour).

Où se loger et se restaurer

Des **chalets** sont loués de mai à octobre. Les prix varient de 133 à 245 $ par jour selon leur capacité et la saison. L'emplacement sur un site de **camping** s'échelonne entre 27,50 et 36,50 $. Pour faire du canot-camping, comptez 27,50 $ par personne et par jour. Vous pourrez loger dans des camps rustiques (64 $) ou encore dans des tentes prêt-à-camper Huttopia (113 $). Casse-croûte dans le parc.

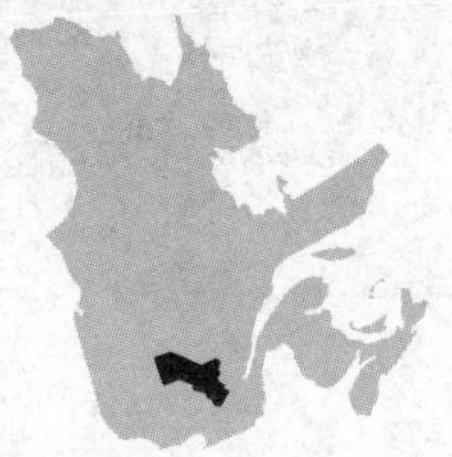

Mauricie

Dans ce chapitre »

Le top des hébergements

- » Le Manoir du Rocher de Grand-Mère (p. 209)
- » Aux berges du lac Castor (p. 212)
- » Le Bôme (p. 213)

Le top des restaurants

- » Le Trou du diable (p. 209)
- » Le Sacristain (p. 206)

Pourquoi y aller

La Mauricie est un pays de forêts denses, enserré entre les deux villes reines de la province, Québec et Montréal. Cette région, qui fut il n'y a pas si longtemps le royaume des coureurs des bois, des bûcherons et des draveurs, a toujours inspiré poètes et conteurs qui ont cherché à exprimer son âme si particulière. On la découvre à son rythme, le long de ses routes de campagne ou en explorant le splendide parc national de la Mauricie.

La région borde le fleuve Saint-Laurent, puis s'étend vers le nord le long de la rivière Saint-Maurice jusqu'au lac Saint-Jean. Le cours d'eau qui lui a donné son nom a en outre profondément marqué son histoire. Il lui permit de devenir, au milieu du XIXe siècle, une capitale mondiale des pâtes et papiers, grâce au transport des billots de bois par voie fluviale jusqu'aux usines de Trois-Rivières. La Mauricie constitue ainsi le berceau de l'industrialisation du Québec.

Depuis que le flottage du bois a été interdit sur les eaux du Saint-Maurice, la rivière s'enorgueillit de la présence des canoteurs et des plaisanciers. Outre ces attraits, Trois-Rivières, sa capitale, attire de nombreux visiteurs, venus profiter de ses musées, de ses festivals et de son délicieux climat.

Quand partir

Mi-septembre à fin octobre Les couleurs rouge et or des érables égaient le parc national de la Mauricie.

Fin mai à début septembre Les meilleurs mois pour pratiquer randonnée, canot, kayak et rafting. Festival FestiVoix à Trois-Rivières.

Fin décembre à fin mars La saison de la motoneige et des traîneaux à chiens.

À ne pas manquer

1. Une sortie en canot ou une randonnée dans le **parc national de la Mauricie** (p. 210)
2. Le **village forestier Les Piles** (p. 212) à Grandes-Piles , et les paysages de lacs et de forêts de la **vallée du Saint-Maurice**, entre Grandes-Piles et le lac Saint-Jean (p. 214)
3. La vieille ville de **Trois-Rivières** (p. 203) et une visite de son ancienne prison
4. La **Cité de l'Énergie** (p. 208) de Shawinigan

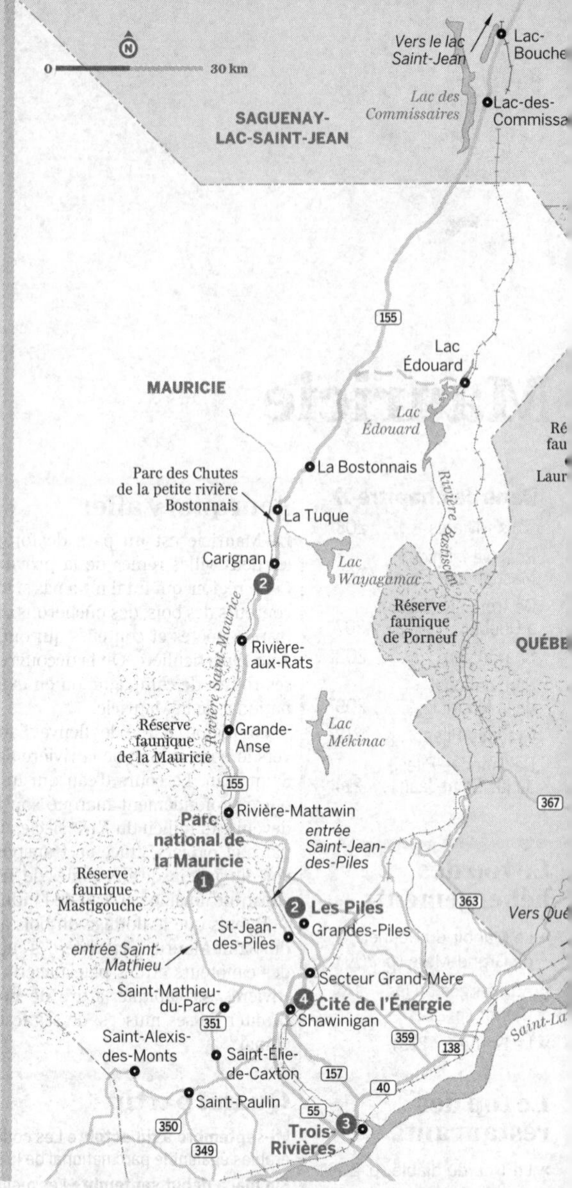

Histoire

La Mauricie est habitée depuis des temps très anciens : le site occupé par les Algonquins se concentrait sur la rive nord du fleuve, tandis que les Attikamek occupaient l'arrière-pays mauricien. La fondation de Trois-Rivières, en 1634, marque la première implantation européenne dans la région. Rapidement, la petite colonie exploite les terres fertiles le long du Saint-Laurent et une poignée de seigneuries sont alors créées. En 1730, la découverte d'un gisement de fer au nord de Trois-Rivières entraîne la création des Forges du Saint-Maurice, première industrie sidérurgique du Canada. Quatre ans plus tard, la construction du chemin du Roy (voir l'encadré p. 207) reliant Québec à

Montréal amorce définitivement le peuplement de cette rive du fleuve et permet le développement des échanges commerciaux.

C'est au milieu du XIXe siècle qu'une nouvelle aventure industrielle voit le jour en Mauricie : la drave, ou le flottage du bois sur la rivière. Pendant plus d'un siècle, ateliers, fours à charbon, chantiers de construction naval et moulins à scieries s'égrèneront le long des berges de la rivière Saint-Maurice, couverte de billots à la dérive. En 1998, elle est nettoyée de ses billots et rendue à la navigation de plaisance jusqu'à La Tuque.

Orientation

La ville de Trois-Rivières est située à mi-chemin de Montréal et de Québec, en bordure du Saint-Laurent. Les plus pressés emprunteront pour y aller l'autoroute 40, les autres suivront la route 138, l'ancien chemin du Roy. De là, vous pourrez aussi rejoindre la rive sud du Saint-Laurent, en empruntant le pont Laviolette, ouvert à la circulation en 1967.

De Trois-Rivières, la Mauricie s'étire vers le nord jusqu'au lac Saint-Jean. La route 155 constitue l'unique axe nord-sud. Comptez 300 km environ pour vous rendre jusqu'à Chambord, en bordure du lac.

Trois-Rivières

Des effluves de bois planent souvent à l'entrée de la ville, se mêlant aux effluves marins. Située à l'embouchure de la rivière Saint-Maurice et du fleuve Saint-Laurent, Trois-Rivières compte toujours des usines de pâte à papier en fonction. La ville a longtemps figuré parmi les plus importants producteurs au monde. Elle est aujourd'hui devenue un centre universitaire et culturel majeur – elle regroupe d'intéressants musées –, profitant sans doute de sa position, entre Montréal et Québec. Il faut arpenter les rues de la vieille ville pour goûter au charme de Trois-Rivières. Car la rue principale – la rue des Forges – où se succèdent bars, restaurants et terrasses animées manque un peu de douceur et d'intimité. Promenez-vous également le long du Saint-Laurent, que le nouveau centre Boréalis devrait contribuer à mettre en valeur.

Renseignements

BUREAU D'INFORMATION TOURISTIQUE (☎819-375-1122 ou 1-800-313-1123 ; www.tourismetroisrivieres.com ; 1457 rue Notre-Dame ; ⊙tlj 9h-20h en été, lun-ven 9h-17h et sam-dim 10h-16h reste de l'année, fermé week-end mi-oct à mi-mai). Le bureau délivre une carte de stationnement à la journée. Vous pourrez également vous y procurer une **carte musées** (25 $, taxes incl) qui donne accès à l'ensemble des sites de Trois-Rivières.

Des **tours de ville pédestres** y sont organisés en été, du jeudi au dimanche (10 $). En juillet et août, l'association Démarche des Premiers Quartiers propose une **visite historique** (☎819-386-5744 ; www.histoiresdequartiers.net ; adulte/étudiant 8/6 $, gratuit -12 ans ; ⊙jeu, ven, sam 18h30, dim 10h30, durée 1h30) à pied dans le vieux Trois-Rivières.

Vous pouvez garer votre voiture au parking de l'hôtel de ville (1,50 $/h, 9 $/24h). L'hôtel Delta ouvre également son parking aux visiteurs (1620 rue Notre-Dame Centre, 8 $/jour).

Fêtes et festivals

FestiVoix de Trois-Rivières (juin-juillet ; www.festivoix.com). Une centaine de spectacles en plein air réunissant des artistes internationaux et des artistes émergents. On y célèbre la voix sous toutes ses formes : chant populaire, chorale et voix du monde.

Grand Prix automobile de Trois-Rivières (début août ; www.gp3r.com). Course automobile annuelle.

Classique internationale de canots de la Mauricie (septembre ; www.classiquedecanots.com). Descente de la rivière Saint-Maurice, de La Tuque à Trois-Rivières.

Festival international de la poésie (octobre ; www.fiptr.com). Lectures publiques, récitals de musique, expositions de peinture et de photographies.

À voir

Musée québécois de Culture populaire IDENTITÉ QUÉBÉCOISE

(☎819-372-0406 ; www.culturepop.qc.ca ; 200 rue Laviolette ; adulte/étudiant/5-17 ans 10/8/6 $; ⊙tlj 10h-18h en été, mar-dim 10h-17h reste de l'année). Cette grande maison moderne abrite différentes expositions temporaires. Jusqu'en janvier 2014, une exposition est consacrée à l'histoire criminelle de la province ; une autre dédiée à la culture populaire des Québécois lui succédera. Les enfants ne sont pas en reste, jusqu'en mai 2015, "L'Odyssée de Maeva" les plongera dans l'univers d'un vaisseau spatial. Ne manquez pas la visite de la **vieille prison de Trois-Rivières** (www.enprison.com ; même tarif que le musée, billet combiné musée et prison adulte/étudiant/5-17 ans 16/11,50/9 $), également proposée par le musée. Menée par un ancien détenu, elle évoque les conditions carcérales dans cette prison construite en 1822, et fermée seulement en 1986. Une visite forte et émouvante qui inclut un petit film sur la condition des femmes.

Boréalis MUSÉE DE L'INDUSTRIE PAPETIÈRE
(☎819-372-4633 ; www.borealis3r.ca ; 200 av. des Draveurs ; tarif plein/réduit 9/6 $, visite guidée, fabrication du papier et rallye sous les voûtes tarif plein/réduit 13/10 $; ⏲tlj 10h-18h en été, mar-dim 10h-17h en hiver). Depuis septembre 2010, le Centre d'histoire de l'industrie papetière bénéficie de ce nouveau site en bordure du fleuve, dans les murs d'une ancienne usine de filtration construite dans les années 1920. La fabrication de pâtes et papiers et la vie de ses travailleurs y sont retracées. Également, activités de fabrication de papier (4 $).

Musée des Ursulines MUSÉE-MONASTÈRE
(☎819-375-7922 ; www.musee-ursulines.qc.ca ; 734 rue des Ursulines ; adulte/étudiant 4/3 $, gratuit -17 ans ; ⏲fin juin-début sept tlj 10h-17h, mai à fin juin et début sept à fin nov mar-dim 10h-17h, mars-avr mer-dim 13h-17h). Arrivées à Québec en 1639, les Ursulines se sont installées à Trois-Rivières en 1697. Le monastère qu'elles créèrent alors était consacré aux malades et à l'éducation des jeunes filles – l'école et l'hôpital se visitent désormais. Le musée abrite une intéressante collection de mobilier, d'orfèvrerie et de broderies. Élevée en 1715, la chapelle à l'imposante coupole décorée de jolies fresques, s'inspire de l'architecture grecque.

Cathédrale de l'Assomption ÉDIFICE RELIGIEUX
(☎819-374-2409 ; 362 rue Bonaventure ; ⏲lun-ven 13h30-17h30, sam 9h-11h et 13h30-17h15, dim 9h30-11h45 et 13h30-18h). Construite en 1858 dans le style néogothique, elle présente une architecture austère que viennent adoucir les vitraux, réalisés en 1923, par l'artiste florentin Guido Nincheri. La cathédrale fait face à un parc agréable.

GRATUIT **Galerie d'art du Parc** GALERIE D'ART
(☎819-374-2355 ; www.galeriedartduparc.qc.ca ; 864 rue des Ursulines ; ⏲mar-ven 10h-12h et 13h30-17h, sam-dim 13h-17h). Pour un regard plus contemporain, rendez-vous au manoir de Tonnancour, qui abrite des œuvres d'art alliant peinture, sculpture, estampes et créations multidisciplinaires, d'artistes d'ici et d'ailleurs. Les expositions sont dispersées dans les salles d'une belle demeure en pierre de la fin du XVIIIe siècle.

Lieu historique national des Forges-du-Saint-Maurice ANCIENNES FORGES
(☎819-378-5116 ; www.pc.gc.ca ; 10 000 bd des Forges ; adulte/famille 3,90/9,80 $, gratuit -6 ans ; ⏲mi-mai à début sept tlj 9h30-16h30). À une vingtaine de minutes au nord de la ville, les forges du Saint-Maurice prennent place au cœur d'un immense parc près de la rivière Saint-Maurice. Le lieu retrace de façon

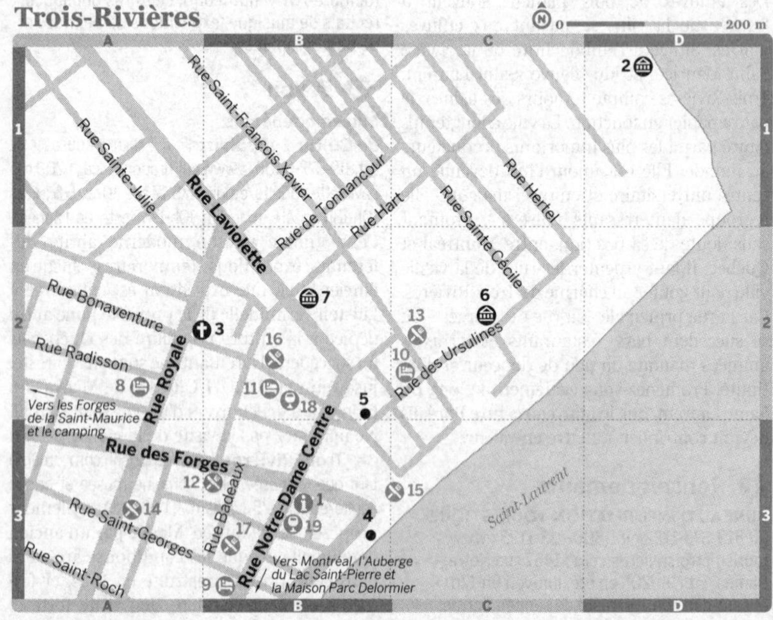

vivante l'histoire de ce site qui fut, pendant plus de 150 ans, l'un des principaux centres producteurs de fonte au Canada. Les sentiers du parc et les aires de pique-nique sont propices à de belles balades. Des activités estivales sont programmées.

Activités

Maikan ACTIVITÉS NAUTIQUES
(☎819-694-7010 ou 1-877-694-7010 ; www.maikan.ca ; 2206 bd des Chenaux). Ce centre organise des sorties guidées en kayak de mer, canot ou rabaska. La descente de la rivière Saint-Maurice (40 $/4h), surnommée "la descente des draveurs", et la traversée du fleuve Saint-Laurent en soirée (40 $/3h) donnent particulièrement envie.

Parc de l'île Saint-Quentin PLEIN AIR
(☎819-373-8151 ; www.ilesaintquentin.com ; entrée adulte/3-12 ans 4,50/1,50 $; ⏲tlj en été 9h-22h, l'hiver 11h-16h30 en semaine, 9h-21h sam, 9h-16h30 dim). Plage, randonnée, piste cyclable, volley-ball, kayak, piscine et jeux pour enfants vous attendent l'été. L'hiver, place aux patinage, glissades, raquettes et ski de fond. Le site dispose d'une vingtaine d'emplacements de camping sauvage en pleine forêt. L'île est accessible par le pont Duplessis, que l'on rejoint par la route 138 ; compter 3 $ pour le stationnement. Paiement en espèces seulement.

Trois-Rivières

Renseignements
1 Bureau d'information touristique..... B3

À voir et à faire
2 Boréalis..... D1
3 Cathédrale de l'Assomption..... B2
4 Croisières M/V Le Draveur et M/S Jacques-Cartier..... B3
5 Galerie d'art du Parc..... B2
6 Musée des Ursulines..... C2
7 Musée québécois de Culture populaire..... B2
Vieille prison de Trois-Rivières .. (voir 7)

Où se loger
8 Auberge internationale de Trois-Rivières..... A2
9 Delta Trois-Rivières..... B3
10 Gîte Loiselle..... C2
11 Manoir de Blois..... B2

Où se restaurer
12 Angéline..... B3
13 La Piazza..... C2
14 Le Lupin..... A3
15 Le Poivre Noir..... B2
16 Le Sacristain..... B2
17 Paradis d'Asie..... B3

Où prendre un verre
18 Café-bar Le Zénob..... B2
19 Le Torréfacteur..... B3

Où se loger

Camping Lac Saint-Michel CAMPING $
(☎819-374-8474 ; www.campingunion.com ; 11650 rue Le Clairon ; empl 26,49-36,99 $; ⏲mai-sept). Ce camping un peu excentré, occupé en majorité par les caravanes, est bien conçu. Il dispose d'un lac artificiel et de terrains de jeux. Pour vous y rendre, prenez le boulevard des Forges sur 12 km vers le nord – le camping est situé 2 km après le site des Forges-du-Saint-Maurice. Location de chalets (95-105 $) et de cabines (85-95 $).

Auberge internationale de Trois-Rivières AUBERGE DE JEUNESSE $
(☎1-877-378-8010 ; www.hihostels.com ; 497 rue Radisson ; membre/non-membre dort 24,35/28,75 $, ch privative 2 pers 54,79/83,75 $, petit-déj 5,65 $; @🛜). Cette auberge de jeunesse prend place dans une belle demeure ancienne et dispose de 32 lits répartis en dortoirs (dont un mixte) et en chambres privées et familiales, le tout un peu exigu mais très correct. Elle compte une cuisine commune, un agréable salon et une petite terrasse à l'arrière. Prêt de vélos et point de vente des cartes de covoiturage Amigo Express (www.amigoexpress.com).

Maison Parc Delormier GÎTE $
(☎819-377-5636 ; www.maisonparcdelormier.com ; 7713 rue Notre-Dame Ouest ; s/d avec petit-déj 72/82 $). Les 3 chambres de cette maison sont à l'étage. Elles ont des lits à baldaquin et se partagent une grande sdb, mais chacune est dotée d'un lavabo. Un Jacuzzi extérieur et un centre de soins au sous-sol invitent à la détente. La bâtisse – d'aspect moderne – se situe à une dizaine de minutes en voiture du centre-ville.

♥ **Gîte Loiselle** GÎTE $$
(☎819-375-2121 ; www.giteloiselle.com ; 836 rue des Ursulines ; s/d avec petit-déj haute saison 89/99 $, basse saison 79/89 $; ❄P🛜). Dans la vieille ville, cette élégante demeure propose de jolies chambres meublées dans un style classique. Montagne de coussins, chandeliers et tapisserie à fleurs. Douche partagée, mais chaque chambre équipée

MAURICIE TROIS-RIVIÈRES

d'une toilette et d'un lavabo. Trois formules de petit-déjeuner.

Manoir de Blois GÎTE **$$**
(819-373-1090 ou 1-800-397-5184 ; www.manoirdeblois.com ; 197 rue Bonaventure ; ch avec petit-déj 100-190 $). Des chambres de standing meublées à l'ancienne – certaines un peu trop à notre goût – et le charme d'une maison de 1828 restaurée. Ce gîte est situé à deux pas du musée québécois de Culture populaire.

Delta Trois-Rivières HÔTEL **$$$**
(819-376-1991 ou 1-888-890-3222 ; www.deltahotels.com/fr/hotels/quebec/delta-trois-rivieres ; 1620 rue Notre-Dame Centre ; ch régulière 139-145 $, ch première 169-175 $;). Cet hôtel de catégorie supérieure dispose de chambres "premières", rénovées dans un style contemporain et offrant pour la plupart une vue sur la rivière, et des chambres "Delta", plus classiques. Piscine, spa, sauna. Stationnement 5 $/nuit.

Auberge du Lac Saint-Pierre AUBERGE **$$$**
(819-377-5971 ou 1-888-377-5971 ; www.aubergelacst-pierre.com ; 10911 rue Notre-Dame Ouest, route 138, secteur Pointe-du-Lac ; ch côté fleuve s/d 145/156-199 $, côté cour s/d 114/125-157 $, forfait demi-pension d côté fleuve 290-334 $, côté cour 264-292 $;). Dans le secteur de la Pointe-du-Lac, à 13 km à l'ouest du centre-ville, le grand atout de cette auberge est son accès au fleuve, avec jardin, tennis, sauna, etc. Les chambres sont grandes et confortables, mais sans cachet particulier. Table champêtre et piscine extérieure.

Où se restaurer

Le Sacristain REPAS SANTÉ **$**
(819-694-1344 ; 300 rue Bonaventure ; plats 6-10,50 $, table d'hôte 12,50-19,50 $; lun-ven 10h-16h30). Logé dans un ancien lieu de culte, ce petit restaurant avec de grandes tablées est parfait pour un déjeuner santé. Spécialisé dans les sandwichs grillés, avec un savoureux choix de pains (seigle au sésame, pumpernickel...). Également des quiches, soupes et salade. On peut vous préparer une "boîte à lunch" (panier-repas ; 12,25 $).

Paradis d'Asie ASIATIQUE **$**
(819-376-6077 ; 1576 rue Badeaux ; plats 7-16 $; mar-dim 17h-21h30, mer-ven 11h-14h). Ce petit restaurant au cadre banal, situé un peu en retrait de la rue des Forges, n'en sert pas moins une bonne cuisine vietnamienne et thaïlandaise. Assiettes généreuses et formule "apportez votre vin".

La Piazza ITALIEN **$$**
(819-373-7404 ; www.restaurantlapiazza.com ; 142 rue Saint-François-Xavier ; pizza 11-17 $, plats 18-32 $; tlj 17h-22h). En plein cœur de la vieille ville, ce bistro italien – agréable aussi bien à l'intérieur qu'en terrasse sous la tonnelle – propose antipasti, pizzas fines, grillades et pâtes accompagnées de vins à bon prix. Mieux vaut réserver le week-end.

Angéline ITALIEN **$$**
(819-372-0468 ; 313 rue des Forges ; plats 15-22 $; tlj midi et soir jusqu'à 21h, 22h le week-end). L'un des seuls restaurants qui nous a convaincu dans la rue des Forges, qui en aligne tant. La déco rouge est chaleureuse et les grandes banquettes invitent à se joindre à l'ambiance animée qui règne ici. À la carte, pizzas, bruschettas, pâtes avec sauces, bref l'Italie à son meilleur... comme la leçon (d'italien) diffusée dans les toilettes ! Terrasse à l'arrière. Les mêmes propriétaires tiennent le bistro-grill **Casablanca** (819-691-1111 ; 317 rue des Forges).

Le Lupin FRANÇAIS **$$**
(819-370-4740 ; www.lelupin.ca ; 376 rue Saint-Georges ; plats 19-42 $, menu midi 11,50 $, table d'hôte soir 27,50 $; lun-ven midi et soir, fermé sam midi et dim). Cette adresse, d'un chic un peu démodé, sert pourtant une cuisine française impeccable. On s'y régale de ris de veau au porto, de cailles au calvados ou encore de magret de canard en croûte d'épices. Grand choix de crêpes sucrées et salées. Formule "Apportez votre vin".

Le Poivre Noir INTERNATIONAL **$$**
(819-378-5772 ; www.poivrenoir.com ; 1300 rue du Fleuve ; midi table d'hôte 19-24 $, plats soir 29-45 $; midi mar-ven et tous les soirs sauf lun). L'une des rares adresses à bénéficier d'une vue sur le Saint-Laurent. Dans une vaste salle aux vitres fumées réchauffée ici et là de couleurs orangées, on sert une cuisine aux influences internationales. Des plats sont à partager à deux, tels que le canard de Pékin mariné et sa pyramide de rouleaux impériaux ou le carré d'agneau entier rôti. En entrée, 4 spécialités de foie gras.

Où prendre un verre

Le Torréfacteur CAFÉ
(819-694-4484 ; 1465 rue Notre-Dame Centre ; lun-sam 7h-23h, dim 8h-23h ;). Sacs en toile de jute à l'entrée et boîtes en métal lustrées remplies de cafés en grains derrière le comptoir, cette brûlerie sert des thés et des cafés de qualité. Les boissons chaudes sont à emporter ou à déguster sur place, sur de petites tables

et de grands bancs en bois. À côté d'une délicieuse pâtisserie belge artisanale (1449 rue Notre-Dame Centre ; ⏲mer-lun 7h-18h).

Le Bucafin CAFÉ

(☎819-376-2122 ; 920 bd Saint-Maurice ; www.bucafin.qc.ca ; Internet 1,70 $/30 min, lavage 2 $, séchage 1,25 $; ⏲tlj jusqu'à 17h ; @). Un peu à l'écart du centre-ville, cet agréable café Internet-buanderie s'inscrit dans la démarche écocitoyenne des Premiers Quartiers. C'est aussi un point de service pour le prêt de vélos en saison estivale. Expos d'artistes et repas légers.

♥ **Café-bar Le Zénob** CAFÉ CULTUREL

(☎819-378-9925 ; 171 rue Bonaventure, ⏲mar-sam 16h-3h, dim-lun 16h-1h). Ce petit bar décontracté et accueillant, que Félix Leclerc aima fréquenter, organise un festival de poésie, des spectacles de FestiVoix, des expos mensuelles, des concerts (jeu et sam 4-5 $) et, l'été, des impros le dimanche soir. Une clientèle hétéroclite vient profiter de l'ambiance et de deux belles terrasses ombragées.

ℹ Depuis/vers Trois-Rivières

VOITURE De Montréal ou Québec, l'autoroute 40 dessert Trois-Rivières (en venant de Montréal, il faut prendre un bout de l'autoroute 55). Vous pouvez également emprunter la route 138 qui, en ville, devient la rue Notre-Dame.

BUS La compagnie de bus **Orléans Express** (☎1-888-999-3977 ; www.orleansexpress.com) assure des liaisons depuis Montréal. À Trois-Rivières, la **gare routière** (☎819-374-2944 ; 275 rue Saint-Georges) est proche de l'auberge de jeunesse. La durée du trajet varie entre 1 heure 45 et 2 heures 30 (34,44 $, taxes incl, tarif régulier). Coût et durée identiques pour la ville de Québec. De Trois-Rivières, des bus desservent également Shawinigan et La Tuque.

Réserve faunique Mastigouche

Attenante au parc national de la Mauricie, et à cheval sur la Mauricie et Lanaudière, la **réserve faunique Mastigouche** (☎1-800-665-6527 ; www.sepaq.com/rf/mas) était autrefois un territoire réservé aux clubs privés de chasse et de pêche. Ouvert au grand public depuis 1971, la richesse de ses plans d'eau (417 lacs et 13 rivières) et de son couvert forestier en fait un endroit très prisé des chasseurs et des pêcheurs. Les adeptes du canot-camping y trouveront aussi leur compte. La location de tout l'équipement nécessaire est possible sur place. On y trouve des refuges et des chalets (21,57-58 $/nuit/pers) ainsi que des sentiers balisés et entretenus.

Depuis Trois-Rivières, l'**accueil Pins-Rouge** (☎819-265-6055 ; ⏲mai-oct) est le plus accessible. Passez d'abord par Louiseville, à l'ouest, en bordure du Saint-Laurent, puis empruntez la route 349. Après Saint-Alexis-des-Monts, il faut encore parcourir 24 km vers le nord avant d'arriver à l'accueil.

De Trois-Rivières à Québec

Si elle prend plus de temps, la route 138 est nettement plus agréable que l'autoroute 40 pour gagner Québec depuis Trois-Rivières. Connue sous le nom de **chemin du Roy** (voir l'encadré ci-dessous), cette route longe paisiblement les rives du Saint-Laurent en traversant les villages. Pour la rejoindre depuis Trois-Rivières, empruntez le pont Duplessis et passez sur la rive est de la rivière Saint-François par la rue Notre-Dame, qui

LE CHEMIN DU ROY, PREMIÈRE ROUTE CARROSSABLE

Le chemin du Roy, c'est le "frère terrestre" du fleuve Saint-Laurent et la première voie carrossable du Canada. Aucun chemin ne reliait encore la capitale, Québec, à Montréal, lorsqu'en 1706, le Conseil supérieur prend la décision de construire une route qui longe le fleuve, là où se trouvent les habitations. Grâce aux "corvées du Roy", qui mettent à contribution les riverains, le grand voyer Eustache Lanouiller de Boisclerc peut entreprendre les travaux en 1731. Au terme du chantier, en 1737, le chemin du Roy fait 7,4 m de largeur et s'étire sur 280 km, en reliant entre elles 37 seigneuries. Le chemin du Roy est alors la plus longue route aménagée au nord du Rio Grande.

Le chemin du Roy va servir au service de courrier et aux voyageurs qui utilisent pendant un siècle et demi des calèches, des diligences, des malles-poste et, l'hiver, des carrioles. Parmi les villes-relais les plus fréquentées : Berthier, où le repas de midi est toujours servi, Trois-Rivières, idéal pour un arrêt nocturne, et Deschambault. Au galop, on pouvait faire le voyage en 2 jours ! Aujourd'hui, la route 138 emprunte, dans sa plus grande part, l'ancien tracé qui va de Saint-Augustin-de-Desmaures à Repentigny, en passant par Trois-Rivières. Pour plus de précisions : www.lecheminduroy.com

devient la route 138. Commence alors le secteur de **Cap-de-la-Madeleine**, ancienne seigneurie où les Jésuites avaient fondé une mission dans les années 1650.

La route longe le **sanctuaire Notre-Dame-du-Cap** (819-374-2441 ; www.sanctuaire-ndc.ca ; 626 rue Notre-Dame Est ; accès libre), troisième lieu de pèlerinage au Québec, qui renferme un orgue Casavant (l'un des plus imposants du pays après celui de la basilique Notre-Dame de Montréal). Le sanctuaire est bordé d'un joli parc où l'on peut déjeuner.

À 20 km, en suivant cette même route, la petite ville de **Batiscan** possède un vieux **presbytère** (418-362-2051 ; www.recitsquifontjaser.com ; 340 rue Principale ; adulte/étudiant 3,50/2,50 $, gratuit -8 ans ; tlj 10h-17h fin mai-fin sept). Construit en 1816, il abrite une petite exposition reconstituant l'univers du prêtre de Batiscan et de ses habitants, au milieu du XIXe siècle. Il possède un très beau jardin avec des arbres centenaires. Les pique-niques sont autorisés.

Sainte-Anne-de-la-Pérade, 10 km plus à l'est, est le point de rendez-vous des pêcheurs en hiver. Des centaines de cabanes multicolores s'installent alors sur la rivière gelée. La ville réserve en été une belle promenade aromatique à faire dans les jardins du **domaine seigneurial** (418-325-3522 ; www.recitsquifontjaser.com ; 910 rue Sainte-Anne ; adulte/étudiant 2/1,50 $, gratuit -8 ans ; tlj 10h-17h mi-juin à début sept).

En continuant vers Québec, le presbytère du village **Deschambault** mérite une halte pour apprécier la vue sur le fleuve. À 30 km à peine de Québec, les villages de **Neuville** et de **Cap-Santé** bordent la route 138. Leurs maisons séculaires, construites entre 1740 et 1850, contribuent à leur cachet. À Neuville, l'église Saint-François-de-Sales abrite un somptueux baldaquin, l'un des plus anciens d'Amérique.

Le tracé de cette jolie route de campagne est suivi sur toute sa longueur par la **Route verte** (voir l'encadré p. 30), une piste cyclable aménagée en bordure du Saint-Laurent.

Shawinigan

Avec son fort potentiel hydraulique, Shawinigan – dont le nom est hérité de la langue algonquine – constitue un centre important de l'histoire industrielle du Québec. Celle-ci est contée à la Cité de l'énergie, pôle touristique majeur de la ville avec le parc de l'île Melville, dédié aux loisirs nautiques l'été et au ski de fond et patinage l'hiver. Mis à part ses quelques échappées sur la rivière Saint-Maurice, la ville ne présente pas de charme particulier. Elle jouxte le parc national de la Mauricie.

Orientation

Shawinigan ayant fusionné en 2002 avec sept autres localités voisines, il n'est pas toujours facile de s'y retrouver. Pour rejoindre le secteur Grand-Mère, où l'on trouve les meilleurs gîtes, il faut prendre la sortie 226 de l'autoroute 55 et prendre la 4e ou 8e rue. De là, la route 153 permet de rejoindre le centre de Shawinigan, que vous pouvez atteindre plus directement par la sortie 211 ou 217 de l'autoroute. La Cité de l'énergie se situe sur l'île Melville. Pour vous y rendre, empruntez la route 157 (au niveau du carrefour avec la 153).

Renseignements

Si vous visitez la Cité de l'énergie, le plus simple est de vous rendre au comptoir d'information ouvert de fin juin à début septembre, tous les jours de 10h à 18h. Vous trouvez sinon un **bureau d'accueil touristique** (819-538-4883 ou 1-800-667-4136 ; www.tourismeshawinigan.com ; 2333 8e Rue, secteur Grand-Mère ; fin juin à début sept tlj 8h-19h, lun-ven 9h-17h reste de l'année) à la sortie 226 de l'autoroute 55. Possibilité d'y louer des vélos (5 $/h, 20 $/jour) et des raquettes (équipement pour adulte 2 $/h, 15 $/jour).

À voir et à faire

Erigée sur l'île Melville, la **Cité de l'Énergie** (819-536-8516 ou 1-866-900-2483 ; www.citedelenergie.com ; 1000 av. Melville ; adulte/étudiant/6-12 ans 18/16/11 $; tlj 10h-18h début juin-fin sept) est un vaste parc thématique. Un centre des sciences réunit un spectacle multimédia sur l'énergie de la Terre, une exposition sur l'âge d'or industriel de Shawinigan ainsi qu'une tour d'observation, la deuxième plus haute du Québec, qui offre une vue à 115 m du sol. Un traversier ou un minibus permettent ensuite de visiter une centrale hydroélectrique, toujours en fonction, et mènent à l'**espace Shawinigan** (819-536-8516 ou 1-866-900-2483 ; 1882 rue Cascade) qui accueille 2 expositions thématiques temporaires. Une visite guidée de la ville en trolleybus et une croisière en ponton sur le Saint-Maurice sont aussi proposées. L'immense amphithéâtre extérieur accueille le fameux spectacle multimédia **Amos Daragon** (adulte/0-12 ans 58,50/26 $; mar-sam 21h30 3-28 juil, 21h30 31 juil-18 août), conjuguant musique, danse, théâtre, arts du cirque et effets pyrotechniques.

Le **parc de l'île Melville** (819-536-7155 ou 1-866-536-7155 ; www.ilemelville.com) permet de pratiquer des activités nautiques (location d'embarcations sur place) et du ski de fond.

Où se loger

Gîte L'Ancestral GÎTE **$$**
(819-533-6573 ; www.gitelancestral.com ; 70 3e Avenue, secteur Grand-Mère ; s/d avec petit-déj 70-85/80-95 $; fermé jan-mars ;). Ce gîte accueillant et sans prétention loue des chambres pimpantes aux allures campagnardes, certaines avec vue sur la rivière. La plus chère dispose d'une sdb privative. Enfants et familles bienvenus.

La Maison sous les Arbres GÎTE **$$**
(819-537-6413 ; www.maisonsouslesarbres.com ; 1002 av. Hemlock, Shawinigan-centre ; s/d avec petit-déj 77-112/87-122 $ selon ch, taxes incl ;). Dans une belle maison du centre-ville de Shawinigan, soieries, lustres et meubles anciens plantent le décor. Deux chambres se partagent une sdb tandis qu'une plus grande, la "Rose des Vents", avec sdb, bénéficie d'une terrasse avec vue sur la rivière.

Le Manoir du Rocher de Grand-Mère GÎTE **$$$**
(819-538-8877 ; www.lemanoirdurocher.com ; 85 6e Avenue, Grand-Mère ; s/d avec petit-déj 119/139 $, ste s/d avec petit-déj 135/160 $;). L'atmosphère de cette immense maison de pierre – élément que l'on retrouve dans les pièces – est au raffinement. Les 3 chambres conjuguent une modernité teintée de touches rustiques. Le vrai plus : la longue terrasse avec vue sur la rivière Saint-Maurice.

Où se restaurer et prendre un verre

Café Le Figaro REPAS LÉGERS **$**
(819-536-0099 ; 591 5e Rue ; plats 9-12 $; 7h-21h lun-jeu, 7h-22h vend, 8h-22h sam, 8h-21h dim ;). On commande au comptoir cafés, salades, sandwichs et autres paninis, puis l'on prend place en terrasse (sur la rue passante) ou dans la grande salle animée, dont le mur lumineux qui évoque l'océan.

La Pointe à Bernard BRASSERIE **$$**
(819-537-5553 ; 692 4e Rue ; menu midi 7-11 $, soir 13-47 $; mar-ven 11h30-14h et 17h-21h). Une sympathique adresse où la carte offre une gamme assez complète de cuisine de type brasserie (moules-frites, bavette de bœuf, pizzas, pâtes...). Bières brassées et verres au vin.

Le Trou du diable RESTO-BRASSERIE **$$**
(819-537-9151 ; 412 av. Willow ; plats 14-30 $; tlj à partir de 15h). Ambiance taverne pour cette microbrasserie artisanale, située en face de la cité de l'énergie. On fait le déplacement depuis Trois-Rivières pour venir y déguster pièces de viande et cochonnailles. Ne passez surtout pas à côté de la bière, brassée sur place et délicieuse.

Depuis/vers Shawinigan

VOITURE Depuis Trois-Rivières, l'autoroute 55 Nord mène à Shawinigan. Prendre la sortie 211 puis la route 153 pour rejoindre le centre-ville, et la sortie 226 pour le secteur Grand-Mère.

BUS La compagnie de bus **Orléans Express** (1-888-999-3977 ; www.orleansexpress.com) dessert quotidiennement Shawinigan depuis Montréal (3 heures-3 heures 30 ; 42,88 $, taxes incl) et Trois-Rivières (50 min, 14,89 $, taxes incl). Un arrêt dessert le **centre-ville** (1563 rue St-Sacrement, à côté de la station Shell) et un autre le **secteur Grand-Mère** (819-536-3746 ; 2255 5e Avenue, à côté de la station Petro-Canada).

Parc national de la Mauricie

Considéré comme l'un des plus beaux parcs du Québec, le parc national de la Mauricie se déploie sur 536 km² à l'ouest de la rivière Saint-Maurice. Son plateau vallonné, couvert de forêts à 90% et d'une multitude de plans d'eau, ravira à coup sûr les amateurs de plein air. On y pratique la randonnée, le kayak, le canot-camping, le ski de fond, les raquettes et le VTT, à l'aide de circuits faciles d'accès, bien organisés. Plusieurs lacs se prêtent aussi à la baignade en été. Une route-promenade de 63 km relie d'est en ouest les deux centres d'accueil.

Faune et flore

Le renard roux, le castor, l'écureuil, la loutre et la martre sont présents dans le parc, qui compte également des populations de coyotes, de lynx et de ratons laveurs. S'y ajoutent environ une centaine d'ours noirs et le double d'orignaux, ainsi que deux espèces rares : le loup gris et la tortue des bois. On peut y voir près de 180 espèces d'oiseaux : roitelets, gélinottes huppées, geais, balbuzards pêcheurs et, parmi les espèces aquatiques, le plongeon huard, symbole du parc. Les érablières à bouleau jaune dominent dans la partie sud. Puis, elles cèdent la place aux sapinières, qui préfigurent la forêt boréale, au nord du territoire.

Renseignements

CENTRES D'ACCUEIL Le parc compte deux postes d'entrée avec un **centre d'accueil** (819-538-3232 ; www.parcscanada.gc.ca/mauricie ; entrée adulte/senior/6-16 ans/famille 7,80/6,80/3,90/19,60 $; fin mai à début sept tlj 7h-21h30, reste de la saison tlj 9h-16h30, jusqu'à 21h30 ven), ouverts de mi-mai à mi-octobre. Celui de **Saint-Jean-des-Piles** est à l'est du parc, à 5 km du village du même nom, tandis que l'autre accès se fait par l'ouest, via **Saint-Mathieu-du-Parc**.

Une carte du parc est remise gratuitement au centre d'accueil, mais vous pouvez également vous procurer le petit guide *À la découverte du parc de la Mauricie* (6 $), qui détaille de nombreuses activités, ou la carte topographique *Aventure* (12,95 $), qui présente les aménagements de la route-promenade, les sentiers ou encore les sites de camping.

Activités

Activités estivales

La superbe **route-promenade** permet d'accéder facilement aux principaux points d'intérêt du parc. D'est en ouest, citons le lac Édouard, le lieudit "Le Passage", qui permet d'embrasser un large panorama sur les méandres du lac Wapizagonke, et le site de Shewenegan.

La **baignade** est autorisée, notamment, au lac Édouard – qui possède l'une des plus belles plages du parc – et à Shewenegan.

De multiples sentiers de **randonnée**, souvent jalonnés de panneaux d'interprétation, ont été aménagés en bordure de la route-promenade. Les parcours du Vieux-Brûlis, des Deux-Criques et du Mekinak sont à conseiller pour une marche d'une journée. Ils vous mènent à des cascades, des ruisseaux et des belvédères impressionnants. D'autres sentiers d'une demi-journée (3 heures à 5 heures 30) sont intéressants : les parcours du lac solitaire, du ruisseau Bouchard et du lac Pimbina. Enfin, pour une petite marche de moins d'une heure, optez pour les sentiers Lac Étienne, Cache et Cascades.

Le parc compte également une trentaine de kilomètres de sentiers en poussière de pierre, aménagés pour le **VTT**, en particulier au départ du lac Édouard.

On peut louer des **canots** et des **kayaks** au lac Édouard et aux sites de Shewenegan et de Wapizagonke. Comptez 10 $ l'heure ou 20 $ les 4 heures, et 15 $ l'heure pour un kayak. Un itinéraire mêlant canotage et randonnée peut consister à louer une embarcation au centre Wapizagonke pour atteindre en canot le point de départ d'une randonnée pédestre de 6 km qui vous mènera aux magnifiques chutes Waber. Comptez une journée.

Il est possible d'obtenir un permis de **pêche** à la journée (choix du lac au tirage au sort ; 9,80 $).

Enfin, des naturalistes organisent des activités découverte, de fin juin à fin août, le matin.

Activités hivernales

De nombreux sentiers sont ouverts au **ski de fond**, la plupart au départ du pavillon de Rivière-à-la-Pêche, à 5 km de l'accueil de Saint-Jean-des-Piles. Le réseau est entretenu de mi-décembre à fin mars. Comptez 9,80 $ par adulte pour accéder au parc avec son équipement de ski de fond et 7,80 $ avec ses raquettes. Pour **louer** des skis (17 $/jour) et des raquettes (15 $/jour), rendez-vous au **dépanneur du parc** (819-538-2204 ; 1400 rue Principale), à Saint-Jean-des-Piles.

Où se loger et se restaurer

L'un des meilleurs moyens de profiter des activités est de loger dans un chalet, de planter sa tente dans l'un des campings du parc ou bien de louer un gîte ou une auberge dans les localités proches des deux entrées.

Trois **campings** (1-877-737-3783 ; www.pccamping.ca ; 25,50/29,40 $ selon services ; mi-mai à mi-oct) ont été aménagés le long de la route-promenade. Celui de Rivière-à-la-Pêche, le seul à disposer d'électricité, est accessible depuis l'entrée Saint-Jean-des-Piles. Depuis Saint-Mathieu, vous rejoindrez à quelques kilomètres le camping Mistagance, puis, plus au nord, le Wapizagonke, en bordure du lac du même nom. Des sites de camping rustique (15,70 $), sans eau ni électricité et fréquentés par les canot-campeurs, sont disséminés dans le parc.

Deux **gîtes** (819-537-4555 ; www.info-nature.ca ; 33-36,50 $/nuit/pers, 2 nuits obligatoires ven-sam, frais de réservation 9,80 $) avec toilettes, cheminée, douche, électricité et chauffage sont disponibles à proximité du lac Rivière-à-la-Pêche. Environ 3,5 km de marche sont nécessaires pour atteindre ces chalets qui appartenaient naguère à un club très sélect de chasse et de pêche, le Laurentian Club, et sont aujourd'hui gérés par une association à but non lucratif. Le gîte Wabenaki peut héberger jusqu'à 28 personnes dans 3 dortoirs tandis que le gîte Andrew loge 4 personnes dans chacune de ses 4 chambres. On y accède par une entrée secondaire située au nord de Saint-Gérard-des-Laurentides (sortie 217, autoroute 55).

Un **dépanneur** (tlj 8h-20h) est ouvert de fin juin à début septembre à Wapizagonke.

FRED PELLERIN, LE LUTIN DU PAYS

Le village de **Saint-Elie-de-Caxton** fait l'objet d'un culte étrange, ou tout du moins étonnant pour celui qui n'en connaît pas l'origine. C'est que l'imaginaire de l'enfant du pays **Fred Pellerin** (www.fredpellerin.com) a pris corps ici. Alliant proses verbales et métaphores surréalistes, le jeune conteur met en scène, avec une douceur candide, les personnages de son petit village natal. Il tricote ainsi des "histoires cueillies dans les parlures de Saint-Élie-de-Caxton" et se voue à la défense des régions éloignées du Québec, qui subissent l'exode de la jeune génération. Fred Pellerin aime à dire l'importance de préserver la mémoire collective québécoise. De juin à mi-octobre, la municipalité propose une **visite guidée** (819-221-2839 ; adulte/-13 ans 12/6 $, tlj 10h15, 13h30 et 15h30) à bord d'une carriole tirée par un tracteur. Le **bureau d'accueil touristique** (52 chemin de Loisirs ; 9h30-17h30) met également à disposition des audio-guides (adulte/-13 ans 12/6 $, 9h30-15h) pour vous balader dans le village au rythme des envolées lyriques de Fred Pellerin, et apercevoir l'authentique traverse de lutins… Au garage de la culture, un petit musée évoque le monde de Fred (2191 av. Principale ; 10h30-17h30). Lors de votre escapade à Saint-Élie-de-Caxton (25 km à l'ouest de Shawinigan), vous pourrez vous sustenter au resto-gîte Le **Lutin Marmiton** (819-221-2150 ; www.gitescanada.com/12205.html ; 2410 av. Principale ; midi 10-15 $; soir table d'hôte 17-36 $; s/d avec petit-déj 70/85 $, taxes incl ; juin-août midi et soir, horaires variables reste de l'année ;). Cet ancien presbytère – le curé de la paroisse y a toujours son bureau – abrite 5 chambres un peu anciennes mais confortables, qui se partagent 2 sdb.

La poésie occupe une place à part en Mauricie, qui a bercé et inspiré les plus grands poètes du Québec, dont Félix Leclerc et Oscar Thiffault. Depuis plus de 20 ans, la ville de Trois-Rivières accueille ainsi le **Festival international de la poésie** (www.fiptr.com) qui attire plus de 40 000 visiteurs par année dans ses musées, ses galeries d'art, ses parcs et ses bars. Une promenade de la poésie a été inaugurée avec succès dans la vieille ville (la brochure est disponible au bureau touristique).

De mi-mai à mi-octobre, vous trouverez également un **casse-croûte** ouvert au lac Édouard et à Shewenegan (à partir de 11h et jusqu'à 16h ou 18h selon la période).

VERS L'ACCUEIL SAINT-JEAN-DES-PILES

Des hébergements confortables sont disponibles dans les communes voisines du parc. La plupart des aubergistes proposent des forfaits-activité, en collaboration avec le parc.

Aux Berges du Saint-Maurice CHAMBRES ET CONDOS **$**
(819-538-2112 ou 1-800-660-2112 ; www.cdit.qc.ca/absm ; 2369 rue Principale, Saint-Jean-des-Piles ; ch avec petit-déj continental 69 $, condo 99 $;). À 1,5 km du village en direction de l'entrée du parc, cet imposant chalet rustique offre un bon rapport qualité/prix. Ses petits appartements (condos) tout équipés sont situés, pour la plupart, en rez-de-jardin. Les 5 chambres sont plus sommaires et bénéficient d'une cuisine et d'une sdb communes. Éric, le maître des lieux, est accompagnateur de motoneige. L'été, il organise des sorties d'observation de l'orignal (75-90 $) et de l'ours noir (adulte/enfant/famille 25,25/14/71,50 $; 90 min, gratuit si les ours ne se montrent pas ; soir juin-début sept). Pensez à réserver. Également, location de canots (25 $/jour).

La Maison Cadorette AUBERGE **$$**
(819-538-9883 ou 1-888-538-9883 ; www.cdit.qc.ca/cadoret ; 1701 rue Principale, Saint-Jean-des-Piles ; table d'hôte 21-25 $, plats 13-30 $; mer-dim 18h-22h). Dans le centre du village, cette auberge propose une cuisine familiale très correcte. Les plats sont copieux et la carte privilégie les gibiers. Également, chambres à louer (65-75 $).

VERS L'ACCUEIL SAINT-MATHIEU

Auberge du Trappeur AUBERGE **$-$$**
(819-532-2600 ou 1-866-356-2600 ; www.bonjourmauricie.com ; 2120 chemin Saint-François, Saint-Mathieu-du-Parc ; ch avec sdb partagée 73,50/77,50 $ selon saison, avec sdb privée 89,50/94 $, petit-déj 6 $; table d'hôte 27,45 $, plats midi 9-14 $, plats soir 19-30 $; tlj midi et soir). À moins de 500 m de l'entrée du parc, cet établissement vise les groupes scolaires. Dix chambres, simples mais bien agencées, ou un refuge rustique en bois rond (à 1 km de l'auberge) peuvent être loués par les visiteurs. Vous pourrez ainsi goûter à la cuisine amérindienne, et visiter le site **Mokotakan** (adulte/4-15 ans 13/9 $; mai-oct et déc-mars tlj 8h-18h), un intéressant

village traditionnel autochtone reconstitué (privilégiez l'excellente visite guidée à la visite audioguidée), avec l'évocation de 11 nations amérindiennes. Un **musée de la Faune** (adulte/4-15 ans 9/6 $; ⏲ mai-oct et déc-mars tlj 8h-20h) complète désormais les installations, avec plus de 140 animaux naturalisés, présentés le long d'un parcours qui retrace les quatre saisons. On propose aussi des sorties d'observation de l'ours, de l'orignal et du castor (réservez), ainsi que des randonnées de la trappe l'hiver, où un guide vous apprendra à monter des pièges. Location de canots, de vélos et de raquettes (7 $). Forfaits motoneige et traîneau à chiens.

♥ Auberge Saint-Mathieu-du-Lac AUBERGE **$$**
(☎819-532-3397 ; www.auberge-st-mathieu-du-lac.com ; 2081 chemin Principal, Saint-Mathieu-du-Parc ; s/d 77/99 $, forfait demi-pension 166 $/2 pers ; table d'hôte 30 $, plats 13-16 $; ❄📶). Toutes meublées de bois, les 10 chambres de cette accueillante auberge sont simples et disposent pour la plupart d'une vue sur le lac, où l'été des embarcations sont amarrées au ponton. Forfait multi-activités en hiver. Le restaurant sert de bons plats de gibier et prépare des "boîtes à lunch" (8 $) pour les randonneurs. Petit spa et sauna privatif (10 $/séance).

SAINT-PAULIN

À Saint-Paulin, à 20 km environ au sud de l'accueil Saint-Mathieu du parc, il existe deux centres de villégiature :

Auberge Le Baluchon AUBERGE **$$$**
(☎819-268-2555 ou 1-800-789-5968 ; www.baluchon.com ; 3550 chemin des Trembles, Saint-Paulin ; forfaits à partir de 135 $/pers ; ❄📶). En plein cœur de la campagne mauricienne, ce vaste centre – les chambres sont réparties dans plusieurs petites auberges – permet à ses hôtes de pratiquer moult activités de plein air – randonnée, équitation, canot et ski de fond. Elle dispose également d'un spa et d'une table gastronomique réputés. Pour une expérience originale, essayez le "théâtre en rivière" : les spectateurs circulent en rabaska (grand canot d'écorce) et rament d'une étape à l'autre afin de suivre l'histoire et les légendes de la région.

Aux berges du lac Castor RÉSIDENCE DE TOURISME **$**
(☎819-268-3339 ; www.laccastor.com ; 3800 chemin des Allumettes, Saint-Paulin ; ch pour 4 pers 70-75 $ selon saison, chalet 90-100 $, camping 35 $, hutte 60-70 $, yourte 80-115 $). Plus modeste, cette résidence de tourisme est située en bordure du lac Castor et entourée de forêts. Elle bénéficie de sa propre plage (l'accès aux embarcations est inclus dans le prix) et d'une patinoire naturelle l'hiver. Différentes possibilités d'hébergement, qui accommoderont aisément les familles et les petits groupes, sont proposées : en chambres de 4 personnes à l'auberge, en petits chalets, en campings rustiques, en huttes et même en yourtes. Il faut apporter sa literie ou la louer sur place (10 $). L'été, un petit bistro permet de se restaurer, sinon une grande cuisine commune est mise à disposition. Près de 30 km de sentiers pédestres et de raquettes entourent le site. Pour trouver l'auberge, suivre la direction du Baluchon, elle est indiquée un peu plus loin sur la route menant à Saint-Élie-de-Caxton. Un chemin de terre de 6 km vous attend, une fois quitté la route principale.

ℹ Depuis/vers le parc national de la Mauricie

VOITURE Pour l'entrée Saint-Jean-des-Piles, suivre l'autoroute 55 Nord depuis Trois-Rivières et prendre la sortie 226 en direction de Saint-Jean-des-Piles. Pour l'entrée Saint-Mathieu, il faut prendre la sortie 217, en direction de Saint-Mathieu-du-Parc.

BUS Depuis Trois-Rivières, aucun bus n'assure la liaison avec le parc.

Grandes-Piles

Grandes-Piles occupe une place à part dans l'histoire de la région. Ce joli village des bords du Saint-Maurice fut en effet, pendant plus d'un siècle, l'un des principaux foyers de l'industrie du bois de la région (voir l'encadré ci-contre). Si l'époque de la "drave des pitounes" appartient désormais à l'Histoire, Grandes-Piles a conservé tout son charme. Elle compte d'excellentes options en matière d'hébergement et de restauration.

Vous trouverez à Grandes-Piles un dépanneur et une station-service.

👁 À voir et à faire

♥ Village forestier Les Piles PATRIMOINE
(☎819-538-7895 ou 1-877-338-7895 ; www.lespiles.ca ; 780 5e Avenue, route 155 ; adulte/étudiant/6-10 ans/senior/famille 12,50/9/5/11,50/30 $, taxes incl, gratuit -6 ans ; ⏲tlj 10h-18h mai-oct). La visite de ce village de bûcherons reconstitué vous mène dans une vingtaine de pavillons en bois

LE SAINT-MAURICE, DERNIÈRE RIVIÈRE DRAVÉE DU QUÉBEC

C'est à partir de 1852, sous l'impulsion de la société Norcross et Philips, que le flottage du bois, ou drave, commença sur la rivière Saint-Maurice. Pendant plus d'un siècle, la rivière fut ainsi utilisée pour acheminer le bois coupé en amont de Grandes-Piles jusqu'aux moulins à scierie, fours à charbon et usines de pâte à papier situés sur ses berges, entre Grandes-Piles et Trois-Rivières. Le métier de draveur – ils furent plus de 2 000 sur le Saint-Maurice – n'était pas de tout repos. Évoluant à bord de barges sur une rivière presque entièrement recouverte de billots de bois, ils devaient libérer les embâcles, trier les pièces de bois selon leur taille et leur propriétaire et réaliser les "glissoires" nécessaires pour franchir les rapides. Ce dur labeur s'effectuait de la mi-mai à la fin octobre, des "glaces aux glaces". À partir de 1940, on commença à débiter le bois en billots de 4 pieds de long, ou "pitounes", plus faciles à manier.

Le village de Grandes-Piles fut l'un des grands centres de cette activité. Lieu de rencontre des bûcherons et des draveurs, il compta jusqu'à 14 fours à charbon et de nombreux ateliers de réparation de chalands et d'estacades (pontons flottants permettant de circuler entre les billots).

L'évolution des méthodes de travail, la mobilisation de l'opinion contre la pollution de la rivière par le tanin du bois et les incidents de plus en plus fréquents avec les plaisanciers sonnèrent le glas de la "drave des pitounes". Elle est définitivement interdite en 1995. En 1998, le Saint-Maurice est nettoyé de ses billots et rendu à la navigation de plaisance jusqu'à La Tuque. Il a perdu un métier, mais a retrouvé sa beauté. Le Saint-Maurice aura été la dernière rivière dravée du Québec. N'hésitez pas à visiter à La Tuque le parc des Chutes de la petite rivière Bostonnais (p. 214), dont une nouvelle et très intéressante exposition est justement consacrée à la drave.

rond, dévoilant chacune des facettes de ce qui fut longtemps l'activité phare de la ville. Un audioguide (gratuit) vous met dans la peau d'une nouvelle recrue et décrit chacune des cabanes (drave, forge, écurie, cabane de trappeur, camp de bûcherons…). Une visite intéressante et émouvante. On peut même prendre à la "cookerie" le repas traditionnel des coureurs de bois (15 $/pers, réserver). Le séjour "On monte au camp" est aussi organisé pour vivre la vie des bûcherons pendant 24h (se renseigner par téléphone).

En plus de son service de navettes pour les piétons et cyclistes (voir plus bas), **La Petite Traverse** (☎418-365-8658 ; www.lapetitetraverse.com) propose des excursions de pêche (60 $/h) sur le Saint-Maurice et de courtes croisières. L'embarcadère est situé en contrebas de l'auberge Le Bôme. Un petit parc vous attend à l'arrivée, à Saint-Jean-des-Piles.

Également installé sur le quai, **Aventure Vent et Rivière** (☎819-538-3333 ; www.ventetriviere.com ; 60 2e Rue ; ⏲mer-jeu 9h-17h, ven-sam-dim 9h-18h) loue des canots et des kayaks (18-25 $/demi-journée), et propose des excursions de canot-camping – l'une, de 2 jours sur le Saint-Maurice, se prête très bien à des débutants ou en famille (295 $/pers, -12 ans 190 $).

Où se loger et se restaurer

♥ **La Capitainerie du Passant** GÎTE **$$**
(☎819-538-8507 ; www.capitaineriedupassant.com ; 740 3e Avenue ; ch avec petit-déj 85-95 $; wifi). Cette grande et belle maison centenaire au toit rouge, dont les balcons rappellent le ponton d'un navire avec ses planchers, ses bouts et ses bouées de sauvetage, abrite un agréable gîte, qui offre une vue en hauteur sur la rivière. Ses chambres – hormis une – sont spacieuses. Toutes sont décorées avec goût et remplies d'objets maritimes.

♥ **Le Bôme** AUBERGE **$$$**
(☎819-538-2805 ou 1-800-538-2805 ; www.bome-mauricie.com ; 720 2e Avenue ; ch 125-230 $; plats 19-20 $, table d'hôte 37-55 $; ⏲restaurant ouvert tous les soirs, auberge fermée 1er nov-15 déc et 1er avr-15 mai ; climatisation, wifi). Tenue par un Français et une Italo-Québécoise, cette auberge réserve un accueil de caractère. Dotées de meubles anciens et de lits douillets, les chambres – la plupart avec baignoires – sont cosy à souhait. Dans la grande salle à manger qui fait face à la rivière, on se régale de steaks de caribou flambé, de magrets de canard et autres côtes de bœuf. Spa, possibilité de demi-pension et forfaits-activités (notamment de motoneige).

Depuis/vers Grandes-Piles

BATEAU La Petite Traverse (☎418-365-8658 ; www.lapetitetraverse.com ; adulte/étudiant et senior/-11 ans 3/2/1 $; ⏲tlj fin juin-début sept) offre un service de navettes pour les piétons et les cyclistes entre Grande-Piles et Saint-Jean-des-Piles, sur la rive opposée du Saint-Maurice. Les départs ont généralement lieu toutes les heures, entre 12h30 et 15h30 au départ de Grandes-Piles, et entre 12h et 15h au départ de Saint-Jean-des-Piles.

VOITURE Depuis Shawinigan, prendre la route 155, puis rejoindre la 153. Prendre à gauche au rang Saint-Pierre, continuer sur 2 km.

BUS Les bus de la compagnie **Orléans Express** (☎1-888-999-3977 ; www.orleansexpress.com) desservent Grandes-Piles depuis Trois-Rivières ou Shawinigan, mais le débarquement se fait sur demande. Pour plus de renseignements, contactez le terminus de **Grand-Mère** (☎819-536-3746 ; 2255 5e Avenue, à côté de la station Petro-Canada). Des liaisons se font aussi avec **La Tuque** (☎819-523-8865 ; 1450 bd Ducharme).

De Grandes-Piles au lac Saint-Jean

Longeant la rive est du Saint-Maurice, la **route 155** offre depuis Grandes-Piles l'un des plus beaux itinéraires de la région. Après avoir rejoint La Tuque (à 100 km), elle se poursuit parmi les lacs et les forêts jusqu'à Chambord, en bordure du lac Saint-Jean.

Elle traverse d'abord la **réserve faunique du Saint-Maurice** (☎819-646-5687 ou 1-800-665-6527 ; www.sepaq.com ; accueil Matawin 3774 route 155, Trois-Rives ; accès 12 $; ⏲mi-mai à fin nov), avant tout appréciée des pêcheurs et des adeptes de la randonnée en traîneau à chiens. La réserve, parfois désignée sous le nom de réserve Matawin, offre de bonnes possibilités de randonnée à pied et de canot-camping. Des campings et des hébergements en chalets sont disponibles. L'accueil est situé en bordure de la route 155, à 35 km au nord de Grandes-Piles.

La route rejoint ensuite **La Tuque**, un ancien poste de traite de fourrures fondé en 1911. La localité doit son nom à une colline en forme de bonnet ("tuque" en québécois), et sa renommée, à Félix Leclerc, qui y est né. À l'entrée sud de la ville, le **parc des Chutes de la petite rivière Bostonnais** (☎819-523-5930 ; route 155 ; accès libre) mérite une visite pour sa chute – haute de 35 m – et ses centres d'interprétation de qualité sur le Saint-Maurice (avec des maquettes miniatures de bateaux de drave), la traite des fourrures et Félix Leclerc. Tous sont bien documentés, et un guide présent sur place répond à vos questions. Une tour d'observation de 21 m permet en outre une vue sur la rivière, dont le nom viendrait du fait qu'on appelait jadis "Bostonnais" tous les Américains de la région. L'hiver, le parc permet de pratiquer la raquette (apporter son équipement). Le **bureau d'information touristique** (☎819-523-5930 ; www.tourismehsm.qc.ca) et le centre d'interprétation sont ouverts de mai à mi-octobre, tous les jours de 8h à 18h.

À l'est de La Tuque, la **réserve faunique de Portneuf** (☎418-423-2021 ; www.sepaq.com ; 229 rue du Lac-Vert, Rivière-à-Pierre) est fréquentée par les amateurs de chasse et de pêche. On peut y pratiquer le canot-camping et la motoneige. Un bureau d'accueil ouvre en été à l'entrée sud de la réserve. Des campings rustiques et des chalets sont disséminés sur ses 775 km².

En juin 2013 ouvrira, dans le **parc Ducharme**, à 10 minutes de La Tuque, sur la route 155 en direction du lac Saint-Jean, un centre de valorisation des arts et de la nature, avec des reproductions géantes en bois d'oiseaux. Des panneaux explicatifs permettront d'en connaître davantage sur la faune ainsi présentée. Quatre terrains de camping rustiques seront accessibles gratuitement. À surveiller également : le parc régional des Trois Sœurs, qui devrait ouvrir en septembre 2013, avec des tyroliennes géantes, une via ferrata et des sentiers de randonnées pédestres.

Où se loger et se restaurer

♥ **Domaine Le Bostonnais** CHALETS **$$**
(☎819-523-5127 ; www.gitescanada.com/domainelebostonnais ; 2000 route 155 Nord, Le Bostonnais ; s/d avec petit-déj 90/109 $; 📶). À 12 km environ au nord de La Tuque, ce domaine en bordure de rivière propose des petits chalets en bois rond, chaleureux et confortables, parfaits pour une étape nature. Le propriétaire, un Français, vous donnera le choix de la déco, tendance rustique ou plus contemporaine. Un petit-déjeuner traditionnel vous est servi dans le chalet principal. Forfait traîneau à chiens l'hiver et kayak l'été. Possibilité de dîner sur place (table d'hôte 33 $, réserver).

La Tuque Déli GRILLADES **$$**
(☎819-523-0000 ; 523 rue Commerciale ; plats 11-30 $; ⏲dim-mer 6h-minuit, jeu-sam 6h-1h). Dans le centre-ville de La Tuque, ce restaurant à la terrasse animée spécialisé dans les brochettes et grillades propose des assiettes tout à fait honnêtes. La salle arbore un style *diner*, avec de petits boxes, assez sympathique. Chambres à l'étage (s/d 55/75 $).

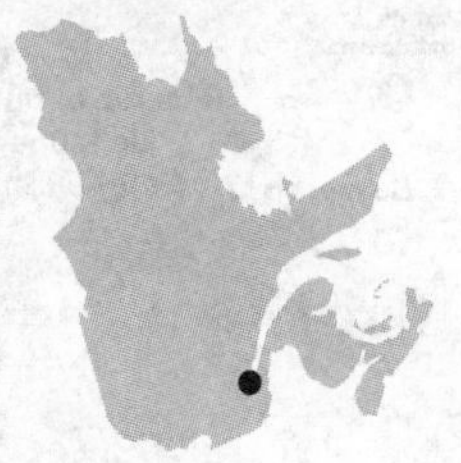

Québec

Dans ce chapitre »

Le top des hébergements

» Hôtel Le Priori (p. 233)
» L'Heure Douce (p. 233)
» Le PUR (p. 232)

Le top des restaurants

» Le Panache (p. 237)
» Le Café du Clocher Penché (p. 236)
» Le Moine Échanson (p. 235)

Pourquoi y aller

Parmi les rares villes fortifiées en Amérique du Nord, Québec s'affiche comme une destination phare. La beauté historique et le charme pittoresque de la vieille ville, inscrite au patrimoine mondial de l'humanité, avec ses dédales d'escaliers et de ruelles pavées, ses vieilles demeures et ses places publiques, ne sont pas sans rappeler qu'ici se joua une large part de l'histoire de la Nouvelle-France.

Certains diront qu'elle est moins cosmopolite que Montréal, plus provinciale et étriquée. Il y a sans doute là une part de vérité. Mais Québec sait aussi montrer un visage moins lisse à qui s'aventure hors de ses murs. Il n'y a qu'à se promener dans le quartier Saint-Roch ou dans la rue Saint-Jean, dans le faubourg populaire Saint-Jean-Baptiste...

Québec est le siège du gouvernement provincial. Depuis des siècles, elle est également le creuset du nationalisme francophone ; la majorité des habitants revendiquent des ancêtres venus de France.

C'est de surcroît un port important, au confluent de la rivière Saint-Charles et du fleuve Saint-Laurent. Perchée au sommet d'une falaise et couronnée par le célèbre château Frontenac, elle offre une vue somptueuse sur le fleuve.

Quand partir

Fin juin-début septembre Balades dans les rues de la vieille ville. Début juillet, ne manquez pas le festival d'été.

Fin décembre-fin mars Le Carnaval de Québec, en février, insuffle un air festif au creux de l'hiver.

Mi-septembre à mi-octobre Aux abords de la ville, les érables commencent à rougir dès la fin septembre.

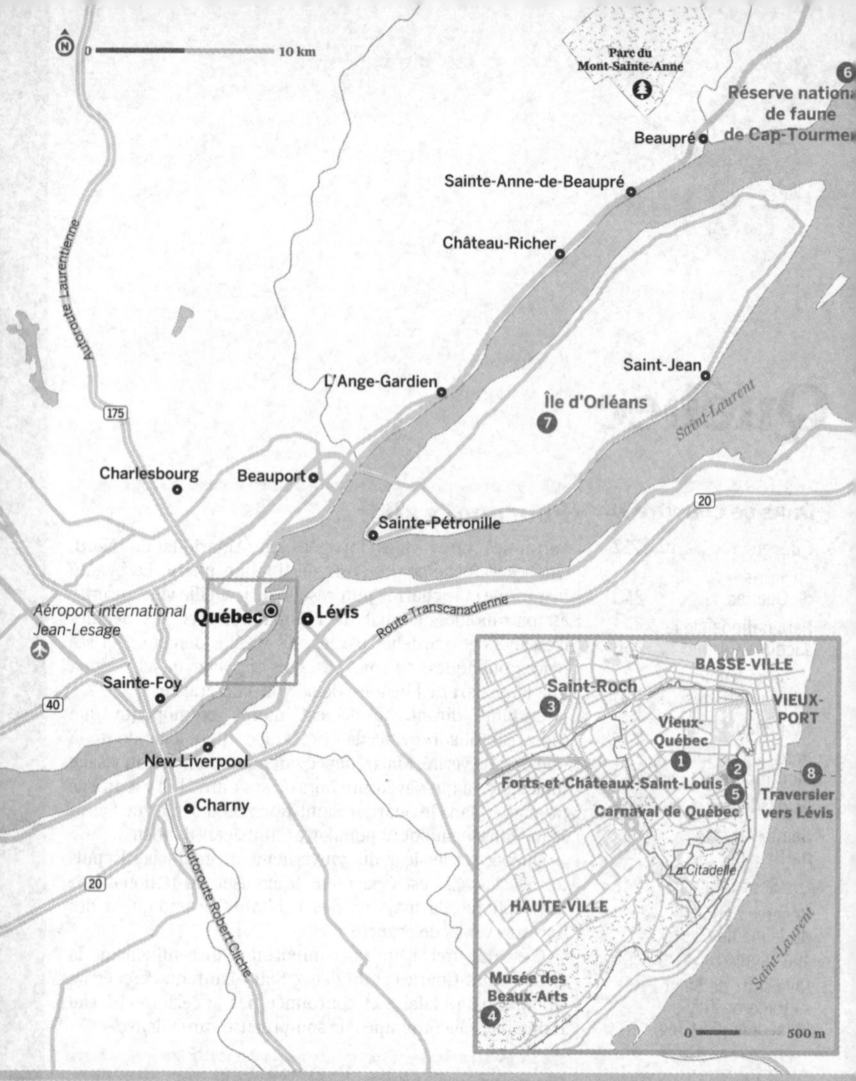

À ne pas manquer

❶ Le **Vieux-Québec** et son dédale de rues (p. 218)

❷ Les vestiges de la demeure du gouverneur de France aux **Forts-et-Châteaux-Saint-Louis** (p. 218)

❸ Sorties culturelles et gourmandes dans le **quartier Saint-Roch** (p. 227)

❹ La collection d'art inuit du **musée des Beaux-Arts** (p. 226)

❺ Le célèbre **Carnaval de Québec**, haut en couleur (p. 218)

❻ La **réserve nationale de faune de Cap-Tourmente** (p. 248)

❼ L'**île d'Orléans**, paisible et pittoresque (p. 243)

❽ La vue de Québec depuis **Lévis**, en prenant le traversier (p. 249)

Histoire

Le premier Européen à poser le pied sur le rivage de l'actuelle ville de Québec fut Jacques Cartier, en 1534. Le site était alors occupé par un village iroquois du nom de Stadacone. Les tentatives de peuplement menées par le Malouin dans les années qui suivent se soldent par un échec, dû au scorbut et à l'hostilité des Iroquois.

Samuel de Champlain reprend le flambeau en 1608. Les Iroquois ont alors migré plus au sud et ont été remplacés par des groupes d'Algonquins. C'est vraisemblablement de leur langue que l'explorateur tire le nom de sa nouvelle colonie : *kebek* signifierait, en effet, "là où la rivière se rétrécit", en langue algonquienne. Champlain fonde la ville et fait édifier un fort, en 1620, pour se protéger des tribus autochtones. La présence indienne conditionne en effet fortement l'existence des colonies françaises d'alors. Selon les époques, les rapports entre les deux communautés sont belliqueux ou pacifiques, fondés sur les échanges et la chasse en commun. Érigée au rang de capitale de la Nouvelle-France en 1663, Québec est alors une petite cité prospère de plusieurs milliers d'habitants.

La conquête britannique brise les rêves des colons Français en 1759. En septembre, Québec capitule devant la flotte anglaise menée par James Wolfe, lors de la fameuse bataille des plaines d'Abraham, le "Waterloo québécois". En 1763, le traité de Paris attribue le Canada à la Grande-Bretagne.

Dopée par le fructueux commerce du bois, la ville connaît un rapide essor au cours du XVIIIe siècle. Diverses activités industrielles (chaussures, textile, armement, papeterie) prendront le relais, tandis que les travaux d'aménagement du port et la construction de voies ferrées reliant Québec au reste du pays accompagnent l'entrée de la ville dans le XXe siècle. Québec s'est entre-temps dotée d'un symbole de son dynamisme et de sa nouvelle vocation touristique : l'hôtel Château Frontenac. Devenue capitale provinciale lors de la création de la Confédération canadienne en 1867, la ville partage depuis la majeure partie de son activité entre le tourisme, les services et la fonction publique, auxquels la création multimédia et les hautes technologies sont venues se greffer dans les années 1990.

Orientation

Coiffant en partie les falaises du cap Diamant, la ville est divisée en trois quartiers principaux : le Vieux-Québec, la Haute-Ville ou "Colline parlementaire", et la Basse-Ville. Cette dernière se situe en contrebas du Vieux-Québec, tandis que la Haute-Ville s'étend au-delà de la citadelle, au nord-ouest.

Le **château Frontenac** constitue un bon point de repère. À ses pieds, face au fleuve, la terrasse Dufferin est très animée, surtout en été. La **Colline parlementaire** abrite le Centre des congrès et de grands hôtels. Tout au nord de la **Haute-Ville**, on retrouve la falaise. En son milieu, le **boulevard René-Lévesque** et la populaire Grande-Allée, autrefois surnommée "Voie Royale". Juste en contrebas de ces deux artères, le vibrant **faubourg Saint-Jean-Baptiste** est traversé par la rue Saint-Jean, qui pointe à l'est vers le Vieux-Québec et à l'ouest, vers Sainte-Foy. Depuis son centre, plusieurs escaliers descendent à pic vers la Basse-Ville. Au pied du **Vieux-Québec**, le quartier **Petit-Champlain** descend jusqu'au fleuve. C'est ici que Samuel de Champlain installa le premier édifice de Québec. En marchant vers le nord, vous arriverez au quartier du **Vieux-Port** et, plus loin, à la gare du Palais, qui abrite les gares routière et ferroviaire.

Renseignements

Argent

Vous pourrez changer de l'argent dans la plupart des banques, mais elles sont rares dans le Vieux-Québec. Vous trouverez des bureaux de change au centre Infotouriste. Plusieurs autres bureaux sont disséminés dans le Vieux-Québec et le quartier du Petit-Champlain. Les DAB dans les boutiques et les cafés prennent en général une commission d'environ 1,50 $ par retrait.

Banque nationale du Canada (418-647-6986 ; 1199 rue Saint-Jean). Près de l'hôtel de ville dans le Vieux-Québec. Bureau de change et DAB.

Caisse Populaire Desjardins (418-522-6806 ; 19 rue des Jardins ; tlj fin juin-déb sept). Près de l'hôtel Clarendon dans le Vieux-Québec. Bureau de change et DAB.

Librairies

Librairie Pantoute (418-694-9748 ; www.librairiepantoute.com ; 1100 rue Saint-Jean ; tlj 10h-22h, dim à partir de 12h). Une bonne librairie généraliste.

Maison de la presse internationale (418-694-1511 ; 1050 Saint-Jean ; lun-ven 7h-23h, sam-dim 8h-22h). Presse internationale et livres.

Office du tourisme

Centre Infotouriste (☎1-877-266-5687 ; 12 rue Sainte-Anne ; ⏲tlj 8h30-19h été, 9h-17h hors saison). En face du château Frontenac. Géré par la province. Renseignements sur toutes les régions du Québec. Proposent des tours de la ville, des locations de voiture, etc.

Poste

Succursale de la Haute-Ville (☎418-694-6102 ; 5 rue du Fort ; ⏲lun-ven 8h-19h30, sam-dim 9h30-17h). Comptoir philatélique. Poste la plus centrale. Vous pouvez aussi acheter des timbres dans la plupart des dépanneurs.

Sites Internet

www.regiondequebec.com Portail généraliste sur la ville de Québec et sa région.

www.voir.ca Cliquez sur la ville de Québec ; son actualité culturelle n'aura plus de secrets pour vous.

Fêtes et festivals

Carnaval de Québec (février ; ☎418-626-3716 ou 1-866-422-7628 ; www.carnaval.qc.ca). Unique, ce célèbre festival s'étale sur 2 semaines. Défilés, sculptures sur glace, luge, courses de bateaux, danse, musique...

À ne pas manquer : le "Bonhomme Carnaval" et le traditionnel bain de neige en maillot de bain.

Festival d'été (première quinzaine de juillet ; ☎418-529-5200 ou 1-888-992-5200 ; www.infofestival.com). Plus de 500 événements, avec des spectacles et des concerts dans toute la ville. En parallèle, le **Festival OFF** (www.quebecoff.org) propose des musiques alternatives (gratuit).

Fêtes de la Nouvelle-France (début août ; ☎418-694-3311 ; www.nouvellefrance.qc.ca). Le Vieux-Québec célèbre son passé. Les XVIIe et XVIIIe siècles sont à l'honneur. Au programme : théâtre de rue, animations pour les enfants, défilés en costumes d'époque et reconstitutions historiques.

Plein Art (début août ; ☎418-694-0260 ; www.metiers-d-art.qc.ca). Rue Saint-Amable, près du parc de la Francophonie, une expo-vente dédiée aux métiers d'art. Plus de 150 exposants.

Expo Québec (mi-août ; ☎418-691-3976 ; www.expoquebec.com). Autre événement important de l'été, cette grande fête foraine, familiale, se déroule chaque année.

Festival international de musiques militaires (fin août ; ☎418-694-5757 ; www.fimmq.com). Défilés et concerts dans différents points de la ville.

À voir

VIEUX-QUÉBEC (INTRA-MUROS)

Entouré de remparts, le Vieux-Québec se prête idéalement à la balade et à la découverte. Une flânerie quelque peu sportive, de nombreuses rues affichant un bon dénivelé ! Nombre de sites sont concentrés dans ce quartier, à commencer par le château Frontenac.

Lieu historique national des Forts-et-Châteaux-Saint-Louis LIEU HISTORIQUE
(☎418-648-7016 ; www.pc.gc.ca/fra/lhn-nhs/qc/saintlouisforts/index.aspx ; terrasse Dufferin ; adulte/senior/6-16 ans/famille 3,90/3,40/1,90/9,80 $; ⏲tlj 10h-18h mai-oct). Ouverte en 2012 après 7 années de fouilles (voir l'interview page ci-contre), l'ancienne résidence officielle du gouverneur de France est maintenant accessible au public. À 6 m sous la terrasse Dufferin, les visiteurs peuvent déambuler entre les murs de l'ancien château Saint-Louis et visiter les pièces telles qu'elles étaient lorsque les lieux ont été enfouis suite à l'incendie de 1834. Nombreuses activités proposées.

Citadelle et musée du Royal 22e Régiment LIEU HISTORIQUE
(☎418-694-2815 ; www.lacitadelle.qc.ca ; côte de la Citadelle ; adulte/senior et étudiant/enfant/famille 10/9/5,50/25 $, gratuit jusqu'à 7 ans ; 2h stationnement gratuit ; ⏲tlj 10h-17h mai-sept, 10h-16h oct-avr). Grandiose, avec son plan en forme d'étoile, la citadelle, sise au sommet du cap Diamant, est caractéristique des forteresses du style Vauban. Québec lui doit d'être parfois surnommée le Gibraltar d'Amérique. Elle occupe une vaste superficie et compte 25 bâtiments. Au nord, dominant le Saint-Laurent, se trouve le bastion du Roi. Au sud, le bastion Prince de Galles offre une vue sur le fleuve et le parc des Champs-de-Bataille. Terrain militaire toujours en activité, le site est accessible en visites guidées seulement (compter 1 heure, départ toutes les 15 min).

Une ancienne poudrière (1750) et une prison militaire britannique (1852) abritent le musée qui renferme des collections de canons, armes, uniformes, médailles et insignes.

La tradition militaire est assurée par la relève de la garde du Royal 22e Régiment sur le terrain de parade, à laquelle vous pourrez assister du 24 juin au premier lundi de septembre, tous les jours à 10h.

Pour célébrer le 100e anniversaire du Royal 22e Régiment, un nouveau musée ouvrira ses portes en 2014. Il retracera l'histoire unique du premier et seul régiment francophone du Canada, créé en 1914 alors que les Canadiens français ne voulaient pas s'engager dans le conflit mondial. La salle elle-même, avec sa voûte en pierres d'Écosse

INTERVIEW

SIMON CAREAU, PARCS CANADA

Simon Careau est coordonnateur d'interprétation pour Parcs Canada, il a été l'un des responsables des fouilles des Forts-et-Châteaux-Saint-Louis (voir page ci-contre).

Comment vous êtes-vous rendu compte du potentiel archéologique du site ? On a toujours su que des vestiges étaient là. Quand on a commencé à fouiller et que l'on s'est aperçu que la demeure entière du gouverneur était debout, avec le sous-sol complet et des murs de plus de 2 m de haut, on s'est rendu compte du potentiel du site. C'est parce que les vestiges étaient de bonne qualité que l'on peut maintenant déambuler dans la demeure complète, comme à l'époque.

En quoi s'agit-il d'une importante découverte ? C'est une découverte majeure, car le château du gouverneur est un lieu d'une grande importance historique et symbolique. C'est ici que s'est dessinée la carte de l'Amérique du Nord moderne. La création de grandes villes que l'on connaît aujourd'hui s'est décidée entre ces murs. Des villes comme Détroit, Pittsburgh, Saint-Louis sont d'anciens forts et comptoirs français de traite de fourrures, et sont le fruit des négociations qui se sont déroulées ici. Le fleuve étant gelé pendant la moitié de l'année, les communications étaient rompues avec la France. Le gouverneur avait donc un grand pouvoir de décision.

Quelle est la suite des événements pour les Forts-et-Châteaux-Saint-Louis ? Le musée a officiellement ouvert ses portes en mai 2012. Nous apprivoisons donc ce nouvel héritage, avec toutes les dépenses inattendues qu'il comporte. Plus de 500 000 objets ont été retrouvés, leur restauration et leur mise en valeur sont prévues, mais cela représente un budget conséquent. Pour l'instant, nous souhaitons tout simplement nous implanter et développer des activités thématiques, comme celles de fouille archéologique avec de vrais artefacts ou de dégustation de chocolat selon une recette de 1759, qui ont un grand succès. Nous sommes certains que ce site va devenir un lieu incontournable à Québec.

originales, qui servirent jadis à lester les navires venant du vieux continent, mérite le détour.

Parc de l'Artillerie LIEU HISTORIQUE
(☎418-648-7016 ; www.pc.gc.ca/artillerie ; 2 rue d'Auteuil ; adulte/senior/6-16 ans/famille3,90/3,40/1,90/9,80 $; ⌚tlj 10h-17h fin mai-fin juin et début sept-début oct, 10h-18h fin juin-début sept). Site militaire majeur, classé lieu historique national, il touche l'enceinte au niveau de la porte Saint-Jean. Une usine de munitions fabriquait des cartouches pour les troupes canadiennes jusqu'à sa fermeture, en 1964.

Trois bâtiments uniques sont à visiter : la redoute Dauphine (1712) avec ses voûtes et ses casemates, la fonderie de l'Arsenal (1901), avec un plan-relief à l'échelle de la ville de Québec au début du XIXe siècle, et le logis d'officier (1818), comptant des décors d'époque et des pièces reconstituées.

De mai à octobre, on peut visiter (gratuit) les 4,6 km de fortifications qui enserrent la ville. Nous vous conseillons néanmoins d'opter pour les **visites pédestres guidées** (adulte/senior/6-16 ans/famille 9,80/7,30/4,90/19,60 $; départ 10h début juin-début sept, 10h jeu-dim sept-oct), d'une durée de 90 minutes. Elles offrent des explications passionnantes sur le système défensif de la ville. Le départ se fait du kiosque Frontenac, sur la terrasse Dufferin, et se termine au parc de l'Artillerie.

Près de la porte Saint-Louis, à la poudrière de l'esplanade, il est possible de s'essayer au tir au fusil à la poudre noire, comme à l'époque.

Musée du Fort MUSÉE MILITAIRE
(☎418-692-2175 ; www.museedufort.com ; 10 rue Sainte-Anne, près du château Frontenac ; adulte/senior/étudiant 8/6/5 $; ⌚tlj 10h-17h avr-oct, jeu-dim 11h-16h fév, mars et nov, tlj 11h-16h fêtes de fin d'année). Dans un bâtiment blanc aux allures de petit château, le musée fait revivre les six sièges de Québec via un diorama en son et lumière. L'imposante maquette reconstituant la ville en 1759 sert de support au récit où se déploient les soldats enrôlés dans la bataille des plaines d'Abraham (30 min). Spectacle en anglais toutes les heures et en français toutes les demi-heures.

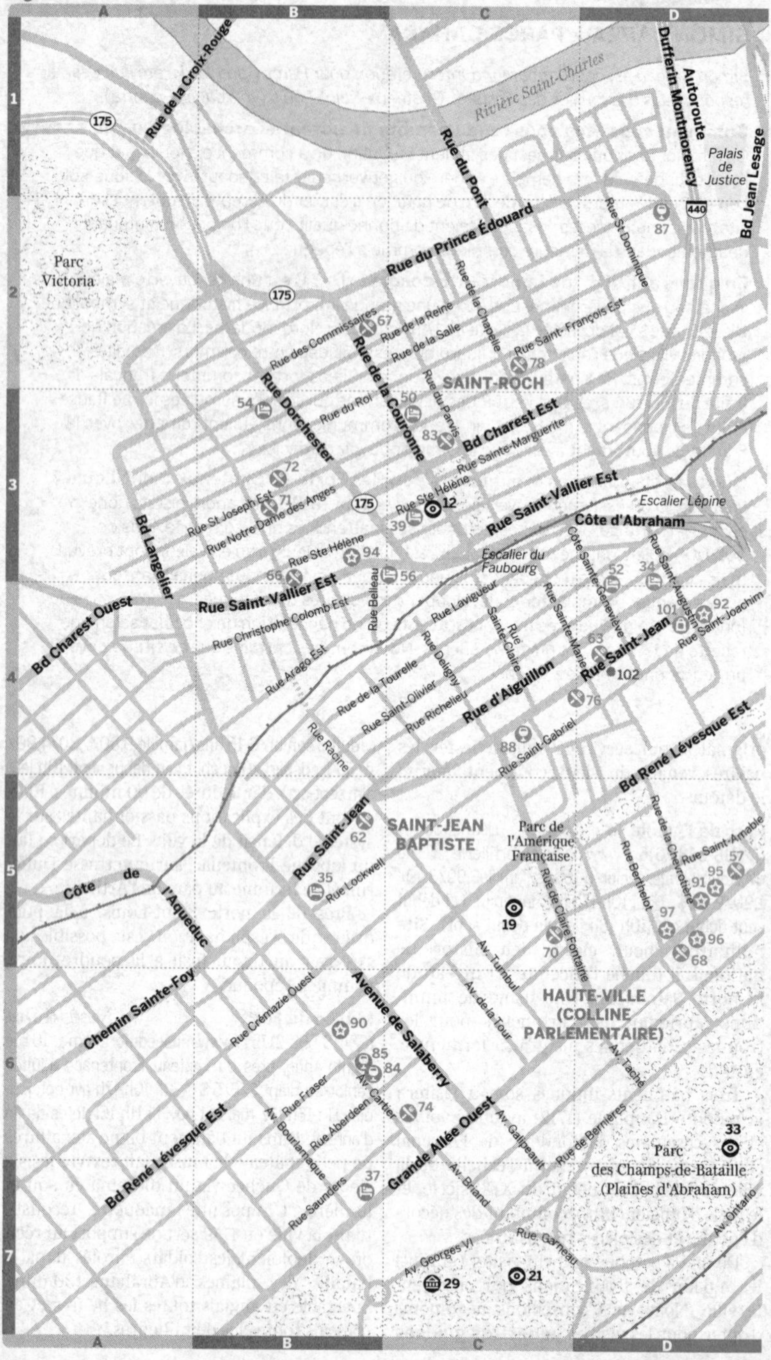

A
B
C
D
1
2
3
4
5
6
7
Rivière Saint-Charles
Rue de la Croix-Rouge
175
Autoroute Dufferin Montmorency
Palais de Justice
Bd Jean Lesage
440
87
Rue du Pont
Rue St Dominique
Parc Victoria
Rue du Prince Édouard
Rue de la Chapelle
Rue Saint-François Est
Rue des Commissaires
67
Rue de la Reine
Rue de la Salle
78
Rue de la Couronne
Rue du Parvis
SAINT-ROCH
Rue Dorchester
54
Rue du Roi
50
Bd Charest Est
83
Rue Sainte-Marguerite
72
Rue St Joseph Est
71
Rue Notre Dame des Anges
Rue Ste Hélène
12
39
Rue Saint-Vallier Est
Escalier Lépine
Côte d'Abraham
Bd Langelier
Rue Ste Hélène
94
Escalier du Faubourg
Côte Sainte-Geneviève
Rue Saint-Augustin
66
56
52
34
Rue Belleau
Rue Saint-Vallier Est
Rue Lavigueur
Rue Sainte-Marie
101
92
Bd Charest Ouest
Rue Christophe Colomb Est
Rue Deligny
Rue Sainte-Claire
Rue Saint-Jean
Rue Saint-Joachim
63
102
Rue Arago Est
Rue de la Tourelle
Rue Saint-Olivier
Rue Richelieu
Rue d'Aiguillon
76
Rue Racine
88
Rue Saint-Gabriel
Bd René Lévesque Est
Rue Saint-Jean
62
SAINT-JEAN BAPTISTE
Parc de l'Amérique Française
Rue de la Chevrotière
Rue Saint-Amable
57
95
91
Rue Berthelot
35
Rue Lockwell
Côte de l'Aqueduc
19
Rue de Claire Fontaine
97
96
70
68
Av. Turnbull
Av. de la Tour
HAUTE-VILLE (COLLINE PARLEMENTAIRE)
Chemin Sainte-Foy
Rue Crémazie Ouest
90
Avenue de Salaberry
85
84
Av. Taché
Rue Fraser
Av. Cartier
74
Av. Bourlamaque
Rue Aberdeen
Grande Allée Ouest
Av. Galipeault
Rue de Bernières
33
Bd René Lévesque Est
Parc des Champs-de-Bataille (Plaines d'Abraham)
37
Av. Briand
Rue Saunders
Av. Ontario
Rue. Garneau
Av. Georges VI
29
21

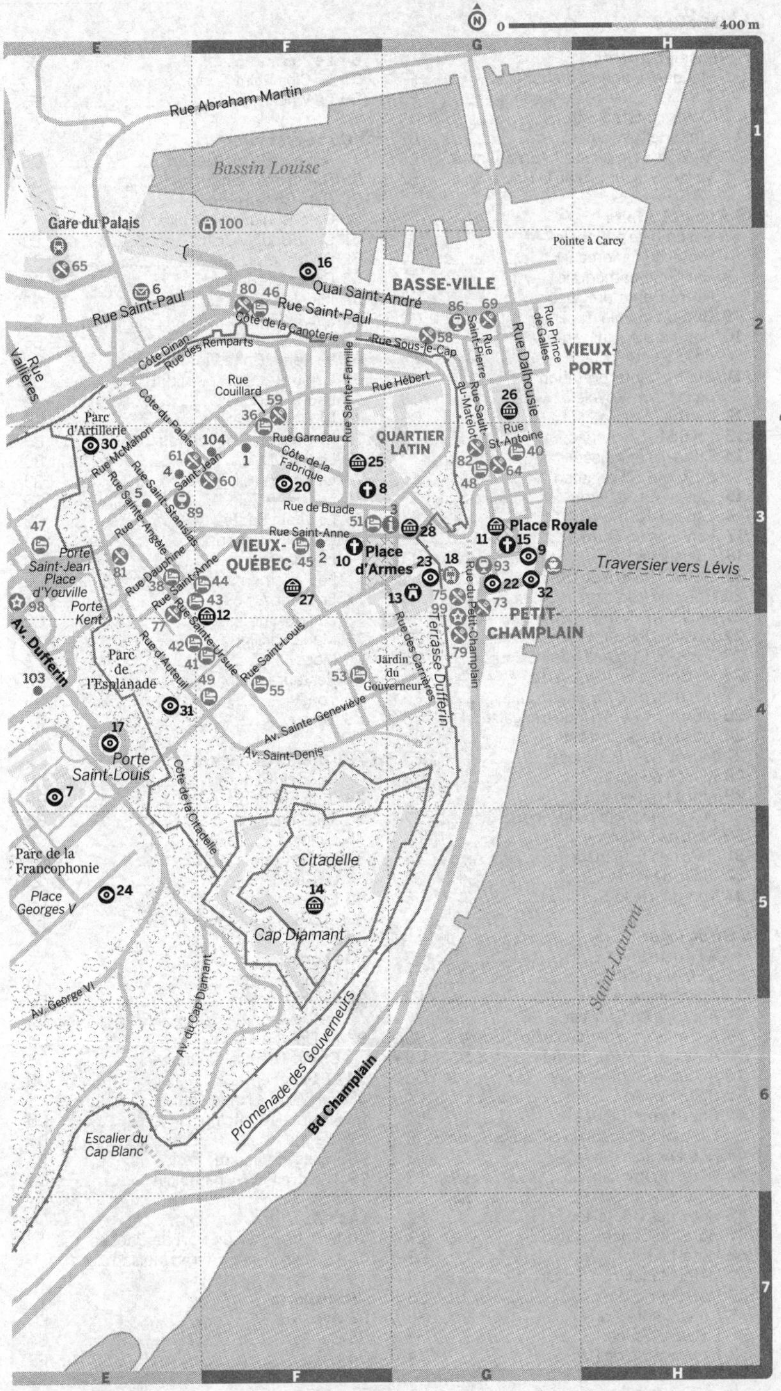
0 — 400 m
Rue Abraham Martin
Bassin Louise
Gare du Palais
100
Pointe à Carcy
16
65
BASSE-VILLE
Quai Saint-André
6
Rue Saint-Paul
80 46
Rue Saint-Paul
86 69
Côte de la Canoterie
Rue Sous-le-Cap
58
Rue Saint-Pierre
Rue Dalhousie
Rue Prince de Galles
VIEUX-PORT
Rue Vallières
Côte Dinan
Rue des Remparts
Rue Couillard
Rue Hébert
Rue Sainte-Famille
Rue Sault-au-Matelot
26
59
36
Parc d'Artillerie
Côte du Palais
QUARTIER LATIN
Rue St-Antoine
40
30
Rue McMahon
104
1
Rue Garneau
Côte de la Fabrique
25
82
64
61
4
Saint-Jean
60
20
8
48
Rue Saint-Stanislas
89
Rue Sainte-Angèle
5
Rue de Buade
3
47
Rue
51
28
Place Royale
Rue Saint-Anne
VIEUX-QUÉBEC
2
Place d'Armes
11
15
9
Porte Saint-Jean
Place d'Youville
81
Rue Dauphine
45
10
23
18
93
Traversier vers Lévis
98
38
Rue Saint-Anne
44
27
13
75
22
32
Porte Kent
43
Rue Sainte-Ursule
12
99
73
PETIT-CHAMPLAIN
Av. Dufferin
77
Rue du Petit-Champlain
Rue des Carrières
Terrasse Dufferin
79
Parc de l'Esplanade
42
41
Rue d'Auteuil
Rue Saint-Louis
Jardin du Gouverneur
53
103
49
55
31
Av. Sainte-Geneviève
17
Porte Saint-Louis
Av. Saint-Denis
7
Côte de la Citadelle
Citadelle
Parc de la Francophonie
14
Place Georges V
24
Cap Diamant
Saint-Laurent
Av. George VI
Av. du Cap Diamant
Promenade des Gouverneurs
Bd Champlain
Escalier du Cap Blanc
E F G H
1 2 3 4 5 6 7

Québec

Renseignements

1 Banque nationale du Canada F3
2 Caisse Populaire Desjardins F3
3 Centre Infotouriste G3
4 Librairie Pantoute E3
5 Maison de la presse internationale E3
6 Poste-Succursale de la Haute-Ville E2

À voir et à faire

7 Assemblée nationale (hôtel du parlement) E4
8 Basilique-cathédrale Notre-Dame-de-Québec F3
9 Batterie royale G3
10 Cathédrale anglicane de la Sainte-Trinité F3
11 Centre d'interprétation de la Place-Royale G3
12 Centre Materia C3
13 Château Frontenac G3
14 Citadelle et musée du Royal 22e régiment F5
15 Église Notre-Dame-des-Victoires G3
16 Espace 400e F2
17 Fontaine de Tourny E4
18 Funiculaire G3
19 Grand Théâtre de Québec C5
20 Hôtel de ville F3
21 Kiosque Edwin-Bélanger C7
22 Maison Chevalier G3
23 Forts-et-Châteaux-Saint-Louis G3
24 Maison de la découverte des plaines d'Abraham E5
25 Musée de l'Amérique française F3
26 Musée de la Civilisation G2
27 Musée des Ursulines F3
28 Musée du Fort G3
29 Musée national des Beaux-Arts du Québec C7
30 Parc de l'Artillerie E3
31 Parc de l'Esplanade E4
32 Place de Paris G3
33 Tour Martello 1 .... D6

Où se loger

34 À l'Augustine D3
35 A l'étoile de Rosie B5
36 Auberge de la Paix F2
37 Auberge du Quartier B7
38 Auberge internationale de Québec E3
39 Auberge L'Autre Jardin C3
40 Auberge Saint-Antoine G3
41 Chez Hubert F4
42 Chez Marie-Claire E4
Fairmont Château Frontenac .... (voir 13)
43 Hôtel Acadia F3
44 Hôtel Champlain F3
45 Hôtel Clarendon F3
46 Hôtel des Coutellier F2
47 Hôtel du Capitole E3
48 Hôtel Le Priori G3
49 Hôtel Manoir de l'Esplanade F4
50 Hôtel Pur C3
51 Hôtel Sainte-Anne F3
52 L'Heure Douce D3
53 La Marquise de Bassano F4
54 Le 253 .... B3
55 Le Clos Saint-Louis F4
56 Le Vincent C3

Où se restaurer

57 Auberge Louis-Hébert D5
58 Buffet de l'Antiquaire G2
59 Café Chez Temporel F9
60 Café-Boulangerie Paillard F3
61 Chez Boulay Bistro Boréal E3
62 Chez Victor B5
63 Chocolaterie Erico D4
64 Initiale G3
65 L'Aviatic Club E2
66 La Cuisine B3
67 La Petite Boîte Vietnamienne B2
68 L'Astral D5
69 Laurie Raphaël G2
70 Le 47e Parallèle C5
71 Le Café du Clocher Penché B3
72 Le Cercle B3
73 Le Cochon Dingue G3
74 Le Graffiti C6
75 Le Lapin Sauté G3
76 Le Moine Echanson D4
Le Panache .... (voir 40)
Le Parlementaire .... (voir 7)
77 Le Saint-Amour E4
78 Les Bossus C2
79 Madame Gigi G4
80 Môss F2
81 Restaurant Liban E2
82 Toast ! G3
83 Yuzu C3

Où prendre un verre

Bar Saint-Laurent .... (voir 13)
84 Café Krieghoff B6
85 Jules et Jim B6
86 L'Inox G2
87 La Barberie D2
Le Cercle .... (voir 72)
88 Le Sacrilège C4
89 Pub Saint-Alexandre E3

Où sortir

90 Cinéma Cartier B6
91 Chez Dagobert D5
Le Cercle .... (voir 72)
92 Le Drague D4
Grand Théâtre de Québec D5
94 Le Scanner D5
95 Les Voûtes Napoléon D5
96 Maurice Nightclub D5
97 O'Zone D5
98 Palais Montcalm E3
99 Théâtre Petit-Champlain G3

Achats

100 Marché du Vieux-Port de Québec F1
101 La Maison Jean-Alfred Moisan E4

Transports

102 AlloStop E4
103 Budget E4
104 Hertz F3

LE MOULIN À IMAGES

À l'occasion des fêtes du 400e anniversaire de Québec, en 2008, le talentueux metteur en scène Robert Lepage a fait cadeau à sa ville de naissance du **Moulin à Images**, soit la plus grande projection architecturale jamais accomplie (l'équivalent de 25 écrans IMAX). L'œuvre féerique retrace, avec une sensibilité artistique remarquable, les quatre siècles d'histoire de Québec, depuis la présence autochtone jusqu'à la période contemporaine. Au programme, un flot d'images et de films affinés par des technologies sonores et visuelles de pointe, projetées à la nuit tombée, sur les immenses silos à grain Bungee trônant face au Vieux-Port. Fort de son succès, le Moulin à Images a été reconduit en 2013, du 15 juin au 15 septembre. Pour connaître les horaires et les jours des séances, adressez-vous aux offices du tourisme ou appelez le ☎418-641-6290. Ce spectacle d'environ 50 minutes (gratuit) promet de vous laisser pantois d'admiration… À voir absolument !

Musée des Ursulines RELIGION

(☎418-694-0694 ; 12 rue Donnacona ; adulte/senior/étudiant et 13-17 ans 8/6/4 $, gratuit -12 ans ; ⏲mar-dim 10h-17h mai-sept, 13h-17h oct-avr). Le musée vous emmène sur les pas de la plus ancienne institution pour jeunes filles d'Amérique du Nord, fondée au XVIIe siècle par mère Marie de l'Incarnation et madame de la Peltrie. La **chapelle** (accès libre ; ⏲10h30-11h30 et 13h30-16h30), dont l'édifice date de 1902, se visite. Elle a conservé le décor intérieur de l'ancien bâtiment érigé en 1723, avec notamment des sculptures de Pierre-Noël Levasseur.

GRATUIT **Cathédrale anglicane de la Sainte-Trinité** ÉDIFICE RELIGIEUX

(Holy Trinity ; ☎418-692-2193 ; www.cathedral.ca ; 31 rue des Jardins ; ⏲tlj 10h-17h fin mai-début oct) Tout près du musée des Ursulines, l'édifice religieux mérite un détour. Il fut construit en 1804 sur le modèle de Saint-Martin-in-the-Fields, à Londres. C'est la plus ancienne cathédrale anglicane hors de Grande-Bretagne. L'orgue de plomb et de zinc, réalisé en 1959, est très impressionnant.

Quartier latin BALADE

Le Quartier latin, dans la vieille ville, entoure le vaste complexe du **Séminaire de Québec**. Celui-ci abrita l'université Laval, qui déménagea dans les années 1960 à Sainte-Foy, à l'ouest du centre-ville. Les bâtiments hébergent désormais une école d'architecture, un établissement scolaire et une résidence de prêtres. De nombreux étudiants résident toujours dans les vieilles rues étroites du quartier. Entrez pour une balade (gratuite) dans les ravissants jardins du séminaire par le 9 rue de l'Université, le 1 rue des Remparts ou le 2 côte de la Fabrique.

Château Frontenac SYMBOLE

Halte de luxe du fameux réseau Canadien Pacifique, reliant en chemin de fer Vancouver et Halifax, l'hôtel porte le nom du flamboyant gouverneur (1672-1698) de la Nouvelle-France, Louis de Buade, comte de Frontenac, qui lança aux Américains : "Je vous répondrai par la bouche de mes canons et à coups de fusil". Inaugurée en 1893, l'imposante construction est l'œuvre de l'architecte new-yorkais Bruce Price, qui s'inspira des manoirs écossais et des châteaux de la Loire. L'hôtel comptait alors 170 chambres surplombant le fleuve.

Le château présente des briques de différentes couleurs. Elles provenaient d'Écosse et servaient de lest aux bateaux anglais qui partaient d'Europe à vide pour revenir chargés de bois ou de fourrures. Son toit en cuivre vert-de-gris, recouvrant tours et tourelles, contribue à la majesté de l'ensemble.

À l'intérieur, on se perd dans le labyrinthe d'escaliers en marbre et les couloirs. Les tapis rouges et les lourdes tentures foisonnent.

La tour de style médiéval (17 étages) a été érigée en 1912. L'hôtel a été agrandi, avec l'ajout en 1924 de l'aile Saint-Louis. De nombreuses célébrités, dont Piaf, de Gaulle et Churchill, ont fréquenté l'établissement.

Musée de l'Amérique française MUSÉE D'HISTOIRE

(☎418-692-2843 ou 1-866-710-8031 ; www.mcq.org/fr/maf/ ; 2 côte de la Fabrique ; adulte/senior/étudiant/12-16 ans 8/7/5,50/2 $; ⏲tlj 9h30-17h fin juin-début sept, mar-dim 10h-17h sept-juin). Sur le site historique du séminaire, ce musée retrace l'histoire des migrations et le début de la culture française en Amérique du Nord. Large collection d'œuvres d'art, de meubles et d'instruments scientifiques. La bibliothèque recèle 180 000 ouvrages et manuscrits anciens, dont la première version du récit de voyages de Jacques Cartier au Canada en 1534. Des visites guidées des plus vieux bâtiments du séminaire (la première institution bâtie au Québec) sont organisées l'été. Entrée libre le mardi, de novembre à mai, et de 10h à 12h les samedis de janvier à février.

Parc de l'Esplanade ESPACE VERT

À côté de la porte Saint-Louis et de la rue Saint-Louis s'étend un parc qui accueille, en hiver, bon nombre des manifestations du Carnaval de Québec.

Terrasse Dufferin ESPLANADE

Il fait bon déambuler sur cette terrasse construite en 1838 sur les fondations du château Saint-Louis – détruit par les flammes 4 ans plus tôt. Elle mesurait à l'origine 50 m de long, et fut agrandie 40 ans plus tard pour atteindre sa longueur actuelle de 425 m. C'est au gouverneur général du Canada d'alors, lord Dufferin, qu'elle doit son nom. Cette promenade conduit aux plaines d'Abraham et offre un superbe panorama sur le Saint-Laurent et sur le château. À l'extrémité est se dresse le monument dédié à Samuel de Champlain. De là, à côté du funiculaire descendant au quartier Petit-Champlain, vous pouvez accéder par un escalier au joli parc Montmorency.

La terrasse est animée été comme hiver. En période estivale, on y voit défiler mimes, acrobates et artistes de rue. En hiver, la promenade laisse place à une patinoire artificielle et à des luges qui permettent de glisser à 70 km/heure sur une distance de 250 m !

Rue du Trésor RUE ARTISTIQUE

C'est un peu l'équivalent de la place du Tertre à Paris. Cette rue minuscule donne sur la place d'Armes et relie la rue Sainte-Anne à la rue de Buade. Construite à la fin du XVIIe siècle, elle menait autrefois aux bureaux du trésorier de la marine. Des étudiants des Beaux-Arts occupèrent la rue dès 1950 pour vendre leurs peintures et dessins. Aujourd'hui encore, la rue est envahie de peintres et de caricaturistes qui proposent leurs œuvres aux touristes.

Hôtel de ville BÂTIMENT HISTORIQUE

Au XVIIIe siècle, la place de l'Hôtel-de-Ville abritait le plus grand marché de la ville. Aujourd'hui, de nombreux spectacles et manifestations s'y déroulent en été. L'édifice lui-même fut construit en 1895-1896 sur l'emplacement d'un collège jésuite détruit en 1877, et d'une chapelle. Les Jésuites furent les premiers à s'installer en Amérique française. Le bâtiment, de style néogothique, a fait des emprunts au style classique.

Basilique-cathédrale Notre-Dame-de-Québec ÉDIFICE RELIGIEUX

(☎418-694-0665 ; 20 rue de Buade). Se dressant face à l'hôtel de ville, elle constitua la première paroisse de la Nouvelle-France dont la construction débuta en 1647. Nombre d'ajouts et de changements se sont succédé jusqu'en 1749. Incendiée lors de bombardements par les troupes britanniques en 1759, la construction de l'église s'échelonna jusqu'au milieu du XIXe siècle.

Élevé au rang de basilique en 1874, l'édifice fut encore ravagé par un incendie en 1922. Sa restauration respecta les plans d'origine et la nouvelle basilique, inaugurée en 1925, est classée monument historique.

QUARTIER PETIT-CHAMPLAIN

Vous entrez dans la partie la plus ancienne de Québec, en contrebas de la terrasse Dufferin. Petit-Champlain est accessible à pied par la côte de la Montagne et l'escalier Casse-Cou, le plus ancien de Québec, autrefois appelé escalier Champlain ou du Quêteux.

Datant de 1879, le **funiculaire** (☎418-692-1132 ; 16 Petit-Champlain ; www.funiculaire-quebec.com ; 2 $; ⏲tlj 7h30-23h45 été, 7h30-23h15 mi-saison, 7h30-22h45 hiver), qui fait la navette depuis le quartier du Petit-Champlain, est particulièrement utile pour remonter vers la terrasse Dufferin et les remparts, car la côte est rude.

Par la côte de la Montagne, vous accéderez aussi à un petit parc au cœur du quartier de la place Royale, le **parc de la Cetière**, où a été reconstituée une habitation à colombages de 1660. Vous y verrez une impressionnante fresque originale sur un mur de 420 m² réalisée par un collectif de 12 artistes en 1999.

La **rue du Petit-Champlain**, sans doute la plus étroite et la plus ancienne d'Amérique du Nord, est très touristique – mais dégage tout de même une atmosphère plaisante. Les galeries, boutiques et restaurants sont nombreux également dans les rues adjacentes du quartier.

Place Royale PLACE HISTORIQUE

Chargée de quatre siècles d'histoire, cette petite place rectangulaire est un véritable enchantement. Elle occupe l'endroit où les colons s'installèrent lorsque Champlain fonda la ville de Québec, en 1608. Témoin de ce passé français, une statue de Louis XIV trône au centre. Les principaux édifices de la place datent des XVIIe et XVIIIe siècles.

Centre d'interprétation de la place Royale EXPO ET VISITES GUIDÉES

(☎418-646-3167 ; www.mcq.org ; 27 rue Notre-Dame ; adulte/senior/étudiant/12-16 ans 7/6/5/2 $, gratuit -12 ans ; ⏲tlj 9h30-17h été, mar-dim 10h-17h hors saison). Sur la place Royale, le centre brosse un aperçu des 400 ans d'histoire de la ville. Un spectacle multimédia est présenté au rez-de-chaussée. Une riche exposition permet de suivre l'évolution de la place, à travers la vie des Amérindiens, des colons français, puis celle des immigrants britanniques.

En été, plusieurs visites sont proposées. Vous pourrez suivre, sur les sites de la place Royale, un comédien interprétant le capitaine du port de Québec de 1750, et terminer par une passionnante visite des caves voûtées, construites au XVIIe siècle sous le régime français. Pour une visite en toute autonomie, téléchargez les fichiers en format mp3 sur le site Internet du musée (durée 90 min). Entrée libre les mardis, de novembre à mai, et de 10h à 12h les samedis de janvier à février.

Maison Chevalier MAISON D'ÉPOQUE

(☎418-643-2158 ou 1-866-710-8031 ; www.mcq.org ; 50 rue du Marché-Champlain ; adulte/senior et étudiant/enfant 5/4,50/2 $, gratuit -12 ans ; ⏲tlj 9h30-17h fin juin-début sept, mar-dim 10h-17h hors saison). La maison que Jean-Baptiste Chevalier fit construire en 1752 est typique de l'architecture urbaine de la Nouvelle-France. L'intérieur a été reconstitué avec du mobilier d'époque. La visite peut se faire seul, avec un guide-interprète ou avec des tablettes numériques. Entrée libre les mardis, de novembre à mai, et de 10h à 12h les samedis de janvier à février.

Église Notre-Dame-des-Victoires ÉDIFICE RELIGIEUX

(☎418-692-2533 ; 32 rue Sous-le-Fort ; ⏲tlj 9h30-20h30 mai-15 oct, 10h-16h hors saison). Construite en 1688, il s'agit de la plus ancienne église en pierre d'Amérique du Nord. Elle fut édifiée à l'endroit même où, 80 ans plus tôt, Champlain construisit sa première "habitation". Elle fut baptisée église Notre-Dame-de-la-Victoire en 1690, après une première victoire sur les Anglais, pour devenir Notre-Dame-des-Victoires en 1711, à la suite d'un second succès des troupes françaises. Un modèle réduit du navire *Le Brézé*, qui transporta en 1664 le marquis de Tracy en Nouvelle-France, est suspendu dans la nef.

Place de Paris ART CONTEMPORAIN

En bordure du marché Finlay, la place de Paris fut aménagée en 1987 par l'architecte québécois Jean Jobin. Don de la ville de Paris, la sculpture contemporaine cubique occupant son centre, intitulée *Dialogue avec l'histoire*, est l'œuvre de Jean-Pierre Raynault. Le tout témoigne d'une intégration harmonieuse d'art conceptuel et de cachet ancien.

COLLINE PARLEMENTAIRE (HAUTE-VILLE)

Ce secteur de Québec comprend aussi bien le quartier "politique" de la capitale québécoise, avec l'Assemblée nationale et les ministères, à l'ouest du Vieux-Québec, que le parc des Champs-de-Bataille, au sud, en surplomb du fleuve Saint-Laurent. Vers le nord, le quartier chevauche aussi le faubourg Saint-Jean-Baptiste, dont l'artère principale, la rue Saint-Jean, rencontre à l'est la porte Saint-Jean, qui donne sur le Vieux-Québec. La Haute-Ville est finalement délimitée, encore plus au nord, par la côte d'Abraham, depuis laquelle, une suite d'escaliers pointent vers la Basse-Ville.

GRATUIT **Assemblée nationale (Hôtel du Parlement)** VIE POLITIQUE

(☎418-643-7239 ; www.assnat.qc.ca ; angle Grande-Allée Est et av. Dufferin, entrée porte n°3 de l'Hôtel du Parlement ; ⏲lun-ven 9h-16h30 et sam-dim 10h-16h30 fin juin-début sept, lun-ven 9h-16h30 sept-juin). Ressemblant à un véritable château, le siège du Parlement provincial, dans la Haute-Ville, se profile non loin du parc de l'Esplanade. L'édifice a été construit entre 1877 et 1886. Des visites guidées, gratuites, permettent d'en découvrir le somptueux intérieur. Le restaurant **Le Parlementaire** (voir p. 236), dans l'enceinte du Parlement, est ouvert au public ; il s'est forgé au fil des ans une solide réputation.

Fontaine de Tourny FONTAINE ANNIVERSAIRE

Face à l'hôtel du Parlement, la fontaine fut offerte à Québec en 2007 par la Maison Simons (société fondée en 1840) pour fêter le 400e anniversaire de la ville. Conçue en

1854, la fontaine reçut une médaille d'or à l'Exposition universelle de Paris l'année suivante et trôna, des années durant, au cœur de la ville de Bordeaux. Haute de 7 m, le dessin de ses statues, de même que ses 43 jets, rendent hommage à la navigation et à la pêche. Son éclairage nocturne est de toute beauté. Le carrefour giratoire où elle est installée est devenu un lieu de rendez-vous populaire à Québec.

Grand Théâtre de Québec THÉÂTRE
(418-643-8131 ; www.grandtheatre.qc.ca ; 269 bd René-Lévesque Est ; lun-sam 9h-18h). Imposant bâtiment de trois étages consacré aux arts du spectacle.

Parc des Champs-de-Bataille et plaines d'Abraham LIEU HISTORIQUE
Cet immense parc, au sud-ouest de la citadelle, est reconnu comme l'un des plus prestigieux parcs urbains au monde. Ses 108 ha de terrain boisé, jardins et vallons fleuris, avec leurs monuments et pièces d'artillerie, esquissent une belle promenade. C'est aussi, dès les beaux jours, un endroit agréable pour pique-niquer (de nombreuses tables y sont installées). L'été, on peut assister à des spectacles gratuits en soirée au **kiosque Edwin-Bélanger**. L'hiver, place au ski de fond et aux raquettes !

Le parc fut autrefois le théâtre de luttes qui déterminèrent le cours de l'histoire de l'Amérique. Le général français Montcalm et le général anglais Wolfe y trouvèrent la mort en 1759, lors de l'affrontement le plus sanglant de l'histoire du Québec. Le secteur le plus proche de la falaise est connu sous le nom de plaines d'Abraham.

À travers l'exposition Odyssée, la **Maison de la découverte des plaines d'Abraham** (418-649-6157 ; 835 av. Wilfrid-Laurier ; www.lesplainesdabraham.ca ; été accès journée Odyssée, tour Martello, bus adulte/senior et 13-17 ans/enfant 14/10/4 $, hiver Odyssée seulement adulte/senior et 13-17 ans 10/8 $, gratuit -12 ans ; tlj 10h-17h30 fin juin-début sept, 10h-17h reste de l'année) permet de découvrir l'histoire du site. En saison, des visites guidées en bus sont organisées. La **tour Martello 1** accueille quant à elle une exposition sur le génie militaire.

Possibilité de louer des raquettes et des skis de fond l'hiver (10 $).

Musée national des Beaux-Arts du Québec BEAUX-ARTS
(418-643-2150 ; www.mnba.qc.ca ; parc des Champs-de-Bataille ; adulte/senior/étudiant/12-17 ans/famille 15/12/7/4/30 $, gratuit -12 ans ; tlj 10h-18h, mer jusqu'à 21h été, mardim 10h-17h et mer jusqu'à 21h hiver). Situé au sein du parc, il vous fera découvrir les plus grands artistes de la province, représentés par plus de 35 000 œuvres (peinture, arts décoratifs, sculpture, photographie, etc.). Les expositions temporaires présentent généralement des rétrospectives de grands maîtres. Ne manquez pas, dans le pavillon Charles-Baillairgé, la collection d'art inuit Raymond Brousseau (voir l'encadré ci-dessus).

Vous trouverez un café de même qu'un restaurant sur place.

COLLECTION D'ART INUIT BROUSSEAU

Le musée des Beaux-Arts a fait l'acquisition de la passionnante collection d'art inuit Brousseau, dont 300 pièces de différentes époques témoignant de l'art premier ou de l'art contemporain. Si vous voulez acquérir des œuvres, allez faire un tour à la **galerie d'Art inuit Brousseau** (694-1828 ; www.sculpture.artinuit.ca ; tlj 9h30-17h30), située au 35 rue Saint-Louis (voisin du château Frontenac). Les premières pièces sont autour de 100 $.

Parc du Bois-de-Coulonge ESPACE VERT
(418-528-0773 ou 1-800-442-0773 ; 1215 Grande-Allée Ouest ; tlj 6h-23h). À l'ouest des plaines d'Abraham, entre le boulevard Champlain et le chemin Saint-Louis, ce vaste parc est exclusivement consacré à la flore.

Faubourg Saint-Jean-Baptiste BALADE
Flâner le long de la rue Saint-Jean, au cœur du faubourg Saint-Jean-Baptiste, constitue une activité de prédilection à Québec, autant pour les locaux que pour les visiteurs. Parmi la panoplie de restaurants, de boutiques, de librairies et d'épiceries fines qui colorent cette artère populaire, visitez la pittoresque église Saint-Jean-Baptiste (n°480), de même que l'épicerie J. A. Moisan (n°699), la plus vieille épicerie d'Amérique. Plus loin à l'est, la rue Saint-Jean rejoint également le Vieux-Québec, en passant par la place d'Youville ainsi que par le célèbre théâtre Le Capitole de Québec (n°972).

VIEUX-PORT ET BASSE-VILLE

Récemment rénové, le Vieux-Port a été construit au nord-est de la place Royale. On y trouve une juxtaposition de bâtiments administratifs, de boutiques et d'aires de loisirs, sans réel point névralgique, mais non dénués d'intérêt pour le visiteur.

La promenade sur le front de mer aboutit à l'Agora, un gigantesque amphithéâtre en plein air dans lequel ont lieu de nombreux spectacles et concerts en été.

Musée de la Civilisation ETHNOLOGIE

(☎418-643-2158 ; www.mcq.org ; 85 rue Dalhousie ; adulte/senior/étudiant/12-16 ans 14/13/9/4 $; ⏲tlj 9h30-18h30 été, mar-dim 10h-17h hiver). Souvent pris d'assaut, ce musée propose toutes sortes d'expositions thématiques. L'exposition permanente "Le Temps des Québécois" dresse un portrait passionnant de l'identité culturelle québécoise.

Les Indiens et les Inuits du Québec ne sont pas en reste : le musée leur consacre une exposition permanente, interactive, intitulée "Nous, les Premières Nations". Entrée libre les mardis, de novembre à mai, et de 10h à 12h les samedis de janvier à février.

Espace 400e GRANDES EXPOSITIONS

(☎418-648-3300 ou 1-888-773-8888 ; 100 quai Saint-André ; ⏲tlj 10h-21h mi-juin à mi-oct). Le pavillon est installé sur le port dans un grand hall de verre rénové en 2008. Autrefois centre d'interprétation classé lieu historique national, l'endroit accueille dorénavant des expositions itinérantes internationales de grande envergure. Après la déroutante *Bodies* et la célèbre *Titanic*, surveillez la programmation à venir.

Marché du Vieux-Port MARCHÉ

(☎418-692-2517 ; 160 quai Saint-André ; ⏲tlj 9h-17h mai-oct ; P). Situé près du bassin Louise et non loin de la gare du Palais. Vous y trouverez en saison tous les produits pour préparer un pique-nique à la québécoise (saumon fumé, charcuteries, pains bio, sucreries à l'érable...). Le samedi est le jour le plus animé. Parking gratuit avec l'achat d'un produit du marché.

Quartier des antiquaires ANTIQUITÉS

Abrité sous les remparts de Québec, côté nord, ce quartier est situé non loin du Vieux-Port. De la place Royale, empruntez la rue Saint-Pierre en direction du port, puis tournez à gauche dans la rue Saint-Paul. Plusieurs boutiques vendent des antiquités. D'agréables petits cafés longent cette rue tranquille. Au pied de la côte de la Canoterie, vous pourrez accéder (à droite) au marché du Vieux-Port et, un peu plus loin, à la gare du Palais (pour les trains et les bus).

QUARTIER SAINT-ROCH

C'est le nouveau quartier branché. Plusieurs boutiques et restaurants s'y sont installés avec succès, après les artistes qui, depuis un moment, participent à la revitalisation de Saint-Roch en venant habiter d'anciens locaux industriels (le quartier était autrefois voué à l'industrie manufacturière). Le superbe **jardin de Saint-Roch** (rue de la Couronne) y a été aménagé. Des bureaux d'architectes et des entreprises multimédia (Ubisoft) sont présents, de même que les journaux *Le Soleil* et *Voir*. De fait, tout est parti de la rue Saint-Joseph Est, aujourd'hui une artère centrale du quartier.

Pour vous y rendre, prenez l'escalier ou l'ascenseur du faubourg Saint-Jean-Baptiste, reliant la Haute et la Basse-Ville. Depuis le Vieux-Québec, comptez une dizaine de minutes en passant sous le nœud autoroutier (notez les grandes fresques murales).

Centre Materia CENTRE ARTISTIQUE

(☎418-524-0354 ; www.centremateria.com ; 395 bd Charest Est ; ⏲mer-ven 12h-17h, jeu 12h-20h, sam-dim 9h-11h et 12h-17h). C'est le seul centre d'artistes en métiers d'art du Québec. Géré comme une coopérative, cet espace d'exposition offre un bel aperçu de la création contemporaine en céramique, sculpture, ébénisterie, etc. Une école de métiers d'art se trouve au 1er étage du bâtiment.

ENVIRONS DE QUÉBEC

GRATUIT Lieu historique national Cartier-Brébeuf LIEU HISTORIQUE

(☎418-648-4038 ; www.parcscanada.gc.ca/brebeuf ; 175 rue de l'Espinay ; ⏲ tlj 10h-17h mi-mai à début sept, mer-dim 12h-16h début sept-début oct, sur réservation début avril-fin oct). Ce lieu historique national sur la rivière Saint-Charles, au nord-ouest de Québec, permet de découvrir l'endroit où Jacques Cartier et ses hommes furent accueillis par les Indiens, au cours de l'hiver 1535, lors du deuxième voyage de l'explorateur français. Par la suite, les Jésuites y établirent une colonie. Des expositions sont consacrées à Cartier, à ses voyages, et aux missionnaires.

Prendre l'autoroute Laurentienne (73 Nord) par la rue de la Couronne, puis la sortie 4-E rue de l'Espinay.

Aquarium de Québec AQUARIUM

(☎418-659-5264 ; www.sepaq.com/aquarium ; 1675 av. des Hôtels, Sainte-Foy ; adulte/senior/3-17 ans 16,50/14,50/8,25 $; ⏲tlj 10h-17h juin-début sept, 10h-16h début sept-mai ; ♿). L'aquarium vous transporte au cœur des écosystèmes du

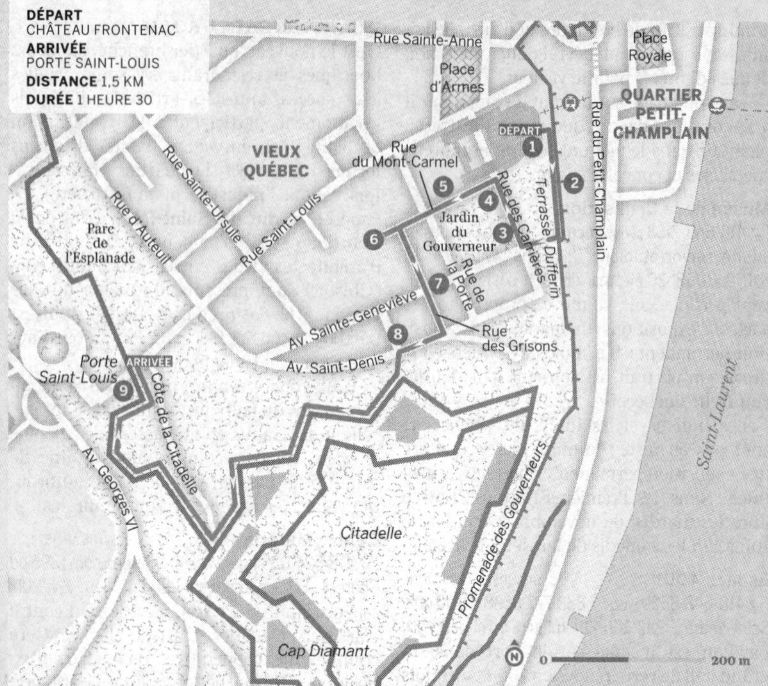

Promenade à pied

Petit tour des remparts

Québec est aujourd'hui l'une des seules villes fortifiées d'Amérique du Nord à avoir conservé ses fortifications. La partie sud-ouest des remparts est de loin la plus intéressante. Partez du kiosque faisant face au **château Frontenac** 1 et empruntez la **terrasse Dufferin** 2, puis traversez le **jardin du Gouverneur** 3, l'ancien parc du **château Saint-Louis** 4, premier fort construit par Champlain (1620), aujourd'hui disparu. Empruntez la **rue du Mont-Carmel** 5. Les maisons de cette rue ont été rehaussées par les Anglais qui leur ont ajouté deux étages, parfois même un entresol pour les domestiques, comme au n°20.

En haut de la rue du Mont-Carmel se trouve le **parc du Cavalier-du-Moulin** 6. La première palissade (1690) passait à cet endroit. En apercevant vers le sud les hauteurs de la citadelle, on comprend la vulnérabilité de l'enceinte, dont le bois fut rapidement pillé pour servir de chauffage.

Redescendez la rue du Mont-Carmel et empruntez la **rue des Grisons** 7. Au n°10, remarquez un toit typique mansardé, qui permettait de s'épargner une taxe supplémentaire sur les étages.

Poursuivez jusqu'à l'**avenue Saint-Denis** 8, traversez-la et empruntez le chemin qui mène aux remparts. Le style Vauban est bien visible : des bastions, reliés par des courtines, protègent tous les fossés, en éliminant les angles morts. C'est en 1745 que l'ingénieur français Gaspard-Joseph Chaussegros de Léry a établi les bases des fortifications actuelles. Elles n'étaient pas achevées lorsque les Anglais prirent la ville en 1759. Ces derniers ont renforcé les défenses en construisant la citadelle à partir de 1820, puis des bâtiments défensifs placés devant les remparts.

Continuez le long de la citadelle, puis redescendez vers la **porte Saint-Louis** 9. Cette porte, comme le reste des fortifications, a été sauvée par le gouverneur anglais lord Dufferin. Lorsque celui-ci arriva en 1872, les habitants de Québec voulurent détruire les remparts qui freinaient l'expansion urbaine. Amoureux de la ville, lord Dufferin proposa un plan qui conciliait développement économique et conservation du patrimoine. Une heureuse initiative !

Saint-Laurent et des eaux canadiennes pour découvrir la faune et la flore nordiques. Vous pourrez observer près de 10 000 spécimens de poissons d'eau douce et d'eau salée, de reptiles, d'amphibiens, d'invertébrés ainsi que de mammifères marins dont les morses de l'Atlantique et du Pacifique, les phoques et les ours blancs. Location de poussettes (7 $) et prêt de fauteuils roulants sur demande.

Activités

Croisières sur le Saint-Laurent

Différents prestataires proposent des croisières au départ du Vieux-Port. Pour les billets, renseignez-vous au centre Infotouriste. **Les Croisières AML** (☎418-692-1159 ; www.croisieresaml.com) programment des sorties à bord du *Louis Jolliet*, dont une jusqu'à la chute Montmorency et l'île d'Orléans. **Les Croisières Le Coudrier** (☎418-692-0107 ou 1-888-600-5554 ; www.croisierescoudrier.qc.ca) organisent des visites de Grosse-Île et de L'Isle-aux-Grues.

Notez que le traversier Québec-Lévis permet d'effectuer une petite excursion sur le fleuve tout en profitant d'une vue superbe sur le château, pour un prix dérisoire (voir l'encadré p. 239).

Calèches

Les tours en calèche, qui partent de la place d'Armes (en face du château Frontenac), de la porte Saint-Louis ou du parc de l'Esplanade, reviennent à 80 $ pour une promenade de 35 minutes dans le Vieux-Québec (jusqu'à 4 pers).

Patinage

Une patinoire est installée en hiver sur la place d'Youville (gratuit), en face de l'hôtel Capitole. Une deuxième est située sur la terrasse Dufferin, et une dernière est installée à la pointe aux Lièvres, près de la rivière Saint-Charles.

Parcours pédestres

La ville de Québec a mis en place une application pour smartphone : le parcours VivaCité. Des pastilles incrustées au sol et disséminées autour de la vieille ville vous permettront de sortir des sentiers battus grâce à votre mobile. Renseignements au Centre Infotouriste.

Circuits organisés

Les possibilités sont nombreuses. Plusieurs agences organisent des visites de la ville en bus ou des excursions d'une journée vers l'île d'Orléans ou Sainte-Anne-de-Beaupré.

Le Centre Infotouriste de la rue Sainte-Anne distribue des dépliants sur les circuits ; certains pouvant être réservés sur place. Un kiosque, sur la terrasse Dufferin, représente certaines agences.

Parmi les prestataires, **Les Tours du Vieux-Québec** (☎418-664-0460 ou 1-800-267-8687 ; www.toursvieuxquebec.com) organisent plusieurs visites (à pied/en autobus) de Québec et de ses environs. Le tour de la ville dure 2 heures (adulte/enfant 34,95/19,95 $). En été, le "tour de ville et croisière" comprend une partie du trajet en bus et l'autre en bateau sur le Saint-Laurent (adulte/enfant 64,95/32,95 $, 4h30).

Un tour en cyclo-pousse de la Basse-Ville est aussi proposé par les **Tours Ludovica** (☎418-655-5836 ; www.toursludovica.com ; départs tlj entre 9h30 et 23h), pour une sympathique visite en duo (2 adultes/40 $, 40 min).

Vous n'aurez que l'embarras du choix pour une **visite guidée du Vieux-Québec à pied**. Elles durent généralement 2 heures, avec des départs 4 fois par jour. Renseignez-vous auprès du Centre Infotouriste (environ 23 $/adulte). Pour les amateurs de frissons, sachez que des **visites fantômes de Québec** (☎692-9770 ; www.fantomesdequebec.com ; adulte/étudiant 20/17 $, gratuit -12 ans, ⏲tlj à 20h30, compter 1h30), proposées de mai à octobre, ont un certain succès. Le soir, à la lueur d'une lanterne, vous suivez une troupe de guides costumés qui, à travers les petites rues du Vieux-Québec, vous raconteront de bien étranges récits…

Où se loger

Pensions de famille, "couettes et café" (B&B) et hôtels de toutes catégories constituent l'hébergement de Québec. Les endroits bon marché affichent souvent complet, en particulier pendant le carnaval d'hiver et l'été. Notez qu'en saison estivale, la plupart des hébergements du Vieux-Québec exigent de réserver au moins 2 nuitées. En dehors des périodes d'affluence, les prix chutent parfois de plus de 20%.

Un certain nombre d'hôtels, confortables et relativement bon marché, occupent de vieilles demeures à l'intérieur des remparts. Des parkings sont souvent accessibles moyennant un supplément. Québec compte en outre un grand nombre de motels, situés à l'extérieur de la vieille ville, mais tous ne sont pas de qualité, tant s'en faut !

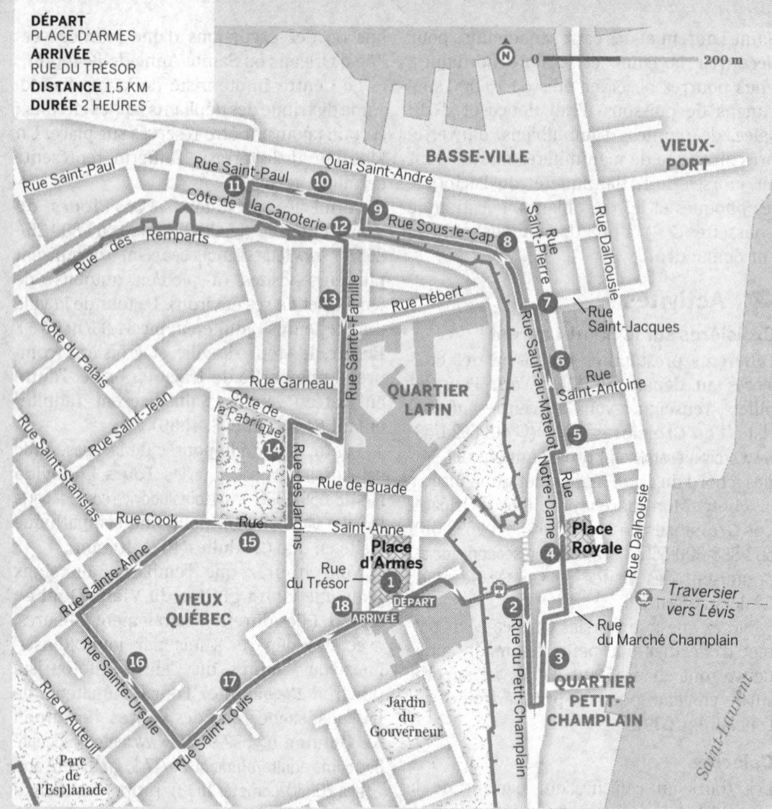

Promenade à pied
Vieux-Québec

› Québec se visitant impérativement à pied, les itinéraires pédestres sont nombreux. Procurez-vous auprès des offices du tourisme le guide de la ville qui propose, pour chaque quartier, différents circuits.

Pour notre part, nous aimons bien cet itinéraire qui part de la **place d'Armes** ❶. De la place, rejoignez le **quartier Petit-Champlain** ❷ par le funiculaire ou l'escalier. Parcourez la rue du Petit-Champlain, puis celle du **Marché-Champlain** ❸ qui vous fera revenir sur vos pas, et empruntez la **rue Notre-Dame** ❹ puis celle du **Sault-au-Matelot** ❺ qui débouche sur la **place de la FAO** ❻ et vous fait traverser le **quartier des Antiquaires** ❼.

De là, prenez sur votre gauche l'étonnante **rue Sous-le-Cap** ❽, qui se faufile entre les maisons et la falaise. Lorsque vous débouchez sur la **rue Rioux** ❾, prenez à gauche la **rue Saint-Paul** ❿. Faites un arrêt au **marché du Vieux-Port** ⓫. Empruntez ensuite la **côte de la Canoterie** ⓬ qui vous permet de pénétrer à l'intérieur des remparts.

Un peu plus en amont, la **rue Sainte-Famille** ⓭ vous fera rejoindre en obliquant au bout à droite, sur la côte de la Fabrique, les **jardins de l'hôtel de ville** ⓮, où de nombreux spectacles gratuits ont lieu l'été.

Faites ensuite un crochet le long de la **rue Sainte-Anne** ⓯ et de la **rue Sainte-Ursule** ⓰, toutes deux parées de belles demeures anciennes, avant de revenir, par les très animées **rue Saint-Louis** ⓱ et **rue du Trésor** ⓲, à la place d'Armes, votre point de départ.

Pour sortir des remparts à pied depuis le Vieux-Québec, préférez la rue Saint-Jean pour vous rendre dans le faubourg Saint-Jean-Baptiste, de même que la rue Saint-Paul, vers l'ouest, depuis le Vieux-Port, pour rejoindre le quartier Saint-Roch.

Ils affichent en revanche des prix souvent plus abordables que les hôtels. Vous en trouverez à Beauport, à l'est du centre-ville. Pour vous y rendre, prenez la route de Sainte-Anne-de-Beaupré par l'autoroute 440 ou longez la rive nord vers Tadoussac. En voiture, depuis le centre-ville, rejoignez le boulevard Hamel vers l'est, qui devient la rue 18 puis, plus à l'est encore, le boulevard Sainte-Anne. Enfin, les terrains de camping sont rares à proximité du centre-ville.

Camping, auberges de jeunesse et résidences

Camping de la joie CAMPING $

(418-849-2264 ou 1-877-849-2264 ; www.camping-delajoie.com ; 640 rue Georges-Muir, Charlesbourg ; empl 29-38 $; 15 mai-15 sept ;). Quelque 160 emplacements ont été aménagés sur un terrain montagneux, accessible par un chemin qui grimpe jusqu'à la forêt. L'été, vous pourrez vous rafraîchir dans la piscine, avec vue sur la ville. Sur place, vous trouverez un restaurant-dépanneur et une buanderie. Une navette relie 4 fois par jour la vieille ville (7 $/pers, 25 $/famille). À 15 minutes du Vieux-Québec, on rejoint le camping par l'autoroute Laurentienne (73 Nord), sortie 155.

Auberge internationale de Québec AUBERGE DE JEUNESSE $

(418-694-0775 ou 1-866-694-0950 ; www.cisq.org ; 19 rue Sainte-Ursule ; dort membre HI/non-membre 24-26/28-30 $, d sans sdb 72/80 $, avec sdb 94,5/105 $, réduction de 4 $ en basse saison ;). Très centrale, cette grande auberge propose des chambres et des dortoirs confortables. Réservation indispensable pendant le carnaval et la période estivale. Nombreuses activités et grande cuisine à disposition. Également, un café-bistro et un bar, ouvert jusqu'à 23h. Petit-déjeuner 4 $ (gratuit pour les chambres).

Auberge de la Paix AUBERGE DE JEUNESSE $

(418-694-0735 ; www.aubergedelapaix.com ; 31 rue Couillard ; dort adulte/4-10 ans 26/13 $, d 72 $, draps 5 $;). Plus petite que la précédente (60 lits) et un cran en dessous en termes de confort, cette auberge colorée a des dortoirs de 6 à 8 lits et, au 2e étage, 4 chambres avec lits doubles pour les couples ou petites familles (en haute saison, réserver un bon mois à l'avance). Agréable cour intérieure pour prendre ses repas. La rue est étonnamment calme, bien que proche d'une artère très animée du Vieux-Québec. Frigo, four et machine à café à disposition. Casiers dans les chambres. Paiement en espèces.

Université Laval RÉSIDENCE UNIVERSITAIRE $

(418-656-5632 ; www.residences.ulaval.ca ; 2255 rue de l'Université, pavillon Alphonse-Marie-Parent, bureau 1604, Sainte-Foy ; s/d étudiant 35-38/49-55 $, non-étudiant 43-45/56-62 $; mai-août ;). Véritable ville dans la ville, l'immense campus domine le nord-ouest de l'agglomération de Québec. Chambres simples et fonctionnelles. Possibilité de louer également des studios avec kitchenette (102-120 $). Suivez les indications à l'entrée principale du campus sur le boulevard Laurier. Les bus 800 et 801 partent de la place d'Youville, dans la vieille ville, et longent le boulevard Laurier.

Hôtels

Hôtel Sainte-Anne HÔTEL $$

(418-694-1455 ou 1-877-222-9422 ; www.hotelste-anne.com ; 32 rue Sainte-Anne ; d basse/haute saison 99-169/169-219 $ selon ch, ste jusqu'à 239 $;). Discrètement niché dans la rue Sainte-Anne, en plein cœur de la vieille ville, cet hôtel loue 28 chambres classiques tout confort, avec mobilier moderne, jolis pans de murs en pierre ancestrale et pour certaines, vue sur le château Frontenac. Petit-déjeuner (inclus) de style brunch au restaurant attenant. Un excellent choix.

Hôtel Clarendon HÔTEL $$

(418-692-2480 ou 1-888-554-6001 ; www.hotel-clarendon.com ; 57 rue Sainte-Anne ; ch basse/haute saison 109-169/159-239 $ selon ch). Cet hôtel brille de tous ses ors et boiseries et possède un charme très "vieille France". En fonction depuis 142 ans, il constitue le plus vieil établissement hôtelier du Québec. Passé le beau comptoir d'entrée, on entre dans un dédale de couloirs pour accéder aux chambres, confortables et bien équipées. La lumière fait un peu défaut, surtout si l'on donne du côté de la cour intérieure. Optez pour la chambre 609, qui fait l'angle et offre une vue panoramique sur le fleuve et le château Frontenac. Accueil avenant.

Hôtel Champlain BOUTIQUE-HÔTEL $$

(418-694-0106 ou 1-888-222-3304 ; www.champlainhotel.com ; 115 rue Sainte-Anne ; ch avec petit-déj basse/haute saison 89-194/139-254 $;). Un hôtel au confort moderne, agrémenté de jolies tonalités chaudes. Certaines chambres ont vue sur le château. L'hôtel compte sur une clientèle assidue de membres et fonctionnaires du gouvernement. Accueil courtois et bon rapport qualité/prix. Prêt gratuit de vélo (2 heures).

Hôtel Acadia HÔTEL $$
(☎418-694-0280 ou 1-800-463-0280 ; www.hotelacadia.com ; 43 rue Sainte-Ursule ; ch basse/haute saison 89-155/179-279 $;). Trois maisons anciennes composent cet hôtel aux chambres toutes différentes et très confortables. Quelques-unes, avec un mur en pierre ou en brique, dégagent un certain charme. Spa sur le toit et centre de santé (bâtiment en face). Petit-déjeuner type buffet inclus, servi au restaurant Le Feu sacré, rue Saint-Louis.

Auberge L'Autre Jardin AUBERGE $$
(☎418-523-1790 ou 1-877-747-0447 ; www.autrejardin.com ; 365 bd Charest Est ; s/d avec petit-déj basse saison 96-116/111-131 $, haute saison 135-149/155-165 $; @). En choisissant cette auberge, vous participerez à un projet d'économie sociale (l'hôtel permet de financer les activités de Carrefour Tiers-Monde). Les chambres n'en sont pas moins confortables. Spacieuses et hautes de plafond, elles sont aménagées de façon simple avec ici et là des objets ethniques. Serviettes de bain en coton biologique et équitable. Petite écoboutique sur place.

♥ **Hôtel PUR** HÔTEL $$
(☎418-647-2611 ou 1-800-267-2002 ; www.hotelpur.com ; 395 rue de la Couronne ; ch basse/haute saison 109-159/159-249 $;). Au cœur de Saint-Roch, cet hôtel au design zen, témoigne de la revitalisation du quartier. Les chambres, épurées, possèdent toutes de grandes fenêtres, des lits moelleux ainsi que des bains japonais et des douches vitrées. Notez aussi des prises pour iPod et des films à visionner. Accès à une piscine, un sauna et une salle de sport. Forfaits et prix variables. À quelques minutes du Vieux-Port.

Hôtel Manoir de l'Esplanade HÔTEL $$$
(☎418-694-0834 ; www.manoiresplanade.ca ; 83 rue d'Auteuil ; ch régulière 125-159 $, ste deluxe 250 $; P). À l'angle des rues Saint-Louis et d'Auteuil, cet établissement occupe une vieille maison restaurée. Avec leurs planchers de bois franc et leurs murs de brique, les suites dégagent un charme certain. Les chambres à l'étage donnent sur le château Frontenac, celles donnant sur la porte Saint-Louis sont parfois bruyantes, mais lumineuses. Stationnement (15 $/jour).

Le Vincent AUBERGE $$$
(☎418-523-5000 ; www.aubergelevincent.com ; 295 rue Saint-Vallier Est, quartier Saint-Roch ; ch avec petit-déj basse/haute saison 139-199/189-279 $;). Vincent, c'est pour Van Gogh, dont la reproduction d'une œuvre orne le sol du hall d'entrée. Auberge entièrement rénovée, dotée de tout le confort : lit douillet, fauteuil, écran plasma... Certaines chambres ont des airs de petit loft avec leur mur en brique rouge. Un bémol : l'accueil, qui pourrait être plus chaleureux. Prix un peu surévalués, car l'auberge est excentrée.

HÔTEL DE GLACE

Québec a aussi cédé à la mode des hôtels de glace, comme il en existe désormais en Suède, en Finlande ou au Groenland. Il vous en coûtera à partir de 300 $ pour passer la nuit dans l'une des chambres ou suites thématiques, où vous serez chaudement emmitouflé dans votre sac de couchage, disposé sur une "couverture à point" de la compagnie de la Baie d'Hudson. Si vous n'y dormez pas, vous pourrez tout de même faire le tour du propriétaire pour 17,50/13,50 $ jour/soir après 20h. Cet **hôtel de glace** (☎418-875-4522 ou 1-877-505-0423 ; 9300 rue de la Faune, Charlesbourg), à 13 km du Vieux-Québec par l'autoroute 73 Nord, est accessible de janvier à mars. Durant cette période, des navettes (☎418-664-0460) font le trajet depuis la ville de Québec, sur réservation.

Auberge du Quartier AUBERGE $$$
(☎418-525-9726 ou 1-800-782-9441 ; www.aubergeduquartier.com ; 170 rue Grande-Allée Ouest ; d basse/haute saison 130/170 $, ste 170/200 $, avec petit-déj en basse saison ;). Située près de l'avenue Cartier et du musée national des Beaux-Arts, cette ancienne maison de 1850 offre une quinzaine de chambres un peu sombres aux moquettes élimées. La suite, avec son mur en pierre, offre un bon rapport qualité/prix. Terrasse au calme à l'arrière. Un projet d'agrandissement est prévu pour 2013.

Hôtel des Coutellier HÔTEL $$$
(☎418-692-9696, 1-888-523-9696 ; www.hoteldescoutellier.com ; 253 rue Saint-Paul ; d avec petit-déj basse/haute saison 135/205 $, ste 195/265 $;). Situé dans la rue Saint-Paul, cet hôtel prisé des hommes d'affaires propose des chambres au mobilier moderne, les plus élégantes avec un joli mur en brique. Demander celles avec vue sur le Vieux-Port. Nombreux forfaits et massages. Réservation recommandée.

Le Clos Saint-Louis HÔTEL $$$
(418-694-1311, 1-800-461-1311 ; www.clossaint-louis.com ; 69 rue Saint-Louis ; d basse/haute saison 175-250/199-299 $;). Au cœur du Vieux-Québec, cette adresse romantique séduira les amateurs du style victorien poussé à l'extrême. La décoration du salon de cette maison d'époque – parquet, miroir et tentures – retient l'attention. Certaines chambres sont dotées d'un lit à baldaquin et d'un bain à remous. Tout un programme...

Hôtel Le Priori HÔTEL $$$
(418-692-3992 ou 1-800-351-3992 ; www.hotellepriori.com ; 15 rue Sault-au-Matelot ; ch basse/haute saison 129-189/199-259 $, ste 249-279/319-429 $, ste avec spa 219/289 $;). Cette ancienne bâtisse du XVIIIe siècle abrite des chambres contemporaines et élégantes. Les matériaux sont harmonieusement mis en valeur : pierres anciennes, douches en ardoise, décor créé par des artisans de la Beauce. Certaines sont dotées de kitchenettes, de balcons et de cheminées. La toute nouvelle suite 401 possède un spa en terrasse, avec vue sur la place Royale. Excellent choix.

Hôtel du Capitole HÔTEL $$$
(418-694-4440 ou 1-800-363-4040 ; www.lecapitole.com ; 972 rue Saint-Jean ; d 175-255 $, ste 225-305 $). Mitoyen du théâtre du même nom sur la place d'Youville, le Capitole a su conserver la richesse architecturale du bâtiment qui l'abrite, classé monument historique. Les chambres, fonctionnelles et un peu sombres, mériteraient cependant d'être rafraîchies.

Auberge Saint-Antoine HÔTEL DE LUXE $$$
(418-692-2211 ou 1-888-692-2211 ; www.saint-antoine.com ; 8 rue Saint-Antoine ; ch confort 169-229 $, luxe 229-319 $, ste 319-1 000 $ selon saison). Derrière une entrée un peu austère, cet hôtel, qui se cache tout près du musée de la Civilisation, dans la Basse-Ville, figure parmi les plus prestigieuses adresses de Québec. La décoration réussie en fait un lieu à la fois moderne, raffiné et apaisant. Une adresse d'exception.

Fairmont Château Frontenac HÔTEL DE LUXE $$$
(418-692-3861 ou 1-800-441-1414 ; www.fairmont.com ; 1 rue des Carrières ; d 199-2030 $;). Pourquoi ne pas passer une nuit dans ce grandiose château qui fait figure de symbole de la ville ? L'établissement séduira les amateurs de luxe à l'ancienne. Toutes différentes, les chambres sont munies d'un mobilier élégant. La vingtaine de suites constituent un véritable hôtel dans l'hôtel. Les tarifs de certaines s'envolent en haute saison. L'hôtel dispose d'une piscine avec terrasse, ainsi que 3 restaurants et un bar-lounge chic ouverts à tous.

Bed & Breakfast

Chez Hubert GÎTE $$
(418-692-0958 ; www.chezhubert.com ; 66 rue Sainte-Ursule ; ch avec sdb commune s basse/haute saison 65/100 $, d 110/120-140 $;). Il règne dans ce gîte une douceur apaisante. Les grandes chambres lumineuses, au charme rustique, bien qu'elles se partagent des sdb, sont munies de lavabos anciens. Une des chambres (3 lits) est tout indiquée pour les familles. La propriétaire et son mari, sauront vous aider à planifier vos activités. Stationnement gratuit (rare dans la vieille ville). Prix honnêtes. Paiement en espèces.

Chez Marie-Claire GÎTE $$
(418-692-1556 ; www.bbmarieclaire .com ; 62 rue Sainte-Ursule ; s basse/haute saison 65/100 $, d 110/130 $;). Vous logerez dans l'une des 3 chambres spacieuses, climatisées et douillettes, avec sdb privatives. La maison ancienne, très coquette, est parée de jolies boiseries et de papiers peints. Belle chambre familiale avec battants. Petit-déjeuner copieux. Stationnement compris. Paiement en espèces.

L'Heure Douce GÎTE $$
(418-649-1935 ; www.bbheuredouce.com ; 704 rue Richelieu ; s/d/tr avec sdb commune et petit-déj 75/85-90/125 $;). Située en hauteur, dans une rue calme à l'extérieur des remparts, L'Heure Douce dispose de 3 chambres mansardées très bien tenues. Une cuisine tout équipée, chaleureuse, avec poutres apparentes, est mise à disposition, ainsi qu'une petite terrasse, avec vue panoramique sur les Laurentides. Excellent rapport qualité/prix. Accueil très sympathique de Geneviève et Patrick. Stationnement 10 $/jour.

À l'Étoile de Rosie GÎTE $$
(418-648-1044 ou 1-866-297-6743 ; www.etoile-rosie.com ; 66 rue Lockwell ; ch avec sdb commune basse/haute saison 79-119/105-125 $, studio équipé avec sdb 115-135 $). Vous serez reçu chaleureusement dans ce gîte aux chambres grandes et lumineuses. La déco est personnalisée et originale. Toutes les peintures sont faites maison. Le grand solarium, en accès privatisé à partir de 21h, ainsi que L'"Africaine", ont une vue splendide sur les Laurentides. Possibilité de louer le studio au mois.

À l'Augustine GÎTE **$$**
(418-648-1072 ou 1-866-648-1072 ; www.bbvieuxquebec.com ; 775 rue Richelieu ; s/d avec sdb commune et petit-déj basse saison 75-80/80-90 $, haute saison 80-85/85-90 $, suite s/d avec sdb et petit-déj basse saison 105-120/115-125 $, haute saison 110-125/125-130 $; P). Reconnaissable à ses volets rouges, cette maison est conviviale et plaisante, à l'image de ses propriétaires. Les 4 chambres avec sdb commune sont décorées avec goût et possèdent un beau parquet. Une suite avec cheminée, de plain-pied avec le jardin, complète les atouts de cette bonne adresse proche de la place d'Youville et des remparts. Stationnement 8 $/jour.

La Marquise de Bassano GÎTE **$$**
(418-692-0316 ou 1-877-692-0316 ; www.marquisedebassano.com ; 15 rue des Grisons ; d/tr avec petit-déj 110-165/110-175 $; P 14 $/nuit). Le gîte fut construit par l'architecte du château Frontenac et, selon les propriétaires, aurait été donné à la marquise en échange d'une "poignée d'amour". Ses chambres, au cachet victorien, mériteraient pour certaines d'être rafraîchies. Le petit-déjeuner, dans la belle salle à manger d'époque, donnant sur un salon avec piano, est particulièrement agréable.

Le 253 GÎTE **$$**
(418-647-0590 ou 1-866-647-0590 ; www.le253.com ; 253 rue de la Reine, Saint-Roch ; s/d avec sdb commune 90/110 $, ste s/d avec sdb 110/130 $; @). La bonne humeur est au rendez-vous dans ce B&B tenu par un couple d'artistes sympathiques. Les 5 chambres arborent une décoration colorée, quasi improvisée. Agréable terrasse à l'arrière, idéale pour l'apéro. Mention spéciale pour les petits-déjeuners personnalisés. Gay friendly.

Motels

Motel Chevalier MOTEL **$**
(418-661-3876 ou 1-888-661-1545 ; www.motel-chevalier.ca ; 3862 bd Sainte-Anne, Beauport ; d basse/haute saison 55-65/75-85 $; P). Près de la chute Montmorency, du Mont-Sainte-Anne et à une dizaine de minutes en voiture du centre-ville de Québec, l'établissement propose des chambres propres et rénovées, sur parquet flottant. Pas de petit-déjeuner. Piscine extérieure. Accueil très ordinaire.

Hôtel-Motel Châteauguay MOTEL **$$**
(418-661-0037 ou 1-800-561-0037 ; www.hotel-chateauguay.com ; 3842 bd Sainte-Anne, Beauport ; d avec petit-déj basse/haute saison 80-100/100-120 $; P). Non loin du précédent, il offre des chambres un peu plus confortables, qui peuvent accueillir jusqu'à 4 personnes. Accueil familial. Sauna et spa sur place.

Où se restaurer

Québec compte de très nombreux restaurants, d'un rapport qualité/prix variable, surtout dans les zones les plus touristiques. Ne négligez pas non plus les cafés et bistros qui servent, à l'heure du déjeuner, de bons plats du jour à prix doux. Les restaurants de tradition française dominent à Québec tandis qu'une jeune génération de chefs insuffle à la ville une note d'originalité (voir l'encadré ci-contre).

Cafés et repas sur le pouce

Chocolaterie Erico CHOCOLATS **$**
(418-524-2122 ; 634 rue Saint-Jean ; lun-mer 10h30-18h, jeu-ven 10h30-21h, sam 10h30-18h, dim 11h-18h, horaires prolongés l'été). Une pause gourmande des plus agréables. L'hiver, on craquera en particulier pour le chocolat chaud, et l'été pour les glaces, sorbets et tofus glacés. Avant (ou après) une dégustation, vous pourrez y visiter un intéressant choco-musée.

Café-Boulangerie Paillard CASSE-CROÛTE **$**
(418-692-1221 ; 1097 rue Saint-Jean ; plats 6-10 $; tlj 7h-23h été, 7h-19h hiver). Plusieurs comptoirs pour assouvir vos envies (glaces, pains, pâtisseries...) et de grandes tablées en bois pour prendre des petits-déjeuners ou des repas légers.

Restaurant Liban LIBANAIS **$**
(418-694-1888 ; 23 rue d'Auteuil ; sandwichs à moins de 10 $; tlj 9h-4h été 10h-21h hiver). Au pied des remparts, près de la place d'Youville, idéal pour un déjeuner rapide (falafels, sandwichs libanais, pizzas, etc.). La petite terrasse, en été, est très plaisante.

La Maison Jean-Alfred Moisan ÉPICERIE FINE **$**
(418-522-0685 ; www.jamoisan.com ; 699 rue Saint-Jean ; tlj 8h30-21h). Joyau des épiceries de la rue Saint-Jean, cette maison fondée en 1871 est une caverne d'Ali Baba. Vous y trouverez des produits fins, des spécialités du terroir, de même que des charcuteries, des produits frais et quelques plats cuisinés. Petit café sur place.

Madame Gigi SPÉCIALITÉS D'ÉRABLE **$**
(418-694-2269 ; 84 rue du Petit-Champlain ; tlj 9h-21h30 été, fermé dim hiver). Véritable institution du quartier, cette boutique concocte des spécialités au sirop et au sucre d'érable.

LE QUARTIER DES CHEFS

Le Vieux-Québec compte plus d'une centaine de restaurants. Ses chefs les plus réputés ont, pour la majorité d'entre eux, choisi d'établir leurs quartiers dans les maisons historiques du même petit quadrilatère ! Ici, le **Laurie Raphaël** (p. 237) du fameux chef Daniel Vézina côtoie le relais gourmand **Initiale** (p. 237), de même que **Toast !** (p. 236), installé dans l'hôtel **Le Priori** (p. 233). Se joignent à eux la cuisine bistro inventive de **L'Échaudé** (☎418-692-1299 ; 73 rue Sault-au-Matelot), le très guindé restaurant **Le Patriarche** (☎418-692-5488 ; 17 rue Saint-Stanislas) et **Le Panache** (p. 237) très raffiné. Dans les discrètes rues pavées longeant le Vieux-Port jusqu'à la place Royale, la gastronomie à la québécoise n'est jamais bien loin !

Si vous n'avez pas encore goûté à l'infinie palette des sucreries québécoises, c'est l'endroit idéal !

♥ **La Cuisine** CAFÉ $

(☎418-523-3387 ; 205 rue Saint-Vallier Est ; plats 6-15 $; ⏲lun-mer 11h-1h, jeu-dim 11h-3h). Cet adorable petit café-bar du quartier Saint-Roch, au charme rétro très 50's et à la décoration 100% brocante, propose chaque jour un menu différent de pizzas, sandwichs et plats québécois, avec une option végétarienne. On y sert aussi quelques bières artisanales. Les jeudis, vendredis et samedis soir, des musiciens égayent l'endroit.

Chez Victor HAMBURGERS $

(☎418-529-7702 ; 145 rue Saint-Jean ; plats 12,75-15,50 $; ⏲dim, lun, mar 11h30-21h, mer et jeu 11h30-21h30, ven-sam 11h30-22h hiver, + 30 min été). Cette adresse est le paradis des amateurs de hamburgers. On y sert des burgers améliorés et gourmands, cuisinés avec du bœuf ou des viandes plus originales, telles que du sanglier, du wapiti ou du cerf. Les sauces sont faites maison (romarin/érable, curry/ail, aneth). Accueil dynamique et sans prétention. Plusieurs enseignes à Québec.

Café Chez Temporel CAFÉ $

(☎418-694-1813 ; 25 rue Couillard ; plats 10-20 $; ⏲lun-ven 8h-22h sam-dim 9h-22h). Bonne adresse dans une ruelle du Vieux-Québec. Ce café bohème, véritable institution à Québec, sert quelques plats du jour, ainsi que des salades, sandwichs, desserts faits maison et "la crème des cafés" ! Ambiance souvent très animée le soir.

Buffet de l'Antiquaire QUÉBÉCOIS $$

(☎418-692-2661 ; 95 rue St-Paul ; menu 11,45-16,45 $; ⏲tlj 6h-22h été, 6h-21h hiver). Ce snack-bar des années 1950, dans le quartier du Vieux-Port, est un incontournable pour ceux qui désirent goûter la cuisine québécoise d'antan. La soupe aux pois, le ragoût de boulettes ou le cipaille (tarte de gibier) composent un menu réconfortant, surtout les soirs frileux d'hiver. On y sert également de copieux petits-déjeuners. Une adresse conviviale et sans prétention, très fréquentée par les locaux.

Restaurants

♥ **Le Lapin Sauté** TRADITIONNEL $$

(☎418-692-5325 ; 52 rue du Petit-Champlain ; plats 16-25 $, table d'hôte 27-33 $; ⏲tlj midi et soir). Une jolie petite salle rustique, où le lapin est bien sûr à l'honneur, préparé aux deux moutardes, aux pommes ou à l'érable, entre autres. La terrasse donne sur une petite place charmante. À tenter : l'assiette "tout lapin ou tout canard" (62,95 $/2 pers).

♥ **Le Moine Échanson** BOÎTE À VINS $$

(☎418-524-7832 ; 585 rue Saint-Jean ; tapas 2-5 $; plats 16-26 $; ⏲ lun-ven 18h-22h sam-dim 18h-23h, bouchées gourmandes à partir de 15h). Un petit resto qui se présente comme une "boîte à vins". Sur le grand tableau au mur sont inscrits les tapas et autres plats servis sur une planchette. Des bancs de bois et des bougies participent à l'ambiance chaleureuse des lieux. Des vins d'importation sont proposés, que l'"échanson" se fera un plaisir de vous faire goûter.

Les Bossus FRANÇAIS $$

(☎418-522-5501 ; 620 rue Saint-Joseph Est ; plats midi 12-22 $, soir 13,50-25 $; ⏲tlj midi et soir). Ce bistro chic sert une délicieuse cuisine d'inspiration française (tartares, rillettes de lapin, steak frites, ris de veau...). Tous les midis, un plat du jour est proposé à 10,50 $. Une bonne option.

L'Astral PANORAMIQUE $$

(☎418-780-3602 ; 1255 cours du Général-De Montcalm ; www.lastral.ca ; menu 18-28 $, plats 13-24 $; ⏲tlj midi et soir). Prenez de la hauteur ! La cuisine est très bonne dans ce restaurant rotatif haut perché qui couronne l'hôtel Loews Le Concorde. Vous profiterez du panorama sur les Laurentides, le Saint-Laurent et l'île d'Orléans le temps d'un repas. Service impeccable et prix corrects. Possibilité de prendre simplement un verre (téléphoner pour savoir si la section bar est ouverte).

Toast ! FRANÇAIS $$

(☎418-692-1334 ; 17 rue Sault-au-Matelot ; plats 14-25 $; ⊙tlj 18h). Sis dans l'hôtel Le Priori, ce restaurant est une excellente surprise. Intérieur design mais chaleureux, une terrasse ombragée agréable en été et un accueil très sympathique. La carte affiche une cuisine d'inspiration française.

Le Cochon Dingue BISTRO $$

(☎418-692-2013 ; 46 bd Champlain ; brunch 5,25-16,50 $, plats 14,95-28,95 $, menus 29,95-31,95 $; ⊙tlj). Occupant le rez-de-chaussée de 3 maisons anciennes de la rue du Petit-Champlain, le Cochon Dingue se repère à son enseigne où figure un porcelet. On sert des plats ordinaires (grillades, salades, sandwichs) sur des nappes à carreaux, dans une atmosphère chaleureuse et affairée. Point fort : les desserts. L'adresse est aussi connue pour ses petits-déjeuners gourmands.

L'Aviatic Club TAPAS $$

(☎418-522-3555 ; www.aviatic.ca ; 450 rue de la Gare-du-Palais ; plats 10-29 $; ⊙lun-ven midi et soir, en soirée seulement les week-ends). Installé dans la gare du Palais, près du Vieux-Port, ce restaurant a des allures de yacht-club. La carte propose, sous les appellations "cru", "nageoires", "ailes" et "pattes", une variété de tapas raffinées et une belle sélection de vins au verre, qui satisferont tous les palais.

La Petite Boîte vietnamienne VIETNAMIEN $$

(☎418-204-6323 ; www.chefle.com ; 281 rue de la Couronne ; plats 14-27 $; ⊙mar-ven midi et soir, fermé sam midi, dim et lun). Aussi dans Saint-Roch, la jeune chef de ce restaurant a su saisir le désir des locaux de s'initier à une cuisine nouvelle. On y sert des soupes gourmandes, des salades-repas et d'agréables plats asiatiques revisités. Et, bien sûr, les plats à emporter sont servis dans de jolies petites boîtes.

♥ **Le Café du Clocher Penché** BISTRO $$

(☎418-640-0597 ; 203 rue Saint-Joseph Est ; plats 20-27 $, menu midi à partir de 16 $; ⊙mar-ven 11h30-14h et 17h-22h, sam 9h-14h et 17h-22h, dim 9h-14h). Il fait partie des adresses qui ont redonné de l'allant au quartier Saint-Roch. Très agréable bistro, avec une fine cuisine de marché (plat végétarien à la carte). Vous goûterez des mets originaux (tartare de saumon au pamplemousse, salade césar au boudin noir, paleron de bœuf braisé...), dans un décor de tables de réfectoire et de grands tableaux, sur fond pastel. Brunch tous les week-ends (16 $). Réservation conseillée.

Le Parlementaire TERROIR $$

(☎418-643-6640 ; www.assnat.qc.ca ; Hôtel du Parlement ; plats 19-30 $; ⊙lun-ven 8h-14h30). Envie de déjeuner sous les lustres du Parlement du Québec ? Poussez la porte de l'imposante salle à manger de style Beaux-Arts de l'Hôtel du Parlement, inaugurée en 1917, qui se transforme en restaurant à l'heure du déjeuner. Le service est raffiné et la cuisine, axée sur les produits du terroir, est à la hauteur du cadre.

♥ **Le Cercle** TAPAS, TERROIR $$

(☎418-948-8648 ; www.le-cercle.ca ; 228 rue Saint-Joseph Est ; tapas 3-15 $, plats 15-35 $, 8 $ suppl table d'hôte, brunch 12-14,50 $; ⊙lun-mer 11h30-1h30, jeu-ven 11h30-3h, sam 10h-3h, dim 10h-1h30). Dans ce restaurant vous trouverez une carte de tapas gourmandes et une belle sélection de plats de résistance inspirés du terroir. Décor lumineux et aérien, et projections d'arts visuels sur des écrans. Belle carte de vins d'importation et de bières artisanales. Clientèle hétéroclite et festive. Les brunchs du week-end, délicieux, sont souvent animés par des dessinateurs de BD. Également, un espace-galerie et une salle de spectacle attenants.

Yuzu SUSHIS $$

(☎418-521-7253 ; www.yuzu.ca ; 438 rue du Parvis ; sushis 3,25-14,95 $, plats 19-37 $, menu midi 11-21 $;⊙lun-ven midi et soir, sam-dim le soir seulement). Dans Saint-Roch, un sushi-bar branché et de bonne réputation. Pour les amateurs de cuisine japonaise.

Môss BISTRO $$

(☎418-692-0233 ; 255 rue Saint-Paul ; plats 20-30 $, menus 34-47 $; ⊙tlj 11h-23h). Face au marché du Vieux-Port, cet agréable bistro belge sert en salle ou en terrasse un choix original de moules à la casserole et quelques grillades. Le restaurant propose des plats intéressants qui compensent leurs prix élevés.

♥ **Chez Boulay Bistro Boréal** BISTRO $$

(☎418-380-8166 ; www.chezboulay.com ; 1110 rue Saint-Jean ; menu midi 15-20 $, plats 28-36 $, planche 12-14 $/pers (min 2 pers) ; ⊙tlj midi et soir). Dans un décor épuré aux teintes blanches et boisées, ce bistro urbain explore une cuisine nordique, fine et fraîche. Le chef privilégie les produits locaux pour élaborer sa carte où figurent tartares de saumon, de bison ou pétoncles marinés. Présentation soignée.

Le 47e Parallèle EXOTIQUE ET TERROIR **$$**
(418-692-4747 ; www.le47.com ; 333 Saint-Amable ; menu midi 16-26 $, plats 20-36 $; lun-ven midi et soir, sam-dim soir seulement). En face du Grand Théâtre de Québec, le chef de ce restaurant s'adonne à une cuisine créative, combinant saveurs exotiques et saveurs du terroir. Cardamome, lait de coco, tempura et tandoori se mêlent ainsi aux gibiers et aux tartares. Stationnement gratuit tous les soirs.

Initiale GASTRONOMIE **$$$**
(418-694-1818 ; www.restaurantinitiale.com ; 54 rue Saint-Pierre ; menu midi 39 $, plats midi 20-28 $ soir 20-45 $, menu soir 76 $, menu dégustation 129 $; mar-ven midi, mar-sam soir). Cette table Relais & Châteaux du chef Yvan Lebrun passe pour l'une des meilleures de la ville. Derrière de lourds rideaux vous attend une salle sobre et élégante. Cuisine gastronomique à base de produits locaux.

Le Panache GASTRONOMIE **$$$**
(418-692-1022 ; 8 rue Saint-Antoine ; menu midi 20-24 $, plats soir 38-50 $; tlj matin, midi et soir). Attenant à l'Auberge Saint Antoine, ce restaurant sert une cuisine délicieuse et raffinée, dans un décor chaleureux fait de fauteuils rouges profonds et confortables, de charpentes et de planchers en bois massif. Une expérience culinaire inoubliable, avec vue sur le fleuve. Parking gratuit.

Le Saint-Amour GASTRONOMIE **$$$**
(418-694-0667 ; www.saint-amour.com ; 48 rue Sainte-Ursule ; plats 40-50 $, menu midi 16-30 $, menu dégustation 115 $; lun-ven midi et soir, sam-dim soir seulement). La réputation du Saint-Amour est toujours au beau fixe. Dans une belle salle où la vaisselle raffinée brille sous une immense verrière, le maître des lieux sert une cuisine recherchée et inventive dont le foie gras du Québec est la spécialité, à côté des plats de viande, de gibier, de poisson et des crustacés. Très belle carte des vins.

Laurie Raphaël FINE CUISINE **$$$**
(418-692-4555 ; www.laurieraphael.com ; 117 rue Dalhousie ; plats 42-50 $, menu midi 20-29 $, menu gastronomique 100 $; mar-ven 11h30-14h, mar-sam 17h30-22h). Le charismatique chef québécois Daniel Vézina revisite avec goût les classiques de la cuisine populaire nord-américaine. *Fish n' chips*, ribs de bison et brownies sont apprêtés de façon raffinée. Le spécial "Chef Chef" promet une belle expérience gourmande. Décor contemporain. Service lent et musique inappropriée. Réservation recommandée.

Où prendre un verre

Les bars restent ouverts en saison jusqu'à 3h ou 4h du matin. La rue Saint-Jean est particulièrement animée le soir. C'est là que l'on se retrouve pour prendre un verre et écouter de la musique, notamment dans des boîtes à chansons traditionnelles.

Pub Saint-Alexandre PUB
(418-694-0015 ; 1087 rue Saint-Jean ; plats 10-28 $; tlj 11h-3h). Une quarantaine de scotches single malt, 35 bières en fût et plus de 200 bières en bouteille – dont certaines proviennent de microbrasseries québécoises – sont servies dans ce pub du Vieux-Québec. Superbe bar, déployant ses 12 m d'acajou. Également au menu : pizzas, grillades et burgers. Concerts live tous les soirs, du mercredi au samedi.

Le Sacrilège BAR
(418-649-1985 ; 447 rue Saint-Jean ; tlj jusqu'à 3h). Bar de quartier du faubourg Saint-Jean-Baptiste, il accueille surtout une clientèle étudiante. Ses soirées théâtre, DJ et spectacles divers (gratuit le jeudi) en automne et en hiver, sont très courues. En été, vous profiterez d'une superbe terrasse et d'une agréable verrière.

Bar Saint-Laurent BAR
(418-692-3861 ; château Frontenac ; plats 13-36 $; tlj 11h30-1h30). Le prix des consommations n'est guère plus élevé qu'ailleurs dans ce bar de l'hôtel Frontenac (réputé pour ses martinis), qui s'orne d'une rotonde, de boiseries et de baies vitrées ouvertes sur le Saint-Laurent.

L'Inox PUB
(418-692-2877 ; www.inox.qc.cq ; 655 Grande-Allée Est ; tlj jusqu'à 3h). Ce pub brasse de bonnes bières artisanales (particulièrement une belge, la "Trouble-Fête", aux agrumes et à la coriandre). Des sélections de fromages québécois et quelques grignotines sont servies en accompagnement. Bonne ambiance ; baby foot.

La Barberie MICROBRASSERIE
(418-522-4373 ; 310 rue Sain-Roch ; tlj 12h-1h). Dans le quartier Saint-Roch, cette

MAGASINER DANS L'AVENUE CARTIER

Bien connue des Québécois et favorite des locaux, l'avenue Cartier est une artère agréable pour flâner et "magasiner" (notamment dans les Halles, chez le disquaire québécois **Sillons** au n°1149 et à la boulangerie-pâtisserie gourmande **Picardie** au n°1029), faire une pause-film au **Cinéma Cartier**, au n°1019, ou encore prendre un verre lorsque vous êtes dans la Haute-Ville. Plusieurs bars ont une réputation bien établie. Parmi eux, nous suggérons le **Jules et Jim**, au n°1060, un joli bar de quartier, à l'ambiance feutrée et chaleureuse. Si vous souhaitez déjeuner ou dîner, le **Café Krieghoff** (au n°1089), sert une cuisine de type bistro (bagels, quiches, moussaka…) tandis que **Le Graffiti**, au n°1191, affiche une table plus gastronomique. Notez que le Café Krieghoff loue aussi quelques chambres au calme (www.cafekrieghoff.qc.ca).

sympathique microbrasserie fabrique de bonnes bières artisanales. Un tableau affiche les options du jour, les plus hardis céderont à l'appel de l'impressionnant carrousel de dégustation (8 bières/17 $). Grande terrasse ombragée en été. Possibilité d'apporter ou de se faire livrer ses repas.

Le Cercle RESTO-BISTRO
(voir p. 236). Endroit de prédilection de la jeunesse branchée et de la gent artistique pour boire un verre en soirée.

✩ Où sortir

Bien que Québec ne soit pas une grande cité, la vie nocturne y est intense en été, surtout dans la vieille ville et près des remparts. Nombre de cafés et de restaurants invitent des musiciens. Les clubs ne sont ouverts que le soir. L'hebdomadaire gratuit *Voir*, distribué dans les lieux publics, paraît tous les jeudis.

Cinéma

Vous trouverez la liste des salles des environs et de leurs programmes sur www.voir.ca.

Le Clap (☎418-650-2527 ; www.clap.qc.ca ; 2360 chemin Sainte-Foy). Ce cinéma de Sainte-Foy présente des films d'auteur en français et en anglais, souvent sous-titrés.

IMAX Le Théâtre (☎418-627-4629 ; www.imaxquebec.com ; 5401 bd des Galeries). Films sur un écran de 20 m de haut sur 28 m de large, certains en 3D avec son numérique.

Cinéma Cartier (☎418-522-1011 ; www.cinemacartier.com ; 1019 avenue Cartier). Sur l'avenue Cartier, ce discret petit cinéma propose une liste étonnante d'œuvres inédites du répertoire international.

Scène gay

Le Drague (☎418-649-7212 ; 815 rue Saint-Augustin ; ⏲tlj jusqu'à 3h). Bar discothèque gay friendly, à la terrasse agréable. Soirée karaoké le mercredi, drag queen jeudi et vendredi, danse sur deux étages le samedi.

Musique live

Les Voûtes Napoléon (☎418-640-9388 ; 680A Grande-Allée Est). Hors des remparts, ce bar accueille des chansonniers tous les soirs à partir de 21h, jusqu'à 3h du matin.

Le Pape-Georges (☎418-692-1320 ; www.papegeorges.ca ; 8 rue Cul-de-Sac). Bar à vins, avec spectacles de jazz, de blues et de country réputés, le week-end.

Le Cercle (voir p. 236). Superbe programmation de concerts, pièces de théâtre et performances tous azimuts. Vous y écouterez des musiques rock expérimental, indie, folk-pop et électro, entre autres.

Le Scanner (☎418-523-1916 ; 291 Saint-Vallier Est ; ⏲tlj jusqu'à 3h). Bar underground décontracté où se succèdent les concerts métal, rock, folk et country. Bons spéciaux sur les bières de microbrasseries locales.

Clubs et discothèques

L'entrée des discothèques est rarement payante.

Chez Dagobert (☎418-522-0393 ; 600 Grande-Allée Est ; ⏲mer-dim 21h30-3h). Immense et toujours plein à craquer, "Le Dag", de son surnom, court sur 3 niveaux. Au deuxième, la frénésie techno bat son plein, avec son cocktail d'effets laser, de fumigènes et de musique. Au-dessus, on peut observer les danseurs depuis le balcon.

O'Zone (☎418-529-7932 ; 570 Grande-Allée Est). Les lieux sont fréquentés par un public jeune qui danse ou joue au billard ou au baby-foot, une bière à la main. Ambiance chaleureuse.

Maurice Nightclub (☎418-640-0711 ; 575 Grande-Allée Est ; ⏲tlj 21h-3h). Fréquenté par un public un peu plus âgé, Maurice est installé dans une maison victorienne décorée d'une jolie déco design. À l'étage supérieur, un bar ultra-lounge baptisé Charlotte.

Théâtre, danse et spectacles

Le **Grand Théâtre de Québec** (☎418-643-8131 ; 269 bd René-Lévesque Est) accueille concerts classiques, ballets, opéras et pièces de théâtre. Deux autres grandes salles se font quasiment face aux portes du Vieux-Québec : le **capitole de Québec** (☎418-694-4444 ; 972 rue Saint-Jean) et le **palais Montcalm** (☎418-641-6040 ; 995 place d'Youville). Au programme : des concerts, du théâtre et des spectacles de variétés.

Le **théâtre Petit-Champlain** (☎418-692-2631 ; 78 rue du Petit-Champlain) présente, dans une salle plus intime, des spectacles musicaux. L'été, sa petite terrasse est très agréable pour prendre un verre.

Depuis/vers Québec

Avion

L'**aéroport international Jean-Lesage** (☎418-640-2700 ; www.aeroportdequebec.com) est à l'ouest de la ville, près de l'autoroute 40 et du croisement avec l'autoroute 73. **Air Canada** (☎1-888-247-2262) assure la liaison avec Montréal, Ottawa et les principales villes canadiennes. **Air Transat** (☎1-800-587-2672) propose une liaison directe avec Paris au moins 2 fois par semaine.

Bus

La **gare routière** (☎418-525-3000 ; 320 rue Abraham-Martin) est installée dans la gare du Palais, mitoyenne de la gare ferroviaire.

Orléans Express (☎1-888-999-3977 ; www.orleansexpress.com) assure une liaison quotidienne avec Montréal toutes les heures ou presque (49,40 $ hors taxes, environ 3 heures). Les bus de la compagnie desservent également le Bas-Saint-Laurent et la Gaspésie.

De son côté, **Intercar** (☎1-888-861-4592 ; www.intercar.qc.ca) relie Québec à Sainte-Anne-de-Beaupré, Baie-Saint-Paul, Tadoussac, Baie-Comeau et au casino de Charlevoix. Il dessert aussi les régions du Lac-Saint-Jean et du Saguenay.

Il faut d'abord rejoindre Montréal pour vous rendre aux États-Unis. Rivière-du-Loup sert quant à elle de correspondance aux bus à destination des provinces maritimes du Canada (dont le Nouveau-Brunswick).

Plusieurs bus urbains rejoignent le centre-ville depuis la gare routière (notamment les n°18 et 25).

Train

La **gare ferroviaire** (☎418-692-3940 ; 450 rue de la Gare du Palais) communique avec le bâtiment moderne de la gare routière.

VIA Rail (☎1-888-842-7245 ; www.viarail.ca), compagnie nationale du chemin de fer, dessert Montréal plusieurs fois par jour.

La **gare de Sainte-Foy**, au sud-ouest du centre-ville, dessert les mêmes destinations. Elle est plus pratique si vous êtes dans le sud ou l'ouest de la ville. Pour vous y rendre, prenez le bus 800 depuis la place d'Youville.

Voiture

Pour la location d'une voiture, prenez contact avec l'une des agences suivantes :

Avis (☎418-523-1075 ; www.avis.com ; 1100 bd René-Lévesque Est). Plusieurs agences, dont une à l'aéroport. **Budget** (☎418-692-3660 ; www.budget.com ; 1100 bd René-Lévesque Est).

Discount (☎418-522-3598 ; www.discountquebec.com ; 240 3e Rue). Également à l'aéroport et dans l'arrondissement de Sainte-Foy.

Hertz (☎418-694-1224 ; www.hertz.com ; 44 côte du Palais). Plusieurs agences, dont une à l'aéroport.

National/Alamo (☎877-9822 ; www.nationalcar.com). À l'aéroport et dans plusieurs arrondissements de Québec.

Covoiturage

Allo Stop (☎418-658-0000 ; www.allostop.com ; 597 rue Saint-Jean ; ⏲dim-mer 9h-

FERRY AVEC VUE

Pour profiter d'une vue saisissante sur la ville de Québec et le château Frontenac, prenez le **traversier** (☎418-644-3704 ; 837-2408 ; www.traversiers.gouv.qc.ca ; 10 rue des Traversiers) entre Québec et Lévis – la traversée ne dure que 10 à 15 minutes. Le service est assuré dès 6h20 jusqu'à 2h20 au départ de Québec (voir aussi p. 250). Le ferry fonctionne toutes les demi-heures pendant la journée (toutes les 20 min entre 16h et 18h, puis toutes les heures jusqu'à 2h20). L'aller simple revient à 3,10 $ par piéton ou cycliste (senior/5-11 ans 2,90/2,10 $). Doublez le tarif pour l'aller-retour. Comptez également 7,50 $ pour une voiture et 6 $ pour une moto. Pour ne pas avoir à circuler en voiture à Québec, vous pouvez laisser votre voiture dans le parking près de l'embarcadère, à Lévis, moyennant 10 $ environ par jour.

17h45, jeu-ven 8h-18h45, dim 8h-16h45). Des tarifs très intéressants avec ce service de covoiturage qui permet de se déplacer dans plusieurs villes du Québec (environ 15 $ pour Montréal, plus carte de membre 7 $).

Comment circuler

Desserte de l'aéroport

Aucun service de bus ne relie l'aéroport au centre-ville de Québec. Comptez 30-35 $ en **taxi** (☎418-525-5191), dans un sens comme dans l'autre.

Navette touristique

Une navette électrique, l'Écolobus, effectue un trajet (1 $/billet) dans l'arrondissement historique, de la gare fluviale au Vieux-Port, jusqu'au Centre des Congrès. Pour plus d'information, consultez www.rtcquebec.ca.

En hiver, une nouvelle **navette** (☎418-664-0460 ou 1-877-536-2774 ; www.lemassif.com ; 12 rue Sainte-Anne ; ⏲départ tlj 7h30, fin déc-fin mars, sur réservation) circulant entre Québec, Beauport et la station de ski Le Massif à Petite-Rivière-Saint-François (voir p. 255), part tous les jours de la place Sainte-Foy (Porte 3) et du château Frontenac.

La station de Mont-Sainte-Anne a aussi mis en place sa propre **navette** (☎418-664-0460 ; www.mont-sainte-anne.com ; ⏲départ tlj 7h30 de Sainte-Foy et 8h de place d'Armes, mi-déc à fin mars, sur réservation) desservant la place Laurier et quelques hôtels du Vieux-Québec.

Pour l'aller-retour vers les stations de ski, comptez environ 25 $.

Bus

Il existe un bon réseau de **bus urbains** (☎418-627-2511 ; www.rtcquebec.ca). Un billet coûte cher : 3 $, correspondance comprise. Le forfait journée revient à 7 $. Prévoir la monnaie exacte. Vous trouverez un plan du réseau dans les bureaux touristiques ainsi que dans les bureaux de tabac.

Les bus se rendent jusqu'à Sainte-Anne-de-Beaupré, sur la rive nord. De nombreux bus s'arrêtent place d'Youville, près de la porte Saint-Jean. Pour les motels de Beauport et la chute Montmorency, prenez le bus 53, dans la rue Dorchester, au nord. Les bus 800 et 801 relient le centre-ville à l'université Laval et à Sainte-Foy.

Vélo

Bien situé à proximité du marché du Vieux-Port, en bordure de la piste cyclable, **Cyclo-Services** (☎418-692-4052 ; www.cycloservices.net ; 289 rue Saint-Paul) organise des visites guidées à vélo et suggère des parcours intéressants avec son service de location.

Voiture

Mieux vaut ne pas circuler en voiture dans Québec. Les rues sont étroites et encombrées et il est très difficile de stationner. Les principaux sites sont accessibles à pied. Une carte des parkings à proximité du centre-ville est disponible auprès des offices du tourisme. Vous pouvez très bien aussi laisser votre voiture près de l'embarcadère de Lévis, de l'autre côté du fleuve, et prendre le traversier.

ENVIRONS DE QUÉBEC

Parc national de la Jacques-Cartier

(☎418-848-3169 ou 1-800-665-6527 ; www.sepaq.com/pq/jac ; route 175 Nord, Km 74, Stoneham ; adulte/6-17 ans/famille 6,50/3/9,50-13 $; ⏲centre de services mi-mai à fin oct et mi-déc à mi-mars). On aime à dire ici que le plus beau sentier du parc, c'est la rivière. De fait, elle est l'une des plus belles du Québec et, qui plus est, accessible à tout le monde. Tous les rapides, de classe 1 à 3, sont contournables si on n'a pas le niveau. Aussi, rien d'étonnant à ce que le **canot**, le **kayak**, le **mini raft** et les **chambres à air** constituent les activités vedettes du parc. Elles offrent une escapade idéale, à une demi-heure à peine de Québec. De juin à septembre, il est indispensable de réserver les embarcations. Les tarifs varient selon le type de canot et le parcours choisi (30,25 $/chambre à air, 60,50 $/miniraft 5 pers). Les combinaisons isothermiques sont fournies.

Un service (payant) de navette vous conduit du **centre de découverte et de services** (au Km 10) au point de mise à l'eau. Deux campings aménagés (25-32 $, prêt à camper 113 $) et 9 sites de campings rustiques (sans eau, ni électricité 21,50 $), des chalets (133-245 $), des yourtes (129-137 $) et des camps rustiques (96 $/4 pers) sont autant de possibilités d'**hébergement** au sein du parc.

L'automne, la **randonnée pédestre**, au cœur de la forêt de bouleaux jaunes, vole la vedette. Le sentier "Les Loups" – un classique – offre un point de vue sur toute la vallée. Le panorama du mont Andante (755 m) sur les gorges et la rivière de la Jacques-Cartier est lui aussi époustouflant. Le sommet est accessible en 2 ou 3 heures de marche. Deux sentiers

Environs de Québec

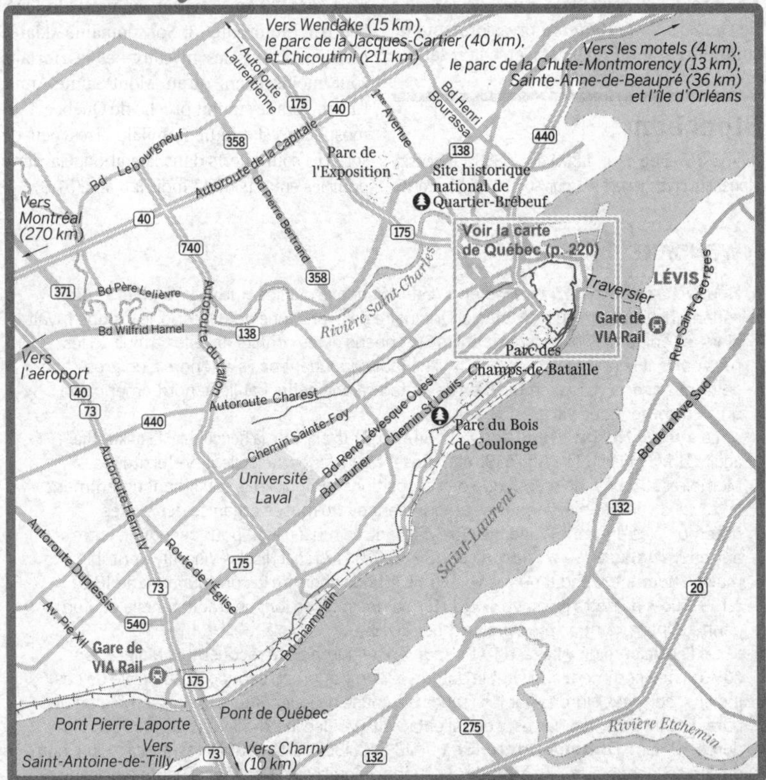

alternatifs, celui de la rivière Sautauriski (1 heure, intermédiaire) et celui du Draveur Sud (1 heure 30, difficile) se parcourent à vélo. L'hiver, la **raquette** (20 km de sentiers), le **ski nordique** (55 km), mais aussi la **randonnée pédestre sur neige** (15 km) sont de mise.

Les 670 km² du parc sont aussi un lieu privilégié d'**observation de la faune et de la flore**. Ours, orignaux, loups, chevreuils, ratons laveurs, porcs-épics et castors sont nombreux sur ce territoire. Et les amateurs de botanique peuvent s'adonner à l'observation des lichens, fougères et orchidées qui foisonnent dans le parc.

Sachez que la **pêche** à l'omble de fontaine est autorisée sur la rivière Jacques-Cartier grâce à un permis journalier. Mais demeurez vigilant, car même si le saumon est présent, sa prise est interdite. Forfaits avec équipement et hébergement proposés.

Réserve faunique des Laurentides

(☎418-528-6868 ; www.sepaq.com/rf/lau ; autoroute 73, direction Chicoutimi). Vingt kilomètres plus loin, sur la route 175, la réserve faunique constitue, avec ses 7 860 km², l'une des plus importantes réserves de la province. Elle est particulièrement prisée par les chasseurs et les pêcheurs, mais aussi par les adeptes du canot-camping ou du ski de fond, de la raquette et de la motoneige en hiver. De juin à septembre, on y pratique aussi la pêche à la truite mouchetée. La réserve compte plusieurs campings aménagés et des chalets à louer, mais il faut s'y prendre plusieurs mois à l'avance pour réserver.

Faisant partie du "croissant vert" de Québec, à 50 km au nord de la ville, la réserve est formée de collines, de montagnes boisées, de rivières grandioses et de plus de 2 000 lacs ! L'autoroute 73 devient la route 175 au-delà de Québec. Cette route, impressionnante de solitude, surtout l'hiver, traverse la réserve.

Stoneham

(☎418-848-2415 ou 1-800-463-6888 ; www.ski-stoneham.com ; forfait ski jour/soir 54/31 $). Petite station de ski alpin très fréquentée, Stoneham n'est qu'à 20 km environ au nord de Québec par l'autoroute 73. Son domaine skiable convient à tous les niveaux – et les forfaits sont moins chers qu'au Mont-Sainte-Anne, l'autre grande station proche de Québec. L'atmosphère est plutôt familiale. Très peu de services sont offerts dans la station. Garderie pour les enfants de 12 mois à 6 ans (37 $).

WENDAKE

Nous voici en plein territoire indien. C'est à Wendake que les Hurons-Wendats se sont sédentarisés à la fin du XVIIe siècle. Originaire de la province de l'Ontario, le groupe fuyait alors les épidémies propagées par les Européens et les conflits dans les tribus. Si les rues portent le nom de chefs locaux, il ne faut cependant pas s'attendre à un gros choc culturel. La réserve ressemble bien davantage à une petite banlieue nord-américaine qu'à un authentique village amérindien.

Le **musée Huron-Wendat** (☎418-847-2260 ; 15 place de la Rencontre "Ekonkiestha" ; adulte 11 $; ⊙tlj 9h-17h, jusqu'à 19h été) présente une superbe collection Territoires, Mémoires, Savoirs, de même que des expositions temporaires, soulignant notamment le travail de création des femmes amérindiennes. Le musée organise des visites patrimoniales du vieux Wendake (15 $/2h, entrée musée incl) pour découvrir, entre autres, la **maison Tsawenhohi** (☎418-845-0700 ; 75 chef Nicolas-Vincent), véritable maison huronne-wendat où ont vécu trois grands chefs de la communauté de 1820 à 1993. Lors de notre passage, l'ouverture d'une maison longue traditionnelle et d'un centre d'interprétation était prévue pour 2013.

De l'autre côté du village, un site traditionnel huron a été reconstitué. Malgré son côté un peu commercial, il vaut le détour, car on y apprend beaucoup sur la vie de ces Indiens, nommés Hurons par les Français à cause de leur coiffure qui ressemblait à une hure de sanglier. L'accueil est cordial et la visite guidée instructive (toutes les 30 min, durée 50 min). **Onhouä Chetek8e** (☎418-842-4308 ; 575 rue Stanislas-Kosca ; ⊙tlj), nom du site en langue huronne, veut dire "d'hier à aujourd'hui". Derrière la haute palissade, des maisons longues, typiques de l'habitat ancestral, sont reproduites. L'une évoque la vie en communauté de six familles sous un même toit d'écorce de cèdre. Le circuit conduit à un fumoir de poissons et de viandes, une hutte de sudation – sorte de sauna que les missionnaires jésuites qualifièrent de maison de Satan –, la hutte d'un chaman et un canot familial. Des animations racontant la vie et les coutumes des Amérindiens jalonnent le parcours. De mai à septembre, des spectacles de danse et de musique traditionnelles sont organisés.

Pour couronner l'expérience, vous pourrez vous initier à la cuisine huronne ! Dans le centre historique de Wendake, en face de l'église, **Sagamité** (☎418-847-6999 ; 10 bd Maurice-Bastien ; plats 25-39 $; ⊙tlj), plein à craquer d'habitués, propose une belle carte de mets amérindiens. On peut opter pour un hamburger au caribou ou au bison, ou pour une "pépite" de wapiti, spécialité maison. À quelques pas, le restaurant **La Traite**, installé dans le chic **Hôtel des Premières Nations** (☎418-847-2222 ou 1-866-551-9222 ; 5 pl de la Rencontre "Ekonkiestha" ; ⊙tlj), propose des dîners gourmands et des brunchs le dimanche, concoctés à partir des fruits de la chasse, de la pêche et de la cueillette.

Fin juillet, participez à un **pow-wow** (☎847-1835 ; www.tourismewendake.com), présentant des compétitions et des spectacles de danse traditionnelle des Premières Nations.

Pour vous rendre à Wendake, empruntez l'autoroute Laurentienne (73 Nord). À la sortie 154, prenez à gauche la rue de la Faune, qui devient la rue des Érables puis la rue de la Rivière. Le village se situe à une vingtaine de kilomètres au nord-ouest de Québec. L'**office du tourisme** (☎1-888-936-3253 ; www.tourismewendake.com ; 100 bd Bastien ; ⊙lun-ven 8h30-16h30, sam-dim 9h30-17h) fournit tous les renseignements.

Parc de la Chute-Montmorency

(418-663-3330 ou 1-800-665-6527 ; www.sepaq.com/chutemontmorency ; 2490 av. Royale, Beauport, près du pont de l'île d'Orléans ; tlj 7h-22h, stationnement et téléphérique 8h30-19h30 fin juin-fin août, 9h-18h fin avril-fin juin et fin août-fin oct, 10h-16h tlj fév, week-end jan et jeu-dim mars-avr, fermé nov ; P10,50 $). Principale attraction des environs de Québec, le parc de la Chute-Montmorency permet de s'approcher de l'immense **chute d'eau**. Plus haute que celles du Niagara – 83 m, contre 53 m – elle est toutefois moins impressionnante, car moins large, mais offre un cadre surprenant, face au fleuve.

Un **téléphérique** assure l'accès à la partie supérieure de la chute (10,39 $ l'aller-retour pour les adultes, 5,18 $ pour les 6-16 ans). Un chemin permet de s'y rendre à pied. La solution médiane consiste à monter avec le téléphérique et à redescendre à pied (la promenade est jalonnée d'escaliers) et permet de profiter pleinement des chutes. On peut passer d'un côté à l'autre de la chute grâce à un pont suspendu. Comptez au moins 1 heure pour effectuer l'excursion, émaillée de beaux panoramas sur les chutes et le fleuve Saint-Laurent.

L'hiver, au pied des **chutes gelées**, on peut s'adonner à de joyeuses parties de glissade lorsqu'un pain de sucre se forme en contrebas. C'est aussi un haut lieu de rendez-vous pour les adeptes de l'escalade sur glace, qui s'exercent à grimper la vertigineuse paroi blanche.

Fin juillet et début août, le parc de la Chute-Montmorency accueille **Les Grands Feux** (523-3389 ; www.lesgrandsfeux.com ; mer et sam), une compétition pyrotechnique internationale.

Depuis/vers le parc de la Chute-Montmorency

VOITURE Le parc se situe à 12 km à l'est du Vieux-Québec. Pour vous y rendre, prenez la route 360 *via* l'avenue Royale, ou la route 138 via le boulevard Sainte-Anne, parallèle à la route 360 au nord. Un panneau indique clairement la direction pour accéder au site.

BUS De Québec, sur la place d'Youville, prendre par exemple, le bus 800 (direction Beauport) qui passe toutes les 10 minutes et arrive en haut des chutes. Sur la place Jacques-Cartier, vous pouvez également prendre le bus 53, moins fréquent, qui arrive au bas des chutes. Comptez 40 minutes de trajet.

Île d'Orléans

Point d'orgue d'un voyage à Québec, l'île offre des paysages luxuriants, immortalisés par le célèbre poète-chanteur Félix Leclerc, qui y passa une grande partie de sa vie. Faire le tour de l'île, c'est découvrir, comme il le chantait, "quarante-deux mille de choses tranquilles". Ses vieilles maisons en bois, en pierre ou en brique, avec leurs mansardes, leurs toits en bardeaux de cèdre ou leurs lucarnes ajourées, rappellent parfois le style normand ou évoquent la domination britannique. Les premières habitations datent de 1648. Superbement rénovées, elles donnent un charme très particulier à l'île.

Cette île verdoyante de près de 7 000 habitants (10 000 en été) est un peu le grenier de la capitale provinciale. Elle donne une bonne image de la vie rurale traditionnelle du Québec. Le long de votre parcours, vous verrez de nombreux petits producteurs locaux.

Jacques Cartier découvre la petite île d'Orléans lors de son deuxième voyage au Canada en 1535. Inspiré par la présence de vignes sauvages, il la nomme île de Bacchus. Un an plus tard, Cartier la rebaptise île d'Orléans en l'honneur du duc d'Orléans. Elle est considérée comme le berceau de l'Amérique française, première terre d'accueil de 300 familles de souche qui figurent en tête de liste des arbres généalogiques de la majorité des Nord-Américains de descendance française !

L'île d'Orléans est longue de 32 km, et d'une largeur maximale de 8 km. Le chemin Royal la ceinture sur 67 km. Vous pourrez ainsi traverser les six paroisses : Saint-Pierre, Sainte-Pétronille, Saint-Laurent, Saint-Jean, Saint-François et Sainte-Famille. D'est en ouest, les paysages varient, les forêts d'érables et les chênaies faisant place aux champs de pommes de terre ou de poireaux. Les fruits, en particulier les pommes et les fraises (très réputées), sont particulièrement abondants.

Depuis 1935, l'île, située à l'est de Québec, est reliée au continent par un pont.

Renseignements

BUREAU D'ACCUEIL TOURISTIQUE (418-828-9411 ou 1-866-941-9411 ; www.iledorleans.com ; 490 côte du Pont, Saint-Pierre ; tlj 8h30-19h juin-sept, tlj 9h-17h avr-juin et sept-oct, sam-dim 11h-15h nov-fin mars). Un passeport culturel donnant accès à plusieurs

LE TOUR DE L'ÎLE D'ORLÉANS

En voiture ou à vélo, l'île se découvre sans se hâter. Pour commencer, arrêtez-vous au **bureau d'information touristique**, à la sortie du pont, sur la droite. Puis, en laissant dans votre dos le port, tournez à droite sur le chemin Royal vers **Sainte-Pétronille**. Ce bout de l'île – le plus huppé – compte surtout des villas de style anglais, rappelant que la bourgeoisie anglaise y avait établi ses pénates au XIXe siècle. La vue sur Québec à l'ouest est superbe depuis le parking de l'Auberge La Goéliche. En continuant la route en direction du sud-ouest, vous atteindrez le village de **Saint-Laurent**, dont les habitants travaillaient autrefois dans les chantiers navals. On longe ici le fleuve au plus près. Visitez le **parc maritime** (☎418-828-9673 en saison, 418-828-9722 hors saison ; 120 chemin de la Chalouperie ; ⏲tlj 10h-17h mi-juin à début oct ; visite guidée adulte 5 $, gratuit -12 ans ; 45 min) et sa chalouperie historique en suivant les indications sur le chemin Royal. Des visioguides avec des témoignages sur la vie insulaire devraient être disponibles en 2013. L'**économusée La Forge à Pique-Assaut** (2200 chemin Royal, Saint-Laurent ; ⏲tlj 10h-17h mi-juin à début sept ; visite 3 $, gratuit -13 ans) vous ouvre également les portes de son atelier, afin d'y découvrir le métier ancestral de ferronnier d'art.

À **Saint-Jean**, village d'appoint des pilotes voguant sur le Saint-Laurent, les maisons ancestrales, blotties entre la berge et le chemin Royal, rivalisent de beauté. Celles en briques, avec des terrasses magnifiquement décorées, exigent un arrêt. Au 1451 chemin Royal, le **manoir Mauvide-Genest** (adulte/étudiant/-13 ans 8/5/4 $; ⏲tlj 10h-17h début mai-fin oct) est un petit manoir d'époque Louis XV, évoquant l'histoire d'un jeune chirurgien français devenu seigneur de l'île en 1752. Arrêtez-vous ensuite près de l'église et du cimetière. De l'autre côté de la rue, l'ancien presbytère a été joliment transformé en boulangerie-boutique : **La Boulange** (⏲tlj 7h30-18h mi-juin à mi-sept, ven-dim avr, jeu-dim mai, mer-dim sept, jeu-dim oct, ven-dim nov-déc), qui distille de délicieuses odeurs de pizzas et de viennoiseries. Il fait bon s'installer en terrasse dans ce lieu qui a gardé son charme d'antan.

En sortant, juste en haut de la côte à gauche, débute la **route du Mitan**, qui coupe l'île du sud au nord. Elle permet une incursion sur le plateau de l'île, et ses paysages agricoles et forestiers. Pour continuer le tour de l'île, restez plutôt sur le chemin Royal après l'église de Saint-Jean. À **Saint-François**, le village suivant, on sent encore davantage l'appel du large. Vous atteindrez ici l'extrémité est de l'île. Sur la pointe d'Argentenay, le vent est fort et l'air plus frais. Une halte au belvédère permet de voir le fleuve à perte de vue et les falaises du cap Tourmente. La zone suivante est plus agricole jusqu'à **Sainte-Famille**, qui abrite la plus vieille bâtisse de l'île, la **maison Drouin**, toute en crépi blanc ainsi qu'une fromagerie artisanale attenante. Près de l'église, le presbytère a été aménagé en musée de la généalogie de l'Amérique française et le **parc des Ancêtres** offre l'un des plus beaux panoramas de l'île sur la rive nord du fleuve.

Saint-Pierre, enfin, est la terre d'adoption de Félix Leclerc. Sa maison est à droite, en retrait de la route, au 2481 chemin Royal, mais elle ne se visite pas. Le poète est enterré au cimetière du village, au bord de la route. En chemin, vous pourrez vous arrêter à la **Cidrerie-Verger Bilodeau** (2200 chemin Royal), afin de goûter aux différentes cuvées de cidre ou, avec un peu de chance, cueillir vous-même vos pommes (mi-août à oct). Passé le centre du village, à gauche, l'**Espace Félix-Leclerc** (☎418-828-1682 ; adulte/enfant 7/4,50 $; ⏲tlj 9h-18h été, tlj 9h-17h mi-saison, lun-ven 9h-11h et sam-dim 9h-17h hiver) est un lieu d'exposition sur la vie et l'œuvre de l'artiste. Une boîte à chansons et une boutique y sont aussi installées. La grange reconstituée se trouve sur un terrain de 50 ha, comprenant un sentier aménagé pour la promenade (compter 45 min jusqu'à la côte).

lieux touristiques de l'île est en vente (18 $). Si vous avez un lecteur CD, vous pourrez louer (17,70 $) ou encore acheter (22,70 $) un audioguide pour visiter l'île.

LOCATION DE VÉLO À Saint-Pierre, à l'entrée de l'île, **Écolocyclo** (☎418-828-0370 ; www.ecolocyclo.net ; 517 chemin Royal ; ⏲tlj 9h-18h en saison, sur appel les week-ends hors saison) loue des vélos simples (16 $/h, 38 $/jour) ou des vélos électriques (30 $/2h, 60 $/jour). Location de tandems et de vélos Quetzal (position allongée) également.

Fêtes et festivals

Musique de chambre à Sainte-Pétronille (juillet-août ; 828-1410 ; www.musiquedechambre.ca). Depuis près de 30 ans, concerts d'été sur la pointe ouest de l'île d'Orléans dans l'église de Sainte-Pétronille.

Où se loger et se restaurer

Les adresses ci-dessous suivent l'itinéraire de notre tour de l'île (voir l'encadré ci-contre).

Les Ancêtres AUBERGE **$$**
(418-828-2718 ; www.lesancetres.ca ; 391 chemin Royal, Saint-Pierre ; plats 14-34 $, table d'hôte 28-48 $; mar-dim mai-oct, jeu-sam nov-mai). Coup de cœur pour ce restaurant, ouvert depuis 40 ans, qui sert une cuisine du terroir actualisée. La belle maison tricentenaire se partage entre une salle à manger champêtre et une large verrière avec vue sur la chute Montmorency, le fleuve et les Laurentides (le coucher du soleil est à couper le souffle). Ambiance chaleureuse, couronnée d'un service attentionné. Quatre chambres ont été récemment ouvertes à l'étage, dont 2 avec vue sur le fleuve (basse/haute saison 120-150/145-175 $). Près du bureau touristique, en direction de Sainte-Pétronille.

Chocolaterie de l'île d'Orléans CHOCOLAT **$**
(418-828-2250 ; 150 chemin du Bout-de-l'Île, Sainte-Pétronille ; lun-ven 9h30-18h, sam-dim 9h30-19h été, jusqu'à 17h30 hiver). On vient de loin pour goûter aux glaces, sorbets et chocolats préparés à l'ancienne dans cet établissement. Café-resto sur place.

Le Panache mobile FOOD-TRUCK CHIC **$**
(418-266-3181 ; 1A chemin du Bout-de-l'Île, Sainte-Pétronille ; 5-18 $; lun-ven 11h-16h, sam-dim 11h-17h début juin-fin sept). Petite sœur du prestigieux restaurant de Québec, cette "roulotte" gourmande a été installée dans le vignoble familial. On y sert des petites salades et des sandwichs améliorés avec vue sur les vignes. Vin au verre.

Auberge La Goéliche AUBERGE **$$**
(418-828-2248 ou 1-888-511-2248 ; www.goeliche.ca ; 22 chemin du Quai, Sainte-Pétronille ; s/d avec petit-déj 107-187/128-208 $, demi-pension 147-227/208-288 $ selon saison ; restaurant week-end nov-avr). Cette auberge occupe un site de choix, à la pointe ouest de l'île. Les chambres, à la décoration champêtre un peu vieillotte, sont douillettes. Trois ont été rénovées dans un style plus moderne, avec cheminée et balcon. Une belle vue et une formule demi-pension intéressante hors saison. Également, location d'appartements pour 6 personnes (675-1 375 $/sem, selon la saison).

Auberge Le Canard Huppé AUBERGE **$$**
(418-828-2292 ou 1-800-838-2292 ; www.canard-huppe.com ; 2198 chemin Royal, Saint-Laurent ; s/d avec petit-déj 80-90/120-140 $; plats 16-49 $, table d'hôte 49-55 $). Cette maison compte une dizaine de petites chambres confortables, certaines lambrissées. Elle héberge également un chef réputé, Philippe Rae, qui cuisine des produits régionaux tels que la caille, l'agneau ou le foie gras de façon délicieuse. Nombreux forfaits proposés (découverte, patrimoine et gastronomie, golf, etc.). Restaurant ouvert sur réservation seulement.

Les Blancs Moutons GÎTE **$$**
(418-828-1859 ou 1-866-828-1859 ; www.lesblancsmoutons.com ; 1317 chemin Royal, Saint-Laurent ; d avec petit-déj basse/haute saison 89-99/94-124 $). Ce gîte aux allures de maison de poupée loge une galerie d'art et d'antiquités au rez-de-chaussée. À l'étage, 4 chambres tout en bois, un peu sombres, ont été décorées avec goût. Petit-déjeuner servi en terrasse face au fleuve.

Le Moulin de Saint-Laurent CHALETS ET RESTAURANT **$$**
(418-829-3888 ou 1-888-629-3888 ; www.moulinstlaurent.qc.ca ; 754 chemin Royal, Saint-Laurent ; chalet avec petit-déj 120-420 $, prix dégressifs hors saison ; plats midi/soir 11-20/18-35 $, table d'hôte soir 34-51 $; mai-oct). Une cuisine régionale rustique vous attend dans cet ancien moulin à farine de 1720, qui abrite une belle salle à manger en pierre. Une charmante terrasse donne sur une cascade près du moulin. Juste en face, une nuit de rêve vous attend si vous voulez profiter du fleuve tout proche. Les propriétaires du Moulin louent une dizaine de chalets joliment meublés pour 2 à 8 personnes (petit-déjeuner servi au chalet).

Dans les bras de Morphée GÎTE **$$$**
(418-829-3792 ; 225 chemin Royal, Saint Jean ; ch avec petit-déj basse/haute saison 128-148/153-162 $;). Il se dégage une atmosphère pastorale de cette charmante maison entourée de verdure. Cinq chambres ont été aménagées avec goût et simplicité, dont 3 ont vue sur le fleuve. La salle à manger, faite de boiseries, est lumineuse. Spa dans le jardin. Petit-déjeuner gourmand.

Auberge Le P'tit bonheur AUBERGE DE JEUNESSE **$**
(☎418-829-2588 ; www.leptitbonheur.qc.ca ; 186 côte Lafleur, Saint-Jean ; dort 25 $, s/d 50-75/75-95 $, tipi et igloo 35 $; petit-déj 5 $, incl pour les ch ;). Située sur les hauteurs, l'une des plus anciennes maisons de l'île (1647) abrite une auberge de jeunesse peu onéreuse. Séjour rustique et authentique au rendez-vous. Préférez les chambres situées dans l'ancienne aile, plus jolies (il faut aimer le plancher qui grince !). Le dortoir est assez sommaire, mais une suite pouvant accueillir jusqu'à 7 personnes a été aménagée sous les combles, idéale pour les groupes. En hiver, balades en traîneau à chiens, raquette et motoneige (forfait 110 $ pour les 3 activités). Cuisine à disposition. Accueil très sympathique.

Camping Orléans CAMPING **$**
(☎418-829-2953 ou 1-888-829-2953 ; www.campingorleans.com ; 357 chemin Royal, Saint-François ; empl 34-47 $, frais de réservation 7 $; ⏲mi-mai à début oct ;). Au bord du fleuve, ce sympathique terrain de camping 5 étoiles est idéal pour les balades au bord de l'eau. Les plus beaux emplacements, dans la rue de la Grève, donnent directement sur le fleuve.

Camping de la Pointe d'Argentenay CAMPING **$**
(☎418-829-3311 ; 334 route de l'Argentenay, Saint-François ; empl 32,50 $ taxes incl ; ⏲mi-juin à fin août). Encore plus près de l'eau, ce camping a l'avantage d'être boisé et exclusivement réservé aux tentes. Géré par les scouts de Québec, il permet de se rendre jusqu'à l'extrémité est de l'île.

TRAÎNEAU À CHIENS

Pour vous initier, été comme hiver, aux joies d'une balade avec des chiens de traîneau, adressez-vous à **Expéditions Mi-Loup**, à l'Auberge Le P'tit bonheur (ci-dessus). De mi-décembre à mi-avril, des sorties de 1 heure (55 $) ou des forfaits combinant pêche blanche, raquette et motoneige sont proposés (110 $). Il est également possible de visiter le chenil qui compte 200 chiens. Également proposées, des sorties guidées en quad et en kayak ainsi que la location de vélos.

ℹ Depuis/vers l'île d'Orléans

VOITURE Depuis Québec, empruntez la route 440 Est en direction de Sainte-Anne-de-Beaupré et de la chute Montmorency. Vous apercevrez le pont sur votre droite. La route 368, appelée chemin Royal, fait le tour de l'île.

Sainte-Anne-de-Beaupré

Petite ville sans grand charme, Sainte-Anne-de-Beaupré est surtout réputée comme lieu de pèlerinage depuis le milieu du XVIIe siècle. La **basilique Sainte-Anne-de-Beaupré** (☎827-3781 ; entre bd Sainte-Anne et route 138 ; Ⓟ2 $) est impressionnante par sa taille. Sa construction fut entreprise en 1923 sur l'emplacement d'un bâtiment édifié en 1876 et détruit dans un incendie. L'intérieur est lumineux grâce à 200 vitraux et les voûtes sont couvertes de mosaïques. Visites guidées et audioguide (⏲8h-21h mi-juin à oct).

La **chapelle de l'Immaculée**, juste au-dessus de la basilique, renferme notamment une *pietà*. Sur la colline, un chemin de croix aux sculptures en bronze grandeur nature mène à la **Scala Santa**, une église érigée en 1891, autre grande étape des pèlerins.

La saison des pèlerinages s'étend de mai à septembre. Le 26 juillet, jour de la Sainte-Anne, des milliers de fidèles se rassemblent. Les jardins se transforment alors en un gigantesque campement.

ℹ Depuis/vers Sainte-Anne-de-Beaupré

VOITURE Prendre la route 138 qui devient, à Saint-Anne-de-Beaupré, le boulevard Sainte-Anne. L'avenue Royale est sur la gauche et longe le boulevard.

BUS La compagnie **Intercar**, qui assure la ligne reliant Québec à Baie-Saint-Paul et Tadoussac, dessert plusieurs fois par jour Sainte-Anne-de-Beaupré.

Canyon Sainte-Anne

Tombant de 74 m dans une faille profonde et étroite, creusée dans un roc de 900 millions d'années, la **chute de la rivière Sainte-Anne-du-Nord** (☎418-827-4057 ; www.canyonsa.qc.ca. ; adulte/13-17 ans/6-12 ans 12/9/6 $; ⏲tlj 9h-16h45, mai-oct, 9h-17h45 été, dernière admission 1h avant fermeture) est longée par un escalier. Trois ponts suspendus la traversent (le plus haut, et le plus impressionnant, est à 60 m de hauteur !). La

LA ROUTE DE LA NOUVELLE-FRANCE : DE QUÉBEC À SAINTE-ANNE-DE-BEAUPRÉ

La route 138 qui vous mène à Sainte-Anne-de-Beaupré depuis Québec n'a qu'un seul intérêt, celui de longer constamment le fleuve. Au printemps et à l'automne, les oies blanches en migration s'attardent sur le bas-côté ou volent en groupe au-dessus de vous. Si vous n'êtes pas pressé, empruntez plutôt la **route de la Nouvelle-France** – la route 360 ou avenue Royale (à partir de l'autoroute 440 Est, sortie bd François-de-Laval) –, qui constitue l'une des plus anciennes artères d'Amérique du Nord. Un véritable chapelet de maisons ancestrales, toutes plus ravissantes les unes que les autres et tricentenaires pour plusieurs d'entre elles, s'égrènent sur plusieurs dizaines de kilomètres. Un peu austères ou très colorées, isolées ou coincées entre deux maisons de ville, les plus belles se trouvent entre Château-Richer et L'Ange-Gardien. La piste cyclable **Véloroute Marie-Hélène-Piedmont** chevauche la route de la Nouvelle-France, depuis le pied de la chute Montmorency jusqu'à la réserve faunique de Cap-Tourmente et le mont Sainte-Anne.

roche du bouclier canadien est bien visible. L'endroit est très fréquenté et mieux vaut le visiter tôt le matin, en été. À l'automne, les chutes sont d'une beauté saisissante, au milieu des érables rouge et or. Compter une heure pour faire le circuit. Forfait aventure avec via ferrata et tyroliennes (Renseignements et réservation ☎418-647-4422). Service de restauration sur place.

Depuis/vers le canyon Sainte-Anne

VOITURE Prenez la route 138, en direction de Beaupré puis au-delà vers Baie-Saint-Paul. Le canyon est à une bonne demi-heure de Québec, et à 6 km à l'est de Beaupré.

Mont-Sainte-Anne

Hiver comme été, **Mont-Sainte-Anne** (☎418-827-4561 ; www.mont-sainte-anne.com ; 2000 bd du Beau-Pré) est dédiée aux amateurs de nature et de plein air. La station contente aussi bien les débutants que les as du ski. On peut pratiquer le ski nocturne tous les jours jusqu'à 21h de fin décembre à mi-mars. Très populaire lui aussi, le ski de fond se pratique du côté Est, à proximité du camping. Le réseau de sentiers, réputé pour la qualité de son enneigement, est l'un des plus importants du Canada (212 km de sentiers pour le pas classique et 125 km pour le pas de patineur). Plusieurs refuges chauffés accueillent les skieurs.

En été, les télécabines vous emmènent jusqu'au sommet. Le domaine se transforme alors en vaste aire de **VTT** et de **randonnée pédestre**. Plus de 200 km de sentiers sont aménagés. Les télécabines sont conçues pour transporter aussi les vélos. Une douzaine de pistes cyclables sont en effet réservées à la descente. À la station, vous pouvez louer des vélos. Parmi les autres activités proposées : **parapente** (☎418-955-3117), golf ou canyoning.

Mont-Sainte-Anne se situe à 40 km à l'est de Québec.

Où se loger et se restaurer

Camping du Mont-Sainte-Anne CAMPING $
(☎418-827-5281/826-2323 ou 1-800-463-1568 ; rang Saint-Julien, Saint-Ferréol-les-Neiges ; empl 32-49 $, prêt à camper 107 $; ⌚mi-mai à début oct). Situé de l'autre côté de la montagne, on accède à ce camping en dépassant la station de ski et en continuant jusqu'au village. Les emplacements manquent un peu d'arbres, et les plus beaux sont situés au bord de la rivière. C'est l'endroit rêvé pour les amateurs de VTT. À noter : un sentier d'ornithologie (3 km) permet d'observer rapaces, canards et oiseaux-mouches. Le camping sert aussi d'entrée, l'hiver, pour le centre de ski de fond – une auberge "couette et café" (B&B) et des refuges rustiques accueillent les fondeurs au cœur de la forêt. Forfait nuit et VTT (25 $), nuit et canyoning (97 $), nuit et spa (78 $).

Auberge La Camarine AUBERGE $$
(☎418-827-5703 ou 1-800-567-3939 ; www.camarine.com ; 10947 bd Sainte-Anne, Beaupré ; ch basse/haute saison 90-119/120-139 $; table d'hôte 43-53 $). Une auberge réputée tant pour sa table que pour son service hôtelier. Les 31 chambres sont très classiques, confortables bien qu'un peu sombres. La plupart

sont équipées d'une cheminée. Préférez celles avec vue sur le fleuve, moins bruyantes que celles côté route.

Depuis/vers Mont-Sainte-Anne

VOITURE Empruntez la route 138 via l'autoroute 440 Est jusqu'à Beaupré. Puis suivez à gauche la route 360 jusqu'à la station.

BUS Il n'existe aucun service de bus qui assure la liaison complète à partir de Québec. Seule possibilité : prendre le bus jusqu'à Sainte-Anne-de-Beaupré puis faire du stop ou prendre un taxi. L'autre solution consiste à prendre une navette-taxi reliant certains grands hôtels de Québec à la station (voir *Comment circuler* p. 240).

Les Sept-Chutes

Comme leur nom l'indique, **Les Sept-Chutes** (☎418-826-3139 ou 1-877-724-8837 ; 4520 av. Royale, Saint-Ferréol-les-Neiges ; adulte/senior et étudiant/enfant/famille 10,50/9,50/7,50/28,50 $, gratuit -6 ans ; ⏲ tlj 9h-17h45 fin juin-fin août, tlj 10h-16h30 fin mai-fin juin et fin août-début oct) constituent une impressionnante succession de 7 cascades dévalant 128 m de dénivelé. Onze **belvédères d'observation** et des sentiers pédestres ont été aménagés sur 5 km le long de la rivière. Le belvédère "Les 5 Chutes" offre un des meilleurs points de vue sur tout le site. Ne manquez pas la visite, très instructive, du **barrage** ainsi que celle de la **centrale hydro-électrique** (qui fonctionne de nouveau depuis 1999). Aire de jeux aquatiques pour enfants et restaurant sur place. Possibilité de demander des "boîtes à lunch" (panier-repas).

Depuis/vers Les Sept-Chutes

VOITURE Prenez la route 138. Après Beaupré, tournez à gauche au panneau signalant les Sept-Chutes, à 10 km environ. Autre option : prenez, sur la route 138, la route 360 vers Saint-Ferréol-les-Neiges. À l'entrée du village, la route devient l'avenue Royale. Le site est alors à votre droite. Les Sept-Chutes sont situées à 30 km à l'est de Québec.

Réserve nationale de faune du Cap-Tourmente

De toute beauté, reconnue depuis 1981 comme zone humide d'importance internationale, la **réserve nationale de faune du Cap-Tourmente** (☎418-827-4591 ; www.ec.gc.ca/pa-pa ; 570 chemin du Cap-Tourmente, Saint-Joachim ; ⏲tlj 8h30-17h fin avr-fin oct, sam-dim et vac scol 8h30-16h début jan-début mars), à l'est de Québec, est l'un des meilleurs endroits pour observer les centaines de milliers d'oies blanches qui viennent y faire escale durant leur migration (avr-mai et sept-oct).

Située au beau milieu de grands marais côtiers, entre le Saint-Laurent et les falaises du Bouclier canadien, on dénombre dans la réserve plus de 300 espèces d'oiseaux, 45 espèces de mammifères et 700 espèces de plantes. Paradis des ornithologues, elle dispose d'un réseau de sentiers pédestres (20 km) à travers la forêt et le marécage. Même en hiver, un sentier sur neige permet de parcourir à pied jusqu'à 10 km en admirant les oiseaux qui se posent sur une quarantaine de mangeoires le long du parcours.

Des points d'observation ont été aménagés afin de ne pas perturber l'écosystème. Sur place, il est possible de louer des jumelles. Une carte des sentiers, gratuite, vous sera remise à l'entrée. On peut également utiliser un guide d'identification d'oiseaux. Le **centre d'interprétation** (☎tlj 9h-16h45 mi-avr à fin oct) permet de s'informer sur la migration des oies ainsi que sur les activités organisées toute l'année.

Depuis/vers la réserve de Cap-Tourmente

VOITURE Empruntez la route 138. À 50 km de Québec, un panneau indique à droite la direction de la réserve, qui se trouve alors à 6 km environ. En venant de Baie-Saint-Paul dans Charlevoix, à une quarantaine de kilomètres, soyez vigilant : le panneau Cap-Tourmente est sur la gauche, juste après une belle descente.

RIVE SUD : DE SAINT-ANTOINE-DE-TILLY À SAINT-JEAN-PORT-JOLI

Moins touristique, la rive sud constitue une bonne option pour les personnes souhaitant visiter la capitale nationale sans se ruiner. L'hébergement y est plus abordable, et la vue sur le château Frontenac et le fleuve est superbe. Mais on visite aussi ce côté-ci du Saint-Laurent pour la paisible atmosphère pastorale qui se dégage des paysages. Et si vous avez la chance de vous y arrêter en automne, vous pourrez surprendre le passage de plusieurs centaines d'oies sauvages.

Saint-Antoine-de-Tilly

Le village patrimonial de Saint-Antoine-de-Tilly offre une courte escapade bucolique sur la rive sud de Québec. Son église classée monument historique, son ancien magasin général de style victorien, son manoir, ses croix de chemin, ses maisons ancestrales, et, toujours, le fleuve Saint-Laurent en toile de fond, composent un décor au charme indéniable. Le petit village tricentenaire est d'ailleurs classé parmi les plus beaux du Québec. En plus du circuit historique, des antiquaires et des galeries, quelques sentiers de randonnées ont été aménagés. Possibilité également de sorties en kayak sur le fleuve. À 20 km seulement des ponts de Québec.

Où se loger et se restaurer

La Maison Normand GÎTE **$$**
(418-886-1314 ; 3894 chemin de Tilly ; s/d avec petit-déj 80/100 $, avec sdb privée 100/120 $;). Ce gîte propose de ravissantes chambres dans un style rustique épuré. Certaines ont vue sur la mer. Succulent petit-déjeuner avec mention pour le lassi à la mangue et le pain artisanal. Option végétarienne.

Du côté de chez Swann CAFÉ **$**
(418-886-1313 ; 3897 chemin de Tilly ; plats 5-10 $; tlj 10h-20h été, jeu-dim 11h-16h printemps et automne, sam-dim 11h-16h hiver, fermé nov). Dans ce petit café sympathique, les crêpes bretonnes sont à l'honneur (crêpe aux saveurs de la mer, à l'agneau et au chèvre ou dessert...). Ici, tout est fait maison, depuis la délicieuse limonade aux potages froids l'été. Les jours de grand vent, des couvertures sont mises à votre disposition afin de profiter, bien au chaud depuis la terrasse, du joli panorama sur le fleuve.

Depuis/vers Saint-Antoine-de-Tilly

VOITURE Depuis Québec prenez l'autoroute 73. Traversez vers la rive sud par le pont Pierre-Laporte et suivez ensuite la route 132 Ouest qui longe le fleuve, jusqu'à Saint-Antoine-de-Tilly. Le chemin de Tilly correspond en fait à la route 132.

Lévis

Traditionnellement, on vient à Lévis en traversier pour bénéficier du panorama le plus spectaculaire sur Québec, depuis l'autre rive du Saint-Laurent. Les rues du Vieux-Lévis, qui s'étagent sur la colline, ont pourtant un réel cachet. Informez-vous au bureau touristique, sur le site de la traverse Québec-Lévis, afin de choisir un parcours ou encore d'organiser la location d'un vélo avec **Action Vélo Service** (418-834-7666 ; 2560 chemin du fleuve, Saint-Romuald ; 1h/demi-journée 14/28 $; tlj en saison). Une piste cyclable (13 km) longe les berges du fleuve. De la **terrasse de Lévis** (rue William-Tremblay), à 1 km à pied du débarcadère, on jouit d'une très belle vue sur Québec.

Entre 1865 et 1872, les Britanniques construisirent trois forts sur les falaises pour protéger Québec contre une éventuelle attaque des Américains. Le **fort n°1 de la Pointe-de-Lévy** (418-835-5182 ou 1-888-773-8888 ; www.pc.gc.ca/levis ; 41 chemin du Gouvernement ; adulte/senior/6-16 ans/famille 3,90/3,40/1,90/9,80 $; tlj 10h-17h fin mai-début sept) est le seul vestige qui reste de cette ligne de défense. Visites guidées.

Où se loger

Pourquoi ne pas loger à Lévis lors d'une visite à Québec, afin d'admirer le soir venu, la capitale illuminée de l'autre côté du fleuve ? La solution ne manque pas d'originalité. Voici deux adresses de choix :

Gîte à la Petite-Marguerite GÎTE **$$**
(418-835-4606 ; www.gitealapetitemarguerite.qc.ca ; 122 côte du Passage ; ch avec sdb commune/privée et petit-déj 85/100 $;). Cette maison centenaire, haut perchée, propose des chambres simples et coquettes. La plus luxueuse est munie d'une baignoire à l'ancienne et d'une jolie vue sur le château Frontenac. L'accueil est familial et convivial. Terrasse à l'arrière. Excellent rapport qualité/prix.

Le Plumard GÎTE **$$**
(418-835-4574 ; www.auplumardcouetteetcafe.com ; 5865 rue St-Georges ; d 115-135 $ avec petit-déj ;). Ce merveilleux "couette et café" bénéficie d'une vue plongeante sur le château Frontenac de Québec. On ne peut qu'être séduit par la bonne humeur de ses hôtes et le charme de ses grandes chambres aux couleurs douces et aux couettes épaisses. Celles avec sdb offrent un certain confort

(ciel de lit, peignoirs...). Depuis le traversier, prenez le boulevard Alphonse-Desjardins pour vous y rendre.

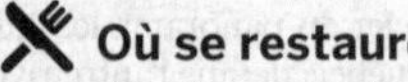

Où se restaurer

Dans le Vieux-Lévis, sur l'avenue Bégin, deux adresses gourmandes sont à signaler :

Les Chocolats favoris GLACES $ (418-833-2287 ; 32 av. Bégin ; tlj jusqu'à 22h). Le paradis pour les amateurs de glaces, qui ne résisteront pas devant les impressionnants "enrobés". Parfums classiques et plus originaux, mention spéciale pour l'abricot/romarin et le fraise/basilic.

Aux P'tits Oignons CAFÉ-RESTO $ (418-835-1816 ; 45 av. Bégin ; tlj). De l'autre côté de la rue, un piano trône à l'entrée de cette épicerie-café-resto. Vous pourrez emporter vos emplettes ou encore vous attabler au café adjacent pour le petit-déjeuner ou un repas léger.

Depuis/vers Lévis

BATEAU La liaison en **traversier** Québec-Lévis est assurée toute l'année de 6h20 à 2h20 au départ de Québec, et de 6h à 2h du matin au départ de Lévis. Les départs ont lieu toutes les 20 ou 30 minutes aux heures de pointe, puis toutes les heures (voir l'encadré p. 239). Un grand parking permet de laisser sa voiture, le temps de visiter Québec.

VOITURE Depuis Québec, prenez le pont afin de rejoindre la route 132 qui mène à Lévis.

Beaumont

Le meilleur moment pour emprunter cet itinéraire est au coucher du soleil ! Quittez Lévis par la route 132 pour longer la rive sud du fleuve vers le nord-ouest. Une petite route à gauche vous mènera au **moulin de Beaumont** (418-833-1867 ; 2 route du Fleuve ; adulte/senior et étudiant/-13 ans/famille 8/7,50/6/20,50 $; sam-dim 10h-16h30 12-20 juin et sept-oct, ven-lun 10h-16h30 fin juin-fin août), juste après le village du même nom qui compte de ravissantes maisons de style normand. L'ancien moulin à farine, avec son café-terrasse et son aire de pique-nique, est situé en bordure de fleuve.

Saint-Michel-de-Bellechasse

Il fait partie de ces beaux villages du Québec qu'il ne faut pas manquer. En bordure du fleuve, le "village blanc", comme on le surnomme, a conservé la plupart de ses vieilles demeures. Peintes en blanc (exceptionnellement en couleur pastel) comme le veut un arrêté municipal, elles sont toutes construites les unes à côté des autres. Sur la place de l'Église, la vue sur les quais, la rive et l'île d'Orléans invite à la rêverie. L'été, le village est vite bondé et la promenade est agréable surtout le matin.

Berthier-sur-Mer

De ce village maritime (ici, le fleuve devient estuaire et se prête particulièrement bien à la pratique de la voile), les bateaux des **Croisières Lachance** (418-259-2140 ou 1-888-476-7734 ; www.croisiereslachance.com ; 110 rue de la Marina ; mai à mi-oct) partent pour Grosse-Île et l'archipel de l'Isle-aux-Grues.

Grosse-Île

Surnommée "Île de quarantaine", cette île du réseau Parcs Canada accueille le **Lieu historique national de la Grosse-Île-et-le-Mémorial-des-Irlandais** (418-248-8888 ou 1-888-773-888 ; www.pc.gc.ca/grosseile ; entrée île adulte/ senior/6-16 ans/famille 17,60/14,95/8,80/44,10 $, croisière 40-60 $ droit d'entrée incl ; mi-mai à mi-oct). L'île fut, de 1832 à 1937, la première terre d'accueil des immigrants, surtout britanniques et irlandais arrivant par bateau au Canada. Ils restaient là en quarantaine avant d'être admis sur la terre ferme, par crainte du choléra. Jusqu'en 1847, les installations sommaires suffiront à la demande mais cette année-là, la famine frappera durement l'Irlande, et près de 100 000 Irlandais, malades ou affaiblis, tenteront leur chance en partant au Canada. Beaucoup mourront en mer avant d'accoster à Grosse-Île, et près de 5 500 Irlandais seront inhumés sur place dans une baie transformée en cimetière marin. La visite des lieux (bâtiments, chapelle, station de désinfection) est poignante.

Les Croisières Lachance (voir ci-dessus) sont le traversier exclusif pour Grosse-Île. L'autre option est de prendre l'avion avec **Air Montmagny** (418-248-3545 ; www.air-montmagny.com ; 640 bd Taché Est ; aller-retour 2 pers 120 $/pers, 4 pers 65 $/pers). Le prix inclut le survol de l'île et l'entrée au parc.

ESCAPADE EN BEAUCE

Si vous avez une petite journée à passer dans la région, n'hésitez pas à faire une escapade au cœur de la **vallée de la Chaudière** – à une quarantaine de kilomètres de la ville de Québec, sur la rive sud. La Beauce possède des terres particulièrement fertiles (la rivière sort de son lit deux à trois fois dans l'année), une production agricole encore forte, sans compter "l'or de la Beauce", à savoir les érablières qui émaillent les coteaux, sur les hauteurs de la vallée. Les Beaucerons ou les "jarrets noirs" (les habitants étaient surnommés ainsi car, en descendant en ville, ils devaient quitter leur monture qui s'embourbait dans certains passages… et arrivaient donc avec les jarrets noirs de boue) sont fiers de leur histoire, et ont un caractère bien trempé !

Saint-Joseph-de-Beauce constituera le point d'orgue de votre journée, avec le très intéressant **musée Marius-Barbeau** (☎418-397-4039 ; www.museemariusbarbeau.com ; 139 rue Sainte-Christine ; adulte/étudiant/senior/famille 8/5,50/7/22 $, gratuit -5 ans ; ⏲lun-ven 9h30-17h, sam-dim 10h-17h fin juin-fin août, lun-ven 8h30-12h et 13h-16h30, sam-dim 13h-16h reste de l'année, fermé sam-dim déc-fév, fermé sam mars), dont l'exposition permanente retrace les 250 ans d'histoire de la Beauce à travers différents thèmes (géologie, industrie, religion, agriculture, éducation, drame social). Un **circuit pédestre** (6 $, visite de l'église 4 $) est par ailleurs proposé afin de découvrir l'architecture et le passé de Saint-Joseph-de-Beauce.

Une journée en Beauce ne serait pas complète sans la visite d'une **cabane à sucre**. À Saint-Georges, l'érablière ancestrale **Chez Aurélien Lessard** (☎418-227-2138 ; www.cabaneasucreaurelienlessard.ca ; 2535 10e Rue Ouest, Saint-Georges) reste ouverte à l'année et propose, en plus de ses repas traditionnels, des dégustations sur neige ou à sa boutique, ainsi que des randonnées en carriole avec chevaux (l'été) ou en motoneige dans la forêt (l'hiver).

Île aux Grues

Son décor bucolique invite à une marche sur la grève ou à une promenade à vélo sur la petite route qui la traverse de part en part. L'île et ses marais (10 km de long) forment un véritable refuge pour les oiseaux.

L'île aux Grues est accessible par les différents bateaux de croisière qui partent de Québec ou de Berthier-sur-Mer, mais aussi par un **traversier gratuit** (☎418-241-5117 ; www.traversiers.gouv.qc.ca). qui, d'avril à décembre, fait la navette entre Montmagny et l'île aux Grues (traversée 30 min). Vérifier les horaires, variables selon les marées. La compagnie Air Montmagny (voir ci-dessus) effectue également la liaison avec l'Île aux Grues.

Montmagny

Lieu de villégiature prisé par les habitants de Québec, Montmagny est réputée pour le passage chaque automne de milliers de grandes oies des neiges en migration vers le sud. La ville accueille d'ailleurs en octobre un Festival de l'oie blanche. Son centre-ville est charmant. Le **Centre des migrations** (☎418-248-4565 ; 53 rue du Bassin Nord ; ⏲tlj 10h-17h juil-août, appeler pour les horaires reste de l'année) présente une exposition interactive très instructive sur les techniques de vol, l'alimentation et les refuges de l'oie des neiges ou d'autres espèces à plumes.

Du quai de Montmagny, vous pouvez prendre le traversier gratuit pour l'île aux Grues.

Où se loger et se restaurer

Chez Octave AUBERGE **$$**
(☎418-248-3373 ; 100 rue Saint-Jean-Baptiste Est ; www.chezoctave.com ; d basse/haute saison 79-119/99-139 $; ⏲fermé jan). Dans le centre de Montmagny, cette bâtisse du XIXe siècle abrite une auberge ayant conservé le charme de l'ancien. Dotées de plancher de bois clair, les chambres sont lumineuses et bien tenues. Celles à l'étage, un peu plus sombres, sous les combles, sont charmantes. Terrasse agréable et concerts à l'occasion. Le restaurant sert une cuisine type bistro.

Auberge des Glacis AUBERGE **$$$**
(☎418-247-7486 ou 1-877-245-2247 ; www.aubergedesglacis.com ; 46 route Tortue, L'Islet, secteur Saint-Eugène ; s/d demi-pension 180-220/252-332 $, petit-déj 15 $; table d'hôte 59 $). À Saint-Eugène, un peu plus à l'intérieur des terres, voici un havre de paix. Cet ancien

moulin seigneurial est devenu un hôtel douillet aux chambres avec murs de pierre, antiquités et lits en bois. Une nouvelle section propose des chambres plus modernes, climatisées et parées de tableaux d'art naïf. Aussi, deux jolies suites, idéales pour les familles. Ne manquez pas le jardin, avec ses sentiers pédestres, sa rivière Tortue et ses cabanes à oiseaux. Côté restaurant, un chef français est aux commandes. Salle de massothérapie et terrasse avec vue sur la rivière.

Saint-Jean-Port-Joli

Assez touristique, Saint-Jean-Port-Joli attire les amateurs de sculpture sur bois. C'est en effet ici que les trois frères Bourgault (les "trois bérets" comme on les appelait) ont ouvert la voie à cet artisanat, rejoints par Eugène Leclerc, qui s'illustra dans les bateaux miniatures, et Émilie Chamard, spécialisée dans le tissage. Une visite au **musée des Anciens Canadiens** (☎418-598-3392 ou 1-8666-598-3392 ; 332 av. de Gaspé Ouest ; adulte/senior et étudiant/7-12 ans/famille 7,50/6/3/20 $; ⏲tlj 8h30-21h fin juin-début sept, fermé hors saison) permet de découvrir 250 œuvres des Anciens mais aussi d'artistes plus contemporains. Une salle est consacrée à la famille Bourgault. Taillé dans un seul billot de pin, *Près de l'étang*, de Pier Cloutier, dégage une belle émotion.

Classée monument historique, l'**église** compte des œuvres de différents sculpteurs de la ville (statues, chaire, cierge pascal, etc.).

Vous verrez parfois de nombreux motards en ville. De fait, un musée, l'**Épopée de la moto** (☎418-598-1333 ; www.epopeedelamoto.com ; 309 av. de Gaspé Ouest ; adulte/étudiant et senior/famille 8/7/25 $, gratuit -12 ans ; ⏲tlj 9h-18h mi-juin à début août, 9h-17h mai-juin, tlj début août-début sept, mar-dim sept-oct) est consacrée à l'histoire de la moto. Il regroupe une collection de plus de 100 motos de plus de 50 marques différentes, de 1903 à 2000.

Où se restaurer

La Boustifaille QUÉBÉCOIS **$$**
(☎418-598-3061 ; 547 rue de Gaspé Est ; plats 15-20 $; ⏲tlj 8h-23h été, tlj 8h-21h hors saison). Le restaurant du fameux théâtre de La Roche à Veillon sert une cuisine familiale, réconfortante à souhait. Vous vous laisserez tenter par le pain de viande à l'ancienne, les fèves au lard, le ragoût de pattes de cochon ainsi que par une multitude d'autres plats à la mode d'antan. Les Québécois sont nombreux à s'y rendre, afin de renouer avec l'exotisme des traditions culinaires de leurs ancêtres ! Ambiance chaleureuse.

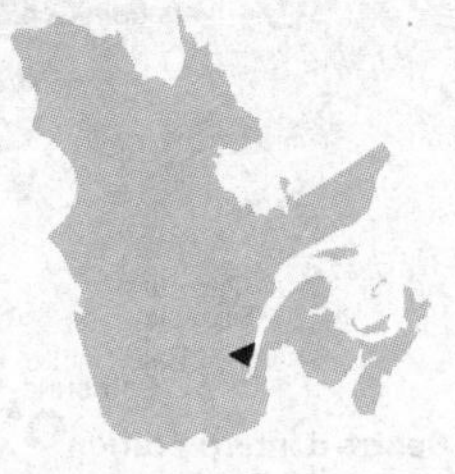

Charlevoix

Dans ce chapitre »

Le top des hébergements

» À La Chouette (p. 258)

» Hôtel du Capitaine (p. 263)

» La Persillère (p. 269)

Le top des restaurants

» Le Patriarche (p. 266)

» Les Labours (p. 259)

» La maison du Bootlegger (p. 268)

Pourquoi y aller

Une journée à Charlevoix suffit à comprendre pourquoi peintres et écrivains en ont toujours fait leur terre d'élection. À une heure à peine de la ville de Québec, le long du fleuve Saint-Laurent, ce territoire de 6 000 km² déploie un paysage de montagnes tout en vallons et en courbes généreuses, dans une succession de villages.

La géographie peu banale de Charlevoix tient des plus belles légendes. Née de l'impact colossal d'une météorite géante survenu il y a 350 millions d'années, la région n'est rien de moins que l'un des plus grands cratères de la planète. La vocation touristique de Charlevoix s'est précisée avec l'arrivée des bateaux blancs à vapeur, qui drainent l'élite politique et financière fuyant la chaleur des grandes villes industrielles.

Aujourd'hui encore, on ne compte plus les galeries, antiquaires et boutiques d'artisanat de Charlevoix. La route 138, et surtout la route 362 relient, côté fleuve, Baie-Saint-Paul et La Malbaie.

À l'intérieur des terres, de magnifiques parois rocheuses enserrent le parc national des Hautes-Gorges tandis que le parc national des Grands-Jardins déploie une taïga exceptionnelle à cette latitude. Une particularité qui a valu à Charlevoix d'être classée réserve mondiale de biosphère par l'Unesco en 1989.

Quand partir

Fin juin-fin août Le meilleur moment pour profiter des activités de plein air et des galeries d'art.

Mi-septembre à mi-octobre Sentiers pédestres et week-ends dédiés aux splendides couleurs de l'automne.

Mi-décembre à fin mars Vallons enneigés, ciel d'un bleu profond et glace sur le Saint-Laurent. Ski à la station Le Massif.

Vers Chicoutimi
Vers Chicoutimi
Vers Baie-Comeau
Rivière Saguenay
CÔTE-NORD
0 20 km
SAGUENAY-LAC-SAINT-JEAN
Parc du Saguenay
Tadoussac
Baie-Sainte-Catherine
Parc national des Hautes-Gorges-de-la-Rivière-Malbaie
Centre d'interprétation et d'observation des baleines de Pointe-Noire
Mont Félix Antoine-Savard
La Traversée de Charlevoix
Baie-des-Rochers
170
138
Parc des Grand-Jardins
Saint-Siméon
Île aux Lièvres
Mont-Grand-Fonds
Mont du Lac des Cygnes
Port-au-Persil
Saint-Aimé-des-Lacs
Notre-Dame-des-Monts
Saint-Fidèle
Clermont
381
Réserve faunique des Laurentides
Sainte-Agnès
Parc marin du Saguenay-Saint-Laurent
Îles des Pèlerins
La Malbaie
138
Cap-à-L'Aigle
Saint-Hilarion
Saint-Urbain
Musée de Charlevoix
362
Pointe-au-Pic
Mont des Éboulements
Domaine Forget
Saint-Irénée
BAS-SAINT-LAURENT
Baie-Saint-Paul
Les Éboulements
Saint-Placide-de-Charlevoix
M.A.C
Cap-aux-Oies
Mont Gabrielle-Roy
Saint-Joseph-de-la Rive
20
138
Île aux Coudres
La Baleine
Le Massif
Petite-Rivière-Saint-François
Saint-Laurent
Vers Québec
Saint-Jean-Port-Joli
CHAUDIÈRE-APPALACHES

À ne pas manquer

1. Le charme de **Saint-Joseph-de-la-Rive** (p. 261) et de **Port-au-Persil** (p. 269)
2. Les paysages du **parc national des Hautes-Gorges-de-la-Rivière-Malbaie** (p. 266)
3. Les pistes de ski de la station **Le Massif** à Petite-Rivière-Saint-François (p. 255)
4. Les concerts du **Domaine Forget** à Saint-Irénée (p. 264)
5. Le **M.A.C. (musée d'Art contemporain)** à Baie-Saint-Paul (p. 256) et le **musée de Charlevoix** à Pointe-au-Pic (p. 264)
6. Le **Centre d'interprétation et d'observation des baleines de Pointe-Noire** à Baie-Sainte-Catherine (p. 270)

Histoire

La région fut longtemps une terre inoccupée. L'établissement de sept seigneuries au XVIIe siècle marque le début de son peuplement, qui reste néanmoins extrêmement timide.

La région prit le nom de Charlevoix en 1855, en hommage à François-Xavier de Charlevoix, jésuite et historien de la Nouvelle-France. Elle attire alors particulièrement les navigateurs. Marins et agriculteurs l'été, les hommes se font bûcherons l'hiver ; ils construisent une version locale des goélettes, un bateau léger à fond plat mesurant entre 15 et 30 m de long.

La région, en raison de son manque d'infrastructures et l'interruption de la navigation en hiver, est isolée et ses habitants doivent subvenir seuls à leurs besoins. Jusqu'à l'achèvement de la route, en 1954, le train sera – avec le bateau, condamné à rester à quai cinq mois par an, jusqu'à la fonte des glaces – le seul moyen de transport de la région.

Les conditions difficiles poussèrent nombre de familles à émigrer vers des terres moins hostiles. En 1830, les premiers bateaux à vapeur amorcent une nouvelle ère. La beauté de Charlevoix attire de riches Nord-Américains, mais aussi les peintres. De somptueuses demeures et des terrains de golf sont construits, tandis qu'un tourisme de luxe se développe.

Orientation

Entre la région de Québec au sud, celle du Saguenay-Lac-Saint-Jean au nord et le Saint-Laurent qui la borde, Charlevoix est marquée à l'intérieur de ses terres par les hauts sommets du vieux massif des Laurentides.

De Petite-Rivière-Saint-François, au sud, à Baie-Sainte-Catherine, située à l'embouchure de la rivière Saguenay et du fleuve Saint-Laurent, les villes et villages se blottissent à flanc de montagne et s'étirent face au fleuve.

La route 138 est l'axe routier principal de la région (hormis la route 362, dite "La Route du fleuve", qui coupe au sud et longe le Saint-Laurent sur une cinquantaine de kilomètres).

Pour rejoindre la région du Saguenay-Lac-Saint-Jean, empruntez soit la route 381 depuis Baie-Saint-Paul jusqu'au Lac-Saint-Jean via Chicoutimi ou encore, la route 170 Nord, plus tortueuse, de Saint-Siméon à la ville de Saguenay. Saint-Siméon est également le seul point de passage maritime pour la rive sud. Baie-Sainte-Catherine marque la frontière nord de Charlevoix. De l'autre côté de la rivière Saguenay se trouvent Tadoussac et la région de la Côte-Nord.

Petite-Rivière-Saint-François et Le Massif

C'est après une descente vertigineuse que Petite-Rivière-Saint-François, à quelques kilomètres de la route 138, se dévoile à nos yeux. Cet adorable village côtier s'étire sur 6 km le long de la rue principale, pour se terminer tranquillement près de la station de ski Le Massif. La romancière Gabrielle Roy y aurait trouvé refuge et inspiration de nombreux étés durant. Au printemps, flottent entre les habitations des effluves de sirop d'érable, il est alors facile de visiter une cabane à sucre. L'hiver, c'est un autre décor, mais tout aussi enchanteur.

Distante d'environ 90 km de Québec, la station de ski **Le Massif** (☎418-632-5876 ou 1-877-536-2774 ; www.lemassif.com ; 1350 rue Principale – route 138 ; journée de ski adulte/18-25 ans/senior/7-17 ans 72/47/59/31 $) est réputée pour la beauté de son site (les pistes donnent l'impression de plonger dans le Saint-Laurent), son ski hors-piste et son dénivelé de 770 m, le plus important de l'Est canadien. Les commodités sont nombreuses (location d'équipements, restauration, garde d'enfants). Un service de navette est offert gratuitement depuis Baie-Saint-Paul ou Sainte-Anne-de-Beaupré ainsi que depuis Québec (à partir de 19,95 $), sur réservation. Consultez le site Internet pour les horaires, tarifs et points d'embarquement. L'Hôtel La Ferme (Baie-Saint-Paul), le grand projet de villégiature bioclimatique lancé par le promoteur du Massif et cofondateur du Cirque du Soleil, Daniel Gauthier, a été inauguré en grande pompe en octobre 2012 (voir l'interview p. 258).

De fin septembre à début octobre, en participant au festival **Massif de couleurs**, on peut bénéficier de remontées panoramiques en cabine et de randonnées pédestres depuis le sommet de la station de ski. Concerts et performances artistiques.

Où se loger et se restaurer

La Courtepointe AUBERGE $$

(☎418-632-5858 ou 1-888-788-5858 ; www.aubergecourtepointe.com ; 8 rue Racine ; s/d à partir de 75/85 $ été, 100/105 $ hiver, s/d demi-pension

127/189 $ été, 142/204 $ hiver). Cette grande auberge propose 14 grandes chambres confortables, la plupart avec balcon. La 203 offre une vue quasi panoramique, à la fois sur le fleuve et la montagne. Table d'hôte avec produits locaux. Jolie terrasse. Et pour une vraie expérience hivernale, vous vous laisserez tenter par le Jacuzzi extérieur entouré de neige !

Baie-Saint-Paul

Fondée en 1678 au tout début de la colonisation française dans la région, Baie-Saint-Paul est devenue au fil des ans une véritable étape culturelle. Logeant sur les rives d'un estuaire magnifique, lovée dans le bassin de flancs montagneux, Baie-Saint-Paul, ville d'art, voit affluer des peintres paysagistes depuis le XIXe siècle. Depuis l'église paroissiale, cœur du village, une balade dans les petites rues de la ville vous fera découvrir de nombreuses galeries d'art et des peintres à l'œuvre dans leur atelier. Baie-Saint-Paul donne aussi à voir de belles demeures bicentenaires, essentiellement concentrées le long de la rue Saint-Jean-Baptiste. Prolongez votre visite jusqu'au quai, le panorama y est superbe. Au passage des saisons, les oies blanches y font une halte migratoire et animent ses berges de leurs chants et de leurs envolées spectaculaires.

Depuis près de 30 ans en août, le musée d'art contemporain de Baie-Saint-Paul organise le **Symposium international d'art contemporain de Baie-Saint-Paul** (voir l'encadré ci-dessous), un événement de prestige qui célèbre les arts visuels contemporains, en conviant le public à la rencontre d'artistes en résidence.

Renseignements

BUREAU D'INFORMATION TOURISTIQUE DE BAIE-SAINT-PAUL (418-665-4454 ou 1-800-667-2276 ; 6 rue Saint-Jean-Baptiste ; tlj 9h-19h mi-juin à début sept, tlj 9h-17h mi-mai à mi-juin et début sept à début oct, tlj 9h-16h début oct à mi-mai). Situé en plein centre-ville. Pour des informations plus générales sur la région, faites un arrêt au **bureau d'information touristique de Charlevoix** (418-435-4160, 665-4454 ou 1-800-667-2276 ; www.tourisme-charlevoix.com ; 444 bd Monseigneur-de-Laval ; mêmes horaires), sur la route 138.

À voir

Musée d'Art contemporain de Baie-Saint-Paul (M.A.C.) MUSÉE
(418-435-3681 ; www.macbsp.com ; 23 rue Ambroise-Fafard ; adulte/étudiant et senior 7/4 $, gratuit -12 ans ; tlj 10h-17h haute saison, mar-dim 11h-17h basse saison). Le musée présente des expositions consacrées à toutes les formes d'art modernes et contemporaines. Il organise aussi chaque année le Symposium international d'art contemporain. D'autres manifestations ont lieu au **Carrefour culturel Paul-Médéric** (418-435-2540 ; www.baiesaintpaul.com/carrefour ; 4 rue Ambroise-Fafard ; entrée libre ; mar-dim 10h-17h en saison, jeu-ven 13h30-17h et sam-dim 10h-17h hors saison).

La Maison de René Richard GALERIE D'ART
(418-435-5571 ; 58 rue Saint-Jean-Baptiste ; tlj 10h-18h). Parmi les innombrables musées et galeries d'art concentrées rues Saint-Jean-Baptiste, Sainte-Anne et Ambroise-Fafard, cette petite demeure centenaire reconvertie en galerie présente les œuvres de l'artiste et de ses comparses (Clarence Gagnon, Marc-Aurèle Fortin...), ayant séjourné dans la maison.

L'ART EN VILLÉGIATURE

Blottie au fond de la vallée de la rivière du Gouffre, avec deux pointes épousant les contours du fleuve, Baie-Saint-Paul – même envahie par la foule en saison estivale – séduit grâce à ses panoramas enchanteurs. Elle a attiré de tout temps de nombreux artistes peintres paysagistes, parmi lesquels Clarence Gagnon, Marc-Aurèle Fortin, Jean-Paul Lemieux et le Groupe des Sept. Lieu de naissance du fameux Cirque du Soleil, elle est devenue l'une des principales vitrines de la création artistique québécoise.

Le **Symposium international d'art contemporain de Baie-Saint-Paul** (www.symposiumbaiesaintpaul.com), en juillet et août, invite des créateurs en résidence (locaux et étrangers) à travailler devant le public. Au programme : expositions, conférences, séries musicales et master class.

Baie-Saint-Paul détient, paraît-il, la plus grande concentration de galeries et d'ateliers d'artistes au Canada. Parmi elles, la maison-galerie René Richard (ci-dessus) présente une collection appréciable d'œuvres de peintres phares de la région.

Espace muséal Petites Franciscaines de Marie MUSÉE FRANCISCAIN
(☎418-435-3520 ; 61 rue Ambroise-Fafard ; adulte/enfant 5 $/gratuit ; ⌚mar-sam 11h-17h, dim 13h30-17h mi-juin à mi-sept, sur réservation reste de l'année). Réparti entre la maison patrimoniale de l'Hospice Sainte-Anne, la Maison mère des religieuses franciscaines et une jolie chapelle (visite avec audioguide), le petit musée nous introduit à l'histoire de cette congrégation et du prêtre Ambroise Martial-Fafard, personnage fondateur du village de Baie-Saint-Paul.

Habitat 07 ARCHITECTURE DURABLE
(☎418-435-5514 ou 435-2205 ; 212 rue Sainte-Anne ; adulte/étudiant/famille 5/2/10 $; ⌚tlj 10h-17h fin-juin à début sept, sam-dim 10h-17h sept-oct). En suivant la rue Sainte-Anne jusqu'au joli quai de Baie-Saint-Paul, vous apercevrez l'imposant bâtiment écologique trônant au milieu du bois qui s'étire jusqu'à la baie. Il se visite seul ou avec un guide. On y découvre, entre autres, les techniques de construction écolo, telles l'isolation de ballots de paille ou la fabrication d'un toit végétal. Le développement durable à la québécoise ! Vous ne serez pas déçu par la beauté sauvage de la baie.

Activités

Katabatik PLEIN AIR
(☎418-435-2066 ou 1-800-453-4850 ; www.katabatik.ca ; 210 rue Sainte-Anne ; ⌚tlj 8h30-18h30 en saison). À la marina, ce centre loue des vélos (10 $/h) et programme des activités bien ficelées, incluant la descente de la rivière du Gouffre (35-55 $), le canyoning dans les cascades de la rivière du Moulin (89 $), l'initiation au vol libre depuis le mont des Florents (114 $) ou encore des expéditions de kayak-camping, afin d'observer les mammifères marins (même en hiver). Location de kayak de mer (à partir de 57 $).

Achats

Cidrerie Pednault CIDRE
(☎418-240-3666 ; 74 rue Saint-Jean-Baptiste ; ⌚tlj 10h-19h en saison, jeu-dim 10h-17h hors saison). Le comptoir de vente et de dégustation du célèbre verger mérite un arrêt, surtout si vous ne comptez pas vous rendre à leur cidrerie sur l'Isle-aux-Coudres (voir p. 262).

Agrotourisme PRODUITS RÉGIONAUX
En quittant Baie-Saint-Paul, arrêtez-vous à la boulangerie attenante au **moulin de la Rémy** (☎418-435-6579 ; 235 terrasse de la Rémy, route 138 ; visite du moulin 7,50 $; ⌚boulangerie tlj 8h-18h en saison, visite mer-dim 8h30-17h), entièrement restauré du XVIe siècle, ainsi qu'à **La Maison d'Affinage Dufour** (☎418-435-5692 ; 1339 bd Mgr-de-Laval ; dégustation gratuite, "boîtes à lunch" 18,11 $, taxes incl ; ⌚lun-ven 8h-18h sam-dim 9h-18h en saison, jusqu'à 17h hors saison), afin de déguster les fromages de la région, le Migneron et le Ciel de Charlevoix, ou encore à la **Laiterie Charlevoix** (☎435-2184 ; 1167 bd Mgr-de-Laval ; route 138 ; ⌚tlj 8h-19h été, 8h-17h hiver), économusée du fromage et comptoir de produits du terroir, afin de composer un pique-nique charlevoisien. Le sentier montagneux de randonnée pédestre et de raquette **Les Florents** (28 km) rejoint La Maison d'Affinage Dufour et le camping des Genévriers.

Où se loger

Le Balcon Vert AUBERGE DE JEUNESSE $
(☎418-435-5587 ; www.balconvert.com ; 22 côte du Balcon-Vert ; camping/dort/cabine 23/23/52-66 $ basse saison, 25/25/55-70 $ haute saison ; ⌚fermé mi-oct à mi-mai). À la sortie de Baie-Saint-Paul, en direction des Éboulements, cette auberge de jeunesse jouit d'un cadre agréable et boisé, surplombant la baie. Des cabines rustiques avec terrasse, certaines avec dortoirs, d'autres privatives avec sdb, sont disséminées dans la nature. La propreté n'est pas toujours au rendez-vous dans les dortoirs. Les cabines privatives rénovées sont quant à elles assez confortables. Ambiance décontractée, grand feu certains soirs et terrain de jeux. Snack, cuisine et buanderie à disposition. Possibilité de planter sa tente.

Camping et Chalets Le Genévrier CAMPING $$
(☎418-435-6520 ou 1-877- 435-6520 ; www.genevrier.com ; 1175 bd Mgr-de-Laval, route 138 ; empl 28,48-46 $ selon services et saison, chalets 95-295 $; ⌚camping fermé nov à mi-mai, chalets à l'année). Le plus vaste terrain de camping de la région s'étend près de la rivière de la Mare à la Truite et de plusieurs petits lacs sur un site verdoyant. Outre 435 emplacements de camping, possibilité de louer des chalets (2-8 pers). Nombreuses activités et location d'équipement. Avec un VTT, on peut rejoindre le sentier Les Florents.

Au Clocheton GÎTE $$
(☎418-435-3393 ou 1-877-435-3393 ; www.auclocheton.com ; 50 rue Saint-Joseph ; s/d avec petit-déj 85-120/95-130 $; ⌚fermé début nov à mi-déc ; wifi). Ce gîte à la décoration coquette est charmant. Des agrandissements sont prévus, les 4 chambres devront ainsi toutes être dotées

INTERVIEW

M. RICHARD GERMAIN, DIRECTEUR DE L'HÔTEL LA FERME

Comment est né le concept de l'Hôtel La Ferme ? Nous avons été librement inspirés par les lieux. L'hôtel a été construit sur les terres qui, jadis, ont abrité la plus grande ferme en bois du Canada. Nous voulions ériger un hébergement en pleine nature, tout en l'intégrant à la ville, conserver les éléments du passé, tout en imprimant une facture contemporaine. En effet, les cinq pavillons – le Bâtiment Principal, le Clos, la Basse-Cour, la Bergerie et le Moulin – s'apparentent aux bâtiments de ferme d'autrefois.

Quelle est l'originalité de l'Hôtel La Ferme ? L'hôtel possède un design inédit, alliant modernité et ruralité. Il est assez rare de pouvoir apprécier un hôtel contemporain dans un environnement semblable, à proximité des vaches et des moutons. Lorsque nous avons conceptualisé l'Hôtel La Ferme, nous voulions favoriser la vie au grand air et mettre en valeur le passé agricole du lieu, tout en offrant le confort et le design moderne. Nous nous présentons également comme un "hôtel-terroir" respectant les principes du développement durable, en termes de géothermie, de récupération des eaux de pluie ou du recours aux artistes, artisans et fournisseurs locaux pour le mobilier ainsi que les éléments de décoration.

de sdb et de grands lits. La plus spacieuse a un balcon. Grande terrasse d'où l'on peut surprendre les écureuils sautiller dans le jardin. Accès au garage pour entreposer skis, vélos et raquettes.

Gîte Les Colibris B&B GÎTE **$$**
(418-240-2222 ou 1-888-508-4483 ; 80 rue Sainte-Anne ; s/d avec petit-déj 95-125/125-135 $). Cette maison cossue, à la décoration un peu surchargée, est tenue par une dame chaleureuse. Les 5 chambres sont parées de boiseries, de tapis et de literies raffinées. Deux chambres se partagent une sdb. Suite familiale avec kitchenette au sous-sol (125 $, avec petit-déj).

Auberge La Muse AUBERGE **$$$**
(418-435-6839 ou 1-800-841-6839 ; www.lamuse.com ; 39 rue Saint-Jean-Baptiste ; d avec petit-déj haute/basse saison 149-249/99-219 $;). Cette petite auberge située au cœur de la rue Saint-Jean-Baptiste est une véritable institution. Douze chambres ont été aménagées dans un style champêtre, dans les tons rose et crème. Certaines, un peu de guingois, ont des murs assez fins cependant. Nombreux forfaits proposés.

À La Chouette GÎTE **$$$**
(418-435-3217 ou 1-800-435-3217 ; www.giteetaubergedupassant/chouette ; 2 rue Leblanc ; ch avec petit-déj 130-150 $;). Les grandes chambres lumineuses de ce gîte sont délicieusement douillettes et décorées aux couleurs des saisons. Votre couple d'hôtes vous concoctera de petits-déjeuners exquis, agrémentés de fruits frais et de pains santé. La cuisine est à la disposition des occupants. Belle vue dégagée sur les champs, qui s'étendent jusqu'au fleuve (la plage est à 15 min à pied). Un studio-loft tout équipé est à louer à l'étage (175 $), alors que la maison se loue en entier de la mi-décembre à la mi-avril (3 jours minimum).

Hôtel La Ferme HÔTEL **$$$**
(418-240-4100 ou 1-877-536-2774 ; www.lemassif.com ; 50 rue de la Ferme ; dort basse/haute saison 49/59 $, d classique 149/175 $, d supérieure 175/199 $, loft 195/245 $). Ce tout nouveau complexe hôtelier "ecofriendly" aux lignes contemporaines a été inauguré en octobre 2012. Situé à l'entrée de Baie-Saint-Paul, il offre tout le confort moderne entre fleuve et montagne. Il se présente comme un "hôtel-terroir", travaillant avec les artisans et les producteurs locaux. Cinq pavillons abritent différents types de logements : dortoirs pour les groupes, chambres familiales ou lofts romantiques. Le tout relié à une gare faisant partie du complexe, qui vous emmènera directement au pied des pistes de ski du Massif ! (Voir l'interview ci-dessus).

Où se restaurer

Vous trouverez une panoplie de restaurants, tous genres confondus, le long de l'artère principale, la rue Saint-Jean-Baptiste.

Joe Smoked Meat QUÉBECOIS **$**
(418-240-4949 ; 54 rue Saint-Jean-Baptiste ; plats 8-12 $; dim-mer 11h-21h, jeu-sam 11h-22h). Ce restaurant décontracté sert le comble de l'exotisme québécois (smoked meat,

sous-marin et bière d'épinette – à déconseiller aux estomacs fragiles) à petit prix.

Café des Artistes BISTRO $
(418-435-5585 ; www.lecafedesartistes.com ; 25 rue Saint-Jean-Baptiste ; plats 7,25-15 $, table d'hôte 15 $; tlj 9h-22h). Pour un verre ou un repas simple (pizzas, soupes, pâtes, salades et, en hiver, fondues), ce café-bistro rempli d'habitués sert une cuisine généreuse. Service dynamique et musique latino. Expositions d'artistes locaux.

Mon ami Alex BISTRO $
(418-435-2255 ; 23 rue Saint-Jean-Baptiste ; plats 8-18 $, table d'hôte 39 $; tlj midi et soir en saison). Ce restaurant sert une fine cuisine de bistro, avec un accent mis sur les spécialités charlevoisiennes et une préférence pour le bio. Natures mortes, guirlandes de lierre et petits rideaux en dentelle : la déco est champêtre et l'ambiance feutrée. Un vieux piano de cuisine rutilant trône dans un coin. Avis aux gros mangeurs, les portions sont petites. Terrasse à l'arrière. Bon rapport qualité/prix.

L'Orange Bistro TERROIR $$
(418-240-1197 ; www.orangebistro.com ; 29 rue Ambroise Fafard ; menu midi à partir de 9,95 $, plats 14,95-25,95 $, table d'hôte soir 13 $; tlj 11h30-22h). De petites tables en bois avec de hautes chaises en cuir sont disposées sous une grande verrière. Le restaurant propose une cuisine fine du terroir, privilégiant les produits locaux et bio. L'assiette pique-nique est excellente et permet de goûter différents fromages et charcuteries de Charlevoix. Mention spéciale pour les petits pains frais, servis tout chauds !

Les Labours TERROIR $
(418-240-4123 ; www.lemassif.com ; brunch 7-20 $, menu midi 17-20 $, plats soir 21-28 $; tlj midi et soir). Restaurant de l'Hôtel La Ferme, il bénéficie du cadre lumineux et contemporain propre à l'hôtel. La cuisine de type marché privilégie le bio, utilisant les légumes cultivés dans le potager de l'hôtel, ou ceux des producteurs locaux. Des saveurs fraîches et une ambiance conviviale.

Chez Bouquet Éco-bistrot – Auberge La Muse BISTRO $$
(435-6839 ou 1-800-841-6839 ; 41 rue Saint-Jean-Baptiste ; petit-déj 7-16 $, plats midi 12-21 $, plats soir 14-32 $, table d'hôte 35 $; tlj 7h-21h). L'Éco-bistrot sert une cuisine rafraîchissante et créative. Son nouveau chef jouit d'une solide réputation dans la région. Il prépare une cuisine charlevoisienne aux accents italiens. Les pâtes fraîches, risottos, tartares et salades sont préparées avec finesse. Copieux petits-déjeuners.

Mouton Noir TERROIR $$
(418-240-3030 ; 43 rue Sainte-Anne ; plats 21-29 $, table d'hôte 31-40 $; tlj 11h-14h et 17h-22h, fermé nov). La cuisine de ce restaurant jouit d'une bonne réputation auprès des locaux. Aux fourneaux, un chef d'origine bourguignonne mitonne des plats à base de produits régionaux. La terrasse en bordure de rivière est fort agréable (pique-nique à 13,95 $). Bonne option le midi, mais avis aux voyageurs pressés, le service est souvent lent.

Le Marion "Grill" – Auberge La Grande Maison GRILLADES $$
(418-435-5575 ; 160 rue Saint-Jean-Baptiste ; plats 24-30 $; table d'hôte 40 $; soir tlj). Débordante de fleurs en été, cette imposante maison en brique rouge domine la rue Saint-Jean-Baptiste, à quelques minutes du centre. Si les chambres de style bergère peinent à convaincre, la vaste salle à manger, avec son air théâtral, sa belle hauteur de plafond et ses grands rideaux tombants, vous séduira. Le menu de sa table gourmande met l'accent sur les grillades et le homard. Service chaleureux.

Depuis/vers Baie-Saint-Paul

VOITURE De Québec, prenez la route 138 Nord. De Tadoussac, suivez la route 138 Sud et, à La Malbaie, empruntez la route 362.

BUS La compagnie **Intercar** (1-888-861-4592 ; www.intercar.qc.ca) effectue 3 fois par jour la liaison entre Québec et Baie-Saint-Paul. Le **terminus** (418-435-6569 ; 2 route de l'Équerre) se trouve dans le centre commercial Le Village.

Parc national des Grands-Jardins

La taïga et la végétation qui recouvrent une partie des 310 km² de ce parc nordique sont exceptionnelles à cette latitude. Le parc national des Grands-Jardins, à une quarantaine de kilomètres au nord de Baie-Saint-Paul et moins de 2 heures de la ville de Québec, offre un avant-goût du Grand Nord québécois. Il fait également partie de l'une des trois aires centrales de la réserve de biosphère de Charlevoix répertoriées par l'Unesco. La protection d'un troupeau de caribous des bois (ils sont 80 à 100 individus) constitue une autre de ses raisons d'être. Disparu au début du siècle pour cause de chasse et de déforestation, le caribou a été réintroduit avec succès à la fin des années 1960. Plus récemment, dans les années 1990, les feux de forêt ont décimé 18% du territoire du parc, qui se régénère aujourd'hui, formant un paysage aux pousses vigoureuses, où abondent les insectes et les oiseaux. Des ours noirs, des orignaux, des loups et des lynx peuplent également le parc. Les balbuzards pêcheurs, buses et aigles royaux sont régulièrement observés à proximité de ses lacs majestueux (plus de 120 répertoriés). Côté activités, canot, pêche, randonnée, vélo et ski vous attendent.

Renseignements

ACCÈS, TARIFS ET BUREAUX D'ACCUEIL

Le **parc national des Grands-Jardins** (adulte/enfant/famille 6,50/3/9,50-13 $, taxes incl) est accessible par le village de Saint-Urbain. Deux bureaux d'accueil se suivent le long de la route 381. Le premier, situé au Km 21, baptisé l'**accueil du Mont-du-Lac-des-Cygnes** (⏲tlj 8h30-18h30 mi-juin à fin août, 9h-16h mi-mai à mi-juin et sept à mi-oct, 8h30-18h30 ven-sam sept-début oct, 9h-16h week-end fév-mars) deviendra l'accueil principal en septembre 2013. L'actuel **bureau principal du parc**, le **centre de services Thomas-Fortin** (⏲tlj 8h-22h fin mai à début sept, lun-jeu 9h-18h, ven 9h-22h, sam 8h-21h, dim 8h-18h début sept-début oct) se trouve 10 km plus loin. Il fermera ses portes à la fin de l'été 2013. Un **nouveau centre de découverte et de services** situé au lac Arthabaska sera quant à lui inauguré en automne 2013.

Il n'y a ni téléphone ni électricité dans le parc. Pour des renseignements, appelez le ☎1-800-665-6527 ou consultez www.parcsquebec.com.

Activités

La route 60 (non goudronnée) traverse le parc sur une longueur de 30 km. Les principales activités, locations et sorties guidées sont actuellement concentrées au centre d'interprétation du Château Beaumont, qui fermera ses portes en septembre 2013. Les activités de découverte et d'interprétation seront alors déplacées au nouveau centre de découverte et de service du lac Arthabaska.

Activités estivales

La **randonnée** qui mène au mont du Lac-des-Cygnes (980 m) est le seul itinéraire de moyenne montagne du parc, et le sentier vedette de Charlevoix, car il offre un panorama unique sur le fameux cratère météorique. Des gardes naturalistes sont postés au sommet pour vous guider dans l'interprétation du paysage (en saison, ⏲tlj 11h-15h). Le sentier part de l'accueil du même nom, au km 21 de la route 381. Comptez 3 heures de marche aller-retour. De niveau intermédiaire, le sentier de La Chouenne (730 m), ouvert à l'année, offre de beaux points de vue (aller-retour 4,4 km), et le sentier Pioui dessine une boucle de 10,4 km. Enfin, une balade le long du sentier Le Boréal (boucle 1,9 km) permet de voir un secteur en processus de régénération depuis les derniers feux de forêt.

Une excursion en **rabaska** ainsi que de nombreux forfaits de **pêche** sont proposés. La truite mouchetée (omble de fontaine) et la truite rouge (omble chevalier) sont les deux espèces présentes dans les cours d'eau du parc. La pêche est ouverte de fin mai à début septembre. En février et en mars, des permis de pêche blanche sont également accordés aux résidents du chalet Jean Pressé (chauffé et tout équipé). Renseignez-vous à l'accueil (réservation obligatoire, 17,06 $/jour).

Vous pourrez louer des **canots** (14 $/h) et des **kayaks** (28-39 $/4h) au centre d'interprétation du Château Beaumont (lac Turgeon) ainsi qu'aux abords du lac Arthabaska (trajet suggéré de 4 heures via le barrage Warrano et le camping d'Arthabaska). Pas de location à l'heure au lac Arthabaska.

Les adeptes du **VTT** ne trouveront guère que les routes du parc pour circuler.

Activités hivernales

En hiver, **raquette**, **ski de fond** et **ski de randonnée** sont très appréciés (32 km de sentiers balisés, mais non entretenus mécaniquement). Les conditions climatiques sont rudes et les premiers flocons de neige tombent dès septembre. Le **refuge La Galette** est ouvert et chauffé de la mi-décembre à la fin mars.

Où se loger et se restaurer

Le parc compte un **camping semi-aménagé** (empl 28,50 $), Le Pied-des-Monts, deux **campings rustiques** (empl 22,25 $), La Roche et l'Étang-Malbaie, ainsi qu'une aire de **prêt-à-camper** (99-116 $). Ceux de l'Étang-Malbaie et du Pied-des-Monts sont ouverts en hiver.

Des **chalets** (170-196 $ haute saison, 120 $ basse saison) pouvant accueillir 2 à 8 personnes sont loués ; destinés avant tout aux pêcheurs, ils deviennent “chalets de villégiature” en été et en automne.

Deux **refuges** (23,50-24,50 $) et un **camp rustique** (99 $/4 pers ; juil à mi-oct) avec chauffage au bois attendent les randonneurs.

Depuis/vers le parc national des Grands-Jardins

VOITURE De Baie-Saint-Paul, prenez la route 138 Est sur 11 km, puis empruntez l'embranchement à gauche vers Saint-Urbain (381 Nord), au niveau de la station-service Shell. Poursuivez parmi les beaux paysages de la 381 sur 21 km jusqu'à l'accueil du Mont-du-Lac-des-Cygnes. Il précède de 10 km l'accueil principal Thomas-Fortin.

Les Éboulements

Ce village à flanc de montagne, baigné d'une douce lumière, offre une vue splendide sur l'Isle-aux-Coudres et le Saint-Laurent. Rien de très étonnant à ce que les peintres viennent encore nombreux pour en saisir le panorama. À mi-chemin entre Baie-Saint-Paul et La Malbaie, Les Éboulements doivent leur nom au gigantesque glissement de terrain survenu à la suite du tremblement de terre de 1663. L'architecture est restée authentique : de belles maisons anciennes aux couleurs pimpantes émaillent la rue Principale (route 138).

Construit en 1790 par le seigneur des Éboulements, Jean-François Tremblay, le **Moulin** (418-635-2239 ; 157 rang Saint-Joseph ; visite 4 $; 9h-17h fin juin-début sept) fonctionne toujours. L'ancien manoir attenant, bien conservé, permet d'imaginer une seigneurie québécoise du XVIIIe siècle. Un peu plus haut sur le chemin principal, la **forge du Village** (635-1651 ; 194 rue du Village ; entrée libre ; 10h-17h mi-mai à fin oct) à proximité d'une jolie chocolaterie et d'une poterie, propose une sympathique visite guidée du lieu, édifié en 1891.

La plage de **Cap-aux-Oies**, à 3 km au nord, est un régal pour la promenade ou la baignade. Elle est accessible par un chemin goudronné à droite de la route 362.

Où se loger

Aux Volets Verts GÎTE $

(418-635-2804 ; www.quebecweb.com/auxvoletsverts ; 293 rue du Village ; d 68-88 $). Cette coquette maison centenaire abrite des chambres lumineuses, décorées dans des tons pastel et agrémentées de meubles anciens. Certaines ont vue sur le fleuve. Sdb commune. L'énorme poêle à bois de 1932 chauffe toute la maison l'hiver. Un hébergement tout en simplicité et à petit prix.

Saint-Joseph-de-la-Rive

En contrebas des Éboulements, accessible par la côte de la Misère (qui porte bien son nom tant elle est raide), Saint-Joseph-de-la-Rive fut longtemps réputé pour son chantier maritime, fermé en 1972. Il s'est reconverti dans le tourisme. Le charmant village, enserré de montagnes, étire ses façades face à l'Isle-aux-Coudres. En son centre, l'église paroissiale, somptueuse verticalité de blanc, affiche ses ornements inspirés de la mer et veille sur les bateaux accostés au port. La prudence s'impose le long de la côte de la Misère (5 km). La véritable "plongée" vers le village de Saint-Joseph-de-la-Rive exige une conduite prudente.

À voir

Musée maritime de Charlevoix MUSÉE

(418-635-1131 ; www.musee-maritime-charlevoix.com ; 305 rue de l'Église ; adulte/12-17 ans 5/2 $, gratuit -12 ans ; tlj 9h-17h mai-oct, fermé l'hiver). Attenant à la marina, cet ex-chantier naval de Saint-Joseph-de-la-Rive retrace l'histoire de la construction de goélettes qui ont navigué sur le Saint-Laurent. La visite guidée (environ 1 heure, juin-août) vous mènera à l'intérieur de deux de ces impressionnants bateaux dans le port du village.

GRATUIT **Papeterie Saint-Gilles** ECONOMUSÉE

(418-635-2430 ; www.papeteriesaintgilles.com ; 304 rue Félix-Antoine-Savard ; entrée libre, visite guidée 3 $; tlj 9h-17h mai à fin-oct, ouverture sur rdv hors saison). En face du musée, cette papeterie fabrique de façon traditionnelle des feuilles de papier de coton incrustées de végétaux et abrite un intéressant économusée du papier. Son fondateur, monseigneur Félix-Antoine Savard, auteur d'un grand classique de la littérature québécoise (*Menaud, maître-draveur*, 1937), est enterré dans le cimetière du village.

Les Santons de Charlevoix ATELIER

(418-635-2521 ; 303 rue de l'Église ; tlj 10h-17h haute saison, 10h-16h30 mi-saison). Cet atelier, situé en face des musées, fabrique et vend de jolies figurines à l'effigie des personnages, des métiers traditionnels et des bâtiments patrimoniaux de la région.

Où se loger et se restaurer

La Maison sous les Pins GÎTE $$

(418-635-2583 ou 1-877-529-7994 ; www.maisonsouslespins.com ; 352 rue Félix-Antoine-Savard ;

s/d avec petit-déj basse saison 90/140 $, haute saison 100/155 $; plats 8,50-23,50 $, table d'hôte soir 38 $). L'orientale, l'européenne, l'africaine, la québécoise… cette ancienne demeure de capitaine loue 8 chambres très raffinées. Au grenier, la charlevoisienne, très intime avec baignoire sur pattes et lucarnes, est ravissante. L'auberge propose également une belle carte de grillades, de salades et de burgers, midi et soir. Grande terrasse en été. Formules demi-pension et prix dégressifs en hiver.

Auberge Beauséjour AUBERGE **$$**
(☎418-635-2895 ou 1-800-265-2895 ; www.aubergebeausejour.com ; 569 chemin du Quai ; s/d avec petit-déj 86,50-126,50/98-138 $ haute saison, 86,50-116,50/98-128 $ basse saison ; plats 14-21 $;). Une grande auberge aux chambres confortables, mais sans charme particulier, avec piscine, terrain de tennis et un restaurant inscrit dans la Route des saveurs. La vue sur le quai est plus jolie dans la partie motel. Forfait ornithologie (sorties matinales d'observation, conférences et dîner à l'auberge). Excellent accueil.

Isle-aux-Coudres

L'Isle-aux-Coudres est un bout de terre aux charmes sauvages, posée au milieu du fleuve Saint-Laurent. Entre chants de grillons et air salin, on y retrouve une petite atmosphère de côte bretonne.

Lorsque Jacques Cartier débarque sur l'île le 6 septembre 1535, il s'étonne dans son journal du nombre de coudriers (noisetiers) qui couvrent l'île. Elle restera toutefois inhabitée pendant deux siècles environ. Elle fut ensuite une halte pour les navires en direction de Québec, et parfois occupée par des pêcheurs de bélugas. Puis, avec le peuplement de Charlevoix, fermiers, éleveurs, tisseurs et pêcheurs choisissent de s'y installer afin de profiter de ses richesses naturelles, de même que les employés de chantiers de construction et de réparation de goélettes, une activité traditionnelle qui s'éteindra dans les années 1950. Son passé maritime n'est donc pas si éloigné, il se ressent encore – même si les kitesurfs ont remplacé les goélettes.

À 10 ou 15 minutes à peine en traversier de Saint-Joseph-de-la-Rive, l'île – longue de 10 km – se visite aisément en une journée. Une route de 23 km, le **chemin des Coudriers**, en fait le tour. Elle est praticable à vélo (il est conseillé de suivre le sens inverse des aiguilles d'une montre) et offre de beaux points de vue sur les montagnes de Charlevoix.

En janvier, **La Grande Traversée de Charlevoix**, une compétition internationale de canot sur glace organisée depuis 30 ans, part de la marina de l'Isle-aux-Coudres pour effectuer un circuit de 8 km sur le fleuve Saint-Laurent.

Renseignements

BUREAU D'INFORMATION (☎418-438-2930 ou 1-866-438-2930 ; www.tourismeisleauxcoudres.com ; 1024 chemin des Coudriers ; ⏲tlj 10h-18h mi-juin à début sept). Situé à 500 m du terminal des traversiers, il fournit un audioguide divertissant (12 $) qui passe en revue l'histoire de l'Isle-aux-Coudres depuis le XVIIIe siècle, avec au programme chansons, anecdotes et expressions langagières. L'audioguide est également disponible au comptoir du Verger Pednault (voir ci-dessous).

À voir

Plusieurs musées confirment la vocation touristique de l'île.

Le **musée des Voitures d'eau** (☎418-438-2208 ou 1-800-463-2118 ; 1922 chemin des Coudriers ; adulte/étudiant 6/5,50 $, gratuit -12 ans, taxes incl ; ⏲mi-mai à mi-oct, horaires variables) retrace l'activité des chantiers navals et le rôle de la goélette sur le Saint-Laurent. Vous pourrez d'ailleurs visiter l'un de ces navires, de la cale à la timonerie. Depuis le musée, un sentier rustique vous mène à une tour surplombant l'île.

Les **Moulins de l'Isle-aux-Coudres** (☎438-2184 ; 36 chemin du Moulin ; adulte/enfant 9/5 $; ⏲tlj 10h-17h30 mi-mai à mi-oct) réunissent un moulin à eau et un moulin à vent datant du XIXe siècle, le premier permet de fabriquer de la farine en été et le second, en hiver. Le site abrite un intéressant écomusée de la meunerie. L'été, selon l'affluence, visite guidée avec démonstration de mouture de blé de sarrasin au moulin à eau.

Un autre écomusée, consacré à la culture de la pomme, se tient au **Verger Pedneault** (☎418-438-2365 ; 3384 chemin des Coudriers ; ⏲tlj 11h-16h hiver, 8h-18h été), qui produit notamment du cidre de glace et du mistelle (moût de raisin). Possibilité de cueillette en saison (pommes, prunes, poires).

Activités

Vélo

Avec une quarantaine de kilomètres de voies cyclables aménagées, l'île se prête

DU KITESURF SUR LE SAINT-LAURENT

L'Isle-aux-Coudres est reconnue depuis longtemps pour son circuit à vélo autour de l'île. Mais depuis quelques années, ce sont les amateurs de kitesurf qui envahissent l'île dès que le vent se lève ! Le paysage, entre fleuve et montagne, et la constance du vent ont contribué à faire de l'île l'un des spots les plus réputés au Québec. En 2010, l'organisme à but non lucratif Isle-aux-Coudres Kitesurf a été mis sur pied par 5 habitants passionnés de kitesurf. Ils seront heureux de vous faire découvrir les spots de l'île, praticables de mai à octobre par des vents allant de 15 à 35 nœuds.

Pour un avant-goût, Jean Normand nous livre les trésors que réserve l'île :

"Par vent sud-ouest (le meilleur vent sud-ouest de la province!), vous devez vous rendre au quai municipal de la paroisse Saint-Louis – le stationnement est gratuit. À marée haute, les kitesurfeurs s'en donnent à cœur joie dans cette petite baie. À marée basse, c'est la totale ! Les dunes de sable de l'endroit où l'on pêchait les bélugas au siècle dernier se découvrent, offrant un immense terrain de jeux de 2 km de long ! Les amateurs de "flat water" seront comblés ! Par vent nord-est, c'est à la pointe du Bout d'en Bas que l'action se déroule (pointe est de l'île). De grosses vagues vous y attendent."

Pour plus d'informations, contactez **Isle-aux-Coudres Kitesurf** (iackitesurf@hotmail.com) sur Facebook ou par courriel. Vous pouvez également demander Pascal Dufour à l'hôtel du Capitaine ou aller voir Ludovic Gervais directement à son atelier d'art, près du quai de la paroisse Saint-Louis.

parfaitement à la pratique du vélo. **Vélo-Coudres** (☎418-438-2118 ou 1-877-438-2118 ; 2926 chemin des Coudriers ; ⌚mai-oct) est installé à 5 km du traversier, mais vient chercher ses clients en haute saison. Ce prestataire offre un grand choix. Location de vélo : 8 $ l'heure ou 28 $/jour. Il loue également des scooters.

Kitesurf

Le vent et les marées, bien présentes à cette hauteur du Saint-Laurent, font de l'Isle-aux-Coudres un lieu idéal pour la pratique du kitesurf. Les mordus de sensations fortes se retrouvent à la pointe sud-ouest de l'île, où les conditions sont excellentes, et la vue sur le fleuve et les montagnes superbe. Au moment de notre recherche, il n'existait aucune infrastructure de location de matériel, mais vous pouvez contacter **Isle-aux-Coudres Kitesurf**, qui se fera un plaisir de vous fournir informations pratiques et bons plans (voir l'encadré ci-dessus).

Où se loger et se restaurer

Camping Sylvie CAMPING $

(☎418-438-2420 ; 1275 chemin des Coudriers ; empl 15-25 $, chalet 2 pers 60 $, 4 pers 80 $; ⌚saisonnier, sauf chalets). À environ 2 km du débarcadère – prenez à votre droite –, ce terrain offre quelques bons emplacements et des chalets au confort sommaire. Canots et pédalos en location.

♥ **Hôtel du Capitaine** AUBERGE $$

(☎418-438-2242 ou 1-888-520-2242 ; www.charlevoix.qc.ca/hotelducapitaine ; 781 chemin des Coudriers ; d avec petit-déj 90-130 $; ❄). On se sent comme à la maison dans les chambres chaleureuses et champêtres de l'auberge, ou celles plus modernes du motel. Il n'est pas rare que Caroline Desbiens, chanteuse et fille du capitaine, anime les soirées. Restaurant et piscine d'eau de mer. Excellent point de chute.

Hôtel Cap-aux-Pierres HÔTEL $$

(☎418-438-2711 ou 1-888-554-6003 ; www.hotelcapauxpierres.com ; 444 chemin de La Baleine ; d 89-139 $; ⌚mai-oct ; ❄). Les chambres de cet hôtel du groupe Dufour sont confortables, quoique un peu sombres. Préférez celles de la partie motel. La déco y est un peu vieillotte, mais elles bénéficient d'une vue directe sur le fleuve et d'un accès à un jardin avec transats. Piscine intérieure et extérieure, golf, tennis et service de massothérapie. Restaurant gastronomique ouvert en soirée (plats 22-25 $).

Depuis/vers l'Isle-aux-Coudres

BATEAU La **traversée** (☎418-438-2743 ; www.traversiers.gouv.qc.ca ; ⌚7h-23h30) de 15 minutes est gratuite, même pour les automobilistes. De fin juin à début septembre, départs toutes les 30 minutes entre 9h30 et 17h. En dehors de cette période, les traversiers quittent le quai toutes les 1 à 2 heures.

Saint-Irénée

Ce petit village éclaté n'est qu'une suite de lignes arrondies et harmonieuses plongeant dans le Saint-Laurent. En arrivant de Baie-Saint-Paul, on aperçoit d'abord la longue plage de sable fin longeant la voie ferrée. Puis, la route 362 prend de la hauteur et laisse découvrir le village accroché à flanc de collines. Saint-Irénée est réputé grâce au **Domaine Forget** (☎418-452-3535 ou 1-888-336-7438 ; www.domaineforget.com ; 5 rang Saint-Antoine) et au **Festival international du Domaine Forget**, de juin à août, programmant des concerts de musique classique, jazz, musique de chambre et musique nouvelle, d'art vocal ainsi que des spectacles de danse. Surplombant le Saint-Laurent, la salle de concert est l'une des meilleures au Canada pour ses qualités acoustiques. L'été, le brunch musical du dimanche est très couru.

Situé en surplomb de la route principale, le domaine englobe trois anciennes résidences d'été, celles de Joseph Lavergne, d'Adolphe Routhier, auteur de l'hymne national *Ô Canada*, et de sir Rodolphe Forget, député fédéral de Charlevoix, initiateur de la ligne de chemin de fer régionale et père de Thérèse Casgrain, politicienne engagée qui obtint le droit de vote pour les femmes en 1940.

À l'entrée du village, vous pourrez visiter **Les Ateliers DeBlois** (☎418-452-3229 ; 1131 route 362 ; ⏲tlj 9h-18h mai-oct) où travaille l'artiste charlevoisien contemporain Marc DeBlois. La galerie-boutique expose une collection de poteries et de toiles de l'artiste, d'un grand raffinement.

Où se loger et se restaurer

La Luciole GÎTE **$$**
(☎418-452-8283, 514-717-5834 ou 1-866-452-8283 ; www.quebecweb.com/luciole ; 35 chemin des Bains ; ch avec sdb commune haute/basse saison 99/89 $, avec sdb privative 119/109 $). Dissimulée en bas du village, cette petite maison avec véranda doit son charme à sa situation, en bordure de fleuve, à son accueil chaleureux et à ses jolies chambres, fraîchement repeintes et dotées de boiseries.

Les Studios du Domaine STUDIOS **$**
(☎418-452-8111 ou 1-888-336-7438 ; www.domaineforget.com ; 5 rang Saint-Antoine ; studios à partir de 70 $; 📶). Bâtis sur les hauteurs de Saint-Irénée, dans le parc du Domaine Forget, ces studios équipés peuvent accueillir jusqu'à 5 personnes. Occupés le plus souvent par des étudiants en musique, leur location est ouverte au public de septembre à mai. Réservations recommandées.

Hôtel Le Rustique HÔTEL **$**
(☎418-452-8250 ; www.charlevoix.qc.ca/lerustique ; 285 rue Principale ; s/d avec petit-déj 75-85/90-100 $, studio 105-125 $; table d'hôte 30 $; ⏲fermé nov-avr). Une adresse pleine de charme, qui doit beaucoup à l'accueil de Diane, la maîtresse des lieux. Les 6 chambres, avec parquet, sont décorées de façon sobre et colorée (4 ont vue sur le fleuve). La chambre 2 est très lumineuse. Studios avec kitchenette très confortables. La carte du restaurant fait la part belle aux produits régionaux.

♥ **Le Saint-Laurent Café** INTERNATIONAL **$**
(☎418-452-3408 ; 128 rue Principale ; plats 8-27 $; ⏲à partir de 15h, fermé lun en saison, dim-mar hors saison et déc-fév). Derrière la petite façade de ce restaurant situé en face de l'église se cache l'une des meilleures tables de la région. Une goûteuse cuisine internationale est ici à l'honneur. L'accueil bon enfant du patron, les prix modérés et la bonne sélection de vins (on descend soi-même les chercher à la cave) complètent les atouts de cette adresse. Très jolie vue depuis la terrasse.

La Malbaie – Pointe-au-Pic

L'intérêt de La Malbaie, capitale régionale de Charlevoix, reste limité. Pointe-au-Pic, son pendant résidentiel, offre davantage de charme, mais réserve ses faveurs à ceux dont la bourse est bien garnie. Ses paysages se composent de terrains de golf, parmi les plus beaux de l'est de l'Amérique, et d'élégantes propriétés à flanc de montagne. Concentrées le long de la rue de la Falaise, ces demeures fastueuses sont les témoins vivants du temps où Pointe-au-Pic entrait dans les carnets mondains de la haute société new-yorkaise et canadienne. Selon William-Howard Taft, président des États-Unis de 1909 à 1913, l'air de la baie "enivrait comme du champagne, sans les maux de tête du lendemain".

Pour mieux connaître l'histoire de Charlevoix, ne manquez pas l'excellente collection permanente du **musée de Charlevoix** (☎418-665-4411 ; www.museedecharlevoix.qc.ca ; 10 chemin du Havre ; plein tarif/tarif réduit 7/5 $, gratuit -12 ans ; ⏲tlj 9h-17h juin à mi-oct, lun-ven 10h-17h sam-dim 13h-17h

LA MAUVAISE BAIE DE CHAMPLAIN

C'est à Samuel de Champlain que La Malbaie doit son nom. Lorsqu'il accoste dans la baie en 1608, la nuit est tombée. Le matin, au réveil, il constate que les eaux du fleuve se sont retirées, l'empêchant de reprendre sa route. "Ah ! La malle baye !" (la mauvaise baie), se serait-il écrié. Baptisée par la suite Murray Bay, elle fut, dès le XIXe siècle, un lieu de villégiature prisé des grandes fortunes américaines et canadiennes. Sa réputation était à la hauteur de la beauté de ses rives.

La rencontre des eaux vertes et salées du golfe du Saint-Laurent et des eaux douces et brunâtres de la rivière Malbaie forme, par beau temps, un tableau évoquant la peinture abstraite, étonnant par la luminosité des couleurs et le découpage des lignes aux tracés nets.

mi-oct à mai). La mezzanine accueille tous les 4 mois une nouvelle exposition sur les arts populaires.

Vous pourrez loger dans la suite présidentielle du manoir Richelieu (ci-dessous) si vous gagnez au **casino de Charlevoix** (418-665-5300 ou 1-800-665-2274 ; www.casino-de-charlevoix.com ; 183 av. Richelieu), très prisé des touristes. Sur place aussi, un prestigieux parcours de golf et un spa.

Où se loger

Les possibilités d'hébergement, assez onéreuses pour la plupart, sont concentrées à Pointe-au-Pic. Le choix est plus large et les sites plus agréables dans les localités avoisinantes.

Camping des Érables CAMPING $

(418-665-4212 ou 668-5700 ; www.campingdeserables.qc.ca ; 635 côte Bellevue, route 362 ; empl 23-27 $, juin à mi-sept ;). À l'entrée de Pointe-au-Pic quand on arrive de Saint-Irénée, ce camping propose une trentaine de sites simples avec une belle vue sur le fleuve. Table en bois, eau potable et feu de camp (bois 7 $) à chaque emplacement. Accueil très sympathique. Paiement en espèces.

BON PLAN **Les Mille Roches** GÎTE $

(418-665 3344 ; www.charlevoix.qc.ca/millesroches ; 870 chemin des Falaises ; s-d/f 60/100 $, taxes incl). Il règne dans cette grande maison centenaire calme et gaieté. La simplicité de la décoration des chambres, spacieuses et douillettes, de même que les parquets et les murs colorés, contribuent au charme des lieux. Pas de petit-déjeuner, mais cuisine à disposition. Le propriétaire est un homme à la fois discret et sympathique. Des sentiers derrière la propriété vous mènent au golf et au manoir Richelieu. Excellent rapport qualité/prix.

Gîte La maison Dufour et Bouchard GÎTE $

(418-665-4982 ; www.maisondufourbouchard.charlevoix.qc.ca ; 18 rue Laure-Conan ; d avec petit-déj basse/haute saison 75/85 $). Ce gîte dispose de 3 chambres, claires et bien tenues. La décoration est sobre, les couettes sont douillettes et les serviettes moelleuses. Pour compléter l'offre, on y sert un petit-déjeuner copieux avec des produits du terroir charlevoisien. Sdb privative dans les 2 chambres à l'étage, mais à partager dans la chambre du rez-de-chaussée. Jacuzzi dans le jardin.

Auberge des 3 Canards AUBERGE $$$

(418-665-3761 ou 1-800-461-3761 ; www.auberge-3canards.com ; 115 côte Bellevue ; d avec petit-déj basse/haute saison 145-240/185-285 $; table d'hôte soir 64 $;). Cette vénérable auberge de 1904, toute de bois et de moquettes, jouit d'une excellente réputation. Après un dédale de couloirs, les chambres se révèlent grandes, mais vieillottes. Les supérieures sont pourvues d'un balcon avec vue sur le fleuve. Tennis et piscine extérieure.

Manoir Richelieu MANOIR $$$

(418-665-3703 ou 1-800-441-1414 ; www.fairmont.com/richelieu ; 181 rue Richelieu ; d 259-1 159 $). Impossible à manquer, le manoir, nommé en l'honneur du cardinal Richelieu, est la figure centrale de la grande époque mondaine de Pointe-au-Pic. Son architecture évoque sensiblement celle du château Frontenac à Québec. Belles terrasses avec vues panoramiques sur le fleuve accessibles à la promenade.

Où se restaurer

Café chez Nous CAFÉ $

(418-665-3080 ; 1075 rue Richelieu ; plats 7-17 $; tlj). Petit café animé et coloré du centre-ville, qui sert de généreux sandwichs, burritos, bagels et salades, ainsi qu'un grand choix de cafés. Préparation de "boîte à lunch" (panier-repas ; 13,95 $).

♥ **Le Patriarche** BISTRO FRANÇAIS **$$**
(☎418-665-9692 ; www.bistrolepatriarche.com ; 30 rue du Quai ; plats 25-36 $, table d'hôte 35-55 $; ⏲mar-dim 17h-21h été, mer-dim 17h-21h avr-juin et sept-fin oct ; ✐). Dans cette petite maison ancestrale (9 tables seulement), on déguste la cuisine inspirée de l'ancien chef du manoir Richelieu. Assiettes délicieuses et copieuses. Le menu, de type bistro français, met l'accent sur les légumes du marché et les arrivages de poissons et de viandes. Fumages et confits faits sur place. La carte des apéritifs, vins et alcools offre quelques bonnes trouvailles, à petits prix. Réservation recommandée.

Chez Truchon GASTRONOMIQUE **$$$**
(☎418-665-4622 ou 1-888-662-4622 ; www.aubergecheztruchon.com ; 1065 rue Richelieu ; table d'hôte 52 $). Cette auberge dirigée par Dominique Truchon, ancien chef de l'Auberge des Peupliers, a très bonne réputation. On y sert une cuisine gastronomique de type bistro, concoctée à partir de produits frais de la région. Le boudin de fabrication artisanale, le foie gras, les tartares font partie des spécialités. Également, 9 chambres à louer d'un bon confort (d avec petit-déj basse/haute saison 105-165/119-185 $).

Depuis/vers La Malbaie – Pointe-au-Pic

VOITURE De Baie-Saint-Paul, vous pouvez rejoindre La Malbaie et Pointe-au-Pic par la route 138, qui permet de découvrir l'intérieur des terres de Charlevoix. Autre option : prendre la superbe route 362 qui longe le fleuve Saint-Laurent sur 48 km jusqu'à La Malbaie.

BUS La compagnie **Intercar** (☎1-888-861-4592 ; www.intercar.qc.ca) assure 2 liaisons par jour depuis Montréal et Québec via Baie-Saint-Paul. Le terminus de La Malbaie (relié en 45 min depuis Baie-Sainte-Paul) se trouve au **dépanneur J.E. Otis** (☎418-655-2264 ; 46 rue Sainte-Catherine).

Parc Mont-Grand-Fonds

L'autre grande station de ski de Charlevoix, le **parc Mont-Grand-Fonds** (☎1-877-665-0095 ; www.montgrandfonds.com ; 1000 chemin des Loisirs ; journée de ski adulte/enfant 43,92/32,62 $), se trouve à une dizaine de kilomètres au sud-ouest de La Malbaie.

Le parc dispose d'un réseau de sentiers de 160 km pour le ski de fond (adulte/enfant 14,13/10 $) et de 26 km pour la raquette (8,27 $/jour). Pour s'y rendre, traversez le pont (qui permet de rejoindre la rue Fraser depuis le boulevard de Comporté) à La Malbaie et tournez immédiatement à gauche sur le chemin de la Vallée. Le chemin des Loisirs est à 1 km sur la droite.

Parc national des Hautes-Gorges-de-la-Rivière-Malbaie

À une quarantaine de kilomètres au nord de La Malbaie, ce **parc national** (☎418-439-1227 ou 1-800-665-6527 ; www.parcsquebec.com ; adulte/enfant/famille 6,50/3/9,50-13 $, taxes incl) enclôt une des plus belles vallées du Québec. Traversé par la rivière Malbaie et encadré par de hautes parois rocheuses de 800 m, son territoire de 224 km² fait partie des trois aires centrales de la réserve de biosphère de Charlevoix. Le paysage de gorges et de rivières constitue le principal attrait du parc, qui compte d'importantes populations de castors, d'ours noirs et une poignée de hérons. Vous verrez également une érablière à ormes et à frênes, remarquables à cette latitude où l'épinette et le sapin prédominent.

Renseignements

ACCÈS ET BUREAU D'ACCUEIL L'accès principal se fait par le **Centre de découverte et de services Félix-Antoine-Savard** (⏲tlj 8h30-20h30 en saison), situé à 27 km du village de Saint-Aimé-des-Lacs, par la très belle route 138. Vous y obtiendrez tous les renseignements nécessaires, notamment sur les activités d'interprétation. En saison, la circulation automobile est interdite dans le parc. Un service de navette gratuit permet de parcourir les 8 km et de rejoindre le centre de services Le Draveur, au cœur du parc. Une navette-remorque permet de transporter l'équipement aquatique et les vélos.

Activités

Les activités de plein air sont concentrées au lieu dit "barrage des Érables", terminus de la navette gratuite.

Les **croisières en bateau-mouche** (adulte/enfant 6-17 ans 34,36/25,66 $, ⏲mai-oct, départ à 11h, 13h, 14h45, 16h30 et 18h30 juil-août) rencontrent un franc succès. Le trajet de 1 heure 30 effectue une boucle de 16 km depuis le barrage des Érables jusqu'au secteur de l'Équerre.

La partie des gorges, située entre le barrage et le secteur de l'Équerre, se prête au **canot**

LE TEMPS D'UNE PAIX

Au Québec, l'expression "le temps d'une paix" désigne la période d'accalmie de l'entre-deux-guerres et de passage vers la modernité qu'une série télévisée populaire immortalisa au petit écran. Diffusée à la suite de l'échec du référendum pour l'indépendance de 1980, la série chercha à raviver la quête identitaire du peuple québécois en lui présentant une période charnière de son histoire, telle que vécue par "les gens ordinaires". Soulignant, en trame de fond, les magnifiques paysages et le terreau folklorique de Charlevoix, *Le Temps d'une Paix* devint rapidement la série la plus regardée de toute la décennie et les Charlevoisiens se déplacèrent par milliers afin d'assister aux tournages.

Pierre Gauvreau, son auteur, s'est aussi fait connaître comme artiste-peintre engagé et cosignataire du fameux manifeste "Refus global" (1948) en faveur de la liberté d'expression au Québec. Le portrait original et attachant qu'il a fait des années 1920 a su marquer les esprits des Québécois et laisser un héritage patrimonial considérable.

et au **kayak**. Des embarcations sont proposées au **centre de services Le Draveur** (environ 30 $/demi-journée, 43 $/jour), de même que des vélos (24,25 $/demi-journée, 34,75 $/jour), car le parc se prête bien à la pratique du **VTT**. Un parcours de 8 km (aller) asphalté, sur une route partagée (automobile et vélo), vous fera découvrir les beautés du parc à partir du centre de découverte et de services Félix-Antoine-Savard jusqu'au centre de services du Draveur. De là, vous pourrez parcourir 8 km (aller) sur la piste cyclable en gravier pour vous rendre jusqu'à l'Équerre. Des aires de pique-nique ont été aménagées tout au long du trajet aux abords de la rivière Malbaie. Le centre de location est généralement ouvert de 9h à 17h.

Le parc dispose de 7 itinéraires de **randonnée pédestre**, la plus renommée étant l'Acropole des draveurs (10,4 km aller-retour ; 800 m de dénivelé), qui se rend jusqu'au sommet de la montagne des Érables. Comptez de 4 à 6 heures. D'un niveau plus facile, le sentier de l'Érablière (1,5 km aller-retour, 1 heure 30) ainsi que Le Riverain (10 à 15 km aller-retour, 4-5 heures) offrent des alternatives moins ardues. Carte de sentiers disponible (6 $) et location de bâtons de marche (11 $).

La **pêche** se pratique aussi de juin à août sur la rivière Malbaie (17 $/pers) et sur le lac Noir (55,93 $/pers, réservez bien à l'avance). Il faut enregistrer ses prises.

Où se loger et se restaurer

Campings CAMPING $

(empl 25-33,50 $). Le parc dispose de 3 sites. Celui du Pin blanc, aménagé sans service, est à 5 km du centre d'accueil en direction du centre de services Le Draveur. Un camping rustique se trouve à une dizaine de kilomètres au nord de ce dernier, dans le secteur de l'Équerre. Celui du Cran, plus ambitieux, a été aménagé non loin de l'accueil principal. Il dispose d'une centaine d'emplacements (sans services) et de tentes Huttopia toutes équipées pour le prêt-à-camper (97-113 $). Supplément de 16,50 $ pour les draps.

Au Fil du Temps GÎTE $

(418-439-3730 ; www.quebecinformation.com/aufildutemps ; 43 rue Principale, Saint-Aimé-des-Lacs ; s/d avec petit-déj 73/88 $, taxes incl ; wifi). À 15 minutes du parc, au bord d'un lac, cette chaleureuse maison bicentenaire loue 3 chambres impeccables et lumineuses. Au petit matin, vous apprécierez les petits-déjeuners composés de produits du terroir charlevoisien servis sur la terrasse les jours d'été et au chant du coq ! Excellent rapport qualité/prix.

♥ **L'Aubergine** GÎTE $$

(418-457-3018 ou 1-877-457-3018 ; www.aubergeinn.com ; 179 rang 6, Saint-Hilarion ; s/d 75/90-100 $; wifi). À Saint-Hilarion, sur un terrain sauvage en bordure d'un lac, cette grande maison offre une belle étape proche de l'entrée du parc. Les chambres (entrées indépendantes) sont empreintes d'une belle douceur rustique. Petits-déjeuners servis en formule buffet (option végétarienne). Accueil sympathique de Claude et Julie, qui se feront un plaisir de vous conseiller sur vos activités. Certains soirs, chansons québécoises autour du poêle à bois extérieur ou dans la grange attenante.

♥ **L'Auberge-boulangerie des Grands-Jardins** GÎTE $$

(418-439-5882 ; www.aubergeboulangerie.com ; 4 rue du Patrimoine, Sainte-Agnès ; d avec petit-déj 115 $, taxes incl). Ce gîte installé dans l'ancien presbytère du village possède 4 chambres, spacieuses et douillettes, avec sdb (grandes baignoires). Pour les groupes, possibilité de louer tout le gîte. Suivez la rue principale depuis la route 138 entre Saint-Aimé-des-Lacs et Saint-Hilarion au nord ou encore, le chemin du Golf, le chemin Mailloux puis le rang Saint-Charles depuis La Malbaie, secteur Pointe-au-Pic, au sud.

La maison du Bootlegger GRILLADES $$
(☎418-439-3711 ; www.maisondubootlegger.com ; 110 ruisseau des Frênes, Sainte-Agnès de La Malbaie ; table d'hôte soir 37-56 $ visite guidée incl, visite guidée seulement adulte/enfant 8/5 $; ⏲tlj midi et soir fin juin-sept, week-end midi et soir juin, midi seulement oct, sur demande avr-mai et nov-déc). Ce restaurant est avant tout une maison sortie de l'esprit fantasque de son ancien propriétaire. Construite en 1860, elle fut démontée et reconstruite à Sainte-Agnès en pleine période de prohibition, pour tromper les recherches de l'escouade des mœurs sur les soirées arrosées qui pouvaient s'y dérouler (et qui s'y déroulaient !). Elle intrigue et amuse aujourd'hui les visiteurs, qui y viennent autant pour manger de succulentes grillades et revivre l'énergie festive des lieux que pour découvrir ses passages secrets.

Depuis/vers le parc national des Hautes-Gorges-de-la-Rivière-Malbaie

VOITURE Depuis La Malbaie, rejoignez le paisible village de Saint-Aimé-des-Lacs puis continuez sur la route 138 pendant 27 km jusqu'à l'accueil principal.

La Malbaie – Cap-à-L'Aigle

C'est un bourg que rien ne semble perturber. Il surplombe le fleuve et la baie et vit au rythme nonchalant de la villégiature. De belles maisons sont dispersées à flanc de montagne. Ici, la nature domine. Si vous venez à la belle saison, vous aurez la chance de voir les nombreux lilas en fleurs. Situés au 623 rue Saint-Raphaël, et ouverts pendant l'été, les jardins du Cap-à-L'Aigle comptent 800 variétés de lilas !

Où se loger et se restaurer

BON PLAN **La Chouenne** GÎTE $
(☎418-665-1166 ; www.gitescanada.com/10034.html ; 367 rue Saint-Raphaël ; d sans/avec sdb 72/92 $, petit-déj incl). Cette petite maison charmante pourrait être celle de Charles Ingalls. Les 4 chambres toutes simples se parent de boiseries. La plus grande dispose d'une sdb privative et d'un petit balcon. Ouvert les vendredi et samedi seulement. Très bon rapport qualité/prix.

La Mansarde GÎTE $$
(☎418-418-665-2750 ou 1-888-577-2750 ; www.aubergelamansarde.com ; 187 rue Saint-Raphaël ; d avec petit-déj basse/haute saison 90-140/105-160 $). Posée sur un gazon impeccable, cette maison blanche et verte entourée d'une terrasse possède de jolies chambres, bien que les sdb soient parfois étroites. Celles de la partie la plus ancienne de la maison ont davantage de cachet.

Maison Victoria Inn GÎTE $$
(☎418-665-1022 ; www.charlevoix.qc.ca/victoria ; 726 rue Saint-Raphaël ; s/d avec sdb commune 85/95 $, ste 169 $; ⏲juin à mi-oct). L'hiver, la propriétaire de ce gîte vit en Floride, d'où l'atmosphère un brin Laura Ashley des belles chambres et suites très confortables, avec tapisseries à fleur, porcelaines et baignoire sur pattes. Belle vue sur le fleuve. Les petits-déjeuners sont exquis et l'accueil, sans faille.

Auberge des Eaux vives GÎTE $$$
(☎418-665-4808 ou 1-800-565-4808 ; www.aubergedeseauxvives.com ; 39 rue de la Grève ; d basse/haute saison 145/169 $). Cette auberge a été rénovée avec beaucoup de goût. Les 3 chambres, aux lignes élégantes et design, en bois et cuir, possèdent de belles baies vitrées avec vue sur le fleuve. Cuisine et cafetière à disposition.

Auberge des Peupliers AUBERGE $$$
(☎418-665-4423 ou 1-888-282-3743 ; www.aubergedespeupliers.com ; 381 rue Saint-Raphaël ; d demi-pension basse/haute saison 254-322/273-353 $; plats 21-32 $, table d'hôte 55-70 $). Un nouveau chef est aux commandes dans cette auberge réputée pour sa table. Les chambres restent cependant onéreuses. Celles situées dans le pavillon attenant sont moins sombres et plus modernes. Tennis et grands jardins sur la propriété.

La Pinsonnière GASTRONOMIQUE $$$
(☎418-665-4431 ou 1-800-387-4431 ; www.lapinsonniere.com ; 124 rue Saint-Raphaël ; ch basse/haute saison 195-445/275-495 $; table d'hôte 99-129 $;). Atmosphère luxe tendance zen pour cet établissement Relais & Châteaux qui jouit d'une vue sur le fleuve. Les chambres sont dotées de bains à remous et décorées de belles toiles d'artistes régionaux.

L'auberge dispose en effet d'une collection d'œuvres du peintre Claude Le Sauteur. Restaurant gastronomique français, piscine intérieure chauffée et massothérapie.

Port-au-Saumon

Situé dans un site de près de 100 ha en bordure du Saint-Laurent, le **Centre écologique de Port-au-Saumon** (418-434-2209 ou 1-877-434-2209 ; www.cepas.qc.ca ; route 138 ; adulte/enfant 8/5 $; tlj fin juin à fin août) est un remarquable point d'observation du fleuve. En saison, des visites de sentiers commentées partent à 10h et à 14h ; elles permettent de longer pendant 2 heures les rives du fleuve tout en découvrant une multitude d'écosystèmes, des bassins d'organismes marins, sans oublier de superbes points de vue.

Port-au-Persil

Il faut quitter la route 138 et poursuivre sur une belle route de montagne pour rejoindre cette petite anse sublime, où une chute vient se déverser jusqu'à la mer. La plage de rochers en contrebas offre un paysage minéral que l'on contemple surtout à marée basse. On peut la suivre depuis le quai. Une jolie chapelle presbytérienne du XIXe siècle a été érigée presque au bord de la mer. La route qui traverse le hameau vous ramènera à la 138, et à 5 km à peine de Saint-Siméon.

En chemin, arrêtez-vous à la **Poterie de Port-au-Persil** (418-638-2349 ; www.poteriedeportaupersil.com ; 1001 route 138 ; tlj 9h-18h juin-août, 10h-16h mai et sept-oct) qui expose le magnifique travail des potiers locaux dans une vieille grange, abritant également un petit café l'été dans la cour arrière. L'atelier sur place permet de voir les artistes à l'œuvre, et de tester son propre talent sur une pièce d'argile. Prix très abordables.

Où se loger

Gîte Gens du pays GÎTE $
(418-638-2717 ; 490 chemin de Port-au-Persil ; d sdb commune 60-70 $). Cette petite maison centenaire loue des chambres à l'étage, exiguës mais pimpantes, aux tons pastel. Les petites fenêtres des chambres côté mer donnent l'impression de regarder à travers le hublot d'un navire ! Un endroit attachant et abordable. Paiement en espèces seulement.

La Persillère APPARTEMENTS $$$
(418-942-4424 ; www.persillere.com ; 390 chemin du Port-au-Persil ; app basse/haute saison 154-175/184-226 $, 2 nuit minimum été). Quatre appartements fabuleux, loués à la journée ou à la semaine, ont été aménagés dans cette ancienne ferme. Dans un style champêtre épuré et chic, ils offrent un confort inégalé (bibliothèques bien achalandées, cuisines équipées, bains spa, produits de beauté naturels), avec véranda et vue sur le fleuve. Chaque appartement peut loger de 2 à 4 personnes. En saison, forfait de 7 nuits au prix de 6. Un seul appartement est loué hors saison.

Saint-Siméon

Ville carrefour, Saint-Siméon est avant tout fréquentée par les passagers du bac pour Rivière-du-Loup. Elle permet également d'atteindre la Côte-Nord via Baie-Sainte-Catherine et Tadoussac en continuant la

LES PALISSADES DE CHARLEVOIX

Campé en pleine forêt, le parc d'aventure en montagne **Les Palissades** (418-647-4422 ou 1-800-762-4967 ; www.lascensation.com ; 1000 route 170 , à 12 km de Saint-Siméon ; sur réservation en hiver) donne accès à une magnifique paroi de granite de 4 km de largeur et de 400 m de haut, héritée de l'époque des glaciations. Une jeune équipe de grimpeurs professionnels y travaille à l'année. Au programme l'été : escalade libre ou guidée, ponts aériens, via ferrata et tyrolienne. L'hiver, on peut s'aventurer à l'escalade de glace, à la via ferrata des neiges et à la raquette à crampons. Un superbe réseau de sentiers balisés permet de faire de la randonnée autour des Palissades toute l'année. Le trajet de L'Aigle (4,7 km) est ponctué de lacs, de cascades, de grottes et de jolis points de vue. L'enregistrement au pavillon d'accueil est obligatoire en tout temps. Une cuisine commune est accessible avec la formule hébergement (dort du chalet 35 $/pers, ch 85 $ taxes incl, et location de chalets), ainsi qu'un bain nordique et un sauna naturel, histoire de se dorloter après l'effort !

LA BAIE-DES-ROCHERS

Sur la route de Saint-Siméon à Baie-Sainte-Catherine, suivez la direction de la Baie-des-Rochers : la route en cul-de-sac vous mènera à une baie sauvage, entre des falaises rocheuses. Une petite île est accessible à marée basse. Des tables de pique-nique y ont été aménagées, ainsi qu'un réseau de sentiers pédestres (6 km).

route 138. Quant à la route 170, elle longe la rive sud du Saguenay jusqu'à Chicoutimi, puis jusqu'au lac Saint-Jean.

La **traversée en bac** (638-2856 ; www.traverserdl.com ; avr-jan) jusqu'à Rivière-du-Loup (1 heure), sur la rive sud du Saint-Laurent, est assurée sur un navire d'une capacité de 100 voitures, avec bar-restaurant et Wi-Fi à bord. Les fréquences varient d'un mois à l'autre. Le prix d'un passage s'élève à 16,30/14,80/10,80 $ pour les adultes/seniors/enfants, le passage d'une voiture à 41,20 $. En été, arrivez au moins 1 heure avant l'embarquement, surtout pour les départs entre 10h et 18h (pas de réservation).

Où se loger et se restaurer

L'Auberge sur Mer AUBERGE-MOTEL **$**
(418-638-2674 ; www.quebecweb.com/aubergesurmer ; 109 rue du Quai ; d basse/haute saison 39-59/89-109 $; plats 10-41 $, table d'hôte 27-35 $; mai-oct). À quelques pas du traversier, cette auberge-motel dispose de chambres rénovées de style motel, sans grand cachet, et d'une agréable salle de restaurant avec larges baies vitrées sur le fleuve. Cuisine de style familial avec produits frais de la mer. Petit-déjeuner dès 7h (non compris dans le prix de la chambre). Accueil chaleureux.

Motel Vue Belvédère MOTEL **$**
(418-638-2227 ou 1-800-463-2263 ; www.motel-belvedere.com ; 130 rue du Quai ; ch 39-159 $; avr-oct ;). Refait à neuf, ce motel à proximité du quai propose des chambres confortables et lumineuses, la plupart donnant sur le fleuve. Également des chalets équipés de kitchenettes. Piscine et spa.

Gîte aux Tournesols GÎTE **$$**
(418-955-9779 ; gitescanada.com/8373.html ; 571 rue St-Laurent ; d avec petit-déj 85-110 $, taxes incl ; fin avril à mi-oct). Un gîte chaleureux à la décoration organique, avec des têtes de lit et une rampe d'escalier en bois à l'état brut. Les chambres sont grandes et aménagées avec goût. Préférez celles situées à l'arrière, moins bruyantes. Terrasse avec vue sur le fleuve. Délicieux petits-déjeuners.

Baie-Sainte-Catherine

Plantée à l'embouchure de la rivière Saguenay, Baie-Sainte-Catherine marque la limite septentrionale de la région de Charlevoix. Face à elle, Tadoussac, porte d'entrée de la Côte-Nord, est le lieu privilégié pour l'observation des baleines. Moins fréquentée que son illustre voisine, Baie-Sainte-Catherine offre pourtant les mêmes prestations avec, en sus, l'agrément de belles plages de sable fin.

Activités

Observation des baleines

Pour aller voir les baleines, préférez les Zodiacs aux grandes embarcations, les sensations en seront encore plus fortes. Pour des informations sur les tarifs et horaires, adressez-vous à **Croisière AML** (1-800-563-4643 ; www.croisieresaml.com) ou **Croisières Groupe Dufour** (1-800-463-5250 ; www.dufour.ca). L'expédition de 2 heures 30 en Zodiac revient à environ 85 $ par adulte et 60 $ par enfant, taxes comprises. **Azimut Aventure** (418-237-4477 ; www.azimutaventure.com ; 185 route 138) organise des excursions guidées près des sites d'observation sur le fleuve Saint-Laurent (50 $/2h) ainsi que dans le fjord du Saguenay, avec possibilité de camping. Forfaits intéressants (2 à 5 jours), service de navette pour ceux qui possèdent leur matériel (vers Tadoussac/Anse-Saint-Jean/Sainte-Rose-du-Nord 15/40/50 $) et location de kayak de mer (40 $/jour). Tarifs dégressifs pour les groupes.

Centre d'interprétation et d'observation des baleines de Pointe-Noire PARC MARIN
(418-237-4383 ou 418-235-4703 hors saison ; www.pc.gc.ca ; route 138 ; adulte/senior/enfant 5,80/4,90/2,90 $; tlj 10h-17h fin juin à début sept, ven-dim début sept à mi-oct). Un arrêt au centre permet de découvrir les richesses du parc marin du Saguenay-Saint-Laurent. Sortie intéressante, ponctuée des commentaires de guides naturalistes, de promenades le long de sentiers-passerelles et de points d'observation des bélugas depuis la côte. Situé à 1 km après le quai en direction de Tadoussac.

Où se loger et se restaurer

Deux hôtels-motels avec restaurant se situent à la sortie est de la ville, non loin du quai.

Hôtel Motel Baie-Sainte-Catherine HÔTEL MOTEL $
(☎418-237-4271 ou 1-877-444-7247 ; www.hotel-motelbsc.com ; 294 route 138 ; d basse/haute saison 75-87/100-120 $, motel 75-92/100-120 $; plats 5-25 $; ⌚fermé oct à mi-mai ; ❄). L'hébergement en chambres ou en petits chalets modernes entièrement rénovés est de tout confort (couettes de plumes, clim, bain à remous). Certains chalets ont vue sur la mer et sont dotés de petites kitchenettes. Le restaurant de l'auberge sert une cuisine familiale honnête et de bons petits-déjeuners (non compris dans le prix de l'hébergement). Tarifs raisonnables et accueil avenant.

Chez Sam BISTRO $
(☎418-237-4040 ; www.cafechezsam.com ; 300 rue Leclerc ; d 75-89 $, dort 10 places 275 $; plats 10-20 $; ⌚saisonnier). Située dans l'ancien presbytère attenant à la belle église du village, l'auberge est décorée dans un esprit rococo qui en fait un endroit charmant. Les chambres à l'étage sont coquettes et colorées. Le restaurant sert une cuisine bistro régionale, avec de bons bagels et des gaufres le matin. Un billard et un piano dans le grand salon invitent à la flânerie. Appelez avant, pour ne pas trouver porte close.

Maison Rochefort GÎTE $
(☎418-237-4010 ; www.la-maison-rochefort.com ; 475 route 138 ; d avec sdb commune/privative 65/85 $, petit-déj incl ; ⌚avr-fin oct). Nous avons l'impression ici d'être perchés sur le toit du monde. Le chaleureux couple de propriétaires a maintenu le cachet de cette maison bicentenaire au rez-de-chaussée, et a rénové l'étage. Quatre grandes chambres claires ont ainsi vue sur le fleuve. Terrasse et jardin accessibles. Frigo et four à disposition.

♥ **Entre Mer et Monts** CHAMBRE D'HÔTE $
(☎418-237-4391 ou 1-877-337-4391 ; www.entre-mer-et-monts.com ; 476 route 138 ; d 65 $ avec sdb commune). Les chambres au sous-sol de cette maison familiale sont impeccables, quoiqu'un peu sombres (entrées privatives). Certaines d'entre elles peuvent loger 3 personnes (85 $). Accueil souriant et petit-déjeuner servi dans le solarium (délicieuses crêpes aux bleuets en saison). Un chalet, de type mobil-home, est à louer un peu plus loin, au bord du fleuve (80 $) ; idéal pour un jeune couple.

Depuis/vers Baie-Sainte-Catherine

VOITURE À 70 km de La Malbaie et à 36 km de Saint-Siméon, Baie-Sainte-Catherine est traversée par la route 138. La liaison quotidienne avec Tadoussac par ferry (pour des détails, voir *Depuis/vers Tadoussac*, p. 309) est gratuite et le trajet ne dépasse pas 15 minutes.

BUS Les bus d'**Intercar** (☎1-888-861-4592 ; www.intercar.qc.ca) rallient Baie-Sainte-Catherine au départ de Montréal ou de Québec, deux fois par jour en semaine. De Québec, le trajet dure un peu moins de 4 heures.

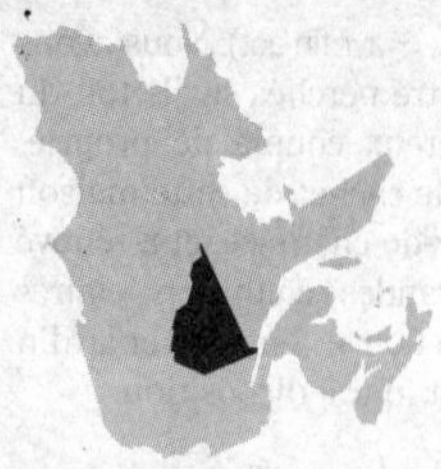

Saguenay-Lac-Saint-Jean

Dans ce chapitre »

Le top des hébergements

» Château Murdock (p. 283)
» Auberge Racine (p. 283)
» Auberge la Fjordelaise (p. 277)

Le top des restaurants

» La Cuisine (p. 283)
» Rose et basilic (p. 290)
» La Grange aux hiboux (p. 280)

Pourquoi y aller

Une nature vierge et majestueuse, un horizon à perte de vue et, surtout, un peuple de caractère, ont forgé l'âme de la région. Né d'une fonte glaciaire il y a 12 000 ans, le lac Saint-Jean – un gigantesque plan d'eau de 225 km de circonférence, le troisième plus grand lac naturel du Québec – et le fjord du Saguenay, qui serpente sur plus de 100 km, creusent profondément le paysage. La rivière Saguenay reste la voie de communication naturelle vers cette mer intérieure prise par les glaces six mois par an. La ville de Saguenay fait la jonction entre ces deux pôles de la région, qui regroupent sur leurs berges des terres agricoles parsemées de jolis villages.

Serpentant sur les berges du lac, la Véloroute des bleuets attire plus de 200 000 visiteurs chaque année. En croisière ou en kayak, à vélo ou en randonnée sur les sentiers escarpés, les voyageurs découvriront d'époustouflants panoramas et trois parcs naturels aux caractéristiques distinctes.

Que vous alliez au cœur du fier "Royaume du Saguenay" (qui possède son propre drapeau !) ou au pays des "Bleuets", comme l'on surnomme affectueusement les habitants du Lac-Saint-Jean, vous découvrirez une culture régionale marquée, s'illustrant par leur accent chantant, leur goût marqué pour de nombreuses formes d'art et, enfin, un sens de la fête et un accueil spontané qui laisseront plus d'un visiteur pantois.

Quand partir

Fin juillet-mi-août Pour faire la fête avec les Bleuets lors de la sportive traversée du Lac-Saint-Jean ou de la gloutonne tarte aux myrtilles géante du Festival du Bleuet.

Fin-août à mi-septembre Alors que le flot touristique diminue, les baleines demeurent bien actives et des excursions sont toujours organisées.

Février-mars Parce que la région se prête merveilleusement bien aux sports d'hiver et de plein air, dans l'immensité de ses parcs et de la forêt boréale.

À ne pas manquer

1. Le panorama sur le fjord au crépuscule depuis **L'Anse-Saint-Jean** ou **Sainte-Rose-du-Nord** (p. 275 et p. 287).
2. Une **minicroisière** en kayak ou en Zodiac sur les eaux du fjord du Saguenay (p. 280)
3. Une plongée dans l'ancien temps des régions éloignées du Québec au **Village historique de Val-Jalbert** (p. 292)
4. La découverte de la culture des Premières Nations au **Musée amérindien de Mashteuiatsh** (p. 294)
5. Un tour en vélo sur la **Véloroute des bleuets** (p. 289) ou sur la piste cyclable de la **Pointe-Taillon** (p. 298) avant d'y observer les castors
6. La **Pulperie**, l'une des plus grandes usines à papier du monde, à Chicoutimi (p. 281)
7. Les tyroliennes et la via ferrata du **parc du Cap-Jaseux**, le long des escarpements du fjord (p. 287)
8. Le site sauvage et préservé du **parc national des Monts-Valin** (p. 286) en canot-camping

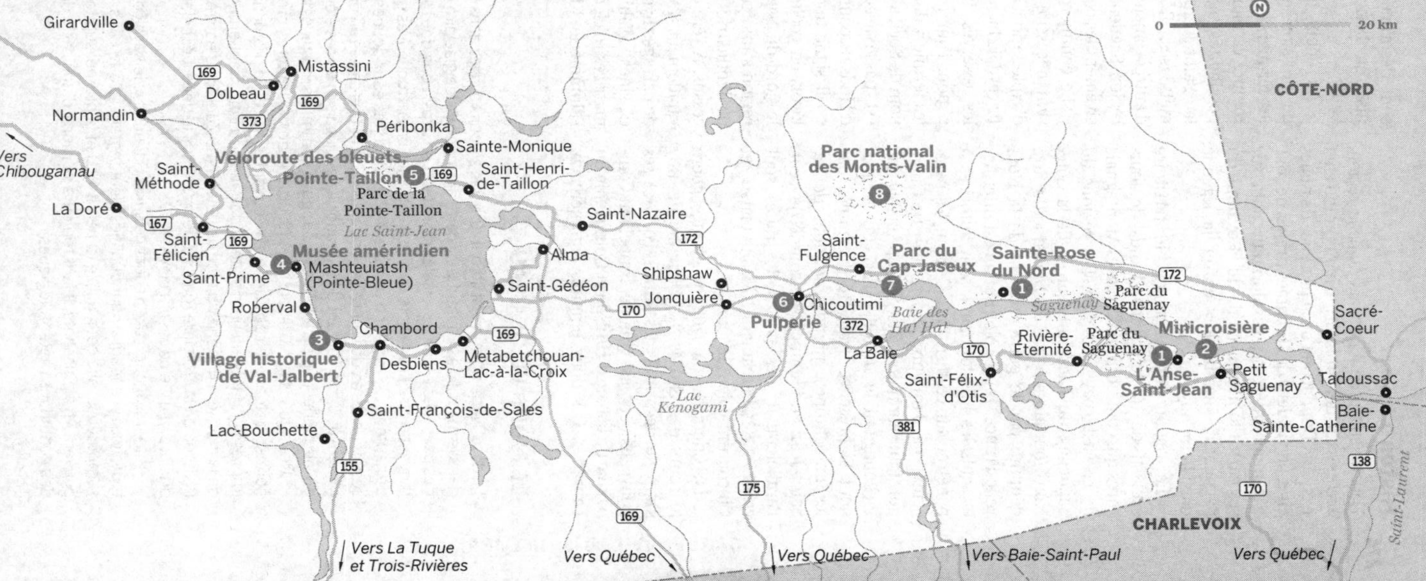

Histoire

Lors de son premier voyage dans la région, Jacques Cartier fut informé par le grand chef iroquois Donnacona de la présence de riches cités où vivaient des hommes drapés de soie. Vivement intéressé, l'explorateur nota sur ses cartes le lieu présumé du "Royaume du Saguenay", faisant alors entrer la légende dans la toponymie.

La région fut longtemps le territoire exclusif de quelques marchands de fourrures qui commerçaient avec les Montagnais de ce vaste pays. Les actuelles régions du Saguenay, du Lac-Saint-Jean et de la Côte-Nord font alors partie du Domaine du Roy, délimité par le gouvernement de la Nouvelle-France. Toute colonisation est interdite et seuls les missionnaires sont autorisés à pénétrer sur ce territoire. Ce sont les pérégrinations d'un curé, le père Jean De Quen, qui font connaître aux Européens le lac Piekouagami le 16 juillet 1647. Ce dernier, dont la présence avait été dissimulée par les autochtones, prendra le nom de lac Saint-Jean en l'honneur de son découvreur. Parallèlement, des postes de traites sont créés : Métabetchouan, Mashteuiatsh et Chicoutimi voient le jour.

La Conquête de 1760 ne change guère le cours des choses. Le Domaine du Roy s'appelle désormais les King's Posts et ses nouveaux concessionnaires s'appellent Compagnie de la baie d'Hudson et Compagnie du Labrador. Ces deux empires commerciaux sont désormais les propriétaires des lieux jusqu'en 1842, comme le prévoient leurs baux.

Au début du XIXe siècle, des groupes de pression émergent de Charlevoix, où les fermiers se sentent trop à l'étroit, pour rompre ce monopole. D'autant plus que les possibilités agricoles, surtout du côté du lac Saint-Jean, s'avèrent extrêmement prometteuses. Il faudra cependant attendre d'autres enjeux économiques pour que la région Saguenay-Lac-Saint-Jean attire massivement les colons.

Le commerce du bois, en pleine expansion, nécessite bientôt de nouveaux terrains d'exploitation. Un homme d'affaires, William Price, déjà bien connu à Charlevoix, convoite les réserves inexploitées au nord de la région. Pour ce faire, il décide de soutenir les fermiers de Charlevoix regroupés sous le nom de Société des XXI. En 1838, un contrat est passé avec la Compagnie de la baie d'Hudson pour la coupe de billots. À peine est-il signé que des familles quittent Charlevoix en goélette et s'aventurent déjà dans le fjord du Saguenay : le peuplement de la région s'amorce et le développement rapide de l'industrie forestière accélérera le processus. À l'ère des usines de pulpe viennent rapidement s'ajouter, avec la construction de barrages hydroélectriques, l'implantation d'usines d'aluminium, grosses consommatrices d'électricité. Encore récemment, l'aluminerie Rio Tinto Alcan a développé

LE FJORD VU DE L'EAU

La découverte du fjord est incontournable si vous voyagez dans la région. Gigantesque faille dans le massif des Laurentides, cette ancienne vallée glaciaire envahie par la mer déploie des paysages escarpés, ciselés d'anses et de caps. Long de 110 km environ et large en moyenne de 2 km, le fjord se glisse entre des parois rocheuses qui atteignent parfois 300 m de hauteur. S'y mêlent d'un côté et en surface, les eaux douces du lac Saint-Jean et de ses affluents et, de l'autre, les eaux glaciales et très salées en profondeur (jusqu'à 300 m), ramenées par le courant du Labrador. La conjugaison de ces éléments crée un milieu riche où viennent se nourrir bélugas, phoques communs, requins du Groenland et morues.

De Tadoussac à Chicoutimi, une dizaine de prestataires proposent de découvrir le fjord en bateau. Le cap Trinité est souvent le but de la promenade. La partie la plus impressionnante du fjord s'étend de l'anse du Petit-Saguenay à la baie Éternité. Le prix de la croisière dépend du type de bateau (du Zodiac au navire de 300 passagers) et de la durée de la croisière (de 1 à 7 heures). Plus le départ est éloigné de la partie centrale du fjord, plus le coût sera élevé.

Autre navigation très tendance sur le Saguenay : le kayak de mer, qui nécessite toutefois un encadrement qualifié. Il faut rester vigilant, car si l'eau est d'une couleur somptueuse, elle est glaciale (à peine 4°C) et la brume, subite. Les courants et les vents peuvent être puissants. Il faut toujours se munir d'une carte des marées et s'informer des conditions météorologiques.

TRANSPORT SUR LE FJORD : LA NAVETTE FLUVIALE

En juillet et août, une alternative de transport intéressante s'offre aux visiteurs du Saguenay. **Croisières du Fjord** (☎543-7630 ou 1-800-363-7248 ; www.croisieresdufjord.com) propose un service de navette entre les principaux ports de la région. Particulièrement pratique pour les cyclistes et les randonneurs, la navette quitte chaque jour Tadoussac à 9h pour Rivière-Éternité (11h), L'Anse-Saint-Jean (12h, escale de 3h30 puis retour sur Rivière-Éternité), Sainte-Rose-du-Nord (16h15) et La Baie (17h). Dans l'autre direction, elle quitte La Baie à 9h30 et rallie Sainte-Rose-du-Nord à 10h10, Rivière-Éternité à 12h et Tadoussac à 15h30. Les tarifs ne sont pas modestes et les horaires sont tributaires des services de croisière offerts par le prestataire, ce qui implique une longue escale à l'aller comme au retour, mais le service apportera de la flexibilité à ceux qui voyagent sans voiture et souhaitent découvrir le fjord au fil de l'eau.

un immense chantier à Alma, réussissant à dynamiser une économie locale déjà affectée par l'effondrement du marché forestier.

Orientation

Le lac Saint-Jean et la rivière Saguenay forment une région enserrée entre le massif des monts Valin au nord et le massif des Laurentides au sud. Depuis Trois-Rivières, la route 155 permet de rejoindre le sud du lac Saint-Jean à Chambord. La route 169 fait alors le tour du lac, reliant Chibougamau et l'Abitibi à l'ouest via la route 167, près de Saint-Félicien, et rejoignant la rivière Saguenay à l'est. La route 172 longe le fjord du côté nord mais s'en éloigne quelque peu avant de rejoindre Tadoussac et la route de la Côte Nord tandis que la route 170 connecte les villages de la rive sud et aboutit dans Charlevoix, à la hauteur de Saint-Siméon. Il est possible de rejoindre Chicoutimi depuis Québec, par la route 175 et le parc des Laurentides.

La rivière Saguenay ne se traverse en voiture qu'à quatre endroits : Alma, Jonquière, Chicoutimi et via un ferry (gratuit) à l'embouchure, à Tadoussac. Il vous faudra sans doute choisir entre la rive nord et la rive sud du fjord, car aucune route n'en fait réellement le tour. Que vous optiez pour l'une ou pour l'autre, il vous sera tout à fait possible de faire escale par exemple à Sainte-Rose-du-Nord, sur la rive nord, en prenant une excursion en bateau depuis Chicoutimi ou La Baie.

Renseignements

INDICATIF TÉLÉPHONIQUE 418

AUDOGUIDE Un audioguide comprenant 2 CD, un pour chaque rive du fjord, est en vente au coût de 10 $ dans les bureaux d'information touristique de Jonquière, Chicoutimi et La Baie.

RIVE SUD DU SAGUENAY

La route 170 ne longe le fjord que de loin ; pour trouver l'une des plus belles vues, ne manquez pas de vous arrêter à L'Anse-Saint-Jean ou au Petit-Saguenay, dont la plage de l'Anse Saint-Étienne est superbe. C'est toutefois à pied ou sur l'eau que le fjord se découvre le mieux. Nous vous conseillons donc fortement les sentiers de randonnée du parc national du Saguenay dans les secteurs de Baie-Éternité, au sud, ainsi qu'une sortie en kayak ou en bateau-mouche. Sur la rive nord, les villages de L'Anse-Saint-Jean et de Sainte-Rose-de-Nord offrent de paisibles étapes de croisière, et la marche peut se poursuivre dans le secteur Baie-Sainte-Marguerite du parc.

L'Anse-Saint-Jean

Un village au charme envoûtant. Cette anse magnifique se love dans le creux des montagnes, se tournant entièrement vers le Saguenay, jusqu'à l'embouchure du fjord. L'hiver voit apparaître sur le fjord glacé des centaines de petites cabanes colorées destinées à la pêche blanche.

À voir et à faire

Une **piste cyclable** de 24 km, suivant peu ou prou le parcours de la rivière Saint-Jean jusqu'au Mont-Edouard, a été aménagée. Elle accueille l'été vélos et randonneurs, et l'hiver les adeptes de raquettes et de ski de fond. C'est toutefois le **parc national du Saguenay** (☎272-1556 ou 1-800-665-6527 ; www.sepaq.com/pq/sag ; adulte/6-17 ans 6/2,75 $; ⏲tlj 11h-15h fin juin-début sept, sam-dim mi-mai à mi oct) qui offre les panoramas les plus grandioses. Plusieurs sentiers de courte **randonnée** sont aménagés autour de L'Anse-Saint-Jean. Celui menant à **L'Anse-de-Tabatière** est le plus facile (0,5 km aller-retour) et dévoile un point de vue splendide sur le fjord. Du centre du village, empruntez le pont couvert – célèbre pour avoir illustré les anciens billets de 1 000 $ – puis le chemin de L'Anse sur environ 5 km. L'itinéraire peut donc se faire en voiture. Au poste d'accueil, des guides interprètes pourront répondre à toutes vos questions sur le fjord. Le **sentier des Chutes** rejoint le sommet de la montagne Blanche (13,8 km aller-retour) ; il est fermé à l'automne durant la saison de chasse. Le parcours demande la journée et une bonne forme physique. Un premier tronçon de 2,5 km permet d'accéder à une première chute. Enfin, le **sentier des Caps** rallie Rivière-Éternité à l'ouest (trois jours de marche) ou Petit-Saguenay à l'est (10 km aller), où l'on jouit du quai d'une belle vue sur le fjord (prévoir une navette au ☎549-0676).

Fjord en kayak KAYAK DE MER

(☎272-3024 ou 1-866-725-2925 ; www.fjord-en-kayak.ca ; 359 rue Saint-Jean-Baptiste ; sortie 2h adulte/3-9 ans 45/35 $, 2h30 45/50 $, sortie 3h/7h adulte 57/119 $ repas incl ; ⏲mi-mai à mi-oct). Les sorties de 2 heures s'adressent plus particulièrement aux familles. Les départs ont lieu en fin de journée (18h), quand l'eau est plus calme. Des sorties de 3 heures (départs 9h30, 14h et 17h30) et à la journée (départ 9h) sont également organisées, de même que des excursions sur plusieurs jours incluant des repas élaborés (cuisine gastronomique), mais il est nécessaire de réserver. Des kayaks de lac peuvent être loués (25 $/1h15), par beau temps seulement et pour naviguer dans la baie adjacente. Le prestataire loue également des vélos (2h/3h 15/20 $).

Voile Mercator EXCURSIONS EN VOILIER

(☎1-866-725-2925 ; www.croisieremercator.com ; 359 rue Saint-Jean-Baptiste ; adulte/-18 ans/famille croisières 3h 75/45/220 $, 7h 150/95/400 $; ⏲tlj 10h et 13h45 fin juin-mi-sept). D'une durée de 3 ou 7 heures, les excursions d'initiation à la voile permettent un contact plus intimiste avec le fjord (8 pers max) qui convient particulièrement aux familles. Forfait voile et kayak (127 $, 3h de chaque) en collaboration avec Fjord en kayak. Sur réservation.

Croisières du Fjord CROISIÈRES ET NAVETTE FLUVIALE

(☎543-7630 ou 1-800-363-7248 ; www.croisieresdufjord.com ; adulte/6-14 ans 50/25 $; ⏲juin et sept- début oct départs 10h et 14h30, juil-août départs 10h et 13h). Sorties en bateau-mouche sur le fjord d'une durée de 1 heure 30 en haute saison et 2 heures 30 en basse saison.

Centre équestre des Plateaux ÉQUITATION

(☎272-3231 ; www.cedp.ca ; 34 chemin des Plateaux ; balade 1/3h 23/65 $; ⏲départs 8h et 13h). Ce ranch organise d'agréables balades permettant de découvrir le fjord, s'adressant aux initiés comme aux amateurs. Des promenades d'une heure sont aussi proposées, mais on reste alors sur les plateaux. Réservez quelques jours à l'avance et prévoyez des vêtements longs et des chaussures fermées. Randonnées de plusieurs jours possibles.

 **Plein air de l'Anse**

TRAÎNEAU À CHIENS ET RAQUETTE

(☎272-3085 ; www.pleinairdelanse.com; 190 chemin Périgny ; raquette demi-journée/journée 35/85 $, traîneau à chiens 95/195 $; ⏲mi-déc à mi-avr). Tout au loin, au fond du chemin, se cache un trésor qui vaut le détour. Sur l'immense terrain où coule une rivière, les excursions permettent de faire une belle balade. La formule à la journée, incluant un repas (à l'amérindienne pour les excursions guidées en raquettes), est la plus intéressante, car elle permet d'apprendre à piloter soi-même le traîneau. Forfaits multi-activités (motoneige, équitation, spa) avec hébergement en formule auberge (voir page ci-contre).

Horizon Évasion BUGGY ET KAYAK

(☎272-1551 ou 272-2765 ; www.horizonevasion.com ; 444 chemin Périgny ; buggy 1/2/3h conducteur 65/95/125 $, passager 35/55/75 $). L'engin s'appelle un PGO Bug Racer BR 500i, mais on l'appelle simplement "Buggy". Plus confortable et sécuritaire qu'un quad, il permet à deux personnes de parcourir aisément la forêt environnante, accompagné bien sûr d'un guide. L'activité se prête bien aux petits groupes (2-5 pers). Les conducteurs doivent être âgés de plus de 25 ans et munis de leur permis de conduire (passagers à partir de 12 ans). Également location de kayaks (1/2/3h 30/45/60 $).

Où se loger et se restaurer

Auberge de jeunesse du Boutdumonde AUBERGE DE JEUNESSE **$**

(☎272-9979 ; www.boutdumonde.ca ; 40 chemin des Plateaux ; adulte/ 7-14 ans 25/15 $, ch 50 $, empl 15 $). À proximité du centre équestre, cette auberge tout en bois aux allures de petit château de conte de fées porte bien son nom, tant l'environnement est paisible. Elle peut

INTERVIEW

VANESSA QUINTARD, PROPRIÉTAIRE DE PLEIN AIR DE L'ANSE

Quelles races font les meilleurs chiens de traîneaux ? Le Malamute d'Alaska et le Groenlandais sont les plus puissants et sont très résistants. Pour les expéditions, ce sont les meilleurs. Pour les petites randonnées courtes, touristiques, le Husky de Sibérie et l'Alaskan, chiens des courses, sont les plus adaptés.

Comment prend-on soin des chiens ? Est-ce différent des chiens domestiques ? Tout d'abord, c'est important qu'ils aient une vie en meute, c'est-à-dire un contact social entre eux. Je suis fière de me promener tous les jours avec mes 30 chiens en liberté, ça me permet d'avoir des chiens qui se connaissent, qui communiquent et sans problèmes de hiérarchie ni de bagarre. Lors de cette balade, les clients peuvent manipuler les chiens, le contact est plus facile. Ensuite, il faut leur assurer une hygiène et une alimentation appropriées. Enfin, il faut assurer une présence et une interaction humaine dès leur plus jeune âge : ne pas les isoler des visiteurs, les manipuler beaucoup. Les bébés sont tout le temps en liberté sauf quand je pars. À partir de 5 mois, ils veulent généralement entrer dans la meute et prendre leur place dans la hiérarchie. À 9 mois ils commencent à travailler, tout se fait naturellement.

Qu'arrive-t-il avec les chiens le reste de l'année ? L'été, les chiens sont en vacances, ils se relaxent. Il fait chaud alors on les emmène en meute une fois par jour à la rivière se baigner avec nous. Mais quand il commence à faire plus froid, ils veulent travailler. Il est alors important de les faire tirer pour que leurs tissus musculaires se reforment, et ça, les mushers l'oublient trop souvent... On commence donc l'entraînement : en tandem double relié à un quadrimoto au point mort, d'abord une demi-heure par jour, puis de plus en plus longtemps, jusqu'à la mi-décembre. Quand les premiers clients arrivent, les chiens sont vraiment en forme. Ce sont de véritables athlètes. À la fin de l'hiver, ils auront parcouru quelques milliers de kilomètres !

accueillir jusqu'à 16 personnes, en dortoir de 4 lits et chambre privée. Trois emplacements camping sur plateforme sont aussi aménagés en forêt. Il faut toutefois se garer en contrebas et, l'hiver, y monter en motoneige. Forfaits activités (kayak, ski, pêche blanche, traîneau à chiens...) et prêt de vélos.

BON PLAN Plein air de l'Anse AUBERGE HIVERNALE **$**
(☎272-3085 ; www.pleinairdelanse.com ; 190 chemin Périgny ; ch demi-pension/pension complète 75/90 $). L'hiver, cette "Grangette" reculée propose un hébergement de type auberge, très familial et à petit prix. On y rencontre surtout les clients des activités de plein air de l'établissement (voir page ci-contre). L'été, l'endroit fait plutôt chalet/auberge de jeunesse (ch/chalet 30/145 $/nuit, 7 pers max) et on peut accompagner la meute lors de sa promenade matinale à la rivière.

♥ Auberge La Fjordelaise AUBERGE CHAMPÊTRE **$$**
(☎272-2560 ou 1-866-372-2560 ; www.fjordelaise.com ; 370 rue Saint-Jean-Baptiste ; ch haute/basse saison 65-103/62-90 $; table d'hôte 20-32 $; wifi). Cette belle maison mansardée aux chambres paisibles et décorées avec goût vous réservera un gîte accueillant. Possibilité de petit-déjeuner et demi-pension. Bon restaurant de cuisine gastronomique du terroir, agrémenté d'une petite terrasse l'été. Réservation conseillée.

Les Gîtes du Fjord STUDIOS ET CHALETS **$$**
(☎272-3430 ou 1-800-561-8060 ; www.lesgitesdufjord.com ; 354 rue Saint-Jean-Baptiste ; d 58-98 $, studios 2/4 pers 83-128/97-143 $ selon saison). Au bout du village, près de la marina, ce petit complexe hôtelier dispose de studios et de chalets modernes, tout équipés, avec vue sur le fjord. Deux nuits minimum en haute saison.

Auberge des Cévennes AUBERGE **$$**
(☎272-3180 ou 1-877-272-3180 ; www.auberge-des-cevennes.qc.ca ; 294 rue Saint-Jean-Baptiste ; ch haute/basse saison 77-105/57-85 $, petit-déj 9,50 $; table d'hôte 30 $). Cette grande maison ancestrale au décor lumineux dispose de ravissantes chambres à l'arrière du bâtiment, offrant intimité et confort et se partageant le balcon, tandis qu'à l'avant, le restaurant sert une carte gourmande aux accents régionaux. Forfait en demi-pension obligatoire pour la moitié du séjour, en haute saison.

Bistro de l'Anse BISTRO CULTUREL **$$**
(☎272-4222 ; www.bistrodelanse.com ; 319 rue Saint-Jean-Baptiste ; plats 16-20 $; ⏲tlj midi et soir fin-juin à fin-août, à partir de 15h ou 17h basse saison). La conversion en coopérative de cette institution locale n'a malheureusement pas servi cet ancien coup de cœur : malgré une carte prometteuse, la nourriture est trop cuite, de quantité et de qualité inégales et les prix ont flambé. On y vient toujours pour le café, la bière et l'atmosphère chaleureuse, de même que la paisible vue sur la baie et le fjord.

Depuis/vers L'Anse-Saint-Jean

VOITURE L'Anse-Saint-Jean est à 70 km au nord-ouest de Saint-Siméon par la route 170 (un peu cahoteuse) et à 15 km à l'ouest de Rivière-Éternité. La rue Saint-Jean-Baptiste coupe la route 170 et conduit vers l'Anse, au centre du village, à deux kilomètres de là.

Rivière-Éternité

L'espace protégé du parc du Saguenay, à Rivière-Éternité, est façonné d'imposantes falaises rocheuses couronnées d'une forêt dense. À ses pieds, le fjord du Saguenay, né de la fonte d'une vallée glaciaire formée il y a plusieurs milliards d'années, mélange des eaux douces et salines sur plus de 100 km avant de plonger dans le fleuve Saint-Laurent. D'une superficie de 283 km², le parc national du Fjord-du-Saguenay occupe la majeure partie des berges de chaque côté du fjord, offrant aux randonneurs la jouissance paisible de ces lieux vallonnés, tandis que sur l'eau la principale activité demeure l'observation des cétacés, au départ de Tadoussac (voir p. 305).

NOTRE-DAME KAPATAKAN : LE PETIT COMPOSTELLE DU ROYAUME

De Notre-Dame-du-Saguenay (Rivière-Éternité) à l'ermitage de Lac-Bouchette (p. 293) s'étend un sentier de pèlerinage de 215 km : Notre-Dame Kapatakan (www.sentiernotredamekapatakan.org). Passant par l'intérieur des terres, il rejoint la rive du fjord vers La Baie. Puis, il se rend vers Chicoutimi et Jonquière pour ensuite rallier le lac Kénogami et le longer. Il rejoint enfin Desbiens au lac Saint-Jean et se termine au sud de celui-ci. Une façon originale de découvrir la région !

À voir et à faire

Parc national du Fjord-du-Saguenay PLEIN AIR
(☎272-1556 ou 1-800-665-6527 ; www.sepaq.com/pq/sag ; bureau d'accueil 91 rue Notre-Dame ; adulte/6-17 ans 6/2,75 $; accueil ⏲tlj 8h30-21h fin juin-août, horaires réduits hors saison, fermé avr et nov). Le bureau d'accueil du parc se trouve à 500 m du village. Le **centre de découverte et de services** (⏲tlj 8h30-19h mi-juin à août, 9h-18h sept-début oct, 9h-16h mi-mai à mi-juin et une partie d'oct), situé 7,5 km après le bureau d'accueil, est le point de départ de la majorité des activités terrestres et marines du parc.

Pour la **randonnée**, le **sentier des Méandres-à-Falaises** (45 min, boucle de moins de 2 km) serpente au pied des falaises et aux abords du fjord. Le **sentier de la Statue** est plus intéressant car il monte jusqu'à la statue en bois de Notre-Dame-du-Saguenay, érigée en 1881, qui domine le cap Trinité. Le panorama récompense 3h30 de marche aller-retour et 300 m de dénivelé. Le **sentier Les Caps**, au départ d'un parking plus à l'est et menant à L'Anse-Saint-Jean, est un sentier de longue randonnée surmontant caps, falaises et ravins. Des refuges et des emplacements de camping sauvages sont aménagés le long du parcours. Une balade en groupe en **canoë rabaska** (adulte/enfant 14,35/7,18 $) particulièrement adaptée aux familles est organisée. Le parc est aussi accessible aux amateurs de **pêche** et de **pêche blanche** ainsi qu'aux randonneurs en **raquette** et **ski de fond**, de décembre à mars.

Croisières du Fjord CROISIÈRES ET NAVETTE FLUVIALE
(☎543-7630 ou 1-800-363-7248 ; www.croisieres-dufjord.com ; adulte/6-14 ans 48/24 $; ⏲juin et sept-début oct départs 10h30 et 15h, juil-août 11h et 13h30). Sorties en bateau-mouche sur le fjord faisant escale le matin en haute saison à l'Anse-Saint-Jean (voir aussi l'encadré p. 275).

OrganisAction PLEIN AIR
(☎549-0676 ; www.organisaction.com ; Zodiac 2h adulte/enfant 50/43 $, kayak de mer 2h 40/30 $, 3h 50/40 $). Basée à Chicoutimi, cette association coopérative propose trois options de sorties nautiques sur le Saguenay ainsi qu'une multitude de forfaits d'activités de plein air quatre saisons avec

hébergement. Des excursions plus longues sont disponibles, de même que la location d'équipement de camping, de sports d'hiver, d'embarcations, etc.

Exposition de crèches de noël ART RELIGIEUX (☎581-235-2807, ou 418-272-2414 ; www.creches.qc.ca ; 418 rue Principale ; adulte/enfant 5/2 $; ⏲tlj 9h-18h juil-août, 10h-17h début déc à mi-jan). Cette impressionnante exposition de crèches demeure – avec celle de l'oratoire Saint-Joseph (voir p. 61) – la plus importante du Québec.

Où se loger et se restaurer

Parc national du Fjord-du-Saguenay CAMPING, GLAMPING ET CHALETS **$** (☎272-1556 ou 1-800-665-6527 ; www.sepaq.com/pq/sag ; 91 rue Notre-Dame ; chalets 2/4 pers 138/176 $, empl camping 22-37 $, prêt-à-camper 101-113 $; ⏲accueil tlj 8h30-21h fin juin-août, horaires réduits hors saison, fermé avr et nov). Tout équipés, les chalets sont situés près du poste d'accueil, tandis qu'un camping avec une dizaine de tentes prêt-à-camper se trouve à mi-chemin entre l'accueil du parc et le centre d'interprétation. En plein cœur de la forêt, c'est l'un des plus beaux sites de la région. Le parc dispose d'un seul café-restaurant, près du quai.

Auberge du Presbytère COUETTE ET CAFÉ **$$** (☎549-0676 ; www.aubergedupresbytere.com ; 412 rue Principale ; dort s/d 30/48 $, d 80-90 $; 📶). À notre passage, les jeunes de la Coop V.E.R.T.E préparaient toujours le bâtiment pour sa mise en service à l'hiver 2013. Il s'agit de la même administration que l'auberge de jeunesse de Chicoutimi et d'OrganisAction. Un petit-déjeuner continental est inclus dans le prix des chambres.

La Baie

Ancien centre portuaire et industriel important, la ville de La Baie voit lentement disparaître les grandes cheminées de ses papeteries afin de laisser la place aux activités de villégiature. En saison, on aperçoit d'immenses paquebots venus accoster pour quelques heures dans la baie des Ha ! Ha !

Renseignements

BUREAU D'INFORMATION TOURISTIQUE (☎698-3157, poste 6070 ou 1-800-463-6565 ; http://tourisme.saguenay.ca ; 900 rue Mars ; ⏲tlj 8h-20h mi-juin à août, lun-ven 8h30-12h et 13h-16h30 hors saison)

VILLE SAGUENAY, UNE VILLE EN TROIS

Dans la foulée des fusions municipales de 2001, la ville de Saguenay fut créée à partir des trois villes majeures de la région. C'est au niveau administratif que ce changement a surtout opéré. Le territoire contrôlé par la municipalité est énorme : 1 136 km². Pour le visiteur, la différence est minime, mais le résultat peut être confondant : dans la documentation touristique, on parle souvent des arrondissements de La Baie, Chicoutimi et Jonquière pour distinguer les anciennes villes. Dans le vocable courant, rien n'a changé. Rien de plus normal quand on voit l'étendue des champs qui séparent les communautés...

À voir

Pyramide des Ha ! Ha ! MONUMENT COMMÉMORATIF (rue Mgr Dufour ; adulte/étudiant et senior 3/2 $; ⏲9h-17h lun-ven, 10h-17h sam-dim fin juin-fin août). Les Baieriverains s'enorgueillissent de posséder la "seule pyramide réflectorisée en aluminium au monde". Construite suite aux inondations de 1996, cette curieuse œuvre d'art urbain constituée de panneaux de signalisation routiers joue sur l'homophonie cédez/s'aider pour souligner la solidarité de ses résidents. Au sommet : un point de vue intéressant et des informations sur le déluge et sur la démarche artistique qui a mené à sa construction.

Musée du Fjord VIE AQUATIQUE (☎697-5077 ou 1-866-697-5077 ; www.museedufjord.com ; 3346 bd de la Grande-Baie-Sud ; adulte/senior/étudiant/5-17 ans 15/11,50/11/8,50 $ taxes incl ; ⏲tlj 9h-18h fin juin-août, mar-ven 9h-16h30 et sam-dim 13h-17h hors saison). La vie des fonds marins du fjord et l'évolution de son écosystème y sont présentés de façon interactive, au moyen d'expositions thématiques, de projections multimédias et d'un aquarium avec un bassin tactile. En haute saison, l'activité **"Fjord en direct"** (55-65 $; ⏲ven-sam 10h et 14h30) permet d'accompagner un plongeur scientifique en Zodiac.

♥ **La Fabuleuse histoire d'un royaume** THÉÂTRE HISTORIQUE (☎698-3333 ou 1-888-873-3333 ; www.fabuleuse.com ; théâtre du Palais municipal, 1831 6e Avenue ;

adulte/étudiant/enfant 30/15/5 $; ⏲tlj 20h mi-juil à fin août). Depuis 25 ans, cette fresque historique à grand déploiement (plus de 100 comédiens sur scène) retrace l'histoire de la région. Plusieurs hôtels organisent des forfaits combinant la fresque et une croisière jusqu'au site de la Nouvelle-France.

Verrerie d'Art Touverre ÉCONOMUSÉE DU VERRE

(☎544-1660 ; www.benedetto.ca ; 3205 de la Grande Baie Sud ; ⏲9h30-17h lun-sam, démonstration mar-sam juil-août). Dans cet atelier-musée, Giuseppe Benedetto présente le métier de souffleur de verre et la fabrication d'un côté, et de l'autre les pierres polies et les cristaux. L'artiste est généralement présent pour répondre aux questions.

Musée de la Défense aérienne HISTOIRE MILITAIRE

(☎677-7159 ; www.museebagotville.ca ; 6513 chemin Saint-Anicet, route 170 ; adulte/senior/étudiant 12/8/6 $, gratuit -5 ans ; ⏲tlj 9h-17h début juin-début sept, visite guidée 9h45 et 14h). Sur le site de la base militaire aéroportuaire, ce musée retrace l'histoire de la défense aérienne au Canada depuis 1909. Plusieurs appareils sont exposés dans le parc. Il s'agit du seul musée militaire au Québec.

Activités

BON PLAN **Croisières du Fjord**

CROISIÈRES ET NAVETTE FLUVIALE

(☎543-7630 ou 1-800-363-7248 ; www.croisieresdufjord.com ; 900 rue Mars ; adulte/5-14 ans 55/28 $; ⏲juil-août). Des excursions commentées de 7 heures 30 avec escale le midi à Sainte-Rose-du-Nord sont proposées au départ du quai de Bagotville, de même que la possibilité de vous rendre dans d'autres villes et villages riverains du Saguenay via la navette fluviale (voir l'encadré p. 275), dont la formule peut aussi être très avantageuse.

Fjord et monde CIRCUITS ORGANISÉS

(☎290-8667 ; www.fjordetmonde.ca ; port d'escale de La Baie ; 69 $; ⏲tlj 11h15, saisonnier). Cette compagnie programme des visites de la rive sud du fjord (jusqu'à L'Anse-Saint-Jean) et en bateau-mouche d'une durée de 5 heures 15. Une bonne façon de découvrir la région si on ne bénéficie pas de son propre moyen de transport.

Centre de plein-air Bec-Scie ACTIVITÉS DE PLEIN AIR

(☎697-5132 ; www.becscie.com ; 7400 chemin des Chutes ; accès sentiers adulte/étudiant, enfant et senior 3,75/2,65 $, ski de fond 9/7, soirée seulement 3 $; ⏲tlj 8h30-17h mai à mi-oct, dim-jeu 8h30-16h30 et ven-sam 8h30-22h déc-mars). Un réseau de 120 km de sentiers aménagés praticables en toutes saisons : randonnée pédestre, VTT, raquette, ski de fond, traîneau à chiens, motoneige font le succès de ce parc forestier aménagé. À voir absolument : le canyon de la Rivière-à-Mars. Snack-bar ouvert de décembre à mars. Location d'équipement, refuges et sanitaires.

Où se loger

La ville dispose d'une gamme limitée d'hébergements. Vous trouverez des chambres plus abordables à Chicoutimi ou à Jonquière, à quelques kilomètres.

BON PLAN **Les Mains tissées**

AUBERGE DE JEUNESSE $

(☎544-4456 ; www.lesmainstissees.com ; 7643 chemin des Chutes ; empl 10 $ + 5 $/pers, dort 30 $, s/d 55/70 $ taxes incl). À 10 km du centre-ville, en amont sur la rivière à Mars, cette petite auberge de jeunesse tenue par un couple idéaliste ressemble plutôt à un gîte, à la fois vert et solidaire. Le cadre est magnifique, il faut l'avouer, et les activités de plein air ne manquent pas.

♥ **La Grange aux hiboux** AUBERGE TERROIR $

(☎544-7716 ; www.lagrangeauxhiboux.com ; 521 rue Mars ; s/d 59-65/69-75 $, buffet midi 13,95 $, table d'hôte 20-29 $; ⏲restaurant mer-dim midi et soir, sam midi seulement). Petite auberge romantique de 4 chambres décorées sobrement, avec des lits en fer forgé et une lumière tamisée. Le restaurant sert de la fine cuisine d'inspiration française aux accents du terroir à petits prix. Les présentations sont exquises et les portions ne laissent pas sur sa faim. Chaleur, convivialité, un endroit charmant à découvrir.

Les 13 Lunes CHAMBRES D'HÔTE $

(☎544-5784 ou 2365 ; http://pages.derytele.com/13lunes ; 2261 sentier David-Gauthier, route 170 ; s/d avec petit-déj 70/75 $;). Situé à 6 km de la ville à deux pas d'un écohameau, ce gîte paisible, tenu par un couple de retraités fort accueillants, offre un hébergement confortable et abordable avec sdb partagée dans une maison nichée au bord d'une falaise plongeant dans la baie. Accès à une petite plage privée.

Auberge des 21 AUBERGE ET CENTRE DE SANTÉ $$$

(☎697-2121 ou 1-800-363-7298 ; www.aubergedes21.com ; 621 rue Mars ; d 150-275 $; table d'hôte 46,50 $; ⏲tlj ;). Face à la baie, centrale et dotée d'une élégante façade

CIRCULER DANS VILLE SAGUENAY

De la fin juin à la fin août, trois circuits de bus au départ de l'office du tourisme du centre-ville de Chicoutimi permettent de se déplacer entre les trois centres de l'agglomération de ville Saguenay et de relier les principaux points d'intérêt de La Baie, Chicoutimi et Jonquière. Le ticket (10 $) est valable 2 jours et permet d'obtenir une réduction de 20% dans les musées. Le bus est gratuit pour les enfants de moins de 10 ans. Enfin, si vous séjournez chez un résident de Saguenay qui souhaite vous accompagner, celui-ci voyagera en bus gratuitement avec vous.

Ponctuellement, des circuits à thème sont aussi organisés. Pour savoir si l'un tombe durant votre séjour, consultez le dépliant/carte des circuits, disponible aux points de vente de tickets de bus, soit l'un des 4 bureaux d'information touristique de la région et la plupart des auberges et hôtels.

blanche, l'auberge possède des chambres confortables. Son restaurant mettant en valeur les produits du terroir, tout comme sa cave à vins, sont très réputés. Forfait demi-pension parfois obligatoire en haute saison.

Où se restaurer

BON PLAN **Café Summum** RESTO-PUB $
(☎544-0000 ; 786 Victoria ; menu midi 13,95 $, plats 10-15 $; ⏲tlj 7h-13h ; 📶). Ce pub aéré et sans prétention issu d'une chaîne locale propose une carte bistro simple et rafraîchissante, avec pizzas fines, paninis et salades. Vendredis BBQ et spectacles les samedis soir.

♥ **Opia** BISTRO BRANCHÉ $$$
(☎697-6742 ; www.opiaresto.com ; 865 rue Victoria ; plats 13-40 $, table d'hôte 32-56 ; ⏲mar-dim 16h-22h, jeu-ven 11h-14h). Ce bistro branché sert des plats d'inspiration française, concoctés à partir de produits régionaux, mais le menu comporte aussi des pâtes et des pizzas. La présentation des plats, tout en finesse, est un plaisir pour les yeux. Au cours de la soirée, le restaurant se transforme en un chaleureux bar musical où l'on vient déguster une bière locale ou un digestif.

Chicoutimi

Comptoir central pour le commerce des fourrures, puis ville forestière, Chicoutimi fut pendant longtemps l'un des principaux pôles économiques de la région. Aujourd'hui, elle est devenue une ville administrative, fière et débordante de vie. En bordure de la rivière Saguenay, à la naissance du fjord, elle fait le point entre les deux rives.

La diversité de ses hébergements et restaurants en fait un bon camp de base pour la visite de la région

Renseignements

BUREAU D'INFORMATION TOURISTIQUE
(☎698-3167 ou 1-800-463-6565 ; www.saguenay.ca ; 295 rue Racine Est ; ⏲tlj 8h-20h mi-juin à août, lun-ven 8h30-12h et 13h-16h30 hors saison). Si vous arrivez de Québec, un autre bureau d'information touristique se trouve à l'intersection des routes 170 (bd du Royaume) et 175 (bd Talbot).

INTERNET Wi-Fi à la **bibliothèque municipale** (☎698-5350 ; 155 rue Racine Est ; ⏲lun 12h30-20h, mar-ven 10h-20h, sam 10h-17h, dim 12h-17h, fermé dim l'été).

Fêtes et festivals

Regard sur le court métrage (mi-mars ; www.regardsurlecourt.com). Le plus gros festival de courts métrages au Québec présente plus de 150 films de moins de 40 minutes depuis plus de 15 ans.

Festival des bières du Monde (3e week-end de juillet ; www.bieresdumonde.ca). Spectacles et dégustation de bières et produits du terroir.

Festival international des Rythmes du Monde (1re quinzaine d'août ; www.rythmesdumonde.com). Ce festival présente une programmation diversifiée de musique, danse et performances artistiques.

À voir

Pulperie PATRIMOINE INDUSTRIEL
(☎698-3100 ou 1-877-998-3100 ; www.pulperie.com ; 300 rue Dubuc ; adulte/senior/étudiant/5-17 ans 12/9,50/6,50/4 $, réductions familiales, audioguide compris ; ⏲tlj 9h-18h en saison, mer-dim 10h-16h reste de l'année). Construite en 1896 au confluent des rivières Chicoutimi et Saguenay, la pulperie mérite une visite. Avant sa fermeture, en 1930, ce vaste complexe fut l'un des fleurons de la production de pâte à papier dans le monde. Aujourd'hui, le site s'est transformé en parc de verdure

LE DÉLUGE DU SAGUENAY

Mi-juillet 1996, une partie du Québec enregistre des pluies importantes, de 50 à 100 mm de précipitations en quelques jours seulement. Dans la région plus montagneuse du Saguenay, les rivières gonflent à une vitesse phénoménale : la rivière des Ha ! Ha ! et la rivière à Mars sortent de leur lit, de même que la rivière Chicoutimi dont le débit décuple. Sur le chemin de la crue, le quartier Bassin est dévasté. Seule une petite maison blanche résiste, tel un village gaulois entouré de camps romains...

La région comportait un certain nombre de barrages hydroélectriques, certains vieux de plus de 50 ans. Pour éviter que ceux-ci ne cèdent, les vannes ont été complètement ouvertes, mais parfois tardivement. Une commission fit un certain nombre de recommandations afin d'améliorer la gestion des barrages et des eaux de crue. Au total, le déluge aura causé 10 morts, et l'évacuation de 16 000 personnes, et coûté plus d'1,5 milliards de dollars de dommages.

au centre duquel les anciens bâtiments de la Compagnie de pulpe de Chicoutimi font office de musée. Un circuit d'interprétation retrace la vie des travailleurs de l'époque. La Pulperie abrite également la maison du peintre Arthur Villeneuve, dont les tableaux d'art naïf sont aujourd'hui vendus dans le monde entier. L'accès au parc et à ses sentiers pédestres est gratuit.

La Petite Maison blanche HISTOIRE DILUVIENNE
(www.petitemaisonblanche.com ; 240 rue Bossé ; adulte/5-12 ans 5/2,50 $, audioguide 2 $; ⏲tlj 9h-21h début juin-début sept, sam-dim 9h-18h début sept à mi-oct). Abîmée par le terrible déluge du Saguenay de 1996 (voir l'encadré ci-dessus), la maison trône sur le terrain d'un quartier qui fut emporté par les eaux. Transformée en musée, elle présente l'histoire des inondations. Une simple visite sur le site suffit pour comprendre l'ampleur de la tragédie.

Activités

OrganisAction ÉCOTOURISME
(☎1-877-549-0676 ; www.organisaction.com ; 110 rue Price Ouest). Point de départ de nombreuses activités d'écotourisme dans tout le Saguenay : écosafaris (adulte/enfant 3h 79/59 $, 6h 139/99 $, 36h 279/189 $), randonnées en motoneige, en traîneaux à chiens, kayak, sorties en Zodiac ou en kayak à Rivière-Éternité, rafting (65 $). Forfaits multi-activités de plusieurs jours en toutes saisons.

ENVIRONS DE CHICOUTIMI

Chiens et Gîte du Grand Nord EXCURSIONS HIVERNALES
(☎673-7717 ; www.chiens-gite.qc.ca ; 18a Lac-Durand ; Saint-David-de-Falardeau). À 40 km de Chicoutimi, ce centre (hébergement possible en chalet) propose des randonnées en chiens de traîneau d'une demi-journée à... 3 semaines. L'initiation à la trappe en raquettes et les randonnées en motoneige sont également au programme. De Chicoutimi, prendre la 172 Ouest, puis le boulevard Roch Boivin pour vous rendre à Saint-David-de-Falardeau.

La Martingale RANCH ÉQUESTRE
(☎673-4410 ou 673-3956 ; www.lamartingale.net ; 5490 bd Martel, St-Honoré ; randonnée 1/1,5/2/3h 25/35/45/60 $ taxes incl). À 19 km au nord via la route 172 Ouest et le bd Roch Boivin, ce ranch programme des sorties à cheval tous niveaux au pied des monts Valin. Sorties en carrioles l'hiver et possibilités de longue randonnée. Pensez à réserver.

Où se loger

Maison Price AUBERGE DE JEUNESSE $
(☎1-877-549-0676 ; www.ajsaguenay.com ; 110 rue Price Ouest ; dort lit s/d 32/48 $, d 80 $, app 1-4 pers 90-125 $; wifi). Installée dans un ancien "magasin" de la compagnie Price, cette auberge récente a du potentiel, mais son administration a encore besoin de rodage. Le Bar à pitons au sous-sol lui confère son ambiance musicale et festive. Siège de la Coop V.E.R.T.E., elle est le point de départ de nombreuses activités d'écotourisme dans tout le Saguenay.

Villa au pignon vert COUETTE ET CAFÉ $$
(☎545-0257 ou 1-800-499-6257 ; www.auberge-villa.com ; 491 rue Jacques-Cartier Est ; s/d 75-95/80-100 $; ⏲juin-août ; @ wifi). Ni véritablement auberge ni chambres d'hôte, c'est un peu "comme chez soi" : on retrouve des chambres au confort variable, certaines avec sdb privée, toutes très propres, et l'accès à la

cuisine et à un salon. Le jardin est charmant, et la gratuité pour les enfants de moins de 11 ans en fait un endroit de choix pour les familles. Prêt de vélos.

Auberge Racine CHAMBRES D'HÔTE $$
(543-1919 ; www.aubergeracine.com ; 334 rue Racine Est ; s/d avec petit-déj 89-104/99-119 $;). Un jeune couple d'hôtes a transformé cette maison centenaire en un gîte tout à fait charmant, en plein cœur de la ville. Les chambres sont décorées de tapisserie et de draps pastel, dans un décor d'époque tout en bois. Certaines chambres sont agrémentées d'une baignoire sur pied et d'un petit balcon.

La Maison du Séminaire CHAMBRES D'HÔTE $$
(543-4724 ; www.lamaisonduseminaire.com ; 285 rue du Séminaire ; s/d avec petit-déj 90-125/110-145 $;). Une volée de marches donne accès à cette grande demeure blanche bâtie dans cette rue centrale mais calme, derrière un immense tilleul. Champêtre, La décoration est un peu vieillotte, mais la maison est indéniablement agréable et accueillante.

Hôtel Chicoutimi HÔTEL-BOUTIQUE $$$
(1-800-463-7930 ; www.hotelchicoutimi.qc.ca ; 460 rue Racine Est ; ch 105-200 $;). Central, cet hôtel de 85 chambres a bénéficié d'une rénovation bienvenue. Les chambres arborent à présent un style contemporain qui se distingue de ses compétiteurs. Nombreux forfaits d'écotourisme, culture, etc.

Château Murdock GÎTE HISTORIQUE $$$
(592-8939 ; www.chateaumurdock.com ; 129 côte Terre-Forte ; d haute/basse saison 135-145/130 $, ste q 185/165 $;). Chambres modernes, romantiques et colorées dans un bâtiment à tourelle datant de 1949 qui nous fait devenir châtelains d'un jour. Tout est parfait, des jardins au hall d'entrée, en passant par le salon, garni d'antiquités, et la mezzanine où un coin lecture est aménagé. Les deux salles à manger sont bien lumineuses, parfaites pour les petits-déjeuners avec œufs frais du poulailler. Domaine d'exception.

Où se restaurer

BON PLAN **Café du Presbytère** CAFÉ $
(543-6578 ; www.cafedupresbytere.com ; 240 rue Bossé ; plats 2,50-11,30 $; 7h30-14h lun-ven, 8h30-13h sam-dim). À quelques pas du site de la Petite Maison blanche, dans le presbytère, ce café jouit d'un emplacement paisible et d'une belle terrasse. Repas simples et abordables : pâtes, poulet, pizza, etc.

Café Cambio CAFÉ $
(549-7830 ; www.cafecambio.ca ; 405 rue Racine Est ; plats 6-14 $; tlj). Ce vaste café équitable, à la décoration insolite, est géré par un personnel jeune et sympathique. On y vient pour le café maison, les smoothies au petit-déjeuner ou pour les burgers végétariens et les paninis le midi. Le soir, on y organise des soirées tango.

La Voie Maltée MICROBRASSERIE $$
(542-4373 ; www.lavoiemaltee.com ; 777 bd Talbot ; plats 13-23 $; tlj 11h-3h). Cette microbrasserie, à la déco simple façon pub irlandais, propose un menu original, succulent et houblonné (voir aussi p. 284).

Chez Georges STEAK HOUSE $$
(543-2875 ; www.chezgeorges.qc.ca ; 433 rue Racine Est ; plats 13-31 $; tlj midi et soir). Ce "steak house", bondé à toute heure, est une institution à Chicoutimi. Les viandes y seraient les meilleures de la ville, mais d'autres affirment que "ce n'est plus comme dans l'temps".

La Vieille garde BISTRO TERROIR $$$
(602-1225 ; www.bistrolavieillegarde.com ; 461 rue Racine Est ; plats 19-42 $; mar-mer à partir de 17h, jeu-sam à partir de 16h). Avec sa terrasse et sa salle à manger sobre type lounge, ce restaurant est l'une des bonnes adresses. Servant une cuisine gastronomique d'inspiration européenne, il met tout de même en valeur le terroir québécois (créations à l'érable). Plats cuisinés à emporter dans la boutique attenante.

La Cuisine GASTRONOMIQUE $$$
(698-2822 ; www.restaurantlacuisine.ca ; 387 rue Racine Est ; plats 14-40, table d'hôte 47-48 $; midi lun-ven, soir tlj). Ce restaurant accueillant sert des plats sophistiqués (jarret d'agneau confit, risotto aux fruits de mer), mais aussi quelques plats de type bistro (moules, pâtes, grillades), ainsi que des plats asiatiques étonnants, dans un décor moderne et épuré. Une des meilleures adresses de la région.

Le Privilège FUSION $$$
(698-6262 ; www.leprivilege.ca ; 1623 bd Saint-Jean-Baptiste ; menu 60-75 $; 17h-21h mer-sam). La chef-propriétaire, Diane Tremblay, compose une cuisine créative et savoureuse (ris de veau aux pommes et sirop d'érable, filets de cerf rouge au jus de réglisse...) qui se déguste dans un décor champêtre. Sur réservation seulement.

Où prendre un verre

La Tour à bières MICROBRASSERIE
(545-7272 ; www.latourabieres.com ; 517 rue Racine Est ; tlj 14h-3h été, 16h-3h reste de l'année). Une taverne fort sympathique où la bière est excellente, mais où il est préférable de ne pas manger.

La Voie Maltée MICROBRASSERIE
(542-4373 ; www.lavoiemaltee.com ; 777 bd Talbot ; tlj 11h-3h). Le personnel très bien formé de cette microbrasserie vous conseillera une bière selon vos goûts. Terrasse animée ceinturée de verdure.

Depuis/vers Chicoutimi

VOITURE Chicoutimi est accessible par les routes 170, 172 et 175.

BUS La compagnie **Intercar** (627-9108 ou 1-888-861-4592 ; www.intercar.qc.ca) assure tous les jours la liaison Québec-Chicoutimi-Jonquière. De Chicoutimi, vous pouvez également prendre des bus pour le lac Saint-Jean (Alma, Chambord, Val-Jalbert, Sainte-Prime, Saint-Félicien, etc.) et pour Tadoussac. **Terminus**(543-1403 ; 55 rue Racine Est).

Jonquière

Séparée de Chicoutimi d'une vingtaine de kilomètres seulement, Jonquière présente une architecture qui évoque le passé forestier et industriel de la ville, et est encore de nos jours le poumon économique de la région. Dynamique sur le plan culturel, elle est aussi appréciée pour sa vie nocturne, notamment le long de la rue Saint-Dominique.

À l'est de la ville, l'ancienne ville d'Arvida fut bâtie pour loger les travailleurs de l'immense complexe industriel avoisinant, maintenant l'aluminerie Rio Tinto Alcan. C'est un bel exemple d'architecture industrielle planifiée. Un circuit patrimonial détaillé est disponible gratuitement au bureau de tourisme

Renseignements

BUREAU D'INFORMATION TOURISTIQUE
(698-3167 ou 1-800-463-6565 ; http://tourisme.saguenay.ca ; 3919 bd Harvey ; tlj 8h-20h mi-juin à août, lun-ven 8h30-12h et 13h-16h30 hors saison)

Fêtes et festivals

Regard sur le court métrage (mi-mars ; www.regardsurlecourt.com). Voir p. 281.

Jonquière en musique (juillet-août ; www.jonquiereenmusique.com). Pendant tout l'été, de nombreux concerts sont donnés dans la ville.

Festival de la chanson de Saint-Ambroise (mi-août ; www.chansonenfete.qc.ca) À 20 km au nord de Jonquière sur la route 172, ce festival sert de vitrine pour les nouveaux talents québécois de la chanson.

Festival forestier de Shipshaw (fin août ; www.festivalforestier.net). Admirez les bûcherons à l'œuvre dans des compétitions techniques diverses et des concours de force. À Shipshaw, à 6 km de Jonquière sur la rive nord.

UN PONT D'ALUMINIUM

L'impressionnant pont d'aluminium, qui enjambe la rivière Saguenay, près de Jonquière, présente une structure unique au monde. Cet ouvrage, dessiné par les ingénieurs d'Alcan, rappelle aussi les ambitions de ce géant américain de l'aluminium qui implanta dès 1925, près de Jonquière, la plus grande usine de ce type au monde.

À voir et à faire

Centre d'histoire Sir-William-Price PATRIMOINE INDUSTRIEL
(695-7278 ; www.sirwilliamprice.com ; 1994 rue Price ; adulte/étudiant et senior 9,50/8,50 $, gratuit -5 ans ; tlj 9h-17h fin juin-début sept, lun-ven 10h-16h hors saison). Dans cette petite église est racontée de façon originale l'histoire des industries papetières et forestières à partir de 1924. S'appuyant sur une série de portraits au pastel réalisés par Francesco Iacurto, le récit retrace la biographie des ouvriers et les différents métiers des chantiers et usines. Possibilité de visite guidée gratuite.

Centre national d'exposition GALERIES D'ART
(546-2177 ; www.centrenationalexposition.com ; 4160 rue du Vieux-Pont ; entrée libre ; tlj 10h-18h juil-août, lun-ven 9h-17h, sam-dim 12h-17h sept-juin). Construit sur le mont Jacob, le CNE présente des expositions thématiques et des salles consacrées à la peinture et à la sculpture contemporaine québécoise.

Où se loger et se restaurer

Auberge les Deux Tours AUBERGE $$
(695-2022 ou 1-888-853-2022 ; www.aubergedeuxtours.qc.ca ; 2522 rue Saint-Dominique ; d 87-107 $, petit-déj 10 $; menu midi 9-14 $, table d'hôte 24-32 $;). À quelques pas des

principaux points d'intérêt de la ville, cette maison paisible loue des chambres joliment décorées, en plus d'offrir des menus abordables et équilibrés.

Au p'tit Manoir CHAMBRES D'HÔTE $$
(542-6002 ou 1-888-547-2002 ; www.auptitmanoir.net ; 2263 St-Dominique ; s/d 70-90/90-110 $, rabais hors saison ;). Les grandes chambres à thème de ce gîte sont d'une propreté et d'une insonorisation irréprochables. Normand et Claire se font une fierté d'offrir des petits-déjeuners copieux et savoureux.

Café Summum CAFÉ $
(542-7540 ; 2479 rue Saint-Dominique ; 7h-22h lun-ven, 9h-22 sam-dim ;). Dans un décor champêtre rehaussé de boiseries, on vous sert avec amour cafés (excellents), salades, wraps, croissants et paninis. Le piano droit penche un peu, le parquet craque, et des jeux de société alimentent l'ambiance de cette petite perle locale.

La Voie Maltée MICROBRASSERIE $$
(542-4373, www.lavoiemaltee.com ; 2509 rue Saint-Dominique ; plats 13-23 $; tlj 11h-3h). Le pub original de cette chaîne aussi présente à Chicoutimi (voir page ci-contre) est plus petit et confiné, mais présente le même bon menu et personnel serviable. Souvent bondé, mieux vaut réserver.

Achats

Domaine Le Cageot VINS DE FRUITS
(547-2857 ; www.domainelecageot.com ; 5455 chemin St-André ; 9h-17h lun-ven juin à mi-juil, tlj mi-juil à août, sur réservation sept-juin). Aussi appelé Centre de production artisanale de boissons alcoolisées, le domaine se spécialise dans la vinification du bleuet et de la framboise. Nous avons craqué pour le Bleu de Roi, un vin de type porto. Possibilité d'autocueillette sur place. À environ 10 km du centre par la rue St-Jean-Baptiste.

Depuis/vers Jonquière

BUS La compagnie **Intercar** (billetterie 547-2167, renseignements 627-9108 ou 1-888-861-4592 ; www.intercar.qc.ca ; 2249 rue Saint-Hubert) effectue chaque jour la liaison en bus Jonquière-Chicoutimi-Québec. Il est aussi possible de joindre le Lac-Saint-Jean deux à trois fois par jour.

TRAIN Les trains **Via Rail** (542-9676 ou 1-888-842-7245 ; www.viarail.ca ; 2438 rue Saint-Dominique) en provenance de Montréal desservent la gare de Jonquière trois fois par semaine (aller simple 65-109 $, 9 heures).

Lac Kénogami

Accessible par la rue Saint-Dominique (suivez les panneaux depuis le centre-ville), ce plan d'eau de 37 km de long est à 6 km seulement de Jonquière. Parsemé d'îlots boisés, il offre une échappatoire à l'agitation industrielle de la ville. L'été, sa plage accueille des baigneurs tandis que l'hiver, on peut y admirer les adeptes du ski tracté en action sur le lac gelé.

Où se loger

Camping Jonquière CAMPING $
(542-0176 ; www.campingjonquiere.com ; 3553 chemin du Quai ; empl 29-41 $; juin-début sept). Doté d'une plage (accès sans camping adulte/enfant 5/2 $), ce camping est idéalement situé pour découvrir les berges du lac. Outre de bons emplacements gazonnés, vous y trouverez un restaurant, une marina et des jeux pour enfants.

Centre touristique du Lac-Kenogami BASE DE PLEIN AIR $
(344-1142 ou 1-800-665-6527 ; www.sepaq.com/kenogami ; 9000 route du Lac-Kénogami ; empl 27-45 $, prêt-à-camper jusqu'à 5 pers 93-109 $, chalet 2/4 pers 73-120/153 $; mi-juin à août). Géré par la Sépaq, ce centre touristique disposant de divers types d'hébergement, du camping au chalet, offre un accès gratuit à la plage, autrement payant (adulte/enfant 5,87/3,04 $). Location de vélos et d'embarcations sur place. Plusieurs terrains de sport. Un bel endroit pour les familles.

RIVE NORD DU SAGUENAY

Moins peuplée que celle du sud, la rive nord du Saguenay offre un autre point de vue sur la rivière, que longe la route panoramique 172, seul axe routier permettant d'atteindre Tadoussac en voiture ou en bus.

Depuis le village de Sainte-Rose-du-Nord, la vue sur le fjord est saisissante. Le parc du Cap-Jaseux vers Saint-Fulgence est une autre étape à ne pas rater. Toujours sur cette rive, ne manquez pas de vous arrêter à Baie-Sainte-Marguerite – où se trouve un accès saisonnier au parc du Saguenay – et à L'Anse-de-Roche (voir la section *Sacré-Cœur* p. 309).

Saint-Fulgence

Ce village aux maisons dispersées le long de la route 172 attire avant tout les ornithologues. Outre de nombreuses espèces de canards, le site est fréquenté vers la fin avril et le début mai par des rassemblements de bernaches (oies sauvages du Canada) parmi les plus importants du pays. Sa batture, visible de la route, est une aire privilégiée pour l'observation de la sauvagine. À l'occasion du passage des oies, début mai, les habitants se rassemblent lors du Festival de la bernache, pour observer près de 10 000 spécimens sur les terrasses des battures.

Saint-Fulgence est aussi l'entrée du superbe parc national des Monts-Valins, au décor déchiré et époustouflant.

À voir

CIBRO ORNITHOLOGIE

(☎674-2425 ; www.cibro.ca ; 100 chemin Cap-des-Roches ; adulte/senior et étudiant/5-12 ans 10/7,50/5 $; ⏲tlj 8h30-17h fin juin à début sept, sam-dim 9h-16h début mai à fin-juin et début sept à mi-oct). Le Centre d'interprétation des battures et de réhabilitation des oiseaux fournit toutes les informations sur les oiseaux. Deux sentiers ont été aménagés. Le premier mène directement à la batture. Le second, plus long, prend la direction de la montagne et offre un point de vue intéressant sur le fjord et les marais de Saint-Fulgence. En chemin, vous pourrez par ailleurs voir de vastes volières qui abritent des oiseaux convalescents.

Chevrier du Nord ÉCONOMUSÉE

(☎590-2755 ; www.chevrierdunord.com ; 71 rang Saint-Joseph ; gratuit, visite guidée 4 $; ⏲lun-sam 9h-16h mi-mai à mi-oct, ven-sam 9h-16h reste de l'année ; ♿). Petite ferme familiale d'élevage de chèvres angora, traitées aux petits soins. Boutique de vêtements et d'accessoires.

Activités

Parc national des Monts-Valin PLEIN AIR

(☎674-1200 ou 1-800-665-6527 ; www.sepaq.com/pq/mva ; 360 rang Saint-Louis, à 17km depuis Saint-Fulgence ; adulte/6-17 ans 6/2,75 $; ⏲été tlj 8h-18h, jusqu'à 20h ven-sam mi-juin à mi-août, mi-sept à début oct tlj 8h30-16h30, mi-déc à mars tlj 8h-17h). Transformé en parc national afin de protéger une portion du massif du mont Valin des coupes forestières intensives, ce territoire surplombe la rive nord du Saguenay du haut de ses montagnes (1 000 m).

LA VALLÉE DES FANTÔMES

Avec ses arbres momifiés par de lourdes épaisseurs de neige, la vallée des Fantômes, au cœur du parc des Monts-Valin, est connue dans tout le Québec. Vous pourrez y accéder au moyen d'une navette (aller adulte/enfant 36,50/27,50 $, aller-retour 52/39 $) et vous promener à votre aise à la cime des arbres (le parc étant enseveli sous plusieurs mètres de neige l'hiver, les randonnées en ski et en raquettes se font pratiquement à la hauteur de la cime des arbres...). Le bureau d'accueil du parc loue l'équipement nécessaire (raquettes adulte/enfant 16,75/16,75 $/jour) et propose des excursions avec nuitée en igloo.

Enneigé de mi-novembre à mi-avril, il est également très réputé pour les activités hivernales et... sa vallée aux Fantômes (lire l'encadré ci-dessus). Roches, forêts, lacs et rivières dominent ce paysage, resté l'un des plus sauvages du Québec. En été, on y pratique la **randonnée** et le **VTT**, sans oublier d'inoubliables excursions de **canot-camping**. Vous pourrez louer barques et canots sur place (27,75/39,75 $ la demi-journée/journée). Pour la **pêche**, vous devrez cependant vous acquitter des droits de pêche (17,06 $/jour) et le permis à la journée (12,99 $). En hiver, le **ski de fond**, **le ski hors-piste** et la randonnée en **raquettes** (jusqu'à fin avril) s'organisent de la même manière, avec possibilité de séjourner dans des refuges. Le parc enregistre les plus importantes chutes de neige au Québec. C'est d'ailleurs le seul de la province autorisant la motoneige. Location d'équipement (raquettes, bâtons, matériel de camping) au centre d'accueil.

Le chemin de la Pointe-aux-Pins est à 2 km à l'est de Saint-Fulgence, sur votre droite. Les premiers escarpements du fjord s'y dessinent déjà ; vallons et prés entrecoupés par des fermes composent avec érables et bouleaux un décor idyllique.

Parc aventures Cap-Jaseux PARC AVENTURE

(☎674-9114 ou 1-888-674-9114 ; www.capjaseux.com ; chemin de la Pointe-aux-Pins ; accès sentiers et plage adultes/6-17 ans 4,43/3,54 $; ⏲tlj 8h-21h fin juin-début sept, 8h-17h sam-dim mi-mai à fin juin et début sept à mi-oct). Ce parc propose de multiples activités : parcours dans les arbres, tyroliennes géantes, kayak de mer (adulte/junior 56/50 $), via ferrata (37/31,50 $). Réservation conseillée. Hébergement disponible sur place (voir ci-dessous).

Où se loger

Parc aventures Cap-Jaseux CAMPING ET CHALETS **$**
(674-9114 ou 1-888-674-9114 ; www.capjaseux.com ; chemin de la Pointe-aux-pins ; empl 22-29 $, cabine 2 pers 73 $, maison dans les arbres 204 $, draps 13,30 $/pers ; tlj 8h-21h fin-juin à début-sept, 8h-17h sam-dim mi-mai à fin-juin et début-sept à mi-oct). Des forfaits permettent aisément de passer 2 jours sur le site qui est magnifique ! Rabais en basse saison et chauffage d'appoint.

Parc national des Monts-Valin CAMPING ET CHALETS **$**
(674-1200 ou 1-800-665-6527 ; www.sepaq.com/pq/mva ; 360 rang Saint-Louis, à 17km depuis Saint-Fulgence ; camping 18-24 $, camps rustiques 2/4 pers 103/133 $, refuges 24,50 $/pers, chalets 4 pers 170 $; été tlj 8h-18h, jusqu'à 20h ven-sam mi-juin à mi-août, mi-sept à début oct tlj 8h30-16h30, mi-déc à mars tlj 8h-17h). Le parc compte 4 sites de camping, dont deux accessibles uniquement en canot, ainsi que des camps rustiques et des refuges. Le camping d'hiver est réservé aux campeurs expérimentés et interdit en solo. Plusieurs chalets sont également disponibles, de même que des forfaits.

Aux Bons Jardins CHAMBRES D'HÔTE **$**
(674-2896 ; www.auxbonsjardins.com ; 127 chemin de la Pointe-aux-Pins ; chalets 2 pers 100-115 $, s/d 60-75 $; wi-fi) Domaine agricole enchanteur très familial, voire villageois où vous pourrez séjourner soit dans une maisonnette tout équipée, soit dans un chalet rustique ecclectique aux effluves de bois perché dans les arbres ou encore dans la maison des propriétaires. Nombreux lits. Petits-déjeuners préparés à partir des produits de la ferme.

Gîte de l'artisan CHAMBRES D'HÔTE **$$**
(674-1344 ; www.gitedelartisan.ca ; 119 chemin Pointe-Aux-Pins ; d avec petit-déj 80-115 $ taxes incl ; wi-fi). Pierre et Linda vous reçoivent dans cette maison avec vue sur le fjord, toute en bois et parquets. Dans le bâtiment principal, chaussons obligatoires (tricotés avec amour et fournis bien sûr). Il faudrait être bien endurci pour ne pas se laisser charmer par l'ambiance d'ancien temps et de "fait main" qui s'y trouve. Les lofts conviennent particulièrement bien aux familles.

Où se restaurer

La Vieille ferme CASSE-CROÛTE ET TABLE FERMIÈRE **$$**
(674-1237 ; www.agneaudufjord.com ; 163 chemin de la Pointe-aux-Pins ; plats 9-18 $, table d'hôte 16-22 $; tlj 12h-20h mi-mai à oct, table fermière lun-sam 17h-21h juil-oct). À la fois boucherie-charcuterie, ferme maraîchère et casse-croûte servant paninis, salades et smoothies, cette ferme perchée avec vue sur le fjord sert depuis peu des repas chauds de très bonne réputation. Réservation recommandée.

Sainte-Rose-du-Nord

Comprenant trois anses, ce village de charme aux faux airs de Scandinavie, surnommé "la perle du Nord", est une escale inoubliable entre forêts et fjord. L'église blanche et les maisons colorées semblent sorties tout droit d'un livre d'images et surtout, provenir d'une autre époque. Quant à la route qui descend au village, elle dévoile un paysage verdoyant. L'hiver, on y pratique la pêche blanche sur la rivière gelée.

À la mi-septembre, le petit village s'anime et une trentaine d'artisans exposent leurs créations lors du **Festival des artisans** (http://festivaldesartisans.wordpress.com) tandis que la foule apprécie les concerts et performances animées.

Renseignements

BUREAU D'INFORMATION TOURISTIQUE
(675-2346 ; www.ste-rosedunord.qc.ca ; 213 rue du Quai ; 9h-17h lun-jeu, 9h-20h ven-dim). Situé au cœur du village, le pavillon de la montagne est le point de départ de toute visite.

ACHATS (675-2204 ; 159 rue du Quai ; tlj 10h-20h fin juin-début sept, horaires réduits hors saison). Le petit marché de Sainte-Rose-du-Nord, rare épicerie à la ronde, comprend aussi une SAQ basique pour les achats d'alcool.

À voir et à faire

Les activités sont toutes orientées vers l'observation du fjord. À ce titre, une pause sur le quai de la marina permet de contempler un paysage splendide. La beauté des lieux est toutefois perturbée par un snack-bar, le seul ouvert à l'année, à la persistante odeur de friture... Les environs sont propices à la flânerie. La chemin de la Montagne mène à un col où se trouve un parking sur la gauche, point de départ de sentiers de **randonnée** offrant de beaux points de vue. Attention, la route est sinueuse.

De construction récente (1982), l'**église** (entrée libre nov-mai) du village renferme un trésor de mobilier inspiré de la nature. Un feu s'étant déclaré pendant la messe, les habitants se sont d'abord affairés à rescaper les meubles. Rosalie y fait des **récitals d'opéra** (sur don ; ven-sem mi-juil à mi-août).

Croisières du Fjord CROISIÈRES ET NAVETTE FLUVIALE (543-7630 ou 1-800-363-7248 ; www.croisieresdufjord.com ; adulte/-14 ans 52/26 $, gratuit -5 ans ; tlj 11h juin et sept, 13h juil-août). La navette fluviale fait escale à Sainte-Rose (voir l'encadré p. 275). Une excursion de 3 heures en haute saison (près de 5 en basse saison) est aussi organisée depuis le quai de l'anse.

Musée de la Nature ÉCOLOGIE ET TAXIDERMIE (675-2348 ; 199 rue de la Montagne ; adulte/étudiant/6-13 ans 7/5/2 $; tlj 8h45-20h30 15 mai-15 sept, jusqu'à 18h30 reste de l'année). Un endroit hétéroclite à voir, tant pour sa propriétaire Agnès qui commente amoureusement la visite que pour la collection d'animaux naturalisés et d'art forestier amassée depuis 40 ans. Les journaux de la famille furent rédigés sur des pleurottes. On y trouve de la poésie pieuse sur des cartes postales d'écorce de bouleau, mais aussi deux curieux spécimens de requins polaires pêchés dans le fjord.

Pourvoirie du Cap au Leste CENTRE DE PLEIN AIR (675-2000 ou 1-866-675-2007 ; www.capauleste.com ; 551 chemin du Cap à Lest ; ch 113-168 $ selon saison, petit-déj 12 $; menu midi/soir 15/29 $, enfant moitié prix ;). À 8 km de la route 172, entre Sainte-Rose-du-Nord et Saint-Fulgence (au km 88), sur un chemin de gravillons, cette superbe pourvoirie surplombe le fjord. L'endroit mérite le détour tant pour ses chambres confortables, dispersées dans d'immenses chalets, que pour ses menus gourmets aux saveurs du terroir (réservation conseillée) et les activités proposées (randonnée, canot, kayak, raquette, motoneige...). La qualité de l'accueil contribue également à en faire l'une des adresses les plus courues de la région.

Où se loger et se restaurer

Camping La Descente des Femmes CAMPING $ (675-2581 ; 154 rue de la Montagne ; empl 20-28 $; juin-15 oct). Bien équipé, le camping du village occupe un joli site, très central, et la gérante est bien sympathique ! Les sanitaires, laverie et douches sont installés dans une ancienne grange aux couleurs vives.

Au Jardin Potager CHAMBRES D'HÔTE $ (675-1055 ; www3.sympatico.ca/jardin.potager ; 177 rue des Pionniers ; s/d 65/70 $). Au cœur du village, cette adresse tranquille à l'ancienne est l'une des meilleures options. Les propriétaires, un couple de jeunes cultivateurs discrets, ouvrent leur maison pimpante aux visiteurs et servent au petit-déjeuner les produits de la ferme. Chambres colorées aux accents historiques et odeur de vieilli parfois prenante : on se sent chez grand-maman en campagne.

Resto-Gîte Au Presbytère AUBERGE $$ (675-2675 ; www.aupresbytere.com ; 136 rue du quai ; s/d 67/87-122 $, plats midi 15-20, soir 13-25 $, table d'hôte 32-40 $). Cette maison blanc et bleu attenante à l'église possède des chambres colorées aux boiseries peintes, parfois rénovées et très lumineuses, tendues de tissus ethniques. Une fine cuisine est servie au restaurant, qui bénéficie d'une terrasse avec vue sur le fjord.

Gîte de Monsieur le Maire CHAMBRES D'HÔTE $$ (675-2504 ou 1-877-777-2504 ; www3.sympatico.ca/gitedemonsieurlemaire ; 471 rue de la Descente-des-Femmes ; d avec sdb privée/commune 90/75 $ taxes incl). Un homme généreux et accueillant tient ce gîte, situé un peu en retrait. Les chambres à l'étage sont plus confortables que celles du sous-sol, mais celles-ci donnent accès à une petite cuisine. Carte murale impressionnante !

Café de la Poste AUBERGE $$ (675-1053 ; www.cafedelaposte.ca ; 308 rue du Quai ; s/d 90/95 $;). Auberge colorée, offrant la demi-pension (dîner 30 $), où vous serez bien reçus. L'accueil est chaleureux, les chambres avec parquets et sdb privées douillettes, et la cuisine réconfortante. En prime, les voisins sont particulièrement calmes...

Chez Mina CUISINE QUÉBÉCOISE $ (675-1386 ; 220 rue du Quai ; menu midi/soir 12/15 $; saisonnier). À peine ouverte, cette adresse s'est remplie. Tenue par une Lyonnaise, on y retrouve une cuisine sans prétention, tout à fait représentative de la cuisine traditionnelle québécoise : assez viandée et salée, savoureuse et complète. Le tout est décliné à prix raisonnable et dans une ambiance bon enfant on ne peut plus charmante.

LAC-SAINT-JEAN

Une plaine agricole verdoyante enserre cette vaste mer intérieure, bordée de plages de sable et de petits îlots urbains. Lieu de vacances de prédilection des familles québécoises, le lac Saint-Jean se prête à merveille à la baignade et à la navigation. Une piste cyclable, bien aménagée, permet même d'en faire le tour complet.

Nombre de voyageurs sont en revanche déçus par la trop grande fréquentation estivale et l'omniprésence de la route 169, qui ceinture le lac. Moins peuplée que le sud, la rive nord du lac offre cependant de belles vues, notamment entre Alma et Péribonka.

Fêtes et festivals

Camp musical du Saguenay-Lac-Saint-Jean (mi-juin à mi-août ; www.campmusical-slsj.qc.ca). Au sommet du mont Résimond-Ratthé, à Metabetchouan-Lac-à-la-Croix, concerts de musique et de chant classique presque tous les jours.

Traversée internationale du lac Saint-Jean (3e semaine de juillet ; www.traversee.qc.ca). Marathon aquatique de 32 km qui a fait la réputation de la région. Entre Péribonka et Roberval.

Fête des Premières Nations (mi-juillet ; www.kuei.ca). Les Ilnuatsh du lac-Saint-Jean accueillent l'ensemble de la nation à Mashteuiatsh pour une semaine de fêtes et de jeux.

Festival du Bleuet (août ; www.festival dubleuet.com). À Dolbeau-Mistassini.

Alma

Cette localité industrielle constitue l'une des portes d'entrée du Lac-Saint-Jean et le pont avec le Saguenay. C'est un bon point de départ pour explorer la portion nord du lac ou pour se lancer sur la Véloroute des bleuets (voir l'encadré ci-dessous).

Renseignements

BUREAU D'INFORMATION TOURISTIQUE (668-3611 ou 1-877-668-3611 ; www.tourismealma.com ; 1682 rue du Pont Nord ; tlj 8h-20h mi-juin à début sept, tlj 8h30-12h et 13h-16h reste de l'année, fermé sam-dim mi-oct à mi-mai ; 1h gratuit)

MAISON DU VÉLO (668-4541 ; www.veloroute-bleuets.qc.ca ; 1692 av. du Pont Nord ; tlj 8h30-17h 24 juin-1er sept). Cartes, services et renseignements utiles aux cyclotouristes de la Véloroute des bleuets, qui fait le tour du lac (voir l'encadré ci-dessous).

INTERNET La ville est pourvue de 6 points Wi-Fi en accès libre : l'office du tourisme, le Centre Mario Tremblay (605 bd Saint-Luc), le Complexe touristique Dam-en-Terre, l'Hôtel de ville (140 rue Saint-Joseph Sud), la bibliothèque (500 rue Collard Ouest), la Boîte à Bleuet (525 rue Sacré-Cœur Ouest) et le resto-bar de la Marina (1055 av. du Pont Nord).

À voir et à faire

L'office de tourisme propose en été des **visites industrielles** (gratuit ; départs 11h30 et 13h30 lun-ven) à l'usine de Rio Tinto-Alcan et pourra vous renseigner sur les possibilités de visiter la papeterie.

LA VÉLOROUTE DES BLEUETS

Piste paisible faisant le tour du lac Saint-Jean, rythmée par les sites majeurs de la région et praticable en famille, la **Véloroute des bleuets** (668-4541 ou 1-866-550-4541 ; www.veloroute-bleuets.qc.ca), inaugurée en 2000, est vite devenue mythique. Trois maisons du vélo sont aménagées sur le circuit en boucle de 256 km : à Alma (ci-dessus), Roberval (à l'entrée de la marina) et à Dolbeau-Mitassini (à côté du bureau d'information touristique). Mais tous les bureaux d'information touristique de la région pourront vous renseigner et vous remettre le guide spécialement édité. Des forfaits de 1 à 6 jours sont proposés. Tout au long du trajet, des campings et des gîtes accueillent les voyageurs, et des cyclistes bénévoles assurent information et sécurité. Une **navette** (1-888-342-6651 ; 15 $/1 transport, 40 $/pers sur 3-4 jours ; juin à fin sept) permet de faire transporter votre bagage d'un site à l'autre. À la Maison du vélo d'Alma, il est désormais possible de louer un **cycloguide GPS** (10 $/jour), qui évoque les attraits touristiques de la route. Vous pouvez louer des bicyclettes à Alma et à Saint-Gédéon (voir p. 291), mais aussi à Chambord et Roberval grâce aux **Vélos Bleus** (342-8532 à Chambord, 618-2457 à Roberval ; www.velosbleus.org ; 28 $/jour ; tlj 10h-20h juin-sept, réservation conseillée).

OÙ SE BAIGNER ?

Entreprendre un tour du lac Saint-Jean en voiture risque de vous décevoir, tant la route principale ne réserve que rarement de jolis points de vue. Mieux vaut donc piocher parmi les différents points d'intérêt (plages, zoo de Saint-Félicien, parc national de la Pointe-Taillon, Véloroute des bleuets, Village historique de Val-Jalbert...) pour planifier votre itinéraire. Comme les plages ne sont pas forcément visibles, voici une liste des meilleures :

» **Saint-Henri-de-Taillon** : les plages Les Amicaux et Belley (et celle du parc de la Pointe-Taillon) sont très fréquentées

» **Alma** : complexe Dam-en-Terre (ci-contre)

» **Saint-Gédéon** : plages de l'Auberge-des-Îles et du camping municipal

» **Métabetchouan-Lac-à-la-Croix** : camping villa des Sables, plage Le Rigolet

» **Roberval** : plage municipale de la pointe Scott

» **Mashteuiatsh** : plage Robertson

» **Sainte-Prime** : plage municipale

Ces visites ne sont toutefois pas accessibles aux enfants.

L'Odyssée des Bâtisseurs PARC THÉMATIQUE
(☎668-2606 ou 1-866-668-2606 ; www.odysseedesbatisseurs.com ; 1671 av. du Pont Nord ; adulte/senior/étudiant/6-17 ans 14/13/12/7 $, hors saison 8,50/7,50/6,50/3,75 $; ⏲tlj 9h-17h30 mi-juin-fin août, 9h-16h30 jusqu'à fin-sept puis, lun-ven 9h-12 et 13h-16h30 reste de l'année). Ce parc présente une passionnante exposition sur l'histoire du peuplement de la région et de son réseau hydroélectrique, l'eau ayant joué un rôle déterminant dans le virage industriel de la région. De la fin mai au début octobre, un parcours extérieur superbement aménagé mène à des maisons reconstituées ainsi qu'à un château d'eau du haut duquel on jouit d'une belle vue d'ensemble et dans lequel a lieu un spectacle multimédia immersif. Des acteurs en costumes d'époque donnent vie au parc. À la fin du parcours, un traversier se rend jusqu'à une petite île, idéale pour une balade à pied ou à vélo et également accessible depuis le complexe Dam-en-Terre. Location de vélos (20 $/jour), tandems, etc. derrière la Maison des bâtisseurs.

Dam-en-Terre COMPLEXE TOURISTIQUE ET CROISIÈRE
(☎668-3016 ou 1-800-289-3016 ; www.damenterre.qc.ca ; 1385 chemin de la Marina ; croisière adulte/senior/6-14 ans 35/33/17 $; ⏲croisières 15h30 mar-sam, et 10h sam juil-sept). En bordure de rivière, ce site quatre saisons propose une multitude d'activités de plein air et dispose d'un théâtre d'été. Il donne accès à une superbe plage, très fréquentée. C'est l'un des seuls endroits qui organise des croisières sur le lac. Le site compte également des hébergements en camping (25-39 $), chalets (2/4 pers 96-147/120-179 $) et condos (89-167 $ selon nombre de pers).

Équinox Aventure VÉLO, KAYAK ET MOTONEIGE
(☎480-7226 ; www.equinoxaventure.ca ; location heure/demi-journée vélo 9/21 $, kayak de mer solo 21/34 $). Situé sur le site de Dam-en-Terre, ce prestataire loue vélos, pédalos, canots et kayaks. Nombreux forfaits : clé en main sur la Véloroute (avec transport de bagages), tour du lac en motoneige sur deux jours et kayak avec ou sans guide et avec ou sans hébergement.

Où se restaurer

Café du clocher CAFÉ CULTUREL $$
(☎662-4801 ; www.cafeduclocheralma.com ; 19 Saint-Joseph Sud ; menu midi 10,65 $, plats 11-19 $, table d'hôte 28 $; ⏲midi lun-sam, soir mar-sam). Parfait pour les spectacles, ce café fait à la fois bar et restaurant, présente une belle sélection de salades, pizzas fines, pâtes, etc. Les chaises ne sont pas des plus confortables, mais l'ambiance est bonne et les murs sont décorés de toiles d'artistes locaux.

Rose et basilic AUBERGE-BISTRO $$
(☎669-1818 ; www.roseetbasilic.com ; 600 bd des Cascades ; table d'hôte 26-40 $; ⏲mar-ven 11h-3h, sam 16h-3h fermé lun-mar ; 📶). Sans doute la meilleure table d'Alma, ce bistro sert une fine cuisine d'inspiration européenne dont les noms font saliver rien qu'à la lecture de la carte. Les plats sont à la hauteur, même si le tout sort assez peu des sentiers battus. Loue aussi des petites chambres confortables, mais un peu chères et bruyantes (s/d 90/115 $).

Depuis/vers Alma

VOITURE La route 172 relie Alma à Chicoutimi (à 60 km). Depuis Jonquière, il est plus simple d'emprunter la route 170 (sur la rive sud du Saguenay) puis la route 169.

BUS La compagnie **Intercar** (☎627-9108 ou 1-888-861-4592 ; www.intercar.qc.ca ; 430 rue Sacré-Cœur) fait quotidiennement la liaison entre Alma et Chicoutimi (12 $, 1 heure), en passant par Jonquière. Pour rejoindre Québec (50 $, 2 heures 40) ou le Lac-Saint-Jean, la ligne Québec-Dolbeau fait un arrêt à Alma trois fois par jour.

Saint-Gédéon

Îlot de verdure et de calme, le village de Saint-Gédéon est, avec ses plages, une étape agréable sur les rives du lac Saint-Jean. On peut y pratiquer notamment le kayak et le kitesurf. Un projet est en cours pour aménager des emplacements de camping sur les îles au large.

À voir et à faire

Fromagerie Médard AGROTOURISME

(☎418 345-2407 ; www.fromageriemedard.com ; 10 chemin De Quen ; ⏲15 juin-15 sept tlj 9h-20h, reste de l'année mer-dim 9h-18h). Dégustation des différentes variétés de cette fromagerie artisanale parmi lesquelles un cheddar frais fabriqué tous les jours en saison. Sur le parcours de la Véloroute.

Équinox Aventure LOCATIONS PLEIN AIR

(☎345-2589 ; www.equinoxaventure.ca ; 250 rang des Îles ; location heure/demi-journée vélo 9/21 $, kayak de mer solo 21/34 $). Installé sur la plage de l'Auberge des Îles (lire plus bas), ce prestataire propose comme à Dam-en-Terre la location de vélos, pédalos, canots et kayaks. Fait aussi le transport des bagages sur la Véloroute.

O Soleil KITESURF ET LOCATIONS

(☎345-8080 ; www.osoleil.ca ; 505, 5e Chemin, Métabetchouan-Lac-à-la-Croix ; kitesurf 70-90 $ l'heure, 200-250 $/3h, location vélo heure/demi-journée 10/15 $, kayak de mer solo 12/30 $). Loue des kayaks, vélos et canots, mais se distingue surtout par son école de kitesurf, qui propose de l'initiation aussi bien que du perfectionnement. Aussi un café-bistro ouvert tous les jours.

Les voiles Carl Veilleux VOILE ET KITESKI

(☎662-6558 ou 720-2451 ; www.lesvoilescarlveilleux.com ; 4 chemin de la Plage ; excursion voilier 3/6h 70/122 $, -14 ans moitié prix, initiation paraski 2h 70 $). Croisière sur le lac sur un voilier de 10 m pouvant accommoder jusqu'à 8 personnes. L'hiver, des cours avancés de paraski (kitesurf à ski) sont aussi disponibles.

Où se loger, se restaurer et prendre un verre

Microbrasserie du Lac Saint-Jean MICROBRASSERIE $$

(☎345-8758 ; www.microdulac.com ; 120 rue de la Plage ; menu midi 11,95 $, plats 13-23 $; ⏲été tlj 11h30-minuit, jusqu'à 2h jeu-sam, hiver jeu-sam 11h30-1h, dim 11h30-18h). Logé dans une maison récente, ce lieu fondé par trois jeunes de Saint-Gédéon est convivial et fort agréable. Des assiettes de charcuteries et fromages locaux, nachos gratinés et desserts accompagnent la dégustation des bières et panachés maison. Soirées jazz et blues les vendredis soir, en juillet et août. Livres et jeux à disposition.

Auberge des Îles AUBERGE $$$

(☎345-2589 ou 1-800-680-2589 ; www.aubergedesiles.com ; 250 rang des Îles ; ch pavillon secondaire 75-90 $, pavillon principal 135 $, ste 165 $, petit-déj 10 $; menu midi 14-21 $, soir plats 24-34 $, table d'hôte 32-42 $; ⏲tlj ; ❄📶). Un emplacement de choix face à la plage. Les chambres du pavillon principal bénéficient presque toutes d'un balcon et d'une vue sur le lac, mais mériteraient un rafraîchissement. Celles du bâtiment annexe, petites mais confortables, sont meilleur marché (celles à 90 $ ont vue sur l'eau). Restaurant sur place avec terrasse, et nombreuses activités, été comme hiver.

De Métabétchouan à Chambord

Sur une vingtaine de kilomètres se trouvent les villages de Métabétchouan, Lac-à-la-Croix, Desbiens et Chambord. Ce dernier est l'accès sud du lac Saint-Jean depuis la Mauricie (via la route 155) et abrite l'une des attractions principales de la région, le village historique de Val-Jalbert.

Renseignements

BUREAU D'INFORMATION TOURISTIQUE

Un **bureau saisonnier** (☎342-8337 ; www.chambord.ca ; 1811 rue Principale ; ⏲10h-17h tlj fin juin début sept) se trouve à Chambord, presque en face de l'intersection de la route 155 avec la 169.

À voir

Centre d'histoire et d'archéologie de la Métabétchouane HISTOIRE RÉGIONALE

(☎346-5341 ; www.chamans.com ; 234 rue Hébert ; adulte/senior/enfants/famille 9/8/5/25 $; ⏲9h-17h tlj fin juin-début sept, dernière visite 16h). Ce musée, l'un des meilleurs de la région, relate l'histoire des premiers arrivants et leurs échanges avec la culture amérindienne : traite des fourrures, fabrication de raquettes, rabaskas, sculpture de l'albâtre, etc. La visite guidée, gratuite, est dynamique et la présentation bien conçue. Un belvédère extérieur permet un beau point de vue sur la rivière Métabétchouane.

Village historique de Val-Jalbert RECONSTITUTION HISTORIQUE
(☎275-3132 ou 1-888-675-3132 ; www.valjalbert.com ; accès par la route 169 ; adulte/6-16 ans/famille 25/12,85/63,50 $; ⌚tlj 10h-17h début à fin juin, 9h-18h fin juin-fin août, 10h-17h fin août à mi-oct). Ancien site industriel de fabrication de pâte à papier pendant les années 1900 à 1930, profitant de la force hydraulique de deux chutes de 72 et 35 m de haut sur la rivière Ouiatchouan. C'est tout un village qui fut fondé à l'époque autour de l'usine, avec son école, son magasin général et ses 80 maisons jadis louées aux familles entre 8 et 12 $ par mois. Déserté des années durant, le site prend, ici et là, des airs fantômes, entretenus par le fait que beaucoup de maisons n'ont pu être restaurées. Un trolley-bus vous emmène en haut du site, dans l'ancien moulin. Un belvédère tout en transparence y a été aménagé pour apprécier la chute principale. Un **téléphérique** (adulte/6-13 ans 4/2 $) permet de monter en haut de la chute. De là part un sentier de 300 m menant à la seconde chute. Des comédiens recréent l'esprit d'antan lors d'une **animation** (⌚10h, 11h30, 12h45, 16h30, tlj mi-juin à mi-août) quatre fois par jour au magasin général. Une application Smartphone sert d'audioguide avec réalité augmentée.

Il est possible de se loger et de se restaurer sur le site. Quinze **chalets** (4 pers 91-146 $/nuit) et un grand **camping** (31-49 $/4 pers) ont été aménagés près de la rivière, tandis que le magasin général et d'anciennes maisons d'ouvriers abritent des **chambres** (forfait incluant visite et repas 320 $/2 pers) avec sdb privatives, pouvant accueillir jusqu'à 4 personnes. Les repas de type gastronomie du terroir se prennent au moulin ou au magasin général (35 $ avec visite ou 45 $, services à 17h30 et 19h30). Le soir, les chutes sont illuminées.

Activités

Cristal du lac MINÉRALOGIE
(☎213-0702 ; www.cristaldulac.com ; 795 route des Laurentides, au sud de Métabétchouan ; adulte/8-12 ans 14,35/8,26 $ avec fouilles 24,13/18,05 $; ⌚départs jeu-lun 10h30 et14h30 mi-juil à fin août, 10h30 et 13h30 fin juin à mi-juil, week-end uniquement début sept). Des activités de prospection et de randonnée pédestre (3 km de sentiers) sont organisées sur le terrain de ce gisement de quartz en surface. Comptez 2 heures 30 pour une activité guidée. Boutique de joaillerie sur place.

H2O Expédition RAFTING
(☎346-7238 ou 1-866-697-7238 ; www.aventure-expedition.com ; descente 3h 55 $; ⌚départs 9h et 13h30, saisonnier). Descente de rafting sur les eaux de la rivière Métabéchouane. L'arrivée se fait tout près du centre d'histoire.

Le Trou de la fée GROTTE ET TYROLIENNES
(☎346-1242 ; www.cavernetroudelafee.ca ; par la 7e Avenue, Desbiens, puis indiqué ; parc et caverne adulte/5-11 ans 18/12 $, parc seulement 15/9 $, tyroliennes 20/15 $; ⌚tlj 9h-17h mi-juin à mi-oct, caverne fermée dès oct). Sur le site d'une ancienne centrale hydroélectrique harnachant la rivière Métabéchouane, ce parc déroule 4,5 km de sentiers vertigineux dont 205 m de passerelles avec garde-corps et reproduit à certains endroits le parcours de l'eau dans des tuyaux vers la centrale. Un parcours de tyroliennes (40/100 kg min/max, à partir de 8 ans) sur 350 m avec via ferrata s'accroche à 50 m au-dessus de la rivière. La caverne (à partir de 5 ans) est une formation particulière dans ce type de roche métamorphique (et non calcaire). Prévoir de quoi boire, de bonnes chaussures et des vêtements chauds.

Où se loger

Au lac de l'HéCô CHAMBRES D'HÔTE $
(☎342-6938 ; http://giteaulacdeheco.tripod.com ; 1863 route 169 ; s/d avec petit-déj 77/87 $, 25 $ lit d'appoint, taxes incl). Accueil souriant d'Hélène dans ce gîte aux chambres très petites mais fleuries et chaleureuses, installées au sous-sol et bénéficiant d'un petit salon où trônent des meubles en rotin. Vous trouverez de quoi vous faire un thé ou une tisane, de même qu'un four à micro-ondes, un frigo et un joli poêle à bois. Accès au petit jardin et à la balançoire derrière. Trois options de petit-déjeuner.

L'Amical CHAMBRES D'HÔTE $
(☎346-5439 ; www.chez.com/gitelamical ; 229 route 169 ; s/d avec petit-déj 50/60 $; wifi). La route est passante, mais on ne l'entend guère depuis le grand jardin avec patio où l'on peut se détendre. La décoration champêtre est un peu vieillotte, mais on appréciera

le travail fourni pour la rénovation de l'escalier de cette belle maison ancestrale. Très bon rapport qualité/prix.

Glamping Parc Métabétchouane PRÊT-À-CAMPER **$$**
(☎342-6451 ; www.glampingparc.com ; chemin des Érables ; yourte 4 pers 119 $, tipi 109 $, draps 15 $/lit). Tout près du Trou de la fée, ce "glamping" (camping glamour) tout neuf bénéficie d'un site privilégié en bordure de la rivière Métabétchouane. Au milieu des arbres s'élèvent yourtes et tipis complètement meublés et isolés. Une plage artificielle et des sanitaires très modernes venaient d'être installés à notre passage.

ENVIRONS DU LAC-SAINT-JEAN SUD

Ermitage Saint-Antoine TOURISME RELIGIEUX **$**
(☎348-6344 ou 1-800-868-6344 ; www.hebergementermitage.org ; 250 route de l'Ermitage, Lac-Bouchette ; d 66-74 camping 10-28 $; ⏲juin-oct ; 📶@). Tenu par des Capucins, cet ermitage loue une soixantaine de chambres fonctionnelles et surtout silencieuses, avec sdb privatives "dans" la chambre. Le camping a bonne réputation et donne accès à la plage municipale. Possibilité de pension complète ou demi-pension. Ni réellement restaurant ni cantine, il sert une nourriture très correcte, québécoise et régionale. Le site comprend également une tour d'observation, un musée et une chapelle (audioguide disponible).

Roberval

Petite station de villégiature, Roberval est réputée pour accueillir chaque année, depuis 1954, l'arrivée de la **Traversée internationale du lac Saint-Jean** (☎275-2851 ; www.traversee.qc.ca ; dernier sam de juillet). Cette course en nage libre de 32 km, qui traverse le lac depuis Péribonka, est connue auprès des nageurs du monde entier et s'accompagne de nombreuses festivités toute la semaine durant.

Activités

Mikahan VOILE
(☎815-5138 ; www.voilelacst-jean.com ; location voilier 8 pers 400 $, forfait journée 80 $/pers). Basé à Mashteuiatsh, ce prestataire peut vous emmener en croisière à la journée à bord d'un de ses voiliers (4 pers mini). Mieux vaut être nombreux pour compenser le prix de la location. Les forfaits avec repas gastronomique de cuisine autochtone sont avantageux.

Où se loger

Gîte Belle Maison CHAMBRES D'HÔTE **$**
(☎275-3543 ; www.gitescanada.com/10965.html ; 621 bd Saint-Joseph ; s/d 60/80 $). Cette magnifique maison mansardée de 1872 aux murs pastel abrite un gîte un tantinet désuet mais au cachet inspirant. Préférez les chambres à l'étage, plus spacieuses et aménagées de meubles et valises anciennes peints à la main.

Gîte La Brise du Lac CHAMBRES D'HÔTE **$$**
(☎275-0656 ; www.gitelabrisedulac.com ; 493 rue Brassard ; s/d avec petit-déj 83/112 $; 📶). Également une maison centenaire dont les chambres, spacieuses et lumineuses à l'étage, peuvent facilement accueillir une famille. Certains ont une sdb privée. Pancakes ou petit-déjeuner maison.

Où se restaurer

Café Yé ! CAFÉ-ÉCOLO-ÉTHIQUE **$**
(☎275-8741 ; www.lecafeye.com ; 815A bd Saint-Joseph ; buffet 1,70 $/100 g ; ⏲tlj à partir de 8h sauf dim ; @📶). Café aux accents résolument baba cool, on y sert un buffet végétarien bio et un café équitable très bon, de même que des bières de microbrasserie et des pâtisseries. À notre passage, on y jouait de la musique reggae... Concerts certains soirs, mais recyclage et compost en tout temps !

Amaretto RESTO-PUB **$$**
(☎275-0320 ; 869 bd Saint-Joseph ; plats 10-30 $, table d'hôte 21-37 $; ⏲cuisine lun-ven 11h-21h30, sam-dim 15h-22h). Ce "steak-house" propose un menu incorporant de nombreux fromages régionaux. Très animé, l'endroit fait bar quand la cuisine est fermée.

Mashteuiatsh (Pointe-Bleue)

La localité de Mashteuiatsh, qui signifie "là où il y a la pointe" en montagnais, s'étire en bordure du lac, offrant un bel horizon depuis la promenade agréablement aménagée en bord de rive. Les Pekuakamiulnuatsh, "Innus du lac peu profond", sont les seuls autochtones de la région.

Renseignements

CARREFOUR D'ACCUEIL NIKUISHKUSHTAKAN (☎275-7200 ou 1-888-222-7922 ; www.kuei.ca ; 1516 rue Ouiatchouan ; ⏲8h-19h lun-ven, 9h-19h sam-dim, hors saison lun-jeu 8h-16h30 et ven 8h-15h). Dans un bâtiment entouré d'œuvres mixtes réalisées par des artistes locaux, le carrefour d'accueil dispose de panneaux d'interprétation sur la communauté. Visites commentées du parc et de ses œuvres (1,50 $ 35-45 min ; fermé l'hiver).

Fêtes et festivals

Festival Atalukan (mi-août ; www.atalukan.com ; 275-1305). Ce festival de contes et légendes innues accueille maintenant des invités de plusieurs nations, à Mashteuiatsh comme à d'autres endroits autour du lac (Roberval, Saint-Gédéon, Saint-Félicien et Desbiens).

Pow-wow À la mi-juillet, c'est ici que ça se passe ! L'un des plus beaux rassemblements annuels des Premières Nations au Québec.

À voir

L'**église Kateri Tekakwitha** (3 $, appel au musée ou au carrefour d'accueil), du nom de la première amérindienne canonisée par l'Église catholique romaine, peut faire l'objet d'une visite guidée qui retrace l'histoire du catholicisme dans la communauté.

Site de transmission culturelle Uashassihtsh CULTURE AUTOCHTONE
(275-7200 ou 1-888-222-7922 ; 1514 rue Ouiatchouan ; adulte/étudiant et senior/6-12 ans/famille 5/4/2/12 $; tlj 10h-18h, animation jusqu'à 16h30 fin juin-mi-sept). Occupé par des artisans, le site recrée un campement innu des années 1910-1930 en mettant l'accent sur l'importance des voies d'eau et des canots. Des mocassins et des outils sont fabriqués sur place. Billetterie au carrefour d'accueil.

Musée amérindien CULTURE AUTOCHTONE
(275-4842 ou 1-888-875-4842 ; www.museeilnu.ca ; 1787 rue Amishk ; adulte/étudiant/6-12 ans/famille 10/8,50/6/28 $; tlj 9h-18h mi-mai à mi-oct, lun-jeu 8h-12h et 13h-16h hors saison, jusqu'à 15h ven). Solide introduction à l'histoire des Ilnuatsh. Une salle est dédiée à la communauté montagnaise du lac tandis qu'une autre se consacre à l'art contemporain innu. Ne manquez pas le petit jardin d'herbes médicinales. Programmation culturelle en été : ateliers, démonstrations et concerts les mercredis. La boutique sur place comprend une belle sélection de livres et de disques locaux.

Où se loger

Camping Plage Robertson CAMPING $
(275-1375 ; www.campingquebec.com/plagerobertson ; 2202 rue Ouiatchouan ; empl 22-39 $; fin mai à mi-oct). Aménagé en bordure du lac, ce camping compte 150 emplacements, avec ou sans service. Il n'y a pas de route à traverser pour se rendre à la plage, d'accès libre pour les clients. La plus grande surprise est sans doute la cantine sur place, tenue par Rafik, qui concocte, de jour, de savoureuses salades (canard confit !) et le soir une table d'hôte alléchante et abordable.

Auberge Maison Robertson CHAMBRES D'HÔTE $
(275-8375 ; www.aubergemaisonrobertson.ca ; 1645 rue Ouiatchouan ; s/d avec petit-déj 75-100/90-115 $ taxes incl ; @). Ne vous étonnez pas de voir à l'entrée trophées, photos de famille et autres objets liés à la traite des fourrures : vous êtes ici dans l'ancien centre d'interprétation dédié à son histoire. C'est aujourd'hui une auberge de 6 chambres confortables, certaines avec vue sur le lac, la plus chère ayant une sdb privée. Le petit-déjeuner fait maison vous fera découvrir le pain bannique des autochtones.

Achats

Les trois boutiques de la réserve proposent chacune des spécialités différentes : **Teuehikan** (725-7012 ; www.mashk.com ; 1747 Ouiatchouan) des articles de maroquinerie, cuir et suède, toutes familles autochtones confondus ; la **boutique d'arts amérindiens** (275-9155 ;www.boutiquedartsamerindiens.com ; 1857 rue Nishk) des vitraux et mosaïques locales et **Eskuan** (275-5593 ; 2204 Ouiatchouan ; juin-oct) un tipi d'écorce.

Saint-Prime

Saint-Prime s'enorgueillit de posséder l'une des plus belles plages du lac Saint-Jean. La 14e Avenue permet d'y accéder depuis la route 169 tandis que la Véloroute des bleuets y fait escale.

Fondée en 1895, la fromagerie artisanale Perron est toujours en activité. Le **musée du Fromage cheddar** (251-4922; www.museecheddar.org ; 148 av. Albert Perron ; adulte/étudiant et senior/6-12 ans 10,50/9,50/5,75 $; tlj 10h-17h juin et sept, 9h-18h juil-août) évoque sa mémoire tout en offrant une dégustation de 5 sortes de cheddar produits sur place.

Saint-Félicien

Cette ville donnant sur la rivière Ashuapmushuan tient le haut du pavé grâce à son zoo sauvage, véritable pôle d'attraction de la région qui justifie le voyage jusqu'ici. Elle offre sinon étrangement peu d'ouverture sur l'eau, les restaurants et principaux hébergements lui tournant le dos et lui préférant l'animation du bd Sacré-Cœur.

Renseignements

BUREAU D'INFORMATION TOURISTIQUE (679-9888 ou 1-877-525-9888 ; www.ville.stfelicien.qc.ca ; 1209 bd Sacré-Cœur ; lun-ven 8h30-19h30, sam-dim 9h-19h30, fermé sam-dim hors saison). Un système de carte permet de visualiser les hébergements libres. Téléphone à disposition pour les appeler.

À voir et à faire

Zoo sauvage de Saint-Félicien PARC ZOOLOGIQUE
(679-0543 ou 1-800-667-5687 ; www.zoosauvage.org ; 2230 bd du Jardin ; adulte/senior et étudiant/6-14 ans/3-5 ans 40/33,50/26,50/16,50 $, famille 115 $ taxes incl ; tlj 9h-17h mai, 9h-18h juin-août, jusqu'à 20h mi-juil à mi-août, 9h-17h sept-oct ;). Ce zoo s'étend sur un vaste site, avec des espaces dédiés à la faune asiatique (superbes tigres), arctique (deux ours polaires), montagnarde ou encore de Mongolie. On peut aussi assister aux collations des animaux (le meilleur moment pour les observer étant d'arriver un peu avant, sinon, repus, ils sont moins enclins à s'exposer aux regards). Le clou d'une journée là-bas reste le petit train qui permet d'observer, le long d'un trajet de 7 km, la faune en liberté (ours, bisons, caribous, cerfs de Virginie, loups, chiens de prairie...). La visite, commentée, est ponctuée de reconstitutions d'un camp bûcheron, d'un poste de traite de fourrures, d'un camp amérindien... Possibilité d'échelonner la visite sur 2 jours. Cantine sur place.

D'arbre en arbre PARCOURS DANS LES ARBRES
(679-3855 poste 3352 ou 1-866-900-5243 ; www.arbreenarbrestfelicien.com ; 500 Petit rang ; adulte/12-17 ans/-11 ans /5-9 ans 28-37/22-30/16-21/9 $ selon parcours ; tlj 9h-15h fin juin-début sept, sam-dim 10h-14h mai-fin-juin et début sept-mi-oct). À une dizaine de minutes du centre-ville, vous attendent des tyroliennes (10 au total, surplombant la rivière à l'Ours) et autres ateliers ludiques aménagés en pleine forêt. Prévoir 3 heures 30 environ.

ENVIRONS DE SAINT-FÉLICIEN

En direction de Chibougamau, à 20 km sur la route 167 se trouve le petit village de La Doré, une escale bien agréable loin des foules de Val-Jalbert et du zoo.

DE BLEUET ET DE TOURTIÈRE

Les Jeannois ont deux grandes fiertés dans le domaine culinaire : la tarte aux "bleuets" (myrtilles) et la tourtière dite du Lac-Saint-Jean. Tels des pêcheurs vantards, ils affirment parfois qu'une tarte ne nécessite qu'un seul bleuet tellement ils sont gros. Pour ce qui est de la tourtière, sorte de pâté de viande en croûte, sa recette diffère du reste de la province. En effet, la tourtière du Lac contient autant de pommes de terre que de porc et se cuisine dans un creuset, tandis que la tourtière québécoise est un mélange de porc, de bœuf et de veau sans pommes de terre, préparé comme une tarte.

Moulin des Pionniers RECONSTITUTION HISTORIQUE
(256-8242 ou 1-866-272-8242 ; www.moulindespionniers.com ; 4205 chemin des pionniers, La Doré ; adulte/senior/13-17 ans/famille 15/12/11/32 $; 9h30-18h ;). Ce site abrite un ancien moulin à scie de bois encore en fonction, un camp de draveurs, une ancienne maison du village déplacée ici et reconvertie en cuisine traditionnelle, une forge, des ateliers... Une exposition met en parallèle le vieux moulin et l'actuelle usine de papier Resolute. Possibilité d'hébergement en dortoir sur le site (27 $, draps 15 $).

Sur la route des pionniers TRAÎNEAU À CHIENS
(256-1162 ou 1-800-868-1162 ; www.surlaroutedespionniers.com ; 1930 rang Saint-Paul, La Doré ; demi-journée adulte solo/tandem/6-12 ans/-6 ans 95/80/50/gratuit, journée 160/130/100/20 $). Petite entreprise familiale bientôt dotée d'un gîte, ce prestataire programme des randonnées de 15-20 km ou de 30-35 km (repas inclus).

Où se loger

BON PLAN **Les Artisans de la grange** CHAMBRES D'HÔTE $
(679-5241 ; www.artisansdelagrande.com ; 1766 bd du Jardin ; s/d 55/65-85 ;). Doris et Claude peuvent se targuer d'offrir dans leur vieille maison l'hébergement le plus près du zoo mis à part le camping (à 3 km plus loin sur la route). Les trois chambres à décoration champêtre et aux lits fort douillets collent bien avec l'ambiance chaleureuse de l'endroit. L'une d'entre elles a sa propre sdb. Excellent rapport qualité/prix.

Au Gîte Hébergement Girard CHAMBRES D'HÔTE **$**
(679-1709 ; www.gitescanada.com/10644.html ; 1140 rue Boivin ; s/d avec peti-déj 65/70-90 $ taxes incl ;). Ginette vous réservera un accueil chaleureux et un petit-déjeuner pantagruélique (le plus copieux que nous ayons testé !). Un appartement très bien équipé mais un peu sombre au sous-sol avec 2 chambres séparées et 2 sdb convient tout particulièrement aux familles.

À Fleur d'eau CHAMBRES D'HÔTE **$**
(679-0574 ; www.giteafleurdeau.com ; 1016 bd Sacré-Cœur ; s/d avec petit-déj 66/86 $). Certainement la meilleure adresse de la ville, ce beau gîte séduit par le confort de ses chambres coquettes et son mobilier de jardin, face à la rivière.

Gîte des deux rives CHAMBRES D'HÔTE **$**
(679-3738 ; www.gitescanada.com/11218.html ; 1310 bd Sacré Cœur ; s/d avec petit-déj 70/75-85 $ taxes incl ;). Près de la rivière, ce gîte récent abrite des chambres confortables avec TV, dotée d'une décoration champêtre. La plus chère dispose d'une sdb privée. L'endroit est idéal pour les cyclistes de la Véloroute.

 **La Maison Banville**
CAFÉ ET CHAMBRES D'HÔTE **$$**
(613-0888 ; www.lamaisonbanville.com ; 1086 bd Sacré-Cœur ; d avec petit-déj 90-120 $ taxes incl ;). Tenu par des propriétaires hypersympathiques, ce gîte tranche avec les autres en offrant 5 chambres simples aux notes plus contemporaines, avec de belles têtes de lit en bois. La maison abrite aussi un **café-bistro** (plats 6-13 $; mar-sam 10h-2h, dim-lun 11h-16h), parfait pour un expresso ou un repas léger (paninis, salades, desserts). Table d'hôte vensam sur réservation (43 $).

Où se restaurer

L'Ouragan Resto-Lounge PUB-LOUNGE **$$**
(630-2008 ; www.hotelouragan.com ; 1055 bd Sacré-Cœur ; plats 13-18 $, table d'hôte 25-30 $). Une adresse que l'on mentionnera pour son pub-lounge, l'un des lieux les plus animés de Saint-Félicien pour se restaurer, à la carte bistro/pub plutôt correcte. La partie hôtel (ch haute/basse saison 60-120/40-100 $) est à éviter à tout prix. À chaque vague de rénovations, on espère que les chambres seront plus belles, mais rien n'y fait, une malédiction semble avoir frappé...

Auberge des Berges AUBERGE **$$**
(1-877-679-3346 ; www.auberge-des-berges.qc.ca ; 610 bd Sacré-Cœur ; ch basse/haute saison 70-100/94-150 $;). Dans l'ancienne résidence des frères Maristes est aménagée cette auberge aux 15 chambres très correctes, vieillottes mais confortables, avec téléviseur, réfrigérateur et sdb privées. L'établissement est surtout réputé pour son restaurant, sûrement le meilleur de la région, servant une cuisine régionale un peu chère sur une splendide véranda. Préférez les chambres côté rivière, plus tranquilles.

Où prendre un verre

La Chouape MICROBRASSERIE
(613-0622 ; www.lachouape.com ; 1164 bd Sacré-Cœur ;hsept-mi-juin mer-sam 15h-minuit ;). Cette petite microbrasserie a une grande réputation. Plusieurs de ses bières, dont l'ambrée amère et la noire à l'avoine, ont été primées. Terrasse sur le côté et ambiance bon enfant.

Depuis/vers Saint-Félicien

VOITURE Si vous allez vers Chibougamau et traversez la réserve faunique Ashuapmushuan, soyez vigilant car des orignaux traversent fréquemment la route. Évitez autant que possible de faire le trajet de nuit. Comptez en moyenne 2h30. La dernière station-service se trouve au km 29 et la route est déserte jusqu'au km 211.

BUS La ligne **Intercar** (627-9108 ou 1-888-861-4592 ; www.intercar.qc.ca ; 1119 rue Saint-Jean-Baptiste) Québec-Dolbeau relie Saint-Félicien plusieurs fois par jour via Chambord et Alma. On peut aussi rejoindre Chicoutimi (2 heures 55) ou faire la correspondance vers Chibougamau (2 heures 50).

De Saint-Félicien à Péribonka

Cette portion de la route offre des beaux horizons agricoles. On se permettra de quitter les rivages du lac et de passer d'abord la petite ville de **Normadin**, rendue fameuse par la chanson *La rue principale* du groupe culte québécois Les Colocs.

Un détour par la petite localité de **Girardville**, aux portes de la forêt boréale, ravira les amateurs de pleine nature qui y trouveront des prestataires d'activité de renom. La ville industrielle de **Dolbeau-Mistassini** s'avère un peu décevante, mais la rivière Mistassibi, affluent de la rivière Mistassini, possède une excellente réputation pour la descente en rafting.

Après Dolbeau-Mistassini, le petit village de **Sainte-Jeanne-D'arc** offre un paysage

LES BLEUETS DE L'ESPOIR

Le bleuet, emblème de la région, a donné aux habitants du lac Saint-Jean leur surnom. Ce petit fruit, cousin de la myrtille, est apparu après le gigantesque incendie qui ravagea en 1870 les forêts situées entre Saint-Félicien et Chicoutimi. Premier arbuste à repousser après le passage des flammes, il devint le symbole de l'espoir et de la reconstruction aux yeux de la population. Il est devenu un véritable moteur économique, exporté partout au Québec et dans le monde.

Présent sur tout le territoire québécois, le bleuet accompagne tartes, viandes et laitages. Alcools, vins et confitures sont aussi produits à partir de cette baie, que l'on ramasse dès la fin juillet. La région du Lac-Saint-Jean dispose de nombreuses coopératives bleuetières, qui accueillent volontiers les visiteurs, simples curieux ou bénévoles, pour une cueillette improvisée. Ne manquez pas de goûter les chocolats aux bleuets frais des pères trappistes de Mistassini.

rafraîchissant, notamment en raison de son joli **moulin** (3 $; ⏲tlj 9h-17h mi-juin-fin août) datant de 1902, mais aussi pour le pont couvert situé un peu en retrait (suivre les panneaux), où s'étale un paysage bucolique, parfait pour un pique-nique.

À voir

Économusée du pelletier-bottier Bilodeau FOURRURES ET TAXIDERMIE
(☎274-2002 ; www.bilodeauinc.com ; 943 rue Saint-Cyrille, Normandin ; adulte/-12 ans 5/2 $; ⏲10h-16h lun-ven, visites guidées 10h30, 13h30, 15h). Curieux et instructif, cet économusée est un paradis pour le trappeur contemporain. Le travail traditionnel des fourrures y est expliqué en détail de même que la technologie actuelle pour ce qui est de la fabrication de bottes, notamment. C'est toutefois la partie taxidermie qui est la plus épatante, avec ses montages d'un réalisme sans faille (dont deux orignaux !).

Activités

Plein air

Les prestataires de Girardville (www.destinationboreale.com) ont commencé à se regrouper et à s'organiser pour le bénéfice des touristes. Le système n'est cependant pas encore centralisé, et il n'y a pas de numéro unique pour les renseignements.

Attractions Boréales TRAÎNEAUX À CHIENS
(☎679-6946 ; www.attractionsboreales.com, 16 chemin du Lac-Pelletier ; ⏲mi-déc à fin avr). Bien que spécialisée dans les raids tout inclus de 5-12 jours, cette entreprise propose également des forfaits d'une journée (à partir de 195 $), et d'autres activités (motoneige, pêche blanche, raquettes, etc.). Hébergement et restauration assurés sur place.

Aventuraid EXPÉDITIONS ET EXCURSIONS
(☎258-3529 ; www.aventuraid.qc.ca ; 2395 rang de la Pointe). Surtout réputée pour ses activités de chien de traîneau (à partir de 195 $), cette base nature propose des forfaits d'activités de grande nature, comme le canot (expéditions 2-5 jours, descente guidée à la journée, location), et des excursions de motoneige. Leur spécialité : l'observation de l'ours noir mais surtout des loups, avec le parc Mahikan, regroupant des enclos hébergeant une meute de près de 40 loups. Il est possible de les observer depuis le chalet Atipic, et même d'y passer la nuit (adulte/enfant 12/8 $). D'autres camps, huttes et tentes bien équipés peuvent vous accueillir sur le site.

Rafting

Deux prestataires organisent des descentes sur la rivière Mistassibi au départ de Saint-Stanislas, à quelques kilomètres au nord de Dolbeau-Mistassini : **H2O Aventure** (☎346-7238 ou 1-866-697-7238 ; www.aventure-expedition.com ; descente 5h, 90 $ repas incl) et **Québec Raft** (☎618-7238 ; www.quebecraft.com ; 1031 rue Principale, Saint-Stanislas ; descente 4-5h rafting 69$, luge d'eau 89 $; ⏲départs 9h et 14h).

Théâtre itinérant

(☎239-2626 ; www.millehistoires.com ; 5-20 $ selon spectacle ; ⏲juil-août). À Dolbeau-Mistassini principalement, mais aussi dans plusieurs villages du nord du lac, des acteurs recréent des épisodes de l'histoire de la région en une série de pièces de théâtre en plein air.

Où prendre un verre

Le Coureur des bois MICROBRASSERIE
(☎979-1197 ; www.lecoureurdesbois.com ; 1551 bd Wallberg ; ⏲mer-ven 15h-1h, sam 13h-1h, dim 13h-17h). Toute récente, cette microbrasserie

possède une jolie salle de dégustation sur le thème de la chasse et une belle terrasse en plein centre-ville. Pas de nourriture sauf des assiettes de fromages et charcuteries (15 $), mais vous pouvez faire livrer de la pizza ou autre sur place.

Achats

Bergerie du nord SAVONNERIE
(☎274-7989 ; www.labergeriedunord.com;v827 rang 4). Cette ferme-bergerie fabrique une bonne gamme de savons au lait de chèvre aromatisés d'huiles essentielles.

Depuis/vers Saint-Félicien à Péribonka

VOITURE La route 169 quitte Saint-Félicien et traverse Normandin. Pour joindre Girardville, il faut quitter la route au niveau d'Albanel, et emprunter le Grand rang nord. Depuis Dolbeau-Mistassini, le rang Saint-Louis permet d'atteindre Saint-Stanislas. Péribonka se trouve plus loin sur la route 169.

BUS La ligne **Intercar** (☎276-2775 ou 1-888-861-4592 ; www.intercar.qc.ca ; 1721 rue Walberg) en partance de Québec a pour terminus le dépanneur Couche-Tard de Dolbeau, près de l'intersection du bd des Pères. Il n'y a pas de lien vers Alma côté nord.

De Péribonka à Alma

Construit à l'embouchure de la rivière Péribonka et du lac Saint-Jean, Péribonka s'étire en longueur, offrant une agréable marina et de beaux panoramas. Depuis la publication en 1916 du roman *Maria Chapdelaine*, de Louis Hémon, le village est sorti de l'anonymat.

Le **parc national de la Pointe-Taillon** est le pôle touristique local. Vaste plaine couverte de bouleaux, de peupliers, de pins, de mélèzes et d'épinettes noires, ce parc de 92 km² ménage de somptueuses perspectives sur le lac. Baigné au sud par ce gigantesque plan d'eau, il est bordé au nord par la rivière Péribonka, le principal affluent du lac, ce qui lui donne une forme de presqu'île. Près de ses rives, bordées de plages faciles d'accès, on y observe une riche faune sauvage (castors, orignaux, tétras du Canada, bernaches et oies des neiges).

À voir

Musée Louis-Hémon PATRIMOINE RÉGIONAL
(☎374-2177 ; www.museelh.ca ; 700 route Maria-Chapdelaine ; adulte/senior/enfant 5,50/4,50/3,50 $; ⏲tlj 9h-17h fin juin-début sept, mar-ven 9h-16h hors saison) Ce musée consacre une salle entière à l'écrivain et une autre reconstituant une maison d'époque. Un pavillon présente des expositions d'art contemporain régional. Attention, on parlait de hausser les prix à notre passage.

Activités

Parc national de la Pointe-Taillon PLEIN AIR
(☎347-5371 ou 1-800-665-6527 ; www.parcsquebec.com ; 835 rang 3 Ouest, Saint-Henri-de-Taillon ; accès adulte/6-17 ans/famille 6/2,75/8-12 $; ⏲tlj 9h-17h début-fin-juin, 8h-21h fin juin-mi-août, 8h-20h fin août-début sept, 9h-17h début sept à mi-octobre). Le centre de découverte et de services du parc se trouve à l'entrée sud. Il vous renseignera sur les activités à pratiquer sur place et dispose d'un casse-croûte avec terrasse sur la plage. De fin juin à mi-août, période durant laquelle la baignade est surveillée, il faudra vous acquitter d'une taxe de stationnement (voiture/moto 5,50/3,50 $). Si vous ne faites que traverser le parc à vélo via la Véloroute des bleuets (voir l'encadré p. 289) en moins de 2 heures sans faire le tour de la pointe, l'accès au parc vous sera remboursé.

Le parc ravira les amateurs de vélo : la **piste cyclable** aménagée sur 45 km permet de faire le tour de la pointe Taillon, alternant paysages forestiers, tourbières et bords du lac (boucle de 4 heures environ). Vous pourrez **louer et faire réparer des vélos** (adulte/enfant 12,25/7,25 $ l'heure, 3h 24,25/11,75 $) dans un local à côté du centre de découverte et de services, ou bien près du poste d'accueil de Sainte-Monique, au nord du parc.

Une quinzaine de kilomètres de **plages** bordent en outre sa partie sud, en particulier aux km 10, 12 et 14. Une plage est surveillée en haute saison, face au centre de découverte et de services. La rive nord abrite quelques plages sablonneuses, même si l'eau y est plus froide : on vous conseille un arrêt au km 30. Des forfaits de **vélo-camping** (91 $/nuit/2 adultes, 2 nuits min) sont une agréable façon de profiter du parc. **Canots, pédalos, kayaks, chaises de plage** et autres **parasols** sont également en location, et des circuits de **kayak-camping** sont aussi possibles.

Une **navette maritime** (☎1-888-374-2967 ; aller simple adulte/enfant 6/4 $, aller-retour 10/6 $, île Bouliane 18/10 $; ⏲ttes les heures, 10h-17h tlj fin juin-début sept) permet désormais de rallier la pointe Chevrette et l'île Boulians dans le parc national en 15 minutes avec son vélo depuis la marina de Péribonka, sans passer par Sainte-Monique.

Où se loger et se restaurer

Dans le parc, trois sites de **camping rustique** (empl 21,50-23 $) sont aménagés à proximité du centre de découverte et de services, aux km 2, 3 et 4 de la piste cyclable. Des tentes Huttopia **prêt-à-camper** (99-116 $/nuit, draps 16,50 $) ont été montées sur le second. L'île Bouliane, accessible par la navette nautique au départ de Péribonka, compte six emplacements. Celle-ci dessert également le camping Pointe-Chevrette, sur la rivière Péribonka. Tous ces campings, accessibles seulement à vélo ou par voie maritime, bénéficient d'une plage.

Pour trouver un camping avec services accessible en voiture, il faut sortir du territoire du parc. Dans le secteur nord, le **centre touristique Sainte-Monique** (☎347-3124 ou 1-877-347-3124 ; www.ctouristiquesm.com ; 900 rang 6 Ouest, Sainte-Monique) gère un camping (empl 24-34 $) bien aménagé et loue des chalets (125 $, capacité 6 personnes), alignés au bord de la forêt. Le parc gère par ailleurs la location de 2 **chalets** et d'autres **prêt-à-camper** sur la plage Amicaux, à 14 km du centre de découverte et de services.

Au Petit Bonheur CHAMBRES D'HÔTE **$**
(☎374-2328 ou 418-637-8939 ; 374 rue Plante ; s/d avec petit-déj 55-65/78-85 $; ⏲saisonnier). Cette maison à l'atmosphère détendue, à quelques pas de la marina, possède à l'étage 4 chambres simples et agréables aux tons pastel rafraîchissants, agrémentées de draps colorés. Deux ont vue sur le lac. Quelques vélos peuvent être prêtés, mais renseignez-vous avant. Marie est très sympathique, presqu'un peu trop ! Bons petits-déjeuners (soufflé aux fruits, crêpes).

Auberge Île du Repos AUBERGE ET CAMPING **$**
(☎347-5649 ; www.iledurepos.com ; 105 route île du Repos ; dort adulte/11-17 ans/7-10 ans 34/20/13,50 $ taxes incl, camping s/d 23,50/30 $, s/d 71-86/84-102 $ selon sdb, chalet 150 $/nuit ; petit-déj 4-11 $, plats 10-21 $, table d'hôte 24-28 $; ⏲accueil 8h-22h, bar 16h-3h sauf spectacle, restaurant 8h-21h). Situé au bord d'une jolie plage entourée de verdure, ce site offre des possibilités d'hébergement nombreuses : camping rustique, petits chalets, chambres individuelles ou dortoir. Aux activités (volley, croquet, location de vélos...) s'ajoute une programmation culturelle de spectacles et concerts très réputée. Le bistro sert une cuisine correcte. L'auberge se situe à la sortie de Sainte-Monique, à une quinzaine de kilomètres à l'est de Péribonka.

Depuis/vers Péribonka à Alma

VOITURE La route 169 fait le tour du lac et permet de joindre Saint-Félicien à l'ouest, où il est possible de bifurquer vers Chibougamau, ou de rallier Alma à l'est et prendre les routes 172 ou 170 au Saguenay, respectivement rives nord et sud. Arrivant de Péribonka, l'entrée principale du parc de la Pointe-Taillon (au sud, dans le secteur Taillon) peut être rejointe par un raccourci empruntant la route de la Pointe-Taillon, qui quitte la 169 dans un virage sur la droite, peu après la station-service Sonerco. L'entrée Sainte-Monique se situe au sud du parc, en prenant le rang 6 depuis la roue 169.

Côte-Nord

Dans ce chapitre »

Le top des hébergements

- La Richardière (p. 322)
- Auberge internationale Le Tangon (p. 325)
- Auberge Le Port d'Attache (p. 333)

Le top des restaurants

- Chez Mathilde (p. 308)
- La Cache d'Amélie (p. 318)
- Le Fidèle Absolu (p. 310)

Pourquoi y aller

Façonnée par les vallons sauvages, les plages sablonneuses et un bon millier de rivières, la Côte-Nord se partage entre terre et mer dans un décor d'une beauté presque irréelle. Un monde aussi gigantesque qu'indomptable que peu d'hommes ont su apprivoiser ; encore aujourd'hui on ne compte en moyenne que 0,4 habitant au km^2.

La terre de prédilection des marchands de fourrures et des pêcheurs de morue est aujourd'hui un fabuleux terrain d'observation des baleines, qui viennent s'alimenter de mai à octobre dans les eaux du Saint-Laurent. Bien que la villereine de Tadoussac soit souvent le point ultime de l'itinéraire des voyageurs, le vaste horizon qui s'étend au nord sur plus de 1 000 km jusqu'à Blanc-Sablon, mérite qu'on s'y aventure.

C'est à partir de Sept-Îles que la Côte-Nord révèle son vrai visage. La route quitte alors l'estuaire du fleuve pour s'enfoncer, dès Pointe-des-Monts, dans le golfe du Saint-Laurent. Le territoire de la Minganie, dont le chapelet d'îlots est riche en sculptures de calcaire, s'étire jusqu'à Natashquan, village du bout du monde du poète Gilles Vigneault. Le bateau et l'avion sont ensuite les seuls moyens d'aborder les derniers 300 km de la Côte-Nord. Le paysage se métamorphose. L'horizon se dénude. Petits conifères et touffes de mousses multicolores recouvrent le sol, au milieu d'une multitude de marais. Le paysage à lui seul récompense le voyageur.

Quand partir

Début juillet À cette époque les sites les plus touristiques ne sont pas encore fortement envahis.

Août Si vous souhaitez pousser la route jusqu'en Minganie et demeurer sur la côte.

Février-avril Pour sortir des sentiers battus et remonter vers Fermont et les Monts Groulx.

À ne pas manquer

1. L'observation terrestre des baleines au **Cap-de-Bon-Désir** (p. 310)
2. Une journée d'étude des cétacés avec les scientifiques de la **Station de recherche des îles Mingan** (p. 328)
3. Une **balade en bateau** (p. 330) dans l'archipel de Mingan, renommé pour ses monolithes de calcaire
4. **Natashquan** (p. 332), ville natale de Gilles Vigneault et terminus de la route
5. Le contact direct avec la faune quasi apprivoisée de l'**île d'Anticosti** (p. 337)
6. Approfondir ses connaissances sur les baleines au **Centre d'interprétation des mammifères marins** de Tadoussac (p. 303)
7. La visite des gigantesques **centrales hydroélectriques de Manic-2 et Manic-5** (p. 319)

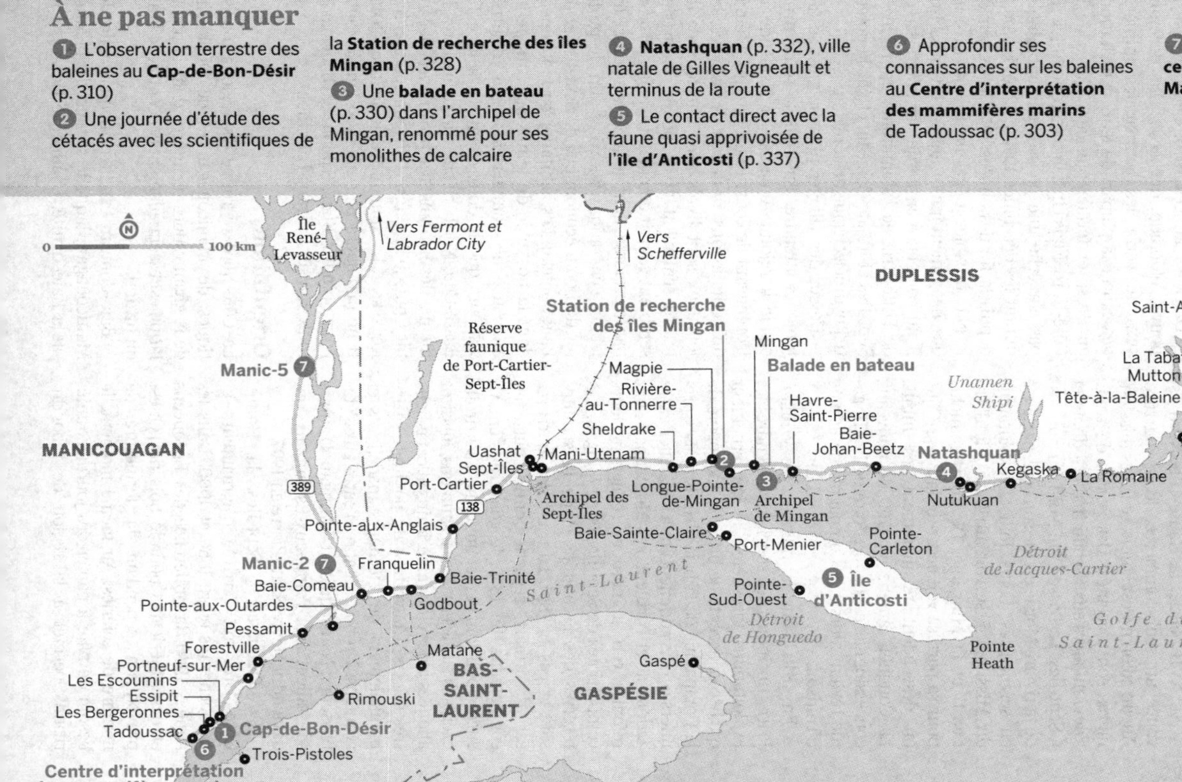

Histoire

Fief des Montagnais et des Naskapi, la Côte-Nord est connue dès les années 1500 par les pêcheurs de morue venus du Pays basque, d'Angleterre et d'Espagne. L'austérité du relief rocheux n'inspirera guère Jacques Cartier lors de son premier voyage. "La terre que Dieu donna à Caïn", comme il la décrit dans son journal, restera longtemps hors du champ d'intérêt de la Nouvelle-France.

Au XVIIe siècle, la Haute-Côte-Nord est vouée au seul commerce de la fourrure. Aucun colon n'y est admis, seuls les missionnaires sont acceptés. Des postes de traite s'ouvrent alors aux Escoumins, à Godbout et à Sept-Îles. La Basse-Côte-Nord, au nord-est de la rivière Moisie est, de son côté, partagée en seigneuries. Louis Jolliet, l'explorateur du Mississippi, se voit attribuer l'île d'Anticosti et la Minganie. De Courtemanche, pour sa part, se voit accorder la Basse-Côte, où descendent régulièrement les Inuits. La Conquête amène en 1760 de nouveaux concessionnaires. Le territoire de la Minganie revient alors à la Compagnie de la baie d'Hudson.

En 1842, sous la pression de William Price, un industriel soucieux d'étendre ses exploitations forestières, le gouvernement québécois accepte de briser le monopole de la Compagnie de la baie d'Hudson. Les premiers colons commencent à s'installer entre Tadoussac et Portneuf. Les Montagnais sont refoulés vers le nord et rejoignent leurs compatriotes de Sept-Îles et de Mingan. Les réserves des Escoumins et de Betsiamites sont créées en 1861. La traite des fourrures est désormais répartie entre plusieurs compagnies. En 1859, le gouvernement va encore plus loin et met un terme à ses droits exclusifs sur les rivières à saumons, aussitôt allouées à des clubs américains et canadiens très sélects. L'ouverture du territoire attire parallèlement des pêcheurs madelinots et acadiens. Un bon nombre d'entre eux s'établissent à Natashquan et à Mingan. D'autres s'installent à la Pointe-aux-Esquimaux, qui deviendra Havre-Saint-Pierre en 1927.

De Tadoussac à Sept-Îles, la Haute-Côte-Nord voit l'arrivée d'agriculteurs et de bûcherons entre 1860 et 1900. Dans les années 1940, la préférence des Européens et des Américains pour le bois de l'Ouest provoquera cependant la fermeture de nombre de scieries. Au même moment, le besoin de pâte à papier des journaux américains permet à la région de rebondir. Des villes comme Clarke-City et Baie-Comeau émergent. Jusque dans les années 1950, elles assureront le développement de la Côte-Nord. Parallèlement, les grands chantiers miniers et hydroélectriques de l'arrière-pays (dont Manic-5) transforment Sept-Îles, Pointe-Noire et Port-Cartier en grands centres portuaires. Des cargos géants venus d'Europe, du Japon et des États-Unis s'y approvisionnent en minerai de fer.

Dans les années 1970, Sept-Îles est le nouvel eldorado québécois. La décennie suivante verra les compagnies minières délocaliser la plupart de leurs exploitations au Brésil et fermer plusieurs usines de la Côte-Nord. Mais l'instabilité économique n'a pas empêché une poussée démographique durant les décennies 1950 à 1980. Même si depuis la fin des années 1950 le secteur de la pâte à papier a également enregistré un désengagement important des investisseurs, il fut compensé en partie par la croissance de l'industrie de l'aluminium, implantée à Sept-Îles et à Baie-Comeau, et par le potentiel hydroélectrique de la région.

L'essor des villages plus éloignés se fait toujours attendre. En 1996, la route principale a rejoint Aguanish et Natashquan. Dorénavant, le courrier n'y est plus jeté par de petits avions au-dessus des villages, les journaux sont livrés avec une journée de retard seulement et de petites industries semblent vouloir émerger. L'isolement brisé par le prolongement de la route a poussé les jeunes générations à s'exiler afin de profiter du boom économique de Sept-Îles et de Baie-Comeau. Les habitants gardent cependant la nostalgie du temps où leurs petits hameaux ne connaissaient pas d'autres visiteurs que le doux chant de la mer. La Basse-Côte-Nord risque de connaître le même destin dans les prochaines décennies puisqu'il suffira d'un pont pour relier Kegaska et La Romaine, sans doute en 2013. Il ne manquera plus que 400 km de route pour joindre Blanc-Sablon et boucler la route 138 sur la Trans-Labrador.

Orientation

La Côte-Nord regroupe les régions touristiques de Manicouagan et de Duplessis, deux gigantesques territoires dont la population est essentiellement concentrée le long du littoral.

Baie-Comeau est la principale ville de Manicouagan, laquelle s'étend de Tadoussac à Baie-Trinité. L'immense Duplessis le prolonge de Pointe-aux-Anglais à Blanc-Sablon, dernier village avant la province du Labrador.

La route 138 est la seule voie est-ouest. Elle relie Tadoussac à Natashquan. Les villages suivants, disséminés sur la côte, sont desservis uniquement par bateau ou par avion.

La route 389 est le seul axe nord-sud. Longue de 570 km, elle relie Baie-Comeau à Labrador-City et est ouverte à l'année, mais pas entièrement bitumée. Elle passe par le barrage Manic-5, la ville fantôme de Gagnon et la ville minière de Fermont.

Renseignements

INDICATIF TÉLÉPHONIQUE 418

TRAVERSIER Quatre traversiers permettent de rejoindre les rives sud et nord du Saint-Laurent: Les Escoumins vers Trois-Pistoles, Baie-Comeau et Godbout relient Matane, tandis que celui de Forestville rejoint Rimouski.

HÉBERGEMENT Encore peu fréquentée par rapport aux autres régions du Québec, la Côte-Nord possède peu d'infrastructures ouvertes à l'année, mis à part Sept-Îles et Baie-Comeau où elles sont destinées aux travailleurs. Cependant, la région dispose d'un bon réseau d'hébergements, opérationnels pour la plupart de la mi-mai à octobre.

TADOUSSAC ET ENVIRONS

Tadoussac

La grande star de Tadoussac peut peser plus de 100 tonnes, avaler 35 000 litres d'eau d'une seule goulée et passer 95% de son temps sous l'eau... Cette petite localité des rives du Saint-Laurent est en effet considérée comme la capitale mondiale de l'observation des baleines, attirées par le krill, que l'on retrouve en grande quantité au confluent du Saguenay et des eaux salées du fleuve.

Entourée de vallons boisés et rocheux que les Montagnais appelaient Tatoushak ("mamelons"), Tadoussac est également la porte d'entrée de la Côte-Nord, au confluent du fjord du Saguenay et du Saint-Laurent. Construite à flanc de colline le long d'une large baie, cette localité touristique et accueillante peut se visiter entièrement à pied. Le repère le plus marquant de la ville est l'Hôtel Tadoussac, dont la longue façade blanche et le toit rouge s'étendent face à la baie. Envahie par les touristes de la mi-juin à septembre, la localité, qui compte un peu plus de 800 habitants, est désertée le reste de l'année. La quasi-totalité des restaurants et nombre des hébergements sont alors fermés.

Renseignements

MAISON DU TOURISME (☎235-4744 ou 1-866-235-4744 ; www.tadoussac.com ; 197 rue des Pionniers ; ⊙tlj 8h-21h juil-août, 9h-17h mai-oct)

PARKING La plupart des stationnements en ville sont payants. Le plus simple est donc de se garer sur le parking gratuit de la rue du Bateau-Passeur, sur la route du traversier, et d'emprunter ensuite le sentier de la Coupe qui vous mènera au bord de l'eau ou remonter par la rue des Pionniers.

Fêtes et festivals

Festival de la chanson de Tadoussac (2e sem de juin ; www.chansontadoussac.com). Quatre jours durant lesquels se produisent des artistes québecois connus et de jeunes auteurs-compositeurs.

À voir

Centre d'interprétation des mammifères marins BIOLOGIE MARINE
(☎235-4701 ; www.gremm.org ; 108 rue de la Cale-Sèche ; adulte/senior 12/11 $ taxes incl, gratuit -18 ans accompagné ; ⊙tlj 12h-17h mi-mai à mi-juin et fin sept à mi-oct, 9h-18h mi-juin à fin juin, 9h-20h fin juin à fin-sept). Fondé et maintenu par le GREMM, groupe de recherche et d'éducation sur les mammifères marins, le centre constitue un excellent prélude à toute sortie en mer. Il fait le point sur tout ce que les chercheurs savent – et ne savent pas ! – sur les baleines. Des modules multimédias permettent de toucher, voir et même écouter le chant des bélugas. Un documentaire d'une vingtaine de minutes complète la visite. Les animateurs-naturalistes sont très disponibles et le public enfant y trouvera aussi réponses à ses questions.

Chapelle des Indiens de Tadoussac PATRIMOINE RELIGIEUX
(rue du Bord-de-L'Eau ; adulte/enfant 3/1 $; ⊙tlj 9h-20h fin juin à début sept, 9h-18h début sept à début oct). Située juste en contrebas de l'Hôtel Tadoussac, la chapelle est reconnaissable à son toit rouge et à sa façade blanche en bois. Construite en 1747, lorsque la France signa le monopole de la traite avec les Amérindiens, elle est considérée comme la plus ancienne église en bois encore existante au

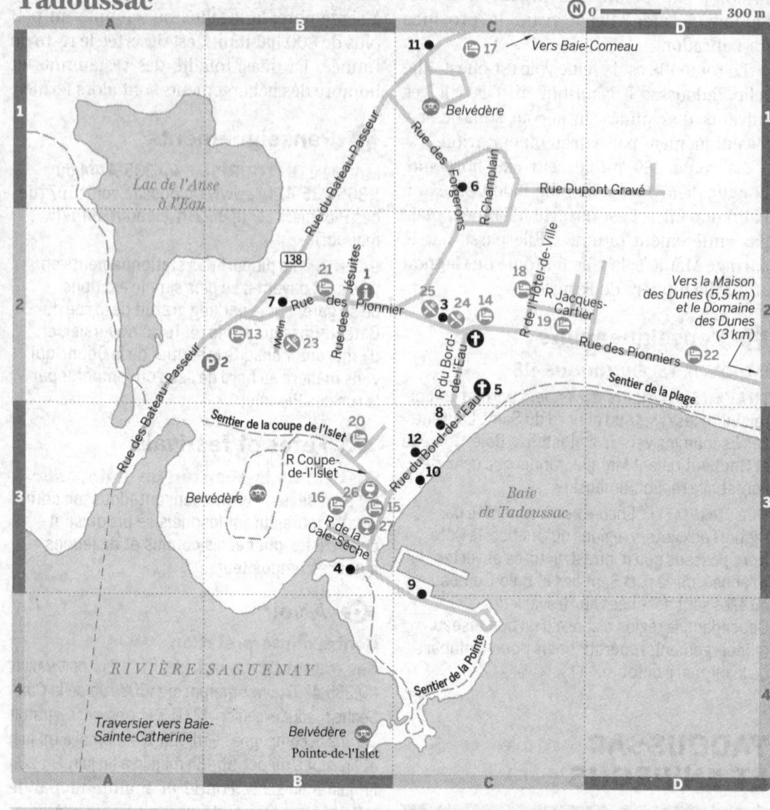

Tadoussac

Renseignements
1 Maison du tourisme B2
2 Parking du Bateau-Passeur B2

À voir et à faire
3 Billeterie d'Aviation du Fjord C2
4 Centre d'interprétation des mammifères marins B3
5 Chapelle des Indiens de Tadoussac C2
6 Croisières 2001 .... C1
7 Croisières AML B2
8 Croisières Dufour C3
9 Marina C3
10 Mer et Monde (et Azimut Aventures) C3
11 Otis Excursions C1
12 Poste de traite Chauvin C3

Où se loger
13 Auberge de Jeunesse La Maison Majorique B2
14 Auberge La Galouine C2
15 Auberge La Mer Veilleuse B3
16 Auberge La Sainte Paix B3
17 Camping Tadoussac C1
18 Gîte du Goéland C2
19 Gîte La Maison Hovington C2
20 Gîte Le Roupillon B3
Hôtel Tadoussac .... (voir 8)
21 Hôtel-Motel Le Béluga B2
22 Maison Alexis D2

Où se restaurer
23 À L'Emportée B2
24 Bohème C2
25 Chez Mathilde C2
Hôtel Tadoussac .... (voir 8)
La Bolée .... (voir 23)
La Galouine .... (voir 14)

Où prendre un verre
26 Au Père Coquart B3
27 Le Gibard B3

Canada. Exposition sur la vie missionnaire et objets religieux d'époque.

Poste de traite Chauvin RECONSTITUTION

(☎235-4657 ; 157 rue du Bord-de-l'Eau ; adulte/senior/étudiant et enfant 4/3/2,50 $; ⏲tlj 9h-19h fin-juin à mi-sept, 10h-18h mi-mai à fin juin et mi-sept à mi-oct). Cette construction en rondins fortifiée est une reconstitution du comptoir que Pierre Chauvin créa en 1599. L'un des rares survivants à son époque des rudesses de l'hiver, il réussit à faire de Tadoussac un important poste de traite.

Activités

Balade et randonnée

Faciles d'accès, des sentiers constituent d'agréables buts de promenade. La plupart ont été aménagés par le parc national du Fjord-du-Saguenay, qui propose des activités de découverte.

Centre de découverte de la Maison des Dunes CENTRE D'INFORMATION

(☎235-4238 ; www.sepaq.com/pq/sag ; 750 chemin du Moulin à Baude ; ⏲mi-juin à début sept sam-dim 10h-17h, début sept-début oct ven-dim 13h30-20h30). À 5 km à l'est de Tadoussac, la Maison des Dunes présente une exposition permanente expliquant la formation des terrasses marines tandis que l'automne est dédié à l'**observation des oiseaux** (www.explos-nature.qc.ca). Le site constitue le point de départ du **sentier du Belvédère** (1,2 km), qui permet d'admirer le fleuve en hauteur et en toute quiétude.

Rythmé de panneaux-découverte, le **sentier de la Pointe** (800 m) fait une boucle au départ de la marina. Les rochers de la Pointe-de-L'Islet sont une merveilleuse aire naturelle pour contempler le paysage marin. Peut-être aurez-vous la chance d'y apercevoir des bélugas ou des petits rorquals… Le **sentier de la Coupe** (1,2 km) mène à un beau point de vue. Vous le trouverez au bout de la rue Coupe-de-l'Islet.

Le **sentier du Fjord** se prête davantage à une longue randonnée. Il faut ainsi compter 3 jours pour parcourir les 47 km entre Tadoussac et Baie-Sainte-Marguerite, le long des rives du fjord. Mais il est également possible d'en emprunter seulement des portions, et de s'arrêter par exemple à L'Anse-à-la-Boule (1 jour) ou L'Anse-de-Roche (2 jours). Sachez que l'auberge de jeunesse Maison Majorique (p. 307) organise en saison des navettes (12-20 $/pers selon la destination) vers les refuges aménagés sur le sentier, pour un retour à pied vers Tadoussac. Basée à Sacré-Cœur, la Ferme 5 Étoiles (voir p. 310) propose un service similaire sur demande (17-27 $/pers, 4 pers min) de même qu'un service de navette des véhicules. Dans tous les cas, il vous faudra vous acquitter les droits quotidiens d'accès au parc (adulte/enfant/famille 6/2,75/12 $).

Géotrésor Tadoussac GEOCACHING

(☎235-4744 ou 1-866-235-4744 ; www.geotresor-tadoussac.ca ; 197 rue des Pionniers, à la maison du tourisme ; équipe 4 pers 25 $; ⏲tlj 8h-21h juil-août, 9h-17h mai-oct). Cette course au trésor dans le village et les environs vous met en scène dans l'un de ses trois circuits de *geocaching*, (sorte de rallye avec GPS) de niveaux de difficulté variés. En une demi-journée, vous aurez l'opportunité de pique-niquer en plein air tout en découvrant des points de vue photogéniques sur Tadoussac.

Observation des baleines

C'est souvent le but d'un voyage jusqu'à Tadoussac, même si les observations terrestres des célèbres cétacés le long de la côte nord ne sont pas à négliger (voir l'encadré p. 306). Deux possibilités s'offrent principalement à vous : des bateaux ou des Zodiac, ces derniers permettant une observation au plus près. Quatre compagnies opèrent depuis la marina, généralement entre mi-mai et fin octobre – certaines ont aussi des départs depuis le quai de Baie-Sainte-Catherine. Toutes ont des guides-naturalistes à bord, et pratiquent les mêmes tarifs (sortie 3h bateau adulte/senior et étudiant/6 ou 8-12 ans 69/64/33 $, sortie Zodiac 3h 74/69/53 $, 2h 64/59/48 $). La différence réside surtout dans le type de bateau et le nombre d'heures de la sortie ; les excursions de 3 heures s'aventurent généralement dans le fjord du Saguenay, si l'observation des baleines a été bonne. La maison du tourisme pourra vous renseigner sur les différents prestataires, mais il vous faudra réserver et retirer vos tickets directement auprès des compagnies. Si vous logez à Tadoussac, les hôtels et

> **BALEINES EN DIRECT**
>
> Pour connaître les baleines présentes dans la baie de Tadoussac, vous pouvez consulter le site du **centre d'interprétation des mammifères marins** (www.baleinesendirect.net). Observations mises à jour régulièrement.

IL N'Y A PAS QUE TADOUSSAC POUR OBSERVER LES BALEINES...

Observer un rorqual commun ou à bosse jaillir hors de la mer pour reprendre son souffle reste une expérience unique. On reconnaît d'ailleurs le visiteur de la Côte-Nord aux petits regards furtifs qu'il jette constamment vers la mer, dans l'espoir de capter ce saisissant spectacle. Mais si Tadoussac reste La Mecque de l'observation des baleines sur le Saint-Laurent, certaines localités, notamment Les Bergeronnes (p. 310), offrent également des départs, en général meilleur marché. Les amateurs avertis ne jurent que par les sorties avec les scientifiques de la Station de recherche des îles Mingan de Longue-Pointe-de-Mingan, à 600 km à l'est de Tadoussac (p. 328).

L'observation depuis la côte ne doit pas non plus être négligée ! Elle présente d'ailleurs l'avantage de n'avoir aucun impact négatif sur les cétacés, contrairement aux croisières, et la magie de les voir passer parfois à quelques dizaines de mètres des côtes. Plusieurs solutions s'offrent à vous. Mis à part les sentiers de Tadoussac et du parc marin, citons le Centre d'interprétation et d'observation de Pointe-Noire à Baie-Sainte-Catherine (p. 270), et celui de Cap-de-Bon-Désir aux Bergeronnes (p. 310).

Sachez qu'il existe une charte de l'observation des baleines sur le territoire du parc marin du Saguenay-Saint-Laurent, qui établit des règles de bonne conduite et interdit par exemple aux bateaux de s'approcher à moins de 400 m des bélugas, une espèce protégée.

chambres d'hôte peuvent le faire pour vous, sans majoration de prix.

Voici une sélection dans l'ordre croissant de taille des bateaux :

Otis Excursions (☎235-4197 ou 235-4537, 1-877-235-4197 ; www.otisexcursions.com ; 431 rue du Bateau-Passeur ; ⏲mi-mai à mi-oct). C'est le père Otis et Dédé qui firent la première sortie touristique aux baleines, emmenant un voyageur avec eux en allant pêcher. Ils ne disposent que d'une flotte de Zodiacs, les plus petits de Tadoussac avec seulement 12 passagers à bord, pour une approche plus respectueuse des mammifères. Les sorties sont de 2 heures (départs 6h30 et 16h45) ou 3 heures (départs 9h15 et 13h15). Travaillant en collaboration, Otis Excursions et Croisières 2001 peuvent vous proposer des formules duo bateau/Zodiac.

Croisières 2001 (☎1-800-694-5489 ; www.croisieres2001.com ; 173 rue des Pionniers). Ce prestataire ne propose que des sorties en bateau, le plus "petit" (225 passagers) opérant à Tadoussac et le seul à être équipé d'une caméra sous-marine. Les sorties durent 3 heures (départs 9h15, 12h30 et 15h45).

Croisières Dufour (☎1-800-463-5250 ; www.dufour.ca ; Hôtel Tadoussac, 165 rue du Bord-de-l'Eau). Des sorties de 3 heures sont proposées à bord d'un monocoque de 570 passagers (départs 9h30 et 13h30) ou d'un Zodiac de 48 passagers (départs 9h, 13h et mi-juin à début septembre 16h).

Croisières AML (☎1-800-563-4643 ; www.croisieresaml.com ; 177 rue des Pionniers).Le *Grand Fleuve*, d'une capacité de 700 personnes, propose des sorties de 3 heures (départs 9h45, 13h et parfois 15h30). Les Zodiacs de 24 personnes font des excursions de 2 heures (départs 7h et 17h) ou 3 heures (départs 9h30 et 13h30).

Aviation du fjord HYDRAVION DE BROUSSE
(☎235-4640 ou 1-877-235-4640 ; www.aviation-dufjord.com ; billetterie au 231 des Pionniers ; vol 20 min adulte/enfant 3-12 ans 100/67 $ taxes incl ; ⏲tlj 8h-20h, juil-fin sept). Dans un hydravion 6 places spécialement adapté, vous survolerez le fjord, le village et la baie ainsi que les étendues de forêt des alentours. Avec un peu de chance, il vous sera possible d'observer les silhouettes des baleines sous l'eau. Vous devez vous rendre par vos propres moyens au Lac Long, à 8 km au nord du village par la route 138 Est.

Croisières sur le fjord

Les compagnies offrent parfois des combos croisières/observation des baleines en vendant les billets d'autres prestataires. Informez-vous au moment de réserver. Rappelez-vous que d'autres croisières sont offertes au départ des communes environnantes.

Croisières du Fjord (☎1-800-363-7248 ; www.croisieresdufjord.com ; adulte/senior et étudiant/6-14 ans 67/62/34 $; ⏲mi-juin à mi-sept). Excursion de 5 heures ou 6 heures 30 (selon saison) à bord d'un bateau-mouche, incluant une escale à L'Anse-Saint-Jean. Également possibilité de rallier les différentes villes du fjord avec leur navette maritime (voir *Depuis/vers Tadoussac*, p. 309).

Croisières AML (☎1-800-563-4643 ; www.croisieresaml.com ; 177 rue des Pionniers ; adulte/senior et étudiant/6-14 ans/3-5 ans 89/81/49/14 $; ⏲juil-août). Proposent une croisière de 6 heures avec repas servi à bord et arrêt à L'Anse-Saint-Jean. Départ à 9h45, bateau de 297 places.

Kayak

Pour voir les baleines au plus près, rien de vaut le kayak de mer, qui gagne en popularité. Il est nécessaire d'être expérimenté pour naviguer sans guide, la baie de Tadoussac étant trop dangereuse pour permettre une location aux novices.

Mer et Monde ÉCOLE ET EXCURSIONS
(☎232-6779 ou 1-866-637-6663 ; www.mer-et-monde.qc.ca ; 148 rue du Bord-de-l'Eau ; adulte/7-15 ans 48/36 $; ⏲fin-juin-sept). École de kayak implantée aux Bergeronnes proposant des excursions de 3 heures ou encore des combos kayak et rando à la journée (115 $).

Azimut Aventure LOCATION ET EXCURSIONS
(☎237-4477 ou 1-888-843-5112 ; www.azimutaventure.com). Ce prestataire loue de l'équipement aux kayakistes autonomes et organise des excursions dans le fjord de 3 à 7 heures (50-90 $/pers), l'accent pouvant être mis sur l'observation des baleines ou le fjord, avec des niveaux de difficulté variables. Organise aussi d'intéressantes expéditions de plusieurs jours.

Où se loger

Camping Tadoussac CAMPING $
(☎235-4501 ou 1-855-708-4501 ; www.essipit.com ; 428 rue du Bateau-Passeur ; empl 30-50 $; ⏲fin mai-fin sept). Vaste camping avec services, à 1 km environ du centre-ville. Les emplacements les plus coûteux, surplombant le village et l'embouchure du fleuve, ont une vue à couper le souffle.

BON PLAN **Maison Majorique (Eau Berge)** AUBERGE DE JEUNESSE ET CAMPING $
(☎235-4372 ; www.ajtadou.com ; 158 rue du Bateau-Passeur ; dort 24 $, 21 $ les nuits suivantes, 6-12 ans/0-5 ans 15/5 $, ch avec sdb privée 58 $, petit-déj 4,25 $; wifi 2 $). Auberge animée où un grand souper est proposé chaque soir (10 $, 19h30) ainsi que des animations et concerts. Elle accueille jusqu'à 65 personnes en chambres privées ou en dortoirs de 4-6 places, quelque peu exigus. Un grand dortoir de 16 lits au grenier dépanne en haute saison, tout comme des emplacements de camping sauvage (adulte/enfant 12/7 $) qui viennent s'ajouter en bordure de terrain. Le tout est festif... et assez bruyant ! "Coco" va parfois en randonnée aux castors moyennant une contribution volontaire.

BON PLAN **Maison Alexis** AUBERGE DE JEUNESSE $
(☎235-1231 ; 389 des Pionniers ; dort 24 $, 21 $ les nuits suivantes, petit-déj 4,25 $; ⏲saisonnier). Même administration que la Maison Majorique, son petit frère Alexis est cependant bien plus tranquille : 32 places seulement, une aubergiste fabuleuse qui prend soin de ses protégés, une situation en retrait qui saura plaire aux amateurs de plein air venus se reposer un peu.

BON PLAN **Gîte Gagnon** CHAMBRES D'HÔTE $
(☎235-4220 ; www.gitescanada.com/11165.html ; 1395 route 172 ; s/d avec petit-déj 62/72 $ taxes incl ; ⏲juin à mi-oct). Situé à la sortie est de la ville, sur la route de Sacré-Cœur, ce gîte est une alternative tranquille et abordable au brouhaha touristique de Tadoussac. Les 5 chambres simples et modernes de la grande maison mansardée sont équipées de lavabos et se partagent deux sdb.

♥ **Gîte du Goéland** CHAMBRES D'HÔTE $
(☎235-4474 ; www.gitescanada.com/12934.html ; 261 rue de l'Hôtel-de-Ville ; s/d avec petit-déj 60-70/80-90 $ selon saison ; ⏲mai-oct ; wifi). De jeunes artistes ont redonné un coup de fraîcheur aux 5 chambres de ce gîte, simples et aérées, avec lavabo dans chacune d'elles et sdb commune. Beau bar taillé dans un tronc d'arbre dans la salle – design et chaleureuse – du petit-déjeuner. Excellent rapport qualité/prix, avec, en prime, tous les bons plans du village !

Gîte Le Roupillon CHAMBRES D'HÔTE $$
(☎235-4353 ou 1-866-752-4353 ; www.leroupillon.ca ; 141 rue du Parc ; s/d avec petit-déj 80-85/90-95 $; ⏲mai-oct ; wifi @). Les chambres de ce gîte sont petites mais cosy, et se partagent 2 sdb. Lui a davantage d'humour que son épouse, mais vous passerez un bon séjour ici. Belle salle conviviale (avec baby-foot et billards) et kiosque-kitchenette à l'arrière, dans la cour.

Hôtel-Motel Le Béluga COMPLEXE HÔTELIER $$
(☎235-4784 ; www.le-beluga.qc.ca ; 191 rue des Pionniers ; d motel/hôtel 65-105/65-119 $ selon saison ; ⏲ avr-oct). En retrait de la route, les chambres-motel sont une très bonne option en famille malgré une décoration monochrome. Les chambres de l'hôtel, colorées et donnant sur la petite église anglicane en face, offrent un logement confortable.

Auberge La Sainte Paix CHAMBRES D'HÔTE $$
(☎235-4803 ; wwwaubergelasaintepaix.com ; 102 rue Saguenay ; d avec petit-déj 98-133 $, f avec

petit-déj 108-128 $ pour 2 pers, 20 $/pers supp ; ⏲mai-oct ; 📶). Repris récemment par une famille très sympathique et passionnée de la région, ce gîte à la salle à manger lumineuse dispose de 6 chambres simples, impeccables et modernes avec sdb privée, dont 3 familiales. Les deux plus chères offrent une vue sur le fjord. Ventilateurs, bons petits-déjeuners maison.

Auberge La Galouine AUBERGE **$$**
(☎235-4380 ; www.lagalouine.com ; 251 rue des Pionniers ; d avec petit-déj 105 $; ⏲mai-oct ; 📶❄). Logée dans une maison d'époque restaurée, elle offre de petites chambres bien décorées et paisibles. Le petit-déjeuner est servi au restaurant du rez-de-chaussée. Nombreux forfaits proposés.

La Maison Hovington CHAMBRES D'HÔTE **$$**
(☎235-4466 ; www.maisonhovington.com ; 285 rue des Pionniers ; d avec petit-déj 105-125 $; ⏲mai-oct ; 📶). Cette maison centenaire, avec une belle galerie, a conservé la grâce de ses origines. Certaines des chambres, douillettes, romantiques et munies de sdb privées, donnent sur la mer. Accueil chaleureux du couple Hovington.

Auberge La Mer Veilleuse CHAMBRES D'HÔTE **$$**
(☎235-4396 ; www.lamerveilleuse.com ; 113 rue Coupe-de-l'Islet ; d/f avec petit-déj 110-140/170 $ selon ch, saison et nombre de pers ; ⏲mai-oct ; 📶). Les jolies chambres mansardées, toutes avec sdb privées, offrent un excellent rapport qualité/prix. Le petit-déjeuner tout fait est servi dans une salle à manger dont la baie vitrée donne sur la mer.

Le Domaine des Dunes CAMPING ET CHALETS **$$$**
(☎235-4843 ; www.domainedesdunes.com ; 585 chemin Moulin à Baude ; empl camping 33 $ 4 pers max, chalets 2 pers 136-170 $; 📶). Au cœur d'une forêt de bouleaux, cet ensemble de chalets se trouve un peu en retrait du centre-ville. Confortables et entièrement équipées, ils sont particulièrement bien adaptés au séjour en famille. Également des emplacements de camping et des tentes prêt-à-camper. Chalets romantiques avec Jaccuzi et vue sur le fleuve.

Hôtel Tadoussac GRAND HÔTEL **$$$**
(☎235-4421 ou 1-800-561-0718 ; www.hoteltadoussac.com ; 165 rue du Bord-de-l'Eau ; ch 119-289 $ selon vue et saison ; ⏲mai à mi-oct ; 📶). Avec son imposante façade blanche et son toit rouge, l'établissement ressemble aux grands hôtels thermaux européens de jadis. Reconstruit en 1942, cet hôtel de renom offre sans contredit la meilleure vue sur Tadoussac. Les chambres, récemment rénovées par une grande chaîne hôtelière, présentent néanmoins une décoration très quelconque. Nombreux forfaits.

Où se restaurer

À L'Emportée BOULANGERIE **$**
(☎235-4752 ; www.alemportee.com ; 164B rue Morin ; ⏲tlj 6h30-18h30 en saison). Trois jeunes femmes ont repris cette boulangerie sous forme coopérative qui propose une belle carte de pains et de viennoiseries. On y trouve une petite épicerie bio, des "boîtes à lunch" pour les randonneurs, et quelques tables dressées pour déguster soupes, salades et sandwichs.

♥ **Café Bohème** CAFÉ-BISTRO **$$**
(☎235-1180 ; 239 rue des Pionniers ; plats 8-21 $, table d'hôte 17-31 $; ⏲tlj 7h-23h ; 📶). Dans l'ancien magasin général, ce petit café à la fois décontracté et animé sert une cuisine simple mais très correcte. Aux petits-déjeuners succèdent salades-repas, pâtes fraîches, copieux sandwichs et, à l'heure du thé, des pâtisseries. Menu enfant original. À l'étage, dînez avec vue en vous attablant à l'un des trois comptoirs-lucarnes. Une institution !

♥ **Chez Mathilde** BISTRONOMIQUE **$$$**
(☎235-4443 ; 227 rue des Pionniers ; plats midi 11-17, soir 19-29 $). Ce restaurant contraste par sa cuisine créative et son cadre contemporain. Le jour, on y savoure une cuisine de bistro simple et rafraîchissante où chaque saveur prend place en bouche. Le soir, on tombe dans la gastronomie avec des combinaisons intéressantes. Le magret de canard, sauce au foie gras et les *linguine* façon Mathilde nous ont plutôt convaincus, tout comme le service et la musique jazz au dîner. Terrasse couverte, apéro-tapas et concerts certains jours.

La Bolée EUROPÉEN ET QUÉBÉCOIS **$$$**
(☎235-4750 ; 164 rue Morin ; plats 19-29 $, table d'hôte +13 $; ⏲juin-sept, soir uniquement). Ce restaurant accueillant propose une carte qui, sans être exceptionnelle, fait la part belle aux grillades, spaghettis et duos viande-poisson. Ils se disent la plus belle salle à manger de Tadoussac, et vu le décor feutré, romantique, voire victorien, on a envie de le leur accorder.

La Galouine TERROIR **$$$**
(☎235-4380 ; www.lagalouine.com ; 251 rue des Pionniers ; plats midi/soir 13-17/16-36 $, table d'hôte midi/soir 19-21/27-68 $). Cette auberge

logée dans une agréable maison fait souvent le plein grâce à sa carte variée. Dommage que le service y soit souvent insuffisant ! Elle jouxte une boutique de vêtements et de produits du terroir, L'Aquilon, qui lui fournit ses poissons fumés et son canard. Plats plus simples le midi (pâtes, salades, pizzas fines).

Hôtel Tadoussac PUB, BUFFET ET GASTRONOMIE **$$$** (☎235-4421, 1-800-561-0718 ; www.hoteltadoussac.com ; 165 rue du Bord-de-l'Eau ; buffet 39 $/pers, menus 55/65/75 $; ⏲mai à mi-oct ; wifi). L'hôtel (voir p. 308) compte trois restaurants. À la carte du Beaupré, des moules-frites, *fish & chips*, grillades, pâtes et autres plats type pub (12-29 $). Le Coverdale sert du matin au soir un buffet froid et chaud. Le William est la salle à manger raffinée, qui offre une belle vue sur la baie et des menus plus élaborés.

Où prendre un verre et sortir

Au Père Coquart CAFÉ (☎235-1170 ; 117 rue Coupe-de-l'Islet ; ⏲tlj 11h-23h juin-oct). On s'y rend pour la terrasse avec vue sur la baie, ce qui est rare à Tadoussac, et pour l'ambiance agréable, bon enfant, agrémentée de musique rock. Bien que décoré de motifs amérindiens, l'intérieur et la sélection des boissons n'ont rien d'exceptionnels. Restauration légère (bonnes pizzas !).

Le Gibard CAFÉ-BAR (☎235-4534 ; 137 rue du Bord-de-l'Eau ; ⏲mi-mai à mi-oct ; wifi). Face à la baie, ce bar installé dans une belle maison rose est un lieu de vie animé où se retrouvent des capitaines en congé. Quelques plats maison. Programmation de concerts et, de temps à autre, soirées spaghettis. Expressos et proprios très sympas !

Depuis/vers Tadoussac

VOITURE De la ville de Québec, il suffit de suivre la route 138 traversant la région de Charlevoix. Pour franchir le fjord du Saguenay et entrer dans Tadoussac, vous emprunterez un traversier (gratuit) depuis Baie-Sainte-Catherine. Le trajet dure à peine 10 minutes et le service fonctionne tous les jours, 24h/24. Attente prévisible aux heures d'affluence. Depuis Chicoutimi et la rive nord du Saguenay, la route 172 est la plus directe pour rejoindre Tadoussac.

BUS La compagnie **Intercar** (☎627-9108 ou 1-888-861-4592 ; www.intercar.qc.ca) assure des trajets vers Tadoussac deux fois par jour depuis Montréal (117 $, 7 heures) et Québec (60 $, 4 heures). Un autre bus relie quotidiennement Tadoussac et Chicoutimi (25 $, 1 heure 40). Le **terminus** se situe à la Maison Majorique (l'auberge de jeunesse).

BATEAU La navette maritime de **Croisières du Fjord** (☎1-800-363-7248 ; www.croisieresdufjord.com ; ⏲départ tlj 9h) permet de se balader en bateau-mouche sur le fjord vers 4 points : Rivière-Éternité (arrivée à 11h, 47 $), L'Anse-Saint-Jean (arrivée à 12h, 47 $), Sainte-Rose-du-Nord (arrivée à 16h30, 90 $) et La Baie (arrivée à 17h, 90$). Les enfants de 5 à 14 ans voyagent à moitié prix. À défaut d'être abordable, ce peut être une option intéressante pour combiner croisière et randonnée si vous n'avez pas de voiture.

Sacré-Cœur

Des sites naturels avec à la clé de beaux panoramas sur le fjord et – surtout ! – des bélugas à observer : voici ce qu'offre Sacré-Cœur, à une dizaine de kilomètres de Tadoussac en direction de Sainte-Rose-du-Nord. Premier arrêt : **L'Anse-de-Roche** (accès par la route 172). Avec son quai, son petit port de plaisance, un village à flanc de montagne et une pergola pour contempler le fjord, l'endroit constitue un véritable havre de paix.

Pour une meilleure observation des bélugas, poussez jusqu'au secteur de la **Baie-Sainte-Marguerite**, à quelques kilomètres de là, sur le territoire du parc. Ces baleines blanches sont nombreuses à cet endroit du fjord, où l'eau est plus chaude et le fond favorable à la mise bas et à l'apprentissage des baleineaux.

Activités

Parc national du Fjord-du-Saguenay OBSERVATION DES BÉLUGAS (adulte/6-17 ans 6/2,75 $/jour, carte Sépaq acceptée ; ⏲tlj 9h-16h mi-mai à mi-juin et sept-début oct, 9h-18h mi-juin-août). Le Centre de découverte et de services "Le Béluga" accueille une exposition sur les cétacés et l'impact des activités humaines sur leur population. Des animations sont aussi proposées. De là, un sentier de niveau facile vous emmène à la "halte du béluga". Comptez 6,4 km aller-retour. Pensez aux jumelles !

Domaine de nos Ancêtres OBSERVATION DE L'OURS NOIR (☎236-4886 ; www.ours-noir.net ; 1895 route 172 ; adulte/5-11 ans 32/15 $). Un guide passionnant vous emmène, en fin de journée et en saison, à la rencontre des ours noirs (sorties d'environ 2 heures). Attention, le répulsif à insectes est absolument nécessaire ! Possibilité d'hébergement sur place (s/d 60/65 $) dans la maison plus que centenaire.

Où se loger et se restaurer

Parc national du Fjord-du-Saguenay CAMPING $
(☎272-1556 ou 1-800-665-6527 ; www.sepaq.com/pq/sag ; empl 21,50 $). À 2,3 km à pied du centre de découverte et de services du secteur de la Baie-Sainte-Marguerite, le camping rustique Pointe-du-Moulin offre 10 emplacements bénéficiant d'une grève sablonneuse, ce qui est rare sur le fjord. Pour un camping accessible en voiture, optez pour Le Bleuvet (empl 23 $), rustique et sans services, disposant aussi de tentes Huttopia (prêt-à-camper, 97/113 $ selon saison).

Au Sommet du Fjord CAMPING ET AUBERGE DE JEUNESSE $
(☎236-1083 ; www.sommetdufjord.com ; 450 Anse à Pierrot ; empl adulte/12-17 ans 15/7,50 $, lit 30-35/15 $; mi-mai-sept ;). Tout en haut de l'Anse-de-Roche, ce camping offre 3 plates-formes qui permettent de se réveiller face à un panorama exceptionnel. Comptez toutefois 10 minutes de marche depuis le parking. D'autres emplacements sont disponibles, sans vue cependant. Plus près de la route, le bâtiment d'accueil en bois, "Le Manoir de la lune" fait également refuge/auberge de jeunesse, rustique et accueillant, doté de chambres d'un confort limité.

Ferme 5 Étoiles CENTRE DE VACANCES $
(☎236-4833 ou 1-877-236-4551 ; www.ferme5etoiles.com ; 465 route 172 Nord ; empl camping 22-32 $, tipi 49 $/2 pers, yourte 119 $/2 pers, chalet 169-179 $/2 pers). Ce centre de vacances offre de multiples possibilités d'hébergement : camping, chalets face au Saguenay, tipi, yourtes avec vue, gîte, motel... De nombreuses activités viennent s'ajouter à la visite de la ferme, comme le traîneau à chiens l'hiver. Une cabane à sucre est aussi ouverte de mi-mars à fin avril. Bref, une adresse parfaite pour les familles et ceux qui veulent tout tester.

Canopée Lit CHALETS PERCHÉS $$
(☎236-9544 ; www.canopee-lit.com ; 303 chemin de l'Anse-de-Roche ; ch avec petit-déj haute/basse saison 160/130 $/2 pers, 30 $/pers supp). Dans une forêt dominant L'Anse-de-Roche, une joyeuse équipe a aménagé 4 cabanes de bon confort pouvant accueillir jusqu'à 4 personnes et 2 autres munies d'un toit de verre pour mieux s'endormir à deux sous les étoiles (115 $). Surplombant une vallée, les constructions donnent l'impression de flotter au-dessus du vide, immergé dans la forêt. Le petit-déjeuner est apporté sur place. Sélection de produits de la région pour pique-niquer ou manger à la cabane, équipée de réchauds à gaz.

Le Fidèle Absolu CAFÉ-BISTRO $$
(☎236-1010 ; www.fideleabsolu.com ; 54 rue Gagné ; menu 11-21 $; été lun-ven 7h30-22h, sam-dim 8h-22h, hors saison fermé lun et à partir de 14h). Ambiance contemporaine et arty pour cette maison bleue qui accueille un agréable café (menus du jour et desserts réconfortants, brunch le week-end) et expose des créations locales. Succulent burger de wapiti accompagné d'une salade généreuse et colorée.

Les Bergeronnes

Observation terrestre des baleines, campings bénéficiant d'un formidable environnement, gîtes charmants et club écolo de kayak de mer... Ce bourg tranquille revêt définitivement un caractère écotouristique qui tranche avec l'agitation estivale de Tadoussac. Ne manquez pas de vous arrêter au joliment nommé Cap-de-Bon-Désir, l'un des meilleurs sites pour apercevoir les géants des mers.

Renseignements

BUREAU D'ACCUEIL TOURISTIQUE
(☎232-6595, 232-6326 ; www.bergeronnes.net ; 505 rue du Boisé ; 8h-20h juin-août, 8h-17h sept-oct)

À voir

Centre d'interprétation et d'observation de Cap-de-Bon-Désir TOUT SUR LES CÉTACÉS
(☎232-6751 ; 13 chemin du Cap-de-Bon-Désir, route 138 ; adulte/senior/enfant/famille 7,80/6,80/3,90/19,60 $; fin-juin à début sept tlj 9h-18h, début sept à mi-oct mer-dim 9h-17h). Le jeu consiste ici à prendre place sur les rochers, à écouter les guides naturalistes commenter sur les cétacés et les oiseaux marins, à planter son regard dans le bleu horizon et à ouvrir grand les oreilles pour guetter un souffle de baleine. Les petits budgets noteront que le site demeure accessible après la fermeture, bien qu'il faille se garer 500 m plus loin.

Le ticket vous donne accès le même jour au centre de découverte du milieu

CÔTE-NORD LES BERGERONNES

marin aux Escoumins (voir p. 312) et au centre d'interprétation et d'observation de Pointe-Noire, à Baie-Sainte-Catherine (voir p. 270). Les mercredis, samedis et dimanches matin, des plongeurs vous ramènent des organismes sous-marins à observer.

Centre Archéo Topo ARCHÉOLOGIE LUDIQUE
(☎232-6286 ; www.archeotopo.com ; 498 rue de la Mer ; adulte/aîné/étudiant/enfant 6/5/4/3 $; ⏲tlj 9h-18h mai à mi-oct, 8h-20h en juil-août). Les fouilles montrent que le territoire de la Côte-Nord est habité depuis plus de 8 000 ans. L'exposition principale relate cette histoire, complémentée de projections vidéo et multimédia. Plusieurs ateliers : poterie (2 $), fabrication d'un capteur de rêve (6 $) ainsi qu'une "archéo-rando" (2 $, environ 1 heure 30).

Activités

Observation des baleines

Les sorties proposées ici sont à la fois moins chères et moins fréquentées qu'à Tadoussac. Et l'observation des cétacés y est tout aussi riche.

Croisières Essipit ZODIAC
(☎233-2266 ou 1-888-868-6666 ; www.essipit.com ; 498 rue de la Mer ; adulte/-16 ans 66,50/46,30 $ taxes incl ; ⏲juin-début oct). Société gérée par les Innus proposant des sorties de 2 heures jusqu'à 4 fois par jour, sur des petits pneumatiques de 12 places.

Croisières Neptune ZODIAC
(☎232-6716 ; www.croisieresneptune.net ; 507 rue du Boisé ; adulte/-12 ans 50/38 $). Même type de prestation que le précédent, mais plusieurs tailles de bateaux (12, 24 ou 48 places), avec un site d'embarquement aux Escoumins (des navettes vous y emmènent).

Kayak de mer

♥ **Mer et Monde** ÉCOLE ET EXCURSIONS
(☎232-6779 ou 1-866-637-6663 ; www.meretmonde.ca ; 270 route 138 ; journée/demi-journée 125/68 $ taxes incl ; ⏲mi-mai à mi-oct). Les néophytes seront dans de bonnes mains auprès de cette jeune équipe, très professionnelle. Des sorties à la journée et à la demi-journée permettent d'observer des rorquals, bélugas et phoques. Des sorties à thème de 3 heures sont aussi proposées, l'une au soleil levant, l'autre le soir (21h) baptisée "sons et lumières" – un hydrophone plongé sous l'eau permet d'écouter l'activité sous-marine pendant qu'on observe la bioluminescence. Cette dernière nécessite d'avoir fait du kayak de mer auparavant. Excursions plus longues disponibles.

Où se loger

♥ **Camping Paradis Marin**
CAMPING RUSTIQUE ET KAYAK $
(☎232-6237 ; www.campingparadismarin.com ; 4 chemin Émile-Boulianne ; empl 26-32 $, chalet d/f 75/85 $ taxes incl ; ⏲mi-mai à mi-oct). Installé sur un site naturel d'exception, ce camping semble se fondre dans le paysage. Les amateurs de nature sauvage seront ravis. Il est courant de voir des baleines au réveil ou depuis les aires de pique-nique situées sur les caps rocheux. Des sorties en kayak sont organisées et location à petit prix.

Camping Anse-à-la-Cave
CAMPING RUSTIQUE ET PRÊT-À-CAMPER $
(☎232-6779 ou 1-866-637-6663 ; www.meretmonde.ca ; entre Bergeronnes et les Escoumins ; empl 25-30 $, prêt-à-camper 129 $/4-5 pers ; ⏲mi-mai à mi-oct). Pensez à réserver (25 empl, sur sable ou plate-forme) car le site, en bordure de l'eau, est unique. Mer et Monde peut fournir l'équipement pour camper (20-30 $) ou dormir à la belle étoile. Prévoir son eau potable. Possibilité d'aller prendre sa douche au camping Bon Désir, à 3 km de là.

BON PLAN **Gîte du Bassin** CHAMBRES D'HÔTE $
(☎232-6413 ou 1-877-232-6413 ; www.gitebassin.com ; 217 rue du Bassin ; s/d 50-55/65-70 $, f 105 $; wifi). Adeline et Edilbert vous accueillent dans ce gîte fleuri et champêtre, un peu à l'écart du centre. Les chambres sont impeccables et celle avec sdb donne sur la rivière. Un bon point de chute si vous voyagez en famille.

Gîte Petit CHAMBRES D'HÔTE $
(☎232-6338 ; www.gitepetit.net ; 56 rue Principale ; s/d avec petit-déj 65-78/72-90 $ selon saison ; ⏲mai-oct ; wifi). Fiers de leurs enfants – la fille s'illustre dans la chanson et le fils dans le hockey – les Petit tiennent ce gîte de 4 chambres (dont 3 avec sdb privée) au confort cossu. Prêt de 5 vélos.

♥ **Gîte La P'tit Baleine** CHAMBRES D'HÔTE $$
(☎232-6756 ; www.giteetaubergedupassant.com/baleine ; 50 rue Principale ; s/d/tr avec petit-déj 75/85/110 $; wifi). Cette maison aux bardeaux de cèdre est la plus ancienne du village. Le gîte y est douillet, et doit beaucoup à l'accueil de Geneviève, dynamique et bohème. Jolie chambre familiale avec jeux pour enfants. Jardin et déco de bon goût.

Où se restaurer

Boulangerie artisanale FOUR À PAIN $
(482 rue de la Mer ; saisonnier). Récemment reprise par un couple fort sympathique, cette tente en bord de route offre une petite sélection de pains, pains gratinés, fougasses, pizza et brioche cuits dans la plus pure tradition boulangère.

Mer et Monde Café CAFÉ-BISTRO $$
(514-8580 ; www.meretmonde.ca ; 87 rue Principale, plats 10-18 $, table d'hôte 25-35 $ selon jour ; tlj en saison, sam-dim hors saison, 11h-22h juin-déc ;). Un lieu éminemment sympathique tenu par Mer et Monde. Ambiance café-bistro avec salades, pâtes du jour et autres sandwichs servis non stop. Table d'hôte copieuse et postes Internet. Service parfois lent.

Restaurant du Boisé CUISINE QUÉBÉCOISE $$
(232-1375 ; 140 route 138 ; table d'hôte 21-32 $; tlj 8h-22h). Très prisé des locaux, ce restaurant sans prétention offre des portions plus que généreuses et très correctes. Les plats sont sans surprise, mais c'est pour la préparation du poisson que les gens se pressent. Il est courant ici de ramener les restes, mais vous pouvez prévoir et partager les plats à plusieurs.

Depuis/vers Les Bergeronnes

VOITURE De Tadoussac, suivre la route 138 en direction de Baie-Comeau. Les Bergeronnes sont à une vingtaine de kilomètres.

BUS Intercar (627-9108 ou 1-888-861-4592 ; www.intercar.qc.ca) relie Québec à Tadoussac deux fois par jour et assure ensuite la liaison avec Les Bergeronnes et Baie-Cormeau. L'épicerie **GLR** (232-6330 ; 138 route 138) fait office de terminus.

Les Escoumins

Par rapport aux Bergeronnes, ce village est davantage tourné vers la mer, même si vous y passerez sans doute assez vite. La promenade le long de la baie jusqu'à la **pointe à la Croix** est plaisante, et vous y remarquerez les rochers erratiques sculptés par le passage des glaciers et laissés çà et là dans la baie. Champlain raconte dans ses écrits que les baleiniers faisaient fondre la graisse des cétacés en ces lieux. La localité des Escoumins est reconnue partout au Canada comme un haut lieu de la plongée sous-marine, cela grâce au microclimat arctique des eaux qui la bordent, riches en coraux et en anémones.

Quelques kilomètres avant le village, se trouve la communauté innue **Essipit** ("rivière aux coquillages"), l'une des réserves autochtones les mieux développées économiquement au Québec. Un pow-wow s'y tient à la mi-juillet.

Axé autour de la plongée et la photographie sous-marine, le **Festival marin** (www.festivalmarin.com) prend place début septembre au Centre de découverte du milieu marin.

Renseignements

BUREAU D'ACCUEIL TOURISTIQUE (233-2663 ; www.escoumins.ca ; 154 route 138 ; tlj 9h-19h juin à mi-sept)

Activités

Centre de découverte du milieu marin VIE MARINE
(233-4414 ou 235-4703 ; www.parcmarin.qc.ca ; 41 rue des Pilotes ; adulte/senior/enfant/famille 7,80/6,80/3,90/19,60 $; tlj 9h-18h fin juin-début sept, ven-dim 9h-17h mi-sept à mi-oct). Abritant une exposition sur l'estuaire maritime bien conçue pour les enfants, il est surtout réputé pour l'activité **"Saint-Laurent en direct"** (billet combiné avec centre adulte/senior/enfant/famille 14,20/11,95/7,05/35,55 $; juil-août, mer-sam, vers 14h30, sur réservation). La salle est alors en communication directe avec une équipe de plongeurs, qui répondent aux questions et font découvrir des fonds marins multicolores. Le centre sert aussi de base aux plongeurs de la région, louant de l'équipement et assurant les services de base.

Croisières Neptune BALEINES EN ZODIAC
(233-4343 ; www.croisieresneptune.net ; adulte/-12 ans 49/39 $; fin mai à début oct). Basé aux Bergeronnes et aux Escoumins, ce prestataire propose des sorties aux baleines de 2 heures en Zodiac de 12, 24 ou 48 personnes.

Baleines Aventures EXCURSIONS AUX BALEINES
(1-866-501-8725 ; www.croisierebaleine.ca ; 35 rue des Pilotes ; adulte/-12 ans 49/35 $). En partenariat avec les Écumeurs du Saint-Laurent, cette agence organise aussi des départs en bateau-mouche ou en Zodiac 34 passagers. Un coupon-rabais à imprimer est disponible sur leur site Web.

Écumeurs du Saint-Laurent BALEINES EN ZODIAC
(233-2141 ou 1-888-817-9999 ; www.lesecumeurs.com ; 4 route 138 ; adulte/-14 ans 50/34 $).

LES INNUS, OU MONTAGNAIS

La nation montagnaise, c'est environ 19 600 Innuat (le pluriel d'Innu, "être humain") qui peuplent les terres du Labrador et de la Côte-Nord depuis plus de 2 000 ans. Ce territoire, qu'ils nomment *Nitassinan*, demeura durant presque toute cette période leur royaume exclusif de chasse, de pêche et de cueillette. Nomades dans l'âme, les Innus ont profondément imprimé leur culture de ce contact privilégié avec la nature sauvage. À partir du XVe siècle, les Européens ont entrepris de faire des rives du Saint-Laurent un paradis de la pêche à la morue jusqu'à ce que plus récemment, les Canadiens développent, à l'intérieur des terres, des projets hydroélectriques et miniers. Les Amérindiens se sont vus contraints de s'éloigner de leurs territoires de chasse traditionnels et refoulés soit sur la rive du Saint-Laurent, soit plus loin vers le nord. N'ayant jamais accepté de céder leurs droits exclusifs sur leur territoire, les Innus ont toutefois le statut d'Indien leur reconnaissant des droits mais leur imposant aussi un mode de gestion. Aujourd'hui, des conseils de bande, subventionnés par le gouvernement canadien, gèrent de petits villages appelés "réserves", où les familles sont regroupées.

Chaque village possède son identité socio-économique. Si les populations de La Romaine et de Pakuashipi sur la Basse-Côte-Nord vivent surtout de la pêche et de la chasse, celles de Uashat-Maliotenam, près de Sept-Îles, disposent aujourd'hui d'un centre commercial, Les Galeries Montagnaises. Les communautés de La Romaine, Natashquan, Mingan et Les Escoumins sont, pour leur part, à la tête de pourvoiries florissantes. Bien que la communauté montagnaise ait réussi à asseoir son développement sur des fondements économiques solides, elle connaît d'importants troubles sociaux. L'alcoolisme et le suicide touchent plus particulièrement la jeune génération.

Les négociations relatives à la reconnaissance de ses droits territoriaux et de son autonomie politique n'ont guère évolué. Visant à développer le potentiel minier du territoire, le récent Plan Nord du gouvernement Québec a suscité de vives protestations au sein des groupes autochtones. La communauté montagnaise demeure résolue à défendre ses droits afin de mieux contrôler son destin. Certains Amérindiens se plaisent à dire que les Innus ont conservé la carte de leur terrain de chasse imprimée dans leur mémoire collective et qu'elle leur donne l'espoir de reconquérir un peu de cette liberté qui fut jadis la leur.

Au départ du quai des Pilotes, jusqu'à 5 excursions de 2 heures dans des Zodiac de 12 passagers.

Excursions Fanons KAYAK DE MER
(☎514-8787 ; www.excursionsfanons.com ; 31 rue des Pilotes ; sortie 2h30 avec guide adulte/famille 50/45 $ taxes incl ; ⏲mi-juin à mi-sept, départs selon demande). Sorties aux baleines en kayak de mer incluant l'équipement, une formation et l'excursion interprétée avec un guide. Les moins vaillants pourront suivre le groupe en Zodiac (20 $).

Où se loger et se restaurer

Essipit APPARTEMENTS, CHALETS ET CAMPING **$**
(☎233-2266 ou 1-888-868-6666 ; www.essipit.com ; 46 rue de la Réserve, Essipit ; empl camping 24,50-33,88 $, chalets 2/4 pers 103-125/127-167 $ selon saison, condo 4 pers 120-161 $; ⏲fin mai à début sept). La réserve montagnaise d'Essipit propose une vaste gamme d'hébergements en camping, chalet ou condo (appartement) sur un joli site au bord du fleuve. Pour un accès direct à la plage, optez pour les chalets de L'Anse-à-Jos, aux hauts toits rouges. Les appartements sont en location à l'année.

Auberge de la Baie AUBERGE **$$**
(☎233-2010 ou 1-800-287-2010 ; www.auberge-delabaie.com ; 267 route 138 ; ch avec petit-déj 95-125 $; 📶). Seule une chambre supérieure ouvre sur la baie, mais les autres, avec moquette moelleuse et sdb privée, vous assureront un séjour tout confort. Et vous pourrez profiter de la vue depuis la terrasse ou le salon. Restaurant sur place.

Les Chalets au bord de la mer CHALETS **$$**
(☎233-2213 ; www.routedesbaleines.net ; 25 rue des Pilotes ; 140 $). Tout près du Centre de découverte du milieu marin, on trouve 3 petits chalets douillets (récents, tout équipés, avec 2 chambres). Bien qu'ils soient construits les uns à côté des autres, leur situation, sur le bout d'un cap rocheux, leur donne une vue imprenable sur la mer.

Pêcherie Manicouagan FRUITS DE MER $$
(☎238-2917 ; www.fruitsdemeretpoissons.com ; 152 rue Saint-Marcellin ; ⏲fin mars à mi-oct). Installé à l'entrée de la ville, ce restaurant-poissonnerie qui possède une autre succursale à Tadoussac a bonne réputation dans toute la région. Des plats préparés sont disponibles pour emporter ainsi que des sushis, du jeudi au dimanche. À tenter : la mactre de Stimpson.

♥ **Le Rêve doux** BISTRO-CHOCOLATERIE BELGE $$
(☎233-3724 ; 287 route 138 ; menu 15-19, plats 16-24 $; ⏲tlj, bistro soir seulement). Quelque peu en retrait sur la rue principale, mais offrant une terrasse sur la baie, ce sympathique bistro-chocolaterie-boulangerie tenu par une Belge flamande réserve de belles surprises. Une cuisine généreuse quoique sans prétention. Bons cafés !

Depuis/vers Les Escoumins

VOITURE La route 138 traverse Les Escoumins, situés à une quarantaine de kilomètres de Tadoussac.

BUS Les bus **Intercar** (☎627-9108 ou 1-888-861-4592 ; www.intercar.qc.ca) assurant la liaison Québec-Baie-Comeau rejoignent deux fois par jour la localité, en passant par Tadoussac et Les Bergeronnes. Le terminus est au complexe Pelchat (☎233-2401 ; 201A route 138).

BATEAU De la fin mai au début octobre, un **traversier** (☎851-4676 ou 1-877-851-4677 ; www.traversiercnb.ca ; aller simple adulte/senior/5-11 ans 18,75/17,75/12,70 $, voiture/vélo 41,75/7,25 $) relie deux à trois fois par jour Les Escoumins et Trois Pistoles, dans le Bas-Saint-Laurent. Les horaires varient selon les marées, et il n'est pas en activité tous les jours en basse saison.

DES ESCOUMINS À BAIE-COMEAU

Longue-Rive

Petite communauté linéaire le long de la route, elle est populaire auprès des ornithologues qui chérissent ses marais salants. Un sentier pédestre mène à la chute de la rivière Sault-au-Mouton qu'il traverse, passant près des ruines d'un moulin à scie datant de 1858.

À voir

GRATUIT **Centre d'interprétation des marais salés** ÉCO-BIOLOGIE
(☎231-1077 ; 741 route 138 ; entrée libre ; ⏲tlj 9h-17h, fin juin-début sept). Près de 250 ha de marais salés protégés attirent à Longue-Rive de nombreux oiseaux migrateurs et de rivage, au grand bonheur des ornithologues : bernaches, grande oie des neiges, canards barboteurs et plongeurs. Au centre, une exposition s'attarde sur l'importance écologique des milieux humides et leur fragilité.

Où se loger

Baie du soleil couchant CHAMBRES D'HÔTE $
(☎231-2238 ; www.baiedusoleilcouchant.com ; 26 chemin du Barrage ; s/d avec petit-déj 65/85 $, ch des maîtres 95-140 $, possibilité de demi-pension ; 📶). Louise et Yves vous accueillent dans cette belle maison en rondins un peu à l'écart de la route 138 et faisant face aux marais salés. Les thème de la forêt, du terroir et de la faune sont omniprésents. Assez sombres, les chambres lambrissées avec sdb commune ont un cachet folklorique sans être surchargées.

Portneuf-sur-Mer

Ce petit village maritime s'enorgueillit d'un long banc de sable de 4,5 km, site d'observation privilégié pour les ornithologues. En mai et juin, c'est aussi le lieu de rassemblement des capelans, qui viennent s'y reproduire en nombre.

À voir

Pour une vue d'ensemble, vous pouvez monter à un belvédère aménagé à la sortie du village, vers l'est, en prenant la route tout de suite à droite après le pont, traversant le terrain de camping. Un escalier de 208 marches y mène, mais la vue vaut le détour.

Mériscope EXCURSIONS AUX BALEINES
(☎238-1111 ; www.meriscope.com ; 7 chemin de la Marina ; 100 $; ⏲juin à mi-oct). Créé par un Suisse, cet organisme de recherche, d'éducation et d'étude organise, sur demande, des excursions de 5 à 8 heures à la découverte des grands mammifères marins. Appelez pour réserver, mais sachez que les sorties sont annulées si la mer est trop agitée.

Kiosque d'accueil du banc de Portneuf ÉCOLOGIE
(☎238-2905 ; www.portneuf-sur-mer.ca ; 391 rue Principale ; ⏲tlj 8h-12h et 13h-17h mi-juin-sept). Endroit idéal pour se garer et aller explorer le banc de sable de Portneuf. Carte du site, table des marées et, en saison, du personnel qui vous renseignera sur le milieu naturel.

Forestville

Forestville est avant tout une petite ville à caractère industriel, basée sur (surprise !) l'industrie forestière. Le nom n'est toutefois pas un anglicisme : c'est en 1845 que fut établie la première scierie, gérée par Grant W. Forrest. La ville perdra l'un de ses r au fil du temps. On y retrouve les vestiges d'un long arboriduc (aussi appelé "dalle humide"), le seul encore en bon état au Québec, et un énorme centre sylvicole produisant chaque année des millions d'arbres destinés au reboisement des forêts commerciales.

À près de 90 km au nord se trouvent les barrages hydroélectriques de la rivière Bersimis. Leur construction avait nécessité à l'époque tellement de main-d'œuvre qu'une petite ville temporaire, Labrieville, y fut construite. Les maisons blanches typiques de Forestville sont en fait les anciennes maisons de Labrieville, déménagées à l'époque de son démantèlement.

Autour de Forestville, la route réserve de beaux points de vue. La baie Verte et sa plage sablonneuse méritent également le coup d'œil.

À voir

GRATUIT **Musée de la petite anglicane** HISTOIRE HYDROÉLECTRIQUE
(587-6149 ; 2, 2e Rue ; mai-août). Installé dans une charmante petite église, ce musée présente une exposition plutôt intéressante sur les barrages hydroélectriques Bersimis dont la visite n'est pas possible. De grandes photos et des comparaisons évocatrices permettent de prendre conscience de l'ampleur de ces grands chantiers. On y présente aussi l'histoire et la vie des habitants de la défunte ville de Labrieville et des garde-feu forestiers.

GRATUIT **Centre sylvicole** PÉPINIÈRE INDUSTRIELLE
(587-4160 ; 223 route 138 Ouest ; visite gratuite ; juin-sept). Le centre se visite sur réservation uniquement. La visite guidée de 40-60 minutes permet de faire le tour des installations.

Où se loger

Camping de la Baie Verte CAMPING $
(587-6561/4160 ; www.forestville.ca ; plage de la Baie Verte ; empl 15 $/2 tentes max, 25 $/camping-car ou combi, taxes incl ; mai-début oct). À quelques mètres du quai de la traverse Rimouski-Forestville et à deux pas de l'arboriduc, ce camping de plage pratique des prix étonnamment bas. Pêche sans permis pour la truite de mer (pas de matériel en location). Accès aux sentiers pédestres.

Chez Jojo CHAMBRES D'HÔTE $
(587-4502 ; 22, 9e Avenue ; s/d avec petit-déj 45/55 $;). Ne bénéficie pas du même cadre que le précédent, mais offre 5 chambres, un peu petites, mais très correctes, et l'accueil y est sympathique. Bien indiqué depuis la 138.

Depuis/vers Forestville

VOITURE En arrivant de Rimouski, vous tombez sur la 1re Avenue à gauche ou la route Maritime à droite, rejoignant toutes deux la route 138 qui traverse Forestville et longe la rive nord du fleuve Saint-Laurent.

BATEAU Le **catamaran C.N.M. Evolution** (725-2725 ou 1-800-973-2725 ; www.traversier.com ; aller adulte/6-11 ans/senior 22/20/15 $, voiture/vélo 43/5 $; 2-3 départs/jour mai-sept) relie Forestville et Rimouski (capitale du Bas-Saint-Laurent) en 1 heure de trajet.

Pessamit

Parfois appelée Betsiamites, la capitale des Innus offre peu d'activités pour les touristes, mis à part quelques boutiques d'artisanat comme **Uapanus** (565-3389 ; tipi sur la route 138 près de l'ancien poste essence ; 10h-18h tlj sauf lun) ou **Majora** (567-9595 ; 1 rue Metsheteu, au bord de l'eau, au fond de la réserve), idéales pour s'enquérir des activités locales. Les artisans peuvent faire des pièces sur demande ou faire goûter à des plats traditionnels, mais l'offre n'est pas développée ni homogène.

Le 15 août, c'est la **fête des Innus** dans la réserve de Pessamit, qui accueille alors les gens des autres communautés pour un pow-wow. Possibilité de camper sur place – demandez la permission avant de planter la tente.

À voir

Centre de villégiature de Papinachois CENTRE CULTUREL
(567-8350 ou 1-888-246-5834). À 4 km à l'est de la jonction de Betsiamites, ce centre culturel jouit d'un cadre enchanteur, en bordure de la rivière Papinachois et du fleuve Saint-Laurent. Conçu de manière à sensibiliser les visiteurs à la culture et aux traditions innues, il a cependant été gravement endommagé par les récentes inondations. Quelques-uns

s'affairent à le retaper, mais tout demande de la patience. En attendant le retour de l'entreprise culturelle et récréotouristique, il est néanmoins possible de se garer sur le site, de profiter de la somptueuse chute et même d'y camper à condition de demander la permission.

Péninsule Manicouagan

La péninsule Manicouagan se trouve à l'embouchure de la rivière Manicouagan qui relie le cratère (voir l'encadré p. 319) au fleuve. On y retrouve les villages de Ragueneau, Chute-aux-Outardes, Pointe-aux-Outardes et Pointe-Lebel.

Le secteur est réputé pour accueillir les eaux les plus chaudes de la région ainsi que l'un des meilleurs postes d'observation des oiseaux de tout l'est du Canada, plus de 200 espèces visitant le site chaque année.

Renseignements

BUREAU D'ACCUEIL TOURISTIQUE (567-8912 ; www.peninsulemanicouagan.qc.ca ; 595 route 138, Raguenaud ; tlj 11h-18h fin juin-début sept)

À voir et à faire

Pour la baignade, le littoral de Pointe-Lebel possède une superbe **plage** longue de 30 km. Les bancs de sables peuvent être tentants, mais informez-vous des marées pour éviter de vous retrouver coincés à marée montante. Il y a beaucoup d'autres accès à la plage ailleurs sur la péninsule.

Parc nature de Pointe-aux-Outardes PLEIN AIR ET ORNITHOLOGIE
(567-4226 ou 4227 ; www.parcnature.com ; 4 rue Labrie Ouest ; adulte/étudiant/enfant 5/4/2 $; tlj 8h-17h juin-sept, jusqu'à 18h juil). À 17 km de la route 138, superbe territoire où se côtoient plages de sable fin, dunes, pinèdes, tourbières et marais salés. Des aires de pique-nique ont été installées et des belvédères reliés entre eux par des passerelles. Des sorties accompagnées de guides naturalistes sont au programme.

Où se loger

BON PLAN **Camp St-Paul** GÎTE PLEIN AIR $
(567-4486 ou 1-866-233-4486 ; www.campstpaul.com ; 155 route Principale, Pointe-aux-Outardes ; empl 25-30 $, s/d 55/65 $;). Cet ancien camp reconverti en gîte garde, certes, son côté chalet rustique et dortoir, mais les 4 chambres sont spacieuses, très correctes et la bonne humeur règne. On y trouve également une roulotte et un chalet à louer ainsi que de nombreux emplacements de camping rustiques. Lise, l'aubergiste, est absolument adorable et tente pour le mieux de combler vos besoins. Beaucoup d'activités sur place : kayak, équitation, bains d'argile, raquette, etc. L'endroit convient particulièrement aux groupes.

Gîte du Château CHAMBRES D'HÔTE $$
(567-1485 ; www.giteduchateau.net ; 2 rue du Golf, Chute-aux-Outardes ; s/d sdb commune avec petit-déj 77/88 $;). À la fois classique et moderne, ce gîte récent n'a rien d'un château, si ce n'est la tourelle. On s'y repose toutefois comme des châtelains : déco sobre mais recherchée, grosses couettes, frigo, TV, chocolats... La plus grande chambre est équipée d'un bain. Trois choix de petit-déjeuner. Peintre amateur, l'aubergiste a décoré le gîte de ses toiles.

Depuis/vers la péninsule Manicouagan

VOITURE Le chemin Principal de Pointe-aux-Outardes fait jonction avec la route 138 à l'est de Chute-aux-Outardes. On accède à la Pointe-Lebel par la rue Granier, au rond-point près de la direction de Baie-Comeau.

BUS Les bus **Intercar** (627-9108 ou 1-888-861-4592 ; www.intercar.qc.ca) assurant la liaison Québec–Baie-Comeau desservent les localités de la péninsule. Il est cependant nécessaire d'appeler quelques heures à l'avance pour réserver sinon le chauffeur ne s'y arrête pas.

Baie-Comeau

Ville industrielle et portuaire, Baie-Comeau constitue l'avant-poste côtier des fameuses usines de production d'électricité situées au nord. La capitale de la région du Manicouagan représente un pôle économique important de la Côte-Nord, profitant des ressources naturelles alentour et de sa situation de carrefour entre le Labrador et la rive sud du Saint-Laurent. Mais Baie-Comeau développe aussi sa vocation touristique : les bateaux de croisière y font étape et le Jardin des Glaciers propose une kyrielle d'activités. Née en 1936 de la volonté d'un patron de presse américain, Robert McCormick, elle devait fournir le papier journal à ses imprimeries de Chicago. Son nom lui fut donné en mémoire du trappeur naturaliste

Napoléon-Alexandre Comeau et elle abrite toujours une usine à papier. L'aluminerie Alcoa est cependant le plus gros employeur de la région.

Claude Bonneau est l'artiste-peintre chéri de la région. Vous trouverez plusieurs de ses toiles, avec leurs orchestres de chambre et danseurs sans visages, dans les restaurants et bâtiments publics de la ville.

Orientation

La ville est divisée en deux secteurs : à l'ouest, l'ancienne ville d'Hauterive porte désormais le nom de "secteur Mingan" tandis que le cœur de Baie-Comeau se trouve à l'est, le "secteur Marquette". Les deux secteurs sont reliés par la route 138 et chacun possède son propre centre-ville.

Côté Mingan, c'est une ville de services, truffée de centres commerciaux notamment sur le bd Laflèche (route 138) et possédant deux petites rues commerciales : Bossé et De Puyjalon.

Côté Marquette, les usines et l'accès au fleuve modèlent la ville et le centre historique bordé de riches maisons néo-georgiennes s'articule autour du boulevard et de la place La Salle, dynamique et à dominante artistique. Le quartier Saint-Georges est séparé du centre par un pont-passerelle, à l'intersection de Cartier et de Maisonneuve. Vous devrez l'emprunter pour vous rendre au Jardin des glaciers, notamment.

Renseignements

BUREAU D'INFORMATION TOURISTIQUE
Présent dans chacun des deux secteurs de la ville : **secteur Mingan** (☎589-3610 ; 3503 bd Laflèche ; ⌚tlj 9h-19h début juin-fin août) et **secteur Marquette** (☎296-8178 ou 1-888-589-6497 ; www.ville.baie-comeau.qc.ca ; 20 av. Cartier, marina ; ⌚tlj 8h-20h début juin-août, lun-ven 9h-16h sept-nov).

Fêtes et festivals

Festival des camionneurs de la Côte-Nord (mi-juillet). Course et concours d'élégance de camions routiers.

Symposium de peinture (juin ; www.sympobaiecomeau.com). Une trentaine d'artistes figuratifs se regroupent et interagissent avec le public (ateliers, cours, etc.).

À voir et à faire

Dans le secteur Marquette, deux églises méritent une petite visite : l'**église Sainte-Amélie** (☎296-5528 ; www.eglisesainteamelie.com ; 36 av. Marquette ; 5 $ avec audioguide et vidéos ; ⌚tlj 10h-16h en saison), décorée de fresques et de vitraux de l'artiste Guido Nincheri pendant la Seconde Guerre mondiale, et l'**église anglicane Saint-Andrew and Saint-George** (☎296-2832 ; 34 av. Carleton, aussi accessible par un chemin piétonnier au fond du parking de Sainte-Amélie ; ⌚lun-ven 10h-12h et 13h-16h) dotée d'un vitrail inhabituel : une nativité accompagnée d'animaux nord-côtiers et de "Ti-Basse" Saint-Onge, un ermite innu qui a marqué l'histoire de la région.

Le Jardin des Glaciers COMPLEXE SCIENTIFICO-SPORTIF
(☎296-0182 ou 1-877-296-0182 ; www.jardindesglaciers.ca ; 3 av. Denonville ; zone spectacle adulte/6-17 ans 34,50/17,25 $, zone nature 23/11,50 $, sortie en Zodiac 75/46 $, adrénaline journée 69/54,50 $, demi-journée 46/23 $, tarifs familiaux, combinés 1-3 jours et achat en ligne ; ⌚tlj 9h-16h fin juin à début sept, réservation obligatoire pour zones nature et adrénaline). Trois grandes thématiques d'activités offertes par ce parc d'aventure marine. D'une durée de 2h, la **zone Spectacle** illustre de façon très concrète (prenez un pull !), en multimédia et en 3D, le dernier refroidissement planétaire. La nouvelle exposition "Des glaciers et des hommes" présente les glaciers comme témoins de l'histoire et des changements climatiques. Dans la **zone Nature**, 4 sorties nature de 2 à 3h vous emmènent soit dans une vallée de coquillages vieux de 10 000 ans, soit sur les traces des campements des premiers arrivants, soit auprès d'un campement traditionnel innu, ou encore voir en Zodiac les cannelures glaciaires géantes inscrites dans la roche (juil-août). Enfin, dans la **zone Adrenaline**, via ferrata au bord du fleuve, 8 tyroliennes, descentes en rappel, mayak (kayak à genoux) et jeux d'eau gonflables attendent le visiteur (prévoir une demi-journée ou une journée complète). Le site est sillonné de 35 km de sentiers de randonnée (accès hors activités 8/4 $). Les amateurs d'aventure camperont dans une tente prospecteur (69 $), une yourte (133 $) ou un emplacement rustique sur une plateforme (35 $). Le bureau d'accueil est en ville, mais le reste du site est plus à l'ouest, pensé pour des gens véhiculés.

Expéditions Pirsuq ZODIAC ET MOTONEIGE
(☎296-9717 ; www.expeditionspirsuq.com ; excursion en Zodiac 3h adulte/3-12 ans 55/35 $; ⌚tlj départs 8h et 13h15 mai-15 oct). Sorties

découverte du littoral glaciaire en Zodiac l'été ainsi qu'une sortie de nuit d'observation du zooplancton (départ 19h ven-dim). Également sorties accompagnées de plongée sous-marine (sur demande). L'hiver, excursions en motoneige de plusieurs jours sur la Côte-Nord.

Galerie d'art

Claude Bonneau ATELIER ET MUSÉE AUX PUCES

(☎296-8862 ; www.claudebonneau.com ; 13 pl Lasalle). Ouvert selon les humeurs et les disponibilités de l'artiste prolifique, cette galerie est une véritable caverne d'Ali Baba ! Seules les toiles sont à vendre, tout le reste fait partie de la collection de l'artiste : objets et outils de l'ancien temps, arts décoratifs, trouvailles amérindiennes, poupées, fers à repasser... Les visiteurs se remémorent les objets à voix haute et démêlent un peu le fouillis et les souvenirs au passage.

Où se loger

Il y a peu de gîtes à Baie-Comeau et ceux qui s'y trouvent n'ont rien d'exceptionnel. Si vous préférez éviter les hôtels et motels, nous vous recommandons de vous baser dans la péninsule Manicouagan, à condition de disposer de votre propre véhicule. Notez que certains établissements ferment deux semaines en été (fin juillet-début août) lors des vacances des ouvriers de la construction.

Hôtel Le Manoir HÔTEL DE LUXE $$

(☎296-3391 ou 1-866-796-3391 ; www.manoirbc.com ; 8 av. Cabot ; ch 89-165 $ selon vue et saison, ch executive/ste 184/204 $, petit-déj 12 $; ⌚fermé vac Noël ; ❄📶). Dominant le Saint-Laurent, l'hôtel fut le premier bâtiment permanent de la ville. Il fut détruit par un incendie en 1965 et reconstruit, en pierre cette fois. Il propose maintenant des chambres confortables, les "executive" ayant plus de cachet que les autres. Table d'hôte le soir (17-40 $).

Où se restaurer

SECTEUR MINGAN (OUEST)

L'Orange-Bleue CAFÉ-RESTO-PUB $$

(☎589-8877 ; www.orangebleue.ca ; 905 rue Bossé ; plats 12-40 $; ⌚7h-22h dim-mar, 7h-23h mer-sam ; 📶). L'adresse branchée de la ville, à la fois café-resto-pub. Au menu (pizzas, grillades, salades, pâtes, etc.) est venu s'ajouter une carte à tendance asiatique avec de bons assortiments de sushis. Belle sélection de bières et de vins. Chansonniers les vendredis.

Le Portobello MÉDITERRANÉO-QUÉBÉCOIS $$

(☎293-9665 ; 872 de Puyjalon ; menu midi 12-24 $, plats 11-28 $, table d'hôte 22-34 $; ⌚ midi lun-ven, soir tlj). De l'extérieur, l'établissement ne paie pas de mine, pourtant ce grand restaurant sobre et sans prétention attire une clientèle nombreuse et parfois bruyante. Le chef décline l'escalope de veau de 9 façons différentes. La carte, variée, est dominée par les saveurs italiennes mais fait la part belle aux grillades et aux fruits de mer. Formule "apportez votre vin".

Café la vieille France FRANÇAIS $$$

(☎295-1234 ; 1050 du Bretagne ; menu midi/soir 12-18/24-48$; ⌚mar-ven midi et soir, sam soir seulement, dernier service à 20h30). La façade de ce restaurant ne rend pas justice à son intérieur chaleureux et sa réputation. Malgré ses dessins très cliché et kitsch de la France, l'endroit demeure l'un des meilleurs restaurants de la ville. Spécialité de gratin dauphinois et cafés fins. Réservation conseillée.

SECTEUR MARQUETTE (EST)

BON PLAN **Le Manoir du Café** CAFÉ ET REPAS LÉGERS $

(☎294-6652 ; 5 pl La Salle ; menu 9-12 $; ⌚tlj ; 📶). Ce torréfacteur animé est l'adresse idéale pour boire un café mais aussi déjeuner d'une pizza, d'un hamburger, d'une salade ou d'un plat du jour. Brunch le dimanche et agréable terrasse. La décoration est parsemée de toiles de Bonneau, dont l'atelier est à deux pas.

La Cache d'Amélie FRANCO-QUÉBÉCOIS $$$

(☎296-3722 ; 37 av. Marquette ; plats 24-45 $, table d'hôte 52-69 $; ⌚ soir mer-sam). L'ancien presbytère de la ville abrite ce restaurant gastronomique réputé. Fine cuisine composée de produits du terroir et belle carte des vins. Service chaleureux.

Depuis/vers Baie-Comeau

VOITURE De Québec, la route 138 rejoint Tadoussac à l'ouest et Sept-Îles à l'est. Pour vous diriger vers les barrages Manic et Fermont, empruntez le bd Comeau puis la route 389.

BUS La compagnie **Intercar** (☎627-9108 ou 1-888-861-4592 ; www.intercar.qc.ca) rallie Baie-Comeau deux fois par jour depuis Québec (94$, 7 heures) via Tadoussac. Une liaison est ensuite assurée vers Sept-Îles (46$, 3 heures). Les bus s'arrêtent dans le **secteur Mingan** (☎589-9298 ; 675 bd Laflèche) et dans le **secteur Marquette** (☎296-6921 ; 212 bd La Salle).

BATEAU Un **traversier** (☎1-877-787-7483 ; www.traversiers.gouv.qc.ca ; aller adulte/

senior/5-11 ans 16,25/14/11 $, voiture 38 $) assure 1 à 2 navettes quotidiennes (sauf les mardis et samedis de mi-janvier à fin mars) avec Matane, sur la côte gaspésienne. En haute saison, il est impératif de réserver si vous traversez avec votre véhicule. Le trajet dure 2 heures 20 et le terminal se situe à 7 km environ à l'ouest du centre-ville.

AVION L'**aéroport de Baie-Comeau** (☎589-8285) se situe dans la péninsule de Pointe-Lebel, à 20 km au sud-ouest de la ville. Il est desservi par **Pascan** (☎1-888-885-8777 ; www.pascan.com), **Air Liaison** (☎1-888-589-8972 ; www.airliaison.ca) et **Air Canada** (☎1-888-247-2262) qui permettent de rallier Montréal, Québec, Mont-Joli, Fermont (via Wabush, au Labrador), Rouyn-Noranda et Havre-Saint-Pierre.

Route 389 – de Baie-Comeau au Labrador

Un air de Grand Nord souffle pour qui emprunte, depuis Baie-Comeau, la route 389 pointant vers le Labrador. Elle est avant tout fréquentée par les camions de transport de bois et les employés d'Hydro-Québec. Partiellement asphaltée, certaines de ses sections ont été récemment améliorées tandis que d'autres présentent des virages casse-cou et des nids-de-poule dangereux. Les accidents y sont fréquents et l'isolement complique les communications et la venue des secours. La prudence est donc de rigueur.

Les rivières Manicouagan et aux Outardes ont fait l'objet de grands projets de production hydroélectrique. Au total, près de 40% de l'énergie électrique du Québec transite par la région.

Les monts Groulx sont un haut lieu de la randonnée sauvage au Québec, mais l'absence d'infrastructure et de moyens de communication en fait aussi une activité rude, aventurière. La neige y est présente 9 mois par an et la végétation y est typique de la toundra.

Prévoir 3 heures 20 pour atteindre Manic-2 et 5, et 8 heures pour rallier Fermont.

LE SAVIEZ-VOUS?

TAPÉ DANS L'ŒIL

Visible depuis l'espace, le **réservoir Manicouagan** est surnommé "l'œil du Québec". Il s'agit en fait d'un gigantesque cratère de 65 km de diamètre, né de la chute d'une météorite sur le bouclier canadien, il y a plus de 210 millions d'années. Quatrième plus important jamais connu sur la planète, l'impact aurait fait disparaître à l'époque 75% de la faune et de la flore terrestres.

La mise en service du barrage Manic-5 entraîna la création d'un lac, le réservoir Manicouagan, mais aussi d'une île, l'île René-Levasseur, qui doit son nom à l'ingénieur d'Hydro-Québec responsable du chantier du barrage Daniel-Johnson. Son territoire est partiellement protégé et partiellement exploité pour ses ressources forestières, au grand dam des Innus de Pessamit et des groupes environnementaux qui tentent de la préserver.

Renseignements

TÉLÉPHONE Il n'y a pas de couverture réseau pour la téléphonie sans fil le long de la route. À noter, même les téléphones classiques sont rares, les riverains utilisant plutôt la (coûteuse) téléphonie satellite au besoin ou la téléphonie IP (par Internet).

OFFICE DU TOURISME (☎287-5822 ou 1-855-337-6668 ; www.caniapiscau.net ; 299 rue Le Carrefour, local 42, Fermont). Si vous comptez faire toute la route, mieux vaut leur passer un coup de fil avant d'entamer votre périple.

SÉCURITÉ Circuler sur les routes isolées du nord présente un certain risque, aussi il vaut mieux planifier son déplacement avec soin : assurez-vous d'avoir une roue de secours et une trousse d'urgence, vérifiez les conditions météorologiques et consultez le site du **Comité de sécurité de la route 389** (www.route389.com). Enfin, vous pouvez commander une carte topographique de la route Trans-Québec-Labrador et des monts Groulx (☎1-888-463-5319).

STATIONS-SERVICE Pensez à faire le plein d'essence chaque fois que possible. Vous trouverez des postes d'essence aux km 94 (Étape Manic-Outardes, liquide seulement), 210 (Motel de l'Énergie) et 316 (Relais Gabriel).

À voir

Cinq centrales hydroélectriques ont été édifiées sur la rivière Manicouagan. Deux d'entre elles se visitent. La centrale Jean-Lesage et son barrage, mieux connue sous le nom de **Manic-2** (☎1-866-526-2642 ; www.hydroquebec.com/visitez ; gratuit, prévoir une pièce d'identité ; ⏲tlj fin juin à fin août départs 9h30, 11h30, 13h30 et 15h30), est à 22 km de Baie-Comeau. Plus impressionnante est la visite de **Manic-5** (mêmes coordonnés et horaires), à 214 km de Baie-Comeau. Surplombant la centrale à 1 km en amont, le plus grand barrage à voûtes multiples et à contreforts du monde s'élève : le **barrage Daniel Johnson**. D'une superficie de 2 000 km², le réservoir donne la mesure du site.

Après Manic-5, les aventuriers du Labrador traverseront la **ville fantôme de Gagnon**, fermée et démantelée en 1985 après moins d'un quart de siècle d'existence. La ruée vers le fer avait tout de même mené à l'établissement de 4 000 personnes et une multitude de bâtiments de services : hôpital, écoles, églises, centre commercial... Il y a peu à voir : tout fut démoli. On y remarque tout de même la 1ère rue, quelques fondations et le trottoir, au beau milieu de nulle part.

Exploitée par la compagnie ArcelorMittal, la **mine de fer du Mont Wright** (☎287-5822 ; réservation obligatoire via l'office du tourisme ; gratuit, durée 2h, à partir de 10 ans) à 17 km de Fermont, se visite, permettant de découvrir un monde industriel plus grand que nature.

La route se poursuit jusqu'à **Fermont**, tout près du 53e parallèle. L'exploitation du mont Wright, l'un des plus importants gisements de fer en Amérique du Nord, a conduit à sa fondation en 1974. La ville présente une architecture urbaine d'inspiration suédoise, pensée pour le climat nordique. Son bâtiment principal, un **immeuble mur-écran** de 1,3 km de long, haut de 5 étages, la ceinture et la protège des vents violents tout en abritant logements, boutiques et services municipaux. Environ 2 800 personnes y vivent à l'année. Le mur abrite aussi un **centre d'interprétation** (☎287-5822 ; 100 pl Daviault) traitant de la géologie et de l'histoire minière de la région, et proposant des **visites guidés** de la ville.

Peu affectée par la pollution lumineuse, Fermont voit souvent défiler dans son ciel le spectacle des **aurores boréales** entre les mois d'août et de mars.

Où se loger et se restaurer

Cette section est présentée en ordre kilométrique à partir de Baie-Comeau. L'été, beaucoup de motocyclistes choisissent de faire du camping sauvage sur le territoire de l'ancienne ville de Gagnon, au km 390.

ROUTE 389

Motel de l'Énergie Manicouagan V — MOTEL ET AIRE DE SERVICES $$
(☎1-800-760-2301 ; www.motelenergie.com ; km 211, route 389 ; s/d 78-98 $/88-98 $; wifi ; clim). À quelques pas du barrage Daniel Johnson, ce motel comprend 42 chambres dont 24 sont neuves et équipées de petits frigos. Vous y trouverez un restaurant, une station-service, une laverie, un téléphone public et un dépanneur. Probablement la meilleure offre sur la route.

Relais Gabriel — POURVOIRIE $$
(☎589-8348 ; www.pourvoirierelaisgabriel.com ; km 316, route 389 ; ch 78-88 $). Cette pourvoirie offre une multitude de services au voyageur de passage : hébergement en chambre, restaurant (attention, il ferme tôt), douches, téléphone satellite, dépanneur et station-service (24h/24), en plus d'offrir les attraits classiques d'une pourvoirie de pêche. Personnel un peu lunatique. Un camping sauvage (gratuit) se trouve à proximité.

Refuge du prospecteur — CAMPEMENT ET SITE GÉOLOGIQUE $$
(☎téléphone IP demandant de la patience 514-448-4064 ; www.refugeduprospecteur.com ; km 336, route 389 ; ch 75 $, pension complète 150 $). Au pied des monts Groulx et à deux pas de sentiers de randonnée et du réservoir Manicouagan, ce centre de vacances est également un site d'observation des impactites (pierres transformées par l'impact d'une météorite), mais il faut prendre un bateau pour s'y rendre (8 pers min). Bob le prospecteur vous accueille dans 7 chambres rustiques équipées de lits simples. Le voyageur de passage peut également manger sur place (cuisine québécoise, petit-déj/déj/dîner 15/25/30 $), sur réservation.

Au km 365, une entrée à droite mène chez M. Denis, un Belge qui offre le gîte contre corvée, mais il est impossible de le joindre par téléphone.

FERMONT

À Fermont, les options d'hébergement sont limitées à l'hôtel (situé dans le "mur") et un gîte bien sympathique. On trouve en tout 4 restaurants en ville, chacun ayant sa personnalité propre. N'espérez toutefois rien de grandiose.

Chez Alexis — CHAMBRES D'HÔTE $$
(☎709-987-0355 ou 418-287-3865 ; www.gitechezalexis.com ; 3 Venelle 5 ; s/d 70/90 $; wifi). La très sympathique Solange accueille les touristes dans 2 chambres équipées de lits doubles se partageant une sdb. Petit-déjeuner sommaire : céréales, fruits, yaourts, muffins.

Hôtel Fermont — HÔTEL SOLITAIRE $$$
(☎287-5451 ; 299 rue Le Carrefour ; s/d 130-140 $; wifi). Unique hôtel de la ville, il dispose de 52 chambres surtout occupées par des

EN PLEIN FROID ET EN PLEIN PARADIS

Au nord de Fermont se trouve **Schefferville**, une ville fantôme où se trouvent désormais les réserves Matimekosh (Innus) et Kawawachikamach (Naskapis). Elle n'est toutefois pas accessible par la route mais bien par train depuis Sept-Îles (voir p. 326). Réservez impérativement votre hébergement à l'**Hôtel Guest House** (☎585-2520) ou à l'**Hôtel-motel Royal** (☎585-2605), tous deux très chers pour la prestation.

Si votre intention est de poursuivre vers le Labrador, d'autres options d'hébergement se trouvent à Labrador City ou Wabush, à 30 km de Fermont. À titre indicatif, tentez le **Carol Inn** (☎709-944-7736 ; 215 av Drake ; 80 $), l'**Hotel Wabush** (☎709-282-3221 ; 9 Grenfell Drive ; s/d 90/95 $; ❄📶) ou le **Tamarack B&B** (☎709-944-6002; 835 Tamarack Drive ; s/d avec petit-déj 40/60 $).

travailleurs. Ses tarifs sont surévalués. Véritable voyage à travers le temps, vous atterrirez dans les années 1970, mais ne vous attendez pas à ce que ce soit propre.

ℹ Depuis/vers Fermont

VOITURE En poursuivant votre route vers l'est, vous atteindrez Labrador City et Wabush, puis pourrez poursuivre sur la route Trans-Labrador (www.tlhwy.com) vers Blanc Sablon d'où vous pourrez prendre le Nordik Express (voir p. 326) vers Natashquan ou le ferry vers Sainte-Barbe, à Terre Neuve (1h45, 1 à 4 traversées par jour sauf mi-janvier au début mars).

TRAIN Appartenant aux Innus et aux Naskapis, le **chemin de fer Tshiuetin**(☎1-866-962-0988, boîte vocale 418-968-5253 après 17h ; www.tshiuetin.net) relie Sept-Îles à la ville minière de Shefferville (aller simple adulte/5-11 ans et senior 96,70/48,31 $, aller-retour 174,15/87,08 $, taxes incl ; ⏲départ lun et jeu 8h, retour mar et ven 8h, 12 heures) en croisant la route Trans-Labrador à 90 km à l'est de Fermont, à Emeril Junction (aller simple 60,55/30,29 $, aller-retour 109,14/54,59 $; ⏲départ vers Sept-Îles 11h30 (heure du Qc), 7 heures). Il n'y a ni gare, ni abri, ni transport en commun à Emeril Junction, et les retards sont fréquents, il vous faudra prévoir votre transport en conséquence. Pour le retour, appelez afin de savoir si le train est bien parti à temps ou si du retard est prévu.

AVION L'aéroport est situé à Wabush, à 35 km de Fermont. Il est possible d'y louer une voiture (Budget ☎1-800-268-8900 ou National ☎1-800 387-4747). Les transporteurs présents sont **Air Canada** (☎1-888-247-2262 ; www.aircanada.ca), **Pascan** (☎1-888-885-8777 ; www.pascan.com) et **Provincial Airlines** (☎1-800-563-2800 ; www.provincialairlines.com). Vous pourrez rallier Montréal,Québec, Sept-Îles, Baie-Comeau, Alma, Bonaventure, Mont-Joli, Bagotville (Saguenay), ainsi que Churchill Falls, Goose Bay et St-John's, à Terre-Neuve-et-Labrador.

DE BAIE-COMEAU À SEPT-ÎLES

Franquelin

Situé à 31 km à l'est de Baie-Comeau, cet ancien village forestier abrite un intéressant centre d'interprétation consacré à l'exploitation forestière. Baptisé le **Village forestier d'antan** (☎296-3203 ; 16 rue des Érables ; adulte/étudiant/-12 ans 6/5/4 $; ⏲tlj fin-juin à mi-sept), il reproduit un village de bûcherons d'autrefois. À l'intérieur de ses constructions en rondins, des expositions d'objets et de photos d'époque retracent l'histoire de l'industrie phare de cette région. Les dimanches matin, brunch du village (11 $ visite incluse).

Godbout

Fief des Comeau, ce minuscule village prend de séduisants airs de bout du monde. Ancien poste de traite de fourrures de la Compagnie de la baie d'Hudson, Godbout possède la simplicité et la beauté naturelle des petits ports de pêche. Outre la pêche en haute mer, il est réputé pour la pêche au saumon – la rivière Godbout est en effet l'une des plus poissonneuses du Québec. En 1649, Nicolas Godbout, qui a donné son nom au village, fut l'un des grands saumoniers des marchés de Québec et de Montréal. La remontée des saumons commence généralement fin juin.

L'arrivée du traversier, qui relie à l'année Godbout à Matane sur la rive sud du Saint-Laurent, rythme la vie du village. Les départs sont quotidiens, sauf entre janvier et mars, période durant laquelle aucune liaison n'est assurée le jeudi et le dimanche.

Notez qu'il n'y a ni épicerie, ni poste essence, ni DAB à Godbout.

À voir

Au bout de la rue Pascal-Comeau, un long escalier de bois mène au monticule d'un cap rocheux d'où la vue est splendide.

De juin à août, vous pourrez observer la remontée des saumons à la **passe migratoire de la rivière Godbout** (☎568-7305 ; www.rivieregodbout.ca ; 117 route des Baleines), à une dizaine de kilomètres après le bureau de la ZEC de la rivière Godbout. Du pont suspendu, la vue sur la chute que les poissons essaient de franchir est spectaculaire.

Musée amérindien et inuit ARTISANAT AUTOCHTONE

(☎568-7306 ; www.vitrine.net/godbout ; 134 chemin Pascal-Comeau ; adulte/enfant 5/2,50 $; ⏲tlj 9h-21h juin-soct). Installé dans une maison historique ayant appartenu au naturaliste canadien Napoléon-Alexandre Comeau, ce musée abrite une bonne collection de sculptures inuites et amérindiennes et un atelier de poterie. Le propriétaire Claude Grenier, un pionnier de la poterie inuite, a vécu 10 ans à Rankin Inlet, au Nunavut. On aurait voulu plus d'explications écrites quant aux objets, mais l'endroit n'en est que plus mystérieux : osez poser des questions !

Où se loger et se restaurer

♥ **La Richardière** CHAMBRES D'HÔTE $$

(☎568-7446 ; www.gitelarichardiere.com ; 109 rue St-Régis ; s/d avec sdb comune et petit-déj 80/85 $; wifi). La boulangerie du village dispose de 4 (petites) chambres raffinées, à thème. Un artiste nord-côtier a été attribué à chaque chambre : un poète, un peintre, une écrivaine et un sculpteur forgeron. Des objets amérindiens ponctuent le décor "coureur des bois" de la salle à manger, détournant le regard des multiples bibliothèques bien fournies en littérature locale. Dîner servi sur demande.

Restaurant du Passant QUÉBÉCOIS $

(☎568-7785 ou 568-7430; 100 rue Monseigneur Labrie ; plats 5-10 $, menu du jour 10-15 $; ⏲tlj). Outre les attributs classiques de la cuisine rapide, dont l'inévitable poutine, l'unique restaurant-bar de Godbout sert de bons plats de poisson frais. Sans prétention, mais 100% québécois et fort sympathique ! Il loue 3 chambres (87 $) impeccables, à la déco contemporaine.

Achats

L'artisane du village ARTISANAT AUTOCHTONE

(☎568-7879 ou 293-7273 ; 166 Pascal Comeau ; ⏲tlj à partir de 6h30 jusqu'en soirée, en saison). Cette petite boutique concentre de l'artisanat autochtone de bonne qualité sur peu d'espace, en plus de regorger d'informations. Bijoux faits de panaches de caribou, griffes de castor ou de lynx, mocassins, capteurs de rêves, etc.

Depuis/vers Godbout

VOITURE Godbout est à 2 km de la route 138 par la rue Monseigneur Labrie. Franquelin est à 30 km à l'est et dispose d'un DAB et d'un dépanneur. Les stations-service les plus proches se trouvent à Baie-Comeau (59 km) ou Port-Cartier (117 km), du côté ouest.

BATEAU Un **traversier** (☎1-877-787-7483 ; www.traversiers.gouv.qc.ca ; aller simple adulte/senior/5-11 ans 15/13/10 $, voiture 35 $) relie Godbout à la ville de Matane, en Gaspésie. C'est la dernière opportunité de traverser le fleuve avant de poursuivre vers l'est si on ne compte pas le Nordik Express qui fait escale à Port Menier, Anticosti avant de rejoindre Rimouski en un peu plus de 24h, une fois par semaine (voir p. 326).

Pointe-des-Monts

Cette péninsule inclinée vers la mer constitue une étape attachante. Après avoir quitté la route 138, il vous faudra parcourir 11 km pour parvenir à cet endroit, où le fleuve devient le golfe du Saint-Laurent. Le deuxième plus ancien des phares du Saint-Laurent se dresse sur cette bande de terre minérale, entourée d'anses profondes.

Près du Gîte du phare, des sentiers pédestres en accès libre relient la chapelle amérindienne au camp innu Ashini, ancien site d'une tribu désormais disparue.

À voir

Phare de Pointe des Monts MUSÉE DU PHARE

(☎939-2400 ; www.pharepointe-des-monts.com ; 1830 chemin du Vieux-Phare ; 10 $; ⏲tlj 9h-16h mi-juin à mi-sept). Construit en 1830 et haut de 28 m, le phare a été transformé en un passionnant musée (un peu cher) dédié principalement à l'histoire des Amérindiens et des pionniers qui foulèrent cette terre. À travers une nouvelle présentation multimédia, il raconte la fabuleuse histoire des gardiens du phare et l'épopée des naufragés qu'il abrita. On y accède par un petit pont de bois qui mène à une jolie plage de galets.

Où se loger et se restaurer

Gîte du Phare de Pointe-des-Monts CHALETS $$

(939-2332 ou 1-866-369-4083 ; www.pointe-des-monts.com ; 1937 chemin du Vieux-Phare ; chalets 2 pers 78-98 $, 4 pers 139-152 $, + 20 $ en hiver ; 15 mai-15 oct). En fait de gîte, il s'agit de chalets en rondins qui réservent une vue superbe sur la mer à défaut d'un grand niveau de confort. Les repas peuvent se prendre au Gîte de la Chapelle, où l'on vous donnera aussi de l'eau potable.

L'Auberge du gardien PHARE-AUBERGE $$$

(939-2400 ; www.pharepointe-des-monts.com ; 1830 chemin du Vieux Phare ; ch demi-pension 237 $; plats 21-44 $, table d'hôte 37-63 $; fermé lun-mar). Vous logerez dans de petites chambres mansardées, dans la maison du gardien du phare. Côté restaurant, homards, crabes et crustacés sont à l'honneur, apprêtés en bisques, salades et plats en sauce. Le menu tout en photos surprend un peu, et le service est quelque peu maniéré.

Baie-Trinité

Baie-Trinité offre de magnifiques paysages côtiers à 83 km de Baie-Comeau. En mai et en juin, le capelan, poisson argenté, légèrement plus petit qu'un éperlan, vient se reproduire sur les plages par bancs entiers. Une imposante usine de transformation de poisson sert de moteur économique au village : des familles entières y travaillent !

La **Pointe-aux-Anglais**, à une demi-heure de route vers Port-Cartier, possède l'une des plus belles plages de sable fin de la Côte-Nord qui s'étend sur 11 km jusqu'à Rivière-Pentecôte.

Centre national des naufrages du Saint-Laurent MUSÉE MULTIMÉDIA

(939-2679 ; www.centrenaufrages.ca ;27 route 138 ; adulte/7-17 ans/famille 9,20/6/20 $; tlj 9h-19h, mi-juin à mi-oct). Spectacle multimédia et holographique de 20 minutes, qui évoque – parfois de façon assez crue et chronologiquement désordonnée – les grands naufrages survenus dans la zone, en particulier celui, terrible, du *Elizabeth and Mary* en 1690. Une seconde exposition (4 $, 6 $ sans le centre, gratuit -18 ans) regroupe des artéfacts de l'épave.

Où se loger

BON PLAN **Gîte du Capitaine** CHAMBRES D'HÔTE $

(939-2561 ; 23 rue Petit-Mai ; s/d avec petit-déj 40-50/60-70 $;). Situé à l'extrémité est du village, ce gîte familial aux chambres sobres présente un confort limité rappelant les chambres d'étudiants. Sa force réside dans le bas prix et dans l'accueil sincère de sa propriétaire qui a consacré sa vie dans le domaine hôtelier. Cuisine et TV à disposition. Derrière la maison ancestrale, le grand terrain débouche sur la mer et dispose d'un endroit où faire un feu de camp.

Port-Cartier

Port-Cartier a su tirer profit de sa nature généreuse afin de devenir une zone importante d'exploitation forestière. Ce joli port minier est traversé par une piste cyclable et piétonnière qui rejoint d'agréables points d'eau, depuis les îles Patterson et Mc-Cormick jusqu'à la passe migratoire à saumons. Cette dernière mérite vraiment une halte le temps de goûter la fraîcheur de l'air salin projeté par sa chute. Sur les îles, vous trouverez des vestiges de l'industrie forestière : barrage, arboriduc, four à écorce, scierie, tout cela dans un décor pour le moins idyllique.

La ville au passé industriel offre cependant peu d'infrastructures touristiques, et leur qualité est généralement décevante : poursuivez ensuite vers Sept-Îles.

Activités

Réserve faunique de Port-Cartier-Sept-Îles PÊCHE ET PLEIN AIR

(766-2524 ou 1-800-665-6527 ; www.sepaq.com/rf/spc ; accueil au lac Walker, à 27 km au nord de la ville ; forfait pêche au saumon 143 $/pers/nuit, chalet 2 à 3 pers 55 $/pers, camping 27-38 $, location canot ou kayak 12-15 $ l'heure ; fin-mai à début sept, autres activités jusqu' mi-oct). Réserve faunique réputée pour sa faune aquatique, riche en saumons mais surtout en truites mouchetées (limite élevée : 20 prises). On raconte que la grande majorité de ses lacs – plus de mille au total – n'ont jamais connu de pêcheurs... Forfait chalet, pêche et embarcation sur deux des lacs, Walker et Arthur (4 pers à partir de 70 $/pers). Il est possible de louer des canots et des kayaks et de descendre les rivières Macdonald et aux Rochers en canot-camping. Location d'équipement de pêche.

Sept-Îles

Dernière localité d'importance de la Côte-Nord, elle est aussi le plus important port minéralier d'Amérique du Nord. Au large d'une vaste baie circulaire, sept îles forment un rempart et lui confèrent son nom. La vie y est animée, et la promenade agréable le long du quai d'où partent les croisières pour l'archipel. L'un des principaux intérêts de Sept-Îles réside dans ses excellents musées, l'un nord-côtier, l'autre retraçant l'histoire de la communauté innue, la première à avoir occupé ce territoire.

Orientation

La route 138 devient en centre-ville le bd Laure, le long duquel se succèdent galeries marchandes et banques. Sept-Îles est très étendue. Les secteurs Gallix et Clarke se situent à l'ouest du centre-ville, et les secteurs des Plages et Moisie à l'ouest. La ville présente un visage anglo-saxon typique, avec des rues et avenues se coupant à angle droit, en ordre alphabétique en partant du rivage. Le secteur Clarke et la Pointe-Noire (presqu'île Marconi) abritent la portion historiquement industrielle de la ville. L'aéroport se trouve à la sortie est de la ville.

Renseignements

BUREAU D'INFORMATION TOURISTIQUE (962-1238 ou 1-888-880-1238 ; www.tourismeseptiles.ca ; 1401 bd Laure Ouest ; été tlj 8h-21h, hiver 8h-16h30 lun-ven). Un bureau saisonnier est ouvert en été au parc du Vieux-Quai.

ESSENCE Il n'y a pas de station-service entre Sept-Îles et Rivière-au-Tonnerre. La dernière, une station Esso, se trouve dans le secteur Moisie, près de la réserve de Maliotenam.

Fêtes et festivals

Vieux quai en fête (mi-juillet ; www.vieuxquaienfete.com). Festival de la ville qui voit s'animer la promenade avec des concerts, amuseurs publics, beach-volley, etc.

Festival innu Nikamu (début août ; www.innunikamu.ca) Dans la réserve montagnaise de Maliotenam (à l'est de Sept-Îles). Pendant 4 jours, des spectacles de chant et de danse traditionnels et contemporains donnés par des groupes de toute l'Amérique du Nord.

Symposium de peinture Mamu (fin août ; www.symposiummamu.net) À Uashat (à l'ouest de Sept-Îles), dans le musée Shaputuan. Artistes autochtones et allochtones.

Grande fête annuelle de Clarke City Festivités variées, concerts extérieurs, à la mi-août.

À voir

Musée Shaputuan CULTURE INNUE
(962-4000 ; 290 bd des Montagnais ; adulte/senior et étudiant 5/3 $, gratuit -12 ans ; lun-ven 8h-16h30, sam-dim 13h-16h en été, fermé sam-dim hors saison). Une visite guidée vous emmène au fil des quatre saisons à la découverte des modes de vie des Innus qui l'hiver habitaient l'intérieur des terres et, l'été, s'installaient sur les bords du Saint-Laurent. Elle se termine par un émouvant film sur le terrible héritage des pensionnats indiens. Le musée est à côté du grand centre commercial Walmart.

Musée régional de la Côte-Nord HISTOIRE ET CULTURE
(968-2070 ; www.mrcn.qc.ca ; 500 bd Laure ; adulte/senior et étudiant 7/6 $, gratuit -12 ans ; tlj 9h-17h et mer jusqu'à 20h fin juin-début sept, mar-ven 10h-12h et 13h-17h, sam-dim 13h-17h hors saison). Consacré à l'histoire socio-économique de la région, il constitue une bonne étape avant de prolonger votre voyage en Basse-Côte-Nord. Des expositions temporaires y sont organisées. Un peu austère pour les enfants, le musée renferme toutefois beaucoup d'informations sous une forme multimédia très complète. On souhaiterait cependant un audioguide !

Le Vieux Poste POSTE DE TRAITE
(968-2070 ; bd des Montagnais ; 5 $; tlj 9h-17h mi-juin à mi-août). Fermé pour rénovation lors de notre passage, ce musée reconstitue un poste de traite au temps de la Compagnie de la baie d'Hudson (début XIXe) sur le site archéologique de la première mission fondée en 1651 par le Père de Quen.

GRATUIT **Centre d'interprétation de Clarke City** VILLE D'USINE
(583-2223 ; 160 rue du Moulin ; entrée libre ; tlj 10h-17h fin juin-fin août). Outre une exposition de photos d'époque et un film documentaire, cette ancienne gare abrite la locomotive ayant effectué pendant plusieurs dizaines d'années le trajet entre Clarke City et la Pointe-Noire. C'est le point de départ du circuit patrimonial local, lequel permet de découvrir les bâtiments historiques de ce secteur.

GRATUIT Aluminerie Alouette PRODUCTION D'ALUMINIUM
(☎964-7342 ; 400 chemin de la Pointe-Noire ; visite gratuite ; ⏲départs 9h30 et 13h15 mar-sam, mi-juin-fin août). D'une durée de 2h, la visite de l'usine permet de s'initier à toutes les étapes de la production de ce métal dont le minerai n'est pas extrait dans la région. Groupes de 20 personnes, chaussures confortables et réservation conseillées.

GRATUIT IOC BOULETTAGE DE FER
(☎962-1238 ; www.ironore.ca ; 1 rue Retty ; visite gratuite ; ⏲lun et mer 13h, mar, jeu et ven 9h, mi-juin à mi-août). Principal employeur de la région (2 200 employés), IOC produit des boulettes et du concentré de minerai de fer extrait dans les environs du Labrador et acheminé par son système ferroviaire privé. Visites guidées de 60 à 90 minutes.

Activités

Le secteur de la rivière Matamec se prête à de belles balades. Un sentier de 2 km permet de découvrir l'étonnant site du **Petit-Havre de Matamec**, à proximité de l'embouchure de la rivière et d'un marais salé. Il se trouve à 6 km à l'est du pont de la rivière Moisie.

Les **plages** de Gallix et de Val Marguerite sont plus éloignées du centre et peuvent sembler désertes tant elles s'étendent à perte de vue.

Archipel des Sept-Îles

Baptisée en hommage aux Basques venus chasser la baleine dans l'archipel dès le XVIe siècle, l'île Grande Basque est la seule qui soit aménagée pour la randonnée. Elle est bordée de plages et sillonnée de 11 km de sentiers. Des guides naturalistes sont présents sur place entre 9h et 17h, de mi-juin à mi-septembre, pour expliquer la faune et la flore, ainsi que la formation des cuvettes marines.

Deux entreprises situées au quai de Sept-Îles organisent des excursions dans l'archipel de la mi-juin au début septembre, permettant aussi d'observer le sanctuaire d'oiseaux marins de l'île du Corossol :

Les Croisières du Capitaine (☎968-2173 ou 965-6670 ; www.lescroisieresducapitaine.com ; navette aller-retour pour l'île Grande Basque adulte/6-13 ans 25/15 $, croisière commentée 45-60/35-40 $).

Croisières Petit Pingouin (☎968-9558 ; navette aller-retour adulte/senior/6-12 ans 25/23/15 $, croisière commentée 45-60/40-55/35-40 $, taxes incl).

Il est possible de camper sur l'île (13 $/tente), adressez-vous pour cela aux guides sur place ou aux compagnies de bateaux qui assurent le trajet.

Plein air

L'hiver, la douceur du climat maritime se prête bien à la motoneige. Il est possible de louer un véhicule et de l'équipement auprès d'**Aventure Côte Nord** (☎968-4151 ; 1147 bd Laure ; ⏲8h30-12h et 13h-17 lun-ven, 19h-21h jeu-ven, 9h-12h sam). Pour les adeptes des sports de glisse, un modeste **centre de plein air** (☎766-5900 ; www.skigallix.com), à l'ouest de Sept-Îles, avec remontées, loue des skis, des snowboards et des raquettes.

La Maison du tourisme loue des vélos et de l'équipement.

Magtogoek Écotours KAYAK DE MER
(☎965-4384 ; www.magtogoek.com ; basé à Port-Cartier ; ⏲juin-sept). Organise des excursions gastronomiques de deux jours dans l'archipel (250 $ taxes incl), sur réservation et pour adultes seulement.

Ranch des Daltons ÉQUITATION
(☎961-9626 ou 961-3052 ; 555 route 138 Est, secteur Moisie ; randonnées à partir de 35 $; ⏲mai-sept). Ce ranch permet aux cavaliers de tous niveaux de faire des randonnées sur la plage ou dans les bois avoisinants.

Où se loger

♥ Auberge internationale Le Tangon AUBERGE DE JEUNESSE $
(☎962-8180 ; www.aubergeletangon.net ; 555 av. Jacques-Cartier ; dort 22 $, s/d 32/52 $). Dans une ancienne école rénovée disposant de 12 chambres privées et 3 dortoirs, cette demeure colorée est un lieu multigénérationnel très propre, où il fait bon vivre. L'espace commun comprend une vaste cuisine, une buanderie ainsi qu'une cour arrière où l'on se réunit le soir autour d'un feu.

AGARA GALERIE AUTOCHTONE ET RÉSIDENCE $$
(☎962-6377 ; www.agara.ca ; 136 bd des Montagnais, à Uashat ; s/d avec petit-déj 85/90 $ taxes incl). Artiste innu éminent natif de la région de Shefferville, Ernest Aness Dominique a fondé AGARA (Atelier Galerie d'Art Résidence d'Artistes), qui fait aussi école d'art et gîte. L'artiste et sa belle galerie se spécialisent dans la peinture réaliste à tendance abstraite, mais d'autres médiums (dessin, sculpture, etc.) sont aussi explorés. Installées au sous-sol, les chambres meublées de lits en bois sont petites, sommaires et

sombres. Un jardin des Premières Nations est en projet à l'arrière.

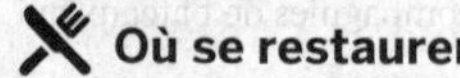

Où se restaurer

La ville est réputée pour les fruits de mer, surtout le crabe. Souvent assortis de leur propre usine de préparation, de nombreux établissements se font compétition, excellant parfois dans la fraîcheur et la préparation d'une variété en particulier. L'un d'entre eux, à la réputation inégale mais au design atypique, vaut le coup d'œil : le **Casse-croûte du pêcheur** (☎968-6411 ; 4 rue Maltais, près de la marina ; ⊙avr à mi-oct) est aménagé de telle sorte que la terrasse se trouve dans une cage à homard géante ; kitsch à souhait !

Pub St-Marc BISTRO-PUB **$$**
(☎962-7770 ; 588 av. Brochu ; menus midi 15-18 $, plats 10-20$; ⊙16h-minuit tlj sauf dim). Ce pub servant une cuisine de type bistro est apprécié pour sa grande terrasse et son atmosphère décontractée.

Les Terrasses du Capitaine FRUITS DE MER **$$$**
(☎961-2535 ; 295 av. Arnaud, plats 14-31 $; ⊙tlj sauf sam midi et dim midi avr-oct). Rattaché à une poissonnerie, ce restaurant animé au décor de bateau offre une variété de poissons et de crustacés à la carte. Réservation fortement conseillée.

Chez Omer GRILLADES ET FRUITS DE MER **$$$**
(☎962-7777 ; 372 av. Brochu ; plats 15-48 $; ⊙tlj sauf dim). Une grande salle de réception sobre, mais surtout un classique réputé pour ses poissons et fruits de mer, notamment le crabe et les crevettes, préparés à l'usine du restaurant.

Où prendre un verre

Edgar CAFÉ-BAR
(☎968-6789 ; 490 av. Arnaud). La terrasse de ce sympathique café-bar semble toujours bondée. On y trouve de bonnes bières, des fromages québécois et des charcuteries. Situé près du quai, c'est sans doute le point le plus animé de toute la ville.

ℹ Depuis/vers Sept-Îles

VOITURE La route 138 conduit vers Baie-Comeau (229 km) à l'ouest et Havre-Saint-Pierre (220 km) à l'est.

BUS La compagnie **Intercar** (☎962 2126 billetterie, 1-888-861-4592 informations; www.intercar.qc.ca ; 126 rue Monseigneur-Blanche) assure une liaison quotidienne avec Baie-Comeau (3h25 ; 46 $; correspondance ensuite vers Québec) et une autre avec Havre-Saint-Pierre (2h50, 44 $) sur semaine seulement.

BATEAU Le **Nordik Express** (☎723-8787 ou 1-800-463-0680 ; www.relaisnordik.com) est l'unique bateau à assurer chaque semaine, de la mi-avril à la mi-janvier, une liaison Rimouski – Sept-Îles. Il dessert ensuite Port-Menier sur l'île d'Anticosti, Havre-Saint-Pierre, Natashquan puis les villages isolés de la Côte-Nord jusqu'à Blanc-Sablon (voir l'encadré p. 334). Il n'y a pas d'escale à Sept-Îles sur le trajet de retour.

TRAIN Appartenant aux Innus et aux Naskapis, le **chemin de fer Tshiuetin** (☎1-866-962-0988, boîte vocale après 17h 418-968-5253 ; www.tshiuetin.net) relie Sept-Îles à la ville minière de Shefferville (aller adulte/5-11 ans et senior 96,70/48,31 $, aller-retour 174,15/87,08 $ taxes incl ; ⊙départ lun et jeu à 8h, retour mar et ven à 8h, trajet 12 heures) en croisant la route Trans-Labrador à 90 km à l'est de Fermont, à Emeril Junction (aller simple adulte/5-11 ans et senior 60,55/30,29 $, aller-retour 109,14/54,59 $; ⊙départ vers Sept-Îles à 11h30 (heure du Qc), 7 heures). Il vous faudra cependant vous arranger pour qu'on vienne vous chercher, ce qui est une aventure en soi vu les imprévisibles retards et l'absence de gare ni même d'abri à Emeril Junction. Pour le retour, appelez afin de savoir si le train est bien parti à temps ou si du retard est prévu. Enfin, assurez-vous de récupérer vos bagages rapidement.

AVION L'**aéroport de Sept-Îles** (☎962-8211 ; 1000 bd Laure Est) dessert quotidiennement Québec, Montréal, l'île d'Anticosti ainsi que le Labrador, le Nouveau-Québec et la rive sud du Saint-Laurent. Les transporteurs sont **Air Liaison** (☎1-888-589-8972 ; www.airliaison.ca), **Pascan** (☎1-888-885-8777 ; www.pascan.com) et **Air Canada** (☎1-888-247-2262).

MINGANIE

Terre du bout du monde, la Minganie révèle le vrai visage de la Côte-Nord. Si l'extension de la route 138 à l'est de Sept-Îles en 1978 l'a partiellement sortie de son isolement, cette région aux rudes consonances marines et à la limite de la taïga reste peu fréquentée par les visiteurs. Il est facile de s'y sentir seul au monde, au bout de tout, pour peu qu'on quitte la route principale.

Ceux qui font le chemin jusqu'au bout de la route 138, un peu après Natashquan, ne reviendront pas déçus. Avec sa lumière particulière, son environnement sauvage propice à l'observation de la faune et ses innombrables rivières à saumons, la Minganie mérite bien quelques heures de trajet supplémentaires.

Chute Manitou

Cette impressionnante chute de 35 m de hauteur constitue une belle entrée en matière ! Le plus simple est de vous garer au bureau d'information touristique sur la route 138, environ 85 km après Sept-Îles. Le **sentier ouest**, de 650 m environ, part de là et permet d'apprécier une cascade. Mais pour vous approcher au plus près de la chute, traversez à pied (soyez prudent) le pont enjambant la rivière Manitou, puis prenez le **sentier est** qui descend sur la droite. Il vous en prendra un peu plus de temps (1,4 km aller-retour) mais il mène au pied de la chute, là où sa puissance est maximale, avant que le trajet ne se termine en un brusque coude.

L'admission au site (3 $, gratuit -14 ans) se règle au bureau d'information touristique. Vous pouvez aussi vous y procurer l'audioguide sur CD qui vous accompagnera de Havre-Saint-Pierre à Natashquan (15 $ + caution 25 $, voir p. 330).

Renseignements

BUREAU D'INFORMATION TOURISTIQUE
(9h-17h mi-juin à fin juin, 9h-19h fin juin à fin août, 9h-17h début à mi-sept). Bon endroit pour planifier la suite de la route.

Rivière-au-Tonnerre

Ce hameau de pêche constitue l'étape parfaite pour un club-sandwich au crabe. L'**église** (tlj 9h-17h juin à mi-sept) centenaire en bois mérite une petite visite, notamment pour sa voûte décorée de motifs taillés au canif.

Où se restaurer

Maison de la Chicoutai CAFÉ-DESSERTS $
(465-2140 ; www.chicoutai.ca ; 6 rue de l'Église ; tlj 8h-18h mi-mai à début oct). Cette maison artisanale vend des spécialités (pâtisseries, chocolats, confiture, vinaigrette, tisane) à base de cette petite baie savoureuse (voir l'interview ci-dessus). Elle est aussi dotée d'un petit café-verrière, où l'on sert du café expresso.

Marie-Cindy FRUITS DE MER $$
(465-2079 ; 439 rue Jacques-Cartier ; plats 16-45 $; tlj midi et soir). Ce petit resto familial aux faux airs de *diner* américain, sert des grillades et de la pizza, mais il est surtout réputé pour ses pétoncles. Accueil charmant.

INTERVIEW

BRUNO DUGUAY, PROPRIÉTAIRE DE LA MAISON DE LA CHICOUTAI

"La chicoutai est une baie sauvage, jaune orangé, au goût acidulé. Elle pousse dans les tourbières, forêts et marécages, au ras du sol. Elle se cueille à partir de la mi-juillet. Chaque plant est surmonté d'une fleur qui donne naissance à un seul petit fruit, de la taille d'une framboise. Les Français l'appelaient plat-de-bièvre, appellation devenue ensuite plaquebière, et soignaient le scorbut avec ! Les Indiens la nomment "chicoutaou", qui signifie nourriture de castor ou nourriture de feu. Nos parents faisaient de la confiture avec. C'est que la chicoutai offre une multitude de possibilités. J'ai ouvert cette maison il y a sept ans en préparant des recettes de façon artisanale."

Restaurant du village FRUITS DE MER $$
(465-2292 ; 416 rue Jacques Cartier ; plats 10-31 $, table d'hôte 24-27 $; tlj 7h-21h juin-sept, 7h-20h oct-mai). Dans un décor rappelant plutôt un bar, on y sert des spécialités de morue à la poêle, façon locale.

Magpie

Ce minuscule hameau, qui a gardé le cachet des vieux villages de Minganie, coule des jours paisibles en bordure de sa jolie baie. Outre le charme de ses maisons colorées, il est le point de départ de plusieurs **sentiers de randonnée** le long du littoral et de la rivière Magpie. Le grand **belvédère**, installé sur un flanc rocheux, constitue un bon site pour l'observation terrestre des rorquals. Pour s'y rendre, il suffit de suivre le chemin qui mène au vieux quai depuis l'église.

Longue-Pointe-de-Mingan

Ce bout de terre sablonneuse s'avance légèrement dans le Saint-Laurent en pointant vers l'archipel des îles Mingan, le petit joyau tant convoité de la Côte-Nord. La présence dans le village d'une station de recherche sur les cétacés en fait une étape incontournable. Au coucher du soleil, sa longue passerelle de bois réserve d'agréables promenades.

DES BALEINES BIEN MYSTÉRIEUSES

La Station de recherche des îles Mingan regroupe des chercheurs spécialisés dans l'étude des cétacés. C'est en partie grâce à ses études que le gouvernement canadien s'est résolu à emboîter le pas à de nombreux autres pays pour reconnaître, tardivement, le rorqual bleu comme une espèce menacée, le 3 mai 2002. Comme beaucoup ici, Sylvie est bénévole. Elle nous explique son travail :

"Nous avons quatre mois de terrain pour étudier les comportements des baleines et réaliser un travail d'identification, grâce aux photos et aux biopsies que nous réalisons depuis le bateau de recherche. Nous parvenons ainsi à "ficher" les baleines du Saint-Laurent, nous leur donnons même des petits noms. Les baleines à bosse arrivent début juillet, et ce sont celles que nous observons le plus ici. Nous savons à présent qu'elles viennent s'alimenter là, et partent se reproduire dans les Caraïbes. En revanche, beaucoup de choses demeurent mystérieuses, surtout concernant le rorqual commun. Quelles sont les interactions dans les groupes ? Pourquoi certains semblent s'amuser ou, encore plus curieux, tournent autour du bateau ? D'où viennent-ils ? Où vont-ils ? Autant de questions qui nous taraudent. Les rorquals communs peuvent former des groupes de 30 individus. Nous observons en revanche peu de baleines bleues. L'une des hypothèses est qu'elles mangent du krill, dont on pense que la population a diminué car il est mangé par les capelans. Or, le principal prédateur des capelans est la morue, sur laquelle il existe un moratoire... Nous restons jusqu'au passage des dernières baleines, entre la mi-septembre et octobre. Avant de revenir l'année d'après."

La compétition cocasse entre les deux familles offrant des prestations touristiques dans le village a toutefois mené à un affichage touristique déroutant et un tantinet désagréable.

À voir et à faire

Longue-Pointe-de-Mingan donne accès au secteur ouest de l'archipel des îles Mingan, géré par Parcs Canada (voir l'encadré page ci-contre), et plus particulièrement à l'île aux Perroquets – où l'on peut observer des macareux et dont le phare a accueilli un gardien jusqu'en 1978 – et l'île Nue, où se dressent quelques monolithes. Notez que sur cette île, seuls le littoral et une fraction du territoire sont accessibles.

Station de recherche des îles Mingan ÉTUDE DES BALEINES
(☎949-2845 ; www.rorqual.com ; 378 rue du Bord de la mer ; adulte/senior/6-17 ans 8,50/7/4 $; ⏲tlj 9h-17h mi-juin à mi-sept, visites guidées à 10h, 11h15, 14h et 15h45). Une étape à ne pas manquer ! Les maquettes grandeur nature ainsi que les grandes fresques murales permettent de prendre conscience du gigantisme des mammifères marins. Une salle acoustique complétée d'une vidéo projetée au mur donne l'occasion de s'imprégner de sons et d'images. Mais pour mesurer tout le travail accompli par cette station de recherche créée en 1979 par le biologiste franco-américain Richard Sears, il faut partir en mer avec les équipes scientifiques (réservation indispensable, à partir de 12 ans). L'excursion à la journée (départ 7h30, juin-oct) coûte 115 $, lesquels sont entièrement reversés à la recherche. Vous bénéficierez d'une interprétation *in situ* du comportement des mammifères marins, avec une rigueur scientifique qui manque parfois aux autres bases d'observation des baleines.

Parc national de l'Archipel-de-Mingan ÎLES
(☎949-2126 ; www.parcscanada.gc.ca/mingan ; 625 rue du Centre ; ⏲tlj 9h-17h30 juin-sept, jusqu'à 20h15 les soirs de causerie, fermé 12h-13h en début et fin de saison). Le centre d'accueil et d'interprétation abrite une exposition sur le secteur ouest et assure la réservation pour le camping sur l'île Nue (empl 15,70 $ + 4,90 $/pers, permis de feu 8,80 $). Les deux transporteurs ci-dessous, agréés par Parcs Canada, proposent deux sorties animées par des guides du parc. La dernière sortie de la journée est toutefois animée par les bateliers. Dans les deux cas, possibilité de bateau-taxi.

Excursions du Phare (☎949-2302 ou 1-877-949-2302 ; www.minganie.info ; 126 et 152 rue de la Mer ; excursion 3h adulte/enfant 50/25 $, 5h 85/45 $ hors taxes et droits d'entrée ; ⏲départs 8h, 11h30 et 15h15 mai-sept). Tenue par la fille de l'ancien gardien de l'île aux Perroquets, cette agence propose des sorties de 3h dans le secteur ouest, et de 5h dans l'ensemble de l'archipel.

LES ÎLES MINGAN, UN ARCHIPEL PROTÉGÉ

Point d'orgue d'une visite en Minganie, cet archipel constitué d'un chapelet d'îles (43 au total) et d'îlots (900 environ) s'étire sur 152 km de part et d'autre de Havre-Saint-Pierre. Protégé par son statut de réserve de parc national, il se distingue par la richesse de sa faune et de sa flore et par ses étonnantes formations géologiques. Une large variété de **plantes arctiques et alpines**, mousses et lichens, dont 84 plantes jugées rares, y poussent. Le plus célèbre est le Chardon de Mingan, dont la floraison est rare. Et près de 200 espèces d'oiseaux, dont les **petits pingouins** et **macareux moines** (surnommés "perroquet des mers"), viennent y trouver refuge. Ils sont très nombreux sur les îles du Sanctuaire, aux Perroquets, de la Maison et sur l'île à Calculot des Betchouanes. En bordure de mer ou au large, vous pourrez également observer des petits rorquals, des rorquals à bosse, des phoques gris et des phoques du Groenland.

L'archipel de Mingan comprend également la plus grande concentration de **monolithes** au Canada. Ces sculptures de calcaire prennent les formes les plus diverses : queue de baleine, visage, botte... L'île Quarry, sur laquelle des sentiers de randonnée ont été aménagés, en compte les plus beaux exemples. Vous en trouverez aussi sur les îles de la Fausse-Passe, la Grande Île, Niapiskau et sur l'île Nue de Mingan.

Parcs Canada propose des **activités d'interprétation** dans le secteur centre, sur l'île du Fantôme, la Petite île au Marteau, l'île Niapiskau et l'île Quarry, et dans le secteur ouest sur l'île Nue de Mingan et l'île aux Perroquets.

L'accès aux îles de l'archipel est assorti de **droits d'entrée quotidiens** (adulte/senior/6-16 ans/famille 5,80/4,90/2,90/14,70 $, carte saison avantageuse après 6 jours et à demi-tarif avant le 30 juin) dont la perception est généralement assurée par les bateliers, le plus souvent compris dans le prix des excursions. Seuls les campeurs devront s'en acquitter auprès des centres d'accueil de Havre-Saint-Pierre ou de Longue-Pointe-de-Mingan. Le **camping** (empl 15,70 $ + 4,90 $/pers si groupe, permis de feu 8,80 $, réservation 5,80 $) est autorisé à des emplacements indiqués, sur les îles du Havre, Niapiskau, Quarry, Nue, Grande-Île et Chasse, de la mi-juin à début septembre. Le site de l'île Quarry est ouvert jusqu'à la fin septembre. Il n'est pas possible de rester plus de 6 nuits consécutives sur une même île (12 dans le parc). Prévoir des vivres et de l'eau potable en quantités suffisantes.

Depuis Havre-Saint-Pierre, **Boréale services maritimes** (p. 330) mène les campeurs et les visiteurs autonomes du secteur centre (départs vers Quarry et Niapiskau).

Pour le secteur ouest, adressez-vous aux bateliers de Longue-Pointe-de-Mingan ou à Rivière Saint-Jean, où se trouve l'agence **Anticosti-Minganie-Côte Nord-Québec** (☎538-0911 ou 535-0060, hors saison 567-8761 ; www.anticostiminganiequebec.ca ; à côté de l'église) qui propose un service de bateau-taxi vers l'île d'Anticosti et l'archipel, ainsi qu'une croisière d'une durée de 2h30 (adulte/enfant 65/55 $) à bord d'un Zodiac de 12 places.

Entreprises touristiques Loiselle
(☎949-2307 ou 1-866-949-2307 ; www.tourisme-loiselle.com ; 109 et 207 rue de la Mer ; adulte/enfant 50/35 $; ⏲départs 8h, 11h45 et 15h45 mai-oct). Excursion de 3h30 dans le secteur ouest de l'archipel.

Où se loger et se restaurer

Si vous logez en camping ou en condo (appartement en résidence), sachez qu'une supérette bien achalandée, le **Dépanneur Omni** (☎949-2923 ; 864 chemin du roi ; ⏲tlj 8h-22h), se trouve sur la route 138.

Camping de La Minganie CAMPING **$**
(☎949-2307 ou 1-866-949-2307 ; www.tourisme-loiselle.com ; 109 rue de la Mer ; empl 19-27 $, cabine 50 $; ⏲juin-sept). Ce petit camping fournit des emplacements face au fleuve et de petites cabines pour 2 personnes avec accès aux installations sanitaires.

Les Maisonnettes des Îles CHALETS **$$**
(☎949-2302 ou 1-877-949-2302 ; www.minganie.info ; 126 rue de la Mer ; maisonnettes 125-145 $ selon taille, ch motel 50-75 $). Ces maisonnettes équipées et confortables sont idéales pour ceux qui souhaitent préparer eux-mêmes leurs repas ou qui voyagent en famille. Une formule d'hébergement en petit motel est aussi proposée. Dommage que la propriétaire insiste beaucoup pour vous vendre une croisière.

Café-bistro Le Phare QUÉBÉCOIS **$$**
(☎949-2302 ; 152 rue de la Mer ; plats 10-22 $, ⊙juin-sept). L'un des seuls restaurants du village, Le Phare sert des petits-déjeuners et une cuisine traditionnelle dominée par les fruits de mer. Agréable terrasse donnant sur la mer.

Havre-Saint-Pierre

Fondée en 1857 par des pêcheurs des îles de la Madeleine, la ville de Havre-Saint-Pierre s'est depuis fortement industrialisée. Elle constitue le second point de départ pour découvrir l'archipel des îles Mingan.

 Renseignements

BUREAU D'INFORMATION TOURISTIQUE
(☎538-2512 ; 1010 promenade des Anciens ; ⊙été tlj 8h15-20h, hors saison tlj 8h-17h). Si vous envisagez de poursuivre votre route jusqu'à Natashquan, n'hésitez pas à louer ici le **CD audio d'accompagnement** (location 15 $ + caution 25 $), un bon compagnon de route, qui dresse un portrait de la région tout en musique et en anecdotes. Également sur place, le **centre d'accueil du parc national du Canada de l'Archipel-de-Mingan** (☎538-3285 ; www.parcscanada.gc.ca/mingan ; ⊙tlj 8h30-20h juil à mi-août, horaires dégressifs mi-juin à début sept) et 2 postes Internet gratuits.

 À voir

Maison de la culture Roland Jomphe MUSÉE DE CULTURE RÉGIONALE
(☎ 538-2450 ; 957 rue de la Berge ; adulte/enfant 2/0,50 $; ⊙tlj 9h-21h mi-juin à début sept). Installé dans un ancien immeuble de la compagnie de la Baie d'Hudson, ce charmant petit musée retrace l'histoire de la ville et de ses pionniers, les "Cayens" (variation d'Acadiens). L'on y présente gratuitement une pièce de théâtre et d'autres animations les soirs de juillet et d'août.

 Activités

L'ensemble des prestataires proposant une excursion vers les **îles du Parc de l'archipel de Mingan** (voir l'encadré p. 329) sont réunis au kiosque de la promenade des Anciens, où se situent également le centre d'accueil du parc et le bureau d'information touristique.

Boréale services maritimes EXCURSIONS EN MER
(☎1-866-538-2865 ; www.smboreale.com ; adulte/senior/13-16 ans/6-12 ans/3-5 ans, gratuit -3 ans ; ⊙juin-sept). Regroupant plusieurs prestataires autrefois indépendants, Boréale offre 3 excursions. Deux fois par jour, la croisière "Cassivy" (65/63/61/28/24 $, 3 heures 50, départs 8h et 13h) permet de visiter l'île Niapiskau et l'île Fantôme sur un bateau d'une cinquantaine de places. La croisière "Jomphe" (70/68/66/30/26 $, 5 heures 20, départ 10h30) rejoint quant à elle les îles Quarry et Niapiskau. Enfin, en collaboration avec Parcs Canada, "Direction le phare" (45/44/42/20/17 $, 3 heures 25, départ 15h45, 3 fois/sem mi-juil à mi-août) permet d'aborder la Petite île au Marteau. Un service de bateau-taxi en pneumatique 12 places est aussi offert (départs 9h et 13h, réservation obligatoire) pour les randonneurs indépendants.

Pneumatique Transport MINGAN EN ZODIAC
(☎538-1222 ou 1-877-538-1222 ; www.pneumatique-transport.ca ; adulte/ado et senior/6-12 ans/3-5 ans 80/75/41/35 $, taxes et droits d'entrée du parc incl, pas de CB ; ⊙départs 8h et 17h). Excursions de 4 heures en Zodiac 12 places dans le secteur est de l'archipel avec possibilité de deux arrêts ou dans le secteur Centre avec des arrêts aux îles Quarry (1h30) et Niapiskau (45 min).

Expéditions Agaguk KAYAK DE MER ET TRIMARAN
(☎1-866-538-1588 ; www.expedition-agaguk.com ; 1062 rue Boréale). Pour une initiation au kayak, la sortie d'une journée est parfaitement adaptée ; le trajet varie en fonction du vent et des marées. Des forfaits kayak-camping sont aussi proposés sur plusieurs jours, tant en Minganie que vers l'île d'Anticosti. Comptez en moyenne 140 $ par jour, avec les taxes et les droits (accès, feu, camping) du parc. Des forfaits d'initiation au trimaran permettent même de gagner Natashquan en 5 jours ! Le prestataire propose aussi des activités hivernales : kayak, traîneau à chiens, raquettes, etc.

 Où se loger et se restaurer

♥ **Auberge de la Minganie**
AUBERGE DE JEUNESSE **$**
(☎538-1538 ; 3980 route 138, repérer le panneau au pictogramme de maison avec un arbre et une flèche, côté fleuve, juste à l'ouest de la rivière Romaine ; dort 25 $; ⊙juin-oct). Située dans un ancien camp de pêche à 18 km de Havre-Saint-Pierre, cette auberge de jeunesse est la plus tranquille et la plus difficile à trouver que nous ayons visitée. Si vous disposez d'un véhicule et souhaitez vous réveiller face au fleuve, vous y trouverez le calme, la sérénité dans un cadre rustique. Emportez votre duvet ou vos draps.

Toilettes à compost. L'eau courante n'est pas potable – mais une cruche d'eau potable est à disposition dans la cuisine.

Auberge Boréale HÔTELLERIE $
(☎538-3912 ; www.aubergeboreale.com ; 1288 rue Boréale ; s/d 55/75 $; ⏲mai-oct). En retrait de la route, cette jolie maison bleue offre 9 chambres, simples et colorées, impeccables se partageant 3 sdb. Pas de service de petit-déjeuner, mais une cuisine est à disposition ainsi qu'un BBQ dehors et une buanderie. Très bon rapport qualité/prix. Attention, pas de CB.

Au Gîte chez Françoise CHAMBRES D'HÔTE $
(☎538-3778 ; www.gitechezfrancoise.qc.com ; 1122 rue Boréale ; ch avec petit-déj 62-75 $; wifi). L'un des seuls gîtes dont certaines chambres, les plus petites, ont vue sur la mer. Déco à thème, parfois un peu chargée : chambres chinoise, africaine, marocaine... Solarium à l'étage, terrasse, BBQ et chat de garde qui prend ses responsabilités très au sérieux.

Gîte 4 saisons CHAMBRES D'HÔTE $$
(☎538-1329 ; www.gite4saisons.com ; 1264 rue Boréale ; ch avec petit-déj 78-90 $; wifi). Une adresse accueillante et des chambres tout confort, bénéficiant toutes de sdb privatives. Déco champêtre/classique. Belle salle de petit-déjeuner et menus élaborés.

Motel de l'Archipel MOTEL $$
(☎538-3900 ou 1-800-463-3906 ; 805 bd de l'Escale ; ch 98/115 $, ste 159 $). Ce motel offre des chambres très correctes, les plus chères disposant de plus d'espace. Réfrigérateurs dans les chambres. Petits-déjeuners servis en semaine au café.

Restaurant Chez Julie FRUITS DE MER $$
(☎538-3070 ; 1023 rue Dulcinée ; plats 10-44 $; ⏲tlj à partir de 16h). Ce restaurant au décor années 1960 présente une carte complète, mais sa réputation, inégalée dans toute la Côte-Nord, nous a semblé surfaite. Bon rapport qualité-prix et ambiance locale, accueillante et animée. Desserts à la chicoutai (petite baie) et plats à emporter.

BON PLAN La Promenade FRUITS DE MER $$
(☎538-2637 ; 1197 promenade-des-Anciens ; plats 8-25 $, table d'hôte 18-68 $; ⏲lun-ven 6h-22h, sam-dim 7h-22h). Avec sa salle chaleureuse et sa vue sur mer, ce restaurant est moins connu des touristes (et donc plus calme) mais son offre est comparable au précédent. Vous trouverez à sa carte 16 plats de poisson inspirés des bateaux du port de Havre-Saint-Pierre.

ℹ Depuis/vers Havre-Saint-Pierre

VOITURE La route 138 relie Havre-Saint-Pierre à Québec (869 km) via Tadoussac et Baie-Comeau. La route se poursuit jusqu'à Natashquan (159 km).

BUS La compagnie **Intercar** (☎billeterie 538-2033, ☎1-888-861-4592 ; www.intercar.qc.ca ; 843 rue de l'Escale) dessert Sept-Îles (44 $, 2 heures 50) du lundi au vendredi. Il n'est pas possible de rallier le reste de la Minganie en bus.

BATEAU Relais Nordik Inc (☎723-8787 ou 1-800-463-0680 ; www.relaisnordik.com). De mi-avril à mi-janvier, le bateau partant le mardi midi de Rimouski arrive le mercredi soir à Havre-Saint-Pierre et poursuit sa route vers la Basse-Côte-Nord. Il repasse en sens inverse le dimanche à 17h sans toutefois faire escale à Sept-Îles au retour.

AVION Les compagnies **Pascan** (☎1-888-885-8777 ; www.pascan.com) et **Air Liaison** (☎1-888-589-8972 ; www.airliaison.ca) relient Sept-Îles, Baie Comeau, Mont-Joli, Bagotville, Québec et l'île d'Anticosti.

Baie-Johan-Beetz

Du nom du naturaliste belge qui sauva la population d'une épidémie de grippe espagnole, Baie-Johan-Beetz est un joli petit village d'une centaine d'habitants dispersés en bordure de fleuve. Il est construit dans un environnement qui annonce les paysages lumineux de la Basse-Côte-Nord.

La pourvoirie **Baie Johan-Beetz** (☎1-877-393-0557 ; www.baiejohanbeetz.com ; 15 rue Johan-Beetz), une superbe demeure mansardée surnommée “château” surplombe la route 138 de son haut toit rouge. Classée monument historique, elle a gardé son mobilier d'époque et met l'accent sur l'histoire de ce scientifique belge. À notre passage, les propriétaires avaient cependant cessé les visites touristiques, ce qui a soulevé l'ire des villageois ainsi privés de l'accès à leur joyau.

ℹ Renseignements

BUREAU DE TOURISME (☎539-0243 ; www.baiejohanbeetz.qc.ca ; 16 rue Tanguay ; ⏲tlj 9h-18h fin juin à mi-août, 10h-16h jusqu'au début sept). Sert de kiosque d'accueil pour le parc national de l'Archipel-de-Mingan.

SERVICES Au cœur du village (sur la route 138) sont rassemblés une supérette, un poste d'essence, une caisse Desjardins (avec DAB) et un bureau de poste (ouvert en matinée du lundi au vendredi seulement).

Aguanish

Avec ses maisons blanches disséminées entre le Saint-Laurent et l'Aguanus, sa rivière agitée qu'affectionnent les pêcheurs de saumon, Aguanish offre un spectacle saisissant au coucher du soleil. Son canyon étonnamment droit, le "Trait de scie", est accessible par un sentier de 3 km assez ardu, débutant juste avant l'entrée du village. L'**Association Chasse et Pêche** (☎533-2151, 533-2033 hors saison ; sur le site du bureau de tourisme ; adulte/étudiant de 12-17 ans 40/15 $; ⌚tlj juin-début sept, départs 9h et 13h) propose une excursion guidée en bateau motorisé jusqu'au canyon, où des trottoirs de bois permettent de contourner les chutes. Prévoir 2-3 heures.

Comptez une soixantaine de kilomètres pour rejoindre ce charmant village depuis Baie-Johan-Beetz.

Renseignements

BUREAU DE TOURISME (☎533-2228 ; 250 route Jacques-Cartier ; ⌚tlj 8h30-17h30, mi-juin-début sept). Donne également des informations sur le parc national de l'Archipel-de-Mingan.

Natashquan

Après avoir traversé tourbières et marais, on arrive à cet ancien village de pêcheurs de morue. "Là où l'on chasse l'ours", Natashquan fût bâti par les familles originaires de Havre-Aubert, aux îles de la Madeleine. Ils se sont établis là vers 1855 pour échapper à la déportation acadienne. Les Vigneault, Landry et autres patronymes acadiens forment encore aujourd'hui la moitié de la population, l'autre moitié étant innue, une communauté étant installée à 5 km du village.

Il y a un air de petit bout du monde dans ce village ô combien attachant. La route 138 l'a sorti de son isolement en 1996, mais elle s'arrête peu après. Les projets maintes fois reportés de la prolonger à travers la Basse-Côte-Nord semblent enfin porter fruit, du moins partiellement. Au moment d'écrire ces lignes, les ouvriers s'affairaient toujours à bâtir le pont manquant pour enfin se rendre aux villages de Kegaska et La Romaine, plus grosse communauté de la Basse-Côte-Nord (plus de 1 100 habitants). Une autre portion de la route devrait être complétée d'ici 2016.

> **SURVEILLEZ VOTRE JAUGE D'ESSENCE !**
>
> Les distances sont longues en Minganie, et les stations-service sont souvent fermées après 18h. Assurez-vous de planifier vos ravitaillements en conséquence pour ne pas vous retrouver en panne sèche ou privé de sortie !

Le village natal du poète-chansonnier Gilles Vigneault est très empreint de sa présence – on apprend très rapidement s'il est "en ville" ou non. Les admirateurs pourront faire le pèlerinage devant la maison paternelle couleur ivoire et bois, au 17 rue des Galets, ou sa maison bleue d'été, sur la route principale.

La rivière Natashquan compte parmi les grandes rivières à saumons de la région, mais les vacanciers la connaissent surtout pour ses chaudes eaux. Son fond de galets et sa faible profondeur font monter la température entre 16 et 20°C. En été, le bord de mer se prête à la baignade – plus fraîche toutefois – le village compte une belle et longue plage.

Renseignements

BUREAU D'INFORMATION TOURISTIQUE (☎726-3060 ou 726-3054 ou 1-866-7263054 ; www.copactenatashquan.net ; ⌚été lun-ven 8h30-18h30, sam-dim 9h-17h)

SERVICES Le village dispose d'une épicerie, d'un dépanneur, d'une poste, de deux postes d'essence et d'une banque munie d'un DAB. Attention, tout ferme assez tôt (vers 18-20h).

Fêtes et festivals

Festival du conte et de la légende de l'Innucadie (début juillet). On célèbre la parole à travers le conte et la chanson, au confluent des cultures acadienne et innue.

À voir et à faire

Les Galets SITE HISTORIQUE DE PÊCHE
(visite guidée organisée par le bureau d'information touristique ; 5 $; ⌚14h30 lun-ven). On les voit se détacher du paysage, parsemant de touches pâles l'horizon. Ce joli îlot de petits hangars blancs bordés de rouge servaient autrefois à entreposer et à saler le poisson. À l'époque, chaque famille du village possédait une de ces cabanes. Le site évoque ainsi la vie des pêcheurs d'autrefois.

Une agréable promenade en bois y mène depuis le bureau touristique. En prolongeant votre chemin, vous parviendrez à la plage et au merveilleux café de l'Échourie.

Bout de la route 138 ROAD-TRIP
Il serait dommage de faire la route jusqu'à Natashquan sans pousser 18 km plus loin, sur le chemin en graviers. Le trajet est certes un peu fatigant, mais vous prendrez conscience d'être arrivé alors au bout du voyage. À notre passage, le chantier bloquait la vue, mais le sentiment n'en était pas si altéré tant le panorama des tourbières est prenant. On ne peut que se laisser porter par le souffle de l'air salin et la beauté sauvage de cette terre à la fois aride et bouillonnante de vie.

Centre d'interprétation Le Bord du Cap MUSÉE D'HISTOIRE LOCALE
(☎726-3233 ; 32 chemin d'En-Haut ; adulte/enfant 5/2 $, gratuit -12 ans ; ⏲lun-ven 10h-12h et 13h-16h, sam-dim 13h-16h, fin juin-août). Ne manquez pas la visite de cet ancien magasin général de 1937 qui vous permettra d'approcher au plus près la mémoire et la vie d'antan de ce village, l'un des rares où l'on fête encore la mi-carême. Il accueille des archives et fonds réunis pendant des années par Bernard Landry, et exposés par métiers et thèmes. De gros classeurs retracent aussi la vie et l'œuvre de Gilles Vigneault. Le premier magasin date de 1882, permettant à l'époque le troc de fourrures et poisson entre Innus et Acadiens.

♥ **Musée de la Vieille-École** PATRIMOINE CHANTÉ
(☎1-866-726-3054 ; 24 chemin d'En-Haut ; adulte/-12 ans 5/2 $; 10h-12h et 13h-17h). L'école où Gilles Vigneault usa ses fonds de culotte est aujourd'hui un petit musée sur neuf des personnages de ses chansons. La visite est guidée et un conteur de la génération du poète y raconte ses souvenirs.

Où se loger

Le village étant envahi par les travailleurs des différents chantiers de construction, veillez à réserver votre hébergement avant d'arriver sur place.

Manteo Mantikap CAMPEMENT INNU $
(☎726-3004 ou 726-3172 poste 7281 en saison, 514-220-4673 ou 514-849-7281 hors saison ; www.manteo-matikap.com ; à 1,5 km de la sortie est de Natashquan ; empl 18-23 $, tente sur sapinage avec poêle 35-50 $/jour pour 4 pers ; ⏲juil-août). Le campement traditionnel offre une multitude d'activités (dégustation, artisanat, fumage du saumon). Nous avons été déçus de ne pas le trouver fonctionnel à notre passage, mais personne ne s'en est étonné au village. Si vous voulez tenter votre chance, ayez tout de même un plan B et peu d'attentes.

Camping Chemin faisant CAMPING MUNICIPAL $
(☎726-3697, hors saison 726-3362 ; www.guide-camping.ca/municipalcheminfaisant ; sortie est du village ; empl 19-26 $ selon services, réduction 10% membres FQCC ; ⏲mi-juin à mi-sept). Ce camping en bord de mer dispose d'une laverie et d'une plage qu'il est agréable de remonter jusqu'au cœur du village, à 2 km.

Maison Chevarie CHAMBRES D'HÔTE $
(☎726-3541 ; 77 rue du Pré ; s/d avec petit-déj 57/67 $; wifi). Les 3 chambres avec sdb commune offrent un gîte confortable et familial. L'hôtesse est discrète et le petit-déjeuner très copieux.

♥ **Gîte et chalets Paulette Landry** CHAMBRES D'HÔTE $
(☎726-3206 ; 78 rue du Pré ; s/d avec petit-déj 62/72 $, chalet 72 $/2 pers, 10 $/pers supp). Cette dame fort accueillante loue des chalets pouvant accueillir une petite famille ou un couple. Le plus petit, très intime, jouit d'une vue inoubliable sur le fleuve. Un petit appartement au sous-sol, avec kitchenette et terrasse extérieure, est aussi disponible. Une chambre d'hôte toute simple offre aussi la vue sur la mer. Certainement la meilleure adresse de la ville.

♥ **Auberge Le Port d'Attache** AUBERGE FAMILIALE $
(☎726-3569; 70 rue du Pré ; s/d 65-85/75-95 $). La plupart des chambres de cette sympathique auberge ont vue sur la mer. Les chambres, dont les moins chères partagent deux sdb impeccables, sont agréablement décorées. Le petit-déjeuner de base est inclus. Comptez 6 à 8 $ pour des crêpes, œufs ou pains dorés en plus.

L'Auberge La Cache AUBERGE DE CHARME $$$
(☎726-3347 ou 1-888-726-3347 ; 183 chemin d'En-Haut ; s/d 154-175/164/194 $, petit-déj 10 $). L'adresse cossue de Natashquan occupe une grande bâtisse blanche à l'extrémité est du village. Les chambres sont spacieuses et très confortables, sans pour autant dégager un charme particulier. Certaines ont vue sur la forêt.

Où se restaurer

Café-bistro de l'Échourie BISTRO CULTUREL $$
(726-6005 ; http://echourie.jimdo.com ; 55 allée des Galets ; plats 8-14 $; fermeture de la cuisine à 20h, fermé en hiver). Un lieu que l'on adore ! Donnant sur la plage, ce chaleureux bistro donne envie de s'attarder avec sa vue, ses livres à disposition et ses expos de peinture. Aux traditionnels burgers, sandwichs et pizzas s'ajoutent de bons plats du jour et un joli choix de bières artisanales. Le lieu accueille aussi en été des spectacles et des concerts, surtout les week-ends mais aussi le mercredi soir pour une veillée théâtrale de chansons (15 $). Attention, ces soirs-là, la cuisine ferme tôt.

Restaurant John Débardeur FAMILIAL $$
(726-3333 ; 9 rue du Pré ; menus 4-33$; tlj 9h-20h mars-oct). Atmosphère plus traditionnelle dans ce restaurant du village. On y sert une cuisine rapide, un menu casse-croûte et quelques plats typiques québécois.

Depuis/vers Natashquan

BATEAU De mi-avril à mi-janvier, le **Relais Nordik** (723-8787 ou 1-800-463-0680 ; www.relaisnordik.com) fait escale à Natashquan le jeudi matin, après s'être notamment arrêté à Sept-Îles et Havre-Saint-Pierre, et poursuit ensuite sa route vers Blanc-Sablon. Il repasse le dimanche matin à 10h45 en direction de l'ouest.

AVION La compagnie **Air Labrador** (789-896-6730 ou 1-800-563-3042 ; www.airlabrador.com) assure des liaisons aériennes chères, partout sur la Basse-Côte-Nord et le sud du Labrador.

BASSE-CÔTE-NORD

Un voyage exceptionnel, depuis Natashquan jusqu'à Blanc-Sablon permet de rallier sur 375 km des petits villages de pêche pratiquement vierges de toute industrialisation. Leurs habitants, des gens plus qu'accueillants, ont courageusement fait le choix de vivre en quasi-autarcie.

Kegaska et La Romaine seront peut-être joignables par voie terrestre lorsque vous lirez ces lignes. Pour les autres communautés, sachez que le transport en bateau ne se fait qu'une fois par semaine, tandis que celui en avion, beaucoup plus onéreux, est plus fréquent.

Pour les courageux, la région se visite en toute saison. Si les musées se contentent d'une ouverture estivale, le début de l'automne constitue un excellent moment pour la cueillette des baies et l'observation des baleines. L'hiver est une saison de repos et de réparation pour les pêcheurs et les Nord-Côtois sont plus faciles d'approche. Enfin, le printemps et le début de l'été sont propices à l'observation d'icebergs.

Trois langues sont à l'honneur sur la côte : l'anglais, l'innu et le français, par ordre d'importance.

Renseignements

AGENCE DE VOYAGES La coopérative Coste regroupe des prestataires locaux et facilite la planification et l'achat de services, même à la carte (voir l'encadré ci-dessous).

ARGENT Vous trouverez des caisses Desjardins dans la plupart des communautés, mais les

COSTE

Une bonne façon de découvrir la Minganie, la Basse-Côte-Nord ou l'île d'Antiscoti est de faire appel à Coste – la **Coopérative de solidarité en tourisme équitable** (1-877-573-2678, n° vert depuis l'Europe 0 800 29 04 19 62 ; www.voyagescoste.ca). Offrant des services d'agence de voyages, ce regroupement de prestataires facilite les démarches parfois complexes du visiteur de ces régions pour le moins éloignées tout en maximisant les retombées pour les populations locales.

L'agence se veut l'arrêt unique des gens cherchant à visiter la région. Les services varient du forfait tour tout organisé et tout compris de 13 jours à la réservation de services à la carte en passant par de multiples formules autoguidées. Les moyens de transports sont tout aussi variés : avion charter, minibus, hydravion, Zodiac, bateau hors-bord, quadrimoto, ferry… Sans oublier la marche !

Si vous voyagez en indépendant sur le Nordik Express, il est tout de même possible de bénéficier des services de Coste pour effectuer des visites guidées (22-42 $, 1-2 heures) avec transport, adaptées au temps d'escale dans les villages de la Basse-Côte-Nord. Pour ce qui est de l'île d'Anticosti, l'agence propose des forfaits d'un ou de cinq jours (400/1340 $) comprenant le transport et permettant de tirer le maximum de son temps sur l'île.

VERS LE LABRADOR ET TERRE-NEUVE

Vaste territoire au nord-est du Québec, le Labrador est rattaché à l'île de Terre-Neuve avec laquelle il forme la province de Terre-Neuve-et-Labrador. Accessible en voiture 4x4 par la route 389 qui part de Baie-Comeau pour atteindre Goose Bay, via le barrage Manic-5 et la ville minière de Fermont, la route Trans-Labrador se poursuit sur 1 100 km à travers un paysage de forêt boréale, de taïga et de toundra. La route est souvent en graviers. La splendeur des paysages et la démesure des installations électriques sont à couper le souffle.

Dans les environs de Blanc-Sablon, le Labrador offre de nombreuses attractions touristiques. Mentionnons notamment le phare de Point Amour, le site funéraire de L'Anse-Amour, le Musée Labrador Straits et le site historique national de Red Bay. Pour plus d'informations, rendez-vous au **Gateway to Labrador Visitor Center** (église de L'Anse-au-Clair ; www.labradorcoastaldrive.com ; ⏲tlj 9h-18h en saison).

horaires sont limités (généralement 10h-15h lun-ven). Seule celle de Lourdes-de-Blanc-Sablon est équipée d'un DAB 24h/24. Plusieurs commerces acceptent les cartes de paiement.

CAMPING Pratiqué avec respect et hors de vue, le camping sauvage est toléré partout sur la Basse-Côte-Nord.

FUSEAU HORAIRE Il y a 1h de plus par rapport au Québec, et 1h30 de moins que Terre-Neuve. Cette information est particulièrement importante si vous compter prendre le traversier entre Blanc-Sablon et Sainte-Barbe.

COMMUNICATIONS Les portables sont généralement hors zone, mis à part Blanc-Sablon. Vous trouverez des bureaux de poste sans problème.

CLIMAT Les températures estivales sont fraîches, entre 13 et 18°C. Prévoir un anti-moustique. Le temps est très variable, équipez-vous de vêtements chauds, d'un bon coupe-vent et de patience car les retards et changements d'horaires sont fréquents.

INTERNET La plupart des communautés ne sont pas liées à Internet à haute vitesse, mais il vous sera parfois possible de trouver des postes informatiques pour le courrier électronique. Des accès publics à Internet se trouvent à Blanc-Sablon, Lourdes-de-Blanc-Sablon, à Rivière-Saint-Paul et à Tête-à-la-Baleine et au Centre des Visiteurs à Blanc-Sablon.

MAISON DU TOURISME (✆461-3961 ; www.tourismebassecotenord.com ; 2 rue Jacques-Cartier, Blanc-Sablon). Les préposés seront en mesure de vous aider à planifier votre périple (chambres d'hôte, transport, activités) et le site Web est une remarquable mine d'information.

Comment s'y rendre et circuler

AVION La compagnie **Air Labrador** (✆789-896-6730 ou 1-800-563-3042 ; www.airlabrador.com) assure des liaisons aériennes chères, partout sur la Basse-Côte-Nord et le sud du Labrador.

BATEAU De Blanc-Sablon, le **traversier Woodward-MS Apollo** (✆709-535-0810 ou 1-866-535-2567 ; www.tw.gov.nl.ca/ferry services/schedules/j_pollo.html ; voiture et conducteur 22,75 $, passager adulte/étudiant 5-17 ans 7,50/6$, trajet 1 heure 30) se rend, d'avril à janvier, à Sainte-Barbe, à Terre-Neuve. Réservation recommandée.

Le **Relais Nordik** (✆723-8787 ou 1-800-463-0680 ; www.relaisnordik.com ; hmi-avr-mai-jan) fait chaque semaine la navette entre Natashquan et les huit villages de la Basse-Côte-Nord, partant de Rimouski et passant auparavant par Sept-Îles, Havre-Saint-Pierre et Port-Menier (île d'Anticosti).

L'été des **bateaux-taxis** relient entre eux Harrington Harbour, Chevery et Aylmer Sound, La Romaine et Unamen Shipu et Pakua Shipi et St-Augustin.

MOTONEIGE Des sentiers de motoneige balisés relient l'hiver les communautés de la Basse-Côte-Nord entre elles. À Lourdes-de-Blanc-Sablon, **Sportsmax** (✆461-2777 ; 1187 bd Docteur-Camille-Marcoux ; ⏲lun-ven 8h-17h, sam 9h-15h) propose des locations et des forfaits guidés pour les groupes de 6 personnes.

VOITURE Un petit tronçon de la route 138 relie Vieux-Fort à la frontière du Labrador, devenant alors la route Trans-Labrador qui rejoint Baie-Comeau via Fermont.

Les villages

Chaque village permet l'accès aux îles avoisinantes. Vous pourrez demander au quai ou au syndicat de tourisme local si quelqu'un peut vous y emmener.

KEGASKA

Le petit village est connu pour ses sentiers de coquillages pulvérisés ainsi que pour l'épave du *Brion*, cargo des îles de la Madeleine échoué en 1976. On y trouve aussi une usine de poisson et les vestiges d'un moulin à bois.

LA ROMAINE

C'est la plus grande communauté de la *Côte*, avec 1 100 habitants dont la grande majorité est innue. L'autel de l'église de cet ancien poste de traite est curieux, fait de peau de caribou. Vous y retrouverez plusieurs artisans autochtones.

HARRINGTON HARBOUR

À partir de la petite communauté de Chevery, le décor devient celui de la toundra, sans arbre. Construit sur une pointe de sable, ce village n'est pas une escale du Nordik Express mais est accessible depuis son voisin.

Harrington Harbour est devenu la star de la Basse-Côte-Nord depuis qu'il a été le décor du film à succès québécois *La Grande Séduction*, en 2003. En l'absence de rues, ses maisons colorées sont reliées par des passerelles en bois. Mieux vaut réserver son hébergement (Amy's B&B ☎795-3376 ou Jean's B&B ☎795-3354) plusieurs semaines voire plusieurs mois à l'avance.

L'**île Schooner** abrite les vestiges d'une fonderie de graisse de phoque. Un peu plus loin, **Aylmer Sound** est un joli petit hameau qui n'est accessible qu'à marée haute. Un **bateau-taxi** (☎795-3230, en anglais) pourra vous conduire à l'un ou l'autre de ces sites. Le **centre d'interprétation de la maison Roswell** (☎795-3131 ; ⏲lun-ven 14h-16h et sam 16h-19h ou sur demande), l'une des premières maisons de l'île, abrite des artéfacts qui témoignent de l'histoire locale ainsi que des documents ayant appartenu au Dr Grenfell, célèbre médecin de la région. Vous y trouverez de l'information sur la région et une petite boutique.

TÊTE-À-LA-BALEINE

Village quasi désert durant la saison de pêche, alors que ses habitants se rendent sur de petites îles afin de se rapprocher des bancs de poissons. Il est possible de faire une visite guidée de l'**île Providence** (☎242-2015 ; www.tourisme-tete-a-la-baleine.ca). Construite en 1895, sa chapelle abrite un **centre d'interprétation de la vie des insulaires**, ouvert sur demande. Sur l'île de la Passe, la **maison de Jos Hébert** est un musée dédié au premier facteur de la région, qui a livré le courrier en traîneau à chiens pendant 35 ans, vers la fin du XIXe siècle.

MUTTON BAY ET LA TABATIÈRE

Le minuscule village aux maisons colorées de Mutton Bay est absolument photogénique. De multiples vestiges de fonderies de graisse de phoque se retrouvent sur les îles avoisinantes, mais c'est à La Tabatière que l'on trouve celle qui est en meilleur état de toute la Côte-Nord, la **fonderie Robertson**. Le village possède une usine de poissons et de pétoncles. Un **taxi local** (☎773-2377) organise des visites guidées des deux communautés.

SAINT-AUGUSTIN

L'arrivée par la mer est spectaculaire en raison des **rigolets**, ces fjords tracés dans le désordre par lesquels on se rend à la **baie Shékatica** qui abrite le village et une ferme d'élevage de pétoncles. En face, la communauté innue de Pakuashipi produit des objets d'artisanat, vendus au quai de Pointe-à-la-Truite où accoste le Nordik Express.

VIEUX-FORT

"L'autre" bout de la route 138, que l'on rejoint depuis Blanc-Sablon, Vieux-Fort aurait porté le nom de Brest, vraisemblablement donné par des pêcheurs bretons. Ayant érigé une croix non loin de là, Jacques Cartier y aurait assisté à la première messe officielle en Nouvelle-France.

RIVIÈRE SAINT-PAUL ET MIDDLE BAY

Ces petits villages hors du temps offrent de bons points de vue sur les îles, notamment la **colline de Mademoiselle Brodie**. Middle Bay possède un petit **centre d'interprétation rural** (☎461-2445 ; ⏲9h-17h lun-ven en saison).

Musée Whiteley HISTOIRE VILLAGEOISE
(☎379-2996 ; www.whiteleymuseum.com ; ⏲9h-17h, lun-ven en saison). Le petit musée retrace l'histoire naturelle et culturelle des environs, notamment de l'héritage des installations de pêche à l'île de Bonne-Espérance où Whiteley aurait inventé la trappe à la morue. Boutique de souvenirs.

BRADOR

Ici se trouve un site archéologique d'importance, celui du **Fort Pontchartrain**. Dommage que les artéfacts ne soient pas exposés ! Un peu à l'est du village, sur la route 138, un **belvédère** est équipé d'un télescope pour l'observation du macareux moine sur l'île aux Perroquets. Des sentiers de randonnées permettent de se rendre à une jolie chute.

LOURDES DE BLANC-SABLON
Deuxième en importance sur la Basse-Côte-Nord, ce village combine les airs nordiques et l'allure un peu cocasse du **petit sanctuaire** triomphant sur la colline. La statue qui l'orne aurait été fabriquée en France. Au sommet, le panorama est rafraîchissant et il est possible d'apercevoir des baleines au large.

L'**aéroport** abrite une exposition d'artéfacts archéologiques et un modèle du premier avion monoplan à traverser l'Atlantique, lequel s'est échoué sur l'île Greenly.

BLANC-SABLON
Aux frontières du Labrador, c'est la destination finale du Nordik Express qui y accoste les vendredis à 18h45. Le retour vers Rimouski a lieu le soir même à 23h45. Cet endroit, le plus paisible de la côte, reçoit la visite des **rorquals bleus** dès le mois de juin et voit des icebergs défiler devant sa baie durant l'hiver (www .blancsablon.com). L'**île au Bois**, en face de Blanc-Sablon, a servi de base de pêche à des pêcheurs Jersiais.

ÎLE D'ANTICOSTI

Paradis de la chasse et de la pêche, l'île d'Anticosti est prisée d'amateurs venus des quatre coins du monde. En été, les baies rocheuses ceinturant son territoire se transforment en sites de villégiature. Le long des côtes, de nombreux phares surplombent des kilomètres de plages de galets parsemées de monolithes. Son littoral entoure une dense forêt d'épinettes noires qui devient le royaume de la chasse dès l'automne.

Entre la Côte-Nord et la Gaspésie, l'île d'Anticosti est située au cœur de l'estuaire du golfe du Saint-Laurent. Presque aussi grande que la Corse, son gigantesque territoire s'étend sur plus de 220 km de longueur. Ses hautes falaises escarpées en font l'un des sites fossilisés les plus exposés du monde. Vestige fascinant de l'histoire naturelle, Anticosti conserve un aspect sauvage et demeure encore aujourd'hui épargnée par les hordes de touristes.

Port-Menier est l'unique zone urbaine de l'île. Une seule route – de 264 km environ – permet de faire la traversée d'ouest en est. Faite uniquement de graviers, elle n'est pas toujours en bon état. Les postes d'essence sont peu nombreux sur l'île (ceux de Port-Menier, de McDonald et de Chicotte sont ouverts à l'année). En quittant le seul village de l'île, l'on s'aventure sur des terres restées sauvages. Il faut alors jouer un peu les Robinson Crusoë et se montrer très attentif aux chasseurs et aux camions des forestiers. L'île possède d'ailleurs un code d'éthique que chaque visiteur se doit de respecter, déconseillant ainsi "de se baigner dans les rivières à saumons par respect pour les pêcheurs et de circuler hors des routes principales en saison de chasse".

Histoire

Présents sur l'île il y a déjà 3 500 ans, les Innus la nommèrent *notiskuan*, "l'île où l'on chasse les ours". En 1603, Samuel de Champlain baptisa Anticosti de son nom actuel, en raison des difficultés de navigation qu'elle posait aux voyageurs. Le premier explorateur québécois, Louis Jolliet, se vit concéder le territoire, en récompense de sa découverte du Mississippi. L'île resta vierge de presque toute présence humaine jusqu'à son rachat, en 1895, par le chocolatier français Henri Menier. Le riche industriel, motivé par l'idée de créer un grand club privé de chasse et de pêche, introduisit dans l'île 200 cerfs de Virginie ainsi qu'une dizaine d'autres espèces. En l'absence de leurs prédateurs naturels, les cerfs se sont multipliés depuis pour former aujourd'hui l'une des plus fortes densités jamais recensées.

L'arche naturelle qu'Henri Menier a créée sur la plus grande île du Québec semble avoir complètement transfiguré l'écosystème d'origine. En raison du broutage intensif des cerfs, les sapins et les feuillus ont pratiquement disparu pour laisser place à l'épinette noire. Les ours noirs, dont la nourriture a été engloutie par les cerfs, sont aujourd'hui absents. À la mort de Menier, l'île passa entre les mains de plusieurs propriétaires. Le gouvernement du Québec a entrepris de racheter le terrain en 1974 et a mis en place des "exclos" qui favorisent la régénérescence de la flore originelle de l'île. Car avant d'être un domaine de chasse généreux, Anticosti est un refuge paisible de bêtes sauvages, où cohabitent des renards roux et argentés, des oiseaux de proie tels le pygargue à tête blanche ou le tétras du Canada et leurs voisins marins, phoques, loups de mer et baleines, que le visiteur peut admirer en toute liberté.

Depuis 2011, la présence d'un gisement important de pétrole sous l'île (plus de 40 milliards de barils) a suscité l'intérêt du public et des médias. C'est que son extraction requerrait la technique de fracture hydraulique, méthode controversée bien connue pour libérer les gaz de schiste. Le gouvernement aurait cédé des droits d'exploitation sur les terres de l'île dans une transaction qui a son aura de mystère. Les Québécois sont inquiets du sort de l'île, qu'ils en soient ou non résidents

Orientation

Port-Menier est situé à l'ouest, dans la baie Ellis, à proximité de Baie-Sainte-Claire et de Pointe-Ouest. Sur la côte nord de l'île, Pointe-Carleton, la chute Vauréal et la grotte à la Patate sont accessibles par la route principale, tandis qu'au sud, des chemins secondaires mènent à Chicotte-la-Mer et à la rivière Jupiter. La falaise aux Goélands, la pointe Heath et son phare constituent l'extrémité est d'Anticosti.

Renseignements

BUREAU D'INFORMATION TOURISTIQUE (535-0250 ; www.ile-anticosti.com ; 36 chemin des Forestiers ; tlj 8h30-17h en été). Location de vélos sur place (demi-journée/journée 10/20 $, gratuit -13 ans).

EXCURSIONS Le bureau de la **Sépaq** (535-0156 ou 1-800-463-0863 ; www.sepaq.com/san ; 25 chemin des Forestiers ; tlj 8h30-17h en été) reste ouvert toute l'année.

SERVICES La poste, l'épicerie, le comptoir SAQ et la banque sont regroupés dans le petit centre commercial Louis-Olivier-Gamache.

Port-Menier

Avec ses maisons dispersées sur une terre de pâturage regorgeant de cerfs de Virginie, Port-Menier laisse une étrange impression de bourg déserté. L'unique village d'Anticosti, fondé par Henri Menier, ne compte aujourd'hui plus que 300 habitants.

À voir

Les ruines de la Villa Menier (surnommée le château Menier), incendié en 1953 par le gestionnaire d'alors, sont affublées d'une tourelle reconstituée qui aide à s'imaginer le défunt monument.

GRATUIT Écomusée d'Anticosti PATRIMOINE HISTORIQUE
(535-0250 ; www.ile-anticosti.com ; entrée libre ; juil-août). Faisant face au bureau touristique, il conserve une collection de meubles provenant du château Menier, détruit par un incendie en 1953.

Baie-Sainte-Claire RUINES
À une dizaine de kilomètres de Port-Menier, ce défunt village témoigne de l'histoire du château Menier et de son phare. Premier village modèle érigé par Henri Menier, il conserve les ruines de deux maisons d'époque ainsi qu'un four à chaux datant de 1897. Des cerfs de Virginie gambadent librement. Quasi apprivoisés, ils se laissent facilement approcher.

Où se loger et se restaurer

Le village met à disposition un camping à petit prix.

Auberge de la Pointe-Ouest GÎTE ET CAMPING $
(535-0335 ; www.anticosti.net ; 40 $/pers, 35 $ si vous avez votre duvet, taxes incl ; juin à mi-sept). Située à 20 km du village de Port-Menier et à deux pas de la mer, l'auberge est tenue par la guide d'aventure Danièle Morin. Les 2 anciennes maisons des gardiens du phare, un tantinet défraîchies, tiennent tantôt lieu de chalet, tantôt de gîte (draps et kitchenette inclus). Possibilité également de camper sur le site. Possibilité d'hébergement hors saison et de transport depuis le village.

Auberge Port-Menier CENTRE D'HÉBERGEMENT $$
(535-0122 ; 66 rue des Menier ; ch 103-115 $). L'auberge ayant brûlé en novembre 2011, sa remise en service est prévue pour juin 2013. La **Sepaq** (535-0156 ou 1-800-463-0863) gère entre-temps l'Hôtel de l'île (10 chambres) pour dépanner ses clients en transit.

Ailleurs sur l'île

Il importe de se rendre au bureau de la **Sépaq Anticosti**, organisme qui gère les parcs et réserves du Québec, afin de s'enregistrer avant un voyage autonome.

Les principaux points d'intérêt se trouvent près des côtes et sont reliés par la seule route qui sillonne l'île. Une partie d'entre eux se trouvent à l'intérieur du **parc national d'Anticosti** (535-0156 ou 1 800 463-0863 ; www.sepaq.com/pq/pan), où la tarification habituelle des parcs nationaux du Québec est en vigueur (adulte/enfant/famille 6/2,75/12 $).

À voir

Du côté nord, une escapade à la **chute Vauréal**, située à 146 km de Port-Menier, s'impose à tout visiteur. Ses hautes strates sédimentaires et la puissance de ses cascades forment un tableau tout à fait impressionnant. Il est intéressant de combiner une visite à la chute Vauréal avec une randonnée sur les crêtes du **canyon de la rivière Observation**, à une vingtaine de kilomètres de là.

Partout sur l'île, le sol est recouvert de **fossiles** qui présentent les traces d'étoiles de mer, d'ossements et d'insectes. Aussi, une visite à l'intérieur d'un des plus longs couloirs souterrains du Québec (625 m), la **grotte à la Patate**, peut être organisée avec la Sépaq ou conduite de manière autonome. D'une durée d'une heure, sa visite exige le port d'un casque, une lampe frontale et de bonnes chaussures. Non loin de là se trouvent la falaise de la **pointe Carleton**, son phare et l'**épave du Wilcox**, la plus accessible des épaves entourant l'île.

Côté sud, Chicotte-la-Mer et le **canyon de la rivière Chicotte** sont de beaux endroits où marcher et se détendre hors parc. Des phoques viennent se prélasser sur l'échouerie non loin. Un petit cimetière, une ancienne ferme, un phare abandonné se trouvent à la **Pointe Sud-Ouest**.

Activités

Chasse

La chasse au cerf de Virginie (aussi appelé chevreuil) fait la renommée de l'île. Cependant, elle demeure restreinte à des périodes limitées, imposées par le gouvernement du Québec à l'ensemble des pourvoiries. La période de chasse s'étend de septembre à janvier.

Pêche

La réputation de la pêche au saumon sur la rivière Juniper n'est plus à faire et s'organise de la mi-juin à la mi-août. Les prises sont cependant limitées à 2 petits saumons. Il est intéressant de la combiner avec la pêche à la truite mouchetée (20 prises, mai à juillet). Assurez-vous d'avoir un permis de pêche et d'avoir acquitté vos droits d'accès. Vous obtiendrez plus d'information auprès du **centre de services de Port-Menier** (☎535-0156 ou 1 800 463-0863).

Pour les visiteurs indépendants (hors forfait), il est possible d'obtenir un permis de pêche à journée, mais l'obtention de permis est contingentée.

Randonnée

Les amateurs de randonnée pédestre seront conquis par les 10 000 km de sentiers qu'offre l'île le long des rivières à saumon et des falaises (voir *À voir* plus haut). Il est important de se munir de chaussures de marche, car la roche devient très coupante sur les rives.

Kayak

Une balade en kayak depuis Pointe-Carleton enchantera à coup sûr les amateurs de spéléologie et d'ornithologie. Il suffit de contourner les caps rocheux de l'île pour découvrir le spectacle de la faune aquatique.

Expédition Agaguk (☎1-800-538-1588 ; www.expedition-agaguk.com ; 1 725 $ taxes non incl, départ depuis Havre-Saint-Pierre) organise un circuit de kayak-camping d'une semaine sur la côte nord de l'île.

Où se loger et se restaurer

Mieux vaut prévoir ses vivres avant de quitter Port-Menier car l'île ne dispose d'aucun commerce en dehors du village. Une intéressante carte interactive des hébergements avec photos a été mise en place par un particulier (www.anticostiphotos.com/Chalets_Pavillons.htm).

Parc national et réserve faunique

AUBERGES, CHALETS ET CAMPING

(☎1-800-463-0863 ; www.sepaq.com/pq/pan et www.sepaq.ca/pq/san ; ⏲fin juin-fin août). La Sépaq propose de nombreux forfaits de chasse, de pêche et de villégiature. Deux auberges permettent de se loger tout en offrant une formule pension complète "apportez votre vin" : l'**auberge McDonald** à Pointe-Carleton et l'**auberge Chicotte**. Des pavillons de chasse et des chalets sont répartis à plusieurs endroits sur l'île, souvent réservés aux visiteurs en forfait. Trois campings sans services sont gérés par Parcs Québec : **Baie-de-la-Tour** (12 sites), à l'extrémité est du parc, le **Wilcox** (20 sites) près de l'épave du même nom et de la Pointe-Carleton et enfin le **Chicotte** (15 sites), au sud de l'île, à 6 km de l'auberge. Tous sont munis d'un bloc sanitaire et de douches, mais pas d'électricité.

Pourvoiries

Les autres hébergements dans l'île sont assurés par des pourvoiries. Elles proposent toutes des forfaits incluant le transport et l'hébergement, ainsi que la pension complète, sur demande, à des prix équivalents.

Pourvoirie du lac Geneviève

(☎535-0294 ou 1-800-463-1777 ; www.anticostiplg.com ; chalets 195 $/jour ou 1 170 $/sem). Location de chalets équipés et confortables au bord du lac et de terrains de camping sur le site de Pointe-Nord, à une trentaine de minutes de Port-Menier. En dehors des forfaits de chasse et de pêche, les draps et la restauration ne sont pas fournis. La pourvoirie tient un bureau au centre commercial Louis-Olivier Gamache.

Safari Anticosti
(☎514-252-5015 ; www.safarianticosti.com). Issue de la fusion récente de deux pourvoiries, elle en a gardé le prix élevé et l'organisation bien rodée. Elle propose des forfaits de chasse dans la partie est de l'île, plus aride et plus sauvage, ainsi que sur les territoires de la rivière Bell et Chaloupe. Elle fournit l'accès à des véhicules tout-terrain et propose différentes formules de pension en chalet ou en auberge, incluant le service d'un guide et le transport jusqu'à l'île si nécessaire.

Depuis/vers l'île d'Anticosti

AVION L'île d'Anticosti est desservie depuis Sept-Îles ou Havre-Saint-Pierre par **Pascan** (☎1-888-885-8777 ; www.pascan.com), **Air Liaison** (☎1-888-589-8972 ; www.airliaison.ca) et **Strait Air** (☎1 877 858-7419, www.strait-air.com), selon la saison. Le temps de vol est très court (à peine 40 min). La Sépaq et les pourvoiries de l'île pourront également organiser votre transfert par avion.

BATEAU Le **Nordik Express** (☎723-8787 ou 1-800-463-0680 ; www.relaisnordik.com) relie Port-Menier à Sept-Îles, Havre-Saint-Pierre et Rimouski. Les voyages depuis Sept-Îles et Havre-Saint-Pierre durent de 4 à 6 heures, tandis qu'il faut compter une journée complète depuis Rimouski.

Le capitaine Renaud Parisé d'**Anticosti-Minganie-Côte Nord-Québec** (☎538-0911 ou 535-0060, hors saison 567-8761 ; www.anticostiminganiequebec.ca) propose aussi un service de bateau-taxi vers l'île d'Anticosti ainsi qu'un circuit d'une journée de l'ouest à bord de son Zodiac 12 places (175-259 $, 4 pers min), incluant un lunch aux saveurs du terroir, arrêt à Baie-Sainte-Claire, l'Anse-aux-Fraises, transport par minibus et observation des baleines. Forfait plus long (4 nuits, 575 $) également disponible.

Comment circuler

VOITURE Les seules voitures que l'on puisse louer sur l'île d'Anticosti sont des fourgonnettes de type pick-up ou des minibus. Adressez-vous à **Location Sauvageau** (☎535-0157 ; 55 chemin de la Ferme) ou à **Locations Georges Lelièvre** (☎535-0351 ; 8 rue des Eudistes). Il n'est pas recommandé de transporter son propre véhicule sur l'île car les routes sont trop cahoteuses et la roche coupante nécessite des pneus spéciaux. La prudence est de rigueur ; il n'est pas rare de voir des cerfs de Virginie traverser la route et de croiser sur la route des camions chargés de bois. Faites attention et rangez-vous sur le côté autant que possible.

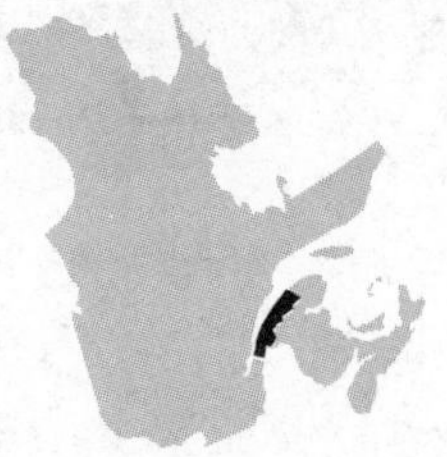

Bas-Saint-Laurent

Dans ce chapitre »

Le top des hébergements

» Auberge du Mange Grenouille (p. 361)

» Auberge Marie Blanc (p. 355)

» Refuge Au Vieux loup de mer (p. 361)

Le top des restaurants

» Chez Saint-Pierre (p. 362)

» Bistro l'Ardoise (p. 359)

» Coté Est (p. 346)

Pourquoi y aller

Tendue vers l'estuaire du Saint-Laurent, cette bande de terre luxuriante invite à la découverte : anciennes seigneuries agricoles, stations balnéaires, ports de pêche toujours actifs, industries laitière et forestière. C'est aussi une région à forte identité maritime. Le long de la route 132, en bord de mer, on aperçoit de superbes phares se profilant parmi les rangs de maisons victoriennes immaculées.

Parcours idéal entre la ville de Québec et la Gaspésie, le Bas-Saint-Laurent est plus qu'une simple zone tampon. Le Kamouraska offre un décor incomparable où d'immenses rochers, les monadnocks, semblent avoir été déposés sur la plaine bordée de marais salants. Rivière-du-Loup recèle une riche histoire seigneuriale en plus de ses somptueuses chutes en plein centre-ville. En chemin vers le Nouveau-Brunswick, la région forestière du Témiscouata tire son nom du lac de 45 km de long niché au creux de ses collines. Au cœur du comté des Basques et en l'honneur de chasseurs de baleine qui s'y sont installés, on dispute toujours des tournois de pelote dans la petite ville de Trois-Pistoles. Puis, le paysage se cambre, plus accidenté et tourmenté, pourvu d'anses profondes et de montagnes abruptes. On découvre le majestueux parc du Bic, saisissant de beauté, en y pratiquant une multitude d'activités de plein air : rando, kayak, observation des phoques... Rimouski s'annonce tout près, capitale d'une région qui ouvre progressivement la voie vers la Gaspésie.

Quand partir

Juin-début juillet Pour profiter de la fraîcheur du climat sans se noyer dans le flot des vacanciers québécois, lesquels arrivent plus après la mi-juillet.

Fin juillet à mi-août Pour participer aux événements et festivals tels que l'Écho-Fête, la traversée du sentier de la bouette, les concerts aux îles du Bic ou la Feste médiévale de Saint-Marcelin.

Septembre-octobre Pour prendre le pouls de la vie culturelle au Festi Jazz et au Festival international de cinéma jeunesse de Rimouski.

À ne pas manquer

1. Observer les phoques et les rapaces lors d'une randonnée au **parc national du Bic** (p. 360)
2. Scruter l'horizon depuis le **phare de l'île Verte** (p. 351) pour y voir passer les baleines en humant l'air salin parfumé de roses sauvages
3. Déambuler l'avenue Morel à la découverte de l'art et du patrimoine de l'ancienne seigneurie de **Kamouraska** (p.345)
4. Camper sur l'**île aux Lièvres** (p. 350), qui fourmille de ces rongeurs mais aussi d'une remarquable diversité ornithologique et offre des panoramas grandioses sur le fleuve
5. Revivre le naufrage de l'*Empress of Ireland* et visiter le sous-marin *Onondaga* au **site historique et maritime de Pointe-au-Père** (p. 362)
6. Vous laisser prendre de vertiges sur le pont suspendu du **Canyon des Portes de l'Enfer** (p. 358), haut de 63 m

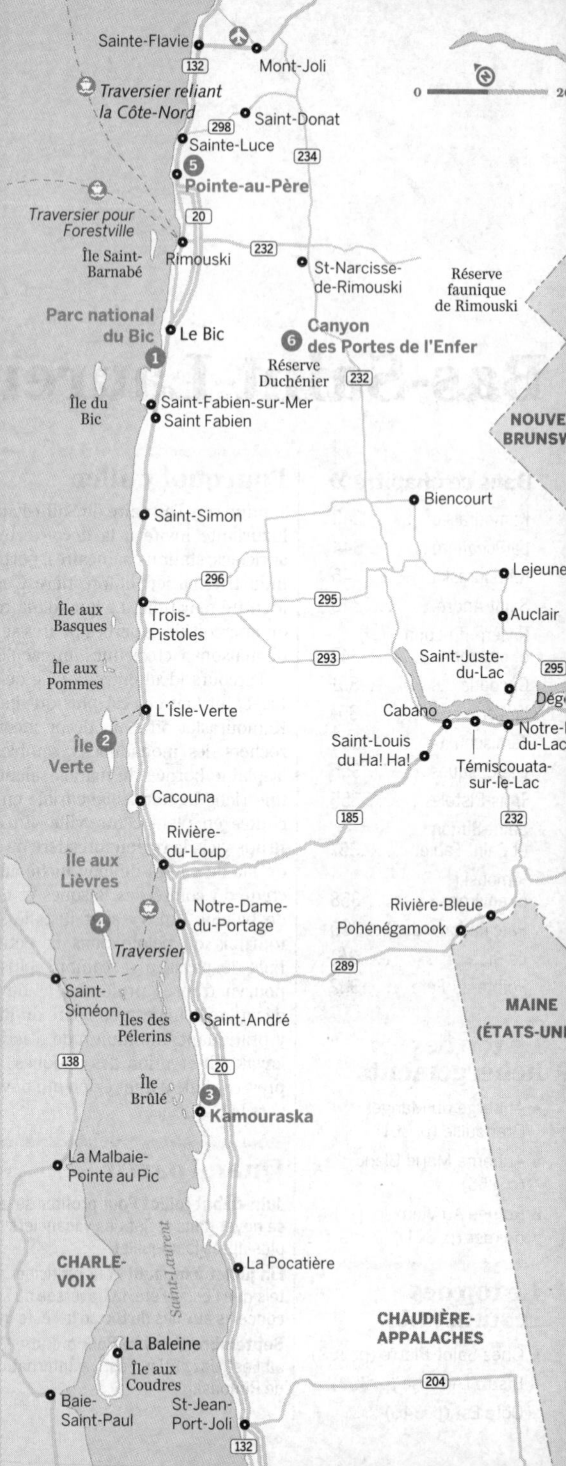

EXPLORER LE BAS-SAINT-LAURENT

Il fait bon de parcourir le Bas-Saint-Laurent le long de la très panoramique route 132, qui trace son sillon en bordure de mer. Mais sachez que d'autres options, plus singulières, s'offrent à vous :

EN TRAIN

Depuis Montréal, vous pourrez suivre le fleuve jusqu'en Gaspésie, à bord du train de **VIA Rail** (1-888-842-7245 ; www.viarail.ca). Les arrêts sont prévus aux gares de Rivière-du-Loup, Trois-Pistoles (possibilité d'excursion à l'île aux Basques) et Rimouski (le site de Pointe-au-Père et le parc du Bic ne sont qu'à quelques kilomètres). Hébergement douillet en wagon-lit.

À VÉLO

Quel bonheur de faire du vélo au bord du fleuve, sur la Route verte n°1 ! La piste cyclable longe le littoral en passant par l'Isle-Verte (pensez à une excursion à vélo sur l'île), le parc du Bic (sentiers de montagne et de route), Rimouski (à proximité de Pointe-au-Père) et Mont-Joli, aux portes de la Gaspésie. Le service **Taxi-Vélo** (723-3344), à Rimouski, ainsi que la carte du réseau cyclable (gratuite) sont très pratiques.

D'ÎLE EN ÎLE

Outre les séjours sur l'île aux Lièvres (depuis Rivière-du-Loup), l'île Verte (depuis l'Isle-Verte), et l'île aux Basques (depuis Trois-Pistoles), vous aurez la possibilité d'explorer le littoral du parc du Bic en kayak, de faire de la plongée à Rimouski, ou encore, de partir en croisière à bord d'un Zodiac (vers l'île Saint-Barnabé ou les îles du Pot-à-l'Eau-de-Vie) à la conquête de terres fréquentées par des milliers d'oiseaux et de mammifères marins...

KAMOURASKA

D'où vient le nom si poétique du Kamouraska ? En langue algonquine, ce serait "là où il y a du jonc au bord de l'eau", tandis qu'en langue micmac, ce serait plutôt "étendue de joncs". Quoi qu'il en soit, ce sont les battures et les cabourons ou monadnocks, énormes rochers de quartzite ayant résisté à l'érosion et faisant parfois 200 m de haut, qui font le charme distinctif de la région. Les gens du coin se targuent aussi d'offrir aux visiteurs le deuxième plus beau coucher de soleil au monde "selon National Geographic", bien que personne ne soit en mesure de citer précisément sa source...

Histoire

Le fleuve Saint-Laurent a fait du Kamouraska un lieu de transit et de rencontre pour plusieurs peuples autochtones. On y a retrouvé les traces de Malécites, Micmacs, Abénaquis, Montagnais et de la famille iroquoyenne. Mais c'est aussi le berceau du peuplement colonial du Bas-Saint-Laurent. Les premières seigneuries – La Pocatière, Rivière Ouelle et Saint-André – furent concédées en 1672. C'est d'abord l'agriculture, la pêche et la foresterie qui firent la richesse de la région qui servit également au trafic illégal de fourrures.

L'air salin de la côte et la proximité de Québec entraînent le développement de la villégiature dès le XIXe siècle, celle-ci culminant avec l'arrivée du chemin de fer en 1857 et bonifiant au passage les villages d'imposantes maisons victoriennes.

Orientation

Le Kamouraska s'étend de La Pocatière à Rivière-du-Loup de chaque côté de l'autoroute 20, formant une bande de terre d'environ 40 km de large entre l'estuaire du Saint-Laurent et la frontière américaine. Pour bien profiter de la région, empruntez la route 132 qui forme le premier rang et relie les villages touristiques de la côte.

Une carte vélo disponible à la maison touristique régionale (voir ci-dessous) permet de se repérer rapidement dans la région en plus de signaler les "petits patrimoines", bâtiments secondaires anciens restaurés.

Renseignements

INDICATIF TÉLÉPHONIQUE 418

MAISON TOURISTIQUE RÉGIONALE DU BAS-SAINT-LAURENT (856-3040 ou 1-888-856-5040 ; www.tourismekamouraska.com ; 10 rue du Quai ; tlj 9h-20h fin mai-début sept, 9h-17h tlj début sept-début oct). Située près de la halte marine de La Pocatière, à l'écart de la ville et en bordure de mer, à la sortie 439 de l'autoroute 20.

La Pocatière

Anciennement nommée "Grande Anse", La Pocatière se démarque d'abord des autres seigneuries par la fondation en 1827 du collège Sainte-Anne-de-la-Pocatière, puis avec l'ouverture en 1859 de la première école d'agriculture au Québec. Adossé à un cabouron, le complexe pédagogique fait toujours de "La Poc'" un pôle agroalimentaire important, surtout pour ce qui est de la transformation laitière.

La ville s'est beaucoup développée à l'arrivée du chemin de fer, au grand dam de ses voisines plus côtières. Elle est maintenant un centre industriel, notamment grâce à l'usine de trains et wagons de la compagnie Bombardier.

À voir et à faire

Des sentiers de randonnée plus que centenaires aménagés sur la montagne du collège donnent des points de vue intéressants sur le fleuve.

GRATUIT **Halte marine de La Pocatière** ÉCOLOGIE MARINE
(856-4241 ou 856-1525 poste 2555 hors saison ; www.hmlapocatiere.ca ; rue du Quai, à côté de la maison touristique régionale ; entrée libre ; ven-lun 9h-17h juil à mi-août). Excellent point de départ pour découvrir l'écologie des marais salants. Une exposition interactive animée par des guides naturalistes présente les particularités du milieu. La halte est le point de départ de randonnées guidées dans le marais de l'anse (45 min). D'autres activités (ornithologie, marelles, flore, techniques de pêche) sont disponibles sur réservation.

Musée François Pilote ETHNOLOGIE RURALE
(856-3145 ; www.museefrancoispilote.ca ; 100, 4e Avenue, accès derrière le collège ; adulte/senior/étudiant/enfant/famille 6/5/4/2,50/15 $; tlj 10h-17h été, lun-jeu 13h-17h oct-juin ;). Ce musée situé dans un ancien couvent abrite une étonnante collection ethnologique du Québec rural du tournant du XXe siècle, reproduisant une école de rang, un cabinet de dentiste, un intérieur bourgeois, un magasin général mais aussi du matériel agricole et acéricole, des carrosses et des inventions telles que le motoski et même un prototype de gyrocoptère !

ENVIRONS DE LA POCATIÈRE

En vous dirigeant vers le village de Kamouraska sur la route 132, vous passerez d'abord **Rivière-Ouelle** et sa petite **école Delisle** (856-1389 ; 214A route 132 Est ; adulte/famille 3/6 $; variables, généralement 10h-16h mer-dim fin juin-août), surnommée la petite école rose, où l'on se replonge dans l'atmosphère d'une école de rang des années 1930. Plus intéressante encore, la **maison Chapais** (498-2353 ; www.maisonchapais.com ; 2 route 132 Est ; adulte/étudiant/famille 6/4/13, gratuit -12 ans ; tlj 10h-17h mi-mai à mi-oct) dans le village voisin de **Saint-Denis-de-la-Bouteillerie**. Un acteur incarnant Jean-Charles Chapais, l'un des pères de la Confédération et premier ministre de l'agriculture du Canada, vous racontera l'histoire de la maison dans une visite guidée et animée en compagnie de quatre autres guides costumés.

Où se loger

Résidences du Cégep CHAMBRES ÉTUDIANTES
(856-3828 ; 140, 4e Avenue ; s 39 $, app 3/4 ch 108/139 $; juil-août ;). Des chambres basiques mais modernes et bien situées, avec accès à une cuisinette commune, une laverie et un cabanon à vélos. Les appartements sont situés sur la 13e Avenue.

Auberge au Diablo-Vert CHAMBRES D'HÔTE
(856-4117 ; www.diablovert.com ; 72 route 132 Ouest ; s/d avec petit-déj haute saison 65/85-95 $, basse saison 55-65/75-85 $;). Luc et Manon vous reçoivent dans cette maison centenaire dont l'emplacement a des allures de bout du monde, bien qu'elle ne soit qu'à 4 km à l'ouest de la ville. La décoration douillette et feutrée donne à cette maison un petit air de vacances. Les chambres Nathalie et Frédéric ont des lits recouverts de courtepointes.

Depuis/vers La Pocatière

BUS Au départ de Montréal ou de Québec, **Orléans Express** (www.orleansexpress.com) assure 4 fois par jour la liaison Montréal-La Pocatière (70 $, environ 5 heures) via Sainte-Foy (35 $, 2 heures 20), avant de continuer sa route vers Rivière-du-Loup. La **gare routière** (856-5185 ; 100, 6e Avenue) se trouve à la station-service Pétro Canada.

TRAIN Le *Chaleur* (direction Gaspé) et l'*Océan* (direction Halifax) de **VIA Rail** (1-888-842-7245 ; www.viarail.ca), en provenance de Montréal, font un arrêt à 23h20 à La Pocatière tous les jours sauf le mardi et partent vers Montréal à 4h05 tous les jours sauf le mercredi (5 heures). La **gare ferroviaire** (856-2424 ; 95 av. de la Gare) ouvre 50 minutes avant le passage d'un train et ferme 10 minutes après.

LA PÊCHE À L'ANGUILLE

La tradition de la pêche à l'anguille existe depuis des générations au Québec. Elle fut d'abord introduite par les populations autochtones, friandes des propriétés nourrissantes de ce poisson qu'elles séchaient et fumaient artisanalement. Aujourd'hui encore, l'anguille se capture de septembre à novembre, mais c'est au printemps que les pêcheurs préparent leurs pièges. À marée basse, ils installent de longs piquets de bois perpendiculairement au rivage, en zigzag, avant de tendre les filets. Le travail est long et méticuleux.

Forte d'un siècle d'histoire, la pêche lucrative à l'anguille d'Amérique subit pourtant des diminutions dramatiques, qui forcent de nombreux pêcheurs à remiser leurs filets.

On retrouve toujours une quinzaine de pêcheurs commerciaux à l'anguille dans la région de Kamouraska. Le **site d'interprétation de l'Anguille** (492-3935 ; 205 av. Morel, Kamouraska ; adulte 6 $, gratuit -5 ans ; tlj 9h-18h juin à mi-oct, dernière entrée 17h) est tenu par une famille de pêcheurs qui vous initiera à ce métier en voie de disparition. La visite commentée présente les techniques utilisées (filet fixe ou pêche flottante) et l'histoire de l'entreprise familiale, gérée par Gertrude Madore, la première femme détentrice d'un permis de pêche professionnelle côtière au Québec.

VOITURE De Montréal ou de Québec, prendre l'autoroute 20 direction est ou la route 132 qui longe le Saint-Laurent.

Kamouraska

Point fort de tout voyage dans le bas du fleuve, Kamouraska fait partie de ces villages aux élégantes demeures traditionnelles qui coulent des jours paisibles en bord de mer. Fondée en 1674, l'ancienne seigneurie a gardé une unité architecturale parmi les plus harmonieuses du Québec, mais aussi des plus originales, avec ses fameux toits en forme de coque de bateau renversée. Le village est surtout connu grâce au roman éponyme d'Anne Hébert (1970) devenu un classique de la littérature québécoise.

Notez que l'eau du robinet a un goût désagréable dans le village : prévoir des bouteilles d'eau.

Renseignements

BUREAU D'ACCUEIL TOURISTIQUE (492-1325 ; www.kamouraska.ca ; 69A av. Morel ; 9h-19h fin juin-début sept)

À voir

Sur la place de l'église, le **musée régional de Kamouraska** (492-9783 ; www.museekamouraska.com ; 69 av. Morel ; adulte/étudiant-senior/famille 7/4/15 $; tlj 9h-17h juin-début sept, mar-ven 9h-17h, sam-dim 13h-16h30 début sept-fin déc, hors saison sur réservation) est un musée d'art et de traditions populaires, riche en objets et en mobilier du XIXe siècle.

L'ancien palais de justice de Kamouraska abrite aujourd'hui un **centre d'art et d'histoire** (492-9458 ; www.kamouraska.org ; 111 av. Morel ; adulte/étudiant 4/1 $; tlj 10h-17h juin-août, jeu-dim 10h-17h basse saison, fermé mi-oct à mi-mai). À la collection de cartes et de cadastres anciens s'ajoutent des expositions temporaires à l'étage, le plus souvent des rétrospectives d'artistes de la région.

Le long de la rue du Quai (à emprunter absolument !), une petite plage de sable attire les baigneurs par beau temps.

Activités

Zodiac Aventure EXCURSIONS EN ZODIAC
(863-3132 ; www.zodiacaventure.com ; quai de Kamouraska ; adulte/enfant/famille 35/20/90 $; mi-mai à mi-oct, 2 départs/jour, selon les marées). Visite guidée des îles de Kamouraska (1h30). Possibilité également de se rendre sur la côte de Charlevoix, avec escales à La Malbaie et Saint-Irénée (adulte/enfant 60/40 $, 6h).

SEBKA KAYAK DE MER
(493-9984 ; www.sebka.ca ; 57 av. Leblanc, près du quai ; excursions 3/4/5/6 heures 60/65/70/75 $; fin-juin à début-sept). Bien que basé à Saint-André (voir p. 346), ce prestataire offre des excursions guidées en kayak sur le fleuve au départ du quai de Kamouraska. L'horaire varie en fonction des marées, certaines sorties pouvant être faites au crépuscule. Réserver quelques jours à l'avance.

Où se loger

La Belle Blanche CHAMBRES D'HÔTE $$
(492-9437 ; www.labelleblanche.com ; 65 av. Morel ; s/d 95-105/105-115 $, ste 2-4 pers 150-170 $;

mai-oct ;). Les 4 chambres avec sdb privée – dont une suite idéale pour la famille – de cette grande maison champêtre et lumineuse au centre du village sont de tout confort et respectent le cachet ancien des lieux. Le petit-déjeuner terroir est servi dans un joli solarium.

Villa Saint-Louis CHAMBRES D'HÔTE **$$**
(492-7072 ; www.lavillasaint-louis.com ; 125 av. Morel ; s/d haute saison 100-105/110-115 $, s/d basse saison 90-95/100-105 $, ste 150-180 $;). Belle maison d'été ancestrale émaillée d'antiquités familiales dont il émane un charme cossu. Les chambres sont spacieuses et très romantiques. Accès à un grand salon, un jardin tranquille et à une piscine. Délicieux petit-déjeuner.

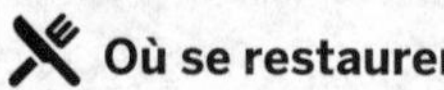

Où se restaurer

Côté Est CAFÉ-BISTRO **$$**
(308-0739 ; 76 av. Morel ; plats 13-22 $, sandwichs 8 $; 7h-21h, saisonnier ;). Installé dans l'ancien presbytère, ce petit café-bistro ouvert à l'été 2012 sert une cuisine presque exclusivement régionale mettant à l'honneur la pintade, élevée par le chef lui-même. On a craqué pour le burger d'agneau et on craquerait encore ! Option végétarienne.

Amuse-Bouche TAPAS TERROIR **$$**
(492-1892 ; 6 rue Chassé ; tapas 5-18 $, table d'hôte 19-28 $; tlj 11h-22h mi-mai à mi-oct). On déguste ici une légère et délicieuse cuisine d'été inspirée du terroir selon une formule tapas agrémentée d'une liste exhaustive de vins au verre et de liqueurs. Tentez les pétoncles à la crème dorée… À la salle du restaurant s'ajoute la meilleure terrasse avec vue sur mer de la région. Bonne adresse pour l'apéro. Situé derrière le magasin général.

Achats

Magasin général de Kamouraska ÉPICERIE TERROIR
(492-2882 ; www.magasin-general.ca ; 98 av. Morel ; tlj 9h-18h juin-oct, 9h-17h sam-dim 15-31 mai, fermé hors saison). Reconstitué dans l'esprit des années 1930, le magasin général mérite une visite. Comme à l'époque, il propose conserves, marinades, confitures et autres produits fins de la région.

Le Fil bleu ARTISANAT RÉGIONAL
(308-0646 ; www.lefilbleu.ca ; 76 av. Morel ; tlj 9h-18h mi-juin à mi-sept, ven-dim 10h-17h mai à mi-juin et mi-sept à mi-nov). Boutique de métiers d'art où sont mises en commun les créations d'une cinquantaine d'artistes et artisans régionaux : bijoux, arts décoratifs, rembourrages, céramiques, la diversité est grande !

Boulangerie Niemand
(492-1236 ; www.boulangerieniemand.com ; 82 av. Morel ; tlj 8h-18 fin juin-août, jeu-dim mai à fin juin et sept-oct). Depuis près de 20 ans, cette boulangerie attire des gens de toute la région pour son pain au levain de style allemand à base de farines produites localement et fraîchement moulues sur pierre. Le jardin de la demeure victorienne se prête d'ailleurs à merveille à un pique-nique.

Saint-André

Là encore, des maisons ancestrales dont plusieurs ont été converties en gîtes, s'égrènent le long de la rue Principale. L'église de pierre, la plus ancienne de tout le Bas-Saint-Laurent (1811), renferme quelques œuvres d'art notables.

Le parc de l'ancien quai se prête à un superbe arrêt pique-nique, surtout avec des enfants. Un sentier menant au petit phare de Saint-André permet de s'avancer vers la mer tandis que des panneaux fournissent des informations sur la végétation de la batture. Le sentier sur la droite vous ramène derrière le café de la petite école.

À voir et à faire

Musée Normantique ANTIQUITÉS ET AGRICULTURE
(495-2606 ; 564 rang Saint-Charles Ouest ; adulte/enfant 8/3 $; variables, mi-juin à sept). Collectionneurs d'antiquités rurales, Denise et Normand ont restauré et agrandi une vieille grange pour mettre en valeur des objets de la vie d'antan à dominante agricole. Visite commentée. Prendre la route 289 vers le sud à la sortie est du village jusqu'à Saint-Alexandre.

SEBKA PLEIN AIR
(493-9984 ; www.sebka.ca ; 273 route 132 Ouest ; tlj 8h-21h fin juin-début sept, lun-ven 9h-17h et sam-dim 8h-21h mi-mai à mi-oct). La Société écologique de la batture du Kamouraska gère les sites en bordure du fleuve et les battures (marais salés), où se pratiquent la randonnée pédestre (accès 3 $/jour ou 11 $/an, 12 km de sentiers), des excursions guidées en kayak de mer (voir p. 345) et de l'escalade sur les falaises du monadnock de Saint-André (permis 7 $/jour). Elle organise aussi des cours d'escalade (prix et niveaux variables).

Zone Aventure CANOË ET KAYAK
(☎551-0806 ; www.zoneaventure.com ; 354 rang 5 Ouest ; sortie 3h/5h/journée 36/42/48 $; ⊙bar-terrasse jeu-sam 16h-22h et dim 13h-19h mi-avr à mi-déc). Ce prestataire de bonne réputation loue des canoës et des kayaks avec service de navette sur la rivière du Loup. Réservation requise, service de guide disponible, n'hésitez pas à téléphoner en dehors des heures d'ouverture du bar-terrasse installé sur place. Possibilité de sortie au clair de lune. De Saint-André, prendre la rue de la Station puis suivre les indications pour Saint-Joseph.

Où se loger

SEBKA CAMPING $
(☎493-9984 ; www.sebka.ca ; 273 route 132 Ouest ; emp 23 $; mi-mai à mi-oct). Le secteur ouest, le plus récent, borde le fleuve. Le cadre des 75 emplacements de ce camping semi-sauvage vaut bien tous les campings de la région même si le confort est rustique. Des places sont réservées tous les soirs pour les cyclistes. Accès à un bloc sanitaire et à une buanderie.

La Solaillerie AUBERGE $$
(☎493-2914 ; www.gitescanada.com/solaillerie ; 112 rue Principale ; s/d 80-115/89-135 $; table d'hôte 30-45 $;). Reprise par un couple de Français, cette luxueuse auberge champêtre est située au cœur du village. Vous aurez le choix entre les chambres pleines de charme de la maison ancestrale et celles du pavillon, plus modernes mais fidèles à l'esprit des lieux (suite pour amoureux avec baignoire sabot et entrée indépendante). Table d'hôte bio réputée, réservée aux hôtes.

Auberge des Aboiteaux CHAMBRES D'HÔTE $$
(☎493-2495 ; www.aubergedesaboiteaux.com ; 280 route 132 Ouest ; s/d avec petit-déj 104/115 $, taxes incl). Un vrai petit coin de paradis blotti derrière un champ de pommiers. Cette élégante demeure compte 5 chambres ravissantes, simples et traditionnelles dont certaines ont vue sur le fleuve. Accès à une cuisinette équipée.

Où se restaurer

La Vieille-École CAFÉ-BOUTIQUE $
(☎493-2408 ; 143 rue Principale ; plats 5-12 $ menu du jour 15 $; ⊙mar-dim 10h-18h mi-juin à mi-oct ; @). Ce café-galerie, installé dans une ancienne école de rang, propose une ingénieuse carte de salades, de crêpes et de bagels, idéale pour le déjeuner. À cela s'ajoute un comptoir de vente d'herbes de la mer et autres produits locaux. Expositions à l'étage.

Notre-Dame-du-Portage

Lieu de villégiature très prisé, Notre-Dame-du-Portage s'étire le long du Saint-Laurent et respire la quiétude. De part et d'autre de la route, les maisons anciennes rivalisent d'élégance et s'étendent en un long village linéaire.

À marée basse, la plage est un excellent poste pour observer les couchers du soleil, somptueux à cette hauteur du fleuve. On y aperçoit l'île aux Lièvres et parfois même les rives de Charlevoix. Détendez-vous à la **piscine municipale** (☎862-9163, poste 21 ; 551 route du Fleuve ; adulte/jeune/enfant 5,50/4,25/3,25 $; ⊙11h-19h mi-juin à août), à l'eau salée, chauffée, extérieure et ceinte d'une baie vitrée avec vue sur le fleuve.

Où se loger et se restaurer

Chute Couette & Café CHAMBRES D'HÔTE $
(☎862-5367 ou 1-888-739-5367 ; www.chutecouettecafe.com ; 408 route du Fleuve ; s/d 65-85/75-95 $;). Près d'une petite chute d'eau à l'extrémité est du village, ce gîte agréable et cosy doit beaucoup à l'accueil de Francine et Colbert. Les chambres sont décorées de motifs floraux, pour la détente. Le salon commun, avec petite terrasse, offre une belle vue sur le fleuve. Petit-déjeuner copieux. Bon rapport qualité/prix.

Auberge sur Mer AUBERGE $$
(☎862-0642 ou 1-800-622-0642 ; www.aubergesurmer.ca ; 363 route du Fleuve ; d haute/basse saison 76-126/60-106 $; table d'hôte 32-42 $; ⊙mai-oct). Voici une auberge où il fait bon venir dîner car la cuisine y est savoureuse et le service attentionné. Pour l'hébergement, privilégiez la partie motel, en bordure du fleuve. Forfait demi-pension.

RIVIÈRE-DU-LOUP ET ENVIRONS

Rivière-du-Loup

Construite sur un éperon rocheux, Rivière-du-Loup bénéficie d'intéressants points de vue sur le fleuve et d'un joli centre-ville truffé de riches bâtiments monumentaux. Son quai est le point de départ pour l'île aux

Lièvres, où viennent nicher eiders à duvet, petits pingouins, macreuses et rapaces.

Ancienne seigneurie concédée en 1673 à un riche marchand de fourrure, Rivière-du-Loup ne prit réellement son essor qu'en 1802 avec l'arrivée du seigneur Fraser et la construction d'une scierie qui provoqua son industrialisation. Elle devient Fraserville pendant 65 ans, redevenant Rivière-du-Loup en 1919.

Renseignements

BUREAU D'INFORMATION TOURISTIQUE
(☎862-1981 ; 1-800-825-1981 ; www.tourismeriviereduloup.ca ; 189 bd de l'Hôtel-de-Ville ; ⏱tlj 8h30-20h été, lun-ven 8h30-12h et 13h-16h30 hors saison). Un peu excentré.

Fêtes et festivals

Rivière-du-Loup en trois actes
(2e semaine d'août). Festival culturel axé sur l'histoire et le patrimoine louperivois.

À voir

Musée du Bas-Saint-Laurent ART ET HISTOIRE
(☎862-7547 ; www.mbsl.qc.ca ; 300 rue Saint-Pierre ; adulte/étudiant et senior 5,70/3,42 $; ⏱tlj 9h-18h mi-juin à début sept, tlj 13h-17h sept, mer-dim 13h-17h reste de l'année). Consacré à l'histoire de la région et de la ville, il présente par ailleurs des expositions de peinture issues de sa collection d'art contemporain et de photographies anciennes.

Manoir seigneurial Fraser MUSÉE
(☎867-3906 ; www.manoirfraser.com ; 32 rue Fraser ; adulte/enfant/famille 6/3/12 $, combiné avec visite 8/4/20 $; ⏱tlj 9h30-17h fin juin à mi oct, départ visites 10h30 et 14h30 fin-juin à mi-août) Construit en 1830 puis agrandi en 1880, ce manoir de style victorien au mobilier d'époque était la résidence de la célèbre famille qui donna jadis son nom à la ville. Ancien comptoir de traite, on y trouve aussi des armes et des artéfacts. Galerie d'art à

Rivière-du-Loup

Renseignements
1 Caisse Populaire Desjardins (DAB) C2
2 Office du tourisme B3
3 Poste C3

À voir et à faire
4 Centre d'Interprétation sur le milieu marin C1
5 Manoir seigneurial Fraser C2
6 Croisières AML B1
7 Musée de bateaux miniatures C2
8 Musée du Bas-Saint-Laurent B3
9 Parc des Chutes C3
10 Parc de la Croix C3
Société Duvetnor .... (voir 6)

Où se loger
11 Auberge internationale de Rivière-du-Loup C2
12 Auberge La Sabline A2
13 Gîte Les Rochers A2
14 La Légende B3
15 Motel Loupi C1
16 Résidences du Cégep B3

Où se restaurer
17 L'Estaminet C3
18 L'Innocent B3

Où prendre un verre
19 Aux Fous Brassants C3

Transports
20 Gare ferroviaire B4
21 Gare routière A3
Marina .... (voir 6)

l'étage (gratuite, une vingtaine d'artistes) et projection vidéo au sous-sol. Possibilité de combiner la visite guidée du manoir avec une visite du quartier et des églises St-Barthélémy et St-Patrice.

Centre d'interprétation sur le milieu marin FAUNE MARINE
(☎867-8796 ; www.romm.ca ; 80 rue Mackay, parc de la pointe ; adulte/étudiant et senior/enfant/famille 7,50/6/4/18 $; ⏲tlj 9h30-17h mi-juin à mi-sept). En compagnie de naturalistes, vous découvrirez, vue des airs ou du fond de l'eau, la faune du St-Laurent : phoques, baleines, oiseaux et poissons. Exposition tactile et ponctuée d'activités, idéale pour les familles.

Musée de bateaux miniatures MODÈLES RÉDUITS
(☎868-0800 ; www.museebateauxminiatures.com ; 80 bd Cartier ; adulte/famille 6/14 $; ⏲tlj 9h-21h mi-juin à début sept, 11h-19h début sept-début oct, sam-dim 11h-19h hors saison). Quelque 140 modèles réduits de bateaux provenant de plusieurs collections. Une dizaine de légendes locales ont également été mises en peinture par l'artiste Sarah Chamard.

Activités

En suivant la rue Frontenac (à l'est de la rue Lafontaine), vous arriverez au **parc des chutes de Rivière-du-Loup**. Pour accéder aux sentiers, traversez la passerelle qui surplombe une chute de 33 m. La **Croix lumineuse** au sommet est accessible à pied, mais elle est difficile à atteindre. La vue sur la rivière et le Saint-Laurent y est cependant grandiose. En voiture, remontez jusqu'au chemin des Raymond, tournez à gauche dans la rue Alexandre, à droite dans la rue Bernier puis encore à gauche dans la rue Sainte-Claire.

Excursions vers les îles

De la marina de Rivière-du-Loup, vous pourrez envisager plusieurs types d'excursions en bateau vers les îles du Bas-Saint-Laurent. Les départs ont lieu en fonction des marées. Si vous choisissez de débarquer à l'**île aux Lièvres**, un réseau de sentiers de randonnée pédestre de 45 km vous attend, comprenant des niveaux de difficulté variables. Selon les marées, il vous sera possible d'y rester de 3 à 9 heures sans y passer la nuit (voir aussi l'encadré p. 350).

Duvetnor (☎867-1660 ; www.pharedupot.com, www.duvetnor.com ; 200 rue Hayward ; ⏲juin-sept). Plusieurs formules sont disponibles : tour de l'île au Lièvre (adulte/-12 ans 43,90/21,95 $), et des îles du Pot-à-l'Eau-de-Vie sans débarquement (1h30, adulte/enfant 25/15 $), avec débarquement (30,75/15,80 $; 2 heures 30) et avec visite du phare (43,50/21,75 $; 3 heures).

Croisières AML (☎1-800-563-4643 ; www.croisieresaml.com ; 200 rue Hayward ; adulte/étudiant/enfant/famille 69/64/33/169 $, gratuit -5 ans ; ⏲tlj mi-juin à mi-sept, départs 9h30 et 13h30). Organise à bord du *Cavalier des mers* (273 personnes) des excursions d'observation des baleines d'une durée de 3 heures 30.

Où se loger

BON PLAN Auberge internationale de Rivière-du-Loup AUBERGE DE JEUNESSE $
(☎862-7566 ; www.aubergerdl.ca ; 46 rue de l'Hôtel-de-Ville ; dort 24 $, d/f avec petit-déj 56/76 $,

CAMPER SUR L'ÎLE AUX LIÈVRES OU DORMIR DANS LE PHARE

C'est une aventure inoubliable que de camper sur l'île aux Lièvres ! La **société Duvetnor** (www.duvetnor.com) y a aménagé 4 terrains de **camping rustique** (☎1-877-867-1660 ; www.ileauxlievres.com ; traversée aller-retour adulte/enfant 43,49/21,74, empl 30 $/jour pour 4 pers ; ⊙juin-sept). Seul à disposer d'un bloc sanitaire et d'eau potable, le **camping de la Plage** (9 empl) est situé près de l'embarcadère. Pour les autres sites, apportez de quoi filtrer l'eau. Près du quai, vous trouverez le café de la Grande Course pour vous restaurer ou acheter quelques articles de dépannage.

L'**Auberge du Lièvre** (s/d 200/370 $, pension complète et traversée incl ; ⊙juin-sept) offre, près du quai, un hébergement plus confortable avec ses 6 chambres équipées de sdb privatives. Enfin, Duvetnor loue des **maisonnettes** (4 pers 180-200 $/jour, 30-50 $/pers suppl, hors traversée) entièrement équipées et pouvant accueillir jusqu'à 6 personnes.

Il est possible de passer une nuitée très romantique au **phare des îles du Pot-à-l'Eau-de-Vie** (☎1-800-867-1660 ; www.pharedupot.com ; s/d 250/420 $, 2 repas, traversée et croisière/excursion incl ; ⊙juin-sept).

membre HI réduction 4 $/nuit ; dîner 9,25 $; 📶). Située en centre-ville dans une belle maison ancienne, cette auberge de jeunesse offre des chambres et dortoirs propres et confortables, un accueil prévenant et des sorties organisées en été pour l'île Verte et le parc du Bic. Réservation conseillée. Navette gratuite et prêt de vélos si vous ne possédez pas de voiture.

♥ **La Légende** CHAMBRES D'HÔTE $
(☎862-3372 ; www.gitescanada.com/lalegende ; 33 rue St-Elzéar ; s/d avec petit-déj 60-70/80-90 $; ⊙saisonnier ; 📶). L'accueil de Soledad est bel et bien légendaire ! Les deux chambres de cette maison bicentenaire à deux pas du centre-ville sont décorées sobrement et agrémentées de meubles anciens. Comme on s'y sent bien ! Petit-déjeuner très copieux.

♥ **Gîte Les Rochers** CHAMBRES D'HÔTE $
(☎393-1417 ; 336 rue Fraser Ouest ; ch avec petit-déj 80-115 $; ⊙juin-sept ; 📶). Presque en face de La Sabline, cette ancienne résidence d'été de sir John A. Macdonald, premier à occuper le poste de Premier ministre du Canada, à la fin du XIXe siècle. La demeure a conservé son cachet d'antan avec ses papiers peints et ses grands lits en fer. La chambre la plus chère possède une sdb. Jolie verrière et grande véranda avec vue sur le fleuve.

Auberge La Sabline CHAMBRES D'HÔTE $$
(☎867-4890 ou 1-800-470-4890 ; www.gitescanada.com/lasabline ; 343 rue Fraser Ouest ; d avec petit-déj 75-85/95-105 $ basse/haute saison ; 📶). L'intérieur de cette grande demeure bourgeoise, ancienne propriété d'un baron de la fourrure, est meublé à l'ancienne. Le bel escalier en bois dessert des chambres coquettes. La chambre "Le Huard", avec ses hauts plafonds, son tapis d'époque et son grand lit, est très agréable. Le jardin qui entoure la maison ajoute une note de fraîcheur.

Où se restaurer

L'Estaminet RESTO-PUB $$
(☎867-4517 ; www.restopubestaminet.com ; 299 rue Lafontaine ; plats 9-29 $; ⊙tlj, aussi petit-déj). Ouvert tard le soir, ce populaire bistro-pub sert à toute heure salades, bagels, paninis, burgers, moules et pizzas. Plus de 150 choix de bières à la carte. Cuisine et ambiance correctes, portions généreuses.

L'innocent CAFÉ CULTUREL $$
(☎862-1937 ; www.innocent-cafe.com ; 460 rue Lafontaine ; plats 11-17$, petit-déj 9-13$; ⊙mar-sam 9h-21h, dim 9h-14h). Sympathique café-galerie où l'on sert des sandwichs, riz frit, pâtes. Attention, la pâte des crêpes salées est sucrée... Demandez plutôt la galette de sarrazin car le jambon est excellent. La musique est un peu trop forte mais ça ne semble pas déranger la clientèle de jeunes trentenaires.

Où prendre un verre

Aux Fous Brassant MICROBRASSERIE
(☎605-1644 ; www.auxfousbrassant.com ; 262 rue Lafontaine ; ⊙tlj, fermé lun-mar hors saison). Nouvellement ouverte à notre passage, cette microbrasserie toute simple et sobre a choisi de mettre l'accent sur la qualité de ses produits en privilégiant l'achat local. Concerts à petits prix.

Depuis/vers Rivière-du-Loup

VOITURE De Montréal ou de Québec, prenez la route 132 qui longe le Saint-Laurent ou l'autoroute 20. La sortie 503 rejoint le bd Cartier. La route 185 relie quant à elle la province du Nouveau-Brunswick.

BUS La **gare routière** (☎862-4884 ; 317 bd de l'Hôtel-de-Ville Ouest) se trouve à la station de service Pétro Canada. Au départ de Montréal ou de Québec, **Orléans Express** (www.orleansexpress.com) assure tous les jours la liaison avec Rivière-du-Loup (78 $), avant de continuer sa route vers Rimouski.

Les bus **Maritimes** (☎1-800-575-1807 ; www.maritimebus.com) assurent deux fois par jour la liaison avec le Nouveau-Brunswick via Edmudston (environ 25 $).

BATEAU La traversée en **ferry** (☎862-9545 ou 862-5094 ; www.traverserdl.com) Rivière-du-Loup/Saint-Siméon (65 min) est assurée tous les jours d'avril à début janvier. Les fréquences sont variables (4 navettes/jour fin juin à fin août, sinon 2-3/jour). Le prix du billet s'élève à 16,30 $ (senior/5-11 ans 14,80/10,80 $, gratuit - 5 ans). Le passage de la voiture revient à 41,20 $. En été, arrivez au moins 1 heure 30 avant l'embarquement, notamment pour les départs entre 10h et 18h car il est impossible de réserver. La marina où accostent les bateaux est à 6 km du centre-ville. Si vous ne possédez pas de véhicule, contactez **Taxi Jos Beaulieu** (☎862-3111).

TRAIN Le *Chaleur* (direction Gaspé) et l'*Océan* (direction Halifax) de **VIA Rail** (☎1-888-842-7245 ; www.viarail.ca) en provenance de Montréal font un arrêt à 00h02 à La Pocatière tous les jours sauf le mardi et un départ vers Montréal à 3h20 tous les jours sauf le mercredi (trajet 5 heures 45). La **gare ferroviaire** (☎856-2424 ; 615 rue Lafontaine ; ⏲mer-lun 23h30-3h30) se situe au bout de la rue Lafontaine, à l'angle de la rue Fraserville.

Cacouna

Ancienne station balnéaire chic de la fin du XIXe siècle, Cacouna est un village ravissant que vous trouverez à 13 km à l'est de Rivière-du-Loup sur la route 132. Dans la rue Principale, se succèdent de belles maisons anciennes, l'église anglicane, le château Montrose (au n°700)... Le village est aussi une réserve indienne de la nation nomade Malécite, bien qu'aucun autochtone n'y vive en permanence.

En bordure du fleuve se trouve le **marais de Gros-Cacouna**, l'un des meilleurs sites ornithologiques du Québec. Ses deux sentiers, La Savane (3 km, facile) et La Montagne (4 km, intermédiaire), vous permettent d'observer des faucons pèlerins, des hiboux et des pélicans d'Amérique. Depuis le village prenez la route 132 direction est et tournez à droite sur la route de l'île en direction du fleuve.

L'Isle-Verte

Possédant un grand nombre de poissonneries et de fumoirs de qualité, ce village est traversé par la route 132. Au début du siècle, on y pratiquait la cueillette de la mousse de mer, une herbe qui poussait sur les battures et les côtes, et que l'on fauchait pour en rembourrer des matelas.

Installé dans la maison Girard, le poste d'accueil de la **réserve nationale de faune de la baie de L'Isle-Verte** (☎898-2757 ; 371 route 132 ; ⏲tlj 9h-17h mi-juin à début oct) fait aussi office de centre d'interprétation. Cette réserve abrite de nombreux oiseaux migrateurs, dont le canard noir qui vient y nicher. Cinq kilomètres de sentiers ont été aménagés (accès gratuit) ; demandez la carte au centre – qui organise par ailleurs des randonnées.

Où se loger

Gîte Le Métayer CHAMBRES D'HÔTE $
(☎898-4119 ou 1-866-317-4119 ; www3.sympatico.ca/lemetayer ; 413 route 132 Est ; s/d avec petit-déj 60/70 ;). Diane et Serge et leurs énormes chats vous accueillent dans leur demeure, une maison plus que centenaire aux multiples lucarnes et à l'intérieur campagnard, qui prend parfois des airs de musée ou de cabinet de curiosité. Petites chambres simples mais chaleureuses.

Île Verte

Réellement enchanteur, cet îlot au paysage bucolique s'embellit d'une poignée de maisons colorées. À la recherche d'eau potable, Jacques Cartier y débarqua en 1535 et donna son nom à cette île de 11 km de long sur 2 km de large à peine. La population ne dépasse pas les 50 habitants ; c'est la seule île du Bas-Saint-Laurent habitée toute l'année.

Les côtes sud et nord juxtaposent des paysages totalement différents, l'un champêtre, l'autre rocailleux et spectaculaire. De juin à octobre, il n'est pas rare d'apercevoir bélugas, rorquals et phoques. La promenade le long de ce littoral couvert de petites plages de sable et de cailloux est une pure merveille. Entre les deux s'étire une forêt dense, domaine privilégié des orignaux et des chevreuils. Surnommée le bout d'en haut, l'extrémité ouest est un lieu notoire d'observation des baleines, tandis que l'on retrouve plutôt des eiders au bout d'en bas.

La vie sur l'île est rythmée par les marées et conditionnée par l'isolement et la taille de la petite communauté : tout le monde se connaît et sait ce qu'il y a à voir sur l'île. L'île ne dispose pas de distributeur de billets, d'épicerie ni de pharmacie. Il est possible de louer des vélos à la grange près du motel auprès de Michaël (☎860-7425 ; 10 $/jour). Aussi disponibles : tandems parent-enfant.

Une fois l'an (fin juillet-début août), lors du **Sentier de la Bouette** (www.labouette.com), on se regroupe pour franchir à pied les 3 km qui séparent la côte de l'île Verte, à marée basse, les deux pieds dans la boue, la "bouette".

Renseignements

OFFICE DU TOURISME L'île ne comporte pas de bureau touristique, mais vous obtiendrez quelques dépliants au Quai. Vous pouvez obtenir des renseignements par téléphone ou sur Internet (☎898-3451 ; www.ileverte-tourisme.com) ou encore, sur place, en accostant un résident avec un large sourire.

TAXI (☎ 714-7938) Le taxi de l'île n'a qu'une seule voiture, il est donc impératif de réserver.

À voir et à faire

BON PLAN **Circuit touristique et patrimonial** MUSÉES ET PHARE
(☎898-4055 ; billetterie à l'école Michaud ; 3 sites adulte/enfant 15/4 $, 1 site 7/3 $; ⏲tlj 9h30-17h fin juin à août, sur réservation hors saison).

AMOUREUX DE L'ÎLE

Personnage-clé de l'île, Gérald Dionne, ancien propriétaire d'un gîte reconverti en location à la semaine, a aussi démarré le camping et relancé l'élevage d'agneaux de champs, avant de devenir directeur du phare. En l'absence d'école sur l'île, la famille a cependant temporairement remis les pieds sur la grand'terre. N'hésitez pas à leur passer un coup de fil (☎898-2443), notamment si vous planifiez une excursion hivernale.

Reconvertie en centre d'interprétation de la vie insulaire, l'école Michaud vous fait découvrir l'environnement maritime de l'île, les pratiques de pêche ingénieuses utilisant les marées et la récole de la mousse de mer. L'étonnant **musée du Squelette** (☎898-5212) possède la plus grosse collection du genre au Canada, dont quelques excentricités (voir l'interview ci-contre). Enfin, érigé en 1809, le **phare de l'île Verte** (☎898-2730 ; www.phareileverte.com) est le plus ancien phare du Saint-Laurent et fut sous la garde de quatre générations de Lindsay (137 ans !). Les bâtiments annexes abritent un petit musée sur les signaux sonores et lumineux, tandis que la maison du gardien a été convertie en gîte.

Où se loger

Camping Le Myosotis CAMPING $
(☎898-2443 ; camping@ileverte.qc.ca ; accueil au Chant du Coq, 7200 chemin de l'Île ; 10 $/pers). Ce camping rustique situé sur la rive nord vers le bout d'en haut est doté d'une douzaine d'emplacements longeant le fleuve et de cinq qui le surplombent.

Les Maisons du phare AUBERGE DU PHARE $
(☎898-2730 ; www.phareileverte.com/auberge ; s/d avec sdb commune et petit-déj 70/90 $; ⏲mi-mai à début oct ; 📶). Un excellent point de chute car les aubergistes sont fort sympathiques ! Les 9 chambres, dont certaines avec vue mer, sont simples, confortables et colorées. Le cadre sauvage de la rive nord est ici de toute beauté, notamment l'odeur des rosiers sauvages mêlé à l'air marin, au coucher du soleil.

Où se restaurer

Entre-Deux-Marées RESTAURANT-MOTEL $
(☎898-2199 ; 4604 ch. de l'île ; d 65 $, petit-déj 5-7 $; brunch dim 10 $, plats 9-16$; ⏲tlj 7h-20h, réduits en basse saison). Cet établissement à la cuisine familiale et généreuse est sans doute l'option la moins chère pour se restaurer sur l'île. Les chambres du motel, propres, spacieuses et lumineuses, n'ont en revanche aucun cachet particulier.

La Mijotée PLATS CUISINÉS ET CHAMBRES D'HÔTE $
(☎898-2583 et 894-1317 ; 6106 chemin de l'île ; plats 8-14 $; s/d avec petit-déj 45-50/75 ; ⏲mar-dim 11h-18h juil-août). Dans cette maison traditionnelle quasi centenaire, Marco et Hélène cuisinent de la cipaille et des pâtés en croûte et des desserts à manger sur place ou à emporter pour un pique-nique. Ils ont aussi concocté 2 jolies chambres doubles

INTERVIEW

PIERRE-HENRY FONTAINE, FONDATEUR DU MUSÉE DU SQUELETTE

D'où vous vient cette passion pour les ossements ? J'ai eu un excellent professeur de sciences naturelles au collège, un type qui enseignait avec plein de choses dans sa classe. Et puis, je trouve que, par sa mécanique, le squelette illustre bien combien la biologie est une science rationnelle et non pas une poésie que l'on apprend par cœur. Il n'y a pratiquement rien dans un squelette qui ne puisse s'expliquer d'une façon logique, déductible.

Comment avez-vous amassé votre collection ? Un des premiers de ma collection, c'est un des chats de ma tante ! Sinon, chaque fois que je sais qu'un béluga, un marsouin ou un phoque s'est échoué pas trop loin, je vais le récupérer. Parfois, je fais des échanges avec d'autres musées, mais c'est rare. C'est la gentillesse des gens qui m'aide, ils me signalent des animaux, m'offrent des squelettes, on s'entraide. J'ai aussi un ami aux États-Unis qui me fait des moulages au prix coûtant. Tous mes dinosaures viennent de chez lui, sinon je n'aurais jamais pu me les offrir.

Comment prépare-t-on un squelette de baleine ? Je laisse faire la nature pour éviter d'utiliser des produits chimiques. La viande pourrit et se détache, je gratte ce qu'il reste, puis je dégraisse les os en les faisant macérer dans l'eau tiède. Ça prend de grandes cuves… Les bactéries s'y développent, alors ça sent extrêmement mauvais, mais on finit par avoir un squelette tout noir. Pour le blanchir, on le met au soleil, parfois on utilise du peroxyde ou une peinture légère, couleur os. Les cétacés sont longs à dégraisser. Ce sont des animaux qui emmagasinent du gras dans leurs os, comme les cochons… On peut accélérer le processus en faisant bouillir le squelette très lentement et en changeant l'eau régulièrement.

à l'étage, tout en permettant l'accès à la cuisine.

La Bonne bouffe POISSONNERIE-FUMOIR $
(☎898-3325 ; 4902 chemin de l'île ; plats cuisinés 6-10 $; 📶). La poissonnière tient aussi une boucanerie (saumon, hareng, esturgeon frais ou fumé), fait ses propres confitures et quelques plats cuisinés qu'elle mettra au four avant votre passage sur simple demande. Une chambre toute simple est aussi disponible à l'étage de sa maison natale (d avec petit-déj 80 $). Possibilité de pension et forfaits hivernaux pour la pêche sur glace.

Café l'échouerie FAMILIAL $$
(☎898-4065 ; http://pages.globetrotter.net/cafe.echouerie ; 7302 chemin de l'Île ; petit-déj 5,50-10,50 $, plats midi 8-15,50 $, soir 22-34 $). Adepte du *slow-food*, Michelle Dionne cuisine des recettes traditionnelles et des produits du terroir pour un maximum de 12 personnes selon une formule "apportez votre vin". Réservation et choix du menu obligatoires, au moins 24h à l'avance, fraîcheur et insularité obligent...

ℹ Depuis/vers l'île Verte

BATEAU C'est du quai de L'Isle-Verte (p. 351) que vous pouvez rejoindre l'île Verte, à 3 km au large. Un service de **traversier** (☎898-2843 ; www.inter-rives.qc.ca ; aller simple adulte/enfant/senior/vélo/voiture 7,25/3/5,25/1/37,75 $; ⏲tlj 9h-20h mi-juin à mi-sept, 9h-17h mai à mi-juin et mi-sept à début nov) est mis en place pendant la belle saison. Les horaires varient selon les marées, qui conditionneront votre séjour si vous ne souhaitez pas y passer la nuit. Il est préférable de réserver (par téléphone), compte tenu de la faible capacité du bateau (49 passagers et 6 voitures). Soulignons que le parking du quai est gratuit – le charme de l'île tient en effet aussi à la quasi-absence de voitures. La traversée dure 25 minutes.

Les **bateaux-taxis de Jacques Fraser** (☎898-2199 ; adulte/enfant/vélo 7/2/1$), d'une capacité de 12 passagers, rallient également l'île en 15 minutes ce qui offre plus de flexibilité pour organiser votre temps sur l'île. Comme le traversier, ils ne peuvent passer qu'à marée haute (appelez pour réserver). Les liaisons maritimes sont assurées jusqu'à ce que le fleuve Saint-Laurent soit pris par les glaces.

PONT DE GLACE, HÉLICOPTÈRE L'hiver, il est possible de rejoindre l'île en motoneige, en raquette et en ski de fond, voire en hélicoptère (24,50$), qui effectue des liaisons quatre jours par semaine. Peu importe le moyen de transport choisi, mieux vaut appeler (☎878-3287) pour planifier vos déplacements.

TÉMISCOUATA

On s'éloigne maintenant des rives du fleuve pour entrer dans une zone forestière (82% du territoire), parsemée de lacs (plus de 300) et frontalière du Nouveau-Brunswick et de l'État du Maine.

Depuis Rivière-du-Loup, empruntez la route 185 jusqu'au lac. Bifurquez sur la route 232 Est afin de rejoindre le secteur Cabano.

Renseignements

BUREAU D'INFORMATION TOURISTIQUE (854-9406 ; www.tourismetemiscouata.qc.ca ; 578 rue Commerciale Nord, secteur Cabano ; juin-oct)

NAVETTE (899-2189 ou 1-800-350-2189 ; aller simple/aller-retour 10/20 $; départ entre 8h et 9h mar et ven, retour de RdL vers 16h). En 2012, un projet pilote de transport permettait de relier la région à Rivière-du-Loup deux fois par semaine à condition de réserver la veille (avant 14h) pour s'assurer une place et confirmer le point de collecte (Dégelis, Notre-Dame-du-Lac, Cabano, etc.). L'avenir de ce service demeure incertain.

Témiscouata-sur-le-Lac

Bordant le lac de 45 km de long sur son côté ouest, l'agglomération comprenant les anciennes villes de Cabano et Notre-Dame-du-Lac est réputée pour la villégiature, les plages, les activités nautiques et la pêche.

À voir

Musée du Fort Ingall SITE HISTORIQUE BRITANNIQUE
(854-2375 ou 1-866-242-2437 ; www.fortingall.ca ; 81 rue Caldwell, secteur Cabano ; visite guidée adulte/enfant/famille 9/7/20 $ gratuit pour les 5 ans et moins ; tlj 9h-17h fin juin-début avec visites guidées, tlj 10h-16h sept et juin visites libres). Reconstruction d'une fortification britannique de défense contre les Américains du XIXe siècle en bordure du lac Témiscouata, le site comprend 8 bâtiments. Durant la saison estivale, il est animé par une troupe de comédiens en costumes d'époque. Démonstration de tir au fusil à poudre. Prévoir au moins une heure pour la visite.

Activités

La plupart des activités proposées ne sont pas directement à Témiscouata-sur-le-Lac, mais dans les environs. Les villages d'Auclair et Lejeune sont situés à l'est du lac, sur la route 295 qui relie Dégelis et Trois-Pistoles.

Domaine Acer ÉCONOMUSÉE DE L'ÉRABLE
(899-2825 ; www.domaineacer.com ; 145 route du Vieux Moulin, Auclair ; visite 4 $, gratuit -12 ans ; 9h-17h tlj fin mars-fin avr et fin-juin-début sept, lun-ven reste de l'année, visites fin mars à mi-oct). Les produits Acer font la fierté des Temiscouatains : des boissons alcoolisées à base de sève d'érable. Ayant repris l'érablière familiale, Vallier Robert et sa compagne Nathalie ont développé quatre crus d'une qualité étonnante. On se laisse surtout charmer par le Charles-Aimé, digestif à 17 degrés... La visite comprend une dégustation.

Les 5 saisons EXCURSIONS EN KAYAK
(899-1491 ; www.cooples5saisons.com ; 1096 route 295, Auclair ; excursions guidées 1/2/3 jours 90/190/260 $; saisonnier). Fondée par des étudiants, cette coopérative écotouristique propose une formule d'excursions guidées en kayak mettant en vedette les produits du terroir. Possibilité de louer des kayaks et des canots (30 $/jour avec équipement de sécurité).

Aventuriers de la chasse-galerie CANOTS, TIPIS ET CHIENS DE TRAÎNEAUX
(855-1060 ; www.aventuriersdelachassegalerie.com ; 23 rang 2, Lejeune ; traîneau à chiens 1h/demi-journée/journée 40/80/130 $, séjour canoë à partir de 100 $/jour). Vincent et Goulimine vivent ici en coureurs des bois, honorant leurs ancêtres autochtones. Si vous souhaitez partager leur amour de la nature, ils organisent aussi des expéditions de plusieurs jours en traîneaux à chiens. L'été, ils partent en canoë sur le vaste réseau de lacs et rivières. Expérience hors du commun. Mocassins faits sur place et boutique d'artisanat local et sud-américain.

Où se loger et se restaurer

SECTEUR CABANO

Fort Ingall CAMPING, DORTOIR ET CHAMBRE $
(854-2375 ou 1-866-242-2437 ; www.fortingall.ca ; 81 rue Caldwell ; dort 22 $/pers + draps 3 $, empl 22-28 $, ste s/d 80/100 $; fin juin-début sept). Possibilité de dormir dans le dortoir des soldats ou encore de faire du camping sur la berge du lac Témiscouata (vue superbe et réduction sur l'entrée au fort). Cuisine et buanderie sur place. Accès à un abri pour vélos. Réservation conseillée. Aussi disponible dans le fort, la suite du docteur Landry.

Auberge de jeunesse Témiscouata AUBERGE DE JEUNESSE $
(☎1-888-688-1149 ; www.aubergeinternationale.com ; 788 rue Commerciale Nord ; dort 29 $, ch sans/avec sdb privée 59/65 $; 📶). Le bois est à l'honneur dans cette auberge de jeunesse toute simple et lumineuse. Circuit de geocaching sur place. Location de vélos et réductions pour les groupes de plus de 4 personnes.

SECTEUR NOTRE-DAME-DU-LAC

Auberge La Dolce Vita AUBERGE $$
(☎899-0333 ou 1-877-799-0333 ; www.aubergeladolcevita.ca ; 2428 rue Commerciale Sud ; d $ haute/basse saison 80-115/75-95 ; plats 15-19 $, table d'hôte 26-38 $; ⏲mi-mai à début oct ; 📶). Un bon point de chute. Les 8 chambres, chaleureuses, propres et confortables, sont sans prétention, l'accueil est charmant et le restaurant convivial. Les produits québécois y sont à l'honneur. Nombreux forfaits proposés.

Auberge Marie Blanc AUBERGE-MOTEL $$
(☎899-6747 ; www.aubergemarieblanc.com ; 2629 rue Commerciale Sud ; s/d avec petit-déj 81-96/107-122 $ selon saison ; plats 24-30 $; ⏲mi-mai à mi-oct ; 📶). Il faut quitter la magnifique maison style Nouvelle-Angleterre construite en 1905 par un avocat pour sa maîtresse, pour gagner les chambres de motel attenantes (avec kitchenettes), avec vue sur le lac. L'auberge sert une cuisine gourmande aux accents du terroir (lapin braisé, ris de veau flambé, bavette de bœuf...).

Pohénégamook

C'est à cause de son lac que Pohénégamook, "lieu d'hivernement" en langue malécite, est vaguement connu des Québécois. C'est qu'au fond de ses eaux se trouverait un monstre (pas très méchant), connu localement sous le nom de Ponik...

L'intérêt de l'endroit réside dans son centre de villégiature **Pohénégamook santé plein-air** (☎859-2405 ; www.pohenegamook.com ; 1723 chemin Guérette) quatre saisons en formule forfaits, où l'on peut pratiquer un grand nombre d'activités de pleine nature, notamment l'hiver : observation du cerf de Virginie, ski de fond, raquette, patin, glissades, pêche blanche, kitesurf, construction d'igloo et de *quinze*, balade en chiens de traîneaux, etc. Plusieurs options d'hébergement de confort varié ainsi qu'un restaurant-buffet et un spa.

LES BASQUES

Ayant une vocation principalement agricole, ce comté étroit est ainsi nommé en l'honneur des baleiniers basques qui faisaient escale sur l'île située à cette hauteur de l'estuaire.

Renseignements

BUREAU DE TOURISME (☎851-4949 ; www.chezlesbasques.com ; 400 rue Jean-Rioux ;hlun-ven 8h3012h et 13h-16h30). Aussi, un **bureau saisonnier** (☎851-4949 ; www.parcmarin.qc.ca ; 51 route 132 ; ⏲tlj 9h-19 h mi-juin-début sept, lun-sam 9h-17h et dim 9h-16h début-sept à mi-oct) permet d'obtenir de l'information sur le parc marin du Saguenay-Saint-Laurent.

Trois-Pistoles

Face à cette ville aux maisons sagement alignées se dessine la petite **île aux Basques**, longue de 2 km et large de 400 m. Dès le XVIe siècle, les pêcheurs baleiniers basques y faisaient escale, y fondaient la graisse des mammifères marins et commerçaient avec les Amérindiens, dont la présence sur l'île date du VIIIe siècle. Elle est aujourd'hui un site historique protégé qui abrite une réserve naturelle d'oiseaux migrateurs.

La ville est le point de départ du **sentier national du Bas-Saint-Laurent** (voir l'encadré p. 356). Il est possible de louer des vélos localement chez **Sports le Basque** (☎851-4636 ; 83 rue Notre-Dame Est ; demi-journée/journée/sem 8/10/40 $).

Fêtes et festivals

L'Echo-fête (dernière semaine de juillet). Festival environnemental avec concerts et conférences.

Rendez-vous Basque (début août). Tournoi international de pelote basque, au Parc de l'aventure basque.

Rendez-vous des grandes Gueules (1re semaine d'octobre). Contes et traditions orales, dans l'ancienne forge, la Forge à Bérubé.

À voir

Parc de l'Aventure basque en Amérique MUSÉE HISTORIQUE ET SPORT
(☎851-1556 ou 1-877-851-1556 ; www.aventure-basque.ca ; 66 rue du Parc ; adulte/senior/étudiant/famille 6/5/4/12 $, gratuit -13 ans ; ⏲tlj 10h-18h, juin-sept, visite guidée 11h, 13h et 15h). Sans doute le meilleur endroit pour comprendre l'épopée des pêcheurs basques dans le Saint-Laurent. On y trouve un musée, un bistro

DEUX ITINÉRAIRES NATURE EN DIRECTION DU NOUVEAU-BRUNSWICK

Long de 144 km et au départ de Trois-Pistoles (au Parc de l'aventure basque en Amérique ; p. 355), le **sentier national du Bas-Saint-Laurent** (☎714-2599 ; www.sentiernationalbsl.com ; ⊙tte l'année) traverse 10 municipalités et se divise en 12 tronçons pédestres de 8 à 15 km dont certains traversent le nouveau **parc national du lac Témiscouata** (☎855-5508 ; www.sepaq.com/pq/tem ; adulte/enfant 6/2,75 $; ⊙ouverture prévue en 2013). Le sentier permet de découvrir trois types d'environnement : le littoral et les basses terres, le terroir basque, ainsi que le secteur des monts Notre-Dame. Des chalets pouvant héberger jusqu'à 4 personnes peuvent être loués à l'année.

Au départ de Rivière-du-Loup (là où le bd Fraserville coupe la route 185) et sur la rive ouest du lac, le **parc linéaire interprovincial Petit Témis** (☎853-3593 ; www.petit-temis.com ; ⊙mi-mai à mi-nov) suit l'ancien tracé du Témiscouata Railway, la ligne de chemin de fer reliant le Québec aux États-Unis. Ce circuit de 135 km très apprécié des cyclistes permet de rejoindre Edmundston, au Nouveau-Brunswick. Le tronçon le plus intéressant s'étire entre Cabano et Dégelis. Les anciennes gares ont été transformées en centres d'informations, voire en hébergements ou en snack. Sur le parcours, des panneaux en bois signalent campings, restaurants et hébergements. L'hiver, la piste fait le bonheur des motoneigistes.

ainsi qu'un fronton (le seul du Canada), où des parties de pelote basque se disputent régulièrement. Une initiation gratuite est offerte, mais vous pouvez aussi prendre des cours (adulte/enfant 5/4 $). À gauche, sur la route menant au quai.

La Maison du Notaire GALERIE- BOUTIQUE
(☎851-1656 ; www.maisondunotaire.ca ; 168 rue Notre-Dame Est ; ⊙tlj 9h30-17h fin juin à mi-oct, mar-sam 9h30-16h30 mi-oct à mi-déc, lun-ven 9h30-16h fév-fin juin). Construite en 1842, la maison du notaire J. Hervé Rousseau présente une belle collection d'œuvres des métiers d'art ainsi qu'une reconstitution des pièces avec mobilier d'époque. Une visite audioguidée est proposée en saison (5 $).

♥ **La Maison de l'Écrivain** COMPLEXE LITTÉRAIRE
(☎851-2001 ou 851-1840 ; 23 rue Pelletier ; ⊙mer-dim 8h-minuit mai-sept). Célèbre maison d'édition transformée en galerie, librairie et bistro. Victor-Lévy Beaulieu, écrivain, dramaturge et éditeur québécois, était l'ancien propriétaire de la maison. La galerie La Belle Annette présente des artistes locaux et une exposition sur l'histoire des feuilletons télévisés québécois. Au sous-sol, vous trouverez la librairie La Confrérie, recelant des ouvrages anciens. À l'étage, un superbe salon de thé qui se transforme en bar le soir, avec ses grands fauteuils et ses éléments de décoration à l'image d'un plateau de tournage. Un endroit unique en son genre.

Activités

Île aux Basques EXCURSION EN MER
(☎851-1202 ; www.provancher.qc.ca ; visite 3h traversée incl adulte/7-15 ans/-6 ans 35/18/6 $; ⊙juin-début sept). C'est auprès du gardien, Jean-Pierre Rioux, que vous devez réserver votre séjour sur l'île quelques jours d'avance. Les départs se font quotidiennement depuis le quai de Trois-Pistoles. Vous pouvez aussi dormir sur l'île, des chalets sont en effet proposés à la location (103 $/nuitée pour 4 pers).

COOP Kayaks des îles KAYAK DE MER
(☎851-4637 ; 60 av. du Parc ; www.kayaksdesiles.com ; adulte/enfant 45/35 $; ⊙mi-mai à mi-sept). Ce populaire prestataire écotouristique organise des randonnées en kayak de mer, avec un départ le matin à 10h et un autre à 17h pour voir le coucher du soleil. Les guides-interprètes sont très renseignés sur le milieu naturel. Excursions de 2 jours organisées sur demande.

Où se restaurer

Le Grenier d'Albertine TERROIR $$
(☎851-2001 ou 851-1840 ; 23 rue Pelletier ; plats 12-21 $, table d'hôte 12-27 $; ⊙mer-dim 8h-minuit mai-sept). Le restaurant de la Maison de l'Écrivain sert une cuisine régionale d'inspiration française, renouvelée quotidiennement, dont au moins un poisson et un crustacé d'arrivage ainsi qu'un plat végétarien. Terrasse avec vue sur l'église.

Depuis/vers Trois-Pistoles

BATEAU Un **ferry** (☎851-4676 ou 1-877-851-4677 ; www.traversiercnb.ca ; 11 rue du Parc ; adulte/senior/enfant 18,75/17,75/12,25 $, voiture 41,75 $; fin mai-sept) fait la navette entre Trois-Pistoles et Les Escoumins (près de Tadoussac). Réservation conseillée.

BUS La **gare routière** (851-4347 ; 684 rue Richard) se trouve au restaurant le Gondolier situé à l'intersection de la route 132. Orléans Express permet de rallier Rivière-du-loup ou Rimouski trois fois par jour.

VOITURE La route 132 traverse une partie de la ville. Rivière-du-Loup se trouve à 50 km à l'ouest tandis que le Bic (45 km) et Rimouski (60 km) se trouvent à l'est.

Saint-Simon et Saint-Fabien

Plus espacés sur cette portion de la route, les villages s'égrènent le long de la route 132 en direction de Rimouski. À 13 km de Trois-Pistoles, Saint-Simon se profile tel un village modèle, truffé de maisons ancestrales aux balcons typiques de la région. Vers Saint-Simon-sur-Mer, le chemin côtier mène à un belvédère offrant une vue époustouflante entre ciel et mer.

Dix-sept kilomètres plus loin, c'est Saint-Fabien, dont le pendant côtier Saint-Fabien-sur-Mer s'étire le long d'une superbe baie, en contrebas des falaises. On y "plonge" en quittant la route 132. La promenade le long des berges constitue un moment très agréable, tout comme un arrêt au belvédère. Vous aurez un bel aperçu de ce que réserve la visite du parc du Bic : une vue splendide sur la mer et ses îles. C'est aussi un point d'observation pour les oiseaux de proie.

Renseignements

BUREAU D'ACCUEIL TOURISTIQUE (☎869-3333 ; www.parcdubic.com ; 33 route 132 tlj 9h-21h mi-juin-début sept, lun-ven 9h-12h et 13-15 début sept à mi-oct) À Saint-Fabien. Notez que Saint-Fabien-sur-Mer se situe à la pointe ouest du parc du Bic.

À voir et à faire

Grange octogonale Adolphe-Gagnon ANTIQUITÉS AGRICOLES
(☎869-2088 ; www.grangeoctogonale.com ; 129A du Parc ; tlj 10h-18h mi-juin à mi-sept ; visite guidée adulte/enfant 7/2 $). Un petit crochet depuis la route vous permettra de visiter cette grange superbe construite tout en rondeurs en 1888 dans le but, semble-t-il, d'éloigner le diable, incapable de s'y cacher dans les coins ! Le bâtiment historique abrite un musée sur la vie agricole du XIXe siècle.

Ranch Saint-Fabien EXCURSION ÉQUESTRE
(☎869-3484 ; www.ranchsaintfabien.com ;131 rang 1 Ouest, au sud de la 132, accès par le village, passer sous le viaduc ; excursion 1/2/3h 30/50/75 $). Sans doute le plus accessible de la région. L'excursion d'une heure ne permet pas de se rendre jusqu'à la plage mais va plutôt vers la mine : préférez la balade de trois heures pour les points de vue sur le fleuve. L'hiver, possibilité de tenter le ski-joering à cheval (100$/h). Réservez quelques jours d'avance, plus encore pendant les sucres.

Où se loger

♥ **Auberge Saint-Simon** AUBERGE DE VILLAGE $
(☎738-2971 ; www.aubergestsimon.ca ; 324 route 132 ; s/d avec petit-déj 79/99 $, tipi 32 $; 📶). Il n'est pas rare d'être accueilli avec une soupe chaude chez Heidi et Ken, autochtones d'origine. Éclectique et romantique, l'ancien hôtel de village possède de nombreuses chambres à ambiances variées, certaines équipés d'une baignoire sur pattes. La bâtisse craque sous nos pas et le salon à l'étage, équipé d'un piano à queue, est un espace chaleureux. Très accommodante (possibilité de dortoir pour petits groupes), l'hôtesse nous invite à la joindre pour le yoga matinal.

♥ **La Maison de l'Irlandais** CHAMBRES D'HÔTE $
(☎869-2913 ou 1-888-869-2913 ; www.gitescanada.com/2132.html ; 182, 1re Rue Est ; s/d avec petit-déj 70-85 $/80-95 $ haute saison s/d 50-65 $/60-75 $ basse saison ; 📶). Reprise par un jeune couple sympathique, cette maison, qui abrite aussi la galerie de John O'Connor, Irlandais et peintre de son état, propose de petites chambres à thème (avec baignoire ancienne), dont une qui change de nom selon la saison. Ainsi, la "brise de mer" devient l'hiver "souvenir d'été"… Excellent rapport qualité/prix.

Depuis/vers Saint-Simon et Saint-Fabien

BUS Les bus locaux d'Orléans Express assurant la liaison 3 fois par jour avec Rimouski et Rivière-du-Loup s'arrêtent aux stations-service Pétro-Canada de Saint-Simon (☎738-2126 ; 84 rue Principale) et de Saint-Fabien (☎869-2333 ; 17 route 132 Est).

VOITURE La route 132 est encore une fois l'axe principal. Rimouski se trouve à l'est tandis que Rivière-du-Loup est vers l'ouest.

Rimouski

Ville étudiante animée, Rimouski ("terre à orignal" ou "cabane à chien" en amérindien) possède cependant un intérêt relatif pour les voyageurs. Les sentiers du littoral (11 km) de la capitale régionale du Bas-Saint-Laurent permettent une belle promenade en bord de mer.

Il est possible de louer des vélos (15 $/jour), des skis (15-25 $/jour) ou des raquettes (12 $/ jour) auprès de **Vélo plein air** (☎723-0001 ou 1-888-712-0001 ; www.velopleinair.qc.ca ; 324 av.de la Cathédrale).

Renseignements

BUREAU D'INFORMATION TOURISTIQUE (☎723-2322 ou 1-800-746-6875 ; www.tourisme-rimouski.org ; 50 rue Saint-Germain Ouest ; ⌚tlj 8h30-19h30 mi-juin à début sept, lun-ven 9h-12h et 13h-16h30 hors saison). Un véhicule clairement identifié sillonne les rues et fait office d'**info-touriste mobile**, n'hésitez pas à lui faire signe de s'arrêter.

PARKING Les touristes ne paient pas le parking à Rimouski. Vous obtiendrez votre vignette valable 72h au bureau d'information.

Fêtes et festivals

Grandes Fêtes du Saint-Laurent (fin juillet). Musique populaire et activités familiales.

Festi Jazz International (fin août-début septembre). Festival de jazz et des musiques du monde.

Festival International de cinéma jeunesse (fin septembre). Vaste programmation de films québécois et étrangers destinée aux enfants et aux adolescents.

À voir

La rue Saint-Germain forme le grand axe est-ouest du centre-ville, que domine la **cathédrale Saint-Germain**, construite dans les années 1850 dans le style néogothique de l'époque.

Promenades historiques CIRCUIT PATRIMONIAL
(☎722-3879 ; départ 50 rue Saint-Germain Ouest ; ⌚jeu-dim 10h et 13h30m fin juin-août). Gratuite, cette promenade guidée de 1 heure 15 vous fera découvrir les principaux bâtiments patrimoniaux de la ville.

Institut maritime du Québec CENTRE DE FORMATION MARITIME
(☎724-2822 poste 2039 ; 53 rue Saint-Germain Ouest ; www.imq.qc.ca ; adulte/enfant 5/3 $; ⌚tlj 10h-17h fin juin-début août). Pour découvrir des laboratoires, des simulateurs de navigation, des salles de machines, et pour aborder le fleuve Saint-Laurent sous des angles différents, rendez-vous au plus important centre de formation maritime au Canada. Visite guidée tous les jours (10h15, 13h15 et 15h).

Maison Lamontagne SITE HISTORIQUE
(☎722-4038 ; 707 bd du Rivage, route 132 ; adulte/senior/enfant/famille 4/3/2/10 $; ⌚tlj 9h-18h fin juin-début sept, jeu-dim sept). Cette demeure à colombage pierroté (seulement trois subsistent au Québec) construite vers 1744 présente une collection de meubles et d'objets d'époque. La visite guidée retrace l'histoire de la maison et de ses recouvrements successifs. L'exposition sur les techniques de construction est extérieure et accessible gratuitement. Tables à pique-nique.

Activités

Île Saint-Barnabé EXCURSIONS EN ZODIAC
(☎723-2280 poste 3 ou 723-2322 ; marina de Rimouski, route 132 Est ; adulte/enfant 17,50/8,50 $; ⌚départ toutes les 30 min 9h-14h fin mai-début oct). L'île Saint-Barnabé, nommée ainsi par Samuel de Champlain en 1603, à 3 km des rives de Rimouski, comprend un ensemble de plages, de marais salés et de milieu forestier. Un circuit d'interprétation balisé (20 km) y a été tracé, où l'on peut observer de grands hérons et des phoques et camper (12 terrains rustiques).

Navigation Boréalis EXCURSION EN MER
(☎725-9530 ; www.navigationborealis.com ; marina de Rimouski, route 132 Est ; adulte/enfant 1h 25/20 $, 2h 45/30 $, 3h30 55/45 $; ⌚mi-juin à mi-oct). Le capitaine Yves Chabot organise plusieurs excursions à bord de sa belle *Gabrielle C.* Les plus courtes allient vue sur la ville, découverte du sous-marin *Onondaga*, et avec un peu de chance l'observation de quelques baleines au large, tandis que les plus longues mènent aux îles du Bic observer une colonie de phoques. Réduction de 5 $/pers pour les groupes de 4 et plus.

ENVIRONS DE RIMOUSKI

Canyon des Portes de l'Enfer RANDONNÉE-AVENTURE
(☎735-6063 ; www.canyonportesenfer.qc.ca ; 1280 chemin Duchénier ; adulte/enfant 9,50/5 $; ⌚tlj 8h30-17h fin mai-fin juin et fin août à mi-oct, jusqu'à 18h30 fin juin-fin août). Parcouru de 14 km de sentiers de randonnée, le canyon est équipé du plus haut pont suspendu du

Québec (63 m) et de passerelles surplombant les chutes de la rivière Rimouski. Dans le sentier d'Oniria, un bâton magique vous ouvrira les portes d'un univers fantastique (l'enfer, ce sera pour une autre fois). Sentiers de VTT (location disponible) et camping (empl 25 $). À 35 km au sud du centre de Rimouski via la route 232.

Domaine Valga – Forêt de maître corbeau PARCOURS DANS LES ARBRES
(☎739-4000 ; www.domainevalga.com ; 300 chemin des Écorchis, Saint-Gabriel de Rimouski ; adulte/ado/enfant 29/25/17 $). Ce centre de villégiature comprend 1,6 km de sentiers aériens dans une forêt centenaire, incluant près d'une centaine de ponts suspendus et la plus longue tyrolienne du Québec. Prévoir au minimum 3h et des vêtements appropriés, taille minimale 1,20 m. Hébergement en auberge de rondins (75 $/pers) et restauration traditionnelle québécoise (table d'hôte 25 $). Location de kayak (8-12 $/h) sur réservation. À 35 km de Rimouski, autoroute 20 Est, puis 298 Sud.

Où se loger

Les motels et les hôtels sont nombreux, en particulier rue Saint-Germain Ouest et sur le bd René-Lepage (route 132).

BON PLAN Résidences du Cégep RÉSIDENCES ÉTUDIANTES $
(☎723-4636 ou 1-800-463-0617 ; www.cegep-rimouski.qc.ca/residenc ; 320 rue Saint-Louis ; s/d 28/35 $, étudiant 21/32 $, s/d équipée 30/40 $; ⏲juin-juil ; wifi). C'est une résidence où le béton règne en maître, mais les chambres restent la meilleure affaire en ville. Certaines sont équipées d'un réfrigérateur, d'un four à micro-ondes et d'une TV câblée.

Auberge internationale Espace Globetrotter AUBERGE DE JEUNESSE $
(☎725-4600 ou 1-888-725-4603 ; www.espace-globetrotter.com ; 307 rue Saint-Germain Est ; dort à partir de 25$/pers, s/d 50/62 $; wifi). L'accueil de cette auberge se fait dans un salon de coiffure. Chambres rénovées, simples et confortables et dortoirs de 4 ou 10 lits. Bon marché, cependant le personnel infantilisant et les espaces communs sombres, ne favorisant pas la rencontre, encouragent à n'utiliser cette option qu'en dernier recours.

Logements étudiants de l'UQAR RÉSIDENCES ÉTUDIANTES $
(☎723-4311 ; http://logement.uqar.ca/locationestivale.asp ; 329A allée des Ursulines ; s étudiant/non étudiant 34/38 $, d 95 $; ⏲mi-mai à mi-août ; wifi). Logements de l'université régionale, très corrects, comportant 4 chambres individuelles avec cuisine, salon et sdb communs.

Gîte du Tailleur CHAMBRES D'HÔTE $
(☎723-2545 ; www.lamaisondutailleur.com ; 152 rue Lepage ; s/d avec petit-déj 65/75 $; wifi). Cette belle grande demeure ornée de papier peint et de tableaux propose des chambres simples, à la décoration personnalisée, et se partageant une sdb ainsi qu'une cuisine.

Gîte Victoria CHAMBRES D'HÔTE $
(☎723-4483 ; 77 rue Saint-Pierre ; s/d 65/75 $; wifi). Dans une belle demeure en briques, les 4 chambres de ce sympathique gîte à la décoration victorienne sont aménagées avec goût. Accueil charmant de Robin.

Où se restaurer

À l'est de la ville, plusieurs poissonneries vendent soles, saumons, crevettes, homards, crabes des neiges et poisson séché en plus de faire office de cafétéria-restaurant. Les prix et la qualité sont à peu près équivalents d'une adresse à l'autre.

La Brûlerie d'Ici CAFÉ-BAR $
(☎723-3424 ; 91 rue Saint-Germain Est ; plats 6-10 $; ⏲lun-ven 7h30-23h, sam-dim 8h-23h ; wifi). Point de rencontre du quartier, agréable pour un café ou un repas léger. Jumelé avec le Barista où l'on sert de l'alcool.

Le Crêpe Chignon CRÊPERIE $
(☎724-0400 ; 140 av. de la Cathédrale ; plats 5-15$; ⏲tlj ; wifi). Les crêpes ne sont peut-être pas inoubliables, mais l'ambiance est sympathique, la salle comporte un long comptoir agréable et les prix sont raisonnables.

La Réserve TERROIR $$$
(☎730-6525 ; www.bistrolareserve.com ; 150 av. de la Cathédrale ; menu midi 15-19 $, plats 16-38 $; ⏲mar-sam 11h-23h). Bistro-pub prisé les locaux pour son atmosphère feutrée, sa carte de vins et de bières artisanales, de même que pour sa cuisine du terroir locale très recherchée. Réservation conseillée en soirée.

♥ Bistro l'Ardoise FRANÇAIS $$$
(☎732-3131 ; www.bistrolardoise.com ; 152 rue Saint-Germain Est ; table d'hôte 20-32 $; ⏲mar-sam soir, jeu-ven midi). Une table d'exception à Rimouski. On déguste ici une cuisine gourmande d'inspiration française, qui se renouvelle selon les arrivages et les saisons. L'accueil est convivial et le décor, raffiné et intimiste. Épicerie fine.

Où prendre un verre et sortir

Le Sens Unique ROCK ALTERNATIF
(☎722-9400 ; www.sens-unique.net ; 160 av. de la Cathédrale). Bar tendance rock alternatif doté d'une terrasse animée qui surplombe la rue.

Le Rhino LOUNGE
(☎724-9377 ; www.rhinobarlounge ; 100 rue Saint-Germain Ouest). Bar-lounge très populaire auprès des jeunes actifs.

Le Bien le Malt MICROBRASSERIE
(☎723-1339 ; www.lebienlemalt.com ; 141 av. Belzile). Microbrasserie sombre à la bière artisanale réputée. Assiette de charcuterie et de fromages locaux. Concerts.

Achats

Le Feu ça crée ARTISANAT
(☎730-6510 ; www.lefeucacree.com ; 168 av. de la Cathédrale ; ⏲mar-mer-sam 10h-17h, jeu-ven 10h-21h, dim 12h-16h). Boutique de souvenirs qui a le mérite de ne proposer que des objets de fabrication régionale. Inutile donc d'y chercher de la pacotille fabriquée en Chine !

Depuis/vers Rimouski

BATEAU Depuis Rimouski, un **traversier** (☎725-2725 ou 1-800-973-2725 ; www.traversier.com ; adulte/senior/enfant/voiture 22/20/15/43 $; ⏲2 à 3 traversées/jour mai-sept) rejoint en 55 minutes Forestville sur la Côte-Nord, à une centaine de kilomètres de Tadoussac. En juillet-août, n'oubliez pas de réserver.

D'avril à janvier, le **Nordik Express** (☎723-8787 ou 1-800-463-0680 ; www.relaisnordik.com ; 17 av. Lebrun) relie une fois par semaine Rimouski (départ le mardi à 12h30) aux principales villes de la Côte-Nord (dont Sept-Îles et l'île d'Anticosti), avant de continuer sa route vers les localités isolées de la Basse-Côte-Nord, inaccessibles autrement. Blanc-Sablon est le dernier port relié (arrivée le vendredi à 19h) avant de rentrer à Rimouski le lundi suivant à 20h15. Au total, prévoyez une croisière de 4 jours (aller simple) ou de 7 jours (aller-retour). Pour rejoindre Sept-Îles depuis Rimouski, comptez 84,31 $ (hors taxes), tandis que le voyage en cabine jusqu'à Blanc-Sablon coûte 922,76 $ (aller-retour, hors taxes). Voir p. 337.

BUS La **gare routière** (☎723-4923 ; 90 rue Léonidas) est desservie par les bus de la compagnie Orléans Express, qui assurent 4 liaisons par jour avec Montréal (100 $; 7 heures), Québec (64 $, 4 heures 30) et Rivière-du-Loup (35 $, 90 min). Les bus arrivant de Québec continuent souvent vers la Gaspésie.

TRAIN Le *Chaleur* (direction Gaspé) et l'*Océan* (direction Halifax) de **VIA Rail** (☎1-888-842-7245 ; www.viarail.ca) en provenance de Montréal font un arrêt à 01h50 à la **gare de Rimouski** (☎722-4737 ; 57 rue de l'Évêché Ouest ; ⏲mer-lun 23h-2h30 et jeu 17h-19h) tous les jours sauf le mardi (nuit de mercredi) et offrent un départ vers Montréal à 1h30 tous les jours sauf le mercredi. Le trajet dure près de 8 heures.

VOITURE Pour entrer dans la ville, vous pouvez suivre la route 132 qui longe le Saint-Laurent ou emprunter l'autoroute 20 (depuis Le Bic ou Luceville), avant de prendre la sortie 606. La sortie 610 vous mène directement à l'office du tourisme.

Parc national du Bic

De toute beauté, ce minuscule territoire protégé – 33 km² seulement – est situé entre Saint-Fabien et le Bic, à 21 km à l'ouest de Rimouski. Le parc est entièrement dessiné par le fleuve et présente des montagnes irrégulières qui bordent un littoral rocheux et escarpé. Les multiples anses, baies, caps et îlots ont toujours servi de refuge naturel pour les navigateurs. Des fouilles archéologiques ont révélé les traces d'une présence amérindienne vieille de plus de 6 000 ans.

Les marées dans le parc peuvent atteindre des amplitudes de 3 à 5 m, mettant régulièrement à sec un certain nombre d'îlots. Le paysage devient alors fantomatique, surtout par temps gris. L'île aux Canards et l'île Ronde sont alors accessibles à pied.

Le parc abrite des colonies de phoques gris et communs (surtout à partir de la mi-juillet) et d'eiders à duvet. Il représente également l'un des meilleurs sites du Québec pour observer les rapaces tels que le faucon pèlerin et le busard Saint-Martin. Il n'est pas rare d'apercevoir des rorquals le long de la côte.

Renseignements

ACCUEIL DE LA RIVIÈRE-DU-SUD-OUEST
(☎736-5035 ou 1-800-665-6527 ; www.sepaq.com/pq/bic ; 3382 route 132 Est ; adulte/enfant/famille 6/2,75/12 $; ⏲tlj 7h-22h fin juin-début sept). Seule entrée du parc accessible en hiver. Près du village du Bic.

Activités

Il ne faut pas manquer la vue de l'estuaire à partir du pic **Champlain**, le plus haut sommet du Bic (346 m). Comptez 1 heure de marche sur un sentier parfois abrupt.

En saison, une navette conduit au **belvédère** (adulte/enfant 6,74/5,22 $; départs aux demi-heures 12h30-15h). Facile et accessible à tous, le **chemin du Nord** permet de découvrir le somptueux paysage marin du parc.

Il est préférable de consulter la table des marées (disponible au centre d'accueil) et d'être chaussé d'une paire de bottes pour effectuer la **randonnée** le long des rivages. La température de l'eau, entre 8 et 14°C, n'incite guère à la baignade.

Un réseau de 15 km de **pistes cyclables** a été aménagé. Location de vélos au camping de la Rivière-du-Sud-Ouest (1h/4h/journée 11/22/31,25 $).

Les amateurs de **kayak de mer** seront choyés. Dans le secteur Havre du Bic, **Aventures Archipel** (☎736-5235 ; 1-800-665-6527) organise, entre autres, des excursions de 3h (adulte/enfant 49,75/39 $) au coucher du soleil. C'est certainement le meilleur moyen d'observer la faune du parc (phoques gris et oiseaux nicheurs, notamment). Réservation conseillée.

En janvier et en février, l'estuaire glacé se confond avec la neige qui recouvre entièrement le territoire. Des **randonnées pédestres, à skis et en raquettes** suivent les sentiers balisés.

Où se loger et se restaurer

Le parc dispose de deux principaux sites de **camping** (☎736-5035 ou 1-800-665-6527 ; www.sepaq.com/pq/bic ; empl 27,50-36,50 $; ⏲mi-mai à début oct et mi-déc à fin mars). Nous vous conseillons le **camping Rioux**, au cœur du parc, plutôt que le camping Rivière-du-Sud-Ouest, proche de la route et envahi par les caravanes. Sur place, vous trouverez un dépanneur et une laverie. Un autre site, **La Coulée**, est accessible seulement à vélo, à pied ou en kayak. Désormais, il est aussi possible de dormir dans une yourte (4 pers 129-137 $/nuit) et l'hiver dans un igloo (25,25 $/pers), aussi disponible en forfait incluant le transport et l'équipement (Nuna-Bic ; 57,50 $/pers, 2 pers minimum). La formule camping inclut le prêt-à-camper en tente-roulotte (86-101 $/nuit) ou en tente de luxe Huttopia (97-113 $/nuit).

À la **ferme Rioux**, vous trouverez le **centre de découverte et de services**, un snack et une aire de pique-nique agrémentée d'une superbe vue sur les îles. Dans le secteur Cap à l'Orignal, un petit salon de thé fort romantique a récemment été aménagé.

Le Bic

Petit village dominant le Saint-Laurent, Bic est la porte d'entrée par excellence du parc national. Son **golf** (☎736-5744 ; www.clubdegolfbic.com) de 18 trous compte parmi les plus beaux du Québec. L'**Auberge du Mange Grenouille**, que l'on y dorme ou non, est à ne pas manquer.

Où se loger et se restaurer

Folles Farines BOULANGERIE $
(113 rue Saint-Jean-Baptiste ; ⏲tlj en été, mer-dim basse saison, ven-dim en hiver). Une bonne adresse pour du pain ou des petites douceurs à manger sur le pouce.

♥ **Auberge du Mange Grenouille** AUBERGE BAROQUE ET PIANO-BAR $
(☎736-5656 ; www.aubergedumangegrenouille.qc.ca ; 148 rue Sainte-Cécile ; ch avec sdb privée/commune 109-199/89 $, table d'hôte 39-54 $; ⏲mai-oct ; wifi). Dans un ancien magasin général au cœur du village, cette luxueuse auberge d'un rouge éclatant exploite la richesse baroque. Préférez les chambres à thèmes de la maison d'époque aux plus récentes, aménagées dans des agrandissements. La table d'hôte du soir est réputée, et la buvette au sous-sol (à partir de 19h) vous immerge dans une ambiance piano-bar à la newyorkaise, romantique à souhait. Sommelier sur place. Jardins, cascade, vue sur mer, chapelle aménagée en boutique éclectique... Un petit paradis !

♥ **Refuge Au Vieux loup de mer** CHALETS EN RONDINS $$
(☎725-5214 ou 750-5915 ; www.vieuxloupdemer.com ; 3250 route 132 ; chalet 2-6 pers 185-338 $/jour, 2 nuitées minimum ; wifi). Ses 7 chalets en rondins, installés en pleine forêt, aux abords du parc du Bic, possèdent un doux cachet rustique. Parées de jolies couettes, de chaises sculptées, d'outils de chasse ancestraux et de fourrures authentiques, les maisonnettes évoquent les riches clubs de chasse d'antan. Elles permettent de vivre confortablement "dans le bois", en toute autonomie.

Chez Mam'May CAFÉ-BISTRO $$
(☎736-0096 ; 2 rue Chamberland ; plats à partir de 8 $, table d'hôte 15-23 $; ⏲tlj sauf lun mi-mars à mi-oct). On peut opter pour une restauration simple (panini, bagel, pizza...) ou plus élaborée (table d'hôte) dans ce café-bistro qui se révèle une bonne surprise. Un endroit apprécié des locaux, réservation conseillée.

 **Chez Saint-Pierre** GASTRONOMIQUE TERROIR **$$$**

(☎736-5051 ; 129 rue Mont-Saint-Louis ; plats 36-39 $, table d'hôte 53-55 $; ⏲tlj en saison, mar-dim, variable hors saison). Chef autodidacte, Colombe Saint-Pierre est réputée offrir ici l'une des meilleures tables du Québec. Un réseau de cueilleurs alimente le restaurant en plantes comestibles, champignons sauvages et autres trouvailles pour le plaisir des papilles. Réservation obligatoire.

Achats

 **Croqu'Érable** PRODUITS DE L'ÉRABLE

(☎736-4028 ; 12 rue des Sources Sud ; ⏲mar-dim 13h-18h juil-sept). Chocolaterie épatante où l'on marie le chocolat, l'érable et le caramel de façon surprenante. Nombreux produits maison.

Depuis/vers Le Bic

BUS Les bus locaux d'Orléans Express assurent la liaison 3 fois par jour avec Rimouski et Rivière-du-Loup. Ils s'arrêtent à la **station-service Shell** (☎736-5684 ; 2683 route 132), à la sortie ouest du village.

VOITURE Depuis la route 132 qui contourne le village en contrebas, on entre et on sort du village par les rues Sainte-Cécile et Saint-Jean-Baptiste.

Pointe-au-Père

Jadis haut lieu de la navigation, Pointe-au-Père abrita l'un des plus importants centres de navigation au Canada. Ouverte en 1859, sa station de pilotage a fermé ses portes un siècle plus tard pour s'installer sur la rive nord du Saint-Laurent.

Site historique maritime PHARE, NAUFRAGE ET SOUS-MARIN

(☎724-6214 ; www.shmp.qc.ca ; 1000 rue du Phare ; adulte/enfant 6-12 ans 22,75/16 $, gratuit -8 ans ; ⏲tlj 9h-17h juin à mi-oct). Vaste et passionnant centre d'interprétation sur la navigation maritime qui fait revivre le naufrage de l'*Empress of Ireland* en 1914, qui n'est pas sans rappeler celui du *Titanic*. Le musée retrace d'une manière vivante l'histoire de la navigation sur le Saint-Laurent. Visite du phare, second plus haut au Canada, et de l'impressionnant sous-marin *Onondaga* dans lequel il est même possible de passer une nuit, dans la peau d'un équipier (adulte/enfant 95/85 $, ven-sam sur réservation). Restauration sur place.

BILL LA POISSE

William Clark, pelleteur de charbon sur les bateaux de croisière, a survécu à deux naufrages qui ont marqué l'histoire : le *Titanic* en 1912 et L'*Empress of Ireland* en 1914. Peut-être portait-il la poisse ? Toujours est-il qu'un homme au signalement semblable mais enregistré sous le nom de Frank Toner survécut à un autre grand naufrage un an plus tard, celui du *Lusitania* (1 192 morts). Certains pensent que c'était William Clark enregistré sous un faux nom ? L'histoire ne dit pas s'il s'entêta à faire une carrière maritime...

Où se loger et se restaurer

Auberge la Marée douce AUBERGE VICTORIENNE **$$**

(☎722-0822 ; www.aubergelamareedouce.com ; 1329 bd Sainte-Anne, route 132 ; d avec petit-déj 75-105 $; ⏲juin-sept ; 📶). Marguerite et Fernand vous reçoivent chaleureusement dans cette impressionnante demeure victorienne blanc et rouge aux allures de château, construite en 1860. Les chambres à l'étage sont impeccables, et toutes plus coquettes les unes que les autres. Préférez celles à l'arrière, moins bruyantes.

 **Moulin banal du ruisseau à loutre** CHAMBRES D'HÔTE **$$**

(☎739-3076 ou 1-866-939-3076 ; www.gitemoulin-banal.com ; 156 route du Fleuve Ouest, à Sainte-Luce ; s/d 85-95/95-105 $; ⏲juin-oct ; 📶). Sylvie et Gervais ont la chance d'habiter tout près du paradis, dans ce bâtiment en pierre tout droit sorti d'une peinture champêtre. Rien de banal dans cet ancien moulin à farine seigneurial et la petite chute qui le borde. Chaleureuse décoration à l'ancienne, boiseries, plage privée. Romantique à souhait !

Depuis/vers Pointe-au-Père

VOITURE De Rimouski, suivre le bd Sainte-Anne (route 132) puis prendre à droite l'avenue Père-Nouvel Nord, pour rejoindre la rue du Phare.

Gaspésie

Dans ce chapitre »

Le top des hébergements

- Auberge Le Coin du Banc (p. 382)
- Manoir Hamilton (p. 388)
- Au Presbytère (p. 385)

Le top des restaurants

- Gîte du Mont-Albert (p. 373)
- Café des couleurs (p. 382)
- Le Marin d'eau douce (p. 391)

Pourquoi y aller

Véritable poésie maritime, la Gaspésie fait rêver nombre de voyageurs. Large et opulente péninsule s'avançant dans le golfe du Saint-Laurent, ses côtes ont souvent représenté, pour les navigateurs et les immigrants, la première vision d'un pays convoité, annonçant la fin d'un long et périlleux voyage en mer et marquant le début d'une nouvelle aventure. Chacun a pu y trouver un port d'ancrage : Basques, Gascons, Acadiens, Irlandais, Écossais, Jersiais ou loyalistes et, bien avant eux, les Micmacs.

Vaste contrée montagneuse traversée par les Appalaches, avec une densité de seulement 4,5 habitants par km², la Gaspésie s'anime le long de ses côtes, où une enfilade de petits et grands villages portuaires rappelle que la pêche reste encore le pilier économique de la région. Même si les bancs de poissons (de morues, entre autres) ont diminué, laissant à quai nombre de bateaux, la pêche aux crevettes, aux crabes et aux homards a heureusement pris le relais.

Chaque été, les visiteurs viennent y taquiner le saumon de ses rivières, contempler l'emblématique rocher Percé ou encore s'oxygéner au parc Forillon ou au parc de la Gaspésie. La brume et la fraîcheur de l'air marin font aussi partie intégrante du décor, même en plein mois d'août. Les changements météorologiques peuvent être soudains. En avril et en mai, il n'est pas rare d'essuyer une brève tempête de neige. Cette âpreté fait tout le charme de la Gaspésie, du moins tout autant que la gaieté contagieuse de ses habitants, maritimes dans l'âme.

Quand partir

Février Pour profiter des plaisirs de l'hiver québécois et d'une abondante chute de neige pour pratiquer le ski de fond, la raquette ou le telemark au parc de la Gaspésie.

Fin-juin Pour profiter des tarifs des basse et moyenne saisons tout en échappant au flot des vacanciers québécois, lesquels arrivent plus après la mi-juillet.

Août Pour fuir la chaleur qui engouffre Montréal et vous réfugier sur la plage ou dans les bois, au vent et au grand air.

À ne pas manquer

1 Contempler la merveille naturelle qu'est le **rocher Percé** et observer une colonie de fous de Bassan lors d'une excursion sur l'**île Bonaventure** (p. 383)

2 S'enivrer de parfums et de couleurs dans les **jardins de Métis** (p. 367)

3 S'instruire sur la culture et l'histoire du peuple acadien et leur "Grand dérangement" au **musée acadien du Québec** (p.388)

4 S'offrir une vue majestueuse sur le golfe du Saint-Laurent depuis le **cap Bon-Ami au parc Forillon** (p. 378)

5 Se remettre en forme en grimpant le **mont Jacques-Cartier** (p. 372), plus haut sommet accessible du Québec

6 Plonger dans l'histoire des Jersiais dans la baie des Chaleurs, au site historique du **Banc-de-Pêche-de-Paspébiac** (p. 387)

7 Revivre l'histoire et le prestige de la pêche sportive au saumon dans les rivières de **Causapscal** (p.393)

8 Explorer le canyon de la rivière York avec les guides de **Griffon Aventure** (p. 377)

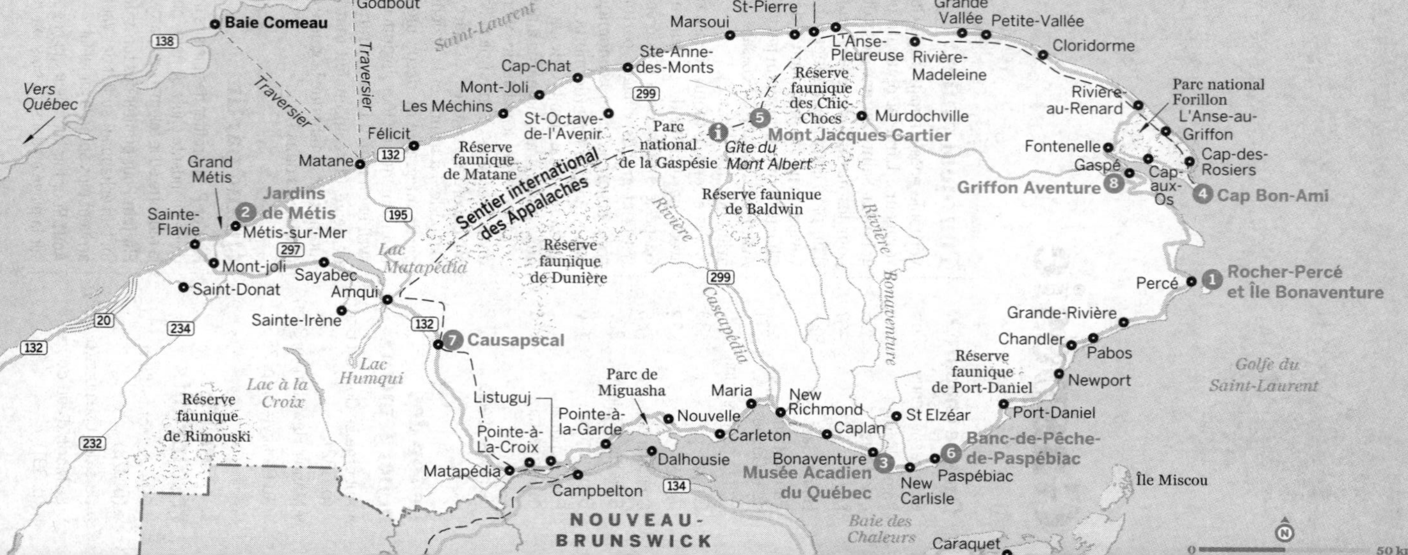

Histoire

La péninsule a été occupée pendant plus de 2 500 ans par les Micmacs, mais l'arrivée de Jacques Cartier, le 24 juillet 1534, au large des côtes, allait ouvrir un autre chapitre de son histoire. C'est à Gaspé qu'il plante une croix et prend possession du territoire au nom du roi de France, mais des pêcheurs basques, bretons et des îles Anglo-Normandes sillonnaient déjà ses rives depuis longtemps.

La première vague de peuplement a lieu dans la baie des Chaleurs, au sud de la péninsule. Après la déportation de 1755 (voir l'encadré p. 426), les Acadiens s'installent à l'embouchure de la rivière Ristigouche.

La Conquête, en 1760, bouleverse à nouveau l'échiquier. Fuyant les Anglais, les Acadiens se dispersent le long de la baie ou fuient vers la ville de Québec ou le Nouveau-Brunswick. Parallèlement, des immigrants venus d'Irlande, d'Angleterre et des îles Anglo-Normandes s'installent dans la région, connue pour ses eaux poissonneuses. Deux puissantes compagnies de Jersey, la compagnie de Charles Robin et celle de LeBoutillier, vont ainsi se partager le littoral pendant près d'un siècle.

La guerre d'Indépendance des États-Unis apporte elle aussi son lot de loyalistes qui aménagent le long de la baie des Chaleurs dans les années 1780. Douglastown, New Carliste et New Richmond voient ainsi le jour.

À la fin du XIXe siècle, les compagnies se retirent car la crise bancaire qui sévit en Angleterre menace leurs finances. La pêche n'est plus aussi rentable et productive. Les pêcheurs gaspésiens s'organisent et forment alors des coopératives. Parallèlement, au nord, les industries minière et forestière prennent l'essor.

Depuis quelques années, la Gaspésie est touchée de plein fouet par l'effondrement des stocks de morue, réduisant beaucoup de Gaspésiens au chômage. Heureusement, les recettes du tourisme estival et la transformation de produits du terroir permettent à la population de subsister malgré tout.

Orientation

Le relief de la Gaspésie est accidenté et montagneux, particulièrement sur son versant nord. Elle est traversée par les Appalaches, dont les sommets dépassent souvent les 1 000 m. Le mont Jacques-Cartier culmine à 1 268 m.

Entourée par le golfe du Saint-Laurent, la péninsule, dans sa partie sud, s'étire le long de la baie des Chaleurs, face au Nouveau-Brunswick. La route 132 est la seule voie principale. Elle fait le tour de la région, l'intérieur des terres étant inhabité. La plupart des touristes la visitent en suivant un itinéraire dans le sens des aiguilles d'une montre.

De la vallée de la Matapédia, la route 132 permet aussi de rejoindre le Nouveau-Brunswick. La route 299, qui relie sur 143 km Sainte-Anne-des-Monts et New Richmond, est la seule route qui traverse de part en part le territoire. La route 198, reliant Gaspé à L'Anse-Pleureuse, à proximité du Mont-Louis, est peu fréquentée, mais permet de rejoindre l'industrielle Murdochville.

MARCHÉS

» **NEW RICHMOND** (sam 10h-16h mi-juil à mi-sept). Au parc de la pointe Taylor.

» **NOUVELLE** (dim 9h-15h mi-juil-sept). À la petite école de Nouvelle.

» **SAINTE-FLAVIE** (dim 10h-16h mi-juil-début oct). Près de l'église de Sainte-Flavie.

» **AMQUI** (dim 13h-16h juil à mi-oct). Au Carrefour Centre-Ville, le parking du BMR/Dollorama, au 114 St-Benoit Ouest.

Renseignements

INDICATIF RÉGIONAL 418

Fêtes et festivals

La Grande Traversée de la Gaspésie (www.tdlg.qc.ca). Dans toute la Gaspésie, traversée en ski de fond sur plus de 300 km (février) ou à vélo autour de la péninsule (500-600 km ; juillet).

Rencontres internationales de la photographie en Gaspésie (fin août ; www.photogaspesie.ca). À l'intérieur et à l'extérieur, des expositions réparties dans une quinzaine de municipalités culminant en une semaine d'activités.

Sainte-Flavie et la Mitis

Sainte-Flavie est la porte d'entrée de la Gaspésie et c'est ici que la route 132 se sépare en deux. Il vous faudra choisir entre prendre l'escarpée côte nord de la péninsule ou la somptueuse vallée de la Matapédia et la baie des Chaleurs avant de poursuivre vers Percé et enfin Gaspé. Dans ce guide, nous amorçons la boucle par la voie nord, qui est celle généralement employée. Que cela ne vous empêche pas d'aller à contre-courant !

La Mitis est la région qui s'étend de Sainte-Flavie sur la côte jusqu'à la frontière néo-brunswickoise sans toutefois suivre la rivière Matapédia. Mont-Joli en est la ville la plus importante, mais elle ne présente aucun intérêt, contrairement à la côte.

Renseignements

MAISON RÉGIONALE DU TOURISME (775-2223 ou 1-800-463-0323 ; www.tourisme-gaspesie.com ; 1020 bd Jacques-Cartier, Mont-Joli ; tlj 8h-20h fin-juin à début-sept, variable reste de l'année). Située à quelques pas du carrefour giratoire où se divise la route 132 et à la croisée de l'autoroute 20.

À voir

Musée de la Neuve-France ARTÉFACTS AUTOCHTONES ET COLONIAUX

(775-8383, vieuxmoulin.qc.ca ; 141 route de la Mer, 2e étage de la miellerie du Vieux Moulin ; 2,50 $; tlj 8h-21h haute saison, 9h-21h basse saison). Ce petit musée tenu par un passionné recèle des trésors surprenants, notamment ses artéfacts provenant de toute la Nouvelle-France (pas seulement la portion québécoise). On aurait bien aimé un audioguide plutôt qu'un livre, mais on a apprécié la richesse de la collection des premiers contacts entre autochtones et Français.

GRATUIT **Grange à dîme** MUSÉE DU VILLAGE

(derrière l'église ; entrée libre ; tlj10h-18h juin-août). Construit vers 1857, ce bâtiment servait à entreposer la dîme perçue par l'église et souvent payée en nature, en produits agricoles. La grange abrite maintenant un petit musée de village dont la présentation est intéressante, couvrant des thèmes historiques, minéralogiques, paléontologiques et agricoles.

INTERVIEW

NORMAND TREMBLAY, FONDATEUR DU MUSÉE DE LA NEUVE-FRANCE

D'où vous vient cette passion pour la Nouvelle-France? Vous savez, mes grands-parents maternels vivaient presque comme les Amérindiens, au milieu d'un lac, sur une île à plusieurs milles d'un village de 115 habitants. Enfant, j'ai vu la Nouvelle-France de mes yeux : couper la glace pour faire la glacière, des bottes en fourrure aux pieds, aucune notion du danger... J'ai toujours voulu être archéologue, mais à l'époque on disait qu'il y aurait bientôt plus d'archéologues que d'Indiens au Québec, alors je suis devenu économiste...

Le musée est dans les locaux du Vieux Moulin, la miellerie. Vous êtes aussi apiculteur ? Je suis arrivé dans la région en 1974 pour être apiculteur à temps plein, avec le retour à la terre, après avoir travaillé quelques années en ville. À l'époque, c'était ça ou les moutons ! Voyez-vous, les vaches coûtaient trop cher et puis, ça n'était pas assez poétique ! On n'avait pas prévu de transformer le miel au départ. Quand mes garçons ont choisi de demeurer dans la région, on a fait ce choix ensemble. Alors on a acheté le vieux moulin, et les garçons se sont mis à faire de l'hydromel.

Que trouve-t-on de particulier dans ce musée d'histoire ? On couvre surtout le territoire de la Nouvelle-France, c'est-à-dire le Québec mais aussi la vallée de l'Ohio, le Mississippi jusqu'en Louisiane, la région des Grands Lacs, etc. On commence avec les paléoindiens, datant d'il y a 12 000 ans, dont on a peu de pièces, jusqu'à la période de contact que j'aime particulièrement, car on y voit l'influence mutuelle : c'est au niveau culturel qu'on est métissés ! Nous nous sommes spécialisés un peu dans les artefacts et les objets de traite, deux domaines assez peu couverts par les musées au Québec. Nous avons une impressionnante collection de pipes amérindiennes, de poids de propulseurs et de pierres aviformes qui font l'envie de bien des musées.

Jardins de Métis JARDINS MONUMENTAUX
(775-2222 ; www.jardinsdemetis.com ; 200 route 132, Grand-Métis ; adulte/senior/étudiant/jeune 18/17/16/10 $, gratuit -14 ans ; tlj 8h30-19h juil-août, 8h30-18h juin et sept, dernière entrée 1h avant fermeture) Surtout connus pour leur festival (débutant à la fin juin) qui accueille chaque année un concours international de jardins contemporains. Même en dehors de cette période, les jardins méritent une visite. Sur 17 ha, ils sont un ravissement tant pour la vue que pour l'odorat, avec 3 000 espèces et variétés de plantes indigènes et exotiques. Ils offrent de belles perspectives sur le Saint-Laurent. On y déguste une cuisine du terroir raffinée (plats 15-20 $), midi et soir en semaine, dans la lumineuse salle à manger de la Villa Estevan. Les dimanches, place à un brunch musical (17 $).

Où se loger et se restaurer

Centre d'art Marcel-Gagnon COMPLEXE ARTISTIQUE $$
(775-2829 ou 1-866-775-2829 ; www.centredart.net ; 564 route de la Mer ; d avec petit-déj $ haute/basse saison 79-119/59-89 ; plats 14-27 $, table d'hôte 24-29 $; tlj 7h30-22h, jusqu'à 21h mai-sept). C'est à la fois une galerie d'art, une boutique, un restaurant avec une belle vue sur le fleuve et une auberge dotée de chambres tout confort. Ce centre d'art est un lieu éclectique, au penchant "Nouvel-Âge" certes, mais tout à fait sympathique.

Capitaine Homard FRUITS DE MER $$$
(775-8046 ; www.capitainehomard.com ; 180 route de la Mer ; menu midi 14 $, plats 15-45 $, table d'hôte supp 12 $; tlj 11h-23h fin avr-début sept). Ouvert depuis 1968, ce restaurant singulier est presque un musée du homard ! La grande salle du restaurant est décorée de filets et de souvenirs de pêche. Dans un style délicieusement kitch, on y déguste du homard frais des viviers de la poissonnerie attenante, et toute une variété de plats à base du gros crustacé. Comptez 19-30 $ pour un homard entier.

Matane

La mer et la rivière : Matane est tournée vers ces deux pôles. C'est un port de pêche important, réputé pour ses crevettes, et son saumon qui remonte, à partir de juin, la rivière Matane. La promenade des Capitaines longe la rivière et permet d'atteindre la passe migratoire du barrage Mathieu-D'Amour. La plupart des bâtiments anciens de la ville se trouvent sur l'avenue Saint-Jérôme

AÉROPORT DE MONT-JOLI

L'aéroport de Mont-Joli, ville de services située juste au sud de Sainte-Flavie, permet de joindre la plupart des autres régions par la voie des airs. **Air Liaison** (1 888 589-8972 ; www.airliaison.ca) relie Québec, Montréal, Rouyn-Noranda, Baie-Comeau et même Wabush (à la frontière Québec-Labrador) tandis que **Pascan** (1-888-885-8777 ; www.pascan.com) dessert Québec, Bonaventure, Sept-Îles et Havre-Saint-Pierre. **Air Canada** (1-888-247-2262 ; www.aircanada.com) lie quant à lui Baie-Comeau et Montréal. On peut aussi rejoindre l'**île d'Anticosti**, via les forfaits de **Parcs Québec** (890-0863 ou 1-800 463-0863 ; www.sepaq.com/sepaq-anticosti). Notez que les liaisons aériennes sont très chères au Canada en général.

Renseignements

BUREAU D'INFORMATION TOURISTIQUE
(562-1065 ou 1-877-762-8263 ; www.tourismematane.com ; 968 av. du Phare Ouest ; tlj 9h-21h fin juin à mi-août, jusqu'à 18h juin et mi-août à début oct). Situé à l'intérieur du vieux phare de Matane.

À voir et à faire

Poste d'observation pour la montée du saumon OBSERVATION DU SAUMON
(562-7006 ; 260 av. Saint-Jérôme ; 3 $, gratuit -12 ans ; tlj 7h30-21h30 mi-juin à août, 8h-20h sept). Passe migratoire disposant de vitrines et d'un système de caméras qui permet de suivre à l'écran la remontée des saumons dans la rivière.

Musée du phare de Matane HISTOIRE MARITIME
(1-877-762-8263 ; www.lirelamer.org ; 968 av. du Phare Ouest ; adulte/enfant 4/2 $; mar-sam 10h-19h juil à mi-août). Le port en eau profonde de Matane a modelé l'histoire de la ville, toute maritime. La visite guidée du musée retrace les échanges historiques par voie maritime à travers des photos anciennes et des artéfacts. La tourelle du phare se visite.

Maison Horace Bouffard MUSÉE D'ANTAN
(☎566-6729 ou 562-1638 ; 961 rang des Bouffard ; adulte/enfant 6/3 $; ⏲tlj 9h30-16h30 fin juin-août). Demeure ancestrale qui vous plongera dans l'atmosphère d'antan. M. Bouffard, filleul d'Horace, vous racontera de manière attachante l'histoire de sa famille, homologuée dans le livre *Guinness* des records pour le plus grand nombre de mariages célébrés entre deux familles (les Bouffard et les Durette) ! Accès : prendre la route Ruisseau à Loutre depuis la route 132 à Matane, jusqu'au rang des Bouffard.

ENVIRON DE MATANE

Réserve faunique de Matane PLEIN AIR
(☎562-3700 ; www.sepaq.com/rf/mat ; 257 rue Saint-Jérôme ou poste d'accueil John sur la route 195 ; ⏲début juin-fin oct). À 40 km au sud-est de Matane, un espace gigantesque (1 282 km^2) où abondent les orignaux (plus de 6 000 bêtes recensées). Haut lieu de chasse et d'observation de la faune, on y retrouve aussi des ours et du petit gibier et on y pêche le saumon. Centre d'interprétation de l'orignal, un animal étonnant ! Des miradors ont été installés pour en faciliter l'observation. On peut aussi camper, faire du canot et louer des embarcations.

GRATUIT **Villa Carpinteri** VISITE DE VIGNOBLE
(☎737-4305 ; www.vignoblecarpinteri.com ; 3141 chemin du Pont Couvert, St-Ulric ; visite et dégustation gratuite ; ⏲tlj 10h-18h mi-mai à mi-oct). Il y a quelque chose de délicieusement excentrique dans cette villa toscane fin XIXe, et encore plus dans son vignoble, le plus septentrional du Canada, dont le Sicilien Tony Carpinteri tire une dizaine de crus. Possibilité de dormir sur place (320-450$/nuit) et d'y recevoir des soins de vinothérapie. À 20 km de Matane et 50 km de Sainte-Flavie.

Où se loger

Camping de la rivière Matane CAMPING $
(☎562-3414/1513 ; www.campingmatane.com 150 route Louis-Félix-Dionne ; empl 23-32 $). Installé à l'écart de la route 132, vers l'intérieur des terres, ce camping en bordure de rivière dispose d'emplacements espacés et séparés par des futaies. Un sentier mène à l'étang aux canards et aux castors.

Manoir des sapins AUBERGE ALTERNATIVE $
(☎733-8182 et 1-877-733-8182 ; www.manoirdes-sapins.com ; 180 bd Perron, Ste-Félicité ; dort 23 $, d/t 50-55/75 $; @📶). Cet ancien hôtel de village et son bar ont été reconvertis en une auberge familiale sympathique et un café-salon aux savoureux sorbets maison. Les chambres sont simples et propres et l'accueil prévenant. Aire de jeu pour enfants et feu de camp près du rivage.

Le Lové du Pionnier CHAMBRES D'HÔTE $
(☎562-1935 ou 1-866-211-7202 ; www.leloveduPionnier.com ; 1 rue Noël, St-Luc-de-Matane ; s/d sdb commune 55/70 $, sorties 60 $/pers ; 📶). Un accueil en toute simplicité dans cette maison familiale aux chambres impeccables. Michel propose des sorties d'observation des orignaux, des castors et des porcs-épics à la réserve de Matane (ci-contre). Prêt de vélos. À 15 minutes au nord du centre-ville.

Auberge La Seigneurie AUBERGE VICTORIENNE $$
(☎562-0021 ou 1-877-783-4466 ; www.aubergela-seigneurie.com ; 621 Saint-Jérôme ; d basse/haute saison 69-109/79-139 $; 📶). Cette demeure ancienne bordée d'un grand terrain séduit par son mobilier d'époque et son grand escalier à l'entrée. Les chambres, plus belles les unes que les autres, ont des baignoires anciennes, des ciels de lit ou des draps raffinés. Petit-déjeuner champêtre inclus. Restaurant gastronomique sur place (table d'hôte 32-52 $) faisant la part belle au terroir.

Où se restaurer

Toujours Dimanche BOULANGERIE-CAFÉ $
(☎566-2030 ; www.boulangerietoujoursdimanche.com ; 443 av. Saint-Jérôme ; plats 5-9 $; ⏲mer-ven 7h30-17h30, sam-dim 8h30-17h30 ; 📶). Petit café lumineux et sympathique, de jolies expositions de photos décorant ses murs, sans oublier un café délicieux, du pain frais de qualité, des yaourts santé, des soupes maison et d'autres gourmandises. Assurément une bonne adresse.

Le Rafiot GRILLADES ET FRUITS DE MER $$
(☎562-8080 ; www.lerafiot.com ; 1415 av. du Phare Ouest ; plats 15-38 $, table d'hôte 24-29 $; ⏲tlj soir et lun-ven midi). En bordure de la route 132, du côté de l'embarcadère. Cadre maritime de bon aloi et carte tournée vers la mer avec, au menu, les fameuses crevettes de Matane, des pizzas, burgers et filets mignons.

♥ **La Fabrique** MICROBRASSERIE CULTURELLE $$
(☎566-4020 ; www.publafabrique.com ; 360 av. Saint-Jérôme ; plats 7-16 $; ⏲mer-ven 11h-1h, sam-dim 15h-1h). Brasserie artisanale de qualité au décor épuré en bois massif et au menu de tapas du terroir ainsi que des spectacles, des expositions et des projections de films dans l'espace-galerie à l'étage.

L'ASSIETTE DU PÊCHEUR

On amorce un tour de la Gaspésie avec l'idée prometteuse de déguster chaque jour du poisson et des crustacés fraîchement pêchés. Une véritable cure d'Oméga-3 ! Pour changer des banals restaurants et casse-croûte en bordure de la route 132, nous vous conseillons de ponctuer votre voyage de visites dans les poissonneries des villages côtiers. Celles-ci apprêtent leurs produits simplement (avec du citron, des herbes) avec le souci de conserver les saveurs. Le comble du bonheur consiste à cuisiner son propre poisson frais sur le gril d'un barbecue près d'un chalet ou sur un feu de bois, tout en contemplant les étoiles !

Achats

Pour du poisson frais ou fumé ainsi que pour goûter aux crevettes de Matane, un conseil : rendez-vous à la **poissonnerie Boréalis** (☎652-7001 ; 985 av. du Phare Ouest) ou aux **fumoirs Robert Roux** (☎562-9372 ; 1259 rue de Matane-sur-Mer).

Depuis/vers Matane

BUS Les bus **Orléans Express** (☎562-4085, 521 du Phare Est) assurant la liaison avec Gaspé, Québec et Montréal, partent du dépanneur Irving à 1,5 km du centre-ville. À destination de Gaspé (environ 5 heures 30), le billet revient à 42 $ TTC.

TRAVERSIER (☎562-2500 ou 1-877-562-6560 ; www.traversiers.gouv.qc.ca ; quai de Matane ; adulte/senior/5-11 ans/voiture 16,25/14/11/38 $, vélo gratuit). Une à deux navettes quotidiennes avec Baie-Comeau ou le village de Godbout, sur la rive nord du Saint-Laurent. La traversée dure 2 heures 20 (Baie-Comeau) et 2 heures 10 (Godbout). Il est conseillé de réserver pour son véhicule. Le paiement se fait à bord. Le terminal du traversier se trouve à environ 2 km à l'ouest du centre de Matane.

VOITURE Matane est située à 65 km à l'est de Sainte-Flavie et à 90 km de Sainte-Anne-des-Monts sur la route 132.

HAUTE-GASPÉSIE

Sauvage et peu peuplée, la côte nord de la péninsule gaspésienne est certainement, avec la pointe gaspésienne, le temps fort de tout voyage en Gaspésie. Elle offre toutefois deux parties d'un intérêt inégal. À Sainte-Anne-des-Monts, vous parviendrez au parc national de la Gaspésie, dont les montagnes, les rivières – notamment la rivière Sainte-Anne – et les lacs vous envoûtent littéralement. Sur la route 132, de L'Anse-Pleureuse à Cloridorme, une poignée de villages bordent le littoral tandis que le paysage est dominé par les monts Chic-Chocs, très accidentés.

Cap-Chat

De Cap-Chat, on retiendra surtout les éoliennes alignées à perte de vue – 134 en tout ! Ici se trouve la plus haute éolienne à axe vertical au monde (110 m), symbole de la ville, surnommé amicalement Éole. Bordée par une plage, la ville doit son nom au rocher dit Cap-Chat, à 2 km du centre-ville, dont la forme rappelle celle d'un chat assis.

Le troisième week-end de juillet, Cap-Chat accueille sous ses éoliennes, **Revolutions Capchat** (www.revolutionscapchat.com), un festival de musique électronique.

À voir et à faire

Éole COMPLEXE ÉOLIEN
(☎786-5719 ; www.eolecapchat.com ; route 132, route du Village du Cap ; adulte/senior et étudiant/enfant 13,50/12,50/8 $; ⏲tlj 9h-17h fin juin-fin sept). Le Centre d'interprétation de la recherche et du développement de l'énergie éolienne offre des visites guidées du site et de l'intérieur d'Éole, retraçant les progrès technologiques liés à cette forme d'énergie. Prévoir 1 heure.

Valmont Plein air KAYAK, CERF-VOLANT ET SAFARI
(☎786-1355 ; www.valmontpleinair.com ; 10 Notre-Dame Est ; kayak 1h30 adulte/10-15 ans/4-9 ans 19/15/9,50 $, 3h 38/28/19 $, cours privé cerf-volant 40$/h, safari 100 $). Ce prestataire vous transporte et vous équipe pour effectuer une randonnée non guidée en kayak sur la rivière Cap-Chat en toute sécurité. Boutique de cerf-volant et leçons privées de maniement. Contact sur place pour un safari pour le moins... orignal ! Guide à la réputation inégalée, Francis Paradis n'hésite pas à “caller” les cervidés qui répondent immanquablement à son appel. Prévoir un lunch et des vêtements chauds. L'excursion a lieu dans un véhicule 4×4, sans effort physique (⏲départ 13h, retour vers 22h30). Mieux vaut contacter le guide directement par mail plusieurs jours à l'avance pour s'assurer d'un départ (francis.paradis3677@gmail.com).

Où se loger et se restaurer

BON PLAN **Valmont Plein air** BISTRO ET CHALETS $
(☎786-1355 ; www.valmontpleinair.com ; 10 Notre-Dame Est ; chalets 4 pers basse/haute saison 100/150 $, 10 $/pers supp ; plats 7-25 $, menu midi 9-13 $, table d'hôte soir 27-39 $; ⏲lun-dim 8h-21h ; 📶). Ce sympathique petit bistro avec vue sur la rivière est une bonne option santé, avec de belles assiettes copieuses. Accueil dynamique et jovial, déco chaleureuse. Les chalets sont absolument charmants, colorés en dehors et tout en chaudes boiseries à l'intérieur. Bon rapport qualité/prix.

Sainte-Anne-des-Monts

Résolument maritime, Sainte-Anne-des-Monts représente une ville carrefour pour le voyageur en route vers la Pointe ou le parc de la Gaspésie sans être elle-même un attrait touristique majeur. L'ancienne seigneurie concédée en 1688 n'a vu venir s'installer des pêcheurs qu'en 1815. La ville ayant été partiellement ravagée par un incendie en 1915, elle ne possède que peu de bâtiments anciens.

Au port de pêche, en face de l'église, vous pourrez acheter du poisson frais ou fumé.

Renseignements

BUREAU D'ACCUEIL TOURISTIQUE (☎763-1242 ou 1-888-783-2663 ; www.vacanceshaute-gaspesie.com ; 96 bd Ste-Anne Ouest ; ⏲tlj 10h-18h début juin-sept)

À voir et à faire

Exploramer DÉCOUVERTE DU MILIEU MARIN
(☎763-2500 ; www.exploramer.qc.ca ; 1 rue du Quai ; musée et aquarium adulte/étudiant/6-17 ans/famille 13,50/11/8,25/32,75 $, sortie en mer 43/36/25/111 $, cueillette de poissons 28,75/23,25/17,25/72,75 ; ⏲tlj 9h-17h début juin-début oct). Installé aux abords du quai, ce centre dédié à la mer mérite une visite. Sollicitant les 5 sens, son musée permet de découvrir les différents écosystèmes marins du Saint-Laurent, illustrés grâce à une succession d'aquariums. Les excursions en mer permettent d'assister à la levée des casiers de pêche, tandis que l'activité de cueillette de poisson (taille min 1,52 m) fait découvrir, en bottes-pantalon, le littoral, dans des trappes, à marée basse. Joli café-resto sur place avec vue sur la côte.

Eskamer KAYAK ET CANYONING
(☎1-888-963-2999 ; www.eskamer.ca ; Auberge festive, 292 bd Perron Est, route 132). Ce prestataire propose des excursions d'observation des baleines en kayak de mer (3h, 40 $), certaines au clair de lune (3h, 45 $), ainsi que des activités de canyoning au Ruisseau Castor tout près (2h, 40 $), au canyon des Sauteux (4h, 63 $) et au canyon Beaulieu (toute la journée, départ 8h, 144 $). Ce dernier présente un intérêt particulier, avec des tyroliennes, des glissades naturelles et des descentes en rappel, ainsi qu'un repas fourni.

Aquatile PLONGÉE
(☎763-8013 ; www.aquatile.ca ; 118B, 1re Avenue Ouest). Baptêmes de plongée (100 $), formations, transport, location de matériel, et même d'équipement vidéo sous-marin. Sorties en mer en bateau pour les moins braves.

Où se loger

Auberge festive Sea Shack AUBERGE DE JEUNESSE $
(☎763-2999 ou 1-866-963-299 ; www.auberge-festive.com ; 292 bd Perron Est, route 132 ; empl 15 $, dort 30 $, chalet 1-4 pers 74-118 $, yourte 175 $/6 pers, 10,50 $/pers supp, tipi 67-102 $, membre HI réduction de 4 $; petit-déj 6,50-11 $ sandwichs 8-10 $, table d'hôte 17-19 $). Ici, au bord de la mer, l'ambiance est à la bonne humeur, avec bar extérieur, soirées festives et Jacuzzi en plein air. On n'y vient pas pour la tranquillité ! L'auberge sert des petits déjeuners santé et du café le matin (à volonté l'hiver), ainsi qu'un menu à base de succulents sandwichs. Grande cuisine commune, fraîchement rénovée. Sorties organisées avec le bus de l'auberge. Sentier de randonnée avec pont suspendu à proximité. Location de canne à pêche (5 $/jour) et de raquettes (15 $/jour). Située à 14 km à l'est de Sainte-Anne-des-Monts, à Ruisseau-Castor, elle est bien indiquée sur la 132 et les bus Orléans Express s'y arrêtent sur demande.

Auberge Château Lamontagne AUBERGE DE LUXE $$$
(☎763-7666 ou 1-888-763-2663 ; http://chateau-lamontagne.com ; 170 1re Avenue Est ; s/d avec sdb 95-115/115-130 $ selon saison, ste 170-225 $; plats 24-35 $, table d'hôte 44-62 $). Étonnamment abordable pour sa catégorie, cette auberge est nichée au sommet d'une falaise. Construite en 1874, l'imposante bâtisse abrite des chambres alliant cachet rustique et confort moderne. Le restaurant de l'auberge est réputé pour ses tapas, servies tous les jours de 15h à 21h, et ses menus gastronomiques en soirée (poissons et crustacés aux

parfums délicats). Propriété de la pourvoirie Destination Chic-Chocs, l'auberge offre d'intéressants forfaits.

Où se restaurer

Chez Bass PUB-AUBERGE $

(763-2613 ; www.chezbass.com ; 170, 1re Avenue Ouest ; s/d avec petit-déj continental 50-82/70-100 $ selon saison ; menu midi 12-14 $, plats 8-21 $; tlj ;). Pub-*steakhouse* très fréquenté, vivant et décoré à l'irlandaise, avec une grande terrasse et de longues banquettes. Idéal pour prendre un verre. L'auberge, en bois peint de couleurs claires façon bord de mer, tranche avec ce décor. La chambre avec douche est exiguë et les lits, fermes, font un peu camp scout, mais le tout est très propre. La salle du petit-déjeuner est plus chaleureuse... malgré les tables en plastique !

Le Pain quotidien CAFÉ-BOULANGERIE $

(764-2357 ; 123 1re Avenue Ouest ; mar-ven 10h-18h, sam 10h-17h). Cette petite boulangerie artisanale sert viennoiseries, quiches et pizzas fines à petit prix, mais aussi d'excellents expressos.

Restaurant du Quai FRUITS DE MER $$

(763-7407 ou 763-8508 ; 3 1re Avenue Ouest ; menu midi 14-17 $, table d'hôte 23-28 $; tlj 11h-20h et à partir de 17h mai-oct). Restaurant de la poissonnerie attenante. À la carte, poissons, fruits de mer et crustacés ; le tout très frais. L'accueil chaleureux rattrape un cadre banal.

Depuis/vers Sainte-Anne-des-Monts

BUS L'arrêt des bus Orléans Express est en face du motel-hôtel Monaco, à la **station Pétro-Canada** (763-9176 ; 85 bd Sainte-Anne Ouest). Les bus en provenance de Rimouski et de Matane desservent 2 fois par jour tous les villages de la Haute-Gaspésie après une pause de 40 minutes à Sainte-Anne-des-Monts. Pour rallier le parc de la Gaspésie (aller-retour adulte/enfant/famille 6,25/4,75/17,25 $; fin juin-sept), un bus quitte le bureau d'accueil touristique tous les matins à 7h30 vers le Centre de découverte et de services du parc (retour à 17h).

VOITURE À 87 km à l'est de Matane sur la route 132, Sainte-Anne des Monts est la dernière ville d'importance sur la portion nord avant Gaspé (207 km). La route 199 longe la mer, contournant des caps impressionnants dans un décor déchiré, puis devient très sinueuse entre Sainte-Madeleine et Rivière-au-Renard. Une autre route, moins fréquentée, moins entretenue et moins belle passe par Murdochville (route 198, jonction à l'Anse-Pleureuse).

Parc national de la Gaspésie

Le parc national de la Gaspésie est saisissant à plus d'un titre. Territoire de 802 km², il est un point d'observation privilégié de l'orignal et du caribou de la Gaspésie, une espèce menacée de disparition. Il est composé de deux massifs impressionnants, les Chic-Chocs, avec les monts Albert et Logan, et le massif McGerrigle, où culmine le mont Jacques-Cartier (1 268 m), le deuxième plus haut sommet du Québec, l'autre étant près de l'Ungava dans le grand nord, extrêmement difficile d'accès.

La forêt, qui couvre les vallées et les versants, côtoie des sommets rocheux où prédomine une végétation de type boréal et arctique. Sur les cimes, la neige ne disparaît totalement que vers la fin juin et fait sa réapparition dès octobre ! Un vaste réseau de sentiers est aménagé et fait la réputation du parc. Attention, certains secteurs du parc ne sont accessibles que par une longue randonnée.

Renseignements

CENTRE DE DÉCOUVERTES ET DE SERVICES (763-7494 ou 1-866-727-2427 ; www.sepaq.com/pq/gas ; tlj 8h-22h haute saison, 9h-17h mi-mai à mi-oct, tlj 8h30-16h30 fin déc à mi-avr). Situé à 40 km de Sainte-Anne-des-Monts, ce poste d'accueil vous fournira les informations et les cartes utiles à vos randonnées. Le centre vend les billets d'accès au parc (adulte/enfant/famille 6/2,75/12 $, gratuit - 6 ans), dispose d'un dépanneur et d'une boutique qui loue des chaussures de marche, des imperméables et des sacs à dos, ainsi que du matériel de camping et de sports d'hiver. Également sur place, une laverie ainsi que des douches.

À voir

Mine d'agates du mont Lyall MINE À CIEL OUVERT

(786-2374 ; www.mont-lyall.com ; adulte/enfant 6-16 ans/ 9/6 $; tlj 9h-18h fin juin-fin août, 9h-17h basse saison, fermé oct à mi-juin). À 30 km au sud du gîte du Mont Albert (p. 373), dans cette mine de géodes contenant de l'agate, de l'améthyste, du quartz, de la cornaline et du jaspe, on vous montre comment devenir prospecteur et on vous laisse découvrir vos propres trésors. Service de coupe de pierre (5-30 $ selon la taille) et possibilité de cueillette (32 $, jusqu'à 23 kg de pierres). Prévoyez quelques heures et de bonnes chaussures. Collection de minéraux

ACCÈS AU MONT JACQUES-CARTIER

Afin de préserver l'habitat des caribous, l'accès au mont Jacques-Cartier n'est autorisé que du 24 juin au 30 septembre, de 10h à 16h. Aucun départ n'est autorisé après 12h. Une **navette** (aller-retour adulte/enfant/famille 6,25/4,75/17,25 $; départ toutes les 30 min 10h-12h, retour 14h15, 15h, 15h30 et 16h) permet de rallier le point de départ du sentier depuis le camping – on ne peut y accéder en voiture.

du monde. Sur la route 299 puis direction Lac-Sainte-Anne.

Activités

Randonnée

L'ascension aller-retour du **mont Jacques-Cartier** est la randonnée la plus populaire, bien que difficile. Le sentier faisant 8,2 km, elle nécessite entre 4 et 5 heures de marche. Le paysage alpin est grandiose et il n'est pas rare d'apercevoir des caribous à proximité du sommet. Le sentier étant étroitement surveillé afin de protéger les troupeaux, l'accès est limité de 10h à 16h, du 24 juin au 30 septembre. Pensez à bien vous équiper car la température peut descendre de 5 à 10° au sommet et le sentier est exclusivement composé de roches : de bonnes chaussures de marche sont essentielles.

Durant cette période de juin à septembre, une **navette** (adulte/enfant/famille 15,50/11,50/42,50 $) relie le point de départ du sentier depuis le Centre de découverte et de services tous les jours à 9h, avec un retour à 16h. Une autre navette part du camping du mont Jacques-Cartier (ci-dessus). Il est interdit de demeurer au sommet entre la fin de l'après-midi et le lendemain matin.

L'ascension du **mont Albert** (mi-juin à fin sept) est destinée aux personnes entraînées, lesquelles seront récompensées par le superbe panorama et la végétation nordique qu'on trouve au sommet. Comptez 5 heures aller-retour (ou boucle de 6-8 heures).

Une randonnée plus familiale et néanmoins spectaculaire consiste à se rendre au sommet du **mont Ernest-Laforce**, du haut duquel vous aurez une vue sur tous les autres sommets. Vous traverserez un paysage lunaire car un incendie a sévi dans les années 1960 et seuls les feuillus repoussent encore. Comptez 2 heures pour faire la boucle. Vous apercevrez peut-être des orignaux, notamment depuis le belvédère.

Le parc national de la Gaspésie comprend l'une des plus belles sections du sentier international des Appalaches. Des randonnées de 2 à 5 jours avec nuitées en refuge sont organisées par **Absolu Écoaventure** (566-5774 ; www.ecoaventure.com) entre les monts Logan et Jacques-Cartier. Service de transport de nourriture et de bagages.

Les activités d'hiver sont autorisées de décembre à avril. Les possibilités de **randonnée** sont nombreuses : les sentiers du lac des Américains (5h, difficile, accès au refuge de l'Abri du Portage) et du Camping (1h30, facile, accès camping d'hiver) constituent de bonnes pistes de ski de fond. Pour des sorties à la journée en raquette, nous conseillons fortement le mont Olivine (4h aller-retour), depuis le ruisseau Isabelle, ainsi que le nouveau sentier des Panaches (2-3h), tous deux de niveau intermédiaire.

Pêche

Le parc autorise la pêche à la truite dans ses neuf lacs et ses trois rivières, ainsi que la pêche au saumon dans la rivière Sainte-Anne. Notez que les **réservations** (763-7633 ou 1-888-783-2663) pour le saumon sont presque toujours complètes un an à l'avance.

Canoë et Kayak

Le kayak et le canot se pratiquent sur le lac Cascapédia, dont les berges sont parfois fréquentées par les orignaux. Vous pourrez louer canots, barques, pédalos et gilets de flottaison au terrain de camping. La location d'une embarcation revient à 14 $/h et 28 $/demi-journée.

Escalade de glace et raquette

Le parc s'ouvre dès le mois de décembre à l'escalade de glace sur de spectaculaires cascades glacées, dont les plus connues se situent dans le secteur de Mont-Saint-Pierre (on les voit bien le long de la route 132). Renseignez-vous à la **Fédération québécoise de la montagne et de l'escalade (FQME)** (www.fqme.qc.ca). La randonnée en raquettes ou à ski n'est pas en reste (pas de remontées mécaniques !).

Où se loger et se restaurer

Campings, chalets et refuges CAMPING $ (1-800-665-6527 ou 1-866-727-2427 ; www.sepaq.com/pq/gas ; empl 27,75-38,25 $). Le parc compte 4 campings aménagés. Le **camping du Mont-Albert** (mi-déc-mai et mi-juin à mi-oct), le plus important, est la seule possibilité pour le camping d'hiver. Il dispose d'une laverie et de douches accessibles en toute saison (à pièces de 25 c). Le **site de La Rivière** (fin mai à mi-oct) est à privilégier en raison de la beauté de la rivière Sainte-Anne. Le **camping du lac Cascapédia** (juin-fin sept) loue des embarcations. Enfin, le **camping du mont Jacques-Cartier** (début juin-fin sept) est à préférer si vous souhaitez faire l'ascension de la montagne. Des plates-formes de **camping rustique** (21,50 $) ont été aménagées à plusieurs endroits du parc, plus tranquilles. Formules prêt-à-camper en tente Huttopia (camping du Mont-Albert 97-113 $/nuit) ou en tente-roulotte (camping de la Rivière 86-101 $/nuit). Location de chalets également. Toutes les réservations se font auprès du Centre de découverte et de services.

Les sentiers de longue randonnée, comme celui du Sentier International des Appalaches, sont jalonnés de refuges (23,50 $/nuit, réservation obligatoire).

Gîte du Mont-Albert HÔTEL $$$
(☎763-2288 ou 1-888-727-2427 ; www.sepaq.com/pq/gma ; d 125-242 $ selon saison, chalet 130-348 $ selon taille et saison ; table d'hôte 50 $; ⊙fermé fin oct-26 déc et av-début juin). Donnant sur le mont Albert, ce grand hôtel reste abordable, notamment en basse saison. Ses chambres sont jolies, mais c'est surtout son restaurant et son emplacement qui sont exceptionnels. Certains chalets sont installés à côté de l'hôtel, d'autres, un peu plus rustiques (sans cuisine), sont répartis dans le parc. Ainsi, les chalets du superbe lac Cascapédia (draps non fournis), accessibles de juin à la fin septembre, disposent de leur propre embarcation. Le gîte est aussi doté d'un bar servant une restauration légère.

À l'intérieur du Centre de découverte et de services, **Le Piedmont** (⊙fin juin à mi-sept), une cafétéria correcte, permet également de se restaurer en haute saison.

Depuis/vers le parc national de la Gaspésie

BUS Un bus (aller-retour adulte/enfant/famille 6,25/4,75/17,25 $; ⊙fin juin-sept) quitte le bureau d'accueil touristique de Sainte-Anne-des-Monts tous les matins à 7h30 vers le Centre de découverte et de services (45 minutes). Le trajet inverse se fait à 17h.

VOITURE À partir de Sainte-Anne-des-Monts, prenez la route 299 qui traverse le parc et la réserve faunique des Chic-Chocs, avant de rejoindre New Richmond, dans la baie des Chaleurs. À 40 km, le secteur du mont Albert est l'entrée principale du parc (100 km de New Richmond). De Mont-Saint-Pierre, la route 2 permet d'atteindre le secteur de mont Jacques-Cartier, autre porte d'entrée du parc. La route est en graviers sur 27 km. En hiver, seule la route 299 est déneigée, les autres étant transformées en pistes de ski de fond.

La Martre

La Martre mérite un arrêt pour son phare rouge vif dont la structure octogonale en bois est unique au Québec. Construit en 1906, le **phare** (☎288-5698 ; www.pharedelamartre.org ; 10 av. du Phare ; phare adulte/famille 8/22 $, musée et phare 12/28 $; ⊙tlj 9h-17h mi-juin à mi-sept) est toujours opérationnel et son dispositif de rotation, d'époque. Des visites guidées permettent de découvrir le fonctionnement du phare ainsi qu'un petit musée installé dans l'un des bâtiments adjacents, où l'on découvre une petite collection de lanternes et de panneaux retraçant l'histoire des phares et des autres balises d'aide à la navigation.

LES CHIC-CHOCS

La **réserve faunique des Chic-Chocs** (☎797-5214 ou 1-800-665-6527 ; www.sepaq.com/rf/chc ; poste d'accueil de Mont-Saint-Pierre , 116 rue Prudent-Cloutier), bordant le parc national de la Gaspésie, est perchée dans le relief des Appalaches. La réserve offre un panorama grandiose avec, en toile de fond, les sommets des monts Blanche-Lamontagne (940 m), Vallières-de-Saint-Réal (940 m), Hog's Back (830 m) et Brown (920 m). Terrain privilégié d'observation de l'orignal, du caribou et de l'ours, la réserve est à la fois appréciée des chasseurs et des randonneurs. En plus de la marche en montagne, du ski et de la raquette, on peut y faire, selon la saison, la cueillette de champignons et de fruits des bois, de l'équitation depuis le Domaine du Centaure (p. 380) ainsi que la visite de la mine d'agate du Mont Lyall (p. 371). Hébergement possible dans l'un des 15 chalets de la réserve. L'entrée principale du parc est située à 12 km au sud du gîte du Mont-Albert (ci-dessus), sur la route 299. Une autre entrée se trouve sur la route 198 via L'Anse-Pleureuse.

AU ROYAUME SAUVAGE DE LA POUDREUSE

Si vous visitez le Québec pour y vivre des expériences de plein air en nature, la Gaspésie en hiver est une combinaison gagnante. En plus de présenter des paysages de forêt à perte de vue pour les amateurs de ski de fond et de raquette dans le parc de la Gaspésie et le sentier international des Appalaches, la région reçoit les plus fortes précipitations de neige de la province, ce qui assure un neige poudreuse, idéale pour la pratique des sports de glisse hors-piste. Trois prestataires permettent aux aventuriers de niveau intermédiaire à avancé de s'aventurer sur des domaines skiables quasi vierges, non aménagés. L'accès aux sites et la remontée se fait à l'aide d'un véhicule "catski", sorte d'autoneige pouvant transporter jusqu'à 12 personnes. Guide, équipement de sécurité, repas et hébergement fournis. **Ski Chic Chocs** (763-3333 ; www.skichicchocs.com ; 520, 1re Avenue Ouest, Saint-Anne-des-Monts ; fin déc à mi-avr) offre une plus grande gamme de possibilités (ski de randonnée, location, randonnée raquette) tandis que **Vallée Taconique** (797-2177 ou 1-866-797-2177 ; www.valleetaconique.ca ; 77 rue Pierre-Mercier, Mont-Saint-Pierre ; déc-avr) propose un service plus personnalisé. Vous devez fournir vos propres skis (possibilité de location auprès du Centre de découverte et de services du parc de la Gaspésie ; p. 371). À Murdochville enfin, **Chic-Chac** (784-3311 ; www.chic-chac.ca) offre des services similaires sur son domaine skiable des monts York et Porphyre.

Où se loger et se restaurer

Turquoiz Café CAFÉ-GÎTE $
(288-5343 ; www.turquoizcafe.com ; 4 rue de l'Église ; d avec petit-déj 75-80 $; juin à mi-oct ;). Ce gîte, galerie d'art et salon de thé, est tenu par un couple d'artistes-voyageurs ayant finalement adopté la Gaspésie. Ils ont rénové leur maison centenaire ainsi que les 3 chambres du gîte à l'étage, douillettes et raffinées. Vous profiterez également d'un joli solarium avec vue sur le phare et la mer. Excellents café expresso et petit-déjeuner.

Mont-Saint-Pierre

En parvenant à Mont-Saint-Pierre, on saisit vite pourquoi les adeptes du vol libre en ont fait leur base. Outre les ailes colorées qui sillonnent le ciel, le site frappe par sa beauté spectaculaire, avec ses affleurements de rochers noirs d'un côté, et sa plage en forme de croissant de l'autre.

Du village, le parc national de la Gaspésie (p. 371) par le secteur du mont Jacques-Cartier est à 27 km de route. Notez qu'il n'y a aucune station-service à Mont-Saint-Pierre : celle de Mont-Louis est la plus proche.

Entre la dernière semaine de juillet et la 1re semaine d'août, la **Fête du vol libre** (www.vol-libre.ca), compétition d'envergure internationale, offre un spectacle aérien éblouissant.

Activités

Une route accidentée mène au sommet du **mont Saint-Pierre** (430 m) où sont installées trois stations d'envol. Seuls les véhicules tout-terrain peuvent y accéder, mais l'ascension à pied de l'abrupt sentier a aussi du succès. Des **droits d'entrée** (piéton/vélo/4x4/passager de bus 1/1/4/1 $, gratuit -12 ans ; 9h-17h mai-nov) sont exigés à l'entrée du chemin.

Carrefour Aventure VISITE DU MONT SAINT-PIERRE
(797-5033 ; 106 rue Prudent-Cloutier ; montée du mont Saint-Pierre adulte/enfant 12/7 $; fin juin-août). Aller-retour et visite guidée du sommet du mont Saint-Pierre en bus tout-terrain. La boutique fait également office de petit musée du village et de galerie d'art. Location de kayak de mer.

Vue du ciel DELTAPLANE
(797-2025 ; www.deltaplanetandem.ca ; 66 rue Prudent-Cloutier ; vol 10-30 min 225 $; mai-oct). Vol d'initiation en deltaplane-tandem comprenant 10 à 20 minutes de vol pour environ 1h30 de préparation. Vous trouverez d'autres prestataires auprès du **Centre de renseignements sur le Vol libre** (797-2222 ; 102 rue Prudent-Cloutier), le gestionnaire du site.

Mont-Louis

À quelques minutes de route vers l'est, le joli village de Mont-Louis semble lové entre montagnes et mer. Au passage, arrêtez-vous au fumoir artisanal **Atkins & Frères** (797-5059 ou 1-877-797-5059 ; www.atkinsetfreres.com ; 1 rue Chanoine-Richard, route 132, Mont-Louis ; tlj 8h-21h juin-sept, 8h-17h lun-ven hors saison), incontournable si vous souhaitez goûter à de succulents produits de la mer (saumon fumé à froid, maquereau fumé au citron, calmar fumé confit, rillettes de saumon fumé à la coriandre...). Fumé artisanalement, le saumon a acquis une réputation internationale.

Où se loger et se restaurer

Parc et Mer Mont-Louis CAMPING $

(797-5270 ; www.parcetmer.com ; 18, 10e Rue Est ; empl 10-25 $, chalet 2 pers 75 $; début mai-fin oct ;). Au bout de l'anse de Mont-Louis, ce terrain de camping et de chalets en bordure de plage est une étape bien agréable mais balayé par le vent. Restaurant, boutique d'artisanat et laverie sur place. Réservation obligatoire pour l'hébergement en chalet. Un café Internet jouxte le site, en contrebas.

Auberge des belles sœurs AUBERGE $

(797-5000 ; www.aubergedesbellessoeurs.com ; 24, 1re Avenue Est ; d avec sdb commune 68 $; plats 12-30 $, table d'hôte 25-36 $; tlj midi et soir fin mai-début nov, ven-dim soir reste de l'année). L'Eau à la bouche, restaurant de l'auberge, sert une bonne cuisine régionale, à prix touristique. Agréable terrasse face à la mer les beaux jours d'été. Les chambres à l'étage sont standard, mais doucement bercées par le bruit des vagues dès que le soir tombe.

La Broue dans l'toupet BISTRO $$$

(797-2008 ; www.labrouedansltoupet.com ; 20, 1re Avenue Est ; midi 12-18 $, table d'hôte du soir 42-55 $, plats 26-40 ; lun-ven midi et tlj en soirée, bar jusqu'à minuit mer-sam). Cuisine bistro décomplexée aux influences gaspésiennes, sans doute la meilleure adresse de Haute-Gaspésie. La verrière panoramique avec vue sur la mer (mais aussi la route 132) en fait un bel endroit pour prendre un verre ou déjeuner à prix raisonnable. Les portions sont copieuses et l'adresse a une réputation d'excellence.

Murdochville

Construite entre 1951 et 1953, cette ville-champignon est le dernier témoin de l'époque où l'activité minière attirait nombre de travailleurs en Gaspésie. Murdochville fut un temps la capitale du cuivre (125 km de galeries souterraines), mais la mine a été fermée en 1999, et la fonderie en 2002. La ville est maintenant la capitale québécoise de la poudreuse, recevant 7 m de neige par an. Ses domaines skiables sont ouverts parfois jusqu'en mai.

Renseignements

BUREAU D'ACCUEIL TOURISTIQUE (784-2242 ou 784-2293 ; www.murdochville.com ; 365 av. Miller ; saisonnier)

À voir et à faire

Centre d'interprétation du cuivre PATRIMOINE MINIER

(784-3335 ou 1-800-487-8601 ; www.cicuivre.com ; 345 route 198 ; 14 $; tlj 9h-17h début juin à mi-sept). Le site vous invite à descendre dans une galerie souterraine avec un guide et à s'initier au métier de mineur. La tournée comprend aussi la visite du site industriel de l'ancienne Fonderie Gaspé. L'expérience est impressionnante. Le centre ayant brûlé quelques mois auparavant, il n'était pas accessible lors de notre passage. Il vaut mieux téléphoner pour confirmer les modalités de visite.

Ski Mont Miller SKI

(784-2908 ou 784-3604 ; www.skimontmiller.com ; 606 route 198 ; adulte/étudiant et senior/enfant 27/23/18 $/jour ; jan-mai). Aucune neige artificielle ni attente pour les remontées mécaniques (week-end seulement sauf si plus de 12 personnes) au paradis de la poudreuse. Vous aurez souvent l'impression que la montagne est à vous. Une vingtaine de pistes dont 10 de niveau "extrêmement difficile".

Où se loger

Centre de plein air du lac York CAMPING ET CHALETS $

(784-3755 ; route 198 ; empl 22-35 $, ancien chalet 123 $/6 pers (sans draps), nouveau chalet 166 $/4 pers, taxes incl ; juin à mi-sept). Installé en bordure du lac York, ce centre loue des embarcations (chaloupes, pédalos, kayaks 8-16 $/jour), des emplacements de camping et des chalets (embarcation incluse) plus anciens, ou de nouveaux beaucoup mieux équipés.

Chic-Chac AUBERGE $$

(784-3883 ; www.chic-chac.ca ; d 98 $; fin déc-avr). Cette auberge hivernale propose surtout des chambres liées à ses nombreux forfaits de ski hors-piste. Le confort est suffisant, l'ambiance grisante et le service tout à fait personnalisé. Vous devez cependant posséder votre équipement (casque et sac à dos obligatoire). Restauration sur place.

Depuis/vers Murdochville

VOITURE En quittant la route 132, au centre du village de l'Anse-Pleureuse, vous rejoindrez la route 198 qui s'enfonce à l'intérieur des terres et mène, 40 km plus loin, à Murdochville, puis à Gaspé (93 km). Aucun bus ne dessert la ville.

POINTE GASPÉSIENNE

Cette région représente souvent l'objectif de tout voyage en Gaspésie. Percé en est l'emblème, Gaspé le cœur, et le parc national du Canada Forillon une étape, entre autres, pour l'observation des baleines.

Renseignements

BUREAU D'ACCUEIL TOURISTIQUE (269-3310 ; 884 bd de L'Anse-à-Valleau, Gaspé ; tlj 9h-17h mi-jui à mi-oct)

Petite-Vallée

Haut lieu de la chanson québécoise, Petite-Vallée est aussi un ravissant village blotti entre deux anses. Les maisons s'égrènent dans un paysage préservé, entre ciel et mer. Pour en prendre la mesure, il faut descendre à Longue-Pointe, où se situe le **Village en chanson** et le **théâtre de la Vieille Forge**, qui accueille toute l'année des troupes de théâtre, humoristes, chansonniers, musiciens et, bien entendu, le festival d'été.

Petite-Vallée est sortie de l'ornière grâce à une poignée d'habitants qui ont fondé, voilà plus de 25 ans, le **Festival en chanson** (393-2222/2394 ; www.festivalenchanson.com). Consacré à la relève, ce festival permet à de jeunes talents de se produire sous forme de concours. Il a lieu chaque année de la fin juin au début juillet. Des spectacles d'artistes réputés ont ensuite lieu jusqu'à la fin août.

Où se loger et se restaurer

La Maison Lebreux AUBERGE ET CHALETS $
(393-2662/3105 ; www.lamaisonlebreux.com ; 2 Longue-Pointe ; s/d avec sdb commune et petit-déj 53-58/70-80 $ selon saison, chalet 6-8 pers 114 $/jour ; table d'hôte 20-30 $;). Les Lebreux se distinguent par l'atmosphère familiale de leur maison-auberge comptant 8 chambres. Les chambres, toutes sur le thème de la musique, sont plaisantes et fleuries, mais parfois bruyantes. Attention, la cohue le matin devant les 2 sdb communes peut prendre des airs de camp de vacances. La table d'hôte (25-30 $, sur réservation) permet de dîner sur place en contemplant la mer. Les petits chalets blancs, voisins de la maison en bordure de mer, forment avec le théâtre un véritable îlot de maisons blanches.

Rivière-au-Renard

Surnommée la "capitale des pêches" du Québec, Rivière-au-Renard compte toujours plusieurs **fumoirs** et **poissonneries**, en dépit du moratoire sur la pêche de la morue historiquement la plus pêchée.

Peuplée par des Français mais aussi des Irlandais demeurés sur place après le naufrage du Carrick en 1847, la petite ville produisait aussi des bardeaux de cèdre, si typiques des maisons de la côte Atlantique.

À voir et à faire

Centre d'interprétation des pêches PATRIMOINE HALIEUTIQUE
(269-1212 et 360-3631 ; 17 rue de la Langevin ; adulte/étudiant et senior/famille 9/7/21 $; lun-ven 9h-17h fin juin-août). Le centre offre des visites guidées et interprétées (compter 1h15) où l'on saura répondre à toutes vos questions quant aux équipements et aux activités du port de pêche en plus d'interagir avec les pêcheurs et la garde côtière s'ils sont au quai. Le centre fait aussi office de **bureau d'information touristique** et propose la visite du **Moulin des Plourde** (adulte/étudiant et senior/famille 7/5/19 $), la scierie à vapeur et la bardoiserie artisanale. Réduction de 2$ si l'on combine les deux visites.

Pointe à la Renommée PHARE ET MUSÉE
(269-3310 ; www.pointe-a-la-renommee.com ; entre Grand-Étang et L'Anse-à-Valleau ; visite 1/2 sites 6/10 $, gratuit -6 ans ; tlj 9h-17h mi-juin-début oct). Surnommé "le phare voyageur" et doté d'un immense prisme (2,4 m, en verre de Saint-Gobain), le phare de Pointe-à-la-Renommée (1880) a vu naître la première station radio maritime T.S.F. en Amérique du Nord alors que Marconi y envoya le premier signal, en 1904. Le musée de la station maritime retrace cet événement historique ainsi que l'histoire des radiocommunications. Le phare et la

maison du gardien se visitent. Le site a été entièrement reconstruit à partir de photos d'époque. L'accès se fait par un embranchement sur la route 132.

Le sentier international des Appalaches (voir l'encadré p. 378) passe sur le site. D'autres sentiers de randonnée de niveaux variés ont été aménagés, certains sur les vieux chemins de bord de mer.

Anse-au-Griffon

Balayé par le vent, le paysage prend ici des allures de lande perdue. Une bonne partie des terres fertiles du village d'origine ont été expropriées lors de la création du parc Forillon. Le village s'étend maintenant longuement sur la route 132.

Le **manoir LeBoutillier** (☎892-5150 ; www.lanseaugriffon.ca ; 578 bd du Griffon ; adulte/senior et étudiant 7/5 $, gratuit -11 ans ; ⌚tlj 9h-17h mi-juin à début-oct) possède une magnifique façade jaune qui rappelle qu'il y a un siècle à peine, la pêche à la morue attirait les plus riches marchands d'Europe. John LeBoutillier, originaire de l'île de Jersey, était l'un des marchands venus d'Europe il y a environ 150 ans pour s'enrichir par la pêche à la morue. Des guides, en habits d'époque, vous feront visiter sa maison (comptez 45 minutes). Joli petit salon de thé sur place ainsi qu'une boutique de produits régionaux. L'été, des pièces de théâtre sont jouées plusieurs fois par semaine à la grange du manoir.

Où se loger et se restaurer

♥ **Griffon Aventure** AUBERGE DE JEUNESSE $
(☎360-6614 ; www.griffonaventure.com ; 829 bd du Griffon ; empl et dort en refuge 20 $, membres HI réduction 4 $, tente 20 $, tipi ou tente prospecteur 50 $/2 pers ; ⌚tlj 8h-22h juil-août). Réputé dans toute la péninsule pour ce qui a trait aux activités de plein air, ce prestataire propose des sorties de rafting (adulte/étudiant demi-journée 95/75 $, journée 120/100 $, mi-avr à mi-juin), de canyoning (60 $) ou encore des descentes de rivière en canot (90 $/jour). Excursions plus longues possibles. Hébergement en camping rustique, tipi, tente prospecteur ou refuge. Toilettes sèches sur le site. Restauration sommaire disponible sur place et bar animé avec terrasse exceptionnelle sur la mer et spectacles hebdomadaires.

Centre culturel Le Griffon CAFÉ-GALERIE ET CONCERTS $$
(☎892-0115 ou 892-5679 ; www.lanseaugriffon.ca ; 5557 bd du Griffon, plats 7-20 $; ⌚tlj 8h-22h juin à mi-oct, horaires restreints hors saison ; @5 $/h). Datant des années 1940, l'ancien entrepôt frigorifique de l'Anse-au-Griffon abrite un sympathique café-bistro aux boiseries chaleureuses qui fait la part belle aux produits du terroir (on craque pour les moules fumées), mais aussi une galerie d'art, un atelier d'artiste, une salle de spectacles et une boutique d'artisanat régional. Une exposition est consacrée à la vie et au travail des pêcheurs de l'anse.

Cap-des-Rosiers

Un paysage découpé et sauvage caractérise ce cap qui fut témoin de nombreux naufrages par le passé. Pour les navigateurs, le cap marque la "frontière" entre l'estuaire du fleuve et le golfe du Saint-Laurent.

Haut de 34 m, le **phare de Cap-des-Rosiers** (☎892-5767 ; 1329 bd du Cap-des-Rosiers ; accès 2 $ et visite guidée 7 $; ⌚mi-juin à fin-sept), le plus élevé du Canada, a été construit en 1858. Il fait également office de bureau touristique. Son feu sert toujours à la navigation.

Où se loger et se restaurer

La Belle Forillonne CHAMBRES D'HÔTE $
(☎892-5602 ou 1-866-992-5602 ; www.gitescanada.com/labelleforillonne ; 1182 bd du Cap-des-Rosiers ; d avec sdb privée 76-85 $; 📶). Cette ancienne maison de pêcheurs abrite un gîte qui a beaucoup de charme. Les chambres à l'étage, à défaut d'être spacieuses, sont douillettes et dotées de meubles d'époque, de TV et de miroirs... Pour faire plus grand ! Belle suite toute en bois récemment rénovée, avec entrée privée. Certaines chambres ont 2 lits avec futon, une bonne option pour une petite famille.

Gîte du Pied du Phare CHAMBRES D'HÔTE $
(☎892-5707 ; 1327 bd du Cap-des-Rosiers ; s/d avec sdb commune 70 $; 📶). Avec sa situation privilégiée et ses 3 chambres coquettes et champêtres, ce gîte a tout pour plaire, sauf peut-être une seconde sdb. Agathe et Robert sont passionnés de leur région. La maison a son histoire et, Agathe y ayant grandi, elle se fera sans doute un plaisir de vous la raconter devant un solide petit-déjeuner.

LE SENTIER INTERNATIONAL DES APPALACHES

Depuis 1999, le **sentier international des Appalaches** (☎562-7885 ; www.sia-iat.com ; 968 av. du Phare Ouest, Matane) aboutit au parc Forillon. Long de 1 034 km environ, ce sentier commence aux États-Unis, au mont Katahdin (État du Maine). Après avoir traversé le Nouveau-Brunswick en passant par le mont Carleton (p. 415), il se prolonge dans la vallée de la Matapédia, la réserve de Matane et le parc national de la Gaspésie, avant d'aborder le versant nord gaspésien jusqu'à Gaspé.

Le tronçon de 32,7 km qui relie Petite-Rivière-au-Renard au secteur sud du parc Forillon utilise les sentiers dits "Les lacs" et "Les crêtes". Il constitue le secteur le plus sauvage et le plus accidenté. La partie la plus facilement accessible – et la plus spectaculaire – est le tronçon du secteur Sud/cap Gaspé.

Restaurant Chez Mona CUISINE QUÉBÉCOISE **$$**
(☎892-5057 ; 1275 bd Cap-des-Rosiers ; table d'hôte 16-30 $; ⏲soir à partir de 17h). Véritable institution, ce restaurant familial, ouvert depuis 1950 et à l'ambiance joviale, propose une cuisine traditionnelle de qualité. Ici, tous les membres de la famille mettent la main à la pâte. Pas étonnant qu'il soit le chouchou des habitants de la pointe gaspésienne. La généreuse bouillabaisse et la tarte au sucre font l'unanimité. Seul bémol, c'est un peu cher. Arrivez tôt, car seuls les groupes peuvent réserver.

Depuis/vers Cap-des-Rosiers

BUS Les bus Orléans Express reliant Montréal à Gaspé s'arrêtent sur demande à l'hôtel-motel Le Pharillon de la mi-juin à la mi-octobre. Le bus 21 de **Régîm** (☎1-877-521-0841 ; www.monregim.net ; 3 $ ou 25$/10 billets) relie 1 à 2 fois par jour du lundi au vendredi les villages environnants à Gaspé. Réservez votre la place la veille.

Cap-aux-Os et parc national Forillon

Le parc Forillon est certainement l'un des plus beaux parcs du Québec, avec ses falaises qui plongent dans le golfe du Saint-Laurent. C'est un site privilégié pour l'observation de la faune (baleines, phoques, ours, castors).

Renseignements

ACCÈS, PÉAGES ET INFORMATIONS En arrivant de Gaspé, vous parviendrez 20 km plus loin au centre d'accueil de Penouille, au sud. Depuis la Haute-Gaspésie, l'accès le plus naturel se fait par le secteur de l'Anse-au-Griffon, sur la route 132, doté également d'un centre d'accueil. Tous deux sont ouverts tous les jours de début juin à mi-octobre. Les postes de péage se situent plus loin à l'intérieur du parc, soit à Cap-des-Rosiers au nord et Cap-aux-Os au sud.

ÉPICERIE Il vous sera possible de faire des courses sommaires à l'épicerie Ami de Cap-aux-Os, face à la Caisse Desjardins (dotée d'un DAB).

Activités

Parc national Forillon PLEIN AIR
(☎368-5505 ou 1-888-773-8888 ; www.pc.gc.ca/forillon ; 122 bd de Gaspé ; adulte/senior/jeune/famille 7,80/6,80/3,90/19,60 $; ⏲bureaux d'accueil tlj 9h-19h début juin à mi-oct ; parc ouvert à l'année). Le **centre d'interprétation** (⏲tlj 9h-17h début juin à mi-oct), dans le secteur nord du parc, accueille une exposition sur l'histoire du parc, un aquarium et propose des randonnées accompagnées par des guides naturalistes. À Grande-Grave (accessible par le secteur sud), le **magasin général Hyman & Sons** a été conservé. Il se visite de début juin à mi-octobre, entre 10h et 17h. À 1 km à peine, via un sentier, l'anse Blanchette a conservé une maison familiale de pêcheurs et un hangar à poissons datant de l'époque où cette côte était entièrement vouée à la pêche. Visites jusqu'à début septembre.

RANDONNÉE DANS LE PARC

La côte nord du parc est constituée de longues plages de galets et de falaises de calcaire abruptes. Le **cap Bon-Ami** donne toute la mesure de ce relief et le paysage est à couper le souffle. Ce secteur constitue une aire d'observation terrestre privilégiée pour les baleines et les phoques. En prenant le chemin du **mont Saint-Alban**, on accède à une tour d'observation qui permet de jouir d'une vue à 360°. Par temps clair, l'île d'Anticosti se profile à l'horizon.

Côté sud, la **plage** sablonneuse de **Penouille** est réputée pour offrir les eaux les plus chaudes. La randonnée le long de cette côte est aisée et permet d'apercevoir des phoques et des baleines. Soyez patient et attentif.

Un dépliant des sentiers du parc est en vente dans les centres d'accueil et les postes de perception.

VÉLO ET ÉQUITATION DANS LE PARC

Certains sentiers du parc peuvent être empruntés par les cyclotouristes et les cavaliers : Le Portage et La Vallée, la route menant à Cap-Gaspé et le chemin de la pointe de Penouille. Vous pouvez louer des vélos auprès de **Cap Aventure** (☎892-5056 ; tlj 9h30-17h en saison), au centre récréatif et à l'Anse-aux-Amérindiens. La randonnée à cheval est sous l'égide de l'**Auberge du Centaure** (☎892-5525 ; www.domaineducentaure.com ; 1713 bd de Forillon ; rando 5h déj incl 125 $; ⏲juin-sept).

Activités nautiques

Croisières aux baleines — OBSERVATION DES BALEINES

(☎892-5500 ou 1-866-617-5500 ; www.baleines-forillon.com ; quai de Grande-Grave, secteur sud ; adulte/senior et étudiant/-15 ans 60/55/35 $ taxes incl ; ⏲juin-sept). Croisière aux baleines de 2h30, plusieurs départs quotidiens (selon saison) sur un bateau de 48 places semblable à un gros Zodiac. Pensez à réserver.

Cap Aventure — KAYAK DE MER

(☎892-5056 au parc, 892-5055 à Cap-aux-Os ; www.capaventure.net ; excursion 3h adulte/étudiant/enfant 45/40/35 $; ⏲tlj si 3 participants, départ 8h et 17h30). Installé à la superbe plage de Cap-aux-Os et dans le parc, Cap Aventure propose des randonnées guidées en kayak de mer et loue des embarcations pour kayakistes expérimentés. Nous recommandons les sorties d'observation des phoques, tôt le matin et au coucher du soleil. Sorties plus longues disponibles.

Aube Aventure — KAYAK DE MER ET VOILE

(☎892-0003 ; www.aubeaventures.com ; 2172 bd Grand-Grève ; excursion kayak 2h30 adulte/étudiant/enfant 40/36/30 $, voile demi-journée 74/65/55 $, journée 129/112/79 $). Ancien enseignant en tourisme d'aventure, Benoît a fondé Aube avec d'anciens étudiants. La coopérative offre des excursions guidées en kayak (4 départs par jour) et une initiation à la voile mais aussi des expéditions de plusieurs jours et des formations accréditées. Forfaits avec hébergement en yourte.

Plongée Forillon — PLONGÉE

(☎892-5888 ou 360-5323 ; www.plongeeforillon.com ; adulte/famille 70/60 $ taxes incl ; ⏲fin juin-août). Installé au quai de Grande-Grave, ce prestataire offre des excursions de plongée en apnée depuis un Zodiac (3 heures). Les descentes permettent d'observer les phoques communs en action sous l'eau. Location d'équipement et transport pour plongeurs certifiés.

Activités hivernales

L'hiver, les sentiers de randonnée permettent la pratique du **ski de fond** hors-piste et de la **raquette**. Contactez **Parcs Canada** (☎1-800-773-8888) pour obtenir les informations les plus à jour sur ces activités.

Où se loger et se restaurer

Parc national Forillon — CAMPING $

(☎1-877-737-3783 ou 1-514-335-4813 depuis l'étranger ; www.pccamping.ca ; empl 25,50-29,40 $, 10,80 $/réservation). Le parc dispose de 3 **campings**. Au sud du parc, le **Petit Gaspé** est un camping assez vaste, doté de tout le confort. Protégé des vents marins (c'est le camping le plus boisé), il est très fréquenté. Au nord du parc, face à la mer, le **camping des Rosiers** est probablement le plus beau. Toujours au nord, le **camping Cap-Bon-Ami**, plus rudimentaire et sans électricité, est réservé aux tentes. Il se situe à proximité d'un belvédère, d'une plage de galets et d'un sentier de randonnée. En juillet et en août, il est sage de réserver tôt, bien que le quart des 360 emplacements soient attribués sur le principe du premier arrivé, premier servi.

Aube Aventure — CAMPING ET YOURTES $

(☎892-0003 ; www.aubeaventures.com ; 2172 bd Grand-Grève ; yourte 65 $/2 pers, 20 $/pers add, empl 25 $/tente). Cette coopérative écotouristique offre l'hébergement en yourte avec frigo et lits doubles ainsi que des plates-formes de camping rustique sur la falaise, avec des hamacs. Draps non fournis, duvets en location.

Auberge internationale Forillon — AUBERGE DE JEUNESSE $

(☎892-5153 ou 1-877-892-5153 ; www.aubergeinternationaleforillon.com ; 2095 bd Grande-Grève ; dort 25 $, d 50 $; ⏲fermé nov-déc ; 📶3$/2h, 5$/3j) Tout près du parc, à 3 km du poste de péage sud, l'auberge affiche souvent complet en été. De juin à septembre, le restaurant de l'auberge s'ouvre aux non-résidents, offrant de bons petit-déjeuners

(7-13 $), des repas du midi (plats 10-13 $) et une table d'hôte du soir (17-30 $). Nombreuses activités guidées en saison estivale (sorties pour observer les castors, les ours ou les phoques), de même qu'en hiver (ski de fond, traîneau à chiens).Les bus Orléans Express reliant Montréal à Gaspé s'arrêtent devant l'auberge de mi-juin à mi-septembre. Location de jumelles (5$) et de vélos (10$/4h, 25$/jour).

Le Gîte du Loup marin CHAMBRES D'HÔTE **$**
(892-5162 ; www.gaspesie.net/loupmarin ; 2060 bd Grande-Grève, route 132 ; s/d 50/70 $ petit-déjeuner incl ; mai-oct). André vous reçoit dans sa belle maison de bois donnant sur le golfe du Saint-Laurent avec accès direct à la plage. Quatre chambres sans prétention, mais confortables, excellente option pour les kayakistes autonomes. Avec un peu de chance, votre hôte cuisinera pour vous…

Domaine du Centaure AUBERGE ÉQUESTRE **$**
(892-5525 ; www.domaineducentaure.com ; 1713 bd de Forillon ; s/d 60/70 $; juin-sept). Auberge, restaurant et centre équestre (25-35 $/h). Emplacement idéal, sur les hauteurs d'une colline avec vue sur la mer. Ce bâtiment à l'architecture étrange est doté d'une belle terrasse pour dîner (table d'hôte 30-40$, sur réservation). Les 5 chambres sont spacieuses, mais gagneraient à être personnalisées.

Depuis/vers Cap-aux-Os et le parc national Forillon

BUS Les bus Orléans Express reliant Montréal à Gaspé s'arrêtent sur demande devant l'auberge de jeunesse de mi-juin à mi-octobre. Le bus 21 du **Régîm** (1-877-521-0841 ; www.monregim.net ; 3 $ ou 25$/10 billets) relie 1-2 fois par jour les villages environnants à Gaspé. Réservez votre la place la veille.

VOITURE On emprunte la route 132 pour rejoindre Gaspé (20 km) ou Percé (90 km). À l'ouest, la première ville d'importance est Sainte-Anne-des-Monts (242 km).

Gaspé

C'est à Gaspé, en 1534, que Jacques Cartier planta sa fameuse croix et prit possession du territoire au nom du roi de France, inaugurant son premier voyage à la découverte du Nouveau Monde et débutant la grande aventure coloniale. Le nom du lieu vient quant à lui du mot micmac "Gespeg", qui signifie "la fin des terres".

Capitale administrative de la région, Gaspé regroupe nombre de boutiques, motels et restaurants. À la mi-août, elle accueille la programmation musicale éclectique et multiculturelle du **festival Musique du Bout du Monde** (www.musiqueduboutdumonde.com). Bien qu'animée, elle manque toutefois de charme après avoir vu les paysages grandioses et les villages pittoresques de la région.

Arrivé au centre-ville, vous apercevrez **Christ-Roi**, seule cathédrale en bois d'Amérique du Nord, construite en 1969 et surplombant avec grâce la rue Reine et la baie de Gaspé. Son architecture abstraite s'inspire des reliefs naturels des montagnes et des vallées. La cathédrale originelle, modeste, périt dans les flammes en 1929.

Renseignements

BUREAU D'ACCUEIL TOURISTIQUE (368-8525 ; www.cctgaspe.org ; 27 bd York Est ; lun-ven 8h30-18h et sam-dim 10h-18h de juin à mi-sept, lun-ven 8h30-16h30 reste de l'année)

À voir et à faire

La ville dispose de quelques **plages** sympathiques : **Penouille** au nord, vers Forillon, **Sandy Beach** et **Haldimand** côté sud, sans doute la plus fréquentée. Les locaux affectionnent la tranquillité du **barachois de la rivière Saint-Jean**, entre Douglastown et Haldimand, surtout du côté sud. Le pont ferroviaire relie les deux côtés sans toutefois permettre d'accès piétonnier.

Musée de la Gaspésie CULTURE RÉGIONALE
(368-1534 ; www.museedelagaspesie.ca ; 80 bd Gaspé ; adulte/senior et étudiant/famille 8,50/6,50/12,50 $, gratuit -7 ans ; tlj 9h-17h juin-oct, lun-ven 9h-12h et 13h-17h et sam 13h-17h reste de l'année). Faisant également office de centre d'archives, ce musée retrace l'histoire de la région et du voyage de Jacques Cartier en 1534. Il surplombe la baie de Gaspé où Cartier planta sa croix.

Site d'interprétation micmac de Gespeg HISTOIRE AUTOCHTONE
(368-7449 ou 1-866-870-6005 ; www.gespeg.ca ; 783 bd Pointe-Navarre ; adulte/senior/étudiant/famille 8/7/6/18 $, gratuit -6 ans ; tlj 9h-17h juin-sept). En direction du parc Forillon, à environ 5 km du centre, ce musée décrit la vie quotidienne des micmacs au XVIIe siècle, plus précisément en 1675, selon les récits laissés par le récollet Chrestien Leclercq. Reconstitution d'un village micmac d'époque, ses

bâtiments et ses activités. Plusieurs visites guidées quotidiennes et boutique d'artisanat autochtone varié.

Où se loger et se restaurer

À Gaspé, de nombreux hébergements restent ouverts en basse saison.

La Merluche AUBERGE DE JEUNESSE $
(368-8000 ; www.lamerluche.com ; 202 rue de la Reine ; dort 30 $, d/t 65-75/85-95 $ selon saison, taxes incl ;). Originaire de Gaspé, Catherine a convaincu son conjoint Simon-Philippe, "un gars de la ville", de poursuivre les voyages entamés avec LEUR auberge de jeunesse. Le rêve est maintenant réalité, pour le bonheur de tous : dortoirs propres et ensoleillés, lits doubles (40 $), belle cuisine, terrasse, garage à vélos, laverie et tout ça dans une belle vieille maison rafraîchie avec vue sur mer.

Logis-Vacances Cégep RÉSIDENCE ÉTUDIANTE $
(368-2749 ; www.cgaspesie.qc.ca/gaspe/hebergement/logis-vacances ; 94 rue Jacques-Cartier ; s/d 35/48 $, app 91-118 $; 10 juin-10 août ;). Central et dominant la ville, ce collège loue, durant les vacances d'été, des lits en chambres communes, des chambres individuelles ainsi que des appartements équipés pour 5 à 8 personnes. Table de billard et salle de projection vidéo.

Café des Artistes CAFÉ $
(368-3366 ; 101 rue de la Reine ; plats 9-13 $; 7h-22h30 tlj, sam-dim et hors saison à partir de 8h30 ;). Une adresse sympathique pour des petits-déjeuners (croissants, bagels, omelettes) et repas légers (salades, sandwichs, pizzas et pâtes fraîches) dans un décor joyeux et artistique. Le service manquait toutefois un peu d'entrain. Petite terrasse, concerts dans le parc en contrebas.

La Maison William Wakeham GASTRONOMIE DU TERROIR $$
(368-5537 ; www.maisonwakeham.ca ; 186 rue de la Reine ; s/d 99-159/109-169 $, menu midi 14-21 $, table d'hôte 33-40 $; Pâques-oct). L'un des restaurants de Gaspé pour déguster, dans une ambiance chic à l'anglaise, une cuisine du terroir. Tapas, brunch dominical (à partir de 9h) et belle carte des vins. Le chef est également propriétaire et, de ce fait, le restaurant a meilleure réputation que sa portion hébergement. Chambres champêtres, avec boiseries, jolis draps et papiers peints. Nombreux forfaits.

Brise-bise RESTO-PUB $$
(368-1456 ; www.brisebise.ca ; 135 rue de la Reine ou 2 côte Carter ; plats 10-24 $, table d'hôte 22-40 $; tlj 1030-22h , jeu-sam bar jusqu'à 3h). À mi-chemin entre la cuisine pub et snack, ce restaurant bien central met la crevette et les frites à l'honneur. Belle sélection de desserts maison. Très familial, service très sympathique "à la québécoise" et terrasse couverte avec vue sur la baie de Gaspé. Concerts dans la section bar, au rez-de-jardin.

Depuis/vers Gaspé

BUS Le parking du restaurant du Motel Adams (20 rue Adams) sert de terminus aux bus **Orléans Express** (368-2244 ou 1 888-999-3977 ; www.orleansexpress.com) qui relient deux fois par jour Gaspé depuis Montréal (130 $, 15 heures) et Québec (119 $, 13 heures) via le Bas-Saint-Laurent et la Haute-Gaspésie.
Un autre circuit relie Rimouski deux fois par jour via la Vallée et la baie des Chaleurs. Le réseau de transport public **Régîm** (1 877 521-0841, www.monregim.net) dispose de 6 lignes dans la région de Gaspé, couvrant la pointe jusqu'à L'Anse-à-Valleau au nord et L'Anse-à-Beaufils près de Percé au sud. Possibilité de transfert vers la baie des Chaleurs. Il est préférable de réserver la veille pour garantir sa place (3 $).

TRAIN Le train de la compagnie **VIA Rail** (1-888-842-7245 ; www.viarail.ca) en provenance de Montréal a pour terminus la **gare de Gaspé** (368-4313 ; 8 rue de la Marina ; 11h15-15h15, lun, jeudi et sam). Près de 18 heures de trajet au total (3 départs/sem).

AVION Le tout petit aéroport de Gaspé est desservi quotidiennement depuis Montréal et Québec par les lignes régionales d'**Air Canada** (1-888-247-2262 ; www.aircanada.com). Une liaison dessert également les îles de la Madeleine (à peine 30 min de vol).

VOITURE Gaspé se trouve le long de la route 132 qui fait le tour de la péninsule. La route 198 permet de joindre Murdochville et de continuer vers la Haute-Gaspésie.

Saint-Georges-de-Malbaie

Ce village, aux allures de hameau éclaté, fut auparavant un port de pêche important. Pour repère, le parc national Forillon est à 43 km au nord, et Percé, à 34 km au sud. Au sud du village, à Pointe-Saint-Pierre, vous aurez un beau point de vue sur les deux endroits.

Activités

Avolo KAYAK DE MER
(645-3845 ou 1-877-530-8383 ; www.avolo.qc.ca ; 1669 route 132 Est ; sortie 2h adulte/étudiant/

LE BARACHOIS

Le mot barachois vient de la déformation de l'expression "barre à choir", banc de sable qui entoure une lagune et sur lequel les pêcheurs échouent leurs embarcations. En général, le barachois se forme à l'embouchure d'une rivière, en raison des dépôts qu'elle transporte et qui s'y amassent. Des algues aquatiques poussent alors, des organismes marins apparaissent et les poissons se multiplient pour le plus grand bonheur des canards, des cormorans, des grands hérons, des bernaches et des sternes.

En Gaspésie, les barachois se localisent dans la baie des Chaleurs. De Gaspé à Miguasha, ils sont nombreux et se prêtent toujours particulièrement bien à l'observation des oiseaux.

Le Barachois de Malbaie n'y fait pas exception. Pour vous en rendre compte, rendez-vous au **Centre d'information du Barachois** (645-2317 ; rue de la Plage, Coin-du-Banc ; variables, généralement tlj 9h-17h juin-sept) où des guides-interprètes pourront répondre à vos questions et proposent des sorties guidées gratuitement.

enfant 50/45/40 $, 3h30 60/55/50 $, 8h déj incl 120/115/10 $, sortie nocturne 2h adulte/étudiant 55/50 $; mai-oct). Basé sur le site du camping Tête d'indien, ce prestataire programme des sorties en kayak de mer. Possibilité de partir au lever du soleil ou la nuit, certaines sorties demandent un nombre minimal de participants et une expérience de base.

Où se loger

Camping Tête d'Indien CAMPING $
(645-2333 ou 1-877-530-8383 ; www.teteindien.com ; 1669 route 132 Est ; empl 24-35 $; mai-oct). Le site, en bordure du golfe Saint-Laurent, avec vue au loin sur le rocher Percé, forme un panorama grandiose. Vous pourrez observer (avec des jumelles) des canards, voire des baleines à la surface de l'eau.

Fort-Prével AUBERGE-GOLF $$
(368-2281 ou 1-888-377-3835 ; www.aubergefortprevel.com ; 2053 bd Douglas ; d 82-129 $ selon saison et ch, chalets 221$/6 pers ; mi-juin à mi-sept). Géré par Parcs Québec, le site historique de Fort Prével constitue un bon point de chute. Construit en 1936 pour former un avant-poste de défense lors de la Seconde Guerre mondiale, le site y fait maintenant le bonheur des amateurs de golf et son auberge jouit d'un cadre superbe. Elle propose aussi des chambres en pavillon ou en motel confortables.

Coin-du-Banc

Loin de l'agitation de Percé, mais distant seulement d'une dizaine de kilomètres, Coin-du-Banc est une halte reposante avec sa longue plage sablonneuse, où vous pouvez ramasser des agates et des jaspes à défaut de vous baigner (l'eau y est fraîche).

Où se loger et se restaurer

Auberge Le Coin du Banc AUBERGE DE CHARME $
(645-2907 ; 315 route 132 ; d 50-95 $, chalet 85-125 $; plats 8-35 $, table d'hôte 18-42 $). Un endroit où l'on a envie de poser ses valises. Les propriétaires avaient l'auberge de l'Île Bonaventure avant d'être expropriés et de voir leur bâtiment, brûlé, gardant des souvenirs douloureux. Cette auberge familiale de style irlandais possède un parquet qui craque sous les pas et de jolies chambres, toutes différentes, meublées d'antiquités. Les lits arborent des courtepointes. Le restaurant propose une cuisine convaincante (superbe buffet de desserts) au milieu d'œuvres d'art et d'instruments anciens. Des chalets sont à louer, pour se rapprocher encore plus de la plage.

Café des couleurs CAFÉ-GALERIE $
(645-2745 ; 1004 route 132 à Barachois ; plats 8-16 $; tlj 9h-17h juin-fin sept). On a depuis la terrasse de ce café perché une vue reposante sur le Barachois. Boutique et galerie d'art à l'étage. On a continué à rêver longtemps au délicieux ceviche au saumon fumé et crevettes servi sur une gaufre, parfaitement épicé. Spécialité de morue à la portugaise.

Percé

On y vient d'abord pour le fameux rocher Percé, vraiment impressionnant et de toute beauté au soleil couchant. Proche du rivage, il est désormais interdit de l'approcher à pied car plusieurs tonnes de roches s'en détachent chaque année. L'autre point d'attraction de Percé, c'est l'île Bonaventure, à 3,5 km du rivage et qui accueille la plus grande colonie de fous de Bassan au monde. Ceux-ci viennent y nicher à partir du mois d'avril.

Malheureusement, le joli petit village, dominé par le mont Sainte-Anne (375 m) et doté d'une imposante église ainsi que de maisons aux belles façades blanches, perd beaucoup de son authenticité en haute saison. L'été, l'endroit est saturé de touristes et de camping-cars. Le long de la rue principale se concentrent boutiques, galeries, motels et restaurants et des rabatteurs tentent de vous vendre des excursions en mer. Hors saison, elle est déserte ; nombre de ses établissements n'ouvrent d'ailleurs leurs portes que de la fin juin à la mi-septembre. Été comme hiver, mieux vaut réserver votre hébergement.

Un circuit des principaux bâtiments historiques est disponible au bureau d'information touristique. Un audioguide en application iPhone est en vente (www.perce.info ; 1,99 $), mais il est aussi possible de télécharger les fichiers audio gratuitement. Pour bénéficier d'une vue générale sur le village, le rocher et l'île Bonaventure, prenez la route des Failles, indiquée au sud du village).

Renseignements

BUREAU D'INFORMATION TOURISTIQUE (782-5448 ; www.rocherperce.com ; 142 route 132 ; tlj 8h30-20h juil-août, 9h-17h basse saison, ouvert mi-mai à mi-oct)

PARKING Un stationnement public (11 $/jour), en diagonale du bureau touristique, permet de se garer près du quai lors de sorties vers le rocher Percé et l'île Bonaventure. Les bateliers offrent souvent le parking à leurs clients, renseignez-vous au moment de réserver votre croisière.

Fêtes et festivals

Percéides (fin août ; www.perceides.ca). Festival d'art et de cinéma.

Festiplage (fin-juillet ; www.festiplage.com). Fête sur la plage, avec concerts rock.

À voir

ÎLE BONAVENTURE ET ROCHER PERCÉ

L'île Bonaventure et le rocher Percé sont des sites protégés faisant partie du **Parc national de l'île-Bonaventure-et-du-Rocher-Percé** (782-2240 ; www.sepaq.com/pq/bon ; 4 rue du Quai ; accès île adulte/6-17 ans/famille 6/2,75/12 $; tlj 9h-17h juin à mi-oct), dont l'accès est payant. La Neigère, un des bâtiments blancs de la compagnie Robin, constitue l'accueil du parc, entre le quai et la rue principale. Le rez-de-chaussée du Chafaud présente aussi une exposition sur l'île et son histoire.

Île Bonaventure

Vous gagnerez l'île Bonaventure sur un bateau de l'une des trois compagnies regroupées dans un même bâtiment, à proximité du quai. Pour un trajet aller-retour, comptez 25 $ (-12 ans/-6 ans 7 $/gratuit), auquel il faut ajouter le prix du billet d'entrée sur l'île.

Avec une superficie de 4 km², l'île Bonaventure se parcourt aisément à pied. Quatre sentiers ont été aménagés d'ouest en est, comptabilisant 15 km de randonnée. Le **sentier des Mousses** au nord se fait en 1 heure 15. Le **sentier des Colonies** rejoint directement le belvédère d'observation des fous de Bassan, où un guide naturaliste répond à vos questions. Large et facile d'accès (pour les enfants et les personnes âgées), il est certainement le plus fréquenté (45 min l'aller). Plus au sud, le **sentier Paget** alterne, sur 4 km, paysages forestiers et champs. Comptez 1 heure pour l'aller. Au sud, le **sentier Chemin-du-Roy** est le plus spectaculaire de tous, mais le plus long (près de 1 heure 30 l'aller). Il longe la baie des Marigots et sa jolie plage, avant d'atteindre le belvédère d'observation des fous de Bassan. Pour revenir, vous pouvez emprunter le sentier des Colonies. En empruntant le Chemin-du-Roy, vous pourrez aussi voir des phoques.

Sachez que les bateaux font la navette toutes les 30 minutes en juillet et août (toutes les heures hors saison). Le dernier retour de l'île se fait avec la fermeture du parc, à 17h. Comptez au moins 3 heures pour le trajet aller-retour et la promenade. Sur place, vous trouverez le resto des Margaux, un café proposant une fameuse soupe de poisson et des sandwichs, ouvert de 9h à 17h de début juin à début octobre. Le soir, le parc organise des soirées à thèmes consacrées aux fous de Bassan, aux phoques, aux fonds marins ou aux baleines. Consultez le semainier des activités à l'extérieur de la Neigière.

Rocher Percé

À l'origine, le rocher avait trois arches. Lorsque Jacques Cartier passe devant, en juillet 1534, le rocher est encore relié à la pointe du Mont-Joli. Lors du voyage de Champlain en 1603, le rocher se distingue nettement de la rive à marée haute. Friable,

L'ÎLE AUX FOUS

Extraordinaire échapée, l'**île Bonaventure** donne à voir de hautes falaises, dont les plus abruptes se situent à la pointe à Margaulx, paradis des oiseaux. L'île abrite, à ce titre, la plus importante colonie de fous de Bassan au monde, soit environ 100 000, de même qu'environ 130 espèces d'oiseaux, dont le faucon, le busard des marais, l'épervier brun, le cormoran, le goéland et le macareux. Au total, la population d'oiseaux marins est évaluée à plus de 250 000.

On observe les fous de Bassan dès le mois d'avril, alors qu'ils viennent nicher sur les parois rocheuses de l'île. La pointe à Margaulx, au sud-est de l'île, est l'endroit tout indiqué pour les voir.

Aujourd'hui, l'anse à Butler constitue la seule porte d'entrée de l'île. Les bâtiments de la compagnie LeBoutillier (Butler est la contraction anglaise du nom) ont été restaurés et servent non seulement de postes d'accueil et de restaurant, mais retracent aussi la vie insulaire d'autrefois.

L'île ne possède pas d'eau potable et il est rigoureusement interdit de camper. La seule façon de la contempler dans ses atours du soir, est de participer à l'une des sorties d'observation nocturne organisées par le parc.

le rocher perd une à une ses arches. La dernière s'est écroulée le 17 juin 1845. Petit à petit, la mer grignote cette falaise de calcaire, haute de 90 m à son point le plus élevé. Une ouverture se dessine, s'accentuant chaque année un peu plus et donnant à voir aujourd'hui un rocher percé d'une seule arche. Les vagues et les marées, le gel et le dégel continuent à le sculpter et à le délester de 300 tonnes de roches par an.

Au sommet de la falaise, apparaissent de nombreux oiseaux marins et côtiers : le goéland argenté, le cormoran à aigrette, la mouette tridactyle et de petits pingouins. Un programme d'interprétation (fin-juin-août) permet, en compagnie d'un guide, de découvrir l'histoire de la centaine d'espèces de fossiles (vieux de 375 millions d'années) et des oiseaux migrateurs répertoriés sur le site. Départs à 15h30 de la Neigière.

Activités

Outre les sentiers aménagés sur l'île Bonaventure (voir plus haut), vous pouvez aussi emprunter, derrière l'église, le sentier qui mène au **mont Sainte-Anne** (3 heures) et qui passe devant une grotte. Un autre sentier pédestre de 3 km aller-retour mène à la **Grande Crevasse**. Rejoignez-le par la route des Failles, à 2 km à l'ouest de la ville, après une pente abrupte. Au total, Percé compte une quarantaine de kilomètres de sentiers pédestres, de l'Anse à Beaufils jusqu'au Coin-du-Banc. Une carte est disponible auprès du bureau touristique.

Tour de l'île Bonaventure, croisières nocturnes ou sorties d'observation des baleines (à partir de la mi-juin) : les **sorties en mer** ne sont guère différentes d'une compagnie à l'autre, dont les principales sont regroupées dans un même bâtiment, à proximité du quai d'embarquement. Pour une sortie d'observation des baleines de 3 heures, comptez 50-60 $ en Zodiac. Les excursions autour de l'île Bonaventure (avec débarquement ou non) et du rocher Percé durent 1 heure en moyenne (environ 25 $).

Le Rorqual PÊCHE EN MER

(☎782-2022 ou 1-800-463-0858 ; 212 route 132 Ouest, renseignements auprès de l'Hôtel-Motel Manoir Percé ; sortie 3h 60$/pers ; ⏲juin-fin sept). Le bateau *Le Rorqual* propose des sorties de pêche personnalisées à la morue, au maquereau, entre autres, avec le capitaine Bujold. En haute saison, deux départs sont proposés par jour, à 10h et 14h. Vous gardez vos prises et on vous les prépare même à la cuisson sur le bateau.

Club nautique de Percé PLONGÉE

(☎782-5403 et l'hiver 782-5326 ; www.percenautic.ca ; 199 route 132 ; 1/2 sorties 95/155 $, baptême 170 $). Le club organise tous les jours de juin à la mi-septembre des sorties de plongée sous-marine. Il loue l'équipement et assure le transport sur les sites.

Avolo KAYAK DE MER

(☎782-5403 ; www.avolo.qc.ca ; 199 route 132, au club nautique ; sortie 2h adulte/étudiant/enfant 45/40/35 $, 4-5h 75/70/65 $, 8h déj incl à l'île 120/115/105 $; ⏲juin-oct). En collaboration avec le club nautique de Percé, Avolo organise des sorties guidées en kayak de mer. Les plus courtes se rendent jusqu'au rocher et sont adaptées aux débutants, tandis que les plus longues se rendent jusqu'à l'île Bonaventure. C'est une excellente opportunité d'observer les macareux et les phoques. Si vous détenez les certifications appropriées, possibilité de louer l'équipement seulement (demi-journée/journée 20/30 $).

Où se loger

L'offre hôtelière est abondante de la mi-juin à la mi-septembre. Il est préférable de téléphoner, soit pour réserver (durant la saison estivale), soit pour s'assurer, en dehors de la période estivale, de l'ouverture des établissements. Les hôtels et motels se succèdent sur la route 132, qui traverse le village. Nombre d'entre eux ont des chambres du côté du golfe du Saint-Laurent.

Nature Océan CAMPING ET CHALETS **$**
(782-2400, 782-2181 ou 1-877-682-2400 ; www.natureocean.com ; 400 route 132 ; empl 28-39 $, chalet 3-4 personnes 70-195 $/jour et 550-1095 $/sem ; mai-oct) Tout près de l'anse sud de Percé et juché sur une butte saluant un panorama exceptionnel face à la mer, ce camping propose de superbes chalets rustiques en bois construits par son propriétaire, un jeune Gaspésien jovial. Chalets tout confort (2 chambres, draps, TV, cafetière). Certains sont équipés d'une cuisine extérieure, sur véranda. Vous y séjournerez en toute tranquillité, à quelques minutes de Percé. Emplacements de camping pour tentes (terrain boisé) avec beaux points de vue.

Le Macareux MOTEL ET CHAMBRES **$**
(782-5063 ou 1-866-602-2414 ; 262 route 132 ; ch 30-90 $; mai-oct). Au-dessus d'une grosse boutique de souvenirs à l'offre banale, chambres sommaires et sans charme, mais certainement une option parmi les plus abordables de Percé, en plus d'être bien situé !

Gîte À l'abri du vent CHAMBRES D'HÔTE **$$**
(782-2739 ou 1-866-782-2739 ; www.alabriduvent.ca ; 44 rue du Cap Barré ; s/d 69/79-89 $, 10 $ de moins en basse saison). Sur le chemin menant à la grotte et au mont Sainte-Anne, dans une rue derrière l'église, ce gîte sans prétention vous réserve un bon accueil familial, loin de l'agitation du centre-ville. Les chambres sont installées au sous-sol et en sont pas très ensoleillées. Un bon point de chute.

Au Presbytère CHAMBRES D'HÔTE **$$**
(782-5557 ou 1-866-782-5557 ; www.perce-gite.com ; 47 rue de l'Église ; ch 89-169$ en haute saison, prix dégressifs en basse saison ; mai-oct). Donnant sur la place de l'église, cette imposante demeure blanche est plus que centenaire. Vous pourrez profiter de la belle véranda lumineuse ainsi que de la salle à manger ornée de meubles anciens et de vaisselle immaculée. À l'étage, les chambres sont claires et spacieuses. Une mini-suite dispose de chambres communicantes. De loin, le meilleur gîte du village.

PERCÉ EN HIVER

Comme bon nombre d'établissements sont fermés en hiver, il est recommandé de réserver ou de téléphoner à l'avance. Vous trouverez des informations sur les établissements ouverts et les conditions routières, sur le site www.rocherperce.com.

Riotel HÔTEL RÉNOVÉ **$$**
(782-2166 ou 1-800-463-4212 ; www.riotel.com ; 261 route 132 ; d 89-199 $; mi-mai à mi-oct). Le complexe hôtelier propose, en plus de ses chambres d'hôtel, deux ailes de petits motels face à la mer. Chaque unité est décorée de boiseries et équipée de lits aux belles couettes épaisses. Suites très modernes disponibles. Un bon choix.

Où se restaurer

Le petit Fournand CAFÉ **$**
(782-2211 ; 254 route 132 Ouest ; plats 5-13 $; variables). Café coloré et sympathique aux allures bohèmes. On y déguste des jus "santé" et des gaufres le matin, de même que des bières locales et des sandwichs l'après-midi. Expositions, films et musique sont souvent à l'honneur.

Les sacs à vin BISTRO **$$**
(782-1414 ; 50 route 132 Ouest ; plats 11-29 $, table d'hôte 25-35 $; tlj dès 10h30). Tout petit bistro tenu par François qui y fait tout (service lent mais sympathique) et sert dans une atmosphère bon enfant, un brunch chaque jour, un menu et quelques plats de homard et de poisson, que le propriétaire prépare pour ses clients jusqu'à la fermeture, au petit matin. La bière y coule à flots et les prix sont raisonnables.

La maison Mathilde QUÉBÉCOIS **$$**
(782-2349 ou 1-800-463-9700 ; 85 route 132 Ouest ; table d'hôte 24-46 $; tlj 7h-11h30 et 16h-22h mi-juin-fin sept). Petit restaurant sans prétention proposant un menu aux accents du terroir offrant poissons et fruits

de mer. Service un peu lent, mais cuisine délicieuse.

La Maison du Pêcheur FRUITS DE MER **$$$**
(☎782-5331 ; 155 place du Quai ; menu midi 12-19 $, plats 15-46 $, table d'hôte 36-49 $; ⊙tlj juin à mi-oct). L'adresse incontournable de Percé. La cuisine, à base de spécialités de poisson et de crustacés (langues de morue au beurre d'oursins, tartare de saumon aux algues et homard frais), est savoureuse. Juste en dessous et moins cher, le Café de l'Atlantique appartient au même propriétaire. Le choix est tout aussi large et honnête. Spécialité : les œufs bénédictine au homard, en petit-déjeuner… Bel emplacement, en bord de mer, avec vue sur le rocher.

Depuis/vers Percé

BUS Les bus **Orléans Express** (☎782-5417 ; arrêt sur demande devant le 142 route 132, kiosque d'information touristique, billetterie à l'Anse-à-Beaufils station-service Ultramar, 896 route 132) relient deux fois par jour Percé à Québec, via le Bas-Saint-Laurent, la vallée de la Matapédia et la baie des Chaleurs. Le prix du billet revient à 134 $ TTC. Le réseau de transport public **Régîm** (☎1 877 521-0841, www.monregim.net) dispose de 2 lignes dans la région de Percé, ce qui permet de joindre Paspébiac ou Gaspé. Il est préférable de réserver la veille pour s'inscrire et garantir sa place (3 $).

TRAIN Depuis Montréal, *Le Chaleur* de **VIA Rail** (☎1-888-842-7245 ; www.viarail.ca) relie Percé en passant par la rive sud du Saint-Laurent, 3 fois par semaine. Le train poursuit son itinéraire jusqu'à Gaspé, puis repart dans l'autre sens. La **gare** (☎782 2747 ; 44 rue de l'Anse-à-Beaufils) la plus proche se situe à 11 km au sud de Percé. Le trajet entre les deux villes peut se faire en taxi avec **Taxi Percé** (☎782-2102).

L'Anse-à-Beaufils

Aux environs de Percé, ne manquez pas de vous arrêter à L'Anse-à-Beaufils, charmant petit port de pêche toujours en activité qui a conservé ses installations d'antan et un charme discret. Sa belle plage est réputée pour ses agates et ses jaspes.

Quelques kilomètres à l'ouest du village L'Anse-à-Beaufils, vous trouverez, sous la passe ornithologique de Cap-d'Espoir, une superbe plage sablonneuse, idéale pour la baignade.

À voir et à faire

Magasin général RECONSTITUTION HISTORIQUE
(☎782-2225 ; 32 rue Bonfils ; adulte/étudiant/enfant 9,50/6,50/5 $; ⊙tlj 10h-17h mi-juin à fin sept). La famille de l'ancien propriétaire de la boutique fait revivre en habit d'époque l'atmosphère du lieu qui a conservé ses boiseries d'origine, ses meubles, ses outils et autres marchandises. La visite raconte merveilleusement la vie du village. Étonnante collection d'outils antiques.

En Mer SORTIE DE PÊCHE
(☎1-877-689-6595, www.enmer.ca ; quai de l'Anse-à-Beaufils ; adulte/enfant 40/25 $; ⊙tlj départs à 9h, 13h et 15h30, sur réservation, fin juin-fin sept). Jacques Pagé est pêcheur côtier de homard et de maquereau depuis 30 ans. À bord de *L'Anse du cap*, vous découvrirez sa réalité de pêcheur en petit groupe et prendrez part vous aussi à cette expérience et bien sûr, emportant avec vous vos prises de maquereau.

Où se restaurer et prendre un verre

La Vieille usine BISTRO-SPECTACLES **$**
(☎782-2277 ; www.lavieilleusine.qc.ca ; 55 rue à Bonfils ; plats 6-18 $; ⊙tlj juin à mi-sept). Cette ancienne usine de poissons regroupe un bistro-pub à la cuisine irréprochable, des salles de spectacles et d'expositions et une boutique d'artisanat régional. Elle doit sa sauvegarde architecturale et sa reconversion à une quarantaine de personnes de ce village soucieuses de préserver le patrimoine. L'endroit est chaleureux et animé, très fréquenté par les locaux comme les touristes. Le soir, la terrasse en bordure du quai flottant est un pur bonheur. Quelques spectacles extérieurs gratuits.

Chandler

Chandler fut longtemps une ville où prédominait l'industrie de la pâte à papier. Son activité économique dépend toujours de la gigantesque usine Abitibi-Price. Dans le port, des cargos venus du monde entier appareillent, chargés de tonnes de papier.

À noter : il est désormais possible d'embarquer pour les îles de la Madeleine depuis Chandler, et de rejoindre ainsi la croisière CTMA qui part de Montréal le vendredi après-midi et fait escale à Chandler le samedi soir pour une arrivée aux îles le dimanche matin. Le retour des îles se fait le mardi soir, avec arrivée à Chandler le mercredi matin (et à Montréal le vendredi matin). Les tarifs aller simple varient de 163 à 196 $ en occupation double et de 194 à 250 $ en occupation simple. Faire traverser une voiture vous coûtera 171 $. Renseignements et réservation auprès de **CTMA** (986-3278 ou 1-888-986-3278 ; www.croisieresctma.ca).

Renseignements

BUREAU D'ACCUEIL TOURISTIQUE (689-3185 ; 10 bd Pabos ; tlj 8h-17h fin juin-début sept, 8h-19h juil-début août)

À voir

Site Mary Travers "La Bolduc"

MUSÉE ET CHANSON QUÉBÉCOISE

(777-2401 ; www.labolduc.qc.ca ; 342, route 132, Newport ; adulte/enfant et étudiant/famille 8/7/25 $; tlj 10h-16h juin-sept, 9h-17h juil-août). Native de Newport, Mary Travers dite "La Bolduc" est une chanteuse québécoise qui a marqué la culture de l'entre-deux-guerres, avec ses chansons humoristiques d'inspiration traditionnelle, propres aux veillées d'antan. Le musée retrace la vie et la carrière de l'artiste et offre une représentation où l'on prend le thé en musique avec "La Bolduc" du site.

Lelièvre, Lelièvre et Lemoignan Ltée

ÉCONOMUSÉE DE LA MORUE SALÉE SÉCHÉE

(385-3310 ; 52 rue des Vigneaux, Sainte-Thérèse de Gaspé ; 5 $, gratuit -12 ans ; lun-sam 9h-17h fin juin à mi-sept). L'entreprise produit toujours la fameuse morue salée et séchée qui a fait la richesse des Jersiais de Robin et LeBoutiller. Cet économusée en retrace l'histoire et en expose les secrets de fabrication. Artéfacts et art contemporain de la morue. Visites guidées et boutique de poissons.

LE SAVIEZ-VOUS?

LES FAUX AMIS

Ne vous étonnez pas si on vous dit candidement que La Bolduc "était la reine de la turlute". Au Québec, la turlute est un art musical (et buccal !) où la mélodie est chantée à l'aide d'onomatopées. Gilles Vigneault, le groupe La bottine souriante et même le groupe normand Mes souliers sont rouges turlutent d'ailleurs très bien. Essayez, pour voir : tam-da-li-da-li-da-li-di-dam, tam-di-la-di-da-da-li-de-la-dam...

BAIE DES CHALEURS

Cette région doit son nom à Jacques Cartier qui, impressionné par la douce chaleur du lieu, la dénomma ainsi en juillet 1534 dans son journal de bord. Elle constitue effectivement un territoire protégé des vents froids. Plages de sable fin et barachois rythment le littoral. À la différence du nord de la péninsule, le paysage est plus plat et moins rocheux, moins pittoresque aussi.

Paspébiac

Des descendants de Normands, de Bretons, d'habitants des îles anglo-normandes et de Basques forment la population de ce village, qui a longtemps vécu au rythme de la pêche à la morue. Les bâtiments du **Banc-de-Pêche-de-Paspébiac** (752-6229 ; www.shbp.ca ; 3e Rue, route du Quai ; adulte/étudiant et senior/famille 10/8/24 $; tlj 9h-17h juin à sept) témoignent de cette époque historique. Reconnaissables à leurs façades de bois peintes en blanc et à leurs portes rouges (couleur basque), ils s'animent grâce aux guides qui font revivre l'époque où la pêche à la morue salée et séchée était à l'origine d'un commerce florissant. Imposant, le bâtiment B.B. (prononcé bibi) est le symbole du site, tandis que le hangar est le théâtre de manifestations culturelles courues des locaux. Des expositions retracent les savoir-faire des différents métiers de tonnelier, forgeron et constructeur naval. Ne ratez pas le clou du site, à la forge ! Restaurant sur place (plats 13-31 $), offrant des spécialités gaspésiennes de poisson.

New Carlisle

Traverser New Carlisle, c'est croiser une enfilade de belles maisons à l'architecture anglo-saxonne, souvent bordées d'arbres centenaires. Ce village loyaliste a vu grandir René Lévesque, fondateur du Parti québécois et Premier ministre du Québec de 1976 à 1985. Une statue de cet homme politique d'envergure est d'ailleurs érigée dans le parc municipal.

À voir

Centre culturel et d'interprétation Kempffer

MUSÉE DE LA VILLE

(752-1334 ; 125 bd G.-D. Lévesque ; expo ou visite adulte/senior/enfant et étudiant 5/4/3 $, expo + visite 7/6/5 $; tlj 9h-17h fin juin à mi-sept). Bâtiment détonnant un peu du lot avec son rouge éclatant, la maison Kempffer retrace l'histoire de New Carlisle en s'attardant aux interactions entre les différents groupes de migrants : loyalistes, Acadiens et Jersiais. L'autre service offert est un tour guidé du village.

Où se loger

Manoir Hamilton MANOIR NÉO-CLASSIQUE $$
(☎752-6498 ou 1-866-542-6498 ; www. manoirhamilton.com ; 115 rue Principale ; d avec petit-déj 80 $, empl camping 25 $; ⏲mai-sept). Du nom d'un ancien député du comté de Bonaventure, ce luxueux manoir d'époque se visite (5 $) et permet de se replonger dans l'ambiance d'une époque révolue. Meubles, tapisseries, objets, photographies et gravures jalonnent le parcours. Il fait aussi gîte en proposant 5 chambres lumineuses tout en raffinement. Un salon de thé est ouvert de 13h à 16h, tous les jours sauf les lundis et mardis.

Bonaventure

En bordure du fleuve, Bonaventure est une ville animée qui tire son nom, dit-on, d'un voilier qui sillonnait le Saint-Laurent dans les années 1590. Nombre d'Acadiens y trouvèrent refuge en 1760 après le Grand Dérangement (voir l'encadré p. 426). Encore aujourd'hui, environ 80% de la population (près de 3 000 habitants) est d'origine acadienne.

Renseignements

BUREAU D'ACCUEIL TOURISTIQUE (☎534-4014 ; 93 av. de Port-Royal ; ⏲tlj 9h-16h début juin-début oct, 9h-19h mi-juin-fin août)

À voir et à faire

Musée acadien du Québec HISTOIRE ET ETHNOGRAPHIE ACADIENNES
(☎534-4000 ; www.museeacadien.com ; 95 av. Port-Royal ; adulte/senior/étudiant/famille 9,25/7,25/6,25/25 $, audioguide 3,75 $; ⏲tlj 9h-18h fin juin à début sept, jusqu'à 17h début sept à mi-oct, lun-ven 9h-12h et 13h-16h, dim 13h-16h30 mi-oct-début mai, aussi sam 13h-16h30 mai-fin juin). Qui étaient les Acadiens ? Comment vivaient-ils avant leur dispersion ? Où les retrouve-t-on aujourd'hui et quel est leur héritage culturel ? Ce musée répond à ces questions et plus encore. À l'extérieur du musée, une série de pavillons abritent des boutiques, un café et une impressionnante exposition de maquettes de maisons de la ville. L'été, différentes animations (concerts, notamment) sont proposées en soirée sur la terrasse du musée.

Bioparc de la Gaspésie PARC ÉCOLOGIQUE
(☎534-1997 ou 1-866-534-1997 ; www.bioparc.ca ; 123 rue des Vieux-Ponts ; adulte/senior/3-14 ans/famille 17/15/10,25/48 $; ⏲tlj 9h-18h juil à mi-août, 9h-17h juin et mi-août à mi-oct). Ce bioparc à vocation éducative présente l'intérêt d'illustrer les cinq écosystèmes présents en Gaspésie : la baie, le barachois, la rivière, la toundra et la forêt. Les enfants se plairont à observer les animaux habitant ces différents milieux, de la loutre à l'ours noir, en passant par l'orignal, le coyote ou le porc-épic.

Cime Aventure CANOT ET KAYAK
(☎534-2333 ou 1-800-790-2463 ; www.cimeaventure.com ; 200 ch Anathase-Arsenault). Propose des excursions sur la rivière Bonaventure en kayak ou en canot. À un tarif par embarcation s'ajoute un tarif par personne. Comptez 30-39 $ pour la familiale (9 km, 2h) et 54-64 $ pour la populaire (20 km, 4h). Autres forfaits disponibles.

Excursions L'Omirlou PÊCHE
(☎534-2955 ou 581-886-0472 ; www.lomirlou.com ; Quai de Bonaventure, rue Beaubassin ; adulte/enfant 40-50/25 $; ⏲mai-sept). Le capitaine Sylvain Arsenault vous permet de vivre une expérience inoubliable en vous familiarisant avec le métier de pêcheur à bord du bateau *L'Omirlou*. Vous pourrez taquiner le homard en mai et juin, le maquereau de juin à septembre et le crabe aux mois d'août et septembre. Il est possible de loger chez le capitaine (154 chemin de la Rivière), pratique si vous prenez le départ de 4 heures du matin, et de bénéficier de forfaits. Artiste créant à base de coquillages et produits de la mer, sa femme Line ouvre son **atelier** (⏲lun-sam 9h-12h mi-juin à mi-sept) l'été aux visiteurs de passage.

ENVIRONS DE BONAVENTURE

Ferme Bourdages FRAISIÈRE ET VINIFICATION
(☎534-2700 ; www.fermebourdages.com ; 255A av. du Viaduc, Saint-Siméon-de-Bonaventure ; ⏲tlj 8h-18h mi-juin à mi-oct, 9h-17h hors saison). Sept générations de Bourdages ont cultivé des fraises. Leur étonnant complexe comprend des champs (dont certains en auto-cueillette), une cuverie où les fraises sont vinifiées en trois surprenantes créations (on craque pour Alexis), un cellier et un grand marché de produits de la fraise et de produits régionaux. Visite de la cuverie et dégustation sur demande.

Grotte de Saint-Elzéar SPÉLÉOLOGIE
(☎534-3905 ; www.lagrotte.ca ; 136 chemin Principal, Saint-Elzéar ; adulte/enfant 37/27 $ taxes incl ; ⏲tlj mi-juin à mi-oct sur réservation). Plus vieille et deuxième plus grande du Québec, la grotte de Saint-Elzéar présente non seulement de belles concrétions calcaires mais aussi une variété de squelettes d'animaux (carcajous, ours, etc.), certains aujourd'hui inexistants dans la région, demeurés prisonniers de ses entrailles après être tombés dans le puits d'entrée.

Où se loger et se restaurer

Cime Aventure YOURTES ET ÉCOLOGIS $
(☎534-2333 ou 1-800-790-2463 ; www.cimeaventure.com ; 200 chemin Athanase Arsenault ; empl tente/tipi 23-27/65-85 $; ⏲mi-mai à début oct). Basé à 9 km au nord de Bonaventure, ce prestataire d'activités de plein air propose des sites aménagés en pleine nature et des tipis, ainsi que de magnifiques "éco-logis" sur pilotis (119-189 $/nuit), des yourtes festives (85-105 $/nuit) et des chalets avec cuisine pouvant accueillir jusqu'à 12 personnes (199-279 $/nuit). Son restaurant, L'Acayenne, ouvert en juillet-août (plats 13-21 $), sert une bonne cuisine régionale. Un spa et un sauna se sont récemment ajoutés à l'éco-complexe. Concerts les lundis et jeudis.

Auberge du Café Acadien AUBERGE $
(☎534-4276 ; 168 rue Beaubassin ; s/d avec sdb commune et petit-déj 60/70 $; petit-déj 5-14 $, plats 10-29 $; ⏲mi-juin à août ; 📶). Située sur la pointe, près du port de pêche et du camping, ce bâtiment servait autrefois à la vente de poissons. On y trouve une belle ambiance de vacances et un décor de pêche agrémenté de curiosités ramenées de voyage par les propriétaires. Les chambres à l'étage sont lumineuses et correctes, avec 2 petites sdb partagées. Le restaurant sert des crêpes, salades, pâtes et poissons (dont du saumon fumé). Les samedis, le restaurant s'anime avec des prestations de musique acadienne.

Riotel HÔTEL $$
(☎534-3336 ou 1-877-534-3336 ; www.riotel.com ; 98 av. de Port-Royal ; d 89-189 $; ⏲mi-mai-début oct) Cette chaîne hôtelière d'affaires a récemment rénové son établissement de Bonaventure, construit en 1906 face à la baie des Chaleurs. Ses chambres sont classiques, spacieuses et confortables. Privilégiez celles de la section champêtre, au cachet plus pittoresque. Deux restaurants sur place : le Pub 1906 (plats 11-27 $) et le plus chic Côté mer (plats 23-39 $) aux spécialités de fruits de mer.

Depuis/vers Bonaventure

BUS Le parking de la **station-service Irving** (☎534-5545 ; 102 rue Port-Royal) sert de terminus aux bus Orléans Express qui relient deux fois par jour Bonaventure à Rimouski ou à Gaspé via un parcours local desservant toute la baie des Chaleurs. Le réseau de transport public **Régîm** (☎1 877 521-0841, www.monregim.net) dispose d'une ligne liant Bonaventure à Paspébiac et Carleton-sur-mer. Il est préférable de réserver la veille pour s'inscrire et garantir sa place (3 $).

TRAIN (☎534-3517 ; rue de la Gare; ⏲7h30-8h30 et 17h30-19h30 lun, jeu et sam) Le train de la compagnie **VIA Rail** (☎1-888-842-7245 ; www.viarail.ca) en provenance de Montréal, dit *Le Chaleur*, longe la baie des Chaleurs avant d'atteindre Gaspé, 3 fois par semaine.

AVION L'aéroport de Bonaventure est desservi par **Pascan** (☎1-888-885-8777 ; www.pascan.com) et permet de rallier Montréal, Saint-John (au Nouveau-Brunswick), Wabush (au Labrador) et les îles de la Madeleine.

New Richmond

Baignée par deux importantes rivières à saumon – la Petite Cascapédia et la Grande Cascapédia – New Richmond arbore une belle architecture, qui n'est pas sans rappeler les vagues d'immigration successives. La ville a abrité plusieurs familles acadiennes, avant que les loyalistes n'en fassent leur fief en 1794. En 1820, les Écossais ont également été nombreux à venir s'établir à New Richmond. Les Irlandais suivirent dans les années 1860.

Renseignements

BUREAU D'ACCUEIL TOURISTIQUE (☎392-7075 ; 401 route 299 ; ⏲tlj 9h-16h début-juin à mi-sept, 8h30-20h fin-juin à fin août)

À voir

Village gaspésien de l'héritage britannique RECONSTITUTION HISTORIQUE
(☎392-4487 ; www.villagegaspesien.com ; 351 bd Perron Ouest ; adulte/senior et étudiant/famille 8/5/20 $; ⏲tlj 10h-17h mai-sept). Ce centre retrace l'épopée anglaise en terre gaspésienne en reconstituant exactement un village loyaliste de la fin du XVIIIe siècle, avec ses demeures particulières, son magasin général et sa poste. En tout, une vingtaine de bâtiments d'origine et déplacés

KAYAK MOBILE

Kayak Baie-des-Chaleurs (☎391-4519 ; sortie 3h adulte/enfant 49/29 $) propose des excursions guidées en kayak dans la baie des Chaleurs depuis Bonaventure, Saint-Siméon, Caplan, New Richmond, Maria ou Carleton-sur-Mer. Il suffit de téléphoner et de planifier votre sortie avec Stéphanie.

sur le site font office de musée, dispersés le long d'une route qui mène à la baie.

Où se loger

Hôtel New Richmond AUBERGE $

(☎392-5525 ; 133 ch Cyr ; ch avec sdb commune 65-75 $; wifi). Dans ce vieil hôtel de village au charme passéiste et à la décoration simple et romantique, vous trouverez des chambres plutôt sombres, simples et correctes. Déjeuner continental compris. Bar attenant à l'auberge, où se réunissent les locaux.

Maria et Gesgapegiag

Du nom de l'épouse de sir Guy Carleton, Maria est à une dizaine de kilomètres de Carleton. Sa plage municipale a bonne réputation.

Installée au cœur de la **réserve de Gesgapegiag**, au nord-est de Maria, une petite église en forme de tipi (*wigwam* en langue algonquine) témoigne de l'importance de la communauté micmac dans la région. Il est possible de louer des canots à l'entrée de la réserve pour descendre la rivière, mais l'entreprise est désorganisée. Notez que les Micmacs sont anglophones.

À voir

Rucher des framboisiers CENTRE D'INTERPRÉTATION DE L'ABEILLE

(☎759-3027 ; www.jardindelabeille.com ; 1059, Dimock Creek ; 6$ adulte ; ⏲tlj9h-17h juin-sept). John Forest produit du miel depuis 40 ans et gère aujourd'hui près de 900 ruches. Son entreprise offre maintenant 11 sortes de miels différents mais fabrique également de l'hydromel. Une visite guidée vous permet de voir les jardins mellifères et de répondre à vos questions sur les abeilles.

Où se loger et se restaurer

Auberge du Marchand AUBERGE $

(☎759-3766 ou 759-1551 ; www.aubergedumarchand.com ; 530 bd Perron ; s/d 59-89/69-119 $ selon saison ; plats 10-14 $, table d'hôte 25-35 $; ⏲tlj 7h-21h ; wifi). On y sert de délicieux sandwichs (burger d'agneau, bagel au saumon fumé) ainsi que des plats bien mitonnés. L'auberge attenante loue des chambres, propres et confortables, principalement aux travailleurs qui séjournent dans la ville.

Carleton-sur-Mer

Station balnéaire à dimension humaine lovée entre mer et montagne, Carleton-sur-Mer étonne par son barachois lagunaire, le plus vaste de Gaspésie, idéal pour l'observation des hérons et, en période de migration, de la bernache du Canada. En été, la plage sablonneuse et la température de l'eau (21°C) sont très appréciables.

Fondée en 1756 par des Acadiens sur le site micmac de Tracadièche, la ville a pris en 1785 le nom du gouverneur Guy Carleton.

Renseignements

BUREAU D'INFORMATION TOURISTIQUE

(☎364-3544 ; www.carletonsurmer.com ; 774 bd Perron ; ⏲tlj 8h-20h mi juin-début sept). Situé au centre culturel Quai des arts, qui présente des expositions itinérantes (photographie, peinture, etc.) en accès libre.

À voir et à faire

Au bout de la route du Quai, sur le banc Carleton, une tour en bois permet d'observer le grand héron et la sterne (l'hirondelle de mer) qui viennent se nourrir dans le barachois. En prenant la route du Phare sur le banc Larocque (du côté est de la ville) vous atteignez la pointe Tracadigash et son phare, situé à l'extrémité du camping. Un joli pavillon permet de casser la croûte ; même par mauvais temps, la vue y est splendide.

Il est possible de louer vélos et *rollerblades* chez **Intersport** (☎364-7496 ; 720 bd Parent 4h/1 jour/5 jours 10/20/50 $).

Mont Saint-Joseph PANORAMA

(accès au site et visite guidée adulte/senior et étudiant/famille 6/5/14, gratuit -12 ans). La route de la Montagne mène au sommet du mont Saint-Joseph (555 m), où s'élève l'oratoire Notre-Dame-du-Mont-Saint-Joseph. Le panorama sur la baie et le barachois y est époustouflant. Vous pouvez vous y rendre en voiture ou à pied (comptez une bonne heure de marche). En tout, 32,8 km de sentiers de **randonnée pédestre** partent de Carleton et mènent jusqu'à hauteur de Maria. Certains sont praticables en VTT.

Écovoile ACTIVITÉS NAUTIQUES
(☎364-7802 ; www.ecovoile.com ; 499 bd Perron ; ⏲tlj 9h-17h mi-juin-août). École de voile proposant des sorties en mer et des cours. Également location d'embarcations : kayaks et dériveurs, mais aussi des planches à voile.

Où se loger

Camping Carleton CAMPING $
(☎364-3992 ; 319 av. du Phare ; empl 28-47 $ selon service et saison et 6 $ frais de réservation ; ⏲juin-sept ;). Le long d'un bras de mer, ce camping figure parmi les plus beaux sites du Québec. Si l'ombre est rare, la vue dégagée sur la mer et la montagne est somptueuse, surtout en fin de journée.

Gîte de la Mer-Lamontagne CHAMBRES D'HÔTE $
(☎364 6474 ; www.lamerlamontagne.com ; 711 bd Perron ; d avec petit-déj 75-85 $;). Le meilleur rapport qualité/prix dans sa catégorie. Les chambres ont été agrandies récemment et sont toujours soignées et impeccables. Celle au dernier étage, dotée d'un balcon ouvrant sur la mer, est un pur bonheur. Accueil chaleureux qui vous fait oublier la route 132 en contrebas, dont le bruit est remarquablement étouffé. Si vous voyagez en train, on ira vous accueillir à la gare.

Aux 4 vents YOURTES FLOTTANTES $$
(☎364-3885 ; www.aux4vents.com ; 725 bd Perron ; yourte 2 pers 130 $/nuit, 20$/pers supp, jusqu'à 6 pers, embarcation 40 $/jour, prix dégressifs ; ⏲mi-juin-fin sept). Un concept unique au Québec, les yourtes mongoles traditionnelles tout équipées et tout confort sont posées sur une plate-forme flottante et vous les rejoignez à l'aide d'un canot ou d'un kayak... La sainte paix ! Toilettes à compost, BBQ et cuisinette.

Le Saint-Honoré RESTO-GÎTE $$
(☎364-7618 ; 527 bd Perron ; d avec petit-déj 85-100 $, 160 $/4 pers ; plats 13-29 $;). À la fois gîte et restaurant, le Saint-Honoré vous reçoit dans un décor de mer aux boiseries claires, très propre et lumineux même si les chambres sont au sous-sol. Le restaurant ne déçoit pas, mettant les produits régionaux à l'honneur. À la carte : potages, salades, tartines, mais aussi viandes et poissons. Réservation conseillée les soirs d'été.

Où se restaurer

Le Héron CUISINE QUÉBÉCOISE $
(☎364-3881 ; 561 bd Perron ; plats 4-30 $). Cet établissement en bordure de route n'a aucune prétention côté service ou cadre. Cuisine familiale toute simple (le gratin de fruits de mer est excellent).

Pic-Assiette TAPAS $
(☎364-2211 ; 681 bd Perron ; Tapas 5/12 $; ⏲mar-sam 17h-21h). Petit resto sympathique à la terrasse tournée vers l'eau, le Pic-Assiette offre une bonne gamme de produits régionaux sous une formule tapas que vous pouvez accompagner d'une soupe ou d'une salade.

Le Marin d'eau douce GASTRONOMIE $$$
(☎364-7602 ; www.marindeaudouce.com ; 215 rue du Quai ; plats 16-30 $, table d'hôte 35-39 $, ⏲hors saison, ouvert le soir uniquement). Sur le quai, une bonne table à l'inspiration méditerranéenne qui fait la part belle aux produits régionaux et bio. La spécialité de la maison, le suprême de saumon de l'Atlantique à l'amérindienne, est très convaincant. Viande de gibier servie à l'automne.

Depuis/vers Carleton

BUS L'arrêt des bus Orléans Express se trouve juste au niveau du **restaurant Le Héron** (☎364-7000 ; 561 bd Perron). Les liaisons avec Québec via la région du Bas-Saint-Laurent sont quotidiennes (2 départs/jour). De Rimouski, comptez 4 heures. Le réseau de transport public **Régîm** (☎1 877 521-0841, www.monregim.net) dispose de 2 lignes dans la région de Carleton-sur-Mer, ce qui permet de joindre Paspébiac ou Pointe-à-la-Croix, Campbelton et même Matapédia. Il est préférable de réserver la veille pour s'inscrire et garantir sa place (3 $).

TRAIN Le train Montréal-Gaspé de la compagnie **Via Rail** (☎1-888-842-7245 ; www.viarail.ca) relie la **gare de Carleton** (☎364-7734 ; rue de la Gare ; ⏲lun, jeu et sam 6h-7h et 19h-21h) 3 fois par semaine.

VOITURE La route 132 traverse la ville sous le nom du bd Perron. Gaspé est à 4 heures de route environ.

Parc national de Miguasha

Miguasha est l'un des plus prestigieux sites fossilifères du monde on y découvre 300-400 spécimens par an. Découvert en 1842, le site est classé patrimoine mondial de l'Unesco, du fait qu'il expose une ère géologique toute particulière, surnommée "âge des poissons". Ce bout de falaise gaspésienne permet de reconstituer une histoire naturelle de l'époque dévonienne, grâce à des fossiles de poissons, d'invertébrés et de plantes remontant à plus de 380 millions d'années.

À voir

Parc national de Miguasha HISTOIRE GÉOLOGIQUE
(☎794-2475 ; www.miguasha.ca ; 231 route Miguasha Ouest, route 132 ; accès parc adulte/enfant/famille 6/2,75/12 $, parc et musée 16/7,75/37 $; ⏲tlj 9h-18h juin-début oct, lun-ven 8h30-12h et 13h-16h début oct-mai, fermé fêtes de fin d'année). Un musée d'histoire naturelle permet de mieux comprendre cette période. Le parc dispose de sentiers de découverte (3 km). Des visites guidées jusqu'aux falaises sont organisées l'été. On accède au parc en quittant la route 132, soit à partir de la municipalité de Nouvelle (6,3 km), soit d'Escuminac (9 km).

Où se loger

Wanta-Qo-Ti CHAMBRES D'HÔTE **$$**
(☎788-5686 ; www.gitescanada.com/595.html ; 77 route de la Pointe à Fleurant, Escuminac ; s/d avec petit-déj 75/100 $; ⏲juil-août). La maison offre 6 chambres chaleureuses munis de grands lits, de meubles anciens et décorés avec goût. On a craqué pour la George et Lily, romantique à souhait. Accès direct à la plage dans un superbe jardin avec balançoire et surtout, un grand sentiment d'être en vacances.

Pointe-à-la-Croix

C'est une croix plantée par les Micmacs sur une pointe de la rivière Restigouche qui a inspiré le nom de cette localité, la dernière du Québec si vous poursuivez vers le Nouveau-Brunswick. La réserve micmac voisine, Listiguj vit quant à elle à l'heure de l'Atlantique (ajoutez 1 heure à votre montre).

Renseignements

BUREAU D'INFORMATION TOURISTIQUE
(☎581 352-1001 ; 2000 bd Interprovincial ; ⏲tlj 8h-20h mi-juin à mi-août, 8h-19h mi-août à fin août, 9h-17h sept-début oct)

À voir

Lieu historique national de la Bataille-de-la-Restigouche MUSÉE D'HISTOIRE
(☎788-5676 ou 1-888-773-8888 ; www.pc.gc.ca/ristigouche ; 40 bd Perron Ouest, route 1320 ; adulte/senior/enfant 6-16 ans/famille 3,90/3,40/1,90/9,80 $; ⏲tlj 9h-17h début juin-début sept). Dissimulé derrière un rideau d'arbres face à la rivière Restigouche, ce musée raconte l'histoire de la dernière bataille y ayant eu lieu entre la France et l'Angleterre pour la conquête de la Nouvelle-France en 1760. Artéfacts et visite animée de même que la reconstitution de l'intérieur d'un navire.

VALLÉE DE LA MATAPÉDIA

Réputée surtout pour ses saumons de rivière, la vallée de la Matapédia s'étend sur près de 150 km, de Mont-Joli au village de Matapédia. C'est un territoire à part dans la péninsule gaspésienne, formant un long et large couloir menant des rives du Saint-Laurent à la frontière avec le Nouveau-Brunswick. Les présidents américains Nixon et Carter ont jadis fréquenté ses rives.

PONTS COUVERTS

Il y a déjà eu plus de 1 000 ponts couverts au Québec. Typique du génie civil nord-américain des années 1860 à 1950, ces constructions de bois servaient à prolonger la durée de vie du pont (jusqu'à 5 fois !) en le protégeant des intempéries. Il n'en reste que 82 dans la province, les autres ayant été démantelés, emportés par les crues des eaux ou parfois même brûlés. Certains furent aussi déplacés pour les préserver tout en les rendant accessibles au public. C'est le cas du pont couvert d'Amqui, originellement à Sainte-Odile, au sud de Rimouski, qui fut déplacé en 2005.

La vallée de la Matapédia est un bon endroit pour découvrir ce patrimoine. Ses ponts couverts sont relativement récents (1908-1945). Le plus long se trouve à Routhierville (78 m), au sud de la Vallée, et enjambe la rivière Matapédia. À Sainte-Florence se trouve le minuscule pont Richard destiné aux motoneigistes, réplique récente (2000) en miniature de l'ancien pont qui se trouvait non loin. À Causapscal se trouve Heppel, le plus vieux pont de la région. Amqui a le bonheur d'en avoir deux pour elle, grâce à la passion de son maire. Il y en a 5 autres dans la région. Vous en croiserez 3 si vous empruntez à Amqui la route 195 en direction de Matane et un autre dans les environs de Métis-sur-Mer, sur la route MacNider.

Terres agricoles, puis vallons de plus en plus resserrés marquent le paysage où la route, la rivière et le chemin de fer semblent se pourchasser. Causapscal est certainement la ville qui se prête le mieux à la découverte. Matapédia, pour sa part, est construite au confluent des rivières Restigouche et Matapédia. Vous êtes alors à l'amorce du sentier international des Appalaches (voir l'encadré p. 378) et d'un secteur forestier, les Plateaux.

Matapédia et les Plateaux

De l'autre côté de la rivière, le village s'étale au pied de son petit domaine skiable, le petit Chamonix. Les activités sont multiples, mais un peu désorganisées. Ici, votre meilleur atout ce sont les gens du coin, fiers et énergiques. Outre la chasse, la pêche et la randonnée pédestre, on y pratique le kayak et on y trouve quelques érablières.

Activités

Nature Aventure CANOË, KAYAK, PLEIN AIR

(☎865-3554 ; www.matapediaaventure.com ; forfait 2h/journée 40/85 $; ⏲tlj 8h-20h mi-mai à août). Jesse et Geneviève connaissent les rivières du bassin versant comme leur poche et se feront un plaisir de vous les faire découvrir à travers l'un de leurs forfaits guidés ou (surtout) par passion du plein air. Service de repas santé et location d'équipement. Un minimum de 4 personnes est requis pour un départ, mais vous pouvez vous joindre à un groupe. Le couple apporte aussi tout le soutien aux excursions sur le sentier international des Appalaches (voir l'encadré p. 378) et des plongées en apnée pour observer le saumon des rivières.

Où se loger et se restaurer

Camp de bûcherons CABANE AU CANADA $

(☎299-2025 ; www.campdebucherons.com ; 163 Chaîne-de-Roches, St-François-d'Assise ; empl 15 $, dort 20 $, chalets 4-8 pers 50 $/2 pers, 20 $/pers supp). Arrivés ici, tout commence car c'est un peu le bout du monde. Véritable camp de bûcherons en billots de bois, le complexe comprend quelques chalets équipés avec sdb et 13 emplacements de camping rustique. Douches et laverie au bloc sanitaire. La "cookerie" sert une restauration sommaire. De Matapédia, prendre le rang Saint-Léonard puis le rang Saint-Benoît.

Causapscal

Au confluent des rivières Causapscal et Matapédia, ce village constitue une étape idéale dans la vallée. L'industrie forestière est encore omniprésente. Le secteur est également, dès la mi-mai, un haut lieu de la pêche au saumon.

Renseignements

BUREAU D'ACCUEIL TOURISTIQUE

(☎756-6048 ; www.causapscal.net ; 5 rue Saint-Jacques Sud ; htlj 9h30-16h30 mi-juin-début sept) En face du site historique Matamajaw.

À voir et à faire

Site historique Matamajaw ANCIEN CLUB DE PÊCHE AU SAUMON

(☎756-5999 ; www.sitehistoriquematamajaw.com, www.maisondrjosephfrenette.com ; 53C rue Saint-Jacques Sud ; adulte/senior et étudiant/famille 8/7/22 $, avec la maison du Dr. Frenette 12/11/34 $; ⏲mar-dim 9h-17h et 2 derniers lun de juil, fin juin-début sept). Club américain très sélect, Matamajaw a fait la réputation de Causapscal (voir l'encadré p. 394). Le site permet de découvrir, d'une manière vivante, la vie d'un club et d'un village qui comptait une vingtaine de grands hôtels (aujourd'hui tous disparus). En contrebas du pavillon se trouve le parc des Fourches, où l'on peut observer les pêcheurs en action. De l'autre côté de la rue, la Maison Dr Joseph-Frenette rend hommage au premier médecin résident de la ville, Joseph Frenette (1866-1953).

Site Chutes et Marais OBSERVATION DES SAUMONS

(☎756-6373 ; www.chutesetmarais.com ; 104 Rang Blais Sud, Saint-Alexandre-des-Lacs, bien indiqué depuis Causapscal ; adulte/étudiant/enfant/famille 10/7/5/20 $; ⏲en saison). Dès la fin mai, près de 500 saumons sont retenus dans la fosse jusqu'à la période de frai à l'automne. La pêche y est bien entendu interdite. Des guides-interprètes proposent des visites toutes les heures. Des sentiers pédestres (25 km) qui longent la rivière Causapscal ont été aménagés.

Où se loger et se restaurer

Gîte des Tilleuls CHAMBRES D'HÔTE-RESTAURANT $

(☎756-5050 ou 1-877-846-5050 ; www.gite-tilleuls.ca ; 107 rue St-Jacques Sud ; s/d 60-85/70-100 $ selon confort et saison). Les chambres parfois étriquées de ce gîte sont munies de couettes et d'oreillers en duvet. Trois d'entre elles se partagent une sdb à l'ancienne tandis que les

PÊCHE AU SAUMON : DU CLUB SÉLECT À LA DÉMOCRATISATION

Il fut une époque, pas si lointaine, où la pêche au saumon de l'Atlantique fit du Québec une terre très convoitée, une partie de son territoire naturel ayant été la propriété de riches Américains et Canadiens. Aujourd'hui, ouverte à tous moyennant finance, la pêche à la mouche réunit des inconditionnels en tout genre, toujours au rendez-vous du mois de juin à la fin août.

Tout a commencé en 1873 lorsque lord Mount Stephen, de la Canadian Pacific Railway, acheta des lots de terres le long des rivières Matapédia et Causapscal, connues pour leurs fosses à saumons. Le long de la rivière, des cabanes en rondins sont construites pour abriter les invités de lord Stephen. En 1892, le domaine est racheté et passe entre les mains de six hommes d'affaires américains et canadiens. Le Matamajaw Salmon Club (p. 393) est créé et régnera en maître pendant plus de 60 ans sur le cours de la Matapédia et de la Causapscal. Faire partie du club signifie posséder quelques titres, mais surtout beaucoup d'argent. En 1905, un membre devait débourser 4 000 $ par an.

Jusqu'aux années 1970, le protocole ne varie guère. Dès le mois de juin, les membres du club arrivent à l'aéroport de Mont-Joli et s'installent dans des limousines : direction la vallée de la Matapédia.

En 1975, "l'opération déclubage", comme l'appellent les gens de la région, commence. L'heure est à la démocratisation. Il est temps de faire revenir terres et cours d'eau dans le domaine public. Le cas de la rivière Matapédia et de Causapscal sera un dossier parmi d'autres au Québec. Des zones de pêche sont créées et réparties entre "zecs" (zones d'exploitation contrôlée) municipales, réserves fauniques provinciales et pourvoiries, domaines gérés par des particuliers spécialisés dans les séjours de pêche, de chasse et/ou de plein air. Pour plus d'information, consultez le site www.saumonquebec.com ou procurez-vous le dépliant *Guide des rivières à saumon du Québec* dans les offices du tourisme.

autres sont dotées de TV et de sdb. La famille Rivard, propriétaire du gîte, tient un restaurant au rez-de-chaussée où vous pourrez déguster des crêpes bretonnes et quelques plats régionaux. Excellente adresse.

Auberge La Coulée Douce AUBERGE **$$**
(☎756-5270 ou 1-888-756-5270 ; www.lacouleedouce.com ; 21 rue Boudreau ; s/d 79-99/89-95 $ en haute saison, chalet 149 $; plats 15-20, table d'hôte 19-27 $). En face du site Matamajaw, sur les hauteurs, cette grande demeure fréquentée par les pêcheurs est un bon point de chute. Le restaurant est, comme il se doit, spécialisé dans le saumon. Il est ouvert midi et soir en été, et sur réservation hors saison. Jolies chambres décorées dans un style rustique. Possibilité de louer des chalets. Petit-déjeuner servi tous les jours (6-13 $).

Amqui

Amqui ne présente en soi que peu d'intérêt, même si elle est la localité la plus importante de la vallée. La ville offre par ailleurs de beaux panoramas sur le lac Matapédia, qui constitue le plus grand plan d'eau douce de la Gaspésie. C'est ici que la rivière Matapédia prend naissance.

Vision ou excentricité ? Fasciné par les trains et les ponts couverts, le maire de la ville y a fait apporter le **wagon Lynnewood** (à côté de la gare ; 209 bd St-Benoit Ouest ; visite 3 $; ⏲tlj 8h-20h juil-août), une voiture Pullman construite en 1917 et utilisée par de riches marchands, et le **pont Beauséjour**, portant à deux le nombre de ponts couverts de la ville...

Renseignements

BUREAU D'ACCUEIL TOURISTIQUE (☎629-5715 ; 606 route 132 Ouest ; htlj 8h-20h mi-juin-début sept)

Activités

Maxime Fournier TRAÎNEAU À CHIENS
(☎629-7685 ou 631-1505; www.traineauachiens-gaspesie.ca ; 130 1er Rang Nord, Saint Vianney, accès par la route 195 ; à partir de 80$ pour deux heures ; ⏲mi-déc à mi-avr). Le musher au petit chenil (20 alaskans) vous emmène dans les sentiers de la seigneurie du lac Matapédia ou des alentours, en forêt.

Où se loger et se restaurer

Camping Amqui CAMPING **$**
(☎629-3433 ; www.campingamqui.com ; 686 route 132 Ouest ; empl 24-32 $; ⏲15 juin-début sept).

Dispose de quelques beaux sites au bord de l'eau, avec aires de pique-nique et possibilité de louer des vélos (4 $/h) et embarcations (kayak, canot, pédalo 8 $/h). Piscine chauffée, laverie et petit dépanneur (épicerie).

Auberge Beauséjour AUBERGE **$$**
(☎629-5531 ou 1-866-629-5531 ; www.aubergebeausejour.com ; 71 bd Saint-Benoît Ouest ; s/d 72-87/82-97 $ selon saison ; plats 13-32 $, table d'hôte 23-34 $; ⏲lun-ven midi et soir tlj 17h-21h ; 📶). Au centre-ville d'Amqui, cette belle et grande auberge, installée dans une maison ancestrale, fait également office de chocolaterie, de glacier, de magasin général et d'antiquaire. Vous y trouverez des chambres simples, de style champêtre, toutes climatisées. On y sert un petit-déjeuner continental et au dîner, des plats de pâtes, poissons et grillades (saumon Atkins, agneau de la Matapédia, fleurs confites des jardins de Métis).

♥ **Captive** MICROBRASSERIE CULTURELLE **$$**
(☎631-1343 ; www.lacaptive.ca ; 140 Saint-Benoît Ouest ; plats 5-13 $; ⏲tlj). Dans les cellules de l'ancienne prison de la ville croupissent les cuves de fermentation tandis que les clients purgent et noient leur peine dans la bière. Burgers, sandwichs, pizzas fines, salades, un menu correct voire audacieux, de bons expressos, une boulangerie sur place, des concerts, de l'art local et même une terrasse bordée d'herbes comestibles, notre verdict fut unanime !

ℹ Depuis/vers Amqui

BUS L'arrêt des bus Orléans Express se trouve à la **station-service Shell** (☎629-6767 ; 219 bd St-Benoit). Les liaisons avec Gaspé ou Québec (via le Bas-Saint-Laurent) sont quotidiennes (2 départs/jour).

TRAIN Le train de la compagnie **Via Rail** (☎1-888-842-7245 ; www.viarail.ca) en provenance de Montréal et en direction de Gaspé, dit *Le Chaleur*, dessert la **gare d'Amqui** (☎629-4242 ; 209 bd St-Benoit Ouest ; ⏲lun-dim 21h30-7h) 3 fois par semaine.

VOITURE La route 132 traverse la ville sous le nom du bd Saint-Benoit. En la reprenant vers le nord, vous joindrez Sainte-Flavie, où la boucle se boucle. Au sud, vous descendrez dans la vallée de la rivière Matapédia qui se jette dans la Ristigouche et dans la baie des Chaleurs.

Îles de la Madeleine

Dans ce chapitre »

Le top des hébergements

- » La Butte ronde (p. 408)
- » Havre sur Mer (p. 406)
- » Chez Denis à François (p. 406)

Le top des restaurants

- » Café de La Grave (p. 406)
- » Réfectoire du Vieux Couvent (p. 408)
- » Les Pas Perdus (p. 403)

Pourquoi y aller

Ancré au cœur du golfe du Saint-Laurent, l'archipel des îles de la Madeleine est un "paradis sur mer" composé d'une douzaine d'îles dont six sont reliées entre elles par de longues et fines dunes. Ciselées de falaises rouges ou bordées de fines plages de sable doré, les îles présentent un univers varié, ponctué de petits ports de pêche et de maisons à bardeaux de cèdre colorés, de vallons et de plaines au vert éclatant. Balayée par les vents chauds du large, la région jouit d'un microclimat clément, frais l'été et doux l'hiver. La température de l'eau atteint les 18-22°C aux mois d'août et septembre en raison de la faible amplitude des marées.

La vie des Madelinots a toujours été étroitement associée à la pêche. Les bancs de morues et de harengs ayant été taris par la surpêche, c'est le homard et le crabe des neiges qui tiennent aujourd'hui le haut du pavé. Le tourisme, concentré surtout en juillet et en août, vient apporter une bouffée d'oxygène. L'accueil est ici chaleureux et sincère. L'observation de la mise bas des blanchons sur la banquise, au mois de mars, constitue l'autre temps fort de l'archipel.

Très typiques et source de fierté, les accents madelinots sont reconnus des Québécois. Près de 85% des 13 000 habitants sont d'origine acadienne, le reste étant composé d'anglophones (plus de 800), descendants d'Irlandais et d'Écossais, concentrés sur l'île d'Entrée et Grosse-Île.

"Aux îles", il fait bon vivre, au rythme des marées et des vents salins. Vous y découvrirez un monde à part, à la culture vibrante et aux beautés naturelles fascinantes.

Quand partir

Fin juin au début juillet Pour bénéficier de la convivialité du début de la saison touristique, plus intimiste, où arrivent d'abord les amoureux des îles et les descendants de Madelinots.

Mi-juillet à mi-août L'ambiance festive madelinienne à son apogée, au plus fort des festivités locales : festival du homard, puis festival acadien, concours des petits bateaux et des châteaux de sable.

Août et septembre Pour profiter des vents chauds et de la température de l'eau, et pour la pratique de sports nautiques.

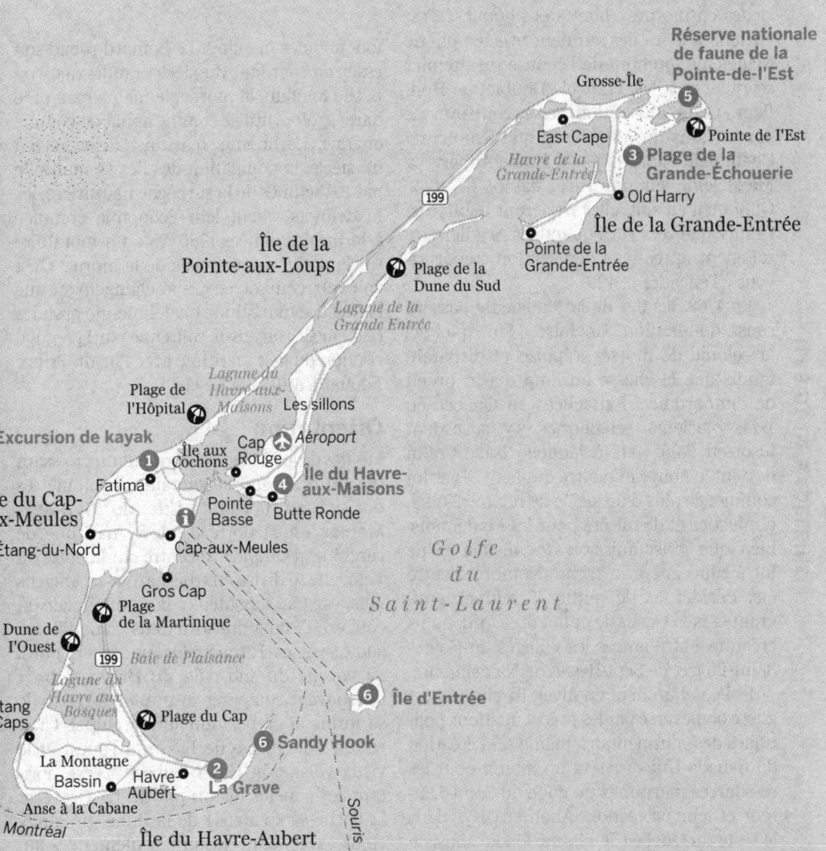

À ne pas manquer

1 Une sortie "crabe et kayak" au coucher du soleil, au pied des falaises rouges, avec **Vert et Mer** (p. 402)

2 Flâner dans la rue principale du village de **La Grave** à Havre-Aubert (p. 404)

3 Se balader sur la plage de la **Grande-Échourie** à Grosse-Île (p. 410)

4 Découvrir **Havre-aux-Maisons** par le chemin des Montants (p. 407)

5 Observer les phoques et les canards de la **réserve nationale de la faune de la Pointe-de-l'Est** (p. 410)

6 S'octroyer une longue marche le long de la plage du **Sandy Hook** (p. 398) et y saluer de loin l'**île d'Entrée** (p. 411)

Histoire

Les Micmacs les appelaient Menagoesenog, "îles balayées par la vague". Jacques Cartier, à son retour en France en 1536, les a nommées les Araynes (du latin *arena*, "sable"). Chasseurs et pêcheurs basques, bretons, anglais et micmacs fréquentent les plages de ces îles dont les eaux sont réputées riches en morues, morses et phoques. C'est en 1663 que les îles auraient pris le nom de Madeleine, prénom de l'épouse du premier seigneur des îles, François Doublet de Honfleur. Cette attribution reste controversée par certains qui rappellent que Samuel de Champlain baptisa l'île du Havre-Aubert, La Magdeleine sur une carte datant de 1632. Quoi qu'il en soit, elles ne seront habitées à l'année que vers 1755, quand les Acadiens s'y réfugient après leur déportation (reportez-vous à l'encadré p. 426).

En 1763, les îles de la Madeleine passent sous domination anglaise. Surexploitée, la colonie de morses s'épuise et disparaît, tandis que la chasse au loup marin prend de l'importance. Rattachées au Québec en 1774, plusieurs seigneuries s'y succèdent jusqu'en 1798, date à laquelle Isaac Coffin devient le nouveau maître des lieux. Avec lui commence plus d'un siècle de régime féodal, d'injustice et de misère pour les Madelinots, bien que l'insoumission des insulaires ne lui facilite guère la tâche. Nombre d'entre eux décideront de quitter l'archipel, émigrant vers la Gaspésie et la Côte-Nord, où ils créeront entre autres les villages de Havre-Saint-Pierre, de Sept-Îles et de Natashquan.

Isolé, notamment en hiver, l'archipel n'est guère bouleversé par les préoccupations politiques des continentaux, même si la création du Canada Uni suscitera un intérêt pour les ressources maritimes du golfe du Saint-Laurent et leur protection. Aboli en 1854 dans le reste du Québec, le régime féodal subsiste jusqu'en 1895 aux îles. Les Madelinots seront désormais les maîtres à bord de leur bateau.

Vivant de pêche côtière, les pêcheurs verront leurs activités se diversifier en fonction des marchés. Le homard prend son essor au tournant du siècle, tandis que l'on pêche toujours la morue, le maquereau et le hareng, alors utilisé comme appât ou comme engrais. L'économie maritime fleurit et en un siècle, la population des îles se multiplie par 8. Victimes de la surpêche hauturière, les Madelinots voient leur économie ébranlée à la fin des années 1980 avec un moratoire sur la pêche commerciale de la morue. C'est en contrecoup de ce grand changement que l'industrie touristique madelinienne prendra réellement son envol, soutenue par la régularisation du lien maritime avec l'île du Prince Edouard, à 105 km de là.

DÉCALAGE HORAIRE

Les Madelinots vivent à l'heure des Maritimes, soit 1 heure de plus par rapport à Montréal, Québec ou Gaspé. Lorsqu'il est 9h au Québec, il est 10h aux Îles.

Orientation

Les îles de la Madeleine forment un croissant qui s'étire sur une soixantaine de kilomètres du sud au nord-est. L'**île du Cap-aux-Meules** est la porte d'entrée maritime de l'archipel. Dominée au centre par la butte du Vent, elle se divise en trois paroisses, anciens villages : Cap-aux-Meules la commerciale du côté est, l'Étang-du-Nord, plus tranquille au sud-ouest, et Fatima l'insoumise au nord. Sa voisine du sud, l'**île du Havre-Aubert** est souvent comparée à un pied à cause de sa forme et sa position sur l'archipel. On y retrouve le village de Bassin à l'ouest et le vieux village du Havre-Aubert à l'est, abritant le hameau historique de La Grave et la flèche sablonneuse de la dune du Sandy Hook, s'étendant jusqu'à seulement 2 km de l'**île d'Entrée**, accessible seulement en bateau depuis Cap-aux-Meules. Au nord de Cap-aux-Meules s'étend l'**île du Havre-aux-Maisons** sur laquelle se trouve l'aéroport.

PLAGE ET VENT DU LARGE

L'archipel comporte 300 km de plages pour 203 km² de surface, ce qui en fait un lieu de villégiature estivale très couru des Québécois. Toutefois, les courants en bordure de rivage peuvent être puissants et il est prudent de ne pas trop s'éloigner. La plage de la Grande-Échouerie, une des seules à être surveillée, compte parmi les plus belles des îles. Le facteur vent influence toutefois le climat. Sa force peut rendre toute baignade ou sortie en mer dangereuse et toute balade à vélo éprouvante.

ÎLES DE LA MADELEINE

Vient ensuite l'**île de Pointe-aux-Loups**, la plus petite de toutes (1 km de large à peine). Quinze kilomètres de plage plus loin, **Grosse-Île** se rattache à l'**île de la Grande-Entrée** via la Pointe de l'Est, bouclant ainsi l'archipel. La route 199 est l'axe principal qui relie les îles entre elles.

Fêtes et festivals

Mi-carême Célébrée seulement à Fatima, cette fête carnavalesque fait la fierté du village. On se déguise et on se rend visite, de maison en maison. Vers la mi-mars.

Mise à l'eau des cages Début mai, le lancement de la saison de pêche au homard est empreint d'émotion au quai de la Grande-Entrée. Au programme, messe des pêcheurs et feu d'artifice.

Festival du homard Partout dans les îles, on célèbre les deux dernières semaines de la saison de pêche au homard.

Festival acadien À Havre-Aubert, sur le site de La Grave, la première quinzaine d'août. Le concours de construction de petits bateaux en est un moment fort, tout comme la soirée de la fête des Acadiens, le 15 août.

Concours de châteaux de sable (mi-août ; www.chateauxdesable.com) Rendez-vous depuis plus de 25 ans sur la plage du Sandy Hook à Havre-Aubert.

Contes en îles (2e semaine de septembre ; www.conteseniles.com) À Cap-aux-Meules et à l'Étang du Nord, le conte, la légende et les palabres sont à l'honneur.

Renseignements

INDICATIF RÉGIONAL 418

BUREAU D'INFORMATIONS TOURISTIQUES (☎986-2245 ou 1-877-624-4437 ; www.tourismeilesdelamadeleine.com ;128 chemin Principal ; ⌚tlj 7h-21h fin juin-fin août, 9h-20h en juin et sept, 9h-17h hors saison) À deux pas du débarcadère sur l'île du Cap-aux-Meules, l'office de tourisme facilite les réservations d'hébergement, impératives en juillet et en août. Vous pouvez le faire en ligne depuis leur site Web ou, dans le pire des cas, en personne à votre arrivée. Excellentes ressources pour tout connaître des activités de la semaine sur l'archipel.

BANQUE On trouve des DAB de Caisse Desjardins dans la plupart des villages sauf Pointe-aux-Loups, Grosse-Île et l'île d'Entrée. La Banque Nationale (425 chemin Principal) a également pignon sur rue.

INTERNET Certains gîtes, cafés et restaurants permettent l'accès Wi-Fi, mais il sont encore rares. Le réseau des CACI des îles (☎986-4601 poste 225 ; www.cacidesiles.com ; 735, chemin Principal, bureau 203) offre des postes de travail en accès libre sur des horaires variables à différents points de l'archipel, en semaine.

CFIM 92,7 FM, LE SON DE LA MER

La radio coopérative de l'archipel est l'une des plus grosses radios communautaires du Canada. Elle vous tiendra au fait des activités et nouvelles locales tout en vous faisant découvrir les derniers hits de la chanson acadienne, de la musique indépendante québécoise ou de la country... De 18h à 19h, la radio passe à l'anglais et les mélodies deviennent bluegrass, à grands renforts de banjo et de cuivres. Enfin, un rite de passage qui fera de vous un madelinot de cœur : le bingo radio de CFIM, dont vous pourrez vous procurer les cartes dans de nombreux commerces (www.cfim.ca/info-bingo).

Depuis/vers les îles de la Madeleine

Avion

Air Canada Jazz (☎1-888-247-2262 ; www.aircanada.com) rallie, tous les jours et à l'année, les îles de la Madeleine depuis Montréal, Québec et Gaspé. Il s'agit le plus souvent du même avion qui fait escale dans ces différentes villes, ce qui explique la durée du vol (4 heures de Montréal, 40 minutes de Gaspé). **Pascan Aviation** (☎1-888-885-8777 ; www.pascan.com) propose aussi des vols pour les îles au départ de Saint-Hubert (Montréal), Mont-Joli, Québec et Bonaventure.

Bateau

De juin à octobre, le groupe **CTMA** (☎986-3278 ou 1-888-986-3278 ; www.ctma.ca) assure une liaison par semaine depuis Montréal, avec un départ chaque vendredi après-midi pour une arrivée aux îles (à Cap-aux-Meules) le dimanche matin. Au fil des ans, la traversée s'est transformée en croisière. Le trajet compte en effet un passage devant Québec le vendredi soir, puis près de Tadoussac pour observer les baleines le samedi matin. Le navire se dirige ensuite vers Chandler, en Gaspésie, où il fait escale le samedi soir, pour arriver aux îles le dimanche matin. Le bateau repart des îles de la Madeleine le mardi soir, et fait escale à Chandler le mercredi matin, ainsi qu'à Québec le jeudi midi (attention, ici seuls les passagers et non les voitures peuvent débarquer) pour une arrivée prévue à Montréal le vendredi matin.

Les tarifs varient selon le type de cabine et l'occupation simple ou double. Comptez 607-1176 $ pour un aller simple depuis Montréal et 320 $ pour passer la voiture.

QUE FAIRE AUX ÎLES DE LA MADELEINE ?

EN ÉTÉ

Vert et Mer à Fatima, le centre nautique de l'Istorlet, sur l'île du Havre-Aubert, Aérosport Carrefour d'Aventures à Cap-aux-Meules et La Salicorne, sur l'île de la Grande-Entrée proposent des activités.

Pour la **plongée**, prisée grâce à la richesse des fonds, adressez-vous à La Salicorne ou au centre nautique de l'Istorlet. À L'Étang-du-Nord, **Le Repère du Plongeur** (986-6548 ; www.repereduplongeur.com ; 18 allée Léo-Blanc, via chemin de Gros-Cap ; 65 $; 8h-14h et 17h-19h, fermé dim) loue l'équipement.

Différentes compagnies installées à la marina de Cap-aux-Meules proposent en été des **visites des grottes et de falaises** de l'archipel, surtout sur l'île Brion et l'île d'Entrée. La Salicorne ajoute souvent à ses visites, un arrêt à l'île Boudreau, afin de profiter d'un bain d'argile naturel. Pour des parties de pêche en mer, contactez **Excursions en mer** (986-4745 ; www.excursionsenmer.com).

Des **sentiers pédestres** et des **pistes cyclables** ont notamment été aménagés à Cap-aux-Meules, à L'Étang-du-Nord, à Fatima et Grande-Entrée. La route 199 elle-même, sur presque toute sa longueur, est bordée de couloirs spécialement réservés aux cyclistes. La location de vélos se fait au **Pédalier** (986-2965 ; www.lepedalier.com ; 545 chemin Principal), à Cap-aux-Meules.

Les îles représentent aussi un endroit idéal pour l'équitation. Le centre équestre **La Crinière au vent** (986-6777 ; 115 chemin J. Aucoin, Fatima) organise des randonnées à l'intérieur des terres.

EN HIVER

De décembre à fin mars-début avril, la neige, la glace et la banquise forment un paysage désertique éblouissant, à découvrir en **ski de fond**, en **raquette**, mais aussi en **kayak de mer**. Installé à Fatima, **Vert et Mer** (986-3555 ou 1-866-986-3555 ; www.vertetmer.com ; 84 chemin des Vigneau, Fatima) propose des aventures hivernales palpitantes et sportives (fév-mars), incluant des sorties de paraski (kitesurf à ski) sur l'océan gelé, de pêche blanche, de kayak de glace et de randonnée en raquette ainsi qu'un hébergement en yourte chauffée au poêle à bois. L'**observation des phoques** du Groenland et de leurs petits sur la banquise autour de l'archipel attire chaque année des centaines de visiteurs. Les îles sont le seul lieu au monde où ce type de tourisme a pu se développer en raison d'une banquise facile d'accès. Le **Château Madelinot** (voir p. 403) propose des forfaits tout compris de 3 à 7 jours.

Des forfaits intéressants d'une semaine combinent la croisière et la découverte des îles sous plusieurs angles : vélo, aventure, gastronomie ou culture, à prix avantageux. Notez qu'il est également possible de rejoindre les îles avec CTMA depuis Chandler à moindre coût (163-250 $).

De septembre à juin, CTMA rallie une fois par semaine les îles de la Madeleine depuis Matane en bateau-cargo, ce qui peut donner lieu à une belle aventure. Le départ a lieu à Matane le samedi matin, pour une arrivée à Cap-aux-Meules le dimanche midi.

Voiture/traversier

En voiture, il vous faudra atteindre le port de Souris, à environ 13h et compter 5 heures de traversée.

De Montréal, suivez l'autoroute 20 jusqu'à Rivière-du-Loup, puis rejoignez Shediac par la route 185 (via Edmundston) ou par la route 132 (via la vallée de la Matapédia et Miramichi). Prenez ensuite la direction du cap Tourmentin (route 15, puis route 16) afin de rejoindre le pont de la Confédération (p. 429). Son accès est payant au retour seulement (voiture/moto 44,25/17,75 $). Il est interdit aux piétons et aux cyclistes, mais une navette est mise à leur disposition (cycliste/piéton 8,25/4,50$).

À **Souris**, le service de traversier est assuré toute l'année par la **CTMA** (1-888-986-3278 ; www.ctma.ca ; adulte/senior/enfant/voiture 47,75/38,75/24/89 $ mi-juin à mi-sept, 30,75/25,25/12,50/62,50 $ reste de l'année, moto/vélo 30,50/11,50 $).

Les départs de Souris se font à 14h (et parfois 2h) et les retours à 8h (et parfois 20h), heure de l'Atlantique (GMT -4, 1 heure de plus qu'au Québec). Au plus fort de la saison, l'aller-retour est assuré 11 fois par semaine.

Bus

La compagnie **Autobus Les Sillons** (☎986-3886 ou 937-7025 ; www.autobuslessillons.com) quitte Sainte-Foy (près de Québec) tous les vendredis à 21h30 (sauf fév-mars) vers les îles (aller simple adulte/étudiant 239/209 $ ferry inclus) avec embarquement sur demande à Rivière-du-Loup (219/195 $), à Dégelis (209/185 $), à Frédéricton au N-B (195/170 $), à Moncton au N-B (160/139 $) et à Charlottetown à l'Î.P.É (135/115 $). Le retour a lieu le jeudi matin sur le traversier de 8h.

L'aller-retour donne droit à un rabais de 10-20 %. Limite d'un bagage de 23 kg et d'un bagage à main. Supplément vélo 18 $ – veillez à ce qu'il soit dans une boîte (vendue par Orléans Express 6,50 $).

Comment circuler

BUS Les bus **Régîm** (☎986-6050 ou 1-877-521-0841 ; www.monregim.net ; 3 $, 10 billets 25$) relient la Grande-Entrée (ligne 50, départ le matin) et le Havre-Aubert (ligne 51, départ le matin) au Cap-aux-Meules (retour en fin d'après-midi) du lundi au vendredi. La ligne 52 fait quant à elle le tour de l'île de Cap-aux-Meules en sens horaire le matin et anti-horaire en fin de journée. Il est impératif de réserver votre la place la veille avant 16h30. Il n'y a pas de service les jours fériés.

Des compagnies proposent des circuits touristiques guidés en minibus : **M.A. Poirier** (☎986-4467 ; www.ilesdelamadeleine.com/mapoirier ; 1027 chemin du Grand Ruisseau, Fatima ; 110 $), de même qu'**Autobus Les Sillons** (☎986-3886 ; www.autobuslessillons.com ; 284 chemin Les Caps, Fatima ; 99 $).

TAXI De Cap-aux-Meules, **Taxi Madeli** (☎986-2555), **Taxi des Îles** (☎986-2101) et **Taxi 2000** (☎986-2000) pourront vous déposer où vous voulez. La course entre l'aéroport et Cap-aux-Meules coûte environ 20 $. De Cap-aux-Meules à Grande-Entrée, à l'extrémité de l'archipel, comptez 100 $.

VÉLO Les îles de la Madeleine se prêtent plutôt bien à ce mode de transport, car les distances sont relativement courtes. Reste le fameux facteur vent, qui peut constituer un sérieux handicap, même pour les cyclistes entraînés. À Cap-aux-Meules, **Le Pédalier** (☎986-2965 ; www.lepedalier.com ; 545 chemin Principal ; journée/sem 24/90 $, 18 $/jour pour 4 à 5 jours, remorque pour enfant 18 $/jour).

VOITURE ET MOTO Les routes sont nombreuses et bien entretenues. Vous pourrez louer une voiture à l'aéroport de Havre-aux-Maisons, où les compagnies se font concurrence. **Hertz** (☎986-6565 ou 1-888-818-4537) loue des voitures mais aussi des motos, mobylettes et vélos électriques. **Leblanc** (☎969-9006) est aussi sur place à l'aéroport. Installé à L'Étang-du-Nord, **Ledé Sports Honda** (☎986-4085 ou 937-7878) loue des voitures d'occasion. En haute saison, pensez à réserver. Le prix varie entre 60-65 $ la journée (100 km gratuits, mais sans les taxes ni les assurances). L'essence n'est pas plus chère que sur le continent.

Île du Cap-aux-Meules

L'île centrale et incontournable se divise en trois secteurs : à l'est, **Cap-aux-Meules** réunit les services, les commerces et le bureau d'information touristique, au nord la verdoyante **Fatima**, où sont installés sur ses plaines des écuries, de nombreux chalets de même qu'un campement de yourtes et au sud-ouest **L'Étang-du-Nord**, (accessible par le chemin des Caps depuis Fatima), où il fait bon flâner dans son joli port de pêche, sur ses plages au détour de ses caps, ou encore admirer le superbe profil de ses falaises depuis le **Gros-Cap**.

À la sortie de l'île en direction du Havre-aux-Maisons, **La Cuesta** rassemble quelques prestataires nautiques, un bar et un restaurant, au fil de l'eau de la lagune.

À voir

À L'Étang-du-Nord, arrêtez-vous sur le chemin de La Vernière à l'angle du chemin de l'Église afin de contempler l'**église Saint-Pierre de La Vernière** (☎986-2410 ; 1329 chemin de La Vernière), deuxième église de bois en importance en Amérique du Nord. Elle fut construite en 1876 avec la cargaison de bois d'un bateau naufragé, maudit par le capitaine. Frappée à plusieurs reprises par la foudre, elle se serait effondrée lors d'une tempête, puis fut reconstruite à l'aide d'une charpente importée, qui témoigne des influences acadiennes de la Nouvelle-Écosse.

Depuis le port d'entrée à Cap-aux-Meules, un bon itinéraire consiste à suivre le **chemin des Caps** (depuis la route 199 et le chemin du Marconi) jusqu'à Fatima, puis à emprunter le **chemin de la Belle-Anse**, où se découvrent des falaises rouges spectaculaires. Un sentier de randonnée et une piste cyclable longent le littoral et constituent une bonne façon de découvrir cette côte escarpée. Le point de vue est également impressionnant depuis le **cap Hérissé**, appelé aussi cap du Phare. De là, une piste cyclable et plusieurs sentiers de randonnée permettent de rejoindre au sud le port de pêche de **L'Étang-du-Nord**. Vous y trouverez un salon de thé, des restaurants, des boutiques et une belle sculpture signée Roger Langevin.

Toujours à L'Étang-du-Nord mais vers Cap-aux-Meules, le chemin de Gros-Cap mène au Parc de Gros-Cap et au **sentier de l'Échouerie**, ceinturé d'anses et de jolies plages. Enfin, à Cap-aux-Meules, les quelques kilomètres de sentiers de randonnée du **parc des Bucks** (accès par le chemin de la Mine) permettent de découvrir les arbres rabougris des forêts des îles et un paysage quasi alpin.

Activités

Vert et Mer KAYAK DE MER
(☎986-3555 ou 1-866-986-3555 ; www.vertetmer.com ; 84 chemin des Vigneau ; Fatima ; ⏲tlj 8h-20h mi-juin à mi-sept, hors saison sur rendez-vous). Excursions passionnantes dont les sorties Crabe & Kayak au coucher du soleil sont particulièrement agréables (109 $, départs tlj à 15h). Au programme également, une sortie kayak-randonnée à l'île d'Entrée (175 $) avec tous les repas, à base de produits du terroir. Des services de carte, de navette et de vigie sont proposés pour les kayakistes autonomes. Formules spéciales à la carte pour les familles et les personnes à mobilité réduite. En collaboration avec les croisières CTMA, semaine "tout inclus" de croisière-vélo sur l'archipel (voir *Depuis/vers les îles de la Madeleine*, p. 399).

Parc de Gros-Cap KAYAK DE MER ET TRIMARAN
(☎986-4505 ou 1-800-986-4505 ; www.parcdegroscap.ca ; 74 chemin du Camping ; ⏲juin-sept). Propose des sorties de 3 heures en kayak double (adulte/enfant/solo 44/25/69 $) ou des sorties plus avancées (adultes seulement 4/6/8h 65/85/135 $) vers le côté nord, le Havre-aux-Maisons ou l'île d'Entrée. Formation aussi disponible (environ 100 $/jour). Des excursions guidées d'1h30 en trimaran (adulte/enfant/personne seule 44/25/55 $) permettent de s'initier à cette pratique dans la baie adjacente ou bien de se lancer à l'aventure (1h30/5h/6h 65/85/110 $), si le temps le permet. Une réduction de 5 $ est accordée aux personnes qui résident sur le site.

Musée de la mi-carême COUTUME LOCALE
(☎986-6886 ; www.tourismeilesdelamadeleine.com/mi-careme ; 4 chemin Ernest, Fatima ; adulte/enfant 10/6 $; ⏲tlj 10h-17h juin-début sept, horaire restreint hors saison). Ce musée moderne et immersif, ouvert en 2011, vous propose de devenir vous-même un "mi-carême" et d'ainsi vous plonger dans une de ces soirées si prisées des Fatimatois. L'audioguide vous permet d'apprécier l'ambiance à la fois sucrée et alcoolisée de ce qui fut autrefois une façon d'adoucir 40 jours de privations.

Aérosport ÉCOLE-BOUTIQUE VOILE ET GLISSE
(☎986-6677 ou 1-866-986-6677 ; www.aerosport.ca ; 1390 chemin La Vernière ; ⏲mi-juin-sept). Le forfait Terre et Mer combine une initiation au cerf-volant, 2 heures de buggy et une demi-journée de kitesurf dans la lagune du Havre-aux-Basques (299 $). Tout aussi intéressants, la journée d'excursion en voilier avec visite de l'île d'Entrée (125 $), ainsi que le kayak de mer le long du littoral et des falaises de Belle-Anse (44 $).

ATTENTION, FALAISES ET DUNES FRAGILES

On vous le répétera souvent aux îles, les dunes de sable sont à la fois précieuses et fragiles. Formées par le mouvement des vagues et des marées, elles ont dessiné l'archipel. Les dunes agissent comme un écran protecteur contre les inondations ou l'ensablement des routes. Depuis plusieurs années, une campagne de sensibilisation, menée par l'organisme de conservation du patrimoine naturel madelinot **Attention Fragîles** (www.attentionfragiles.org), rend compte de l'urgence de protéger les dunes. Elle met en garde les visiteurs contre la tentation de les gravir ou de marcher hors des sentiers menant aux plages. En effet, les dunes sont extrêmement mouvantes et les plantes qui poussent dans le sable (le "foin de dune") constituent les seuls éléments capables de les stabiliser. Marcher ou laisser des déchets dans les dunes risque d'accroître leur érosion. À plus long terme, on pourrait craindre l'effacement de ces minces cordons raccordant les îles entre elles.

Les falaises sont également vulnérables à l'érosion, balayées qu'elles sont par les vagues. Le grès rouge dont elles sont composées est très friable. Fragilisées par les infiltrations d'eau et les cycles de gel-dégel, nous vous conseillons de ne pas vous en approcher à moins de 3 m, si majestueuses et spectaculaires soient-elles : le risque de chute n'est pas négligeable.

Location de planches de surf (19/24 $), de stand-up paddle (demi-journée/journée 39/49 $) et de bodyboard (14/19 $), ainsi que de combinaisons (19/24 $).

Cindy Hook

(☎986-1701 ; www.cindyhook.com ; 156 route 199, sur le site de La Cuesta ; ⏲mai-oct). Ce prestataire dynamique offre des randonnées guidées de 3 heures en stand-up paddle dont la destination dépend du sens du vent (65 $) mais en fait aussi la location (1/2/3h 20/30/40 $). Camp de jour pour les adolescents et cours d'initiation au kitesurf (2h 200 $).

Trésors de la Lagune EXCURSIONS MARITIMES

(☎937-8906 ou 1-855-986-1724 ; www.tresorsdelalagune.com ; 156 route 199, sur le site de La Cuesta ; ⏲juin-sept). Sur un ponton (petit bateau très stable à fond plat), la balade guidée faune/découverte explore la lagune en traçant des liens entre le milieu (mollusques, crustacés, oiseaux, phoques) et le mode de vie madelinot tout en chansons (adulte/enfant 6-12 ans 37/25 $ taxes incl, départs 8h30, 10h30, 13h et 15h), tandis que la sortie au soleil couchant se fait sans animation, pour profiter du paysage avec sérénité (25/12 $ taxes incl, départ 19h30).

Où se loger

La demi-douzaine d'hôtels et de motels de la ville de Cap-aux-Meules sont assez onéreux et n'offrent pas d'attrait particulier. Préférez les hébergements situés ailleurs sur l'île.

BON PLAN Parc de Gros-Cap CAMPING ET AUBERGE DE JEUNESSE $

(☎986-4505 ou 1-800-986-4505 ; www.parcdegroscap.ca ; 74 chemin du Camping ; empl avec petit-déj 22-29 $, dort 27 $, ch 54-62 $, membres HI réduction de 4 $; ⏲juin-sept ; 📶@). À 4 km du port de Cap-aux-Meules, dans un bâtiment coloré près des falaises rouges, cette auberge bénéficie de confort et d'une ambiance chaleureuse. Cuisine et laverie à disposition. De nombreuses animations et activités sont proposées. À mi-chemin entre le prêt-à-camper et un chalet rustique, les petites Salines se louent à 89 $/jour (4 pers max).

Vert et Mer HAMEAU DE YOURTES $

(☎986-3555 ou 1-866-986-3555 ; www.vertetmer.com ; 84 chemin des Vigneau; Fatima ; à partir de 95 $/nuit). L'entreprise écotouristique a bâti et installé un village de yourtes dans la vallée des Arsène, sur la Butte du Vent. La nuitée en forêt, en complète autonomie, est une expérience inoubliable. Les yourtes privées peuvent accueillir jusqu'à 6 personnes. Au centre de l'écolodge, une grande tente commune permet de se rassembler.

Les Pas Perdus AUBERGE $

(☎986-5151 ; www.pasperdus.com ; 169 chemin Principal ; s/d 45-60/55-70 $). Face au port, ce "bistro-dodo-café" animé (l'hôtel fait aussi *privative bar* et restaurant) peut constituer une première halte. Les 6 chambres sont simples et spacieuses mais un peu bruyantes. La plus chère a une sdb.

♥ Capitaine Gédéon CHAMBRES D'HÔTE $$

(☎986-5341 ; 1301 chemin de la Vernière ; s/d 100/105 $; 📶). Seul Japonais des îles, Taka manipule autant le pinceau que le couteau de cuisinier. Ses dîners privés (90 $, service non inclus) formule "apportez votre vin" réinterprètent la nourriture madelinienne en gastronomie asiatique. Situé à deux pas de l'église Saint-Pierre dans une maison traditionnelle, le gîte n'est pas en reste, alliant le monde végétal et artistique pour offrir une simplicité et un confort somme toute modernes.

Château Madelinot HÔTEL $$

(☎986-3695 ou 1-800-661-4537 ; www.hotelsilesdelamadeleine.com ; 323 chemin Principal ; s/d 105-128/105-140 $ selon saison ; ⏲mars et juin-sept). Ce complexe hôtelier est réputé pour son forfait d'observation des phoques (1 230-1 425 $), proposé en mars et très couru des touristes japonais. Sans charme particulier, les chambres disposent néanmoins d'un bon niveau de confort dans leur catégorie.

Où se restaurer et prendre un verre

Les Pas Perdus BISTRO $$

(☎986-5151 ; www.pasperdus.com ; 169 chemin Principal ; petit-déj 5-10 $, plats 11-31 $; ⏲tlj en saison, fermé sam en hiver ; 📶). Un incontournable de l'île, grâce à son ambiance décontractée ses burgers et salades, sa poutine au fromage Pied de Vent ou tout simplement une bière locale. L'équipe a repris le café-théâtre Wendell avoisinant, où sont programmés soirées et concerts.

BON PLAN La Factrie FRUITS DE MER $$

(☎986-2710 ; 521 chemin Gros-Cap ; plats 13-33 $; ⏲tlj 12h-22h mai-sept). Dans le canton du Gros-Cap, le restaurant de la poissonnerie Cap sur Mer permet de déguster poissons et crustacés très frais, au meilleur prix. À la carte : crabe et homard, notamment. Les plats sont copieux et l'atmosphère de la grande salle évoque celle d'une cantine. Sympathique.

Café La Côte CAFÉ-BISTRO **$$**
(☎986-6412 ; www.cafelacote.com ; 499 chemin Boisville Ouest, port de L'Étang-du-Nord ; petit-déj 8-16 $, plats 9-32 $; ⏲juin-sept). Le panorama, la terrasse et la décoration de ce café sont très agréables. On y sert des déjeuners légers : soupes et salades, pizzas et sandwichs. Seul hic, le service empressé. La propriétaire gère par ailleurs une des meilleures tables des îles, cependant assez chère, vers Cap-aux-Meules : **La Table des Roy** (☎986-3004 ; www.latabledesroy.com ; 1188 chemin La Vernière ; plats 32-44 $; ⏲lun-sam à partir de 18h juin à sept). Réservation recommandée.

La Folie douce CUISINE RÉGIONALE **$$**
(☎986-4300 ; 1926 chemin de l'Étang du Nord ; plats 23-27 $, table d'hôte 28-32 ; ⏲soir tlj). Ce restaurant-bistro sert une cuisine madelinienne chaleureuse et typique avec un service plus formel que les autres du genre. Belle présentation et ambiance tout de même chaleureuse, avec un certain souci du détail. Le calzone de homard y est réputé. Musique les mardis à partir de 19h.

Abri de la tempête MICROBRASSERIE
(☎986-5005 ; www.alabridelatempete.com ; 286 chemin Coulombe ; visite guidée adulte/12-17 ans 6,50/4,50 $; ⏲tlj mi-mai-sept). Nichée dans une ancienne usine de poissons aux confins de l'Étang-du-Nord, la salle de dégustation type pub de la microbrasserie permet de déguster quelques produits du terroir local. Visites guidées avec dégustation (11h-17h) et soirées thématiques : dimanches contés, jeudi salsa, soirées cinéphiles.

Le Central BAR
(☎986-3212 ; 225D chemin Principal ; ⏲tlj à partir de 11h juin-sept et de 15h hors saison). Point de rencontre quatre saisons des Madelinots, des étranges (voir l'encadré page ci-contre) et des touristes, ce petit bar porte bien son nom car il est en plein centre de Cap-aux-Meules. La poissonnerie avoisinante prépare des sushis que l'on peut ramener à sa table du Central, accompagnant ceux-ci d'une bière.

Achats

Espace Bleu ATELIER-GALERIE
(☎986-4361 ; www.espace-bleu.ca ; 518 chemin du Gros-Cap ; L'Étang-du-Nord ; ⏲ tlj 10h-18h juil-août, mar-sam 11h-17h juin et sept). Dans un tout autre registre, cette galerie permet de découvrir une foule d'artistes madelinots : peintures, bijoux et poteries, entre autres.

Île du Havre-Aubert

Les premiers Acadiens s'installèrent ici, dans cette île située tout au sud et qui attire aujourd'hui de nombreux visiteurs, séduits par le site historique de **La Grave**. Dérivant du mot grève, c'est-à-dire la partie d'un rivage couverte de galets, il était d'usage d'y sécher ou d'y saumurer le poisson.

La promenade sur les galets est plaisante, tout comme celle menant au petit port de pêche. Le long de la rue principale se succèdent restaurants, cafés ou boutiques d'artisanat installés dans de jolies maisons anciennes pour la plupart des entrepôts, des fumoirs ou des chafauds où l'on travaillait jadis.

À voir

Dans le village de **Havre-Aubert**, ne manquez pas de parcourir le pittoresque chemin d'En-Haut, parsemé de maisons traditionnelles, qui épouse la ligne de collines nommées Demoiselles. De l'autre côté de La Grave, près du musée de la Mer une curiosité vous attend, sortie tout droit des fantasmes médiévaux d'Henri Painchaud : des trébuchets, une catapulte à cuiller et une arbalète !

Du côté du village de **Bassin**, vous pourrez apprécier les paysages variés de l'île, notamment la vue sur la forêt et la baie du Havre-aux-Basques. Empruntez le chemin de la Montagne puis le chemin de L'Étang-des-Caps, duquel on aperçoit parfois au loin le **Corps Mort**, îlot inhabité de l'archipel, et qui rejoint ensuite le chemin du Bassin, bouclant la boucle.

Musée de la Mer PÊCHE ET TRANSPORT MARITIME
(☎937-5711 ; www.museedelamer-im.com ; 1023 route 199 ; adulte/enfant 8/5 $; ⏲lun-mer 9h-18h sauf mer jusqu'à 20h, sam-dim 10h-18h fin juin à sept, lun-ven 9h-12h et 13h-17h et dim 13h-17h reste de l'année). Rénové en 2011, ce musée axé sur l'histoire et les techniques de la pêche et le transport maritime consacre une grande partie de l'exposition aux naufrages survenus au large des îles, qui ont inspiré de multiples histoires. De jolies maquettes et des outils permettent de mieux comprendre les pratiques typiques des pêcheurs madelinots.

Aquarium FAUNE ET FLORE MARINES
(☎937-2277 ; www.aquariumdesiles.ca ; 982 route 199 ; adulte/senior/12-17 ans/3-11 ans/famille 8/7/5/4/20,00 $; ⏲tlj 10h-18h mi-juil-fin août et jusqu'à 17h mi-juin à mi-juil et fin août à début

DES ÎLES ET DES MOTS : LES DIALECTES MADELINOTS

Si vous avez de la difficulté à comprendre les Québécois, les Madelinots ne vous faciliteront pas la tâche : leur accent, si typique, varie en fonction de l'île d'origine. Le plus marqué est sans doute celui du Havre-aux-Maisons, "âvyomaizan". C'est par dégoût du roi, dit-on, que les habitants y auraient cessé de prononcer la lettre R.

Plusieurs mots et expressions sont dérivés de la mer et du vieux français acadien.

Boëtte Appât de pêche, généralement du hareng pour les cages à homard

Croxignoles Beignet tressé frit dans la graisse de phoque

Élan Un bon moment

Éloise Éclair

Espérer Attendre

Étrange Personne n'ayant pas de lien de parenté avec les Madelinots, mais qui s'installe sur les îles pour y vivre quelque temps

Godème Juron local dérivé de "God damn" (maudit soit…)

Grand'terre, en-dehors Le continent, éventuellement tout ce qui n'est pas les îles

Greyer Installer, organiser (par exemple mettre la table). Prend son origine dans le gréement des bateaux.

Pirate Surnom donné aux enfants espiègles

Pomme de pré Canneberge

T'es à qui ? Demande d'énoncer la lignée généalogique paternelle. Par exemple : "Jean-Charles à Albéric, à Aubin, à William, à David). Accompagné du nom de famille, permet de retracer le lieu d'origine et un éventuel lien de parenté.

Vache marine Morse

Whataffaire ! Quelle histoire !

sept). Les enfants prendront plaisir à visiter l'aquarium qui présente la faune et la flore marines des îles ainsi qu'un intéressant documentaire sur la chasse au phoque. Un bassin permet aux enfants comme aux adultes de toucher certains spécimens. La principale attraction : un couple de phoques du Groenland.

Artisans du sable ÉCONOMUSÉE DU SABLE
(☎937-2917 ; www.artisansdusable.com ; 907 route 199 ; entrée libre ; ⏲tlj 10h-21h en saison, lun-sam 10h-17h30 et dim 12h-17h30 hors saison). L'atelier-boutique expose le travail de créateurs de la région utilisant le sable pour matériau. Un économusée dédié au sable présente une petite exposition très bien faite. La collection d'œuvres est impressionnante, tout comme la kyrielle de bouteilles présentant des sables de partout dans le monde. Location de stand-up paddle et démonstrations de construction de châteaux de sable

Activités

À proximité du village de La Grave, la **plage du Havre**, aussi appelée dune du Sandy Hook, s'étend sur plus de 4 km à marée basse et est l'une des plus belles de l'archipel. Remarquez comment l'accès au parking est en fait l'ancienne piste d'atterrissage des îles, avant la construction de l'aéroport actuel. On y accède par le chemin du Sable.

Centre nautique de l'Istorlet ACTIVITÉS NAUTIQUES
(☎937-5266 ou 1-888-937-8166 ; www.istorlet.com ; 100 chemin de l'Istorlet ; ⏲8h-20h mi-juin à mi-sept). Ce complexe nautique propose de nombreuses activités : des randonnées guidées en kayak de mer (40-50 $, 3 heures), en kayak de surf ou en bodyboard (45 $, 2 heures), excursions d'observation (65 $, 4 heures) ou de plongée en apnée (95 $, 4 heures) avec les phoques (juil-août). Le centre fait aussi la location et la formation sur des planches à voile et dériveurs et loue des canoës, des palmes, etc. Vélos disponibles (5 $/h).

Site d'autrefois VILLAGE RECONSTITUÉ
(☎937-5733 ; www.sitedautrefois.com ; 3106 chemin de la Montagne, Bassin ; adulte/enfant 10/4 $; ⏲tlj 9h-17h mi-juin-août, 10h-16h jusqu'au 20 sept). Claude Bourgeois est un ancien capitaine

dont la *Marie-Anick* a fait naufrage. Rêvant d'avoir son village à lui, il a rassemblé ces bâtiments et miniatures en un site muséal en plein air, y racontant avec optimisme et philosophie des scènes de la vie locale, des coutumes et leurs origines. Animation musicale contée à chaque heure.

Mes îles mon pays THÉÂTRE HISTORIQUE
(937-2588 ; www.mesilesmonpays.com ; 316 chemin d'En Haut ; adulte/16 ans et moins 25/15 $; 20h30 lun-mer-ven). Au centre culturel du Havre-Aubert, une trentaine d'acteurs font revivre l'histoire des îles à travers cette fresque théâtrale d'une durée de 2h primée de nombreuses fois.

Où se loger

Centre nautique de l'Istorlet CAMPING ET STUDIOS RUSTIQUES $
(937-5266 ou 1-888-937-8166 ; www.istorlet.com; 100 chemin de l'Istorlet ; empl 15 $, studio s/d 35/45 $, ch avec sdb commune s/d 45/55 $; mi-juin à mi-sept). Hébergement en studio rustique ou en chambre, mais nous le recommandons surtout pour son camping, très bien situé face à la mer. Une ambiance décontractée règne dans le complexe. Vous trouverez une cafétéria sur place.

La Maison de Camille CHAMBRES D'HÔTE $$
(937-2516 ; www3.telebecinternet.com/camille.vezina ; 946 route 199 ; d avec sdb commune et petit-déj 87 $ taxes incl ; saisonnier). Sur le site historique de La Grave, cette petite maison s'ouvrant sur un jardin au bord de l'eau, allie douceur et confort, sans oublier l'accueil tout en simplicité de Camille. On y déguste le déjeuner autour d'une grande table dans la cuisine, baignée de l'air salin et du soleil matinal. Excellent rapport qualité/prix.

Havre sur Mer AUBERGE $$
(937-5675 ; www.havresurmer.com ; 1197 chemin du Bassin ; d avec petit-déj haute/basse saison 100-180/75-135 $; mai à mi-oct ;). À Bassin, une auberge qui surplombe la plage et joue dans le registre grand standing avec ses chambres modernes, lumineuses et douillettes, son atmosphère sereine et son spa (soins 80 $). Certaines chambres ont des baignoires et toutes ont vue sur mer.

Chez Denis à François AUBERGE $$
(937-2371 ; www.aubergechezdenis.ca ; 404 chemin d'En-Haut ; s/d juil-août 85-115/105-135 $, haute saison 90-115/110-135, basse saison 60-85/80-115 $; plats 16-39$, table d'hôte ajouter 10 $; tlj à partir de 17h, fermé en hiver). Construite en hauteur à l'entrée de La Grave, cette chaleureuse auberge est aménagée dans une demeure ancienne. Ses chambres, rénovées, sont spacieuses avec grands lits, boiseries, couleurs douces et belles sdb. Les n°307 et 308 ont vue sur la mer. Le restaurant de l'auberge a excellente réputation, il sert du loup marin et un excellent pot-en-pot.

Où se restaurer et prendre un verre

La Fleur de Sable BOULANGERIE $
(937-2224 ; www.lafleurdesable.com ; 102 route 199 ; plats 4-14 $; mer-lun 9h-17h). À l'entrée du Havre-Aubert et à quelques pas de la place de Portage du Cap, cette grande maison verte abrite une bonne boulangerie artisanale. On peut aussi s'attabler pour des petits déjeuners et des déjeuners légers. L'hiver, c'est un point de rendez-vous des gens de l'île. De mai à septembre, de charmants petits studios équipés (d 93-139 $) sont loués dans l'ancien motel qui la jouxte.

Four à pain METS QUÉBÉCOIS $$
(937-5244 ; 995 chemin de La Grave ; plats cuisinés 5-12 $, table d'hôte 18-25 $; tlj 7h30-23h). Cette adresse sans prétention et à prix fort raisonnable prépare de bonnes pizzas et des plats cuisinés qu'il vous sera facile d'emporter avec vous pour un pique-nique sur la colline derrière ou sur les galets. Petits-déjeuners québécois copieux et viandés.

Café de La Grave CAFÉ-BISTRO $$
(937-5765 ; 969 route 199 ; plats 7-29 $; tlj dès 9h en saison). Un incontournable. Lieu de rendez-vous des gens du coin, ce café installé dans l'ancien magasin général du village est très convivial. L'ambiance y est musicalement festive le soir. Le piano est là, prêt à accueillir qui souhaitera pousser la chansonnette, et l'accordéon de Sonia n'est jamais très loin. Les plats sont très bons et à prix raisonnable. En somme, un lieu délicieux pour se laisser aller à la causerie et à un bol matinal de café au lait.

Le Vent du Large TAPAS $$
(937-1189 ; www.ventdularge.ca ; 1009 route 199 ; tapas 3-13 $; tlj 11h-22h juin-sept). La belle grande maison sert un large éventail de tapas à la carte et dispose de la meilleure terrasse de La Grave et d'une jolie boutique de glaces et d'artisanat. Bel endroit pour prendre un verre et s'initier aux saveurs du terroir local. Réservation recommandée.

LES MAISONS MADELINIENNES

Dispersées sur les vallons de Havre-aux-Maisons, les belles maisons madeliniennes vous charmeront instantanément. On dit que leur coloration pimpante (vert tendre, jaune pissenlit, lilas, parme...) servait autrefois au pêcheur côtier qui souhaitait garder un œil sur son patrimoine... ou retrouver son chemin en titubant, le soir venu ! Au-delà de la palette de couleurs, l'aspect architectural si particulier des maisons madeliniennes s'explique du fait que les habitants ont eu, à l'époque, beaucoup de mal à importer les matériaux nécessaires sur l'île. Ainsi, la petitesse des troncs d'arbre de l'archipel entraîna l'édification de maisons basses. De la même manière, la quasi-absence de vitre, matériau de luxe, est la cause de la construction de maisons aveugles ou encore ornées de fenêtres miniatures.

Charpentiers dans l'âme, les madelinots ont créé des maisons fort coquettes mais très solides. Les grands vents ont inspiré l'invention de lucarnes aux pignons perpendiculaires, caractéristiques des demeures madeliniennes, mais aussi l'utilisation de "corbeaux", ces ornements de style victorien qui solidifient les toits des vérandas.

Si les maisons donnent l'impression d'avoir été saupoudrées sur le territoire, c'est qu'elles sont orientées en fonction des vents plutôt que des routes. L'on évoque de nos jours, avec un certain élan poétique, que l'éparpillement des maisons madeliniennes reflète la dispersion des Acadiens.

Île du Havre-aux-Maisons

Paysages enchanteurs et des saveurs incroyables, cette île est l'une des plus belles. Côté sud, la route s'enfonce dans une magnifique vallée verdoyante avant de longer les falaises. Pour bénéficier du meilleur point de vue, prenez-la depuis le chemin de la Dune-du-Sud. Elle rejoint ensuite le chemin des Montants qui lui-même permet d'accéder au chemin des Échoueries. Votre trajet sera jalonné de panoramas splendides, avec ses maisons traditionnelles, le phare et les boucaneries.

À voir

Secret bien gardé, les **plages** du flanc est de l'île, quasi désertes, sont plus ensoleillées qu'ailleurs. Loin des bains de foule, celles des **Petites Shag** près du cap Noir et de la Dune-du-Sud longent d'imposantes falaises et se prêtent à de merveilleuses promenades et baignades. Par ailleurs, la courte ascension de la Butte Ronde à partir du **phare du cap Alright**, offre une splendide vue en surplomb du littoral.

Du côté de la Petite-Baie, à l'ouest de l'île, les couchers de soleil sont légendaires sur la **Butte à Mounette** avec en avant-plan l'**île aux Cochons**.

L'île du Havre-aux-Maisons est réputée pour son offre agrotouristique (voir *Achats*). La Maison d'Éva-Anne (p. 408) loue des vélos (journée/demi-journée/heure 20/15/5 $).

Le Fumoir d'Antan ÉCONOMUSÉE DU HARENG FUMÉ
(☎969-4907 ; www.fumoirdantan.com ; 27 chemin du Quai ; visite 2$; ⏲tlj 9h-17h mi-juin à août, lun-ven 9h-17h mi-avr à mi-juin et sept). Au port de Pointe-Basse, la boucanerie des Arseneau est un lieu à ne pas manquer. Ses bâtiments en bois constituent le dernier témoignage de cette activité autrefois majeure sur l'archipel, qui en comptait 40. Sur place, on continue à fumer le hareng mais aussi le saumon, les pétoncles, les moules, les couteaux de mer et une succulente rillette de maquereau. Une exposition évoque le fonctionnement des fumoirs et l'histoire de la pêche au hareng sur les îles.

La Méduse SOUFFLAGE DE VERRE
(☎969-4681 ; www.meduse.qc.ca ; 638 route 199 ; ⏲tlj 9h-1h mi-juin à mi-sept, lun-sam 11h-17h hors saison). Installé dans la Grande école, un bâtiment datant de 1909 haut perché sur l'île, François Turbide et ses collègues artisans soufflent et travaillent le verre devant vos yeux (⏲lun-ven 10h-12h et 13h30-17h) tandis que des panneaux expliquent le procédé de fabrication des objets de verre. Sur place, vous trouverez une galerie d'art et une boutique.

Où se loger

Domaine des Vacanciers CHALETS **$$**
(☎937-7775 ou 969-4312 ; 290 chemin de Dune-du-Sud ; chalets 500-1 000 $/sem selon chalet et saison). Location à la semaine de jolis chalets équipés aux bardeaux colorés donnant sur

la plage de la Dune du Sud. Certains possèdent 1 ou 2 chambres et parfois, 1 mezzanine (draps et serviettes fournis). Leur emplacement de rêve fait oublier l'aménagement rectiligne des maisonnettes et le terrain, dépourvu de verdure. Service de navette vers les quais et l'aéroport.

Maison d'Éva-Anne CHAMBRES D'HÔTE **$$**
(969-4053 ; www.eva-anne.com ; 326 chemin de la Pointe-Basse ; d avec sdb privative/commune et petit-déj 90-118/80-105 $ $ selon saison ;). Cette demeure familiale séduit par son accueil et ses chambres simples et confortables aux planchers de bois et aux couleurs enveloppantes. Installée sur le site où furent construits le premier hôpital et le premier fumoir de la région, la maison abrite le comptoir de vente du Veau des Nathaël.

La Butte ronde CHAMBRES D'HÔTE **$$$**
(969-2047 ; www.labutteronde.com ; 70 chemin des Buttes ; ch 115-160 $;). Du grand salon, agrémenté de plantes et où trône un piano à queue, à la jolie verrière dans laquelle on peut se faire un café, jusqu'au jardin face à la mer, tout est un régal pour les yeux dans cette ancienne école de rang. Les chambres, sobres, confortables et insonorisées, ont des couettes épaisses et des douches ultramodernes en céramique, agrémentées de peignoirs et de produits de beauté bio. N'hésitez pas à demander conseil à vos hôtes, discrets mais passionnés par leur région. Possibilité de massage et de repas le soir. Prix dégressifs en hiver. Gay-friendly.

Domaine du Vieux Couvent HÔTEL **$$$**
(969-2233 ; www.domaineduvieuxcouvent.com ; 292 route 199 ; ch avec petit-déj basse/haute saison 125-250/200-275 $; mars-déc). Entièrement rénové, cet établissement haut de gamme a réussi à préserver un accueil simple et chaleureux. Au-dessus d'un restaurant animé, les 10 chambres avec vue sur la mer sont luxueuses et bénéficient d'un design soigné. Couettes en duvet d'oie, peignoirs en coton bouclé et douches vitrées.

Où se restaurer

Chez Hélène des Îles PÂTISSERIE **$**
(969-2404 ; 90 route 199 ; tlj sauf mer 10h-19h, sam 9h-17h juin-sept, ven-dim hors saison). À l'entrée de l'île, Hélène fait tout maison : caramel au beurre salé, biscuits, macarons, tartes au sucre, au citron (crémeuses) aux noix de pécan (pacanes), aux noisettes, des tartelettes aux fraises, des mille-feuilles. On a testé tout ce qu'on a pu avaler et on peinait à s'arrêter ! À emporter seulement.

Crêperie Bacalar COMPTOIR-CRÊPERIE **$**
(969-2220 ; 354 chemin de la Dune-du-Sud ; plats 5-13 $; tlj 11h-18h fin juin à mi-août). Ce kiosque-café en bordure de mer, tenu par une jeune équipe sympathique, sert une belle sélection de crêpes salées et sucrées. Osez la crêpe au fromage Pied-de-Vent et compote, le mariage sucré-salé est doux et parfait.

La Maisonnée des Îles CUISINE QUÉBÉCOISE **$$**
(969-2525 ; 319 route 199 ; plats 10-29 $; tlj 11h30-21h en saison, jeu-dim 16h30-21h reste de l'année). Ce restaurant familial aux portions généreuses n'a certes pas une belle vue sur la mer, mais son rapport qualité/prix nous fait presque oublier qu'il est situé en bordure de route. Décoration champêtre un peu kitsch aux accents de pub irlandais. Belle sélection de fruits de mer et burgers succulents.

Réfectoire du Vieux Couvent BISTRO GOURMAND **$$$**
(969-2233 ; 292 route 199 ; www.domaineduvieuxcouvent.com ; petit-déj 8-18 $, plats 14-38 $, table d'hôte soir 30-54 $; tlj 8h-10h30 et 17h30-22h mi-jui à mi-sept, soir 18h-21h, mai à mi-juin et mi-sept à fin oct). Le restaurant du Domaine du Vieux Couvent se partage entre 3 salles aux ambiances différentes, dont une installée dans l'ancienne chapelle. On y propose une cuisine variée (viandes, poissons et crustacés) ainsi qu'une belle carte de vins. Le repas de homard et la table d'hôte sont fort avantageux. Réservation recommandée le soir.

Achats

Havre-aux-Maisons est l'endroit idéal pour composer un panier pique-nique de produits du terroir. La **Fromagerie du Pied de vent** (969-9292 ; 149 chemin de la Pointe-Basse ; tlj 8h-18h juin-sept, horaire réduit hors saison) produit un fromage de lait cru fort goûteux, dont le nom évoque les trouées lumineuses que l'on observe à travers les nuages, sur la mer, mais aussi d'autres fromages. Nourris à la drêche issue des activités de la brasserie à l'abri de la tempête (voir p. 404), les veaux de la fromagerie sont élevés amoureusement par Steve et Mario du **Veau des Nathaël** (969-4053 ; www.veaudesnathael.com ; 326 chemin de la Pointe-Basse ; lun-sam 11h-18h) qui en font de la viande emballée sous vide, de la saucisse, du pâté de foie et des rillettes. Enfin, le **Barbocheux** (969-2114 ; www.bagossedesiles.

LA CHASSE AU PHOQUE

La polémique autour de la chasse au phoque est née il y a 40 ans au large des îles de la Madeleine. En 1964, un documentaire québécois, *Le grand phoque de la banquise*, montrait une scène particulièrement cruelle : l'image d'un bébé phoque d'un blanc immaculé, abattu sur la glace au gourdin, puis dépecé vivant. Bien que le chasseur incriminé a par la suite affirmé que la scène était montée de toutes pièces, le mal était fait, mettant au banc des accusés des chasseurs rapidement dépassés par les enjeux de la bataille. Sous l'influence de personnalités comme Brian Davies, Paul Watson et, bien sûr, Brigitte Bardot, le film a déclenché une lutte acharnée contre les chasseurs de bébés phoques. Articles virulents dans la presse internationale, reportages photo et télévisés, pétitions, vaporisation de teinture sur les jeunes phoques, altercations violentes sur la banquise, manifestations et menaces de boycott des produits canadiens se sont alors multipliés.

La chasse commerciale du phoque, qui touchait alors essentiellement le blanchon (nouveau-né du phoque du Groenland, âgé de 0 à 12 jours) et le dos bleu (chiot du phoque à capuchon), a été alors incriminée, ainsi que ceux qui la pratiquent : Madelinots et Terre-Neuviens dans un premier temps; Groenlandais, Norvégiens et Inuits par la suite. Les États-Unis furent les premiers à appliquer un embargo sur l'importation de produits dérivés de blanchons et de dos bleus en 1972, puis la Communauté européenne en 1983, ce qui a eu pour conséquence de faire chuter le cours des peaux. En 1987, le gouvernement canadien interdit la chasse aux blanchons et aux dos bleus, qui constituaient alors l'essentiel des prises, tout en maintenant, sous le regard accusateur de ses groupes écologistes, des quotas de chasse au phoque adulte.

Alors que le troupeau a triplé en taille depuis les années 1970 et s'est stabilisé autour de 8 millions de têtes, les chasseurs canadiens font face à un quota de 320 000 prises, dont 15 000 aux îles de la Madeleine. L'Union européenne vote en 2009 une interdiction plus sévère des produits issus du phoque sur son territoire*. Le gouvernement canadien conteste ce règlement sans succès, et les autres marchés internationaux ne s'ouvrent pas. Le conflit perdure et laisse en suspens cette question délicate, à laquelle vous serez d'emblée confronté si vous abordez le sujet avec les Madelinots, que ce soit en visitant une boutique d'artisanat utilisant la fourrure de phoque ou encore, lorsqu'il vous sera offert du loup marin (appellation ancienne du phoque) au menu d'un restaurant des îles.

* Sont exemptés de cette disposition les Indiens et les Inuits de l'Alaska autorisés à chasser les mammifères marins pour en tirer leur nourriture, leurs vêtements et leurs produits artisanaux.

com ; 475 chemin du Cap-Rouge ; ⏲tlj 10h-18h juin-fin-sept, sur appel hors saison) vous invite à trinquer avec de la bagosse, vin apéritif artisanal typique des îles qui se décline aux saveurs fraise-framboise ou encore airelle-pissenlit. Deux autres boissons de petits fruits sont fabriquées sur place : un vin fortifié et une boisson type porto.

Île de Pointe-aux-Loups

Fine bande de terre comportant une cinquantaine de maisons et autrefois deux quais, l'île de Pointe-aux-Loups décline un paysage de plages de sable et de dunes blondes, comptant parmi les plus belles de l'archipel. L'eau est plus chaude du côté de la lagune de la Grande-Entrée, mais il convient de faire attention au courant, très fort lorsqu'il vente ou lors des grandes marées de pleine lune.

Côté sud se trouve la **Maison du Héron** (☎969-4819 ; www.la-maison-du-heron.com ; 21 chemin du Quai Sud ; ⏲tlj 10h30-17h30 mi-juin-début sept, 13h-17h début juin et septembre, variable hors saison), une galerie-boutique de créateurs locaux travaillant les fossiles, le verre dépoli par le sable et la mer et les coquillages. Côté nord, Odette Leblanc présente et vend ses accessoires en cuir et fourrure à la **Maison du Loup-Marin** (☎969-9385 ; www.odetteleblanc.com ; 22 chemin de l'école, ⏲tlj 10h-18h sauf sam ou dim, mai-oct, sur réservation hors saison). Les phoques sont chassés aux îles, et leurs peaux sont traitées dans les tanneries de la ville de Québec avant d'être renvoyées à l'artisane pour la confection.

Grosse-Île

Changement d'univers : Grosse-Île est un monde à part dans l'archipel. C'est là que réside une communauté anglophone, l'île ayant été colonisée par des pionniers écossais. Nombre d'habitants, pêcheurs essentiellement ou agriculteurs, ne parlent pas le français même s'ils le comprennent. Peu peuplée (à peine 550 habitants), on y vit plus près des traditions, tout comme à la Grande-Entrée, sa voisine francophone, toutes deux moins touchées par le tourisme. Par ailleurs, son paysage vallonné et verdoyant lui confère un charme particulier.

À voir

Vous trouverez à Grosse-Île la plage de sable la plus spectaculaire de l'archipel : la **plage de la Grande Échouerie**, longue de 8,5 km. De la Pointe-de-l'Est à la pointe Old-Harry, elle s'étire à l'infini et offre une superbe aire de promenade et de baignade. Il n'est pas rare d'y apercevoir des phoques. Vous y accéderez par la route 199, en vous garant à **Old-Harry**. Attention, les courants au large sont puissants. L'été, il est préférable de se baigner dans la zone surveillée.

La plage de la Grande Échouerie longe la **réserve nationale de faune de la Pointe-de-l'Est**, qui abrite de multiples espèces de canards, mais surtout des pluviers siffleurs et des grèbes cornus, deux espèces d'oiseaux de rivage protégés. Deux sentiers d'interprétation permettent d'accéder aux marais salants. Si vous disposez de peu de temps, préférez le chemin de l'Échouerie à celui des Marais salés. L'accès se fait par deux entrées, sur la route 199, sur le tronçon situé entre East Cape et Old-Harry. La Salicorne organise des excursions (voir ci-contre).

À l'entrée de l'île se dressent les installations des **mines Seleine**, gigantesque exploitation saline qui s'enfonce à 415 m de profondeur. Ouverte en avril 1982, la mine produit 1,7 million de tonnes de sel chaque année servant essentiellement au salage des routes sur le continent. Le **centre d'interprétation** (☎985-2318 ; 56 chemin Principal ; adulte/senior et jeune/famille 6/5/5/15 $; ⏲lun-ven 10h-18h sam 12h-18h, juin-sept) présente une vidéo sur les techniques d'extraction du sel employées dans l'usine et une visite animée à travers l'exposition "Sel Essentiel".

Installé à Old Harry dans l'ancienne école, le **Council for Anglophone Magdalen Islanders** (☎985-2116 ; 787 route 199 ; adulte/famille 5/15 $; ⏲tlj 8h30-16h30 juil-août, lun-ven 8h30-16h30 hors saison), relate l'histoire des anglophones dans l'archipel et alimente le souvenir des madelinots morts à la guerre et des vétérans.

Où se restaurer

Café de l'Est BISTRO-SNACK **$$**
(☎985-2155 ; 503 chemin Principal, Old Harry ; plats 8-20$; ⏲tlj 11h-18h en saison). À Old Harry, en face du parking de la plage de la Grande-Échourie, il propose un petit menu de moules, soupes de poisson, *fish n' chips* à l'anglaise et desserts maison. Cuisine simple et délicieuse, à prix un peu élevé cependant. Bon arrêt pour un café car ils servent aussi des expressos.

Île de Grande-Entrée

Cette île verte et peu peuplée est la capitale québécoise du homard. Dans son très joli port se concentre en effet près de la moitié de la flotte de pêcheurs de homards des îles. Une visite s'impose, notamment en fin de journée pour admirer le coucher du soleil. La lumière sur les bateaux de pêche colorés est alors somptueuse. Pendant la saison du homard, le retour des bateaux de la pêche est aussi un moment fort.

Grande-Entrée a été la dernière île de l'archipel à avoir été habitée.

À voir

Centre d'interprétation du phoque INTERPRÉTATION BIOMARINE
(☎985-2833 ; www.loup-marin.com ; 377 route 199 ; adulte/senior et étudiant/enfant/famille 7,50/6,50/4/20 $, gratuit -5 ans ; ⏲tlj 10h-18h juin à sept, lun-ven 10h-17h hors saison). Fort bien conçue, cette exposition étudie les quatre espèces de phoques du golfe du Saint-Laurent, la formation de la banquise ainsi que la vie sous la glace. L'histoire de la chasse et le conflit l'entourant sont également abordés. Visites guidées toutes les heures en juillet et août.

La Salicorne ACTIVITÉS NAUTIQUES
(☎985-2833 ou 1-888-537-4537 ; www.salicorne.ca ; 377 route 199). L'auberge la Salicorne (voir ci-contre) propose aussi ses activités à la carte. Nous recommandons notamment la sortie d'exploration des grottes en habit isothermique (49 $). L'auberge propose aussi des sorties de kayak (2h30, 43$), des kayaks en location pour explorer le Bassin aux Huîtres (15-20 $/h) et la location de vélos (10 $/h, 25 $/jour), de canots et pédalos (12 $/h).

PÊCHEURS DE HOMARDS

Le Québec compte deux grandes zones de pêche au homard : les îles de la Madeleine, en tête, suivies de la Gaspésie. Réglementée, la pêche se déroule en général de la première semaine de mai à début juillet. Le nombre de cages par pêcheur est contingenté. Quant aux captures, elles ne doivent pas mesurer moins de 83 mm, sinon les homards doivent être relâchés, tout comme doivent l'être les femelles portant des œufs. Les cages sont généralement réunies en chapelets par groupe de 7 ou 10, chaque groupe étant repéré à la surface de l'eau par une ou deux bouées identifiant le propriétaire par son numéro.

La pêche au homard constitue environ 75% des revenus de pêche des Madelinots. L'archipel compte 325 pêcheurs, la majorité d'entre eux se concentrant sur l'île de la Grande-Entrée. Officiellement, un permis ne s'achète pas. Dans les faits, il est cédé par son propriétaire à un autre propriétaire à un prix avoisinant les 325 000 $. Néanmoins, le revenu rapporté de la pêche est à la baisse, la livre de homard étant passée, entre 2007 et 2010, de 6 à 3,5 $ en moyenne, compte tenu de la récente récession économique. L'année 2012 augurait tout de même pour une remontée des prix et les pêcheurs reçoivent depuis quelques années une aide financière accrue du gouvernement canadien.

Où se loger et se restaurer

La Salicorne AUBERGE-VACANCES **$$**

(985-2833 ou 1-888-537-4537 ; www.salicorne.ca ; 377 route 199 ; forfait 4 jours/3 nuits d demi-pension 354/390 $ par pers en basse saison/haute saison ; 7h30-20h pour le restaurant, mai-sept ;). Cette auberge associative propose d'innombrables forfaits et activités à la carte dans une ambiance accueillante. Les chambres, toutes rénovées dans des tons sable et mer, sont impeccables, accueillantes et confortables (couettes, écrans plats, sdb), mais vu l'atmosphère de fête en soirée, elles sont parfois bruyantes. Vous pouvez aussi simplement planter votre tente (22-26 $/empl, 3$/pers supp). Les forfaits incluent l'accès aux vélos, au club nautique (canot, kayak, pédalo) pour des sorties en toute autonomie dans le Bassin aux Huîtres, ainsi qu'une kyrielle d'activités guidées (voir plus haut) que les employés annoncent au petit-déjeuner, certaines s'accompagnant d'un petit supplément. Menées par de jeunes guides, les activités sont en général axées sur l'aventure et le plaisir. Un "séjour famille" est proposé avec une brochette d'activités pour les jeunes.

Le **restaurant-cafétéria** (plats 12-24 $, table d'hôte du soir : 25-29 $, réservation obligatoire) du club est par ailleurs une très bonne adresse : sans grand raffinement, mais fraîche, savoureuse et équilibrée. Attention, la cuisine ferme tôt (20h) et la réservation est obligatoire pour les non-résidents au dîner. L'établissement dispose d'une halte-garderie et assure pour ses pensionnaires un service de navette (payante) depuis l'aéroport.

Bistro café Alpha CAFÉ ET REPAIRE DE PLONGEURS **$**

(985-2422 ; www.plongeealpha.com ; 898 route 199, près du quai ; petit-déj 3-10 $, plats 7-16 $; 8h-20h juin-oct, restreint en basse saison). Petit café sympa servant des sandwichs, paninis et pizzas, détonnant un peu avec les autres restaurants de la pointe. Décorés de grandes photos de plongées, les murs rappellent au visiteur que le propriétaire Mario Cyr est un plongeur réputé. Le café fait d'ailleurs boutique de plongée et donne pignon sur rue à son école de plongée.

Île d'Entrée

Dépourvue d'arbres, la seule île habitée à ne pas être reliée aux autres de l'archipel par des bancs de sable ne compte qu'une centaine d'habitants, des anglophones de descendance irlandaise et écossaise vivant essentiellement de la pêche.

Difficile de ne pas tomber sous le charme de ce petit îlot verdoyant au paysage saisissant. D'une superficie d'à peine 7 km², l'île marie subtilement le vert de ses vallons et ses plaines au rouge sombre de ses falaises. La zone orientale est montagneuse, avec le sommet le plus élevé de l'archipel, Big Hill, trônant à 174 m au-dessus du niveau de la mer.

De mi-juin à mi-septembre, un service de **traversier** (aller simple adulte/senior/5-11 ans 16/13,50/10,25 $; tlj sauf dim, aller à 7h30 et 15h30, retour à 9h et 16h30) d'une durée de 1h

UNE ÎLE DÉSERTE

L'**île Brion**, située à 16 km de Grosse-Île, est une réserve écologique sur près de 90% de son territoire. Nommée en l'honneur de son protecteur Philippe Chabot de Brion, elle témoigne de l'état primitif des îles de la Madeleine, telles que les avait découvertes Jacques Cartier. Il s'était exprimé ainsi en y accostant : "Une parcelle de cette terre vaut mieux que toute la Terre-Neuve !" L'île fut habitée jadis par une cinquantaine de personnes, notamment la famille Dingwell. Elle servait surtout de refuge saisonnier aux pêcheurs, mais son approche difficile et les courants marins imprévisibles la rendent dangereuse. Le dernier gardien du phare (désormais automatisé) quitta l'île en 1972.

Aujourd'hui déserte, l'île est scindée en deux îlots, fruits de l'érosion, recouverts de forêt vierge à 63%. Elle abrite 166 espèces d'oiseaux et une grosse colonie de phoques. En plus de présenter une nature quasi vierge, l'île Brion conserve des vestiges du passage des colonisateurs (cimetière, poteau télégraphique, habitations). Crainte des navigateurs, car elle se pose comme un gigantesque mur dans l'océan, l'île porte encore les marques de nombreux naufrages. Son accès est strictement contrôlé et on ne peut s'y rendre qu'avec le prestataire Excursions en mer (voir ci-dessous).

réservé aux piétons assure la liaison avec l'île depuis le port de Cap-aux-Meules. Durant cette même période, des bateaux d'excursion proposent aussi de vous y emmener (voir ci-dessous). L'hiver, de petits avions y font des vols quotidiens.

Installé dans une vieille maison, le petit **Musée historique** (986-6622 ; chemin Main ; 3$; tlj 8h30-16h30 juin-sept) permet de découvrir l'histoire de l'occupation de l'île et les activités qui y furent pratiquées.

Sur l'île, vous trouverez un restaurant-bar et un dépanneur, mais pas de DAB.

Activités

L'île se parcourt à pied en une journée. Pour accéder au sommet de Big Hill, prenez, dans le village de l'île d'Entrée, le chemin indiqué par un petit panneau en bois qui part de Post Office Road. Au sommet, la vue est sublime.

Excursions en mer BATEAU ET ZODIAC
(986-4745 ; www.excursionsenmer.com ; marina de Cap-aux-Meules ; adulte/senior/enfant 42/41/38 $ en Zodiac, 33/32/30 $ en bateau ; mai-oct). Propose plusieurs départs par jour pour l'île d'Entrée, vous permettant de faire la visite de façon autonome. L'excursion dure en moyenne 5h.

Vert et Mer KAYAK DE MER
(986-3555 ou 1-866-986-3555 ; www.vertetmer.com ; 175 $, repas et collations incl ; mi-juin-sept). Particulièrement appréciées, les sorties de Vert et Mer à l'île d'Entrée se font par de petits groupes de 2 à 6 personnes et sont ponctuées d'observations ornithologiques et géologiques. Le départ s'effectue en kayak depuis le port de La Grave (départ 8h, retour 18h).

Où se loger

Chambres Josey HÔTEL $$
(986-5629 ou 986-5862 ; 289 chemin Main ; d 88 $ taxes incl). Le seul hébergement de l'île, avec 3 chambres seulement. Le propriétaire ne parle que l'anglais mais comprend un peu le français. Accès à une kitchenette et à un lave-linge. Ouvert à l'année, mais pensez à réserver. Le propriétaire tient une petite cantine en saison.

Provinces maritimes

Dans ce chapitre »

Le top des hébergements

- Waverley Inn (p. 424)
- Hôtel Paulin (p. 417)
- Spillett House B&B (p. 431)
- Barachois Inn (p. 433)
- Willow Green Farm B&B (p. 434)

Le top des restaurants

- Lot 30 (p. 431)
- Jane's on the Common (p. 424)
- New Glasgow Lobster Supper (p. 433)
- The Pearl (p. 433)
- Leonard's (p. 431)

Pourquoi y aller

Les trois provinces maritimes du Canada – le Nouveau-Brunswick (N.-B), la Nouvelle-Écosse (N.-É.) et l'Île-du-Prince-Édouard (Î.-P.-É.) – ont leur littoral marqué et façonné par le puissant océan Atlantique.

Sur place, d'heureuses surprises vous attendent, et pas seulement l'étonnant accent des Acadiens. Les Maritimes représentent un petit paradis resté authentique, encore marqué par l'industrie de la pêche et étonnamment rural. On vous fera goûter de mémorables repas de fruits de mer et on vous demandera de "froliquer" ou de danser la gigue. On y vient pour voir les plus hautes marées du monde, des routes pittoresques ou des baleines croisant au large, mais aussi pour faire des randonnées à pied ou à vélo hors des sentiers battus et d'inoubliables excursions en canot et en kayak de mer.

Même avec des industries traditionnelles – forêt, pêche, mine – en déclin, leur charme demeure intact. L'accueil est partout excellent, avec cette pointe d'affabilité décontractée typique de la côte atlantique du Canada.

Quand partir

Juin-août Les fleurs sauvages abondent et les baleines viennent s'alimenter près des côtes.

Septembre-octobre Les arbres se parent d'or et de rouge, une parfaite toile de fond pour les festivals de musique d'automne.

Août-novembre Avec une combinaison bien étanche, surfez sur des vagues gonflées par la tempête.

À ne pas manquer

1. Les plus hautes marées du monde à observer depuis le phare du **cap Enragé** (p. 420)
2. Un **festin de homards** à New Glasgow ou Sainte-Anne (p. 433)
3. Le **Village historique acadien** (p. 417), pour revivre la vie au temps jadis
4. Un circuit à vélo sur le **sentier de la Confédération** (p. 431), long de 357 km
5. L'**observation des baleines** (p. 421), loin de la foule, dans la petite île Grand Manan
6. L'impressionnante **forteresse de Louisbourg** (p. 429), symbole et fierté de la Nouvelle-France
7. Le tour de l'**île du Cap-Breton** (p. 427) par une route côtière spectaculaire
8. Une randonnée au **mont Carleton** (p. 415), hors des sentiers battus, entre lacs et forêts à perte de vue
9. La baignade à la **plage Parlee** (p. 419) ou à la **plage de Cavendish** (p. 432), dans une mer étonnamment chaude

Renseignements

INDICATIFS TÉLÉPHONIQUES Nouveau-Brunswick ☎506 ; Nouvelle-Écosse ☎902 ; Île-du-Prince-Édouard ☎902

HEURE LOCALE Une heure de plus qu'au Québec. Lorsqu'il est midi à Montréal, il est 13h dans les Maritimes

SYSTÈME DE MESURE Système métrique ; cependant, la population continue parfois à utiliser l'ancien système impérial (miles, pouces, pieds, degrés Fahrenheit)

Depuis/vers les provinces maritimes

AVION L'**aéroport Stanfield International de Halifax** (www.hiaa.ca) est le principal aéroport régional. Des navettes Airbus se rendent au centre-ville toutes les 45 minutes de 5h à 23h. Un taxi coûte environ 54 $ (30 min). L'**aéroport international du Grand Moncton** (www.cyqm.ca/fr) est également très fréquenté.

BUS Les bus **Orléans Express** (☎888-999-3977 ; www.orleansexpress.com) et **Maritime Bus** (Ex-Acadian ; ☎1-800-575-1807 ; www.maritimebus.com) permettent de rejoindre plusieurs villes des trois provinces maritimes, depuis le Québec.

TRAIN Les trains *Océan* de **VIA Rail** (☎888-842-7245 au Canada ; www.viarail.ca) circulent entre Montréal et Halifax. Ce train s'arrête dans plusieurs villes du N.-B. et de la N.-É.

VOITURE En partant de Montréal en voiture, environ 1 000 km vous séparent de Moncton, 1 200 km de Charlottetown, et 1 350 km de Halifax.

Comment circuler

AVION La plupart des vols régionaux sont opérés par un groupe affilié à Air Canada, **Air Canada Jazz** (☎888-247-2262 ; www.flyjazz.ca), mais les tarifs sont souvent assez élevés.

FERRY Des **traversiers** (ferries) relient les trois provinces : de Saint-Jean à Digby, de Blacks Harbour à l'île Grand Manan, de Woods Islands à Caribou et de Souris aux îles de la Madeleine (Québec).

VÉLO Les trois provinces, notamment l'île du Prince-Édouard, se prêtent particulièrement bien aux circuits à **vélo**. De nombreuses pistes cyclables y ont été aménagées.

VOITURE La voiture demeure de loin le moyen le plus aisé (et souvent le plus économique) pour se déplacer. Des agences locales indépendantes, représentées par **Car Rental Express** (www.carrentalexpress.com), proposent des tarifs intéressants.

NOUVEAU-BRUNSWICK

Le N.-B. est la porte d'entrée dans les Maritimes lorsque l'on vient du Québec. Seule province officiellement bilingue du Canada, elle compte près de 35% de sa population d'origine acadienne. Jetez un coup d'œil aux nombreux festivals organisés durant la saison estivale sur le site www.tourismnewbrunswick.ca.

Mont Carleton

Relativement à l'écart des circuits touristiques, les 174 km² du **parc provincial du Mont-Carleton** (centre des visiteurs ☎506-235-0793 ; www.parcsnb.ca ; près de la route 385 ; ⏲tlj 8h-20h mai à oct ; annexe à Saint-Quentin ☎506-235-6040 ; 11 rue Gagnon) sont un havre de paix... et peut-être le secret le mieux gardé de la province. Situé dans une région montagneuse aux confins de la chaîne des Appalaches, il abrite notamment des orignaux, des chevreuils, des ours, des lynx et de rares cougars de l'Est. L'hiver, la plupart des chemins du parc font place à des sentiers de motoneige.

Les localités les plus proches étant **Riley Brook**, à 30 km au sud, et **Saint-Quentin**, à 43 km à l'ouest, apportez votre nourriture, votre eau potable et un réservoir d'essence plein. Ces deux localités constituent d'excellents ports d'attache pour explorer le parc.

Activités

Entièrement balisé, le sentier international des Appalaches traverse le parc, reliant le Québec (voir l'encadré p. 378) à l'état du Maine, aux États-Unis, et se rendant jusqu'en Géorgie. Le parc provincial possède en outre 62 km de **sentiers de randonnée**, dont le sentier du mont Bailey (564 m), un circuit facile de 7,5 km avec une vue à couper le souffle, et le sentier du mont Carleton (820 m), le grand classique (10 km), qui vous mène jusqu'au plus haut sommet des Maritimes – par une journée claire on peut y admirer 10 millions d'arbres !

Les splendides lacs Nictau et Nepisiguit, ainsi que les rivières Tobique et Nepisiguit forment une longue chaîne naturelle de cours d'eau parfaite pour la pêche et les excursions en **canot**. Pour louer des canots et pour des renseignements, appelez **Guildo Martel** (☎506-235-2499, au camping du ruisseau Armstrong) ou **Don McAskill** (☎506-356-8351) de Bear's Lair.

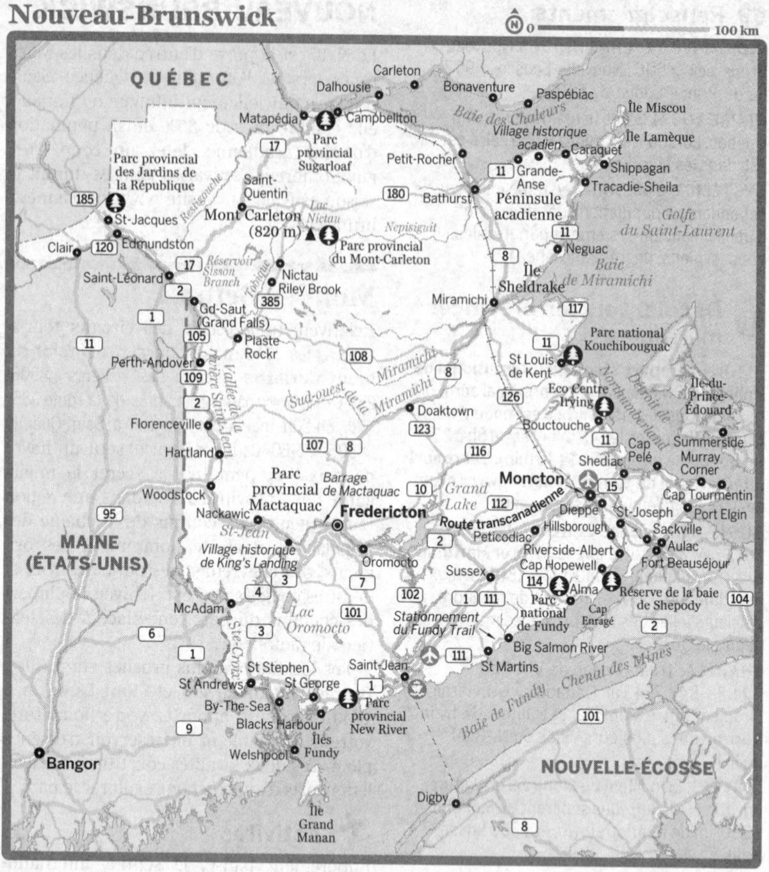

Nouveau-Brunswick

Où se loger et se restaurer

Le parc possède 4 **campings** (☎506-235-0793 ; www.friendsofmountcarleton.ca). Mis à part celui du ruisseau Armstrong (ci-dessous), les autres camping sont semi-sauvages, y compris le minuscule Headwaters, sur le sentier menant au mont Carleton.

Camping du ruisseau Armstrong CAMPING $ (☎506-235-0793 ; www.friendsofmountcarleton.ca ; empl 9-14 $; ⏲mi-mai à oct). Situé dans une forêt de pins au nord du lac Nictau, à 3 km de l'entrée du parc, c'est le terrain le mieux aménagé.

♥ **Bear's Lair** LODGE $$ (☎506-356-8351 ; www.bearslairhunting.com ; 3349 route 385, Riley Brook ; ch 60 $; Ⓟ). Sur la rivière Tobique, à Riley Brook, un sympathique lodge en rondins en pleine forêt. Dépaysement garanti ! Restauration sur place.

Péninsule acadienne

CARAQUET

Au nord-est de la province, Caraquet (4 850 habitants) a été fondée en 1757 par des familles fuyant la déportation. Épicentre de la culture acadienne et port de mer actif, c'est un endroit tout indiqué pour passer une nuit ou deux. Le boulevard Saint-Pierre est l'artère principale et longe la baie de Caraquet.

Le **centre d'information des visiteurs** (www.tourismenouveaubrunswick.ca ; 39 bd Saint-Pierre Ouest ; ⏲9h-17h mi-juin à mi-sept) fournit des renseignements utiles. Le **Carrefour de la Mer** est un centre récréotouristique jouxtant le port et regroupant boutiques, restaurants, etc.

Activités

Village historique acadien RECONSTITUTION (www.villagehistoriqueacadien.com ; 14311 route 11 ; adulte/enfant/senior/famille 16/11/14/38 $; 10h-18h début juin-sept). Situé à quelques kilomètres à l'ouest de Caraquet, ce site historique majeur est le point d'orgue d'une visite dans la Péninsule. Il regroupe plus de 40 bâtiments originaux dans un village évoquant la vie de 1770 à 1939, avec des femmes et des hommes vêtus de costume d'époque, exerçant leur métier et vaquant à leurs occupations avec un naturel désarmant ! Les enfants adorent participer à une journée d'activités au village (35 $ sur réservation). Différentes possibilités de restauration sur place.

Où se loger et se restaurer

L'été, vous trouverez de nombreux logements chez l'habitant et autres gîtes. Renseignez-vous au centre d'information.

Maison touristique Dugas GÎTE, B&B, CAMPING $ (506-727-3195 ; www.maisontouristiquedugas.ca ; 683 bd St-Pierre Ouest ; empl tente/caravane 20-30 $, ch 55-89 $, suite 119-135 $, chalet 99 $). Dans cette grande maison en bois de couleur rouge, vous serez accueilli par la cinquième génération de la sympathique famille Dugas. Kitchenette et salle de séjour. Le petit terrain de camping offre un accès à la plage. Location de vélos, canots, kayaks et pédalos. Le restaurant sert des spécialités acadiennes. Petits-déjeuners en sus.

Hôtel Paulin HÔTEL $$ (506-727-9981 ; www.hotelpaulin.com ; 143 bd St-Pierre Ouest ; ch avec petit-déj 128 $, ch avec petit-déj et dîner gastronomique 2 pers à partir de 195 $). Cet hôtel, bâti en 1891, surplombe la baie de Caraquet ; il est tenu par la famille Paulin depuis 1907. Belles chambres lumineuses décorées d'objets anciens. Si vous logez ailleurs, réservez pour dîner à l'excellente table de la maison.

Château Albert AUBERGE $$$ (www.villagehistoriqueacadien.com/chateau.htm ; d avec dîner/spectacle 2 pers 257 $; ♿). Pour une totale immersion dans le passé, passez la nuit dans un hôtel restauré du début du XXe siècle (sans TV, ni téléphone, mais avec de jolies chambres très calmes), au Village historique acadien.

Boulangerie Grains de folie EN-CAS $ (171 bd St-Pierre Ouest ; plats 4-10 $). Cette délicieuse boulangerie (pains artisanaux, viennoiseries) propose aussi des plats légers. Terrasse animée en été. Sur place, boutique d'épicerie fine et librairie.

Le Caraquette RESTAURANT $ (89 bd St-Pierre Est ; plats 8-14 $). Simple, jouissant d'une belle vue sur le port, ce restaurant est une valeur sûre. Belle sélection de produits de la mer.

LE FESTIVAL ACADIEN

Le **Festival acadien de Caraquet** (www.festivalacadien.ca) se tient du 1er au 15 août. Chaque année, des dizaines de milliers de personnes participent à ses activités et spectacles mettant en scène une grande variété d'artistes d'Acadie, d'autres régions francophones du Canada et de l'étranger. Ne manquez pas la traditionnelle **bénédiction des bateaux** et les bateaux de pêche parés de rubans et de drapeaux qui paradent dans le port. Les festivités se terminent en grande pompe par le **Tintamarre du 15 août**, fête nationale des Acadiens. À 18h pétantes, tout le monde sort dans la rue en faisant le plus de tapage possible (avec des objets de toutes sortes, instruments de musique ou casseroles), de quoi réveiller l'ardeur des plus timides et un bon moyen de faire connaissance !

AILLEURS DANS LA PÉNINSULE

Partout dans la péninsule, vous entendrez parler français, ce qui est rarement le cas dans les autres régions des Maritimes.

Grande-Anse et **Anse-Bleue**, deux villages qui s'étendent le long de la baie des Chaleurs, possèdent de belles plages de sable fin. À ne pas rater, un peu plus à l'ouest, le petit **parc provincial de Pokeshaw**, d'où l'on peut voir un surprenant îlot créé par l'érosion côtière et hébergeant une colonie de cormorans en été.

Shippagan, ainsi que les **îles Lamèque** et **Miscou**, sont situés à l'extrémité nord-est de la péninsule acadienne (voir l'encadré p. 418).

Au sud de la péninsule, **Tracadie-Sheila** est une petite ville très animée. Le **Musée historique de Tracadie** (Académie Sainte-Famille ; rue du Couvent ; adulte/enfant 3/1 $; lun-ven 9h-18h, sam-dim 12h-18h en été) met l'accent sur le Lazaret de Tracadie, unique au Canada, consacré aux soins des lépreux de 1868 à 1965.

ROUTE PANORAMIQUE : AU BOUT DE LA PÉNINSULE ACADIENNE

Les deux petites îles à l'extrémité nord-est de la péninsule acadienne pointent vers le golfe du Saint-Laurent et le Labrador. La route 113 coupe à travers les champs de tourbe pour arriver à la petite ville de **Shippagan**, royaume du crabe des neiges, qui possède la plus grande flotte de pêche de la province. Visitez l'**Aquarium et Centre marin** (www. aquariumnb.ca ; 100 rue de l'Aquarium ; adulte/enfant 8/5 $; 10h-18h fin mai-sept). Les enfants aimeront toucher les poissons et autres créatures des mers, et pourront assister au nourrissage des phoques (11h et 16h). De l'autre côté du pont, l'**île Lamèque**, avec ses villages de pêcheurs et ses côtes sablonneuses, exploite la tourbe de sphaigne. L'église Sainte-Cécile, au nord du village de Lamèque, accueille depuis plus de 30 ans le **Festival international de musique baroque** (506-344-5846 ; www.festivalbaroque.com ; fin juil). Pour sentir vraiment l'air du large, poussez jusqu'à l'**île Miscou**, toujours sur la route 113, parsemée de superbes dunes et plages. Arrêtez-vous à la promenade en planches qui longe les prés humides où poussent des plaquebières (baies), et poursuivez jusqu'au phare en bois érigé en 1856, à la pointe de l'île.

Parc national Kouchibouguac

Plages, lagunes et dunes de sable s'étirant sur 25 km bordent ce splendide parc national, composé de forêts et de marais salés, et sillonné de pistes cyclables et de sentiers de randonnée. Le camping au bord de la mer est un must ! Kouchibouguac, signifiant en micmac "rivière aux longues marées", abrite des orignaux, des chevreuils et des ours noirs. Informez-vous sur les activités (baignade, canot, kayak, vélo, randonnée et observation des oiseaux) au **centre des visiteurs** (www.pc.gc.ca/kouchibouguac ; 186 route 117 ; adulte/enfant/famille 7,80/3,90/19,60 $; 8h-20h mi-juin à déb sept, 9h-17h mi-mai à mi-juin et déb sept à mi-oct).

Avant de vous rendre à Kouchibouguac, faites un détour par **Sunny Corner**, une toute petite localité à 35 km au sud-ouest de Miramichi. La descente en chambre à air (*tubing*) sur une partie très bucolique du "Little Southwest", le sud-ouest de la rivière Miramichi, enchantera petits et grands. **Stewart's Tubing** (506-836-7436 ; www.stewarts tubing.com ; route 425 jusqu'à Sunny Corner puis Lyttleton ; adulte/enfant 15-8 $; juin-sept), une entreprise familiale, fournit une prestation fiable. La descente sur un cours d'eau tantôt calme tantôt un peu plus rapide prend de 2 à 3 heures ; il est possible de s'arrêter pour pique-niquer. Téléphonez avant d'y aller pour vous assurer que le niveau de l'eau n'est pas trop haut.

Bouctouche

Petite ville acadienne coquette, **Bouctouche** est la ville de naissance d'Antonine Maillet (prix Goncourt 1979), auteure de la fameuse *Sagouine*, l'histoire d'une femme âgée qui décrit, dans sa langue et avec humour, les injustices et les malheurs dont son peuple est victime.

À voir et à faire

Le Pays de la Sagouine VILLAGE HISTORIQUE
(www.sagouine.com ; 57 rue Acadie ; adulte/enfant/famille 16/10/37 $; 9h30-17h30 fin juin-début sept). Ce village, construit sur la petite île aux Puces – que l'on rejoint par un pont piétonnier – permet de s'immerger dans l'histoire et la culture acadiennes, grâce à diverses activités et spectacles.

Écocentre Irving PARC
(www.irvingecocenter.com ; 1932 route 475 ; entrée libre ; 10h-20h juil-août, horaires réduits mai, juin, sept, oct). Ce centre d'interprétation, à 9 km au nord-est de la ville, donne accès à la magnifique dune de Bouctouche, une longue bande de sable de 12 km de long. Guides-naturalistes sur place.

K. C. Irving (1899-1992), fondateur de l'empire Irving, était originaire de Bouctouche – sa statue en bronze orne le parc de la ville.

Où se loger et se restaurer

Chez les Maury CAMPING $
(506-743-5347 ; fermemaury@hotmail.com ; 2021 route 475 ; mai-oct). Camping géré en

famille. Toilettes, douches et petite plage privée à proximité.

Le Vieux Presbytère AUBERGE $$

(☎506-743-5568 ; www.vieuxpresbytere.nb.ca ; 157 chemin du Couvent ; s 90-130 $; 📶). Cette ancienne résidence religieuse est devenue un hébergement sélect. Les meilleures chambres sont dans la vieille partie de l'édifice, avec de hauts plafonds et une décoration simple et lumineuse.

Restaurant La Sagouine ACADIEN $

(43 bd Irving ; plats 8-17 $; ⏲petit-déj, déj et dîner). Coques frites (*fried clams*) ou plats traditionnels acadiens. Terrasse.

Moncton et Shediac

Vous avez entendu parler du "chiac", un mélange de français, de patois et d'anglais ? Vous l'entendrez à **Moncton** (64 100 hab.), la ville la plus dynamique de la province, qui possède une université de langue française.

Capitale autoproclamée du homard, la petite ville de **Shediac**, au nord-est de Moncton, permet non seulement de se régaler de crustacés frais, mais aussi de profiter de superbes plages de sable fin le long du détroit de Northumberland.

À voir et à faire

♥ Marché fermier de Dieppe MARCHÉ

(www.marchedieppemarket.com ; angle av. Acadie et route Gauvin, Dieppe ; ⏲sam 7h-13h). À quelques kilomètres à l'est de Moncton, on peut se procurer des fromages locaux, du vin, des spécialités acadiennes telles que pâtés à la viande (tourtes), fricot à la poule, plogues (pâtisseries), gaufres, etc.

Colline magnétique PARC À THÈME

(Magnetic Hill ; www.magnetichill.com ; angle Mountain Rd et route 2, Moncton ; voiture 5 $; ⏲8h-20h mi-mai à mi-sept). Si vous voyagez en famille, il est presque impossible de rater cette (très) touristique colline, qui fait "monter" votre voiture alors que vous avez l'impression de descendre la pente ! Remettez-vous de vos émotions au parc aquatique du complexe ou au zoo. À 10 km au nord-ouest du centre de Moncton.

Plage Parlee PLAGE

(parlee@gnb.ca ; route 133, Pointe-du-Chêne). Il y a foule l'été sur la plage Parlee, qui bénéficie des "eaux les plus chaudes au nord de l'État de la Caroline du Nord". D'autres plages plus au sud, à Cap Pelé notamment, sont moins fréquentées, telle la belle **plage de l'Aboiteau** (www.cap-pele.com/aboiteau), qui s'étend sur plus de 5 km.

Où se loger

Moncton compte plusieurs hôtels et motels dans les environs de la Colline magnétique. Shediac possède des établissements variés, du camping aux auberges cossues. Des chalets sont à louer près des plages.

C'mon Inn AUBERGE DE JEUNESSE $

(☎506-854-8155, 506-530-0905 ; monctonhostel@yahoo.ca ; 47 rue Fleet, Moncton ; dort 33 $, ch 70 $; 📶). L'unique auberge de jeunesse de la ville loge dans une demeure victorienne à deux rues de la gare routière. Propre et confortable. Cuisine à disposition.

Auberge du Bois Dormant Inn B&B $$

(☎506-855-6767 ; www.auberge-auboisdormant.com ; 67 rue John ; Moncton ; s/d 85-110/95-120 $ avec petit-déj ; ❄🚭@📶). Tenue par des hôtes sympathiques, cette grande maison de style victorien "gay-friendly" est décorée à la perfection, dans un cadre verdoyant au centre de Moncton.

Hotel St James HÔTEL-BOUTIQUE $$$

(☎888-782-1414 ; www.hotelstjames.ca ; 14 rue Church, Moncton ; ch 159-289 $; 📶). Installé dans une maison en brique du XIXe siècle, cet hôtel de charme possède 10 chambres raffinées, tout confort. Pub et restaurant au rez-de-chaussée.

Où se restaurer

Café Cognito CAFÉ-BISTRO $

(www.cafecognito.ca ; 700 rue Main, Moncton ; ⏲lun-ven 7h30-17h30, sam 9h-16h). Ce café-bistro aux murs de briques apparentes propose sur place et à emporter un alléchant menu : expresso, muffins, soupes, sandwichs, pâtisseries, etc.

Café Archibald BISTRO, CRÊPERIE $

(221 Mountain Rd, Moncton ; plats 8-12 $; ⏲déj et dîner). Dans ce bistro sympathique, les crêpes – spécialités de la maison – sont servies dans la salle aux banquettes rouges zébrées ou dans une jolie véranda. Également, bonnes pizzas.

Calactus VÉGÉTARIEN $

(125 rue Church, Moncton ; plats 10-13 $; ⏲déj et dîner). Le paradis pour les végétariens ! Menu inspiré (falafel, pizzas au tofu et au fromage, pakoras indiens frits...). Ambiance relaxante avec bois naturel et couleurs aux tons ocre.

Captain Dan's FRUITS DE MER $$
(www.captaindans.ca ; Shediac ; plats 10-24 $; ⌚déj et dîner). Sur le quai très animé de Pointe-du-Chêne, ce restaurant sert du homard et des fruits de mer frais. Après le dîner, rendez-vous au **Neptune Drive-In** (www.neptunedrivein.ca ; 691 rue Main, Shediac), un cinéma en plein air délicieusement rétro.

Cap Enragé

Depuis le village d'Alma, la vieille route 915 mène vers de superbes falaises au-dessus de la baie de Fundy. Le **cap Enragé** (www.capenrage.org ; près de la route 905 ; adulte/enfant 4/2,50 $; ⌚9h-17h fin mai à mi-oct, 9h-20h juil-août) porte bien son nom, car les vents à cet endroit peuvent être puissants. Le site a été réhabilité et est géré par des étudiants. Des guides vous initient à l'**escalade** (65 $/2h) et au **rappel** (65 $/2h) sur les parois rocheuses de la falaise. La promenade sur la plage à la recherche de fossiles (à marée basse uniquement) est très dépaysante. Depuis le cap Enragé, il est possible d'observer les spectaculaires marées de la baie de Fundy.

Cape House Restaurant FRUITS DE MER $
(⌚déj et dîner). Dans ce petit restaurant, installé dans la maison du gardien du phare, vous profiterez de la vue tout en vous régalant de pétoncles sautés, de têtes de violon (*fiddlehead ferns*) et autres burgers au homard.

Réserve de la baie de Shepody

À 22 km à l'est du cap Enragé, à Mary's Point, la **réserve de la baie de Shepody** (route Mary's Point, près de la route 915) permet d'observer des centaines de milliers d'oiseaux, notamment des bécasseaux, qui s'y regroupent de la mi-juillet à la mi-août. Des sentiers et des promenades en planches traversent digues et marais. Le centre d'interprétation est ouvert de fin juin à début septembre, mais vous pouvez emprunter les sentiers (6,5 km) en tout temps.

Parc national de Fundy

Le long de la baie de Fundy, ce **parc national** (www.pc.gc.ca/fundy ; 1 journée adulte/enfant/famille 7,80/3,90/19,60 $), proche du village d'Alma, est pris d'assaut l'été. Il doit sa renommée aux fameuses marées, dont l'amplitude est la plus forte du monde. À marée basse, les visiteurs peuvent explorer le fond marin qui se situe à au moins 9 m en dessous du niveau des hautes eaux ! Toutes les 6 heures, la marée métamorphose complètement le paysage côtier. Le spectacle est saisissant.

Le parc possède 3 campings et 13 aires de camping rustique Pour de plus amples renseignements, adressez-vous au **centre des visiteurs Headquarters** (☎506-887-6000 ; ⌚10h-18h mi-juin à début sept, 9h-16h début sept à mi-juin), à l'entrée sud. Un deuxième centre est ouvert à l'entrée nord.

LES MARÉES DE FUNDY

Les marées de la baie de Fundy sont les plus hautes du monde. Une légende micmac explique qu'elles sont causées par une baleine géante agitant l'eau avec sa queue. La longueur, la profondeur et la forme en entonnoir de la baie nous fournissent une explication plus prosaïque du phénomène. L'écart entre les marées montante et descendante est plus prononcé à l'extrémité est de la baie, près du chenal des Mines (entre 10 et 15 m deux fois par jour, à environ 12 heures 30 d'intervalle).

Activités

Kayak

L'agence d'Alma **Fresh Air Adventure** (☎8506-887-2249 ; www.freshairadventure.com ; 16 Fundy View Dr ; circuits à partir de 50 $; ⌚fin mai à mi-sept) propose une myriade de circuits en kayak dans la baie de Fundy, de 2 heures aux excursions de plusieurs jours.

Randonnée

Un vaste réseau de **sentiers pédestres** (120 km) sillonne le parc, dont le fameux circuit Fundy, un trek de 3 jours couvrant 45 km au cœur du parc. Réservation au centre des visiteurs Headquarters (10 $/nuit). Le sentier Coppermine est un deuxième circuit qui mène sur le site d'une ancienne mine, en faisant une boucle de 4,4 km.

VTT

Le parc compte 6 sentiers de **VTT** – mais il n'y avait aucune location de vélo au moment de notre passage.

Où se loger et se restaurer

Camping CAMPING $
(☎877-737-3783 ; www.pccamping.ca ; réservation 10,80 $). Le camping doit être réservé au

moins 3 jours à l'avance (frais d'entrée au parc non inclus).

Funday Highlands Inn & Chalets MOTEL ET CHALETS **$$**
(☎887-2930 ou 888-883-8639 ; www.fundyhighlandschalets.com ; 8714 route 114 ; motel 69-89 $, chalet 79-105 $; ⏲mai-oct). Petits mais charmants, les chalets en bois ont tous des terrasses et jouissent d'une vue superbe.

Tides Restaurant FRUITS DE MER ET VIANDE **$$**
(8601 route 114 ; Alma ; plats 12-21 $; ⏲déj et dîner mi-mai à oct). À Alma, dans le Parkland Village Inn, ce restaurant prépare de très bons repas de fruits de mer et d'excellentes côtelettes de porc.

Île Grand Manan

Si vous décidez de vous rendre dans le sud de la province, Grand Manan vaut absolument le détour. Longue de 30 km, avec ses côtes battues par les vents, ses falaises déchiquetées, ses marécages et ses phares, l'île est restée sauvage et possède un charme indéniable. C'est également un paradis pour les ornithologues, avec plus de 300 espèces d'oiseaux, dont les puffins et les sternes arctiques. En dehors de la période touristique, la plupart des infrastructures ferment leur portes.

Les **traversiers** (☎506-662-3724 ; www.coastaltransport.ca ; North Head ; aller-retour adulte/enfant/voiture/vélo 10,90/5,40/32,55/3,70 $; ⏲7 traversées/jour en été) assurent la navette entre l'île et Blacks Harbour, sur le continent (traversée : 1 heure 30). Vous ne payez qu'au retour. Réservation recommandée.

Le **centre d'information aux visiteurs** (www.grandmanannb.com ; 130 route 776, North Head ; ⏲lun-ven 8h-16h, sam 9h-12h) fournit toute la gamme des renseignements touristiques.

Activités

Grand Manan est l'un des meilleurs endroits de la côte atlantique canadienne pour observer les baleines (la période idéale courant de la mi-juillet à la fin septembre).

Sea Watch Tours OBSERVATION DES BALEINES
(☎506-662-8552, 877-662-8552 ; www.seawatchtours.com ; quai de Seal Cove ; adulte/enfant 85/45 $; ⏲lun-sam fin juin à mi-août). Sorties pour observer les baleines. Également, des circuits pour voir des puffins, et parfois des phoques, sur Machias Seal Island, une petite île isolée.

Whales-n-Sails Adventures OBSERVATION DES BALEINES
(☎506-662-1999, 888-994-4044 ; www.whales-n-sails.com ; quai de North Head ; adulte/enfant 65/45 $; ⏲fin juin-début sept). Un biologiste marin est à bord du bateau. En plus des baleines, vous verrez fréquemment des puffins, de petits pingouins et d'autres oiseaux marins.

Sentiers de randonnée RANDONNÉE
De nombreux sentiers traversent l'île, certains parmi les meilleurs du N.-B. La très utile carte *Heritage Trails and Footpaths on Grand Manan* (5 $) est en vente dans les magasins de l'île et au centre d'information des visiteurs.

Adventure High KAYAK
(☎506-662-3563 ; www.adventurehigh.com ; 83 route 776 ; North Head ; circuits 45-975 $;⏲tlj mai-oct). Des sorties en kayak de 2 heures au coucher du soleil sur le littoral de Grand Manan aux circuits de plusieurs jours dans la baie de Fundy.

Où se loger et se restaurer

Parc provincial Anchorage CAMPING **$**
(☎506-662-7022 ; route 776, entre Grand Harbour et Seal Cove ; empl tente/caravane 22/24 $; ⏲mi-mai à mi-sept). Infrastructures de qualité pour ce camping familial à 16 km du quai de débarquement. Laverie, plage et sentiers de randonnée.

Compass Rose B&B **$$**
(☎506-662-8570 ; www.compassroseinn.com ; 65 route 776 ; North Head ; ch avec petit-déj 99-139 $; ⏲1er juin-30 sept). Situé dans l'ancien bureau de poste et de télégraphe de North Head, ce B&B est l'un des meilleurs de l'île. Panorama enchanteur. Agréable restaurant ouvert à tous.

♥ **Inn at Whale Cove** AUBERGE **$$**
(☎506-662-3181 ; www.whalecovecottages.ca ; Whistle Rd, North Head ; s/d 120/130 $; ⏲mai à oct). L'habitation principale, datant de 1816, et 6 jolis cottages (certains avec kitchenette) font le charme de cette auberge. Parquet en pin, cheminées en pierre et meubles anciens donnent le ton. Le restaurant sert une cuisine gastronomique.

North Head Bakery BOULANGERIE **$**
(www.northheadbakery.ca ; 199 route 776 ; North Head ; 1-5 $; ⏲mar-sam 6h30-17h30 mai-oct). Cette petite boulangerie sert de savoureuses brioches à la cannelle. Farine bio.

Wharf Restaurant RESTAURANT $
(1 Ferry Wharf Rd, North Head ; plats 5-10 $; ⏲petit-déj, déj et dîner). Dans un bâtiment à l'aspect défraîchi près du débarquement des ferries, ce restaurant sert des plats d'inspiration locale et des en-cas.

NOUVELLE-ÉCOSSE

Avec ses champs de lupins, ses maisons centenaires, ses phares en bois et ses 8 000 km de littoral, la N.-É. a l'air de sortir tout droit d'un livre d'images. Mais détrompez-vous, ici comme ailleurs au Canada atlantique, les pêcheurs ont à braver des mers glacées et les mouches noires (*black flies*) sont voraces en saison ! Difficile, dans tous les cas, de trouver plus accueillants que ces habitants descendant d'Écossais, d'Acadiens et d'Amérindiens.

Halifax

La capitale, Halifax, est le centre névralgique de la province et, de loin, la cité la plus cosmopolite des Maritimes – avec de nombreuses connexions par avion, par train et par bus. Halifax est le deuxième plus vaste port naturel au monde. Deux ponts et un traversier (ferry) relient Halifax à Dartmouth, de l'autre côté du port.

Renseignements

Centre d'information des visiteurs (VIC) (☎902-490-5963 ; angle Argyle St et

Nouvelle-Écosse

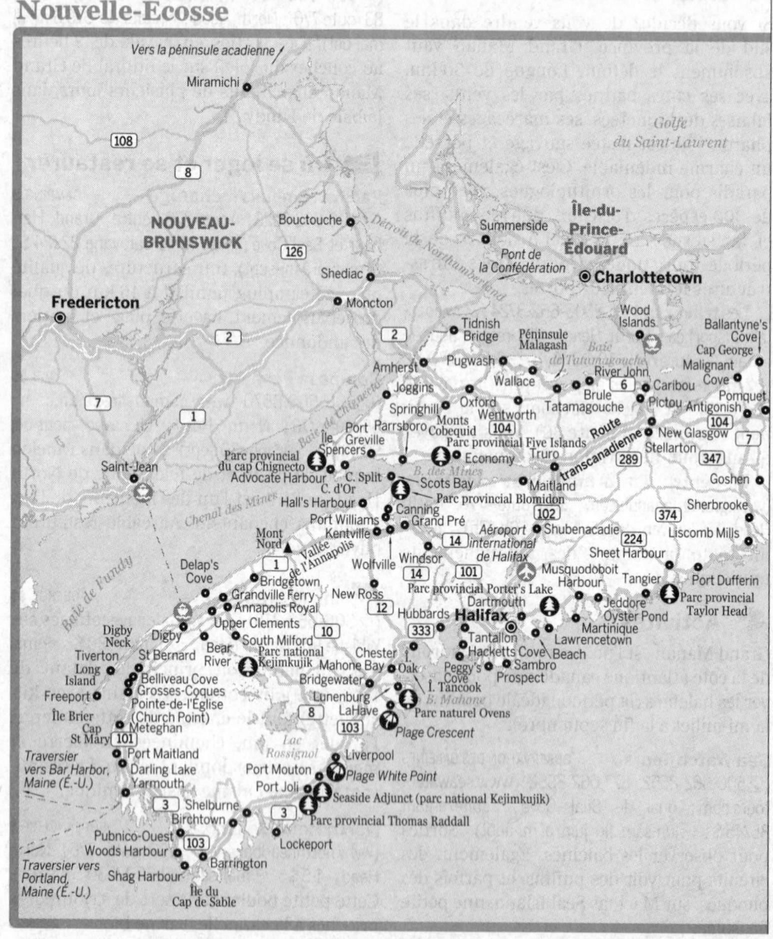

Sackville St ; ⏲8h30-20h juil-août, 8h30-19h mai, juin, sept et lun-ven 8h30-16h30 le reste de l'année)

À voir

Lieu historique national de la citadelle d'Halifax SITE HISTORIQUE
(www.pc.gc.ca ; angle Sackville St et Brunswick St, adulte/enfant 11,70/5,80 $; ⏲9h-18h). Sur la colline près du front de mer, cette citadelle en forme d'étoile, achevée en 1856, a été créée pour protéger la ville d'une éventuelle attaque venant des États-Unis. Divers programmes d'animations historiques ponctuent la visite, dont celui du 78e régiment des Highlanders. L'enceinte de la citadelle est ouverte toute l'année, et gratuite après l'heure de fermeture des expositions.

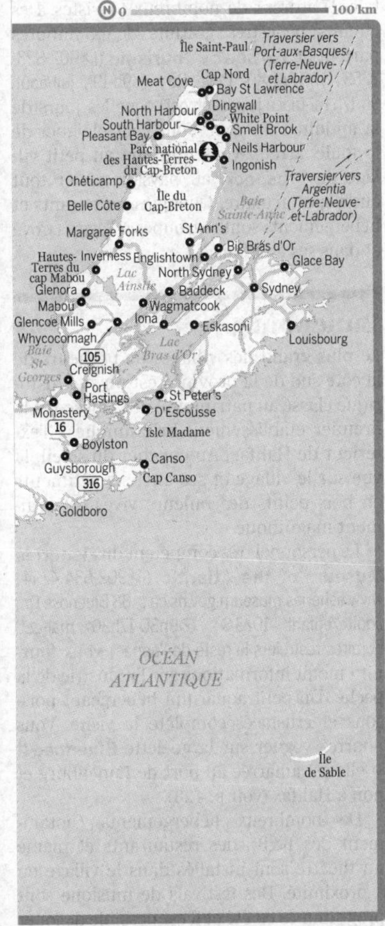

Maritime Museum of the Atlantic MUSÉE
(www.museum.gov.ns.ca/mma ; 1675 Lower Water St ; adulte/enfant 8,50/4,50 $; ⏲mer-lun 9h30-17h30, mar 9h30-20h). Ce musée fait partie de l'ancienne demeure d'un marchand d'équipements pour bateaux. L'exposition sur la tragique "explosion de Halifax", survenue en 1917, est captivante, mais la plus courue est celle sur le *Titanic* (film 3D 5 $). Trois navires sont partis de Halifax en avril 1912 pour répondre au signal de détresse du légendaire paquebot ; un grand nombre de victimes du *Titanic* sont d'ailleurs enterrées au cimetière Fairview, au nord de la ville.

Alexander Keith's Nova Scotia Brewery BRASSERIE
(www.keiths.ca/fr ; Brewery Market, 1496 Lower Water St ; adulte/enfant 16/8 $; ⏲lun-jeu 11h-20h, ven-sam 11h-21h, dim 12h-16h). La visite de cette ancienne brasserie (guides en costume) vous transporte au XIXe siècle. Le pub du sous-sol sert de l'excellente bière pression.

Circuits organisés

Bluenose II CIRCUITS DANS LE PORT
(☎902-634-1963 ; http://bluenose.novascotia.ca ; Lower Water St). Si la réplique de la fameuse goélette de course *Bluenose* (visible au dos des pièces de 10 ¢) est à quai, profitez-en pour faire un tour du port.

Où se loger

HI Nova Scotia AUBERGE DE JEUNESSE $
(☎902-422-3863 ; www.hihostels.ca ; 1253 Barrington St ; membre/non membre dort 27/32 $, ch 57 $; ⏲arrivée 14h-minuit). Cette auberge de jeunesse est située dans une demeure historique du centre-ville. Personnel très accueillant. Réservez en été.

Dalhousie University RÉSIDENCE UNIVERSITAIRE $
(☎902-494-8840 ; www.dal.ca/confserv ; s/lit jum 45/70 $; ⏲mi-mai à mi-août ; P ❄). Cette résidence universitaire propose des locations pendant les vacances scolaires. Emplacement central. Chambres spartiates mais excellente affaire si vous voyagez seul. Une autre résidence, **Howe Hall** (6230 Coburg St), est aussi une option avantageuse.

Marigold B&B B&B $
(☎902-423-4798 ; www.marigoldbedandbreakfast.com ; 6318 Norwood St ; ch 70 $; P). Vous vous sentirez chez vous dans cette charmante maison d'artiste. Au nord de la ville, accès facile en transports en commun.

Waverley Inn AUBERGE $$
(902-423-9346 ; www.waverleyinn.com ; 1266 Barrington St ; d 130/240 $; P @). Vrai petit bijou, cette demeure ancienne située dans le centre possède des chambres toutes différentes et décorées d'objets d'art et d'antiquités choisis avec goût.

Où se restaurer et prendre un verre

Halifax Farmers' Brewery Market MARCHÉ $
(1496 Lower Water St ; sam 7h-13h mi-mai à déc, 8h-13h jan à mi-mai). Le plus ancien marché fermier d'Amérique du Nord est idéal pour boire un café, prendre son petit-déjeuner, manger une pâtisserie ou un fruit de saison.

Cabin Coffee CAFÉ ET EN-CAS $
(902-422-8130 ; 1554 Hollis St ; lun-ven 6h30-18h, sam 7h30-17h, dim 9h-17h). Très chaleureux, l'établissement sert d'excellents cafés ainsi que des plats légers et des petits-déjeuners toute la journée à partir de 4 $.

Scotia Square Mall Food Court RESTAURATION RAPIDE $
(angle Barrington St et Duke St). Pour 5 $, attablez-vous devant une assiette de cuisine indienne, coréenne, italienne… dans une aire de restauration rapide. Parmi les enseignes les plus populaires : **Ray's Falafel** (lun-mer 8h-18h, jeu et ven 8h-21h, sam 9h-18h) et **Cafe Istanbul** (mêmes horaires).

Heartwood Vegetarian Cuisine & Bakery VÉGÉTARIEN $
(902-425-2808 ; 6250 Quinpool Rd ; plats légers à partir de 5 $; lun-sam 10h-20h ;). Goûtez à un bon choix de salade bio ou de délicieuses pâtisseries accompagnées d'un café issu du commerce équitable.

Jane's on the Common CRÉATIF $$
(902-431-5683 ; 2394 Robie St ; déj 11-13 $, dîner 16-19 $; déj mar-ven, dîner mar-dim, brunch sam-dim). Ce restaurant prisé se remplit très vite. En entrée, essayez la tarte à l'arugula, pomme et ricotta ou les pétoncles marinés dans une vinaigrette à l'abricot, et poursuivez avec de divines côtelettes de porc farcies. Divin !

Fid FUSION $$
(902-422-9162 ; www.fidcuisine.ca ; 1569 Dresden Row ; déj 14-16 $, dîner 22-27 $; déj mer-ven, dîner mar-dim ;). Adepte du Slow Food, Dennis Johnston achète ses produits au marché fermier local, avant de concocter de délicieux plats (lotte, asperges, porc à l'érable et aux patates douces, *pad thai*, etc.). Le menu change chaque semaine. Plats végétariens.

Bearly's House of Blues & Ribs CONCERTS
(902-423-2526 ; 1269 Barrington St ; entrée 3 $). Les meilleurs musiciens de blues du Canada atlantique jouent ici pour un droit d'entrée dérisoire. Il y a foule aux soirées karaoké du mercredi soir.

Peggy's Cove

Un circuit en N.-É. ne serait pas complet sans la visite de Peggy's Cove, à 43 km à l'ouest de Halifax (route 333). Son phare et ses rochers photogéniques (vous les verrez sur un nombre incalculable de cartes postales !) attirent de nombreux touristes. Des circuits pédestres gratuits de 45 minutes partent de l'**office du tourisme** (902-823-2253 ; 109 Peggy's Cove Rd ; 9h-19h juil-août, 9h-17h mi-mai à juin, sept, oct) tous les jours de la mi-juin à fin août. Pour vous éloigner de la foule, arrêtez-vous non loin au petit village de **Prospect**, au paysage côtier tout aussi spectaculaire. Quelques restaurants et hébergements sont regroupés à Peggy's Cove et dans ses environs.

Lunenburg

Le plus grand des villages de pêcheurs de la côte sud de la province est un site historique classé au patrimoine de l'Unesco et le premier établissement britannique à l'extérieur de Halifax. Au coucher du soleil, la vue sur le village et ses anciens bâtiments en bois peints de couleurs vives est vraiment magnifique.

Le personnel très compétent du **Fisheries Museum of the Atlantic** (902-634-4794 ; www.fisheries.museum.gov.ns.ca ; 68 Bluenose Dr ; adulte/enfant 10/3 $; 9h30-17h30 mai-oct, horaires restreints le reste de l'année) vous fournira moult informations sur l'industrie de la pêche. Un petit aquarium hébergeant poissons et crustacés complète la visite. Vous pourrez voguer sur la goélette **Bluenose II** si elle est amarrée au port de Lunenburg et non à Halifax (voir p. 423).

De nombreux hébergements (notamment des B&B), des restaurants et même un théâtre sont installés dans le village ou à proximité. Des festivals de musique sont programmés en été et il est possible de louer des vélos et des kayaks pour de superbes circuits et balades. Renseignez-vous au **Centre d'information des visiteurs** (VIC ; ☎902-634-8100 ou 888-615-8305 ; 11 Blockhouse Hill Rd ; ⊙9h-20h juil-août, 9h-18h mai-oct).

Parc national Kejimkujik

Vous éprouverez un vrai sentiment de bout du monde dans ce splendide parc naturel, dont 20% seulement des 381 km² sont accessibles en voiture ; le reste du territoire peut se parcourir à pied ou en canot. Les oiseaux abondent dans le parc. Le **centre des visiteurs** (☎902-682-2772 ou 800-414-6765 ; www.parkscanada.gc.ca/keji ; route 8 ; adulte/enfant 5,80/2,90 $; ⊙8h30-21h mi-juin à début sept, 8h30-16h le reste de l'année, fermé week-end nov-mars) vous renseignera sur les randonnées à pied ou en canot (circuits de canot-camping) et les possibilités d'hébergement. N'oubliez pas votre parade antimousiques. La localité la plus proche (pour vous ravitailler) est **Caledonia**, à 18 km au sud-est du parc.

Seaside (Keji) Adjunct

À l'extrémité sud du parc Kejimkujik, cette côte restée vierge est un émerveillement : plages de sable blanc, mais aussi fleurs sauvages, broussailles éparses et affleurements rocheux. Au bout de la route, le **bureau du parc** (adulte/enfant 6/3 $; ⊙8h30-20h mi-juin à sept, 8h30-16h oct à mi-juin) vous fournit la carte des 2 sentiers (5,2 et 8,7 km) menant à la côte, où vous pourrez apercevoir des phoques.

Tout près, le bassin de Port-Joli accueille le **sanctuaire des oiseaux migrateurs de Port-Joli**, accessible en kayak (que vous pourrez louer dans le village de Port-Joli). Le camping du **parc provincial Thomas Raddall** (☎902-683-2664 ; www.parks.gov.ns.ca ; empl tente 24 $; ⊙mi-mai à oct), face au quai de Port-Joli, est spacieux et donne accès à des plages, tandis que le **Port Mouton International Hostel** (☎902-947-3140 ; www.wqccda.com/PMhostel ; 8100 route 3 ; dort 30 $; @), à deux pas de Keji Adjunct, dans une ancienne école réaménagée, loue un hébergement basique.

Côte acadienne et vallée de l'Annapolis

Le drapeau acadien bleu, blanc, rouge orné de l'étoile *Stella Maris* flotte allègrement au nord de Yarmouth, le long de la baie Sainte-Marie, et notamment dans les villages de **Cap-Sainte-Marie**, **Meteghan**, **Pointe-de-l'Église**, **Grosses-Coques**, **Belliveau Cove** et **Saint-Bernard**. C'est ici que des Acadiens se réinstallèrent après la déportation, alors que leurs anciennes terres de la vallée de l'Annapolis avaient été confisquées. La route 1 relie toutes ces petites communautés de pêcheurs entre elles. Les soirs d'été, vous pourrez écouter de la musique acadienne un peu partout le long de la baie Sainte-Marie.

Pointe-de-l'Église (Church Point) abriterait la plus grande et la plus haute église en bois d'Amérique du Nord. La petite université Sainte-Anne, à proximité, est la seule université en langue française de la province. Réputé, le **Festival acadien de Clare** (www.festivalacadiendeclare.ca) se tient à Pointe-de-l'Église durant la deuxième semaine de juillet, alors que le **théâtre Marc-Lescarbot** (☎902-769-2114 ; adulte/enfant 25/15 $) programme régulièrement le spectacle *Évangéline*.

Grosses-Coques, du nom des mollusques de grandes tailles pêchés le long du littoral, est un joli village qui abrite le restaurant **Chez Christophe** (☎902-837-5817 ; www.chezchristophe.ca ; 2655 route 1 ; petit-déj 10 $, dîner 12-36 $; ⊙6h-21h mar-dim). Le chef, Paul Comeau, a converti la maison construite par son grand-père en une auberge (ch 70-85 $) et un restaurant de fine cuisine. Musique acadienne en été.

De l'autre côté de la baie Sainte-Marie, et formant une sorte d'appendice, se trouvent **Long Island** et l'**île Brier**, que l'on rejoint en prenant un traversier de Digby Neck (liaisons 24h/24 ; 5 $/voiture avec passagers). Elles sont idéales (la petite île Brier est plus fréquentée) pour observer des baleines parmi les plus grosses et les plus rares au monde à bord d'un bateau ou d'un Zodiac. **Ocean Explorations Whale Cruises** (☎902-839-2417 ; www.oceanexplorations.ca ; circuit demi-journée adulte/enfant 59/40 $; ⊙juin-oct) propose d'excellents circuits menés par le biologiste Tom Goodwin. Des sentiers de randonnée parcourent les deux îles ; vous trouverez de quoi vous loger et vous restaurer sur place. Renseignez-vous au **centre d'information des visiteurs de Digby** (VIC ; ☎902-245-2201 ; Shore Rd ; ⊙8h30-20h30 mi-juin à mi-sept, 9h-17h mi-sept à oct et mai à mi-juin).

Au nord de Digby, l'empreinte de la colonisation britannique devient plus palpable dans la vallée de l'Annapolis, la plus riche région agricole du Canada atlantique, déployant de verdoyants vergers et vignobles.

C'est sur le site de Port-Royal, le premier établissement européen permanent au Canada, fondé par Samuel de Champlain en 1605, qu'**Annapolis Royal** fut construit. Aujourd'hui, le **Lieu historique national du Fort-Anne** (☎902-532-2397 ; www.parkscanada.gc.ca/fortanne ; Upper St George St ; adulte/enfant 4/2 $; ⏲9h-18h), dans le centre de cet agréable village, préserve la mémoire des premiers Acadiens et les ruines du fort français de 1635. Le musée dévoile une immense tapisserie, réalisée par des bénévoles, qui décrit 400 ans d'histoire. De nombreux B&B, parmi les meilleurs de la N.-É., parsèment Annapolis Royal et ses environs.

Au nord d'Annapolis, face au bassin des Mines, **Grand-Pré** est le site emblématique de la déportation des Acadiens. Le **Lieu historique national de Grand-Pré** (☎902-542-3631 ; 2205 Grand Pré Rd ; adulte/enfant 7,80/3,90 $; ⏲9h-18h mai-oct) décrit de façon émouvante le contexte historique du "Grand Dérangement" (voir l'encadré ci-dessous) du point de vue des Acadiens, des Micmacs et des Britanniques. Devant la petite église de pierre se dresse la statue *Évangéline*, d'après l'héroïne immortalisée par H. W. Longfellow.

Où se loger et se restaurer

♥ The Olde Lantern Inn & Vineyard AUBERGE $$
(☎902-542-1389 ou 877-965-3845 ; www.oldlanterninn.com ; 11575 route 1, Grand-Pré ; ch 100-155 $; 📶). Sobriété et attention portée aux détails (draps extra-doux) rendent l'auberge attachante. Le vignoble surplombe le bassin des Mines, d'où vous pourrez observer les marées de Fundy.

Évangéline TARTES MAISON $
(☎902-542-2703 ; 11668 route 1, Grand-Pré ; tarte 3-5 $; ⏲8h-19h). Les tartes maison de cette table située devant l'Évangéline Inn & Motel sont à tomber, à un prix défiant toute concurrence.

Le Caveau RESTAURANT SUISSE $$
(☎902-542-1753 ; 11611 route 1, Grand-Pré ; plats 16-32 $; ⏲déj et dîner). Situé dans le vignoble

L'ACADIE, CE PAYS SANS FRONTIÈRES

Située entre le golfe du Saint-Laurent et l'océan Atlantique, mais difficile à délimiter sur une carte, l'Acadie est en quelque sorte une nation sans pays. Ses habitants, disséminés un peu partout au Nouveau-Brunswick, en Nouvelle-Écosse, à l'Île-du-Prince-Édouard, au Québec et en Louisiane, forment une seule et unique communauté partageant la même histoire et les mêmes origines.

Le Grand Dérangement

Première colonie française en Amérique du Nord, fondée en 1604, l'Acadie est cédée à l'Angleterre et devient la Nouvelle-Écosse anglaise par le traité d'Utrecht (1713), qui contraint la France à céder une partie de ses colonies. Refusant plusieurs fois de prêter serment d'allégeance à la Couronne britannique, les Acadiens se voient forcés de quitter leur maison à la fin du mois d'août 1755. Leurs villages sont brûlés et la population embarquée de force sur des navires. De 1755 à 1762, plus de 10 000 Acadiens sont ainsi déportés sur toute la côte est américaine, en Angleterre et même en France, notamment au Poitou et à Belle-Île-en-Mer. Fuyant la déportation, quelque 3 000 Acadiens parviennent à échapper aux soldats et à trouver refuge dans diverses régions de l'est du Canada.

Le retour des Acadiens sur leurs terres

L'année 1763 signe la fin de la guerre de Sept Ans et, avec le traité de Paris, celle de la politique de déportation. L'Angleterre accorde donc aux Acadiens le droit de se rétablir sur leur ancien territoire à condition qu'ils se dispersent en petits groupes, mais sans reprendre leurs terres et leurs fermes. Commence alors, pour nombre de familles, une longue marche, souvent parcourue à pied sur des centaines de kilomètres, pour se réinstaller dans les provinces maritimes. En Louisiane, leurs descendants portent le nom de Cajuns.

LE MYTHE ÉVANGÉLINE

En 1847, l'Américain Henry-Wadsworth Longfellow publie un poème épique de 1 400 vers intitulé *Évangéline*, racontant l'histoire de la déportation des Acadiens à travers les périples d'un couple mythique. C'est l'histoire d'une jeune fille, Évangéline Bellefontaine, et de son fiancé, Gabriel Lajeunesse, cruellement séparés pendant la déportation de Grand-Pré, en 1755. Longtemps, Évangéline erre à la recherche de l'être cher et c'est à Philadelphie, après maintes péripéties, que sa fidélité et sa ténacité sont récompensées : infirmière dans un hospice, elle retrouve son Gabriel, qui meurt dans ses bras. Vision romantique, beauté champêtre, loyauté et sérénité ont hissé cette héroïne fictive au rang de symbole qui a inspiré nombre d'écrivains, de cinéastes ou de compositeurs, et, dans divers concours aujourd'hui, donné naissance aux incontournables miss Évangéline ou couples "Évangéline et Gabriel"...

du domaine de Grand-Pré, Le Caveau sert une excellente cuisine suisse (oui !) avec ses soupes crémeuses, son veau à la zurichoise ou son porc schnitzel. Une véranda pavée se cache sous les vignes.

Île du Cap-Breton

Si vous ne visitez qu'un seul endroit en N.-É., choisissez cette île en tous points exceptionnelle (reliée au continent par une digue, la Canso Causeway). À ne pas rater : les 300 km en voiture du célèbre Cabot Trail, qui fait le tour du parc national des Hautes-Terres-du-Cap-Breton. Empruntez les sentiers de randonnée, observez les cétacés ou partez à la découverte des racines écossaises, acadiennes et micmacs des habitants.

La saison touristique est brève et la route est souvent congestionnée à cette période. Nombre de restaurants, d'hébergements et de centres d'information ouvrent de juin à septembre.

Ceilidh Trail

Rendez-vous d'abord à **Mabou**, au début de la **route panoramique Ceilidh** (prononcer *ké-li*), qui longe la route 19 sur 107 km, où les traditions écossaises et le folklore gaélique font vibrer l'air au son des cornemuses et des violons. Les sentiers qui traversent les Hautes-Terres du cap Mabou offrent un splendide panorama sur le golfe du Saint-Laurent.

La localité suivante, **Inverness**, déroule à l'infini ses belles plages (aux eaux presque chaudes en été) de sable fin. L'histoire de la localité a longtemps tourné autour des mines de charbon ; d'ailleurs, on voit toujours les rangées d'habitations de la compagnie minière.

Où se loger et se restaurer

Clayton Farm B&B — B&B **$$**

(☎902-945-2719 ; 11247 route 19, Mabou ; s/d 75/90 $; @). Dans cette authentique ferme de 1835, les planchers craquent et les couvertures sont faites main. Le propriétaire, Isaac Smith, connaît la région comme sa poche.

Macleods Inn B&B — B&B **$$**

(☎902-253-3360 ; www.macleods.com ; Broad Cove Rd, près de la route 19, à 5 km d'Inverness ; ch 70-125 $; wifi). Un B&B de bon standing, moderne, mais décoré de façon traditionnelle – on a attribué à chaque chambre le nom d'une famille écossaise.

BON PLAN **Red Shoe Pub** — PUB **$$**

(☎902-945-2996 ; www.redshoepub.com ; 11533 route 19, Mabou ; plats 9-22 $; mer 11h30-minuit, jeu-sam 11h30-2h, dim 12h-minuit). Un bon repas accompagné d'une bière, au son d'un violon entraînant : tous les ingrédients sont réunis pour passer une excellente soirée !

Cabot Trail et parc national des Hautes-Terres-du-Cap-Breton

CHÉTICAMP

Un peu plus au nord, **Chéticamp**, petite bourgade acadienne, doit la préservation de sa culture à son relatif isolement géographique ; la route ne s'y est rendue qu'en 1949. Musées, spectacles de musique et tapis crochetés ("hookés") attirent les touristes, mais il ne faut pas oublier son rôle de pionnière dans le mouvement coopératif. Dès 1917, les pêcheurs de la localité se regroupèrent, pour s'assurer de meilleurs prix et plus d'indépendance. Il est préférable de réserver son hébergement l'été. Les campeurs choisiront les emplacements du parc national, à proximité.

Activités

Whale Cruisers OBSERVATION DES BALEINES
(☎902-224-3376 ; www.whalecruisers.com ; Government Wharf ; adulte/enfant 32-15 $). Le meilleur prestataire de la ville, offrant des excursions de 3 heures jusqu'à 4 fois par jour. Il est préférable de réserver en été.

Où se loger et se restaurer

Chéticamp Outfitters Inn B&B B&B $$
(☎902-224-2776 ; www.cheticampns.com/cheticampoutfitters ; 13938 Cabot Trail Rd ; ch 65-100 $, bungalow 110 $;). À 2 km au sud de la ville, accueil chaleureux, tranquillité, vue à la fois sur l'océan et la montagne. Petit-déjeuner reconstituant.

Lawrence Guest House B&B B&B $$
(☎902-224-2184 ; 15408 Cabot Trail Rd ; ch 70-100 $). Central, ce B&B "gay-friendly" fait face au front de mer. Simple, il est meublé avec des objets anciens. Petit-déjeuner très copieux.

Co-op Artisanale Restaurant RESTAURANT $
(☎902-224-2170 ; 15067 Main St ; plats 8-16 $; ⏲9h-21h). Préparez-vous à déguster la cuisine acadienne : poulet en ragoût, pâté à la viande, etc. Les pancakes de pommes de terre arrosées de sauce à la pomme et à la mélasse constituent l'alternative végétarienne.

All Aboard RESTAURANT $
(☎224-2288 ; entrée sud de Chéticamp ; plats 8-15 $; ⏲11h-minuit). Prisé par les habitants, cet établissement sert des fruits de mer à prix raisonnable. Le menu comporte des touches créatives, telle la salade à la vinaigrette d'érable.

PARC NATIONAL DES HAUTES-TERRES-DU-CAP-BRETON

Forêts, toundra, marécages et une route venteuse donnant sur un paysage à couper le souffle font de ce parc l'un des plus spectaculaires du Canada. Le fameux **Cabot Trail** (298 km), une route panoramique qui longe le parc, permet d'apercevoir des pygargues à tête blanche (*bald eagles* ; les plus gros oiseaux de proie du pays), des orignaux ou des ours.

Vous devrez acheter un **permis** (☎adulte/enfant/voiture jusqu'à 7 pers 7,80/3,90/19,60 $) et pourrez vous procurer des cartes détaillées à l'une des deux entrées du parc :

Centre d'information de Chéticamp
(☎902-224-2306 ; www.parkscanada.gc.ca ; 16646 Cabot Trail ; ⏲8h-20h juil-août, 9h-17h mi-mai à juin, sept et oct)

Centre d'information d'Ingonish
(☎902-285-2535 ; 37677 Cabot Trail ; ⏲mêmes horaires)

Activités

Randonnée

De nombreux **sentiers** jalonnent le parc, de la petite balade familiale à des treks plus soutenus dans les zones montagneuses. Offrant l'un des meilleurs points de vue sur l'océan, la **Fishing Cove Trail** (dénivelé 330 m), sur la côte ouest, descend jusqu'à l'embouchure de la rivière Fishing Cove (16 km aller-retour). La plupart des randonnées sont cependant plus courtes, tel le **Skyline Trail**, une boucle de 7 km qui grimpe jusqu'à une falaise surplombant la mer. Faites attention sur les sentiers du parc, des attaques de coyotes ont été enregistrées en 2009 et 2010.

Vélo

Compte tenu des conditions du terrain, les randonnées à **vélo** sont loin d'être aisées ; à la belle saison, soyez prêt à partager la route avec de nombreuses caravanes. Quatre pistes de VTT sont proposées à l'intérieur du parc. Seul le **Branch Pond Lookoff Trail** offre une vue sur l'océan. Pour louer des vélos, contactez **Sea Spray Outdoor Adventure** (☎902-383-2732 ; www.cabot-trail-outdoors.com ; 1141 White Point Rd ; Smelt Brook ; jour/sem 40/145 $ ⏲9h-17h juin à mi-oct).

Où se loger

Vous trouverez des hébergements dans les villes à proximité du parc. Le parc compte 6 **terrains de campings** (tente/caravane 17,60/29,40 $). La plupart de ces sites fonctionnent sur la règle du premier arrivé premier servi. L'auto-enregistrement est parfois accepté et certains sites accueillent les personnes handicapées. Le **camping de Chéticamp** (162 empl) se tient tout près du centre d'information. Celui de **Corney Brook** (20 empl), à 10 km au nord, offre de superbes vues sur l'océan.

MEAT COVE

À l'extrémité nord de l'île du Cap-Breton (le dernier tronçon de route n'est pas bitumé), cette sublime localité possède des sentiers au bout desquels vous pourrez apercevoir des baleines nageant dans une eau exceptionnellement cristalline. Le **Meat Cove Welcome Center** (☎902-383-2284 ; 2296 Meat Cove Rd ; ⏲8h-20h30 juil-sept) vous donnera de précieux renseignements sur les sentiers. Restaurant sur place.

Où se loger et se restaurer

Camping de Meat Cove CAMPING $
(☎902-383-2379/2658 ; 2475 Meat Cove Rd ; empl tente 25 $, chalet 60 $; ⏲juin-oct). Camping perché sur un promontoire herbeux, exposé aux vents. Adjacent, le **Chowder Hut** (plats 7-16 $; ⏲11h-20h) sert des plats à base de fruits de mer.

Meat Cove Lodge B&B $
(☎902-383-2672 ; 2305 Meat Cove Rd ; d/fam 40/50 $; ⏲juin à mi-sept). En face du Meat Cove Welcome Center, ce petit et sympathique B&B se fond dans le paysage.

LOUISBOURG

Sur la côte est de l'île du Cap-Breton, à 37 km au sud de Sydney, cette charmante bourgade doit son renom à sa célèbre forteresse.

Activités

Lieu historique national de la forteresse de Louisbourg SITE HISTORIQUE
(☎902-733-2280 ; 259 Park Service Rd ; adulte/enfant 17,60/8,80 $; ⏲9h-17h30). C'est la plus grande reconstitution de ville fortifiée française en Amérique du Nord. Vous serez ramené en 1744, à une époque où la Nouvelle-France régnait en maître sur le territoire. En 1760, suite à la prise de la ville de Québec par le général James Wolfe, la forteresse fut détruite et brûlée. Des habitants et des militaires circulent dans le site en costume d'époque. Des circuits guidés gratuits sont proposés plusieurs fois par jour. Différentes possibilités de restauration sur place.

Où se loger et se restaurer

Stacey House B&B B&B $
(☎902-733-2317 ; www.bbcanada.com/thestaceyhouse ; 7438 Main St ; ch 60-90 $; ⏲juin à mi-oct ; 📶). Central, cet hébergement est confortable et rempli d'objets hétéroclites bien agencés. Bon rapport qualité/prix.

♥ **Cranberry Cove Inn** AUBERGE $$
(☎733-2171 ou 800-929-0222 ; www.cranberrycoveinn.com ; 12 Wolfe St ; ch 105-160 $; ⏲mai-nov ; 📶). Somptueusement décorées, les chambres ont un Jacuzzi et une cheminée. Situé près de la forteresse. Restaurant réputé.

Grubstake RESTAURANT $$
(☎902-733-2308 ; 7499 Main St ; plats déj 7-14 $, dîner 16-28 $; ⏲déj et dîner). Ce restaurant informel est la meilleure adresse en ville. Excellentes assiettes de burger, de pâtes et de fruits de mer frais (au dîner).

ÎLE-DU-PRINCE-ÉDOUARD

Plus petite province canadienne, cette île en forme de croissant composée de baies profondes, de rivières à marées et d'un littoral découpé est un savant mélange entre splendeurs naturelles et calme insulaire. La côte est (comté de Kings) est la plus isolée avec ses villages de pêcheurs – elle est fréquentée par les cyclistes (voir l'encadré p. 431). Le comté de Queens, au centre, est une région verdoyante qui abrite les plus célèbres plages de l'île. Le comté de Prince, à l'ouest, est un coin enchanteur où vivent les descendants des Acadiens et des Micmacs. En venant en voiture du N.-B. (à partir du Québec, voir p. 400), vous emprunterez le plus long pont du Canada, le **pont de la Confédération** (www.confederationbridge.com ; 12,9 km ; 43/17 $ voiture/moto, payable au retour ; ⏲24h/24), enjambant le turbulent détroit de Northumberland.

Charlottetown

Avec ses demeures élégantes et ses rues de l'époque victorienne bordées d'arbres, Charlottetown a du charme. Le soir venu, de multiples idées de sorties s'offrent à vous pendant la belle saison : festivals, théâtre, concerts...

Renseignements

Centre des visiteurs (☎902-368-4444 ou 888-734-7529 ; www.peiplay.com ; 6 Prince St ; ⏲9h-20h juin, 9h-22h juil-août, horaires restreints le reste de l'année ; @). Très efficace. Brochures, cartes, réservation d'hôtels, etc. Des promenades à pied autour du centre historique y sont en vente à 1 $.

LE PLUS BEL ENDROIT DU MONDE

L'île du Prince-Édouard a été créée, selon une légende micmac, par le Grand Esprit qui aurait conçu, à partir d'un petite quantité de boue, "le plus bel endroit du monde terrestre". La technologie moderne nous a appris que la terre argileuse rouge qui recouvre l'île possède une haute teneur en oxyde de fer. Ce sol fertile, composé de sable, de limon et d'argile, est favorable à la culture de la pomme de terre, qui recouvre aujourd'hui les champs de toute l'île.

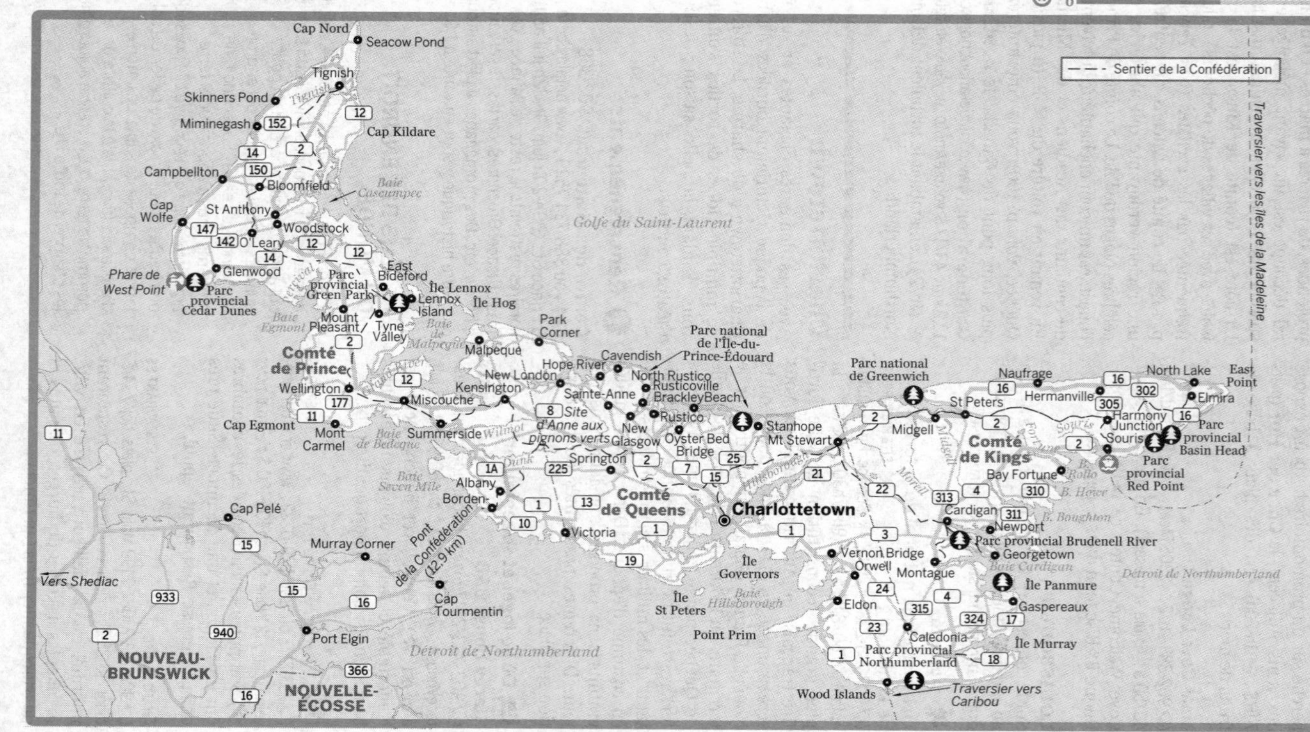
Île-du-Prince-Édouard
0
50 km
Sentier de la Confédération
Traversier vers les îles de la Madeleine
Golfe du Saint-Laurent
Cap Nord
Seacow Pond
Tignish
Skinners Pond
Miminegash
Cap Kildare
Campbellton
Bloomfield
Baie Caseumpec
Cap Wolfe
St Anthony
Woodstock
O'Leary
Glenwood
Phare de West Point
Parc provincial Cedar Dunes
Parc provincial Green Park
East Bideford
Île Lennox
Lennox Island
Île Hog
Mount Pleasant
Tyne Valley
Baie Egmont
Baie de Malpeque
Comté de Prince
Wellington
Cap Egmont
Mont Carmel
Miscouche
Summerside
Baie de Bedeque
Malpeque
Park Corner
Kensington
New London
Hope River
Cavendish
Parc national de l'Île-du-Prince-Édouard
North Rustico
Rusticoville
Sainte-Anne
BrackleyBeach
Rustico
Site d'Anne aux pignons verts
New Glasgow
Oyster Bed Bridge
Stanhope
Mt Stewart
Springton
Baie Seven Mile
Albany
Borden
Pont de la Confédération (12,9 km)
Comté de Queens
Victoria
Charlottetown
Île Governors
Île St Peters
Baie Hillsborough
Point Prim
Parc national de Greenwich
Midgell
St Peters
Naufrage
Hermanville
North Lake
East Point
Elmira
Harmony Junction
Souris
Parc provincial Basin Head
Parc provincial Red Point
Comté de Kings
Bay Fortune
B. Rollo
B. Howe
B. Boughton
Cardigan
Newport
Parc provincial Brudenell River
Georgetown
Baie Cardigan
Vernon Bridge
Orwell
Montague
Eldon
Île Panmure
Gaspereaux
Caledonia
Île Murray
Parc provincial Northumberland
Wood Islands
Traversier vers Caribou
Détroit de Northumberland
Cap Pelé
Murray Corner
Cap Tourmentin
Port Elgin
Vers Shediac
NOUVEAU-BRUNSWICK
NOUVELLE-ÉCOSSE

À voir

Dans la vieille ville, le **Lieu historique national Province House** (☎902-566-7626 ; 165 Richmond St ; 3,40 $; 8h30-17h), appelé le "berceau du Canada", est une imposante construction néoclassique. C'est dans ce parlement provincial qu'eut lieu, en 1864, la conférence à laquelle participèrent les 23 représentants des colonies britanniques d'Amérique du Nord afin de mettre au point un projet de confédération canadienne.

MacQueen's Bicycles (☎902-368-2453 ; www.macqueens.com ; 430 Queen St ; 25/125 $ par jour/sem) loue un grand choix de vélos. Les modèles pour enfant sont à moitié prix. **Smooth Cycle** (☎902-566-5530 ; www.smoothcycle.com ; 330 University Ave ; 25/110 $ par jour/sem) est un autre excellent prestataire. Les deux proposent des circuits à vélo sur le sentier de la Confédération.

Où se loger et se restaurer

Charlottetown regorge de B&B charmants. Réservez en été. Vous y trouverez également de nombreux restaurants.

Spillett House B&B B&B $
(☎902-892-5494 ; www.spilletthouse.pe.ca ; 157 Weymouth St ; s/d sdb commune avec petit-déj 50-60 $). Une ravissante demeure dotée de planchers en bois, de chambres spacieuses et de meubles anciens. Central. Enfants bienvenus.

Aloha Tourist Homes B&B $$
(☎902-892-9944 ; www.alohaamigo.com ; 234 Sydney St ; ch avec petit-déj 40-150 $; wifi). Situées dans 2 maisons anciennes rénovées, ces chambres sont une bonne affaire. Accueil chaleureux. Cuisine tout équipée. Emplacement central.

Farmers' Market MARCHÉ $
(100 Belvedere Ave ; sam 9h-14h, sam et mer juil-août). Venez le ventre creux… et les mains libres, pour faire provision de fruits et de légumes bio tout frais.

Leonard's CAFÉ ET EN-CAS $
(University Ave ; sandwichs à partir de 5 $; mar-sam 9h-17h). Un petit café décontracté. Excellentes pâtisseries, salades et sandwichs originaux ainsi que d'appétissants petits-déjeuners servis toute la journée.

Lot 30 RESTAURANT $$$
(☎902-629-3030 ; 151 Kent St ; plats 22-55 $; à partir de 17h, fermé le lun). La meilleure table de Charlottetown : les plats, peu nombreux mais raffinés, sont épicés à la perfection. Menu dégustation (5 plats) à 55 $. Service impeccable. Belle carte de vins.

LA TRAVERSÉE DE L'ÎLE À VÉLO

D'une longueur totale de 357 km, le superbe **sentier de la Confédération** qui traverse l'île du Prince-Édouard d'est en ouest, attire les cyclistes de toute l'Amérique du Nord. Et pour cause, cette ancienne voie de chemin de fer se déploie sur un terrain presque toujours plat, entre collines et vallées. Certains tronçons se cachent complètement sous le feuillage, tandis que d'autres, en juin et juillet, sont bordés par des champs entiers de lupins. Les couleurs des feuilles, à l'automne, offrent également un très joli spectacle. Depuis Tignish, à la pointe ouest de l'île, vous rejoindrez, 279 km plus loin, Elmira, à l'extémité est. Tout le long du chemin, vous trouverez des villages où vous pourrez manger et dormir. Les vents dominants soufflant d'ouest en est, il est préférable de circuler dans cette direction. De petites sections rejoignent le pont de la Confédération et d'autres villes, telles Charlottetown et Souris. Les offices du tourisme offrent des plans détaillés du sentier (www.gov.pe.ca/visitorsguide). Les boutiques de location de vélos à Charlottetown (voir ci-contre) proposent également de passionnants circuits à vélo.

Côte Est

Cette côte demeure la partie la plus sauvage de l'île. La route panoramique Points East Coastal Drive (338 km) traverse des champs constellés de lupins, de hautes falaises d'argile rouge, d'anciens phares et… les plus délicieuses échappées belles de l'île : les immenses **dunes de sable de Greenwich** (centre d'interprétation ; ☎902-961-2514 ; route 13 ; 9h30-19h fin juin-août, 9h30-16h30 mi-mai à fin juin et sept à mi-oct), qui bordent le golfe du Saint-Laurent, ainsi que l'étonnant "sable musical" de la **plage de Basin Head**. En effet, le sable "chante", ou craque miraculeusement (grâce à sa composition riche en silice), lorsqu'on y enfonce les pieds.

À découvrir lorsque le sable est sec seulement, car s'il pleut vous risquez d'être décu !

Au bout de la côte, la petite **île de Panmure**, reliée par une chaussée à la terre ferme, abrite de nombreuses colonies d'oiseaux. Ses atouts : son phare, ses plages et ses dunes de sable. Camping possible dans le parc provincial de l'île. À la mi-août, vous pourrez assister à un **pow-wow** (☎902-892-5314 ; www.ncpei.com/powwow-trail.html), mais, avec l'affluence, adieu les plages désertes !

La ville de **Souris** est l'hôte du grand **Festival de musique Bluegrass & Old Time** (☎902-569-3153 ; www.bluegrasspei.com/rollobay.htm ; route 2 ; ⊙début juil) et une excellente base pour s'adonner au vélo et au kayak de mer. C'est aussi le point d'embarquement des **ferries vers les îles de la Madeleine** (Groupe CTMA ; ☎418-986-3278, 888-986-3278 ; www.ctma.ca ; aller simple haute saison adulte/enfant/voiture 47,75/24/89 $; ⊙traversée 5 heures). Voir aussi p. 399.

Un autre traversier fait la navette entre **Wood Islands** (Northumberland Ferries ; ☎902-566-3838, 888-249-7245 ; www.peiferry.com ; adulte/enfant 16 $/gratuit, voiture/moto/vélo avec passagers 64/40/20 $; jusqu'à 9 traversées/jour, 1 heure 15) et Caribou, en Nouvelle-Écosse. Vous ne payez la traversée que lorsque vous partez de l'île du Prince-Édouard, et non en sens inverse.

Où se loger et se restaurer

Boudreault's White House B&B $
(☎902-838-2560, 800-436-3220, 342 Lower Montague route 17 ; ch avec petit-déj 50-65 $; ⊙mai-oct ; ᯤ). Au sud de Montague, la sympathique Zita vous accueille dans 3 chambres cosy. Mise à disposition de vélos. Enfants bienvenus.

Dockside B&B B&B $$
(☎902-687-2829 ; www.colvillebay.ca ; 37 Breakwater St, Souris ; d 70 $; ᯤ). Simples, spacieuses, les chambres de ce B&B moderne sont à deux pas de l'embarcadère de Souris. Petit-déjeuners servis dans une véranda face au port.

Bluefin Restaurant RESTAURANT $
(☎902-687-3271 ; 10 Federal Ave ; Souris ; plats 10-14 $; ⊙lun-sam 6h30-19h, dim 7h-20h). L'excellente cuisine traditionnelle de ce restaurant semble ravir les habitants de Souris, qui viennent nombreux.

Clamdigger's Beach House & Restaurant RESTAURANT $$
(☎902-652-2466 ; 7 West St, Georgetown ; plats 12-40 $; ⊙11h-21h). Au bout d'une petite péninsule au nord de l'île Panmure, cette adresse concocterait les meilleurs *chowders* de l'île. Superbe vue depuis la terrasse ou la salle à manger.

Centre de l'île

Tous les sites de cette région sont à moins d'une heure de voiture de la capitale, Charlottetown.

Ourlé de plages sublimes et d'escarpements de grès rouge, le **parc national de l'île-du-Prince-Édouard** (☎902-672-6350 ; www.pc.gc.ca/pei ; forfait journée adulte/enfant 7,80/3,90 $) est ouvert toute l'année, mais la plupart des infrastructures ne fonctionnent que de fin juin à fin août. Parmi les nombreux sentiers qui traversent le parc, mentionnons celui des dunes de Greenwich (4,8 km aller-retour). Plusieurs plages se partagent la vedette ; la plus connue est sans conteste la **plage de Cavendish**, immense étendue de sable et de dunes, qui attire des visiteurs venant de tout le Canada. Vous pourrez vous baigner en profitant d'un courant favorable du Gulf Stream, qui réchauffe l'eau de la mer. Les petites méduses rouges que vous apercevez à l'occasion peuvent irriter la peau, mais sont loin d'être aussi redoutables que leurs cousines méditerranéennes.

À **Cavendish** (centre des visiteurs ; ☎963-7830 ; angle route 6 et route 13 ; ⊙9h-21h), ne soyez pas surpris par la présence de nombreux touristes américains et japonais ! Ils viennent tous voir la **maison de Green Gables** (☎672-7874 ; route 6 ; adulte/enfant/famille 5,75/3/14,50 $; ⊙9h-20h), l'ancienne demeure de la romancière canadienne Lucy Maud Montgomery (1874-1942), qui a servi de cadre à la célèbre histoire d'*Anne aux pignons verts*, traduite dans plusieurs langues et qui a inspiré une série télévisée.

Où se loger

Parcs Canada gère 3 **terrains de camping** (☎800-414-6765 ; empl tente/caravane 28/36 $; ⊙début juin-fin août) dans le parc national. Réservation souhaitable. Vous trouverez également des hébergements dans les localités des alentours, notamment à Brackley Beach, Rustico, North Rustico, New Glasgow et Cavendish.

FESTINS DE HOMARDS

Pas besoin de vous habiller chic ni de faire garder les enfants pour vous rassasier de homards sur l'île du Prince-Édouard. Les dîners de homards sont en effet servis avec la plus grande simplicité dans les (vastes) salles de restaurants, les sous-sols d'églises ou les centres communautaires de toute l'île. Ce crustacé très recherché se déguste souvent sans sauce ou autres préparations compliquées ; il est juste cuit à la nage ou à la vapeur et, à l'occasion, accompagné d'une noix de beurre fondu, libérant sa divine saveur et sa sublime texture. Les enfants ne sont pas en reste et ont droit à des menus comportant une moitié de homard. Souvent, d'autres plats complètent le menu, du *chowder* (soupe de poisson ou de fruits de mer) aux moules à la vapeur et de la salade de pommes de terre aux petits pains sortant du four. Les établissements les plus réputés se trouvent à New Glasgow, Sainte-Anne et North Rustico. Reportez-vous aux adresses ci-dessous. Le coût d'un repas dépend du prix, au marché, du homard, mais tourne en général autour de 25 $ pour une bestiole de 500 g.

New Glasgow Highlands Camping & Cabins CAMPING $
(☎902-964-3232 ; www.campcabinpei.com ; route 224 ; empl tente/caravane 30/35, chalet 55 $; ⊙mai-oct ; ▣). L'un des plus beaux terrains de camping de l'île, très calme, avec emplacements en forêt et chalet pour 4 personnes. Laverie, supérette et piscine chauffée.

Andy's Surfside Inn AUBERGE $
(☎902-963-2405 ; Gulfshore West Pkwy, North Rustico ; d sdb commune avec petit-déj 45-75 $; ⓦ). Dans l'enceinte du parc national, cette vaste maison ancienne surplombe Doyle's Cove. Cuisine à disposition.

Parkview Farm Tourist Home & Cottages B&B $$
(☎902-963-2027 ou 800-237-9890 ; www.peionline.com/al/parkview ; 8214 route 6, Cavendish ; ch sdb privative avec petit-déj 60/65 $, cottage 160-225 $; ⓦ). Dans une ferme laitière en activité, ce confortable établissement a vue sur l'océan. Les 7 cottages ont une cuisine, un barbecue et un balcon.

♥ **Barachois Inn** AUBERGE $$$
(☎902-963-2906 ; www.barachoisinn.com ; 2193 Church Rd, Rustico ; ch avec petit-déj 125-399 $; ❄ⓦ). Dans un cadre superbe, cette somptueuse auberge traditionnelle de style acadien possède de jolis meubles anciens et des peintures choisies avec soin. Fitness, sauna et salle de conférence.

Où se restaurer

♥ **The Pearl** QUÉBÉCOIS INVENTIF $$
(☎902-963-2111 ; 7792 Cavendish Rd, Cavendish ; plats 22-32 $, brunch 8-12 $; ⊙tlj à partir de 16h30, dim 10h-14h). Cette maison entourée de fleurs est un endroit charmant pour déguster une cuisine éclectique et inventive (pétoncles pochés au beurre, pâté de foie de volaille aromatisé au vin de glace, etc.).

St Ann's Lobster Supper REPAS DE HOMARDS $$
(☎902-621-0635 ; route 24, Sainte-Anne ; dîner 26-34 $; ⊙16h30-20h30). Délicieux plats de homards qui concurrencent avantageusement ceux de New Glasgow.

♥ **New Glasgow Lobster Supper** REPAS DE HOMARDS $$
(☎902-964-2870, route 258, New Glasgow ; dîner homards 26-35 $; ⊙16h-20h30). Succulents repas de homards, bien sûr, mais aussi excellents *chowders*, moules, salades, pain et desserts maison.

Fisherman's Wharf Lobster Suppers FRUITS DE MER $$
(☎902-963-2669, 7230 Main St, North Rustico ; dîner 30 $; ⊙12h-21h). Cette adresse attire du monde les soirs d'été. Portions généreuses : *chowders*, moules locales, petits pains (*rolls*) et moult desserts. Baies vitrées donnant sur l'océan.

Côte Ouest

Entre les villages acadiens et une communauté micmac très dynamique, plusieurs sites se côtoient sur un territoire relativement petit. **Summerside** est dotée d'un front de mer plaisant, avec une promenade en planche. Elle héberge une excellente **école de musique celtique** (☎902-436-5377 ; www.collegeofpiping.com ; 619 Water St E ; ⊙9h-21h fin juin-août) qui propose des mini-concerts gratuits et des cours de **ceilidh** (danse et musique celtiques ; adulte/étudiant

12/7 $; ⏲19h) chaque soir dans l'amphithéâtre couvert.

La **région Évangéline**, entre Miscouche et Mont-Carmel, est le cœur de la communauté acadienne de l'île ; plus de 6 000 personnes gardent toujours le français comme langue maternelle. À Miscouche, le **Musée acadien** (☎902-432-2880 ; 23 Main Dr E ; 5 $; ⏲9h30-19h) constitue une bonne introduction à l'histoire des Acadiens de l'île depuis 1720. Ne ratez pas la **Maison des bouteilles** (☎902-854-2987 ; route 11 ; Cap Egmont ; adulte/enfant 5/2 $; ⏲9h-20h), un étonnant travail d'assemblage d'Édouard Arsenault, qui a créé diverses structures translucides à l'aide de 25 000 bouteilles !

À l'embouchure de la baie de Malpeque, l'**île Lennox** (reliée par une digue) héberge le **Centre écotouristique des Indiens mi'kmaq** (☎866-831-2702 ; 2 Eagle Feather Trail ; adulte/étudiant 4/3 $; ⏲lun-sam 10h-18h juil et août, lun-sam 12h-18h fin juin et début sept), qui offre une excellente approche de la culture de cette communauté amérindienne. Deux **sentiers d'interprétation** font le tour de l'île. Des ateliers de paniers tressés ou de langue micmac sont parfois proposés. Lors de notre passage, un habitant proposait un **circuit en bateau** autour de l'île (40 $; jusqu'à 4 pers).

La route panoramique jusqu'au **cap Nord** (North Cape ; 288 km) passe par Summerside, la région évangéline, l'île Lennox et Tignish (petite ville où commence, ou se termine, le sentier de la Confédération). Dans cette portion isolée et sauvage de l'île, vous pourrez marcher, à marée basse, sur le plus long récif rocheux naturel du continent, explorer des cuvettes de marée et apercevoir des phoques. Le **centre d'interprétation** (☎902-882-2991 ; 6 $; ⏲9h30-20h), à l'extrémité nord de la route 12, présente notamment des expositions sur l'énergie éolienne. Le **sentier Black Marsh Nature Trail** (2,7 km) part du centre d'interprétation pour atteindre la partie ouest du cap.

Où se loger et se restaurer

Parc provincial de Cedar Dunes CAMPING $
(☎902-859-8785 ; tente/caravane 23-25 $/26-27 $). Près du phare de West Point, ce terrain de camping a des allures de paradis (sans les palmiers !) avec sa plage de sable rouge et ses dunes.

♥ **Willow Green Farm B&B** B&B $$
(☎902-436-4420 ; www.willowgreenfarm.com ; 117 Bishop Dr, Summerside ; d avec petit-déj 50-115 $; 📶). À deux pas du sentier de la Confédération, cette charmante petite ferme (avec des animaux) a des chambres claires et un décor sobre. Réservation souhaitable en saison.

Seaweed Cafe CAFÉ $
(☎Miminegash ; plats 5-12 $). À Miminegash, ce restaurant sert de savoureuses tourtes aux algues marines (4,50 $).

Deckhouse Pub & Restaurant RESTAURANT $
(☎902-436-0660 ; 150 Harbour Dr, Summerside ; plats 7-17 $; ⏲11-23h juin à mi-sept). Des repas très corrects (délicieux *fish n' chips*) près du front de mer de Summerside. Musique live le week-end.

Wind & Reef Restaurant & Lounge RESTAURANT $$
(☎902-882-3535 ; cap Nord ; plats 9-29 $; ⏲déj et dîner). Avec un panorama à 180°, à l'extrémité de la route 12, cet établissement apprécié prépare des repas variés.

Brothers Two Restaurant RESTAURANT $$
(☎902-436-9654 ; 618 Water St E, Summerside ; plats 11-26 $; ⏲lun-ven 11h30-21h, sam 16h-22h, dim 16h-20h). Pâtes, steaks et fruits de mer sont au menu (poêlée végétarienne, moules marinières) de ce restaurant ouvert depuis plus de 30 ans.

Comprendre le Québec

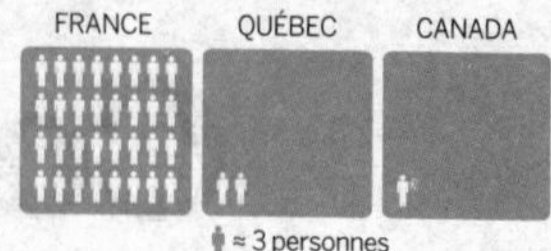

Le Québec aujourd'hui

Politique

Au-delà de la problématique souverainiste, la politique canadienne a été de tout temps traversée par des tensions entre le pouvoir fédéral et le pouvoir provincial. Depuis qu'il fut officiellement intégré à la monarchie constitutionnelle canadienne, dont le pouvoir exécutif revient symboliquement à la reine d'Angleterre, le Québec bénéficie, au même titre que toutes les provinces canadiennes, d'une large marge de manœuvre politique. En effet, le Québec dispose de son propre Parlement, qui adopte des lois à portée provinciale. Les partis provinciaux, y compris les non-souverainistes, revendiquent constamment plus d'autonomie et pestent contre les empiètements du gouvernement fédéral dans les secteurs de juridiction provinciale comme la santé et l'éducation. Le Québec affiche souvent des positions dissidentes, au grand dam des autorités fédérales, par exemple une approche moins répressive à l'égard des jeunes contrevenants, un soutien accru aux arts et à la culture ou encore, une volonté d'imposer un contrôle plus sévère sur les armes à feu.

Au Québec, la question de la souveraineté tient également une large part dans le positionnement des partis politiques québécois. Récemment porté au pouvoir, le Parti québécois (PQ) de Pauline Marois est souverainiste, de même que le parti progressiste et altermondialiste Québec solidaire (QS) et le petit dernier des partis, Option Nationale (ON). Le Parti libéral du Québec (PLQ) est fédéraliste et se positionne au centre-droit, tandis que la Coalition Avenir Québec (CAQ) porte la priorité sur une gestion immédiate de questions plus urgentes. Le bonheur du Québec reste-t-il pour autant suspendu à la sempiternelle équation provincial-fédéral ? Pas si sûr. Si la question de la souveraineté cristallise une part du mécontentement, le mouvement est moins binaire et la politique québécoise ne tourne plus seulement autour du spectre d'un éventuel référendum.

» Population : 7 979 700 hbts (recensement 2011)

» Superficie : 1 667 441 km^2, soit un peu plus que la France, l'Espagne, le Portugal, les Pays-Bas, la Belgique, le Royaume-Uni et l'Irlande réunis

» Les amérindiens légalement inscrits forment 1,17% de la population. Les deux tiers d'entre eux vivent dans des réserves.

Droit

» Le Québec et la Louisiane sont les seuls États d'Amérique où le droit civil hérité de la France cohabite avec la *common law* britannique qui régit le droit criminel.

Religion

» Depuis les années 1970, les Québécois ont délaissé les églises, mais la majorité (83,4 %) se dit toujours catholique. Les Chrétiens non catholiques comptent pour 6,9 %, suivis par les Musulmans (1,5 %) et les Juifs (1,3 %).

Médias

Les quotidiens québécois :

» www.cyberpresse.ca

» www.ledevoir.com

» www.lejournaldemontreal.canoe.ca

Religion (2001)
(% de la population)

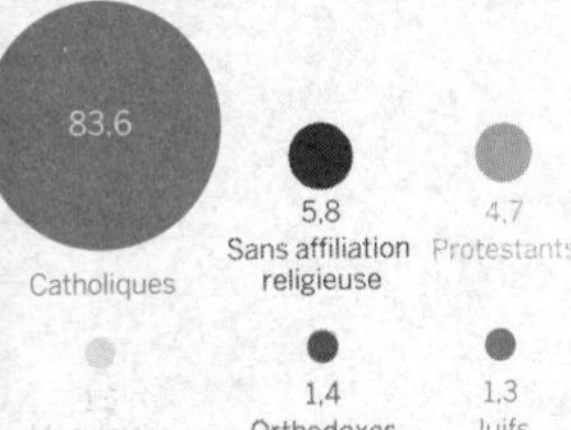

Langues parlées

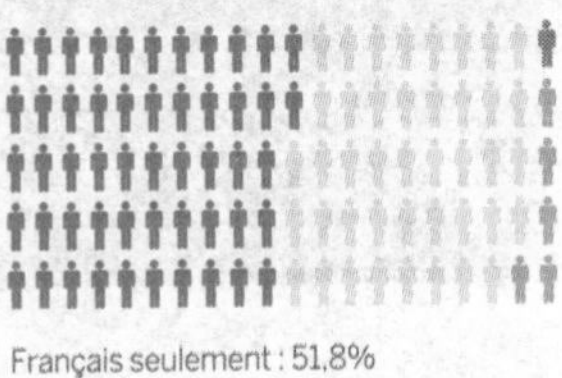

Économie

Le Québec est un lieu où l'on vit bien, et ce malgré la récente crise économique (2007-2009) qui affecta moins la province que le reste du Canada. Avec un produit intérieur brut de 300 milliards de dollars canadiens (2012) pour une population de 8 millions d'habitants, le Québec, s'il était un pays, se classerait au 20e rang de l'OCDE, comparable à l'Autriche.

La province bénéficie d'importantes ressources naturelles (forêts, mines, hydroélectricité...), d'une main-d'œuvre qualifiée et bilingue à 40% et d'un coût de l'électricité bas. L'aluminium, l'aéronautique et le papier journal constituent les principaux produits à l'exportation. Si l'exploitation des ressources naturelles et des matières premières (bois, énergie hydroélectrique, cuivre, fer, zinc et or) reste au cœur de l'économie québécoise, les secteurs de pointe, tels les technologies de l'information, le multimédia, l'aérospatial, l'industrie pharmaceutique et les biotechnologies connaissent cependant un développement rapide. La moitié de la recherche pharmaceutique et plus de 60% de la production aéronautique au Canada se font au Québec. Le pays bénéficie par ailleurs d'un client privilégié, les États-Unis, qui représentent 74% de ses exportations (2011). L'Accord de libre-échange nord-américain (Alena), signé en 1994, est venu renforcer cette dépendance en diminuant la marge de manœuvre des gouvernements au profit des grandes multinationales américaines.

Ce tableau économique mérite cependant d'être nuancé, certaines parties de la province étant nettement mieux loties que d'autres. Dans les régions éloignées comme la Gaspésie, la Côte-Nord, le Saguenay et le Nord-du-Québec, le taux de chômage peut varier fortement en fonction de la présence d'un seul employeur et atteindre des niveaux élevés (jusqu'à 14,6% en 2011). La pêche est en déclin et l'industrie forestière en crise. Le développement régional est un des défis majeurs auxquels le gouvernement québécois se trouve confronté. Le tourisme apparaît d'ailleurs comme une source de revenus importante pour plusieurs régions éloignées.

» Chômage : autour des 8 % depuis plus d'une décennie, tout en tendant à régresser

» Espérance de vie : femmes 83 ans, hommes 79 ans

» Revenu moyen : 34 740 $/an

Économie

» Grâce à la production d'hydroélectricité à grande échelle, le coût de l'énergie est le plus bas en Amérique du Nord : moins de 7 ¢ par KW/h. C'est moins de la moitié du tarif résidentiel français.

» L'industrie minière extrait et produit principalement du zinc, du nickel, du cuivre, de l'or et de l'argent.

» 60 % des Québécois sont propriétaires. La dépense mensuelle moyenne pour le logement est de 731 $.

Histoire

Au départ une ancienne colonie française, la Nouvelle-France, passe sous contrôle anglais après la bataille des plaines d'Abraham en 1759, un événement qui mènera à un Québec majoritairement français dans une fédération bilingue et multiculturelle. La condition francophone est encore aujourd'hui un déterminant majeur de l'identité québécoise, alimentant l'argumentaire du mouvement souverainiste qui structure son univers politique depuis une cinquantaine d'années

Les premiers habitants

À l'arrivée des Européens, à l'aube du XVe siècle, le territoire de l'actuel Québec est habité depuis déjà plusieurs dizaines de milliers d'années par une population autochtone, dont les ancêtres venaient d'Asie par la Béringie, un continent de terre et de glace qui reliait alors la Sibérie à l'Alaska. Le Bouclier canadien n'est à cette époque qu'un immense glacier dont la fonte progressive va permettre aux populations de se répandre sur toute l'Amérique du Nord. Certains groupes vont ainsi se diriger vers les territoires de l'Est et s'y installer, aux environs de 11 000 av. J.-C. Bien plus tard, un autre groupe asiatique emprunte le même chemin et s'installe au nord du continent. Il s'agit du peuple de Dorset, prédécesseur des Inuits, qui parvient au Québec vers 500 av. J.-C.

Les Amérindiens atteignirent l'actuel Canada alors que la glaciation, baissant le niveau des eaux, ouvrait un passage terrestre entre la Sibérie et l'Alaska.

Les Vikings venus d'Islande et du Groenland sont les premiers Européens à fréquenter, vers 1000 av. J.-C., les côtes de Terre-Neuve et les rives du Saint-Laurent.

Au début du XVIe siècle, lorsque les Basques, les Gascons et les Anglais viennent pêcher la morue et chasser la baleine et le morse dans le Saint-Laurent, ils découvrent différentes nations dotées de langues et de coutumes diverses. La plupart de ces peuples vivent de chasse, de pêche et de cueillette de baies sauvages.

L'arrivée de Jacques Cartier

Pour les Amérindiens, la venue de Jacques Cartier en 1534 ne représente qu'un navire de plus dans le golfe du Saint-Laurent. La prise de possession du territoire par l'explorateur, au nom du roi de France, ne modifie en rien leurs habitudes.

CHRONOLOGIE

30 000 av. J.-C.
Arrivée des premiers Asiatiques, ancêtres des Amérindiens, par la Béringie, un continent de terre et de glace qui reliait la Sibérie et l'Alaska.

3000 av. J.-C.
Un autre groupe asiatique (prédécesseur des Inuits) part de Sibérie et parvient au Québec.

Il faudra attendre le début du XVIIe siècle pour que Samuel de Champlain engage des explorations plus poussées vers l'intérieur des terres, cartographiant le territoire et forgeant des alliances avec diverses nations autochtones, dont les Montagnais et les Hurons. Le premier comptoir de traite de fourrure est fondé à Tadoussac en bordure du fleuve Saint-Laurent en 1600, par Pierre de Chauvin, commissionnaire du roi Henri IV. En 1608, Champlain revient à la charge et fonde la ville de Québec. Un an plus tard, le territoire prend le nom de Nouvelle-France.

En 1627, le cardinal de Richelieu prend conscience du potentiel économique de cette gigantesque colonie. La Compagnie des Cent-Associés est créée et ses membres se voient confier la Nouvelle-France et le monopole de son commerce. Parallèlement, l'Église catholique commence à jouer un rôle important et entreprend de convertir les autochtones. Les premiers jésuites arrivent et construisent des avant-postes missionnaires. Ville-Marie (future Montréal) est fondée en 1642.

Durant tout le XVIIe siècle, le commerce des fourrures domine le Nouveau Monde, non sans créer de multiples conflits meurtriers. La lutte entre les Hurons, alliés des Français, et les Iroquois pour le contrôle du marché sera sanglante. Pendant ce temps, en France, Louis XIV, soucieux de son propre rayonnement, dissout la Compagnie des Cent-Associés. Il entend désormais administrer lui-même la Nouvelle-France, qui devient une colonie en 1663.

Après Cartier le découvreur, c'est Champlain qui fonde les colonies de Québec et de Ville-Marie (Montréal). Elles sont alors constamment en butte aux épidémies de scorbut et aux attaques des Iroquois.

La lutte pour le pouvoir

Louis XIV décide de stimuler l'immigration en finançant la venue de plusieurs centaines de femmes célibataires et dotées, les “Filles du Roy”, pour la plupart orphelines de militaires, qui trouvent rapidement à se marier. En 1670, la création à Londres de la Compagnie de la baie d'Hudson marque le début de la guerre commerciale entre Français et Anglais. Encouragés par les Britanniques, les Iroquois lancent alors une série d'attaques contre les comptoirs français. Cette course pour le monopole du commerce de la fourrure s'achèvera en 1713, sans que, sur le terrain, aucun des deux pays n'ait remporté une victoire. La signature du traité d'Utrecht y mettra un terme, non sans conséquence pour le Québec, puisqu'il donne à l'Angleterre Terre-Neuve, l'Acadie et la baie d'Hudson. Le territoire de la Nouvelle-France doit dès lors se contenter des rives du Saint-Laurent.

La colonie française se voit ainsi amputée d'une grande partie de son revenu, lié au commerce des fourrures, et à ses positions militaires. La rivalité entre francophones et anglophones s'accentue alors. En 1745, la lutte pour le contrôle du territoire s'engage entre les deux factions. La guerre de Sept Ans (1756-1763), ou guerre de la Conquête, est enclenchée.

“On nous a envoyé de Dieppe 84 jeunes filles, et 25 de La Rochelle. Il y en a 15 ou 20 d'assez bonnes familles.” Jean Talon, intendant de la Nouvelle-France, accusant réception des premières “Filles du Roy”, en 1667.

La blessure

La défaite des Français dans la célèbre bataille des plaines d'Abraham, en 1759, marque un tournant dans la guerre. Après la reddition de Québec, c'est au tour de Montréal de rendre les armes, en 1760. Le 10 février 1763, la France signe le traité de Paris par lequel elle

1534
Jacques Cartier arrive dans le golfe du Saint-Laurent et prend possession du territoire au nom du roi de France.

1608
Fondation de la ville de Québec par Samuel de Champlain.

1642
Fondation de Ville-Marie, future Montréal, par le sieur Paul de Chomedey de Maisonneuve.

TROIS GRANDES FIGURES DE L'HISTOIRE DU QUÉBEC

Jacques Cartier – le découvreur

Le découvreur du fleuve Saint-Laurent serait né en 1491 à Saint-Malo. Le 20 avril 1534, il part avec deux navires et 61 hommes pour sa première traversée de l'Atlantique. Deux mois plus tard, les bateaux atteignent Terre-Neuve, les îles de la Madeleine et l'île d'Anticosti. Cartier se rend jusqu'à Gaspé, où il plante une croix de trente pieds, marquant sa conquête. C'est seulement lors de sa deuxième expédition que l'infatigable Malouin découvrira la voie magique : le Saint-Laurent. Le 19 mai 1535, il quitte à nouveau Saint-Malo à bord de la *Grande Hermine*. En longeant la rive nord du golfe et grâce aux indications de ses guides autochtones, il remonte jusqu'à Hochelaga (Montréal). Cartier venait enfin de trouver la route tant recherchée vers l'intérieur des terres. En octobre, l'explorateur revient à Stadacone (Québec). Après un terrible hiver et une épidémie ravageuse, l'équipage rejoint les côtes bretonnes au printemps 1536. Le voyage aura duré 14 mois. En octobre 1540, François Ier le commissionne pour un troisième voyage. Deux ans plus tard, son retour au pays marque la fin de ses grandes épopées. Il meurt le 1er septembre 1557.

Samuel de Champlain – le fondateur

Géographe de talent, le fondateur de Québec serait né à Brouage, en Charente-Maritime, entre 1567 et 1570, voire plus tard. Mars 1603 marquera son premier voyage, depuis Honfleur, sur la *Bonne-Renommée*. Sa première rencontre avec la ville de Québec le laisse plutôt indifférent. L'Acadie l'intéresse avant tout. Il croit y trouver le chemin vers l'Asie, un rêve caressé par tous les explorateurs venus dans la région. Ce n'est qu'au cours de son troisième voyage, en 1608, que Champlain remonte le fleuve pour créer une habitation à la pointe de la ville de Québec. La nouvelle de l'assassinat d'Henri IV lui parvient alors qu'il reprend la mer vers Honfleur. En 1610, il signe un contrat de mariage avec une jeune fille de 12 ans, qui ne sera effectif que deux ans plus tard. Dès lors, ses allers-retours entre la Nouvelle-France et le Vieux Continent ne cesseront plus. Il faut explorer le pays des Hurons, agrandir l'habitation, créer des fortifications, développer la colonie… Contraint de livrer Québec aux Anglais au cours de l'été 1629, il rentre une fois de plus en France et bataille pendant plus de trois ans pour que le roi demande la restitution de la colonie. Son dernier voyage date de 1633. Victime d'une paralysie deux ans plus tard, il meurt au Canada en décembre 1635. La colonie restituée compte alors 150 habitants.

Le marquis de Montcalm – le combattant

Né près de Nîmes, le 28 février 1712, Louis-Joseph de Montcalm commence sa carrière militaire à l'âge de 20 ans. Il fait son entrée dans l'histoire au printemps 1756, lorsqu'il pose le pied sur le sol de la Nouvelle-France menacée par les Anglais. Son passage est marqué par ses fortes divergences avec le marquis de Vaudreuil, gouverneur général, et ses critiques à l'égard des Canadiens. En 1758 et 1759, les attaques entre Français et Anglais provoquent de violentes polémiques entre Vaudreuil et Montcalm. Mais la terrible bataille du 13 septembre 1759 dans les plaines d'Abraham sera le point final pour le marquis, chef des armées. Gravement touché lors des combats, Montcalm succombe à ses blessures au petit matin, son armée vaincue. L'heure de la capitulation de la ville de Québec venait de sonner.

1663

La Nouvelle-France passe sous la direction du roi de France et devient une colonie française.

1759

Défaite française dans la bataille des plaines d'Abraham et reddition de la ville de Québec. La colonie devient britannique l'année suivante.

1783

La plupart des 8 000 loyalistes anglais qui trouvent refuge au Québec s'installent dans la région des Cantons-de-l'Est.

concède à l'Angleterre, son tout premier empire colonial. C'est la fin du système seigneurial. Le clergé, à son tour, voit son rôle balayé d'un coup. Les Canadiens français perdent peu à peu le contrôle du système économique de la région.

En 1774, les Anglais, soucieux de ne pas trop favoriser la poussée indépendantiste, octroient aux Canadiens français le droit de conserver leur religion catholique et de participer à la fonction publique, tout en gardant le contrôle sur la vie économique et politique. L'Acte de Québec agrandit également le territoire de la province qui s'étend alors des Grands Lacs au Labrador. Dans la foulée, de nombreux Acadiens choisissent d'émigrer au Québec.

Lorsque la Nouvelle-France devient anglaise, en 1763, les Canadiens français sont autorisés à garder leur religion. Le catholicisme devient ainsi un pilier de l'identité des francophones.

La division

La guerre d'Indépendance (1775-1783) livrée par l'Amérique contre l'Angleterre conduit environ 50 000 colons – appelés *"loyalistes"* en raison de leur loyauté à l'Angleterre – à venir se réfugier au Canada. Ils s'installent principalement en Nouvelle-Écosse (qui englobait à cette époque le territoire du Nouveau-Brunswick actuel), en Ontario et, au Québec, dans les Cantons de l'Est (appelés alors *Eastern Townships*). La Nouvelle-Écosse vit sa population doubler d'un seul coup, alors que la province de Québec accueillait pour la première fois un bon contingent d'anglophones. Les nouveaux réfugiés allaient changer à jamais les structures politiques de ce qui deviendra le Canada moderne.

Les nouveaux arrivants ne veulent pas être soumis au droit civil français qui prévaut dans la colonie. Ils exigent la création d'institutions parlementaires semblables à celles qu'ils avaient quittées. Ce sera l'Acte constitutionnel de 1791, à la suite duquel le territoire de la province de Québec est divisé en deux colonies : le Haut-Canada, peuplé d'Anglo-Saxons, au sud de l'Ontario, et le Bas-Canada, massivement francophone.

Les dominions britanniques

Au début du XIXe siècle, des voix s'élèvent à l'intérieur du Québec et de l'Ontario contre le gouvernement britannique et réclament l'indépendance. Des révoltes éclatent. Dans le Bas-Canada, l'insurrection est menée par le Parti patriote de Louis-Joseph Papineau. Envoyé par Londres pour faire enquête, Lord Durham recommande l'assimilation complète des Canadiens-Français. Le Canada est alors formé de 500 000 anglophones et de 600 000 francophones. Établi en 1840, l'acte d'Union réunit les deux Canada (désormais le Canada-Uni) et les place sous la responsabilité d'un seul gouvernement. Les finances publiques sont unifiées et l'anglais devient la seule langue officielle jusqu'en 1848.

L'Angleterre, cependant, ne souhaite pas voir le Canada lui échapper et renouveler sa désastreuse expérience américaine. Aussi choisit-elle la prudence et opte pour une confédération qui répartit le pouvoir politique entre le gouvernement central (Ottawa) et des autorités provinciales. C'est l'adoption, en 1867, de l'acte de l'Amérique du Nord britannique (British North America Act, ou BNA Act), qui réunit au sein

Au sein d'un Canada majoritairement anglophone, la natalité a longtemps été un moyen pour les francophones catholiques du Québec de maintenir leur influence. On a parlé à ce sujet de "revanche des berceaux".

1864
Conférence de Charlottetown (Île-du-Prince-Édouard) qui amorce le processus de la Confédération.

1867
Création du dominion du Canada qui réunit le Québec, l'Ontario, le N-B et la N-E. D'autres provinces viendront grossir les rangs de la Confédération canadienne.

1948
Le drapeau fleurdelisé devient le drapeau officiel du Québec.

d'une même confédération bilingue l'Ontario, le Québec, la Nouvelle-Écosse et le Nouveau-Brunswick. Chaque province possède sa propre assemblée législative et son gouvernement.

Immigration et "grande noirceur"

Le début du XXe siècle voit affluer au Québec de nombreux immigrants, principalement en provenance d'Europe de l'Est. Le Québec connaît un développement économique important, en raison de l'essor des industries minières et forestières. L'entrée en guerre du Canada aux côtés de la Grande-Bretagne, en 1914, provoque un conflit entre francophones et anglophones au sujet de la conscription. Henri Bourassa, le petit-fils du patriote Louis-Joseph Papineau, qui s'oppose à la conscription de 1917, fonde le journal *Le Devoir.*

Dénonçant "l'assassinat massif du présent et du futur à coups redoublés du passé", le manifeste du *Refus global*, en 1948, veut tourner le dos à la "grande noirceur" des années Duplessis.

L'entre-deux-guerres est marqué par la crise économique de 1929, qui n'épargne pas le Québec. Lors de la Seconde Guerre mondiale, la conscription montre une nouvelle fois la division profonde entre anglophones et francophones. Le travail des femmes à l'usine et l'effort de guerre amènent dans le même temps la société québécoise à évoluer. Mais cette évolution se heurte à l'homme fort de la Belle Province, Maurice Duplessis, qui régnera en maître sur le Québec jusqu'en 1959. L'idéologie du Premier ministre se résume à un libéralisme débridé, combiné à un nationalisme ultraconservateur. En large partie sous la coupe du clergé, les années Duplessis, parfois désignées comme celles de la "grande noirceur", se caractérisent par la ruralité et un gouvernement fort. Entre-temps, une opposition émerge. En 1948, des artistes s'élèvent contre le conformisme et la morale de la société québécoise et publient, autour de Paul-Émile Borduas et de Jean-Paul Riopelle, un texte de protestation : *Le Refus global.*

La Révolution tranquille

En 1959, la mort de Maurice Duplessis et l'arrivée au pouvoir du Parti libéral de Jean Lesage annoncent le début de la Révolution tranquille. D'importantes réformes sociales sont mises en œuvre. Conjointement, le syndicalisme prend de l'ampleur, l'Office québécois de la langue française est mis sur pied et la culture devient un axe majeur de développement du Québec. L'Église perd de son autorité et le gouvernement, avec la nationalisation de l'électricité, manifeste sa volonté d'être le moteur du développement économique.

Avec son "Vive le Québec libre !", de Gaulle lance en 1967 un pavé dans la mare. S'est-il laissé emporter ou a-t-il délibérément voulu pousser en avant les idées indépendantistes ? Les historiens sont partagés.

Symboles de ce dynamisme : l'Exposition universelle de 1967 et les Jeux olympiques de 1976. Prenant conscience de son potentiel, le Québec s'affirme et se donne les moyens de son indépendance. C'est lors de l'Exposition universelle de 1967 que le général de Gaulle s'écriera "Vive le Québec libre !", phrase devenue célèbre qui consternera la classe politique fédéraliste, mais réjouira les tenants de l'indépendance.

Néanmoins, un grand nombre d'indépendantistes désavouent le programme de la Révolution tranquille mené par le gouvernement Lesage. La période est marquée par des manifestations ouvrières.

1960
Début de la "Révolution tranquille" qui met fin à la "grande noirceur" des années Duplessis. Les autochtones obtiennent le droit de vote aux élections fédérales et provinciales.

1967
Exposition universelle de Montréal. En juillet, le général de Gaulle lance, du balcon de l'hôtel de ville, son "Vive le Québec libre !".

1976
Jeux olympiques de Montréal.Victoire du Parti québécois (PQ), dirigé par René Lévesque.

DRAPEAU, ARMOIRIES ET EMBLÈME

Le drapeau québécois a été adopté le 21 janvier 1948. Sa croix blanche sur fond d'azur rappelle d'anciennes bannières de l'armée française, la croix blanche étant le symbole de la nation chrétienne et le bleu, l'une des couleurs de la monarchie. Les quatre fleurs de lys blanches, qui se répartissent dans chaque case, symbolisent le royaume de France.

Sur les armoiries du Québec figurent trois fleurs de lys couleur or sur fond azur, souvenir du premier régime politique à l'époque de la Nouvelle-France ; un léopard d'or, symbole de la Couronne britannique ; une branche d'érable à triple feuille, symbole des terres du Canada. Au-dessous de l'écu, un listel porte la devise du Québec, *Je me souviens*.

Dès 1963, le Front de Libération du Québec (FLQ) a commencé des actions terroristes contre les symboles de la Couronne britannique. Elles dureront sept années. L'enlèvement de l'attaché commercial britannique, James Richard Cross, et du ministre du Travail et de l'Immigration, Pierre Laporte, puis l'assassinat de ce dernier conduiront, en 1970, à la "crise d'octobre", marquée par des milliers de perquisitions et des centaines d'arrestations.

Le slogan du parti libéral – "Maîtres chez nous !" – annonce en 1962 une profonde évolution de la société québécoise : la "Révolution tranquille".

1970-1995 : l'affirmation souverainiste

Durant les années 1970-1980, la volonté de changement prend une tournure décisive avec la victoire aux élections de 1976 d'un parti indépendantiste, le Parti québécois (PQ), dirigé par René Lévesque. La loi 101, adoptée en 1977, qui fait du français la seule langue officielle, sera l'une de ses grandes réalisations. Mais en 1980, le référendum sur la souveraineté du Québec montre la division profonde, au sein de la société, entre indépendantistes et fédéralistes. Le "non" l'emporte avec près de 60% des voix. En dépit de ce revers, René Lévesque demeure à ce jour, l'homme politique le plus marquant et le plus adulé de l'histoire du Québec.

En 1982, Pierre Elliot Trudeau, Premier ministre du Canada, signe à Ottawa avec la reine Elisabeth II la nouvelle loi constitutionnelle. En désaccord avec plusieurs sections, le Québec est tenu à l'écart de négociations tenues dans la nuit. Dans les années suivantes, le Québec tentera de faire reconnaître au plan fédéral un statut de "société distincte", assorti de droits spécifiques. La signature de l'accord du lac Meech en 1987, reconnaissant la spécificité du Québec, par les dix Premiers ministres des provinces du Canada, est un pas important dans ce sens. En 1990 cependant, les provinces de Terre-Neuve et du Manitoba refusent d'entériner les accords, mettant un terme à cette perspective. À Ottawa, quatre députés québécois démissionnent de leur parti et fondent le Bloc québécois, partisan de l'indépendance. Aux élections fédérales d'octobre 1993, ce nouveau mouvement crée la surprise en remportant 54 sièges. Il devient le parti de l'opposition officielle à Ottawa. En septembre 1994, au Québec, c'est le Parti

1977
La loi 101 fait du français la seule langue officielle du Québec.

1980
Échec des indépendantistes. Premier référendum sur la souveraineté ; 60% des Québécois disent "non".

1987
Signature de l'accord du lac Meech, reconnaissant au Québec le statut de "société distincte" (accord non ratifié par tous les Premiers ministres et annulé en 1990).

québécois qui remporte les élections législatives avec une nette victoire en nombre de sièges. Les souverainistes gagnent du terrain. Toutefois, au second référendum sur la souveraineté, organisé en octobre 1995, les fédéralistes l'emportent de justesse avec 50,56% des voix. 42 000 voix auraient suffi pour que le destin du Québec – et du Canada – bascule.

Un avenir incertain

Après les 60% de "non" à la souveraineté lors du référendum de 1980, celui de 1995 a été très serré : 50,56% des Québécois ont voté en faveur du fédéralisme canadien. Seulement 42 000 voix auraient suffi à changer le destin de la province.

L'échec du deuxième référendum n'a pas empêché le PQ de rester au pouvoir sous la gouverne successive de Lucien Bouchard et de Bernard Landry, jusqu'à la victoire du Parti libéral de Jean Charest en 2003. Au fédéral, la commission d'enquête Gomery fait la lumière sur "le scandale des commandites". On y apprend alors que de 1993 à 2006, le Parti libéral du Canada a financé de manière démesurée une importante opération de relations publiques visant à contrecarrer les activités du parti indépendantiste et à influencer le peuple québécois en faveur du "non".Depuis, le Parti québécois continue tout de même de nourrir l'espoir de tenir un troisième référendum, mais seulement dans des conditions qui s'annonceraient "gagnantes". La tournure récente de la vie politique québécoise indique toutefois que ces conditions ne semblent pas devoir être réunies dans un avenir immédiat.

Les élections provinciales de 2007 ont porté au pouvoir un gouvernement libéral minoritaire, une première depuis 1978, et ont donné lieu à la montée d'un parti d'orientation conservatrice, l'Action démocratique du Québec, qui obtient immédiatement le statut d'opposition officielle.

La lune de miel de l'ADQ est cependant de courte durée. En 2008, le Premier ministre déclenche de nouvelles élections et regagne la majorité des sièges, tandis que le Parti québécois, avec à sa tête la chef Pauline Marois, redevient l'opposition officielle au Parlement. Un nouveau parti, unifiant la gauche indépendantiste et écologiste, fait quant à lui son entrée au Parlement : Québec Solidaire. Au niveau fédéral, les politiques du parti Conservateur sont dédaignées par les Québécois qui y voient des orientations trop peu sociales et environnementales. Le Bloc Québécois s'effondre sous une "vague orange", l'élection-surprise de 59 députés du NPD, un parti fédéraliste mais progressiste.

Le règne libéral de Jean Charest est marqué par une crise majeure : le mouvement étudiant de 2012, aussi appelé "Printemps érable". Alors que le Québec affiche les frais de scolarité les plus bas d'Amérique du Nord, la décision de les hausser rapidement (87% sur 5 ans) suscite la grogne des étudiants et des opposants à la marchandisation de l'éducation. Déclenché à l'hiver, le mouvement de grève mobilisera la majorité des étudiants pendant plusieurs semaines, suscitant plus d'une centaine de manifestations dont certaines parmi les plus importantes de l'histoire du Québec. La bataille divise la population, certains appuyant la vision libérale d'utilisateur-payeur. Les étudiants sont dépeints par le gouvernement comme des trouble-fête irresponsables et anarchistes. Le port du carré rouge, symbole de soutien au mouvement, est associé

1990

Fondation du parti politique du Bloc québécois, partisan de l'indépendance.

1995

Second référendum sur la souveraineté ; 50,56% des Québécois seulement disent "non".

2003

Le Parti québécois est battu par le Parti libéral, dirigé par Jean Charest, qui devient Premier ministre de la province.

QUÉBEC : 400 ANS D'HISTOIRE

En 1608, Samuel de Champlain fit bâtir la toute première maison de la ville de Québec, en contrefort du fleuve. Il inaugurait par le fait même, la plus vieille ville francophone d'Amérique du Nord. Au cours du XVIIe siècle, les premiers arrivants européens entreprirent la fortification de la ville et la construction de belles demeures cossues et raffinées dans sa partie haute. Viennent également s'ajouter près des remparts de la cité, le faubourg populaire Saint-Roch et le quartier Saint-Jean-Baptiste, constituant aujourd'hui le cœur de la ville. Le Vieux-Québec, classé au patrimoine historique de l'Unesco, lui vaut le titre de plus belle ville historique d'Amérique du Nord.

En 2008, c'est en grande pompe qu'elle célébrait 400 ans d'histoire, d'architecture patrimoniale et de vie culturelle française. La ville déployait alors des moyens colossaux (155 millions de dollars) afin de souligner l'événement, non sans un motif intéressé de revitalisation économique.

La nation autochtone huronne fut nommée hôtesse des festivités. De nombreux artistes québécois et internationaux foulèrent le sol des plaines d'Abraham. Parmi eux, l'ex-Beatles Paul McCartney surprit les 300 000 spectateurs venus l'entendre en s'exclamant : "Bonsoir les Québécois ! Bonsoir toute la gang !"

À l'occasion des festivités, l'Espace 400e, une magnifique tour de verre surplombant le Vieux-Port et destinée à des expositions de grande ampleur fut édifiée (voir p. 227). L'artiste international Robert Lepage fit un cadeau unique à sa ville natale en concevant la plus grande projection architecturale jamais créée, Le Moulin à Images, dans le port de Québec, sur d'immenses silos à grain et retraçant les quatre siècles d'histoire de la ville (voir l'encadré p. 223).

Le 400e anniversaire donna à la ville de Québec une bouffée de fraîcheur qui inspire aujourd'hui à son maire, Régis Labeaume, le défi de ramener une équipe de hockey de la ligue nationale dans la ville, orpheline depuis le départ des Nordiques en 1995.

à la "loi de la rue", par opposition à la démocratie, matérialisée par l'exercice du droit de vote. La répression policière mène à des affrontements musclés et plus d'un millier d'arrestations. La ligne dure du gouvernement libéral mène les militants devant les tribunaux, puis entraîne l'adoption du projet de loi 78, interdisant quiconque d'empêcher les étudiants d'accéder à leur cours ou de manifester spontanément sous peine de lourdes amendes. Chaque soir à partir de 20h, des concerts spontanés de casseroles se font entendre en réaction à cette loi.

Le semestre universitaire étant suspendu pour l'été, le gouvernement déclenche des élections qui sonneront le glas pour le Parti libéral en septembre. Le Parti québécois revient au pouvoir avec pour la première fois une femme Premier ministre. La célébration de la victoire électorale est marquée par une autre première, celle d'un attentat contre le Premier ministre qui fera un mort et blessera un autre homme. Alors que le gouvernement est hésitant à parler de référendum, les tensions linguistiques semblent se raviver dans la région montréalaise, mais le bilinguisme et le multiculturalisme y trouvent de forts appuis dans l'importante population immigrante.

2012
Printemps érable : un mouvement étudiant d'ampleur inégalée mobilise le Québec.

22 mai 2012
L'une des plus grosses manifestation de l'histoire du Québec : 250 000 personnes dans la rue pour dénoncer la "loi matraque".

septembre 2012
Le Parti Québécois (PQ) reprend les rênes du gouvernement avec à sa tête la première femme Premier ministre, Pauline Marois.

Culture et société

Us et coutumes

Voyager au Québec impose de ne pas froisser quelques susceptibilités, avant tout liées à la langue. À cheval sur les mondes francophone et anglophone (notamment à Montréal et en Outaouais), la question de la langue est parfois exacerbée. Les Québécois ont développé avec le temps une langue singulière, avec son vocabulaire et ses accents propres, mêlant des termes anciens, des néologismes surprenants et quantité d'anglicismes. Petit avertissement : malgré le tempérament jovial et chaleureux des Québécois, toute raillerie concernant le savoureux parler québécois risque d'être mal reçue. Le visiteur francophone doit réaliser que c'est lui qui parle avec un drôle d'accent... à l'oreille du Québécois. Attention aussi aux faux amis – certains mots paraissent identiques, mais leur sens a évolué différemment.

La Charte de la langue française stipule que le français doit être la langue d'enseignement, de la maternelle à la fin du secondaire. Les enfants dont la langue maternelle est l'anglais ont cependant droit à l'enseignement dans leur langue.

Population

Avec 8 millions d'habitants, le Québec est la deuxième province la plus peuplée du Canada après l'Ontario.

Outre ses 6,2 millions de francophones, ses 600 000 anglophones (dont 80% habite la ville de Montréal), la province compte plus de 890 000 allophones, population autochtone ou immigrante dont la langue maternelle n'est ni le français ni l'anglais. La province accueille d'importantes communautés italienne, haïtienne, grecque, portugaise, vietnamienne, libanaise... Elle accueille environ 51 000 immigrants annuellement, surtout du Maghreb, de la France, de la Chine et d'Haïti. La région métropolitaine de Montréal concentre près de la moitié des nouveaux arrivants.

Après les records du XIXe siècle, lorsque la natalité était un instrument utilisé par les francophones pour résister à la domination

L'IMMIGRATION FRANCOPHONE

En 2011, la France, avec 3 325 personnes comptant pour 6,3% de l'immigration totale, se situait au 5e rang dans la provenance des immigrants québécois, après Haïti, la Chine, le Maroc et l'Algérie. On trouve des immigrants français dans toutes les régions du Québec, bien que la majorité s'établisse à Montréal, où la communauté française compte environ 80 000 individus. Malgré tout, l'intégration n'est pas sans embûches pour l'immigrant français, en particulier à cause de problèmes liés à la reconnaissance des diplômes et de l'expertise dans les domaines professionnels. Le Québec éprouve par ailleurs des difficultés à retenir ses immigrants non francophones, principalement des réfugiés. Rebutés par l'obligation d'apprendre deux nouvelles langues, le français et l'anglais, ils sont souvent enclins, après une période d'essai, à s'installer dans les provinces anglophones.

anglophone, la natalité québécoise est maintenant particulièrement faible, d'où un vieillissement de la population.

> L'affichage commercial doit faire une place prédominante à la langue française, selon la Charte de la langue française, et cela, même dans les secteurs du Québec où la majorité de la population est non francophone.

Les autochtones

Les 85 000 Amérindiens du Québec se déclinent en onze nations distinctes. Les Montagnais ou Innus (16 800 individus environ), installés sur la Côte-Nord et près du lac Saint-Jean, forment la nation la plus importante, suivie de près par les Cris (environ 16 500 personnes), dont la plupart des territoires se situent dans la région de la Baie-James et de la baie d'Hudson. Les Mohawks (11 960 environ) sont principalement concentrés dans deux communautés, Kahnawake et Kanesatake, à proximité de Montréal. Viennent ensuite les Algonquins (environ 10 000) des régions de l'Outaouais et de l'Abitibi-Témiscamingue. Les 6 700 Attikamek se répartissent entre la Haute-Mauricie et le lac Saint-Jean, loin d'autres foyers de population, tandis que les 5 200 Micmacs se concentrent en Gaspésie. Les Hurons-Wendats, au nombre d'environ 3 000, vivent pour leur part exclusivement à Wendake, au nord de la ville de Québec. Les 2 100 Abénakis se regroupent à Odanak et à Wôlinak, sur la rive sud du Saint-Laurent. Enfin, on trouve les Malécites (780 personnes environ), un peuple très dispersé, autour de Cacouna et Whitworth, dans la

Inuits et premières nations

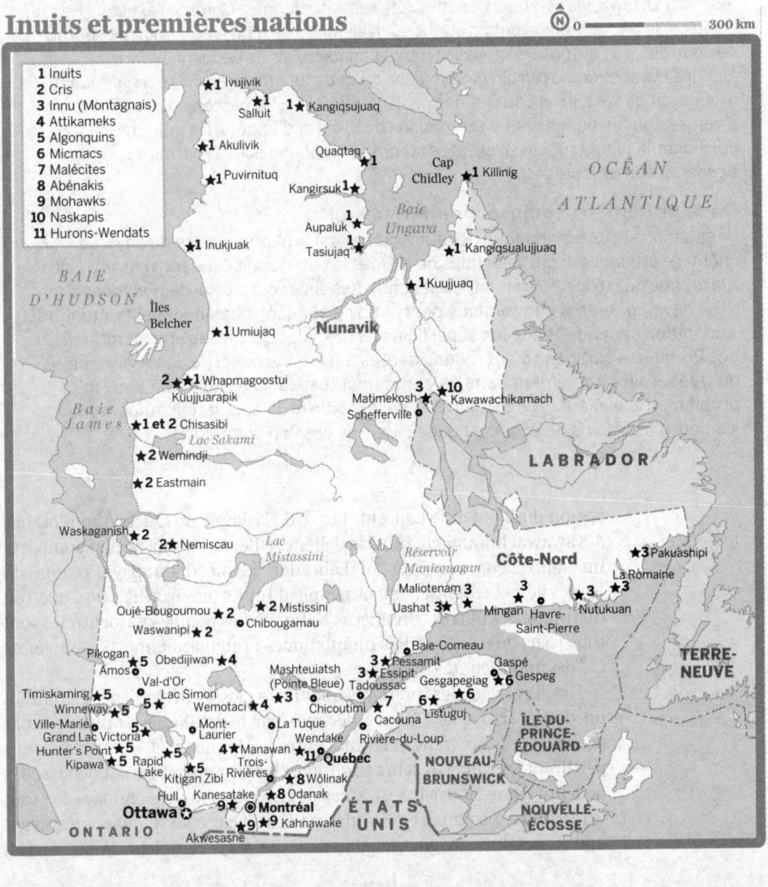

N 0 — 300 km

1 Inuits
2 Cris
3 Innu (Montagnais)
4 Attikameks
5 Algonquins
6 Micmacs
7 Malécites
8 Abénakis
9 Mohawks
10 Naskapis
11 Hurons-Wendats

1 Ivujivik · 1 Salluit · 1 Kangiqsujuaq · 1 Akulivik · 1 Quaqtaq · Cap Chidley · 1 Killinig · 1 Puvirnituq · 1 Kangirsuk · 1 Aupaluk · 1 Tasiujaq · 1 Inukjuak · 1 Kangiqsualujjuaq · 1 Kuujjuaq · 1 Umiujaq · 2 1 Whapmagoostui · Kuujjuarapik · 3 Matimekosh · 10 Kawawachikamach · Schefferville · 1 et 2 Chisasibi · 2 Wemindji · 2 Eastmain · Waskaganish 2 · 2 Nemiscau · 3 Pakuashipi · La Romaine 3 · 3 Nutukuan · 3 Mingan · Havre-Saint-Pierre · Maliotenam 3 · Uashat 3 · Oujé-Bougoumou 2 · 2 Mistissini · Chibougamau · Waswanipi 2 · Baie-Comeau · 3 Pessamit · 3 Essipit · Pikogan 5 · Amos · Obedjiwan 4 · Mashteuiatsh (Pointe Bleue) 3 · Tadoussac · Gaspé · 6 Gespeg · Gesgapegiag 6 · Val-d'Or · Lac Simon 5 · Timiskaming 5 · Winneway 5 · Wemotaci 4 · Chicoutimi · 7 Cacouna · 6 Listuguj · Ville-Marie · Grand Lac Victoria 5 · Mont-Laurier · La Tuque · Rivière-du-Loup · Hunter's Point 5 · Kipawa 5 · Rapid Lake 5 · 4 Manawan · Wendake · 11 Québec · Kitigan Zibi 5 · Trois-Rivières · 8 Wôlinak · 8 Odanak · Hull · Kanesatake 9 · Montréal · Ottawa · 9 9 Kahnawake · Akwesasne

BAIE D'HUDSON · Îles Belcher · Nunavik · Baie Ungava · OCÉAN ATLANTIQUE · Baie James · Lac Sakami · LABRADOR · Lac Mistassini · Réservoir Manicouagan · Côte-Nord · TERRE-NEUVE · ÎLE-DU-PRINCE-ÉDOUARD · NOUVEAU-BRUNSWICK · NOUVELLE-ÉCOSSE · ÉTATS UNIS · ONTARIO

LE COMBAT DES PREMIÈRES NATIONS

La crise d'Oka

En juillet 1990, la crise d'Oka fait la une de tous les journaux. Pendant plus de 80 jours, les Mohawks des réserves de Kanesatake et de Kahnawake, sur les rives sud et nord de Montréal, s'opposent aux forces de l'ordre. Ils refusent la construction d'un terrain de golf sur l'une de leurs terres sacrées. Pour la première fois dans l'Est canadien, les revendications des autochtones se transforment en une rébellion ouverte et armée. L'opinion est sous le choc. "Ces événements rappelèrent que la question indienne n'était toujours pas réglée", explique Renée Dupuis, avocate spécialiste des droits de la personne et du droit des autochtones. La construction du golf fut finalement abandonnée mais, près de vingt ans plus tard, la question indienne reste entière. Les revendications, comme le droit à l'autodétermination, celui d'avoir un gouvernement propre et de jouir de sa terre, n'ont pas encore trouvé d'écho.

Nations sous tutelle

Les problèmes sont complexes, car ils ne concernent pas un seul peuple, mais un ensemble de nations distinctes. À lui seul, le Québec en compte onze, chacune avec ses territoires ancestraux, ses coutumes, ses revendications propres. Le problème se complique encore du fait qu'il se pose à l'échelle du Canada. De leur naissance à leur mort, les autochtones restent en effet placés sous la tutelle du gouvernement fédéral d'Ottawa, via son ministère des Affaires autochtones. Comme l'explique Renée Dupuis : "les Amérindiens ont un statut équivalant à celui d'un enfant mineur, soumis au contrôle et à l'autorité du gouvernement canadien." Ils ne peuvent encore aujourd'hui acquérir le terrain ou la maison qu'ils occupent dans une réserve. Quant à leur droit de vote, il date au Québec du 2 mai 1969 ! Et s'ils perçoivent des aides diverses, tout en bénéficiant d'exemptions de taxes et d'impôts, les autochtones considèrent avant tout ces avantages comme une indemnisation partielle pour la dépossession de leurs terres.

Développement socio-économique

La situation socio-économique des autochtones est la plus mauvaise du pays. Le chômage atteint des sommets (plus de 19%) et le taux de suicide – souvent lié à l'alcool, à la drogue ou au désœuvrement – est quatre fois supérieur à celui des Québécois.

Le développement économique pourrait bien sûr contrebalancer cette situation, à condition cependant que les superficies territoriales octroyées aux membres des Premières Nations soient reconsidérées. La grande majorité des Amérindiens du Québec vit directement dans les communautés, dont l'exiguïté est souvent problématique, d'autant plus que près de la moitié de la population autochtone a aujourd'hui moins de 25 ans et que ce taux ne cesse d'augmenter.

région du Bas-Saint-Laurent. Les 670 Naskapis du Québec sont établis à Kawawachikamach, près de Schefferville, mais leur nation comporte une autre communauté au Labrador. Le nord du pays, région du Nunavik, est essentiellement peuplé d'Inuits (environ 11 000), que l'on distingue des autres "Premières Nations". Les peuples autochtones sont tous issus de trois familles linguistiques : l'algonquienne, l'iroquoienne et l'eskimo-aléoute (inuktitut).

Dès l'arrivée des premiers pionniers, les Amérindiens connurent un destin tragique. D'abord décimés par les maladies transmises par les colons, ils subirent la rivalité entre les Français et les Anglais, puis perdirent leur liberté, leurs traditions, leur dignité et furent dépossédés de leurs terres. Plusieurs dizaines de réserves sont disséminées sur tout le territoire. La plupart des Amérindiens vivent pauvrement et reçoivent une allocation du gouvernement. Dans les villes, leur faible niveau

Sur la scène politique, les gouvernements fédéral et provincial cherchent à redistribuer tant bien que mal les cartes, non sans parfois accentuer les malentendus. "Les provinces canadiennes n'ont jamais élaboré de politique commune concernant les autochtones," constate Renée Dupuis, mais les régimes coloniaux ont laissé des textes qui reconnaissent l'histoire des Amérindiens et qui ont pris une existence légale." D'où un afflux de revendications territoriales ou particulières, à commencer par les droits de pêche, de chasse et de trappe. De plus en plus d'accords sont cependant obtenus.

Une stratégie de développement économique, via le tourisme, est par ailleurs mise en œuvre par certaines nations, avec succès. Les Montagnais gèrent ainsi des pourvoiries, des hôtels, des supermarchés et des centres d'excursions, ou encore se voient confier des exploitations forestières.

Revendications territoriales

L'originalité de la position québécoise sur la question amérindienne reste toutefois "sa position, face à la loi constitutionnelle canadienne de 1982, qui reconnaît que les autochtones sont des peuples et qu'ils ont des droits particuliers", souligne Renée Dupuis. En raison de sa conviction souverainiste, le Québec n'a pas signé cette loi constitutionnelle... Pour la province, "la reconnaissance formelle des droits des autochtones doit se faire dans le cadre des lois du Québec". Une position que réfutent en bloc les membres des Premières Nations, qui entendent conserver pour seul interlocuteur le gouvernement fédéral d'Ottawa, tout en refusant sa tutelle. Lors du référendum de 1995, les Amérindiens ont voté en nombre pour dire non à l'indépendance du Québec.

La convention de la Baie-James et du Nord québécois (1975) a constitué le premier règlement de revendications territoriales au Québec. Conclue à la suite de la tentative des Cris et des Inuits de bloquer la construction de barrages qui devaient inonder leur territoire, elle a permis aux Amérindiens d'obtenir des indemnités financières ainsi que des droits sur la gestion de la faune, de la chasse, de la pêche et de la trappe, en échange des droits de propriété sur une partie de leurs terres (voir l'encadré p. 127).

La Paix des braves

L'avancée la plus significative a été réalisée en 2002 avec la conclusion d'une entente historique entre le gouvernement du Québec et la nation crie, appelée "La Paix des braves" (voir l'encadré p. 138). Cette entente associe pleinement les Cris au développement des grands projets hydroélectriques d'Hydro-Québec ainsi qu'à l'exploration minière et à l'exploitation forestière sur le territoire de la Baie-James, notamment en matière d'emploi. Le Québec s'est engagé à verser aux Cris une somme d'environ 4,5 milliards de dollars sur une période de 50 ans. Ce pacte exemplaire a été vu par les observateurs comme un modèle à suivre et le gouvernement du Canada semble l'avoir compris, puisqu'il a lui-même négocié une entente similaire avec ces mêmes Cris en 2007.

d'instruction et de qualification professionnelle les marginalise. Les taux de mortalité infantile, de chômage, d'alcoolisme ou d'incarcération sont de loin supérieurs au reste de la population québécoise.

Depuis le début des années 1980, leurs chefs s'efforcent de politiser leurs revendications, qu'il s'agisse d'invoquer la Constitution, de réclamer des terres ou de défendre leurs droits. Plusieurs organisations nationales, telle l'Assemblée des Premières Nations, s'activent à défendre les Amérindiens. L'une des difficultés provient du fait que les relations avec les peuples autochtones relèvent du gouvernement fédéral, alors que des secteurs d'importance comme la santé et l'éducation sont sous responsabilité provinciale. En 2013, le mouvement *Idle no more* (Jamais plus l'inaction) aura vu défiler des autochtones de partout au Canada pour exiger le respect des traités, des relations plus égalitaires et de meilleures conditions de vie.

LES "ACCOMMODEMENTS RAISONNABLES"

Les Québécois sont reconnus pour leur ouverture d'esprit à l'égard des minorités culturelles. Mais cette image a été quelque peu mise à mal avec la controverse qui a éclaté en 2006-2007 au sujet de ce que l'on a appelé les "accommodements raisonnables".

L'accommodement raisonnable est un concept juridique qui désigne une mesure spéciale prise pour "accommoder" des individus qui subissent une forme de discrimination involontaire en raison d'une règle en vigueur dans une entreprise ou un organisme public. À l'origine, la mesure s'appliquait notamment aux personnes handicapées ou aux femmes enceintes. Mais c'est son extension à des affaires religieuses qui a mis le feu aux poudres. C'est le cas, par exemple, d'un employé juif auquel un employeur aménagerait des horaires particuliers parce que sa religion lui interdit de travailler le samedi.

Plusieurs cas controversés concernent la petite communauté des juifs hassidiques qui réclamaient, par exemple, une permission de stationnement dans des zones interdites lors de fêtes religieuses ou qui ont demandé à un YWCA de placer des vitres opaques à certaines fenêtres pour cacher la vue des femmes en tenue de gymnastique. D'autres cas ont ainsi impliqué des musulmans demandant un local de prière dans une école ou réclamant que leur épouse soit examinée par un médecin féminin.

Une médiatisation excessive de ces affaires et leur exploitation par les politiciens (notamment Mario Dumont, alors chef de l'Action démocratique du Québec) ont déclenché un débat public houleux. Le gouvernement a voulu calmer le jeu en mettant sur pied en 2007 une commission d'enquête dirigée par l'historien Gérard Bouchard et le philosophe Charles Taylor. Son rapport, loin d'être alarmant, convie tout de même la majorité francophone à faire preuve d'ouverture d'esprit par rapport aux nouveaux arrivants.

Religion

Le rôle de l'Église est fondamental dans l'histoire, l'exploration du territoire et l'organisation sociale du Québec. Durant toute la colonisation, l'impact de la religion fut important dans l'opposition entre francophones et anglophones. Soutenant les catholiques français et irlandais, les Jésuites furent ainsi en perpétuel conflit avec les protestants anglais et hollandais. Les autochtones, sujets d'études et d'évangélisation forcée, devinrent de leur côté, dès le XVIIe siècle, l'instrument d'une guerre de pouvoir souvent meurtrière entre catholiques et protestants.

Les catholiques ont toujours été la première communauté religieuse de la province, une prééminence renforcée par les immigrations italienne, grecque et polonaise. Au sein de la communauté protestante, les anglicans représentent le principal groupe. À Montréal, la communauté juive est également très importante et diversifiée, et les immigrés venus d'Asie et des pays du Maghreb ont introduit l'hindouisme, le bouddhisme et l'islam. La province abrite aussi quelques sectes religieuses, tels les témoins de Jéhovah et le mouvement raëlien, qui a défrayé la chronique à plusieurs reprises.

Bien qu'elle fût longtemps très influente, voire coercitive, la religion joue, depuis les années 1970 et la Révolution tranquille, un rôle beaucoup moins déterminant dans la vie québécoise. Les enfants du baby-boom gardent un souvenir vif, parfois douloureux, de la dernière période d'influence de l'Église catholique tandis que la nouvelle génération est plus faiblement exposée à la religion.

L'intégration des différentes pratiques religieuses, par ailleurs, se fait généralement sans difficulté, bien que récemment, la question religieuse ait suscité une polémique et une réflexion concernant des mesures dites d'"accommodement raisonnable" (voir l'encadré ci-dessus). La société québécoise a amorcé depuis un débat d'idées sur la laïcité dans la vie et les institutions publiques.

Sports

Sport emblématique de la province et du pays tout entier, le hockey déchaîne les passions au Canada depuis près d'un siècle. Depuis 1917, les équipes en compétition dans la Ligue nationale de hockey (LNH, combinant les États-Unis et le Canada) se disputent la coupe Stanley à chaque saison sportive. À l'époque, la ligue se composait de 6 équipes : Montréal, Toronto, Boston, New York, Detroit et Chicago. Aujourd'hui, elle totalise 30 membres.

Les Québécois vouent un attachement indéfectible à leur équipe de hockey. La vente des Nordiques de Québec en 1995 (devenue L'Avalanche du Colorado) fut un coup dur pour les fans qui exprimaient alors la rivalité entre les deux principales villes de la province. Le centre Bell, où sont présentés les matchs des Canadiens de Montréal (gagnants à 24 reprises de la coupe Stanley, un record), est toujours comble. Deux autres sports connaissent un gain de popularité depuis quelques années : le football à l'américaine, avec l'équipe des Alouettes de Montréal, et le football à l'européenne (appelé "soccer"), avec l'équipe l'Impact de Montréal, qui joue dans un tout nouveau stade, le stade Saputo, à Montréal. Toutefois, avec la disparition des Expos, en 2004, Montréal n'a plus d'équipe de baseball ; elle s'exerçait et disputait ses matchs au Stade olympique, qui a perdu depuis sa vocation sportive.

HOCKEY

Fondé en 1909, le club des Canadiens de Montréal est le plus ancien club de hockey au monde.

Médias

Cinq quotidiens francophones principaux se disputent le marché : *La Presse* (le grand quotidien), *Le Devoir* (plus intellectuel), *Le Journal de Montréal* (plus populaire), *Le Journal de Québec* et *Le Soleil* (à Québec et dans certaines régions du nord et de l'est de la province). *The Gazette* est le quotidien anglophone de Montréal. Le *Globe and Mail* et le *National Post* (à Toronto) représentent la presse nationale canadienne. Vous trouverez toute la vie culturelle de la semaine pour plusieurs villes dans les hebdomadaires *Voir* (en français ; www.voir.ca), *Hour* (en anglais, à Montréal seulement ; www.hour.ca). Ils sont distribués gratuitement chaque jeudi dans les lieux publics. *L'Actualité* est la principale revue d'information générale. Montréal n'échappe par

TOUT LE MONDE EN PARLE AU QUÉBEC

Au Québec, le talk show *Tout le monde en parle* (une adaptation de l'émission française du même nom diffusée sur France 2 de 1998 à 2006) remporte un succès populaire retentissant depuis plusieurs années, à un point tel que ce rendez-vous dominical est quasi sacré pour plus d'un million de Québécois (1 Québécois sur 8). Sur le plateau, de grandes stars internationales côtoient les vedettes locales faisant les manchettes. On y discute de politique, de culture, d'économie, de littérature, sans oublier les commérages du moment. Le ton acerbe de son animateur, Guy A. Lepage, ex-humoriste et créateur de la série télé internationale *Un gars Une fille*, a le don d'enflammer le plateau et de susciter de vigoureuses prises de bec. Chaque émission porte son lot de fous rires, d'émotions, de réflexions, mais également de disputes ! On ne compte plus les controverses provoquées par la dénonciation d'actes criminels, les "coming outs", les embrassades et les mises à nu de certains invités, qui choquèrent profondément le peuple québécois, de nature prude et polie, durant les premières saisons de l'émission. Aujourd'hui, la donne est tout autre ! Les Québécois prennent un plaisir désinvolte à débattre des polémiques de *Tout le monde en parle* en famille, au travail ou en faisant leurs courses, la semaine durant... en attendant le prochain épisode.

ailleurs pas au développement des quotidiens gratuits, *Métro* et *24h* se disputant le lectorat des utilisateurs des transports en commun.

À Ottawa, vous trouverez la presse nationale ainsi qu'un quotidien régional anglophone, *Ottawa Citizen*, et un francophone, *Le Droit*.

La société Radio Canada (SRC ou CBC en anglais – www.radiocanada.ca) gère deux chaînes publiques de télévision (Radio-Canada et RDI, chaînes informations en continu) et trois stations de radio (Première Chaîne, Espace Musique et Radio-Canada International), lesquelles proposent des programmes télévisés et radiophoniques de qualité. Télé Québec est la chaîne publique québécoise, orientée sur les émissions scolaires et culturelles. Sur le réseau câblé, très développé au Québec, on capte notamment TV5 Québec Canada et ARTV, spécialisée dans les arts. Le câble donne accès au réseau américain et à CTV Television Network, chaîne commerciale canadienne.

SÉRIES TV

La télévision québécoise a vu naître, ces 12 dernières années, des séries de grande qualité, à la réalisation léchée et originale, telles que : *Grande Ourse*, *Aveux*, *Musée Éden*, *Les Invincibles*, *Les Étoiles filantes*, *Minuit le soir*, *19-2*...

Arts

Littérature

La littérature québécoise est véritablement née au XIXe siècle. La conquête anglaise a en effet provoqué chez certains auteurs le désir de créer une littérature nationale dite "du terroir", empreinte de valeurs traditionnelles et conservatrices, où domine l'attachement à la terre et à la religion. À ce titre, le roman de terroir *Maria Chapdelaine*, de Louis Hémon (Bibliothèque Québécoise, B.Q.) compte parmi les classiques.

Les années 1940 et 1950 marquent un tournant. Le *Refus global* (manifeste d'écrivains et d'artistes, signé en 1948, dénonçant l'obscurantisme des autorités politiques et religieuses) engage le roman et le théâtre sur une autre voie. Mais c'est avec la Révolution tranquille, durant les années 1960, que la littérature québécoise entre véritablement dans la modernité.

Parmi les romanciers, citons l'écrivain de l'indépendance Hubert Aquin, auteur de *Prochain Épisode* et de *Journal* (B.Q.) et Jacques Ferron, à qui on doit *Du fond de mon arrière-cuisine*. Bien qu'il ait reçu un accueil mitigé en 1964, le roman *Le Cassé* (Parti Pris) de Jacques Renaud est considéré comme le tout premier roman à faire usage du "joual" québécois. Lui succédant, la pièce *Les Belles-Sœurs* (Leméac), de Michel Tremblay, deviendra, quant à elle, une pièce fondamentale de la littérature québécoise. Témoin attentif de sa ville, Montréal, cet auteur prolifique s'est également imposé dans le paysage littéraire avec la série *Chroniques du Plateau Mont-Royal*, dont *La grosse femme d'à côté est enceinte* (Actes Sud), écrit en 1978, est certainement l'opus à ne pas manquer.

Grand succès de librairie, *Le Matou*, d'Yves Beauchemin (Éd. Québec/ Amérique), se déroule à Montréal et reprend le thème de prédilection québécois de la vie urbaine. Du caustique Réjean Ducharme, on pourra lire *L'Avalée des avalées* (Folio) ou *L'Évadé* (Gallimard). Surnommé affectueusement VLB, Victor-Lévy Beaulieu est l'écrivain de l'audace et de la démesure. Son œuvre monumentale comprend à la fois des romans (*Race de monde, Les Grands-pères*), des œuvres dramatiques (*Sophie et Léon*, *L'héritage*), des essais littéraires (*Monsieur Melville, James Joyce, l'Irlande, le Québec, les mots*) ainsi que de récents essais et récits autobiographiques (*Bibi, Ma vie avec ces animaux qui guérissent*).

Quant à Robert Lepage, auteur dramatique, metteur en scène, cinéaste et scénographe de génie, il est aujourd'hui la star internationale du théâtre québécois avec ses récits-fleuves audacieux exploitant les ressources des nouvelles technologies et ses thématiques transculturelles (*La Trilogie des dragons, La Face cachée de la Lune, Le Projet Andersen*).

Les femmes sont très présentes dans le paysage littéraire du Québec. Les livres de Gabrielle Roy sont ainsi devenus incontournables, en particulier *Bonheur d'occasion* (Boréal) qui se déroule à Montréal et qui a reçu le prix Fémina en 1947. Anne Hébert est une autre grande figure de la littérature. Le Seuil édite nombre de ses romans. Parmi les plus célèbres : *Les Fous de Bassan*, prix Fémina 1982, et *Kamouraska*, un roman historique se déroulant au XIXe siècle. Citons également *L'Obéissance* de Suzanne Jacob, la trilogie *Le Goût du bonheur* de Marie Laberge et *Une saison dans la vie d'Emmanuelle* (Boréal), le roman le plus célèbre de Marie-Claire Blais (prix Médicis 1965). Plus récemment, l'onde de choc Nelly Arcan (*Putain* et *Folle*, Le Seuil) se sera fait sentir jusqu'en France, avec une écriture tragique et acerbe. Dans un autre registre, le chanteur à texte Félix Leclerc est aussi un écrivain à succès, avec *100 Chaussures* ou *Moi, mes souliers* (B.Q.), comme son alter ego Gilles Vigneault, auteur du *Grand Cerf-Volant* (Seuil).

"Je conte des histoires cueillies dans les parlures de mon village, de l'époque où on se racontait encore des histoires et que le ciel était encore une destination de rêve." Citation du conteur et poète Fred Pellerin.

Le conte est à l'origine de la littérature québécoise et continue d'être apprécié aujourd'hui. Jacques Ferron est l'auteur imaginatif de *Contes* (B.Q.), tandis que Pierre Morency, conteur attaché à la nature, a écrit *La Lumière des oiseaux et L'œil américain* (Boréal), des *Histoires naturelles du Nouveau Monde.* Jeune poète et conteur fascinant, Fred Pellerin a déjà plusieurs spectacles et livres à son actif (*Il faut prendre le taureau par les contes !, Comme une odeur de muscles, L'Arracheuse de temps...*).

Nombre de romanciers québécois, comme Anne Hébert, ont publié des poèmes. Vous pourrez aussi goûter *Les Poésies complètes* d'Émile Nelligan, *Pour les âmes* de Paul-Marie Lapointe, *Il n'y a plus de chemins* de Jacques Brault, parus dans la Bibliothèque Québécoise, et *L'Homme rapaillé* de Gaston Miron, édité chez Gallimard et fondateur du collectif de poètes Hexagone, devenu depuis une maison d'édition réputée.

Le Québec compte quelques biographes renommés, dont Georges-Hébert Germain (Céline Dion, Guy Lafleur, Monica La Mitraille) et Micheline Lachance (Cardinal Léger, Frère André, Lady Cartier).

Depuis plusieurs années, des auteurs d'origine étrangère ouvrent de nouvelles perspectives et font entendre d'autres voix. Parmi eux figure l'écrivain d'origine haïtienne Dany Laferrière. Son livre *Comment faire l'amour à un nègre sans se fatiguer* (VLB), publié en 1985, l'a rendu célèbre, tandis que son plus récent *L'Énigme du retour* (Boréal), lui valait en 2009 le prestigieux prix Médicis. Le Libanais d'origine Wajdi Mouawab est considéré comme un des auteurs de théâtre les plus doués de la jeune génération avec ses œuvres brûlantes *Littoral, Forêt et Incendie* (Voir *Cinéma*). Avec *L'Ingratitude* (Leméac/Actes Sud), *Immobile* (Boréal/Actes Sud) et *Le Mangeur* (Boréal), Ying Chen, romancière et essayiste née à Shanghai, est également considérée comme l'un des auteurs marquants de ces dix dernières années. Enfin, le globe-trotteur et écrivain Yann Martel conquit le Québec avec *Histoire en Pi* en 2001, un roman fantastique récompensé mondialement et récemment porté au grand écran.

Devenue un classique, *La Famille Plouffe* (1948), de Roger Lemelin, est une nouvelle axée sur l'évolution de la société québécoise, adaptée pour la télévision par Denys Arcand.

Certains auteurs sont rapidement devenus les chouchous des Québécois en raison de leur style singulier : notamment, les suspenses de Patrick Sénécal, les sagas historiques de Michel David et les épopées fantastiques d'Anne Robillard.

Parmi les jeunes auteurs, surveillez l'écrivaine et réalisatrice Anaïs Barbeau-Lavalette, Guillaume Vignault (fils du légendaire Gilles Vigneault), Raphaëlle Germain (fille du biographe Georges-Hébert Germain), la Québécoise d'origine vietnamienne Kim Thuy, ainsi que la journaliste Marie-Andrée Lamontagne.

Musique

Les Québécois aimant les mots et la poésie, la chanson tient une place importante dans la province, non seulement comme champ d'expression, mais aussi comme porte-parole d'une identité culturelle et nationale. Au folklore québécois succède, au début des années 1960, une génération de chanteurs qui vont élaborer une chanson typiquement québécoise, luttant pour résister à l'assimilation anglo-saxonne. Les "boîtes à chansons" serviront de cadre à cette vague d'artistes chantant l'amour et la liberté.

"J'ai besoin de cette lumière / Descendue droit du Labrador / Et qui fait neiger sur l'hiver / Des roses bleues, des roses d'or", extrait de *Je reviendrai à Montréal*, Daniel Thibon/Robert Charlebois.

CHARLEBOIS

Au milieu des années 1970, Gilles Vigneault dresse ainsi un portrait émouvant du Québec dans sa chanson restée célèbre "Il me reste un pays à te dire, un pays à nommer, un pays à prédire". Une centaine de chansons enregistrées entre 1960 et 1990 par Gilles Vigneault ont été regroupées dans un coffret de 6 CD intitulé *Chemin faisant* (Auvidis). Gilles Vigneault représente, avec Félix Leclerc et Raymond Lévesque, une génération d'auteurs-compositeurs-interprètes profondément engagés pour la souveraineté du Québec. Sa chanson "*Gens du pays*" accompagne immanquablement les anniversaires et la fête nationale, hymne adoptif du peuple québécois.

Le concert du 13 août 1974, La super francofête, fit se retrouver sur scène trois générations de chanteurs – Félix Leclerc, Gilles Vigneault et Robert Charlebois – et reste un moment historique pour de nombreux Québécois. Ensemble, ils interprétèrent une chanson signée Raymond Lévesque, "Quand les hommes vivront d'amour". Le disque *J'ai vu le loup, le renard, le lièvre* (Phonogram) est devenu un classique, au même titre que les tounes (chansons) de Félix Leclerc, *Le P'tit Bonheur*, *Bozo*, *Moi mes souliers* ou *Le Train du Nord* (Phonogram).

Dans les années 1970/1980 émerge une nouvelle génération de chanteurs mariant la langue française et l'énergie du rock : Robert Charlebois, Diane Dufresne, Claude Dubois, Paul Piché, Daniel Lavoie, Diane Tell, Richard Seguin, Laurence Jalbert, les groupes Beau Dommage, Corbeau, Harmonium ou Offenbach, pour ne citer qu'eux... Plus récemment, d'autres artistes se sont aussi imposés dans cette lignée d'auteurs-compositeurs-interprètes soucieux de leurs textes et de leurs musiques : Richard Desjardins (*Tu m'aimes tu*), très engagé politiquement, Michel Rivard (qui fit partie du groupe Beau Dommage) avec *La Complainte du phoque en Alaska*, mais aussi Jean Leloup, Daniel Bélanger et Linda Lemay.

Luc Plamondon ouvrira avec *Starmania* une ère de productions d'opéras rock dont les succès internationaux (Notre-Dame de Paris, Roméo et Juliette, entre autres) amèneront nombre de chanteurs québécois à faire carrière à l'étranger, dont Garou et Isabelle Boulay, tandis que Céline Dion demeure la star internationale québécoise en dépit de son séjour prolongé à Las Vegas.

Les pianistes montréalais Oscar Peterson (décédé en 2007) et Oliver Jones sont des légendes vivantes du jazz tout comme Léonard Cohen, qui est né et a grandi à Montréal.

De côté des autochtones, Florent Vollant et Claude Mackenzie ont fait connaître la langue innue grâce à leur duo, Kashtin (leur CD, *Innu*), pavant la voie pour une nouvelle génération d'artistes : Elisappie Isaac, chanteuse trilingue inuite et Samian, rappeur Atikamekw.

Fiers de leurs origines québécoises, des auteurs-compositeurs nouveau genre s'amusent à croiser les genres musicaux. Ces artistes, qui flirtent avec la pop, l'électro, le rap, la chanson française, le folklore et le rock, proposent des textes soignés et originaux. En voici quelques-uns à découvrir : Pierre Lapointe, Ariane Moffat, Daniel Boucher, Lhasa De Sela (d'origine chilienne, décédée en 2010), Loco Locass, Mes Aïeux.

LA PARFAITE BANDE-SON DE VOTRE SÉJOUR

Nous vous suggérons ici des musiques 100% québécoises, recoupant plusieurs générations et inspirées tour à tour par la beauté des grands espaces (Richard Desjardins), le folklore moderne (Mes Aïeux), l'amour libre des années 1960 (Robert Charlebois, Beau Dommage) ou encore par les élans patriotiques (Cowboys Fringants) et poétiques (Félix Leclerc, Pierre Lapointe, Karkwa).

Une trame musicale idéale pour partir à la découverte de la Belle Province !

» *Il me reste un pays* (1973), Gilles Vigneault
» *La complainte du phoque en Alaska* (1974), Beau Dommage
» *Je reviendrai à Montréal* (1976), Robert Charlebois
» *Le Tour de l'île* (1975), Félix Leclerc
» *La rue principale* (1993), Les Colocs
» *Y va toujours y avoir* (1998), Richard Desjardins
» *La Manifestation* (2003), Cowboys Fringants
» *Montréal -40°C* (2006), Malajube
» *La forêt des mal-aimés* (2006), Pierre Lapointe
» *Notre-Dame-du-bon-Conseil* (2008), Mes Aïeux
» *Oublie pas* (2008), Karkwa
» *Rue Ontario* (2010), Bernard Adamus

Montréal est également aujourd'hui un des centres mondiaux de la pop progressive et du rock indie avec des groupes comme Malajube, Karkwa, David Usher (Moist), The Dears et Arcade Fire ainsi que les artistes Rufus Wainwright et Patrick Watson.

Peinture

De styles très divers, les peintres québécois se sont toujours nourris de leur environnement. Clarence Gagnon (1881-1942) est certainement l'un des paysagistes les plus célèbres avec Jean-Paul Lemieux (1904-1990), aux œuvres plus dépouillées. Au début du siècle, Horatorio Walker (1858-1938) témoigne dans ses œuvres d'une époque vouée à disparaître. Marc-Aurèle de Foy Suzor-Coté (1869-1937) donne à ses toiles une touche impressionniste tandis que Zacharie Vincent (1812-1886) joue de la couleur.

Charlevoix a toujours été une région de prédilection pour les peintres paysagistes (voir p. 256).

La ville inspire des artistes comme Adrien Hébert (1890-1967) et Robert Pilot (1897-1967), qui donnent à voir le Québec sous la neige. Leurs scènes de rue sont vivantes et loin du classicisme de la fin du XIXe siècle, marqué par les œuvres de William Brymmer (1855-1925) ou Antoine Plamondon (1804-1895).

Les années 1940 voient émerger trois grandes figures de l'art moderne canadien, Paul-Émile Borduas (1905-1960), John Lyman (1886-1967) et Alfred Pellan (1906-1988). Le premier développe une forme radicale de surréalisme et devient le chef de file des automatistes. Le plus prolifique d'entre eux est cependant Jean-Paul Riopelle (1923-2002). Dans le manifeste du *Refus global*, qu'ils rédigent et cosignent en 1948 avec des écrivains, Borduas et Riopelle s'élèvent contre la peinture académique et s'engagent dans l'abstraction.

Ces dernières années, l'art abstrait retrouve une passionnante vitalité. Ainsi, François Lacasse compose un univers d'apparence virtuelle sans recourir à l'ordinateur. De leur côté, les lithographes Elmyna Bouchard et Francine Simonin commencent à rencontrer le succès au Canada et à l'étranger. On remarque également une montée des arts médiatiques et interactifs, alliant parfois la performance et le numérique. Le pôle artistique dans ce domaine est sans contredit Montréal, où les espaces de diffusion sont nombreux et partagent avec New York la vitalité artistique de la côte Est nord-américaine.

Cinéma

La production cinématographique québécoise est impressionnante au regard de la faible densité de population. Longtemps subventionnée et stimulée par l'Office national du film (ONF), elle est aujourd'hui gérée par la SODEC et Téléfilm Canada.

Les premiers cinéastes au Québec, dans les années 1930, furent des curés de campagne dont le documentaire était le genre de prédilection. Vient ensuite, dans les années 1940 et 1950, l'adaptation de romans radiophoniques comme *Un homme et son péché* tiré de l'œuvre de Claude-Henri Grignon.

FESTIVALS

Montréal soutient activement le cinéma et organise chaque année, en août, le Festival des films du monde et, en octobre, le Festival du nouveau cinéma. Voir p. 52.

Il faut attendre les années 1960 et le "cinéma direct" pour qu'apparaisse la première grande génération du septième art au Québec. Proche du documentaire, ce "cinéma-vérité" se plaît à beaucoup laisser tourner la caméra et laisse le propos libre, au service d'une vision réaliste et d'un discours souverainiste.

Dans *Les Filles du Roy, Mourir à tue-tête* d'Anne-Claire Poirier, le discours est féministe. Il en est de même avec *Anne Trister* et *La Femme de l'Hôtel*, de Léa Pool. *Sonatine*, de l'actrice Micheline Lanctôt, parle du suicide et de la difficulté de communication des jeunes. Le film obtiendra le Lion d'argent à Venise.

L'opposition ville/campagne est abordée dans des œuvres comme *Isabel*, de Paul Almond, où l'on suit une jeune fille de retour dans sa région, la Gaspésie. On pense aussi à *La Vraie Nature de Bernadette*, de Gilles Carle.

Les adolescents sont aussi présents, notamment dans *L'Eau chaude l'eau frette* d'André Forcier ou dans *Mon oncle Antoine* (1971) de Claude Jutra, considéré comme l'un des meilleurs films produits au Québec, qui relate les premières désillusions d'un jeune garçon durant la période Duplessis et aborde les thèmes sociaux qui annoncent la Révolution tranquille. Les deux vieillards des *Dernières Fiançailles* de Jean-Pierre Lefebvre remporteront également un grand succès, tout comme *Les Ordres* de Michel Brault.

Dans les années 1980, le cinéma québécois s'impose au niveau international avec notamment *Le Déclin de l'empire américain* (1987) de Denys Arcand. Le ton est léger, tonique et ironique, les relations hommes-femmes abordées au vitriol. L'auteur a renoué avec le succès en 2003 avec *Les Invasions barbares* (2004), suite du "Déclin..." mettant en scène les mêmes personnages 20 ans plus tard, réunis par la maladie de l'un d'entre eux. Son film se verra récompensé d'un oscar et de deux prix au Festival de Cannes. Dernier de la trilogie, *L'Âge des ténèbres* (2007), tout en sobriété, trace l'histoire d'un homme d'âge mûr qui fait le point sur sa vie.

Léolo de Jean-Claude Lauzon impose un style nouveau. Le film connaît un succès international. Avant lui, il y eut *Thirty two short films about Glenn Gould* de François Girard, *Seductio* de Bachar Chbib, *Pouvoir intime* d'Yves Simoneau et *Octobre* de Pierre Falardeau.

Au même moment, une nouvelle génération québécoise se démarque par une ouverture vers d'autres champs que celui de l'ethnoréalisme. Son inspiration, fortifiée sur les bancs des écoles de cinéma, s'imprègne de fiction, d'imaginaire et d'ouverture sur le monde. La fin des années 1990 fait place à une nouvelle vague abouchée à la modernité et à la solitude urbaine. Jacques Binamé s'inscrit avec *Eldorado* dans cette atmosphère grâce à une caméra mobile et à un montage dynamique

NOS 10 COUPS DE CŒUR DU NOUVEAU CINÉMA QUÉBÉCOIS

Depuis les années 1980, le cinéma québécois s'impose sur le marché international avec une nouvelle génération de réalisateurs. Voici une sélection des meilleurs films, parmi les plus récents :

» *La Grande Séduction* (2003), de Jean-François Pouliot
» *Les Invasions barbares* (2003), de Denys Arcand
» *C.R.A.Z.Y.* (2005), de Jean-Marc Vallée
» *Congorama* (2006), de Phillipe Falardeau
» *Le Ring* (2007), d'Anaïs Barbeau-Lavalette
» *Polytechnique* (2009), de Denis Villeneuve
» *Route 132* (2010), de Louis Bélanger
» *Incendies* (2010), de Denis Villeneuve
» *Laurence Anyways* (2010), de Xavier Dolan
» Camion (2012), de Raphaël Ouellet

de même qu'André Turpin (*Zigrail, Un crabe dans la tête*) et Manon Briand (*Deux Secondes*). Le cinéaste Denis Villeneuve (*Un 32 août sur terre, Maelström, Polytechnique*) appartient aussi à cette mouvance. Il a reçu en 2010 le prix du meilleur film canadien au Festival international du film de Toronto ainsi qu'une nomination aux Oscars pour sa brillante réalisation de la pièce phare de Wajdi Mouawad, *Incendies*. À surveiller également, le jeune prodige, Xavier Dolan, dont les trois premiers films (*J'ai tué ma mère, Les Amours imaginaires, Laurence Anyways*) furent présentés à Cannes.

En marge de cette nouvelle vague, des cinéastes comme Philippe Falardeau (*La Moitié gauche du frigo, Congorama, Monsieur Lazhar*), Richard Desjardins (*L'Erreur boréale*) et Richard Brouillette (*L'Encerclement*) renouent avec un cinéma engagé, pendant que d'autres signent des films à succès de fort belle tenue : Jean-François Poulin (*La Grande Séduction*), Jean-Marc Vallée (*C.R.A.Z.Y.*), Louis Saia (Les Boys) et Louis Bélanger (*Gaz Bar Blues, Route 132*).

Particulièrement active, l'industrie cinématographique montréalaise occupe une place de premier rang dans le domaine de l'animation et des effets spéciaux. *Titanic*, *Jurassic Parc* et autres superproductions américaines ont utilisé des techniques conçues à Montréal. Le cinéma d'animation – très important – a pu s'épanouir au Québec plus qu'ailleurs grâce encore à l'Office national du film, à la société Radio Canada et à des artistes non soumis aux impératifs du marché. Les œuvres de Frédéric Bach (*L'Homme qui plantait les arbres*), celles de Jacques Drouin, ou encore celles de Caroline Leaf et de Norman McLaren, sont historiquement les plus représentatives.

Le film d'animation *L'Homme qui plantait des arbres* (Oscar 1987), de Frédéric Bach, est une talentueuse adaptation d'une nouvelle de Jean Giono où un berger solitaire et paisible plante des arbres, des milliers d'arbres.

Danse

Montréal est la deuxième capitale de la danse contemporaine en Amérique du Nord après New York. Nombre de troupes et de chorégraphes ont élu la scène montréalaise comme champ d'expérimentation. C'est le cas de la soliste Margie Gillis et des chorégraphes Suzanne Miller, Allan Paivio, Lin Snelling, Hetty King, Lina Cruz et Lydia Wageger… Les créations de la troupe Carbone 14 (fondée par Gilles Maheu), de la compagnie Marie Chouinard et de La La La Human Steps (créée par Édouard Lock) ont imprimé leur marque sur l'histoire de la danse contemporaine. Notez également que Les Ballets Jazz de Montréal, les Grands Ballets Canadiens ainsi que le diffuseur l'Agora de la Danse proposent d'excellentes programmations.

DES ARTISANS CONTEMPORAINS

Une nouvelle génération d'artistes contemporains explore les techniques artisanales traditionnelles québécoises afin de créer des œuvres originales et actuelles. Ces jeunes artistes expriment à travers leurs créations, le souhait de briser l'embourgeoisement artistique et le cantonnement des artistes et des artisans en rendant hommage aux techniques de fabrication d'objets à la main. Parmi eux, le duo d'artistes montréalais Seripop fabrique d'audacieuses installations en papier sérigraphié coloré tandis que Jean-Robert Drouillard sculpte dans le bois des personnages grandeur nature évoquant des mythologies populaires. Le Symposium d'art contemporain de Baie-Saint-Paul a tenu à souligner l'érudition de leur travail lors de son édition 2010 et à saluer leur souci, bien actuel, de montrer que l'héritage des méthodes traditionnelles transcende l'art et la vie québécoise d'aujourd'hui.

Arts inuit et amérindien

Les Inuits se sont rendus maîtres de la sculpture sur pierre et sur os. Leur art ne fut découvert par les Occidentaux qu'au milieu du XXe siècle, dans la foulée des surréalistes. Jean Malaurie, dans la préface de son beau livre *L'Art du Grand Nord* (Citadelles et Mazenod, 2002), souligne son importance : "… sur le plan artistique, [il y a] des civilisations qui sont d'une importance égale à celles du Moyen Âge ou de la Renaissance italienne." L'art inuit témoigne de 3 000 ans d'histoire et de divers courants artistiques. La diffusion dans le monde occidental se concrétise dans les années 1950, période marquée par la sédentarisation et le développement de coopératives destinées à promouvoir et à commercialiser l'artisanat inuit, créées sous l'impulsion d'un artiste canadien, James Houston. Elles alimentent aujourd'hui la plupart des galeries et ont permis, grâce aux flux commerciaux, de contrebalancer quelque peu la baisse du cours des fourrures. Plusieurs villages du Nunavik (au premier rang desquels figurent Inukjuak et Puvirnituq) jouissent d'une réputation internationale.

Autrefois, les sculpteurs inuits travaillaient surtout l'ivoire ; aujourd'hui, ils utilisent principalement des roches qui répondent au terme générique de pierre savonneuse.

Les matériaux utilisés sont l'os, l'ivoire, l'andouiller de cervidés et, parfois, la corne ou le bois. Les sculpteurs emploient souvent la pierre dite savonneuse : la stéatite et la serpentine, l'argilite, la dolomite, le quartz…Extraites dans le nord du Québec, les pierres sont noires, grises ou vertes, brutes ou polies, permettant non seulement de multiplier les couleurs et les formes de l'œuvre, mais aussi de se lancer dans la création de plus grosses pièces. Les ossements de baleine exposés aux intempéries sont également recherchés, tout comme les bois et os de caribous. Les matériaux étant rares, les artistes doivent souvent parcourir de longues distances sur terre ou sur mer pour trouver la pierre qui leur convient.

Les artistes inuits produisent aussi des estampesqui dépeignent le plus souvent diverses activités quotidiennes (jeux, danses, scènes de chasse, de pêche, etc.), traitées de manière réaliste ou sous un angle mythologique.

Les styles de sculpture varient d'une nation à l'autre sur tout le territoire inuit. Dans sa partie québécoise, la tendance est à l'inspiration réaliste, narrative et naturaliste. Chaque objet raconte une scène de chasse ou se réfère à une légende. La pierre grise souvent utilisée est habituellement noircie et polie, puis gravée. L'intérêt croissant pour la sculpture inuite a malheureusement entraîné la production massive d'imitations. Les œuvres homologuées authentiques portent toujours une étiquette, ainsi qu'un symbole représentant un igloo. Beaucoup sont également signées par l'artiste. Mieux vaut s'adresser à un magasin dont la réputation est bien ancrée qu'à une boutique de souvenirs.

Renommés pour leurs sculptures et leurs vanneries, les Amérindiens s'illustrent aujourd'hui surtout dans l'art de l'estampe et de la gravure. On trouvera aussi sur les réserves nombre de variations sur le thème du capteur de rêve, aux fils tissés sur un cadre de noisetier ou de bois de cervidé, et des mocassins.

La cuisine québécoise

Spécialités locales

Si le Québec n'a pas de grande tradition culinaire, on y mange bien, et même très bien ! Sa cuisine traditionnelle est, à l'image de la **poutine** (frites, fromage en grains et sauce à base de fond de veau), plutôt rustique et roborative ; bref une cuisine destinée à de solides estomacs éprouvés par les durs hivers (ragoût de boulettes, fèves au lard, cretons, soupe aux pois, etc.). On peut ajouter à cela quelques rituels collectifs comme la partie d'huîtres, l'épluchette de blé d'Inde (maïs), le souper de crabe et le repas à la cabane à sucre dont la base est l'un des produits alimentaires les plus typiquement québécois : le **sirop d'érable**. Cette cuisine n'occupe cependant plus une très grande place dans la carte des restaurants québécois.

L'histoire de la gastronomie au Québec témoigne d'une entrée soudaine et décisive dans la modernité. Il n'y a pas trente ans, les Québécois comptaient certainement avec les Américains parmi les populations occidentales les moins expérimentées en la matière. Ils sont aujourd'hui friands des cuisines du monde entier. Ils sont devenus des bièrophiles et "vinophiles" avertis, parmi les plus grands consommateurs de porto au monde. Une jeune génération de chefs cuisiniers audacieux est en voie d'inventer littéralement une haute gastronomie québécoise et de lui assurer une réputation sur le plan international. Mieux encore, les Québécois se sont lancés avec succès dans la production d'aliments fins qu'ils se contentaient, il y a peu, d'importer, tels la charcuterie fine, les bières artisanales, le caviar, la viande d'autruche ou les fromages fins.

Le petit-déjeuner (appelé déjeuner au Québec) est un repas à part entière. De nombreux restaurants, surtout dans les grandes villes, le servent toute la journée, ou presque. Les œufs au bacon ou au jambon restent en revanche une valeur sûre, tout comme les crêpes (*pancakes*) arrosées de copieuses rasades de sirop d'érable. Les petits déjeuners "santé" – incluant yogourts, muesli et fruits – ont le vent en poupe. Les chambres d'hôtes sont nombreuses à mettre un point d'honneur à soigner ce premier repas de la journée.

Les produits du terroir québécois ont la part belle sur plusieurs cartes de restaurants dans les régions de Charlevoix, des Laurentides ou des Cantons-de-l'Est. La viande de veau, d'agneau, de canard et de cerf du Québec est d'une très grande qualité. Les régions plus éloignées ont quant à elles conservé des menus plus traditionnels, composés de plats typiquement québécois. Parmi eux, citons le **ragoût de pattes de cochon**, la **cipaille** du Bas-Saint-Laurent, sorte de **pâté** alternant porc et pâte brisée en couches multiples, et son équivalent du lac Saint-Jean, la **tourtière**, contenant des pommes de terre.

Au cours des dernières années, la Belle Province a fourni plus de 85% de la production canadienne de sirop d'érable et près de 70% de la production mondiale.

Précision d'importance : au Québec, le matin, on prend son "déjeuner" (petit-déjeuner), le midi, son "dîner" (déjeuner) et le soir, son "souper" (dîner).

Utilisée d'abord par les Amérindiens, la tête de violon est un légume sauvage, appelé aussi crosse de fougère, qui se cueille au printemps.

Les viandes et poissons fumés doivent également être cités au chapitre des spécialités québécoises. Certaines "boucaneries" excellent dans le fumage des saumons, harengs, truites et esturgeons. Leurs préparations affichent des prix très abordables. Certains gibiers se consomment également fumés. Côté poissonnerie traditionnelle, le homard, dont la pêche commence mi-mai pour se terminer mi-juillet, le crabe des neiges et les crevettes sont excellents.

Les fruits abondent sur les étals dès le mois de juin. Les pommes, les fraises, les framboises, les airelles canneberges (*cranberry*) et les bleuets (variété de myrtilles – ceux des environs du lac Saint-Jean sont particulièrement réputés) laissent des souvenirs délicieux.

Mentionnons enfin la **cuisine amérindienne**, méconnue car rarement proposée. Ses ingrédients de base sont le poisson, le gibier, le maïs, la courge, le haricot et les fruits sauvages. Le saumon est le poisson le plus cuisiné. Les Cris et les Inuits consomment la viande de caribou, mais d'autres viandes complètent le menu : outarde (Bernache du Canada), cerf, orignal, castor, porc-épic et l'ours. Mélangée à de la graisse et des baies, la viande séchée (*pashteuiatsh*) devient du **pemmican**, aliment hypercalorique des longues sorties de chasse. Chez les Innus, le gibier séché et fumé au-dessus d'un feu d'épinette est parfois accommodé de bleuets. La **bannique** (ou *bannock* pour les Amérindiens qui utilisent l'anglais) est le pain d'origine écossaise (semblable aux *scones*), hérité des trappeurs et colons, fabriqué à partir de plusieurs céréales ou seulement de farine de maïs ou de blé. La **sagamité** (de l'algonquin) est le potage le plus communément servi. Ce plat de tous les jours est à base de farine de maïs diluée dans de l'eau, à laquelle on rajoute du poisson, du gibier et des herbes. Le **makushan** est un plat de pommes de terre et de poisson ou de viande (d'orignal en général) servi lors des grandes occasions.

PachaMama, cuisine des Premières Nations, par Manuel Kak'wa Kurtness (2010), est un très bon livre de recettes traditionnelles autochtones.

Boissons

Rassemblées sur la carte des restaurants sous le terme de "breuvages", les boissons proposées au Québec se déclinent en une large palette. Les eaux minérales et eaux de source sont largement représentées, tout comme les sodas, dont les Québécois font une grande consommation.

On trouvera une grande variété de bières sur les étalages des épiceries et des dépanneurs. Les deux principales brasseries sont **Molson** et **Labatt** qui offrent des produits standardisés. Mais de nombreuses petites brasseries québécoises produisent des bières artisanales et naturelles, tandis que certains bars brassent eux-mêmes leur bière. Mentionnons, parmi les plus importantes, les brasseries **RJ** (*Belle Gueule, Tremblay*), McAuslan (*Saint-Ambroise, Griffon*) et **Unibroue**, fondée par le chanteur Robert Charlebois et acquise depuis par la brasserie japonaise Sapporo (*Blanche de Chambly, Maudite, La Fin du Monde*). La bière à la pression (ou bière "en fût"), que l'on ne trouve que dans les bars, est la moins chère.

Envie d'une bière chambrée ? Au Québec, demandez la "tablette" !

Le vin est vendu au Québec dans les épiceries et les dépanneurs, mais c'est dans les succursales du monopole d'État, la **Société des alcools du Québec** (SAQ), que l'on trouvera les meilleurs vins et les spiritueux. La variété de vins du monde entier offerte par la SAQ est tout à fait remarquable, particulièrement dans les succursales "Sélection" et dans les deux succursales "Signature", situées à Montréal et Québec, où l'on trouvera les plus grands crus. Le Québec produit quelques vins au sud de Montréal, en Montérégie et dans les Cantons-de-l'Est. La qualité s'améliore d'année en année sans pour autant être marquante. Les **vins de glace** (produits avec les raisins de vendange tardive) représentent les productions les plus savoureuses et les plus chères.

Les régions arboricoles du Québec produisent d'excellents **cidres de pomme et de cerise**, dont certains peuvent être alcoolisés. Encore ici, les variétés **"de glace"**, plus sucrées et plus alcoolisées, font la réputation de la province. On trouve également quelques hydromels, vins de fruits et même une boisson d'érable fermenté.

Diverses lois régissent la consommation d'alcool, autorisée à partir de 18 ans. Les succursales de la SAQ ont des horaires variés. Certaines sont ouvertes en soirée et les dimanches. Les dépanneurs sont généralement ouverts jusqu'à 22h. Enfin, certains marchés (Jean-Talon à Montréal, Vieux-Québec) offrent des alcools de spécialité dans un comptoir-boutique spécialisé.

Vous trouverez partout des cafés "américains" (des cafés filtre, très allongés), mais de plus en plus de restaurants et de cafés, surtout dans les grandes villes, proposent des expressos, des cappuccinos, etc.

Le cidre de glace, un nouveau produit haut de gamme au Québec, remporte un grand succès à l'échelle internationale. C'est un compagnon idéal du foie gras.

Établissements

En-cas

Poutine ou sous-marin ? Ces deux spécialités sont disponibles dans les camions (ou roulottes à patates, comme on les appelle au Québec) de vente à emporter qui fleurissent au bord des routes, dans les villes et dans les villages aux premiers beaux jours. Les snacks-bars et autres casse-croûte, devant lesquels des tables et des bancs attendent souvent les convives, sont plutôt agréables à fréquenter. La poutine, véritable institution, occupe souvent le haut de leur carte, devant une variété de sandwichs, hamburgers, frites et hot-dogs. Vous n'y échapperez pas...

LE TEMPS DES SUCRES

L'équinoxe de printemps annonce le temps des sucres, période durant laquelle l'on récolte l'**eau d'érable**. La sève monte en général vers la fin mars, pendant une période de cinq à six semaines. Pour que ce processus fonctionne, il faut qu'il gèle la nuit et que la journée soit ensoleillée. À chaque arbre, son **entaille**, sa **gouderelle** et son **seau** pour recueillir la sève. La neige recouvre encore le sol et la cueillette se fait chaque jour en raquettes ou à l'aide d'un traîneau tiré par un cheval. De nos jours, des tubes relient généralement les arbres à des points de collecte, facilitant la récolte.

Selon la teneur en sucre de l'érable, il faut entre 30 et 40 litres de sève pour produire un litre de sirop. Les techniques de cuisson, initiées par les Amérindiens, ont évolué au cours des siècles, et l'évaporation est aujourd'hui le procédé le plus communément adopté. Le sirop d'érable est à point lorsqu'il ne contient pas plus de 34% d'eau (contre 97,5% au moment de la récolte). Cette densité ne s'obtient qu'après plusieurs heures de cuisson, lorsque la température atteint 104°C, obligeant les producteurs à veiller souvent la nuit.

La saveur du sirop d'érable se développe durant l'évaporation, même si la sève contient déjà certains arômes qui changent au cours de la saison. Les experts distinguent ainsi neuf types de sirop correspondant chacun à une période de récolte précise. Pour la vente, la réglementation du Québec prévoit trois catégories de sirops (n°1 à 3) et cinq classes de couleurs (extra-clair, clair, médium, ambré et foncé).

On dénombre environ 400 **cabanes à sucre** qui, situées dans une érablière, permettent de déguster les produits issus de la récolte. Vous en trouverez dans les Laurentides, Lanaudière, l'Outaouais, la Mauricie, les Cantons-de-l'Est, dans la région de Québec et en Montérégie.Certaines se visitent les mois de mars et avril (comptez au moins 5 $/pers) et permettent de se "sucrer le bec" en dégustant de la tire d'érable sur la neige (1 $), ou encore un plantureux repas traditionnel, qui s'accompagne souvent d'une balade en charrette tirée par des chevaux et garnie de paille, de musique et danses folkloriques. Le tout se termine souvent par la dégustation de tire sur neige.

Pour plus de renseignements, vous pouvez aussi vous rendre à Plessisville, dans la région Centre du Québec. La capitale de l'érable abrite l'Institut québécois de l'érable et accueille chaque année en avril le Festival de l'érable.

CHAÎNES DE RESTAURANTS

En s'éloignant des grandes villes, la diversité des restaurants diminue rapidement. Il est parfois difficile de trouver un bon restaurant, notamment le dimanche ou en début de semaine. Il est donc utile de connaître quelques-unes des grandes chaînes de restauration, ouvertes tard en soirée, que l'on trouve au Québec :

» **Normandin, Mikes :** pizzas, poulet et autres plats canado-italiens, rendez-vous des routiers et des familles sur la route. Parfois ouverts 24h/24.

» **Saint-Hubert :** rôtisserie dont le concept a été modernisé pour faire compétition aux lounges et bars à vins.

» **Cage aux sports :** grillades, pizzas et plats américains et canado-italiens modernisés dans une salle décorée d'écrans géants, idéals pour les matchs de hockey.

» **Dixie Lee :** semblable à KFC, cette chaîne de l'Est et des provinces maritimes propose également des fruits de mer frits.

» **Cora :** petits déjeuners santé, forts en fruits et en couleurs.

» **Ashton :** friteries aux multiples variétés de poutines, surtout autour de Québec.

» **Tim Horton's, Dunkin Donuts :** beignets, muffins et café, l'arrêt des caféinomanes de la route et centre des potins des petites villes. Ouverts 24h/24.

Le terme "sous-marin", traduction des *subs* américains, désigne un sandwich. Cette nourriture sans prétention, particulièrement bon marché, se consomme sur place ou à emporter. Les sandwichs au smoked meat (viande fumée ; une spécialité charcutière juive) font la réputation de plusieurs restaurants et autres "delicatessen" montréalais.

Restaurants

Vous trouverez au Québec un large choix de restaurants, de la petite échoppe sans prétention à la grande table gastronomique. Cuisine traditionnelle québécoise, spécialités asiatiques, françaises, italiennes, mexicaines, végétariennes... le choix est large dans les grandes villes. Ailleurs, vous trouverez surtout des spécialités québécoises et, parfois, des restaurants servant une cuisine française ou italienne.

Steak de caribou et poutine au foie gras ne figurent qu'exceptionnellement sur la carte de certains restaurants de la province.

Très fréquente, notamment à l'heure du déjeuner, la formule table d'hôte est l'équivalent d'un menu comprenant une entrée, un plat et un dessert, à choisir dans la liste proposée. En général, le tarif de la table d'hôte correspond à celui du plat principal. Des "spéciaux du jour" (plats du jour) sont parfois proposés le midi.

Les prix mentionnés sur les cartes des restaurants ne comprennent jamais les taxes, ni les pourboires (environ 15 % chacun). Il est possible d'apporter sa bouteille de vin dans les restaurants ne possédant pas de licence de vente d'alcool, et affichant l'écriteau "apportez votre vin".

Les grands chefs de certains restaurants mélangent allègrement produits du terroir québécois et fine cuisine pour un résultat souvent surprenant, et à découvrir !

Faire son marché

Outre les supermarchés et épiceries, vous pourrez vous approvisionner sur les étals des marchés estivaux des grandes villes. Dans les régions côtières, certaines poissonneries proposent des plats à emporter, parfaits pour un pique-nique.

Végétariens

La chaîne *"Le Commensal"*, qui compte des restaurants à Montréal, à Québec et dans d'autres grandes villes québécoises, est réputée pour sa cuisine végétarienne. Les restaurants de toute la province servent fréquemment des plats végétariens.

Environnement

Géographie et géologie

Le Québec s'étend sur 1 667 926 km² (16,72% du Canada), soit trois fois la superficie de la France. À l'ouest se déploient la province de l'Ontario et la baie d'Hudson. À l'est, la province de Terre-Neuve et le golfe du Saint-Laurent. Au nord, le Québec est bordé par le détroit d'Hudson, au sud par les États-Unis et la province du Nouveau-Brunswick.

Le fleuve Saint-Laurent, le plus important cours d'eau d'Amérique du Nord, scinde la province en deux et se jette dans l'Atlantique. Sur la rive nord, les Laurentides forment le sud du Bouclier canadien, une formation vieille de plus de trois milliards d'années. Au sud du Saint-Laurent, la chaîne des Appalaches s'étend de la Gaspésie aux Cantons-de-l'Est. L'autre versant des Appalaches jouxte les États-Unis. Le plus haut pic du Québec est le mont d'Iberville (1 652 m), situé dans la chaîne des monts Torngat, à l'extrémité nord-est de la province. Les basses terres bordant le fleuve sont les plus fertiles et concentrent l'essentiel de l'activité agricole du pays.

C'est le long des deux rives du fleuve Saint-Laurent que se rassemblent la majorité des 7 millions de Québécois ; Montréal, Québec et Trois-Rivières absorbant la majorité de la population de la province.

Le Québec compte un million de lacs et des milliers de rivières (12% du territoire), qui, avec les eaux du Saint-Laurent, couvrent près de 25% de sa superficie. Riche de ses 200 099 km² d'eau douce, le Québec compte 16% des ressources en eau douce du monde.

La forêt recouvre plus de la moitié du territoire. La forêt dite commerciale ou exploitable est composée aux trois quarts de résineux. Elle couvre près de 765 000 km², soit 20% du domaine forestier du Canada et 2% des forêts mondiales. À elle seule, elle représente une fois et demie la France.

Faune et flore

Faune

Doté de vastes territoires très peu peuplés, le Québec abrite une vie animale riche et féconde. Sont ainsi recensées 649 espèces d'animaux et 30 000 espèces d'insectes ! Entre le fleuve Saint-Laurent, les rivières, les lacs et les forêts, à vous d'être attentif et patient. Une paire de jumelles n'est jamais inutile, surtout pour observer les oiseaux et les cétacés.

Mammifères terrestres

Toutes les forêts québécoises sont peuplées d'ours noirs. En général, la taille de ces plantigrades ne dépasse pas 1,50 m et leur poids, 90 kg. Agiles, ils montent aux arbres et savent aussi se montrer très gourmands. On les trouve surtout dans les parcs nationaux (en particulier celui du Mont-Tremblant dans les Laurentides et celui de Forillon en Gaspésie) et les réserves fauniques (celles de la Vérendrye dans les Laurentides, de Matane en Gaspésie et de Rimouski dans le Bas-Saint-Laurent), qui proposent même des sorties sur ce thème. Attention, vous les trouverez le plus souvent près des terrains de camping, des maisons et des dépôts d'ordures.

L'ours polaire, à la fourrure épaisse et blanche, est très impressionnant (il pèse jusqu'à 680 kg) et est capable malgré sa taille de nager avec grâce. Il ne vit que dans la région du Nunavik, dans le Grand Nord québécois.

C'est par troupeaux de milliers de têtes que les caribous, cousins du renne, se déplacent dans le Grand Nord québécois.

CARIBOUS

Au Nunavik, la migration d'un troupeau de caribous entre août et septembre est très spectaculaire, notamment durant leur traversée des cours d'eau. Quelques troupeaux sont également disséminés dans le parc de la Gaspésie (secteur du mont Jacques-Cartier) et le parc des Grands-Jardins (Charlevoix).

Le cerf de Virginie, un cervidé tranquille et timide, toujours aux aguets, abonde dans les forêts québécoises et notamment sur l'île d'Anticosti, où il fut introduit par l'industriel français Menier, propriétaire un temps de l'île et grand amateur de chasse et de pêche. Les Québécois l'appellent "chevreuil".

Cousin de l'orignal, le wapiti appartient lui aussi à la famille des cervidés. Il se localise davantage à l'ouest du Québec, particulièrement dans l'Outaouais. Au moment des amours, en automne, il peut se montrer très agressif.

Il n'y a guère de rivière ou de plan d'eau au Québec qui ne soit habité par sa colonie de castors, l'animal emblématique du Canada. L'activité de ce rongeur, qui tire des arbres sa nourriture et ses matériaux, est intense. Sa tanière ressemble à un tas arrondi fait de boue et de branches (faisant office de barrage), qu'il installe sur les cours d'eau et les étangs.

Quant au loup, il ressemble à un grand chien au pelage gris argenté. Toutefois, sa réputation de bête féroce est davantage liée à une méconnaissance de l'espèce qu'à la réalité. Le parc national du Mont-Tremblant (Laurentides) et celui des Grands-Jardins (Charlevoix) en recensent un grand nombre. Des sorties pour les observer sont proposées par les services de ces parcs.

Le lynx, aux allures de gros chat gris, mesure en moyenne 90 cm de long. Il est facilement reconnaissable à ses oreilles très pointues et à la fourrure particulièrement fournie qui entoure son museau. Animal nocturne, il se nourrit de petites proies.

Mammifères marins

Domicile à l'année du béluga – tout blanc –, le Saint-Laurent est également visité par le petit rorqual, le rorqual commun, le rorqual à bosse, le cachalot macrocéphale (rare), le marsouin commun (le plus petit des cétacés) et le rorqual bleu (le plus gros mammifère au monde), couramment et improprement appelé "baleine bleue".

Les baleines du Québec, à l'exception de la rarissime baleine franche noire (ou baleine de Biscaye) et du béluga, sont en fait des rorquals.

Appartenant au même sous-ordre des cétacés à fanons, les rorquals (balénoptéridés) se distinguent des baleines (balénidés) par leur corps plus fuselé, leur aileron dorsal, les sillons qu'ils présentent sur le ventre et leur technique d'alimentation. Le béluga, le marsouin ou le cachalot appartiennent quant à eux au sous-ordre des cétacés à dents, qui comprend également le dauphin.

Depuis 25 ans, le béluga du Saint-Laurent fait l'objet d'une protection particulière et de multiples travaux scientifiques, pour parer aux effets de la pollution qui affectent son système immunitaire et reproducteur, et le mettent en péril. En 1983, les bélugas du Saint-Laurent ont été en effet classés "population en danger de disparition" par le Comité sur le statut des espèces menacées de disparition au Canada. La chasse, au XVIIIe siècle, puis la pollution des eaux ont décimé leur population.

NUNAVUT ET NUNAVIK

Le Nunavut et le Nunavik désignent deux territoires distincts du Grand Nord canadien.

Le plus jeune et le plus vaste est le **territoire du Nunavut**, au nord du Canada, créé le 1er avril 1999. Constitué de 1,9 million de km² de toundra et de glace, au nord du 60e parallèle, le Nunavut a pour capitale Iqaluit et comme langues officielles l'anglais, l'inuktitut, l'inuinnaqtun et le français. À la manière des autres territoires canadiens, le Nunavut possède un Parlement autonome élu par ses 32 000 habitants (dont 85% d'Inuits) et dispose d'un Premier ministre. Sa population autrefois nomade, présente sur le territoire depuis 4 000 ans, a grandement souffert de la sédentarisation qui lui fut imposée. Elle cherche à présent des moyens politique de contrer l'isolement et la montée des problèmes sociaux qui affectent la région (alcoolisme, suicide, chômage, manque de logements…).

Au sud-est de ce territoire, la **région du Nunavik** (Nunavik signifie "l'endroit où vivre") s'étend du côté sud de la baie d'Hudson, à l'extrême nord du Québec. Ce territoire de 500 000 km² situé au nord du 55e parallèle fut intégré à la province du Québec en 1912. Ce n'est cependant qu'en 1975 que des droits à l'autogestion furent reconnus aux Inuits, avec la Convention de la baie James et du nord québécois. Le gouvernement québécois reverse depuis des indemnités pour l'utilisation des terres ancestrales à des fins de production hydroélectrique. Kuujjuaq, la plus grande communauté inuite du Québec et base principale du transport aérien dans le territoire, compte un peu plus de 2 100 habitants. Dispersés dans une quinzaine d'autres villages bordant la baie d'Hudson et la mer du Labrador, les 11 000 Inuits qui habitent le Nunavik envisagent régulièrement d'obtenir un statut de région autonome. Lors du premier référendum, 84% d'entre eux avaient voté contre la souveraineté du Québec. En 1995, la proportion atteignait 95%. Les Inuits continuent de réclamer la reconnaissance de droits ancestraux et de meilleures conditions économiques (voir aussi l'encadré *Le combat des Premières Nations*, p. 448). Une entente visant la création d'un gouvernement régional fut signée en 2007, mais les modalités de sa mise en place divisent les habitants du Nunavik, qui l'ont rejetée à 66 % par référendum. Une méfiance envers la concentration des pouvoirs dans des institutions locales faiblardes a été évoquée par les observateurs.

OBSERVATION DES CÉTACÉS

Les croisières vouées à l'observation des cétacés dans l'estuaire du Saint-Laurent ont été initiées par la Société zoologique de Montréal en 1971. Depuis, les bateaux proposant ce type de sortie en mer n'ont cessé de se multiplier, formant aujourd'hui une industrie florissante.

Observer les cétacés suppose de descendre le Saint-Laurent au moins jusqu'à Tadoussac ou de se rendre jusqu'à Trois-Pistoles, sur la rive sud du fleuve. La Gaspésie et la Côte-Nord constituent toutefois les régions phares pour cette activité. Le Bas-Saint-Laurent et le nord de Charlevoix disposent également de sites privilégiés.

À chaque région, son environnement propre et son contingent d'espèces. Le béluga se trouve ainsi essentiellement entre Baie-Sainte-Catherine et Tadoussac. Dans le secteur de Bergeronnes, à 22 km de Tadoussac, la fosse marine fait le bonheur du rorqual bleu, qui peut s'approcher du rivage. Le paysage de l'archipel de Mingan, avec ses monolithes et ses macareux moines, ainsi que le parc national de Forillon en Gaspésie, constituent des cadres magiques pour l'observation des rorquals et d'une grande variété de cétacés.

Pour des motifs de conservation, les sorties d'observation en mer des cétacés sont soumises à une réglementation stricte. Tout mouvement ou son brusque peut provoquer un stress chez l'animal et modifier son comportement. Pour cette raison, l'approche des bélugas hors excursion est interdite.

La période idéale pour observer les cétacés s'étend de juin à octobre. Toutefois, on peut affiner les périodes selon les espèces et leur migration. Quoi qu'il en soit, août et septembre demeurent les périodes les plus propices pour leur observation.

Notez que la sortie en mer guidée prend souvent des allures de safari-photo assez regrettables. Aussi serait-il dommage de négliger dans votre voyage au Québec l'observation terrestre depuis la côte. Sur la rive nord, le Cap-de-Bon-Désir, à 6 km des Bergeronnes et le phare de Pointe-des-Monts au nord de Godbout, sont deux excellents points de vue. Mais sachez qu'une simple promenade sur la plage en fin de soirée peut parfois suffire pour apercevoir le bout d'un aileron, voire le dos d'un rorqual.

Le kayak de mer est une autre option intéressante. Ce type d'excursion est pratiqué notamment sur la Côte-Nord, dans les environs de Tadoussac et au parc national de Forillon en Gaspésie. Aussi, à Longue-Pointe-de-Mingan, vous pouvez embarquer pour la journée sur le bateau de la Station de recherche des îles Mingan et participer au travail des biologistes.

PHOQUES

Les phoques communs et les phoques gris, populations en expansion, sont des résidents permanents du littoral québécois. Au Canada, le phoque gris fait d'ailleurs l'objet d'un programme d'abattage contrôlé. Le phoque commun, aussi appelé phoque marin, est en revanche une espèce protégée. Chassé commercialement dans le Pacifique jusqu'en 1969, il le fut au Canada jusqu'en 1964, date à laquelle la chasse à prime fut suspendue (voir l'encadré p. 409). L'île Brion, aux îles de la Madeleine, est un endroit privilégié pour observer de larges bandes de phoques communs. On s'y rend en kayak ou encore en pneumatique durant la saison estivale (voir p. 412).

Certaines espèces de phoques sont protégées, alors que d'autres continuent d'être chassées de façon contingentée.

Le phoque du Groenland, espèce migratrice, arrive quant à lui en février sur la Côte-Nord et la banquise des îles de la Madeleine, où il est appelé loup marin. De populaires sorties d'observation en bateau à travers les glaces sont organisées depuis l'archipel à cette période afin d'admirer le spectacle saisissant de la grande migration printanière et la mise bas des blanchons (bébés phoques, voir l'encadré p. 400).

PHOQUES

Au deuxième rang des phocidés (espèce dépourvue d'oreille externe) après le phoque crabier présent uniquement dans l'Antarctique (avec près de 40 millions d'individus), il ne constitue plus une espèce menacée, sa population avoisinant aujourd'hui les 7 millions d'individus au Québec. Le phoque du Groenland établit ses quartiers d'été dans l'Arctique canadien et le Groenland et ses quartiers d'hiver, plus au sud, en Norvège, en Russie et sur la côte est du Canada. Au printemps, tout au long de sa migration, l'animal et ses petits blanchons sont constamment menacés par la chasse.

Oiseaux

Plus de 500 espèces d'oiseaux sont recensées au Québec. L'aigle à tête blanche et l'aigle pêcheur comptent parmi les oiseaux de proie les plus impressionnants.

Le harfang des neiges, appelé aussi grand duc, espèce menacée, est l'emblème aviaire du Québec depuis 1987. Cette grande chouette au plumage blanc strié de noir durant ses jeunes années, puis d'un blanc immaculé ensuite, niche dans la toundra du nord de la province et séjourne l'hiver dans la vallée du Saint-Laurent.

Durant les migrations du printemps et de l'automne, on peut apercevoir les formations en V des oies des neiges et des bernaches (appelées aussi outardes) sillonner le ciel. Il existe aussi de nombreuses variétés de canards, le mulard étant le plus répandu, le canard huppé le plus pittoresque. Sur les rives et les îles du Saint-Laurent, on observe également l'eider à duvet, le canard noir, le guillemot (petit pingouin), le grand héron et le troglodyte des marais.

LE PASSAGE DES OIES DES NEIGES

Chaque année, le passage des oies des neiges, appelées aussi oies blanches ou outardes, est un spectacle à part entière. L'action a pour décor les rives du Saint-Laurent et pour scène trois lieux privilégiés d'observation : Baie-du-Febvre, Montmagny, sur la rive sud, et Cap-Tourmente sur la rive nord. Cette transhumance se déroule en deux étapes : la première en avril-mai, la seconde en septembre-octobre.

La longue route que les battages d'oies effectuent chaque année entre leurs deux espaces de nidification et d'élevage, soit la Caroline du Sud et les marais du New Jersey au sud, et le cercle Arctique au nord, ne compte qu'une seule réelle escale : les bords du Saint-Laurent.

Lorsque les premiers signes du printemps apparaissent, le ciel commence à se couvrir de nuées d'oies des neiges, aux larges ailes et au long cou étiré. Elles volent par groupes de dix, vingt ou plus, annonçant leur passage par des piaillements stridents. Elles parcourent cette première étape de 900 km, cruciale, à une vitesse de 60 km/heure. Avant de continuer leur route, il leur faut se reposer et reprendre des forces. À la mi-avril, elles sont ainsi entre 300 000 et 400 000 à tournoyer au-dessus du lac Saint-Pierre, dans le secteur de Baie-du-Febvre (leur population globale est estimée à environ 800 000). Elles ne sont pas seules : quelque 17 000 canards et 60 000 bernaches (outardes) trouvent également, dans ces 7 000 ha de plaines inondées, de quoi se sustenter grâce aux grains de céréales laissés lors des dernières récoltes.

Cette période est aussi celle des premières amours. Des couples se forment. L'oie des neiges est monogame : lorsqu'un couple se constitue, il est scellé pour la vie.

Vous pourrez aussi apercevoir et entendre colibris, geais bleus, mésanges à tête noire, pics mineurs et gros-becs errants. Sur l'île Bonaventure au large de Percé et sur l'archipel de Mingan situé sur la Côte-Nord, réside le macareux moine. Dans l'archipel de Mingan, de la mi-avril, mois de leur arrivée, à la fin août, le macareux moine dispute d'ailleurs souvent la vedette aux monolithes de calcaire. On le reconnaît à son dos noir, son ventre blanc, ses pattes palmées d'un orange vif et son énorme bec rouge, jaune et gris. À la même période, certains s'envolent pour les îles de la Madeleine ou l'île d'Anticosti. Menacée de disparition dans les années 1970, sa population est en nette augmentation. Les couples se forment à vie et restent fidèles au terrier où la femelle pond son œuf qu'elle couvera en alternance avec le mâle.

Champion incontesté du plongeon, le fou de Bassan peut piquer, les ailes repliées, d'une hauteur de plus de 100 m.

Les fous de Bassan sont l'autre espèce d'oiseau vedette du Québec. Très friands de harengs, ils remontent en nombre l'estuaire du Saint-Laurent. Ils se dirigent ensuite vers l'île d'Anticosti et l'île Bonaventure où ils vont nicher. Chaque printemps, ils rejoignent ainsi la place et le nid qu'ils occupaient l'année précédente.

Poissons

Le brochet, la perche et la truite (on en compte plusieurs espèces) sont les poissons de rivière les plus répandus. L'omble chevalier, également très apprécié pour la finesse de sa chair, se trouve essentiellement dans la région de la Côte-Nord et le nord du Québec.

Des dizaines de milliers de saumons de l'Atlantique remontent les rivières de la Côte-Nord, de la Gaspésie et du Bas-Saint-Laurent. Le saumon passe une partie de sa vie en mer avant de revenir frayer dans sa rivière natale pour s'y reproduire. Chaque année, à partir du mois de juin, il remonte les rivières, septembre étant le mois où la femelle pond les œufs que le mâle vient féconder. À la différence du saumon du Pacifique qui meurt dès qu'il a frayé, le saumon de l'Atlantique peut venir se reproduire deux à trois fois dans sa rivière d'origine : une migration instinctive dont les repères font encore l'objet d'études. Jusqu'en 1985, les prises n'étaient soumises à aucun quota. Mais la diminution importante et continue de la population de saumons (pour des raisons encore mal élucidées) a progressivement conduit à imposer un nombre de captures de plus en plus limité, parfois un saumon par jour, et à encourager - voire obliger, dans certaines rivières - la remise à l'eau des prises, la pêche n'y étant alors vécue que comme un sport.

Flore

Le Québec, comme l'ensemble du pays (à l'exception de l'Ouest canadien), était recouvert par les glaces il y a encore 15 000 ans, et les vastes forêts qui dominent le paysage sont de formation récente. Du sud au nord, quatre grandes zones de végétation sont représentées.

D'abord la forêt laurentienne : une forêt mixte, composée plus au nord de conifères (au bois tendre et à feuilles persistantes) et d'arbres à feuilles caduques (au bois dur et aux larges feuilles) dans les régions méridionales. S'y mêlent plusieurs variétés de pins, dont le majestueux pin blanc et divers types d'épinettes, mais aussi des érables, des chênes et des bouleaux. Vient ensuite la forêt boréale. Le sapin baumier, l'épinette noire, le pin commun et le bouleau blanc dominent dans ce type de paysage.

Dans la zone médiane comprise entre le 52ᵉ et le 55ᵉ parallèle s'étend la taïga, forêt peu boisée où dominent épinettes noires et tapis de lichen.

L'érable à sucre est une des ressources importantes du pays et son symbole le plus célèbre, la feuille de cet arbre figurant sur le drapeau national. L'érable sert notamment à la fabrication du fameux sirop, une spécialité que vous devez absolument goûter. La très grande majorité des érables à sucre canadiens se trouvent en territoire québécois. Au sud, on retrouve des hêtres, des noyers d'Amérique, des bouleaux et divers arbres fruitiers.

D'innombrables espèces de fleurs sauvages couvrent le pays (quelque 6 800 plantes y sont recensées). Les amateurs de canot apprécieront tout particulièrement le parfum des nénuphars, une grande fleur blanche à cœur jaune qui repose sur l'eau.

Le trille (*trillium*), l'emblème floral de l'Ontario, et la salicaire commune rose pourpre sont les fleurs les plus communes. La première recouvre le sol forestier de ses pétales roses et blancs tandis que la deuxième croît le long des routes, dans les fossés et au bord des marécages. Sur le littoral, enfin, vous découvrirez sûrement des lupins de loup (bleus, roses, etc.), qui se dressent comme des flèches.

Les baies sauvages, en particulier les bleuets (une variété de myrtilles) et les canneberges (airelles *cranberry*) abondent un peu partout sur le territoire. Vous aurez peut-être aussi le bonheur de tomber sur un parterre de framboisiers sauvages.

Les forêts, tourbières et marécages abondent en plantes et en champignons comestibles ou vénéneux.

TOUNDRA

La toundra occupe 30% du territoire du Québec. D'abord forestière, caractérisée par des arbres rabougris, elle devient arctique au nord du 58ᵉ parallèle, où elle est composée de tourbières, de mousses et de lichens, de plantes herbacées, de marais et d'affleurements rocheux.

Parcs du Québec

C'est en 1895 que le gouvernement décida de créer les premiers parcs provinciaux du Québec (Mont-Tremblant et Laurentides). Cette initiative, à une époque où la forêt québécoise échappait dans sa grande majorité au contrôle de l'État, fut une petite révolution. Les marchands de bois, puis les industriels de la pâte à papier et des mines, y régnaient en effet en maîtres absolus. Il fallut attendre près d'un demi-siècle pour que d'autres parcs, dont celui de la Gaspésie (1937)

Parcs du Québec

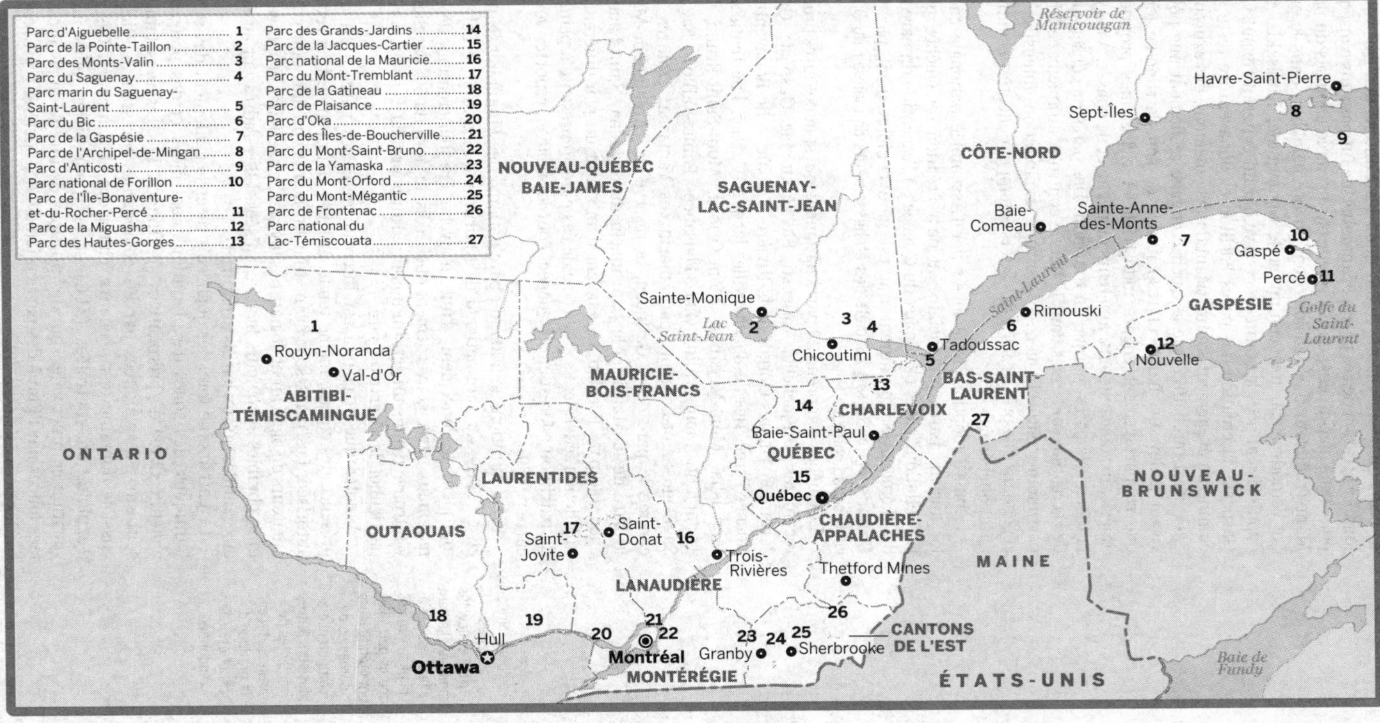

et celui du Mont-Orford (1938) dans les Cantons-de-l'Est, voient le jour. La création de ces parcs, néanmoins, ne fut pas sans conséquence pour les Amérindiens, qui se virent par exemple expulsés du parc du Mont-Tremblant. Les tensions sont encore palpables dans le parc de La Vérendrye, où une communauté algonquine, Kitcisakik, attend depuis des années le statut de réserve qui lui éviterait l'expulsion. En Gaspésie, la création des parcs Forillon et Bonaventure reste gravée comme un événement traumatisant dans la mémoire des expropriés.

Ce n'est qu'en 1977 que le Québec engage réellement une politique visant à devenir maître et responsable de son patrimoine forestier que se partageaient encore industriels et richissimes propriétaires américains ou canadiens, amateurs de pêche et de chasse. À cet égard, la loi sur les parcs marque un tournant. Des parcs de conservation et de récréation sont créés dans le but de contrôler au mieux ce fabuleux patrimoine naturel, menacé par une exploitation intensive. Reste cependant que près de 9,5% des forêts échappent encore au contrôle de l'État québécois.

Depuis l'adoption de la loi 44 par l'Assemblée nationale en 2001, les anciens parcs provinciaux ou de récréation du Québec portent l'appellation "parcs nationaux du Québec", à l'exception du parc marin du Saguenay-Saint-Laurent qui est géré conjointement par **Parcs Canada** et la **Sépaq** (Société des établissements de plein air du Québec ; www.sepaq.com).

Le Québec comprend 23 parcs nationaux qui sont des aires protégées reconnues : Aiguebelle, Anticosti, Bic, Frontenac, Gaspésie, Grands-Jardins, Hautes-Gorges-de-la-Rivière-Malbaie, Île-Bonaventure-et-Rocher-Percé, Îles-de-Boucherville, Jacques-Cartier, Lac-Témiscouata, Miguasha, Mont-Mégantic, Mont-Orford, Mont-Saint-Bruno, Mont-Tremblant, Monts-Valin, Oka, Plaisance, Pointe-Taillon, Saguenay, Saguenay-Saint-Laurent (parc marin) et Yamaska. D'autres parcs, comme le parc de la Gatineau, la réserve de l'Archipel-de-Mingan, le parc de la Mauricie, le parc marin du Saguenay-Saint-Lauent ou encore le parc Forillon, bénéficient d'un statut un peu différent, sous juridiction fédérale. La superficie de ces parcs représente à peine 0,7% du patrimoine forestier du Québec. Pour les trouver, reportez-vous à la carte p. 469.

L'inauguration, en 2004, du parc national des Pingualuit (Nunavik) et, en 2009, du parc national de Kuururjuaq (jouxtant le Labrador), marquent le lancement d'une nouvelle ère de création de parcs nationaux par le gouvernement québécois au nord du 50e parallèle. On y retrouve depuis un certain nombre d'aires protégées sous un régime particulier, la réserve de parc.

À noter que la chasse est interdite dans ces parcs ainsi que la présence des chiens, même tenus en laisse. La pêche est en revanche autorisée. Les parcs sont avant tout un lieu de prédilection pour les amateurs de plein air et de nature sauvage. Les activités proposées sont innombrables et toujours bien organisées. Elles s'adressent aussi bien aux familles qu'aux hardis aventuriers.

Le patrimoine forestier québécois recense également des réserves fauniques, des zones d'exploitations contrôlées et des pourvoiries, chacune dotée de prérogatives spécifiques. Les réserves fauniques sont surtout exploitées par les compagnies forestières. Elles sont aussi le domaine des pêcheurs, chasseurs et trappeurs. Les zones d'exploitation contrôlées (ZEC) et les pourvoiries, elles aussi à vocation commerciale, sont des portions de forêts, de rivières et de lacs louées par l'État à des particuliers ou des sociétés (voir l'encadré sur les pourvoiries, p. 32).

POURVOIRIES

Les pourvoiries sont des territoires dévolus traditionnellement à la chasse et à la pêche, mais depuis peu, elles ont étendu leurs domaines de compétence à plusieurs autres activités de plein air, telles la pratique du canot et de la randonnée.

LES LUTTES ACTUELLES

La médiatisation d'enjeux liés à la mauvaise gestion des ressources naturelles et aux changements climatiques aidant, les Québécois sont généralement sensibles à la cause environnementale, bien que l'engouement se soit estompé dans les dernières années.

Pour comprendre la position québécoise, il importe de rappeler que la province abrite un riche couvert forestier et la plus grande réserve d'eau douce au monde, mais qu'il continue d'être l'un des moins bien défendus. Ses aires protégées ne couvrent que 4,8% de sa superficie, tandis que la Commission mondiale sur l'environnement estime à 12% le seuil minimal à atteindre. En attendant, les entreprises profitent de 95% du territoire librement exploitable à leur guise. Le cas précis de la gestion des ressources naturelles oppose le gouvernement, les grandes multinationales et les travailleurs soucieux de soutenir l'industrie forestière, aux organismes environnementaux, privilégiant la perspective du développement durable.

Des personnalités québécoises influentes se sont aussi ralliées à la cause de la protection des ressources naturelles du Québec. En 1998, le poète et musicien Richard Desjardins réalisa un documentaire-choc, *L'Erreur boréale*, montrant des vues aériennes de coupes à blanc menées par les industries forestières. Son mouvement, **L'Action boréale** (www.actionboreale.qc.ca), continue de promouvoir la sauvegarde des forêts d'Abitibi et du reste du Québec. À son tour, Roy Dupuis, un comédien vedette, s'est vivement opposé au projet hydroélectrique de la Baie-James qui devait forcer le détournement de la rivière Rupert. Le mouvement qu'il a créé, **Fondation Rivières** (www.river-fondation.org), n'a pas été en mesure d'empêcher l'application de cette mesure draconienne, mais lutte toujours pour la protection des rivières du Québec. Plus récemment, Jean Lemire, biologiste et cinéaste, est rentré d'une longue mission en Antarctique, en exprimant des préoccupations sérieuses concernant le réchauffement climatique, qui ont imprimé un nouvel élan à la conscientisation environnementale déjà amorcée au Québec.

À son tour, **Sheila Watt-Cloutier**, née à Kuujjuaq dans le Grand Nord québécois, s'érige en véritable militante de l'Arctique et défend la population inuite contre les effets dévastateurs des changements climatiques. La fonte de la banquise du Grand Nord laisse bientôt présager l'ouverture d'un passage maritime vers le nord-ouest, hautement convoité par le Canada, puisqu'il entraînera un accroissement du trafic maritime et des activités minières et pétrolières dans la région. La fonte des glaces, directement liée au réchauffement climatique, ébranle déjà la population inuite qui se plaint d'une diminution de l'abondance de la faune ainsi que d'une baisse de la sécurité et de l'efficacité de leurs activités de subsistance et de transport. Sheila Watt-Cloutier, nominée pour un prix Nobel de la Paix en 2007, souhaite que les Inuits prennent part à la gouvernance du Grand Nord québécois.

Le gouvernement québécois, longtemps critiqué pour ses politiques économiques brimant l'environnement, accepte aujourd'hui de réviser ses politiques environnementales et de se mettre au diapason des conventions internationales, non sans se soumettre au vent de néo-libéralisme, avec notamment le controversé Plan Nord, un plan de développement des activités minières et du réseau de transport dans la région septentrionale de la province. Parallèlement, le cabinet fédéral du Premier ministre Stephen Harper est revenu sur les engagements canadiens relatifs au traité de Kyoto en 2006, une annonce qui provoqua la colère du public. Plus récemment, lors de la Conférence des Nations unies sur les changements climatiques à Copenhague en 2009, le Canada fit très mauvaise figure en affichant un net recul de ses performances environnementales. Enfin, des changements au régime des eaux navigables auront entraîné la déclassement de milliers de lacs et rivières protégés en 2012 ; ont été épargnés 97 lacs, 62 rivières et les 3 océans canadiens. Quelque 90% des lacs et rivières se trouvant dans des circonscriptions électorales conservatrices, le geste a été qualifié de partisan et provoqua l'ire des nations autochtones.

Écologie

Au Québec, près de la moitié du territoire n'est que forêts. Pourtant, le couvert forestier est menacé. Deuxième économie forestière au Canada, après la Colombie-Britannique (la province la plus à l'ouest) et deuxième producteur mondial de pâte à papier, le Québec porte pourtant depuis 1999 un autre regard sur cet or vert. La diffusion cette année-là sur les écrans de télévision du documentaire *L'Erreur boréale* signé par le poète et chanteur Richard Desjardins (voir l'encadré p. 471), a en effet réveillé les consciences en dénonçant le massacre de la forêt boréale par les compagnies forestières. L'opinion, choquée, découvrait qu'au-delà du 50° de latitude nord, l'océan de sapins, d'épinettes, de pins et de bouleaux était troué de vastes espaces rasés à blanc.

La gigantesque duperie de la politique de remplacement des arbres coupés fut ainsi mise à l'index. Les sociétés forestières n'avaient jamais autant déboisé : 30 millions de mètres cubes de résineux par an, pour une forêt qui n'en produit chaque année qu'environ 21 millions. Par ailleurs, ces coupes en se déplaçant vers le Grand Nord, touchent des arbres dont la croissance est lente et s'attaquent à un écosystème extrêmement fragile. Le propos frappera d'autant plus que la forêt est à 92% la propriété de l'État, à qui il revient de la gérer par le biais du ministère des Ressources naturelles.

Le gouvernement réagit en mettant sur pied une commission d'étude sur la gestion de la forêt publique québécoise, dont le rapport, déposé en 2004, enjoint au gouvernement de prendre des mesures draconiennes pour protéger les forêts. Celui-ci fait un premier pas en ce sens en appliquant la recommandation de diminuer de 20% la matière ligneuse disponible pour la coupe. Mais cette mesure a été mal reçue par les acteurs de l'industrie forestière. Le débat sur la question reste ouvert.

Québec pratique

Carnet pratique

Ambassades et consulats

Ambassades et consulats du Canada à l'étranger

FRANCE

Ambassade (☎01 44 43 29 00 ; www.france.gc.ca ; 35 av. Montaigne, 75008 Paris)

Délégation générale du Québec à Paris (☎01 40 67 85 00 ; www.quebec.fr ; 66 rue Pergolèse, 75116 Paris)

Consulats Lille (☎03 20 14 05 78 ; 36 av. Émile-Zola, 59800 Lille) ; Lyon (☎04 72 77 64 07 ; 17 rue Bourgelat, 69002 Lyon) ; Nice (☎04 93 92 93 22 ; 2 pl. Franklin, 06000 Nice) ; Toulouse (☎05 61 52 19 06 ; 10 rue Jules-de-Resseguier, 31000 Toulouse)

BELGIQUE

Ambassade (☎02 741 06 11 ; www.belgique.gc.ca ; 2 av. de Tervuren, 1040 Bruxelles)

Délégation générale du Québec (☎02 512 00 36 ; www.quebec-europe.be ; 46 av. des Arts, 7e ét., 1000 Bruxelles)

SUISSE

Ambassade (☎31 357 32 00 ; www.suisse.gc.ca ; Kirchenfeldstrasse 88, CH-3005 Bern)

Ambassades et consulats étrangers au Québec

France Montréal (☎514-878-4385 ; www.consulfrance-montreal.org ; 1501 av. Mc Gill Collège, 10e ét., bureau 1000, Montréal H3A 3M8) ; Québec (☎418-266-2500 ; www.consulfrance-quebec.org ; 25 rue Saint-Louis, Québec G1R 3Y8)

Belgique Montréal (☎514-849-7394 ; www.diplomatie.be/montrealfr ; 999 bd de Maisonneuve Ouest, Suite 1600, Montréal H3A 3L4)

Suisse Montréal (☎514-932-7181 ; www.eda.admin.ch/montreal ; 1572 av. Dr Penfield, Montréal H3G 1C4)

États-Unis Montréal (☎514-398-9695 ; http://montreal.usconsulate.gov ; 1155 rue Saint-Alexandre, Montréal H3B 3Z1) ; Québec (☎418-692-2095 ; http://quebec.usconsulate.gov ; 2 rue de la Terrasse-Dufferin, Québec G1R 4T9)

Argent

Tous les prix mentionnés dans ce guide sont en dollars canadiens ($). Un dollar vaut 100 cents (¢). Il existe des pièces de 5, 10, 25 ¢, et de 1 et 2 $, ainsi que des billets de 5, 10, 20, 50 et 100 $. Au Québec, on appelle parfois le dollar "piasse" (dérivé de piastre). Le dollar canadien est généralement plus bas que le dollar américain, mais dernièrement les deux devises oscillaient près de la parité. Reportez-vous au chapitre *L'Essentiel* (p. 16) pour des détails sur les taux de change et le coût de la vie au Québec.

Cartes de crédit et DAB

Le numéro d'une carte de crédit vous sera souvent demandé au moment de réserver un hébergement, y compris pour les chambres d'hôte. Les DAB (distributeurs automatiques de billets – appelés "guichet automatique") sont très répandus au Québec, la plupart des villes et des villages comptant au moins une caisse populaire Desjardins. Les cartes de crédit Visa, MasterCard sont largement acceptées, American Express un peu moins. Renseignez-vous avant de partir sur la commission prélevée par votre banque pour chaque règlement par carte de crédit et si celle-ci a des accord avec des banques québécoises.

Change

Adressez-vous de préférence à des agences spécialisées dans les transactions internationales, telles que Thomas Cook. Les bureaux et les comptoirs de change sont aisément repérables dans les rues principales des grandes villes. Sinon, optez pour les banques, les caisses d'épargne. En dernier recours, adressez-vous à votre hôtel,

Électricité

» Au Québec, comme dans toute l'Amérique du Nord, le courant est de 110 volts alternatif. Apportez un adaptateur-transformateur si vous souhaitez utiliser des appareils électriques personnels, tels que rasoirs, sèche-cheveux ou ordinateurs. Les prises sont à deux broches plates rapprochées (trois, en triangle, pour les appareils équipés de prise de terre).

Journaux

» Les Québécois se plongent dans la lecture des quotidiens suivants : *La Presse* (le grand quotidien ; www.cyberpresse.ca), *Le Devoir* (plus intellectuel ; www.ledevoir.com), *Le Journal de Montréal* (plus populaire ; www.lejournaldemontreal.ca), *Le Journal de Québec* (www.lejournaldequebec.ca) et *Le Soleil* (à Québec surtout ; www.cyberpresse.ca/le-soleil).

» *The Gazette* est le quotidien anglophone de Montréal. La vie culturelle de la semaine à Montréal et dans plusieurs autres villes se trouve dans l'hebdomadaire gratuit *Voir* (www.voir.ca). *L'Actualité* (www.lactualite.com) est la principale revue québécoise d'information générale, tandis que *Géo Plein-Air* (www.geopleinair.com) est le magazine de référence en matière d'activités en plein air au Québec.

Laveries

» Dans de nombreuses villes, vous trouverez des laveries automatiques (appelées buanderies) dotées de machines à laver et de sécheuses (sèche-linge), ouvertes, en général, jusqu'à 22h ou 23h. Certaines laveries fournissent monnaie et lessive. Plusieurs campings, auberges de jeunesse et certains gîtes mettent une machine à laver et une sécheuse à la disposition de leurs clients.

Radio

» Côté radio, branchez-vous sur : Radio Canada AM et FM, Radio Canada International (fréquences sur le site www.radiocanada.ca). De nombreuses stations commerciales (dont CKMF-FM, CKOI-FM ou CIEL-FM) proposent tous les styles de musique. Dans les régions éloignées, les radios communautaires ont la cote (voir l'encadré p. 399 et p. 452). À noter : les radios francophones doivent respecter un quota (65%) de musique en langue française sur leurs ondes.

Télévision

» Vous avez le choix entre deux chaînes publiques (Radio Canada et RDI) gérées par la société Radio Canada (SRC) ou Télé Québec, une chaîne publique québécoise orientée vers les émissions scolaires et culturelles. TV5 Québec Canada et ARTV sont captées sur le réseau câblé, très développé au Québec. Le câble donne accès à la plupart des réseaux américains et à CTV Television Network, chaîne commerciale canadienne.

Vidéo

» Les DVD achetés en France ne fonctionnent pas au Canada, les deux pays utilisant des formats d'encodage différents.

mais les commissions sont plus élevées.

Pourboires

Dans les restaurants, il convient de laisser 15% du prix hors taxes. Pour l'estimer, sachez que la somme des taxes sur la facture est aussi de 15% environ. Si vous réglez par carte, on vous proposera d'entrer le pourboire en pourcentage sur la machine. On donne également un pourboire aux serveurs des bars – environ 1 $ par verre commandé. L'oubli est généralement souligné par les serveurs – en cas de mauvais service, on laissera un montant plus faible plutôt que ne pas en laisser du tout. Il n'y a jamais de pourboire sur les commandes à emporter, mais c'est apprécié pour la livraison.

Le montant à remettre aux bagagistes des hôtels s'élève entre 1 à et 2 $ par bagage. Les femmes

DES PRIX AFFICHÉS HORS TAXES

Au Québec, les prix sont toujours affichés hors taxes. Que ce soit dans les boutiques, les restaurants, hébergements, l'achat d'un livre, d'un CD, d'un billet de bus, d'avion, de train, de la location d'une voiture, d'une paire de skis ou d'un canot, etc., il faut donc ajouter deux taxes : la taxe sur les produits et services (TPS), qui correspond à 5% du prix de vente, et la taxe de vente du Québec (TVQ), qui elle équivaut à 9,975%. Le plus simple est donc de majorer le brut de 15% et de demander, pour l'hébergement et les activités, si les prix incluent ou non les taxes. La plupart des régions touristiques ont par ailleurs mis en place une taxe sur l'hébergement, en général 2 $ par nuitée ou 3% à 3,5% du prix de la nuitée. Concernant l'essence, les taxes sont incluses dans le prix affiché à la pompe, de même que pour les produits alcoolisés vendus à la Société des alcools du Québec (SAQ). Enfin, les produits alimentaires peu ou pas transformés (légumes, pain, viande, œufs, etc.) ne sont pas taxés.

de chambres apprécient également un geste. Pour les chauffeurs de taxi, coiffeurs et barbiers, comptez entre 10 et 15% de la note.

Taxes

Voir l'encadré ci-dessus.

Assurance

Renseignez-vous avant de partir sur les éventuelles assurances liées à votre carte bleue. Une assurance voyage permet d'être couvert en cas de vol ou de perte des bagages, de non-satisfaction du service fourni par l'opérateur et, parfois, en cas de problèmes de santé. Le ministère des Affaires étrangères conseille de contracter avant le départ une assurance médicale spécifique, prévoyant notamment le rapatriement, cela eu égard aux coûts très élevés des soins médicaux et hospitaliers sur place. De même, il préconise l'hiver de souscrire une assurance tous risques si vous louez un véhicule, cela "aussi onéreuse qu'elle puisse paraître". Selon lui, "en cas d'accident, les protagonistes n'hésitent pas à recourir aux tribunaux".

Le Québec applique une assurance universelle pour les dommages corporels encourus lors d'un accident de la route impliquant une voiture, sans égard à la faute, que l'on soit en voiture, à pied ou en vélo.

À savoir : il est possible de souscrire une police, d'étendre sa garantie et de demander un remboursement à tout moment, même en cours de voyage.

Voir aussi p. 485 pour les assurances médicales et p. 493 pour les assurances automobiles.

Bénévolat

En France, des organismes offrent des opportunités de travail bénévole, parfois sur des périodes courtes. Certaines associations s'adressent plus spécifiquement aux jeunes. Les chantiers proposés vont de l'animation pour les personnes âgées aux travaux liés à l'environnement. Il s'agit d'une bonne formule pour s'immerger dans le pays et bénéficier d'une ambiance internationale (les volontaires viennent de divers pays en général).

» **Association Rempart** (☎01 42 71 96 55, www.rempart.com ; 1 rue des Guillemites, 75004 Paris)

» **Concordia** (☎01 45 23 00 23 ; www.concordia-association.org ; 64 rue Pouchet, 75017 Paris)

» **World-Wide Opportunities on Organic Farms** (WOOF ; www.wwoof.ca ; adhésion 45 $). Travail dans une ferme bio, généralement en échange du gîte et du couvert ; consultez le site Web pour connaître les adresses au Québec.

Cartes de réduction

Les réductions sont courantes pour les seniors, les enfants, les familles et les handicapés. Dans ces cas-là, aucune carte spécifique n'existe ; les réductions sont appliquées au moment de payer.

» **Carte d'identité internationale des étudiants** (ISIC ; www.isiccard.com). Permet aux étudiants de bénéficier de réductions sur les assurances de voyage, ainsi que sur les entrées dans les musées et divers sites. Il existe également des cartes pour les moins de 26 ans qui ne sont pas étudiants et pour les enseignants à plein temps.

» **Carte d'entrée Découverte de Parcs Canada** (www.pc.gc.ca/fra/voyage-travel/carte-pass/intro.aspx ; adulte/enfant 6-16 ans/famille 68/33/136 $). Donne accès à 27 parcs nationaux et à 77 lieux historiques pendant un an. Devient rentable à partir de 7 visites. Permet également d'accéder plus rapidement à l'entrée des sites.

» **Carte Parcs SEPAQ** (www.pc.gc.ca/fra/voyage-travel/carte-pass/intro.aspx ; adulte/6-17 ans/famille 2 adultes 30/13,75/43,75-60 pour un seul parc, 54/24,75/78,75/108 68/33/136 $ hors taxes). Donne accès aux 22 parcs provinciaux pendant un an. Devient rentable à partir de 5 jours dans un même parc ou 9 visites partout au Québec.

Montréal propose une carte permettant l'accès à 38 musées sur 3 jours avec ou sans transport en commun illimité (voir l'encadré p. 54).

Cartes et plans

La *Carte routière officielle du Québec* éditée par Les Publications du Québec (4,50 $) est largement suffisante, d'autant que vous pouvez compléter par des cartes régionales et plans de villes souvent distribués gratuitement par les offices de tourisme. Elle indique les principales distances routières, les numéros de téléphone indispensables et fait le zoom sur quelques régions. Une version est en ligne sur le site du **ministère des Transports** (www.quebec511.gouv.qc.ca/fr/carte_routiere). Très utile également, ce lien permet de calculer les distances routières entre deux villes de votre choix : www.quebec511.gouv.qc.ca/fr/distances/index1.asp

Climat

Au Québec, la latitude joue un rôle déterminant sur le climat. En raison de l'étendue du territoire, on en trouve quatre types : continental dans la zone méridionale (au sud du 50e degré), maritime de l'est aux îles de la Madeleine, subarctique dans la taïga, au nord du Québec entre les 50° et 58° degrés, et arctique dans l'extrême Nord.

La température moyenne d'été, en remontant du sud au nord, oscille entre 20°C et 5°C, et celle d'hiver entre -10°C et -25°C.

Si on distingue quatre saisons au Québec, l'hiver et l'été sont les plus marqués. Le printemps est court ; le 20 mars, les arbres à Montréal ont encore leur allure spectrale et ce n'est que vers la fin d'avril et au début de mai que les premiers bourgeons apparaissent pour s'épanouir presque d'un seul coup durant le mois de mai. En Gaspésie comme sur la Côte-Nord, les lacs sont ainsi encore gelés. Le climat tend toutefois à se modifier, avec des fontes importantes en février et mars, mais il n'est pas rare de subir une tempête de neige en avril.

L'été arrive souvent brutalement. Juillet et août sont des mois très chauds et généralement plutôt secs, avec des températures dépassant souvent 30°C. La côte demeure généralement plus fraîche.

L'automne distille pour sa part ses premières fraîcheurs dès la mi-août et en septembre dans les régions riveraines du Saint-Laurent. Dans la région du Lac-Saint-Jean, les températures nocturnes peuvent frôler 5°C. La flambée automnale s'achève généralement à la mi-octobre. Commence alors l'hiver dont la durée oscille entre cinq et six

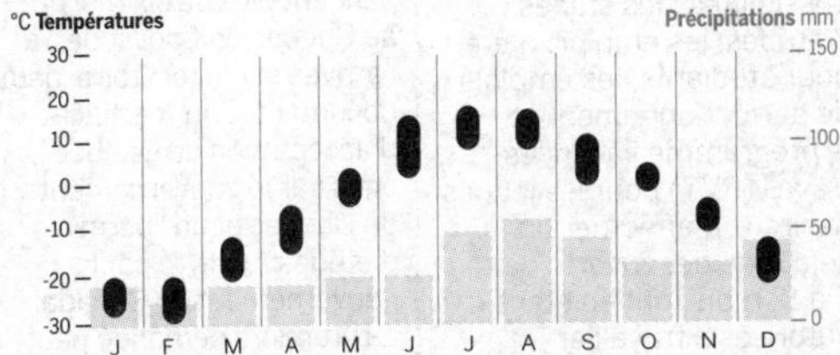

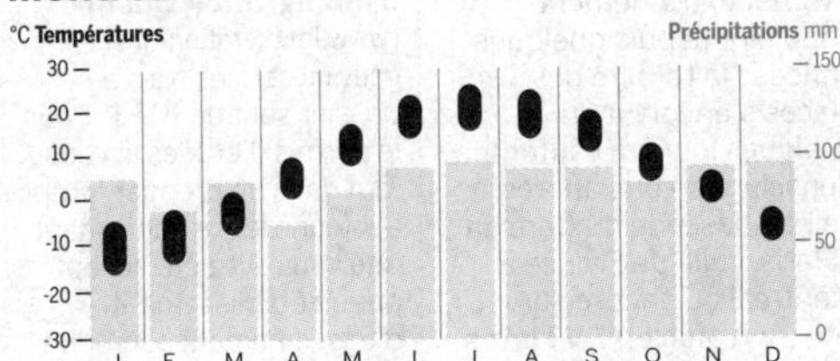

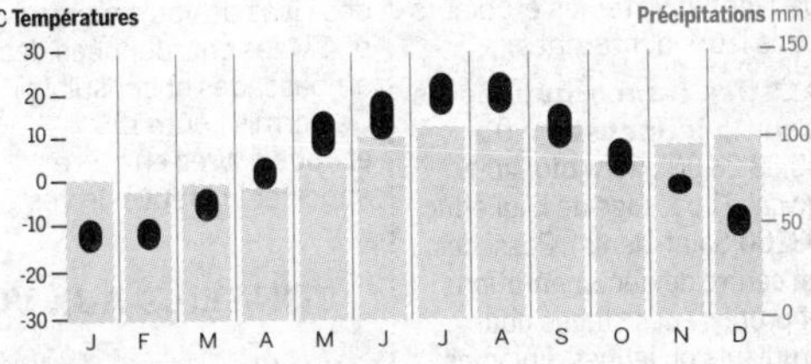

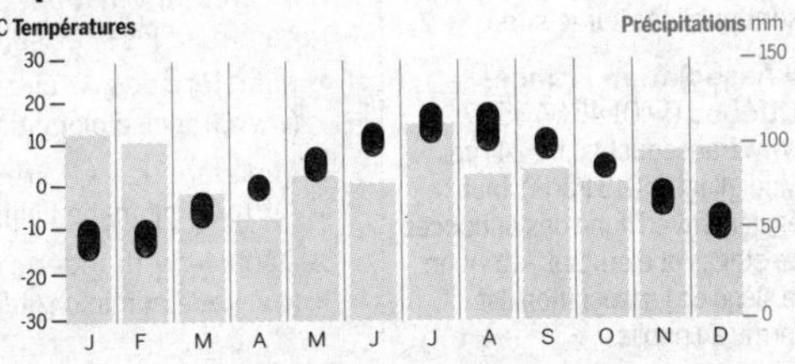

mois. Les chutes de neige sont importantes durant cette période. Le "temps des sucres" (voir l'encadré p. 461) en mars-avril annonce la fin de l'hiver.

Cours et stages

Différents programmes d'échange existent, parmi lesquels celui découlant de l'accord signé en 2003 entre le Canada et la France visant à faciliter la mobilité des jeunes. Il permet chaque année à 14 000 Français âgés de 18 à 35 ans d'explorer de nouveaux horizons culturels. Quatre possibilités : les stages d'études, les emplois d'été pour étudiants, les emplois de perfectionnement et le programme vacances-travail (PVT) pour les jeunes désireux d'effectuer un séjour de découverte de 6 à 12 mois tout en étant autorisés à travailler. Notez que la catégorie PVT est extrêmement populaire depuis quelques années : la totalité des places s'envolent en quelques jours, à l'automne. Renseignez-vous auprès de l'ambassade du Canada à Paris, celle de France à Montréal ou encore sur le site (non officiel) **PVTistes** (http://pvtistes.net/canada).

Plusieurs organismes peuvent assister les étudiants dans leurs démarches.

» **Office franco-québécois pour la jeunesse** (☎01 49 33 28 50 ; www.ofqj.gouv.qc.ca ; 11 passage de l'Aqueduc, 93200 Saint-Denis). Possède un centre de documentation et propose des stages pour étudiants ou jeunes diplômés. Les offres de stages et d'emploi sont publiées sur le site.

» **Association France-Québec** (☎01 45 54 35 37 ; www.francequebec.fr ; 24 rue Modigliani 75015 Paris). Met également en ligne des annonces de stages et d'emploi. Attention, le siège de l'association est fermé au public.

» **Centre d'information et de documentation jeunesse** (CIDJ ; ☎01 44 49 12 00 ; www.cidj.com ; 101 quai Branly, 75015 Paris ; consulter le site pour les autres adresses à Paris et en régions)

» **Conseil franco-québécois de coopération universitaire** (www.cfqcu.org).

» **Etudier au Canada** (www.studyincanada.com/french/index.asp)

Permis de séjour pour étudiants

Tout étudiant étranger souhaitant venir étudier pendant plus de six mois au Québec doit posséder, à l'arrivée sur le territoire, deux documents : un "certificat d'acceptation du Québec" émis par le gouvernement du Québec et un "permis d'études", délivré par le gouvernement du Canada. La première demande peut se faire en ligne sur le site d'**Immigration Québec** (www.immigration-quebec.gouv.qc.ca) ; les frais de dossier sont de 107 $. Pour le permis d'études, il vous faut dans un premier temps avoir une lettre confirmant que vous avez été accepté par un établissement d'enseignement accrédité. Adressez ensuite votre demande au bureau canadien des visas de votre région (voir p. 474 les coordonnées des ambassades et consulats). Ce permis coûte 125 $ et vous devrez en outre apporter la preuve de vos capacités d'autonomie financière une fois sur place. Pour toutes les informations sur le sujet, lisez le guide en ligne (www.cic.gc.ca/francais/information/demandes/etudiant.asp).

Les étudiants venant au Québec pour six mois et moins n'ont pas besoin de permis (voir p. 480).

Dangers et désagréments

Voir p. 495 pour les dangers liés à la conduite.

Animaux

Les parcs nationaux, réserves et sites de camping sont l'occasion de rencontres plus ou moins sympathiques avec des représentants du règne animal. Les écureuils, les ratons laveurs et les souris sont chose courante. Ils passent beaucoup de temps à fourrager dans les sacs de nourriture ou les ordures abandonnées. La meilleure parade consiste à mettre vos aliments à l'abri.

Des consignes de sécurité particulières doivent être prises au sérieux et respectées dans les lieux fréquentés par les ours. Sachez que les rencontres avec les ours sont rares, mais potentiellement dangereuses. Reportez-vous à l'encadré ci-contre pour connaître l'attitude à adopter en pareil cas.

Au quotidien, vous risquez davantage d'avoir à vous plaindre des insectes, certes

CONSEILS AUX VOYAGEURS

La plupart des gouvernements mettent en ligne les dernières informations sur votre destination. Consultez notamment les sites suivants :

» Ministère des Affaires étrangères français (www.france.diplomatie.fr)

» Ministère des Affaires étrangères de Belgique (http://diplomatie.belgium.be/fr)

» Département fédéral des Affaires étrangères suisse (www.eda.admin.ch/eda/fr)

RENCONTRE AVEC L'OURS NOIR

L'ours noir (*Ursus americanus*) est présent sur l'ensemble du territoire québécois. Sa rencontre est potentiellement dangereuse, même s'il se laisse rarement apercevoir. Dans la majorité des cas, il prend la fuite dès qu'il détecte la présence d'humains, en général grâce à son excellent odorat. Un ours pourra cependant s'approcher s'il a perçu une odeur de nourriture, si vous êtes proche de ses sources de nourriture (baies, poissons, carcasses d'animaux morts...), s'il estime que vous menacez ses oursons ou si vous le surprenez en vous déplaçant, par exemple, sans bruit à vélo.

Plusieurs règles d'or sont à respecter : ne pas déranger un ours, ni le nourrir (de façon générale, ne nourrissez aucun animal sauvage au Québec, même un bébé). Si vous campez ou pique-niquez, prenez garde à mettre les aliments à l'abri dans la voiture ou dans des sacs en nylon que vous placerez loin de la tente. Inutile de les accrocher à la branche d'un arbre : les ours sont de bons grimpeurs. Utilisez les poubelles "anti-ours" munies de lourds couvercles de métal ou les supports dédiés, dans les parcs et les réserves. Si vous voyagez avec un chien, gardez-le en laisse en forêt : il pourrait provoquer un ours.

Si vous vous retrouvez face à un ours qui ne semble pas avoir remarqué votre présence, éloignez-vous discrètement. Ne courez surtout pas, l'ours vous dépassera facilement s'il décide d'attaquer. Le mieux est de reculer lentement, en restant en groupe et en prenant les enfants dans les bras, afin de lui redonner de l'espace pour que lui-même s'éloigne. N'essayez surtout pas de détourner son attention en jetant de la nourriture ou un objet, cela encouragerait un comportement agressif.

Si l'ours charge, essayez de l'intimider, défendez-vous mais ne faites par le mort, cela est inefficace avec l'ours noir. Les vaporisateurs anti-ours (poivre de Cayenne) se sont en revanche révélés dissuasifs. Pour plus de renseignements, lisez les conseils de **Parcs Canada** (www.pc.gc.ca/fra/docs/v-g/oursnoir-blackbear/index.aspx).

moins dangereux mais ô combien plus nombreux. Juin et la première moitié de juillet sont les mois où abondent les moustiques et les mouches noires. Ils sévissent dans les forêts et au bord des cours d'eau. En août, l'atmosphère s'assèche et les insectes disparaissent. Les attaques de moustiques, de maringouins et de mouches noires sont à craindre surtout pour les enfants et les peaux sensibles. En règle générale, les vêtements sombres attirent davantage les insectes que les vêtements de couleur claire. De même, évitez les parfums ou crèmes parfumées. Achetez sur place des lotions anti-insectes ou des vaporisateurs répulsifs, disponibles dans toutes les pharmacies (ou drogueries). Nous vous recommandons les marques "Muskoil" et "Off", voire "Deep Woods Off", contenant une forte concentration de DEET (plus de 15 %). Dans tous les cas, essayez de réduire au minimum la surface de peau susceptible d'être piquée – en portant une chemise à manches longues, un pantalon et un chapeau ou une casquette.

Les moustiques sortent au crépuscule. Un feu les éloignera. Pour les campeurs, une tente dotée d'une bonne fermeture ou d'une moustiquaire est indispensable.

Incendies

Si vous choisissez de dormir à l'extérieur des campings officiels, veillez à ne pas provoquer d'incendie. Les conséquences peuvent être dramatiques et les dégâts, considérables, particulièrement pendant les mois chauds d'été. Si vous séjournez dans un camping officiel, vérifiez que tout ce qui est susceptible de brûler, y compris les cigarettes, soit bien éteint après usage.

Douane

Si vous êtes âgé de plus de 18 ans, vous avez le droit d'importer au Québec 1,14 litre de spiritueux ou 1,5 litre de vin ; 24 canettes de bière de 355 ml, 200 cigarettes, 50 cigares ou cigarillos et 200 g de tabac. Il est possible d'importer des cadeaux pour une valeur totale de 60 $. Vous pouvez importer et exporter de l'argent comptant jusqu'à un montant de 10 000 $. Toute somme supérieure doit être déclarée à la douane.

Les denrées alimentaires périssables (fromages, viandes, légumes...) sont interdites.

Les biens personnels (y compris le matériel de camping et de sport, les appareils photo et les ordinateurs portables) peuvent être importés au Canada sans trop de problèmes. Les déclarer aux douanes en arrivant dans le pays devrait vous épargner quelques formalités en repartant, en particulier si vous comptez traverser plusieurs fois la frontière entre les États-Unis et le Canada.

Il est possible d'importer ou d'exporter une quantité de médicaments correspondant à 90 jours de traitement et destinés à un usage personnel (bien que cette pratique soit illégale aux États-Unis, elle est tolérée pour les personnes individuelles).

Si vous voyagez avec votre animal familier, vous devez posséder un certificat établi par un vétérinaire, signé et daté, attestant que l'animal a bien été vacciné contre la rage depuis plus d'un mois et moins de 3 ans.

Pour plus de détails, consulter le site www.cbsa-asfc.gc.ca/fpa-apa/menu-fra.html

Formalités et visas

Les Français, les Belges, les autres ressortissants des pays de l'Union européenne, ainsi que les Suisses, n'ont pas besoin de visa pour un séjour touristique au Canada. Un passeport valide suffit. L'autorisation d'entrée et la durée autorisée du séjour sont déterminées par l'agent d'immigration à l'arrivée dans le pays. La période habituelle est de six mois. Dans certains cas, l'agent peut limiter la durée de votre séjour afin de ne couvrir que l'objectif de votre visite.

Pour plus de renseignements, notamment sur la démarche pour proroger les visas, consultez le site du **ministère canadien de la Citoyenneté et de l'Immigration** (www.cic.gc.ca/francais/visiter/visas.asp). Les personnes venant étudier au Québec pour une période de plus de six mois devront se procurer un permis d'études (voir p. 478).

Avant le départ, il est impératif de contacter les ambassades et les consulats pour s'assurer que les modalités d'entrée sur le territoire n'ont pas changé. Nous vous conseillons aussi de photocopier tous vos documents importants (pages d'introduction de votre passeport, cartes de crédit, police d'assurance, billets de train/d'avion/de bus, permis de conduire, etc.). Emportez un jeu de ces copies, que vous conserverez à part des originaux. Vous remplacerez ainsi plus aisément ces documents en cas de perte ou de vol.

Handicapés

Le Québec fait beaucoup pour faciliter la vie quotidienne des personnes handicapées motrices, principalement celles qui circulent en fauteuil roulant. Dans l'ensemble, il a dépassé à cet égard la majorité des pays et cette évolution se poursuit encore. La plupart des immeubles publics, les offices du tourisme et nombre d'hôtels sont accessibles aux fauteuils roulants, de même que les musées, galeries d'art, restaurants et lieux de spectacles. Dans les parcs, les centres d'information sont habituellement faciles d'accès et certains chemins de randonnée ont été conçus spécifiquement pour les handicapés.

Le transporteur ferroviaire VIA Rail dispose de structures pour faire monter les handicapés moteurs à bord des wagons, mais il faut prévenir 48h à l'avance. Toutes les compagnies de bus assurent une assistance aux passagers à mobilité réduite ; sièges spéciaux et autres équipements sont admis, à condition d'être pliables et de pouvoir s'insérer dans les espaces réservés aux bagages. Quant aux compagnies aériennes, elles ont l'habitude d'accueillir des passagers handicapés et ont instauré à leur intention un système d'embarquement et de débarquement.

Dans les grandes villes, les parkings possèdent tous des aires réservées, généralement signalées par le pictogramme d'un fauteuil roulant.

À Montréal, l'association **Kéroul** (☎514-252-3104 ; www.keroul.qc.ca ; 4545 av. Pierre-de-Coubertin, C.P. 1000, Montréal) dispose d'une base de données regroupant les établissements accessibles, principalement des hôtels, mais aussi des campings ou des centres de vacances. L'association publie aussi un guide, *Le Québec accessible* (25 $), qui recense plus de 1 000 bonnes adresses (croisières, auberges, musées…) testées par ses membres.

Bon à savoir : le moteur de recherche de **Tourisme Québec** (www.bonjourquebec.com) permet de sélectionner les hébergements et sites accessibles aux handicapés.

En France, vous pouvez vous adresser à :

» **APF** (Association des paralysés de France ; ☎01 40 78 69 00 ; www.apf.asso.fr ; 17 bd Auguste-Blanqui, 75013 Paris). Fournit d'utiles informations sur les voyages accessibles.

» **Yanous** (www.yanous.com/pratique/tourisme/tourisme030613.html) et **Handica** (www.handicap.fr). Deux sites dédiés aux personnes handicapées, avec une rubrique consacrée au voyage.

Hébergement

Le Québec présente un grand choix de chambres d'hôte, gîtes, motels, hôtels et auberges de jeunesse.

Saisons

La haute saison est en été et culmine aux mois de juillet et août, mais sa durée varie selon les régions. Ainsi, en Gaspésie où beaucoup d'établissements ne sont ouverts qu'en saison estivale, les mois de juin et septembre sont souvent considérés basse saison. Dans le cas des établissements ouverts à l'année, on voit parfois apparaître une "moyenne saison". Le système n'est en aucun cas standardisé. En règle générale, compter une différence de prix d'environ 20% entre la basse et la haute saison.

Auberges de jeunesse

Le réseau des auberges de jeunesse du Québec se partage presque entièrement entre **Hostelling International** (HI ; www.hihostels.com) et **Backpackers Hostels** (☎1-888-920-0044 ; www.backpackers.ca). Les auberges sont bien tenues, confortables, dotées souvent de literies de qualité et réservent un excellent accueil. Elles sont ouvertes à tous et constituent l'hébergement le moins onéreux. Les auberges Backpackers ne nécessitent aucune adhésion.

Le prix d'une nuit en dortoir tourne autour de 25 $, davantage si vous n'êtes pas membre (pour le réseau HI). Pour une chambre privée, le tarif peut avoisiner 65 $ – un gîte peut alors se révéler meilleur marché (d'autant plus si vous voyagez à deux) car il comprend généralement le petit-déjeuner.

Les auberges proposent une cuisine et des salles de bains communes. La plupart servent des petits déjeuners pour moins de 5 $, parfois même inclus dans le prix, quelquefois un dîner pour seulement 10 $. Seul problème : les places sont rares de juin à septembre et pendant les vacances d'hiver, tout particulièrement à Montréal, à Québec, en Gaspésie ou dans les Laurentides. Téléphonez plusieurs jours, voire plusieurs semaines à l'avance.

Certaines auberges organisent des activités de plein air (canot, escalade, ski de fond ou raquettes). D'autres proposent des excursions guidées en ville.

Campings

Il existe des terrains de camping – nationaux, provinciaux, municipaux ou privés – dans tout le Québec. Les campings des parcs nationaux et provinciaux, comme ceux des réserves fauniques, sont situés pour la plupart dans des cadres superbes, calmes et soigneusement entretenus. Leur emplacement permet de profiter de l'environnement, d'une rivière ou d'un lac. Le canot-camping est une pratique courante : il consiste à descendre les rivières en canot (canoë) et à passer la nuit dans des sites aménagés. Une formule "prêt-à-camper", aussi appelée *glamping* (camping glamour), s'est récemment développée pour les personnes qui veulent découvrir les joies du camping. La formule (autour de 100-110 $/nuit) comprend la location de l'emplacement, et d'une tente tout équipée type tente-roulotte, tente-chalet (Huttopia et Hékipia, dans les parcs nationaux) ou encore une yourte, pouvant accueillir jusqu'à 4 ou 6 personnes, tout le nécessaire pour la préparation des repas (poêle extérieur, petit frigo, vaisselle...) ainsi que les services : électricité, eau et accès à un bloc sanitaire.

Plusieurs catégories d'emplacements de camping sont répertoriées. Les campings "rustiques" ne possèdent ni eau, ni électricité, seules des toilettes sèches sont disponibles à proximité (le prix de l'emplacement se situe autour de 20-24 $). Les campings aménagés sans services, ou "semi-rustiques", disposent, à proximité, d'un bloc sanitaire avec toilettes et douches, ainsi que, souvent, d'un point d'eau (autour de 26 $). Puis, les catégories s'échelonnent entre un service (point d'eau ou prise électrique ; autour de 32 $), deux services (point d'eau et prise électrique ; autour de 35 $) et trois services (une sortie pour la vidange en plus ; autour de 38 $). Attention, en plus du prix de l'emplacement, vous devrez vous acquitter du droit d'entrée quotidien dans les parcs. En outre, des frais de réservation (5,32 $ plus taxes) vous seront réclamés.

Les campings privés proposent en général moins de sites aux campeurs mais un vaste choix d'emplacements pour ceux qui voyagent en caravane ou "*mobile home*". Ils sont souvent très confortables et offrent davantage de services (buanderie, épicerie, aire de jeux pour enfants, piscines, etc.). Les tarifs des campings privés ne sont pas toujours supérieurs à ceux des campings des parcs provinciaux ou nationaux ; tout dépend de la région dans laquelle vous vous trouvez.

Les dates d'ouverture et de fermeture des campings varient en fonction de leur situation géographique. En général, la saison s'échelonne de la mi-mai à début septembre, voire fin septembre. Certains, assez rares, restent accessibles l'hiver. Les nuits sont fraîches dès le 15 août. Pensez à vous munir d'un bon duvet. Pour ceux qui se déplacent en voiture ou en caravane, il est conseillé d'utiliser les aires de repos et de pique-nique qui bordent les routes. Le *Guide du Camping*, édité chaque année et diffusé gratuitement, recense la plupart des campings de la province. Il est disponible dès le mois de mars dans les offices du tourisme de Montréal et de Québec. Vous pouvez également le consulter sur Internet (www.campingquebec.com ; www.guidecamping.ca) ou demander à le recevoir par la poste.

Chalets et refuges

Les parcs nationaux, provinciaux et les réserves fauniques disposent en toute saison de chalets pouvant loger 2, 4, 6 ou 8 personnes, voire plus. Certains, dits rustiques, ne sont que de simples refuges (leur coût par personne est généralement de 21 à 22 $). L'hiver, ils possèdent des réserves de bois. Les chalets aménagés, très convenables, disposent d'un coin cuisine, de toilettes et d'une salle de douche. Bien situés, ils sont parfois accessibles en voiture mais le plus généralement à pied ou en ski de fond l'hiver. Le tarif peut aller jusqu'à 150 $/nuit, selon la capacité du chalet et la saison.

Chambres d'hôte

Comparables aux *Bed & Breakfast* anglo-saxons, les chambres d'hôte constituent une excellente formule au Québec. Il s'agit de chambres chez des particuliers, en ville ou à la campagne, dotées d'une salle de bains privative ou commune. Les chambres d'hôte sont assez disparates, mais en règle générale, les déceptions sont rares : la gentillesse des propriétaires met les chambres d'hôte au rang des bonnes adresses et elles offrent une exceptionnelle occasion de goûter l'hospitalité québécoise à un tarif raisonnable (de 60/70 $ à 95/125 $ en moyenne pour une simple/double).

La plupart des chambres sont non-fumeurs. Des tarifs préférentiels sont généralement consentis pour des séjours de plus de trois jours. Les chambres d'hôte affichent souvent complet les week-ends pendant la période estivale et ferment fréquemment de novembre à la mi-mai. Le prix comprend parfois les taxes et inclut toujours le petit-déjeuner. Les cartes de crédit sont en général acceptées. La très grande majorité des chambres d'hôte ont pignon sur Web sur le site de **Gîtes Canada** (www.gitescanada.com).

De nombreuses chambres d'hôte du Québec sont labellisées sous le nom de "**Gîtes et auberges du Passant**" (www.giteetaubergedupassant.com). Dans les faits, on trouve des "Gîtes du Passant" de tous types ; des bonnes adresses et des établissements quelconques. D'excellentes chambres d'hôte n'y sont pas affiliées.

Hôtels

Les établissements peu onéreux ne sont pas légion au Québec. Bien qu'il existe une grande variété d'hôtels, la plupart font partie de chaînes internationales conçues pour une clientèle de gens d'affaires, surtout lorsqu'on s'écarte des grandes villes. À l'exception de certaines adresses à Montréal et à Québec, ils manquent souvent de charme. Certains hôtels de luxe déçoivent par leur décoration trop standardisée.

Les prix varient en fonction du standing et vont en général de 80/95 $ à 90/125 $ et plus, pour une simple/double, sans les taxes et le petit-déjeuner.

Motels

Les motels fleurissent essentiellement le long des sorties d'autoroute ou sur les grandes artères qui mènent au cœur des grandes villes. À défaut d'avoir du caractère, la plupart sont simples et propres. Leurs prix varient de 70 à 90 $ la chambre, pour une ou deux personnes.

Dans certaines régions, tels l'Abitibi-Témiscamingue ou le Bas-Saint-Laurent, ils offrent généralement un bon rapport qualité/prix. En été, la plupart augmentent leurs tarifs. En dehors de cette période, il vous sera parfois possible de négocier. Les régions les moins visitées ne sont pas forcément celles qui pratiquent les tarifs les plus modestes. En raison d'une importante clientèle de commerciaux, certains motels affichent complet en semaine et pratiquent alors des prix plus élevés que le week-end. Certains proposent des suites, avec un coin salon, voire un coin cuisine. Le petit-déjeuner n'est jamais compris.

Universités et collèges

Nombre d'universités ou de Cégep (lycées québécois – Collèges d'enseignement général et professionnel) louent des lits, des chambres, voire des appartements allant du studio au quatre pièces pendant les mois d'été, de juin à août. Ces chambres sont ouvertes à tous, et les prix sont inférieurs à ceux des chambres d'hôte et des auberges. Une réduction est par ailleurs généralement accordée aux étudiants.

Il est préférable de réserver. L'accès aux autres équipements des campus, tels que piscine, terrains de tennis, golf, est souvent autorisé aux invités.

Dormir chez l'habitant

Que diriez-vous de passer la nuit chez un parfait inconnu ? Si cela vous tente, rejoignez l'un des "réseaux d'hospitalité" organisant ce type de séjour. L'inscription auprès des organismes suivants est gratuite.

Couch Surfing (www.couchsurfing.com)

Hospitality Club (www.hospitalityclub.org)

Extracama (www.extracama.com/fr)

Heure locale

Le Québec est à l'heure de "l'Est" (GMT -5). Le décalage horaire entre Paris, Bruxelles et Montréal est de 6 heures. Ainsi, lorsqu'il est midi à Paris, il est 6h du matin à Montréal. Les îles de la Madeleine, la réserve de Listuguj en Gaspésie et les provinces Maritimes à l'exception de Terre-Neuve sont à l'heure de l'Atlantique (GMT -4) et ont ainsi une heure de décalage avec Montréal. Lorsqu'il est 9h à Québec, il est 10h à Cap-aux-Meules. Du dernier dimanche d'avril au dernier dimanche d'octobre, le Québec adopte l'heure d'été.

L'exception à cette règle se trouve sur la Côte-Nord : la Minganie (sauf Havre-Saint-Pierre), la Basse-Côte-Nord et la moitié est de l'île d'Anticosti sont eux aussi à l'heure de l'Atlantique, mais n'adoptent pas l'heure d'été.

Heures d'ouverture

Banques

Les banques ont étendu et assoupli leurs horaires. La plupart ouvrent en semaine de 10h à 16h. Parfois, la fermeture est repoussée à 18h les jeudis et vendredis. Certains guichets organisent l'accueil pendant quelques heures le samedi. Toutes les banques sont fermées les dimanches et jours fériés.

La plupart des banques disposent d'un vaste réseau de DAB, accessibles 24h/24.

Bars

La loi concernant la fermeture des bars est plus souple que dans les autres provinces du Canada. En général, surtout dans les grandes villes, les bars restent ouverts jusqu'à 2h ou 3h du matin. Il est interdit de servir de l'alcool entre 3h et 11h du matin.

Magasins

Les magasins ouvrent en principe à 10h et baissent le rideau à 18h dans les grandes agglomérations. Les magasins et les centres commerciaux prolongent parfois l'ouverture jusqu'à 21h du mercredi au vendredi, notamment à l'automne, avant la période des fêtes de Noël. Ils sont par ailleurs de plus en plus nombreux à accueillir le public le dimanche à partir de 10h ou 12h, jusqu'à 17h ou 18h.

Les grandes agglomérations et les villes comptent souvent des petites épiceries ou boutiques accessibles 24h/24. Au Québec, on les appelle les "dépanneurs". Certains d'entre eux sont ouverts jusqu'à minuit, voire 1h, quand d'autres ouvrent toute la nuit – un précieux recours pour des denrées de première nécessité, les cigarettes, les boissons et les journaux. Sur les principaux axes routiers, vous trouverez des stations-service (essence, boissons non alcoolisées et nourriture) fonctionnant sans interruption. Notez qu'il est interdit d'acheter des boissons alcoolisées entre 23h et 8h du matin en dehors des bars et restaurants licenciés.

Postes

Les bureaux sont ouverts du lundi au vendredi, en général de 9h à 17h30, mais les horaires peuvent varier d'un bureau à un autre. Quoi qu'il en soit, tous sont fermés le week-end et les jours fériés.

Restaurants

Voir l'encadré ci-dessus.

RESTAURANTS

Les repas débutent plus tôt au Québec qu'en France et dans d'autres pays européens. Le service du déjeuner débute en général à 11h30 et se prolonge jusqu'à 13h, et il est possible de dîner de 17h30 à 20h. Même dans les grandes villes, on sert rarement après 22h. Dans les villages, mieux vaut se rendre au restaurant avant 19h30 ou 20h.

Petite précision qui a son importance : au Québec, le "déjeuner" équivaut au petit-déjeuner français, le "dîner" au déjeuner et le "souper" au dîner.

Homosexualité

La communauté homosexuelle de Montréal compte parmi les plus importantes au monde et il n'est pas rare de voir deux hommes ou deux femmes se tenir par la main dans les rues de la ville. Le système législatif sanctionne sévèrement les discriminations sexuelles. À Montréal, les communautés gay et lesbienne se concentrent essentiellement dans le quartier dit Le Village ou dans le Mile-End, tandis qu'à Québec on les retrouve surtout dans le quartier Saint-Jean-Baptiste, le long de la rue Saint-Jean.

La revue *Fugues* (www.fugues.com) s'adresse surtout aux hommes, mais également aux femmes lesbiennes. Distribuée gratuitement, elle indique les rendez-vous du mois, des adresses de bars, de discothèques, de restaurants, voire des hôtels à Montréal ou des campings en région.

La plupart des sièges d'associations de la communauté, comme le **Centre communautaire des gais et lesbiennes** (☎514-528-8424 ; www.ccglm.org ; 2075 rue Plessis, bureau 110), se trouvent à Montréal.

Une **Gay Pride** (☎514 903-6193 ; www.fiertemontrealpride.com) est organisée mi-août. La foule est nombreuse pour assister à l'événement qui a lieu peu après Divers/Cité (www.diverscite.org), une semaine haute en couleur de célébrations "de la fierté gaie et lesbienne".

Internet (accès)

La plupart des hébergements sont équipés de Wi-Fi (📶) ou, si ce n'est pas le cas, d'Internet avec fil. Les offices de tourisme disposent souvent de postes Internet, presque toujours en accès gratuit, et dans les contrées reculées, ils constituent souvent un précieux sésame pour accéder à Internet. Les cybercafés en tant que tels sont rares, mais beaucoup de cafés offrent la connexion Wi-Fi à leurs clients. Dans tous les cas, vous pourrez vous renseigner auprès des offices de tourisme. Bien souvent, les voyageurs peuvent aussi avoir accès à la consultation – la plupart du temps gratuite – dans les bibliothèques municipales. Quelques agences communautaires proposent des terminaux haut débit à tout public, mais ont des heures d'ouverture restreintes. Ces services sont fournis par le gouvernement dans le cadre du Programme d'accès communautaire(PAC).

Jours fériés

La Saint-Jean, le 24 juin, donne le départ de la période estivale, tandis que la fête du Travail, le premier lundi de septembre, marque la fin de l'été et la réduction des horaires de bien des établissements. Bien que n'étant pas officiellement un jour férié, Halloween, le 31 octobre, est largement célébré.

1er janvier – Nouvel An

Fin mars-mi-avril – Vendredi saint et lundi de Pâques

3e lundi de mai – Fête de Dollard, appelée aussi fête de la Reine et fête des Patriotes

24 juin – Fête nationale du Québec, célébrée le jour de la Saint-Jean-Baptiste québécoise

1er juillet – Fête du Canada

Premier lundi de septembre – Fête du Travail

Deuxième lundi d'octobre – Action de grâce canadienne

11 novembre – Jour du Souvenir (fermeture des banques et des établissements publics)

25 décembre – Noël

26 décembre – Soldes de l'après-Noël (ou Boxing Day), fermeture des commerces, sauf pour les nombreux petits, ou grands, détaillants ouverts pour les soldes

Librairie spécialisée

En France, vous pouvez vous adresser à la **Librairie du Québec** (☎01 43 54 49 02 ; www.librairieduquebec.fr ; 30 rue Gay-Lussac, 75005 Paris), la plus grande librairie spécialisée sur le Québec, à Paris (vous pourrez notamment vous procurer la carte routière du Québec).

Offices du tourisme

Au Québec

Au Québec, le réseau d'informations touristiques couvre tout le territoire, avec plus de 200 bureaux. Les grandes villes disposent d'un bureau permanent, et quelquefois de plusieurs en saison. Les petites et moyennes localités sont souvent dotées d'un office saisonnier.

Chaque région s'appuie sur un département du tourisme, responsable de guides riches en informations pratiques (hébergements, restaurants...) et culturelles (événements, musées, parcs, centres d'intérêt...), gratuits. Attention, les régions touristiques ne recoupent pas parfaitement les divisions administratives, ce qui crée parfois de la confusion.

Les offices du tourisme fournissent aussi gratuitement un plan de ville et vous aideront dans vos recherches d'hébergement, d'excursions, d'activités sportives ou culturelles.

À Montréal et ailleurs au Québec, le service téléphonique d'**information touristique** (☎depuis le Canada 877-266-5687, depuis la France ☎0 800 90 77 77; www.bonjourquebec.com) est très pratique. Dans les aéroports, des kiosques donnent des renseignements.

À MONTRÉAL

Centre Infotouriste (carte p. 48 ; 1001 rue Square-Dorchester ; ⏲tlj 9h-19h fin juin-août, 9h-17h nov-mars, 9h-18h reste de l'année ; Ⓜ Peel). Tout ce que vous voulez savoir sur Montréal et

TOURISME QUÉBEC, APPEL GRATUIT

Pour obtenir les premiers renseignements utiles à la planification d'un voyage au Québec, contactez **Tourisme Québec** (☎0-800-90-77-77 depuis la France ou ☎0-800-78-532 depuis la Belgique ; www.bonjourquebec.com ; ⏲lun-mar 15h-23h, mer 16h-23h, jeu-dim et jours fériés 15h-23h, fermé 25 déc et 1er jan). L'appel est gratuit depuis un poste fixe et aboutit directement au Québec. Vous pourrez aussi faire des réservations d'hébergement en ligne (pas de surfacturation) et télécharger différentes brochures touristiques.

le Québec. L'endroit dispose aussi de comptoirs consacrés aux parcs nationaux, à la location de voitures, aux promenades en bateaux et aux visites guidées de la ville. Le Centre se charge des réservations d'hôtels sans commission.

Bureau d'information touristique du Vieux-Montréal (carte p. 48 ; 174 rue Notre-Dame Est ; ⌚9h-19h fin juin-début oct, jusqu'à 17h reste de l'année ; Ⓜ Champ-de-Mars). Près de la place Jacques-Cartier, ce petit bureau bourdonnant d'activités emploie un personnel très serviable.

À QUÉBEC

Centre Infotouriste (carte p. 220 ; ☎649-2608, 800-363-7777 ; 12 rue Ste-Anne ; ⌚8h30-19h30 fin juin-début oct, 9h-17h le reste de l'année). Au cœur du Vieux-Québec.

Office du tourisme de Québec (carte p. 220 ; ☎641-6290, 800-266-5687, poste 798 ; 835 av. Wilfrid-Laurier ; ⌚8h30-19h30 juin-début oct, 9h-17h lun-jeu et sam, 9h-18h ven, 10h-16h dim le reste de l'année). Parc des Champs-de-Bataille.

Organismes à connaître

Plusieurs associations franco-canadiennes vous aideront à obtenir des renseignements ou vous accueilleront à l'occasion de manifestations culturelles :

Association nationale France-Canada (☎01 45 55 83 65 ; www.france-canada.info ; 5 rue de Constantine, 75007 Paris)

Association France-Québec (☎01 45 54 35 37 ; www.francequebec.fr)

Les Amitiés acadiennes (☎06 45 61 49 70 ; 4 rue Vigée-Lebrun, 75015 Paris)

Maison des étudiants canadiens (☎01 40 78 67 00 ; www.etudiantscanadiens.org ; 31 bd Jourdan, 75014 Paris)

Poids et mesures

Dans les années 1970, le Canada a officiellement abandonné le système de mesure de l'Empire britannique et a opté pour le système métrique. Sur les routes, tous les panneaux de signalisation se réfèrent donc au système métrique (les distances sont en kilomètres et non en "miles"). Les citoyens restent cependant attachés à leurs anciennes habitudes en maintes circonstances de la vie quotidienne. L'essence est vendue au litre, mais viande et légumes sont encore fréquemment pesées à la livre puisque le prix paraît alors inférieur. Les barquettes et contenants ont souvent des volumes bizarres pour accommoder à la fois les marchés canadien et américain. On retrouve donc des bouteilles de bière de 341 ml (12 onces liquides), du beurre en paquet de 454 gr (1 livre impériale)... Les températures sont annoncées en degrés Celsius et Fahrenheit. Les gens expriment encore fréquemment leur taille en pieds et pouces et leur poids en livres, et une livre est deux fois plus facile à perdre qu'un kilo !

Poste

Le service postal est fiable, relativement économique mais plutôt lent. Les bureaux de poste, parfois installés au fond des magasins (pharmacies, surtout) assurent uniquement l'envoi du courrier et la vente de timbres. Ils ne gèrent aucun service téléphonique ou bancaire.

Les bureaux de poste sont ouverts du lundi au vendredi, en général de 9h à 17h30, mais les horaires peuvent varier d'un bureau à un autre. Tous sont fermés le week-end et les jours fériés.

Problèmes juridiques

Police

Si vous êtes arrêté ou accusé d'un crime, vous avez le droit de garder le silence et de prendre l'avocat de votre choix (contactez votre ambassade pour obtenir des adresses). Si vous avez peu de moyens, demandez à être représenté par un avocat commis d'office. Il y a présomption d'innocence.

Alcool

Le taux d'alcoolémie maximum autorisé est de 0,08% et la conduite de voiture, moto, bateau ou motoneige en état d'ivresse est considérée comme un délit. Vous vous exposez à de fortes amendes, à une suspension de permis et à d'autres conséquences.

Consommer de l'alcool en dehors de chez soi ou d'un établissement possédant la licence adéquate n'est pas permis, ce qui en interdit normalement la consommation dans les parcs, sur les plages et autres espaces naturels, du moins officiellement.

Santé

Avant le départ

ASSURANCES ET SERVICES MÉDICAUX

Le Québec offre un des meilleurs systèmes de santé du monde, mais fait piètre figure à l'échelle canadienne en raison de ses temps d'attente élevés. Si vous n'êtes pas citoyen canadien et résident du Québec, la moindre visite à l'hôpital risque de vous coûter très cher. Il est donc indispensable, dans le cas où votre propre assurance ne s'étend pas à vos déplacements à l'étranger, de souscrire à une police d'assurance qui

DÉCALAGE HORAIRE

Les malaises liés aux voyages en avion apparaissent généralement après la traversée de trois fuseaux horaires. Plusieurs fonctions de notre organisme – dont la régulation thermique, les pulsations cardiaques, le travail de la vessie et des intestins – obéissent à des cycles internes de 24 heures, appelés rythmes circadiens. Lorsque nous effectuons de longs parcours en avion, le corps met un certain temps à s'adapter à la "nouvelle" heure de notre lieu de destination – ce qui se traduit parfois par des sensations d'épuisement ou d'anxiété, accompagnées par exemple d'insomnie. Ces symptômes disparaissent généralement au bout de quelques jours, mais on peut en atténuer les effets :

» Efforcez-vous de partir reposé. Autrement dit, organisez-vous : pas d'affolement de dernière minute, pas de courses échevelées pour récupérer passeport ou chèques de voyage.

» À bord, évitez les repas trop copieux (ils gonflent l'estomac !) et l'alcool (qui déshydrate), mais veillez à boire beaucoup – boissons non gazeuses, telles que de l'eau et du jus de fruits.

» Portez des vêtements amples, dans lesquels vous vous sentez à l'aise ; un masque oculaire et des bouchons d'oreille vous aideront peut-être à dormir.

vous couvrira en cas de maladie ou d'accident, et qui réglera directement les hôpitaux et les médecins, vous évitant ainsi d'avancer des sommes qui ne vous seront remboursées qu'à votre retour. Les assurances internationales pour étudiants sont en général d'un bon rapport qualité/prix. Lisez avec la plus grande attention les clauses en petits caractères : c'est là que se cachent les restrictions.

Vérifiez notamment que les "sports à risques", comme la plongée, la moto ou même la randonnée ne sont pas exclus de votre contrat, ou encore que le rapatriement médical d'urgence, en ambulance ou en avion, est couvert. De même, le fait d'acquérir un véhicule dans un autre pays ne signifie pas nécessairement que vous serez protégé par votre propre assurance.

Vérifiez bien que vous ne bénéficiez pas déjà d'une assistance par votre carte de crédit, votre mutuelle ou votre assurance automobile. Assurez-vous que vous êtes en bonne santé avant de partir. Si vous suivez un traitement de façon régulière, n'oubliez pas votre ordonnance (avec le nom du principe actif).

VACCINS

Aucune vaccination n'est obligatoire pour se rendre au Québec. Il est, cela dit, toujours prudent d'être à jour en ce qui concerne les vaccinations de base inscrites dans votre carnet de santé.

TROUSSE MÉDICALE DE VOYAGE

Veillez à emporter avec vous une petite trousse à pharmacie contenant quelques produits indispensables. Certains ne sont délivrés que sur ordonnance médicale. Attention, les liquides et les objets contondants sont interdits en cabine.

» un antidiarrhéique

» un antihistaminique en cas de rhumes, allergies, piqûres d'insectes, mal des transports – évitez de boire de l'alcool

» un antiseptique ou un désinfectant pour les coupures, les égratignures superficielles et les brûlures, ainsi que des pansements gras pour les brûlures

» de l'aspirine ou du paracétamol

» un répulsif contre les moustiques contenant du DEET

» une bande Velpeau et des pansements pour les petites blessures

» une paire de lunettes de secours (si vous portez des lunettes ou des lentilles de contact) et la copie de votre ordonnance

» une paire de ciseaux à bouts ronds, une pince à épiler et un thermomètre

» des préservatifs

Au Québec

DISPONIBILITÉ ET COÛT DES SOINS MÉDICAUX

Les infrastructures médicales sont excellentes dans la province, comparables à celles que l'on trouve en France. Reste qu'il n'y a pas d'accord entre la Régie de l'assurance maladie québécoise et les régimes d'assurance maladie européens. Vous devrez donc régler les frais de consultation et d'hospitalisation. Souscrivez impérativement une assurance qui vous couvre en cas de frais médicaux au Québec.

La plupart des médicaments ne nécessitant pas d'ordonnance sont placés directement sur les étagères des pharmacies, en accès libre. N'hésitez pas à consulter les pharmaciens pour retrouver les équivalents québécois de vos médicaments habituels, mais aussi pour obtenir des conseils pour les problèmes mineurs.

EAU

Au Québec, l'eau du robinet est potable partout. Dans les réserves naturelles et les parcs nationaux, renseignez-vous auprès des gardes forestiers et des bureaux d'accueil sur la qualité de l'eau.

FROID

Les randonneurs, motoneigistes et autres adeptes d'activités hivernales devront s'attendre à des conditions de grand froid. En règle générale, il faut toujours être équipé contre le froid, le vent et la pluie au Québec, même pour une promenade.

L'hypothermie a lieu lorsque le corps perd de la chaleur plus vite qu'il n'en produit et que sa température baisse. Le passage d'une sensation de grand froid à un état dangereusement froid est étonnamment rapide quand vent, vêtements humides, fatigue et faim se combinent, même si la température extérieure est supérieure à zéro. Le mieux est de s'habiller par couches : soie, laine et certaines fibres synthétiques nouvelles sont tous de bons isolants. N'oubliez pas de prendre un bonnet, car on perd beaucoup de chaleur par la tête. Emportez du ravitaillement de base comprenant des sucres rapides, qui génèrent rapidement des calories, et des boissons en abondance.

Symptômes : fatigue, engourdissement, en particulier des extrémités (doigts et orteils), grelottement, élocution difficile, comportement incohérent ou violent, léthargie, vertiges, crampes musculaires et explosions soudaines d'énergie.

Pour soigner l'hypothermie, protégez le malade du vent et de la pluie, enlevez-lui ses vêtements s'ils sont humides et habillez-le chaudement. Donnez-lui une boisson chaude (pas d'alcool) et de la nourriture très calorique, facile à digérer. Si son état est plus grave, couchez-le dans un sac de couchage chaud. Il ne faut ni le frictionner, ni le placer près d'un feu ni lui changer ses vêtements dans le vent. Si possible, faites-lui prendre un bain chaud (pas brûlant).

Seniors

Les plus de 60 ans sont souvent appelés "aînés" au Québec et font partie de l'"âge d'or". Les réductions prévues à leur intention sur le prix des transports, musées, sites historiques, cinémas, théâtres, activités sportives... sont multiples. Elles avoisinent en général 30% du plein tarif.

Téléphone

Bon à savoir, tous les numéros commençant par 1-800, 1-888, 1-877, 1-866 et 1-855 utilisés par des sociétés, hôtels, etc., sont gratuits, mais ne peuvent être composés en dehors du Canada. Pour les appels locaux, il vous en coûtera 50 cents (¢) depuis une cabine, quelle que soit la durée de l'appel. Les appels interurbains sont facturés à la minute, et l'indicatif régional (voir l'encadré ci-dessous) doit être toujours précédé du 1. Le plus simple est de vous procurer une carte prépayée – il suffit de composer un numéro depuis n'importe quelle cabine, puis d'entrer le code de votre carte et enfin de composer votre numéro.

Pour appeler l'étranger, composez le ☎011 suivi du code du pays (33 pour la France) et du numéro de votre correspondant (sans le zéro initial). À l'inverse, pour appeler le Québec depuis l'étranger, composez le

INDICATIFS RÉGIONAUX

Depuis quelques années, en raison du développement du réseau de téléphonie mobile, les indicatifs régionaux sont plus nombreux et doivent absolument être composés, même pour les appels locaux.

L'indicatif téléphonique de Montréal est le ☎514, mais de plus en plus de mobiles utilisent ☎438. Celui de la banlieue de Montréal, du sud des Laurentides et de la Lanaudière, de la Montérégie et de l'ouest des Cantons-de-l'Est est le ☎450.

Les régions de Québec (certains mobiles ☎581), Mauricie, Saguenay-Lac-Saint-Jean, Charlevoix, Côte-Nord, Chaudière-Appalaches, Bas-Saint-Laurent, Gaspésie et Îles-de-la-Madeleine utilisent le ☎418.

L'indicatif de l'Outaouais, de l'Abitibi-Témiscamingue, du nord des Laurentides et de la Lanaudière, ainsi que de l'est des Cantons-de-l'Est, est le ☎819.

☎00 + 1 + indicatif régional et le numéro à 7 chiffres. La solution la plus économique consiste à utiliser une carte téléphonique prépayée (dont la carte à puce Bell, disponible dans les aéroports et les gares, et chez certains commerçants).

Urgences

Dans le doute, composez le 0 et demandez à l'opérateur de vous aider.

» Police, pompiers, ambulance ☎911

» Centre antipoison ☎1800-463-5060

» Police de Montréal (sauf urgences) ☎514-280-2222

Travailler au Québec

Un permis valide est presque toujours nécessaire pour travailler au Québec. Il peut être difficile d'en obtenir un, car les offres d'emploi reviennent d'abord aux Canadiens. Avant même de pouvoir faire la demande, il faut que vous ayez reçu une offre d'emploi spécifique de la part d'un employeur qui doit lui-même avoir reçu l'autorisation des autorités d'embaucher un étranger. La demande doit être effectuée au bureau des visas de l'ambassade ou du consulat du Canada de votre pays. Pour plus de détails, consultez Citoyenneté et Immigration Canada (www.cic.gc.ca/english/work/index.asp).

Voir aussi la rubrique *Cours et stages*, p. 478.

Voyager en solo

Le Québec se prête bien aux voyages en solitaire. Les auberges bon marché et les gîtes facilitent les échanges. Aller seul au café ou au restaurant est parfaitement bien vu. Les gens sont généralement sympathiques et ont le contact facile.

Femmes seules

Il n'existe pas de différence majeure entre un homme et une femme voyageant seul(e) au Québec. Aucun piège culturel ou "classique" n'est réellement à signaler aux personnes de sexe féminin, si ce n'est les recommandations pour tout périple en solitaire.

Essayez d'arriver à destination avant la tombée de la nuit. Si vous débarquez dans une gare (de bus ou de train), prenez un taxi pour rejoindre le lieu où vous devez passer la nuit. À Montréal, les gares routières ou ferroviaires donnent accès au métro, propre et sûr. Il est recommandé d'éviter certains quartiers des villes principales le soir, surtout les vendredis et samedis.

Les auberges de jeunesse et les gîtes sont des lieux sûrs, comme la plupart des hébergements au Québec. De manière générale, demandez à voir la chambre et évitez les hôtels trop bon marché.

Dans les bars et les boîtes de nuit, les femmes seules attirent généralement l'attention ; si vous ne souhaitez pas être dérangée, la plupart des hommes respecteront un "non merci" ferme. Si vous vous sentez menacée, protester bruyamment suffit souvent à faire fuir le malotru, ou incite les autres personnes présentes à prendre votre défense. Au Canada, il est illégal de porter sur soi une bombe lacrymogène.

Si une agression physique devait arriver, appelez immédiatement la police (☎911).

Transports

DEPUIS/VERS LE QUÉBEC

Entrer au Québec

L'entrée au Québec se fait sans complication. Les Français, les Belges, les autres ressortissants des pays de l'Union européenne, ainsi que les Suisses, n'ont pas besoin de visa pour un séjour au Canada entre trois et six mois (voir *Formalités et visas* p. 480).

Si vous arrivez en avion, vous devrez accomplir les formalités d'entrée (muni de la carte de déclaration que vous aurez remplie pendant le vol) et présenter votre passeport. L'agent des services frontaliers vous posera ensuite quelques questions sur l'objet et la durée de votre séjour, puis vous passerez au service des douanes. Consultez le site Se rendre au Canada (www.serendreaucanada.gc.ca) pour obtenir davantage d'informations. Le personnel des douanes et de l'immigration, assez strict, pose parfois quantité de questions. Sachez qu'il l'est souvent davantage aux frontières terrestres ; on fouillera volontiers votre véhicule si vous arrivez des États-Unis. Pour des informations à jour sur l'entrée dans le pays par voie terrestre, consultez le site Citoyenneté et Immigration Canada (CiC ; www.cic.gc.ca).

Voie aérienne

Il existe de nombreux vols directs et quotidiens de Paris vers Montréal, d'une durée de 7 heures 40 environ. La haute saison correspond en principe aux vacances scolaires françaises. Les prix les plus élevés se situent autour de Noël, les plus bas en novembre, avril et mai. En été, les prix se situent entre les deux extrêmes, hormis de la mi-juin à la mi-août où ils connaissent une hausse sensible.

Aéroports

La principale porte d'entrée au Québec est l'**aéroport Pierre-Elliott-Trudeau** (☎418-394-7377 ou 1-800-465-1213 ; www.admtl.com) de Montréal, même si l'**aéroport international Jean-Lesage** (☎418-640-3300 ou 1-877-769-2700 ; www.aeroportdequebec.com) de Québec est desservi par des vols directs depuis Paris et les principales villes de province.

Depuis/vers la France

Les principales compagnies canadiennes desservant Montréal sont Air Canada et Air Transat. Depuis la France, vous pourrez aussi vous adresser à Air France et Corsairfly. British Airways, Swissair et KLM assurent également des liaisons régulières et quotidiennes avec Montréal, via Londres, Amsterdam ou Zurich. Toute l'année, Air Transat propose des vols directs entre Montréal (et parfois Québec) et plusieurs villes de province, notamment Lyon, Nice, Marseille, Nantes et Toulouse.

À titre indicatif, les tarifs d'un aller-retour entre Paris et Montréal varient entre 450 et 1 000 €, selon les compagnies et les mois de départ, le prix moyen se situant autour de 630 €.

Vous trouverez ci-dessous des adresses de transporteurs et d'agences de voyages.

Air Canada (☎0 825 880 881 ; www.aircanada.com)

> **AVERTISSEMENT**
>
> Les informations contenues dans ce chapitre sont particulièrement susceptibles de changements. Vérifiez directement auprès de la compagnie aérienne ou de l'agence de voyages les modalités d'utilisation de votre billet d'avion. N'hésitez pas à comparer les prestations. Les détails fournis ici doivent être considérés à titre indicatif et ne remplacent en rien une recherche personnelle attentive.

AGENCES EN LIGNE ET COMPARATEURS DE VOLS

- » www.boursedesvols.com
- » www.skyscanner.fr
- » www.kayak.fr
- » www.liligo.fr
- » www.easyvoyage.com
- » www.ebookers.fr
- » www.expedia.fr
- » www.fr.lastminute.com
- » www.govoyage.com
- » www.nouvelles-frontieres.fr
- » www.opodo.fr
- » www.voyages-sncf.com

Air France (☎36 54, 0,34 €/min ; www.airfrance.fr)
Air Transat (☎0 825 120 248 ; www.airtransat.fr)
Corsairfly (☎0 820 042 042 ; www.corsairfly.com)
Nouvelles Frontières (☎0 825 000 747, 0,15 €/min ; www.nouvelles-frontieres.fr)
Thomas Cook (☎0 826 826 777 ; www.thomascook.fr)
Voyageurs du Monde (☎0 892 235 656 ; www.vdm.com)

Depuis/vers la Belgique

Le prix moyen d'un billet aller-retour entre Bruxelles et Montréal se situe autour de 750 €, les tarifs pouvant varier de 460 à 1 050 € selon les compagnies et la période.

Voici une liste d'agences et de transporteurs recommandés au départ de la Belgique :

SN Brussels Airlines (☎0 826 10 18 18 en France, ☎0902 51 600 en Belgique ; www.brusselsairlines.com)
Air Canada (☎31 20 405 5250 ; www.aircanada.com/france)
Air France (☎070 22 24 66 en Belgique ; www.airfrance.fr)
Air Transat (☎0 800 872 672 88 ; www.airtransat.be)
Airstop (☎070 233 188 ; www.airstop.be)
Connections (☎070 23 33 13 ; www.connections.be)

Depuis/vers la Suisse

Le prix moyen d'un billet aller-retour entre Genève et Montréal se situe également autour de 750 €, les tarifs pouvant varier de 500 à 1 300 € selon les compagnies et la période.

Voici trois agences à partir de la Suisse :

Air Canada (☎0 848 247 226 ; www.aircanada.com/ch/fr)
Swiss International Airlines (☎0 848 700 700 en Suisse, 0 892 23 25 01 en France ; www.swiss.com)
STA Travel Lausanne (☎058 450 49 49 ; www.statravel.ch)

Voie terrestre

Bus

Les réseaux de bus **Greyhound** (www.greyhound.com) et **Adirondack** (www.escapemaker.com/adirondacktrailways) relient de nombreuses villes des États-Unis à Montréal, avec toutefois un changement de bus à la frontière ou dans la ville la plus proche (voir p. 492 pour plus de détails).

Outre **Greyhound Canada** (www.greyhound.ca), la compagnie **Maritime Bus** (☎1-800-575-1807 ; www.maritimebus.com) relie le Québec aux provinces maritimes du Canada (voir p. 415).

Train

Amtrak (www.amtrak.com) et **VIA Rail** (www.viarail.ca) assurent des liaisons entre les États-Unis et Montréal.

Voiture et moto

Le réseau autoroutier américain est relié tout le long de la frontière au réseau canadien qui, à son tour, rejoint la Transcanadienne plus au nord. Pendant les mois d'été, les principaux points de passage de la frontière sont très fréquentés les vendredis et les dimanches, lorsque les amateurs de shopping, les vacanciers et les visiteurs convergent à la même période. Les retours peuvent être difficiles lors des longs week-ends de vacances estivales. Les points de passage secondaires sont toujours calmes.

VOYAGES ORGANISÉS

En France, plusieurs tours-opérateurs proposent des circuits et divers séjours au Québec, souvent axés sur les activités de plein air. Reportez-vous également à la rubrique *Circuits organisés locaux* (p. 496).

Allibert Trekking (☎0 825 090 190 en France ; www.allibert-voyages.com). Circuits de 7 à 15 jours, marche à pied et découverte, raquette ou ski nordique.
Atalante (☎01 55 42 81 00 à Paris, 04 72 53 24 80 à Lyon, 02 627 07 97 à Bruxelles ; www.atalante.fr). Circuit "Aventures Douces" au Québec (11 jours), rencontres boréales, expédition en motoneige et traîneau à chiens, appel du Grand Nord...
Authentik Canada (☎0800 907 682, n° gratuit depuis la France ; ⌚13h-21h lun-sam ; ☎0800 753 59 depuis la Belgique, ☎0800 898 601 depuis la Suisse ; www.authentikcanada.com). Agence canadienne.
Aventuria (☎0 821 029 941 ; www.aventuria.com). Raids en motoneige, séjours multi-activités dans les pourvoiries, raids en traîneau à chiens et ethnotourisme chez les Amérindiens.
Compagnies du monde (☎0892 234 432 ; www.compagniesdumonde.com ; 5 av. de l'opéra, 75001 Paris)

Comptoir des Voyages (0 892 239 339 à Paris, autres adresses à Lyon et Toulouse ; www.comptoir.fr). Nombreux itinéraires individuels proposés avec vols, location de voiture, hébergement et carnet de route inclus.

Fédération des pourvoyeurs du Québec (0 800 90 7777 en France, 1-800-567-9009 au Québec ; www.fpq.com). Informations et réservations sur les pourvoiries (voir p. 32).

Grand Nord Grand Large (01 40 46 05 14 ; www.gngl.com). Nombreux circuits aventure (canoë, conduite d'attelage, motoneige, randonnée), voyages d'observation animalière, autotours et voyages au Nunavut et au Nunavik.

Grand Elan – Voyager Autrement (0 800 956 686 ; www.motoneige-autrement.com). Raids et circuits en motoneige.

Uniktour (514-722-0909 au Québec ; www.uniktour.com). Agence canadienne offrant un circuit autoguidé très complet.

COMMENT CIRCULER

La voiture constitue certainement le meilleur moyen pour se déplacer au Québec et son coût reste accessible, même pour les petits budgets lorsque sa location est partagée entre deux, trois ou quatre personnes. Compte tenu de l'immensité du territoire québécois et des distances à parcourir, faites des choix lorsque vous établirez votre itinéraire.

Cependant, si votre budget ne vous le permet pas, le réseau de bus existant couvre correctement la province en reliant les principales villes. Voyager en bus revient moins cher que le train qui, en dehors des grands axes, n'assure pas, ou assez mal, le transport des passagers. Si, dans bien des pays d'Europe, on peut tout à fait sauter dans un bus ou un train sur un simple coup de tête, au Québec, ce n'est possible que dans les villes de Montréal et de Québec. Enfin, certains déplacements en train comme le parcours pour remonter jusqu'en Abitibi ou au Labrador constituent des voyages en soi.

Avion

Les vols intérieurs sont onéreux. Néanmoins, cette solution peut être choisie par ceux qui ont davantage de moyens que de temps. Les tarifs sont fluctuants. Adressez-vous directement à la compagnie ou passez par l'intermédiaire d'une agence de voyages. Aujourd'hui, dans le paysage aérien canadien, l'époque est à la concentration, Air Canada ayant absorbé plusieurs compagnies.

Air Canada Jazz (1-888-247-2262 ; www.aircanada.ca ou www.flyjazz.ca) dessert ainsi depuis Montréal et Québec les aéroports de Val-d'Or, Rouyn-Noranda, Mont-Joli, Gaspé, îles de la Madeleine, Baie-Comeau et Sept-Îles. Un aller-retour Montréal-Québec débute autour de 400 $, et peut revenir jusqu'à 700 $, taxes incluses.

Pascan Aviation (1-888-885-8777 ; www.pascan.com) est la compagnie aérienne reliant le mieux les régions éloignées entre elles. Depuis la région montréalaise, leurs vols sont toutefois peu pratiques : leur aéroport de départ se trouve à Saint-Hubert, une banlieue au sud-ouest de Montréal donc l'accès est difficile en transport public.

Une plus petite compagnie vient compléter l'offre pan-québécoise : **Air Liaison** (1-888-589-8972 ; 1-888-589-8972).

Trois compagnies assurent par ailleurs des vols réguliers pour le Grand Nord : **Air Creebec** (1-800-567-6567 ; www.aircreebec.ca) dessert notamment Chibougamau et Wemindji. **Air Inuit** (1-800-361-2965 ; www.airinuit.ca) et **First Air** (1-800-267-1247 ; www.firstair.ca) relient quant à elles tous les villages inuits du Grand Nord.

Les villages de la basse Côte-Nord sont desservis par **Air Labrador** (1-800-563-3042 ; www.airlabrador.com). **Provincial Airlines**

VOYAGES ET CHANGEMENTS CLIMATIQUES

Tous les moyens de transport fonctionnant à l'énergie fossile génèrent du CO_2 – la principale cause du changement climatique induit par l'homme. L'industrie du voyage est aujourd'hui dépendante des avions. Si ceux-ci ne consomment pas nécessairement plus de carburant par kilomètre et par personne que la plupart des voitures, ils parcourent en revanche des distances bien plus grandes et relâchent quantité de particules et de gaz à effet de serre dans les couches supérieures de l'atmosphère. De nombreux sites Internet utilisent des "compteurs de carbone" permettant aux voyageurs de compenser le niveau des gaz à effet de serre dont ils sont responsables par une contribution financière à des projets respectueux de l'environnement. Lonely Planet "compense" les émissions de tout son personnel et de ses auteurs.

(☎709-576-1666 ; www.provincialairlines.ca) permet de rallier les villes du Labrador depuis Sept-Îles et Blanc Sablon.

Bateau

Le Saint-Laurent, les innombrables rivières et les lacs du Québec combleront vos envies de navigation et d'exploration. La Côte-Nord peut ainsi se découvrir entièrement en bateau en empruntant depuis Rimouski celui de la compagnie **Relais Nordik Inc.** (☎1-800-463-0680 ; www.relaisnordik.com).

Le long du Saint-Laurent, vous trouverez des **traversiers** (www.traversiers.gouv.qc.ca) pour passer d'une rive à l'autre. En voici la liste : Saint-Siméon (Charlevoix)-Rivière-du-Loup (Bas-Saint-Laurent) ; Forestville (Côte-Nord)-Rimouski (Bas-Saint-Laurent) ; Baie-Comeau (Côte-Nord)-Matane (Gaspésie) et Godbout (Côte-Nord)-Matane (Gaspésie) ; Trois-Pistoles (Bas-Saint-Laurent) et les Escoumins (Côte-Nord).

Certains fonctionnent à l'année, d'autres sont saisonniers (pour de plus amples détails, reportez-vous aux chapitres régionaux). Les réservations, lorsqu'elles sont possibles, sont toujours conseillées, surtout pour des liaisons très fréquentées.

Les parcours sont parfois gratuits comme celui entre Tadoussac et Baie-Sainte-Catherine ou entre Saint-Joseph-de-la Rive et l'île aux Coudres.

Bus

Les bus vous conduiront presque partout à moindre coût que les trains. Ils sont propres et confortables. En outre, ils respectent à la minute près leurs horaires. Chaque région a sa compagnie de bus. Sachez toutefois que les fréquences restent limitées à une, deux ou trois liaisons par jour, à l'exception de certaines lignes interurbaines.

Dans toutes les villes du Québec, les compagnies d'autobus (à de rares exceptions près) empruntent les mêmes gares routières, si bien que l'on peut y prendre une correspondance, même en changeant de compagnie. Dans les petites villes et les villages, la gare n'est souvent que le parking d'une station-service ou de l'épicerie locale, qui assure le service de billetterie. La possibilité de s'asseoir à une place donnée repose sur la règle "premiers arrivés, premiers servis". Il est interdit de fumer.

Arrivez toujours à la gare environ une demi-heure avant le départ pour acheter votre billet. Vous pouvez également vous le procurer longtemps à l'avance, ce qui ne dispense pas de faire la queue pour entrer dans le bus.

Les week-ends fériés, le vendredi soir ou pendant les périodes de vacances, les gares d'autobus peuvent être vraiment bondées. Ces jours-là, les guichets sont particulièrement encombrés. Nous vous recommandons d'arriver tôt ou d'acheter votre billet à l'avance, le cas échéant.

Pour les trajets plus longs, demandez toujours s'il y a un bus direct ou express. En effet, sur certains trajets, les bus sont directs, tandis que sur d'autres, ils s'arrêtent plusieurs fois. Le prix est généralement le même sur les express.

Dans la majorité des grandes gares routières, vous trouverez des consignes automatiques fonctionnant avec des pièces de monnaie, ainsi que des cafétérias ou restaurants.

Les grandes compagnies d'autobus au Québec sont **Orléans Express** (www.orleansexpress.com) et **Intercar** (www.intercar.ca). Il existe en outre d'autres lignes provinciales, régionales et locales. Les services sont indiqués dans ce guide.

Les étudiants et seniors bénéficient généralement d'une réduction de 15% sur un billet aller, et les enfants de -12 ans de 50%.

Sachez aussi qu'il existe un **Rout.Pass** (☎1-800-661-8747 ; www.routpass.com) qui permet, de mi-mai à mi-décembre, de parcourir le Québec et l'Ontario à votre gré. Vous pouvez choisir 7 ou 14 jours consécutifs (il vous en coûtera respectivement 280 $ et 388 $, tx incl), et même 18 jours (417 $) si vous souhaitez rejoindre New York.

En stop

Ce type de moyen de transport n'étant jamais totalement sûr dans aucun pays du monde, nous ne le recommandons donc pas. Cela, dit, le risque est minime au Québec, et vous verrez peut-être des auto-stoppeurs dans les régions du Bas-Saint-Laurent, de la Gaspésie et sur la Côte-Nord, où la pratique est plus courante. Faire du stop à deux, un homme et une femme, est préférable.

Aux environs des villes, choisissez soigneusement l'endroit où vous allez vous installer pour "faire du pouce", comme on dit au Québec. Faites en sorte d'être visible, et de vous placer à un endroit où les automobilistes peuvent facilement s'arrêter. Ne vous placez pas au bord des voies express à plusieurs files. Il est interdit de faire du stop directement sur les voies rapides.

Vous trouverez plus de conseils sur le site et le forum du **Pouceux** (www.lepouceux.com).

Train

Le train revient plus cher que le bus et n'est pas plus rapide. **VIA Rail Canada** (☎1-888-842-7245 ; www.viarail.ca) gère tous les trains de voyageurs au Canada. Le terme VIA est devenu synonyme de voyages en

DE MONTRÉAL À QUÉBEC

Québec se trouve à environ 260 km au nord-est de Montréal. Si vous ne louez pas de voiture, il existe d'autres moyens de transport entre les deux villes.

» **Train** : **Via Rail** (☎1-888-842-7245 ; www.viarail.ca) effectue plusieurs liaisons quotidiennes entre la **gare centrale de Montréal** (☎514-989-2626 ; 895 rue de la Gauchetière ; ⓂBonaventure) et la **gare du Palais** (☎888-842-7245 ; 450 rue de la Gare-du-Palais) à Québec. Le trajet dure 3 heures 30 et coûte à partir de 50/100 $ l'aller simple/aller-retour.

» **Bus** : **Orléans Express** (☎1-888-999-3977 ; www.orleansexpress.com) et **Greyhound** (☎1-800-661-8747 ; www.greyhound.ca) circulent tous les jours entre la **station centrale d'autobus de Montréal** (☎514-842-2281 ; 505 blvd de Maisonneuve Est ; ⓂBerri-UQAM) et la **gare du Palais** (☎418-525-3000 ; 450 rue de la Gare-du-Palais) à Québec. Comptez à partir de 53/106 $ l'aller simple/aller-retour et 3 heures 15 à 4 heures 30 de route.

train, et c'est lui qui figure sur les panneaux, en ville, pour indiquer la direction des gares.

Les trains sont les plus fréquents (de trois à cinq par jour) dans la région formée par Québec et Montréal, en raison de sa forte densité de population. D'autres destinations, comme Gaspé, ne sont desservies que deux ou trois fois par semaine, selon la saison.

Différents forfaits et cartes-voyage sont proposés par Via Rail, renseignez-vous sur le site internet (www.viarail.ca/fr/forfaits et www.viarail.ca/fr/tarifs/cartes-voyages).

Autres compagnies ferroviaires

La ligne opérée par **Tshiuetin Rail Transportation** (☎418-960-0982 ; www.tshiuetin.net) part de Sept-Îles (dans la région de la Côte-Nord) et permet de rejoindre le Labrador en 8 heures et Schefferville en 12 heures. Ce trajet particulier demande toutefois une grande préparation (voir p. 326).

Amtrak (☎1-800-872-7245 ; http://francais.amtrak.com) est l'équivalent américain de VIA Rail Canada. Vous trouverez, dans la plupart des gares ferroviaires canadiennes, des cartes d'abonnement à des prix intéressants et de nombreuses informations sur les services proposés par Amtrak.

Vélo

Ce moyen de transport est très populaire à la ville comme à la campagne. De nombreuses voies sont aménagées dans la plupart des agglomérations, dans les parcs et dans les régions (voir aussi p. 29). Elles permettent de circuler en toute sécurité.

Montréal peut se visiter entièrement à vélo. **Vélo Québec** (☎514-521-8356 ou 1-800-567-8356 ; www.velo.qc.ca) fournit toutes les informations souhaitées en la matière.

Les offices de tourisme pourront vous renseigner (reportez-vous aux chapitres régionaux). Ils vous fourniront également de bonnes cartes. La longueur et la difficulté des trajets sont très variables. Dans les parcs nationaux, vous pouvez partir plusieurs jours et réserver votre hébergement dans des chalets. Parfois vous pourrez faire suivre vos bagages.

Les magasins de cycles sont également de bonnes sources d'information. Comptez en moyenne 30 $ pour une location à la journée.

VIA Rail autorise le transport de votre vélo à bord des trains dotés de wagons à bagages.

Voiture et moto

La voiture, à bien des égards, se révèle le moyen de transport le plus commode et le moins onéreux. Les routes sont en général entretenues et bien signalisées. Dans les offices de tourisme provinciaux, vous pourrez vous procurer gratuitement les cartes routières de chaque région.

Les autoroutes sont gratuites au Québec, mais la traversée de certains ponts est parfois facturée (une somme toutefois modique).

Dans les grandes villes, la circulation aux heures de pointe – surtout vers 17h et le vendredi – peut être particulièrement difficile, surtout à Montréal. Le tarif des aires de stationnement est en général élevé.

Avant de partir, vérifiez que votre assurance vous couvre à l'étranger.

Automobile club

Connu sous le nom de **Canadian Automobile Association** (CAA ; www.caa.ca), ce club s'occupe de l'assistance aux personnes possédant une voiture achetée au Canada. Il existe différents niveaux d'assistance opérationnels 24h/24.

Le CAA organise également des excursions ou donne des conseils. Le personnel de l'agence locale vous aidera à tirer le meilleur parti de votre parcours et vous proposera des cartes et des guides de qualité variable. Enfin, les agences CAA peuvent vous fournir des chèques de voyage.

En principe, si vous possédez une voiture en bon état, vous n'aurez pas besoin de faire appel à CAA. Inversement, les frais de dépannage étant élevés, deux pannes suffisent à rentabiliser votre adhésion.

Covoiturage

La société de covoiturage **Amigo Express** (☎514 721-8290 ou 1-877-264-4697, www.amigoexpress.com) est certainement la plus utilisée au Québec, mais elle requiert un numéro de téléphone canadien. Elle ne possède pas de bureaux – tout se déroule sur leur site Web.

Née au Québec, **Allo Stop** (☎1-888-985-3032, 514-985-3032 à Montréal, 418-658-0000 à Québec ; www.allostop.com) est une société qui met en contact passagers éventuels et propriétaires de véhicules. Les frais d'essence sont partagés. Comptez 15 $ en moyenne pour le trajet Montréal-Québec ; la carte de membre coûtant 6 $ à l'année. Allo Stop possède des succursales à Montréal, à Québec et dans beaucoup d'autres petites villes de la province.

Les sites de petites annonces **Kijiji** (www.kijiji.ca) et **Craigslist** (http://montreal.fr.craigslist.ca) ont une section dédiée au covoiturage, mais ils sont en général moins sûrs que les agences spécialisées. Enfin, si vous possédez un compte **Facebook** (www.facebook.com), de plus en plus de groupes rassemblent les covoitureurs fréquents par région.

Code de la route

Les Québécois roulent à droite et utilisent le système métrique pour mesurer les distances. La ceinture de sécurité est obligatoire pour tous les passagers. Sur les autoroutes, la vitesse est limitée à 100 km/h, sur les routes à 60, 70, 80 ou 90 km/h, dans les villes à 50 ou 30 km/h. Les amendes pour non-respect des limitations de vitesse sont lourdes et les contrôles, très fréquents.

» Quelle que soit votre position sur la chaussée,

Distances routières en km

	Val-d'Or	Trois-Rivières	Tadoussac	Sherbrooke	Sept-Îles	Rouyn-Noranda	Rivière-du-Loup	Rimouski	Québec	Montréal	Matane	Havre-Aubert	Gatineau	Gaspé	Chicoutimi
Trois-Rivières	638														
Tadoussac	875	*346													
Sherbrooke	667	158	*457												
Sept-Îles	1302	774	430	886											
Rouyn-Noranda	107	747	983	782	1532										
Rivière-du-Loup	958	320	*45	420	*466	1065									
Rimouski	1060	427	*148	527	*325	1167	107								
Québec	771	130	*216	240	652	877	206	312							
Montréal	531	142	*485	147	904	638	436	539	253						
Matane	1153	522	*242	620	*232	1265	200	93	406	636					
Havre-Aubert	*1804	*1173	*793	*1257	*871	*1901	*837	*709	*1042	*1272	*669				
Gatineau	429	331	*677	347	1096	536	628	736	451	207	828	*1465			
Gaspé	1446	808	*530	915	*567	1559	*538	382	700	930	337	1124	*839		
Chicoutimi	747	338	168	451	543	831	*157	*264	211	464	*354	562	*994	*649	
Baie-Comeau	1183	545	200	662	232	1304	237	*93	422	676	*	869	*669	*337	316

* Par traversier

vous devez absolument vous arrêter lorsque les cars de ramassage scolaire ont leurs clignotants allumés et que le panneau "Arrêt" s'affiche : cela indique en effet que le car va s'immobiliser pour faire monter ou descendre les enfants. Toute infraction à cette règle est immédiatement sanctionnée et constitue l'infraction routière la plus sévèrement réprimée au Québec.

» Lorsque vous abordez un croisement, soyez par ailleurs très attentif à la signalisation. Les feux de signalisation sont toujours installés après le carrefour que votre véhicule s'apprête à franchir et sont en général situés en hauteur au-dessus de vos têtes et non sur les côtés. Une ligne blanche tracée sur la route vous indique l'endroit où vous devez impérativement arrêter votre véhicule : son tracé est toujours placé plusieurs mètres avant le feu de signalisation.

» La priorité à droite n'existe pas au Québec.

» Lorsque vous voyez un panneau "Arrêt" (l'équivalent du stop en France), marquez effectivement l'arrêt : la priorité à droite n'existant pas au Québec, on ne repart qu'en fonction de l'ordre d'arrivée au carrefour. Lorsque vous arrivez à hauteur du stop ou du carrefour, notez donc l'ordre d'arrivée des véhicules avant de vous engager.

» Un feu rouge ou orange clignotant à un carrefour signifie qu'il faut marquer un arrêt et regarder à droite puis à gauche avant de s'engager.

» Théoriquement, on roule en codes. Dans les voitures récentes, ils s'allument automatiquement dès que le contact est mis. À noter aussi que les véhicules loués sont souvent équipés de la fonction "Cruise Control" permettant de stabiliser sa vitesse. Cette fonction s'annule dès que l'on effleure la pédale de frein ou que l'on appuie sur le bouton "off" situé sur le volant. De manière générale, n'hésitez pas à poser toutes les questions sur le fonctionnement de votre véhicule de location au moment de le louer.

Danger sur les routes

Par temps de neige, assurez-vous d'avoir les pneus d'hiver adéquats. Pendant les périodes de grand froid, ayez toujours dans votre voiture une bougie, un briquet ou des allumettes, une couverture, une lampe de poche, une pelle et une raclette pour dégager les vitres de votre véhicule. Une simple bougie allumée dans l'habitacle suffira à maintenir une certaine température.

Ayez le réflexe de faire le plein avant même que votre réservoir soit à moitié vide et dès que vous projetez de traverser certains parcs ou réserves, dépourvus de postes à essence. En outre, assurez-vous que le véhicule que vous conduisez est en bon état et prenez quelques outils et pièces de rechange, ainsi que de l'eau et des vivres. (voir aussi p. 135 pour des recommandations supplémentaires).

Les animaux sauvages, tels que les cerfs de Virginie et les orignaux, représentent un danger potentiel sur les routes, surtout à la tombée du jour, la nuit et au petit matin. Dans les régions où vous rencontrerez des panneaux mettant en garde les automobilistes contre l'éventuelle présence de ces animaux, restez vigilant. Souvent, les phares des voitures semblent les hypnotiser, et ils restent debout au milieu de la route. Essayez de faire des appels de phares tout en klaxonnant.

Pour connaître l'état des routes, hiver comme été, appelez les **informations routières** (☎1-888-355-0511 ; www.quebec511.gouv.qc.ca). Durant la période estivale, les routes endommagées par le dégel font l'objet de travaux. L'hiver, il est toujours recommandé de s'informer sur la **météo** (www.meteo.gc.ca).

Enfin, lorsque vous vous garez, faites très attention : le stationnement est parfois interdit la nuit dans certaines rues ou dans les périodes de déneigement. Regardez toujours attentivement les panneaux qui indiquent les côtés et les temps autorisés.

Location

Les agences de location de voitures sont présentes dans tout le pays. Les principales sont Hertz, Avis, Budget et National, mais il en existe bien d'autres. Les plus importantes pourront vous réserver une voiture dans n'importe quel point de location de la province. Elles sont aussi représentées dans presque tous les aéroports. Vous aurez besoin d'une carte de crédit pour louer une voiture. Tous les véhicules loués possèdent une boîte de vitesse automatique.

L'âge minimum pour louer une voiture est 21 ans. Si vous êtes âgé de moins de 26 ans, on peut vous demander de contracter une assurance supplémentaire, mais les primes requises ne sont pas très élevées.

Sur place, la location en kilométrage illimité est difficile à obtenir, aussi est-il préférable de louer depuis votre pays, surtout si vous comptez faire des kilomètres, et de coupler votre location à un billet d'avion.

Le prix de l'essence est en constante augmentation depuis quelques années et tourne maintenant autour de 1,38 $ le litre en moyenne. Les voitures fonctionnant au gazole (*diesel* au Québec) sont rares, mais on en trouve un peu partout. Les stations d'essence acceptent les cartes de crédit ; nombre d'entre elles sont des self-services, ouverts 24h/24.

Les enfants de moins de 18 kg doivent occuper un siège de sécurité dans les voitures et porter une ceinture.

Permis de conduire

Le permis de conduire français est valable au Canada, mais si vous pensez vous rendre dans une province anglophone – en Ontario, par exemple –, le permis de conduire international peut être utile.

Si vous restez plus de trois mois dans la province, mieux vaut avoir un permis de conduire international pour être parfaitement en règle avec les autorités.

Circuits organisés locaux

Vous trouverez les meilleurs voyages organisés par l'intermédiaire des compagnies d'autobus, des agences de voyages ou des offices de tourisme québécois. Nombre de compagnies touristiques privées figurent dans leurs brochures.

Les auberges de jeunesse organisent également des excursions spéciales incluant des randonnées en ski de fond ou en raquettes, des excursions en canot, etc. **Voyages Campus** (☎1-800-667-2887; www.voyagescampus.com) propose de son côté différents voyages pour les étudiants comprenant des activités de plein air, été comme hiver.

Pour plus d'informations sur les agences du Québec organisant des séjours sportifs, reportez-vous au chapitre *Activités de plein air* p. 26. La rubrique *Voyages organisés* (p. 490) dresse, quant à elle, une liste d'adresses de tours-opérateurs en France.

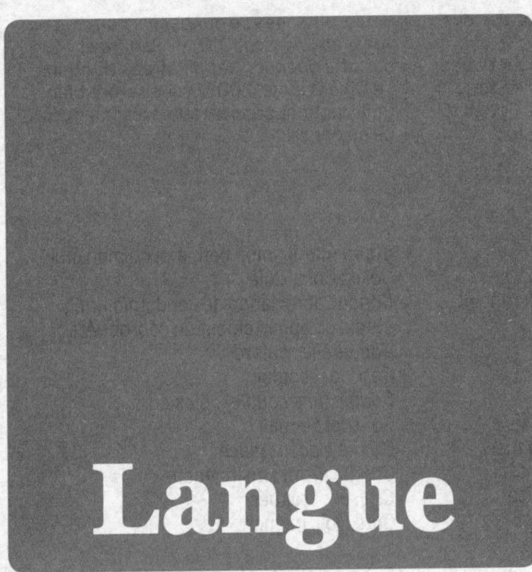

POUR ALLER PLUS LOIN

Indispensable pour mieux communiquer sur place : le **guide de conversation français/anglais de Lonely Planet**. Pour réserver une chambre, lire un menu ou simplement faire connaissance, ce manuel permet d'acquérir des rudiments d'anglais. Inclus : un minidictionnaire bilingue.

Le français et l'anglais sont les deux langues officielles du Canada, tandis qu'au Québec, l'adoption de la loi 101 en 1977 confirme la primauté de la langue française dans la province. La préservation de la langue française reste toutefois un souci majeur pour les Québécois et constitue l'une des principales revendications du mouvement séparatiste. Rappelons enfin que la langue française n'est parlée que par 2% de la population d'Amérique du Nord. Au Québec, le français constitue la langue maternelle de plus de 80% des habitants.

La baisse constante du poids relatif des francophones dans la région montréalaise et l'usage obligatoire du français comme langue de travail sont fréquemment médiatisés et attisent les dissensions. Deux camps s'affrontent à ce propos dans d'interminables débats, ne manquant pas de brandir tour à tour des statistiques pour démontrer soit que la situation du français se détériore, soit, au contraire, qu'elle est stable ou qu'elle s'améliore. Néanmoins, les nouveaux immigrants qui effectuent un transfert linguistique choisissent très majoritairement le français, et 70% des anglophones du Québec se montrent disposés à tenir une conversation en français.

Bien qu'il diffère du "français de France", le québécois constitue un dialecte français à part entière. Une partie des expressions québécoises sont héritées du vieux français et de ses dérivés, s'accoutumant aux réalités des agriculteurs, des draveurs, des bûcherons, des pêcheurs et des prêtres de la Nouvelle-France ou encore de mots adoptés de langues autochtones. Vous entendrez par exemple, "Y'est quelle heure ?" au lieu de "Quelle heure est-il ?", "Tu veux-tu ?" pour "Veux-tu ?" ou "Chu" pour "Je suis" ou encore les mots "brin" et "brun" prononcés tous deux "bran" ! Le québécois est également truffé d'anglicismes, ingénieusement conjugués et transposés à la langue de tous les jours. Quoi qu'il en soit, les Québécois vous comprendront parfaitement et seront parfois charmés, parfois quelque peu énervés par votre accent, comme vous serez séduit par le leur. Vous prendrez même peut-être plaisir à harmoniser votre usage de la langue au leur, en présentant votre blonde (amoureuse) ou votre chum (amoureux) à vos amis québécois "pure laine", ou encore en les invitant pour le "déjeuner" (petit-déjeuner), le "dîner" (déjeuner) ou le "souper" (dîner).

Le tutoiement s'emploie par ailleurs beaucoup plus couramment qu'en France. Même si le tutoiement spontané tend à se raréfier dans les grandes villes, on passe rapidement du "vous" au "tu" dès qu'un premier contact a été établi. Aussi abandonnerez-vous rapidement le vouvoiement pour vous adapter au discours de votre interlocuteur.

La plupart des Québécois parlent aujourd'hui un français neutre dans les situations plus formelles, un français qualifié de "radio-canadien", en référence à la langue québécoise standardisée utilisée à la radio et à la télévision nationale de Radio-Canada. Nombreux sont les jeunes professionnels et étudiants qui adoptent spontanément ce registre de la langue, bien qu'ils prennent plaisir, en famille ou entre amis, à colorer leur "parlure" de savoureuses expressions québécoises, de "joual".

Les Amérindiens et les Inuits continuent à utiliser leur langue maternelle, comme le font de nombreux immigrants, l'anglais étant souvent leur seconde langue.

Les ouvrages *Le québécois pour mieux voyager* (Ulysse, 2010) et *Parlure et parlotte québécoises illustrées* (Éditions Le Chien rouge, 2008) vous seront bien utiles pour apprécier toutes les nuances de ce parler.

LEXIQUE QUÉBÉCOIS

Achalandé : plein, bien fourni
Accommoder : rendre service à
Achaler : contrarier, ennuyer, déranger quelqu'un
À date : jusqu'ici
Adonner : se produire par hasard
Âge d'or : le 3e âge
Appel à frais virés : appel en PCV
Attacher (son manteau) : boutonner

Baccalauréat : licence ou maîtrise
Barrer : verrouiller
Bas : chaussettes
Batterie : pile
Bec : petit baiser
Bedaine : gros ventre
Bibitte : petit insecte (bébête)
Bicycle : vélo
Bienvenue : il n'y a pas de quoi, à votre service
Blonde : petite amie, amoureuse
Breuvage : boisson
Brailler : pleurer
Brassière : soutien-gorge
Brosse (prendre ou virer une) : prendre une cuite
Bûcher : couper du bois, frapper, s'acharner sur quelque chose

Cadran : réveille-matin
Caméra : appareil photo
Canceller : annuler
Capoter : paniquer, perdre l'esprit, flipper
Carte soleil : carte d'assurance maladie, équivalent de la carte Vitale
Cassé : fauché, sans le sou
Casse-croûte : snack-bar
Cave (un) : idiot
Cellulaire, cell : téléphone portable
Chalet : maison de campagne en forêt ou au bord d'un lac ou d'une rivière
Chandail : pull
Chanter la pomme : essayer de plaire à quelqu'un, draguer
Char : voiture
Chaud : ivre, saoul
Chauffer (un véhicule) : conduire
Chialer : rouspéter
Chicane : querelle, dispute
Choquer (se) : fâcher (se)
Chum (mon) : mon petit ami ou mon ami
Coke : Coca-Cola
Condo : abréviation de condominium, studio ou appartement en copropriété
Coquerelle : cafard
Corridor : couloir
Couple (une couple) : plusieurs
Courriel : e-mail
Crème glacée : glace
Croche (être) : malhonnête
Cruiser : draguer
Cute : joli, mignon

Débarbouillette : équivalent du gant de toilette
Débarquer : descendre (n'importe quel moyen de transport)
Déjeuner : petit-déjeuner
Dépanneur : épicerie ouverte tard le soir ou petit magasin général
Diète : régime
Dîner : déjeuner
Dispendieux : cher
Drette : droit
Drette-là : maintenant

Écœurant : extraordinaire, incroyable
Écouter la télé : regarder la télé
Échalote : oignon vert
Embarquer : monter (n'importe quel moyen de transport)
En amour (tomber ou être en amour avec quelqu'un) : être amoureux
Énervé : surexcité
En vente : en solde
Épais : lourd, niais, imbécile

Fâche (ça me) : ça me contrarie
Faire du pouce : faire de l'auto-stop
Faire dur : avoir mauvaise mine
Fête : anniversaire
Fin : aimable, gentil
Fin de semaine : week-end
Foirer : ne rien faire
Foufounes : fesses
Foyer : cheminée
Frette : froid, glacial
Full : très, beaucoup
Fun (c'est le) : agréable, plaisant

Gang : bande d'amis
Garde-robe : placard
Garrocher : lancer, tirer
Gaz (gazoline) : essence
Gelé : drogué
Gomme : chewing-gum
Goûter bon : avoir bon goût
Griller (se faire) : bronzer
Guichet automatique : DAB

Icitte : ici

Jaser : discuter, parler
Job (une) : travail, emploi
Joke (une) : une blague
Joual : parler populaire québécois

Laisser faire : laisser tomber
Lavage : lessive
Lampe de poche : lampe-torche
Léchage de vitrine : lèche-vitrine
Lendemain de veille : avoir la gueule de bois
Libre-service : self-service
Licencié : autorisé (vente d'alcool)
Linge (du) : vêtements
Liqueur : soda
Lousse : libre, détaché, ample
Lunch : repas du midi ; une boîte à lunch est un panier-repas

Magané : abîmé, fatigué
Magasinage : shopping
Magasiner : faire ses courses
Mal pris (être) : être en détresse, avoir besoin d'aide
Maringouin : moustique
Masse (en) : en grande quantité
Menu : table d'hôte
Mets-en ! : j'approuve
Minou : chat
Misère (avoir de la) : éprouver de la difficulté
Mitaines : moufles
Mouiller : pleuvoir

Niaiser : berner, embêter, perdre son temps
Niaiseux (niaiseuse) : imbécile
Nono : niais

Pantoute : pas du tout, nullement
Party : fête
Pas pire : pas mal
Passé date : désuet, périmé
Patate frite : frites
Patente : chose, truc
Peignure : coiffure
Peinturer : peindre
Peser : appuyer
Pinotte (pour peanuts) : arachide
Piasse (une) : un dollar
Piton : bouton (peser sur le piton)
Piment : poivron
Pitoune/pétard : belle fille
Place : endroit
Plaster : pansement
Plate (c'est) : ennuyeux
Plein (être) : rassasié
Pogner : agripper, obtenir
Poqué : fatigué
Poste d'essence : station-service
Prendre une marche : faire une balade à pied

Quétaine : kitsch, ringard

Ratoureux : espiègle
Robe de chambre : peignoir
Roulotte : caravane

Sacrer : dire des jurons (souvent hérités du vocabulaire religieux : tabarnak, câlisse, crisse, ciboire, hostie...)
Séchoir : sèche-cheveux
Sirop de poteau : faux sirop d'érable
Ski-Doo : motoneige
Sloche : gadoue, neige fondue
Sou : un cent (centime)
Souffleuse (à neige) : chasse-neige
Souper : dîner
Spécial (en) : en solde
Stationnement : parking
Sur son 36 (être) : se mettre sur son 31
Système de son : chaîne stéréo

Tabagie : tabac
Table d'hôte : menu complet
Taleure (à) : à tout à l'heure
Tanné (être) : en avoir marre
Tantôt : tout à l'heure
Toffe (de l'ang. tough) : ardu
Toffer : endurer
Toune : air de musique, chanson populaire
Track : voie ferrée
Trouble : souci, ennui
Tuque : bonnet

Ustensiles : couverts (cuillère, couteau, fourchette)

Valise : malle ou coffre de voiture
Vente de garage : vente-débarras
Vidanges : ordures
Vues (aller aux) : aller au cinéma

GLOSSAIRE

Consultez le lexique québécois (p. 498) pour davantage de vocabulaire.

ALENA – Accord de libre-échange nord-américain, regroupant le Canada et les États-Unis
Algonquin, Algonquien – Nation amérindienne, faisant partie de l'une des trois familles linguistiques distinctes (avec l'iroquoien et l'eskimo-aleut) des autochtones du Québec
Atlantique (provinces de l') – les provinces maritimes ainsi que la province de Terre-Neuve-et-Labrador
aurore boréale – également appelée aurore polaire ou lumière du Nord, elle est provoquée par des particules du soleil prises dans le champ magnétique terrestre
autochtones – premiers habitants de l'Amérique du Nord. La Constitution canadienne reconnaît trois groupes d'autochtones : Indiens, Inuits, Métis

bacon – tranches de lard souvent fumé au bois d'érable et servies au petit-déjeuner
bande – groupe d'autochtones pour lesquels des terres ont été réservées. Exemple : un conseil de bande
barachois – banc de sable ou de gravier s'avançant dans la mer à l'embouchure d'une rivière et qui forme une petite baie
bleuets – espèce de myrtilles d'Amérique. Surnom des habitants de la région du Lac-Saint-Jean
boîte à lunch – panier-repas, goûter
boîte à chansons – petite salle de spectacles aux allures de café où se produisent des chanteurs
Bouclier canadien – vaste formation rocheuse datant d'il y a 3 milliards d'années et qui couvre la majeure partie nord du pays

cabane à sucre – maison en bois dans l'érablière où l'on fête la récolte du sirop d'érable au printemps
Canadien de Montréal (le) – l'équipe de hockey de Montréal
canneberge – espèce nord-américaine d'airelle, *cranberry*
canot – canoë
canot-camping – activité de plein air qui consiste à rejoindre en canot (éventuellement en le portant entre les lacs : le portage) des sites de camping rustique implantés dans un environnement préservé
caribou – renne d'Amérique
chevreuil – cerf de Virginie
compagnie de la Baie d'Hudson – compagnie anglaise créée en 1670 dans le but de commercer dans toutes les régions baignées par des cours d'eau débouchant dans la baie d'Hudson

dépanneur – épicerie ouverte tard le soir ou petit magasin général

école de rang – ancienne école de village ; *voir rang*
économusée – lieu de production artisanale avec comptoir de vente
épluchette (de blé d'Inde) – Fête ou repas où on épluche le blé d'Inde (maïs en épis) avant de le consommer bouilli
esker – formation naturelle de sable et de gravier (souvent, une longue butte allongée) laissée par des cours d'eau après le retrait des glaciers, dans le nord du Québec
été des Indiens – courte période de temps chaud à l'automne après un gel au sol

Gîtes et auberges du Passant – association québécoise regroupant des B&B, des chambres d'hôte en ville ou à la campagne
"grande noirceur" – période désignant les années du gouvernement Duplessis au Québec (1944-1959)

Innu –nom par lesquels les autochtones Montagnais se désignent eux-mêmes
inukshuk – silhouettes de pierres construites par les Inuit et posées près des lacs pour inciter les caribous à entrer dans l'eau. Ainsi, ces animaux étaient plus faciles à chasser

Le P'tit Train du Nord – ligne de chemin de fer qui reliait Montréal à Mont-Laurier, fermée en 1981. Elle devint en 1996 un parc linéaire : une piste de 200 km de long reliant Saint-Jérôme à Mont-Laurier et que l'on emprunte à pied ou à vélo l'été, à ski de fond ou en motoneige l'hiver.
loyalistes – résidents d'Amérique qui maintinrent leur allégeance envers la Couronne britannique durant la guerre d'Indépendance américaine et qui s'enfuirent au Canada, dominion britannique
loup-marin –phoque

Maritimes – trois des provinces de l'Atlantique (Nouveau-Brunswick, Nouvelle-Écosse et Île-du-Prince-Édouard)
mukluks – mocassins ou bottes en peau de phoque, souvent ornés de fourrure, fabriqués par les Inuits
muskeg – tourbières au nord du Québec où des couches de plantes, d'herbes et parfois d'arbres flottent à la surface d'une eau stagnante

orignal – élan d'Amérique du Nord, reconnaissable à son nez allongé, à ne pas confondre avec le wapiti

pain doré – pain perdu, servi au petit-déjeuner

Pam (plan américain modifié) – équivalent de la demi-pension
parc linéaire – parc beaucoup plus long que large, traversant parfois plusieurs villes et villages ; *voir Le P'tit Train du Nord*
pâté chinois – sorte de hachis parmentier avec du maïs
permafrost – (pergélisol) couche profonde du sol, gelée en permanence, qui recouvre le Grand Nord canadien
pitoune – bille de bois de 4 pieds de long (1,20 m)
pot-en-pot – tarte aux fruits de mer des îles de la Madeleine
pouding chômeur – gâteau que l'on fait cuire sur un sirop à base de cassonade
pourvoirie – domaine forestier constitué de lacs et de rivières alloué par l'État québécois à un particulier ou à une société en vue d'une exploitation commerciale ou touristique. On y pratique traditionnellement la chasse et la pêche
poutine – plat québécois composé d'un mélange de frites, de fromage frais en grains et arrosé de sauce brune
pow wow – grande fête avec musiques et danses traditionnelles autochtones
Premières Nations (membres des) – terme désignant les peuples amérindiens autochtones sauf les Inuits
prêt-à-camper – formule d'hébergement dans les parcs, dans une tente Huttopia ou Hékipia (tente alliant plafond de toile et plate-forme de bois) ou encore en yourte aménagée, avec tout l'équipement fourni. Une formule camping de luxe

rabaska – grand canot d'écorce de bois d'origine algonquienne, qui servit aux premiers explorateurs. De forme allongée (environ 10 m de long), il peut accueillir une dizaine de personnes
rang – chemins tracés parallèlement au fleuve Saint-Laurent, issus du mode de division des terres et constituant des repères géographiques
Refus global – manifeste radical d'un groupe d'intellectuels et d'artistes contestataires québécois durant le gouvernement de Duplessis, en 1948

SAQ – Société des Alcools du Québec, gère en exclusivité les boutiques commercialisant vins et autres alcools
soccer – football tel qu'il se pratique en Europe. Au Québec, le terme "football" désigne le football américain
SQ – Sûreté du Québec (police provinciale de la province du Québec)
sous-marin – sandwich fait avec un petit pain allongé ou un bout de baguette
taïga – forêt subarctique du Grand Nord, aux arbres toujours verts
télémark – (ski nordique) une technique de ski et de glisse permettant la liberté du talon sur le ski
toundra – vaste plaine sans arbres de l'Arctique, au sol gelé en permanence
tourtière – tarte à base de viande de gibier ou de porc et de pommes de terre, recouverte de pâte
traversier – ferry

UQAM – Université du Québec à Montréal

vacances de la construction – désigne la période des deux dernières semaines du mois de juillet durant laquelle la quasi-totalité des travailleurs de la construction bénéficie d'un congé obligatoire. Près du tiers des Québécois prennent leurs vacances durant cette période
vélo de montagne (ou mountain bike) – équivalent du VTT (vélo tout-terrain) en Europe
VTT – au Québec, nom donné au "quad", petit véhicule tout terrain motorisé à quatre roues motrices

wapiti – grand cerf d'Amérique du Nord, légèrement plus petit que l'orignal et qui constitue une espèce distincte

En coulisses

VOS RÉACTIONS ?

Vos commentaires nous sont très précieux et nous permettent d'améliorer constamment nos guides. Notre équipe lit toutes vos lettres avec la plus grande attention. Nous ne pouvons pas répondre individuellement à tous ceux qui nous écrivent, mais vos commentaires sont transmis aux auteurs concernés. Tous les lecteurs qui prennent la peine de nous communiquer des informations sont remerciés dans l'édition suivante, et ceux qui nous fournissent les renseignements les plus utiles se voient offrir un guide.

Pour nous faire part de vos réactions, prendre connaissance de notre catalogue et vous abonner à notre newsletter, consultez notre site Internet : **www.lonelyplanet.fr**

Nous reprenons parfois des extraits de notre courrier pour les publier dans nos produits, guides ou sites Web. Si vous ne souhaitez pas que vos commentaires soient repris ou que votre nom apparaisse, merci de nous le préciser. Notre politique en matière de confidentialité est disponible sur notre site Internet.

À NOS LECTEURS

Nous remercions tous les lecteurs qui ont utilisé la précédente édition de ce guide et ont pris la peine de nous écrire pour nous communiquer informations, commentaires et anecdotes :

A Sylvie Audouin **B** Josiane et Serge Berthomieu, Diane Bolduc, Karine Bouchard, Pascale et Jacques Boyer **C** Pierre-Marc Cardinal, Fanny Carlier, Camille Champeval, Amélie Côté, G. Cubizolle **D** S. de Sacy, Jean-Pierre Deschamps, Christian Dilain **F** Virginie et Cyril Faure, Gilbert et Mireille Faurie, Robert Fayolle **G** Famille Grégoire, Anne-Laure Guillou **H** Séverine Huynen **I** Sarah Istace **J** Pascal Joret, G. Jouan **L** Lauriane Labarthe, B. Lebourgeois, Anne-Claire Lenain, Emmeric Le Person **M** Jessica Marteau, Christine Maurin-Parent, Karin Mazon, Sophie Merlet, Claire Meslif, Stéphane Moinet **N** Romain Nombret **P** Xavier et Hélène Pinasson **R** Évane Reynaud, Christine Rieux **S** Julie et Nicolas Stroh **T** Christian Tournier, Ginette Tremblay, Marie-Christine Tremblay **V** Marylène et Olivier Vergon **W** Sylvie Winckler

UN MOT DES AUTEURES

Anick-Marie Bouchard

Un gros merci à Annick Leblanc pour son tour guidé de HAM, à Nathalie pour ses précieuses informations sur la route 389, Juliette pour sa compagnie sur les longues routes de Minganie, Ilya le kayakiste pour le repas improvisé dans la maison de Jack Monoloy, mes oncles, tantes et cousines pour le temps, les contacts et le tour guidé de la baie en "haloupe", Cathy, Hyacinthe, Annie-Pierre, Yannick, Gil et Marie-Julie, pour leur compassion d'auteurs, Anne pour son

LES AUTEURS LONELY PLANET

Lonely Planet réalise ses guides en toute indépendance et n'accepte aucune publicité. Tous les établissements et prestataires mentionnés dans l'ouvrage le sont sur la foi du seul jugement des auteurs, qui ne bénéficient d'aucune rétribution ou de réduction de prix en échange de leurs commentaires.

Sillonnant le pays en profondeur, les auteurs de Lonely Planet savent sortir des sentiers battus sans omettre les lieux incontournables. Ils visitent en personne des milliers d'hôtels, restaurants, bars, cafés, monuments et musées, dont ils s'appliquent à faire un compte-rendu précis.

À PROPOS DE CET OUVRAGE

Cette 7e édition du guide *Québec* a été rédigée par Anick-Marie Bouchard et Maud Hainry. Les auteures Caroline Delabroy et Catherine Métayer ont travaillé sur la précédente édition. Christine Coste et Olivier Cirendini ont travaillé sur les quatre premières éditions. Carole Haché a traduit et adapté les chapitres *Ottawa* (rédigé par Brandon Presser) et *Provinces maritimes* (Emily Matchar, Celeste Brash et Karla Zimmerman) tirés respectivement des guides *Canada* (11e édition) et *New Brunswick & Prince Edward Island* (2e édition). Elle a également préparé la section couleur de ce guide.

Direction éditoriale Didier Férat

Coordination éditoriale Juliette Stephens

Responsable prépresse Jean-Noël Doan

Maquette Denis Montagner

Cartographie Afdec (Florence Bonijol, Bertrand de Brun, Martine Marmouget et Catherine Zacharopoulou)

Couverture Annabelle Henry

Remerciements à Carole Haché pour son aide éditoriale précieuse et à Bernard Guérin pour son travail sur le texte. Merci également à Dominique Spaety, Charlotte Bories et Sarah Arfaoui qui ont activement participé à l'achèvement de ce guide, ainsi qu'à Christiane Mouttet pour son dernier coup de pouce.

soutien moral, Édouard pour les chansons (et par amour), et enfin Juliette et Didier pour la patience, la rigueur et l'opportunité qui m'a été donnée de partager ma passion du Nord et de l'aventure avec nos lecteurs.

Maud Hainry

Un grand merci à Carole et à Didier pour leur confiance ; à Francis pour son élan et sa passion des Hautes-Laurentides ; à Paco, Bianca et Maël pour leur accueil et leur amour ; au Palais Saint Denis pour notre art de faire des quatre coins du monde un palais empli de musique et de joie de vivre ; à mon grand père, pour l'éternité.

CRÉDITS PHOTOGRAPHIQUES

Photographie de couverture : Vue automnale près de Sherbrooke, Québec, Canada ; Daryl Benson/Getty Images

index

A

B

Références des cartes **en gras**
Références des photos en bleu

C

I

J

K

Références des cartes **en gras**
Références des photos en bleu

L

M

INDEX DES ENCADRÉS

Culture et société

Histoire

Gastronomie

Escapades

Nature et environnement

Sports et loisirs

Vie pratique

Comment utiliser ce guide

Ces symboles vous aideront à identifier les différentes rubriques :

- À voir
- Activités
- Cours
- Circuits organisés
- Fêtes et festivals
- Où se loger
- Où se restaurer
- Où prendre un verre
- Où sortir
- Achats
- Renseignements/transports

Ces symboles vous donneront des informations essentielles au sein de chaque rubrique :

- Numéro de téléphone
- Horaires d'ouverture
- Parking
- Non-fumeurs
- Climatisation
- Accès Internet
- s Chambre simple
- f Chambre familiale
- Wi-Fi
- Piscine
- Végétarien
- Familles bienvenues
- Animaux acceptés
- dort Dortoir
- d Chambre double
- app Appartement
- Bus
- Ferry
- Métro
- Tramway
- Train
- ch Chambre
- tr Chambre triple
- ste Suite

Les adresses sont présentées par ordre de préférence de l'auteur.

Les pictos pour se repérer

- Les coups de cœur de l'auteur
- BON PLAN Les meilleurs rapports qualité/prix
- Les adresses écoresponsables

Nos auteurs ont sélectionné ces adresses pour leur engagement dans le développement durable – par leur soutien envers des communautés ou des producteurs locaux, leur fonctionnement écologique ou leur investissement dans des projets de protection de l'environnement.

Légende des cartes

À voir

- Centre d'intérêt
- Château
- Église/cathédrale
- Monument
- Musée/galerie
- Mosquée
- Plage
- Ruines
- Synagogue
- Temple bouddhiste
- Temple hindou
- Vignoble
- Zoo

Activités

- Plongée/snorkeling
- Canoë/kayak
- Ski
- Surf
- Piscine/baignade
- Randonnée
- Planche à voile
- Autres activités

Se loger

- Hébergement
- Camping

Se restaurer

- Restauration

Prendre un verre

- Bar
- Café

Sortir

- Spectacle

Achats

- Magasin

Renseignements

- Poste
- Point d'information

Transports

- Aéroport/aérodrome
- Poste frontière
- Bus
- Téléphérique/funiculaire
- Piste cyclable
- Ferry
- Métro
- Monorail
- Parking
- S-Bahn
- Taxi
- Train/rail
- Tramway
- Tube
- U-Bahn
- Autre moyen de transport

Routes

- Autoroute à péage
- Autoroute
- Nationale
- Départementale
- Cantonale
- Chemin
- Route non goudronnée
- Rue piétonne
- Escalier
- Tunnel
- Passerelle
- Promenade à pied
- Promenade à pied (variante)
- Sentier

Limites et frontières

- Pays
- Province/État
- Contestée
- Région/banlieue
- Parc maritime
- Falaise/escarpement
- Rempart

Population

- Capitale (pays)
- Capitale (État/province)
- Grande ville
- Petite ville/village

Géographie

- Refuge/gîte
- Phare
- Point de vue
- Montagne/volcan
- Oasis
- Parc
- Col
- Aire de pique-nique
- Cascade

Hydrographie

- Rivière
- Rivière intermittente
- Marais/mangrove
- Récif
- Canal
- Eau
- Lac asséché/salé/intermittent
- Glacier

Topographie

- Plage/désert
- Cimetière (chrétien)
- Cimetière (autre religion)
- Parc/forêt
- Terrain de sport
- Site (édifice)
- Site incontournable (édifice)

LES GUIDES LONELY PLANET

Une vieille voiture déglinguée, quelques dollars en poche et le goût de l'aventure, c'est tout ce dont Tony et Maureen Wheeler eurent besoin pour réaliser, en 1972, le voyage d'une vie : rallier l'Australie par voie terrestre via l'Europe et l'Asie. De retour après un périple harassant de plusieurs mois, et forts de cette expérience formatrice, ils rédigèrent sur un coin de table leur premier guide, *Across Asia on the Cheap*, qui se vendit à 1 500 exemplaires en l'espace d'une semaine. Ainsi naquit Lonely Planet, qui possède aujourd'hui des bureaux à Melbourne, Londres et Oakland, et emploie plus de 600 personnes. Nous partageons l'opinion de Tony, pour qui un bon guide doit à la fois informer, éduquer et distraire.

NOS AUTEURES

Anick-Marie Bouchard

Montréal, Abititbi-Témiscamingue et Baie-James, Saguenay-Lac-Saint-Jean, Côte-Nord, Bas-Saint-Laurent, Gaspésie, Îles de la Madeleine Née sur les îles de la Madeleine, Anick-Marie fait des études assez éclatées, d'abord en environnement et sécurité industriels, mais ensuite en biophysique, en politique internationale, en gestion de commerces, en herboristerie, en éducation environnementale et en anthropologie... Adoptant un mode de vie "nomade", elle fait du bénévolat au Pérou, découvre le Wwoofing, fait du stop longue distance par -20°C, devient fille au pair en Allemagne et anime des forums-voyage alternatifs. Impliquée auprès du réseau d'hospitalité Couchsurfing, elle présente alors des conférences et ateliers aux quatre coins de l'Europe, pendant près de deux ans. Forte de son expérience de plus de 110 000 km en auto-stop, elle contribue activement au réseau d'auto-stoppeurs Hitchwiki.org et se fait conférencière du voyage d'aventure solo au féminin. Mieux connue désormais sous le pseudonyme Globestoppeuse, elle collabore à plusieurs sites Web de voyage et publie ses chroniques du voyage alternatif sur son blog : www.globestoppeuse.com. Son prochain projet ? Participer au SunTrip, premier rallye de vélo solaire entre la France et le Kazakhstan !

Maud Hainry

Laurentides et Lanaudière, Outaouais, Cantons-de-l'Est, Mauricie, Québec et Charlevoix Maud est passionnée de voyages, d'écriture et de photographie. Après des études de philosophie et de sciences politiques, elle travaille pour des ONG au Canada, l'Unesco en Inde, et en free-lance en tant que rédactrice et photographe. Bretonne d'origine, elle a habité Montréal, New Delhi et effectué plusieurs voyages en Asie du Sud-Est. Maud reçoit le premier prix de reportage sur le thème du voyage du concours organisé par *Libération* et l'APAJ en 2009. Elle publie son premier livre *Portraits indiens* aux éditions Artisans-Voyageurs en 2012.

Québec
7e édition

Dépôt légal Mai 2013
ISBN 978-2-81613-254-0
Imprimé par Grafica Veneta, Trebaseleghe, Italie

En Voyage Éditions | un département